Matthew Pizzi
David Vogeleer II
Todd Coulson
et al.

Dominando
Macromedia
Flash MX

Tradução
Eveline Vieira Machado

Revisão técnica
Deborah Rüdiger

EDITORA CIÊNCIA MODERNA

Do original
Macromedia Flash MX Unleashed

Authorized translation from English language edition, entitled *Macromedia Flash MX Unleashed*, 1st Edition by Pizzi, Matthew, published by Pearson Education, Inc., publishing as Sams, Copyright© 2003 by Sams Publishing.

All rights reserved. No part of this book may be reproduced or transmitted in any form or by any means, electronic or mechanical, including photocopying, recording or by any information storage retrieval system, without permission from Pearson Education, Inc.

Portuguese language edition published by Editora Ciência Moderna Ltda., Copyright© 2003.

Copyright© Editora Ciência Moderna Ltda. 2003

Todos os direitos para a língua portuguesa reservados pela EDITORA CIÊNCIA MODERNA LTDA.

Nenhuma parte deste livro poderá ser reproduzida, transmitida e gravada, por qualquer meio eletrônico, mecânico, por fotocópia e outros, sem a prévia autorização, por escrito, da Editora.

Editor: Paulo André P. Marques
Produção Editorial: Carlos Augusto L. Almeida
Capa, Diagramação e Digitalização de Imagens: Patricia Seabra
Tradução: Eveline Vieira Machado
Revisão: Daniela Marrocos
Revisão Técnica: Deborah Rüdiger
Assistente Editorial: Daniele M. Oliveira

Várias **Marcas Registradas** aparecem no decorrer deste livro. Mais do que simplesmente listar esses nomes e informar quem possui seus direitos de exploração, ou ainda imprimir os logotipos das mesmas, o editor declara estar utilizando tais nomes apenas para fins editoriais, em benefício exclusivo do dono da Marca Registrada, sem intenção de infringir as regras de sua utilização.

FICHA CATALOGRÁFICA

Pizzi, Matthew et al.
Dominando Macromedia Flash MX
Rio de Janeiro: Editora Ciência Moderna Ltda., 2003.

Animação gráfica em computadores; computação gráfica
I — Título

ISBN: 85-7393-271-6   CDD 001642

Editora Ciência Moderna Ltda.
Rua Alice Figueiredo, 46
CEP: 20950-150, Riachuelo – Rio de Janeiro – Brasil
Tel: (21) 2201-6662/2201-6492/2201-6511/2201-6998
Fax: (21) 2201-6896/2281-5778
E-mail: lcm@lcm.com.br

Sumário

Introdução XVII

Capítulo 1 – O que é novo no Flash MX? 1
  Nova linha do tempo 2
    Distribuir em camadas 3
    Âncoras nomeadas 4
  Gabaritos Quick Start 7
  Compatibilidade 8
  Componentes predefinidos 9
  Integração do produto 11
  Meio dinâmico 14
  Novo ActionScript Editor 15
  Máscaras dinâmicas 16
  Suporte de vídeo 17
  Acessibilidade 17

Capítulo 2 – Apresentação do Flash MX 19
  O Flash é baseado em vetores 20
  Interface 21
    Properties Inspector 25
    Painéis 25
    Painel Align 27
    Painel Info 29
    Painel Transform 29
  Preferências do Flash MX 30
    Aba General 30
    Aba Editing 32
    Aba Clipboard 33
    Aba Warnings 35
    ActionScript Editor 35
  Atalhos de teclado 35
  Como alterar o espaço de trabalho com o menu View 38
  Resumo 42

Capítulo 3 – Como criar gráficos no Flash 43
   As ferramentas 44
      Ferramenta Arrow 45
      Ferramenta Subselection 45
      Ferramenta Line 45
      Ferramenta Ink Bottle 47
      Ferramenta Dropper 47
      Ferramenta Pencil 47
      Ferramenta Rectangle 49
      Ferramenta Oval 51
      Ferramenta Paint Bucket 51
   Como criar cores e graduações personalizadas 52
      Color Swatches 53
      Color Mixer 53
      Como alterar o alfa de uma cor 57
      Como gravar uma cor em uma amostra 57
      Como modificar e criar graduações 58
      Ferramenta Transform Fill 59
      Ferramenta Brush 61
      Ferramenta Eraser 62
      Ferramenta Pen 63
      Ferramenta Free Transform 64
      Ferramenta Text 66
      Ferramenta Zoom 70
      Ferramenta Hand 70
   Dicas para criar gráficos no Flash 70
   Técnicas gráficas 75
   Como importar os gráficos de mapa de bits 76
      Ferramenta Lasso 77
   Como trabalhar com mapas de bits 77
      Trace Bitmap 78
      Swap Bitmap 79

Capítulo 4 – Animação do Flash 81
   Linha do tempo 82
   Como criar uma animação no Flash 85
      Forma intermediária 89
      Como controlar seus intermediários 91
      Sugestão da forma 92
   Como alterar as exibições da linha do tempo 96

Capítulo 5 – Símbolos e a biblioteca 99
   Uma visão geral dos símbolos gráficos 100
   Uma visão geral dos símbolos de botão 104
   Movimento intermediário 106
   Como criar a interatividade com botões 114
   Clipe do filme 117
   Animação aninhada e composta 120
   Biblioteca 123

Capítulo 6 – Como trabalhar com o som no Flash 127
   Como adicionar som ao seu filme 128
      Menu Sound Sync 130
      Efeitos de som 130

Como fazer um loop na música 133
Compressão 134
Como atualizar um arquivo de música na caixa de diálogo Sound Properties 137
Formatos de arquivo que podem ser importados 138

Capítulo 7 – Técnicas de desenvolvimento 143
Técnicas de mascaramento 144
Como carregar um filme 157
Pré-carregadores 169

Capítulo 8 – Publicação 175
Onde encontrar a publicação 176
Formatos versáteis 177
Macromedia Flash Player 6 e o formato de arquivo SWF 177
Campo Version 179
Definições do som 180
Outras definições da aba Flash 181
Definições alternativas do arquivo (JPEG, GIF e PNG) 182
    Definições JPEG 182
    Definições GIF e PNG 185
HTML 188
Projetores independentes 192
Comandos FS 192
Definições QuickTime 194

Capítulo 9 – Técnicas de animação e vídeo digital 197
Como controlar a velocidade 198
A bola saltadora 200
    Como suavizar, achatar e estender 207
    Antecipação e continuidade 212
Como integrar o vídeo digital no Flash MX 215
Como criar os controles do filme QuickTime e uma superfície QuickTime personalizada 222

Capítulo 10 – Como abordar o ActionScript 225
Script baseado em objetos 226
Modelo de objetos do ActionScript 230
Objetos do Flash – clipes do filme 231
Propriedades 233
Variáveis 235
Métodos 239
Funções 240
Strings literais versus expressões 242
Endereçamento e sintaxe de ponto 243
Endereçamento absoluto 245
Endereçamento relativo 248
Como endereçar de dentro de clipes do filme aninhados 250
    Exemplos de endereçamento absoluto 252
    Exemplos de endereçamento relativo 253
Estrutura ActionScript 255
    Operadores e operandos 255
    Tipos de operadores 258
    Loops 260

Painel Actions 264
    Recursos do painel 264
Modo normal e modo especialista 270
Como importar e exportar os scripts 270
Menu instantâneo do painel Actions 271

Capítulo 11 – Tipos de dados e variáveis – aprofundados 273
    Tipos de tipos de dados 274
    Tipo de dados de string 275
        Como criar uma string 275
        Strings vazias 275
        Aspas 276
        Seqüências de escape 276
    Como manipular as strings 277
        Como reunir as strings 277
        Como indexar os caracteres nas strings 278
        Strings do tipo Unicode 286
    Tipo de dados de número 287
        Como criar um número 287
        Como resolver o problema dos pontos decimais repetidos 288
        Valores predefinidos para números 288
        Números de bônus 290
    Tipo de dados booleano 290
    Tipo de dados nulo 291
    Tipo de dados indefinido 291
    Tipo de dados de array 292
    Tipo de dados de clipe do filme 292
    Tipo de dados de objeto 292
    Variáveis 292
        Como criar uma variável 293
        Como alterar os dados nas variáveis 294
        Como incrementar e diminuir as variáveis 295
        Variáveis vazias 297
        Como comparar as variáveis 297
        Como alterar os tipos dos valores nas variáveis 299
        Como converter as variáveis usando funções e métodos 301
        Longevidade das conversões 303
        O escopo de uma variável 303
        Um exemplo aplicado 307

Capítulo 12 – Instruções e expressões – aprofundadas 309
    Sintaxe da instrução 311
        Bloco de instrução 312
    Instruções do objeto 312
        Instrução with 313
        Instrução for in 314
    Modificadores de fluxo 316
        Instruções condicionais 316
        Operadores de comparação 317
        Instrução if 319
        Instrução else if 326
        Switch, case, default e break 327
        Instruções de loop 329

Capítulo 13 – Objetos de clipe do filme 339
   Como gerar valores aleatórios 342
   Como usar a lógica if/else para controlar o movimento do clipe do filme 344
   Como controlar as propriedades do clipe do filme e trabalhar com ActionClips 344
   Como duplicar os clipes do filme 359

Capítulo 14 – Funções 365
   Como criar uma função 366
   Como executar a função 366
   Como usar parâmetros nas funções 367
   Funções que retornam valores 368
   Funções aninhadas 369
   Escopo da função 370
   Como mapear uma função 371
   Objeto global 371
   Variáveis e funções 373
   Argumentos 376
      Propriedade length 376
      Funções como objetos 378
      Funções como métodos 380
   Funções predefinidas para o Flash 384
      Função call 384
      Funções de conversão 386
      Funções matemáticas 387
      Funções desaprovadas 388

Capítulo 15 – Arrays 393
   O que é um array e como ele funciona? 394
   Como decompor um array 394
   Como criar um array 394
   Como recuperar informações de um array 397
   Como adicionar elementos aos arrays 398
      Método push 399
      Método unshift 401
      Método splice 401
      Método concat 403
   Como nomear os elementos do array 404
   Como remover os elementos do array 405
      Operador delete 405
      Como remover os elementos usando a propriedade length 406
      Método splice revisado 406
      Método pop 407
      Método shift 407
   Como alterar os elementos nos arrays 408
   Arrays aninhados avançados 408
   Métodos adicionais do array 410
      Método toString 410
      Método join 410
      Método slice 411
      Método reverse 412
   Como classificar os arrays 412
      Método sortOn 414
   Exemplo aplicado 414
   Resumo 417

Capítulo 16 – Componentes	419
A história dos Smart Clips	420
Introdução aos componentes	420
Como adicionar componentes a um filme	421
Como adicionar componentes com o ActionScript	422
Como definir os parâmetros	424
Como definir os parâmetros manualmente	424
Componentes UI predefinidos	426
Componente CheckBox	426
Componente ComboBox	427
Componente ListBox	428
Componente PushButton	430
Componente RadioButton	431
Componente ScrollBar	433
Componente ScrollPane	434
Como transmitir informações para e a partir do ActionScript com componentes	437
A aparência dos componentes	440
Como fazer alterações manuais na aparência dos componentes	440
Como alterar a aparência dos componentes com o ActionScript	440
Método registerSkinElement	442
Como criar componentes	444
A desvantagem dos componentes	446
Recursos do componente Flash UI	446
Capítulo 17 – Sub-rotinas de eventos	447
O que é uma sub-rotina de eventos?	448
Sub-rotinas ActionScript	449
Onde escrever as sub-rotinas	449
Como criar um botão	450
Sub-rotinas de clipe do filme	452
Métodos	457
Anexe filme e métodos	459
Sub-rotinas de eventos e objeto de protótipo	461
Capítulo 18 – Os objetos predefinidos do ActionScript em ação	467
Objeto Mouse	468
Objeto Date	470
Objeto Color	474
Como criar valores da cor aleatórios	477
Objeto Sound	479
Objeto Math	482
Capítulo 19 – Como trabalhar com texto	487
O básico do campo de texto	488
Interface do campo de texto	488
Texto estático	491
Campos de texto dinâmico	493
Campos de texto de entrada	494
Campos de texto do ActionScript	495
Como criar campos de texto com o método createTextField	495
Objeto TextFormat	498
Como comunicar os campos de texto com dados externos	504
Formato de texto externo	505

Paginação 506
HTML nos campos de texto 508
JavaScript nos campos de texto 510

Capítulo 20 – Depuração 515
Como escrever ActionScript vigoroso 516
Convenções de nomenclatura 517
Como identificar os erros 518
    Janela Output 519
    Bandwidth Profiler 520
    Como identificar os valores anexados às variáveis 523
    Debugger 525
    Watcher 528
    Caminhos de destino mal identificados 530
    Como alterar a variável e os valores da propriedade 532
Como depurar a partir de locais remotos 534
    Como ativar o Flash com a capacidade de depurar remotamente 534
    Como ativar o depurador a partir do servidor 535

Capítulo 21 – Interatividade avançada 539
Como criar objetos que podem ser arrastados 540
Como criar a interatividade com o mouse 551
Como criar pré-carregadores que retornam informações precisas 556
Como criar objetos pagináveis personalizados 558
Como criar máscaras dinâmicas que podem ser arrastadas 559

Capítulo 22 – Como se comunicar com o JavaScript 565
Como criar uma janela instantânea 566
Como inicializar uma caixa de diálogo de alerta 571
Como se divertir com o JavaScript 575

Capítulo 23 – Como criar um jogo Flash 579
Crie o básico primeiro 580
    Configuração do filme 580
    Inicialize as variáveis no primeiro quadro 580
    Movimento da nave do jogador 581
    Adicione os inimigos e faça com que se movam 583
    Como criar o tiro da nave do jogador 587
    Verifique a nave inimiga atingindo a nave do jogador 590
Adicione elementos ao jogo 592
Arrays nos jogos 596
    Gerador de terrenos aleatórios 596
Use arquivos externos para atualizar facilmente os jogos 600
Grave jogos e altas pontuações 601
Palavras finais de sabedoria 605

Capítulo 24 – Como obter e enviar dados 607
Como formatar o texto dinâmico com tags HTML 611
Como criar texto com paginação 612
Como enviar um formulário para uma conta de e-mail 615

Capítulo 25 – Uma introdução para a integração do Flash e do ColdFusion 619
Componentes 621
Métodos de integração anteriores 623
    getURL 623

Dominando Macromedia Flash MX

loadVariables 623
Objeto XML 623
Serviço Macromedia Flash Remoting 624
Um sistema básico de gerenciamento de contas 625
    Como iniciar 625
    Arquivos na aplicação 626
Depuração 637
Como aprimorar suas habilidades 638
Resumo 639

Capítulo 26 – Integração com o ASP 641
Como iniciar 642
O conceito 644
Como enviar dados do Flash para o ASP 646
Como enviar dados do ASP para o Flash 650
Como construir um modelo funcional 654
Verificação do conceito 656
Como iniciar com bancos de dados 656
    Conceitos ADO básicos 657
    Técnicas de recuperação de dados e de gerenciamento no ASP 659
    Como desenvolver sua aplicação 660
Como se integrar com o ASP e o Microsoft Access 662
    Projeto de integração, Fase 1 663
    Projeto de integração, Fase 2 669
    Projeto de integração, Fase 3 674
Como trabalhar com imagens e o ASP 678
Exemplo final 678
Resumo dos conceitos 678
Solução de problemas 679

Capítulo 27 – Integração com o PHP 681
Por que PHP e Flash? 683
Script PHP para o conteúdo dinâmico 684
Seu primeiro script PHP: como testar o servidor 685
    Como escrever o script 686
    Como solucionar problemas na instalação do PHP 687
Como explorar os módulos opcionais 688
Fundamentos do PHP 688
    Personalização 689
    Letras maiúsculas e minúsculas 689
    Estruturas de diretório 689
    Caminhos relativos 689
    Por que não caminhos absolutos? 690
    Critérios do domínio para os scripts externos 690
    Sintaxe do script para o ActionScript e o PHP 691
    Variáveis para o ActionScript e o PHP 691
    Como comentar seu código 692
    Caracteres de escape 692
Como receber dados do PHP para o Flash 692
    Como examinar o script PHP 693
    Como desenvolver o filme Flash 694
Como enviar dados do Flash para o PHP (para o Flash) 695
Echo Valley torna-se um poço dos desejos 698

Como usar o MySQL 698
   Como criar um banco de dados no MySQL 699
   Como exibir os bancos de dados 700
   Como criar um novo usuário 700
   Como conceder os privilégios do banco de dados 701
   Tipos de coluna 701
   Como criar uma tabela 702
   Como exibir as tabelas 702
   Como descrever as tabelas 702
   Como fornecer informações nas tabelas 702
   Como exibir o conteúdo da tabela 703
   Como selecionar os dados de uma tabela 704
   Como conectar o PHP ao MySQL 705
Mais leitura 706

Capítulo 28 – Integração com servidores: uma visão geral 707
   Filmes Flash incorporados 709
   Conteúdo Web: formato versus origem 709
   Como fornecer o conteúdo ativo 710
   O formato dos dados para os filmes Flash 711
   Como o Flash solicita os dados 712
   Como o Flash processa os dados recebidos 713
   Como configurar um filme para carregar os dados da rede 714
      Como enviar o conteúdo ativo para um filme incorporado 716
   Modelos de processo ativo 718
   Questões da implementação 719

Capítulo 29 – Referência ActionScript 723
  Ações 724
      Controle do filme 724
      Navegador/Rede 728
      Controle do clipe do filme 732
      Variáveis 736
      Condições/Loops 737
      Impressão 744
      Funções definidas pelo usuário 747
      Ações diversas 748
  Operadores 752
      Delimitador de string ("") 752
    Parêntesis [( )] 752
      Operadores aritméticos 753
      Atribuição 754
      Operadores de bitwise 759
      Operadores de comparação 763
      Operadores lógicos 767
      Operadores diversos 769
  Funções 771
      Funções de conversão 771
      Funções matemáticas 774
  Constantes 776
  Propriedades 777
      Geral 778
      Propriedades do clipe do filme 778

Objetos	786
Básico	786
Filme	787
Servidor do cliente	787
Autoria	787
Sound	787
Métodos Sound	788
Propriedades	793
Eventos	794
Data	795
Métodos	796
Matemática	811
Métodos	811
Constantes	817
Objeto	818
Métodos	818
Propriedades	822
Capítulo 30 – Alternativas Flash	823
Flash sem custo: FLASHtyper	824
Assine e conecte-se	824
Tela da área de trabalho do FLASHtyper	825
Load Movie	826
Drag Me GENERATE	827
Text Editor	828
Janela Text Attributes	829
Color Editor	829
BackColor Editor	830
FX Editor	830
Text Options editor	831
Generate	832
Conclusão do FLASHtyper	834
Flash com custo baixo: SWiSH	835
SWiSH 1.5	835
SWiSH 2.0	836
Fundamentos	837
Interface do usuário	837
Exercício do filme	838
Como comunicar o SWiSH com os outros programas	850
Conclusão do SWiSH	850
Apêndice A – Links SWF	851
Apêndice B – Ferramentas de software SWF	859
Índice	871

Os autores

Matthew Pizzi é o diretor de treinamento da Train Simple, uma empresa de treinamento de software especializada em novos produtos multimídia, localizada em Santa Mônica, Califórnia. Matthew vem lecionando em tempo integral há cinco anos e é autor de vários CDs de treinamento, inclusive sua série "Up to Speed", oferecendo treinamento baseado em computadores no Flash, Dreamweaver, Final Cut Pro e Photoshop. Para obter mais informações sobre as aulas ou CDs de treinamento, visite www.trainsimple.com.

Dennis Baldwin é o desenvolvedor-chefe da Eternal-Media, uma firma Web/multimídia que fornece soluções tecnológicas para ministérios e organizações sem fins lucrativos (www.eternal-media.com). Ele também mantém alguns recursos on-line para os desenvolvedores de Flash e ColdFusion em www.flashcfm.com e www.devmx.com.

Todd Coulson juntou-se à Haley Productions, uma empresa especializada em multimídia, videofilme e Internet no final de 1999. O conhecimento e a criatividade de Todd com o Flash e o Director continuaram a expandir-se completamente com a indústria multimídia crescente. Devido à criatividade excepcional de funcionários como Todd, a Haley Productions está atravessando seu ano mais lucrativo até o momento. Todd graduou-se em Multimídia e Web Design no Art Institute of Philadelphia em 1999. Antes de freqüentar o Art Institute, Todd formou-se em Administração Comercial no Marist College.

George G. Gordon é graduado em Administração Comercial na Indiana University e tem mais de 20 anos de experiência em Serviços de Informação. Ele criou, implementou, forneceu suporte, deu assistência ou trabalhou em cada aspecto de uma empresa comercial. Ele também gerenciou, desenvolveu, implementou e manteve vários sites Web. Atualmente gerencia seminários, cursos intensivos e simpósios e tem sua própria firma de consultoria de gerenciamento de projetos. Mora em Indianápolis, Indiana, com sua maravilhosa esposa e colaboradora de 28 anos, Margaret, e seus dois gatos, Bonnie e Clyde.

Brian Hoard é ilustrador e animador e tem sido acusado de ser ele mesmo um desenho animado. Ele passou a melhor parte de sua vida na frente dos computadores, onde criou sites Web usando o Flash e tem sido reconhecido por seu desenvolvimento de sites Flash amigáveis. Ele ajudou a incontáveis iniciantes através de suas recomendações sobre o Flash, inclusive questões técnicas, através de postagens nos newsgroups Macromedia Flash. Através de seu vício em videogames, ele tem salvo a Terra de uma possível destruição quase diariamente. Ele executa o BHH Studio Art & Animation em www.bhhstudio.com, onde fornece trabalho de arte original, consultoria de gráficos e produtos de animação em troca de comida. Brian pode ser contactado por e-mail em bhoard@bhhstudio.com.

Randy Osborne começou a usar o Flash em 1998, para modelos de construção de interface em uma grande empresa de gerenciamento de redes. Quando o Flash 4 foi lançado, ele começou a usar rapidamente o ActionScript para criar pequenos jogos para os sites Web. Em 1999, Randy começou a trabalhar na Icebox como programador-chefe do Flash, criando jogos e elementos interativos no site Web para dar suporte aos shows sendo produzidos lá. Atualmente ele trabalha na Game Show Network como programador-chefe do Flash, desenvolvendo jogos e conteúdo interativo para o site Web, assim como desenvolvendo a próxima geração de jogos televisivos interativos. Ele pode ser contactado em randyunleashed@hotmail.com

James Smith formou-se em matemática em Cambridge em 1994. Depois de uma breve carreira como corretor marítimo, desistiu da vida na cidade em favor de iniciar uma empresa com os amigos da faculdade, escrevendo software para receptores de satélite digitais. Ele aprendeu o ofício trabalhando para David Braben, co-autor do *Elite*. Agora trabalha como autônomo e mora ao sul de Londres.

David Vogeleer é o coordenador administrativo em uma empresa de tecnologia baseada em Virgínia. Entre suas muitas responsabilidades de marketing, ele tem sido útil ao criar e desenvolver sites Web multimídia, apresentações e materiais de marketing baseados no Flash. Ele é um ávido fornecedor do ActionScript.org, assim como da flashmagazine.com. David também é aluno em tempo integral na Old Dominion University, onde irá se formar no outono em Marketing. Além de tudo, David gerencia seu próprio site pessoal para as experiências e as novidades do Flash em www.evolutionar-e.com.

Dan Waters é um formando de 19 anos na University of Texas, em Arlington. Um entusiasta Web completo, Dan passa uma quantidade de tempo substancial desenvolvendo aplicações Flash, construindo interfaces de dados e programando. Se ele não for encontrado no computador, poderá estar atrás de uma bateria ou guitarra. Sua empresa, Catapultic Web Solutions, fornece serviços comercias de inteligência para clientes corporativos nos EE.UU.

Dedicatória

Gostaria de dedicar este livro a John e Catherine Pizzi.

Agradecimentos

Matthew Pizzi. Como desenvolvedor e instrutor de longa data que usa os produtos Macromedia, é realmente uma honra compartilhar meu conhecimento com o mundo através deste texto. É um privilégio igual trabalhar com algumas das pessoas mais agradáveis da comunidade Flash, e não posso agradecer o bastante a meus co-autores por suas valiosas informações e contribuições para este livro. Todos os envolvidos neste projeto mostraram uma quantidade enorme de paixão e perícia, produzindo o que considero um dos melhores livros de Flash já impressos.

Gostaria de agradecer especialmente, não em uma ordem específica, a Kim Spilker, Brian Proffitt, Todd Coulson, David Vogeleer, George Gordon e Bart Reed por suas colaborações para este livro. Também estou agradecido à boa vontade de Ronnie Pirovino ao oferecer seu conhecimento e experiência sempre que necessário.

Finalmente, gostaria de agradecer a Katy por toda sua paciência e apoio no desenvolvimento deste livro.

Dennis Baldwin. Gostaria de agradecer à minha maravilhosa esposa, Jamie, por sua compreensão e apoio em todas as noites longas. E, ainda, obrigado a meus amigos e família, que ajudaram a tirar minha mente de outras coisas, interrompendo-me com batidas na porta, telefonemas, e-mails e Xbox. Vocês todos foram um ótimo descanso! A Kim Spilker, que contactou-me inesperadamente para este projeto. Um agradecimento especial vai para todos na comunidade FlashCFM -- vocês, rapazes e garotas, foram um ótimo grupo com o qual conversar. É, por último, mas não menos importante, agradeço a Deus por me dar a paixão por essas tecnologias e a boa vontade de aprender.

Todd Coulson gostaria de agradecer em grande parte a toda sua família, inclusive sua mãe Hilary, seu pai D. Robert, sua irmã Ann e sua avó Dorothy, por sempre o encorajar a se superar. Ele gostaria de agradecer à equipe da Haley Productions, inclusive a Bill Haley, Luke Krill, Pete Bretz, Meei Ling Ng, Lisa Kruczek, Travis Longwell e Brennan Lindeen, por lhe permitirem trabalhar neste livro e por lhe darem a oportunidade de crescer como pessoa e desenvolvedor multimídia. Além disso, ele gostaria de agradecer a todos os seus amigos, numerosos demais para mencionar nominalmente, mas que têm estado com ele por anos de trabalho interminável. Eles permaneceram nos altos e baixos em sua carreira e em sua vida, e ele agradece-lhes infinitamente por isso. Finalmente, gostaria de agradecer à equipe da Sams Publishing e à equipe que colaborou para tornar este livro possível.

James Smith. Obrigado a Jonathan Roach, possivelmente o único homem nessa indústria que já conseguiu ensinar-me qualquer coisa.

Dan Waters. Gostaria de agradecer a meus pais por encorajarem meus interesses e por suportarem meus jogos até tarde da noite, a meu irmão Steve por me fornecer os recursos necessários, a Jasmine Nacua por seu apoio contínuo, ao Dr. Carter Tiernan por esclarecer a muitas e muitas perguntas sobre programação, a Kim Spilker da Sams Publishing por sua ótima oportunidade, à 2Advanced Studios por sua influência sem fim e a Brian Proffitt, George Nedeff, George Gordon e Bart Reed por suas habilidades editoriais incomparáveis.

David Vogeleer. Desejo começar agradecendo a meus pais. São os melhores. Obrigado a Kevin por todo o encorajamento e conselhos; a Caroline por fechar meu laptop quando ficava óbvio que eu precisava parar; a Cathy por ajudar-me todas as vezes; a Mountain Dew por seu ótimo produto; à AMP por ajudar-me nas incontáveis noites em claro; e a todos os meus amigos e familiares por seu apoio esmagador. Além disso, obrigado à equipe da Sams Publishing, especialmente a George Nedeff, Bart Reed, Brian Proffitt e a George Gordon por seu ótimo trabalho ao criar este livro. Um agradecimento especial a Kim Spilker por esta grande oportunidade e, claro, a Peeps. Finalmente, obrigado a Deus por nunca permitir que aceitasse menos do que sou capaz.

Introdução

Flash MX, o último esforço da Macromedia para seu principal programa de animação Web, não é apenas uma atualização, mas uma mudança da linhagem. A nova estratégia MX da Macromedia oferece um processo de desenvolvimento Web mais sofisticado e elegante, assim como uma integração entre as várias aplicações do software. Muitos argumentam a importância que o Flash terá na Web. Eu acho óbvio que a maioria do conteúdo da Web no futuro será exibida através do Flash player, independentemente dos contratempos atuais.

O Flash MX oferece alguns avanços excitantes, particularmente nas áreas do middleware e comunicação do servidor. O vídeo digital (DV), agora capaz de se reproduzir de modo nativo no Flash 6 player, promove uma abertura para experiências mais ricas e interativas. Este livro aborda com muitos detalhes como interagir com o middleware e como usar o DV adequadamente.

O conteúdo do Flash pode ser encontrado em todo lugar, desde PCs, consoles PlayStation, ATMs até dispositivos de mão. Conforme a convergência digital se tornar um tópico mais quente e sujeito a mais debates, uma coisa será certa: o Flash player será considerado um componente-chave para o crescimento das informações digitais.

Este livro destina-se a ajudar aos desenvolvedores Web atuais a criar sites Web atraentes usando o Flash. Uma parte muito grande deste livro é dedicada ao desenvolvimento de aplicações Flash Web através da integração do ActionScript e do middleware, como o PHP e o ColdFusion. Este texto poderá ser usado pelos iniciantes no Flash, mas ele supõe alguma experiência de desenvolvimento Web. Os primeiros capítulos irão analisar o básico do Flash, mas irão rapidamente para o ActionScript e o desenvolvimento de aplicações. Você irá encontrar muitos exercícios práticos, assim como uma riqueza de informações do Flash no site Web complementar, http://www.flashmxunleashed.com, para ajudá-lo a aprender o Flash e obter o máximo deste livro. Como instrutor, quis tornar este livro tanto uma ferramenta de aprendizagem quanto um guia.

Dominando Macromedia Flash MX é designado a ajudá-lo a ter sucesso em seu desenvolvimento no Flash. Sinta-se à vontade para compartilhar suas histórias por e-mail em mpz@trainsimple.com. Se você tiver necessidade de treinamento, visite o site Web de minha empresa de treinamento em http://www.trainsimple.com.

Capítulo 1

O que é novo no Flash MX?

por Matt Pizzi

Neste capítulo

- Nova linha do tempo
- Gabaritos Quick Start
- Compatibilidade
- Componentes predefinidos
- Integração do produto
- Meio dinâmico
- Novo ActionScript Editor
- Máscaras dinâmicas
- Suporte de vídeo
- Acessibilidade

Este capítulo é designado a permitir que os construtores e desenvolvedores Flash fiquem por dentro da tecnologia Flash MX mais recente. Se você for novo no Flash, poderá pular este capítulo e consultá-lo assim que se sentir confortável com o básico. O Capítulo 2, "Apresentação do Flash MX", é um ponto de partida apropriado para um iniciante ou alguém menos familiarizado com o Flash, pois o capítulo fala sobre o básico e supõem uma experiência Flash anterior.

A alteração mais óbvia no Flash MX é a interface reconstruída. A interface tem novos painéis fixáveis e um Properties Inspector (Inspetor de Propriedades), que fornece uma maneira rápida de acessar as informações vitais sobre um item selecionado. A interface é explicada no Capítulo 2. Para evitar redundância, iremos para outros recursos. Este capítulo é um resumo rápido e geral do que considero os principais recursos do Flash MX. Divirta-se!

Nova linha do tempo

Sim, para a terceira versão do Flash, a Macromedia mudou o desenho dos quadros e o estilo de seleção da linha do tempo. Isto pode ser visto como boas novas para alguém e uma má notícia para outras pessoas. É bom para aqueles que insistem em alterar as preferências do Flash 5 para fazer com que a linha do tempo imite o desenho Flash 4 e o estilo de seleção; é ruim para aqueles que têm a mentalidade do tipo "fora com o antigo, adote o novo", como eu, pois a Macromedia mudou a linha do tempo para que se comportasse de modo muito mais parecido com a linha do tempo do Flash 4.

Como mostrado na Figura 1.1, a linha do tempo desenha quadros-chave em branco com círculos vazados novamente. Para ir para um quadro, você terá que clicá-lo uma vez para destacá-lo e então clicá-lo novamente para movê-lo. Para destacar certos quadros, você simplesmente clicará e arrastará.

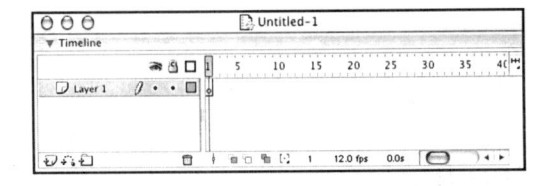

Figura 1.1 A linha do tempo do Flash MX.

Naturalmente, há também novas pastas de camadas para classificar o conteúdo e gerenciar o tamanho da linha do tempo. Isto pode ser extremamente conveniente nos projetos grandes, porque trabalhar com várias camadas pode ficar complicado.

Um dos meus recursos favoritos é ter a capacidade de se mover em mais de um quadro de cada vez. Pressionando a tecla Cmd (Mac) ou Ctrl (Windows) e clicando em um quadro, você terá acesso a uma seta com dois lados, permitindo que se mova em mais de um quadro de cada vez. É uma grande economia de tempo (veja a Figura 1.2). Como pode ver, este livro cobrirá os recursos para os sistemas operacionais Macintosh e Windows e as diferenças serão indicadas de acordo. As figuras neste livro também exibem as máquinas Mac e Windows.

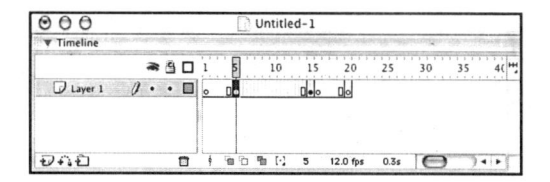

Figura 1.2 Como editar mais de um quadro de cada vez.

Distribuir em camadas

Distribute to Layers (Distribuir em Camadas) é um recurso espantoso, especialmente se você gostar dos efeitos de texto. Sim, há outros programas ótimos, como o SWiSH e o SWfx, mas se você for usar apenas efeitos de texto por enquanto, esta será a solução mais barata.

Este livro contém muitos exercícios. A maioria está numerada em etapas diferentes. Cada etapa explica o que será feito e o resultado desta etapa seguirá em uma sentença separada.

Distribuir o texto em camadas

Eis as etapas a seguir para distribuir o texto em camadas:

1. Se o painel Tools (Ferramentas) não estiver visível, escolha Window (Janela), Tools. Este comando tornará as ferramentas visíveis no lado esquerdo da cena. No painel Tools, clique na ferramenta Type (Digitar) para selecioná-la (T é o atalho do teclado). Note que seu cursor muda para um I, para permitir que coloque um ponto de inserção para digitar. Clique em qualquer lugar na cena para colocar o ponto de inserção e digite a palavra **TEXT**.

2. Com o texto selecionado, arraste seu cursor sobre ele para destacá-lo. Então escolha Modify (Modificar), Break Apart (Dividir). Isto irá separar as letras em itens individuais, como mostrado na Figura 1.3.

   Note que quando você escolhe Break Apart, cada letra é separada em seu próprio item de texto editável. Este comportamento é novo no Flash MX. No Flash 5, Break Apart transformaria o texto em uma forma primitiva. Ainda é possível no MX. Para tanto, selecione todas as camadas separadas, clicando em cada uma com a tecla Shift pressionada (ou arraste um contorno com a ferramenta Arrow (Seta)) e então simplesmente escolha Modify, Break Apart uma segunda vez. Isto transformará as letras nas formas primitivas.

3. Agora que as letras são itens separados, escolha Modify, Distribute to Layers. Note, como mostrado na Figura 1.4, que todas as letras aparecem em suas próprias camadas independentes, todas nomeadas adequadamente. E mais, todo o conteúdo na camada original (camada 1) foi movido e substituído de acordo.

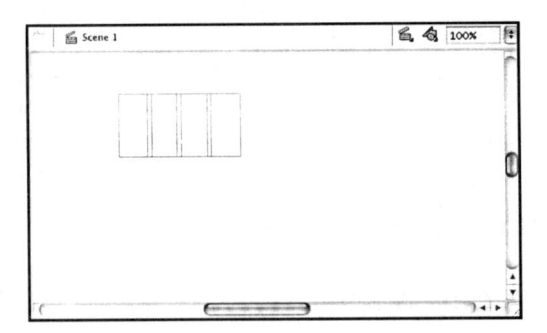

Figura 1.3 A palavra TEXT depois de ter sido dividida.

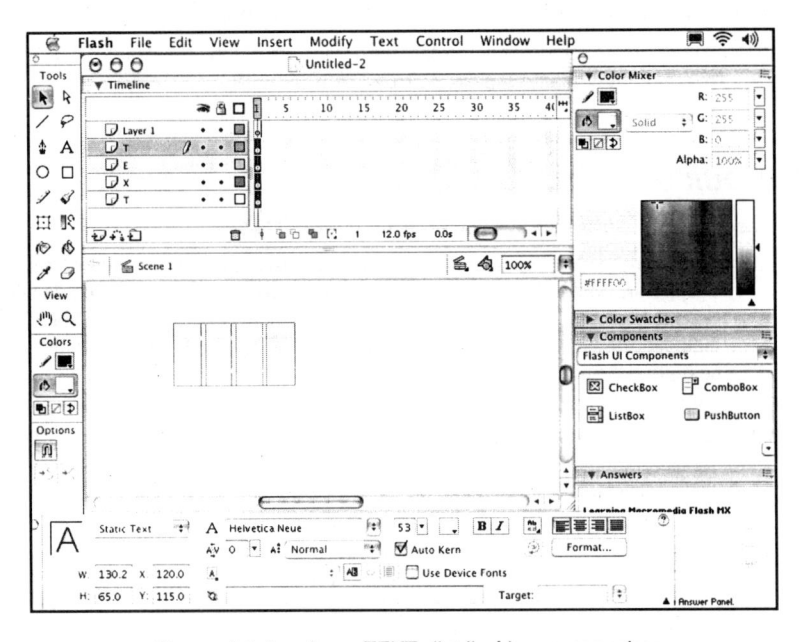

Figura 1.4 A palavra TEXT distribuída em camadas.

Âncoras nomeadas

Atualmente, a maioria dos sites construídos completamente no Flash tem a tendência de ser aberta em uma janela instantânea JavaScript, sem botões ou barra de localização. Isto é feito de propósito, porque se a navegação do navegador Web padrão ficar visível, poderá ser prejudicial para a utilização e a funcionalidade do site. Cada arquivo SWF é incorporado em um documento HTML. Portanto, você poderá considerar o site Flash inteiro como uma página HTML, porque muito provavelmente, um novo conteúdo estará sendo carregado no arquivo SWF existente, assim ficando na mesma página HTML. O Flash MX oferece um novo recurso chamado *âncoras nomeadas*, que permite que a navegação do navegador se comunique com as âncoras, de modo muito parecido como a comunicação com as âncoras nomeadas em um documento HTML padrão. Você pode colocar uma âncora nomeada em um quadro. Estas âncoras nomeadas são compatíveis com os botões de navegação padrão do navegador. E mais, você poderá também marcar uma âncora nomeada. Tudo isto fornece aos navegadores Web padrão a capacidade de se comunicarem com o filme Flash e vice-versa. Vejamos como construir um filme Flash que usa âncoras nomeadas.

Como usar as âncoras nomeadas

No site Web complementar deste livro, http://www.flashmxunleashed.com, carregue o arquivo de tutorial chamado anchors.fla. Neste documento, você notará quatro quadros diferentes, e cada quadro contém um conteúdo diferente. Também notará as ações stop em cada quadro. Os botões também têm ações – quando clicados, movem-se para o quadro adequado. Neste exercício, iremos adicionar âncoras nomeadas para que os botões do navegador tenham a funcionalidade de se mover no filme Flash. Eis as etapas a seguir:

1. Abra o filme carregado, anchors.fla. Crie uma nova camada clicando o botão Add Layer (Adicionar Camada). Então nomeie a camada como **anchors**. Para renomear uma camada, simplesmente clique duas vezes nela para destacá-la e digite um novo nome.

2. Você precisará criar e nomear a âncora nesta etapa. E mais, certifique-se de que o cabeçote de reprodução esteja no quadro 1 e que a camada de âncora seja a ativa. Se seu Properties Inspector não estiver aberto, escolha Window, Properties. No Properties Inspector, nomeie o quadro e escolha a opção Named Anchor (Âncora Nomeada), como mostrado na Figura 1.5. O nome do quadro agirá como o nome da âncora. Note o pequeno ícone de âncora que aparece no quadro, como mostrado na Figura 1.6.

   Note que em Edit (Editar), Preferences (Preferências), sob a aba General (Geral), você poderá escolher fazer com que o primeiro quadro em cada cena seja uma âncora nomeada automaticamente.

3. Insira um quadro-chave em branco no quadro 2 na camada de âncoras. Note que você pode nomear apenas os quadros-chave. Nomeie o quadro no Properties Inspector e escolha Named Anchor.

   Note que para remover uma âncora nomeada, você pode simplesmente desmarcar a opção no Properties Inspector.

4. Continue a adicionar os quadros-chave em branco e nomeie-os exatamente como fez na Etapa 2, até que todos os quatro quadros estejam terminados.

5. Esta etapa é muito importante, ao fazer com que a funcionalidade dos botões do navegador trabalhe devidamente. Escolha File (Arquivo), Publish Settings (Definições da Publicação). Isto inicializará a caixa de diálogo Publishing Settings, como mostrado na Figura 1.7.

6. Verifique a caixa HTML sob a aba Formats (Formatos). Isto ativará a aba HTML. Clique na aba HTML para exibir as opções HTML.

7. No menu suspenso Template (Gabarito), escolha Flash with Named Anchors (Flash com Âncoras Nomeadas). Você notará que algum JavaScript será escrito quando publicado como um documento HTML, ativando os botões de navegação do navegador. Sem isso, os botões aparecerão cinza e não serão funcionais. Observe na Figura 1.8 que a navegação dos botões está ativa como resultado da escolha deste gabarito.

É importante saber que o que a HTML adicional e o JavaScript Flash escrevem, quando exportado, não faz parte do arquivo SWF. Se o objetivo final é colocar este filme Flash no Dreamweaver ou GoLive, na época da composição deste livro, você tinha que abrir o documento HTML que o Flash gerava através de um destes programas escolhendo File, Open (Abrir) neste programa. Do contrário, terá que copiar a HTML e colá-la em um documento HTML existente ou rescrever o código.

8. Agora você está pronto para verificar seu trabalho. Escolha File, Publish Preview (Visualização da Publicação), HTML. Note, na primeira vez, que os botões de navegação no navegador estão inativos. Clique um deles no filme Flash para ir para outro quadro. O botão Back (Voltar) agora estará ativo e funcionará, como mostrado na Figura 1.8.

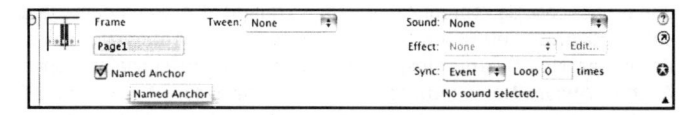

Figura 1.5 Como nomear o quadro e escolher Named Anchor no Properties Inspector.

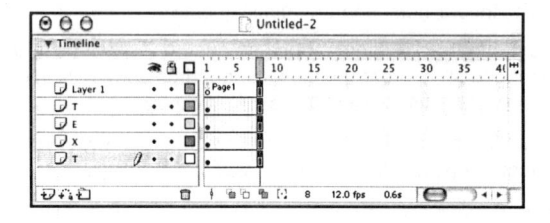

Figura 1.6 O ícone de âncora no quadro.

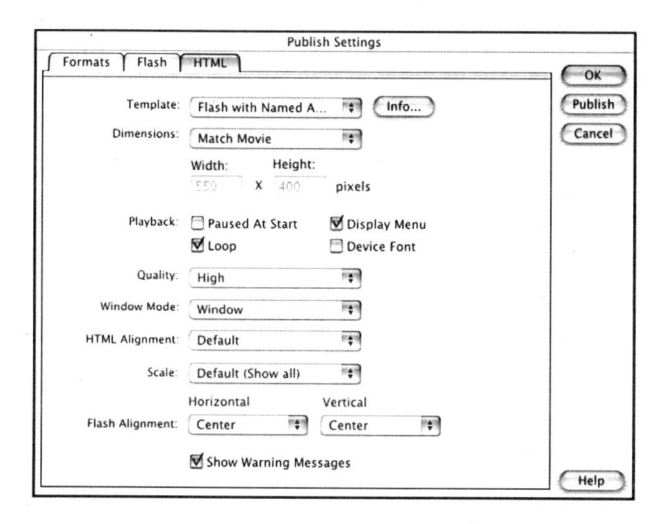

Figura 1.7 A caixa de diálogo Publish Settings.

Figura 1.8 A navegação do navegador está ativa.

Gabaritos Quick Start

Os gabaritos Quick Start fornecem ainda outro recurso ótimo, que economiza tempo no Flash MX. Eles permitem criar um documento e gravá-lo como um gabarito. Gravando um documento como um gabarito, você iniciará todo filme novo neste ponto. Alguns gabaritos de estoque estão disponíveis para você usar, mas o que ainda é mais eficiente é o fato de que você pode criar o seu próprio. Criar seu próprio gabarito é simples. Tudo que tem que fazer é abrir o arquivo que deseja gravado como um gabarito. Com este arquivo aberto (ou se tiver acabado com algum trabalho no Flash e quiser que seja um gabarito), no menu File (Arquivo) escolha Save As Template (Salvar Como Gabarito). Isto inicializará a caixa de diálogo Save As Template, como mostrado na Figura 1.9. Eis as opções disponíveis nesta caixa de diálogo:

- **Name** (Nome). Aqui, você pode nomear seu gabarito. Nomeie-o com algo que faça sentido, para que seja fácil de encontrar quando precisar acessar este gabarito.
- **Category** (Categoria). Escolha uma categoria neste menu suspenso onde deseja armazenar seu gabarito. Se não gostar das categorias que a Macromedia configurou, crie sua própria, digitando no campo de texto.
- **Description** (Descrição). Use esta área para descrever rapidamente o gabarito. Isto poderá ser útil se estiver trabalhando em um projeto grande, que armazena muitos gabaritos. Uma descrição poderá facilitar para selecionar ou encontrar um determinado gabarito.

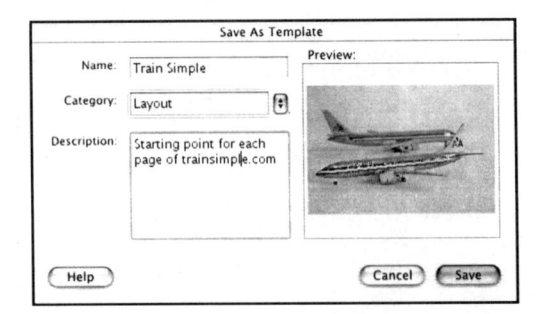

Figura 1.9 A caixa de diálogo Save As Template.

Agora que você gravou seu gabarito, como irá acessá-lo? Simples – no menu File, escolha New from Template (Novo a partir do Gabarito). Isto abrirá uma nova janela com todo o conteúdo do gabarito.

Nota

Para atualizar ou alterar um gabarito, você terá que abrir este arquivo. Quando gravar um documento como um gabarito, ele será armazenado na pasta Templates na pasta Applications (Aplicações). Geralmente, para encontrar essa pasta terá que ir para a pasta Flash MX e então escolher a pasta First Run (Primeira Execução), para encontrar a pasta Templates. Na pasta Templates estão as categorias diferentes, todas divididas em pastas separadas. Escolha a pasta para a categoria na qual gravou seu gabarito. Nesta pasta você deverá ser capaz de encontrar o arquivo. Se atualizar o arquivo, não estará atualizando os arquivos baseados no gabarito.

Compatibilidade

Mesmo que tenha sido corajoso o bastante para comprar o Flash MX, não significa que o resto do mundo foi. Você poderá ainda compartilhar arquivos com os outros membros da equipe ou clientes que estão usando o Flash 5. Assim que tiver terminado um projeto, escolha File, Save As. Isto inicializará a caixa de diálogo mostrada na Figura 1.10. No menu suspenso Format (Formatar) (Mac) ou Save as Type (Salvar como Tipo) (Win), escolha Flash 5. O Flash irá avisá-lo automaticamente se houver recursos incompatíveis no documento quando gravá-lo no Flash 5.

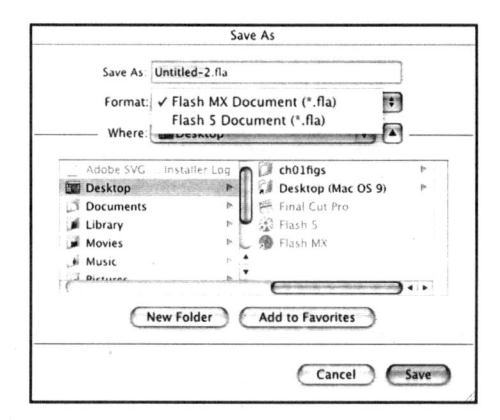

Figura 1.10 A caixa de diálogo Save As.

Componentes predefinidos

Os componentes predefinidos compõem um ótimo recurso novo no Flash e serão tratados em detalhes no Capítulo 16, "Componentes", que também cobre como construir seus próprios componentes. A capacidade de usar estes componentes é uma das razões para atualizar para o Flash MX. Os componentes Flash MX simplificam a criação de interações complexas. No Flash 5, era bem fácil tornar um texto dinâmico navegável, mas é ainda mais fácil (e legal) no Flash MX. O processo é simples, portanto, vejamos.

Como construir uma barra de navegação com componentes predefinidos

Para acompanhar este exercício, visite o site Web complementar e carregue o arquivo precomp.fla. Este arquivo consiste de várias camadas, mas a que iremos analisar aqui é a camada do componente. Neste caso, temos um campo de texto que é muito longo; na verdade, cobre parte de nosso trabalho de arte. Para corrigir isso, iremos usar o componente predefinido de barra de navegação. Eis as etapas a seguir:

1. Abra o arquivo precomp.fla, que você carregou do site Web.
2. Certifique-se de que a camada do componente esteja selecionada. Se não estiver, você poderá selecioná-la clicando-a. Se as outras camadas já não estiverem bloqueadas, você poderá querer bloqueá-las, clicando na lista marcada sob a coluna de cadeado no painel Layers (Camadas).
3. Clique no bloco de texto para selecioná-lo. No Properties Inspector, notará que ele está definido para texto estático. Você não poderá aplicar o componente da barra de navegação em uma caixa de texto estático. No menu suspenso, escolha Dynamic Text (Texto Dinâmico), como mostrado na Figura 1.11.
4. É muito importante nomear o campo do texto. Prossiga e nomeie o seu como **text**.

5. Outro fator importante ao fazer com que o componente funcione é alterar o tipo de linha de simples para diversas linhas. Use o menu suspenso Line Type (Tipo de Linha) no Properties Inspector, como mostrado na Figura 1.12.
6. Agora selecione a ferramenta Text (Texto). Com a ferramenta Text, clique dentro do bloco de texto, como se fosse fazer alguma edição. Como exibido na Figura 1.13, pressione a tecla Shift no teclado e clique duas vezes na alça de redimensionamento da caixa de texto. Você notará que ficará sólida. Isto permitirá redimensionar o campo de texto para um tamanho menor, ocultando qualquer texto em excesso. O texto oculto não será danificado ou apagado; apenas não ficará visível na área visível da caixa de texto. Ao redimensionar, deixe espaço para a barra de navegador.
7. Certifique-se de que o painel Components (Componentes) esteja aberto. Se não estiver, escolha Window, Components. Neste painel, simplesmente escolha o componente da barra de navegação e arraste-o para o campo de texto, como exibido na Figura 1.14.
8. Teste o filme para ver como funciona. No menu Control (Controle), escolha Test Movie (Testar Filme). Não foi simples?

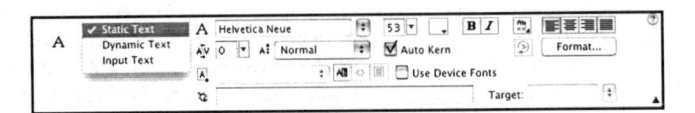

Figura 1.11 Escolha Dynamic Text no menu suspenso Text Type.

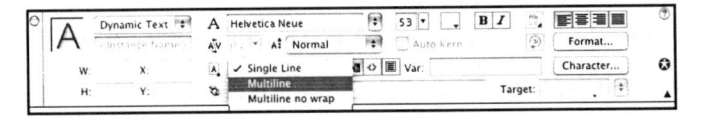

Figura 1.12 O menu suspenso Line Type no Properties Inspector.

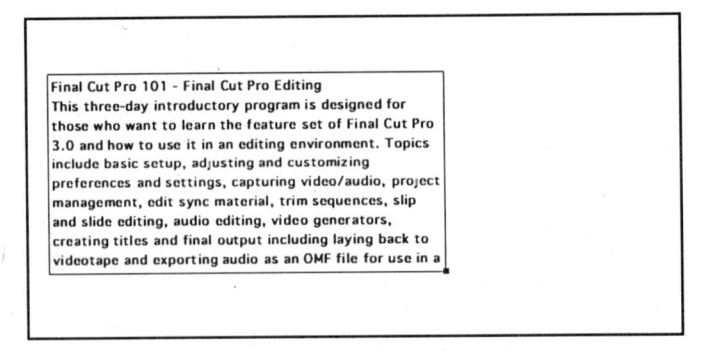

Figura 1.13 Note que a alça de redimensionamento é sólida. Isto permitirá que a caixa de texto seja redimensionada, independentemente da quantidade de texto dentro dela.

Capítulo 1 – O que é novo no Flash MX? | 11

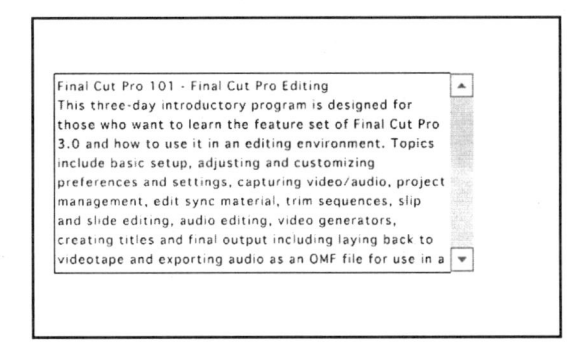

```
Final Cut Pro 101 - Final Cut Pro Editing
This three-day introductory program is designed for
those who want to learn the feature set of Final Cut Pro
3.0 and how to use it in an editing environment. Topics
include basic setup, adjusting and customizing
preferences and settings, capturing video/audio, project
management, edit sync material, trim sequences, slip
and slide editing, audio editing, video generators,
creating titles and final output including laying back to
videotape and exporting audio as an OMF file for use in a
```

***Figura 1.14** Ao colocar a barra de navegação, coloque-a dentro do campo do texto dinâmico.*

Como você pode ver, usar os componentes predefinidos é divertido. Estaremos usando cada um destes componentes no Capítulo 16. As possibilidades são infinitas.

Integração do produto

Atualizar os gráficos nunca foi tão fácil. Se você for um usuário Dreamweaver e vem usando o recurso Edit do Fireworks, agora encontrará esta mesma funcionalidade no Flash MX. Para aqueles que não usam o Dreamweaver ou o recurso Edit do Fireworks, terão uma surpresa. Porém, é importante que você possua o Fireworks e o tenha instalado em seu sistema. A Figura 1.15 mostra um gráfico do mapa de bits na Library (Biblioteca). Se por alguma razão algo sobre o gráfico for mudar (talvez sua cor de fundo), ao invés de abrir o arquivo-fonte e fazer os ajustes (importando de novo o arquivo ou atualizando-o através das propriedades Library), tudo que terá que fazer é acessar o menu de opções Library e então escolher Edit With (Editar Com) para inicializar a caixa de diálogo Select External Editor (Selecionar Editor Externo). Nela, escolha Fireworks, como mostrado na Figura 1.16.

Nota

Você pode também escolher outras aplicações, como Adobe Photoshop e ImageReady.

Isto irá inicializar automaticamente o Fireworks, que por sua vez inicializará uma caixa de diálogo e pedirá que você escolha uma fonte diferente para a imagem. Escolha Yes (Sim) para encontrar um arquivo PNG equivalente nativo para a imagem ou No (Não) para usar o formato GIF ou JPG usado no Flash. Se estiver fazendo apenas um ajuste menor, escolha No. Na seção inferior da caixa de diálogo, poderá escolher evitar a caixa de diálogo no futuro, como mostrado na Figura 1.17.

Figura 1.15 Library contém gráficos.

Figura 1.16 A caixa de diálogo Select External Editor.

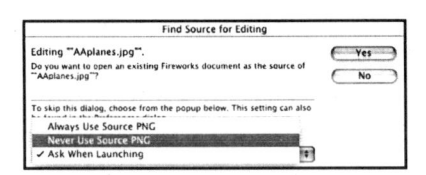

Figura 1.17 A caixa de diálogo Find Source for Editing.

Assim que você tiver feito os ajustes necessários, clique o botão Done (Terminado) no canto superior esquerdo da janela, como mostrado na Figura 1.18. Isto fechará o Fireworks e o levará de volta para o Flash com um arquivo atualizado.

Agora, como exibido na Figura 1.19, a imagem no Flash reflete as alterações feitas no Fireworks. Se você não possuir o Fireworks, poderá usar outra aplicação, como o Adobe Photoshop, para fazer estas alterações. No menu de opções da Library, escolha Edit With, que inicializará uma caixa de diálogo pedindo para selecionar um editor.

Capítulo 1 – O que é novo no Flash MX? | **13**

Figura 1.18 *Clique o botão Done para gravar as alterações do arquivo e atualizar automaticamente o arquivo no Flash.*

Figura 1.19 *A imagem foi atualizada automaticamente, pelas alterações feitas no Fireworks.*

Meio dinâmico

O Flash MX fornece a capacidade de criar arquivos JPEG e MP3 dinâmicos. Isto significa que você poderá carregar os arquivos JPEG e MP3 durante a execução, economizando tempo durante o carregamento inicial e criando uma experiência mais interativa. Por muitos anos, isto podia ser feito apenas usando uma aplicação como o Generator da Macromedia. Muitos seguidores fiéis do Generator provavelmente já notaram que ele não é suportado ainda pelo Flash MX. Contudo, a Macromedia construiu o padrão de recursos número um do Generator com o Flash MX – carregar componentes dinâmicos. O seguinte exercício fará com que se sinta confortável criando gráficos dinâmicos aleatórios.

Como carregar mapas de bits dinâmicos aleatórios

Este exercício é um exemplo simples de como você pode criar imagens aleatórias em seu filme Flash, que são carregadas dinamicamente. Para seguir o exercício, será melhor carregar todos os arquivos de suporte localizados em http://www.flashmxunleashed.com. Eis as etapas a seguir:

1. Abra um novo documento. Grave este documento como dynamicImages.fla em uma nova pasta em sua área de trabalho chamada media.

2. Depois de carregar as seis imagens do site Web complementar, grave cada uma na pasta media em sua área de trabalho. Note também os nomes das imagens, que são image0.jpg, image1.jpg, image2.jpg, image3.jpg, image4.jpg, image5.jpg.

3. Dentro do novo documento, escolha Insert (Inserir), New Symbol (Novo Símbolo) para inicializar a caixa de diálogo New Symbol. Escolha o botão de rádio de comportamento Movie Clip (Clipe do Filme) e nomeie seu símbolo como **imageHolder**.

4. Clique em OK. Agora você será colocado no modo de edição do símbolo do clipe do filme. Note sob a linha do tempo a aba Scene 1 (Cena 1) e a aba imageHolder. Clique na aba Scene 1 para ir para o documento principal.

5. Note que a cena está vazia. Escolha Window, Library para abrir a Library do filme. Em Library, arraste uma instância do clipe do filme imageHolder e coloque-a em qualquer lugar na cena. Note que o clipe do filme não é nada mais que uma cruz, porque atualmente não tem nenhum conteúdo.

6. Selecione o clipe do filme na cena. No Properties Inspector, forneça-lhe um nome de instância **holder**. (Se o Properties Inspector não estiver visível, escolha Window, Properties Inspector.)

7. Grave este filme na pasta media em sua área de trabalho.

8. Destaque o quadro 1 e pressione F9 em seu teclado para abrir o painel Actions (Ações). No painel Actions, certifique-se de que esteja no modo expert (especialista). Você poderá entrar no modo expert pressionando Shift+Cmd+E (Mac) ou Shift+Ctrl+E (Windows). Digite a seguinte ação:

   _root.holder.loadMovie("image"+random(5)+".jpg");

   A primeira parte deste script tem como destino a instância do clipe do filme, holder. A ação loadMovie chama o URL ou o local das imagens. Se as imagens estivessem localizadas em um subdiretório ou em um diretório diferente do arquivo Flash, teriam que ter a fonte referida de acordo. O nome da imagem está entre aspas e um número aleatório é ligado ao nome literal do arquivo para obter o número da imagem. Então isto é ligado à extensão do arquivo. Portanto, cada imagem é nomeada como image0.jpg, image1.jpg etc.

9. Teste o filme escolhendo Control, Test Movie. Note que um arquivo de imagem é carregado no documento. Se você continuar a testar o filme, as imagens serão carregadas de modo aleatório e dinâmico.

Novo ActionScript Editor

O Flash MX mantém uma série de recursos que tornam a codificação mais fácil e concisa. A sugestão de código, por exemplo, fornece um menu de navegação instantâneo, no qual escolher as diferentes condições ao fazer o script. Veja a Figura 1.20 para obter um exemplo de digitação de uma ação on( ).

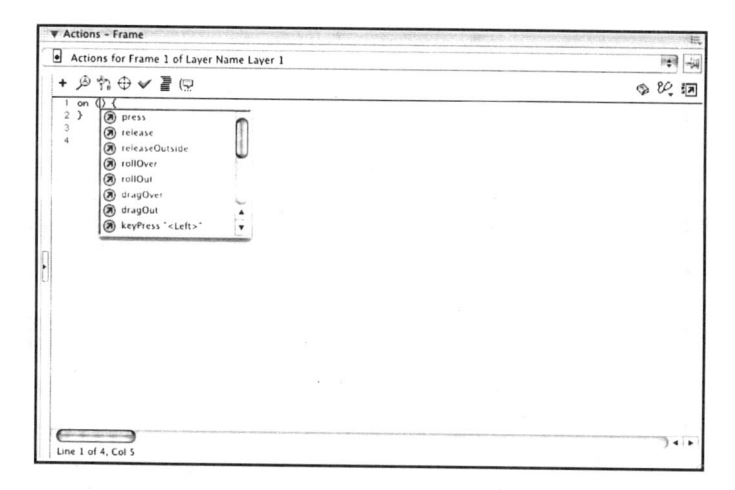

Figura 1.20 A sugestão de código no ActionScript Editor.

Você poderá alterar um retardo, em segundos, para quando a sugestão instantânea for ativada. Também poderá escolher seu próprio código de cor para melhor adequar ao seu fluxo de trabalho. No menu Options (Opções) do ActionScript Editor (Editor ActionScript), localizado no canto superior direito do painel, escolha Preferences, como mostrado na Figura 1.21.

Outro recurso maravilhoso do ActionScript Editor é a formatação automática. É uma ótima maneira de assegurar que todo seu código será formatado devidamente. Torna-se útil quando você esquece de recuar, por exemplo, ou quando encontra algum outro problema de formatação. Mantendo seu código formatado devidamente, será muito mais fácil depurar mais tarde quando estiver testando seus filmes.

O painel Reference (Referência), também foi revisado. Se você destacar qualquer parte de seu código e clicar o botão Reference, como mostrado na Figura 1.22, inicializará o painel Reference recém-reconstruído. Este novo painel é mais fácil de ler e navegar para obter informações adicionais.

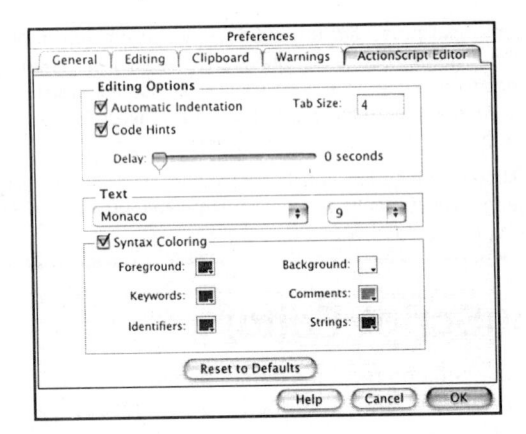

Figura 1.21 O menu Options do ActionScript Editor.

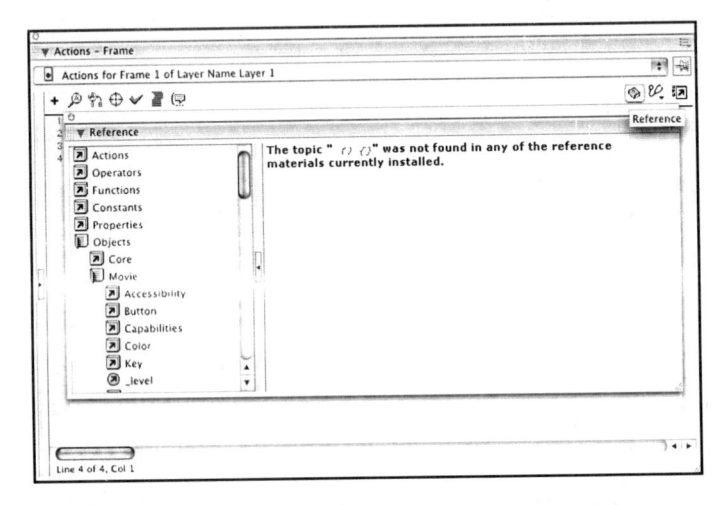

Figura 1.22 O painel Reference recém-reconstruído.

Máscaras dinâmicas

Nova no Flash MX é a capacidade de criar uma máscara dinâmica. Isto significa que qualquer símbolo do clipe do filme poderá ser usado para mascarar outro símbolo do clipe do filme que usa o método setMask. A vantagem disto é que seu painel Frames (Quadros) não ficará cheio desnecessariamente, com camadas de máscara e de máscara escrava.

Possivelmente, uma das melhorias mais importantes com o mascaramento dinâmico é a capacidade de criar sem esforço máscaras que podem ser arrastadas (o que nunca foi fácil nas versões anteriores do Flash). O acréscimo das máscaras que podem ser arrastadas abre um mundo inteiro de possibilidades. Para obter mais informações sobre este tópico, consulte o Capítulo 21, "Interatividade avançada".

Suporte de vídeo

O Flash MX oferece alguns recursos novos interessantes para trabalhar com o vídeo digital. Muitos recursos principais serão tratados no Capítulo 9, "Técnicas de animação e vídeo digital". Esta seção é apenas uma visão geral rápida do que está guardado para mais tarde. Como sempre, você poderá importar o vídeo para o Flash e exportá-lo para um filme QuickTime. Agora, alguns novos acréscimos poderão ser encontrados no MX. Você poderá incorporar qualquer formato de arquivo compatível com o QuickTime ou com o Windows Media Player no filme Flash. O vídeo também se tornará um objeto que você poderá dimensionar, inclinar, girar e mascarar. Poderá ainda tornar o objeto de vídeo mais interativo usando o script.

O vídeo é suportado nativamente no Flash MX player com o acréscimo do codec (compressor-descompressor) Sorenson Spark.

Acessibilidade

Com o acréscimo do Flash MX, seu site Web poderá agora fornecer informações acessíveis para as pessoas com várias deficiências. Fazendo isto, aumentará o mercado de seu site Web para um público maior. Este tópico é tratado com mais detalhes no site Web complementar http://www.flashmxunleashed.com.

Capítulo 2

Apresentação do Flash MX

por Matt Pizzi

Neste capítulo

- O Flash é baseado em vetores
- Interface
- Preferências do Flash MX
- Atalhos de teclado
- Como alterar o espaço de trabalho com o menu View

O Macromedia Flash é um programa de animação baseado em vetores. Porém, não está limitado apenas à animação no sentido tradicional. A animação Flash é a base para todas as coisas legais na Web. Indo além da animação tradicional apenas, o Flash fornece aos desenvolvedores Web a capacidade de se comunicar visualmente e interagir com seu público como nunca antes. Os limites da HTML dificilmente são um problema, permitindo que sua imaginação corra solta.

O Macromedia Flash tornou-se um padrão na Web. Muitas empresas usam o Flash para ter um impacto em um número maior de pessoas na Web, e suas mensagens são mais atraentes, devido ao meio rico que o Flash fornece.

O Flash não está limitado apenas aos gráficos elegantes e aos sons atraentes; é a principal aplicação de desenvolvimento Web – em especial na última versão do Flash MX. A Macromedia decidiu trocar sua convenção de nomenclatura para marcar não apenas uma nova versão do Flash, mas também uma nova geração da aplicação. Esta nova geração oferece a capacidade de interagir com o middleware e outras tecnologias, para trazer um verdadeiro conteúdo dinâmico e desenvolvimento da aplicação para a plataforma Flash. O ActionScript do Flash é uma linguagem de script baseada no padrão ECMAScript e lembra muito o JavaScript. É uma vantagem enorme para muitos; se você conhece o JavaScript, irá se sentir confortável na linguagem ActionScript, porque as estruturas serão familiares. Contudo, se esta for sua primeira exposição ao script baseado em objetos, achará que assim que se sentir confortável com o ActionScript, aprender outros tipos de linguagem de script e/ou programação baseada em objetos será muito mais fácil, pois os fundamentos do ActionScript são iguais em todas as linguagens de programação baseada em objetos (OOP).

O Flash é baseado em vetores

O Macromedia Flash é uma ferramenta de desenvolvimento Web baseada em vetores. Quando os gráficos são criados no Flash, são construídos a partir de uma série de pontos vetoriais e são conectados através da matemática. Você terá diversas vantagens ao desenvolver um conteúdo com o trabalho vetorial, especialmente para os gráficos com movimento na Web. Veja a Figura 2.1. Note as linhas onduladas bonitas e suaves do gráfico vetorial à esquerda e as linhas dentadas com baixa qualidade no mapa de bits à direita.

Os gráficos vetoriais são especialmente úteis na animação. Com freqüência, em uma seqüência de animação virá um ponto de cada vez quando o gráfico precisar ser dimensionado. Se um mapa de bits estiver sendo usado, os pixels terão que ser interpolados para considerarem o novo espaço do tamanho da imagem maior. Quando esta interpolação ocorrer, o programa adivinhará como os novos pixels deverão ser em termos de cor (assim degradando a nitidez) e de qualidade do conteúdo original. Se esta mesma animação com dimensionamento ocorrer com uma parte do trabalho vetorial, durante a seqüência de dimensionamento os pontos vetoriais mudarão de posição e a matemática será recalculada. A alteração na matemática dos pontos vetoriais não diminui em nada a qualidade da imagem.

Capítulo 2 – Apresentação do Flash MX | 21

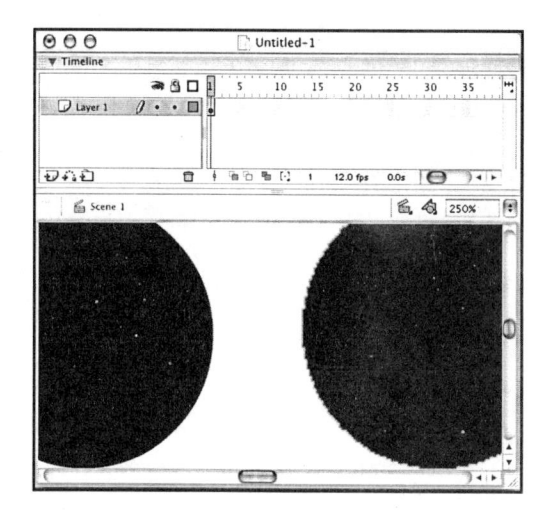

Figura 2.1 Os gráficos vetoriais versus os gráficos do mapa de bits.

Interface

A nova interface Flash MX tem muitas áreas a explorar. Para vermos os muitos recursos desta interface, algumas vezes teremos que interagir com diferentes objetos Flash. Para tanto, criei uma biblioteca de trabalhos que usaremos em muitas lições deste livro. Ela está localizada no site Web deste livro, www.flashmxunleashed.com.

Como instalar a biblioteca comum Unleashed

Eis as etapas que você precisará executar para instalar a biblioteca comum Unleashed:

1. Navegue para http://www.flashmxunleashed.com/library.html usando seu navegador Web favorito e carregue o arquivo Unleashed.fla.
2. Localize a pasta do programa Macromedia Flash MX em seu disco rígido.
3. Abra a pasta \First Run, encontrada na pasta do programa Flash MX.
4. Abra a pasta libraries e mova o arquivo Unleashed.fla para dentro dela. Você também notará as outras bibliotecas comuns que são usadas pelo Flash, como os botões, sons e as interações da aprendizagem.
5. Agora poderá acessar a biblioteca Unleashed no Flash, selecionando o comando de menu Windows, Common Libraries (Bibliotecas Comuns), Unleashed.fla. Isto inicializará a biblioteca Unleashed, como mostrado na Figura 2.2.

Um filme QuickTime poderá ser encontrado no site Web mostrando o processo de instalação da biblioteca Unleashed.

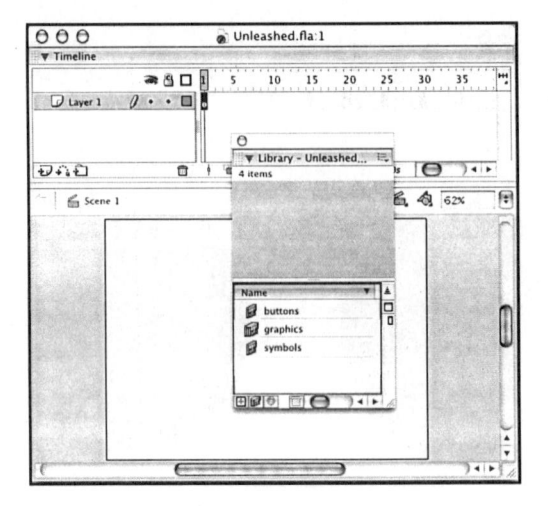

Figura 2.2 A biblioteca Unleashed.

O Flash MX usa uma interface nova, que fornece um estilo claro para maximizar a produtividade. Os mais notáveis são os novos painéis fixáveis e o Properties Inspector (Inspetor de Propriedades). E mais, o painel Layers (Camadas) oferece agora a capacidade de criar subpastas para ter uma melhor organização. Consulte as figuras 2.3 e 2.4 para ver a interface Flash MX no Macintosh e no Windows.

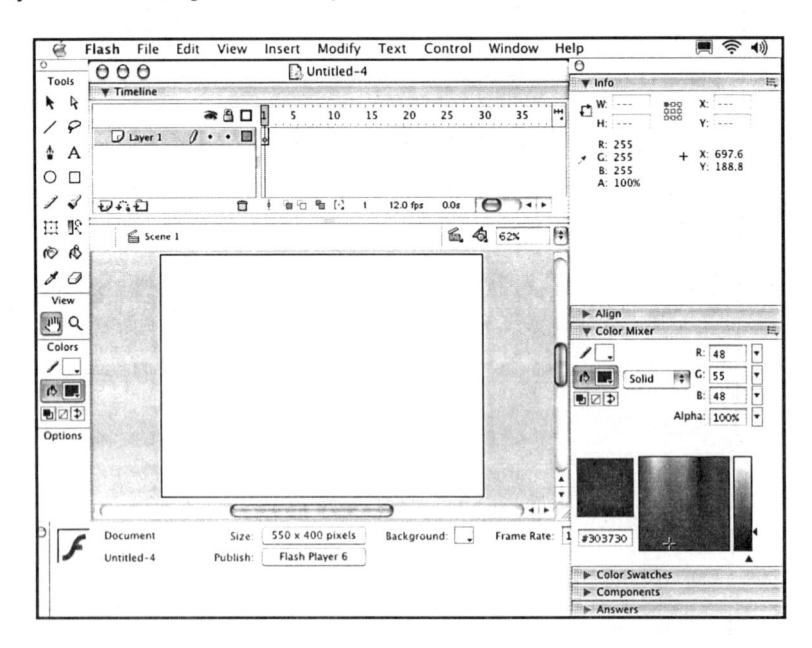

Figura 2.3 A nova interface Flash MX no Macintosh.
O Flash MX no OS X permanece fiel à interface Aqua.

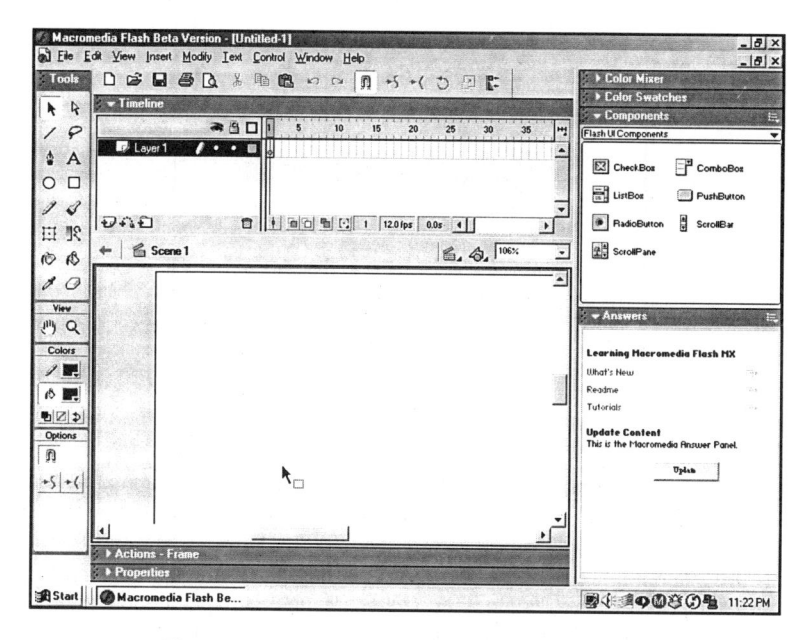

Figura 2.4 A nova interface Flash MX no Windows.
Observe os bonitos painéis fixáveis.

Vejamos um pouco mais de perto o que a interface tem a oferecer. Primeiro, todo documento Flash tem uma cena. O tamanho da cena e a cor podem ser modificados em suas especificações. Você poderá alterar as propriedades através da caixa de diálogo Document Properties (Propriedades do Documento), que pode ser acessada de várias maneiras:

- Clique o comando de menu Modify (Modificar), Document (Documento), que inicializará a caixa de diálogo Document Properties.
- Com a ferramenta Pointer (Ponteiro) selecionada no painel Tools (Ferramentas), note que o Properties Inspector fornecerá um retorno básico sobre as propriedades do documento. Se o Properties Inspector não estiver aberto, escolha Window (Janela), Properties. Dentro do Properties Inspector, clique o botão Size (Tamanho), que também inicializará a caixa de diálogo Document Properties.
- Outra maneira de ativar a caixa de diálogo Document Properties é clicar duas vezes na caixa Frame Rate (Velocidade de Projeção) na parte inferior do painel Timeline (Linha do Tempo). A caixa de diálogo Document Properties será exibida como na Figura 2.5.

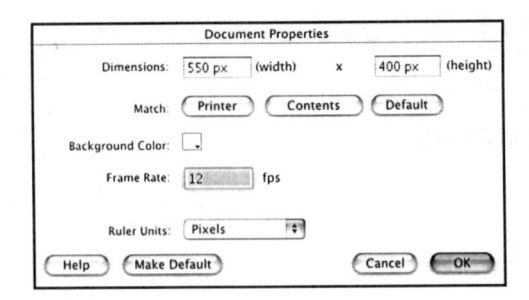

Figura 2.5 A caixa de diálogo Document Properties.

Iremos revisar as diferentes opções nesta caixa de diálogo, para que você tenha uma melhor compreensão do que significam e como poderá usá-las em seu desenvolvimento:

- **Dimensions (Dimensões).** Digite um valor para a largura e a altura para definir o tamanho de sua cena. O tamanho mínimo é de 1 px por 1 px (pixel) e o tamanho máximo é de 2880 px por 2880 px.
- **Match Printer (Coincidir com Impressora).** Define o tamanho da cena para a área de impressão máxima disponível, como determinado pelo tamanho do papel menos qualquer margem associada na caixa de diálogo Page Setup (Configuração da Página).
- **Match Contents (Coincidir com Conteúdo).** Define o tamanho da cena para caber todos os objetos, com uma quantidade igual de espaço em todos os lados.
- **Default.** Define o tamanho da cena para o default de 550 px por 400 px. Esta opção também define a cor para branco e a velocidade de projeção para 12.
- **Background Color (Cor do Segundo Plano).** Clique no local da tinta para abrir uma amostra de cores seguras da Web, com seus códigos hexadecimais correspondentes. Quando você mover o cursor para fora da área de amostra, ele irá se transformar em um conta-gotas, permitindo que selecione qualquer cor em seu monitor.
- **Frame Rate.** Determina quantos quadros por segundo reproduzir na linha do tempo.
- **Ruler Units (Unidades da Régua).** Escolha as unidades da dimensão a serem usadas: pixels, polegadas, pontos, milímetros ou centímetros. Sempre que seu documento se referir às *dimensões* – seja em uma régua ou no painel Info (Informações) – usará as unidades especificadas aqui. Para a Web, é melhor deixar esta definição em pixels.
- **Make Default (Tornar Default).** Depois de alterar as dimensões, cor, velocidade de projeção e/ou unidades da régua, você poderá usar estas novas características e torná-las defaults para qualquer documento novo criado no Flash. Isto poderá realmente economizar tempo!

Configurar o documento para adequar aos seus hábitos de trabalho e necessidades do projeto é um componente essencial do desenho Flash. Na próxima seção, iremos explorar uma parte crucial da interface – usar as definições e as propriedades dos diferentes elementos em seu filme Flash.

Properties Inspector

O Properties Inspector é um painel exclusivo, que fornece retorno em muitos objetos diferentes dentro do Flash. Se você estiver vindo do Dreamweaver, já estará familiarizado com a natureza deste painel. Muitos chamam o Properties Inspector de "contextual", significando que o contexto do Inspector mudará com base no que é selecionado no documento.

Você pode ver nas figuras 2.6, 2.7 e 2.8, que a face do Properties Inspector não é constante. Há muitos itens diferentes com os quais trabalhar dentro do Flash, e o Properties Inspector ajuda a interface a ficar organizada. Quando começar a trabalhar e a desenvolver no Flash, verá muitas características diferentes do Inspector.

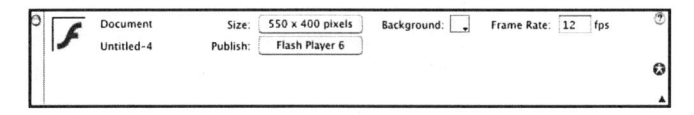

Figura 2.6 O Properties Inspector com a ferramenta Arrow selecionada.

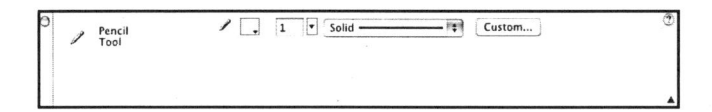

Figura 2.7 O Properties Inspector com a ferramenta Pencil selecionada.

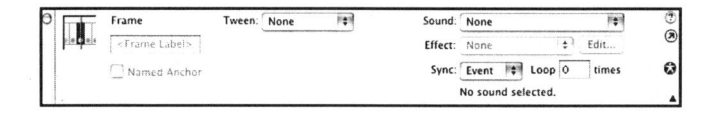

Figura 2.8 O Properties Inspector com um quadro-chave selecionado.

Painéis

Com o Properties Inspector, o Flash oferece muitos painéis flutuantes para mais opções e informações sobre os itens. Com a nova interface do usuário, os painéis têm uma maneira útil de fixação. Ao invés dos painéis flutuando sobre o ambiente de trabalho, eles poderão ser armazenados em um local central. Para tanto, simplesmente arraste o canto superior esquerdo do painel para o local onde está olhando para fixá-lo. Naturalmente, se quiser os painéis espalhados, terá esta opção também. Minha parte favorita da nova UI é o fato de que posso reduzir um painel e expandir outro. Isto pode de fato agilizar a produção, porque você nunca precisará realmente fechar totalmente qualquer um dos painéis. Se estiver reduzindo-os em um Mac, poderá ver a área de trabalho no segundo plano. Este não é o caso para o Windows. No Windows, outros painéis poderão mudar de posição e utilizar o novo espaço não usado. Note que os triângulos "de movimento" podem expandir ou reduzir um painel, como mostrado na Figura 2.10.

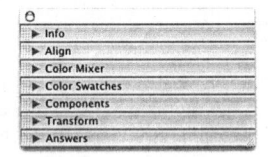

Figura 2.9 Os sete painéis fixados reduzidos.

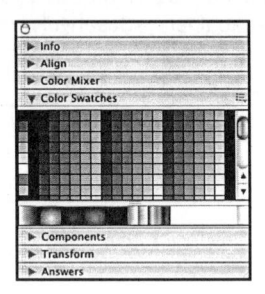

Figura 2.10 Os sete painéis fixados com um expandido.

Com todos estes painéis diferentes disponíveis para o uso, a organização se tornará uma questão enorme. Felizmente para nós, as pessoas na Macromedia já resolveram este problema criando vários conjuntos de painéis diferentes. Um *conjunto de painéis* fornece uma maneira de classificar os muitos painéis em uma configuração gerenciável, que pode ser gravada para o desenvolvedor. A Macromedia realmente gravou várias configurações diferentes, ajustadas aos diferentes tamanhos de monitor. Para ver um exemplo disto, selecione o comando de menu Window, Panel Sets (Conjuntos de Painéis), Default Layout (Layout Default). O conjunto de painéis mudará para a definição default de fábrica, como mostrado na Figura 2.11.

Naturalmente, você poderá ter seu próprio fluxo de trabalho e sistema que funciona melhor. Se estiver lidando com os painéis sempre que abrir o Flash para classificá-los como deseja, poderá simplesmente fazê-lo uma vez e então gravar o layout.

Como gravar seu próprio layout do painel

Eis as etapas a seguir para gravar o layout do seu painel:

1. Configure os painéis movendo-os e redimensionando-os como o mais adequado aos seus hábitos de trabalho.
2. Selecione o comando de menu Window, Save Panel Layout (Salvar Layout do Painel). Isto inicializará a caixa de diálogo Save As (Salvar Como).
3. Nomeie o conjunto de painéis como quiser no campo de texto. Escolha OK.
4. Para acessar este novo layout, veja o menu Window, Panel Sets para exibi-lo na lista de layouts.

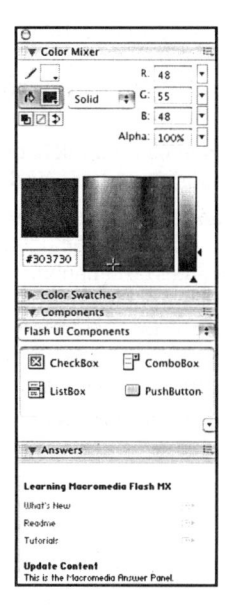

Figura 2.11 O layout do painel default.

Iremos ver mais profundamente os painéis mais importantes e revisaremos os menores quando os usarmos nos diferentes exercícios no livro. Porém, para evitar redundância, não entraremos em detalhes para alguns destes painéis, como o painel Color Mixer (Misturador de Cores), porque iremos revisá-los no Capítulo 3, "Como criar gráficos no Flash".

Painel Align

O painel Align (Alinhar) tem cinco áreas diferentes para controlar os objetos Flash: Align, Distribute (Distribuir), Match Size (Coincidir com Tamanho), Space (Espaço) e To Stage (Para Cena). Os ícones nos botões são indicações bem precisas de sua funcionalidade. Clique no comando de menu Window, Align para abrir o painel Align, mostrado na Figura 2.12.

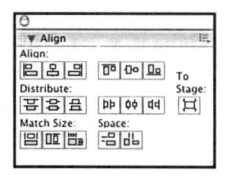

Figura 2.12 O painel Align.

Os conjuntos de parâmetros no painel Align são detalhados aqui:

- **Align**. Os três primeiros botões são para o alinhamento horizontal e os três últimos são para o alinhamento vertical. Estes botões são usados para alinhar dois ou mais objetos.

- **Distribute.** O conjunto de seis botões é para a distribuição vertical e horizontal. São os botões comumente usados para espaçar três ou mais itens. O espaçamento entre os objetos é calculado com base na distância dos objetos em seus locais originais, que então é dividida igualmente.
- **Match Size.** Estes botões fazem com que dois ou mais objetos sejam dimensionados igualmente. São mais bem usados para o trabalho de arte feito à mão.
- **Space.** Estes botões funcionam de modo muito parecido com o alinhamento Distribute, no sentido de que são usados para espaçar os itens igualmente. Porém, se você usar Distribute para os itens ou os objetos diferentes no tamanho, poderá achar difícil obter o espaçamento exato. Distribute espaça os objetos a partir de um ponto de referência geral da parte superior, meio ou inferior. Portanto, se os objetos tiverem tamanhos diferentes, o ponto de referência poderá não ser 100% preciso. Space assegura que todos os objetos serão espaçados exatamente na mesma quantidade de pixels uns dos outros.
- **To Stage.** Este botão administra na cena todos os comandos de alinhamento.

O painel Align em ação

Usar o painel Align é uma operação simples, como mostrado neste conjunto de etapas:

1. Abra a biblioteca Unleashed, selecionando o comando de menu Window, Common Libraries, Unleashed.
2. Arraste três cópias do arquivo de logotipo. Coloque-as na cena de modo aleatório.
3. Clique em uma das instâncias do logotipo, pressione a tecla Shift e então clique nas duas restantes. Todos os três logotipos serão selecionados.
4. No painel Align, clique o botão Align Vertical Center (Alinhar Centro Vertical). Os logotipos serão centralizados na vertical (veja a Figura 2.13).
5. Clique o botão Distribute Horizontal Center (Distribuir Centro Horizontal). Os logotipos agora serão espaçados na horizontal (veja a Figura 2.14).

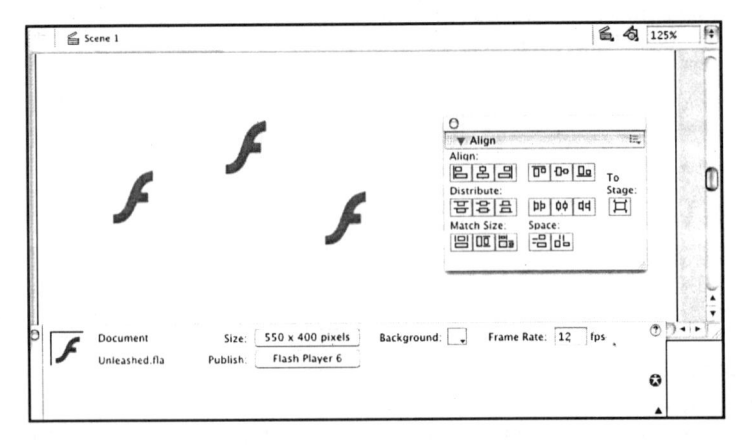

Figura 2.13 As três instâncias do logotipo na cena com o painel Align aberto.

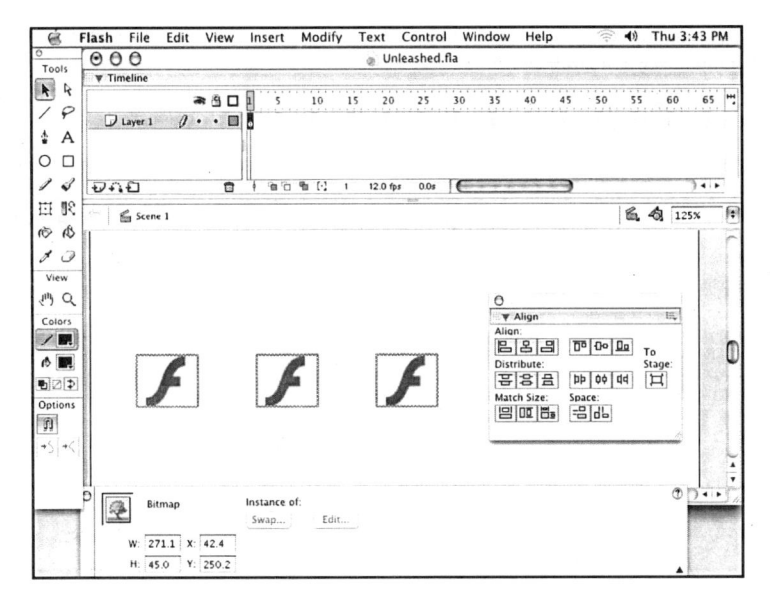

Figura 2.14 As três instâncias alinhadas igualmente com uma quantidade igual de espaço entre elas.

Painel Info

O painel Info fornece muitos detalhes informativos e é útil para posicionar e dimensionar o trabalho de arte Flash. Você poderá também acessar os valores da cor RGB de um item, assim como as coordenadas x, y do cursor. Para exibir o painel Info, clique no comando de menu Window, Info (veja a Figura 2.15).

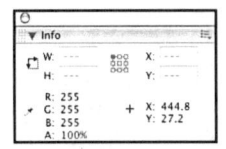

Figura 2.15 O painel Info.

Painel Transform

O painel Transform (Transformar) é uma área designada para alterar a aparência de um objeto. Para acessar o painel Transform, selecione o comando de menu Window, Transform.

A parte superior do painel tem opções para alterar a altura e a largura de um objeto, com base na porcentagem. Para mudar a largura e a altura igualmente, marque a caixa ao lado de Constrain (Limitar). Isto manterá as proporções do objeto. Eis alguns outros pontos a lembrar quando usar o painel Transform:

- Se você escolher o botão de rádio Rotate (Girar), terá que digitar um valor numérico positivo ou negativo na caixa de texto para girar o objeto.

- Se você escolher o botão de rádio Skew (Inclinar), terá que digitar um valor numérico positivo ou negativo para inclinar o item.
- Depois de digitar qualquer valor, terá que pressionar Return (Mac) ou Enter (Windows) para aplicar a transformação.
- O botão Copy and Apply Transform (Copiar e Aplicar Transformação) (o botão esquerdo no canto inferior direito do painel, como mostrado na Figura 2.16) aplicará a transformação, se você não pressionou a tecla Enter/Return primeiro, em uma duplicata exata do item.
- O botão Reset (Redefinir) (o botão direito no canto inferior direito do painel, também mostrado na Figura 2.16) redefinirá o item selecionado alterado.

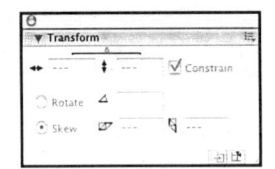

Figura 2.16 O painel Transform.

Preferências do Flash MX

As preferências no Flash MX contêm recursos para personalizar a interface para melhorar seu fluxo de trabalho. As preferências diferem ligeiramente entre as plataformas Macintosh e Windows – por exemplo, há mais algumas opções na categoria General (Geral) no Windows, que levam em conta pequenas diferenças entre os dois sistemas operacionais. Para acessar a caixa de diálogo Preferences (Preferências) (mostrada na Figura 2.17), clique no comando de menu Edit (Editar), Preferences.

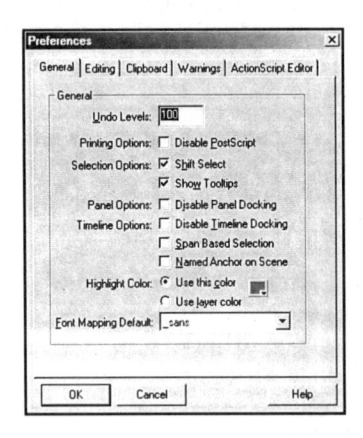

Figura 2.17 A caixa de diálogo Preferences no Windows.

Aba General

Iremos decompor a caixa de diálogo Preferences. Começaremos com a aba General para o Mac, como mostrado na Figura 2.18 e iremos para as outras abas, vendo algumas diferenças entre a plataforma Macintosh e Windows:

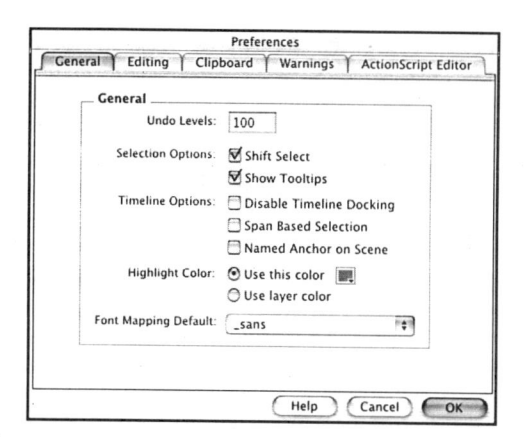

Figura 2.18 A aba General (Macintosh).

- **Undo Levels (Desfazer Níveis).** Este número representa a quantidade de etapas armazenadas na memória do sistema. Quanto mais alto for o número, mais RAM a máquina precisará para executar as tarefas comuns na aplicação. O default é 100, e com os sistemas operacionais avançados como o Mac OS X e o Windows XP, isto mantém um nível razoável. Porém, você poderá achar que esta definição é um pouco alta, dependendo da idade de sua máquina. Portanto, poderá diminuir o nível – na verdade, tudo até 0. Uma definição 200 é a quantidade máxima de níveis undo.
- **Printing Options (Opções da Impressão) (Windows Apenas).** Este recurso permite desativar a saída PostScript ao imprimir em uma impressora PostScript, que diminuirá o desempenho da impressão. Por default, esta opção está marcada.
- **Selection Options (Opções da Seleção).** Shift Select (Shift e Selecionar) está marcada por default. Com esta opção marcada, o modo de selecionar mais de um objeto é clicar no primeiro item e pressionar a tecla Shift ao clicar no segundo item. Se Shift Select estiver desmarcada, você poderá selecionar diversos itens simplesmente clicando-os, exatamente como se a tecla Shift estivesse sendo pressionada.

   Show Tooltips (Exibir Dicas da Ferramenta) está marcada por default também. Serve como uma ajuda para indicar os nomes dos elementos da interface quando você faz uma pausa sobre eles rapidamente.
- **Panel Options (Opções do Painel) (Windows Apenas).** Marque a opção Disable Panel Docking (Desativar Fixação do Painel) se quiser que os painéis fiquem flutuando livremente.
- **Timeline Options (Opções da Linha do Tempo).** Escolhendo Disable Timeline Docking (Desativar Fixação da Linha do Tempo), a linha do tempo agirá como um painel flutuante.

   Span Based Selection (Estender com Base na Seleção) é um termo elegante para o estilo de seleção de quadros do Flash 5. O Flash 5 oferecia a opção de ter um estilo de seleção do Flash 4. Se você for um usuário anterior de ambas as versões, achará que o Flash MX se comporta de modo mais parecido com o Flash 4 do que com o Flash 5. Se estiver vindo do Flash 5 e estiver mais confortável com o modo como os quadros se comportavam nesta versão, desejará esta opção marcada.

Named Anchor on Scene (Âncora Nomeada na Cena) é um recurso novo no Flash MX. Quando esta opção é marcada, uma âncora nomeada é colocada no primeiro quadro de toda cena em seu filme. Quando as cenas têm âncoras nomeadas, os botões para frente e para trás em um navegador podem ser usados para se mover entre as cenas, ficando nos primeiros quadros.

- **Highlight Color (Cor de Destaque).** Quando um símbolo ou objeto agrupado é selecionado, uma borda azul aparece em torno do item por default. Você poderá mudar esta cor usando a amostra. A opção Use Layer Color (Usar Cor da Camada) aplicará uma borda usando a cor na qual os contornos para esta camada aparecem.
- **Font Mapping Default (Mapeamento da Fonte Default).** Muitas vezes na produção o arquivo de projeto será movido de uma máquina para outra. Para certas faces de tipo serem exibidas, estas fontes terão que estar instaladas na máquina do desenvolvedor. Se o desenvolvedor não tiver estas fontes, as faces do tipo não poderão ser exibidas. Se este for o caso, você poderá escolher qual face de tipo deseja usar no lugar da fonte que falta. Isto é chamado de mapeamento da fonte. Ao substituir uma face do tipo, você não está trocando-a; está apenas agindo como um recipiente.

Aba Editing

Esta seção cobre as diferentes preferências para os itens na aba Editing (Edição):

- **Pen Tool (Ferramenta Caneta).** Esta seção da caixa de diálogo Preferences fornece informações específicas e opções para desenhar com a ferramenta Pen. Veja o Capítulo 3 para obter mais informações.
- **Vertical Text (Texto Vertical).** A área Vertical Text é para definir o texto default para digitar na vertical. Marque a caixa Right to Left Text Flow (Fluxo do Texto da Direita para Esquerda) para fazer com que a digitação se mova para a direita quando a tecla Return (Mac) ou Enter (Windows) for pressionada. Marque a caixa No Kerning (Sem Kerning) para desativar os recursos da distância seletiva.
- **Drawing Settings (Definições do Desenho).** Esta área mantém uma série de opções, para alterar as definições defaults para a capacidade da ferramenta de desenho em reconhecer as formas. No Capítulo 3 iremos analisar como as linhas ou as pinceladas comparam as cores de preenchimento sólido de uma determinada forma. Estas definições ajudam no desenho de objetos diferentes. Por exemplo, se o objetivo é desenhar um círculo perfeito, o Flash analisará a linha e a forma do objeto desenhado e então fará ajustes, onde necessário, para ajudar a conseguir o efeito desejado. Estas definições determinam a sensibilidade do Flash ao analisar as linhas e as formas.
- **Connect Lines (Conectar Linhas).** Esta opção determina a proximidade na qual as duas linhas têm que estar, na horizontal e na vertical, antes de se conectarem quando Snap to Objects (Ir para Objetos) for ativada. As opções são Must Be Close (Tem que Estar Próximo), Normal e Can Be Distant (Pode Estar Distante).
- **Smooth Curves (Suavizar Curvas).** Esta opção aplica-se à ferramenta Pencil (Lápis). Quando estiver desenhando com a ferramenta Pencil e a opção Straighten (Endireitar) ou Smooth (Suavizar) estiver selecionada, esta opção determinará o quanto suavizar as linhas curvas.

Capítulo 2 – Apresentação do Flash MX | **33**

- **Recognize Lines (Reconhecer Linhas).** Esta opção avalia a retidão que uma linha precisa ter antes do Flash torná-la uma linha perfeita. As opções são Off (Desativado), Strict (Rigoroso), Normal e Tolerant (Tolerante). Se Off estiver selecionada, o Flash não converterá uma linha desenhada em uma linha reta.
- **Recognize Shape (Reconhecer Forma).** Esta opção determina a precisão com a qual os círculos, ovais, quadrados, retângulos, arcos com 90 e 180 graus têm que ser desenhados antes do Flash convertê-los em formas perfeitas. As opções são Off, Strict, Normal e Tolerant.
- **Click Accuracy (Precisão do Clique).** Esta opção determina a proximidade na qual o ponteiro tem que estar de uma parte do trabalho antes do Flash reconhecê-lo como um item.

Aba Clipboard

Agora clique na aba Clipboard (Área de Transferência) para exibir as preferências mostradas na Figura 2.19.

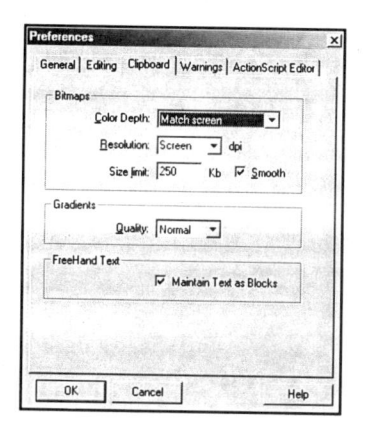

Figura 2.19 A aba Clipboard (Windows).

A área Bitmaps (Mapas de Bits) da aba Clipboard é usada para especificar a qualidade e o tamanho do conteúdo copiado armazenado na área de transferência. Eis as opções disponíveis:

- **Color Depth (Profundidade da Cor).** Match Screen (Coincidir com Tela) é a definição default para esta opção, que usará qualquer bit de cor necessário para coincidir com a tela exatamente. As outras definições incluem as maneiras de aumentar ou diminuir manualmente a profundidade do bit.
- **Resolution (Resolução).** Determina em qual definição dpi (pontos por polegada) copiar um gráfico.

- **Size Limit (Limite do Tamanho).** Digite um valor para determinar a quantidade de RAM alocar para a área de transferência. Quanto mais memória instalada a máquina tiver, mais alto este valor poderá ser. Se a máquina tiver recursos de sistema limitados, defina isto para seu valor mais baixo (20). Note que o valor máximo é 5000.

A área Gradients (Graduações) da aba Clipboard contém apenas uma opção, Quality (Qualidade), que tem relação com a definição da qualidade da graduação quando ela é copiada no Flash e colada em uma aplicação externa.

Vejamos a mesma aba na plataforma Macintosh. Observe na Figura 2.20 que há algumas diferenças sutis.

A área PICT Settings (Definições PICT) (Macintosh apenas) é também usada para especificar a qualidade e o tamanho do material copiado e armazenado na área de transferência. Eis as opções disponíveis:

- **Type (Tipo).** Os objetos irão preservar o trabalho vetorial quando colado na área de transferência. Para converter o conteúdo copiado, escolha um formato do mapa de bits no menu suspenso.
- **Resolution.** Determina em qual dpi o gráfico copiado será armazenado. Para incluir os dados PostScript, marque esta opção sob a caixa de texto Resolution.
- **Gradients.** Use este menu suspenso para determinar a qualidade do PICT na qual a graduação será copiada para colocar nas aplicações externas.

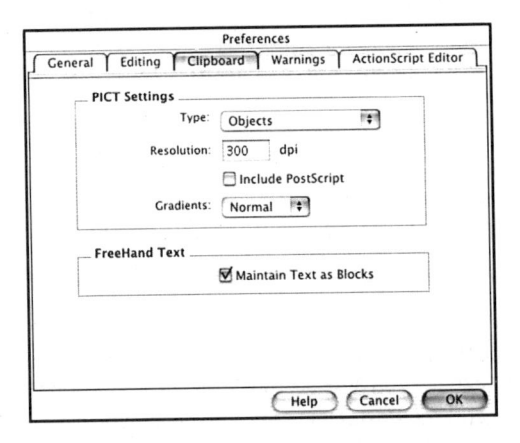

Figura 2.20 A aba Clipboard (Macintosh).

A área FreeHand Text (Texto à Mão Livre) contém uma única opção, Maintain Text as Blocks (Manter Texto como Blocos). Com esta caixa selecionada, você poderá preservar a capacidade de edição dos arquivos de texto FreeHand no Flash.

Aba Warnings

Os avisos na aba Warnings (Avisos) são todos marcados por default e são bem claros (veja a Figura 2.21).

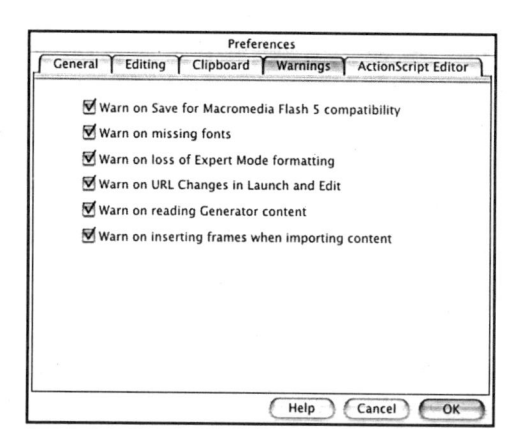

Figura 2.21 A aba Warnings (Macintosh).

ActionScript Editor

A última aba é o ActionScript Editor (Editor ActionScript). Esta seção foi criada para modificar a janela ActionScript Editor. Muitas destas opções são baseadas em preferências pessoais. Esta seção da caixa de diálogo Preferences é analisada no Capítulo 10, "Como abordar o ActionScript".

Atalhos de teclado

Os atalhos de teclado podem agilizar a produtividade. Para muitos desenvolvedores Web e desenhistas gráficos, a quantidade de atalhos do teclado a aprender para muitas aplicações diferentes usadas em um projeto pode ser esmagadora. O Flash oferece muitas configurações diferentes de atalhos de teclado, inclusive a opção de criar seu próprio conjunto personalizado, fornecendo assim mais opções para ajustar o ambiente aos seus hábitos de trabalho.

Selecione Edit, Keyboard Shortcuts (Atalhos de Teclado) para inicializar a caixa de diálogo Keyboard Shortcuts (veja a Figura 2.22).

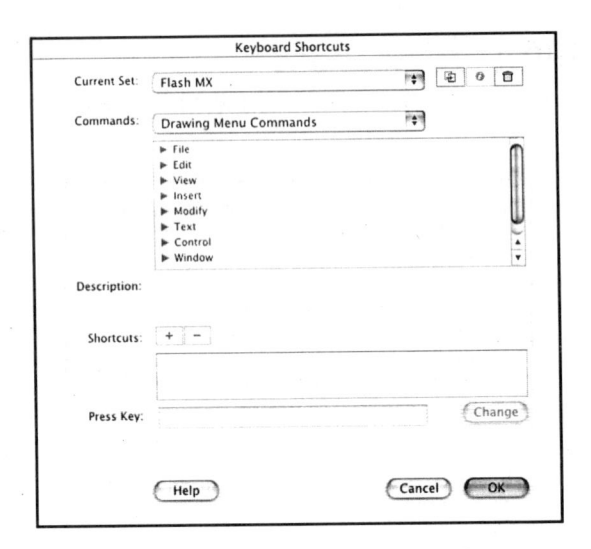

Figura 2.22 A caixa de diálogo Keyboard Shortcuts.

A parte superior, identificada como Current Set (Conjunto Atual), é um menu suspenso com várias configurações predefinidas. Naturalmente, o default é Flash MX, mas várias outras opções estão disponíveis para alterar as teclas de atalho do teclado para lembrar outras aplicações gráficas populares. A lista inclui Fireworks, Freehand, Illustrator e Photoshop.

A parte do meio da caixa de diálogo oferece opções para editar certos comandos nesta aplicação. Os mais personalizados são os comandos do menu de desenho. Os comandos do menu de desenho são as funções executadas sob um dos menus no Flash.

As opções para personalizar a barra de ferramentas estão também disponíveis. Na maioria dos programas gráficos, uma única tecla pode ser usada para trocar a ferramenta ativa. Você poderá se sentir mais confortável com os atalhos no Photoshop ou poderá simplesmente querer criar seus próprios. Na Figura 2.23, você pode ver os atalhos de teclado defaults para as ferramentas na barra de ferramentas.

A próxima opção no menu suspenso é Test Movie Menu Commands (Comandos do Menu para Testar Filme). Os comandos do menu Test Movie alteram os atalhos de teclado nos menus da janela Test Movie. Quando você testar um filme Flash, uma nova janela será aberta, exibindo o filme testado. Esta nova janela tem uma série de menus que são diferentes das janelas reais no ambiente de autoria Flash.

A opção final no menu suspenso é Actions Panel Commands (Comandos do Painel Ações). Estes comandos são encontrados na janela ActionScript e ajudam no desenvolvimento do código. Os atalhos de teclado acessam estes comandos armazenados nos menus.

Capítulo 2 – Apresentação do Flash MX | **37**

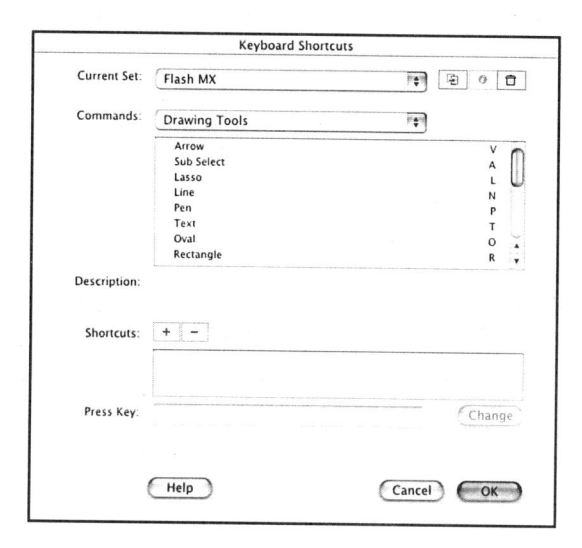

Figura 2.23 Os atalhos de teclado da ferramenta.

Como criar atalhos de teclado personalizados

O processo para criar atalhos de teclado personalizados funciona igualmente para qualquer conjunto que você está querendo personalizar – comandos do menu de desenho, ferramentas de desenho, comandos Test Movie ou comandos do painel Actions. As etapas são realmente iguais:

1. No menu suspenso Current Set, escolha Macromedia Standard (Padrão Macromedia).

2. No menu suspenso Commands (Comandos), escolha Drawing Tools (Ferramentas de Desenho). Note que a janela abaixo muda, para fornecer as opções para as ferramentas de desenho.

3. Clique o botão Duplicate Set (Duplicar Conjunto) no canto superior direito da caixa de diálogo. Isto abrirá uma caixa de diálogo onde você poderá nomear o conjunto.

4. Nomeie o conjunto duplicado no campo de texto **Flash MX Unleashed** e escolha OK.

Se você decidir mudar o nome do conjunto de atalho ou simplesmente cometer um erro no nome do conjunto, fazer a alteração será bem simples. Na parte superior da caixa de diálogo Keyboard Shortcuts, clique o botão central entre o botão Duplicate Set e a lixeira. Isto abrirá uma pequena caixa de diálogo, onde poderá renomear o conjunto no qual está trabalhando.

Neste ponto, tudo que terá que fazer é decidir como deseja que os novos atalhos sejam, ou se desejar apagá-los, poderá criar novos. Eis as etapas:

1. Destaque o atalho de teclado Arrow (Seta) clicando na palavra *arrow* na janela.
2. Adicione um novo atalho, clicando o botão com sinal de mais. Note que outra linha foi criada na janela e a palavra <empty> aparece no campo de texto Press Key (Pressionar Tecla).
3. Pressione a tecla W em seu teclado para adicioná-la à lista de atalhos para esta ferramenta. Então clique o botão Change (Alterar).

    Ao criar seus atalhos, não utilize um atalho já em uso para um comando diferente. Se um atalho duplicado for escolhido e a alteração for feita, uma caixa de diálogo aparecerá na qual você terá a opção de reatribuir o atalho ao comando selecionado. Se Reassign (Reatribuir) for escolhida, o atalho de teclado será removido do comando original.

4. Para remover a tecla V da lista de atalhos, destaque-a na janela.
5. Pressione a tecla Delete ou Backspace em seu teclado. A letra V será removida e não acessará mais a ferramenta Arrow.
6. Altere qualquer outro comando para os atalhos mais adequados repetindo estas etapas para cada atalho que gostaria de modificar.
7. Assim que tiver terminado, clique em OK. Tente usar alguns atalhos de teclado novos estabelecidos pressionando-os em seu teclado.

Como alterar o espaço de trabalho com o menu View

O Flash oferece muitas exibições do documento diferentes para escolher, a maioria está localizada sob o menu View (Exibir). Algumas destas opções podem tornar certos gráficos mais fáceis de desenhar e outras um pouco mais difíceis. Durante o desenvolvimento, provavelmente você ativará certas opções, enquanto irá desativar outras. Note as diferentes opções no menu View, como mostrado na Figura 2.24.

Eis um resumo rápido das diferentes opções no menu View:

- **Go To (Ir Para).** Esta opção produz um menu instantâneo, que oferece opções para ir para a primeira cena, a anterior, a próxima e a última. A parte inferior deste menu oferece saltos rápidos para os nomes da cena.
- **Zoom In (Ampliar).** Esta opção dobra a ampliação do documento.
- **Zoom Out (Reduzir).** Esta opção diminui a ampliação atual do documento pela metade.
- **Magnification (Ampliação).** Escolher esta opção também inicializará um menu instantâneo. Neste menu instantâneo, você poderá escolher diferentes ampliações, variando de 25% a 800%. Note que Ctrl+1 (Windows) e Cmd+1 (Mac) retornará para a ampliação 100%.

    Show Frame (Exibir Quadro) ajusta a tela para exibir tudo dentro do limite do quadro. Veja as propriedades do documento para determinar o tamanho do quadro.

Capítulo 2 – Apresentação do Flash MX | **39**

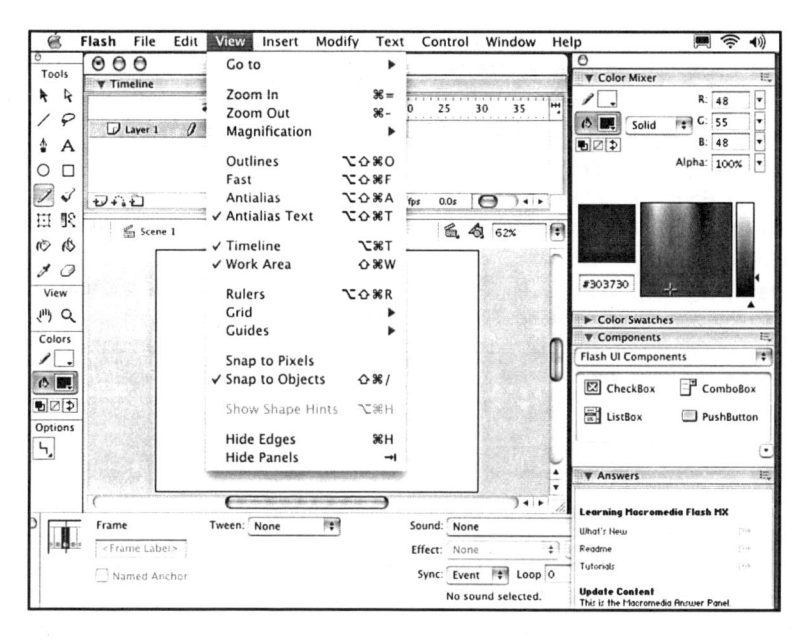

Figura 2.24 O menu View.

Show All (Exibir Tudo) ajusta o tamanho da tela para exibir tudo no quadro selecionado. Se o quadro selecionado estiver vazio, a área de trabalho inteira será exibida.

As três opções seguintes no menu instantâneo permitem alternar entre as diferentes exibições. Estas três exibições determinam a qualidade do gráfico. Lembre-se que quanto mais alta for a qualidade, mais a animação exigirá do processador para a máquina de desenvolvimento.

Dica

Estas opções de alternância determinam apenas a qualidade de seu conteúdo no ambiente de autoria Flash MX. Não têm nenhuma relação com a parte publicada final.

- **Outlines (Contornos).** Escolha esta opção para alterar todo o trabalho no documento para ser exibido como contornos. Se o trabalho não for um objeto sólido com um preenchimento, a pincelada será exibida mais fina que o normal. Esta opção é boa para a colocação precisa do conteúdo e a visualização prévia de animações complicadas.
- **Fast (Rápido).** Esta opção não suavizará a aparência de seus gráficos. Uma vantagem disto é o desempenho melhorado da animação. Geralmente uso isto como minha definição de autoria.
- **Antialias (Suavizar Aparência).** Esta opção suaviza as bordas de seu trabalho, tornando-as menos dentadas. Esta opção funciona melhor com um processador rápido e uma placa de vídeo eficiente.

- **Antialias Text (Suavizar Aparência do Texto).** Escolha esta opção para suavizar a aparência do texto apenas. Se você estiver trabalhando com uma boa quantidade de texto, tenha cuidado, pois esta opção poderá realmente reduzir o desempenho do sistema.
- **Timeline.** Alterne esta opção para ocultar ou exibir a linha do tempo.
- **Work Area (Área de Trabalho).** Escolha esta opção para exibir a área cinza maior em torno da cena. Poderá ser útil para a animação do conteúdo em uma cena ou fora de uma cena. Algumas vezes é ainda mais fácil desenhar neste espaço cinza e então mover o trabalho para o lugar na cena.
- **Rulers (Réguas).** Com freqüência, durante o desenvolvimento você estará tentando espaçar os objetos para ter uma estética ou para a sincronização em uma animação. Escolha a opção Rulers para exibir as réguas nos eixos horizontal e vertical. Os incrementos que as réguas exibem são determinados por qual tipo de unidades da régua você escolheu na caixa de diálogo Document Properties. Para acessar a caixa de diálogo Document Properties, escolha Modify, Document.
- **Grid (Grade).** Escolhendo Grid, você ativará um menu instantâneo. O menu instantâneo tem três opções.

Show Grid (Exibir Grade) exibe obviamente a grade no documento.

Snap to Grid (Ir para Grade) é usada quando você está desenhando gráficos ou movendo o trabalho para colocá-los em quadrantes da grade diferentes. Mesmo que a grade não esteja visível quando você estiver desenhando ou movendo os objetos, eles irão para ela.

Edit Grid (Editar Grade) tem sua própria caixa de diálogo, que é mostrada na Figura 2.25. Eis as opções disponíveis:

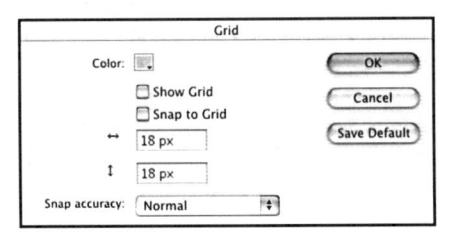

Figura 2.25 A caixa de diálogo Grid.

- **Color.** Abre a amostra para você escolher uma cor para as linhas da grade.
- **Show Grid.** Exibe a grade. É o mesmo comando ao escolher Show Grid diretamente no menu View.
- **Snap to Grid.** Faz com que os objetos e os desenhos se agarrem na grade. Também é o mesmo comando localizado no menu View.
- **Width (Largura).** Digite um valor para determinar a largura das caixas da grade. As unidades da régua selecionadas na caixa de diálogo Document Properties determinarão em quais incrementos você poderá fornecer os valores.
- **Height (Altura).** Digite um valor para determinar a altura das caixas da grade. As unidades da régua selecionadas na caixa de diálogo Document Properties determinarão em quais incrementos você poderá fornecer os valores.

- **Guides (Guias).** Tornar as guias visíveis permitirá que você as arraste a partir das réguas. Portanto, para ter acesso às guias, certifique-se de que as réguas estejam visíveis.

   Lock Guides (Bloquear Guias) mantém as guias no lugar, evitando assim qualquer seleção acidental e movimento.

   Snap to Guides (Ir para Guias) permite que os objetos se agarrem ao local da guia desejado.

   Edit Guides (Editar Guias) tem sua própria caixa de diálogo, mostrada na Figura 2.26, com as seguintes opções:

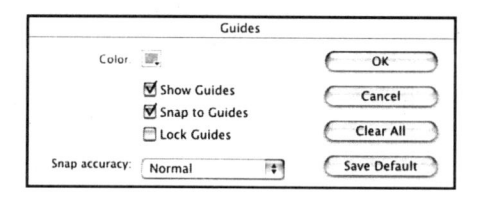

Figura 2.26 A caixa de diálogo Guides.

- **Color.** Use esta amostra para selecionar uma cor para suas guias. Esta opção é útil quando a cor da guia default compete com o trabalho no primeiro plano.
- **Show Guides (Exibir Guias).** Exibe as guias no documento. É igual a escolher Show Guides no menu View.
- **Snap to Guides.** Faz com que os objetos e o conteúdo se agarrem às guias colocadas no documento. Novamente, esta opção é igual a escolher Snap to Guides no menu View.
- **Lock Guides.** Bloqueia as guias em sua posição atual. Este comando também está disponível no menu View.
- **Snap Accuracy (Precisão Instantânea).** Esta opção determina a proximidade ou a distância na qual o objeto tem que estar da guia antes de ir.
- **Snap to Pixels (Ir para Pixels).** Este comando é novo no Flash MX. Se Snap to Pixels estiver selecionada, uma grade de pixel aparecerá quando ampliada em 400% ou mais. Quando o documento estiver ampliado em porcentagens tão altas, permitirá uma colocação precisa dos objetos. Quando a grade de pixel estiver visível, os objetos irão para a grade.

Dica

Você pode ativar e desativar o pixel instantâneo temporariamente, pressionando a tecla C. Pressionar a tecla X ocultará a grade do pixel. Quando a tecla X for liberada, a grade de pixel reaparecerá.

- **Snap to Objects.** Quando você estiver movendo o trabalho ou o conteúdo no Flash com esta opção escolhida, o trabalho ou o conteúdo se agarrará ao conteúdo já existente na cena. O instantâneo ocorrerá quando o centro do objeto sendo arrastado cruzar qualquer parte do trabalho.

- **Show Shape Hints (Exibir Sugestões da Forma).** Esta opção ativa ou desativa a visibilidade das sugestões da forma. Escolher Off não irá desativar as sugestões. As sugestões da forma são usadas ao aplicar uma forma intermediária. Para obter mais informações sobre as sugestões da forma, veja o Capítulo 4 "Animação do Flash".
- **Hide Edges (Ocultar Bordas).** Escolha Hide Edges para desativar temporariamente os destaques de seleção dos objetos na cena. Os detalhes de seleção aparecerão na próxima vez em que selecionar um objeto.
- **Hide Panels (Ocultar Painéis).** Com freqüência durante o desenvolvimento, apesar das grandes melhorias na nova interface, você achará que os painéis estão enchendo sua área de trabalho. Escolha Hide Panels para removê-los de sua tela. Esta opção é uma alternância, portanto, se você escolhê-la de novo, os painéis reaparecerão onde estavam antes. A tecla Tab é um atalho útil de teclado.

Resumo

Este capítulo foi escrito para familiarizá-lo com o espaço de trabalho Flash MX e as opções para personalizá-lo. Muitos destes painéis serão revistos quando começarmos a trabalhar com um pouco mais de profundidade com o Flash. Personalizar seus conjuntos de painéis, ajustar as preferências e corrigir as diferentes exibições poderá agilizar realmente seu tempo de produção.

A Macromedia fez um trabalho maravilhoso ao desenvolver uma interface bem organizada e menos cheia, de modo aparente, do que as aplicações mais robustas. Naturalmente, há algumas diferenças da interface entre as máquinas Mac e Windows, mas elas parecem ser necessárias para o Flash fluir com a experiência que cada sistema operacional tem.

Capítulo 3

Como criar gráficos no Flash

por Matt Pizzi

Neste capítulo

- As ferramentas
- Como criar cores e graduações personalizadas
- Dicas para criar gráficos no Flash
- Técnicas gráficas
- Como importar gráficos de mapa de bits
- Como trabalhar com mapas de bits

O Flash tem um estilo de desenho único associado. Se você estiver familiarizado com outras aplicações de desenho, como o Adobe Illustrator e o Macromedia FreeHand, encontrará semelhanças exatas e algumas diferenças inesperadas. O Flash oferece várias ferramentas de desenho que permitem criar gráficos para seus projetos Flash, que podem parecer familiares com base em alguns destes programas. O Flash difere destas outras aplicações pelo modo como lida com os gráficos. O Flash reunirá dois itens com o mesmo valor da cor se os dois gráficos se cruzarem. A linha ou a pincelada de um item também é considerada um elemento separado. Como verá neste capítulo, estas diferenças podem ser problemáticas; também podem trabalhar a seu favor. É apenas uma questão de saber usá-las.

As ferramentas

Como mencionado, é preciso se acostumar com o desenho e o tratamento dos gráficos no Flash e esta parte do capítulo é para isto. Ela exibe as ferramentas no Flash MX e mesmo que possam parecer muito semelhantes com as de outros programas, é uma experiência diferente do usuário.

Todas as ferramentas serão revisadas neste capítulo, portanto, vejamos como elas são. A Figura 3.1 mostra a barra de ferramentas Flash MX e destaca cada ferramenta encontrada neste conjunto de ferramentas poderoso.

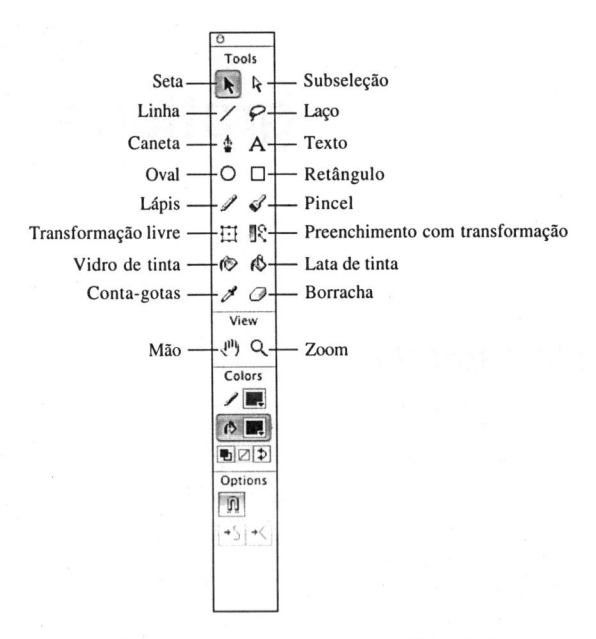

Figura 3.1 As ferramentas do Flash MX.

Capítulo 3 – Como criar gráficos no Flash | 45

Ferramenta Arrow

A ferramenta Arrow (Seta) é a ferramenta de seleção do Flash. Se você quiser mover um item, selecione-o e arraste-o com esta ferramenta. Naturalmente, poderá sempre usar as teclas com seta em seu teclado para mover o item para uma colocação mais precisa.

Perto do final do capítulo, assim que começarmos de fato a criar o trabalho no Flash, você verá como esta ferramenta poderá ser também uma ajuda no desenho. A ferramenta Arrow tem uma opção: Snap to Objects (Ir para Objetos).

Use Snap to Objects para fazer com que o trabalho vá para a grade. Esta opção também fará com que os objetos se agarrem a um outro quando você estiver colocando os gráficos, dependendo da proximidade na qual os objetos estão na horizontal e vertical.

Ferramenta Subselection

A ferramenta Arrow tem uma correspondente – a ferramenta Subselection (Subseleção) (também conhecida como *seta branca*). Lembre-se que o Flash é baseado em vetores, e o principal trabalho da ferramenta Subselection é selecionar pontos vetoriais reais de um item. Novamente, iremos analisar isto posteriormente no capítulo, quando começarmos a criar e a trabalhar com nosso próprio trabalho usando a ferramenta Pen (Caneta).

Ferramenta Line

Ao desenhar com a ferramenta Line (Linha), você terá a capacidade de criar linhas retas em qualquer direção a partir do ponto inicial. Para começar a desenhar uma linha, escolha a ferramenta Line no painel Tools (Ferramentas), clique em qualquer lugar na cena, arraste a linha para a extremidade desejada e solte o mouse. A ferramenta Line não tem opções. Porém, o tamanho e o estilo da pincelada determinarão a aparência da linha. As propriedades da pincelada poderão ser alteradas no Properties Inspector (Inspetor de Propriedades) quando a ferramenta Line for selecionada no painel Tools.

Note na Figura 3.2 que você pode desenhar vários segmentos de linha para criar uma forma.

Para alterar a aparência da pincelada, poderá selecionar uma cor e tamanho no Properties Inspector. Também terá uma escolha dos estilos – sólido, tracejado, pontilhado, irregular, pontos e hachurado – assim como opções para personalizar cada um destes estilos. Simplesmente clique o botão Custom (Personalizar) no Properties Inspector com uma ferramenta de desenho selecionada. Eis uma aplicação de cada opção do estilo:

Nota

O Flash não oferece uma maneira de gravar as definições do estilo personalizado. E mais, todas as unidades para as opções de espaçamento e de dimensionamento estão em pontos. Você poderá acessar a caixa de diálogo Stroke Style (Estilo da Pincelada) clicando o botão Custom no Properties Inspector. Assim que clicar o botão, a caixa de diálogo aparecerá, como mostrado na Figura 3.3.

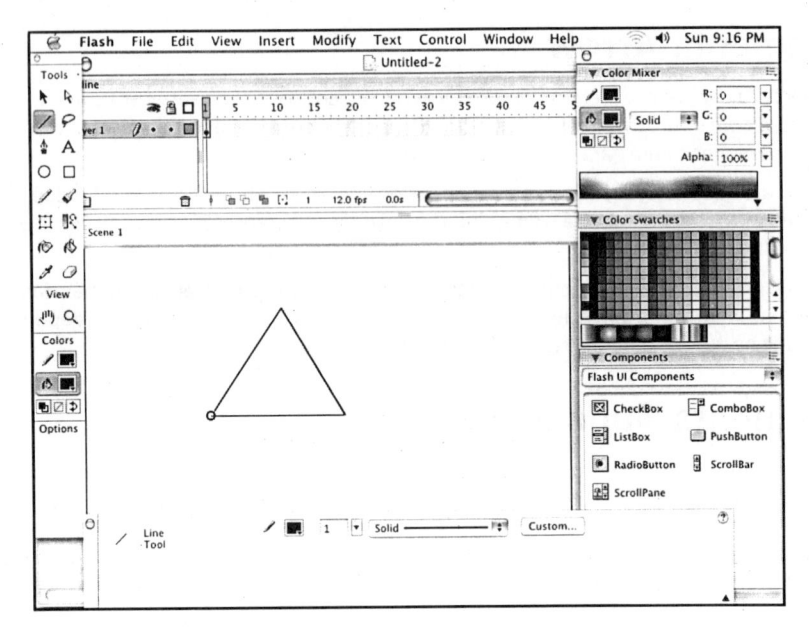

Figura 3.2 *A ferramenta Line pode ser usada para desenhar um triângulo conectando três linhas diferentes. Note as opções do Properties Inspector para alterar a aparência da linha.*

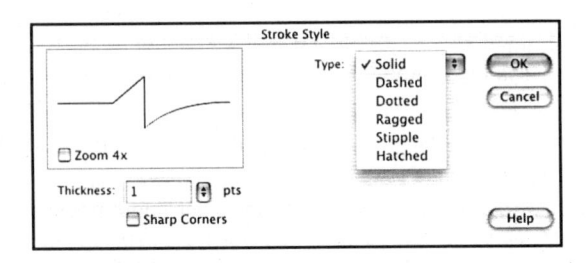

Figura 3.3 *A caixa de diálogo Stroke Style.*

- **Hairline (Linha Fina).** Este estilo de pincelada desenha pinceladas com um pixel de largura e se mantém com um pixel, independentemente da ampliação ou do zoom. Com freqüência, quando um documento for dimensionado, as linhas vetoriais serão dimensionadas com ele, para preservar as proporções do trabalho. Não é uma opção na caixa de diálogo, mas está disponível através do menu instantâneo no Properties Inspector.
- **Solid (Sólido).** Esta opção é para desenhar linhas sólidas e pinceladas. Os únicos atributos ajustáveis são a espessura, a cor e os cantos nítidos da pincelada.
- **Dashed (Tracejado).** Esta opção gera uma pincelada com divisões traçadas na linha. Para alterar o comprimento do traço e o espaço entre eles, forneça valores numéricos nos respectivos campos de texto. A cor, a espessura e os cantos nítidos também são atributos ajustáveis.

- **Dotted (Pontilhado).** Escolha o estilo pontilhado se o efeito desejado for ter uma pincelada com pontos espaçados igualmente na linha. Este estilo tem uma opção para alterar a distância entre os pontos. A cor, a espessura e os cantos nítidos também são atributos ajustáveis.
- **Ragged (Irregular).** O estilo irregular cria linhas onduladas aleatórias com separações pontilhadas. A caixa de diálogo Stroke Styles oferece opções para alterar o padrão, a altura da onda e o comprimento da onda. A cor, a espessura e os cantos nítidos são também atributos ajustáveis. Use uma combinação destes estilos para ter possibilidades ilimitadas.
- **Stipple (Pontos).** Esta opção cria um estilo de pincelada, para lembrar a técnica de pontos feitos à mão de um artista. O tamanho do ponto, sua variação e a densidade são opções para alterar a aparência do efeito dos pontos. A cor, a espessura e os cantos nítidos são também atributos ajustáveis.
- **Hatched (Hachurado).** O estilo de linha hachurado lembra a técnica de linha hachurada de um artista. O atributo Thickness (Espessura) determina a espessura da linha hachurada, que é independente da definição da espessura global. Você também tem opções para o espaçamento, o vaivém, o giro, a curva e o comprimento das linhas hachuradas. Naturalmente, há opções adicionais para a espessura, a cor e os cantos nítidos globais.

Ferramenta Ink Bottle

A ferramenta Ink Bottle (Vidro de Tinta) é designada para alterar a cor, o estilo e a espessura das pinceladas. Se você usar a ferramenta Dropper (Conta gotas) para tirar uma amostra da aparência da pincelada de qualquer arte no Flash, depois da amostra ter sido feita, a ferramenta Dropper adotará automaticamente todas as características da pincelada com amostra. Ink Bottle não tem nenhuma opção, mas você poderá escolher a cor, a espessura e o estilo da pincelada, usando o Properties Inspector em conjunto com uma das ferramentas de desenho vetorial.

Ferramenta Dropper

Use a ferramenta Dropper (Conta gotas) para selecionar os valores da cor na tela. Se você estiver desenhando um novo objeto e preferir que a cor do preenchimento ou da pincelada apareça igual a qualquer outro valor na tela, simplesmente use a ferramenta Dropper para tirar uma amostra deste valor da cor. Assim que clicar no valor da cor, ele será armazenado automaticamente na ferramenta Ink Well (Local da Tinta) adequada no painel Tools. Se você escolher uma cor da pincelada, todos os atributos desta pincelada (inclusive o tamanho, a cor e o estilo) terão uma amostra tirada. Se estiver usando a ferramenta Dropper a partir do painel Tools, estará limitado a tirar uma amostra dentro dos limites da cena. Se estiver usando a ferramenta Dropper predefinida no painel Swatches (Amostras), poderá tirar uma amostra da cor de qualquer fonte na tela do computador.

Ferramenta Pencil

Ao desenhar com a ferramenta Pencil (Lápis), você notará que ela usa uma cor da pincelada oposta à cor de um preenchimento. Poderá também mudar a aparência de sua pincelada escolhendo um estilo da pincelada no Properties Inspector. A ferramenta Pencil tem algumas opções interessantes, que poderão ajudar no resultado final de um desenho. Estas opções são detalhadas na seguinte lista e exibidas na Figura 3.4:

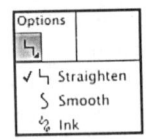

Figura 3.4 As opções da ferramenta Pencil.

- **Straighten (Endireitar).** Escolha esta opção se seu objetivo for desenhar um círculo, oval, quadrado, retângulo ou arco perfeito. A sensibilidade de como o Flash determina uma forma é determinada na caixa de diálogo Preferences (Preferências). Você poderá acessar estas preferências escolhendo Edit (Editar), Preferences. Para obter mais informações sobre as preferências, consulte o Capítulo 2, "Apresentação do Flash MX". Verifique a Figura 3.5 para ver um exemplo de como desenhar com Straighten ativada.

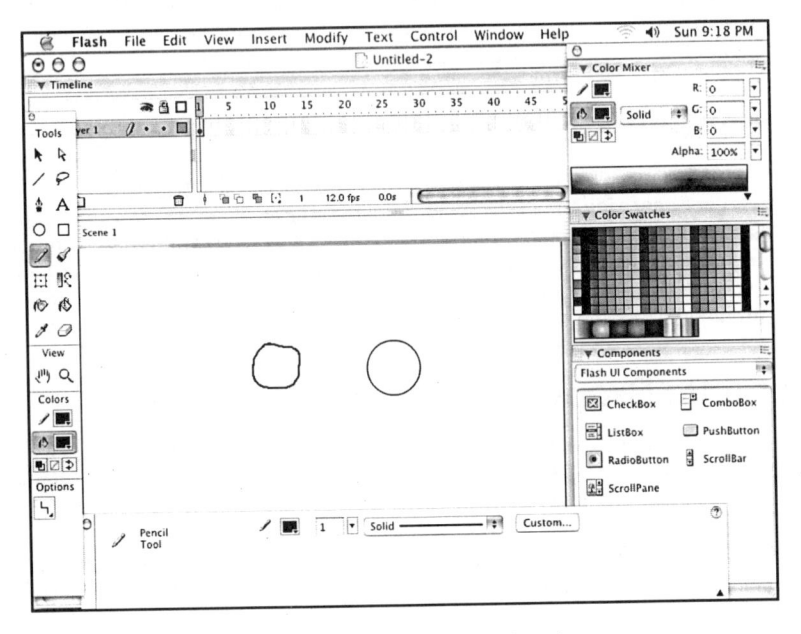

Figura 3.5 Um círculo antes e depois de soltar o mouse.

- **Smooth (Suavizar).** Geralmente esta opção irá suavizar qualquer linha curva.
- **Ink (Tinta).** Esta opção é para o desenho à mão livre, sem o Flash fazer ajustes nas linhas.

Dica

Quando você estiver desenhando com a opção Ink selecionada, poderá parecer que alguma modificação está ocorrendo em suas linhas quando o mouse for liberado. O Flash não está fazendo nenhum ajuste na curva ou na retidão da linha; ao contrário, está suavizando a aparência das bordas da linha.

Depois da linha ter sido desenhada, você poderá achar que ela precisa ser mais suave ou mais reta. Isto pode não apenas ajudar na aparência visual da pincelada, mas pode, de fato, reduzir o tamanho do arquivo, reduzindo a complexidade da pincelada. Para tornar uma linha mais reta, siga estas etapas:

1. Clique na linha com a ferramenta Arrow. A linha será selecionada.
2. Com a linha selecionada, na parte Options (Opções) da barra de ferramentas, como mostrado na Figura 3.6, escolha o botão Straighten.
3. Clique o botão Straighten quantas vezes forem necessárias para obter o efeito desejado.

O mesmo método funcionará ao suavizar uma linha.

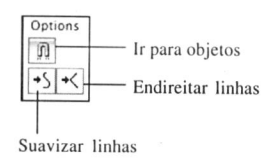

Figura 3.6 As opções da ferramenta Arrow.

Ferramenta Rectangle

A ferramenta Rectangle (Retângulo) é usada para criar quadrados e retângulos. Para criar um quadrado perfeito, pressione a tecla Shift para limitar as proporções do objeto desenhado a um quadrado. Uma opção que a ferramenta Rectangle tem envolve definir o raio do canto para criar bordas arredondadas. Se você clicar o botão Corner Radius (Raio do Canto), uma caixa de diálogo aparecerá. No campo de texto, digite um valor numérico entre 0 e 999, que representa o raio do canto.

Como desenhar e colorir as formas do retângulo

Eis as etapas a seguir para desenhar e colorir a forma de um retângulo:

1. Escolha a ferramenta Rectangle no painel Tools.
2. Na parte Color (Cor) do painel Tools, escolha uma cor da pincelada. Se nenhuma pincelada for desejada, escolha a primeira caixa no canto superior direito das amostras, como mostrado na Figura 3.7.
3. Se você preferir usar uma cor personalizada, algo diferente de uma cor segura da web, clique o botão à direita do botão No Stroke (Sem Pincelada) para ativar o Color Picker (Selecionador de Cores). Dentro do Color Picker estão muitas maneiras diferentes de exibir a cor em termos de organização.
4. Escolha uma cor de preenchimento. Todas as mesmas técnicas em termos de seleção da cor usada para a pincelada aplicam-se ao preenchimento também.
5. Para criar bordas arredondadas, clique o botão Round Rectangle Radius (Arredondar Raio do Retângulo) na seção Options do painel Tools.
6. Coloque o cursor na cena, então clique e arraste até que o retângulo tenha o tamanho desejado. Se o objetivo for criar um quadrado perfeito, pressione a tecla Shift.

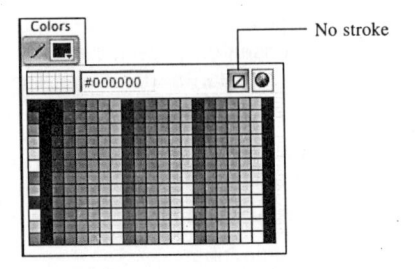

Figura 3.7 Como escolher a opção No stroke.

Nota

Se você escolher View (Exibir), Snap to Objects quando desenhar um retângulo, notará que tem um quadrado perfeito, porque seu cursor irá para um círculo grande perto de seu cursor, como mostrado na Figura 3.8.

Cuidado

Quanto mais alto for o valor fornecido na caixa de diálogo Round Rectangle Radius, mais arredondados ficarão os cantos. Evite números muito grandes, especialmente para os retângulos menores. Se você usar um número grande, correrá o risco de transformar seu retângulo em um círculo.

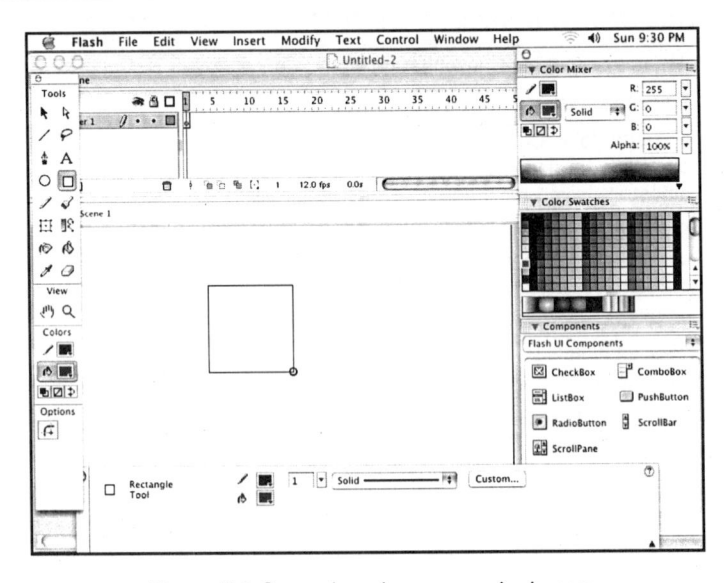

Figura 3.8 Como desenhar um quadrado com a opção Snap to Objects selecionada.

Ao usar a ferramenta Rectangle, você poderá notar algum comportamento incomum quando for mover os objetos. Isto será analisado em detalhes na seção "Dicas para criar gráficos no Flash", posteriormente neste capítulo.

Ferramenta Oval

A ferramenta Oval é usada para criar círculos e ovais. Para criar um círculo perfeito, pressione a tecla Shift. Isto limitará as proporções do objeto desenhado às de um círculo. Se Snap to Objects estiver selecionada ao desenhar uma oval, a forma irá para um círculo perfeito quando arrastada em um ângulo de 45 graus.

A ferramenta Oval não tem opções.

Ferramenta Paint Bucket

A Paint Bucket (Lata de Tinta) é usada para preencher um item com uma cor ou graduação. Para escolher uma cor ou graduação, clique na ferramenta Ink Well da amostra de preenchimento no painel Tools no Properties Inspector.

Assim que a cor de preenchimento tiver sido selecionada, mova a ferramenta Paint Bucket sobre um objeto e clique-o para alterar sua cor de preenchimento para a nova cor de preenchimento.

Na área Options do painel Tools, note que a ferramenta Paint Bucket tem uma opção Gap Size (Tamanho da Lacuna) como exibido na Figura 3.9.

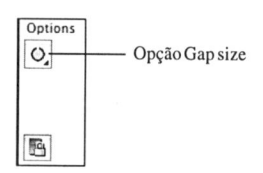

Figura 3.9 As opções Paint Bucket.

Selecione a primeira opção, Don't Close Gaps (Não Fechar Lacunas), se houver certas áreas em seu trabalho que não devem ser preenchidas.

As opções Close Small Gaps (Fechar Lacunas Pequenas), Close Medium Gaps (Fechar Lacunas Médias) e Close Large Gaps (Fechar Lacunas Grandes) funciona da mesma maneira. Se você tiver desenhos complexos que precisam ser preenchidos, poderá querer escolher uma destas opções. Se tiver Close Large Gaps selecionada e não parecer estar funcionando, a lacuna é grande demais ou há lacunas demais em seu trabalho.

A última opção no painel Tools é Lock Fill (Bloquear Preenchimento), que permite aplicar um preenchimento com graduação ou de mapa de bits consistentemente em diversos itens.

Como usar Lock Fill para aplicar uma graduação em diversos objetos

Eis as etapas a seguir para usar Lock Fill para aplicar uma graduação em diversos objetos:

1. Desenhe quatro quadrados na cena e alinhe-os usando o painel Align. Espace-os, para que a cena inteira esteja sendo usada, de borda à borda.
2. Escolha a ferramenta Paint Bucket no painel Tools e escolha a graduação linear de arco-íris na amostra de preenchimento.
3. Clique o botão Lock Fill na parte Options do painel Tools.
4. Preencha o primeiro quadrado, então o segundo, terceiro e quarto. Você notará que a graduação estará sendo aplicada como se os quatro quadrados fossem uma forma contínua.
5. Para ver os quadrados diferentes, preencha cada um com uma graduação, sem a opção Lock Fill selecionada.

   Para aplicar uma graduação em diversos itens sem usar Lock Fill, simplesmente escolha todos os itens desenhando um contorno invisível com a ferramenta Arrow ou pressionando Shift e clicando em cada objeto. Então clique em um dos itens. Você notará que a graduação aplicou a cor em mais de um item. Porém, o efeito parece um pouco diferente quando comparado com o efeito Lock Fill.
6. Se quiser preencher os quadrados com um mapa de bits, escolha File (Arquivo), Import (Importar) e pesquise a imagem em seu computador. Assim que a imagem estiver no Flash, destaque-a e escolha o comando de menu Modify (Modificar), Break Apart (Dividir). Para obter mais informações sobre como importar os gráficos de mapa de bits, veja a seção "Como trabalhar com o Color Mixer", mais tarde neste capítulo.

Como criar cores e graduações personalizadas

De modo conveniente, a Macromedia incorporou a palheta de cores seguras da Web nas amostras no Flash. Porém, com freqüência você poderá precisar usar uma cor localizada em uma amostra diferente, ou poderá querer criar graduações usando suas próprias opções de cor.

Portanto, veremos alguns painéis novos no Flash. O primeiro é o painel Color Swatches (Amostras de Cor); o segundo é o painel Color Mixer (Misturador de Cor). Cada um poderá ser usado para selecionar cores diferentes; contudo, o painel Mixer dará um controle preciso sobre certas propriedades da cor.

Color Swatches

No painel Color Swatches, mostrado na Figura 3.10, você poderá classificar as cores, carregar conjuntos de amostras diferentes e ainda carregar gráficos de mapa de bits. Para importar diferentes conjuntos de amostras, clique no canto superior direito do painel Color Swatches para acessar o menu suspenso. Escolha Add Colors (Adicionar Cores), encontre um arquivo do conjunto de cores Flash (geralmente localizado em sua pasta do programa Flash MX) e selecione-o. Isto adicionará qualquer conjunto de amostra extra ao painel. Porém, se você escolher Replace Swatches (Substituir Amostras), todas as amostras existentes serão substituídas pelo novo conjunto carregado.

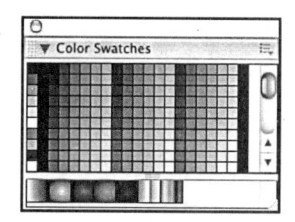

Figura 3.10 O painel Color Swatches.

Se você adicionou e organizou este painel de uma maneira que se sente muito confortável, considere torná-lo o default. No submenu, escolha Save as Default (Salvar como Default) para que sempre que abrir o Flash, estas amostras de cor sejam carregadas no painel.

Porém, se achar que o conjunto de amostras que personalizou é bom apenas para certas ocasiões, poderá simplesmente gravar este conjunto de amostras como uma amostra. No submenu, escolha Save Colors (Salvar Cores), que inicializará a janela Export Color Swatch (Exportar Amostra da Cor). Nomeie o conjunto de cores e grave-o em um local facilmente acessível, como na pasta do programa Flash em First Run (Primeira Execução), Color Sets (Conjunto de Cores).

Color Mixer

O painel Color Mixer é um pouco mais robusto em comparação com o painel Color Swatches. Note quanto o painel Color Mixer oferece na Figura 3.11.

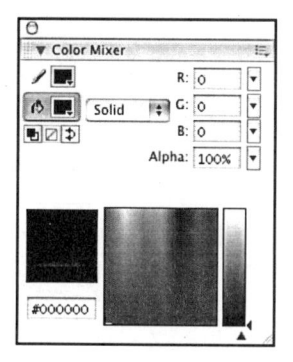

Figura 3.11 O painel Color Mixer.

O painel Color Swatches é melhor para acessar as cores armazenadas. O painel Color Mixer, por outro lado, é usado ao personalizar as cores e as graduações. Assim que você tiver criado estas cores personalizadas, poderá armazená-las no painel Color Swatches. Portanto, estes dois painéis funcionarão bem juntos.

À primeira vista, você notará que o painel Color Mixer tem uma ótima variação de cores, a partir da qual poderá escolher as cores. Quando vir mais de perto, deverá também notar as muitas maneiras diferentes de propor certas cores.

Por default, poderá digitar números para os valores vermelho, verde e azul. Isto poderá ser útil, especialmente se estiver trabalhando com uma aplicação gráfica como o Fireworks ou o Photoshop para criar o trabalho de arte. Se precisar coincidir com um certo elemento da cor neste gráfico, poderá obter uma leitura RGB ou HSB no outro programa e digitar isto aqui na amostra. Poderá alterar facilmente os valores RGB para exibir o matiz, a saturação e o brilho escolhendo a devida opção no submenu do Color Mixer.

Como acessar as cores personalizadas usando o Color Picker

Eis as etapas a seguir para acessar as cores personalizadas usando o Color Picker:

1. Abra a amostra de preenchimento e escolha o esquema de cores no canto superior direito da palheta. Isto abrirá a caixa de diálogo Color Picker. No Windows, a caixa de diálogo Color Picker se parece com um painel Color Mixer exagerado. Você terá a variação de cores, onde poderá selecionar uma cor personalizada e ainda adicionar esta cor personalizada a uma amostra personalizada na caixa de diálogo. Porém, o Mac é bem diferente. (Note no Mac que se você mover o conta gotas para longe das amostras de cor, poderá tirar uma amostra de qualquer cor na tela de seu computador.) Você pode ver o RGB Color Picker (Selecionador de Cores RGB) do Mac na Figura 3.12.

2. Por default, o RGB Color Picker aparecerá. Nesta caixa de diálogo, você poderá escolher uma cor movendo os cursores de porcentagem da esquerda para a direita. Movê-los para a direita aumentará as quantidades das cores correspondentes para porcentagens mais altas.

3. Mova o cursor Red (Vermelho) para 100%.

4. Mova o cursor Green (Verde) para 0%.

5. Mova o cursor Blue (Azul) para 0%. Note a diferença da cor entre a cor original e a nova cor. O resultado final é um vermelho puro. Com freqüência, você precisará consultar alguns números gerados durante o desenvolvimento do conteúdo para que possa coincidir certas partes ou áreas do trabalho.

A Figura 3.13 mostra a janela Name Color Picker (Nomear Selecionador de Cores) no Macintosh.

6. Mova o cursor para perto da variação de cores para exibir uma seção de cores.

7. Escolha a cor desejada. Observe que todas estas cores têm um valor hexadecimal correspondente. Estes valores hexadecimais são as cores

seguras da Web. Uma cor segura da Web é uma cor comumente compartilhada entre uma máquina Macintosh e uma Windows, se você as reduzir à sua exibição mais inferior de 256 cores com 8 bits. Há apenas 216 cores seguras da Web.

A Figura 3.14 mostra a janela HSV Color Picker (Selecionador de Cores HSV) no Macintosh.

8. Forneça um valor para o matiz no campo Hue Angle (Ângulo do Matiz).
9. No campo Saturation (Saturação), digite uma porcentagem para a saturação.
10. Digite um número para representar a porcentagem do brilho da cor desejada no campo Value (Valor). (Value se comporta como o brilho.)

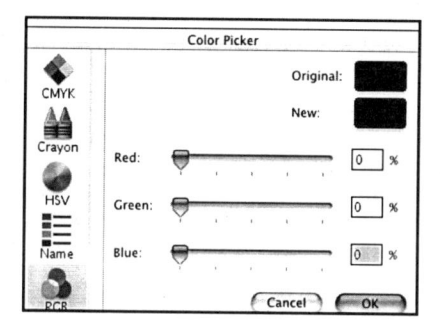

Figura 3.12 O RGB Color Picker no Macintosh.

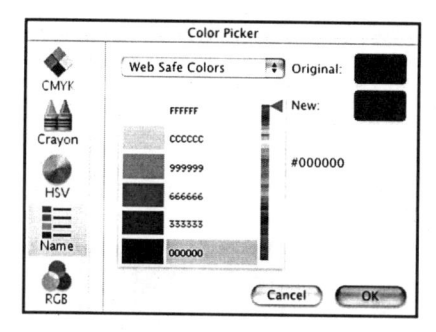

Figura 3.13 O Name Color Picker no Macintosh.

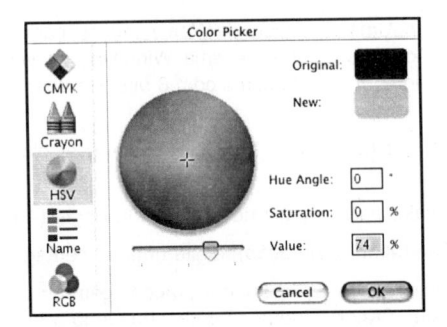

Figura 3.14 As opções Hue, Saturation e Value (HSV) no Color Picker no Macintosh.

Cuidado

Se você for novo no desenvolvimento Web, saiba que mesmo que as 216 cores sejam comumente compartilhadas entre os sistemas operacionais Mac e Windows, as cores de um Mac são geralmente mais brilhantes e as cores do Windows são comumente mais escuras. Porém, usar as cores seguras da Web parece ser cada vez menos um problema com as máquinas modernas atuais, que exibem bem mais de um milhão de cores.

O cursor sob o esquema de cores ajustará o valor. Mover as cruzes no esquema de cores ajustará o ângulo do matiz, assim como a porcentagem da saturação.

O Crayon Color Picker (Selecionador de Cores Pastéis) permitirá escolher uma cor com um nome específico. Estas cores não são necessariamente as cores seguras da Web. O Crayon Color Picker oferece várias cores bem organizadas e fáceis de encontrar, como mostrado na Figura 3.15.

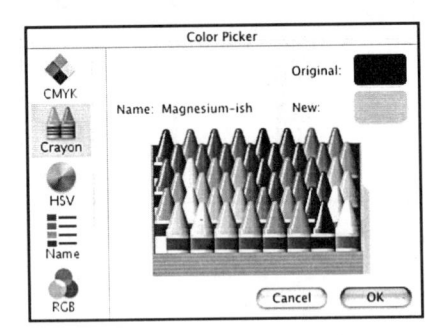

Figura 3.15 O Crayon Color Picker no Macintosh.

A seção CMYK é um misturador de cores que usa o processo comum de impressão das quatro cores: ciano, magenta, amarelo e preto. Como mencionado anteriormente, as cores seguras da Web estão se tornando uma questão menor. Porém, você poderá se encontrar em uma situação na qual sua empresa deseja que uma cor CMYK seja usada em seu site Web. Comumente, isto acontecerá com os logotipos. Para seguir os padrões da empresa, você poderá escolher usar as cores exatas impressas no logotipo. Basicamente, isto resultará em uma aparência consistente no site Web. Consulte a Figura 3.16 para ver o CMYK Color Picker (Selecionador de Cores CMYK).

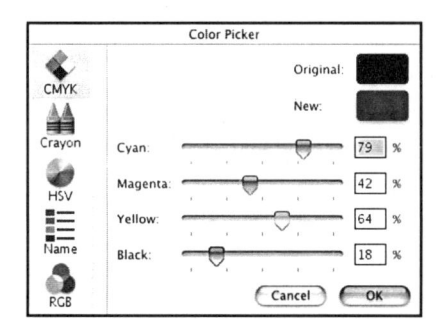

Figura 3.16 O CMYK Color Picker no Macintosh.

Como alterar o alfa de uma cor

Um ótimo recurso do Flash é a capacidade de alterar o alfa de uma cor. A definição Alpha (Alfa) controla a solidez ou a transparência que uma cor terá. O default é definido para 100%, mas pode ser reduzido a 0%. Isto pode ser útil nas animações – talvez você gostaria que um objeto aumentasse ou reduzisse a intensidade ou poderá querer que um item cruze outro item, neste caso poderá querer ver o item abaixo.

Para mudar o alfa de uma cor, escolha a cor desejada na amostra de preenchimento. Em seguida, use o cursor à direita do campo Alpha, para reduzir a porcentagem do alfa. Poderá também digitar um valor no campo Alpha. Quanto menor for a porcentagem alfa, mais transparente a cor ficará.

Assim que a cor tiver sido definida, você poderá usar esta nova cor transparente, exatamente como faria com qualquer outra. Na verdade, poderá ainda gravá-la no conjunto de amostra.

Como gravar uma cor em uma amostra

É bem simples gravar qualquer cor personalizada criada ou selecionada. Com a cor personalizada na amostra de preenchimento ou pincelada selecionada, mova seu cursor para o painel Color Swatches. Quando seu cursor estiver em uma área vazia da amostra, note que se transformará em uma ferramenta Paint Bucket. Clique em uma área vazia e note que a cor foi adicionada para preencher a área vazia com a cor de preenchimento selecionada. Você poderá também adicionar uma cor escolhendo uma cor no painel Color Mixer, ativando o submenu e escolhendo Add Swatch (Adicionar Amostra).

Dica

Com todas estas opções no Color Mixer, você poderá ter muitas cores personalizadas. Depois de ter adicionado estas cores ao painel Color Swatches, poderá ser uma boa idéia gravá-las como uma amostra.

Como modificar e criar graduações

O painel Color Mixer é uma área onde você pode modificar as cores da graduação existentes alterando, adicionando ou apagando as cores que compõem qualquer graduação dada. Quando você tiver uma graduação selecionada na amostra de preenchimento, observe as novas opções no painel Color Mixer.

Observe na Figura 3.17 que o menu suspenso contém opções para uma graduação radial e uma graduação linear. E mais, tome nota da nova variação de cor para a graduação. Cada marcador de triângulo na variação é uma cor que será representada na graduação. Se você estiver trabalhando com uma graduação simples com duas cores (por exemplo, do branco para o preto), estas duas cores se cruzarão gradualmente.

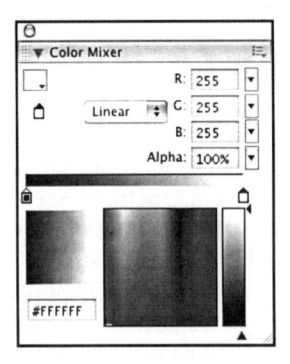

Figura 3.17 O painel Color Mixer com uma graduação, como o preenchimento ativo.

Como modificar uma graduação

Eis as etapas a seguir para modificar uma graduação:

1. Desenhe um círculo sem pincelada e com uma graduação radial selecionada para o preenchimento.
2. Para alterar as cores da graduação, destaque um dos marcadores na variação da graduação localizada no painel Color Mixer.
3. Com o triângulo selecionado, abra a ferramenta Ink Well acima da variação no painel Color Mixer e escolha uma nova cor. Note que a graduação será atualizada automaticamente.
4. Selecione o outro marcador e altere sua cor também.
5. Para editar mais esta graduação, você poderá adicionar mais cor ainda, acrescentando marcadores extras à variação da graduação. Para criar uma nova cor na faixa central na graduação, simplesmente clique em uma área vazia, logo abaixo da variação da graduação. Note o novo marcador com uma cor na faixa central.
6. Altere a cor do novo marcador usando a ferramenta Ink Well no painel Color Mixer.
7. Você poderá adicionar quantos marcadores novos forem necessários para conseguir o efeito desejado. Para mover qualquer marcador desnecessário, clique-o e arraste-o para baixo e para longe da variação de cores.
8. Assim que a graduação estiver completa e você sentir que poderá usar a nova cor da graduação mais tarde, poderá querer gravá-la em seu painel Color Swatches. Selecione o submenu no painel Color Mixer e escolha Add Swatch.

Nota

Verifique o filme QuickTime de instrução sobre como criar as graduações personalizadas localizadas no site Web complementar deste livro, http://www.flashmxunleashed.com.

Ferramenta Transform Fill

A ferramenta Transform Fill (Preenchimento com Transformação) é designada para mudar a aparência de uma graduação ou preenchimento de mapa de bits aplicado. Esta ferramenta fornece a capacidade de fazer ajustes na direção, tamanho, ponto central e rotação da graduação ou preenchimento do mapa de bits.

Dependendo do tipo de preenchimento – graduação radial, graduação linear ou preenchimento do mapa de bits – o tipo de alterações que pode ser executado irá variar ligeiramente. Depois de ter alguma prática usando a ferramenta Transform Fill, ela será algo que você usará com bastante freqüência. No próximo exercício, você aprenderá a modificar uma graduação radial. Estes mesmos princípios irão se aplicar a uma graduação linear. Note que você gravará o preenchimento do mapa de bits para mais tarde no capítulo na seção "Como importar gráficos de mapa de bits".

Como trabalhar com a ferramenta Transform Fill

Eis as etapas a seguir para este exercício:

1. Desenhe um círculo usando a ferramenta Oval (lembre-se, para desenhar um círculo perfeito, pressione a tecla Shift em seu teclado). Ao escolher uma cor de preenchimento para o círculo, escolha uma das graduações radiais defaults.
2. Com o círculo na cena, selecione a ferramenta Transform Fill na barra de ferramentas. Observe que seu cursor mudou para uma seta branca, com um pequeno ícone de graduação à esquerda inferior.
3. Clique no centro do círculo. Isto ativará as alças delimitadoras da transformação, mostradas na Figura 3.18.
4. A alça quadrada superior irá inclinar a graduação. Portanto, arraste a alça de inclinação para fora apenas alguns pixels.
5. A alça central mudará o raio da graduação (a graduação radial apenas). Arraste esta alça central para fora em cerca de 40 pixels.
6. A alça inferior mudará a rotação da graduação. Não há nenhuma necessidade neste ponto de girar a graduação.
7. Arraste a alça do círculo central para o canto superior esquerdo de sua forma. Isto mudará o ponto central da graduação.
8. Clique fora do quadro delimitador da graduação para desativá-lo. Observe que agora nosso círculo se parece com uma esfera em 3D.

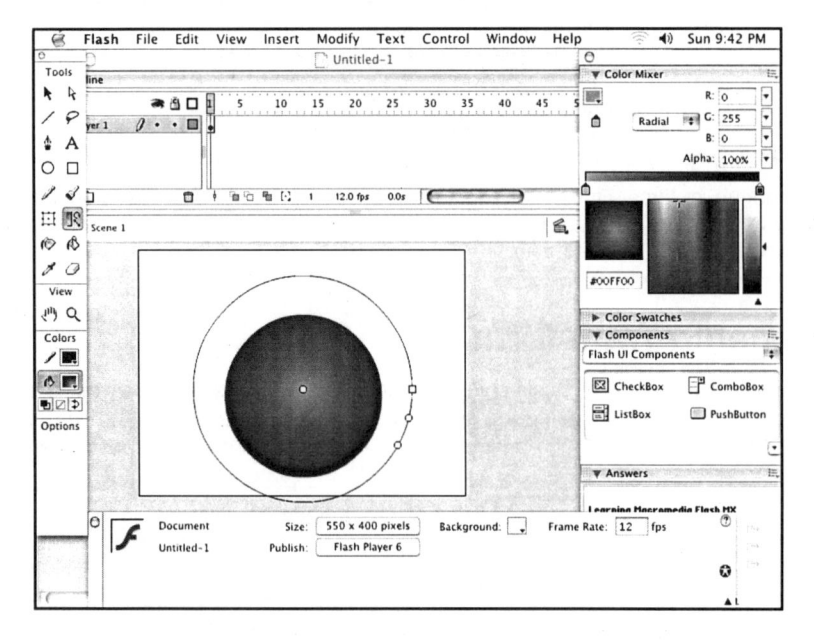

Figura 3.18 As alças delimitadoras de Transform Fill.

Nota

Verifique o filme QuickTime de instrução sobre como transformar os preenchimentos, localizado no site Web complementar deste livro, http://www.flashmxunleashed.com.

Ferramenta Brush

A ferramenta Brush (Pincel) é uma ferramenta de pintura no Flash, que oferece várias opções para pintar. É importante notar que a ferramenta Brush usa um preenchimento, em oposição a uma pincelada, como as outras ferramentas que acabamos de ver. A ferramenta Brush pode usar cores sólidas, graduações e ainda mapas de bits para pintar. Note as opções no painel Tools para a ferramenta Brush, como mostrado na Figura 3.19. A seguinte lista detalha estas opções:

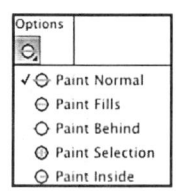

Figura 3.19 Os diferentes modos do pincel para a ferramenta Brush.

- **Paint Normal (Pintar Normalmente).** Use esta opção para pintar a cor de preenchimento em qualquer lugar em que você mover a ferramenta Brush com o botão do mouse pressionado.
- **Paint Fills (Pintar Preenchimentos).** Esta opção permite pintar apenas as cores de preenchimento (embora realmente deva ser chamada de Preserve Strokes ou Preservar Pinceladas). Paint Fills pode ser um pouco confuso, pois pintará as partes vazias da cena. Porém, o que não fará é alterar qualquer cor da pincelada.
- **Paint Behind (Pintar Atrás).** Escolha esta opção se quiser pintar apenas em uma área sob o trabalho de arte já colocado na cena.
- **Paint Selection (Pintar Seleção).** Esta opção permite que a ferramenta Brush pinte apenas as áreas que foram selecionadas.
- **Paint Inside (Pintar Dentro).** Esta opção permite que o pincel pinte apenas na seção interior do trabalho de arte. Não pintará ou irá alterar as cores da pincelada. Ao usar esta opção, comece no interior do item; do contrário, a ferramenta Brush achará que a cena é o item para pintar dentro.

Você poderá também mudar o tamanho do pincel usando o menu suspenso Brush Size (Tamanho do Pincel), mostrado na Figura 3.20. Ao escolher um tamanho do pincel, saiba que ele é sempre relativo à ampliação do documento. Por exemplo, se você tiver um documento ampliado em 400%, selecionar um certo tamanho de pincel e então reduzir o documento para 100%, este mesmo pincel aparecerá menor no tamanho do documento, com 100% do que era na ampliação de 400%.

No menu suspenso Brush Shape (Forma do Pincel), mostrado na Figura 3.21, você poderá selecionar uma forma do pincel ou estilo. Consiste em quadrados, ovais, retângulos e muitos pincéis com ângulos diferentes. Ao selecionar uma forma do pincel, lembre-se que o tamanho do pincel irá desempenhar um grande papel na aparência final na marca do pincel.

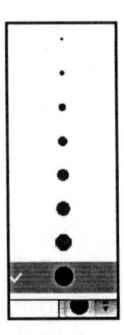

Figura 3.20 O menu suspenso Brush Size.

Figura 3.21 O menu suspenso Brush Shape.

A última opção para a ferramenta Brush é Lock Fill. Analisamos esta opção em detalhes na seção, "Ferramenta Paint Bucket", anteriormente neste capítulo. Esta instância de Lock Fill funciona igualmente. Naturalmente, para obter certos efeitos você precisará usar esta opção com uma combinação de modos do pincel.

Finalmente, note que a ferramenta Brush oferece uma opção Pressure (Pressão) quando uma mesa gráfica Wacom é usada. Veja a página Web da Wacom Technology Company em www.wacom.com, para obter mais informações. Uma mesa gráfica Wacom é um bloco de desenho sensível à pressão, que fornece ao mouse um comportamento como um bloco de arte tradicional e lápis.

Ferramenta Eraser

A ferramenta Eraser (Borracha) é, de modo bem engraçado, usada para apagar. É uma dica útil a lembrar. Se você clicar duas vezes na ferramenta Eraser no painel Tools, verá que ela de fato tem algumas opções:

- **Erase Normal (Apagar Normalmente).** Esta opção é a maneira padrão de apagar o conteúdo. Funciona exatamente como esperaria. Se você mover a borracha sobre uma cor de preenchimento ou da pincelada, ela será apagada.
- **Erase Fills (Apagar Preenchimentos).** Esta opção apaga apenas a cor de preenchimento dos objetos, sem danificar a cor da pincelada.

- **Erase Lines (Apagar Linhas).** Erase Lines apaga apenas as cores da pincelada e não altera os preenchimentos.
- **Erase Selected Fills (Apagar Preenchimentos Selecionados).** Esta opção apaga apenas os itens com preenchimentos que foram selecionados. Qualquer preenchimento não selecionado não será danificado.
- **Erase Inside (Apagar Dentro).** Erase Inside apaga apenas a cor interior do objeto no qual você começa a apagar inicialmente. Esta opção não apagará nada fora do parâmetro interior deste objeto.

Opção Faucet de Eraser

Pessoalmente, considero a ferramenta Faucet (Torneira) ótima – é apenas uma escolha de nomenclatura fraca da Macromedia. A ferramenta Faucet aspira literalmente a cor de um preenchimento ou pincelada.

Finalmente, você poderá escolher um tamanho e forma de borracha, como um círculo ou quadrado.

Ferramenta Pen

A ferramenta Pen (Caneta) era nova na versão 5. Ela permite definir linhas retas e curvas suaves. Para desenhar com a ferramenta Pen, mova o mouse e clique sucessivamente. Cada novo ponto irá se conectar ao anterior para criar um segmento de linha. Para criar um segmento de linha curvo, ao clicar com o mouse arraste o ponto na direção que deseja a curva. O comprimento da tangente irá determinar o arco da curva.

A ferramenta Pen tem alguma preferência, que precisa ser definida na caixa de diálogo Preferences. Para acessar esta caixa de diálogo, escolha Edit, Preferences. Dentro desta caixa de diálogo, selecione a aba Editing (Edição). Eis as opções que você encontrará:

- **Show Pen Preview (Exibir Visualização da Caneta).** Esta opção oferece uma visualização de como ficará o segmento de linha assim que uma âncora for colocada. Se você for novo para a caneta Pen, deverá notar que é uma ótima opção a ser verificada, porque ajuda os iniciantes a se sentirem mais confortáveis com os comportamentos da ferramenta Pen.
- **Show Solid Points (Exibir Pontos Sólidos).** Com esta opção, a aparência dos pontos vetoriais selecionados aparecerá vazada e os pontos não selecionados aparecerão sólidos. Por default, esta opção não é selecionada, dando a aparência oposta (o sólido indica pontos selecionados e o buraco refere-se aos pontos não selecionados).
- **Show Precise (Exibir Preciso).** Há duas exibições diferentes para a ferramenta Pen. Ao usar a ferramenta Pen, você poderá exibir o ícone da caneta padrão ou escolher Precise (Preciso), que exibirá cruzes. Marcar esta caixa mudará apenas a aparência default da ferramenta Pen para Precise. Esta opção é bem inútil, visto que você pode alternar entre as duas exibições diferentes usando a tecla Caps Lock.

A ferramenta Pen também tem várias opções diferentes em termos de alterar, adicionar, apagar e transformar os pontos. Quando estas opções estão disponíveis, há uma pequena diferença na aparência do ícone da ferramenta Pen. A seguinte lista explica estas diferenças:

- **Cursor 1.** Note que este ícone do cursor exibe um pequeno sinal de menos (-). Significa que se você fosse clicar um ponto vetorial, ele seria apagado.
- **Cursor 2.** Este ícone do cursor exibe um circunflexo (^), que significa que se você clicar em um ponto vetorial, ele se transformará em um ângulo reto.

- **Cursor 3.** Este ícone do cursor (+) adiciona um ponto vetorial ao segmento de linha existente.
- **Cursor 4.** Note que este cursor exibe um pequeno x. Este ícone indica que não há nenhum segmento de linha presente a editar. Para não ver este ícone, posicione o mouse diretamente sobre um segmento da linha.
- **Cursor 5.** Quando a ferramenta Pen estiver sobre o primeiro ponto vetorial colocado, você verá o pequeno ícone "o", indicando que isto fechará o caminho ou a forma.
- **Cursor 6.** Quando a tecla Shift estiver pressionada, o ícone do cursor mudará para uma seta com uma caixa sólida. Isto indica que você está movendo o cursor sobre uma linha.
- **Cursor 7.** Quando a tecla Shift estiver pressionada, o ícone do cursor mudará para uma seta com uma caixa vazada. Isto indica que você está movendo o mouse sobre um ponto vetorial.

Depois de desenhar um caminho com a ferramenta Pen, poderá editá-lo usando qualquer cursor do ícone de caneta recém-explicado ou poderá usar a ferramenta Subselection. A ferramenta Subselection permite alterar os pontos vetoriais selecionados e as linhas tangentes. Lembre-se que as linhas tangentes mudam os graus do arco e a direção da curva. Consulte a Figura 3.22 para ver um exemplo das alças tangentes.

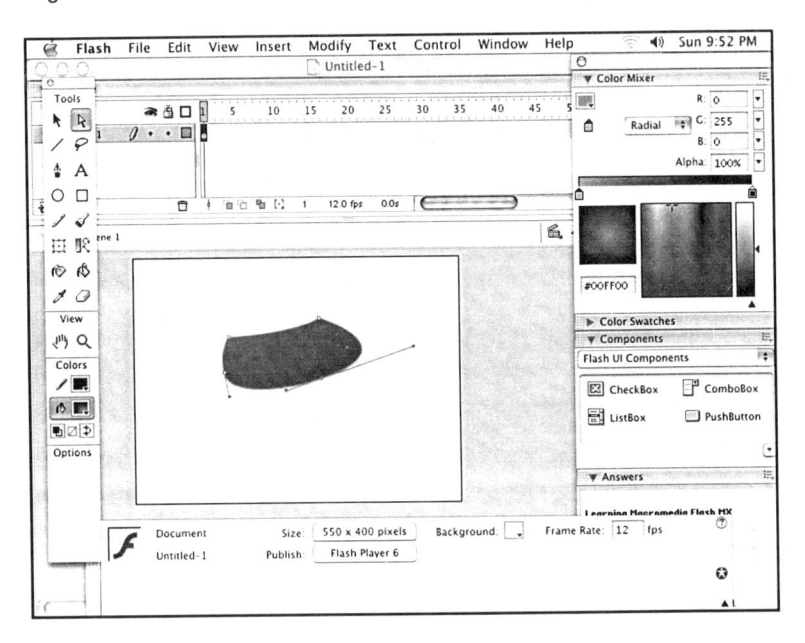

Figura 3.22 As alças tangentes.

Ferramenta Free Transform

A ferramenta Free Transform (Transformação Livre) é uma nova ferramenta no Flash MX. Esta ferramenta tem várias opções para distorcer, inclinar, dimensionar e girar os itens no Flash.

Com um item selecionado na cena, escolha a ferramenta Free Transform no painel Tools. Note o quadro delimitador em torno do item. Se não houver um item selecionado na cena quando a ferramenta Free

Capítulo 3 – Como criar gráficos no Flash | 65

Transform for escolhida, você não verá este quadro. Porém, se clicar em um item com esta ferramenta selecionada, notará que o quadro delimitador aparecerá em torno deste objeto.

As alças no quadro delimitador permitem fazer todos os tipos de modificações no objeto. As alças no canto reduzem o item e pressionar a tecla Shift limitará as proporções do item. Usar as alças na lateral irá dimensionar na horizontal e na vertical. Mover o cursor entre as alças permitirá que você incline e distorça o item.

Note que a ferramenta Free Transform também tem várias opções no painel Tools (veja a Figura 3.23). Estas opções serão analisadas na lista a seguir:

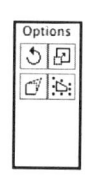

Figura 3.23 As opções Free Transform.

- **Rotate (Girar).** Esta opção gira o item em torno do ponto central. Note que você pode mover o ponto central para mudar o eixo da rotação.
- **Scale (Dimensionar).** Esta opção limita automaticamente as proporções do item quando você está usando as alças do canto. Poderá também dimensionar o objeto na horizontal e na vertical.
- **Distort (Distorcer).** Esta opção move os pontos do canto ou da borda para distorcer o item realinhando as bordas vizinhas. Se você arrastar uma alça do canto e pressionar a tecla Shift em seu teclado, a borda irá diminuir. A diminuição moverá o canto oposto na direção oposta em uma distância igual.
- **Envelope.** Esta opção oferece o controle definitivo ao transformar um item. Você ajustará os pontos e as alças tangentes modificarão o item. Esta opção funciona com um ou mais itens selecionados.

Aviso

As duas opções finais da ferramenta Free Transform – Distort e Envelope – funcionam apenas com itens primitivos. Se o trabalho de arte for um símbolo, um objeto agrupado, um objeto de vídeo ou texto, serão desativadas. Para usar estas opções, o trabalho terá que ser dividido escolhendo Modify, Break Apart.

Para mover um item na horizontal ou na vertical, será melhor usar as opções no menu Modify. Para mover um objeto, certifique-se de que ele esteja selecionado e então escolha Modify, Transform (Transformar), Flip Horizontal (Mover na Horizontal) ou Flip Vertical (Mover na Vertical).

Ferramenta Text

Usar o texto no Flash é em alguns casos tão simples quanto usar o texto em uma aplicação de processamento de texto. Em outros casos, é tão difícil de usar quanto o texto HTML. Lembre-se, para o texto ser exibido na máquina de um usuário final, a devida fonte terá que estar presente no sistema deste usuário. Iremos ver alguns obstáculos ao usar o texto e como solucionar qualquer problema em potencial. Também iremos revisar os recursos de edição que o Flash MX tem a oferecer.

O texto pode ser usado para muitas tarefas diferentes no Flash – desde algo tão básico quanto ter um verificador ortográfico em uma página, até ser um contêiner para informações variáveis. É por isto que nossa análise da ferramenta Text é dividida em seções. Iremos começar nos recursos de edição.

Recursos de edição da ferramenta Text

Selecione a ferramenta Text (Texto) no painel Tools. Você notará que a ferramenta Text não tem nenhuma opção. Contudo, se observar o Properties Inspector, verá que ele está carregado com coisas para alterar a aparência de seu texto, como mostrado na Figura 3.24.

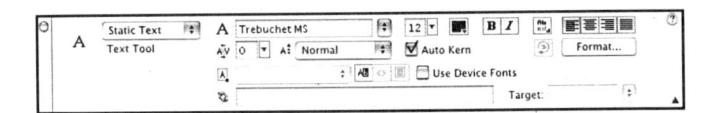

Figura 3.24 As propriedades da ferramenta Text.

A opção mais óbvia no Properties Inspector é para alterar a face de tipos. No menu suspenso, você verá uma lista das fontes disponíveis instaladas em seu sistema. Junto com esta opção está a capacidade de alterar o tamanho da fonte. Para mudar o tamanho do ponto da fonte, digite um valor ou use o cursor para aumentar ou diminuir o tamanho. Para mudar a cor do texto, use a ferramenta Ink Well à direita do campo Font Size (Tamanho da Fonte). Naturalmente, você também terá opções para colocar o texto em negrito (Ctrl/Cmd+Shift+B) e em itálico (Ctrl/Cmd+Shift+I).

Para começar a digitar no Flash, escolha a ferramenta Text e clique onde deseja que o texto apareça na cena. Quando digitar, a caixa de texto será redimensionada para aceitar todo o texto.

A outra opção, quando a ferramenta Text é selecionada pela primeira vez, é clicar e arrastar uma caixa de texto delimitadora na cena. Isto criará um bloco de texto, não permitindo que nenhum texto altere suas dimensões. Quando digitar, o texto se dividirá automaticamente e fará paradas sempre e onde for necessário, para caber dentro da caixa de texto definida. Você poderá sempre redimensionar a caixa de texto, selecionando a alça no canto superior direito e arrastando para o novo tamanho desenhado (veja a Figura 3.25).

Capítulo 3 – Como criar gráficos no Flash | **67**

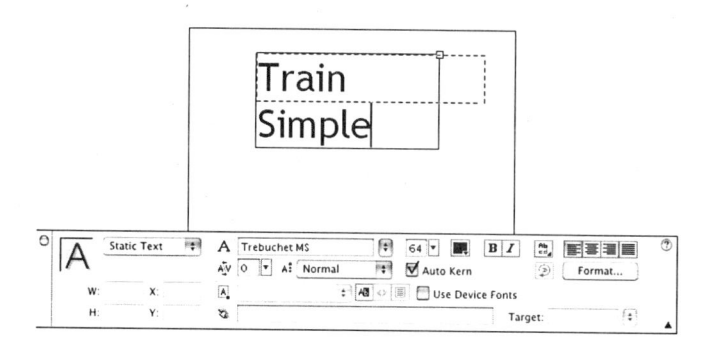

Figura 3.25 Como redimensionar uma caixa de texto.

As opções de ajuste entre as letras e de kerning também estão disponíveis. Veja a Figura 3.26. Porém, o que você pode achar capcioso é o fato de que ambas as opções são acessadas sob o mesmo cursor. Para ajustar as letras do texto, certifique-se de que a palavra inteira esteja destacada em preto ou o texto tenha sido selecionado com a ferramenta Arrow e uma caixa azul esteja visível em torno do tipo.

Você poderá digitar um valor, onde os números positivos aumentam o espaço entre as letras e os valores negativos diminuem o espaço. Quando isto é feito individualmente, como por exemplo para ajustar o espaço entre as letras *A* e *V,* ao invés de uma palavra inteira, é conhecido com *kerning*.

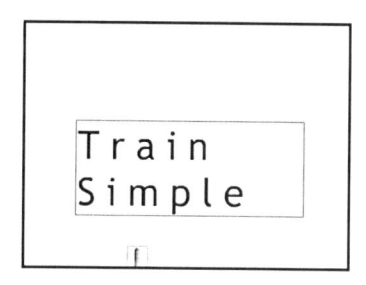

Figura 3.26 Como ajustar as letras.

Para ajustar o kerning entre dois caracteres, destaque ambos os caracteres e use a mesma caixa de texto ou cursor para fornecer um valor positivo ou negativo, como mostrado na Figura 3.27. Muitas vezes quando você está digitando este valor, é vantajoso ter o quadro de verificação Auto Kern (Kerning Automático) marcada. Isto dará uma boa chance de retornar alguns resultados aceitáveis – e no mínimo, oferece um bom ponto de partida.

Figura 3.27 Como ajustar o kerning.

Eis alguns atalhos importantes para ajustar o kerning e/ou fazer o ajuste entre as letras:

- **Diminuir o espaçamento em meio pixel.** Cmd+Option+seta esquerda (Mac) e Ctrl+Alt+seta esquerda (Windows).
- **Diminuir o espaçamento em dois pixels.** Cmd+Shift+Option+seta esquerda (Mac) e Ctrl+Shift+Alt+seta esquerda (Windows).
- **Aumentar o espaçamento em meio pixel.** Cmd+Option+seta direita (Mac) e Ctrl+Alt+seta direita (Windows).
- **Aumentar o espaçamento em dois pixels.** Cmd+Shift+Option+seta direita (Mac) e Ctrl+Shift+Alt+seta direita (Windows).

O Properties Inspector também tem opções para usar subscritos e sobrescritos. Você usará os subscritos para digitar algo como "H_2O", onde o caractere pequeno está logo abaixo da linha de base e usará os sobrescritos para algo como "Ti", onde o caractere pequeno está logo acima da linha de base.

Como definir o alinhamento e as margens

Com a ferramenta Text selecionada, dentro do Properties Inspector, logo à direita do botão Italic (Itálico) está outro botão que fornece a capacidade de alterar a direção do texto. As duas opções são Vertical Left to Right (Esquerda para Direita na Vertical) e Vertical Right to Left (Direita para Esquerda na Vertical). Também disponível está a opção Rotate, para girar o texto assim que a direção tiver sido alterada a partir da horizontal. Dependendo da direção do texto, os quatro botões seguintes fornecerão opções para justificar o texto.

As opções de alinhamento incluem a justificativa superior/esquerda, central, justificativa direita e justificativa total. Estas opções determinam previamente o texto, caso uma opção de justificativa seja escolhida antes do texto ser fornecido. Se o texto já tiver sido fornecido, destaque o bloco de texto desejado e então aplique a justicava requerida.

Clique o botão Format (Formatar) para as seguintes opções de formatação adicionais (veja a Figura 3.28):

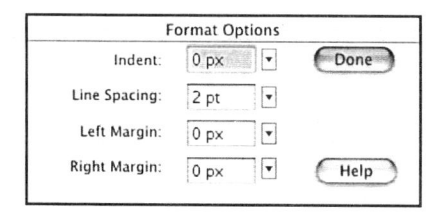

Figura 3.28 As opções de formatação.

- **Indent (Recuar).** Forneça um valor para determinar a distância na qual a primeira linha de cada parágrafo deverá ser recuada. Esta opção funciona apenas com os blocos de texto predefinidos.
- **Line Spacing (Espaçamento da Linha).** Esta opção controla o espaço entre as linhas nos blocos de texto (é conhecida como *entrelinhamento*). Os números positivos aumentam a quantidade de espaço entre as linhas; os números negativos diminuem o espaço.
- **Left Margin (Margem Esquerda).** Esta opção cria uma margem ou espaço no lado esquerdo de um bloco de texto.
- **Right Margin (Margem Direita).** Esta opção cria uma margem ou espaço no lado direito de um bloco de texto.

Fontes do dispositivo e incorporadas

No Flash você pode usar as fontes do dispositivo. Se decidir usar uma fonte do dispositivo, poderá economizar uma boa quantidade do tamanho do arquivo em seu arquivo SWF final. Incluídos no arquivo quando a opção Use Device Fonts (Usar Fontes do Dispositivo) está ativada estão itens como o nome da face de tipos, a família do tipo e algumas outras informações para ajudar o Flash Player a avaliar se o usuário tem a fonte. Para ativar a opção Use Device Fonts, certifique-se de que o campo de texto esteja definido para Static (Estático) e no Properties Inspector, marque a caixa Use Device Fonts.

Se o usuário final não tiver a face de tipos instalada em seu sistema, o Flash Player saberá substituí-la por uma face de tipos com ou sem serifas. As fontes do dispositivo são mais bem usadas como o texto menor e as faces de tipos muito comuns. As fontes do dispositivo não irão suavizar a aparência, portanto, tendem a parecer melhores com tamanhos menores. Se o texto for grande, será melhor dividi-lo, para que se torne uma forma.

Também é importante notar que se você tiver um bloco de texto e quiser dimensionar, dividir, distorcer ou aplicar qualquer tipo de transformação, a capacidade de edição do texto será preservada.

As opções finais na parte inferior do Properties Inspector incluem tornar o texto selecionável e criar hiperlinks. Algumas vezes no Flash você poderá querer que as informações importantes em um site Web sejam selecionáveis, para que o usuário final possa copiá-las. Poderá também querer que algum texto tenha um hiperlink com os documentos HTML adicionais. Poderá criar um hiperlink digitando um link na caixa de texto Hyperlink (Hiperligação) na parte inferior do Properties Inspector.

Até então, tudo que exploramos é o texto estático. Você notará no menu suspenso próximo ao canto superior direito do Properties Inspector algumas outras opções. Estas opções - Dynamic (Dinâmico) e Input Text (Fornecer Texto) – serão analisadas com mais detalhes no Capítulo 9, "Técnicas de animação e vídeo digital".

Ferramenta Zoom

A ferramenta Zoom permite ampliar um tema em até 2000%. Isto ajudará quando você estiver executando um trabalho preciso. Quando clicar a ferramenta Zoom, ela sempre ampliará duas vezes mais a ampliação na qual você está atualmente. Para reduzir, pressione a tecla Option (Mac) ou Alt (Windows) e clique o mouse.

Clicar duas vezes na ferramenta Zoom irá redefinir a ampliação em 100%. Eis alguns atalhos de teclado que você pode querer lembrar:

- Para ampliar, use Cmd (Mac) ou Ctrl (Windows) com a tecla mais (+).
- Para reduzir, pressione Cmd (Mac) ou Ctrl (Windows) e a tecla de hífen (-) da mesma maneira.

Lembre-se, também há o menu suspenso Zoom fixado logo abaixo da linha do tempo.

Ferramenta Hand

A ferramenta Hand (Mão) é usada para mover a cena. Quando ampliada uma certa parte do filme Flash, você poderá achar difícil navegar para as áreas diferentes do filme. É onde a ferramenta Hand entra, bem, torna-se útil. Poderá mover literalmente a cena: simplesmente clique com a ferramenta Hand e arraste até ver o local desejado no qual deseja trabalhar.

Dica

A barra de espaço age como uma alternância para ativar a ferramenta Hand, não importando qual ferramenta você está usando atualmente.

Dicas para criar gráficos no Flash

Você pode ter notado agora que usar as ferramentas de desenho no Flash tem diversas vantagens e algumas desvantagens. Vejamos o comportamento dos gráficos que criamos assim que os colocamos na cena.

Como desenhar e mover os itens primitivos

Eis as etapas a seguir neste exercício:
1. No painel Tools, escolha a ferramenta Rectangle. Na parte Options do painel Tools, clique na opção Round Rectangle Radius.
2. Na caixa instantânea Round Rectangle Radius, digite um valor 5. Este valor adicionará apenas um pequeno efeito arredondado nos cantos.
3. Na seção Colors do painel Tools, escolha uma cor da pincelada e uma cor de preenchimento.
4. Desenhe um retângulo em algum lugar na cena.
5. Depois de desenhar o retângulo, escolha a ferramenta Arrow, clique no centro do quadrado e arraste o objeto para um novo local.
6. Note depois de mover o item que uma pincelada é deixada. Para evitar isto, você terá que clicar duas vezes no item (notará que o preenchimento e a pincelada estão selecionados) e então clicá-lo mais uma vez para movê-lo.

Os objetos primitivos do Flash irão separar as pinceladas dos preenchimentos. Isto, claro, poderá causar todos os tipos de problemas, mas há um lado bom. Embora esta questão possa algumas vezes incomodar, fornece um controle máximo de seus itens primitivos. Por exemplo, use a ferramenta Line para desenhar uma estrela. Se você tentar traçar um contorno de uma estrela, poderá parecer bem difícil. Porém, se desenhar a estrela da mesma maneira que a desenhou no papel, sem mesmo levantar o lápis, então poderá remover as linhas interiores para criar a estrela perfeita, como mostrado na Figura 3.29.

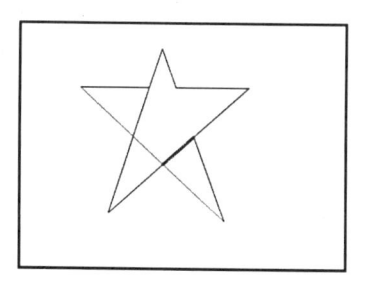

Figura 3.29 Esta estrela foi desenhada usando a ferramenta Line e as linhas interiores sendo selecionadas com a ferramenta Arrow serão apagadas.

Dica

Consulte o vídeo QuickTime localizado no site Web complementar deste livro para obter mais explicação sobre como as cores e as pinceladas são separadas.

O Flash tem algumas questões adicionais que precisaremos ver ao criar os gráficos. Ele também combinará dois itens com a mesma cor de preenchimento ou fará um buraco em um objeto primitivo subjacente. Veja o próximo exercício para obter um exemplo.

Como colocar itens primitivos uns sobre os outros

Eis as etapas a seguir para este exercício:

1. No painel Tools, escolha a ferramenta Oval. Ao escolher a ferramenta Oval, especifique uma cor de preenchimento e uma cor da pincelada.
2. Desenhe uma oval em algum lugar na cena.
3. No painel Tools, selecione a ferramenta Rectangle. Novamente, selecione uma cor da pincelada, mas desta vez escolha uma cor de preenchimento diferente.
4. Desenhe um retângulo e cubra uma parte da oval.
5. Clique longe de ambos os objetos, em algum lugar no espaço em branco da cena.
6. Note que o retângulo parecerá estar em cima. É porque foi desenhado depois da oval.
7. Clique uma vez no retângulo e vá para outro local na cena.
8. A oval, que estava localizada sob o retângulo, agora tem um quadrado cortado dela.

É o comportamento normal para o Flash. É de máxima importância lembrar isto quando estiver desenvolvendo o conteúdo no ambiente Flash. Pequenos acidentes podem causar problemas enormes e, felizmente, o Flash tem um recurso maravilhoso chamado *Undo* (Desfazer) (digite Cmd+Z, Ctrl+Z ou escolha Edit, Undo). Estes estilos de desenho são tanto contratempos quanto recursos. Embora possa ser uma maneira diferente de construir um trabalho, é uma que pode abrir mais possibilidades. Um ótimo recurso é a capacidade de ajustar as linhas. Se você mover seu cursor sobre uma linha, notará que poderá obter e curvar a linha. Se seu cursor do mouse exibir uma pequena imagem de um ângulo reto, poderá ajustar a colocação deste ângulo clicando no ângulo e arrastando-o.

Lembre-se apenas de como a linha e as cores do preenchimento podem se separar ao alterar sua posição.

Você poderá evitar estes problemas agrupando seu trabalho de arte. Isto pode parecer estranho à primeira vista, porque basicamente está agrupando um objeto em si mesmo. A vantagem é que o objeto não será mais um primitivo e o estilo da seleção mudará. Observe a Figura 3.30 para ver as diferenças entre um objeto agrupado e um primitivo.

Dica

Consulte o site Web complementar deste livro para obter mais explicações sobre como as cores e as pinceladas se separam.

Capítulo 3 – Como criar gráficos no Flash | **73**

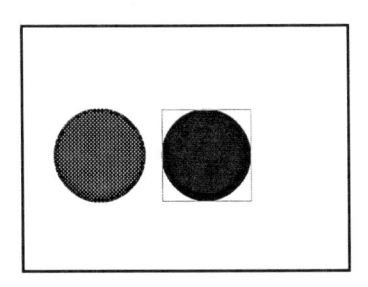

Figura 3.30 À esquerda está um item primitivo e à direita um agrupado.

Note que o objeto agrupado tem um quadro delimitador azul, em oposição ao padrão manchado do objeto primitivo. Sem as manchas, os itens não podem se mesclar ou fazer buracos uns nos outros.

Como agrupar um item

Eis as etapas a seguir para agrupar um item:

1. Escolha a ferramenta Rectangle com uma cor da pincelada e uma cor de preenchimento.
2. Desenhe um retângulo em algum lugar na cena.
3. Depois de desenhar o objeto, escolha a ferramenta Arrow e clique-a duas vezes. Clicando duas vezes você estará selecionando não apenas o preenchimento mas também a pincelada.
4. Escolha Modify, Group (Agrupar). Isto irá agrupar o objeto. Note o estilo de seleção diferente com o quadro delimitador.
5. Escolha a ferramenta Oval com uma cor diferente de preenchimento e pincelada.
6. Desenhe uma oval ou círculo sobre o retângulo agrupado. Você notará que o item que acabou de desenhar aparecerá automaticamente atrás do retângulo agrupado.
7. Mova o retângulo agrupado para longe do círculo. Note que o retângulo não fará um buraco na oval.

Como alterar a ordem da pilha entre os objetos agrupados

Eis as etapas a seguir para mudar a ordem da pilha entre os objetos agrupados:

1. Ainda trabalhando com o último arquivo e com a ferramenta Arrow selecionada, clique duas vezes na oval para selecionar a pincelada e o preenchimento.
2. Escolha Modify, Group.
3. Mova o oval para cima do retângulo agrupado.

Observe que o retângulo agora está sob a oval. É porque a oval foi o último objeto agrupado; portanto, aparecerá na frente de qualquer item agrupado anteriormente. No Flash, você tem duas maneiras diferentes de mudar a ordem da pilha dos objetos agrupados: organize-os em camadas separadas ou altere sua ordem da pilha na camada um.

Como alterar a ordem da pilha dos objetos agrupados na camada um

Eis as etapas a seguir para alterar a ordem da pilha dos objetos agrupados na camada um:

1. Com os itens da oval e o retângulo agrupados já na cena a partir dos exercícios anteriores, desenhe uma nova forma. Escolha uma cor diferente de preenchimento e pincelada para esta forma.
2. Escolha a ferramenta Arrow e selecione a nova forma clicando-a duas vezes. Depois do item ser selecionado, escolha Modify, Group. Note agora que a nova forma está em cima.
3. Com a nova forma selecionada, escolha Modify, Arrange (Organizar), Send to Back (Enviar para Trás). A nova forma agora aparecerá abaixo dos outros dois itens agrupados.

Eis as opções no menu Modify, Arrange (note que você tem que ter um objeto agrupado selecionado para obter estas opções):

- **Bring to Front (Trazer para Frente).** Esta opção move o item selecionado para frente de todos os outros itens.
- **Bring Forward (Trazer para Cima).** Esta opção move o item selecionado para frente do item que está atualmente abaixo. Em outras palavras, traz o item para cima uma etapa.
- **Send Backward (Enviar para Baixo).** Esta opção move o item selecionado para trás do item que está atualmente na frente. Em outras palavras, envia o item para baixo em uma etapa.
- **Send To Back (Enviar para Trás).** Esta opção move o item selecionado para trás de todos os outros itens.

Você poderá também mudar a ordem da pilha dos itens usando as camadas. Sempre que criar um novo gráfico, coloque-o em uma nova camada. Poderá criar uma nova camada clicando o botão Add Layer (Adicionar Camada) nos painéis Layers (Camadas), como mostrado na Figura 3.31.

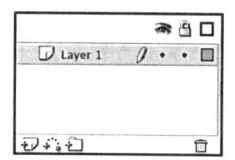

Figura 3.31 O botão Add Layer.

Para mudar a ordem da pilha de uma camada, simplesmente clique-a e arraste-a para cima ou para baixo do local desejado nas outras camadas. Para obter informações adicionais sobre o painel Layers, consulte o Capítulo 4, "Animação do Flash".

Técnicas gráficas

Gostaria de indicar alguns recursos legais, mas pequenos no Flash que você poderá usar para fazer com que seus gráficos Flash pareçam um pouco mais interessantes. Com freqüência, os efeitos de sombra são criados usando gráficos de mapa de bits. Tem muita relação com a faixa tonal que um gráfico de varredura pode fornecer. O Flash, como todos sabemos, é baseado em vetores, e os vetores não podem oferecer esta mesma faixa tonal. Portanto, o Flash tem algumas soluções, mas lembre-se que usá-las aumentará o tamanho do arquivo de seu documento final. E mais, estes efeitos, especialmente quando animados, irão requerer que o usuário final tenha uma máquina mais poderosa. Os recursos que oferecem estes efeitos podem ser encontrados no menu Modify, Shape (Forma):

- **Convert Lines to Fills (Converter Linhas em Preenchimentos).** Às vezes para criar gráficos com aparência de 3D, seu trabalho de arte tem que ter uma pincelada grande e esta pincelada tem que ser preenchida com cores tonais. Para obter os valores tonais, uma graduação terá que ser aplicada. Você pode ter notado que não há nenhuma graduação na amostra da pincelada. É a principal razão para converter as pinceladas em cores de preenchimento. Assim que este ajuste tiver sido feito, você não poderá preencher a cor da linha com uma graduação.

- **Expand Fill (Expandir Preenchimento).** Use esta opção para mudar o tamanho do preenchimento. Na caixa de diálogo Expand Fill, escolha quantos pixels gostaria de preencher para expandir ou inserir. Expand fará que com o preenchimento pareça maior e Inset (Inserir) tornará o preenchimento menor.

- **Soften Fill Edges (Suavizar Bordas do Preenchimento).** Dentro da caixa de diálogo Soften Fill Edges, escolha quantas etapas gostaria de executar e indique se gostaria de expandir ou inserir o preenchimento. Se escolher expandir o preenchimento, ele terá pinceladas adicionais aplicadas em torno dele, no número de etapas que você designou e cada uma destas pinceladas terá gradualmente menos solidez. Inset funciona igualmente, mas as pinceladas adicionais serão cortadas no tamanho do preenchimento.

Dica

Consulte o vídeo QuickTime incluído no site Web complementar deste livro para obter mais explicação sobre como usar o menu Shape.

Como importar os gráficos de mapa de bits

Mesmo que o Flash seja uma aplicação baseada em vetores, você poderá ainda importar e trabalhar com os gráficos de mapa de bits. Assim que um gráfico estiver dentro do Flash, ele se tornará um elemento editável. Você poderá animar o mapa de bits, incliná-lo, dimensioná-lo, distorcê-lo, dividi-lo e ainda convertê-lo em vetores. É muito comum no desenvolvimento combinar o trabalho de arte criado no Flash com outros programas vetoriais, como o Illustrator ou o FreeHand, mas também com aplicações de mapa de bits, como o Photoshop ou o Fireworks. O processo de importar um mapa de bits em um Mac parece um pouco diferente do que é em uma máquina Windows, portanto, observe bem as seguintes figuras para que possa ver as diferenças.

Como importar um gráfico de mapa de bits

Eis as etapas a seguir para importar um gráfico de mapa de bits:

1. Escolha File, Import para abrir a caixa de diálogo Import.
2. Carregue o arquivo do site Web complementar deste livro e na seção Chapter 3 encontre o arquivo gato.jpg.
3. No Mac OS 9, clique o botão Add e então o botão Import. A vantagem desta caixa de diálogo é que se você tiver mais de um item para importar, escolherá os arquivos diferentes e irá importá-los todos em um comando.
4. No Windows e no Mac OS X, destaque o arquivo e clique o botão Open (Abrir).

O mapa de bits agora aparecerá na cena. Neste ponto, você poderá manipular o gráfico de qualquer maneira. Há poucas coisas diferentes que poderá fazer com este gráfico. No próximo exercício, executaremos as etapas para usar este mapa de bits como uma cor de preenchimento e iremos selecionar as partes da imagem e apagá-las. Para selecionar estas partes diferentes, usaremos a ferramenta Lasso (Laço).

Ferramenta Lasso

A ferramenta Lasso é uma ferramenta de seleção e faz mais sentido usá-la com os mapas de bits. Use a ferramenta Lasso exatamente como faria com qualquer ferramenta de desenho. Para fazer uma seleção clara e precisa, tente fechar o caminho que o laço faz. Do contrário, os resultados poderão ser menos previsíveis. A ferramenta Lasso tem algumas opções na parte inferior do painel Tools. A primeira é a ferramenta Magic Wand (Vara Mágica), mostrada na Figura 3.32. A ferramenta Magic Wand seleciona uma área ou valor dos pixels baseados em sua tolerância definida. Você poderá definir a tolerância clicando o botão à direita da ferramenta Magic Wand. Quanto mais alta for a tolerância, mais valores a seleção irá considerar como sendo iguais.

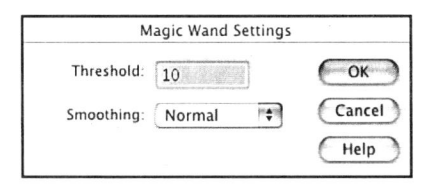

Figura 3.32 As definições de Magic Wand.

A opção Smoothing (Suavizar) é para determinar a suavidade que a borda selecionada deverá ter. Eis as opções:

- **Smooth (Suave).** Arredonda as bordas da seleção.
- **Pixels.** A seleção é integrada na borda retangular com pixels de cor semelhante.
- **Rough (Irregular).** A seleção torna-se ainda mais angular do que com Pixels.
- **Normal.** Cria uma seleção que é um pouco mais suave do que Pixels, mas não tão suave quanto Smooth.

A última opção é a ferramenta Polygon Lasso (Laço de Polígono). Use esta ferramenta para as formas angulares ou geométricas. Veja a Figura 3.33 para obter as opções de Lasso.

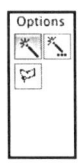

Figura 3.33 As opções da ferramenta Lasso.

Como trabalhar com mapas de bits

Nesta seção você aprenderá a usar os gráficos de mapa de bits como elementos individuais. Por exemplo, poderá usar muito facilmente um mapa de bits como uma cor de preenchimento para outro gráfico.

Como dividir um mapa de bits e usá-lo como uma cor de preenchimento

Eis as etapas a seguir para dividir um mapa de bits e usá-lo como uma cor de preenchimento:

1. Com um gráfico de mapa de bits selecionado, escolha Modify, Break Apart. Note que o mapa de bits agora se parece mais com um objeto primitivo.
2. Escolha a ferramenta Dropper no painel Tools.
3. Note que a amostra de preenchimento tem um pequeno ícone, que representa o mapa de bits.
4. Escolha a ferramenta Rectangle e desenhe um quadrado na cena. Note que é preenchido com o mapa de bits!
5. Agora você terá a opção de transformar o preenchimento usando a ferramenta Transform Fill.

Trace Bitmap

Outro recurso ótimo do Flash MX é ter a capacidade de transformar seus gráficos de mapa de bits em vetores. Isto poderá economizar o tamanho do arquivo, se o mapa de bits não tiver muitos detalhes. Também será uma vantagem se você pretende animar o gráfico e tiver que dimensioná-lo. É importante não dividir o mapa de bits. Se o dividir, o Flash irá reconhecê-lo apenas como um primitivo e não como um mapa de bits. Se você tiver o mapa de bits selecionado na cena, selecione o comando de menu Modify, Trace Bitmap (Traçar Mapa de Bits). Aqui estão as opções que você encontrará na caixa de diálogo que aparece na Figura 3.34:

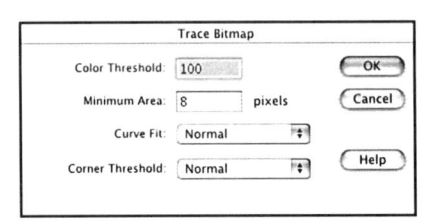

Figura 3.34 A caixa de diálogo Trace Bitmap.

- **Color Threshold (Início da Cor).** Esta opção compara os pixels adjacentes. Se os valores da cor RGB entre os dois pixels forem menores que o valor Color Threshold, estes valores da cor serão considerados iguais. Você poderá definir o valor Color Threshold entre 1 e 500.
- **Minimum Area (Área Mínima).** O valor desta opção determina quantos pixels avaliar ao definir a cor de um pixel. Você poderá definir um valor entre 1 e 1000.
- **Curve Fit (Adequar à Curva).** Esta opção determina a suavidade com a qual as linhas vetoriais serão desenhadas depois do traço ter sido executado.

- **Corner Threshold (Início do Canto).** Neste menu suspenso, escolha Many Corners (Muitos Cantos), Few Corners (Poucos Cantos) ou Normal. Se Few Corners for escolhida, os cantos serão suavizados na imagem. Se Many Corners for selecionada, muitos cantos na imagem serão preservados. Normal fica entre Many e Few Corners.

Se você quiser que o gráfico pareça mais preciso, escolha Many Corners, com os valores Color Threshold e Minimum Area baixos (veja a Figura 3.35). Porém, provavelmente isto aumentará o tamanho do arquivo e irá reduzir a velocidade de reprodução da animação. Se você escolher valores mais altos, a imagem poderá ser menos precisa e oferecerá uma aparência mais estilizada, mas será mais funcional em uma animação Flash.

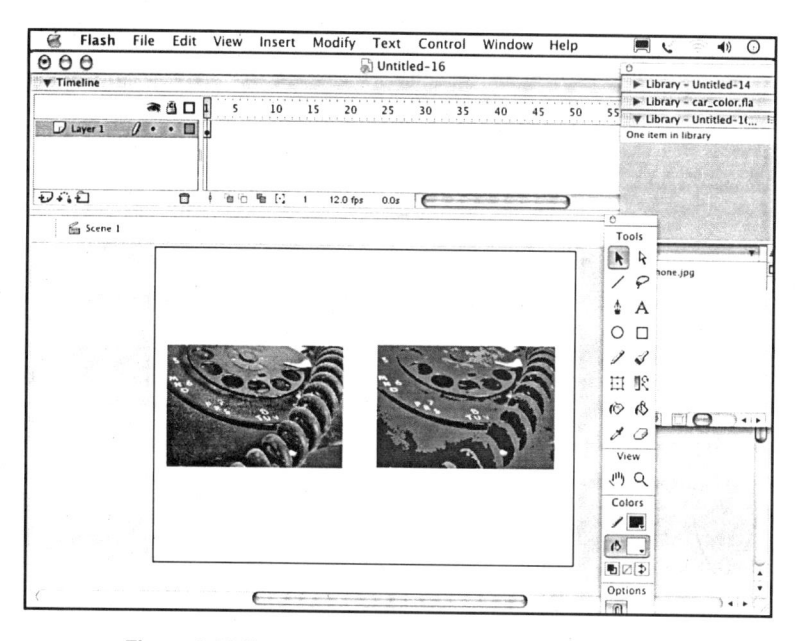

Figura 3.35 Um mapa de bits antes e depois do comando Trace Bitmap. Note a aparência estilizada à esquerda.

Swap Bitmap

Swap Bitmap (Trocar Mapa de Bits) é um recurso novo no Flash MX. Este recurso permite trocar um mapa de bits na cena por qualquer outro mapa de bits importado no documento. Com o mapa de bits selecionado na cena, escolha Modify, Swap Bitmap para inicializar a caixa de diálogo Swap Bitmap. Nesta caixa de diálogo, escolha o novo mapa de bits que irá substituir o mapa de bits existente na cena.

Capítulo 4

Animação do Flash

por Matt Pizzi

Neste capítulo

- Linha do tempo
- Como criar animação no Flash
- Como alterar as exibições da linha do tempo

Noto em muitas aulas que dou que o conceito de tempo no Flash parece ser um pouco mais difícil de pegar do que os outros. Por exemplo, nos capítulos anteriores, analisamos a interface e as ferramentas de desenho. Se você for um desenhista gráfico ou Web maduro, estes tópicos provavelmente estarão bem dentro de sua zona de conforto. O que revisamos no Flash até então é parecido com as aplicações como Illustrator, FreeHand e Photoshop. Se você não usou um programa de animação antes, como o After Effects ou o Director, a dimensão e o conceito de tempo será algo completamente novo. Para compreender como a animação funciona e, mais especificamente, como a animação Flash funciona, terá que entender um mundo totalmente novo de terminologia.

Se você estiver familiarizado com o After Effects ou o Director, considere-se um pouco à frente no jogo. A compreensão total deste capítulo é a primeira etapa para dominar o Flash. Começaremos com a decomposição da linha do tempo; veremos cada um de seus componentes e como eles podem agilizar sua produtividade e melhorar suas animações.

Linha do tempo

A linha do tempo é um painel que contém camadas, quadros e um cabeçote de reprodução. Nesta seção, iremos dissecar cada componente da linha do tempo. Com todos os atributos da linha do tempo revelados e explicados, então começaremos a animar. Consulte a Figura 4.1 para ver a estrutura da linha do tempo.

Você se lembra dos antigos livros animados, no qual movia as páginas para ver a reprodução da animação? O Flash é muito parecido em conceito. Considere um quadro na linha do tempo como uma página em um livro de animação.

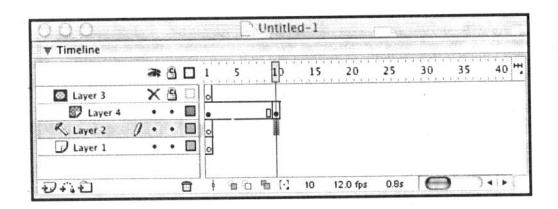

Figura 4.1 A linha do tempo.

Desejo decompor certos elementos da linha do tempo. Irei me referir a estes componentes diferente no livro, portanto, é importante que você esteja familiarizado com estes itens diferentes, que acrescentam funcionalidade à sua animação de alguma maneira:

- **Quadro-chave.** Um quadro-chave representa uma alteração maior na animação. Fazendo uma referência ao conceito do livro animado, um quadro-chave é igual a cada página animada no livro animado. Para inserir um quadro-chave, pressione F6 ou selecione Insert (Inserir), Keyframe (Quadro-Chave).

- **Quadro.** Um quadro adiciona simplesmente tempo a uma animação. Geralmente os quadros não têm nenhum movimento sofisticado, eles simplesmente carregam o conteúdo dos quadros anteriores. Novamente, fazendo referência ao conceito do livro animado, se os personagens na animação fizessem uma pausa por um momento, sem nenhum movimento, a mesma página exata precisaria ser duplicada quantas vezes fossem necessárias para criar a duração da pausa. No Flash, para conseguir este mesmo efeito, você simplesmente adicionará um quadro, que por sua vez acrescentará tempo à linha do tempo. Para inserir um quadro, pressione F5 ou escolha Insert, Frame (Quadro).

- **Quadro-chave em branco.** Um quadro-chave em branco representa de fato uma alteração maior na animação; porém, a alteração maior é que ele cria uma área em branco na camada. Para inserir um quadro-chave em branco, pressione a tecla F7 ou escolha Insert, Blank Keyframe (Quadro-Chave em branco).
- **Quadro não preenchido.** Um quadro não preenchido tem geralmente o mesmo conceito de um quadro, mas não contém nenhum dado. Os quadros não preenchidos são normalmente precedidos por um quadro-chave em branco.
- **Cabeçote de reprodução.** O cabeçote de reprodução é o retângulo vermelho e a linha que se move na linha do tempo e indica qual quadro está sendo exibido atualmente na cena. Você poderá clicar e arrastar o cabeçote de reprodução na linha do tempo para exibir os outros quadros. Isto é chamado de *repasse*. Você poderá também usar os atalhos de teclado, que são a tecla "<" para ir para a esquerda e a tecla ">" para ir para a direita.
- **Insert Layer (Inserir Camada).** Este botão cria uma nova camada no painel Layers (Camadas). Por default, a nova camada será criada acima da camada selecionada atualmente. Para renomear a camada, clique duas vezes em seu nome para ter o cursor piscando.
- **Add Motion Guide (Adicionar Guia de Movimento).** Este botão cria uma nova camada acima da camada selecionada atualmente. Porém, esta camada tem uma propriedade da guia, significando que qualquer coisa colocada nela não aparecerá no Flash player. Se uma linha ou pincelada for desenhada nesta camada, os símbolos e os objetos agrupados com movimento intermediário poderão ser anexados à camada de guia e poderão seguir a pincelada durante a animação.
- **Insert Layer Folder (Inserir Pasta da Camada).** É um novo recurso do Flash MX que oferece um gerenciamento da camada controlado. Para manter o painel Layers organizado, você poderá criar subcategorias na ordem da pilha das camadas. Movendo ou alterando a ordem da pilha da pasta de camadas, você mudará a ordem da pilha de toda camada nesta pasta.
- **Delete Layer (Apagar Pasta).** Isto remove ou apaga a camada selecionada, a pasta de camadas ou a camada de guia. Naturalmente, se apenas uma camada ficar, você não poderá apagá-la.
- **Show/Hide All Layers (Exibir/Ocultar Todas as Camadas).** Isto ativa e desativa a visibilidade das camadas. Clique no ícone de olho para alternar entre as camadas sendo ativadas e desativadas. Para ativar ou desativar a visibilidade de apenas uma camada, clique na lista sob a coluna do ícone de olho.
- **Lock/Unlock All Layers (Bloquear/Desbloquear Todas as Camadas).** O comportamento deste botão de ícone e suas listas da coluna agem exatamente como o botão Show/Hide All Layers e suas listas da coluna. Porém, esta opção bloqueia o conteúdo da camada na cena. Assim, qualquer edição indesejada destes itens será evitada. É importante compreender que isto protegerá apenas o trabalho na cena contra a edição e não impedirá que a linha do tempo desta camada seja editada.
- **Show All Layers as Outlines (Exibir Todas as Camadas como Contornos).** Esta opção também é uma alternância. Para exibir o trabalho como contornos, clique na lista para qualquer camada dada ou no ícone real para afetar todas as camadas. Esta exibição converte todo o trabalho na camada em uma exibição de contorno. Torna-se útil para a colocação precisa e o ajuste da animação.

- **Center Frame (Centralizar Quadro).** Esta opção posiciona a linha do tempo para que o quadro selecionado ou atual apareça no centro da exibição da linha do tempo.
- **Onion Skin (Papel Fino).** Esta opção permite exibir os quadros anteriores ou futuros na linha do tempo. Onion Skin é mais bem descrito como um recurso de papel de decalque. Você poderá ajustar o suporte que contorna do cabeçote de reprodução para ajustar quantos quadros estarão visíveis antes e depois do quadro atual.
- **Onion Skin Outlines (Contornos do Papel Fino).** Esta opção permite ver os contornos de diversos quadros.
- **Edit Multiple Frames (Editar Diversos Quadros).** Mesmo que você esteja exibindo sua animação com o recurso Onion Skin, quando fizer uma alteração, ela afetará apenas o quadro selecionado atualmente. Edit Multiple Frames permite fazer uma alteração em todos os quadros com papel fino.
- **Modify Onion Markers (Modificar Marcadores do Papel Fino).** Além de mover o suporte Onion Skin no cabeçote de reprodução, este menu suspenso oferece outras opções específicas (veja a Figura 4.2):

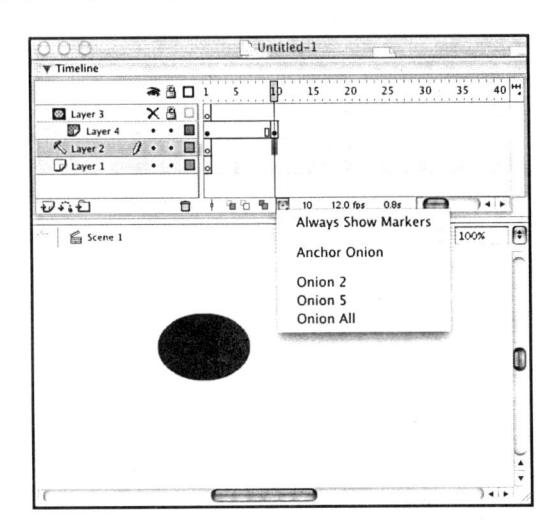

Figura 4.2 O menu Modify Onion Markers.

- **Always Show Markers (Sempre Exibir Marcadores).** Esta opção é bem óbvia. Sempre exibe o suporte Onion Skin no cabeçote de reprodução.
- **Anchor Onion (Papel Fino de Âncora).** Esta opção deixa o suporte Onion Skin no mesmo lugar, independentemente da posição do cabeçote de reprodução.
- **Onion 2 (Papel Fino 2).** Esta opção colocará o papel fino em dois quadros na frente e em dois quadros atrás do cabeçote de reprodução.

- **Onion 5 (Papel Fino 5).** Esta opção colocará o papel fino em cinco quadros na frente e em cinco quadros atrás do cabeçote de reprodução.
- **Onion All (Papel Fino em Tudo).** Escolha esta opção para colocar o papel fino na duração inteira da linha do tempo.
- **Current Frame (Quadro Atual).** É um indicador que mostra qual quadro está sendo exibido atualmente na cena.
- **Frame Rate (Velocidade de Projeção).** Esta pequena caixa refere-se à velocidade de projeção do filme. A velocidade de projeção default é de 12 fps. Para fornecer um ponto de referência, o filme se reproduz em 24 fps e o vídeo digital se reproduz em 29.97 fps. Quanto mais alta for a velocidade de projeção, mais real parecerá sua animação. Porém, esta animação só será reproduzida em sua velocidade de projeção verdadeira se o computador do usuário final e a conexão da Internet forem rápidos o bastante. Portanto, lembre-se do público-alvo de seu site Web ao escolher uma velocidade de projeção. Para mudar a velocidade de projeção de seu filme, escolha Modify (Modificar), Document (Documento) ou simplesmente clique duas vezes nesta pequena caixa.
- **Elapsed Time (Tempo Transcorrido).** Esta caixa indica a quantidade de tempo transcorrida desde o primeiro quadro até o quadro selecionado atualmente, com base na velocidade de projeção do filme.
- **Frame View Options (Opções de Exibição do Quadro).** Este menu suspenso oferece várias exibições para os quadros da linha do tempo. Iremos revisar cada uma destas opções posteriormente neste capítulo, em uma seção chamada "Como alterar as exibições da linha do tempo", depois de termos trabalhado um pouco com a linha do tempo.

Como criar uma animação no Flash

Você tem várias maneiras diferentes de criar a animação no Flash, inclusive as seguintes:
- Animação quadro a quadro
- Forma intermediária
- Movimento intermediário

Primeiro iremos analisar a animação quadro a quadro. Acho que a animação quadro a quadro é mais fácil de entender, porque você mesmo cria fisicamente a animação sem nenhuma ajuda do Flash. Lembre-se que quando você cria uma animação quadro a quadro, todo quadro na animação é um quadro-chave. Lembre-se que um quadro-chave representa uma alteração maior na animação, portanto, em cada quadro-chave seu tema poderá estar fazendo algo diferente. Voltando à analogia do livro animado, toda página no livro é diferente, podendo estar o personagem ou qualquer outra coisa no tempo fazendo movimentos sutis ou mais óbvios. Para criar o efeito de movimento, o trabalho de arte terá que ser diferente em cada página; do contrário, não haveria nenhuma animação – apenas um objeto ou personagem no mesmo lugar em cada página. Considere um quadro-chave como uma página em um livro animado. No próximo exercício, iremos criar uma animação quadro a quadro.

Como criar uma animação quadro a quadro

Neste exercício, iremos criar uma animação do sol com raios projetando-se de seu centro. Será de fato parte de um portfólio.

Consultando a Figura 4.1, clique o botão New Layer (Nova Camada). Você notará uma nova camada chamada "layer 2" (camada 2) que aparecerá acima de layer 1 (camada 1). Agora siga estas etapas:

1. Clique duas vezes na camada 1 para destacar o texto. Com o texto destacado, renomeie a camada como "center".

2. Clique duas vezes na camada 2 e renomeie a camada como "rays".

3. Selecione a camada center clicando-a. Escolha a ferramenta Oval com sua opção de cores de preenchimento e pincelada.

4. Pressione a tecla Shift e no centro da cena arraste um pequeno círculo.

    Note que o círculo vazado, assim que ocupou o quadro, transformou-se em um círculo sólido, como mostrado na Figura 4.3. Isto exibe a diferença entre um quadro-chave em branco ( ) e um quadro-chave na camada rays.

    Queremos que nossa animação permaneça por meio segundo. A velocidade de projeção default é de 12 fps. A matemática simples nos informa que precisamos de seis quadros para esta animação permanecer por meio segundo quando a animação estiver se reproduzindo em 12 quadros a cada segundo.

5. Para fazer com que a animação permaneça por meio segundo, precisamos de mais quadros na camada center. Na verdade, precisaremos de mais cinco quadros para estender o tempo até seis quadros. Para tanto, clique dentro do quadro 6 na camada 1. Note que o quadro 6 agora é preto, indicando que foi selecionado.

6. Escolha Insert, Frame ou pressione F5 em seu teclado. Note que todos os quadros entre 1 e 6 agora estão cinza, como mostrado na Figura 4.3, significando que estão preenchidos com algum conteúdo (neste caso, um círculo representando o sol).

7. Bloqueie a camada center clicando na marca da lista preta sob a coluna de cadeado no painel Layers. Não poderemos mais editar a cena para esta camada.

8. Destaque a camada rays. Escolha a ferramenta Paint Brush (Pincel) com qualquer tamanho, estilo e cor de preenchimento desejados.

9. Desenhe cerca de cinco raios pequenos em torno do centro do sol. Note que estes raios foram colocados em uma nova camada. Para verificar isto, clique na marca da lista preta sob a coluna de olho no painel Layers. Isto irá desativar temporariamente a visibilidade da camada e agirá como uma alternância. Para ativar de novo a visibilidade, clique no x vermelho sob a coluna de olho.

    Agora queremos que a animação continue com os raios crescendo e queimando com o passar do tempo.

10. Com o cabeçote de reprodução posicionado no quadro 1, escolha Insert, Blank Keyframe ou pressione F7 em seu teclado. Note que o raio no quadro anterior não está mais no quadro 2. (Lembre-se, um quadro-chave em branco é como uma nova página em branco em um livro animado.)

    Agora estamos prontos para desenhar o raio, mas desta vez maior. Faremos com que o raio cresça a partir do mesmo local do último raio. É onde o Onion Skin entra.

11. Clique o botão Onion Skin. Note os suportes em torno do cabeçote de reprodução. Observe também uma impressão enfraquecida do trabalho de arte no quadro anterior (neste caso, o primeiro raio).

12. Desenhe novos raios, mas desta vez estenda-os um pouco mais, como mostrado na Figura 4.4. Agora você terá dois quadros diferentes, 1 e 2, contendo dois conjuntos diferentes de raios.

13. Agora que temos outro conjunto de raios no quadro 2, estamos prontos para desenhar os quadros no quadro 3, estendendo nossa animação. Com o cabeçote de reprodução no quadro 2 e a camada rays selecionada, pressione F7 no teclado ou escolha Insert, Frame. Isto irá inserir um quadro-chave em branco no quadro 3.

14. Note que os marcadores Onion Skin movem-se com o cabeçote de reprodução. Estenda os raios desenhando um novo conjunto no quadro 3.

15. Repita as etapas 13 e 14 para que a animação tenha raios crescendo e queimando com o passar do tempo.

    Próximo do final da animação, queremos que os raios pareçam queimar. A próxima etapa irá enganar nossos olhos, fazendo parecer que os raios estão de fato crescendo com o passar do tempo e então de repente queimam.

16. Insira um quadro-chave em branco para o quadro 5 pressionando F7 em seu teclado. No quadro 5, desenhe um pequeno ponto no final de cada raio. Isto fará com que os raios pareçam estar ficando sem força.

17. Insira um quadro-chave em branco no sexto quadro final. Deixando este quadro em branco, parecerá na animação que os raios queimaram a partir do centro do sol e perto do final da queima ficaram sem energia e desapareceram.

18. No menu Window (Janela), escolha Toolbars (Barras de Ferramentas), Controller (Controlador) e clique o botão de reprodução para observar a animação. Para ver o loop da animação (ou seja, para reproduzi-la novamente), escolha Control (Controle), Loop Play Black (Reproduzir Loop Novamente) e então clique o botão de reprodução de novo.

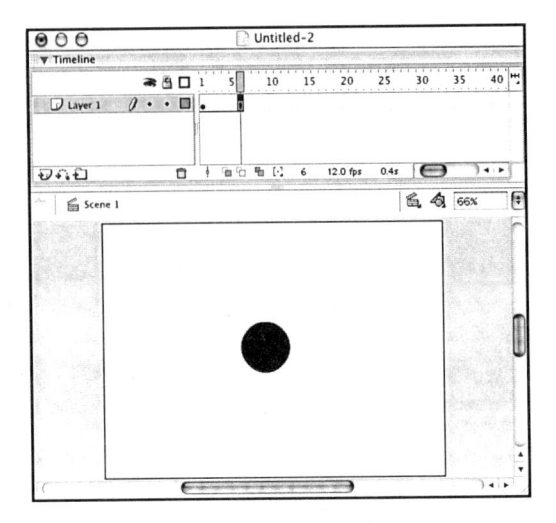

Figura 4.3 Note a diferença entre um quadro-chave e um quadro-chave em branco.

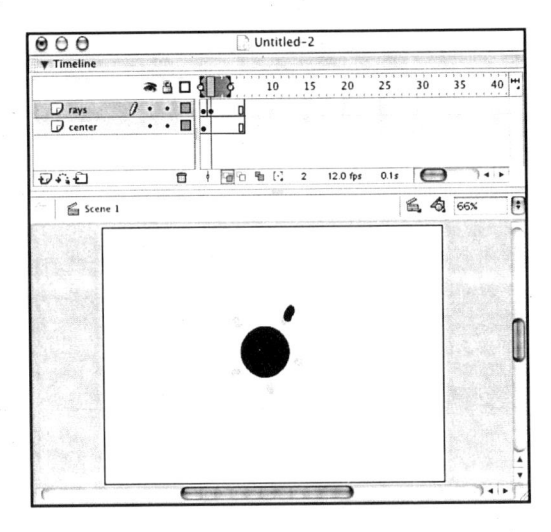

Figura 4.4 Os novos raios estão sendo desenhados e seus locais são baseados em Onion Skin.

Esta é a animação quadro a quadro. Geralmente a animação quadro a quadro é usada na animação de personagens. Desenhando em cada quadro, você será capaz de conseguir uma animação mais fluida e natural. Isto ocorrerá especialmente quando usada em conjunto com uma palheta Wacom ou sensível à pressão.

Forma intermediária

Depois de criar a animação do sol, você poderá realmente apreciar o trabalho difícil que foi criar um filme de animação baseado em recursos. Porém, os filmes de animação de recursos são realmente uma forma de arte; provavelmente você não terá alguns anos para completar seus projetos. Iremos pegar a Walt Disney Company como exemplo. A Disney geralmente terá um artista pintando as células principais em uma seqüência animada. Se um personagem estivesse na defesa em um jogo de beisebol, por exemplo, este artista pintaria o personagem aguardando o arremesso e então provavelmente outra célula depois do personagem faria um movimento. Para completar a animação, uma equipe de "intermediários" pintaria todas as células entre a primeira e a última células-chave.

O Flash tem esta funcionalidade predefinida. Você poderá definir dois quadros-chave, de modo muito parecido com o artista pintando as células-chave, e deixar que o Flash construa a animação intermediária, exatamente como a equipe de intermediários. Este processo é conhecido como *tweening* (intermediário). Para aumentar a confusão, há dois tipos diferentes de intermediário no Flash: a forma intermediária e o movimento intermediário. As diferenças não são exatamente o preto e o branco, pelo menos neste ponto no livro. Assim que você tiver terminado o Capítulo 5, "Símbolos e a biblioteca", as diferenças serão muito aparentes. Cada um tem regras muito rigorosas. Por exemplo, a maior regra para a forma intermediária é que o item tem que ser um objeto primitivo; ele não pode ser um objeto agrupado ou um símbolo.

Como criar uma animação com o intermediário

O ponto deste exercício é fazer com que você fique familiarizado com a criação de uma animação com forma intermediária. Iremos começar fazendo algo simples – mover um quadrado na cena. Eis as etapas a seguir:

1. Desenhe um quadrado na cena usando a ferramenta Rectangle (Retângulo). Selecione uma cor de preenchimento, mas nenhuma cor de pincelada. Posicione o quadrado no canto superior esquerdo da cena.

2. Clique dentro do quadro 20, não no cabeçote de reprodução, mas bem fisicamente no espaço do quadro aberto, como mostrado na Figura 4.5. Escolha Insert, Frame ou pressione F5 em seu teclado.

   Note que o quadro 20 e todos os quadros de 1 a 20 ficarão preenchidos. Isto significa que o quadrado está visível por 20 segundos. Porém, está no mesmo local e queremos uma animação.

3. Com o cabeçote de reprodução definido para 20, usando a ferramenta Arrow (Seta), clique e arraste o quadrado para o lado oposto da cena. Note que você poderá ter esquecido uma pincelada se não clicou duas vezes no quadrado quando o selecionou para movê-lo. Tudo bem; simplesmente apague a pincelada deixada.

4. Selecione o quadro 1 clicando-o. Observe que o quadro será destacado de preto. No Properties Inspector (Inspetor de Propriedades), use o menu suspenso Tween (Intermediário) e escolha Shape (Forma). Note que os quadros ficaram verdes, com uma seta apontando do quadro 1 para o quadro 20.

5. Clique o botão de reprodução em Window, Toolbars, Controller ou pressione a tecla Return (Mac) ou Enter (Windows) para reproduzir a animação. Veja o quadrado mudar sua posição com o tempo.

    Uma das ótimas coisas sobre a forma intermediária é a capacidade de modificar a forma dos objetos. Na verdade, poderíamos fazer com que este quadrado modificasse sua forma em um círculo enquanto está se movendo para sua nova posição! Tudo que teremos que fazer é modificar nossa animação anterior, ligeiramente.

6. Mova o cabeçote de reprodução para o quadro 20. Destaque o quadrado na cena com a ferramenta Arrow. Assim que o quadrado for destacado, pressione a tecla Delete ou Backspace em seu teclado. Note que o quadrado desapareceu neste quadro, mas ainda está presente em todos os quadros anteriores. A seta também se transformou em uma linha tracejada, indicando um intermediário interrompido, como mostrado na Figura 4.6.

7. Com o cabeçote de reprodução ainda no quadro 20, escolha a ferramenta Oval no painel Tools (Ferramentas). Desta vez selecione uma cor de preenchimento diferente, ainda deixando a cor da pincelada vazia. Desenhe um círculo em qualquer lugar na cena que esteja a uma boa distância do quadrado.

    Assim que o círculo tiver sido desenhado no quadro 20, note que as linhas tracejadas se transformaram de novo em uma seta.

8. Clique o botão de reprodução em Window, Toolbars, Controller ou pressione a tecla Return (Mac) ou Enter (Windows) em seu teclado. Sua animação já foi atualizada e o quadro se transforma lentamente em um círculo e muda de cor!

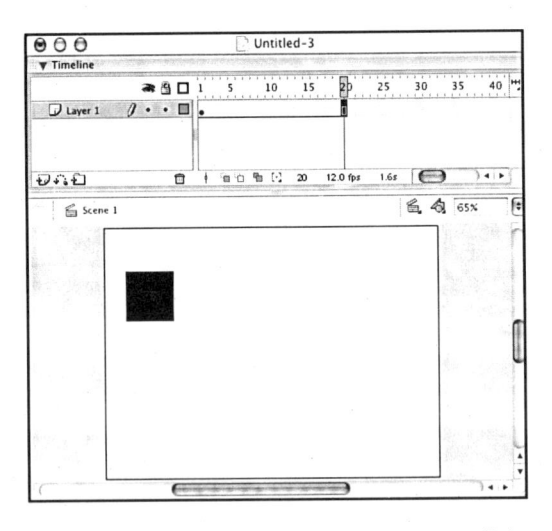

Figura 4.5 O quadro 20 é selecionado clicando na célula vazia.

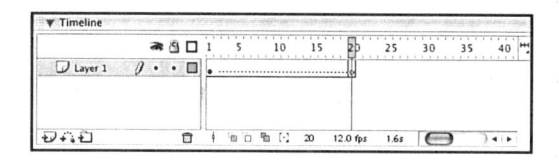

Figura 4.6 Note a linha tracejada indicando um intermediário interrompido.

Você poderá querer gravar este arquivo em um local prático, porque irá consultá-lo mais tarde. Ele será usado como um ponto de partida para a outra animação que iremos criar neste capítulo.

Como controlar seus intermediários

Agora que você compreende o básico da forma intermediária, poderemos manipular os intermediários. A primeira coisa que poderemos fazer é controlar a velocidade da animação do início ao fim. Isto poderá realmente ajudar no clima visual que você está tentando definir. Por exemplo, suponha que tenha um pequeno desenho de um carro e queira animar este carro partindo de um sinal fechado. A menos que você seja uma das poucas pessoas que possuem uma Ferrari F-50, o carro partirá do sinal fechado em uma velocidade mais lenta do que o cruzará. Para conseguir este efeito no Flash, você usaria a *suavização*. Você poderá colocar suavização em uma animação ou retirá-la. No caso da animação de seu carro, escolheria colocar suavização, o que significa que o Flash começará lentamente a animação antes de aumentá-la para uma velocidade total. Naturalmente, não tenho uma Ferrari, portanto, usarei um quadrado como um exemplo. Com o cursor no Properties Inspector, você poderá fazer os ajustes. Quanto menor for o valor do número, mais dramática (ou lenta) será a colocação da suavização. Exatamente o oposto aplica-se à retirada da suavização: quanto maior for o valor, mais lenta ficará a animação próximo ao seu final.

Outra opção importante é ter um intermediário angular ou distributivo. Angular é mais bem utilizado com objetos que contêm muitos cantos, ao passo que o distributivo fornece um intermediário mais suave entre os itens. O distributivo é o default, porque geralmente produz os melhores resultados para a maioria dos intermediários.

Como fazer com que uma animação intermediária da forma desapareça

Uma pergunta comum que recebo é: como faço com que meu objeto desapareça na forma intermediária? A resposta pode não ser tão óbvia, mas lembre-se que estamos trabalhando com formas primitivas, portanto, há apenas uma maneira lógica. Abra a animação criada anteriormente, com o quadrado se transformando no círculo e então siga estas etapas:

1. Mova seu cabeçote de reprodução para o último quadro na animação, que deverá ser o quadro 20.
2. Com a ferramenta Arrow selecionada, clique no círculo para selecioná-lo.

3. Se seu painel Color Mixer (Misturador de Cor) não estiver aberto, selecione Window, Color Mixer. Observe que a amostra de preenchimento tem a mesma cor do círculo selecionado.

4. Se a amostra de preenchimento não estiver selecionada no painel Color Mixer, clique no ícone Paint Bucket (Lata de Tinta) logo à direita da amostra no painel Color Mixer.

5. Na caixa de texto Alpha (Alfa), digite 0 ou escolha 0 com a caixa do cursor (veja a Figura 4.7). À primeira vista pode parecer que nada aconteceu, mas assim que você clicar longe do círculo, o círculo ficará invisível.

6. No controlador, clique o botão de reprodução para ver a animação. Note que perto do final da animação, o quadrado não se transformará apenas em um círculo e ficará com uma cor diferente, mas também irá desaparecer!

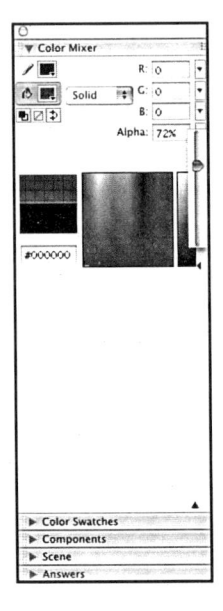

Figura 4.7 A barra do cursor Alpha nas amostras de cor.

Sugestão da forma

Então você pode alterar a forma, a cor e a transparência de seus itens durante o intermediário, mas e se quiser mais controle? Bem, mais controle vem por aí. Na verdade, você poderá até controlar como os cantos e os pontos de um item se transformarão no canto e pontos do outro item.

Este recurso maravilhoso é chamado de *sugestão da forma*. Quando você sugere uma forma, tem mais controle sobre a aparência de transformação do objeto colocando âncoras. Isto coloca uma âncora em um ponto no item A até um ponto no item B. Para ilustrar mais isto, façamos mais um exercício.

Como sugerir a forma para sua forma intermediária

Neste exercício, você precisará acessar a biblioteca Unleashed, que transformou em uma biblioteca comum no Capítulo 2, "Apresentação do Flash MX". Iremos usar um símbolo (uma estrela) e uma letra nesta lição. Estes objetos não são primitivos. Você poderá dizer quando os selecionar porque eles não terão manchas pontilhadas; ao contrário, terão bordas azuis.

Por default, o texto tem as características de um objeto agrupado. A estrela é um símbolo. Precisaremos tornar ambos os objetos um objeto primitivo para aplicar uma forma intermediária. Eis as etapas para este exercício:

1. No menu Window, escolha Common Libraries (Bibliotecas Comuns), Unleashed.fla. Note que a biblioteca Unleashed ficará ativa.

2. Na biblioteca Unleashed, arraste uma instância do gráfico de estrela. Coloque o gráfico em qualquer lugar na cena.

3. Com a estrela selecionada, escolha Modify, Break Apart (Dividir). Agora a estrela tem uma seleção manchada, como mostrado na Figura 4.8, ao invés de um quadro delimitador azul. Isto indica que é um item primitivo.

4. Selecione o quadro 15 clicando no slot vazio. Escolha Insert, Blank Keyframe ou pressione F7 em seu teclado. Note que o quadro ficará branco e os quadros 2 até 19 serão preenchidos.

5. Neste quadro, digite a letra A com a ferramenta Type (Digitar) no mesmo local geral onde a estrela estava. Se você esquecer do local onde a estrela está localizada, ative o Onion Skin. Use uma face de tipos sem serifas e um tamanho maior (por exemplo, Trebuchet com um tamanho 200).

6. Com a letra A selecionada, escolha Modify, Break Apart para converter o A em um item primitivo. Esta letra não será mais editável com a ferramenta Type. Agora o Flash irá considerar esta letra uma forma e não uma letra digitada.

7. Selecione o quadro 1 e no Properties Inspector, escolha Shape Tween (Forma Intermediária). Reproduza a animação.

    Observe agora que a estrela quase desaparece antes de se transformar na letra A, como na Figura 4.9. Iremos corrigir a aparência deste intermediário usando a sugestão da forma.

8. Com o cabeçote de reprodução definido no quadro 1, escolha Modify, Shape, Add Shape Hint (Adicionar Sugestão da Forma). Note o pequeno círculo vermelho que aparece com a letra A. É a âncora de sugestão da forma.

9. Coloque a âncora no ponto superior da estrela, como mostrado na Figura 4.10.

10. Mova o cabeçote de reprodução para o quadro 15. Note a mesma âncora pequena. Arraste a âncora para a parte superior da letra A. Observe que a cor muda para verde. Se a cor não mudar para verde, clique longe do ponto de âncora. Neste ponto, mapeamos basicamente estes dois pontos juntos. A parte superior da estrela se reunirá à parte superior do A.

11. Reproduza a animação. Note que a forma já é sólida e parece mais natural, como mostrado na Figura 4.11.

12. Iremos adicionar mais uma sugestão. Mova o cabeçote de reprodução para o quadro 1. No menu Modify, escolha Shape, Add Shape Hint. Note o novo ponto de âncora que aparece na cena.
13. Arraste o novo ponto de âncora para a parte inferior da linha do meio da estrela.
14. Mova o cabeçote de reprodução para o quadro 15 e coloque o ponto de âncora na parte inferior da linha do meio do A. Observe que a âncora muda de cor.
15. Reproduza a animação para ver como é suave.

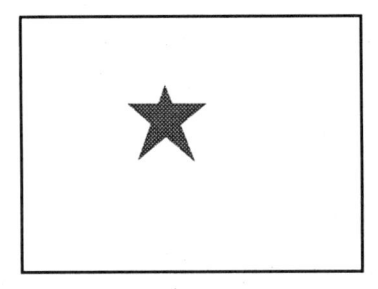

Figura 4.8 O símbolo de estrela depois de ter sido dividido.

Figura 4.9 Os efeitos imprevisíveis da forma sem a sugestão da forma.

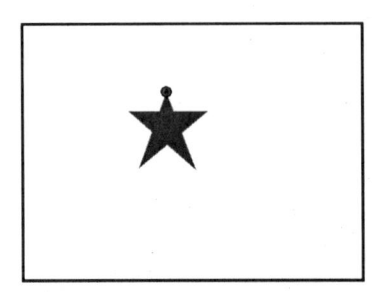

Figura 4.10 *Como colocar a âncora de sugestão da forma na parte superior da estrela.*

Figura 4.11 A animação depois de uma sugestão da forma ter sido aplicada.

Finalmente, suponha que goste das sugestões da forma, mas acha que são muito trabalhosas para usar. Para muitas animações, não há nenhuma outra maneira de mudar a aparência de combinação da forma. Porém, nesta situação, onde a estrela está ficando invisível antes de se transformar na letra A, há uma correção rápida. Um dos maiores problemas com este tipo de intermediário é que um objeto tem um buraco e o outro não. A parte central do A é um buraco, e não há nada na estrela para compensar isto – a menos claro, se fizermos algo para corrigir.

Se você quiser remover uma sugestão da forma, poderá clicar com o botão direito do mouse (Windows) ou pressionar Control-clique (Mac) na sugestão. No menu contextual, escolha Remove Hint (Remover Sugestão). Em nosso caso, iremos escolher Remove All Hints (Remover Todas as Sugestões) para trazer de volta o quadrado um em nossa animação intermediária.

Para corrigir o problema neste ponto, tudo que teremos que fazer é inserir um quadro-chave no quadro 2. Eis as etapas a seguir:

1. Mova o cabeçote de reprodução para o quadro 2 e pressione F6 em seu teclado ou escolha Insert, Frame.
2. Selecione a ferramenta Eraser (Borracha) no painel Tools e escolha o menor pincel.
3. Com o cabeçote de reprodução ainda no quadro 2, apague o pequeno círculo no centro da estrela, como mostrado na Figura 4.12. Agora a animação parecerá normal (veja a Figura 4.13).

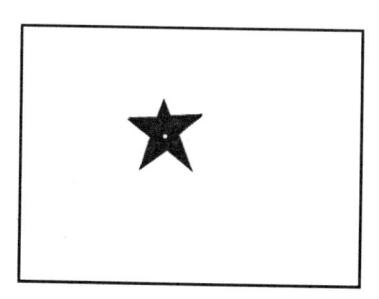

Figura 4.12 Apague um pequeno buraco na estrela.

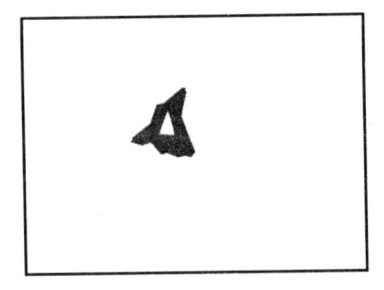

Figura 4.13 Uma animação intermediária perfeita.

Esta é a forma intermediária resumida. No próximo capítulo, veremos o movimento intermediário. Você verá que, de muitas maneiras, o movimento intermediário é um pouco mais proveitoso para a animação Web.

Como alterar as exibições da linha do tempo

Para a maioria das pessoas, a exibição da linha do tempo padrão é melhor para grande parte dos projetos. Porém, o Flash oferece flexibilidade em termos de como você pode exibir a linha do tempo. Em alguns casos, poderá querer uma visualização de como sua animação ficará com o passar do tempo e, em outros, poderá querer que os quadros apareçam muito pequenos para que possam caber mais em sua tela. Seja qual for o caso, a capacidade de alterar os estilos do quadro é uma ótima opção para ter, portanto, iremos revisar como é cada estilo, suas vantagens e desvantagens.

Como mostrado na Figura 4.14, você tem opções para mudar o tamanho, a cor e o estilo dos quadros. Em geral, estas exibições diferentes são usadas por animadores de desenho animado, para obter uma visualização de como ficará de fato sua animação. Você poderá também querer reduzir o tamanho dos quadros, para permitir mais espaço visível da linha do tempo.

As opções superiores são para modificar as opções do tamanho, como detalhado na seguinte lista:

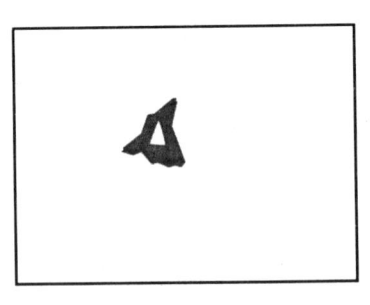

Figura 4.14 O menu de opções de exibição do quadro.

Capítulo 4 – Animação do Flash | **97**

- **Tiny (Minúsculo), Small (Pequeno), Normal, Medium (Médio) e Large (Grande).** Estas opções são para ajustar a largura dos quadros.
- **Short (Curto).** Esta opção muda a altura dos quadros para conseguir mais espaço para exibir mais camadas no mesmo tamanho do painel Timeline (Linha do Tempo).
- **Tinted Frames (Quadros Matizados).** Esta opção ativa e desativa o matiz dos quadros. Se esta opção estiver ativada, os quadros preenchidos serão indicados por um preenchimento cinza, os quadros vazios ou não preenchidos serão indicados por um preenchimento branco e os intermediários de movimento e da forma serão exibidos em azul e verde, respectivamente. A opção Tinted Frames está ativada por default. Do contrário, quando estiver desativada, os quadros serão exibidos em branco, a menos que sejam intermediários, neste caso exibirão um fundo xadrez cinza.
- **Preview (Visualizar).** Esta exibição mostra uma visualização de pequena imagem do tema animado para cada quadro, como mostrado na Figura 4.15.
- **Preview in Context (Visualizar no Contexto).** Esta exibição ainda oferece uma visualização de pequena imagem de cada quadro; porém, não se concentra apenas no tema animado. Ao contrário, esta exibição mostra o tema no contexto para colocação na cena, como mostrado na Figura 4.16.

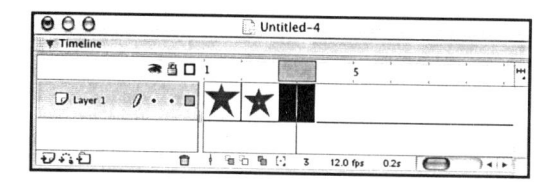

Figura 4.15 A linha do tempo exibindo uma animação na exibição Preview.

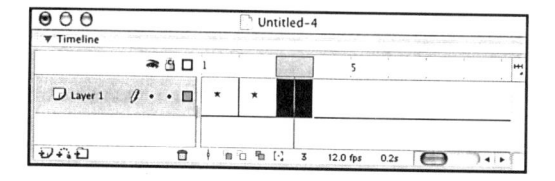

Figura 4.16 A linha do tempo exibindo uma animação em Preview na exibição Context.

Capítulo 5

Símbolos e a biblioteca

por Matt Pizzi

Neste capítulo
- Uma visão geral dos símbolos gráficos
- Uma visão geral dos símbolos de botão
- Movimento intermediário
- Como criar interatividade com botões
- Clipe do filme
- Animação aninhada e composta
- Biblioteca

Quando avançarmos neste livro, cada tópico e, portanto, cada capítulo, se tornará cada vez mais importante. Este capítulo não é uma exceção. Na verdade, ele é o bloco de construção para os tópicos mais avançados que iremos analisar posteriormente. A biblioteca e mais ainda os símbolos são o que tornam o Flash bem-sucedido na Web. Criando um item da biblioteca, você está na verdade criando um item reutilizável que está armazenado na biblioteca. Assim que a biblioteca tiver sido carregada na máquina do usuário final, este item da biblioteca ou símbolo estará disponível para ser usado em qualquer ponto no filme. Se você tiver mais de uma instância do item da biblioteca na cena, mesmo que sejam 50 ou mais instâncias, toda a complexidade e o tamanho do arquivo serão armazenados em um item da biblioteca e cada instância será ligada a este item da biblioteca.

Uma *instância* é um item na cena, ligado a um item da biblioteca ou símbolo. Sempre que um item da biblioteca é colocado na cena, ele é chamado de *instância* e esta instância aponta e refere-se ao símbolo na biblioteca. Uma vantagem maravilhosa de usar uma instância de um símbolo é que você pode ajustar a aparência do item. Poderá alterar a escala, o alfa e a cor da instância, dando-lhe uma aparência muito diferente do item da biblioteca real, enquanto mantém sua ligação com o símbolo original. Isto economiza o tamanho do arquivo, pois a complexidade do gráfico é de fato armazenada na biblioteca. O Flash precisa apenas apresentar as diferenças entre a instância e o símbolo, em oposição ao gráfico inteiro.

Com esta ligação entre a instância e o item da biblioteca, você poderá também economizar muito tempo atualizando ou alterando seu filme, simplesmente mudando o item da biblioteca. Se fizer isto, na verdade, terá 50 instâncias do mesmo item da biblioteca e se uma alteração precisar ser feita, poderá simplesmente alterar ou editar o item da biblioteca e todas as instâncias neste filme serão atualizadas.

Naturalmente, tudo isto pode ser um pouco demais para engolir de uma só vez, portanto, iremos decompor o modo como criamos e usamos os símbolos. Primeiro, veremos como criaríamos um símbolo, quais tipos de comportamentos você poderá usar e por que os usaria. Então veremos alguns elementos diferentes da biblioteca.

Uma visão geral dos símbolos gráficos

Até este ponto, temos trabalhado com itens primitivos e objetos agrupados. A desvantagem de trabalhar com itens primitivos, especialmente em uma seqüência de animação, é o tamanho do arquivo. Sempre que um item primitivo é exibido, o Flash tem que desenhar e calcular sua cor e forma. Se você usar um item no quadro 1 e então usar este mesmo item no quadro 20, o Flash terá que criar e apresentar o item duas vezes. Ele não é armazenado em cache; uma vez que o quadro sai, os dados primitivos saem e não há nenhuma maneira de chamá-los de volta. Os itens agrupados são basicamente iguais, apenas um item agrupado contém um grupo de gráficos primitivos para o Flash calcular.

É onde os símbolos gráficos entram. Eles se comportam de modo diferente dos itens primitivos, no sentido de que os itens primitivos animados são calculados para cada quadro-chave para o Flash apresentar o conteúdo. Os símbolos gráficos estão simplesmente chamando o item da biblioteca e pedindo à biblioteca para desenhar o conteúdo do símbolo em qualquer região dada na cena, com base na animação.

Portanto, os símbolos gráficos são melhores que os gráficos primitivos para o conteúdo estático e animado. Porém, no mundo do Flash, os símbolos gráficos são mais adequados para o uso estático, porque quando um símbolo gráfico é animado, o Flash tem que apontar continuamente a instância para o item da biblioteca em cada quadro. É desnecessário dizer que esta instrução se tornará bem longa e complexa. A melhor opção para os comportamentos para os símbolos animados é um clipe do filme, que iremos revisar posteriormente neste capítulo na seção, "Clipe do filme".

Como criar os símbolos gráficos

Vejamos algumas das muitas maneiras de criar os símbolos no Flash – e, mais especificamente, como criar os símbolos gráficos. Siga estas etapas para criar um símbolo gráfico:

1. Escolha Insert (Inserir), New Symbol (Novo Símbolo). Isto inicializará a caixa de diálogo Create New Symbol (Criar Novo Símbolo), como mostrado na Figura 5.1.
2. Nesta caixa de diálogo está uma série inteira de opções. No momento, clique o botão Basic (Básico) para trocar a caixa de diálogo para a exibição básica. Note que as opções adicionais estão agora ocultas.
3. Selecione o botão de rádio Graphic (Gráfico) para dar ao novo símbolo o comportamento de símbolo gráfico.
4. Nomeie o gráfico digitando **circle** no campo de texto Name (Nome).
5. Clique em OK. Note que a tela mudará para uma nova exibição. Você poderá também dizer vendo as abas na parte inferior da linha do tempo, indicando que agora está dentro do símbolo gráfico, como mostrado na Figura 5.2.
6. A cruz no centro da cena, como mostrado na Figura 5.3, representa o ponto central do símbolo.
7. Desenhe um círculo sobre a cruz, colocando assim o círculo no centro do símbolo.

    Observe que é importante situar o centro do símbolo por muitas razões. Este ponto define o centro para o eixo de qualquer animação da rotação. Também é considerado ao dimensionar numericamente e é usado para fornecer um retorno sobre a colocação do símbolo na cena.

8. Assim que você estiver satisfeito com a aparência do trabalho de arte, terminou de editar este símbolo. Voltemos para a cena 1, também conhecida como *linha do tempo principal*, clicando na aba scene 1 (cena 1) (consulte a Figura 5.2 se esqueceu o lugar das abas).
9. Agora que você está de volta à cena 1, notará que o círculo desapareceu ... ou parece que sim. Lembre-se, criamos um símbolo, portanto, todo nosso trabalho está armazenado na biblioteca sob um símbolo chamado "circle". Se sua biblioteca já não estiver aberta, como está na Figura 5.4, escolha Window (Janela), Library (Biblioteca). Library agora estará visível.
10. Clique no símbolo no painel Library e arraste-o para qualquer lugar na cena. É uma *instância* de nosso símbolo do círculo.

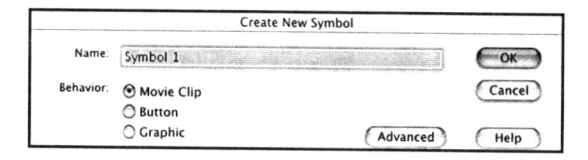

Figura 5.1 *A caixa de diálogo Create New Symbol.*

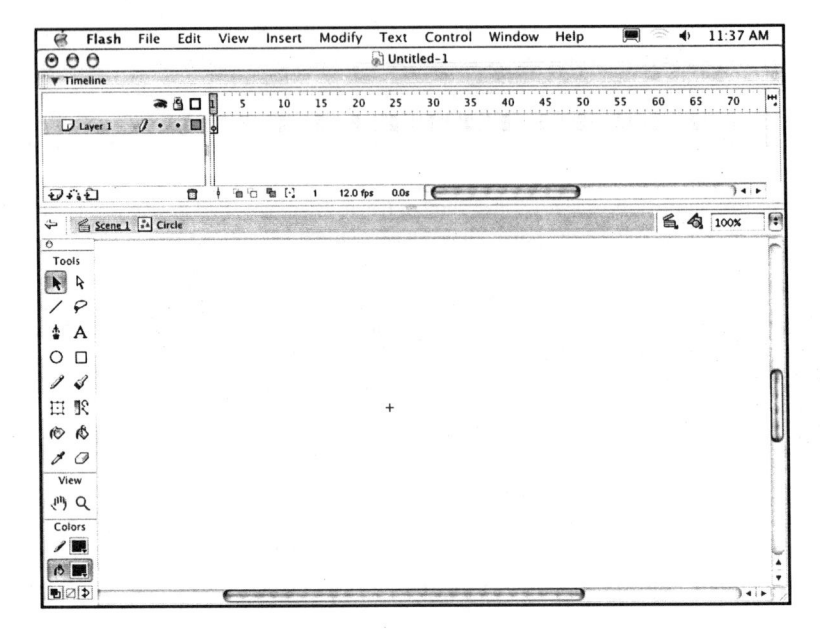

Figura 5.2 A aba do símbolo gráfico.

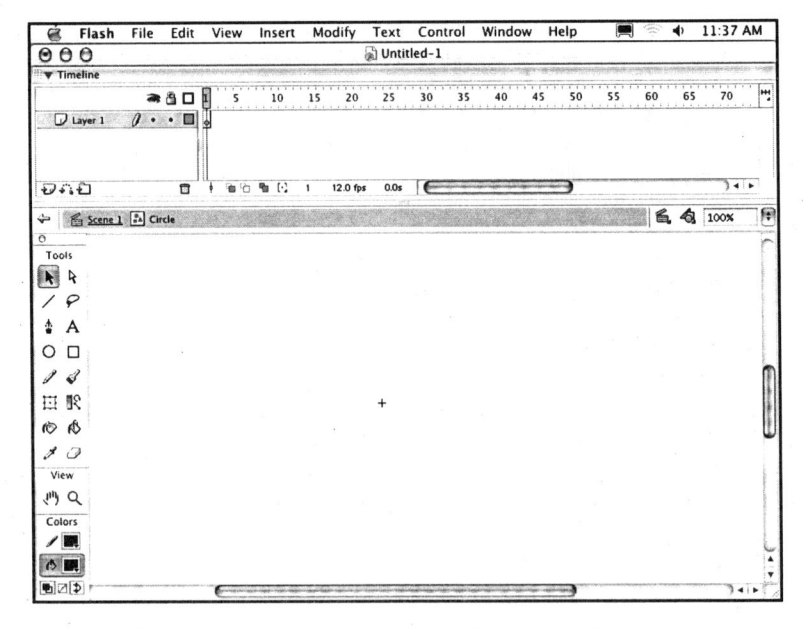

Figura 5.3 A cruz na cena representa o centro do símbolo.

Capítulo 5 – Símbolos e a biblioteca | **103**

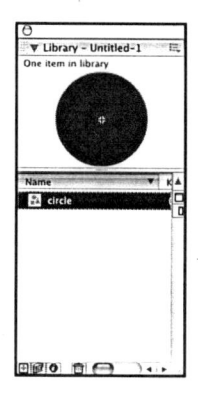

Figura 5.4 O painel Library com o símbolo gráfico do círculo.

Este exercício analisa como criar um novo símbolo a partir do zero. Porém, há uma boa chance de você poder querer que algum trabalho existente na cena também se torne um símbolo. Para lidar com isto, tudo que terá que fazer é selecionar o trabalho na cena e no menu Insert, escolher Convert to Symbol (Converter em Símbolo). Isto inicializará uma caixa de diálogo, chamada Convert to Symbol, que é parecida com a caixa de diálogo Create New Symbol. A única exceção é exibida na Figura 5.5 – você tem uma opção para onde deseja que o ponto central fique no novo símbolo. Simplesmente clique em um dos quadrados pequenos no ícone Registration (Registro) para selecionar o ponto central. Às vezes você desejará escolher a caixa central como o ponto central, a menos que tenha certas exigências que ditem o contrário. Um exemplo de escolher uma caixa diferente da caixa central seria se você pretendesse criar uma animação com giro e deseja que o ponto de eixo seja algo diferente do centro do objeto.

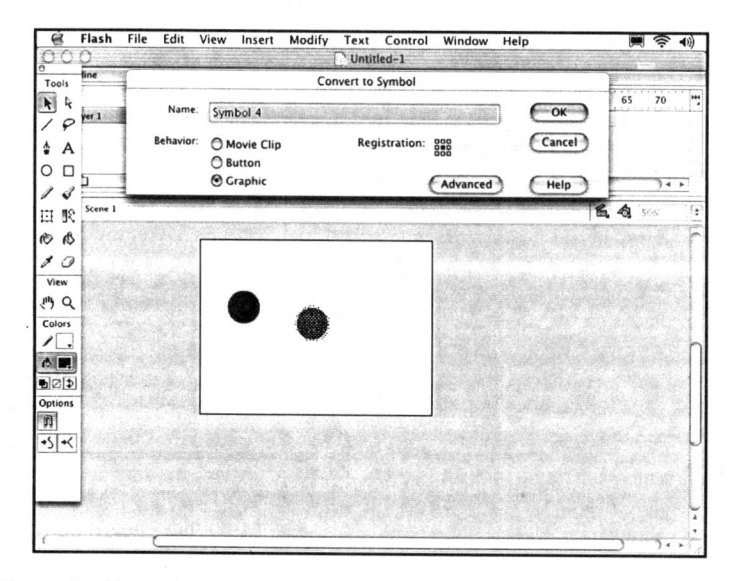

Figura 5.5 Use o ícone Registration para escolher o ponto central do símbolo.

Uma visão geral dos símbolos de botão

O símbolo de botão é o símbolo menos complexo em termos de compreender sua finalidade. É designado para criar os botões! A linha do tempo deste símbolo predefiniu os estados para facilitar construir e desenvolver um botão. Os botões são símbolos importantes ao criar a interatividade entre um site Web e um usuário:

Como construir um símbolo de botão

Eis as etapas a seguir para construir um símbolo de botão:

1. Desenhe uma forma em qualquer lugar na cena.
2. Escolha a ferramenta Arrow (Seta) e clique duas vezes na forma para selecioná-la.
3. Com a forma agora selecionada, escolha Insert, Convert to Symbol. A caixa de diálogo Convert to Symbol aparecerá.
4. Selecione o botão de rádio Button (Botão) para dar ao símbolo o comportamento de botão. Também escolha um ponto central para o símbolo no ícone Registration.
5. Clique em OK. Note que a forma não tem mais uma seleção manchada, mas uma caixa azul com uma cruz para o ponto central.
6. Clique duas vezes no novo símbolo. Note que você entrou no modo de edição do símbolo do botão. Observe também que os quatro primeiros quadros são os estados predefinidos do botão, como mostrado na Figura 5.6.

   Os quatro estados incluem Up (Elevado), Over (Sobre), Down (Abaixado) e Hit (Pressionar). Up é o estado que o botão terá quando o filme for carregado. Over é como o botão ficará quando o usuário final mover o mouse sobre o botão. Down é o estado que o botão irá se referir quando o botão estiver sendo clicado pelo usuário final pressionando o botão do mouse. Finalmente, Hit define a área ativa do botão. Geralmente é melhor ter um estado Hit pelo menos do tamanho do botão. Se o botão for texto, desenhe uma caixa sólida sobre o texto no estado Hit. O estado Hit é invisível, mas se o texto for o tema para o usuário final clicar, isto poderá causar alguns problemas para ele.

   Lembre-se que muitos caracteres têm "buracos", como a letra *O*, por exemplo. O mouse poderia, na teoria, ser clicado nesta área vazia do *O*, sem mesmo clicar o estado Hit do botão. Se você desenhar uma caixa sólida sobre seu texto, o problema do estado Hit será resolvido.

7. Como convertemos uma forma existente em um símbolo, temos automaticamente um conteúdo no quadro 1, também conhecido como estado Up. Se você quiser, poderá modificar qualquer parte da forma para melhor adequar ao seu gosto.
8. Escolha Insert, Keyframe (Quadro-Chave) ou pressione F6 para inserir um quadro-chave para ir para o estado Over. Note que um quadro-chave foi inserido no estado Over, trazendo os atributos do quadro anterior.

Capítulo 5 – Símbolos e a biblioteca | **105**

9. Agora que estamos no estado Over, tudo que iremos fazer é alterar a cor de preenchimento da forma. Selecione a forma usando a ferramenta Arrow e escolha uma cor diferente na amostra de preenchimento do painel Tools (Ferramentas).
10. Pressione F6 para inserir outro quadro-chave. Faça algumas modificações parecidas no trabalho no estado Over.
11. Pressione F6 uma última vez, para inserir um quadro-chave no estado Hit. Lembre-se o estado Hit é invisível; ele apenas define a área ativa do botão. A forma simples você poderá deixá-la como está; porém, se as formas tiverem um buraco, como a letra *O*, desenhe uma forma sólida sobre ela.
12. Volte para a cena 1 clicando na aba Scene 1 ou poderá usar o menu suspenso Scene Select (Selecionar Cena), como mostrado na Figura 5.7.

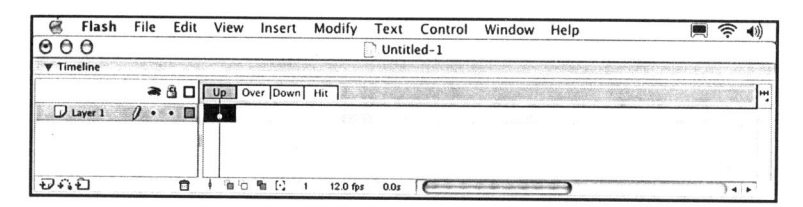

Figura 5.6 A linha do tempo do símbolo de botão.

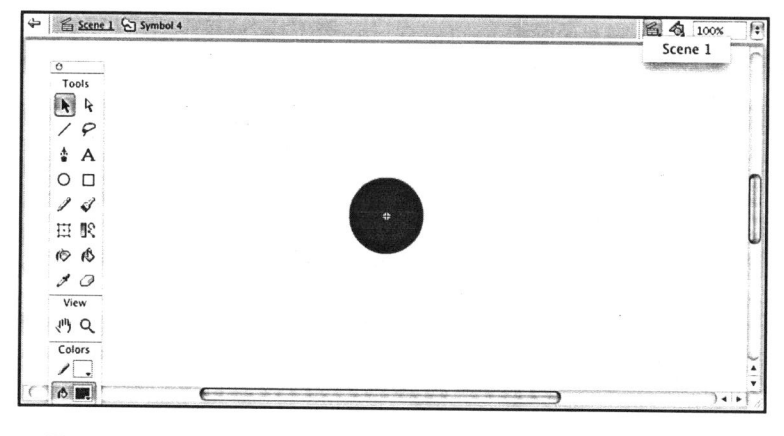

Figura 5.7 Selecione uma cena usando o menu suspenso Scene Select.

Nota

Verifique o filme QuickTime no site Web complementar deste livro sobre como construir os botões.

Você poderá visualizar o botão que acabou de construir no ambiente de autoria do Flash. Escolha Control (Controle), Enable Simple Buttons (Ativar Botões Simples). Mova seu mouse sobre o botão na cena e clique-o para ver as visualizações. Para desativá-lo, escolha Control, Enable Simple Buttons novamente.

A capacidade real dos botões é ter a habilidade de se comunicar com a linha do tempo e outros objetos. Por exemplo, se tivéssemos uma animação, poderíamos criar botões para a reprodução e a parada para controlar a animação. E mais, não analisamos o movimento intermediário. Agora que você sabe como criar um símbolo gráfico, poderemos animá-lo em nossa linha do tempo principal e fazer com que siga uma guia de movimento. O uso das guias de movimento é uma das vantagens do movimento intermediário. Nos próximos exercícios, você aprenderá a criar um movimento intermediário e veremos as vantagens do movimento intermediário, assim como controlar a linha do tempo com botões.

Movimento intermediário

Como criar um movimento intermediário

Neste exercício, iremos criar uma animação de um círculo se movendo de um lado da cena para o outro. Durante esta animação, o círculo irá desaparecer perto do final da seqüência e seguirá uma guia de movimento durante o intermediário. Pela primeira vez, estaremos usando o movimento intermediário, ao invés de uma forma. Lembre-se, a principal diferença é que quando você faz um movimento intermediário, está usando o intermediário em um símbolo em oposição a uma forma primitiva. Eis as etapas a seguir para este exercício:

1. Clique duas vezes na camada 1 para renomeá-la. Nomeie-a como **animation**. Desenhe um círculo na cena com um preenchimento e uma cor da pincelada de sua escolha. Com a ferramenta Arrow, clique duas vezes no círculo para selecionar seu preenchimento e pincelada.

2. No menu Insert, escolha Convert to Symbol. Forneça a este símbolo um comportamento gráfico e nomeie-o como **circle**. Note o novo símbolo, chamado circle, na biblioteca.

3. Selecione o quadro 20 e pressione F6 para inserir um quadro-chave. Com o cabeçote de reprodução no quadro 20, selecione o círculo e arraste-o para baixo, até o canto inferior direito da cena. Neste ponto, nos quadros 1 a 19, o círculo estará no canto superior, mas no quadro 20, descerá para o canto inferior direito.

4. Para fazer com que este movimento ocorra com o passar do tempo, selecione o primeiro quadro; então no Properties Inspector (Inspetor de Propriedades), escolha Motion (Movimento) no menu suspenso Tween (Intermediário). Note que os quadros ficarão azuis com uma seta apontando do primeiro quadro para o último. Você acabou de criar um movimento intermediário!

    Agora que tem um movimento intermediário, poderá adicionar uma guia do movimento. Assim, a animação agora seguirá um caminho desenhado, em oposição ao círculo que simplesmente se movia de modo plano de um lado para o outro.

5. Para adicionar uma guia do movimento, clique o botão Add Motion Guide (Adicionar Guia do Movimento), como mostrado na Figura 5.8. Note a nova camada de guia adicionada acima da camada de animação. Observe também que a camada de animação está recuada, mostrando que esta camada agora é uma escrava da camada de guia do movimento.

6. Com uma nova camada de guia selecionada e o cabeçote de reprodução movido para o quadro 1, escolha a ferramenta Pencil (Lápis). Com a ferramenta Pencil, desenhe uma linha curva na cena, certificando-se de que não cruza a linha em nenhum ponto, pois isto poderia confundir o item animado. Com o quadro 1 na camada de animação selecionado, no Properties Inspector, assegure-se de que o quadro de seleção Snap (Instantâneo) esteja selecionado (veja Figura 5.9). Assim que Snap estiver selecionado, note como o círculo "irá" para o início da guia.

    Se você reproduzir sua animação e ela não seguir a guia, é porque o item está saindo da guia antes de chegar ao último quadro. Para corrigir este problema, mova o cabeçote de reprodução para o último quadro. Clique no centro do círculo e arraste-o para o final da guia. Assim que tiver o círculo na faixa instantânea, o centro do símbolo do círculo aumentará de tamanho. Este aumento de tamanho é uma indicação de que o círculo irá para a guia neste local.

    Para fazer com que o círculo desapareça com o tempo, você precisará aplicar um efeito de cor. Já fizemos algo parecido com a forma intermediária, mas o processo é um pouco diferente para o movimento intermediário. Na forma intermediária, reduzimos o alfa da cor de preenchimento. Não podemos fazer isto em um símbolo, e se editássemos o símbolo para aplicar um preenchimento alfa menor, estaríamos aplicando-o no símbolo inteiro, assim fazendo com que o círculo pareça invisível o tempo inteiro. Portanto, aplicaremos um efeito de cor no símbolo.

7. Com o cabeçote de reprodução no último quadro da animação, selecione a instância do círculo na cena. No Properties Inspector, use o menu suspenso Color (Cor) e escolha Alpha (Alfa). Arraste o cursor Alpha para 0, como mostrado na Figura 5.10.

8. Reproduza sua animação. Note o círculo se movendo na cena, seguindo a guia e desaparecendo com o tempo.

9. Grave este arquivo como mtween.fla. Iremos nos referir a ele posteriormente.

108 | *Dominando Macromedia Flash MX*

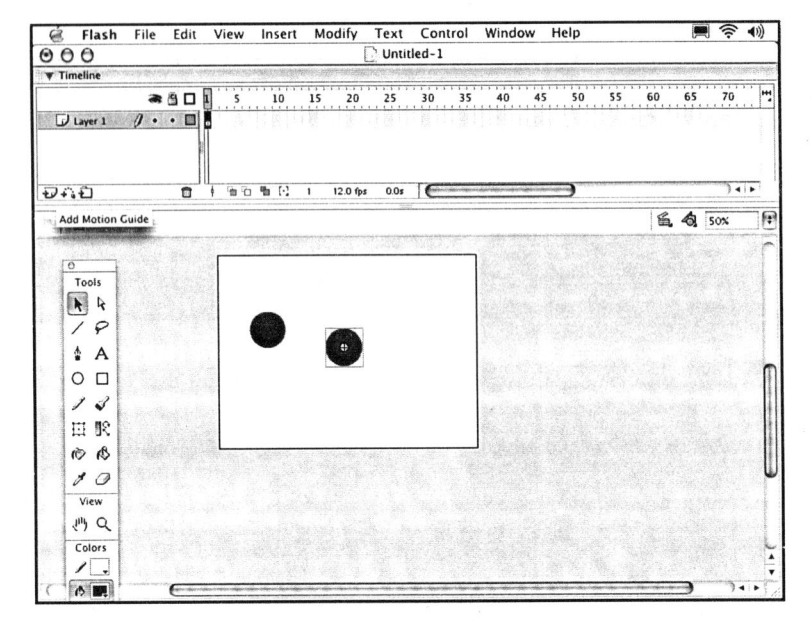

Figura 5.8 O botão Add Motion Guide.

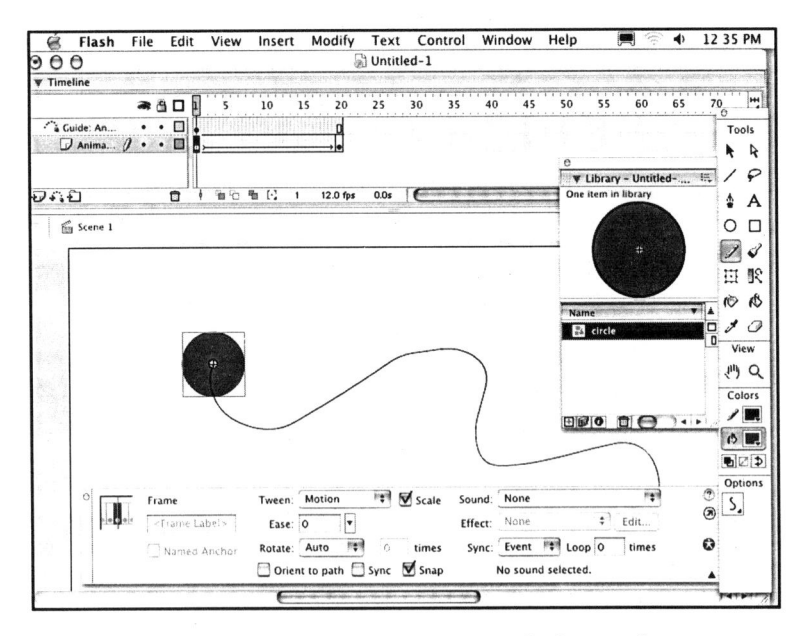

Figura 5.9 A camada de guia e a opção Snap estão marcadas no Properties Inspector.

Capítulo 5 – Símbolos e a biblioteca | **109**

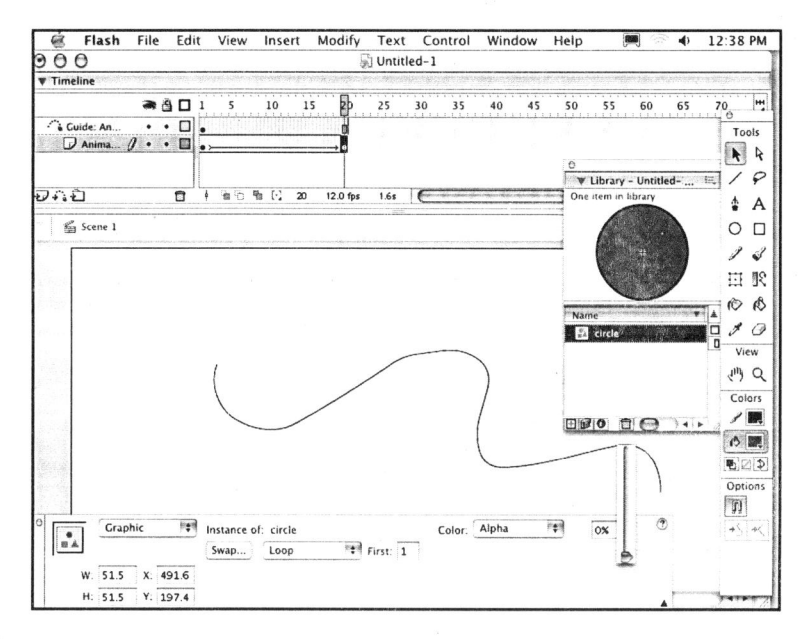

Figura 5.10 O efeito da cor alfa.

Algumas opções adicionais estão disponíveis no Properties Inspector para o movimento intermediário, como mostrado na Figura 5.11. Orient to Path (Orientar no Caminho), por exemplo, não faz apenas que o objeto siga o caminho, mas faz com que a linha de base do símbolo se oriente no caminho.

Você poderá também definir quantas vezes gostaria que a instância girasse durante sua animação – para a direita ou para a esquerda.

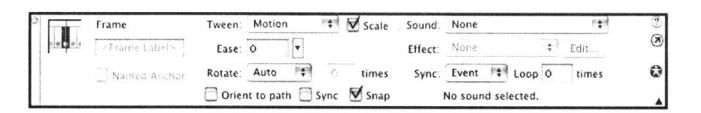

Figura 5.11 As opções do movimento intermediário no Properties Inspector.

E mais, um atalho está disponível para criar um movimento intermediário. Desenhe um item primitivo na cena e insira um quadro (F5) em um quadro posterior. Clique com o botão direito do mouse (Windows) ou pressione Ctrl-clique (Mac) e, no menu instantâneo, escolha Create Motion Tween (Criar Movimento Intermediário). Note que os quadros ficarão azuis. A série de linhas pontilhadas indica um intermediário interrompido. Para corrigir isto, simplesmente mova o cabeçote de reprodução para o último quadro, selecione o item na cena e arraste-o para algum outro lugar na cena. O quadro se transformará em um quadro-chave e as linhas pontilhadas mudarão para uma seta sólida. Arraste o cabeçote de reprodução para ver a animação. O Flash também colocará o item em sua biblioteca, chamando-o de tween1.

Como combinar os intermediários de movimento e da forma

No desenvolvimento, você poderá achar necessário ter uma animação da forma, mas ao mesmo tempo poderá precisar que a animação siga uma guia. Neste exercício, veremos como podemos usar ambas as técnicas para completar o efeito desejado. Isto também irá reforçar o conceito dos quadros-chave.

Iremos criar uma animação de cinco quadrados, animando-os na cena. Quando forem animados, seguirão um caminho. Depois de seguir o caminho, irão mudar a forma para as letras *F*, *L*, *A*, *S* e *H*, respectivamente. Eis as etapas a seguir:

1. Desenhe um quadrado no canto superior esquerdo da cena, sem uma cor da pincelada, mas com uma cor de preenchimento preferida. Converta-o em um símbolo selecionando-o e pressionando F8 em seu teclado. Forneça-lhe um comportamento gráfico e nomeie-o como **square**.

2. Insira um quadro-chave no quadro 15. Com o cabeçote de reprodução no quadro 15, mova o quadrado para o canto inferior direito. Destaque o quadro-chave 1 e no Properties Inspector, escolha Motion Tween. Isto criará uma seta do quadro 1 ao 15 e os quadros ficarão azuis. Arraste o cabeçote de reprodução para ver a animação. Marque Snap, pois iremos criar uma guia de movimento na próxima etapa.

3. Nomeie a camada 1 como **F**. Clique o botão Add Motion Guide para criar uma nova camada de guia. Note a nova camada de guia acima da camada F. Com a ferramenta Pencil, desenhe uma guia na forma de um meio quadrado, como mostrado na Figura 5.12.

4. Arraste o cabeçote de reprodução (ou seja, arraste-o nos quadros) para assegurar que o quadrado irá para a guia de movimento. Se não, corrija o último quadro, exatamente como fez no exercício anterior.

   Agora que você tem o movimento intermediário funcionando, tem a primeira parte de sua animação. Na próxima parte, queremos que o quadrado se transforme na letra *F*. Para tanto, precisará dividir o símbolo. Porém, se dividir o símbolo no quadro 15, irá interromper o movimento intermediário. Lembre-se, um intermediário é do quadro-chave até o quadro-chave. Para ter um movimento intermediário, você precisará do mesmo símbolo em dois quadros-chave diferentes. Portanto, não poderá dividir o símbolo no quadro 15. Porém, poderá inserir um novo quadro-chave no quadro 16. Um quadro-chave representa uma alteração maior em uma animação. Neste caso, no quadro 16 a alteração maior é que o item não é mais um símbolo, mas um item primitivo.

5. No quadro 16, insira um quadro-chave pressionando F6 em seu teclado. Neste novo quadro-chave, destaque o quadrado clicando-o. No menu Modify (Modificar), escolha Break Apart (Dividir). Note que o símbolo mudará para um item primitivo. Os itens primitivos podem ser transformados.

6. No quadro 20, insira um quadro-chave em branco (F7). Isto limpará a camada de todo o seu conteúdo.

7. Com a ferramenta Type (Digitar) selecionada, digite **F** usando uma face de tipos sem serifas. O texto editável se comporta de modo muito parecido com um item agrupado. Você não poderá transformar os itens agrupados, portanto, a letra *F* também precisa ser dividida.

8. Se estiver satisfeito com o estilo e o tamanho do tipo, no menu Modify, escolha Break Apart. A letra não será mais um texto editável e será uma forma primitiva (veja a Figura 5.13).

9. Destaque o quadro-chave 16 e no Properties Inspector, escolha Shape Tween (Forma Intermediária). Isto completa a primeira letra da animação. Com o controlador, pressione o botão de reprodução ou pressione Return (Mac) ou Enter (Windows) para ver a animação. A próxima etapa será copiar esta camada e animação.

   Ao invés de executar todas estas etapas de novo, você poderá simplesmente copiar seu trabalho para uma nova camada e modificar o último quadro para mudar a letra na qual o quadrado se transforma.

10. Clique o botão Add New Layer (Adicionar Nova Camada) para criar uma nova camada. Clique no nome da camada F para destacar todos os quadros. Você notará que tudo destacado está em preto, indicando que todos os quadros nesta camada estão selecionados. Pressione a tecla Option (Mac) ou Alt (Windows), então clique e arraste a camada para a camada 2 e disponha a camada sobre os quatro quadros. Note o pequeno sinal de mais ao lado de seu cursor quando arrastar, como mostrado na Figura 5.14. Isto indica que você está de fato copiando as camadas e não apenas movendo-as.

11. Renomeie a camada 2 como L. No quadro 20 da camada L, apague o *F* e com a ferramenta Type, digite **L**. Esta forma intermediária não funcionará, porque a letra *L* ainda é editável e não é uma forma primitiva. Com a letra *L* selecionada, escolha Modify, Break Apart. Agora a forma intermediária funcionará.

12. Na camada F, insira um quadro (F5) no quadro 20 para que a letra *F* permaneça na animação, como exibição na Figura 5.15.

13. Repita as etapas 10 a 12 até que a palavra *FLASH* seja escrita.

   Assim que a animação estiver completa, com todos os quadrados voando na cena e então se transformando em suas respectivas letras para formar FLASH, haverá ainda um problema. O *A* faz um buraco na animação, porque há um furo nele (note que eu poderia ter dito isto antes — há um A... bem, você entende). Portanto, precisará corrigir isto colocando um buraco no quadrado.

14. No quadro 25 da camada A, você precisará inserir um quadro-chave pressionando F6. Neste novo quadro-chave, escolha a ferramenta Eraser (Borracha) com a menor borracha. Apague um pequeno furo no centro do quadrado. Problema resolvido!

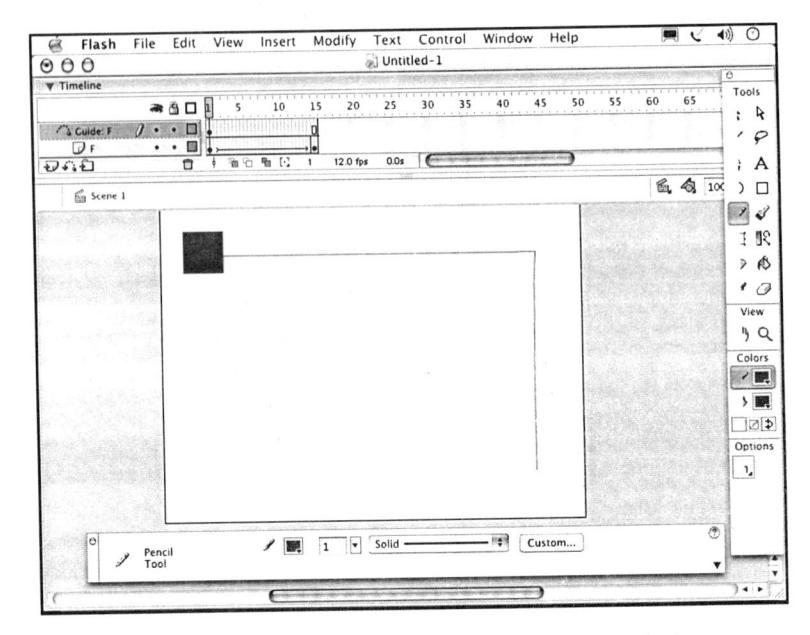

Figura 5.12 Uma guia de movimento com meio quadrado.

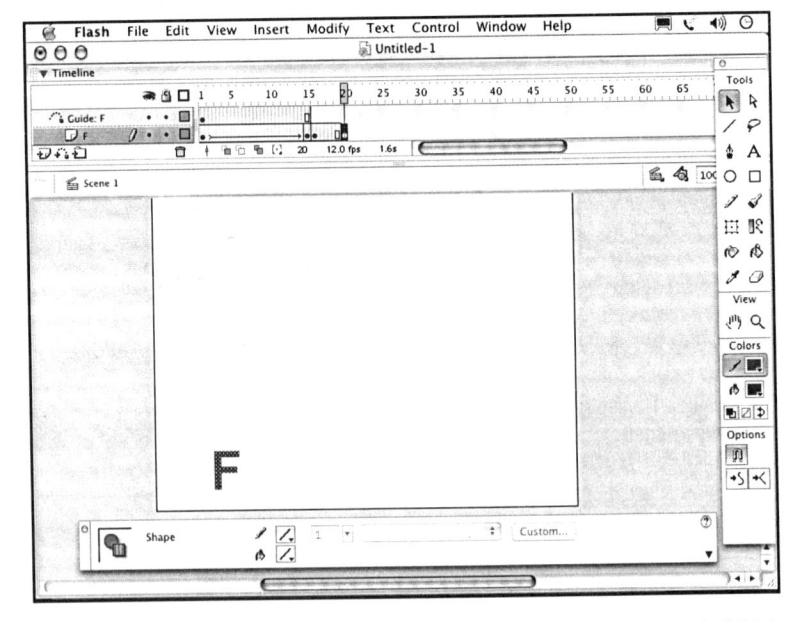

Figura 5.13 Uma animação com uma camada de guia e o texto que foi dividido.

Capítulo 5 – Símbolos e a biblioteca | **113**

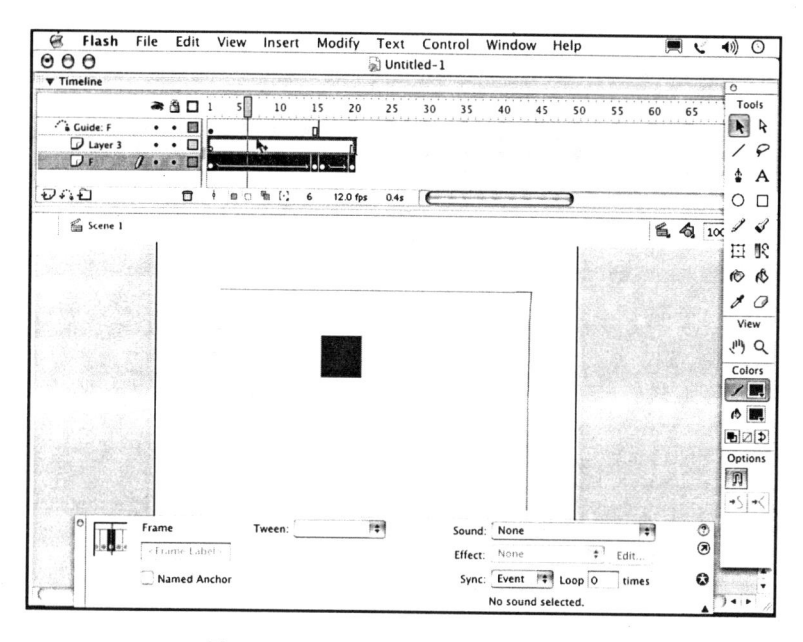

Figura 5.14 Como duplicar uma camada.

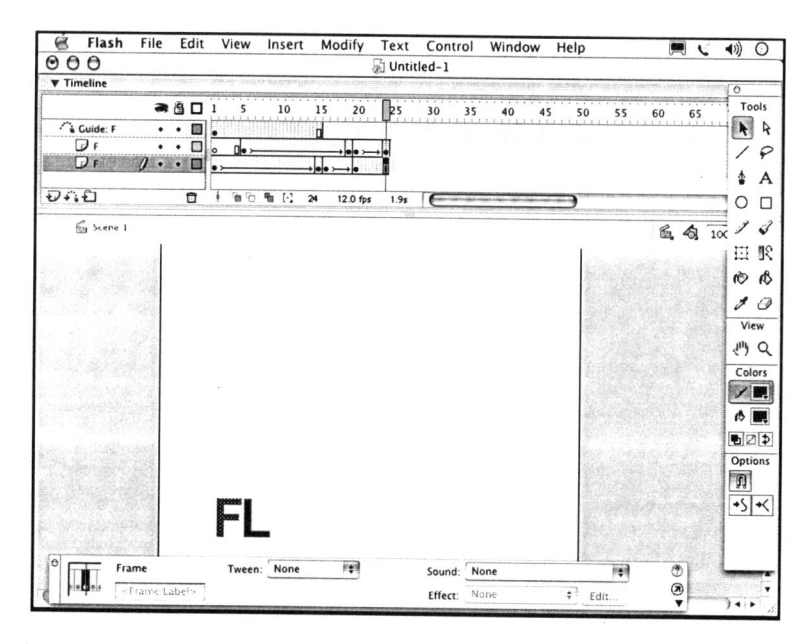

Figura 5.15 Como estender a linha do tempo para a camada inferior.

Nota

Consulte o site Web complementar deste livro para ver o filme QuickTime, revisando este exercício, etapa por etapa.

Novamente, este exercício mostra mais a importância do devido quadro-chave. Também mostra o que será uma técnica muito comum no desenvolvimento – combinar a forma e o movimento intermediários.

Como criar a interatividade com botões

Para ter uma interatividade verdadeira, o usuário final terá que ter alguma entrada sobre como o filme Flash ou a animação irá se desdobrar. A maneira mais fácil de fazer isto é com botões. Os botões podem controlar certos elementos em um filme Flash. Por exemplo, um botão pode reproduzir ou parar uma animação. Eles podem inicializar outros eventos, como abrir uma janela do navegador, definir o volume para o som ou ainda controlar uma nave espacial em um video game. Compreender como os botões funcionam e como eles interagem com os diferentes objetos Flash é fundamental para uma construção Web interativa.

Como controlar a animação com botões

Quando você estiver adicionando a interatividade, será importante permitir que o usuário final controle como uma animação é reproduzida. Eis as etapas a seguir para controlar uma animação com botões:

1. Abra mtween.fla, o arquivo criado anteriormente neste capítulo. Crie uma nova camada e nomeie-a como **Button**. Bloqueie a camada da animação, para que não a edite sem querer. Crie um novo símbolo do botão escolhendo Insert, New Symbol. Escolha Button para o comportamento e nomeie o símbolo como **button**. Então adicione quadros-chave a todos os estados do botão.

2. Se Library já não estiver aberta, escolha Window, Library ou pressione Cmd+L (Mac) ou Ctrl+L (Windows) para abri-la. Arraste duas instâncias do botão e coloque-as em qualquer lugar na cena na camada Button.

3. Com a ferramenta Type, digite **Play** sobre o primeiro botão e **Stop** sobre o segundo.

4. Com o botão Play (Reproduzir) selecionado (certifique-se de que tenha o botão selecionado e não o texto *Play*), selecione Window, Actions (Ações). Isto ativará o painel Actions, como mostrado na Figura 5.16. Certifique-se de que este painel esteja identificado como Actions – Button e não Actions – Frame (se ele mostrar "Actions – Frame", significa que você tem o quadro selecionado ao invés do botão). Para corrigir isto, simplesmente mova o painel Actions para fora da lateral e clique o botão para selecioná-lo. Isto definirá o painel para Actions – Button.

Capítulo 5 – Símbolos e a biblioteca | 115

5. No painel Actions, abra o livro Actions. Dentro deste livro, abra o livro Movie Control (Controle do Filme) e clique duas vezes em Play. Note à direita que algum código é digitado para você. É o ActionScript. O script deverá informar o seguinte:

```
on (release) {
    play ( );
}
```

A sub-rotina de eventos on (release) pode ser alterada. Neste ponto, a liberação do mouse irá inicializar o efeito (neste caso, play). Se você quiser mudar isto para press (pressionar) ou algum outro evento, simplesmente clique para destacar a linha do código para on (release). Note, como mostrado na Figura 5.17, todas as outras opções para os eventos. Sinta-se à vontade para escolher uma diferente.

Antes de testarmos o script, a animação começará a se reproduzir automaticamente. Todos os filmes no Flash irão se reproduzir e farão um loop for default. Portanto, você precisará corrigir isto para que o botão Play tenha de fato uma finalidade.

6. Destaque o quadro 1 em qualquer camada e no menu Window, escolha Actions. Note que o painel Actions informará "Actions – Frame". Dentro do livro Actions, abra o livro Movie Control. Dentro do livro Movie Control, clique duas vezes em Stop (Parar). Isto irá impedir que o filme se reproduza automaticamente.

7. No menu Control, escolha Test Movie (Testar Filme). Note que a animação não começará a se reproduzir por default. Clique o botão Play. Sua animação agora deverá estar se reproduzindo!

8. Observe a animação inteira.

Esta animação parece boa; contudo, o filme irá parar de se reproduzir, mesmo que não solicitemos isto. A razão dele ter parado é que o cabeçote de reprodução está fazendo um loop. O *loop* significa apenas que assim que o cabeçote de reprodução atinge o final da animação, ele volta para o início. Em nosso caso, o primeiro quadro tem uma ação stop fazendo com que a animação pare.

Portanto, precisaremos propor uma solução para este problema. Não podemos remover a ação stop do primeiro quadro, porque ele está impedindo que a animação se reproduza automaticamente.

9. Destaque o último quadro em sua animação. Com ele destacado, abra o painel Actions. No painel Actions, escolha Actions, Movie Control, gotoAndPlay (2). Isto corrigirá o problema, pois assim que o cabeçote de reprodução atingir o último quadro, ele lerá o script e irá enviá-lo de volta para o quadro 2, assim evitando todo o quadro 1.

É importante mencionar que quando você está lidando com o ActionScript, deve testar seus filmes com freqüência. A partir deste exemplo, você pode ver a vantagem de testar com freqüência. É mais fácil construir bons scripts e fazer ajustes menores onde são necessários, em oposição a depurar o código ActionScript maior.

10. Tudo que precisamos fazer agora é adicionar uma funcionalidade ao botão Stop. Esta tarefa é um pouco mais fácil. Destaque o botão com a ferramenta Arrow. Com o botão Stop selecionado, escolha Window, Actions. No livro Actions, escolha Movie Control e então Stop. Note que todo o código é digitado para você. Sinta-se à vontade para alterar a sub-rotina de eventos se achar adequado.

11. Teste seu filme! Veja como foi fácil?

12. Grave este filme como control1.fla.

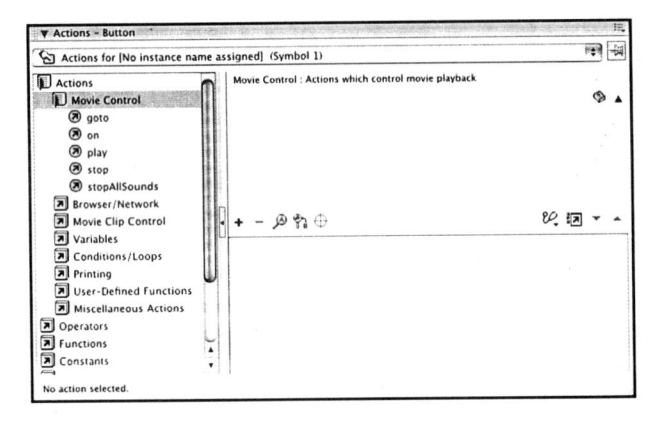

Figura 5.16 O painel Actions – Buttons, com o livro Movie Control aberto.

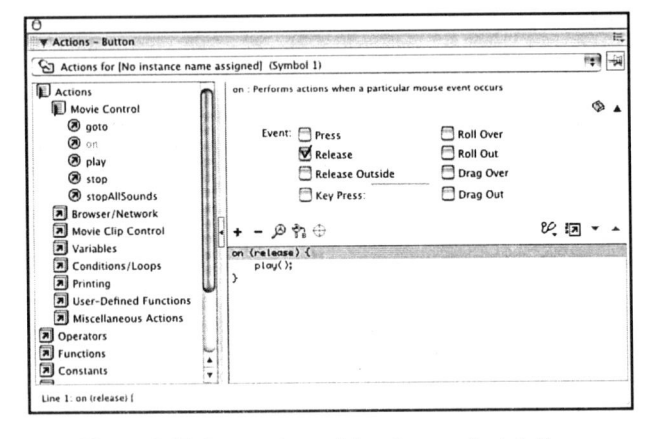

Figura 5.17 Os eventos adicionais no painel Actions.

Este exercício mostra a primeira etapa ao criar interatividade entre seu site e um usuário final. Grande parte do que iremos tratar no resto deste livro baseia-se nestes mesmos princípios básicos.

Clipe do filme

O símbolo de clipe do filme é de longe o símbolo mais importante no Flash. Quando entramos no ActionScript avançado, iremos nos referir ao clipe do filme como um objeto. No momento, revisaremos as diferenças entre um clipe do filme e um símbolo gráfico.

Você criará um símbolo de clipe do filme da mesma maneira como cria um símbolo gráfico ou do botão. Para criar um a partir do zero, simplesmente escolherá Insert, New Symbol. Na caixa de diálogo Create New Symbol, selecione Movie Clip (Clipe do Filme) para o comportamento. Naturalmente, se você tiver algum trabalho de arte já desenhado na cena, poderá convertê-lo em um símbolo de clipe do filme. Assim que tiver criado um novo símbolo de clipe do filme, entrará no modo de edição do símbolo de clipe do filme. A cruz no centro da cena indica o centro do símbolo.

Porém, a coisa mais atraente no clipe do filme é que ele tem sua própria linha do tempo, exatamente como o símbolo do botão e o símbolo gráfico, mas a principal diferença é que esta linha do tempo se reproduzirá independentemente da linha do tempo principal. Isto oferece vantagens enormes no desenvolvimento Flash. Por exemplo, a linha do tempo principal não fica obstruída com todos os tipos de animações. Ao contrário, as animações podem residir dentro dos clipes do filme. E mais, seus botões poderão se comunicar com os clipes do filme, com alguma sintaxe adicional.

Como ver os símbolos aninhados e controlar um clipe do filme com botões

Aqui, como no último exercício, iremos controlar o cabeçote de reprodução, informando-o quando parar e quando reproduzir. A maior diferença neste exercício, porém, é que precisaremos nos comunicar com o cabeçote de reprodução do clipe do filme, e não com o da linha do tempo principal. Portanto, nossa sintaxe mudará ligeiramente.

E mais, neste exercício você dará seu primeiro passo nos símbolos aninhados. *Aninhar um símbolo* simplesmente significa colocar um símbolo dentro de outro. O aninhamento tem muitas vantagens, mas para nossas finalidades, a vantagem é que dentro do clipe do filme um símbolo gráfico é que será animado, em oposição a uma forma primitiva. Lembre-se, durante uma animação com uma forma primitiva, cada quadro-chave tem que ser redesenhado. Com um símbolo gráfico, o quadro-chave simplesmente aponta para Library quando precisa de informações gráficas. Aqui estão as etapas a seguir neste exercício:

1. Escolha Insert, New Symbol. Forneça ao novo símbolo um comportamento gráfico. Nomeie este símbolo como **square_graphic** e clique em OK. Então você será colocado dentro do símbolo gráfico.

2. Desenhe um quadrado no centro do símbolo. Escolha uma cor do preenchimento e da pincelada.

3. Clique de volta na cena 1 para ir para a linha do tempo principal. Note que o quadrado não está na cena. Abra a Library escolhendo Window, Library. Arraste uma instância de square_graphic e coloque-a em qualquer lugar na cena.

4. Destaque square_graphic e pressione F8 para convertê-la em um símbolo. Sim, já é um símbolo; porém convertendo em um símbolo, você estará colocando o símbolo square_graphic existente dentro deste novo símbolo que está definindo. Nomeie este símbolo como **square_mc** e forneça-lhe o comportamento de clipe do filme. Clique em OK.

5. Agora você está dentro do clipe do filme. Crie um pequeno movimento intermediário do quadrado se movendo de um lado da cena para o outro. Lembre-se, você está no clipe do filme, o que significa que é um símbolo animado.
6. Depois de criar o movimento intermediário, volte para a cena 1. Notará que a linha do tempo principal tem apenas um quadro. Se você pressionar Enter (Windows) ou Return (Mac), a animação não se reproduzirá, mesmo que seu clipe do filme tenha uma. Para ver os clipes do filme animados, terá que testar o filme. Escolha Control, Test Movie e a animação deverá começar a se reproduzir.
7. Feche a janela de teste. Então destaque a instância do clipe do filme. No Properties Inspector, nomeie o clipe do filme como **anim** no campo de texto Instance Name (Nome da Instância).

   Agora desejará criar alguns botões para parar e reproduzir esta animação. Lembre-se que a animação se reproduzirá e irá fazer um loop por default. Para corrigir este problema, precisará colocar uma ação stop no primeiro quadro e uma ação gotoAndPlay frame 2 no último quadro. Isto impedirá que a animação se reproduza automaticamente e que pare assim que tentar fazer um loop. Consulte o exercício neste capítulo com o título "Como controlar a animação com botões".
8. Crie uma nova camada e nomeie-a como **buttons**.
9. Escolha Library, Common Library (Biblioteca Comum), Buttons (Botões) para abrir a biblioteca comum Buttons. Arraste duas instâncias de seu botão favorito.
10. Com um dos botões selecionados, abra o painel Actions. Desta vez, ao invés de escolher Play, como fez no último exercício, precisará assegurar que seu botão esteja se comunicando com o clipe do filme, ao invés da linha do tempo principal. Abra o livro Actions e então abra o livro Variables (Variáveis). No livro Variables, clique duas vezes em with. Note o código escrito para você na janela Actions, como mostrado na Figura 5.18.
11. Destaque a linha with e coloque um cursor que pisca no campo de texto Object (Objeto). Note que o ícone Insert a Target Path (Inserir um Caminho de Destino) será ativado, como mostrado na Figura 5.19.
12. Clique o botão Insert a Target Path para escolher qual clipe do filme gostaria de ter como destino. Assim que clicar o botão, a caixa de diálogo Insert Target Path será exibida, como mostrado na Figura 5.20.
13. Clique o botão de opção Relative (Relativo) para o campo Mode (Modo). E mais, escolha o botão de opção Dots (Pontos) para o campo Notation (Notação). Iremos revisar estes conceitos no Capítulo 10, "Como abordar o ActionScript". Clique no caminho anim como mostrado na Figura 5.20. Clique em OK e note como a instrução with foi completada para você.
14. Neste ponto, você destinou com sucesso o clipe do filme; porém, não o informou ainda para fazer nada. Portanto, com a instrução with ainda destacada, escolha Actions Book (Livro de Ações), Movie Control, Play. Isto informará ao clipe do filme que você destinou para a reprodução.
15. Teste o filme pressionando Cmd+Return (Mac), Ctrl+Enter (Windows) ou escolhendo Control, Test Movie.
16. Para aplicar uma ação stop no próximo botão, siga as etapas de 10 a 15 novamente, com exceção de usar uma ação stop, ao invés da ação play.

Capítulo 5 – Símbolos e a biblioteca | **119**

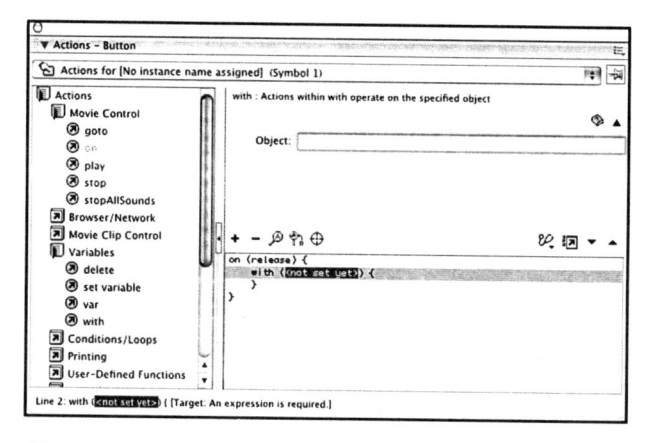

Figura 5.18 O painel ActionScript mostrando a instrução with.

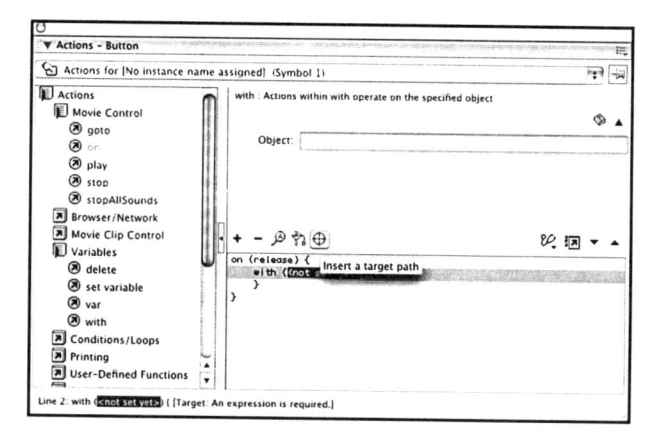

Figura 5.19 O ícone Insert a Target Path.

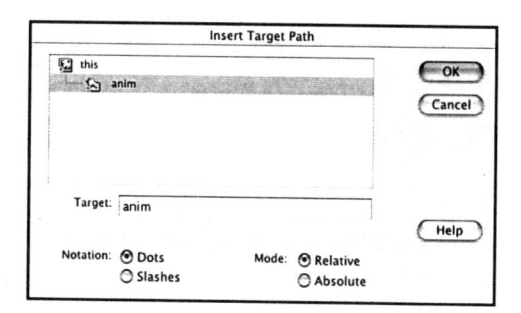

Figura 5.20 A caixa de diálogo Insert Target Path.

A capacidade de controlar e de se comunicar com os clipes do filme é a base para o ActionScript. Quanto mais você praticar e compreender os conceitos nesta seção, mais fácil será escrever o ActionScript. Embora o código no exercício anterior seja adequado, poderá não ser o mais eficiente. No Capítulo 10, iremos analisar como os objetos funcionam e quais são os objetos. O clipe do filme é um objeto, e com isto vem uma estrutura de sintaxe mais fácil. A maneira de encontrar esta sintaxe é um pouco mais difícil, porque está aninhada muito profundamente. Você poderá escolher Objects, Movie, MovieClips, Methods (Métodos), gotoAndPlay. Então tudo que teria que fazer é destinar o clipe do filme antes da sintaxe, para que informe anim.gototandPlay(1). Isto resultará em um código mais claro e eficiente. Porém agora, não se preocupe com isto, pois logo fará mais sentido quando começarmos a decompor a linguagem ActionScript.

Nota

Consulte o site Web complementar para ver um filme QuickTime demonstrando o objeto movie para controlar a reprodução.

Animação aninhada e composta

Falamos sobre como obter um símbolo e colocá-lo dentro de outro símbolo, assim criando um símbolo aninhado. Uma das capacidades reais de aninhar os símbolos é a habilidade em criar uma animação composta, que significa, não em muitas palavras, animar um símbolo animado. No exercício anterior, aninhamos um símbolo gráfico dentro de um clipe do filme. Quando você testou o filme, o clipe do filme de fato foi animado, mesmo que a linha do tempo tivesse apenas um quadro de comprimento, pois o clipe do filme era composto por uma animação. No próximo exercício, teremos um clipe do filme na linha do tempo principal, que não será animado, a menos que testemos o filme. A linha do tempo principal contém apenas um quadro, mas iremos adicionar mais. Inserindo um quadro-chave, um intermediário neste quadro e então testando o filme, você notará que animou sua animação!

Como criar um botão animado

Você poderá aninhar os clipes do filme nos botões e vice-versa. Aninhando um clipe do filme em um botão, poderá criar um botão animado. Neste exercício, iremos ver como animar um botão quando o usuário final mover o mouse sobre ele. Eis as etapas a seguir:

1. Abra um novo documento escolhendo File (Arquivo), New (Novo). No novo documento, crie um novo símbolo do botão escolhendo Insert, New Symbol. Forneça ao símbolo um comportamento de botão e nomeie-o como **button**. Clique em OK para entrar no modo de edição do símbolo do botão.

2. Desenhe um círculo preenchido com qualquer cor escolhida. Adicione quadros-chave nos estados Over, Down e Hit. Altere ligeiramente a cor em cada quadro-chave.

3. Nomeie a camada como **button layer** e clique o botão Add Layer (Adicionar Camada). Nomeie esta nova camada como **glow**.

Capítulo 5 – Símbolos e a biblioteca | **121**

4. Insira um quadro-chave no estado Over da camada glow (brilho). Se neste ponto, você adicionar conteúdo a este quadro, então preencheria os estados Down e Hit também e não desejamos isto. Para evitar isto, insira um quadro-chave em branco (F7) no estado Down, limpando assim qualquer coisa nos quadros anteriores.
5. Arraste a camada glow para baixo da camada do botão, para que a camada glow fique na parte inferior, como mostrado na Figura 5.21.
6. Na camada glow, desenhe um pequeno círculo amarelo sem uma pincelada sob o botão. Assim que soltar o mouse para terminar de desenhar o círculo, parecerá que nada ocorreu, pois o círculo que acabou de desenhar está oculto sobre o botão. Para ver o círculo, ative a visibilidade da camada do botão clicando na lista sob a coluna de olho, como mostrado na Figura 5.22.
7. Destaque o círculo e converta-o em um símbolo de clipe do filme pressionando F8. Nomeie este símbolo como **glow_mc**.
8. Clique em OK. Clique duas vezes no pequeno círculo amarelo para entrar no modo de edição do símbolo de clipe do filme.
9. Destaque o círculo clicando-o e abra o Color Mixer (Misturador de Cor), se já não estiver aberto. Para abrir Color Mixer, escolha Window, Color Mixer. No Color Mixer, escolha a amostra de preenchimento e reduza a definição Alpha para 0%. Isto tornará o círculo invisível assim que cancelar sua seleção clicando longe dele (veja a Figura 5.23).
10. Mova o cabeçote de reprodução para o quadro 7. Insira um quadro-chave nos quadros 7 e 14 pressionando F6. Note que o círculo preto que representa o quadro-chave aparecerá em ambos os quadros.
11. Mova o cabeçote de reprodução de volta para o quadro 7. No quadro 7, selecione o círculo e então escolha Modify, Transform (Transformar), Scale and Rotate (Dimensionar e Girar). Na caixa de diálogo que aparece, você poderá selecionar o item numericamente. Dimensione o círculo em 400%.
12. Com o círculo ainda selecionado no quadro 7, abra o Color Mixer. Traga a definição Alpha do preenchimento de volta para 100%.

    É importante lembrar que os clipes do filme se reproduzem e fazem um loop por default. Portanto, o clipe do filme com brilho (glow) sempre estará se reproduzindo. Porém, o brilho ficará visível apenas no estado Over do botão. Portanto, apenas quando um usuário final mover o mouse sobre o botão ele verá o brilho animado.
13. Clique na aba Scene 1 para voltar para a linha do tempo principal. Abra Library e arraste uma instância do símbolo do botão. Arrastando uma instância do botão, você também estará arrastando uma instância do brilho, pois o brilho está aninhado dentro do botão.
14. Escolha Control, Test Movie. Isto inicializará o Flash player. No Flash player, mova seu mouse sobre o botão para ver a reprodução da animação (veja a Figura 5.24).

Dominando Macromedia Flash MX

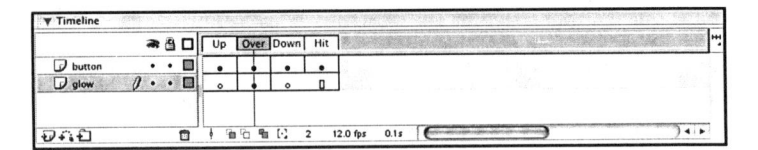

Figura 5.21 A camada glow sob a camada do botão.

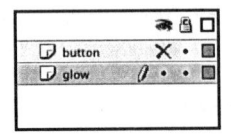

Figura 5.22 Esta figura mostra como desativar a visibilidade de uma camada.

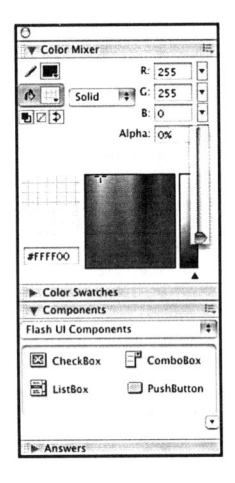

Figura 5.23 No Color Mixer, você pode preencher um símbolo com uma cor que tenha uma definição Alpha 0%, assim preenchendo-a com uma cor invisível.

Capítulo 5 – Símbolos e a biblioteca | **123**

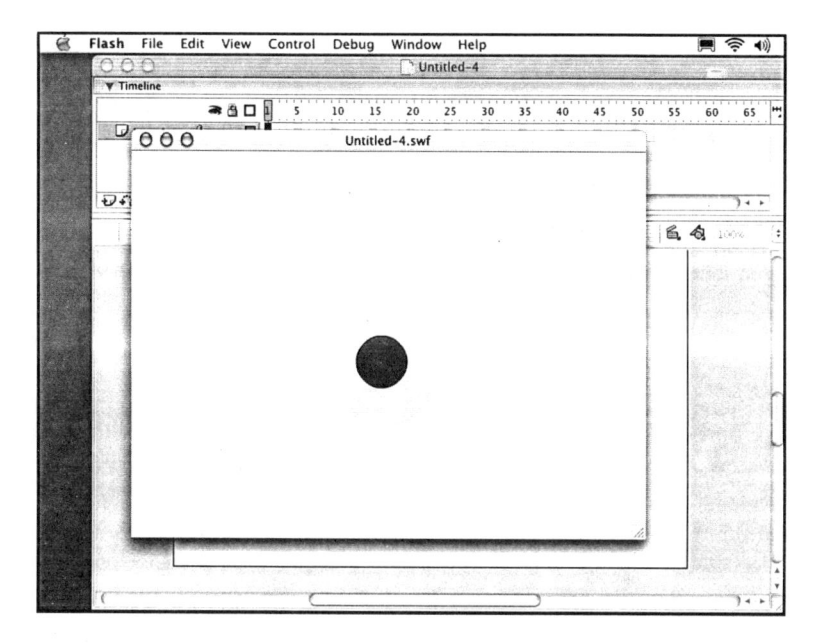

Figura 5.24 Um símbolo do botão animado.

Biblioteca

Até então, estamos adicionando itens a Library. Agora iremos nos aprofundar na organização e no gerenciamento da Library. Iremos ver algumas técnicas mais avançadas ao lidar com os símbolos. A Library, como exibida na Figura 5.25, é uma área para organizar, armazenar e acessar seus símbolos.

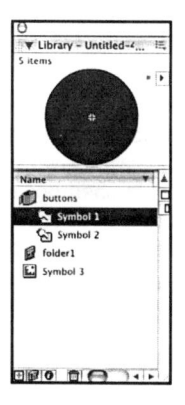

Figura 5.25 O painel Library.

Cada filme contém uma biblioteca. Todo símbolo, filme, som e imagem do mapa de bits neste arquivo se torna parte da biblioteca deste filme. Você poderá abrir diferentes filmes Flash na forma de uma biblioteca escolhendo File, Open as Library (Abrir como Biblioteca). Isto dará acesso total à biblioteca do arquivo no filme ou ao arquivo com o qual está trabalhando atualmente. Uma biblioteca é composta por estes componentes básicos:

- **Item Preview (Visualização do Item).** Esta área da Library fornece uma pequena exibição do trabalho na Library. Se for um som, você verá uma onda. Os clipes do filme e os sons têm botões de reprodução e parada, para que você possa visualizar a animação ou o som na Library!
- **Sort Order (Ordem de Classificação).** Classifica os itens da Library na ordem ascendente ou descendente, dependendo de qual coluna você selecionou (Name, Kind (Tipo), Use Count (Usar Contagem) ou Linkage (Ligação)).
- **Wide State (Estado Amplo).** Use esta opção para definir a visibilidade da Library em seu estado amplo, maximizando a Library para exibir todo o seu conteúdo na horizontal.
- **Narrow State (Estado Estreito).** Este é o estado mais comum, ocupando menos estado real da tela. É uma versão reduzida do estado amplo que mostra apenas o essencial.
- **Delete Item (Apagar Item).** Este botão apaga um item ou pasta da Library. Use-o apenas se estiver certo que deseja remover o conteúdo da Library (esta ação não pode ser desfeita).
- **Item Properties (Propriedades do Item).** Este botão inicializa uma caixa de diálogo fornecendo um retorno específico sobre um item em particular. Se você obtiver as propriedades do item para um mapa de bits, por exemplo, a caixa de diálogo retornará informações como o caminho, as dimensões, a data na qual o arquivo foi criado e as opções de compressão. As propriedades mudarão dependendo do tipo de item selecionado.
- **New Folder (Nova Pasta).** Este botão cria uma nova pasta na Library para finalidades de organização.
- **New Symbol (Novo Símbolo).** Este botão cria um novo símbolo e inicializa a caixa de diálogo Create New Symbol. É equivalente a escolher Insert, New Symbol.

Você também poderá gerenciar e organizar sua biblioteca usando pastas. Isto poderá maximizar sua eficiência e fluxo de trabalho ao usar os componentes Flash.

Por exemplo, poderá criar uma pasta Graphic Symbols (Símbolos Gráficos), uma pasta Buttons e uma pasta Movie Clips. Isto permitiria um acesso mais rápido para os símbolos que está procurando. Para criar uma nova pasta, simplesmente clique o botão New Folder na parte inferior de Library e então digite um nome para a pasta na área destacada. Se a área Name não estiver destacada, apenas clique-a, como faria para renomear uma camada. Você também poderá classificar a ordem da pilha, exatamente como as camadas. Clique e arraste uma pasta que deseja ter na parte superior. Para mover os arquivos para a pasta, simplesmente arraste o ícone do item Library para cima do ícone da pasta e solte-o. Você será capaz de notar a diferença entre uma pasta vazia e a pasta que tem itens por sua aparência – uma pasta vazia parece "mais magra" que uma pasta preenchida.

Assim que uma pasta tiver conteúdo, você poderá reduzi-la ou abri-la, clicando duas vezes em seu ícone. Como alternativa, poderá escolher Expand Folder (Expandir Pasta) ou Collapse Folder (Reduzir Pasta) no menu Library Options (Opções da Biblioteca).

Capítulo 5 – Símbolos e a biblioteca | **125**

Poderá também encontrar facilmente o conteúdo na Library que não é usado no filme. Para organizar, você deverá apagar estes dados. Contudo, é importante notar que o Flash não exportará nenhum dado não usado no filme. Portanto, remover os itens não usados da Library não fará nada para conservar o tamanho do arquivo. Para selecionar ou encontrar os itens não usados, utilize um dos seguintes métodos:

- No menu Library Options, escolha Select Unused Items (Selecionar Itens não Usados), como mostrado na Figura 5.26. Isto irá destacar todos os itens Library não usados com azul escuro. Com os itens destacados, clique o botão de lixeira para remover todos eles.
- Classifique os itens pelas contagens de uso. Se a coluna Use Counts não estiver ativa, no menu Options, escolha Update Use Counts Now (Atualizar Contagens de Uso Agora). Se quiser que as contagens do uso sejam atualizadas continuamente, escolha Keep Use Counts Updated (Manter Contagens de Uso Atualizadas).

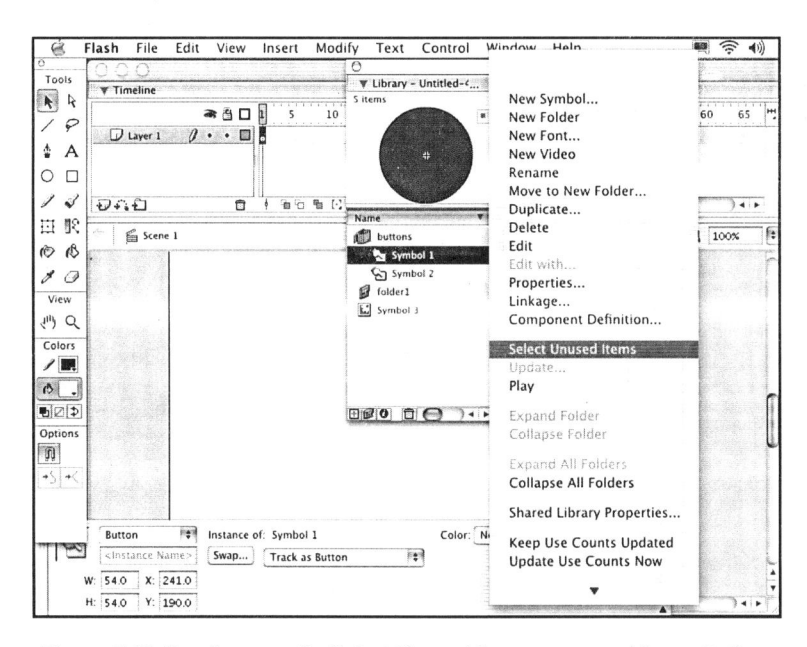

Figura 5.26 Escolha a opção Select Unused Items no menu Library Options.

Capítulo 6

Como trabalhar com o som no Flash

por Matt Pizzi

Neste capítulo

- Como adicionar som ao seu filme

Adicionar sons ao seu filme Flash geralmente pode criá-lo ou dividi-lo. Por exemplo, tenho a tendência de avisar as pessoas sobre o uso de hip-hop e de música techno, a menos que seus sites Web atendam a um público para o qual este tipo de música é adequado. Como outra parte imediata do conselho para o som, em uma situação de desenvolvimento profissional, *nunca* use sons de estoque. Sim, alguns são ótimos, mas as pessoas reconhecem estes sons e sabem que são predefinidos para o programa, que basicamente o torna inadequado usando-os. Seja criativo. Crie seus próprios sons e música; se não for razoável, use um recurso Flash na Web, como o Flashkit.com, que oferece toneladas de sons gratuitos e música para você usar em seus projetos – sem direitos autorais.

Você poderá importar três tipos de arquivo de som diferentes: o formato WAV (mais comumente encontrado no Windows), AIF (um formato Macintosh) e por último, mas não menos importante, MP3. Os sons podem ter 8 bits ou 16 bits e têm taxas de leitura de 11 KHz a 44 KHz.

Este capítulo é baseado nos conceitos fundamentais de som no Flash. Se você estiver querendo criar toca-discos automáticos avançados e cursores de volume e balanço, está no capítulo errado! Precisará estar no Capítulo 18, "Os objetos predefinidos do ActionScript em ação". O ActionScript é baseado em objetos, e no modelo ActionScript, há de fato um objeto Sound que você poderá usar para fazer muita coisa legal, como mudar o volume etc. Se quiser saber como fazer estas coisas, mas nunca trabalhou com o som antes, então fique exatamente aí. Precisará compreender como o básico do som no Flash funciona, antes de poder ir para estes tópicos mais avançados.

Como adicionar som ao seu filme

A primeira coisa que você precisa saber é que os sons têm que ser anexados a um quadro-chave. Se você está lidando com um quadro-chave em uma linha do tempo ou um quadro-chave em um estado de botão, os sons terão que ser colocados em um quadro-chave. Com isto estabelecido, coloquemos a mão na massa.

Como adicionar som a um botão

O objetivo neste exercício é familiarizá-lo com o modo como os sons funcionam e onde colocá-los em seu filme. Neste exercício iremos adicionar um som ao botão para que quando o usuário final o clicar, um pequeno jingle seja reproduzido. Isto fará duas coisas: primeiro, é um indicador auditivo para os usuários finais de que eles clicaram com sucesso o botão. Segundo, se usado devidamente, criará uma experiência para os usuários finais, que os farão acreditar que o botão tem qualidades físicas e de fato faz este barulho quando clicado! É o objetivo final no desenvolvimento Flash – fazer com que os usuários finais esqueçam por um momento que estão de fato sentados em suas cadeiras, acreditando que estão no espaço que você criou. O som pode desempenhar um papel enorme na criação desta ilusão.

Para adicionar som a um botão, siga estas etapas:

1. Crie um novo documento. Grave este arquivo como loud button.
2. Você poderá criar seu próprio botão ou usar um estoque das bibliotecas comuns. Escolha Window (Janela), Common Libraries (Bibliotecas Comuns), Buttons (Botões). Escolha qualquer botão desejado e arraste uma instância dele para a cena.

Capítulo 6 – Como trabalhar com o som no Flash | **129**

3. Depois de fazer um discurso sobre não usar os sons Flash de estoque, é exatamente isso que iremos fazer aqui! Porém, não estou recomendando que você publique este projeto também. É simplesmente uma ferramenta de aprendizagem.

4. Escolha Window, Common Libraries, Sounds (Sons) para abrir a biblioteca comum Sounds. Note que você poderá visualizar o som clicando o botão Play (Reproduzir) na janela Preview (Visualizar) da biblioteca, como mostrado na Figura 6.1. Visualize vários sons até encontrar o desejado.

5. Clique duas vezes o botão para entrar no modo de edição do símbolo do botão. Dentro do botão, crie uma nova camada e nomeie-a como **sound**.

6. Insira um quadro-chave no estado Down (Abaixado) na camada de som. Note o círculo vazado no quadro, indicando que não há nenhum conteúdo neste quadro e nesta camada. É o quadro que iremos usar para adicionar o som.

7. Com a camada de som ainda ativa e o cabeçote de reprodução no estado Down, arraste o som da biblioteca e solte-o na cena. Note a pequena onda dentro do estado Down, como mostrado na Figura 6.2, indicando que há um som neste quadro. Se você tiver o quadro selecionado, note que o Properties Inspector (Inspetor de Propriedades) oferece algumas opções de som.

8. Volte para a cena 1 e teste o filme escolhendo Control (Controle), Test Movie (Testar Filme).

9. Clique o botão para ouvir o som. Nada mal, hein?

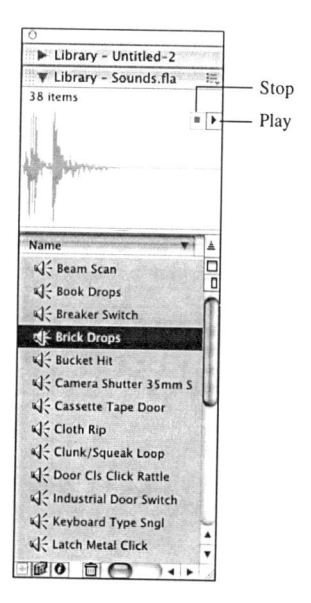

Figura 6.1 Visualize os sons clicando o botão Play. Pare-os clicando o botão Stop.

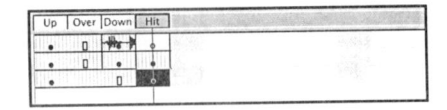

Figura 6.2 A onda indica que há, na verdade, um som no quadro.

Menu Sound Sync

Você pode ter notado no Properties Inspector algumas opções para sincronizar o som. Se não vir estas opções, selecione o quadro que mantém este som. No menu suspenso estão quatro definições diferentes, e cada uma delas fará com que o som se comporte de uma maneira diferente. Sigamos e vejamos quais são estas definições e quando seria a hora certa de escolher uma em preferência à outra:

- **Event (Evento).** O conceito mais importante para aprender aqui é que assim que o som tiver sido inicializado, ele será reproduzido, independentemente da linha do tempo. Em nosso botão, temos um pequeno som, provavelmente cerca de meio segundo de comprimento. Agora, suponha que o som tivesse três segundos de comprimento. Provavelmente você poderia clicar o botão cerca de 10 vezes em uma extensão de três segundos. Como isto está definido para um evento, o som se reproduzirá sempre que o evento ocorrer (neste caso, pressionar o botão do mouse). Portanto, o som com três segundos irá se sobrepor e se reproduzirá sobre si mesmo. A moral da história é: não use um som com qualquer comprimento real para um evento de som.
- **Start (Iniciar).** O bom sobre Start é que a segunda instância do som não pode começar a se reproduzir até que a primeira tenha terminado. Portanto, se você precisar usar um som mais longo para uma situação de evento, como para um botão, esta será a solução.
- **Stop (Parar).** Isto simplesmente pára o som indicado.
- **Stream (Fluxo).** É a definição de sincronização a usar se estiver fazendo uma animação de personagens ou qualquer tipo de animação que tenha que estar sincronizada com o som. O fluxo faz com que o filme acompanhe literalmente o som. Se por alguma razão, não puder (por exemplo, o usuário final tem uma máquina lenta ou largura de banda pequena), o Flash irá eliminar os quadros ou pulá-los. Se o Flash pular um quadro da animação, ele também irá eliminar ou não reproduzirá o som correspondente a este quadro. Assim, tudo fica sincronizado. O som é dependente da linha do tempo, portanto, se você parar a animação, o som irá parar também. O fluxo tem suas vantagens durante o processo de desenvolvimento. Você poderá arrastar o cabeçote de reprodução e ouvir o som quando arrastar. O fluxo é a única opção de sincronização que adiciona esta funcionalidade.

Efeitos de som

Também no Properties Inspector estão algumas opções para os efeitos que você poderá aplicar em seu som, como mostrado na Figura 6.3. Eis uma lista destas opções:

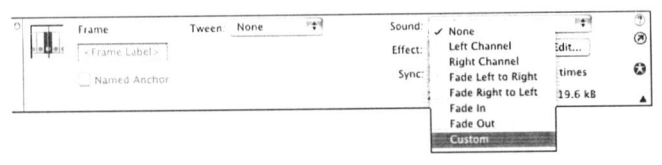

Figura 6.3 As opções de efeito para o som no Properties Inspector.

- **Left Channel (Canal Esquerdo).** Este efeito reproduzirá apenas o som no alto-falante esquerdo, se o computador do usuário final tiver som estéreo.
- **Right Channel (Canal Direito).** Este efeito reproduzirá apenas o som no alto-falante direito, se o computador do usuário final tiver som estéreo.
- **Fade Left to Right (Enfraquecer da Esquerda para Direita).** Com este efeito selecionado, o som irá desaparecer gradualmente no alto-falante esquerdo e aumentará gradualmente no alto-falante direito. Naturalmente, o usuário final terá que ter alto-falantes estéreos para aproveitar esta opção.
- **Fade Right to Left (Enfraquecer da Direita para Esquerda).** Com este efeito selecionado, o som irá desaparecer gradualmente no alto-falante direito e aumentará gradualmente no alto-falante esquerdo. Este efeito será ouvido apenas nos sistemas estéreos.
- **Fade In (Aumentar Intensidade).** Este efeito aumentará gradualmente o som no início do som.
- **Fade Out (Diminuir Intensidade).** Este efeito diminuirá gradualmente o som no final do som.
- **Custom (Personalizar).** Esta opção permite editar o envelope (amplitude) do som manualmente. Assim que você modificar o som, o menu suspenso Effect (Efeito) ainda exibirá Custom, porque é uma configuração personalizada que você definiu.
- **None (Nenhum).** Esta opção desativa qualquer som. Nenhum som será selecionado quando a opção None for escolhida.

Para abrir a caixa de diálogo Edit Envelope (Editar Envelope), você poderá escolher Custom no menu suspenso Effect ou poderá clicar o botão Edit à direita do menu suspenso. Prossiga e clique em Edit para abrir a caixa de diálogo Edit Envelope, como exibido na Figura 6.4.

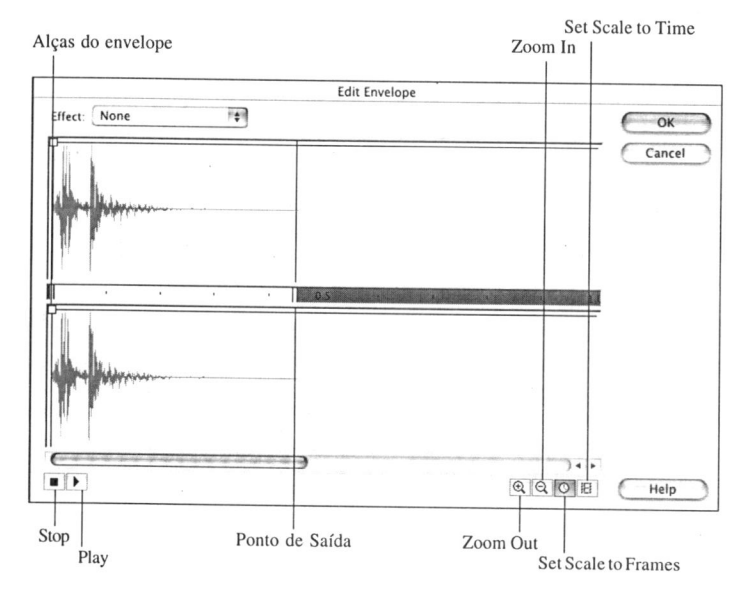

Figura 6.4 O envelope de edição do som.

Iremos continuar e decompor a interface da caixa de diálogo Edit Envelope, para que você saiba o que significam todos os botões.

Os quatro botões pequenos no canto inferior direito da janela, da esquerda para a direita, são os seguintes:

- **Set Scale to Frames (Definir Escala para Quadros).** Isto irá dimensionar o comprimento da onda para a quantidade de quadros usados na animação.
- **Set Scale to Time (Definir Escala para Tempo).** Isto irá dimensionar o comprimento da onda para a quantidade de tempo usada na animação.
- **Zoom Out (Reduzir).** Escolha este botão para diminuir a quantidade de tempo na qual se estende a onda na área visível da caixa de diálogo.
- **Zoom In (Ampliar).** Escolha este botão para aumentar a quantidade de tempo na qual se estende a onda na área visível da caixa de diálogo.
- **Play.** Este botão permite visualizar o efeito personalizado.
- **Stop.** Este botão pára a visualização.

As pequenas barras mostradas na Figura 6.5 são para definir os pontos de entrada e de saída. Um ponto de entrada é o ponto inicial para o som. Portanto, se você não gostou dos primeiros acordes, poderá cortá-los! As pequenas caixas vazadas são alças, como mostrado na Figura 6.6, para as barras de controle do volume. Você adicionará uma nova alça, clicando em um espaço na barra de volume que já não está ocupada por uma alça. Uma nova alça simplesmente aparecerá.

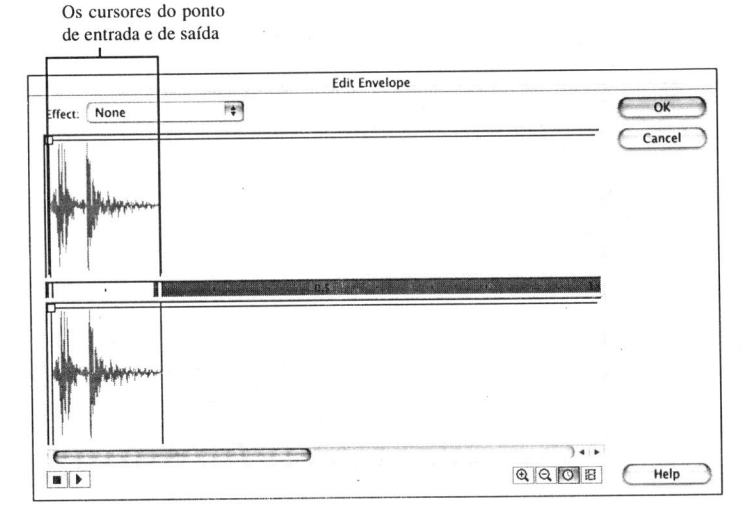

Figura 6.5 Para ajustar os pontos de entrada e de saída, mova as barras do cursor.

Capítulo 6 – Como trabalhar com o som no Flash | **133**

Os cursores do ponto de entrada e de saída

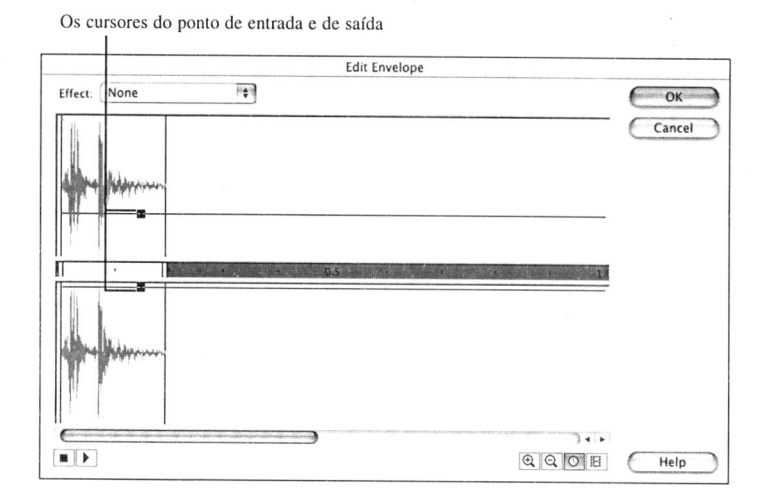

Figura 6.6 Você pode usar estas alças para ajustar o volume para a área da onda.

Como fazer um loop na música

Fazer um loop na música simplesmente significa reproduzi-la novamente sempre. Na verdade, grande parte da música que você ouve nos sites Web são loops. O som provavelmente tem menos de três segundos, apenas é sempre reproduzido novamente. É por isto que as músicas techno e hip-hop são tão grandes, porque consistem em pequenos loops simples. Quanto maior for o som no qual você tentar aplicar um loop, maior será o tamanho do arquivo. Não quer dizer que o loop aumenta o tamanho do arquivo, porque não. Quanto maior for o som em si, porém, mais tamanho do arquivo ele aumentará basicamente.

Como você faz um loop na música? Simples. Como mostrado na Figura 6.7, digita um valor no campo de texto Loop.

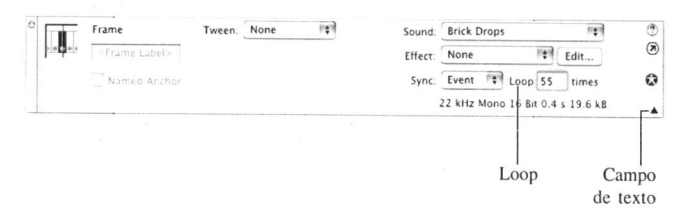

Loop   Campo de texto

Figura 6.7 O campo de texto Loop para o som no Properties Inspector.

Você poderá digitar qualquer valor neste campo de texto, contanto que seja um número inteiro. Para a música de fundo, algo como 9999 deverá ser bom. Assim que você digitar um valor, clique o botão Edit (Editar) para exibir o envelope. Notará, como mostrado na Figura 6.8, que poderá dizer quantas vezes faz o loop. Quanto mais fizer o loop, mais necessário poderá ser reduzir um pouco.

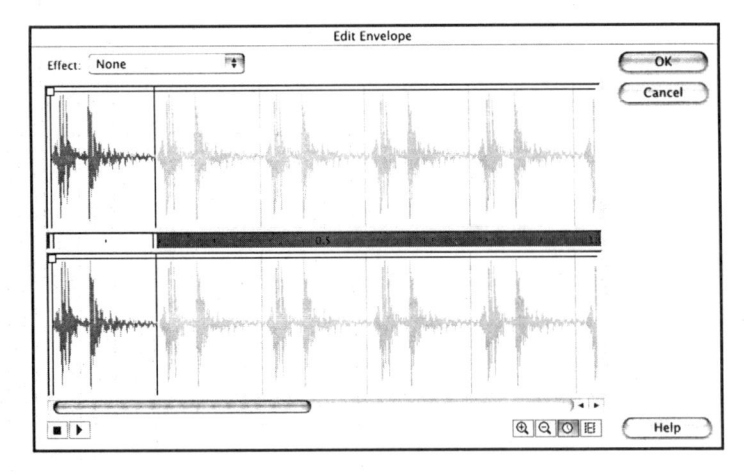

Figura 6.8 Note como a aparência do envelope de edição muda quando você faz um loop no som.

Compressão

Quando o Flash exporta seu filme, ele compacta o som. Quatro métodos de compressão diferentes estão disponíveis: Raw (Bruto), ADPCM, MP3 e Speech. Você poderá compactar cada som individualmente, ou poderá aplicar uma compressão global em qualquer som que não compactar manualmente. Recomendo compactar cada som, especialmente se estiver fazendo loop em uma canção, manualmente. Isto irá assegurar um tamanho de arquivo otimizado e fidelidade.

Primeiro vejamos como poderá otimizar cada som manualmente. Primeiro, você terá que carregar um arquivo de som de loop. Poderá carregar um arquivo em Flashkit.com ou no site Web cómplementar Unleashed. O melhor formato de arquivo para carregar é o MP3; porém, os arquivos WAV e AIFF funcionarão bem. Assim que carregar o arquivo, importe-o para o Flash escolhendo File (Arquivo), Import (Importar). Quando o arquivo for importado, deverá ficar visível em Library (Biblioteca). Destaque o som em Library e clique no ícone Layer Properties (Propriedades da Camada) no canto inferior esquerdo do painel (ou no menu Library Options (Opções da Biblioteca), escolha Properties). Isto inicializará a caixa de diálogo Sound Properties (Propriedades do Som), como mostrado na Figura 6.9.

Capítulo 6 – Como trabalhar com o som no Flash | **135**

Sound Properties

Brick Drops

Flash 2 Build:Mac:Install:Libraries:impacts:Brick Drops E

Wednesday, April 9, 1997 8:27 PM

22 kHz Mono 16 Bit 0.4 s 19.6 kB

OK | Cancel | Update | Import... | Test | Stop | Help

Export Settings

Compression: ✓ Default
ADPCM
MP3
Raw
Speech

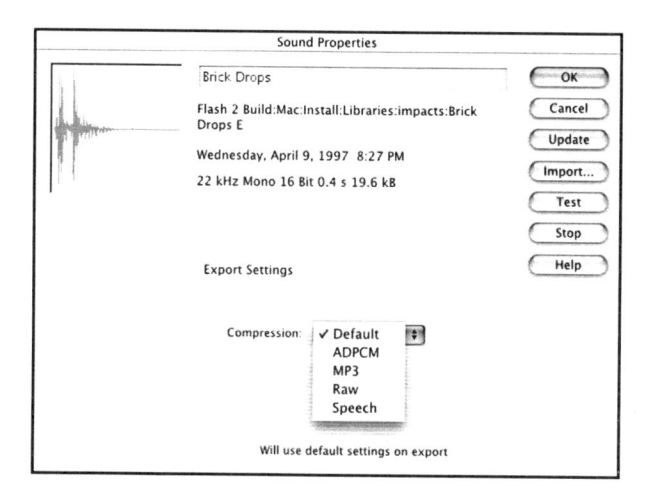

Will use default settings on export

Figura 6.9 A caixa de diálogo Sound Properties.

No menu suspenso Compression (Compressão), você tem cinco opções:

- **Default.** Esta opção usa qualquer definição de compressão definida na caixa de diálogo Publish Settings (Definições da Publicação).
- **Raw.** Esta opção tira uma amostra da leitura especificada. Porém, nenhuma compressão será aplicada, produzindo assim um tamanho de arquivo maior do que é adequado para a Web. Contudo, a qualidade do som é muito alta e pode ser usada para o desenvolvimento do CD-ROM.
- **ADPCM (Advanced Differencial Pulse Code Modulation).** Esta compressão é usada para os dados de som com 8 e 16 bits. ADPCM não é tão otimizado quanto MP3; porém, se por alguma razão você precisar fornecer o Flash 3 player, esta seria sua melhor escolha. O Flash 3 player não pode ler os arquivos MP3. Do contrário, o MP3 seria uma escolha melhor que o ADPCM.
- **MP3.** Este método de compressão pode ser ouvido pelos Flash players 4, 5 e 6. O MP3 produz a melhor compressão com a fidelidade de som mais alta. Na maioria dos casos, você estará usando o MP3.
- **Speech.** Novo no Flash MX. O Speech pode oferecer um tamanho menor que o MP3 para as vozes do narrador e a fala direta, sem qualquer música.

Um ótimo recurso na caixa de diálogo Sound Properties é a capacidade de testar a compressão, para assegurar que a qualidade do áudio ainda é aceitável depois da compressão. Quando você escolher um método de compressão, o Flash fornecerá uma pequena leitura sobre o tamanho do arquivo final, e como o tamanho do arquivo se compara com o original, como mostrado na Figura 6.10.

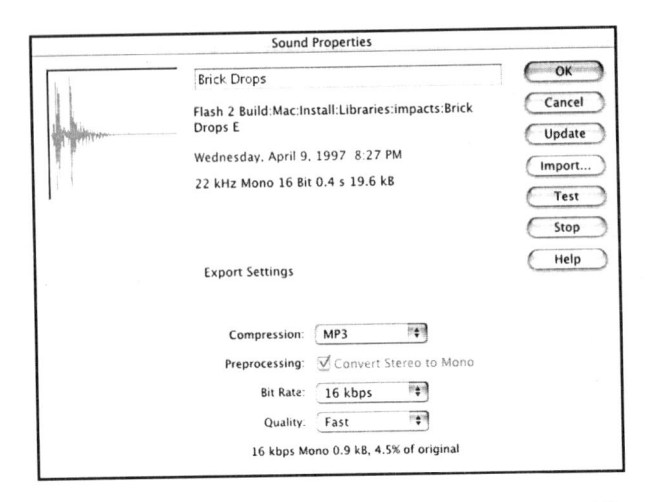

Figura 6.10 O retorno da compressão na caixa de diálogo Sound Properties.

Como definir a compressão na caixa de diálogo Publish Settings

Embora não recomende usar este recurso, você poderá definir uma compressão global para os arquivos de som que não compacta individualmente. Escolha File, Publish Settings, que abrirá a caixa de diálogo Publish Settings, como mostrado na Figura 6.11.

Clique na aba Flash para definir a compressão do som. Quando selecionar a aba Flash, a caixa de diálogo mudará, para fornecer opções para o arquivo SWF, como mostrado na Figura 6.12.

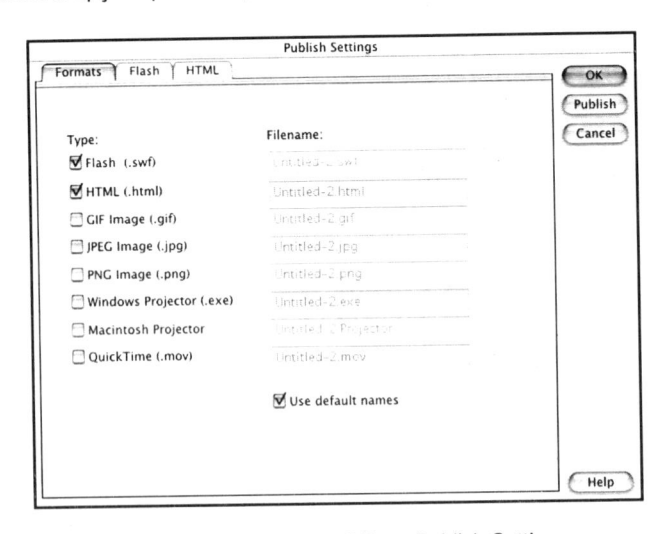

Figura 6.11 A caixa de diálogo Publish Settings.

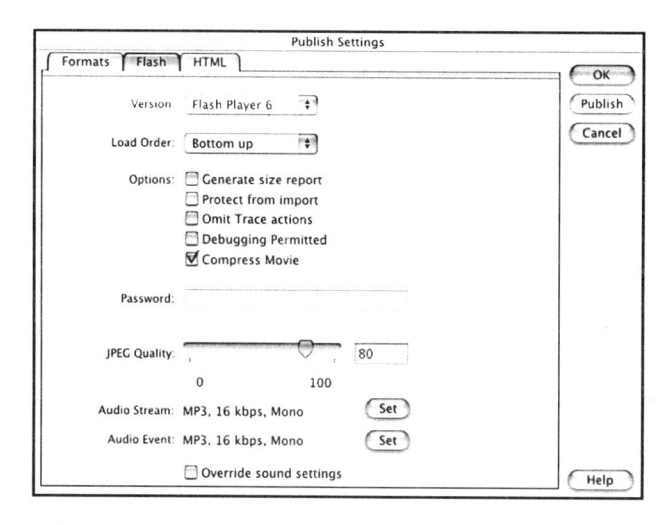

Figura 6.12 A aba Flash na caixa de diálogo Publish Settings.

Note na parte inferior da caixa de diálogo as opções para definir o fluxo e os sons do evento. Clique o botão Set (Definir) para inicializar a caixa de diálogo Sound Settings (Definições do Som), como exibido na Figura 6.13.

Escolha File>Publish Setting para abrir a caixa de diálogo Publish Settings. Esta caixa de diálogo fornecerá todas as opções que tínhamos na caixa de diálogo Sound Properties que acessamos em Library. Note também o quadro de seleção Override Sound Settings (Anular Definições do Som). Esta opção irá ignorar todas as definições feitas na caixa de diálogo que acessamos em Library.

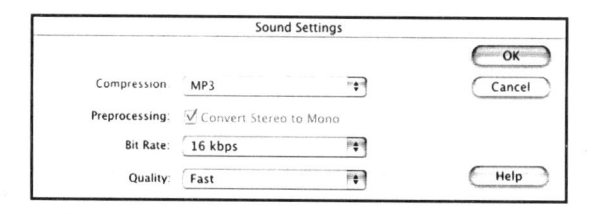

Figura 6.13 A caixa de diálogo Sound Settings.

Como atualizar um arquivo de música na caixa de diálogo Sound Properties

Você poderá atualizar ou substituir um arquivo de som na Library. Se tiver usado instâncias deste arquivo de som, elas serão atualizadas automaticamente. Se ainda não estiver dentro da caixa de diálogo Sound Properties, selecione o som na Library e clique o pequeno botão azul de propriedades para inicializar a caixa de diálogo de novo. Clique o botão Import. Isto inicializará a caixa de diálogo Import Sound (Importar Som), como mostrado na Figura 6.14.

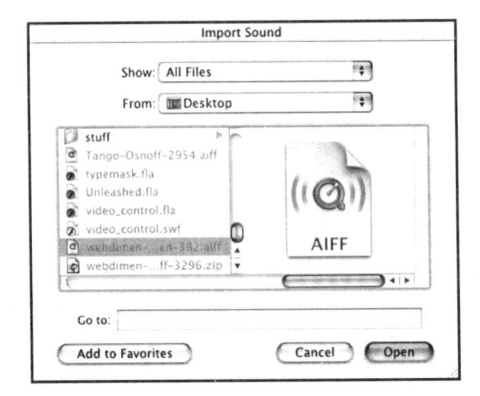

Figura 6.14 A caixa de diálogo Import Sound, para substituir um som existente na linha do tempo de um filme Flash.

Pesquise um arquivo para substituir o atual e então escolha Import (Mac) ou Open (Abrir) (Windows). Poderá também trazer automaticamente uma versão mais nova do som escolhendo o botão Update (Atualizar). Isto será bom, por exemplo, se você decidir ajustar o som em um programa de edição de som de terceiros. Ao invés de ter que importá-lo de novo e apagar o arquivo original, poderá simplesmente atualizá-lo.

Formatos de arquivo que podem ser importados

Você pode importar alguns formatos de arquivo diferentes para o Flash MX para obter o som. Independentemente de como eles vêm, terão que ser exportados usando um destes tipos de compressão:

- **MP3 (MPEG-1 Audio Layer 3).** O MP3 pode melhorar o fluxo de trabalho entre os desenvolvedores diferentes em plataformas diferentes. A outra vantagem é claro, são todos os arquivos MP3 disponíveis. Nos últimos anos, o MP3 tornou-se o padrão para armazenar música digital.
- **WAV.** Os arquivos WAV são mais comumente usados no mundo Windows. O que é ótimo ao ser capaz de importar os arquivos WAV é que você pode apresentar o áudio criado nos programas de edição/criação de som de terceiros, como, por exemplo, o SoundForge, Rebirth e Acid. Os arquivos WAV não são normalmente compatíveis com os Macs; porém, com a ajuda do QuickTime 4 ou 5, o Flash no Mac poderá importar os arquivos WAV.
- **AIFF (Audio Interchange File Format).** Este é o equivalente WAV para o Mac. Portanto, os sons criados ou editados com aplicações como o Rebirth, Peak ou Deck poderão ser importados completamente para o Flash MX. Normalmente, as máquinas Windows não podem ler os arquivos AIFF, mas novamente com a ajuda do QuickTime 4 ou 5, não será um problema.

Como criar um botão on/off de música

Iremos criar um botão simples que adiciona a funcionalidade de ativar e desativar a música. Novamente, este tópico ficará bem mais complexo na seção ActionScript do livro. É uma maneira fácil, rápida e geral de criar um botão deste tipo, que é uma necessidade em um site Web. Você não desejará que seus usuários finais tenham que ouvir seu loop de som todo o tempo, não importando o quão legal ele seja. Muitas vezes os sites Flash têm introduções dramáticas com sons malucos. Lembre-se, como desenvolvedor Flash (e o mais importante, como desenvolvedor Web), seu serviço número um não é inspirar, mas enviar o conteúdo, de modo que torne fácil encontrar as informações. Com isto dito, iremos criar o botão on/off (ativar/desativar). Eis as etapas a seguir:

1. Abra um novo arquivo. Grave-o como onoff.fla.
2. Importe um arquivo de som que pareça bom quando aplicado com loop. Se você não tiver um em seu computador, carregue de Flashkit.com ou no site Web complementar Unleashed. Note que o som agora está visível na biblioteca deste filme.
3. Escolha Insert (Inserir), New Symbol (Novo Símbolo). Forneça ao novo símbolo um comportamento Movie Clip (Clipe do Filme) e nomeie-o como **noisy button**.
4. Escolha Window, Common Libraries, Unleashed. Se você não tiver a biblioteca comum Unleashed, consulte o Capítulo 2, "Apresentação do Flash MX", para obter instruções de instalação.
5. Na pasta buttons, escolha o botão chamado speaker (alto-falante). Arraste uma instância para a cena. Clique duas vezes na camada para renomeá-la como **button**.
6. No quadro 10, insira um quadro-chave pressionando F6 ou escolhendo Insert, Keyframe (Quadro-Chave). Isto ajudará à estrutura de nosso código, posteriormente no exercício.
7. Crie uma nova camada e nomeie-a como **sound**, como mostrado na Figura 6.15.
8. Com a nova camada de som selecionada, arraste uma instância de seu arquivo de som. Note a onda nos quadros, como mostrado na Figura 6.15.
9. Com o quadro 1 da camada de som selecionado, no Properties Inspector digite **999** para a quantidade de loops desejada. E mais, escolha Start para a opção Sync (Sincronizar).
10. Com o quadro 1 ainda selecionado no Properties Inspector, identifique o quadro como **on**, como exibido na Figura 6.16.
11. Com o quadro 1 ainda selecionado no painel Actions (Ações) (se não estiver aberto, escolha Window, Actions), abra o livro Actions e então abra o livro Movie Control (Controle do Filme). Então clique duas vezes na ação stop. Isto irá impedir que o cabeçote de reprodução se reproduza automaticamente.
12. Selecione o quadro 10 na camada de som.
13. Identifique o quadro 10 como **off** no Properties Inspector. Identificando os quadros, poderemos ir para eles em nosso ActionScript.

14. Destaque o quadro 10 da camada de sons. Abra o painel Actions. Abra o livro Actions e então abra o livro Movie Control. Então clique duas vezes na ação stopallsounds. Isto irá impedir que qualquer som se reproduza no filme Flash.
15. Mova o cabeçote de reprodução de volta para o quadro 1 e selecione o botão. Com o botão selecionado, abra o painel Actions. Quando o usuário final clicar o botão, iremos querer que o som pare de se reproduzir. Portanto, precisaremos mover o cabeçote de reprodução para o quadro 10. Abra o livro Actions, abra o livro Movie Control e então clique duas vezes na ação goto.
16. Depois de clicar em goto, escolha uma etiqueta do quadro no menu suspenso e então use o menu suspenso Frame Label (Etiqueta do Quadro) para selecionar "off". Também se certifique de que o botão de rádio gotoAndStop esteja selecionado, como mostrado na Figura 6.17.
17. Mova o cabeçote de reprodução para o quadro 10 e selecione o botão. Abra o painel Actions novamente. Então abra o livro Actions, abra o livro Movie Control e clique duas vezes na ação goto.
18. Depois de clicar em goto, escolha uma etiqueta do quadro no menu suspenso e então use o menu suspenso Frame Label para selecionar "on".
19. Ainda no quadro 10, com a ferramenta Line (Linha), desenhe uma linha no botão do alto-falante, como mostrado na Figura 6.18.
20. Volte para a cena 1 e arraste uma instância do botão com som.
21. Teste o filme escolhendo Control, Test Movie.

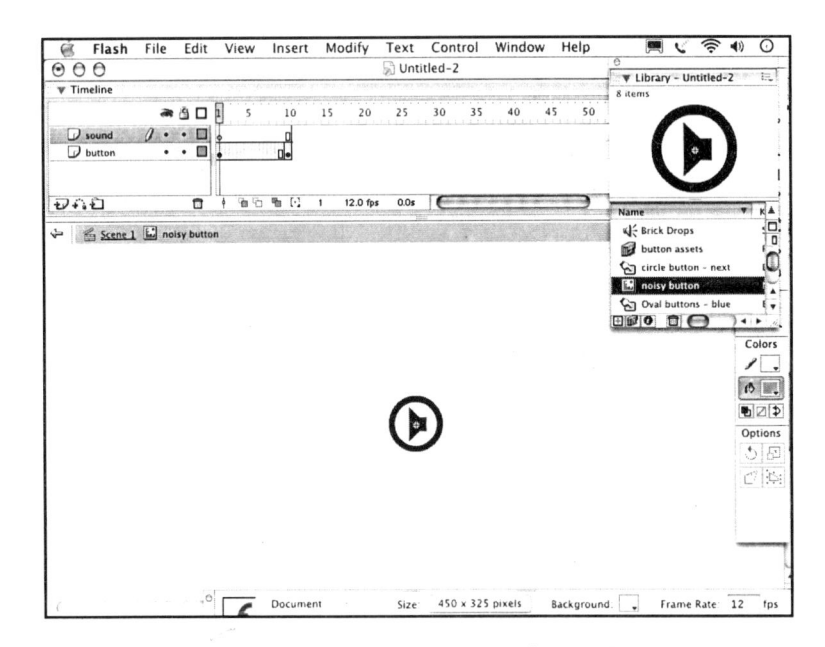

Figura 6.15 A primeira das duas camadas é denominada sound.

Capítulo 6 – Como trabalhar com o som no Flash | **141**

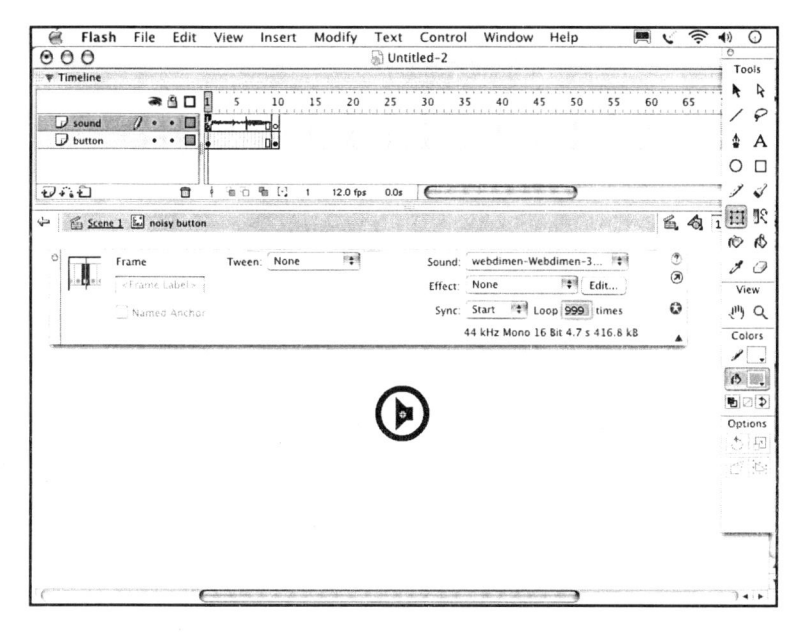

Figura 6.16 Identifique o quadro no Properties Inspector.

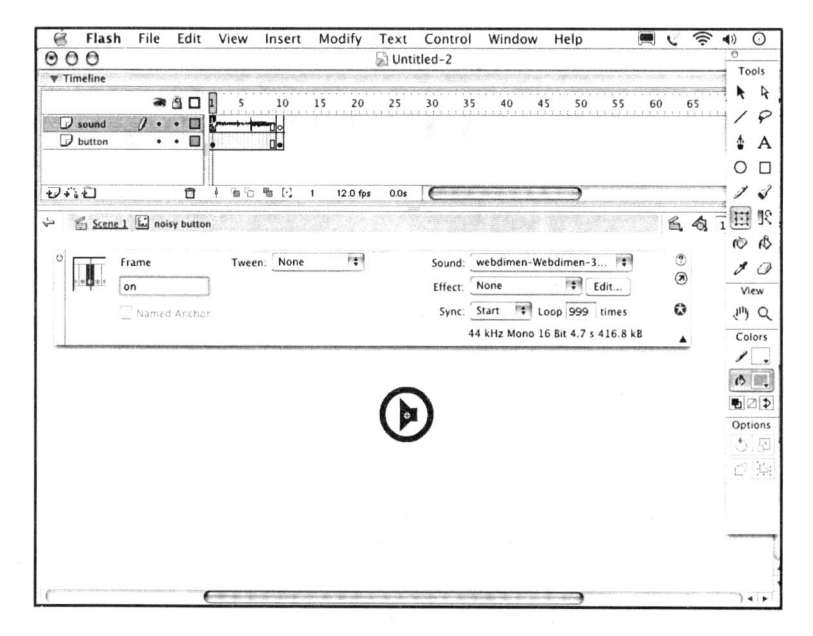

Figura 6.17 O painel Actions com uma ação gotoAndStop aplicada.

Figura 6.18 O botão de alto-falante
com uma linha desenhada.

É apenas uma maneira básica de criar um botão on/off. Com o ActionScript, você poderá fazer muito mais com o som – desde diminuir sua intensidade dinamicamente, até ajustar o volume e o balanço.

Capítulo 7

Técnicas de desenvolvimento

por Matt Pizzi

Neste capítulo

- Técnicas de mascaramento
- Como carregar um filme
- Pré-carregadores

Neste ponto no livro, você é mais do que capaz de criar um site Web interativo com som. Naturalmente, poderá ter algumas perguntas sobre como pode unir tudo que aprendeu até então. É isto que iremos fazer nos dois capítulos a seguir. Depois destes dois capítulos você poderá produzir realmente um site Web. Porém, a porta para seu aprendizado Flash acabou de se abrir. Na verdade, você poderá usar o Flash em dois níveis muito diferentes. Poderá usar o Flash como um construtor ou como um desenvolvedor. O serviço de um construtor é fazer com que as coisas fiquem bonitas, ao passo que um desenvolver faz as coisas funcionarem. Reunir estas duas qualidades diferentes poderá realmente fazê-lo se destacar. Se você tiver um bom portfólio e ótimas habilidades técnicas, estará em uma posição melhor que a maioria no mundo Flash.

Neste capítulo, veremos algumas técnicas de mascaramento interessantes, assim como alguns conceitos fundamentais para a funcionalidade do site Web, como carregar um filme e criar pré-carregadores. Estas técnicas formam a estrutura Web em torno do que já aprendeu. Primeiro veremos as técnicas de mascaramento.

Técnicas de mascaramento

Uma *máscara* é uma camada que define o que estará visível ou não na camada abaixo dela. Praticamente qualquer coisa pode ser usada como uma máscara, exceto a pincelada e as linhas. Naturalmente, você poderá criar máscaras animadas, e agora no Flash poderá criar máscaras dinâmicas assim como máscaras que pode arrastar. A única desvantagem das máscaras no Flash é que você não pode criar máscaras com bordas suaves. A máscara não pode ter níveis de transparência; ela está ativada ou desativada. Porém, há algumas soluções disponíveis, que veremos posteriormente neste capítulo. Começaremos vendo as máscaras estáticas.

Como criar uma máscara estática

Eis as etapas a seguir para este exercício:

1. Abra a biblioteca Unleashed carregada anteriormente no Capítulo 2, "Apresentação do Flash MX", escolhendo Window (Janela), Common Libraries (Bibliotecas Comuns), Unleashed. No menu File (Arquivo), escolha Open as Library (Abrir como Biblioteca) e então encontre o arquivo unleashed.fla em seu computador. Note que a biblioteca se abrirá, como mostrado na Figura 7.1

2. Dentro da biblioteca Unleashed, abra a pasta Graphics. Dentro da pasta Graphics, encontre o símbolo gráfico Gato1. Arraste uma instância de Gato1 e coloque-a em qualquer lugar na cena.

3. Clique duas vezes na camada 1 para ter um ponto de inserção. Renomeie a camada como **Gato Jobs**.

4. Crie uma nova camada clicando o botão New Layer (Nova Camada) na parte inferior do painel Layers (Camadas). Renomeie esta camada como **Mask**.

5. Com a camada Mask (Máscara) selecionada, escolha a ferramenta Oval no painel Tools (Ferramentas) e sem uma pincelada, desenhe um pequeno círculo sobre o rosto de Gato. Você não está usando uma pincelada porque as linhas não serão mascaradas. Escolhendo None (Nenhum) para a pincelada, verá uma representação precisa de como ficará a máscara, porque a forma será igual ao que será mascarado. Uma pincelada tornaria a aparência da forma um pouco maior do que a área que seria mascarada de fato.

6. Clique duas vezes no ícone Layer Properties (Propriedades da Camada) à esquerda do nome da camada, **Mask**, para ativar a caixa de diálogos Layer Properties, como mostrado na Figura 7.2

7. Clique o botão de rádio Mask para fornecer a esta camada um comportamento de máscara. Clique em OK. Note o ícone na camada Mask, como exibido na Figura 7.3 Este ícone indica que esta camada é uma camada de máscara.

   Para a camada Mask mascarar as partes da camada sob ela, você terá que tornar a camada sob ela uma escrava da camada Mask. Se a camada sob a camada Mask não for uma escrava da camada Mask, nada será mascarado. É imperativo!

8. Clique duas vezes no ícone Layer Properties na camada Gato Jobs. Isto ativará a caixa de diálogo Layer Properties novamente. Nesta caixa de diálogo, escolha Masked (Mascarado) para o tipo, que tornará esta camada uma escrava da camada Mask. Clique em OK.

9. Note que a camada é recuada e tem um novo ícone, como mostrado na Figura 7.4.

10. A única maneira de você poder ver se a máscara está funcionando é bloquear a camada "máscara" e a camada "mascarada". Bloqueando-as, você verá como é a máscara, como mostrado na Figura 7.5. Poderá também testar o filme para ver os resultados da máscara.

11. Grave seu arquivo como gato_mask.fla. Iremos usá-lo no próximo exercício.

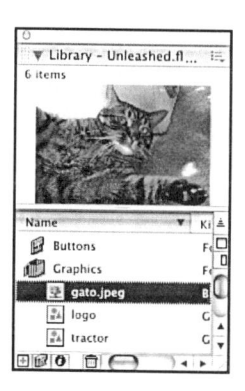

Figura 7.1 A biblioteca Unleashed.

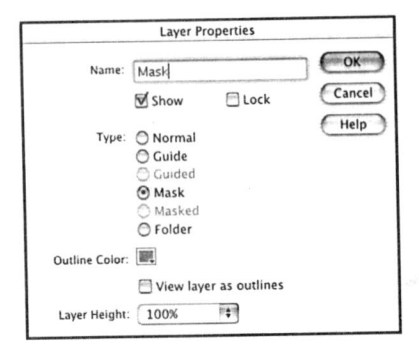

Figura 7.2 A caixa de diálogo Layer Properties.

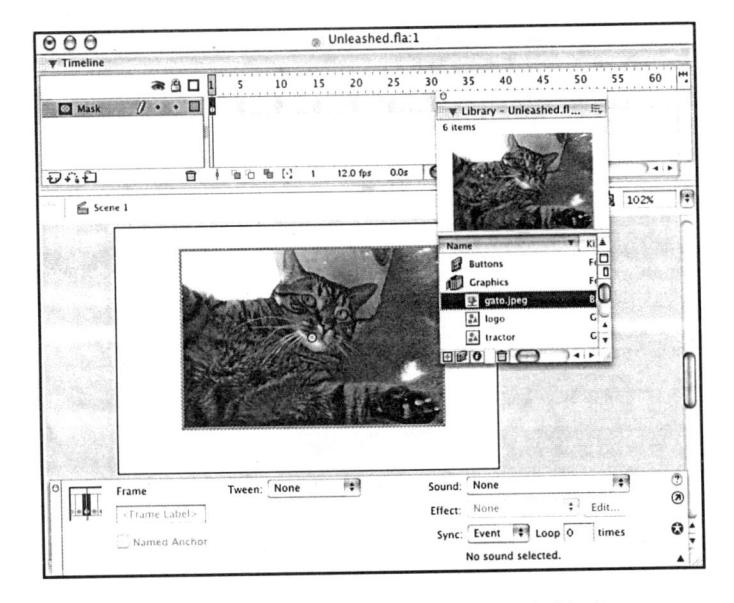

Figura 7.3 O ícone Layer para a camada Mask.

Capítulo 7 – Técnicas de desenvolvimento | **147**

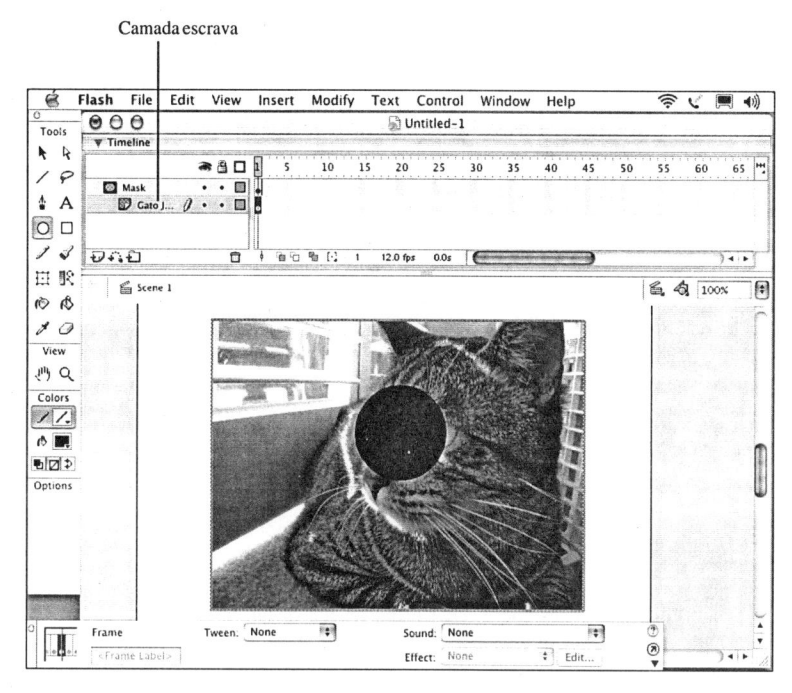

Figura 7.4 O ícone Layer para uma camada que é escrava de uma máscara.

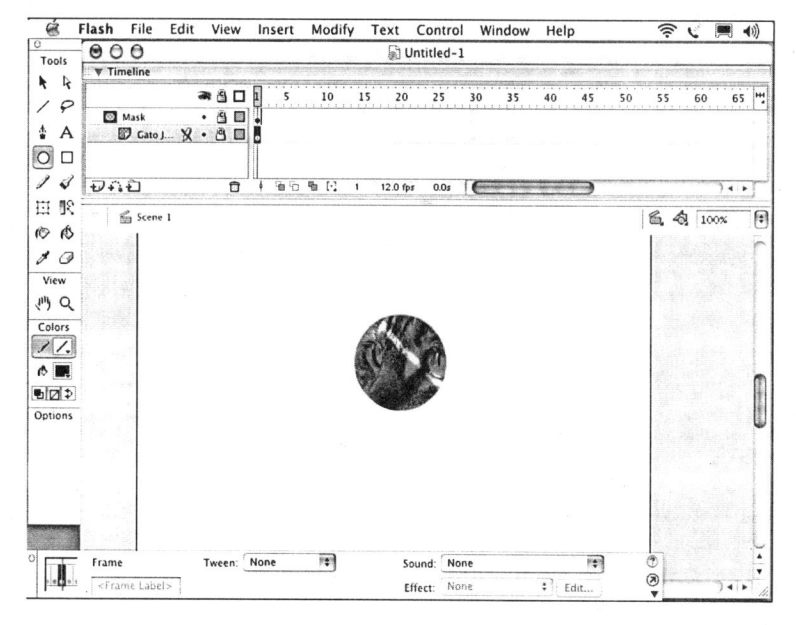

Figura 7.5 A máscara no ambiente de autoria com ambas as camadas bloqueadas.

Bem, isto foi divertido – e muito fácil de começar. Agora, que tal fazer a animação da máscara? Criar uma máscara animada é bem simples, mas as possibilidades do que você pode fazer com uma máscara animada são infinitas. O procedimento é quase igual ao anterior; contudo, ao invés de ter um gráfico estático ou forma na camada Mask, usaremos um gráfico animado ou forma.

Como criar uma máscara animada

Eis as etapas a seguir para este exercício:

1. Abra o arquivo gato_mask.fla novamente. Iremos usar este mesmo arquivo para criar uma máscara animada.

2. Na camada Gato Jobs, insira um quadro pressionando a tecla F5 no quadro 30. Note que a linha do tempo foi estendida.

3. Na camada Mask, insira um quadro-chave vazio, pressionando a tecla F7 no quadro 15. Note que a linha do tempo na camada Mask agora é estendida até o quadro 15.

4. No quadro 15 da camada Mask, desenhe um quadrado para cobrir a imagem inteira, como mostrado na Figura 7.6.

5. Mova o cabeçote de reprodução para o quadro 1. Clique no quadro-chave no quadro 1 na camada Mask. No Properties Inspector (Inspetor de Propriedades), escolha Shape (Forma) para a opção Tweening (Intermediário). Observe que os quadros ficarão verdes com uma seta. Se você bloquear as duas camadas, poderá arrastar o cabeçote de reprodução dos quadros 1 ao 15 para ver a máscara animada. Note que se arrastar para além do quadro 15, nada ficará visível, porque não temos nenhum conteúdo na camada Mask. Portanto, não há nada a ser exibido. Iremos corrigir isto na próxima etapa.

6. Insira um quadro-chave em branco no quadro 30 da camada Mask. A linha do tempo será estendida até o quadro 29, com um quadro em branco no 30.

7. No quadro 30, desenhe uma pequena estrela com a ferramenta Line (Linha). Sim, eu sei, as linhas não são mascaradas, mas você irá usar a ferramenta Line para desenhar a forma inicial. Então, depois de preencher a forma, apagará as linhas. A melhor maneira de desenhar uma estrela é cruzar as linhas e desenhá-la como seu professor fez quando você tirou uma boa nota em um trabalho (o que não ocorreu com freqüência comigo). A Figura 7.7 mostra um exemplo disto.

8. Depois da forma ser desenhada, preencha-a com qualquer cor. Como você descobriu no último exemplo, as cores de preenchimento não importam. Elas não importam porque você nunca as verá no player – a área de preenchimento da forma mostra a camada sob ela.

9. Mova o cabeçote de reprodução para o quadro 15. Destaque o quadro 15 da camada Mask. No Properties Inspector, escolha Shape para a opção Tweening.

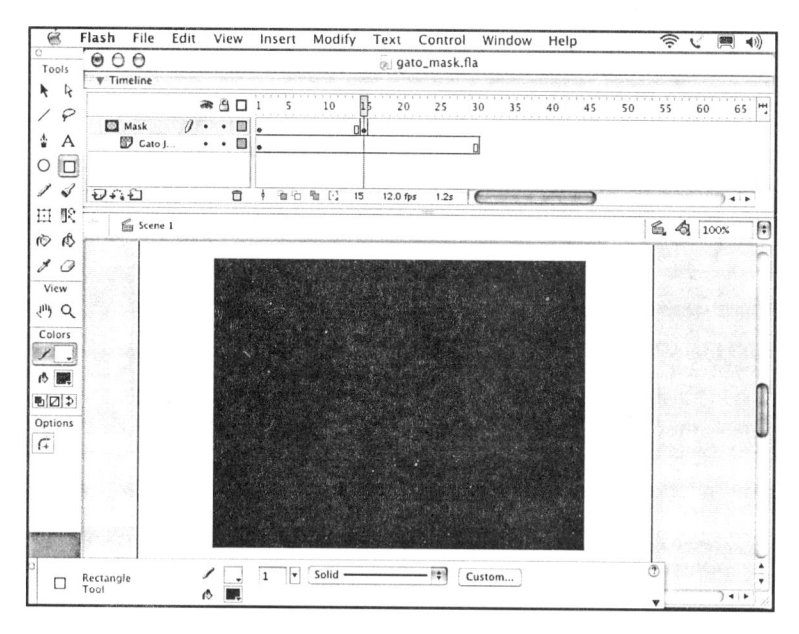

Figura 7.6 O quadrado na camada Mask cobre a imagem inteira na camada Gato Jobs.

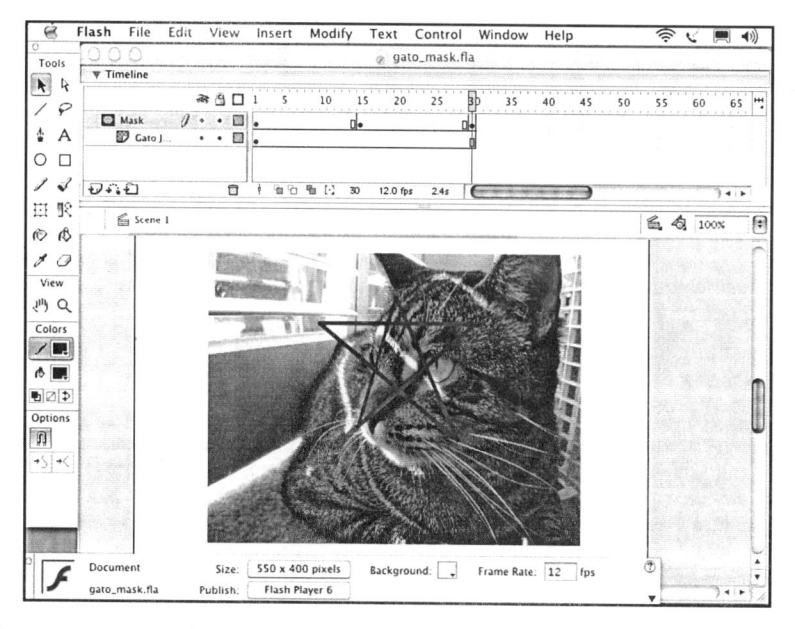

Figura 7.7 Uma estrela desenhada com as linhas se sobrepondo usando a ferramenta Line.

Como você pode ver, criar máscaras animadas no Flash é realmente bem simples. Na verdade, é tão fácil quanto criar máscaras estáticas. Considere as possibilidades que tem animando as máscaras. Você poderá usar esta abordagem para realizar técnicas especiais, como o tipo batendo na tela, imitando uma máquina de escrever. Veremos como você pode criar este feito em seguida. Para ter uma visualização do que iremos criar no seguinte exemplo, visite o site Web complementar e veja a seção Chapter 7. Você poderá exibir o filme na Web e poderá ainda carregar o arquivo FLA, para que possa decompô-lo no Flash.

Como criar um efeito de tipo da máquina de escrever usando uma máscara animada

Este efeito é geralmente usado na produção de vídeo digital. Na verdade, é um efeito de estoque em muitos editores DV, como o iMovie da Apple. Neste exercício, iremos escrever as palavras *Train Simple*. Eis as etapas a seguir:

1. Crie um novo documento. Neste novo documento, crie três camadas, denominadas sound (som), mask (máscara) e text (texto), respectivamente. Certifique-se de que a camada de som esteja acima e a camada de texto abaixo, como mostrado na Figura 7.8.

    Nesta animação, queremos que cada letra apareça em uma ordem seqüencial. Portanto, primeiro veremos a letra *T*. Depois de uma pequena pausa, a letra *r* aparecerá e isto continuará até que "Train Simple" tenha sido escrito. Quando estas letras aparecerem, desejamos que um som seja reproduzido, parecido com o som de uma máquina de escrever trabalhando. Configuremos o texto primeiro.

2. Na camada de texto, selecione o quadro 2 e pressione F7 para inserir um quadro-chave em branco. No quadro 2 da camada do tipo, digite **Train Simple** usando a ferramenta Text (Texto). Você forneceu um quadro-chave em branco no quadro 2, para que ocorra um pequeno retardo antes da animação começar a se reproduzir, pois o quadro 1 não tem nenhum conteúdo (veja a Figura 7.9).

3. Na camada da máscara, faça o mesmo inserindo um quadro-chave em branco no quadro 2, pressionando F7 para fornecer-lhe algum espaço. Neste novo quadro-chave em branco, desenhe uma caixa, sem uma pincelada, cobrindo apenas a letra *T*, como mostrado na Figura 7.9.

    Ao desenhar nesta caixa, se você tiver algum movimento imprevisível, é porque a opção Snap to Objects (Ir para Objetos) está ativada. Para desativar este recurso, escolha View (Exibir), Snap to Objects.

4. Ainda na camada de máscara, insira dois quadros pressionando F5 duas vezes. Então mova o cabeçote de reprodução para o último quadro na máscara da camada e insira um quadro-chave pressionando F6, que converterá o segundo quadro inserido em um quadro-chave. Isto adicionará tempo antes do aparecimento da próxima letra. No quadro-chave, destaque a caixa azul. Com ela selecionada, escolha a ferramenta Free Transform (Transformação Livre) e dimensione a caixa para cobrir a letra *r* também, como mostrado na Figura 7.10. Destaque o quadro 40 da camada de texto e insira um quadro pressionando F5 para estender a linha do tempo nesta camada.

Capítulo 7 – Técnicas de desenvolvimento | **151**

5. Repita a etapa 4 até que "Train Simple" seja coberto pela caixa azul.

   Para verificar seu trabalho, você poderá querer converter as propriedades de camada da máscara e as camadas do texto. Clique duas vezes no ícone Layer Properties na camada da máscara. Na caixa de diálogo Layer Properties, escolha Mask. Faça o mesmo para a camada de texto, com exceção de escolher Masked para o tipo da camada. Assim que estas propriedades tiverem sido alteradas, bloqueie a camada de máscara e a camada do tipo, para que possa visualizar seu trabalho arrastando o cabeçote de reprodução nos quadros completos.

6. Quando testar seu filme, as palavras "Train Simple" deverão aparecer com uma letra de cada vez! Porém, isto não é tão eficiente sem o som. Como falamos sobre o som no Capítulo 6, "Como trabalhar com o som no Flash", prossigamos e adicionemos algum.

   Lembra do Capítulo 6 quando recomendei não usar os sons de estoque em seus filmes Flash? Bem, há sempre uma exceção para qualquer regra. Neste caso, iremos usar um som do estoque. Contudo, modificando seus pontos de entrada e de saída, poderemos de fato alterar este som do estoque Flash. Vejamos o que tudo isto acarreta.

7. Antes de tudo: você precisará de um lugar em sua linha do tempo para armazenar o som. Também terá que considerar quando deseja que o som se reproduza. Neste caso, queremos ouvir o som quando cada letra aparecer, assim produzindo o efeito completo de uma máquina de escrever. Portanto, precisará inserir quadros-chave na camada de som no mesmo local dos quadros-chave na camada de máscara. Consulte a Figura 7.11 para ver a colocação. Lembre-se, você pode inserir os quadros-chave pressionando F6 em seu teclado. Estamos usando quadros-chave porque eles representam as alterações maiores em uma animação. A alteração maior neste caso seria o som se produzindo de novo. Um quadro normal simplesmente faria um loop do som na animação e não o reproduziria em sincronização com as letras aparecendo.

8. No menu Window, escolha Common Libraries, Sound (Som). Isto abrirá as bibliotecas comuns Sound. O som para o efeito de máquina de escrever é Keyboard Type Sngl. Assim que você encontrar este som, certifique-se de que tenha o quadro-chave selecionado em "sound", que aparecerá acima do primeiro quadrado na camada de máscara, arraste uma instância dele e solte-o em qualquer lugar na cena. Note as ondas de som nos quadros.

9. O único problema com este som é que ele é um pouco longo demais. Poderemos corrigir isto. Com o quadro-chave selecionado na linha do tempo que contém o som, no Properties Inspector, clique o botão Edit (Editar) para inicializar a caixa de diálogo Edit Envelope (Editar Envelope), como mostrado na Figura 7.12.

10. Mova o ponto de saída para o final da onda, novamente exibido na Figura 7.12. Clique o botão Play (Reproduzir) para visualizá-lo. Parece bom!

11. Você terá que aplicar este som sempre que a letra ficar visível. Certifique-se para todo quadro-chave na máscara da camada de que haja um quadro-chave na camada de som. Se não houver bastante quadros, insira-os pressionando F6, exatamente como fez na etapa 7.

12. Ao invés de arrastar mais instâncias deste som para cada quadro-chave na camada de som, eis uma técnica bem mais eficiente que poderá usar: destaque o próximo quadro-chave na camada de som. No Properties Inspector, verá um menu suspenso para o som. Atualmente está definido para None. Se você usar este menu suspenso, verá seu som Keyboard Type Sngl como uma opção. Escolha-o. Se clicar o botão Edit, poderá então definir seu ponto de saída.
13. Aplique o som Keyboard Type Sngl nos quadros-chave restantes na camada de som.
14. Teste o filme!

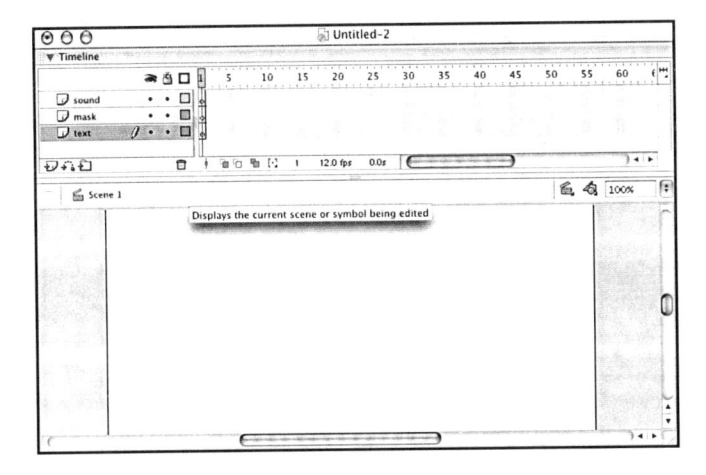

Figura 7.8 Note a ordem da pilha das camadas (de cima para baixo): sound, mask e text.

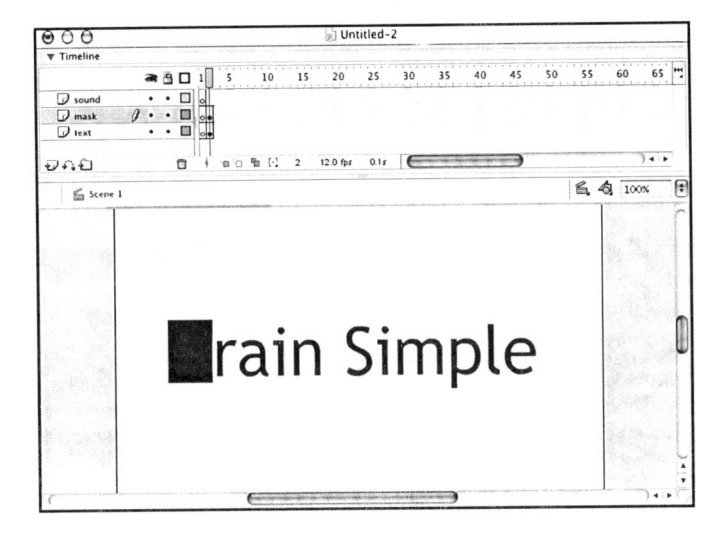

Figura 7.9 O quadrado na camada de máscara cobre apenas a letra T.

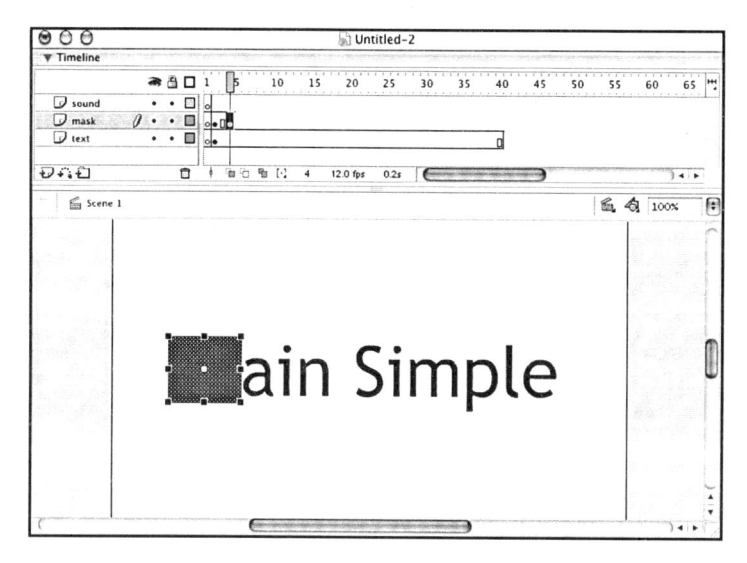

Figura 7.10 A caixa é dimensionada no segundo quadro-chave da animação para cobrir a letra T e a letra r.

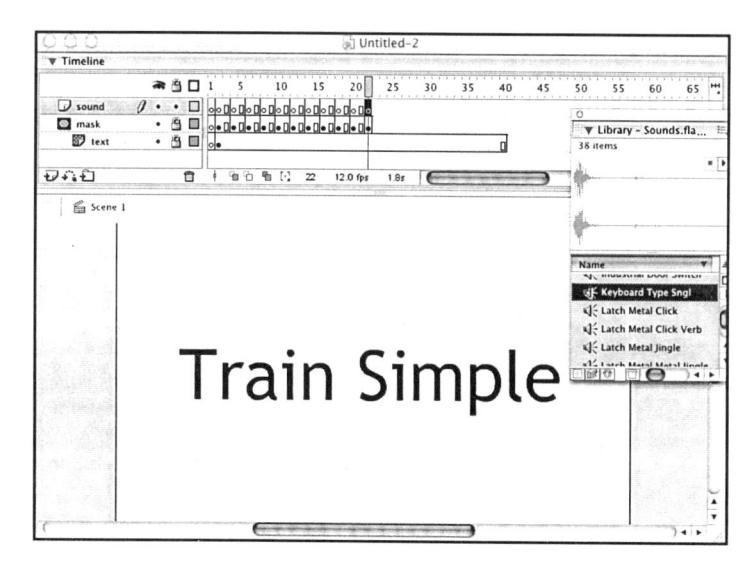

Figura 7.11 Note a colocação dos quadros-chave na camada de som.

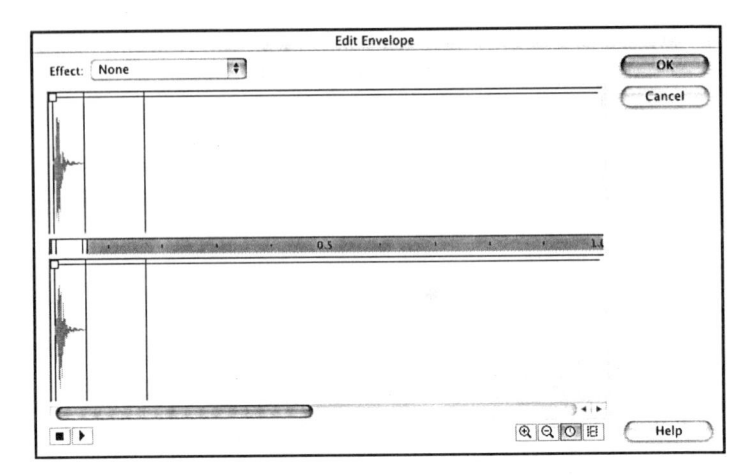

Figura 7.12 A caixa de diálogo Edit Envelope. Note que o marcador da extremidade moveu-se para mais preto do final da onda.

É apenas uma das muitas coisas que você pode fazer com as máscaras animadas. Na seção Chapter 7 do site Web complementar está uma série de arquivos FLA que você poderá carregar para ter idéias extras para o mascaramento.

Anteriormente mencionei que um dos problemas com o mascaramento é não ser capaz de criar bordas suaves ou transparências em uma máscara. Embora isto seja 100% verdadeiro, há algumas maneiras de enganar os olhos, fazendo-os acreditar que vê estes efeitos. O truque analisado no seguinte exercício funciona melhor com fundos de cor sólida. Novamente, você poderá encontrar um exemplo terminado desta técnica no site Web complementar na seção Chapter 7. O link é chamado de Faux Masks.

Como imitar as bordas suaves com máscaras falsas

Eis as etapas a seguir para este exercício:

1. Crie um novo documento. Certifique-se de que o filme tenha uma cor de fundo da cena branca. Na biblioteca Unleashed, você encontrará a pasta movieclip. Dentro da pasta movieclip está um clipe do filme chamado "paragraph". Arraste uma instância do parágrafo para a cena. Nomeie a camada 1 como **paragraph**.

2. Insira um quadro no quadro 20 da camada do parágrafo pressionando F5 em seu teclado.

3. Crie uma nova camada e nomeie-a como **faux_mask**.

    Você irá criar uma caixa que será preenchida com uma graduação. Esta graduação irá mudar gradualmente de uma cor branca transparente para uma cor branca sólida. A primeira coisa que precisa fazer é criar sua própria graduação personalizada.

4. Escolha a ferramenta Rectangle (Retângulo) no painel Tools. Para a cor do preenchimento, escolha a graduação linear preto e branco encontrada no canto inferior esquerdo do painel Color Swatches (Amostras de Cor).

Capítulo 7 – Técnicas de desenvolvimento | **155**

5. Certifique-se de que o painel Mixer (Misturador) esteja aberto. Se não estiver aberto, escolha Window, Mixer. Note no painel Mixer o cursor de graduação com duas setas. Se você não se lembra como modificar as graduações, consulte o Capítulo 3, "Como criar gráficos no Flash". Destaque a seta preta e altere sua cor para branco. Naturalmente, não desejará uma cor branca sólida para um lado da graduação e uma cor branca sólida no outro lado porque não veria nada. O que deseja é uma cor branca sólida desaparecendo em um valor transparente.
6. Com a seta ainda selecionada, reduza o alfa para zero. Isto fará com que a cor branca tenha 0% de solidez neste lado da graduação.
7. Na camada faux_mask, desenhe um retângulo sobre o texto, como mostrado na Figura 7.13.
8. A única coisa que terá que corrigir é a direção da graduação. Portanto, no painel Tools, escolha a ferramenta Transform Fill (Preenchimento com Transformação). Clique no retângulo para obter as alças de transformação, como mostrado na Figura 7.14.
9. Arraste a alça de rotação em 90 graus. Pressione a tecla Shift para limitá-la a aumentos de 45 graus. Você poderá também querer dimensionar o preenchimento para que a parte superior da alça de transformação pareça fluir para a parte superior do bloco de texto, como mostrado na Figura 7.15.
10. Insira um quadro-chave no quadro 20 da camada faux_mask pressionando F6 em seu teclado. Neste novo quadro, mova o retângulo para baixo do bloco de texto, como mostrado na Figura 7.16.
11. No quadro 1 da camada faux_mask, no Properties Inspector, altere Tweening para Shape Tweening (Forma Intermediária). Isto animará a caixa para que, lentamente, com o passar do tempo, ela desça e quando fizer isto mostre cada vez mais o texto.

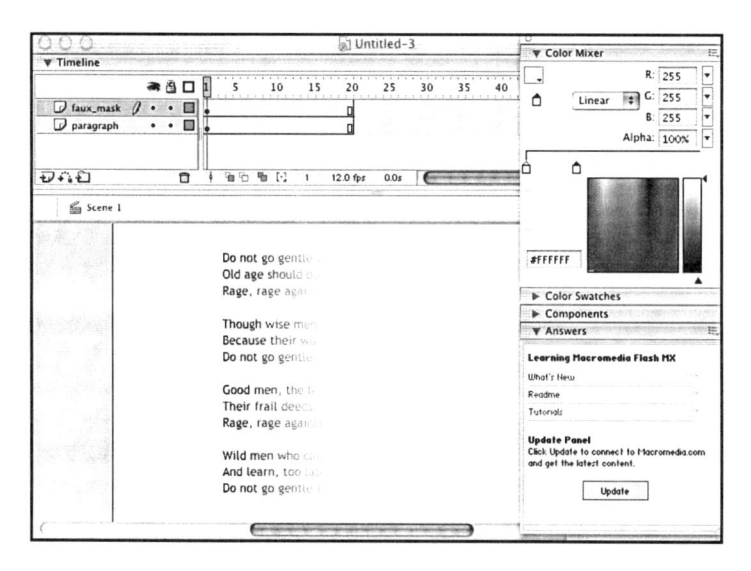

Figura 7.13 O retângulo tem uma graduação que parece reduzir a intensidade gradualmente.

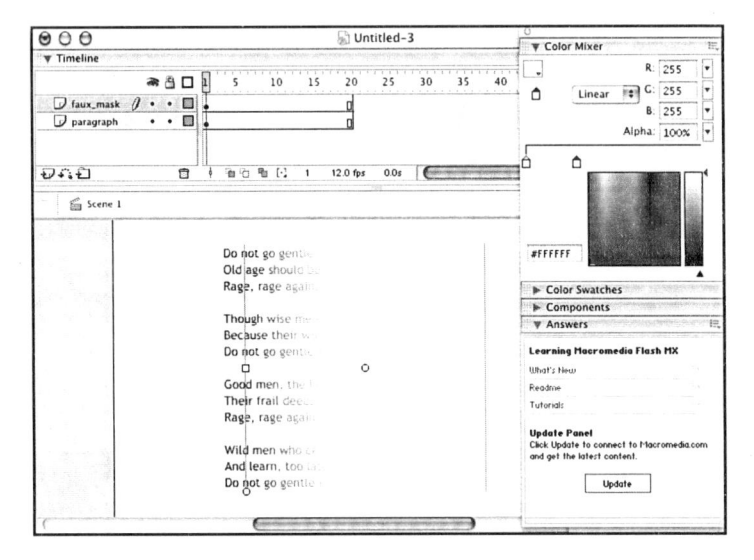

Figura 7.14 As alças de transformação aparecem quando um preenchimento com transformação é usado.

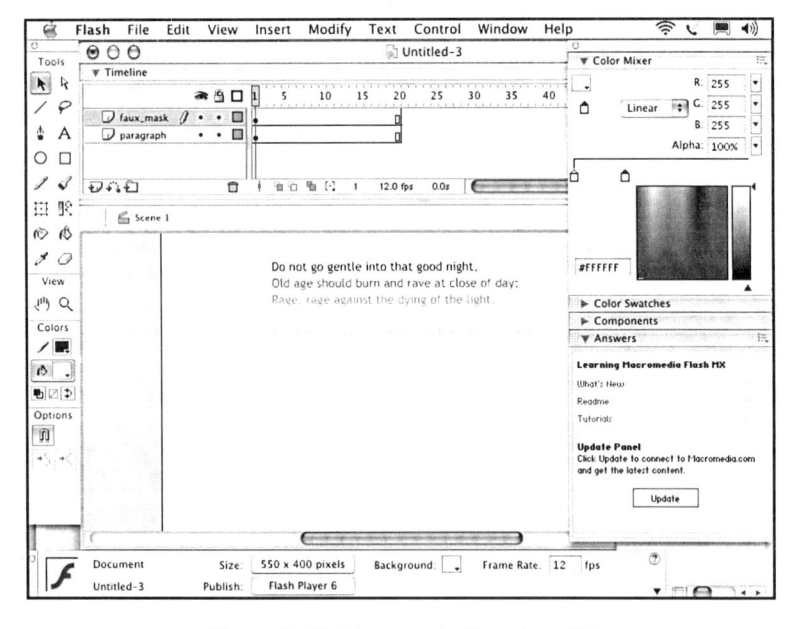

Figura 7.15 A ferramenta Transform Fill.

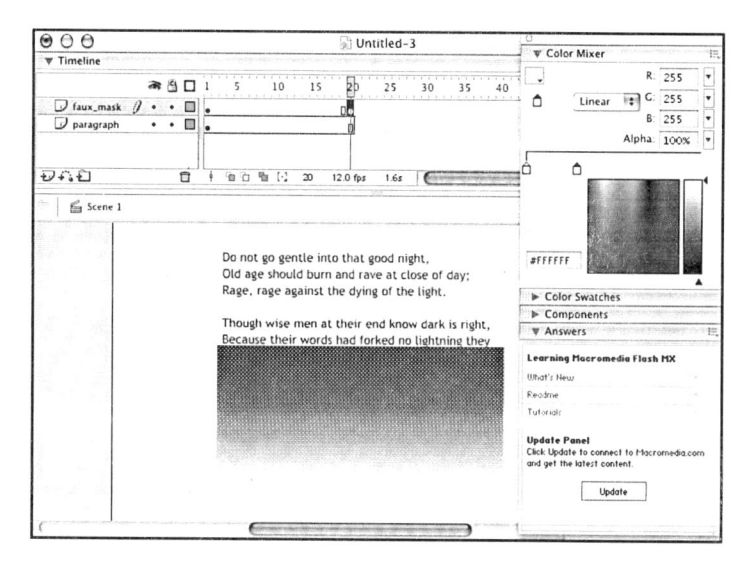

Figura 7.16 A caixa preenchida com graduação é colocada perto da parte inferior da cena do quadro 20.

Nota

Esta técnica não funcionará com fundos que têm padrões ou cores inconsistentes. O fundo tem que ser uma cor sólida.

Então, você acha que acabou com o mascaramento? Bem, está quase. Porém, assim que formos para o ActionScript, verá que há maneiras de criar as máscaras dinamicamente, sem usar as propriedades da camada! E mais, poderá arrastar as máscaras quando e onde quiser. É muito legal.

Como carregar um filme

Aqui vem a parte boa. Se você vem acompanhando desde o Capítulo 1, "O que é novo no Flash MX?", aqui é onde tudo que aprendeu se reúne. Não fizemos muito em termos de funcionalidade do site Web. Estamos vendo os recursos do programa e como os componentes diferentes funcionam. Agora poderemos aplicar estes conceitos, junto com alguns novos, para demonstrar tudo em termos de criação do site Web. Deste ponto em diante, ficará mais avançado. Você poderá realmente pegar tudo que aprendeu neste e nos capítulos anteriores para se basear.

Controlar a linha do tempo principal ou a linha do tempo de um clipe do filme é bem fácil. Se você não tiver idéia do que estou falando, consulte o Capítulo 5, "Símbolos e a biblioteca". Ter esta capacidade é fundamental para a construção Web no Flash. Podemos, claro, ir algumas etapas além disto e você poderá aprender a usar a ação loadMovie. Usando a ação loadMovie, poderá dividir e gerenciar as partes separadas de um site Web, de modo muito parecido com a separação dos documentos HTML. Além do gerenciamento do site, isto também criará uma melhor experiência para o usuário final. Lembre-se, tudo na Web tem relação com a velocidade. Se você puder dividir seu site Flash em várias partes diferentes, ao invés de um grande filme longo, estará fazendo um favor para os usuários finais. Assim, eles estarão aguardando apenas para carregar o conteúdo que os interessa. Quando clicarem para ir para algum outro lugar, esta parte será carregada no filme Flash existente. Se o site for um filme longo, os usuários finais terão que aguardar até que tudo em seu filme Flash seja carregado, até os itens que eles poderão nunca ver.

Nota

Ao usar a ação loadMovie, você poderá apenas carregar os arquivos SWF. Não poderá carregar um arquivo FLA; ele terá que estar em sua forma compactada. Com o acréscimo do Flash MX, você poderá também carregar os arquivos MP3, assim como os JPGs e os GIFs.

Da perspectiva da visibilidade e do gerenciamento do site, a ação loadMovie é uma boa coisa. Você tem dois métodos separados para carregar os filmes. A primeira maneira envolve carregar os filmes ou arquivos SWF em níveis diferentes. Um *nível* é muito parecido com o Z-Index (Índice Z) na HTML dinâmica. O valor do nível determinará a proximidade e o quanto "acima" o filme aparecerá. Por exemplo, se um filme tiver um nível 1 e outro tiver um nível 5, o filme no nível 5 aparecerá acima do filme no nível 1.

Também é importante notar que apenas um arquivo SWF é permitido por nível. Se você tiver um filme existente no nível 1 e então decidir carregar um filme diferente no nível 1, o filme sendo carregado no nível 1 substituirá o filme atualmente neste nível.

Também precisará compreender como o Flash funciona em termos de como ele posiciona estes arquivos externos assim que eles são carregados em um filme. O Flash sempre carregará o filme no canto superior esquerdo da cena. Considere o canto superior esquerdo do filme que será carregado sendo colocado diretamente sobre o canto superior esquerdo do filme no qual está sendo carregado.

Eis outro item importante a indicar: a cor da cena do filme será mascarada assim que for carregada em um arquivo SWF existente. Portanto, se você precisar que a cor de fundo apareça, terá que desenhar uma caixa sólida cobrindo a cena inteira na camada inferior deste filme.

Por último, observe que a linha do tempo principal é o nível 0. Raramente você carregará um filme no nível 0, por esta razão. Em geral, a linha do tempo principal mantém muita funcionalidade do site. Naturalmente, se houver scripts e variáveis entre estes níveis, eles provavelmente poderão se comunicar, mas novamente iremos guardar isto para o Capítulo 10, "Como abordar o ActionScript", assim que entrarmos no destino.

Como carregar os filmes em níveis usando a ação loadMovie

Neste exercício, você carregará os arquivos SWF externos em um filme existente. O filme existente se parece com uma página de índice de um site Web. Você poderá carregar os arquivos necessários do site Web complementar Unleashed. Estará carregando este conteúdo em níveis separados. Eis as etapas a seguir:

1. Abra o arquivo foto_front.fla que carregou do site Web complementar. Note que ele já tem vários botões.

2. Grave de novo este arquivo em sua própria pasta escolhendo File, Save As (Salvar Como) e na caixa de diálogo Save As, crie uma nova pasta em sua área de trabalho. Nomeie a pasta como Loader e grave o arquivo foto_front dentro dela.

    Você precisará criar alguns filmes novos para carregar no arquivo foto_front que acabou de gravar na pasta Loader. Gravar todos estes arquivos no mesmo diretório irá simplificar o processo de escrever caminhos para estes arquivos em seu ActionScript loadMovie.

3. Crie um novo documento. Escolha File, Save As. Isto inicializará a caixa de diálogo Save As. Grave este documento como loadee1.fla na pasta Loader.

4. Também abra a biblioteca comum Unleashed. Se você não instalou a biblioteca comum Unleashed, consulte o Capítulo 2. Se a carregou, mas não a instalou, poderá escolher File, Open As Library e pesquisar Unleashed.fla em seu computador. Do contrário, escolha Window, Common Library, Unleashed.fla.

5. Escolha Modify (Modificar), Document (Documento) ou pressione Cmd+J (Mac) ou Ctrl+J (Windows) para abrir a caixa de diálogo Document Properties (Propriedades do Documento). Defina as dimensões da cena para 500x300. Você desejará que este filme tenha as mesmas dimensões do filme no qual será carregado.

6. Na biblioteca Unleashed, na pasta Graphics, arraste uma instância de foto_page1. Ao colocar este gráfico na cena, é importante que coincida o canto superior esquerdo do gráfico com o canto superior esquerdo da cena. Para assegurar absolutamente que o gráfico está no canto superior esquerdo, com o gráfico selecionado, escolha Window, Info (Informações) para abrir o painel Info. No painel Info, digite **0** para a coordenada x e **0** para a coordenada y, como mostrado na Figura 7.17. Isto irá assegurar que o gráfico será posicionado perfeitamente no canto superior esquerdo da cena.

    Note que o gráfico não preenche bem a cena inteira. A parte inferior parece ficar em branco. Isto foi feito de propósito. Lembre-se, a cor de fundo da cena sempre será mascarada. Portanto, tendo a parte inferior em branco, ela será invisível quando carregada em seu filme principal, assim exibindo o sistema de navegação do filme principal. Continuemos e coloquemos isto em prática.

7. Grave este documento e tome nota de seu nome: loadee1.fla. Escolha Control (Controle), Test Movie (Testar Filme) para testar o filme Flash. Você pode não saber, mas acabou de criar um arquivo SWF! É o formato de arquivo usado na

Web. Quando você testar um filme, o arquivo SWF será criado automaticamente; na verdade, é o que você está exibindo no ambiente Test Movie. Se for para sua área de trabalho e exibir a pasta Loader, verá dois arquivos loadee1: o arquivo FLA e o arquivo SWF. É importante porque quando usar a ação loadMovie, poderá carregar o arquivo SWF e não o arquivo FLA. Feche o documento.

8. Abra o arquivo foto_front.fla novamente. Destaque o primeiro botão, identificado como About Us (Sobre Nós). Com este botão selecionado, escolha Window, Actions (Ações) para abrir o painel Actions. Note que o painel Actions informará "Actions – Buttons" (Ações – Botões), indicando que qualquer script escrito aqui será aplicado no botão selecionado.

9. Abra o livro Actions e então abra o livro Browser/Network (Navegador/Rede). Localize a ação loadMovie e clique-a duas vezes. Observe que alguns scripts são escritos para você. E mais, há áreas vazias que você precisará preencher quando tiver a segunda linha de código destacada. Consulte a Figura 7.18.

10. No campo de texto URL na parte superior da janela, digite o nome de arquivo do filme que criou e testou na etapa 7. É importante que consulte a versão SWF deste arquivo. Portanto, no campo de texto URL, digite **loadee1.swf**. Se você não gravou estes arquivos no mesmo diretório, terá que digitar o caminho inteiro para onde o arquivo SWF reside.

11. Para a definição Level (Nível), escolha 1. Se você fosse escolher 0, quando o filme fosse carregado, ele iria eliminar a interface existente do arquivo foto_front. Escolhendo 1, o filme será carregado sobre a interface e não cobrirá os botões por causa do espaço em branco vazio no arquivo loadee1.

12. Deixe a opção Variables (Variáveis) em seu default, não use Send (Enviar).

13. Grave o filme e teste-o escolhendo Control, Test Movie ou usando os atalhos de teclado Cmd+Return (Mac) ou Ctrl+Enter (Windows). Isto irá inicializar o filme no ambiente de teste.

14. Depois do filme ser inicializado no ambiente de teste, clique o primeiro botão – aquele no qual aplicou a ação. Bum! O filme será carregado e se parecerá muito com um site Web em termos de funcionalidade. Consulte a Figura 7.19.

15. Assim que tiver testado o filme, irá carregar outro filme no arquivo foto_front. Portanto, feche o ambiente de teste para voltar para o ambiente de autoria do Flash. Então crie um novo documento.

16. Com o novo documento aberto, escolha Modify, Document. Altere as dimensões da largura e da altura para 500x300, respectivamente. Clique em OK e note que o documento mudará para refletir o tamanho especificado.

17. Na biblioteca Unleashed, abra a pasta Graphics. Na pasta Graphics, arraste uma instância de foto_page2. Posicione o gráfico em 0,0 para as coordenadas x e y. Lembre-se, você poderá fazer isto usando o painel Info, exatamente como fez na etapa 4 deste exercício.

18. Grave este arquivo como loadee2 na pasta Loader na área de trabalho. Assim que tiver gravado este documento, escolha Control, Test Movie para exportar um SWF deste arquivo. Poderá querer abrir a pasta Loader em sua área de trabalho, apenas para verificar.

19. Abra o arquivo foto_front.fla novamente. Desta vez, selecione o segundo botão. Com este botão selecionado, escolha Window, Actions. Isto abrirá o painel Actions. Note que a barra de títulos informará "Actions – Buttons", o que significa que qualquer ação criada será aplicada no botão selecionado.

20. Abra o livro Actions e então abra o livro Browser/Network. Localize a ação loadMovie e clique-a duas vezes. Depois de clicar duas vezes na ação, note o código que é digitado, exatamente como na etapa 7. Destaque a segunda linha de código para que as opções acima dela no painel fiquem ativadas.

21. No campo de texto URL na parte superior da janela, digite o nome de arquivo do filme que criou e testou na etapa 16. É importante que você consulte a versão SWF deste arquivo. Portanto, no campo de texto URL, digite **iloadee2.swf**.

22. No campo de texto Location (Local), escolha Levels (Níveis) no menu suspenso e digite 1 para o valor do nível, como mostrado na Figura 7.20.

    Você está escolhendo o nível 1 aqui porque é o que escolheu para o outro filme. Como estes dois filmes têm o mesmo valor do nível, apenas um arquivo SWF poderá ocupar o nível de cada vez. Portanto, se um filme estiver carregado atualmente no nível 1 e o usuário final clicar o outro botão para carregar um filme diferente no nível 1, o filme que ocupa atualmente o nível 1 será substituído pelo novo filme.

23. Grave o arquivo. Teste-o escolhendo Control, Test Movie. No ambiente de teste, clique o primeiro botão para carregar em loadee1, exatamente como fez antes. Agora, para misturar as coisas, clique o segundo botão. Observe que o segundo filme será carregado automaticamente, substituindo o filme existente.

24. Feche o ambiente de teste para voltar para o ambiente de autoria Flash. Agora você irá descarregar um filme manualmente. Note o botão Home já no documento. Selecione-o e abra o painel Actions. No painel Actions, abra o livro Actions. Dentro do livro Actions, abra o livro Browser/Network. Localize a ação unloadMovie e clique-a duas vezes. Por default, a segunda linha de código deverá ser selecionada. Acima dela estão as opções de instrução. Digite **1** para o valor Level, como mostrado na Figura 7.21.

    Se quisesse descarregar mais de um nível em um botão, teria que aplicar a ação unloadMovie para cada nível. Você não poderá simplesmente digitar em cada nível, separado por vírgulas, na mesma linha. Eis um exemplo de como deveria ficar o código:

    ```
    on (release) {
    unloadMovieNum(1);
    unloadMovieNum(2);
    unloadMovieNum(3);
    }
    ```

25. Grave e teste o filme. Carregue um filme. Depois do filme ser carregado, clique o botão Home para descarregá-lo.

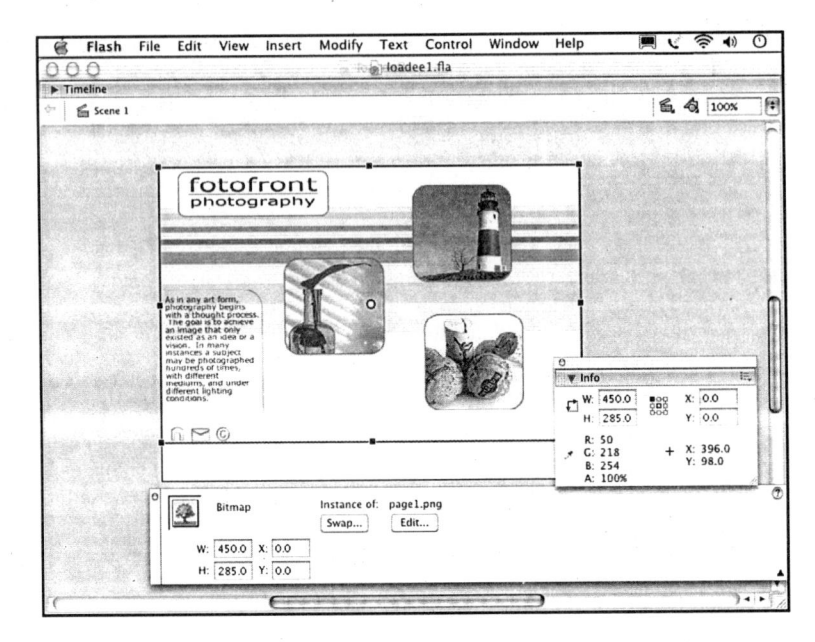

Figura 7.17 Como posicionar o gráfico usando as coordenadas x e y do painel Info.

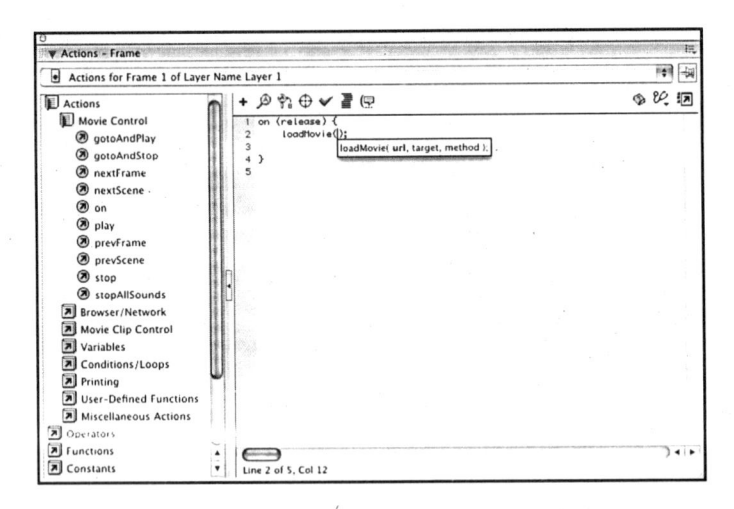

Figura 7.18 Note os espaços vazios que precisam ser preenchidos na ação loadMovie.

Capítulo 7 – Técnicas de desenvolvimento | **163**

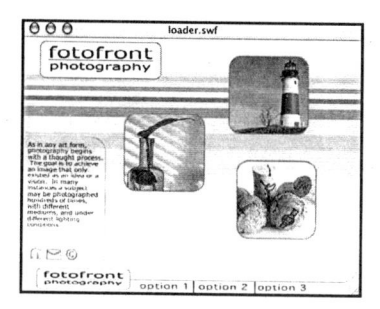

Figura 7.19 O arquivo foto_front com o arquivo loadee1 do filme carregado dentro dele.

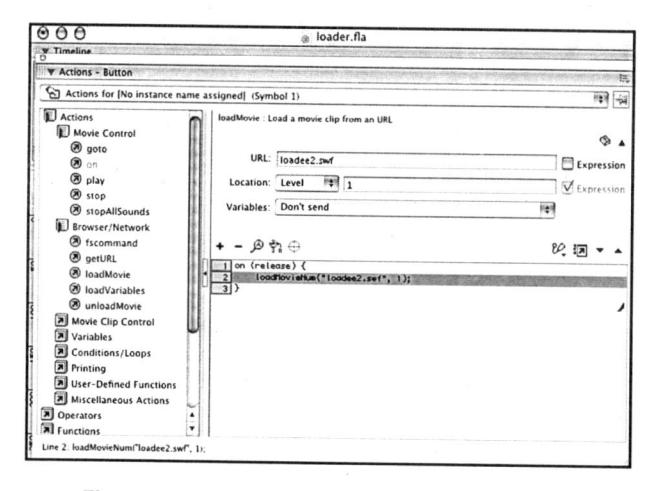

Figura 7.20 URL é o nome do arquivo que estamos carregando no filme e está sendo carregado no nível 1.

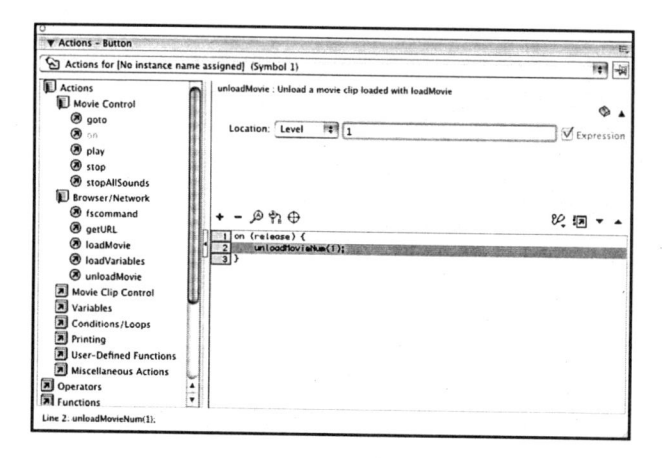

Figura 7.21 A ação unloadMovie.

Dica

Visite o site Web complementar e veja em Chapter 7 para observar o filme QuickTime carregando os filmes nos níveis.

Este exercício ajuda-o a se familiarizar com o carregamento dos filmes nos níveis. Porém, há outra maneira de carregar os filmes no Flash produzindo mais flexibilidade. Você poderá carregar os filmes nos clipes do filme. A vantagem de carregar um filme em um clipe do filme é que o clipe do filme pode ser colocado em qualquer lugar na cena, assim você não está limitado a ter o filme sempre carregado no canto superior esquerdo. Não só isto, qualquer coisa que puder fazer em um clipe do filme – como animá-lo, aplicar efeitos e aplicar ações – será aplicado automaticamente em qualquer filme carregado no clipe.

Como carregar um filme em um clipe do filme

Neste exercício você irá criar um botão no arquivo loadee2.fla. E mais, terá que criar um novo clipe do filme que não manterá nada. Será um clipe do filme vazio – um tipo de contêiner – aguardando que um filme seja carregado dentro dele. É importante nomear a instância do clipe do filme para que possa chamá-la em suas ações. Eis as etapas a seguir:

1. Abra o loadee2.fla. Crie uma nova camada e nomeie-a como **button**. Na nova camada do botão, crie um novo botão ou pegue um da biblioteca comum Button ou da biblioteca Unleashed.

2. Crie outra camada nova e chame-a de **mc_placeholder**. Escolha Insert (Inserir), New Symbol (Novo Símbolo). Isto inicializará a caixa de diálogo New Symbol. Nomeie o símbolo como **placeholder**. Certifique-se de que tenha o comportamento de clipe do filme.

3. Clique em OK. Você entrará no modo de edição do clipe do filme. Desejará que este clipe do filme esteja vazio, pronto para manter um filme que será carregado nele. Portanto, simplesmente clique na aba Scene 1 (Cena) sob a linha do tempo. Isto o trará de volta para a cena 1.

4. Abra Library escolhendo Window, Library. Você deverá ver o clipe do filme mc_placeholder. Arraste uma instância e alinhe as cruzes com a área da caixa preta no filme, como mostrado na Figura 7.22.

   Quando um arquivo SWF for carregado no clipe do filme, o canto superior esquerdo do filme carregado será alinhado com o canto inferior direito do ponto central do clipe do filme.

5. Com o clipe do filme selecionado, forneça-lhe o nome da instância **holder** no Properties Inspector, como mostrado na Figura 7.23. Pressione Return (Mac) ou Enter (Windows) para assegurar que o nome da instância fique com o clipe do filme.

6. Grave loadee2.fla.

7. Crie um novo documento. Escolha Modify, Document para inicializar a caixa de diálogo Document Properties. Altere as dimensões do filme para 200 pixels por 200 pixels. Clique em OK para fechar a caixa de diálogo.

8. Abra a biblioteca comum Unleashed ou escolha File, Open as Library e pesquise o arquivo unleashed.fla em seu computador.

9. Abra a pasta movie_clip e arraste uma instância de slide_show, como mostrado na Figura 7.24.

10. Grave este filme como picture_slide.fla na pasta Loader na área de trabalho. Escolha Control, Test Movie para exportar um arquivo SWF. Feche o ambiente de teste e feche este documento.

11. Reabra o arquivo loadee2.fla.

12. Selecione o botão na camada do botão. Escolha Window, Actions para abrir o painel Actions. Abra o livro Actions e então o livro Browser/Network. Localize a ação loadMovie e clique-a duas vezes. Como antes, esta ação digitará o script para você, com a segunda linha de código destacada.

13. Nas opções, digite **picture_slide.swf** para o URL. Para Location, escolha Target (Destino) no menu suspenso, como mostrado na Figura 7.25.

14. Coloque um cursor piscando no campo de texto Location e clique no ícone Insert Target Path (Inserir Caminho de Destino), como exibido na Figura 7.26. Isto inicializará a caixa de diálogo Insert Target Path.

15. Na caixa de diálogo Insert Target Path, certifique-se de que tenha Notation (Notação) definido para Dots (Pontos) e Mode (Modo) definido para Relative (Relativo). Clique no ícone da instância de "holder", como mostrado na Figura 7.27. Clique em OK para sair desta caixa de diálogo.

É muito importante que você tenha Mode definido para Relative. Se defini-lo para Absolute (Absoluto), o clipe do filme que você está chamando, quando carregado em um filme, estará apontando para um clipe do filme na linha do tempo principal, o que não é bom, pois o clipe do filme que você está destinando não está na linha do tempo principal, mas neste filme. Para aprender mais sobre o destino, consulte o Capítulo 10.

16. Depois de clicar em OK, você notará que o caminho de destino foi inserido no campo de texto Location. Feche o painel Actions.

17. Oculte ou minimize o Flash. Localize a pasta Loader na área de trabalho. Clique duas vezes no arquivo foto_front.swf. O arquivo inicializará o Flash 6 player. Uma vez dentro do player, clique no segundo botão para carregar loadee2. Assim que loadee2 tiver sido carregado, clique o botão Slide Show (Exibição de Slides) para ver o arquivo picture_slide.swf carregado, como mostrado na Figura 7.28.

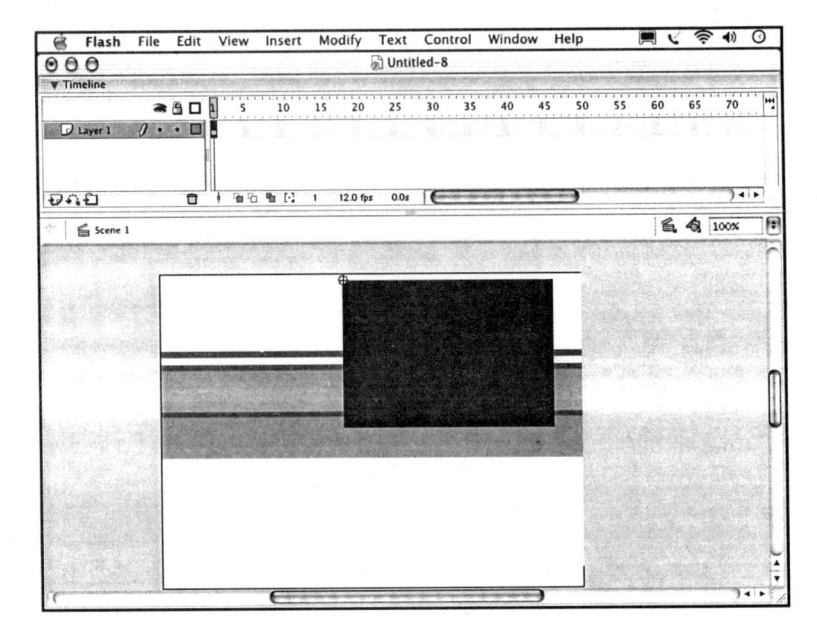

Figura 7.22 O ponto central do clipe do filme é posicionado na canto superior esquerdo do quadrado em branco no filme.

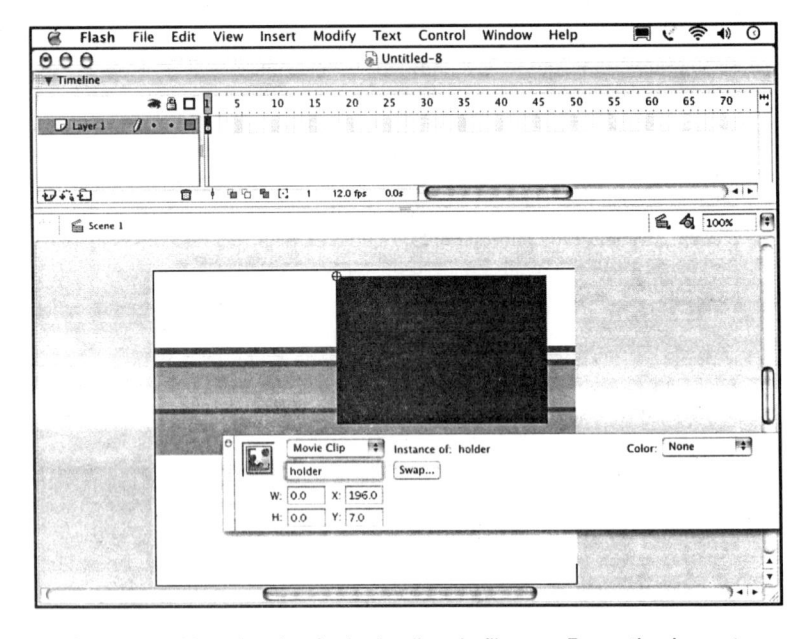

Figura 7.23 Nomeie a instância do clipe do filme no Properties Inspector.

Capítulo 7 – Técnicas de desenvolvimento | **167**

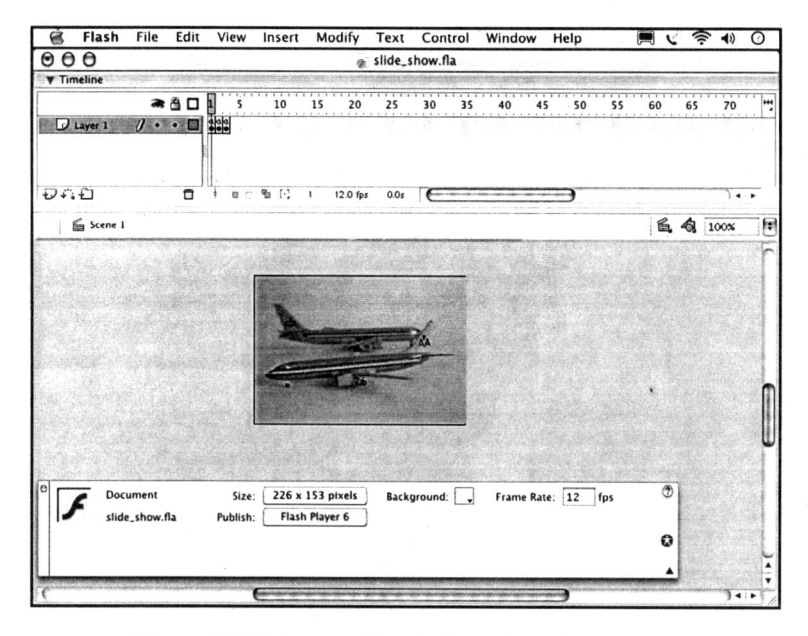

Figura 7.24 Coloque o clipe do filme slide_show na cena.

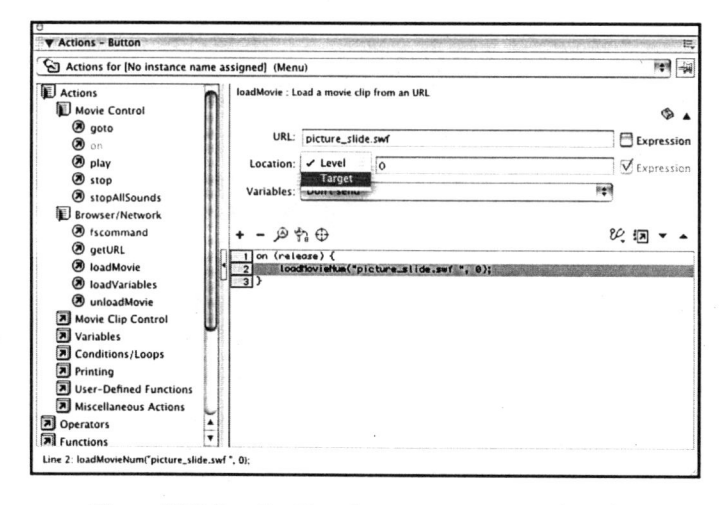

Figura 7.25 Escolha Target no menu suspenso Location.

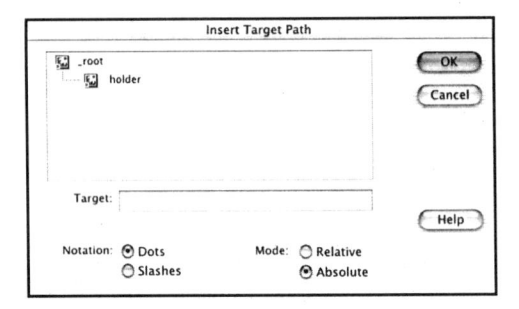

Figura 7.26 O ícone Insert Target Path.

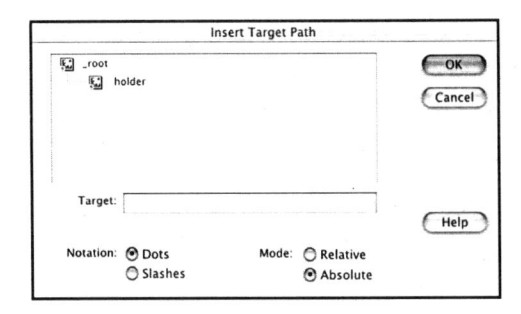

Figura 7.27 *Notation é definida para Dots e Mode para Relative na caixa de diálogo Insert Target Path.*

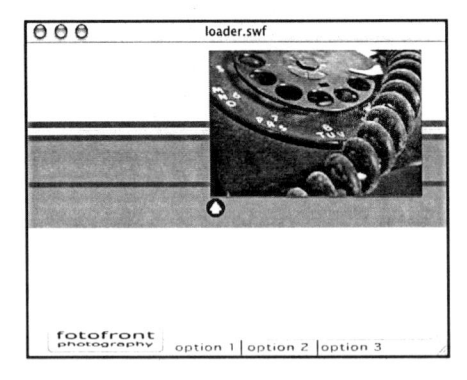

Figura 7.28 *Um exemplo de como carregar um filme em um nível e em um clipe do filme.*

Capítulo 7 – Técnicas de desenvolvimento | 169

Nota

No site Web complementar, www.flasmxunleashed.com, na seção Chapter 7, procure o filme QuickTime que mostra os recursos adicionais de carregamento dos filmes nos clipes do filme.

Pré-carregadores

Seu arquivo foto_front está quase completo; não está bem pronto para Web ainda. Uma das alegações de fama do Flash é seu formato de fluxo, segundo a Macromedia. É realmente um formato *progressivo*, em oposição a um formato de fluxo, mas eis o que ele faz: o Flash se reproduz automaticamente, e quando está reproduzindo o quadro 1, por exemplo, está no processo de carregamento do quadro 2 etc. É ótimo porque você não tem que esperar até que o arquivo inteiro seja carregado antes de poder aproveitá-lo.

Naturalmente, a Web nunca será um lugar perfeito, e a velocidade geralmente torna-se um problema. Se o Flash estiver reproduzindo o quadro 1, como ideal o quadro 2 seria completamente carregado antes dele terminar de reproduzir o quadro 1, mas e se o quadro 2 tiver um gráfico de mapa de bits grande e o Flash precisar de mais tempo para carregá-lo? A reprodução do filme teria problemas porque o Flash não poderá reproduzir o que não está lá. Portanto, o filme irá parar de se reproduzir. Isto continuará a acontecer na animação inteira, o que não fornecerá a melhor experiência para o usuário final.

Para evitar este tipo de situação, você poderá analisar onde o Flash poderia ter um problema ao reproduzir progressivamente os quadros. Quando encontrar tais quadros, poderá carregá-los previamente, o que significa que criará um pequeno script informando ao Flash para não reproduzir a animação até que todo o meio/quadros grandes tenham sido carregados em primeiro lugar.

Você certamente viu os pré-carregadores na Web antes. Quando for para um site Flash, algumas vezes informará claramente "Loading..." (Carregando). Outros terão pequenas animações elegantes. São indicadores para o usuário final de que o conteúdo está sendo carregado em suas máquinas. No último exercício deste capítulo, iremos criar um pré-carregador simples.

Como criar um pré-carregador simples

Neste exercício, você irá carregar previamente os slides na exibição de slides. Observe que em uma situação real, estes slides teriam grande dificuldade de se reproduzirem progressivamente. Eis as etapas a seguir para este exercício:

1. Abra o arquivo picture_slide.fla. Escolha Window, Scene para abrir o painel Scene. Você irá criar uma cena separada para seu script de pré-carregamento e animação.

2. Clique no sinal de mais na parte inferior do painel Scene para adicionar uma nova cena, como mostrado na Figura 7.29. Clique duas vezes na nova cena e nomeie-a como **preload**. Certifique-se de que a cena de pré-carregamento apareça acima da cena 1, porque elas serão reproduzidas de acordo com a ordem da pilha neste painel.

3. Teste o filme escolhendo Control, Test Movie. No ambiente de teste, escolha View, Bandwidth Profiler (Perfil da Largura de Banda). Isto abrirá a janela Bandwidth Profiler, como mostrado na Figura 7.30.

Você notará na Figura 7.30 muitos picos no gráfico. Se qualquer uma destas barras surgir acima da linha vermelha, ela não poderá se reproduzir progressivamente e precisará ser pré-carregada. A linha vermelha pode ser alterada para representar as diferentes velocidades do modem. Você poderá acessar as diferentes velocidades do modem no menu Debug (Depurar). Notará as velocidades padrões e predefinidas do modem, como mostrado na Figura 7.31. Porém, terá também a opção Customize (Personalizar) para criar sua própria velocidade para aceitar as linhas DSL, cabo e T-1 mais rápidas.

4. Você poderá de fato obter uma visualização de como o filme se comportará sob as condições de velocidade do modem definidas no menu Debug. Escolha View, Show Streaming (Exibir Fluxo). Note no lado esquerdo da janela que você pode ver uma porcentagem do fluxo do andamento. Acima dos picos, notará uma barra de andamento verde. Portanto, é óbvio que estes quadros precisam ser pré-carregados.

É importante notar que se você sentir nesta situação que o quadro 40 precisa ser carregado previamente, todos os quadros antes do quadro 40 terão que ser carregados antes do quadro 40 poder ser carregado.

5. Feche o ambiente de teste para voltar para o Flash.

6. No painel Scene, clique na cena de pré-carregamento para torná-la ativa. Na biblioteca Unleashed, abra a pasta movie_clip e encontre o clipe do filme do dispositivo. Arraste uma instância para a cena.

7. Agora é hora de escrever seu script. Selecione o quadro 1 e abra o painel Actions. Note que a barra de título informará "Actions – Frame" (Ações – Quadro). Portanto, qualquer ação escrita aqui será aplicada no quadro selecionado (neste caso, o quadro 1).

8. Abra o livro Deprecated (Desaprovado) e então o livro Actions. Clique duas vezes em ifFrameLoaded. Note o script que foi escrito para você.

Deprecated simplesmente indica que há mais uma ação eficiente a usar ao criar um pré-carregador. Provavelmente esta ação não funcionará nas futuras versões do Flash player. Porém, este script funcionará com os Flash players 4, 5 e 6 muito bem. Embora scripts mais eficientes estejam disponíveis, eles irão requerer uma compreensão mais profunda do ActionScript.

9. Com o script destacado, escolha Scene 1 no menu suspenso para a cena. Escolha Frame Number (Número do Quadro) para o tipo e então digite **40** para o número do quadro. É bem simples. Em português claro, isto significa apenas "se o quadro 40 na cena 1 for carregado". Agora você terá somente que informar ao cabeçote de reprodução para fazer algo.

10. Abra o livro Actions e então abra o livro Movie Control (Controle do Filme). Clique duas vezes na ação goto, que escreverá o código adicional, como mostrado na Figura 7.32.

11. Como mostrado na Figura 7.33, certifique-se de que o botão Go To and Play (Ir Para e Reproduzir) esteja selecionado. E mais, escolha Scene 1 para a cena, Frame Number para o tipo e 1 para o valor do quadro. Em português claro o script agora informará, "se o quadro 40 na cena 1 for carregado, então vá e reproduza a animação do quadro 1 na cena 1".

Eis como ficará o script final:

```
ifFrameLoaded ("Scene 1", 1) {
   gotoAndPlay("Scene 1", 40);
}
```

Agora e se o quadro 40 não for carregado? Então o que acontecerá? Se o quadro 40 não for carregado, a instrução não será verdadeira, significando que o Flash irá apenas ignorá-la e o cabeçote de reprodução continuará a reprodução. Portanto, você precisará impedir que o cabeçote reproduza antes da cena 1 e também precisará analisar de novo seu script. Agora irá configurar o que é chamado de *loop*.

12. Na cena de pré-carregamento, insira um quadro-chave no quadro 2. Com o quadro 2 selecionado, escolha Window, Actions para abrir o painel Actions.

13. Abra o livro Actions e então o livro Movie Control. Então clique duas vezes em goto. Não há nada para modificar depois de clicar duas vezes. Este script está simplesmente informando ao cabeçote de reprodução para voltar para o quadro 1.

    Para recapitular, o script no quadro 1 está vendo se o quadro 40 está carregado. Se não, a ação será ignorada e o cabeçote de reprodução continuará a se reproduzir. Quando se reproduz, ele chega no quadro 2 com uma ação enviando-o de volta ao quadro 1, onde verifica novamente para saber se o quadro 40 foi carregado. Se não foi carregado, este processo continuará a se repetir. Até que a instrução para o quadro 1 seja verdadeira e o quadro 40 esteja de fato carregado, o cabeçote de reprodução pulará o quadro 2 e irá diretamente para o quadro 1 da cena 1 e se reproduzirá a partir de lá.

14. Iremos testá-lo. Escolha Control, Test Movie. Assim que você estiver dentro da exibição de teste, poderá parecer que nada aconteceu. Para ver seu pré-carregador funcionando, escolha View, Show Streaming. Verá uma pequena reprodução de animação do dispositivo, como mostrado na Figura 7.33. Note no lado esquerdo a porcentagem do fluxo e a barra de andamento verde acima dos picos. Assim que o pré-carregamento estiver completo, o cabeçote de reprodução se moverá para reproduzir a animação.

Como mencionado anteriormente, você poderá criar pré-carregadores com técnicas de script mais avançadas. Tal técnica inclui retornar uma porcentagem para que o usuário final tenha uma leitura real e uma idéia melhor de quanto tempo terá o pré-carregamento, ao invés de uma animação pequena e sem sentido. Iremos analisar os pré-carregadores de porcentagem no Capítulo 21, "Interatividade avançada".

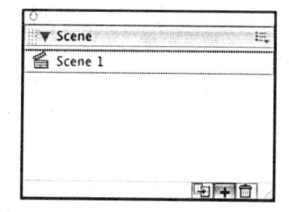

Figura 7.29 Clique o botão Add para adicionar uma nova cena no painel Scene.

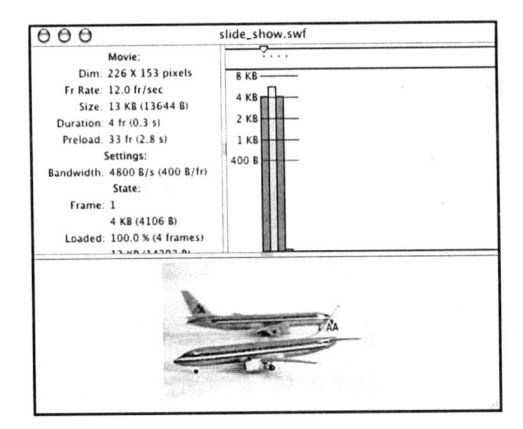

Figura 7.30 O Bandwidth Profiler mostrará os pontos problemáticos para o carregamento.

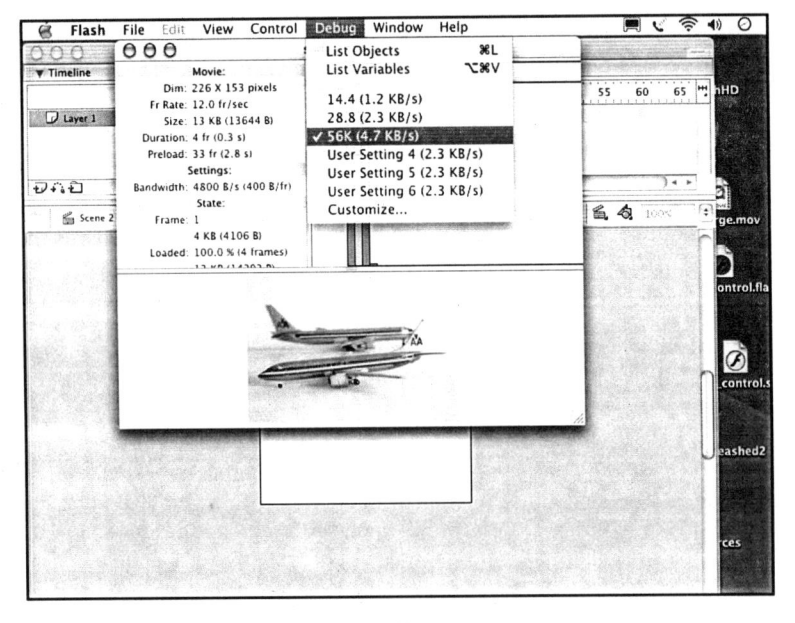

Figura 7.31 Use as diferentes velocidades do modem no menu Debug para testar e otimizar seu filme.

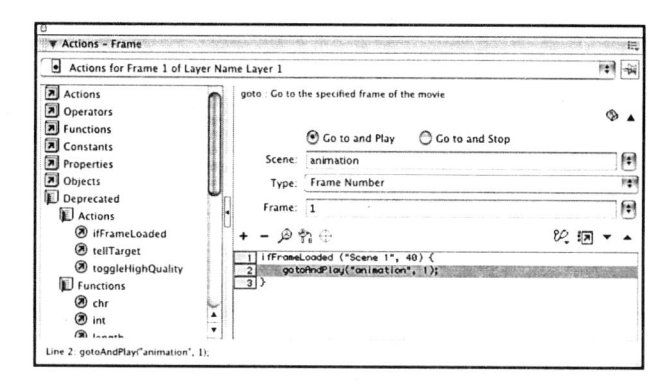

Figura 7.32 A ação goto é colocada na instrução ifFrameloaded.

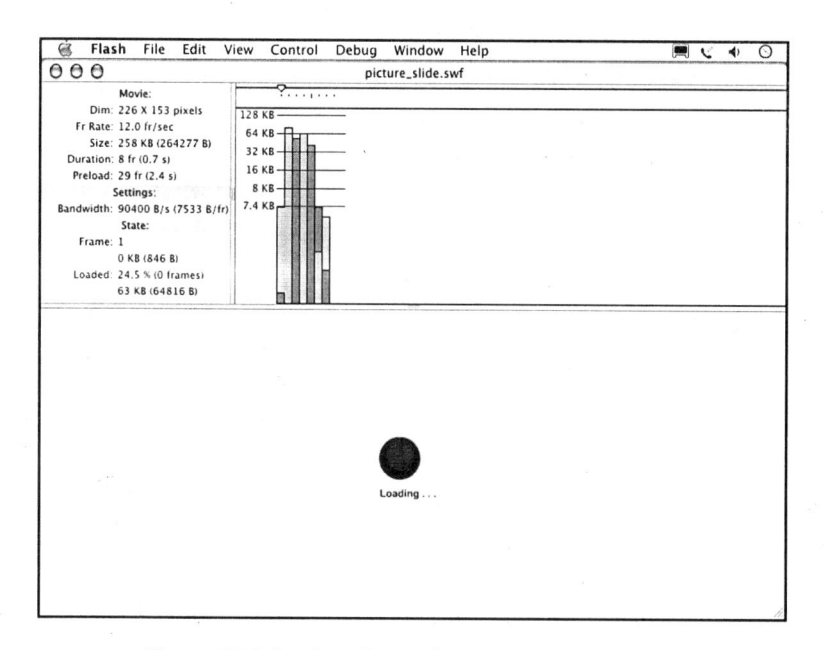

Figura 7.33 A animação sendo carregada previamente.

Capítulo 8

Publicação

por Todd Coulson

Neste capítulo

- Onde encontrar a publicação
- Formatos versáteis
- Macromedia Flash Player 6 e o formato de arquivo SWF
- Campo Version
- Definições do som
- Outras definições da aba Flash
- Definições alternativas do arquivo (JPEG, GIF e PNG)
- HTML
- Projetores independentes
- Comandos FS
- Definições QuickTime

Assim que todo seu trabalho tiver terminado, você ainda não terá acabado. O ambiente de autoria Flash é criado em um arquivo com uma extensão .fla. Quando gravar seu trabalho, seu projeto inteiro será incluído neste arquivo FLA. O problema é que a única maneira de alguém poder exibir seu trabalho sem publicá-lo é se também possuir o Flash. Também é impraticável, porque então qualquer pessoa com o Flash será capaz de abrir seu projeto e usar seus gráficos, itens da biblioteca ou qualquer outro evento de autoria. E mais, qualquer pessoa sem o Flash nunca seria capaz de ver seu trabalho. Felizmente os desenvolvedores da Macromedia intervieram salvando o dia com a *publicação*. No Flash, a publicação é mais fácil e versátil do que na maioria de qualquer outro ambiente de autoria. A publicação no Flash também permite exibir seu projeto para milhões de usuários on-line, enquanto fornece a segurança de saber que seu trabalho está protegido.

A publicação protege seu trabalho, enquanto permite simultaneamente que multidões exibam seu projeto. Vejamos como acessar a Publishing Settings (Definições da Publicação) e fornecer aos seus usuários finais a capacidade de ver seu trabalho.

Onde encontrar a publicação

Em sua barra de menus, escolha File (Arquivo) e então um dos três itens a seguir (veja a Figura 8.1):

- **Publish Settings (Alt+Shift+F12).** Escolher esta opção permitirá personalizar as definições da publicação para o arquivo FLA aberto atualmente. Isto fornecerá a capacidade de escolher o formato de arquivo e as opções específicas do arquivo desejadas para sua saída final. Saiba que algumas definições anularão as definições criadas em seu projeto.
- **Publish Preview (Visualizar Publicação).** Esta opção permite visualizar o arquivo FL publicado no formato escolhido. Apenas os itens selecionados em Publish Settings poderã ser escolhidos aqui para a visualização.
- **Publish (Publicar) (Alt+F12).** Esta opção publica os resultados de seu arquivo FLA sem deixar que você visualize sua saída. Isto também poderá ser feito indo para Publish Settings e clicando o botão Publish no lado direito da caixa de diálogo.

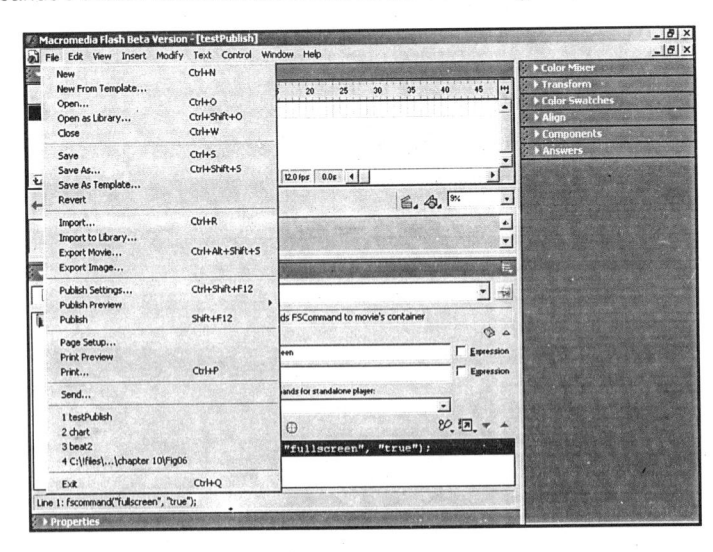

Figura 8.1 No menu suspenso File, você encontrará Publish Settings, Publish Preview e Publish.

Formatos versáteis

Assim que você estiver publicando no Flash, terá a opção de criar diversos formatos. As definições da publicação default incluem um documento SWF e HTM. O documento SWF, que é uma abreviação de *Shockwave Flash* (a parte Shockwave da extensão é mais associada atualmente ao Director, mas a extensão ficou com o Flash para a continuidade), é visível no Macromedia Flash Player. O documento HTM que vem com o documento SWF é configurado com as tags OBJECT e EMBED que incorporam o documento SWF no documento HTM. Falaremos sobre isto posteriormente no capítulo.

O Flash é altamente versátil. Não só publica em seu próprio formato (SWF), mas também publicará nos seguintes formatos "alternativos": GIF, JPEG, PNG e QuickTime. Os três primeiros formatos são formatos gráficos. Produzem imagens ou uma série de imagens para uma animação. Portanto, se você tiver criado um trabalho no Flash em um quadro ou grupo de quadros, poderá exportá-lo para ser exibido como uma imagem on-line ou para ser usado em outras aplicações.

O formato QuickTime é exibido com o QuickTime Player da Apple, e é um formato para exibir o vídeo. Com este formato, você poderá importar um filme QuickTime para o Flash. Simplesmente irá ordenar seus próprios gráficos e animações Flash e então publicará tudo para ser exibido no QuickTime Player.

O Flash também tem a capacidade de publicar em um projetor independente Mac ou PC. Isto fornece a capacidade de colocar seu projeto em um único arquivo executável independente. O projeto não contará com o Flash Player para ser exibido, nem você precisará de qualquer aplicação para exibi-lo. Simplesmente abrir um projeto independente permitirá que os usuários finais exibam seu trabalho em seus computadores.

Um dos pontos realmente maravilhosos a favor do Flash sobre muitas outras ferramentas de autoria é sua capacidade de publicar em diversos formatos. Você poderá usar o Flash como uma ferramenta de autoria para um projeto inteiro ou site Web ou simplesmente criar partes de projetos para o uso em outros ambientes de autoria ou Web. Quando você entrar mais nos aspectos de publicação do Flash, começará a perceber o impacto que ele tem como uma ferramenta para sua criatividade em geral. O Flash não é apenas um criador de sites Web, uma ferramenta gráfica ou de animação. Ao contrário, é todos os três em um também!

Macromedia Flash Player 6 e o formato de arquivo SWF

Como mencionado anteriormente, o formato de arquivo Macromedia Flash (SWF) é usado para distribuir o conteúdo Flash. Ele pode ser lido em cada uma das seguintes maneiras:

- Nos navegadores Internet que são equipados com o Flash Player. O documento SWF tem que ser incorporado em um arquivo HTM ou HTML para o navegador lê-lo.
- Dentro do Macromedia Director ou Authorware, contanto que o Flash Xtra seja incluído com o projeto Director ou Authorware final.
- Com o controle Flash ActiveX no Microsoft Office e outros hosts ActiveX.
- Dentro do QuickTime Player. Note que dependendo de qual versão do QuickTime estiver sendo usada, alguma funcionalidade do Flash MX poderá ser perdida.
- Como um filme independente chamado *projector*.

Vejamos o primeiro ponto da lista por um momento. Os navegadores da Internet requerem que os usuários finais coloquem uma extensão em seu navegador que os permitam exibir o conteúdo SWF on-line. Veja a Figura 8.2 para ter uma idéia de alguns usuários finais e das versões do Flash Player usadas. Iremos supor que Sally tenha uma extensão para a versão 4. Ela não será capaz de exibir os novos recursos criados na versão 5 ou MX. Barry está surfando a Internet com uma extensão Flash Player para a versão 3 (a máquina de Barry é bem antiga). Barry será incapaz de exibir qualquer recurso novo das versões 4, 5 e MX do Flash. Uma vantagem que Sally tem sobre Barry é que ela é capaz de exibir informações das versões 1, 2, 3 e 4. Barry é capaz apenas de exibir as versões 1, 2 e 3. Mitch está surfando a Internet com o novo Flash Player 6. Ele tem a capacidade de exibir qualquer conteúdo Flash mais recente criado no Flash MX ou em qualquer versão anterior, devido à compatibilidade.

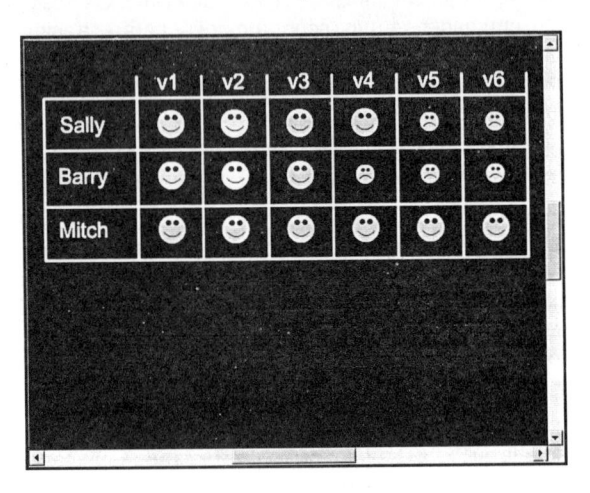

Figura 8.2 Todo programador tem que considerar a versão Flash Player com a qual seu público-alvo está exibindo os projetos. Neste exemplo, Mitch é o único usuário final que tem a capacidade de exibir o conteúdo Flash MX on-line.

Por que Sally, Barry e Mitch são importantes para nós? Eles representam o usuário final que está vendo nossos projetos. Digamos que você esteja criando um site Web sobre o jogo de cartas Bridge. Atualmente, poucas pessoas com 20 anos de idade jogam Bridge. Alguns podem, mas seu público predominante para este site Web será mais velho. Este público-alvo pode não ter a extensão mais recente. Portanto, é importante perceber isto e publicar seu projeto usando o formato da versão 3 ou 4. Também significa criar seu ActionScript ajustado para a versão apropriada. Se você tiver problemas para descobrir qual versão combina com qual parte do ActionScript, simplesmente procure. Clique na parte do ActionScript que deseja usar e então clique no ícone de livro no lado direito da janela ActionScript. Isto inicializará o ActionScript Reference Guide (Guia de Referência de ActionScript); um exemplo de guia é exibido na Figura 8.3. Esta janela informará qual versão poderá lidar com esta parte do código.

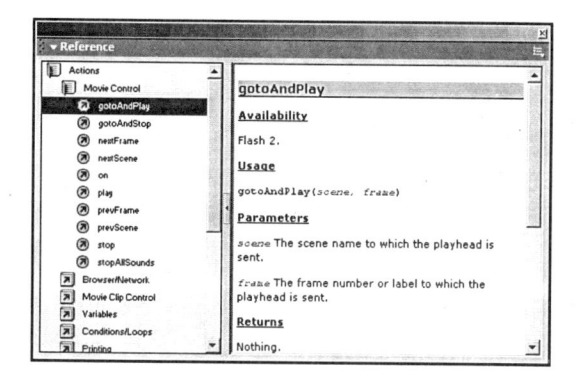

Figura 8.3 Um exemplo de como é o ActionScript Reference Guide. Pode ser um excelente guia para determinar qual código é específico para uma certa versão do Flash Player.

Campo Version

O Flash forneceu uma maneira de voltar no tempo, dando-lhe a capacidade de escolher a versão de seu documento Flash. O documento SWF resultante será ajustado para usar apenas as funções desta versão e das versões anteriores do ambiente de autoria Flash. Portanto, escolher Flash MX incluirá todas as funções MX e ActionScript.

Porém, publicar na versão destinada é importante porque permite usar o código destinado para trabalhar com esta versão particular do Flash e aquelas que a antecedem. Você poderá selecionar a versão que gostaria de usar na parte superior da aba Flash na caixa de diálogo Publish Settings, o menu suspenso Version (Versão) deverá ser parecido com a Figura 8.4. Você poderá escolher qualquer versão de 1 a 6.

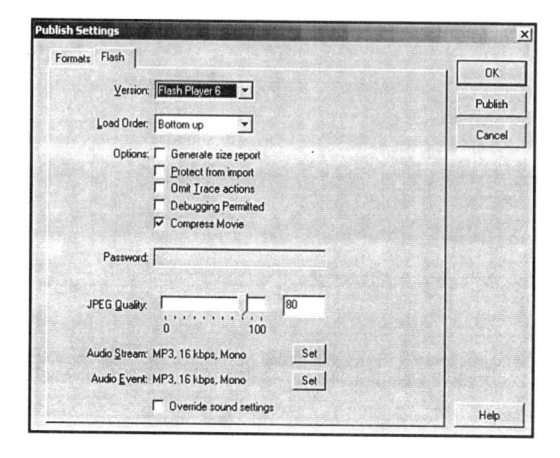

Figura 8.4 O campo Version do Flash, localizado na parte superior da aba Flash de sua caixa de diálogo Publish Settings. Permite que você escolha as versões anteriores para publicar seu arquivo SWF final.

Definições do som

Como você aprendeu no Capítulo 6, "Como trabalhar com o som no Flash", várias opções de compressão estão disponíveis para os sons importados para o Flash. Como mencionado no Capítulo 6, será melhor compactar seus sons caso a caso. Isto irá assegurar a melhor qualidade para eles e você não terá apenas uma única definição em seu filme. Porém, se ainda escolher uma única definição, o Flash fornecerá esta opção para você. Eis as etapas a seguir:

1. Escolha File, Publish Settings em sua barra de menus e clique na aba Flash.
2. Na parte inferior da aba Flash você verá as definições para o fluxo e as definições para os sons de evento (a diferença entre eles também é mencionada no Capítulo 6). Clique o botão Set (Definir) ao lado de qualquer opção. A Figura 8.5 mostra as opções do som aparecendo na caixa de diálogo Publish Settings.

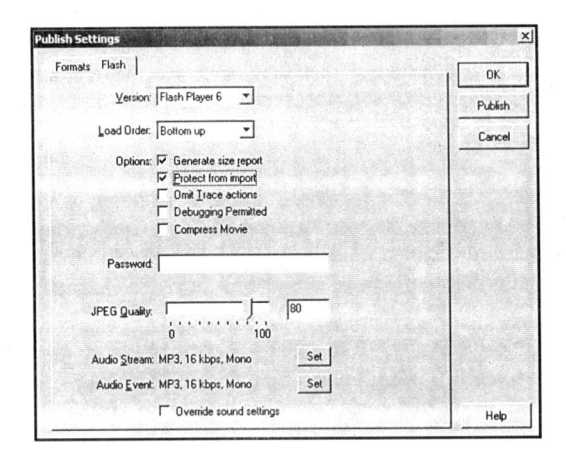

Figura 8.5 Os valores defaults para as definições de som na caixa de diálogo Publish Settings.

3. Sua primeira opção será o tipo de compressão (consulte o Capítulo 6 para obter uma listagem dos tipos de compressão a usar). Selecione Disable (Desativar) se quiser usar seus sons como foi definido em seu projeto. Selecione outra opção se quiser mudar a compressão de seus sons globalmente.
4. Também com base no tipo de som que está usando, você poderá escolher uma certa taxa de leitura, nível de qualidade ou taxa de transferência para seu som. Então clique em OK na caixa de diálogo.
5. Finalmente, sob suas opções de fluxo e evento, você terá a opção de anular as definições do som. Clicar isto irá descartar as definições criadas na biblioteca e usará a compressão escolhida anteriormente nesta caixa de diálogo.

Capítulo 8 – Publicação | **181**

Outras definições da aba Flash

Até então você aprendeu sobre o menu Version e vimos as definições do som, mas e se outros controles estiverem presentes em nossa criação Flash SWF? A Figura 8.6 mostra a aba Flash inteira e as opções encontradas lá. Eis uma lista que descreve cada uma:

- **Load Order (Ordem do Carregamento).** Use esta opção para decidir como sua linha do tempo será carregada no computador do usuário final. Suas opções são limitadas a de cima para baixo e de baixo para cima (que é o default). Porém, a principal coisa a lembrar é sua inicialização das variáveis no ActionScript. Se você tiver itens sendo carregados antes de sua inicialização, que contam com algumas destas variáveis, seu quadro poderá não ser carregado corretamente. Seu uso das variáveis é onde terá problemas com a ordem do carregamento. Portanto, é importante manter sua inicialização das variáveis o mais próximo possível da primeira coisa carregada.

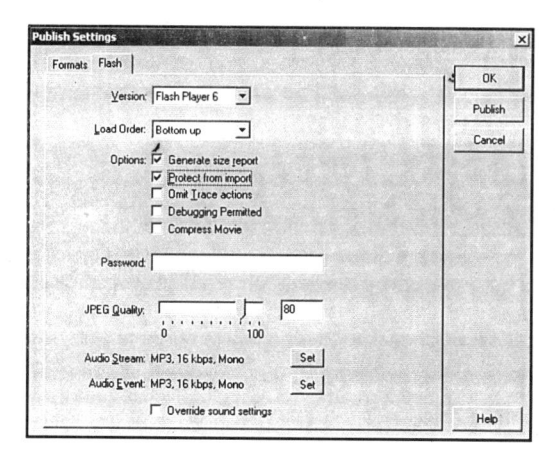

Figura 8.6 As opções na aba Flash da caixa de diálogo Publish Settings.

- **Options (Opções) e Password (Senha).** Estas opções permitirão manter seu projeto. Por exemplo, você poderá querer limitar que alguns usuários sejam capazes de depurar seu projeto ou descobrir algumas estatísticas sobre o arquivo depois da publicação. Eis as opções:
    - **Generate a Size Report (Gerar um Relatório do Tamanho).** É útil ao tentar determinar quais quadros estão causando problemas em seu documento SWF, quais quadros são maiores e quais são carregados mais rapidamente. Também é útil para determinar o tamanho geral de seu projeto. Se seu cliente solicitar um tamanho específico para um projeto, você poderá usar este relatório para os quadros de destino e reduzir o tamanho geral de um projeto. É útil ao identificar as áreas de seu projeto que podem ser grandes demais para serem carregadas para seus usuários.
    - **Protect File from Import (Proteger Arquivo da Importação).** É altamente útil para impedir que os construtores invejosos roubem sua criatividade. Você poderá também escolher ter uma senha para permitir que certos usuários exibam seu trabalho (o campo Password ficará ativo quando selecionar esta opção).

- **Omit Trace Actions (Omitir Ações de Rastreamento).** As ações de rastreamento são o código ActionScript útil ao testar as partes de seu filme. As ações de rastreamento aparecerão na janela de saída. Omiti-las é apenas uma boa idéia em sua publicação final para seus usuários finais. Não é uma boa idéia antes disto, porque você poderá querer usar as ações de rastreamento na depuração e no desenvolvimento de seu projeto.
- **Debugging Permitted (Depuração Permitida).** Esta opção fornece aos usuários finais a capacidade de depurar seu projeto a partir de um servidor remoto. Ela poderá ser útil se você precisar de uma assistência externa em seu projeto no estágio da depuração. Também é ativada por senha (portanto, o campo Password ficará ativado).
- **Compress Movie (Compactar Filme).** Esta opção está disponível apenas com o Flash Player 6. Tenta compactar seu filme com o menor tamanho possível. É definida para On (Ativada) por default.
- **JPEG Quality (Qualidade JPEG).** Esta opção refere-se especificamente à qualidade JPEG em seu filme Flash. Você tem uma faixa de opções de 0 a 100 para a qualidade das imagens de mapa de bits em seu documento Flash SWF. Lembre-se, você terá que ter o equilíbrio entre um tamanho de arquivo maior e a definição mais alta selecionada. Em geral, gosto de manter minhas imagens em torno de 90%.

Definições alternativas do arquivo (JPEG, GIF e PNG)

As opções alternativas do arquivo são para permitir a você a escolha de usar um quadro (ou quadros) em sua parte Flash fora do projeto em outro formato gráfico. Às vezes, você poderá criar o trabalho em sua parte Flash que deseja usar em outras partes impressas ou na HTML on-line. Poderá publicar os quadros selecionados a partir de sua parte Flash e convertê-los em um trabalho de arte que pode ser trabalhado no formato JPEG, GIF ou PNG. Isto poderá também ser útil se quiser manchar os objetos no Flash. Simplesmente exporte um quadro a partir do Flash, trazendo-o para o Photoshop para aplicar-lhe uma aparência de mancha e importe-o como um arquivo PNG de volta no Flash. Então poderá usar a imagem manchada nos quadros intermediários de sua animação para criar uma aparência manchada para os estilos da animação. Nesta seção veremos como publicar um quadro ou grupo de quadros para formatos alternativos.

Definições JPEG

É importante notar que os arquivos JPEG exportarão apenas o quadro no qual seu cabeçote de reprodução está atualmente. Portanto, se seu cabeçote de reprodução residir no quadro 20, então os quadros 1 – 19 não serão apresentados. A Figura 8.7 mostra um documento Flash que está atualmente no quadro 110. Nenhum outro quadro será capaz de ser exportado para o JPEG; apenas o 110 será.

Para ir para as definições JPEG, escolha File, Publish Settings e na aba Formats (Formatos), marque a caixa ao lado da opção JPEG Image (.jpg) (Imagem JPEG (.jpg)). Se você quiser que o JPEG possua o mesmo nome do arquivo FLA, certifique-se de que o quadro ao lado de Use Default Names (Usar Nomes Defaults) esteja marcado, como exibido na Figura 8.8. Este quadro de seleção está localizado na parte inferior da aba Formats.

Capítulo 8 – Publicação | **183**

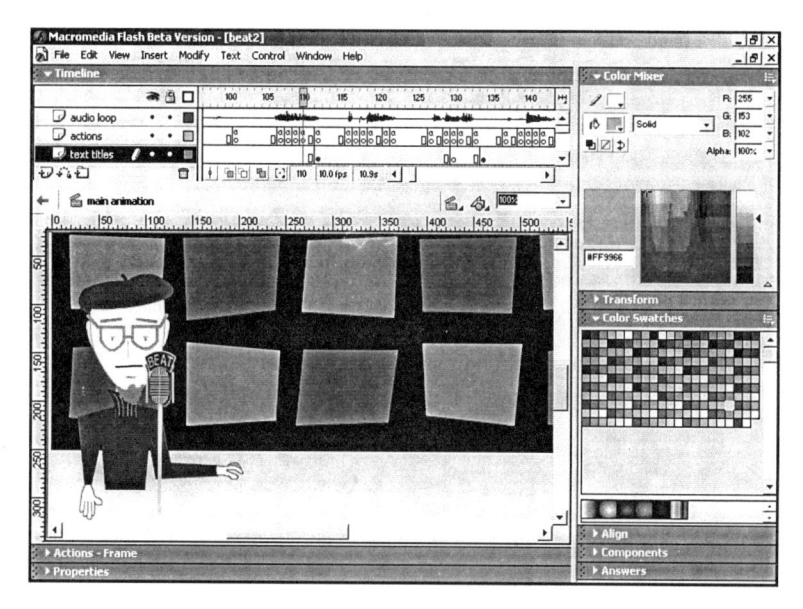

Figura 8.7 O quadro 110 é o quadro onde o cabeçote de reprodução do FLA reside. Quando este arquivo for publicado para o formato JPEG, apenas o 110 será exportado. Todos os outros quadros serão ignorados.

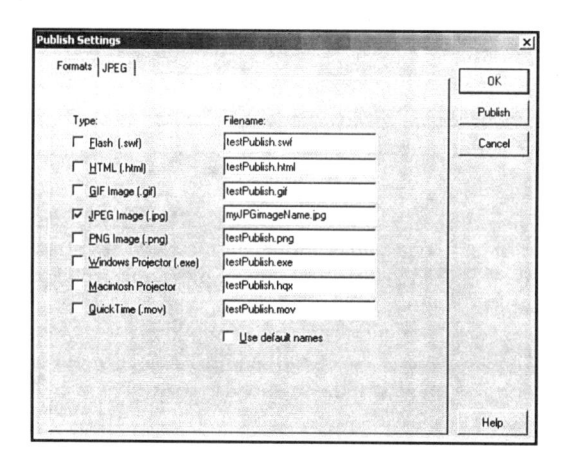

Figura 8.8 Note que o quadro Use Default Names está desmarcado, portanto, poderemos escolher qualquer nome para nossa imagem JPEG.

Se você quiser alterar o nome do arquivo JPEG, poderá desmarcar Use Default Names e automaticamente todos os nomes sob "Filename" (Nome de Arquivo) serão editáveis. Clique na caixa para o nome ao lado de JPEG Image e altere o nome para algo exclusivo. Você poderá também fornecer um caminho se não quiser que seu JPEG seja localizado na mesma pasta de arquivo de seu FLA. Terá que usar uma barra invertida (\) para separar as pastas e os nomes de arquivo no PC. No MAC, use dois pontos (:) para separar as pastas e os arquivos em seu caminho.

Imediatamente depois de selecionar JPEG Image na aba Formats, notará que uma aba para JPEG aparecerá com Formats na parte superior da caixa de diálogo Publish Settings. Clicar nesta aba permitirá que você escolha as definições que deseja para sua imagem JPEG. A Figura 8.9 exibe as opções disponíveis nesta aba. Estas definições são também descritas na seguinte lista:

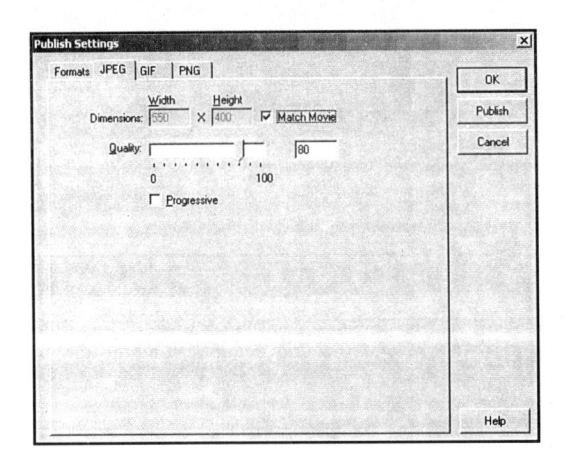

Figura 8.9 As opções da aba JPEG na caixa de diálogo Publish Settings incluem a capacidade de escolher as dimensões e a qualidade da imagem a ser produzida.

- **Dimensions (Dimensões).** Você poderá escolher ter suas dimensões coincididas com as definições do filme Flash (localizadas em Modify (Modificar), Document (Documento) em sua barra de menus) ou poderá selecionar suas próprias definições para este arquivo. Como sempre com os JPEGs (ou qualquer imagem neste sentido), quanto maiores forem as dimensões, maior será o tamanho do arquivo. Marcar a caixa Match Movie (Coincidir com Filme) irá acinzentar as dimensões. Como você já escolheu as dimensões nas definições do filme, não há nenhuma necessidade de especificar as dimensões. Se deixar este quadro desmarcado, as categorias Width (Largura) e Height (Altura) agora serão editáveis.

- **Quality (Qualidade).** Com base em um valor de 0 a 100, esta opção determina a qualidade de sua imagem. Você precisará decidir qual é seu objetivo com o JPEG. Se estiver usando esta imagem na Web, muito provavelmente desejará escolher uma definição na faixa de porcentagem 50-90. Assim, a imagem não parecerá tão limpa, mas será carregada na Internet mais rapidamente. Se você estiver criando um JPEG que eventualmente será usado em um formato de impressão, nada inferior a 100% será aceitável.

- **Progressive (Progressivo).** Isto permite que seu JPEG seja carregado de modo incremental em um navegador Web com uma conexão lenta, que fará com que sua imagem JPEG pareça ser carregada mais rapidamente em uma conexão lenta. Novamente, dependendo de seu público, esta opção poderá ser útil.

Definições GIF e PNG

O formato de arquivo GIF é ideal para as imagens que são simples e contêm poucas cores. Os exemplos destas imagens são desenhos animados, logotipos e sinais. O uso de menos cores cria GIFs melhores em termos de tempo de carregamento e visibilidade. Um GIF geralmente fornece uma qualidade menos real do que as imagens JPEG. Os GIFs, quando otimizados devidamente, criam arquivos muito pequenos, que são carregados muito rapidamente em conexões mais lentas.

Quando você estiver publicando imagens no Flash para o formato GIF, o Flash publicará automaticamente o primeiro quadro no arquivo. Se quiser um quadro diferente marcado para a exportação, terá que colocar uma etiqueta no quadro que deseja exportado. Esta etiqueta terá que ser nomeada como #static. Se você estiver exportando uma série de quadros para uma animação GIF, o Flash exportará todos os quadros de seu filme. Para selecionar uma faixa de quadros a serem exportados para o formato GIF, crie duas etiquetas do quadro. #First especifica o primeiro quadro que deseja publicado e #Last representa o nome do último quadro que deseja publicado para o GIF. Todos os quadros entre estes dois quadros serão publicados, ignorando todos os outros quadros em seu filme.

O Flash também pode exportar um mapa de imagem para usar ao especificar os links de URL em seus documentos HTML. #map especifica em qual quadro as informações do mapa estão localizadas para seu arquivo GIF.

Lembrando isto, vejamos as opções GIF clicando na caixa de verificação ao lado da opção GIF Image (.gif) (Imagem GIF (.gif)) na aba Formats novamente. Então clique na aba GIF na parte superior da caixa de diálogo Publish Settings para abrir as opções GIF. Estas opções são descritas na seguinte lista e exibidas na Figura 8.10:

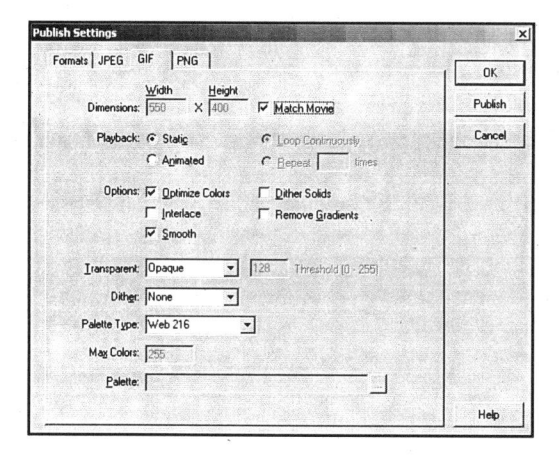

Figura 8.10 As opções na aba GIF na caixa de diálogo Publish Settings oferecem a capacidade de escolher um GIF animado ou estático e uma opção de palhetas para o GIF resultante.

- **Dimensions.** Parecida com as definições JPEG, você poderá também escolher o tamanho de sua imagem GIF. Novamente, terá a opção Match Movie ou suas próprias dimensões. Deixar esta caixa de verificação em branco permitirá que forneça uma largura e altura para seu arquivo GIF.
- **Playback (Reproduzir).** Diferente dos outros formatos de imagem, os GIFs permitem que você escolha que uma animação (série de imagens) ou uma única imagem seja incluída em seu arquivo. Escolher Static (Estático) irá acinzentar as opções à direita, pois a imagem conterá apenas um quadro. Escolher Animated (Animado) permitirá que você determine se deseja que sua animação faça um loop continuamente ou repita um número especificado de loops. Os GIFs animados geralmente são usados para os banners de anúncio. Apenas seja imparcial em seu uso da animação em uma página HTML estática, pois seus usuários poderão ficar chateados facilmente com diversos itens se movendo ao mesmo tempo em sua página.
- **Optimize Colors (Otimizar Cores).** Esta opção remove qualquer cor indesejada da tabela de cores do arquivo GIF, o que significa que usará apenas as cores essenciais para a imagem. É parecido com bloquear as cores que são necessárias para sua imagem para ter uma certa aparência (o bloqueio é usado em programas como Photoshop e Fireworks).
- **Interlace (Entrelaçar).** Permite que a imagem seja exibida de modo incremetal em um navegador quando carregada. Isto pode aparecer nos navegadores mais lentos para carregar o GIF mais rapidamente. Não entrelace os GIFs animados. É parecido com a opção Progressive nas definições JPEG.
- **Smooth (Suavizar).** Aplica a suavização da imagem para permitir que seus mapas de bits pareçam mais suaves. Embora os mapas de bits geralmente não sejam usados com GIFs, você poderá usar esta opção para aumentar a qualidade de um mapa de bits sendo convertido em um GIF. Porém, tenha cuidado, pois as imagens colocadas em um fundo colorido podem ter uma auréola cinza. Se isto ocorrer, publique de novo a imagem com a opção Smooth desmarcada.
- **Dither Solids (Pontilhar Sólidos).** Aplica o pontilhamento nas cores sólidas, assim como nas graduações. O pontilhamento é o modo como as cores fora da palheta de cores GIF são lidas.
- **Remove Gradients (Remover Graduações).** Transforma todas as graduações em uma cor sólida, usando a primeira cor na graduação como o default. As graduações são geralmente a causa dos tamanhos grandes do arquivo nos GIFs, porque requerem muitas cores para fazer uma transição suave entre duas cores.
- **Transparent (Transparente).** Fornece a capacidade de tornar sua imagem GIF transparente, sólida ou possui um valor alfa.
  - **Opaque (Sólido).** Deixa o segundo plano da imagem intacto.
  - **Alpha (Alfa).** Permite que você escolha ter um fundo semitransparente escolhendo um valor entre 0 e 255. Um valor menor, como 10, resultará em um fundo mais transparente em oposição a um valor mais alto, como 200.
  - **Transparent.** Remove completamente o fundo da imagem.
- **Dither (Pontilhar).** O pontilhamento tenta simular como as cores ausentes em uma palheta serão exibidas na imagem. Isto aumenta o tamanho de seu arquivo, mas pode melhorar a qualidade da cor.
  - **None (Nenhum).** Esta opção aproximará a cor analisada da cor mais próxima na palheta.
  - **Ordered (Ordenado).** Pontilha seu arquivo com um bom equilíbrio entre a qualidade e o tamanho do arquivo.

- **Diffusion (Difusão).** Pontilha seu arquivo com a melhor qualidade, mas perde alguma capacidade em limitar o tamanho do arquivo.
- **Palette Type (Tipo da Palheta).** O tipo de palheta é determinado por quantas cores você deseja, ou como exibirá sua imagem na Web. Suas opções de palhetas incluem o seguinte:
- **Web 216.** Usa as 216 cores padrão que são seguras de usar nos navegadores mais populares.
- **Adaptive (Adaptável).** Analisa as cores e sugere um conjunto exclusivo de cores usado para produzir a melhor imagem possível.
- **Web Snap Adaptive (Adaptável Instantâneo da Web).** Uma mistura entre Web 216 e Adaptive. Esta opção tenta maximizar a qualidade da imagem enquanto usa as 216 cores da Web sempre que achar necessário.
- **Custom (Personalizar).** As palhetas podem ser importadas para o Flash e usadas a partir de programas como o Fireworks. Têm que ser importadas usando o formato ACT. A vantagem aqui é que você determina as cores exatas desejadas. Embora leve tempo, poderá ser a melhor alternativa, especialmente para as pequenas imagens coloridas.

Os arquivos PNG seguem quase o mesmo formato do GIF, com algumas diferenças menores. Você poderá encontrar uma exibição gráfica das opções para os arquivos PNG na Figura 8.11.

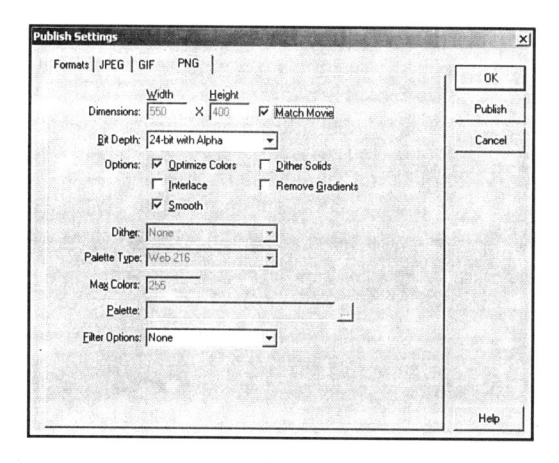

Figura 8.11 As opções na aba PNG na caixa de diálogo Publish Settings oferecem a capacidade de escolher um pouco de profundidade e uma palheta para o arquivo PNG resultante.

Os arquivos PNG funcionam basicamente fora de um sistema com profundidade da cor que permite ter uma transparência em um formato de mapa de bits para a imagem. Para ativar a transparência, você terá que selecionar 24-bit with Alpha (24 bits com Alfa) para sua definição Bit Depth (Profundidade do Bit). Se sua imagem não requerer um efeito transparente, escolha 16 ou 24 bits para reduzir o tamanho de seu arquivo PNG.

A outra opção que o PNG fornece que o GIF não fornece é a capacidade de escolher um filtro. Esta opção tenta tornar o mapa de bits mais compactável. É um sistema que vê os pixels vizinhos, para ter uma idéia de qual deverá ser o valor do pixel geral em um sistema de filtragem linha por linha. Eis as opções disponíveis para a filtragem:

- **None.** Desativa a opção de filtragem.
- **Sub.** Avalia a diferença entre o pixel antes do pixel atual e o pixel atual para obter um valor.
- **Up (Acima).** Examina o pixel atual e o pixel vizinho acima dele para avaliar o valor do pixel atual.
- **Average (Média).** Obtém os pixels vizinhos acima e à esquerda do pixel atual para prever um valor para o pixel atual.
- **Path (Caminho).** Cria uma função fora dos pixels superior, superior esquerdo e esquerdo para chegar a um valor para o pixel atual.
- **Adaptive.** Analisa as cores necessárias para produzir a imagem com melhor qualidade. O tamanho do arquivo de um sistema de filtragem adaptável pode ser reduzido diminuindo o número de cores em sua imagem. Contudo, esta opção é geralmente para usar em máquinas com milhões de cores.

HTML

No início da vida do Macromedia Flash, quando era conhecido como *Future Splash*, o produto tinha pouco uso porque o ActionScript não era ainda um componente. Porém, foi uma ótima ferramenta gráfica, e muitos desenvolvedores iniciais falavam sobre como o Flash funcionava bem como uma ferramenta para criar GIFs animados e imagens para a Web. Quando a Macromedia introduziu o Flash 3, o jogo começou a mudar um pouco. Não só os construtores gráficos estavam encontrando um uso para a ferramenta, mas os programadores tinham alguma liberdade de movimento, sendo capazes de construir mais interatividade em seus projetos. A interatividade explodiu com o Flash 4, quando o ActionScript foi colocado na mistura. O Flash agora era uma ferramenta que os desenvolvedores podiam usar para criar sites Web inteiros.

Bem, não exatamente um site Web *inteiro*, pois o site Web ainda tem que vir de um formato de arquivo SWF para sua página Web, para que os usuários finais o exibam. É onde a aba HTML na caixa de diálogo Publish Settings entra em cena. O Flash, ao publicar a HTML, criará um documento que incorpora o Flash SWF no código HTML para permitir que o documento SWF seja visto pelo navegador. O código criado é composto pelas tags OBJECT e EMBED, que permitem especificar que um SWF Flash seja exibido. Eis um exemplo:

```
<OBJECT    classid="clsid:D27CDB6E-AE6D-11cf-96B8-44455354000"
codebase="http://download.macromedia.com/pub/shockwave/cabs/flash/swflash.cab#version=6,0,0,0"
    WIDTH="550"   HEIGHT="400"   id="testPublish"   ALIGN="">
    <PARAM  NAME=movie   VALUE="testPublish.swf">   <PARAM  NAME=quality   VALUE=high>
    <PARAM NAME=bgcolor VALUE=#FFFFFF> <EMBED src="testPublish.swf" quality=high
bgcolor=#FFFFFF WIDTH="550" HEIGHT="400" NAME="testPublish" ALIGN=""
    TYPE="application/x-shockwave-flash"
PLUGINSPAGE="http://www.macromedia.com/go/getflashplayer"></EMBED>
</OBJECT>
```

Capítulo 8 – Publicação | 189

Nota

A tag OBJECT apareceria entre as tags do corpo no documento HTML. Ao publicar este arquivo HTML, um arquivo HTML com o código anterior será criado.

Iremos tentar publicar este arquivo HTML. Primeiro certifique-se de que a caixa HTML esteja marcada na aba Formats na caixa de diálogo Publish Settings. Se estiver marcada, você notará que imediatamente a caixa Flash ficará marcada também (se já não estava marcada antes). É porque o Flash precisa saber qual Flash SWF será usado no código da HTML. Portanto, usará o arquivo FLA que você abriu como o gabarito para a criação de seu código. Sua janela deverá ficar parecida com a Figura 8.12. Agora clique na aba HTML na parte superior da caixa de diálogo Publish Settings. Eis as opções que encontrará lá:

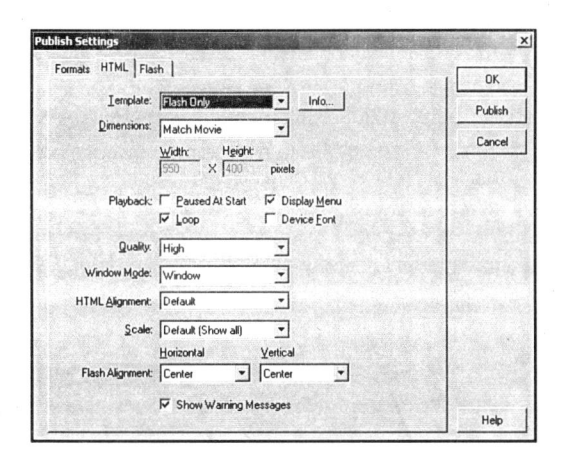

Figura 8.12 As opções na aba HTML na caixa de diálogo Publish Settings. Escolher estas opções irá personalizar e ajustar um arquivo HTML ou HTM às suas especificações. O arquivo resultante terá que ser publicado em acréscimo a um arquivo SWF.

- **Template (Gabarito).** Este é o formato que Flash usará para criar o código HTML para você. Também é útil para criar o código no script Flash/HTML final superior. Porém, se estiver apenas iniciando no Flash, use o gabarito default Flash-only (apenas Flash). O gabarito default é configurado simplesmente para fornecer as tags OBJECT e EMBED em sua HTML para incorporar o documento no código. Os outros gabaritos incluem o seguinte:
  - **Detect for Flash (Detectar para o Flash).** Detecta os Flash Players passados (para a versão 3, 4, 5 e 6).
  - **Flash Only.** Coloca apenas um documento Flash SWF em um arquivo HTML.
  - **Flash w/ AICC Tracking (Flash com Controle AICC).** Incorpora um arquivo Flash com suporte para o controle AICC ao usar o componente Learning (Aprendizagem) da Macromedia.

- **Flash w/ SCORM Tracking (Flash com Controle SCORM).** Incorpora um arquivo Flash com suporte para o controle SCORM ao usar o componente Learning da Macromedia.
- **Flash w/ FS Command (Flash com Comando FS).** Incorpora o Flash na HTML, mas também empresta suporte para o JavaScript em coordenação com os comandos FS.
- **Flash w/ Named Anchors (Flash com Âncoras Nomeadas).** Incorpora o Flash na HTML, mas permite que você configure etiquetas como pontos de âncora para serem usadas com o botão Back (Voltar) do navegador do usuário final e para as capacidades de marcador.
- **Image Map (Mapa de Imagem).** Configura os mapas de imagem (para serem usados com os arquivos PNG ou GIF criados).
- **Flash with FSCommand (Flash com Comando FS).** Fornece a capacidade de trabalhar com os comandos FS (os comandos FS serão analisados posteriormente neste capítulo).
- **QuickTime.** Exibe o SWF em um filme QuickTime do navegador (você tem que usar este gabarito em coordenação com a aba QuickTime).
- **Pocket PC 2002.** Ajuda na criação do Flash para os dispositivos de mão.

Para este exemplo, trabalharemos com o gabarito default, mas sinta-se à vontade para usar um gabarito diferente, para ver qual código é criado com este gabarito em particular.

- **Dimensions.** Esta caixa de diálogo solicitará que forneça o tamanho de seu projeto. Um efeito muito interessante do Flash é que você pode escolher fazer com que seu filme Flash coincida com o tamanho do filme, corrigi-lo para um tamanho diferente ou deixar que o tamanho do navegador determine o tamanho de sua parte. Se você escolher Percentage (Porcentagem), o tamanho de seu navegador terá o tamanho de seu projeto final. É um recurso útil quando desejar que todo usuário veja todo seu projeto, porque ele ajusta seu projeto ao tamanho do navegador. A desvantagem deste recurso é que sua apresentação poderá ficar estendida. Portanto, se seu filme tiver 640x480, e seu usuário tiver uma altura do navegador maior que a largura do navegador, sua apresentação ficará apertada para caber no tamanho do navegador. Para evitar isto, leia sobre a propriedade Scale (Dimensionar), nesta seção.
- **Paused at Start (Com Pausa no Início).** Você deseja que seu filme faça uma pausa no início ou seja executado automaticamente? É um tipo de opção boba. Não estou certo da razão pela qual você teria que fazer uma pausa no início, mas poderá deixar que seus usuários escolham quando desejam iniciar o filme, clicando um botão na apresentação ou clicando com o botão direito do mouse e então clicando em Play (Reproduzir) no Flash Player. Este recurso não é usado nas apresentações profissionais, onde a navegação irá parar e iniciar a apresentação e o controle está nas mãos do usuário final.
- **Loop.** Desativar este recurso irá parar o SWF no final do filme. Será também um recurso irrelevante se sua navegação for bem considerada. Em geral, os programadores Flash gostam de escolher quando o filme pára e inicia usando o ActionScript do Flash, mas se você tiver um desenho animado com loop contínuo, poderá querer ativar este recurso. Se estiver ativado, o Flash irá reproduzir de novo a partir do quadro 1 quando atingir o final do filme.
- **Display Menu (Exibir Menu).** Esta opção permite que seus usuários finais tenham o menu completo de itens disponíveis clicando com o botão direito do mouse em seu SWF no Flash Player. É um recurso-chave, porque muitos desenvolvedores gostam da idéia de manter o controle em suas mãos, não nas mãos do Flash Player. Cancelar a seleção desta opção resultará em apenas a opção About Flash Player (Sobre o Flash Player) aparecendo clicando com o botão direito do mouse no ambiente Flash Player.

Capítulo 8 – Publicação | **191**

- **Device Font (Fonte de Dispositivo).** Para as máquinas Windows, você poderá também querer usar o Device Font para substituir as fontes não instaladas pelas fontes do sistema com suavização da aparência no computador do usuário. Isto irá assegurar uma melhor qualidade da legibilidade de seus usuários finais para aquelas partes do texto que são definidas para serem exibidas com as fontes de dispositivo.
- **Quality.** Iremos determinar como o Flash irá reproduzir os itens no SWF. Se você escolher Low Quality (Baixa Qualidade), estará favorecendo a velocidade da reprodução e o desempenho nas máquinas mais lentas (mas perdendo a qualidade da aparência para os itens na tela). Escolher High Quality (Alta Qualidade) irá favorecer os gráficos com melhor aparência, mas seu filme poderá reduzir o desempenho em algumas máquinas mais lentas. Verifique seu público-alvo para ver que tipo de máquina será usada. Se suas máquinas exigirem muito do processador, você poderá selecionar a definição High Quality aqui. Se não estiver certo, poderá escolher Auto High (Alta Automática) ou Auto Low (Baixa Automática). Isto irá favorecer a qualidade das imagens (High) ou a velocidade (Low) e tentará melhorar o recurso oposto sempre que julgar ser necessário para ter uma melhor reprodução. Medium (Média) tentará fornecer uma boa qualidade e boa velocidade, mas não escolherá caso por caso. A opção Best (Melhor) fornecerá a melhor qualidade disponível, sacrificando a velocidade do projeto.
- **Window Mode (Modo de Janela).** Permite que você altere a transparência, o posicionamento e a camada do filme Flash em questão. Faz isto alterando a tag WMODE na tag OBJECT de seu documento HTML. Recomendaria deixar esta opção definida para Window. Este modo tenta colocar a parte Flash em sua própria janela retangular na página Web e tenta reproduzir o filme mais rapidamente do que as outras opções. Porém, se você pretende enviar sua apresentação no Internet Explorar 4.0 com o controle ActiveX, poderá querer usar as outras opções. A opção Opaque Windowless (Solidez sem Janela) permite que você coloque os itens atrás da parte Flash, sem permitir que sejam exibidos. A opção Transparent Windowless (Transparente sem Janela) permite exibir os objetos em sua página HTML atrás do Flash SWF.
- **HTML Alignment (Alinhamento da HTML).** Posiciona a parte Flash na janela HTML. O alinhamento Flash vê como o filme Flash é colocado na janela do filme. Estas tags são altamente importantes quando você está tentando mover sua parte Flash para a borda de sua janela HTML (por exemplo, se estiver abrindo uma janela instantânea para seu SWF aparecer). Se estiver tentando fazer isto, terá que escolher as opções Left (Esquerda) ou Top (Superior) para que seu filme se mova para o mais perto possível da borda da janela do navegador.
- **Scale.** Determina como sua parte Flash será dimensionada se você não escolheu Match Movie na propriedade Dimensions anteriormente.
  - **Default.** Tenta exibir o filme inteiro sem distorcer a imagem original, enquanto mantém a proporção original de seu filme.
  - **No Border (Sem Borda).** Dimensiona seu filme para preencher a área especificada, mas pode cortar seu filme para manter sua proporção.
  - **Exact Fit (Adequação Exata).** Exibe o filme inteiro na área especificada, sem levar em consideração a proporção. Esta opção pode causar distorção de seu projeto em algumas máquinas.
  - **No Scale (Sem Dimensionamento).** Impede que o filme se dimensione quando o Flash Player for redimensionado.
- **Flash Alignment (Alinhamento do Flash).** Isto tentará posicionar ou cortar (se necessário) a parte Flash na janela especificada por outros alinhamentos.
- **Show Warning Messages (Exibir Mensagens de Aviso).** Marcar esta opção fará com que o Flash avise se suas opções entrarem em conflito de algum modo. O Flash permitirá que você saiba se suas definições irão gerar erros no código.

Projetores independentes

Lembre-se que o Flash é versátil – um ponto que ressoou neste capítulo. Isto significa que você não terá que usar a Web para exibir sua criação. Poderá escolher enviar seu projeto no CD-ROM ou em um quiosque. É onde o uso dos projetores independentes é altamente útil. Você encontrará a opção para publicá-los escolhendo Mac Projector (Projetor Mac) ou Windows Projector (Projetor Windows) (.exe) nas caixas de verificação na aba Formats, mostrada na Figura 8.13. Publicar com uma destas opções marcadas criará um arquivo com a extensão .exe para o PC ou .hqx para o Mac.

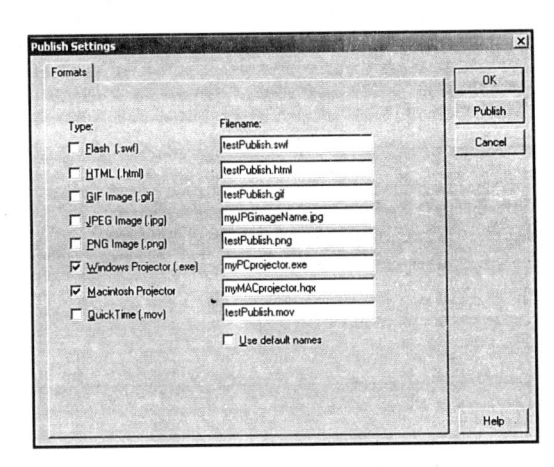

Figura 8.13 Na aba Formats da caixa de diálogo Publish Settings, você pode escolher publicar os arquivos do projetor independente Mac ou PC. Pode também fornecer a cada arquivo seu próprio nome exclusivo.

O arquivo Mac não pode ser aberto em seu PC, mas pode ser transferido para o Mac para ser aberto nesta plataforma. Porém, clicar duas vezes em um destes arquivos executará ou irá reproduzir o arquivo Flash criado em seu próprio formato independente, significando que não há nenhuma necessidade do Flash Player (qualquer versão) no computador do usuário final para reproduzir o projeto.

Comandos FS

Se você simplesmente clicar duas vezes em seu arquivo executável, pode ter notado que o projeto ainda aparece em uma janela, semelhante ao Flash Player. É porque o projeto não foi definido para Full Screen (Tela Cheia). Para fornecer ao seu projeto recém-criado e independente recursos especiais como Full Screen, terá que enviar os comandos FS para o Flash para informá-lo para executar tais ações.

Os comandos FS são uma série de comandos que podem, em alguns casos, transmitir argumentos para o programa de host do Flash Player. Nesta situação, estaremos vendo o host executável independente. Porém, você poderá estar usando um comando FS para enviar mensagens para o JavaScript em um navegador. Poderá querer usar os comandos FS para se comunicar com o Director através de strings ou eventos. Poderá ainda usar os comandos FS para transmitir informações através do Visual Basic ou C++.

Para acessar os comandos FS, clique no primeiro quadro de seu filme e então vá para sua palheta Actions (Ações), também exibida na Figura 8.14. Em Actions, na categoria Browser/Network (Navegador/Rede), você encontrará uma parte do ActionScript para o FSCommand. No modo Normal, clique neste item. Note que você tem um campo que é identificado como Commands for Standalone Player (Comandos para Player Independente). São os itens que poderá escolher para o projetor independente.

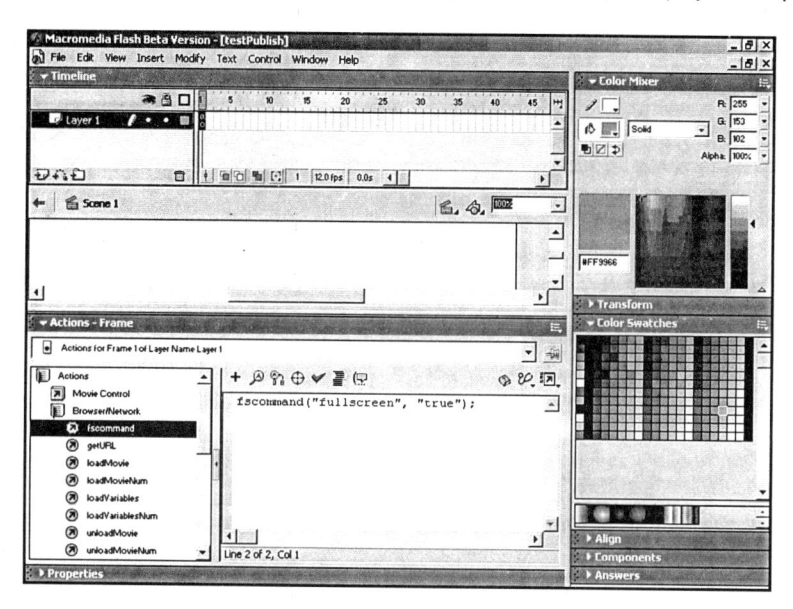

Figura 8.14 No painel Actions, poderá escolher os comandos FS para controlar a aparência de seu arquivo do projetor. Aqui, a opção Fullscreen está definida para True.

Os comandos FS disponíveis na janela ActionScript incluem os seguintes:
- Quit. Fecha o programa e não aceita nenhum argumento.
- Fullscreen. Definir isto para True exibirá seu projeto na tela cheia no computador do usuário final. Isto significa que preencherá a tela a qualquer custo. A opção default, False, abrirá seu projeto em uma janela.
- Allowscale. Este comando, quando definido para True, irá dimensionar seu projeto para atingir os cantos da tela de seu usuário. Uma definição False sempre irá redefinir o projeto para o tamanho de seu filme, deixando os espaços externos da tela com a mesma cor da cor de fundo de seu documento.
- Showmenu. Este comando é parecido com a opção Display Menu na caixa de diálogo HTML. Definir isto para ser igual a True fornecerá o conjunto inteiro de itens de menu ao clicar com o botão direito do mouse na apresentação Flash. Defini-lo para False exibirá apenas a opção About Flash Player.
- Trapallkeys. Envia *todos* os eventos de tecla para a sub-rotina onClipEvent.

Definições QuickTime

Às vezes, QuickTime pode ser usado para criar uma solução para problemas com a sincronização do som. Como exemplo, minha empresa estava trabalhando em um quiosque interativo no Director. Cada módulo continha informações sobre as terras úmidas e uma atividade para ensinar sobre as informações apresentadas na frente do módulo. Uma atividade incluía os desenhos animados e escolhemos criá-los no Flash por causa de suas capacidades superiores de animação. Quando importei os desenhos animados Flash SWF para o Director, tive um problema. O Flash e o Director eram aplicações baseadas em quadros e achei que manter a sincronização era difícil. Em quantos mais computadores testávamos, mais o problema se intensificava, pois o processador de um computador podia interpretar as velocidades de projeção do Flash no Director totalmente diferente do outro computador. Nossa solução foi publicar nosso documento Flash como um arquivo QuickTime e importar o produto baseado no tempo para o Director. Assim, um filme baseado no tempo pode eliminar os quadros para acompanhar a velocidade de projeção nos computadores mais lentos. Presto! Problema resolvido.

Esta história mostra a flexibilidade dos projetos Flash. Também demonstra uma maneira de você poder usar o QuickTime em seus projetos. Outro uso importante para o QuickTime é adicionar mais animação aos seus filmes. Suponha que tenha um filme ao qual gostaria de adicionar uma animação Flash que você já completou em seu MOV (a extensão de arquivo para os filmes QuickTime). Poderá querer importar o MOV para o Flash e então executar sua animação no Flash. Quando for publicado, o Flash colocará o MOV na trilha do filme e a animação Flash em uma trilha nova separada. Agora sua animação está incorporada em seu MOV.

A Figura 8.15 mostra as opções defaults para a aba QuickTime. Eis as opções que você precisa para publicar seu MOV:

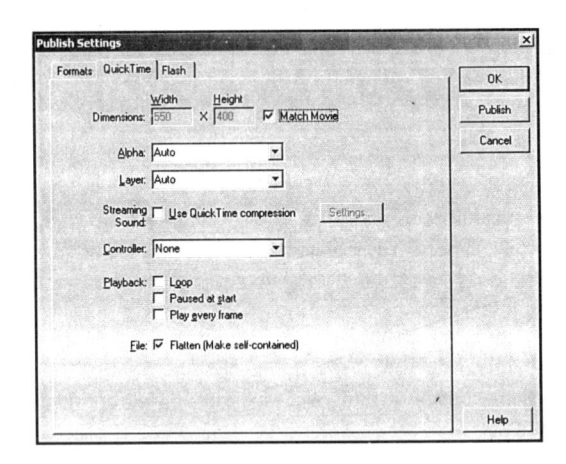

Figura 8.15 As opções na aba QuickTime na caixa de diálogo Publish Settings oferecem a capacidade de escolher várias opções de camada e de reprodução para seu arquivo MOV resultante.

- **Dimensions.** Como as outras opções Dimensions, aqui você tem a opção de coincidir com o filme ou escolher suas próprias dimensões.
- **Alpha.** Escolher Auto (o default) irá assegurar que quando não tiver nenhuma outra trilha em seu filme (fora da trilha Flash), o filme será sólido. Se outras trilhas estiverem atrás da trilha Flash, a trilha Flash ficará transparente para mostrar as outras trilhas. Escolher Alpha-Transparent (Alfa-Transparente), óbvio, tornará a trilha Flash transparente no MOV. A opção Copy (Copiar) tornará a trilha Flash sólida.
- **Layer (Camada).** Esta opção determina onde sua trilha Flash está localizada. Top (Superior) coloca-a na frente de todos os outros objetos, ao passo que Bottom (Inferior) coloca-a atrás de todas as outras trilhas em seu filme. A opção Auto determina se qualquer item do filme está na frente de seu filme na linha do tempo do filme. Se houver, sua trilha Flash se reproduzirá na frente. Do contrário, irá se reproduzir atrás da trilha do filme.
- **Streaming Sound (Som com Fluxo).** Você tem um som em seu filme Flash? Se tem, ele poderá ser compactado no QuickTime Player e colocado em sua própria trilha. Apenas marque esta caixa e preencha as opções necessárias para seu som.
- **Controller (Controlador).** Especifica o tipo de controlador que será associado a este filme MOV. Eis as opções:
  - **None.** Cria um MOV que é um arquivo simples sem barra de controle anexada. É uma opção útil quando você está incorporando o filme QuickTime em uma apresentação Director, onde poderá usar o Lingo para controlar a interface MOV.
  - **Standard (Padrão).** Inclui a barra de ferramentas padrão que permite ao usuário interagir com o filme MOV.
  - **QuickTimeVR.** Se seu arquivo Flash for usado em um formato QuickTimeVR, escolha esta opção para exportar seu MOV com as ferramentas de interação QuickTime disponíveis para o usuário final.
- **Playback.** Muito parecida com as definições GIF, você poderá escolher ter seu MOV com pausa no início, fazer um loop no final do filme ou reproduzir cada quadro. A última destas três definições poderá forçar o processador de seu computador, porque faz com que o MOV reproduza todo quadro de seu SWF, sem coincidi-lo com a linha do tempo.
- **File.** Escolher Self-Contained (Independente) irá assegurar que você tenha um único documento no final do processo de publicação. O arquivo resultante será um único documento MOV que "contém" as informações Flash nele. Cancelar a seleção desta opção fará com que mantenha todos os itens importados (como seu filme QuickTime original) no mesmo local para que o MOV resultante possa se referir a eles.

O Flash é um programa altamente versátil. Ele pode criar arquivos prontos para a Web (arquivos SWF e HTML), arquivos do projetor independentes (projetor EXE e Mac), imagens (GIF, JPEG e PNG) e filmes QuickTime com interatividade (MOV). A capacidade de publicação está em reconhecer o meio correto para seu público-alvo. Selecionar a devida mistura de elementos é como seu projeto terá sucesso. Embora a publicação seja uma das últimas etapas no processo de criar um projeto Flash, você deverá ter uma idéia geral de quais formatos estará usando antes de abrir a janela Publish para seu teste final. Agora que conhece a capacidade que o Flash possui, poderá utilizá-la para o benefício de seus clientes.

Capítulo 9

Técnicas de animação e vídeo digital

por Matt Pizzi

Neste capítulo

- Como controlar a velocidade
- A bola saltadora
- Como integrar o vídeo digital no Flash MX
- Como criar os controles do filme QuickTime e uma superfície QuickTime personalizada

Este é um capítulo divertido. Iremos analisar tópicos como as técnicas de animação tradicionais. Você verá como poderá aplicar as técnicas usadas por artistas nos estúdios de animação tradicionais nos filmes Flash. Estas técnicas poderão adicionar vida às suas animações, tornando-as mais fluidas, menos rígidas e finalmente mais reais.

Também aprenderá como pode incorporar o vídeo digital em seus filmes Flash. O Flash MX oferece muito suporte novo do vídeo. O Flash também integra-se ao QuickTime 5; na verdade, você poderá construir sua própria navegação e controle no Flash para controlar o QuickTime Player. Porém, começaremos este capítulo falando sobre as técnicas de animação.

Como controlar a velocidade

Controlar a velocidade em um filme Flash pode ser um conceito capcioso de entender quando estiver aprendendo pela primeira vez o Flash. É importante lembrar que a velocidade de projeção (quantos quadros por segundo uma animação está reproduzindo) não é a maneira de ajustar a velocidade de uma animação.

A velocidade de projeção é uma definição global para o filme Flash inteiro. Quanto mais alta for a velocidade de projeção, mais real e fluida parecerá a animação. A desvantagem disto é que quanto mais alta for a velocidade de projeção, mais capaz a máquina do usuário final terá que ser, e mais rápida terá que ser a conexão da Internet do usuário final. Como uma velocidade de referência, considere que o filme se reproduz com 24 quadros por segundo (fps) e o vídeo digital se reproduz com 29,97 fps. Como ideal, se você estiver lidando com a animação de personagens, a velocidade de projeção deverá ser aumentada para 20-25 fps. Se estiver lidando estritamente com a construção da interface, mantenha-a um pouco mais baixa (algo entre 12 e 18 fps). Naturalmente, não há nenhum padrão, portanto, terá que tomar uma decisão em relação a em que deseja que a velocidade de projeção seja baseada em suas circunstâncias específicas. Você terá que levar em conta seu público e o conteúdo no site.

Portanto, a pergunta é: como você controla a velocidade de qualquer animação dada em seu filme? Lembre-se que quanto menos quadros forem usados, mais rápida parecerá a animação. Vá para o site Web complementar Unleashed e carregue o arquivo speed_example.fla. Abra o documento no Flash e note os três círculos diferentes. E mais, anote a linha do tempo, como exibida na Figura 9.1.

Uma maneira de exibir a rapidez com que algo está se movendo é ativar o recurso Onion Skin (Papel Fino). É como um animador tradicional veria uma animação em uma caixa de luz. Observe na Figura 9.2 que você vê uma cascata de todos os quadros diferentes juntos.

Na Figura 9.2, notará que a animação superior tem lacunas grandes entre cada círculo. Provavelmente isto está se movendo um pouco rápido demais para a animação, de modo que o olho do usuário final não verá este círculo se movendo na tela de modo fluido. Na verdade, na animação tradicional, isto é chamado de *estrobo*. Portanto, se você reproduzir a animação, o círculo mais rápido parecerá quase estar piscando na cena.

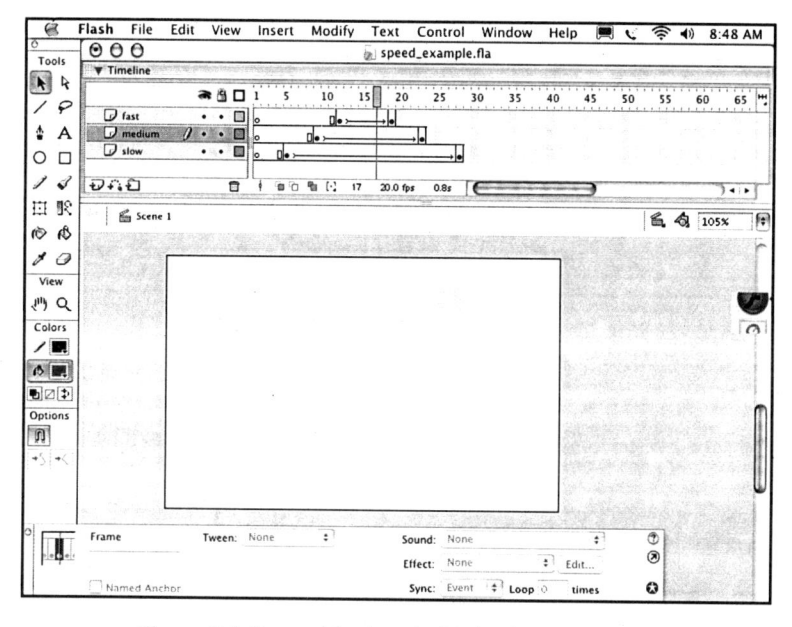

Capítulo 9 – Técnicas de animação e vídeo digital | **199**

Figura 9.1 O exemplo de velocidade demonstra como menos quadros criam uma animação mais rápida.

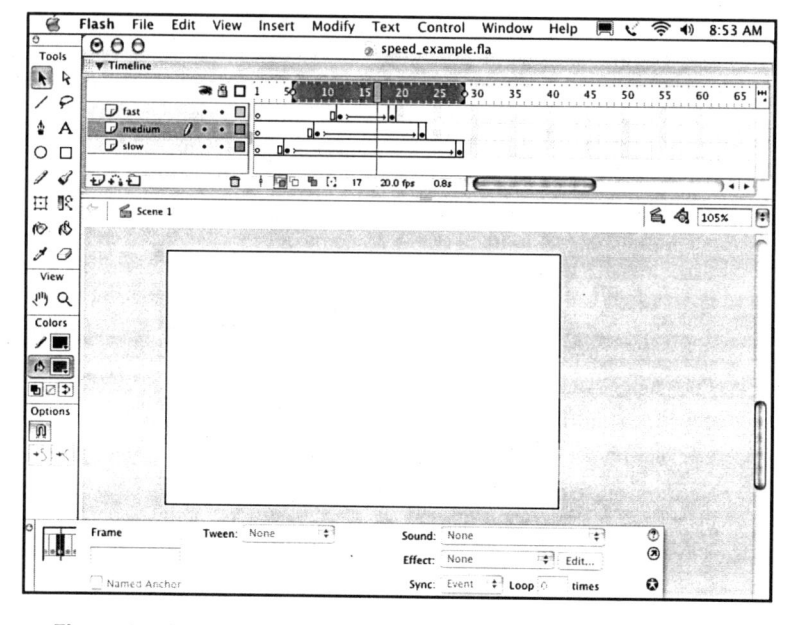

Figura 9.2 O exemplo de velocidade com o recurso Onion Skin ativado.

A bola saltadora

Nesta seção, iremos trabalhar em um exercício para construir uma bola saltadora. Ao construir esta bola saltadora, você estará aprendendo os fundamentos da animação. Poderá aplicar estas técnicas em muitas de suas animações Flash, para criar efeitos mais vivos. Uma empresa que usa estes tipos de técnicas em seu desenvolvimento é a Look and Feel New Media (www.lookandfeel.com). Veja o site Web e algumas partes do portfólio, para ter uma idéia de como poderá incorporar estas técnicas na construção Flash.

Bola saltadora

Neste exercício, estaremos usando conceitos de animação diferentes, como a suavizar, estender e achatar para conseguir um efeito realista. Eis as etapas a seguir:

1. Crie um novo documento. Escolha File (Arquivo), Save As (Salvar Como) e nomeie-o como bouncing_ball.fla.

2. Crie um símbolo de um círculo escolhendo a ferramenta Oval no painel Tools (Ferramentas) e então escolhendo uma cor de preenchimento. Deixe a cor da pincelada em branco.

3. Desenhe um círculo no canto superior direito da cena. Clique no círculo para destacá-lo e pressione F8 em seu teclado para convertê-lo em um símbolo. Note que a caixa de diálogo Convert to Symbol (Converter em Símbolo) aparecerá. Dentro dela, no campo de texto Name (Nome), nomeie este símbolo como **circle**. Certifique-se de que tenha o botão de rádio Movie Clip (Clipe do Filme) selecionado para o comportamento. Então escolha OK.

4. Você entrará no modo de edição do símbolo de clipe do filme. Clique na aba Scene 1 (Cena 1) sob a linha do tempo no lado esquerdo para sair do modo de edição.

5. Clique duas vezes na camada 1 e nomeie-a como **circle**.

   Você precisará criar um movimento intermediário e fazer com que este círculo siga um caminho, portanto, iremos configurar isto. Observe que precisará de um pouco mais de quadros-chave do que algumas animações criadas anteriormente.

6. Agora crie uma guia de movimento para esta bola seguir. No painel Layers (Camadas), clique o botão azul Add Motion Guide (Adicionar Guia de Movimento), como mostrado na Figura 9.3.

7. Na camada Guide (Guia), usando a ferramenta Pen (Caneta), desenhe uma guia com três arcos. Torne o primeiro arco o maior; então torne-os progressivamente menores, como mostrado na Figura 9.4.

8. Na camada Guide, selecione o quadro 60, pressione F5 em seu teclado para inserir um quadro. Note que a camada Guide agora está estendida nos 60 quadros.

9. Destaque o quadro 10 da camada circle e pressione F6 em seu teclado para inserir um quadro-chave no quadro 10. Observe que a linha do tempo agora está estendida até o quadro 10.

10. No quadro 10, mova o círculo de sua posição original para baixo, até a parte inferior da cena, no início da guia, como mostrado na Figura 9.5.

11. Selecione o quadro 1 na camada circle e no Properties Inspector (Inspetor de Propriedades), escolha Motion Tweening (Movimento Intermediário) no menu suspenso Tween (Intermediário).

12. Insira um quadro-chave no quadro 18 da camada circle selecionando o quadro 18 e pressionando F6 em seu teclado. Isto estenderá a linha do tempo. No quadro 18, mova o círculo da parte inferior para a parte superior do arco, como mostrado na Figura 9.6.

13. Destaque o quadro 10 e no Properties Inspector, escolha Motion (Movimento) no menu suspenso Tween. E mais, marque a caixa Snap (Instantâneo) para assegurar que o item permanecerá no caminho.

14. Arraste o cabeçote de reprodução, para assegurar que a animação de fato se anexou ao caminho. Se não, mova o círculo no caminho até que ele vá para a guia.

15. Insira um quadro-chave no quadro 26 da camada circle destacando o quadro 26 e pressionando F6 no teclado. Note a linha do tempo estendida. Com o cabeçote de reprodução no quadro 26, mova o círculo da parte superior do arco para baixo, em direção à parte inferior entre os arcos grande e médio.

16. Destaque o quadro 18 na camada circle. No Properties Inspector, escolha Motion no menu suspenso Tween. Marque a caixa Snap, para assegurar que o círculo ficará na guia. Se seu Properties Inspector não estiver visível, escolha Window (Janela), Properties (Propriedades).

17. Insira um quadro-chave no quadro 34 da camada circle selecionando o quadro 34 e pressionando F6 em seu teclado. Observe que a linha do tempo será estendida. No quadro 34, mova o círculo da parte inferior para cima até a parte superior do segundo arco, como mostrado na Figura 9.7.

18. Destaque o quadro 26 e no Properties Inspector, escolha Motion no menu suspenso Tween. Marque a caixa Snap. Arraste o cabeçote de reprodução para verificar se o círculo está ficando na guia. Se estiver saindo dela, faça os ajustes necessários para que fique na guia (consulte a etapa 14).

19. Insira um quadro-chave no quadro 41 da camada circle selecionando o quadro 41 e pressionando F6 em seu teclado. Novamente, isto irá estender a linha do tempo nesta camada.

20. Com o cabeçote de reprodução no quadro 41, mova o círculo da parte superior do segundo arco para a parte inferior entre o segundo e terceiro arcos.

21. Selecione o quadro 34 e no Properties Inspector, escolha Motion no menu suspenso Tween. Clique na caixa de verificação Snap. Arraste o cabeçote de reprodução para verificar a animação.

22. No quadro 45, insira outro quadro-chave selecionando o quadro 45 e pressionando F6 no teclado. Note que a linha do tempo será estendida.

23. Com o cabeçote de reprodução no quadro 45, mova o círculo para cima, para a parte superior do terceiro arco.

24. Selecione o quadro 41 e escolha Motion no menu suspenso Tween no Properties Inspector. De novo, marque a caixa Snap, apenas para assegurar que o círculo ficará nesta guia de movimento. Arraste o cabeçote de reprodução para verificar a animação.
25. Insira um quadro-chave no quadro 49 da camada circle, selecionando o quadro 49 e pressionando F6 no teclado. Isto estenderá a linha do tempo. Com o cabeçote de reprodução no quadro 49, mova o círculo da parte superior do terceiro arco para a parte inferior no final da guia.
26. Destaque o quadro 45 e escolha Motion Tween no menu suspenso Tween. Marque a caixa Snap e arraste o cabeçote de reprodução para ver a animação.
27. Agora queremos que a bola tenha um salto final – para saltar para fora da cena. Portanto, insira um quadro-chave no quadro 55 selecionando o quadro 55 e pressionando F6 no teclado. Com o cabeçote de reprodução no quadro 55, mova o círculo para fora da cena, mas para fazer com que pareça estar saltando, mova o círculo para cima como se houvesse outro arco, como mostrado na Figura 9.8.
28. Destaque o quadro 49 e escolha Motion Tween no menu suspenso Tween no Properties Inspector.
29. Teste o filme!
30. Grave o documento escolhendo File, Save (Salvar).

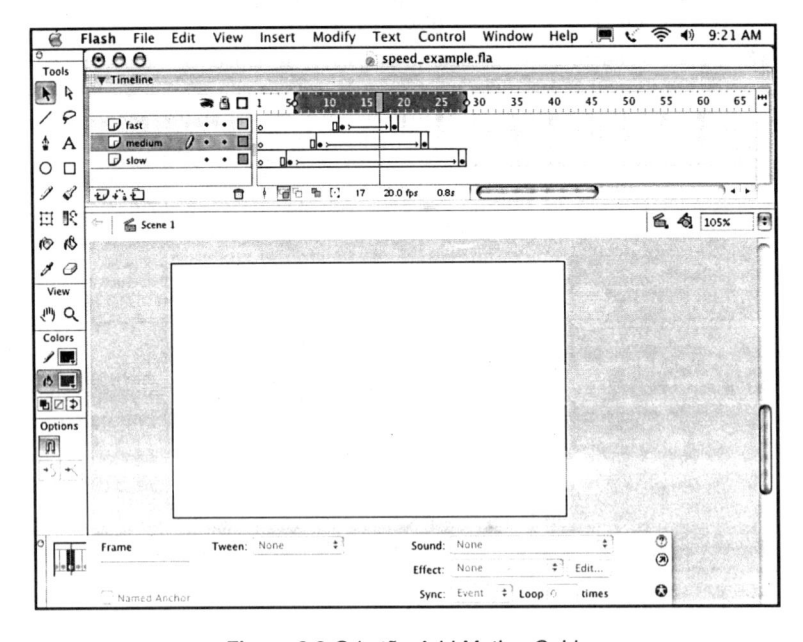

Figura 9.3 O botão Add Motion Guide.

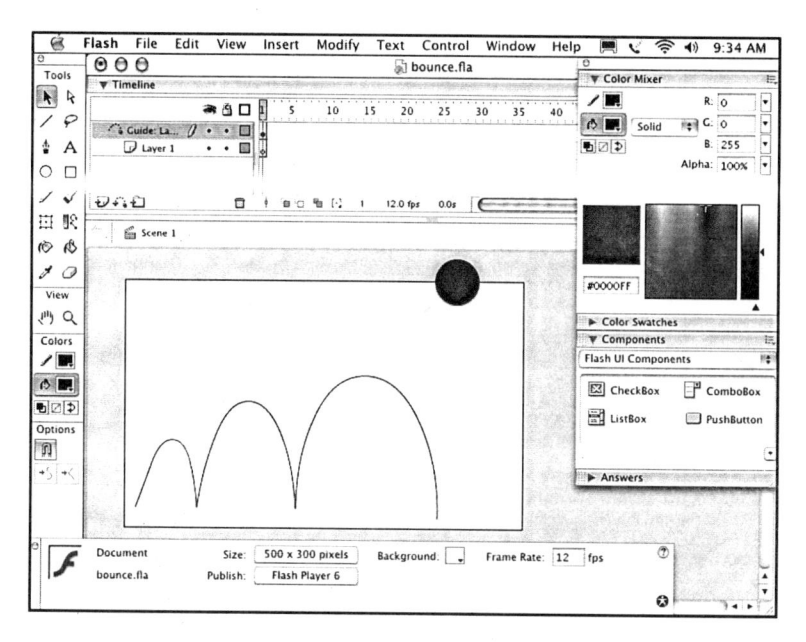

Capítulo 9 – Técnicas de animação e vídeo digital | 203

Figura 9.4 Os três arcos da camada Guide, que ajudam a criar o efeito de bola saltando.

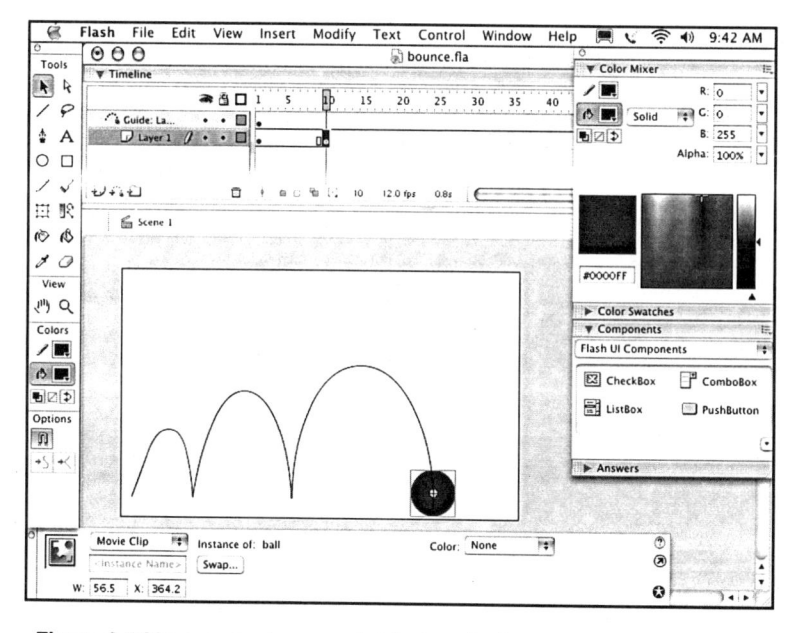

Figura 9.5 Mova o círculo para o início da guia de movimento no quadro 10.

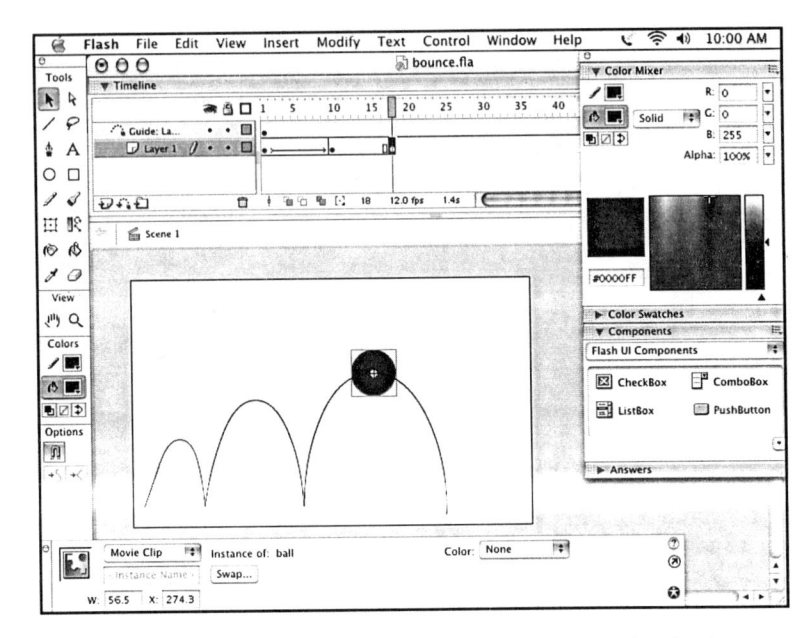

Figura 9.6 Note que o círculo é colocado na parte superior do primeiro arco.

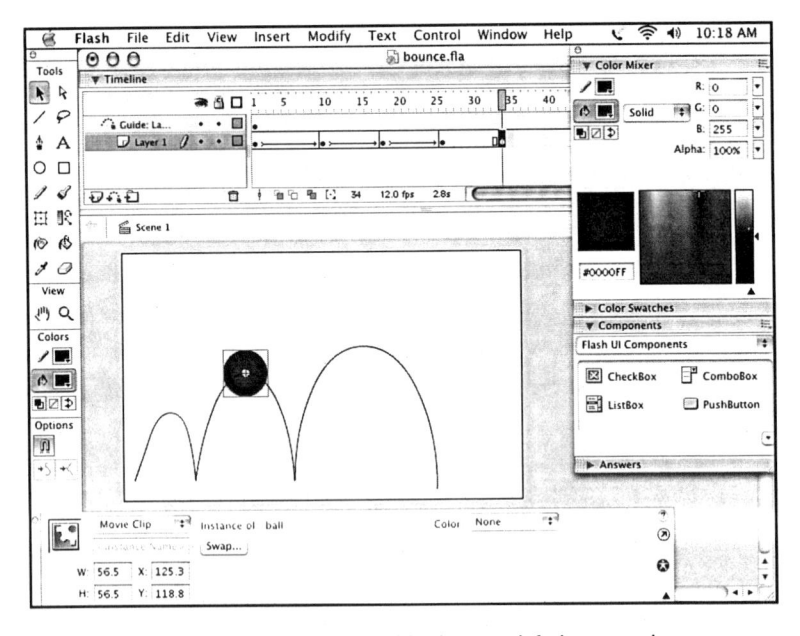

Figura 9.7 O círculo foi movido da parte inferior para cima, para a parte superior do segundo arco.

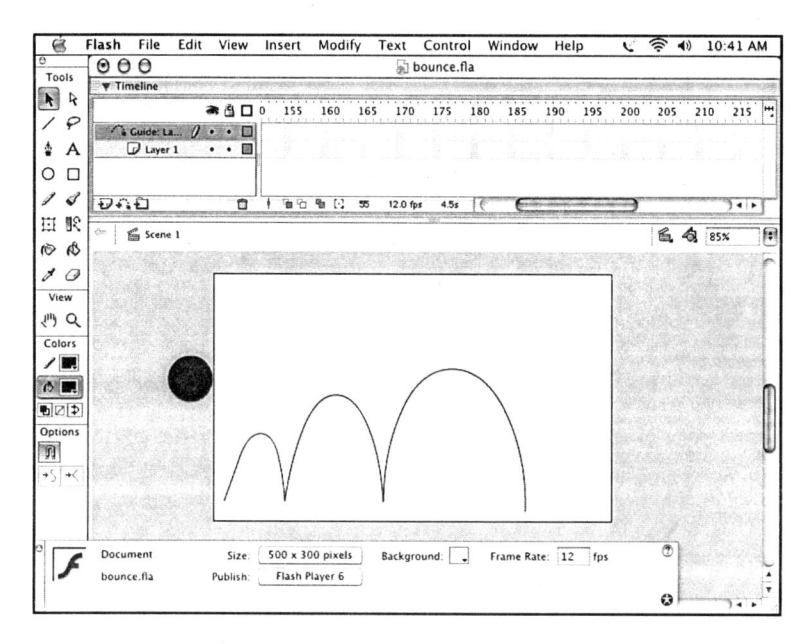

Capítulo 9 – Técnicas de animação e vídeo digital | **205**

Figura 9.8 *Mova o círculo para fora da cena, mas faça com que o círculo esteja fazendo um movimento para cima.*

Neste ponto, a animação se parece com uma bola saltadora, um tipo. Porém, poderemos melhorar a aparência desta animação. Se você ativar o recurso Onion Skin, verá que esta animação parece muito linear, como mostrado na Figura 9.9. Não há nenhuma variação na animação, significando que o círculo tem a mesma velocidade na seqüência. Mas iremos corrigir isto. Na Figura 9.10, você pode exibir a mesma animação com Onion Skin, assim como os contornos, tornando-a um pouco mais fácil de ver.

206 | *Dominando Macromedia Flash MX*

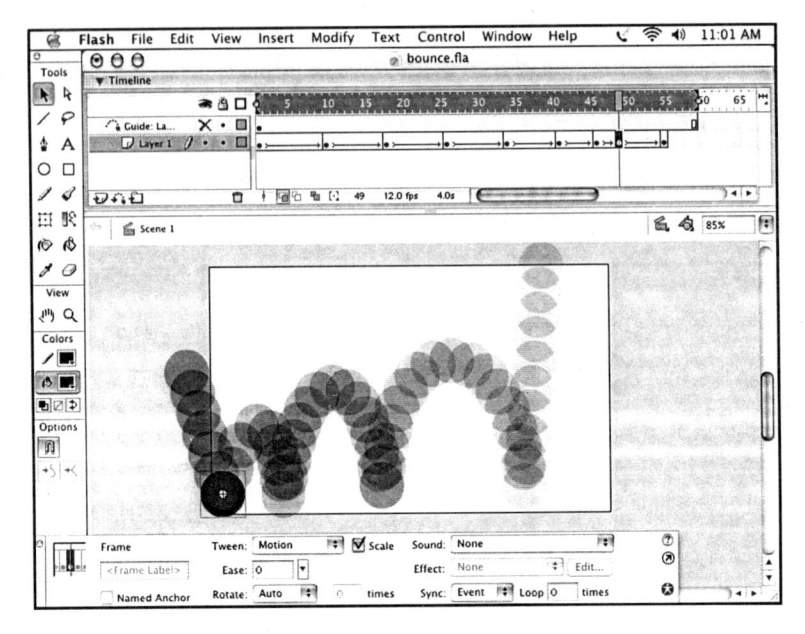

Figura 9.9 Onion Skin mostra a velocidade da animação (neste caso, é linear e rígida).

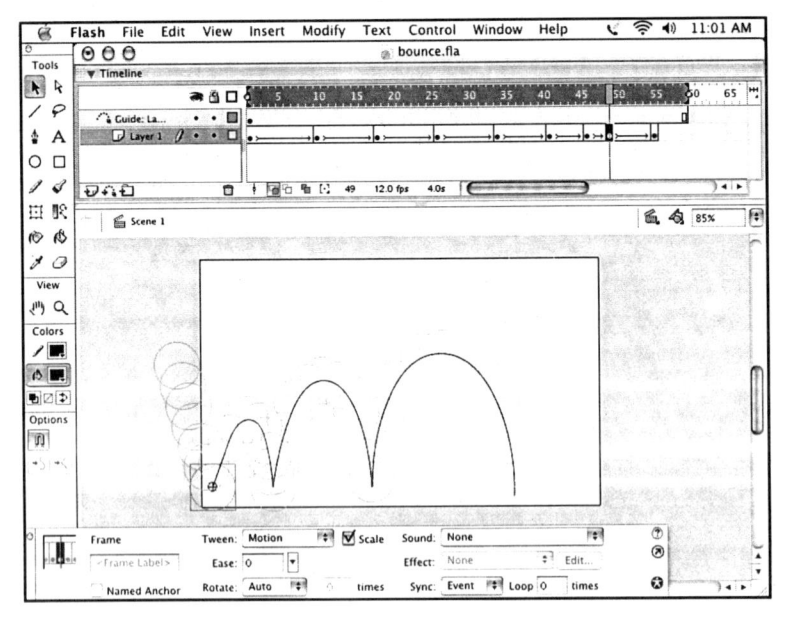

Figura 9.10 A exibição Outline torna um pouco mais fácil ver a animação.

Como suavizar, achatar e estender

Uma bola saltadora real tem várias características ao se mover, que você deve saber quando animar. Por exemplo, se uma bola fosse saltar na vida real, ela não teria uma velocidade consistente. A bola aumentaria a velocidade para baixo, devido à gravidade. Ao subir, depois de bater no chão, pularia para trás. Porém, bem antes, a gravidade assumirá o controle novamente, e começará a empurrar a bola para baixo. Portanto, a bola quando estiver saltando para cima irá reduzir gradualmente a velocidade antes de realmente começar a se mover de novo, e aumentará a velocidade quando começar a se mover para baixo. Comecemos o próximo exercício, que levará em conta o efeito da gravidade em uma bola saltadora.

Como usar a suavização para criar um efeito de gravidade

Siga estas etapas para usar a suavização para criar um efeito de gravidade no exemplo da bola saltadora:

1. Abra o arquivo bouncing_ball construído no último exercício.
2. Destaque o quadro 1 na camada circle. Queremos fazer com que o círculo aumente a suavização, que basicamente significa que queremos que o círculo comece lento e aumente a velocidade gradualmente na animação. Portanto, no Properties Inspector, defina a suavização do quadro para [nd]80.
3. Destaque o quadro 10 da camada circle. Aqui, iremos definir a suavização para "ease out" (diminuir suavização). Diminuindo a suavização da animação, a bola reduzirá a velocidade quando se aproximar da parte superior do arco, de modo muito parecido como uma bola real faria. No Properties Inspector, defina a suavização para 65.
4. Arraste o cabeçote de reprodução para ver a diferença na animação. Repita as etapas 2 e 3 para cada quadro-chave. Quando o círculo estiver na parte superior da animação, aumente a suavização; se ele estiver posicionado na parte inferior, diminua a suavização. Faça isto para a animação inteira.
5. Assim que a suavização estiver terminada, teste o filme. A bola já está parecendo um pouco mais real!
6. Grave o filme escolhendo File, Save.

Na Figura 9.11, os recursos Onion Skin e outline (contorno) estão ativados. Você pode ver as diferenças de velocidade entre as partes diferentes da suavização da animação. Compare a Figura 9.10 com a Figura 9.11, e verá que há uma diferença substancial no modo como os contornos são desenhados.

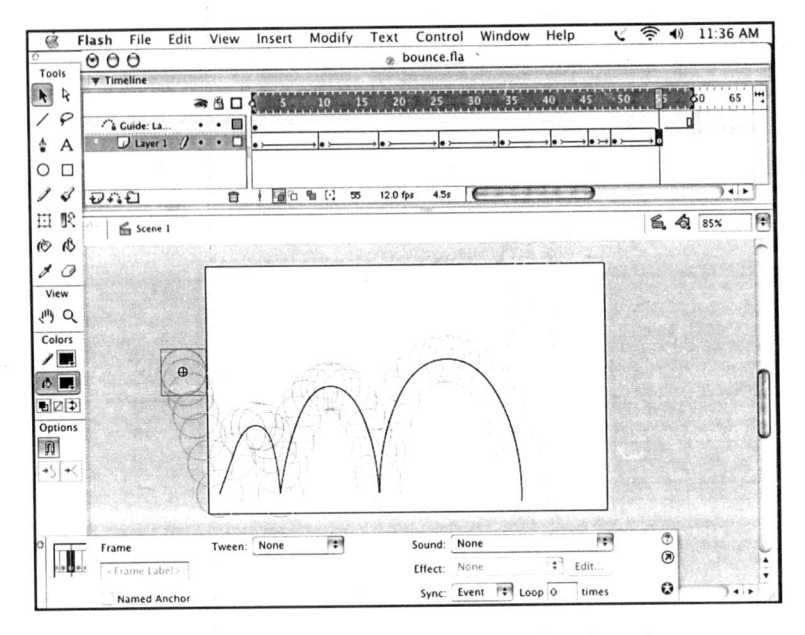

Figura 9.11 O impulso da bola é indicado pelo modo como os contornos na exibição Onion Skin são desenhados.

E mais, esta animação não é tão real quanto deveria ser. Para adicionar realismo, no próximo exercício estaremos usando um velho truque da animação – o achatamento.

Como usar a técnica de animação de achatamento

Quando a bola atinge o chão, ela não pode ficar em um círculo perfeito. O ar dentro dela se deslocará, alterando assim a forma do objeto. Na animação, isto é chamado de *achatamento*. No Flash é muito fácil conseguir este efeito. Siga estas etapas:

1. Abra o filme do último exercício.
2. Selecione o quadro 9 e insira um quadro-chave pressionando F6 no teclado. E mais, insira um quadro-chave no quadro 11. A camada circle agora deverá ter três quadros-chave, para os quadros 9, 10 e 11, como mostrado na Figura 9.12.
3. No quadro 10, destaque o círculo. No painel Tools, clique na ferramenta Free Transform (Transformação Livre) para ter um quadro delimitador em torno do círculo. Arraste a alça do meio superior para baixo, para achatar o círculo, como mostrado na Figura 9.13. Depois de achatar, você poderá ter que ajustar a posição do círculo. Tendo apenas um quadro achatado, resultará em um efeito de mola, exatamente como uma bola real. Portanto, *não* seria um bom lugar para tentar o efeito intermediário em alguns quadros, para que o efeito ocorra com

Capítulo 9 – Técnicas de animação e vídeo digital | **209**

o tempo. Você desejará que o efeito de achatamento permaneça apenas por um breve momento; é uma técnica sutil, que tem um efeito profundo na aparência da animação.

4. Agora, precisará fazer a mesma coisa para os quadros 26, 40 e 49. Insira um quadro-chave antes e depois de cada um destes quadros. Nos quadros 26, 40 e 49, achate a bola usando a ferramenta Scale (Dimensionar).
5. Teste o filme e verá uma grande diferença. E mais, consulte a Figura 9.14 para ver os contornos Onion Skin desta animação; note a diferença entre ela e as outras nas quais trabalhou.
6. Grave o movimento escolhendo File, Save.

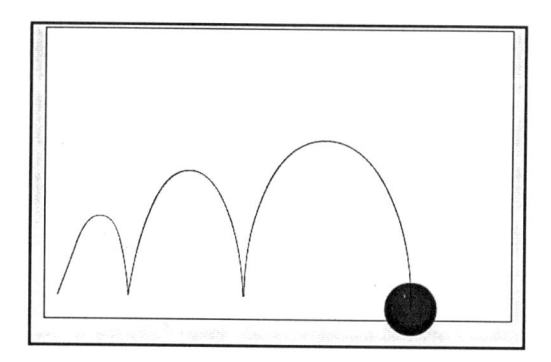

Figura 9.12 Note os três quadros-chave nos quadros 9, 10 e 11.

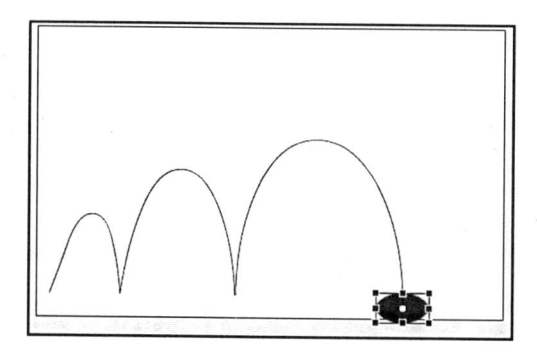

Figura 9.13 Como achatar o círculo usando a ferramenta Scale.

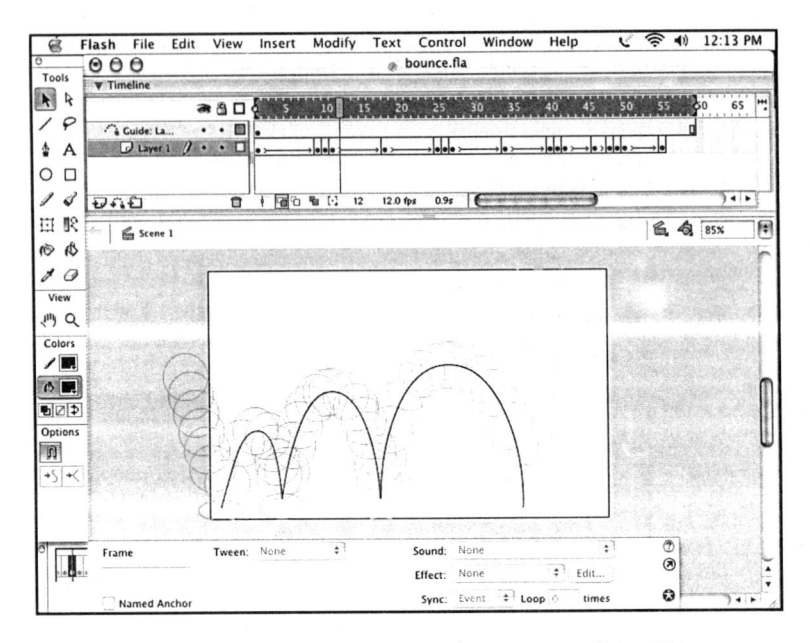

Figura 9.14 Note o achatamento nos contornos Onion Skin.

Estamos chegando perto; esta animação está quase pronta. Há ainda mais uma técnica que podemos aplicar na bola – o efeito de extensão.

Como aplicar um efeito de extensão na bola saltadora

Se a bola se achata assim que atinge o chão, ela não irá saltar de volta automaticamente na forma de um círculo perfeito. O ar da bola se deslocará em uma forma alongada. Na animação, isto é chamado de *estender*. Para o exemplo de bola saltadora, este efeito é bem fácil de conseguir, embora haja alguns pontos capciosos. Eis as etapas a seguir:

1. Abra o arquivo dos últimos exercícios, bouncing_ball.fla.

2. Mova o cabeçote de reprodução para o quadro 9. Selecione o círculo clicando-o. No painel Tools, escolha a ferramenta Scale. Com um quadro delimitador em torno do círculo, arraste a alça do meio superior para cima, para estender o círculo para fora. E mais, mova o cursor para fora do quadro delimitador no canto superior esquerdo e gire-o ligeiramente para trás em alguns graus, como mostrado na Figura 9.15.

3. Arraste o cabeçote de reprodução entre os quadros 1 e 10 para ver o efeito. Agora você terá que mudar a próxima cena da animação – quando a bola salta de volta para cima, depois de atingir o chão. Mova o cabeçote de reprodução para o quadro 11 e selecione o círculo. Novamente, no painel Tools, escolha a ferramenta Scale para ter um quadro delimitador em torno do círculo. Puxe

a alça do meio superior para cima, para estender o círculo e girá-lo ligeiramente em direção à esquerda (a direção na qual está se movendo) em alguns graus, como mostrado na Figura 9.16.

4. Repita as etapas 2 e 3 em cada conjunto de quadros-chave, onde a bola está a ponto de atingir o chão.
5. Teste o filme! Compare este filme com o criado no primeiro exercício de bola saltadora. Notará uma diferença dramática. Veja a Figura 9.17 e compare-a com a Figura 9.10; você verá definitivamente a diferença no caminho da animação.
6. Grave o filme escolhendo File, Save.

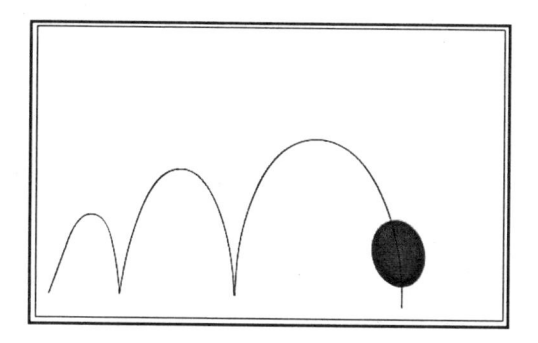

Figura 9.15 A bola é estendida e inclinada ligeiramente.

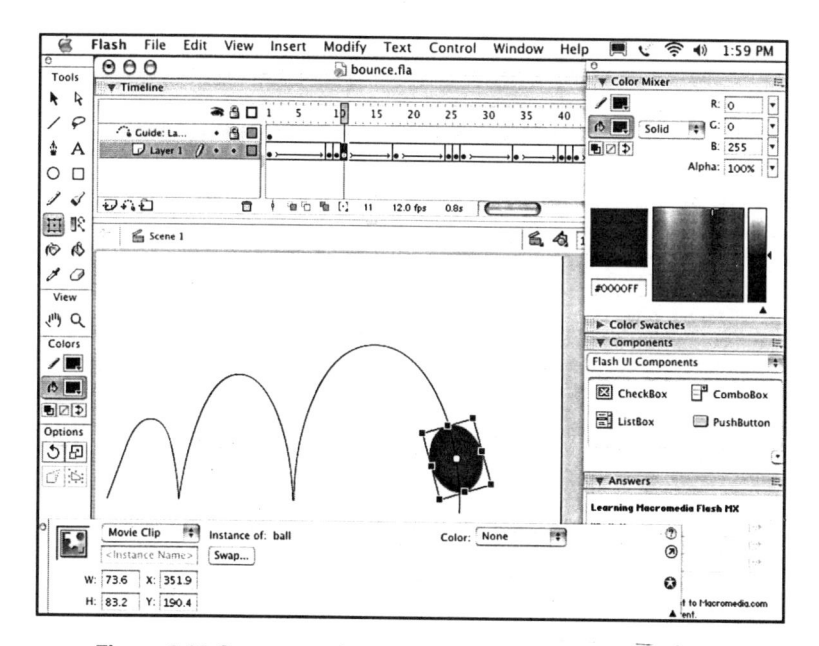

Figura 9.16 Como estender e inclinar o círculo na direção oposta.

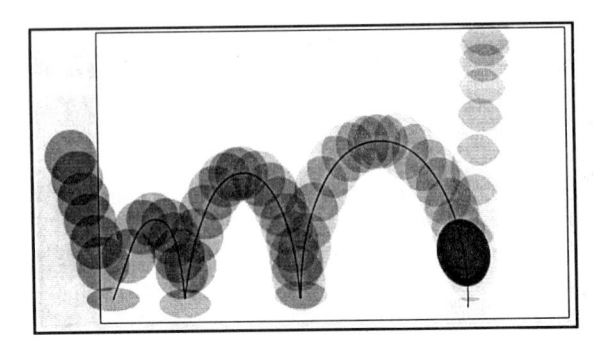

Figura 9.17 Os contornos Onion Skin de nossa animação final.
Há muito mais vida nesta parte do que em nossas animações anteriores.

Estes conceitos de animação – suavização, achatamento e extensão – podem realmente fornecer a diferença entre um desenho Flash amador e profissional. Como na animação da bola saltadora, veja a diferença dramática entre os produtos inicial e final. Quando você estiver desenvolvendo o conteúdo Flash, mantenha estas técnicas em mente.

Antecipação e continuidade

Nesta seção, veremos duas técnicas de animação adicionais: antecipação e continuidade. Se você observar muitos desenhos animados, poderá já ter uma idéia sobre o que estou falando. Estas técnicas são usadas com freqüência nos desenhos animados, para dar ao observador uma sugestão sobre o que virá em seguida. Elas requerem apenas alguns quadros para ter a aparência adequada. A antecipação terá geralmente um deslocamento do objeto por um segundo na direção oposta da animação real. Isto cria o movimento "antecipado". A continuidade irá inclinar a forma animada na direção na qual está se movendo.

Como usar a antecipação e a continuidade

Neste exercício, usaremos as técnicas de antecipação e da continuidade para ter uma animação melhor e mais fluida. Eis as etapas a seguir:

1. Crie um novo documento. Escolha Modify (Modificar), Document (Documento). Isto abrirá a caixa de diálogo Document Properties (Propriedades do Documento). Defina o campo de texto Frame Rate (Velocidade de Projeção) para 30.

2. Abra a biblioteca Unleashed escolhendo Window, Common Libraries (Bibliotecas Comuns), Unleashed. Na biblioteca Unleashed está uma pasta chamada graphics. Abra a pasta graphics e encontre o símbolo gráfico soccer_ball. Arraste uma instância para a cena.

3. Crie um movimento intermediário simples destacando o quadro 20 e inserindo um quadro-chave pressionando F6. Note que a linha do tempo é estendida. Com o cabeçote de reprodução no quadro 20, mova a bola de futebol para o outro lado da cena.

Capítulo 9 – Técnicas de animação e vídeo digital | 213

4. Destaque o quadro 1 e no Properties Inspector, escolha Motion (Movimento) no menu suspenso Tween. Isto criará o movimento intermediário. Pressione Return (Mac) ou Enter (Windows) para ver a animação.
5. Escolha File, Save As e nomeie o documento como motion_tween.

Neste ponto, a animação é bem básica; ela mostra um objeto simplesmente movendo-se de um lado da cena para o outro. Agora usaremos a antecipação para tornar este exemplo mais animado.

6. Destaque o quadro 3 e insira um quadro-chave pressionando F6. Com o cabeçote de reprodução no quadro 3, selecione o círculo e escolha a ferramenta Transform (Transformar). Incline a bola de futebol para trás, como mostrado na Figura 9.18. Às vezes, quando um item está para se mover em uma direção, você poderá antecipar este movimento com um pequeno movimento na direção oposta.
7. Destaque o quadro 6 e insira um quadro-chave pressionando F6. Com o cabeçote de reprodução no quadro 6, selecione o círculo. Escolha a ferramenta Transform novamente, mas desta vez incline a bola ligeiramente para frente, como mostrado na Figura 9.19.
8. Pressione F6 no quadro 16 para inserir um quadro-chave. Certifique-se de que o cabeçote de reprodução esteja no quadro 16 e selecione a bola de futebol. No painel Tools, escolha a ferramenta Scale novamente. Incline a bola de futebol mais uma vez, como mostrado na Figura 9.20. Assim, quando a bola de futebol for animada, ela se inclinará mais com um tempo.
9. Se você pressionar Return (Mac) ou Enter (Windows), poderá ver como a parte inicial da animação parece mais real do que a animação anterior. O único problema é que o final não parece correto; portanto, precisaremos usar a técnica de continuidade para completar a animação. Insira um quadro-chave no quadro 18 destacando o quadro 18 e pressionando F6. Você poderá querer ativar o Onion Skin e mover a bola de futebol apenas alguns pixels depois do último quadro-chave. Escolha a ferramenta Transform novamente e incline a bola apenas levemente na direção oposta. Isto criará a aparência de que a bola de futebol perdeu seu ponto final e irá saltar ligeiramente para trás para a posição. Isto produzirá um efeito realístico, fazendo-o acreditar que a bola de futebol tem algum volume.
10. Selecione o último quadro no filme e escolha Window, Actions (Ações) para ativar o painel Actions. Certifique-se de que a barra de título do painel Actions informe "Actions [nd] Frame" (Ações [e] Quadro), indicando que você estará aplicando esta ação no quadro selecionado. Se a barra de títulos mostrar algo mais, certifique-se de que tenha o quadro selecionado.
11. Abra o livro Actions e então o livro Movie Control (Controle do Filme). Então clique duas vezes na ação stop. Isto aplicará a ação stop no último quadro; portanto, a animação não fará um loop.
12. Teste o filme. Escolha Control (Controle), Test Movie (Testar Filme). Note como parece melhor a animação em comparação com a primeira!
13. Grave o arquivo como soccer_ball.fla.

A Figura 9.21 mostra o Onion Skin da animação, que dá uma boa indicação de como esta animação foi construída, e como aparecerá quando reproduzida.

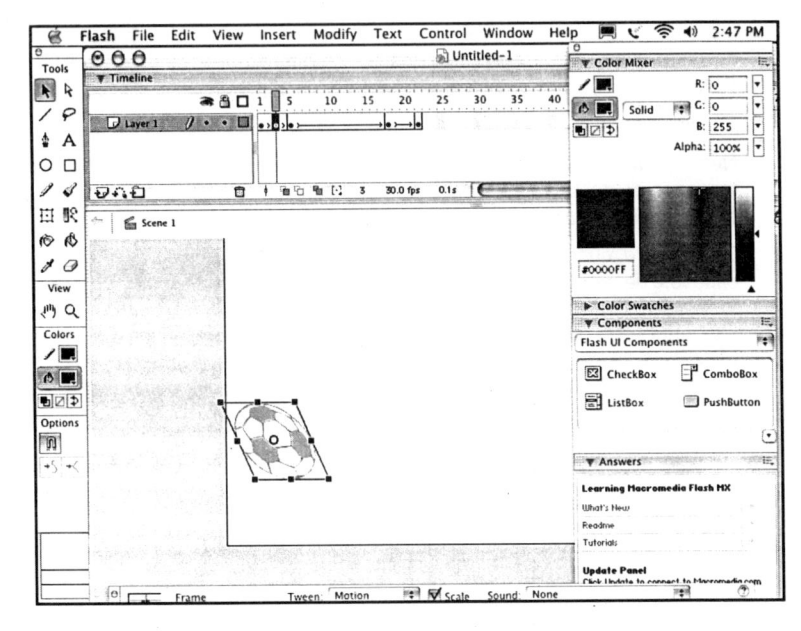

Figura 9.18 A bola de futebol é inclinada na direção oposta.

Figura 9.19 A bola de futebol agora é inclinada ligeiramente para frente.

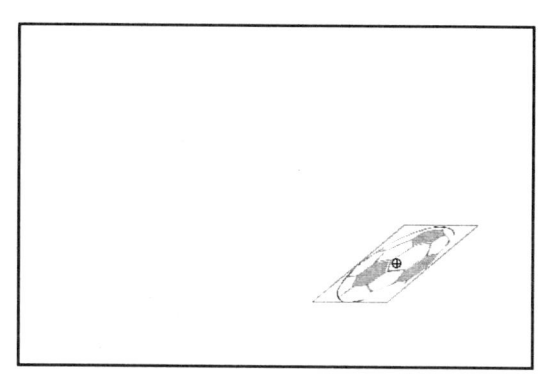

Figura 9.20 A bola de futebol é inclinada ainda mais no quadro 16.

Figura 9.21 O Onion Skin da animação usando as técnicas de antecipação e continuidade.

Como integrar o vídeo digital no Flash MX

O Flash MX tem um novo suporte poderoso para o vídeo. O vídeo pode ser reproduzido nativamente dentro do Flash 6 player. O Flash MX suporta os filmes DV, MPEG e QuickTime, assim como o formato de arquivo AVI. Assim que o vídeo estiver dentro do ambiente de autoria, você poderá dimensionar, inclinar, distorcer, mascarar, girar e torná-lo interativo usando o script. O Flash 6 player pode suportar o vídeo com o acréscimo do codec (codificador-decodificador) Sorensen Spark. É importante notar que o novo suporte para o vídeo no Flash é ideal apenas para pequenas partes do vídeo, não mais que alguns minutos ou alguns megabytes no tamanho do arquivo. De modo algum o Flash player irá agir como um substituto para qualquer mídia player, como o QuickTime ou o Windows Media Player.

Como criar controles para reproduzir e parar o vídeo

Neste exercício iremos importar algum vídeo para o Flash. Então criaremos alguns controles para parar e reproduzir um pequeno videoclipe no Flash. Eis as etapas a seguir:

1. No site Web complementar Unleashed está um arquivo que você poderá carregar para este exercício. Dependendo de sua conexão da Internet, poderá carregar o arquivo padrão ou o arquivo de alta qualidade. Carregue o arquivo cali.mov na seção Chapter 9 do site Web. O arquivo tem aproximadamente 1,2MB, e não deverá levar muito tempo para ser carregado. Se você tiver uma conexão de banda larga, uma versão maior, que esteja abaixo de 12MB, também estará disponível.

2. Assim que tiver carregado o arquivo, crie um novo documento. No documento novo, clique duas vezes na primeira camada e nomeia-a como **video**.

3. Crie um clipe do filme escolhendo Insert (Inserir), New Symbol (Novo Símbolo). Isto inicializará a caixa de diálogo New Symbol. Forneça a este símbolo o comportamento de clipe do filme e então nomeie-o como **video_source**. Clique em OK, que o colocará dentro do símbolo de clipe do filme.

4. No modo de edição do símbolo do clipe do filme, escolha File, Import (Importar). Pesquise o arquivo cali.mov carregado anteriormente. Destaque-o e clique em Open (Abrir). Isto inicializará a caixa de diálogo Import Video (Importar Vídeo), pedindo a você para ligar ou incorporar o vídeo (veja a Figura 9.22). Se fosse ligar, teria que exportar o filme Flash como um filme QuickTime para ver o vídeo. Incorporando-o, o vídeo será reproduzido dentro do Flash 6 player. Escolha Embed (Incorporar) e clique em OK.

5. Isto inicializará a caixa de diálogo Import Video Settings (Definições para Importar Vídeo), como mostrado na Figura 9.23. Você notará que esta caixa de diálogo tem algumas opções. No momento, defina Quality (Qualidade) para 100, certifique-se de que a caixa de verificação Import Audio (Importar Áudio) esteja selecionada e deixe tudo mais em seus defaults. Clique em OK. Dependendo da velocidade de seu computador, este processo poderá variar no tempo.

   Na parte superior desta caixa de diálogo, você encontrará algumas instruções vitais sobre o filme que está ativando, como, por exemplo, o tamanho, a velocidade de projeção e a duração do filme. Eis as particularidades:

   - **Quality.** Esta opção julga a qualidade geral do vídeo. É a maior colaboradora para o artefato da compressão e o tamanho do arquivo.
   - **Keyframe Interval (Intervalo do Quadro-Chave).** Este cursor é para definir o espaçamento entre os quadros-chave no filme.
   - **Scale.** Esta opção determina o tamanho no qual você importa o vídeo. Aqui, 100% traz o vídeo no tamanho nativo do arquivo. Para este exemplo, a escala é de 240 pixels por 180 pixels.

Capítulo 9 – Técnicas de animação e vídeo digital | **217**

- **Synchronize Video to Macromedia Flash Document Rate (Sincronizar Vídeo com Velocidade do Documento Macromedia Flash).** É uma tentativa de sincronizar o vídeo, se sua velocidade de projeção for diferente da velocidade de projeção do filme Flash. (Eu não contaria com esta opção, porque ela não funciona muito bem.)

- **Number of Video Frames to Encode per Number of Flash Frames (Número de Quadros do Vídeo a Codificar por Número de Quadros Flash).** Esta opção sincroniza o vídeo importado com os quadros por segundo do filme Flash. Por exemplo, se o filme Flash estiver se reproduzindo em 12 fps e o filme QuickTime estiver gravado para se reproduzir em 24 fps, o Flash teria que se codificar em uma proporção 1:2. Experimentar esta opção poderá produzir vários resultados.

- **Import Audio.** Esta opção importa qualquer áudio associado ao arquivo de vídeo. Note que depende de como o áudio foi compactado. O codec Spark, por exemplo, não é muito amistoso com o padrão de compressão IMA para o áudio.

Lidar com estas definições é a única maneira de obter o efeito desejado. Nenhuma definição padrão está disponível para parecer boa para todo vídeo. Porém, recomendo importar o vídeo descompactado ou com baixa compressão. Este recurso funciona bem apenas com os arquivos de vídeo pequenos ou curtos. Se você estiver fazendo muito trabalho profissional com o vídeo no Flash MX, comprar um Sorenson Squeeze seria um ótimo investimento. O Squeeze produz uma saída com maior qualidade. De longe, menos artefato, tamanhos de arquivo menores, a compressão off-line e o processamento em lote são apenas algumas de suas desvantagens.

6. Depois de escolher OK, uma caixa de diálogo poderá avisá-lo que há mais quadros no vídeo do que em seu filme Flash. Ela perguntará se você deseja estender automaticamente a linha do tempo, como mostrado na Figura 9.24. Isto é uma economia de tempo enorme – no Flash 5, você teria que calcular quantos quadros um arquivo de vídeo tem, multiplicando a velocidade de projeção pela duração do clipe. Agora o Flash MX faz isto automaticamente. Escolha OK. Note que a linha do tempo do clipe do filme agora está completa com o vídeo.

7. Clique na aba Scene 1 (Cena 1) para voltar para a linha do tempo principal. Abra a Library (Biblioteca) deste filme escolhendo Window, Library. Arraste uma instância do símbolo video_source para a cena. Crie uma nova camada e nomeia-a como **mask**. Certifique-se de que a camada de máscara esteja acima da camada de vídeo.

8. Arraste um quadrado com canto arredondado no vídeo. Escolha a ferramenta Rectangle (Retângulo) no painel Tools e então clique o botão na parte inferior do painel Tools. Isto abrirá a caixa de diálogo Rectangle Settings (Definições do Retângulo). Defina o raio para 12.

9. Desenhe um retângulo na camada de máscara, diretamente na parte superior do clipe do filme de vídeo, como mostrado na Figura 9.25.

10. Clique duas vezes no ícone Layer Properties (Propriedades da Camada) à esquerda do nome da camada na camada de máscara. Escolha Mask (Máscara) para o tipo de camada e clique em OK. Note que o ícone Layer (Camada) mudará para um ícone azul, indicando que está pronto para mascarar as camadas sob ela.

11. Clique duas vezes no ícone Layer Properties à esquerda do nome da camada, na camada de vídeo. Escolha Masked (Mascarado) para o tipo da camada e clique em OK. Note que o ícone mudará para um ícone azul que está recuado, indicando que é uma escrava da camada de máscara acima dela.

12. Bloqueie ambas as camadas parar ter uma visualização.

13. Agora você irá configurar os controles para parar e reproduzir o filme. Crie uma nova camada e nomeie-a como **buttons**. Certifique-se de que a camada buttons esteja no botão. Na biblioteca comum Unleashed, abra a pasta buttons. Arraste uma instância de Play e uma instância de Stop e então posicione-as no vídeo, como mostrado na Figura 9.26.

14. Desbloqueie a camada de vídeo. Clique duas vezes no clipe do vídeo para entrar no modo de edição do símbolo de clipe do filme. Assim que estiver dentro do clipe do filme, destaque o primeiro quadro e abra o painel Actions escolhendo Window, Actions. Abra o livro Actions e então abra o livro Movie Controls (Controles do Filme). Clique duas vezes na ação stop. Isto impedirá que o filme seja reproduzido por default.

15. Clique na aba Scene 1 sob a linha do tempo para voltar para a linha do tempo principal. Destaque o clipe do filme do vídeo e forneça-lhe um nome da instância no Properties Inspector. Com o clipe do filme selecionado, um campo de texto ficará ativo no Properties Inspector. Digite o nome **videoclipe** neste campo. Pressione Return (Mac) ou Enter (Windows) para aplicar o nome.

16. Destaque o botão Play e abra o painel Actions pressionando F9. No painel Actions, abra o livro Objects (Objetos) e então o livro Movie (Filme). Em seguida, abra o livro Methods (Métodos). Então encontre e clique duas vezes na ação play. Note que o código é escrito para você; tudo que terá que fazer é definir o destino para a instância, como mostrado na Figura 9.27.

17. Clique o botão Insert Target Path (Inserir Caminho de Destino). Isto abrirá a caixa de diálogo Insert Target Path, como mostrado na Figura 9.28. Certifique-se de que tenha Dots (Pontos) escolhido para a sintaxe e Absolute (Absoluto) para o caminho. Destaque o nome da instância do clipe do filme dentro da janela e clique em OK. Sua ação agora está completa, portanto, poderá fechar o painel Actions.

18. Repita as etapas 16 e 17, com exceção de destacar o botão Stop e fornecer-lhe uma ação stop.

19. Teste seu filme! Note que ele levará um segundo para ser exportado. Em uma situação real, você criaria um pré-carregador para isto. Poderá ver que mascarou o vídeo e que os botões Play e Stop funcionam.

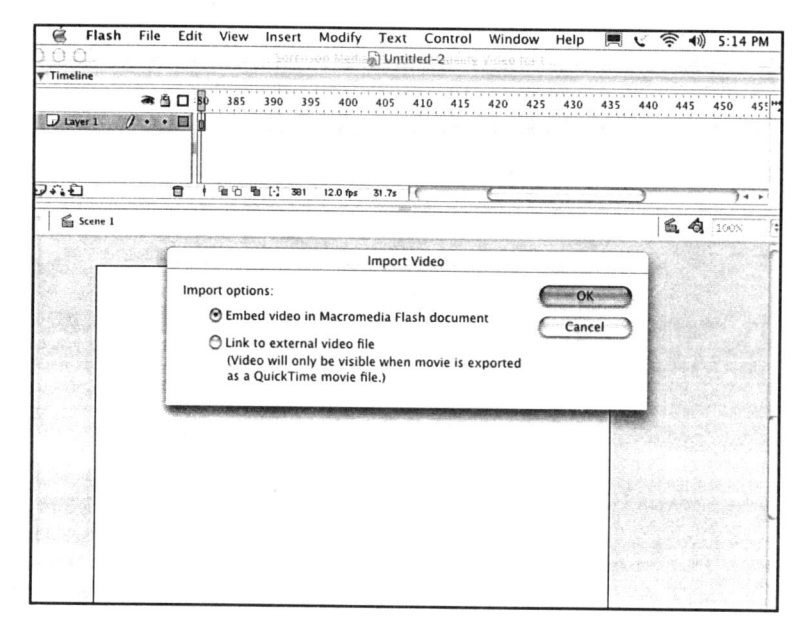

Capítulo 9 – Técnicas de animação e vídeo digital | **219**

Figura 9.22 A caixa de diálogo Import Video.

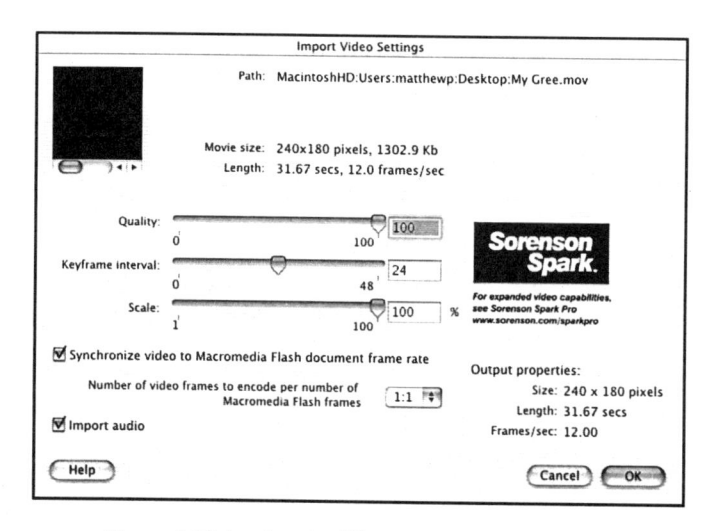

Figura 9.23 A caixa de diálogo Import Video Settings.

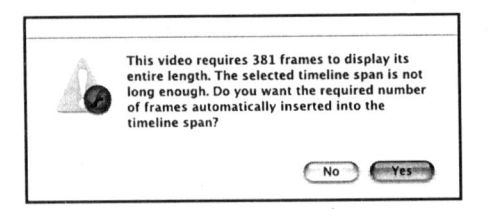

Figura 9.24 Uma caixa de diálogo de aviso sobre o número de quadros no vídeo.

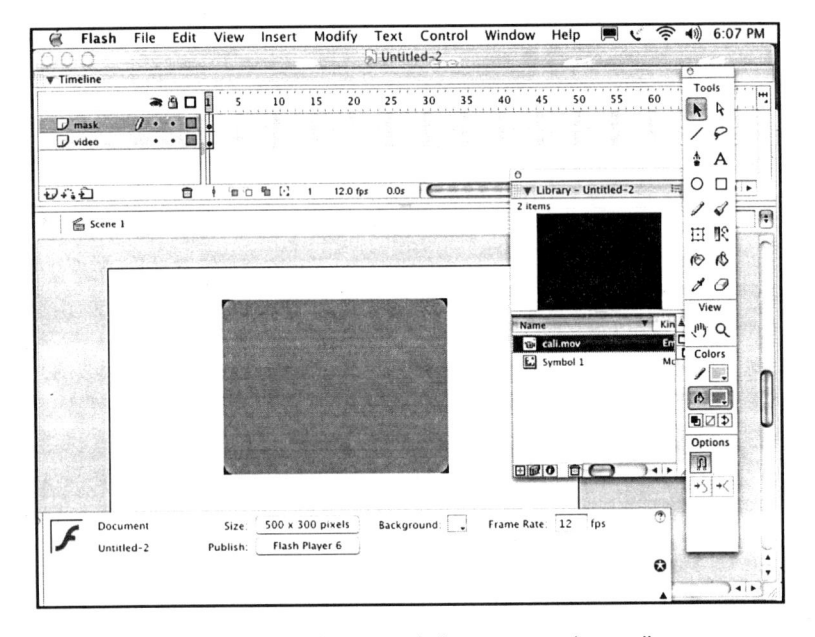

Figura 9.25 A máscara está diretamente sobre o clipe do filme do vídeo e o retângulo tem os cantos arredondados.

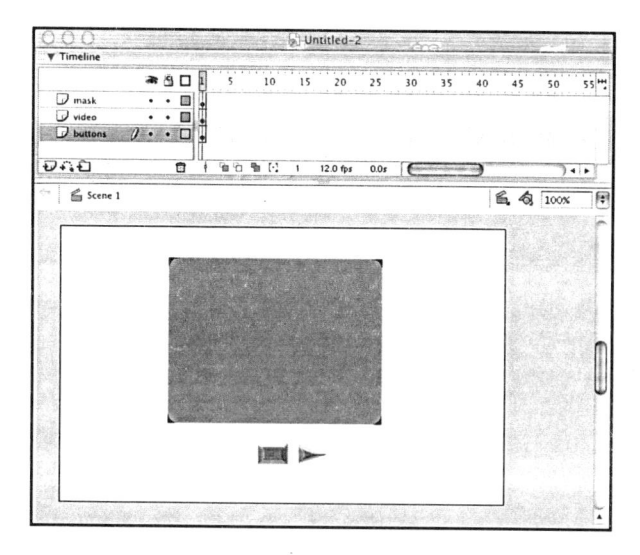

Capítulo 9 – Técnicas de animação e vídeo digital | **221**

Figura 9.26 Os botões Play e Stop sob o clipe do vídeo.

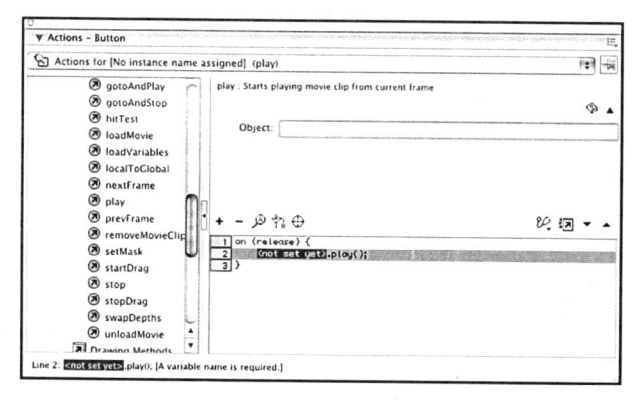

Figura 9.27 O script que é escrito para você quando clica a ação play.

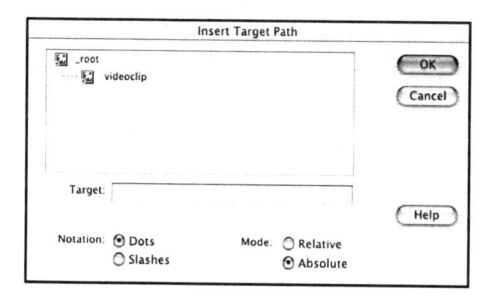

Figura 9.28 A caixa de diálogo Insert Target Path.

Naturalmente, você poderá também adicionar botões para avançar rápido e voltar usando a ação goto. Isto deverá dar uma boa compreensão de como o vídeo é lidado no Flash. Lembre-se, você sempre terá opções para animar, dimensionar e girar o vídeo, apenas para citar algumas. Contanto que o vídeo esteja em um clipe do filme, tudo que puder fazer em um clipe do filme poderá agora fazer no vídeo. Na verdade, se não estiver satisfeito com a qualidade do vídeo, poderá considerar diminuir o alfa do vídeo, o que significa retirar alguns artefatos da compressão.

Como criar os controles do filme QuickTime e uma superfície QuickTime personalizada

Este exercício requer que você tenha o QuickTime Pro. O QuickTime Pro é uma atualização (por US$29.95) da edição do player padrão, mas oferece muito por pouco. Está disponível no site Web da Apple (http://www.apple.com/quicktime). Você também precisará de um programa de criação de imagens, como o Fireworks ou o Photoshop, e um editor de texto como o Notepad (Bloco de Notas), com texto simples ou edição de texto. Este exercício demonstra uma maneira legal de criar um filme QuickTime que se parece com sua própria aplicação. Você poderá alterar o exterior do QuickTime player para ficar como deseja. Esta área do player que você irá modificar é chamada de *superfície*.

Como criar um filme QuickTime personalizado

Eis as etapas a seguir para este exercício:

1. Crie um novo documento. Então escolha Modify, Document para ativar a caixa de diálogo Document Properties. Crie as dimensões deste filme como 300[ts]250. Defina a velocidade de projeção para 15 fps.

2. No site Web complementar Unleashed, carregue os arquivos QuickTime personalizados. Escolha File, Import e pesquise o arquivo interface.png carregado como parte dos arquivos QuickTime personalizados. Você obterá uma caixa de diálogo para as definições de importação PNG. Marque a opção Flatten Image (Imagem Achatada) e então escolha OK. Note que o arquivo será colocado na cena.

3. Crie uma nova camada e nomeia-a como **video**. Com a nova camada de video selecionada, escolha File, Import e pesquise o filme cali.mov em seu computador. Assim que o encontrar, escolha Open. Isto abrirá a caixa de diálogo Import Video. Escolha Link to External File (Ligar a Arquivo Externo) desta vez e então clique em OK. Isto inicializará outra caixa de diálogo informando quantos quadros o filme requer. Escolha Yes (Sim) para fazer com que o Flash estenda a linha do tempo para você. Note que o filme aparecerá na cena. Posicione o filme para que a parte superior do clipe flua na parte superior da caixa cinza na interface, como mostrado na Figura 9.29.

4. Crie uma nova camada e nomeie-a como **button**. Na biblioteca comum Unleashed, arraste uma instância dos botões Play e Stop. Coloque-os sob o clipe do vídeo.

Capítulo 9 – Técnicas de animação e vídeo digital | 223

5. Destaque o quadro 1 e pressione F9 em seu teclado. Isto abrirá o painel Actions. Abra o livro Actions, então o livro Movie Control e clique duas vezes em stop. Isto irá parar a reprodução do filme automaticamente. Feche o painel Actions.
6. Destaque o botão Play e pressione F9 para abrir o painel Actions. Abra o livro Actions, então o livro Movie Control e clique duas vezes em play. Isto fornecerá a este botão uma ação play quando ele for liberado.
7. Faça o mesmo para o botão Stop. Destaque o botão Stop e pressione F9 para abrir o painel Actions. Abra o livro Actions, então o livro Movie Control e clique duas vezes em stop. Isto fornecerá ao botão Stop uma ação stop quando for liberado, assim parando o filme. Note que você não teve que destinar nada; é porque tudo está acontecendo na linha do tempo principal.
8. Escolha File, Publish Settings (Definições da Publicação). Isto abrirá a caixa de diálogo Publish Settings. Clique na aba Flash. Nesta seção, escolha exportar usando o Flash 4 player, porque o QuickTime pode compreender apenas ele, e é compatível somente com o Flash 4. Clique na aba Formats (Formatos) e então marque a opção QuickTime Movie (Filme QuickTime). Note que a aba QuickTime aparecerá. No momento, as definições defaults nesta aba são boas. Para aprender mais sobre as definições QuickTime, consulte o Capítulo 8, "Publicação". Clique o botão Publish (Publicar) para exportar o filme QuickTime.
9. Nos arquivos QuickTime personalizados carregados anteriormente, você encontrará os arquivos nomeados area_mask.png e drag_mask.png. Certifique-se de que estes dois arquivos, junto com o filme custom_quick.mov, estejam armazenados na área de trabalho.
10. Abra um editor de texto simples como o Notepad, com texto simples ou edição de texto. Digite o seguinte código:

```
<?xml version="1.0"?>
<?quicktime type="application/x-qtskin"?>
<skin>
<movie src="custom_quick.mov"/>
<contentregion src="area_mask.png"/>
<dragregion src="drag_mask.png"/>
</skin>
```

11. Grave o filme como finished.mov. Isto criará um filme QuickTime com a interface personalizada, como mostrado na Figura 9.30.

Se você estiver usando Text Edit (Editar Texto) na plataforma Mac OS X, terá que escolher Edit (Editar), Preferences (Preferências) e então assegurar que o novo formato do documento esteja definido para Plain Text (Texto Simples) e não Rich Text (Texto Rico).

12. No QuickTime, escolha File, Save As. Nomeie o filme como quiser, mas é importante tornar este filme independente. Do contrário, quando mover o arquivo para fora de seu computador, nada aparecerá, porque ele está originando tudo agora, inclusive o filme e as máscaras.

Figura 9.29 O clipe do filme flui na parte superior da caixa da interface.

Figura 9.30 Uma superfície de mídia personalizada no QuickTime player.

Capítulo 10

Como abordar o ActionScript

por Todd Coulson

Neste capítulo
- Script baseado em objetos
- Modelo de objetos do ActionScript
- Objetos do Flash – clipes do filme
- Propriedades
- Variáveis
- Métodos
- Funções
- Strings literais versus expressões
- Endereçamento e sintaxe de ponto
- Endereçamento absoluto
- Endereçamento relativo
- Como endereçar de dentro de clipes do filme aninhados
- Estrutura ActionScript
- Painel Actions
- Modo normal e modo especialista
- Como importar e exportar os scripts
- Menu instantâneo do painel Actions

No Capítulo 9, "Técnicas de animação e vídeo digital", você aprendeu algumas técnicas para animar usando quadros-chave (ou seja, colocando um objeto em um quadro e então animando uma série de quadros). Isto geralmente pode ser uma economia de tempo, e pode dar uma aparência mais real a suas animações em pouco tempo. Porém, você poderá animar no Flash sem usar os quadros-chave. Na verdade, este estilo de animação permitirá incorporar mais interatividade em seus projetos do que o uso dos quadros-chave sozinhos permitem. O ActionScript é a linguagem que os desenvolvedores Flash usam para informar ao Flash o que fazer. As ações ditam um conjunto de instruções para o Flash, para ativar seu projeto com mais operações. O ActionScript pode ser muito simples em natureza ou altamente complexo. Tudo depende do objetivo de seu projeto. Começaremos com o simples neste capítulo. Porém, no final do capítulo, não só você será capaz de animar no Flash usando o ActionScript, como também terá uma total compreensão da terminologia e dos papéis em torno da linguagem Flash que os programadores usam.

Script baseado em objetos

Se você considerar as habilidades das pessoas do escritório por um momento, notará muitas semelhanças. Por exemplo, muitos funcionários podem ler, escrever, fazer fotocópias e atender os telefones. Alguns de nós podem ser mais fortes em uma área do que em outra, mas, para este exemplo, iremos considerar todos como tendo ou não uma habilidade. Agora, nem todos em uma definição de escritório tem um número igual de habilidades. É por isto que as pessoas são colocadas em departamentos. Algumas pessoas podem ser fortes em matemática e são colocadas no departamento de contabilidade. Outros funcionários podem ser fortes com pessoas, portanto, são colocadas no departamento de vendas. Agora imagine que você seja o chefe deste escritório inteiro. Não seria ótimo se pudesse simplesmente chamar um departamento para uma tarefa ser completada corretamente para um cliente? Talvez em algumas instâncias, precisará de dois ou três departamentos diferentes para realizar uma tarefa para um cliente. Em tal caso, poderá informar ao departamento de contabilidade para adicionar alguns valores para a proposta de seu cliente, pedir ao departamento de documentos para rascunhar um relatório e então chamar sua equipe de vendas para fechar o negócio com seu cliente. As tarefas seriam divididas em sua empresa de uma maneira parecida com a Figura 10.1. Note como alguns departamentos não são necessários para completar as tarefas para seu projeto.

Agora considere a estrutura de seu escritório no mundo da programação baseada em objetos. Você é o chefe, portanto, determina o que ocorre e quais objetos irá chamar para completar seu projeto.

Cada departamento seria parecido com uma *classe* no Flash. As classes são grupos de tipos de dados que controlam e definem os objetos das classes. Exatamente como nos departamentos em seu escritório, você, o construtor, poderá chamar as classes necessárias para completar um projeto ou ação. A Figura 10.2 mostra como um programador poderia usar os objetos em um projeto fictício. Neste exemplo, o programador escolheu usar os objetos do clipe do filme, do botão e de som em seu ActionScript para manipular as propriedades nestes objetos.

Capítulo 10 – Como abordar o ActionScript | **227**

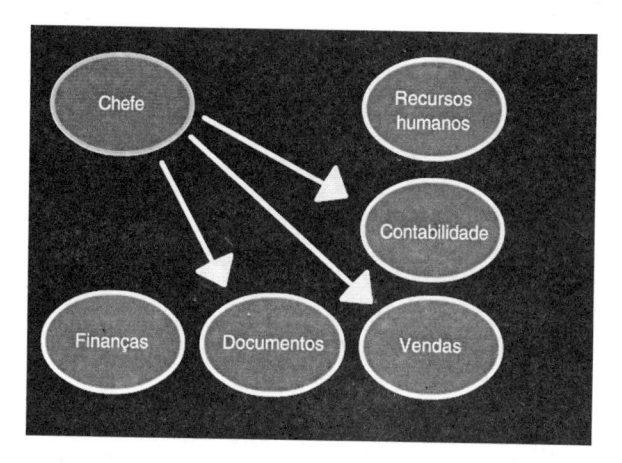

Figura 10.1 *As tarefas necessárias para serem executadas para o término deste projeto. Nem todo departamento é necessário para o projeto.*

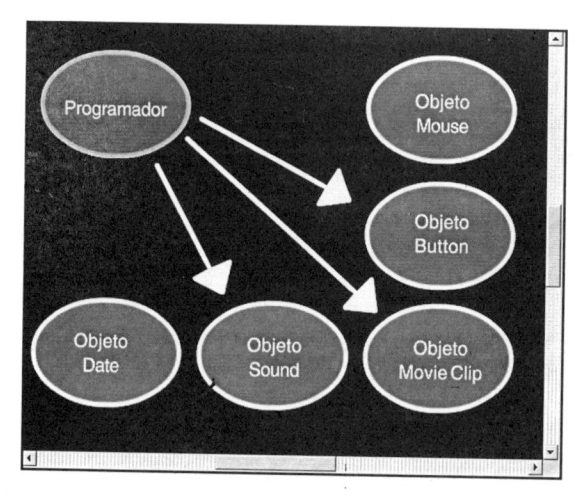

Figura 10.2 *O programador Flash tem a capacidade de usar diferentes classes dos objetos a seu favor ao desenvolver um projeto.*

Bem então o que é um *objeto*? O Flash tem objetos predefinidos (que basicamente têm suas classes criadas para você e são predefinidos) e objetos personalizados. Os objetos personalizados fornecem a capacidade de criar suas próprias classes, com seus próprios objetos e seu próprio conjunto de propriedades e métodos. Para relacionar isto ao exemplo anterior, se você fosse o chefe de um projeto, precisando de uma ajuda externa (nenhum de seus departamentos pôde lidar com este conjunto de tarefas), poderia contratar ou montar uma equipe especificamente para trabalhar neste conjunto de tarefas para este determinado projeto. Na Figura 10.3, você pode ver como um programador tem a capacidade de chamar as classes e os objetos para executar as tarefas que está tentando realizar.

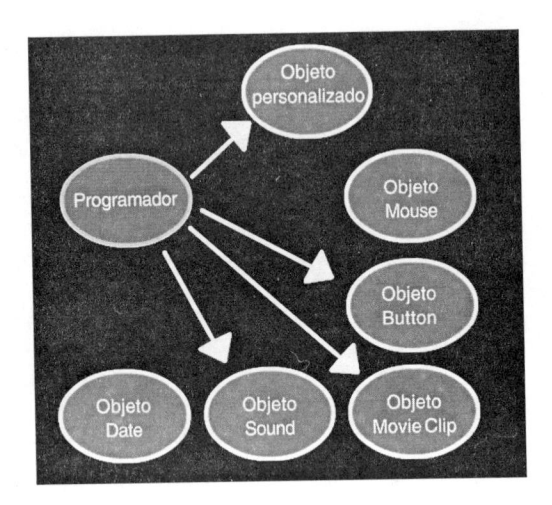

Figura 10.3 *Como programador, você tem a capacidade de criar seus próprios objetos e atribuir propriedades e métodos que funcionam para estes objetos.*

Todos os objetos são uma coleção de propriedades e métodos. Definir estas propriedades e chamar estes métodos permitirá que você altere cada instância de um determinado objeto que está presente no ambiente Flash. Os objetos podem ser puros contêineres de dados ou ser representados graficamente na cena de seu filme. Um exemplo de um objeto de dados seria o objeto Date, que controla a hora obtida em seu sistema. Chamar este objeto mostrará suas próprias propriedades da classe Date, que podem ser manipuladas. Contudo, nada aparecerá graficamente na cena, até que você pegue os dados calculados do objeto Date e coloque-os em outro lugar na cena. Todos os botões que aparecem em sua cena são instâncias gráficas da classe Button. Têm propriedades que são específicas dos botões, mas diferente do objeto Date, já residem graficamente na cena de sua apresentação.

Iremos examinar seus "departamentos" mais de perto. Você pode ter Earl como um funcionário. Earl pode processar todas as pilhas de papel de sua mesa em cerca de uma hora. Entretanto, ele geralmente comete cerca de 20 erros no processamento. Agora Bill leva três horas para processar os eventos, mas em geral comete cerca de quatro erros em seu processamento. Bill executa suas tarefas classificando seus papéis em ordem alfabética. Earl classifica sua pilha de papéis numericamente. Se fôssemos relacionar Earl e Bill à programação baseada em objetos, suas tarefas poderiam ficar como a Figura 10.4.

Considere Bill e Earl como instâncias diferentes do mesmo objeto. As propriedades de Bill são diferentes das de Earl. E mais, eles têm métodos diferentes de fazer seu trabalho, mas ainda realizam as mesmas tarefas. Todo objeto pode ter propriedades diferentes. Por exemplo, uma instância do botão pode ser menor que outra instância do botão. Porém, ainda são da mesma classe e possuem muitas propriedades iguais. Note na Figura 10.5 como um botão parece completamente diferente do outro. Eles são o mesmo objeto do mesmo membro Library (Biblioteca), mas são instâncias diferentes com propriedades diferentes.

	Propriedades	Métodos
Bill	3 horas, 4 erros	Ordem alfabética
Earl	1 hora, 20 erros	Ordem numérica

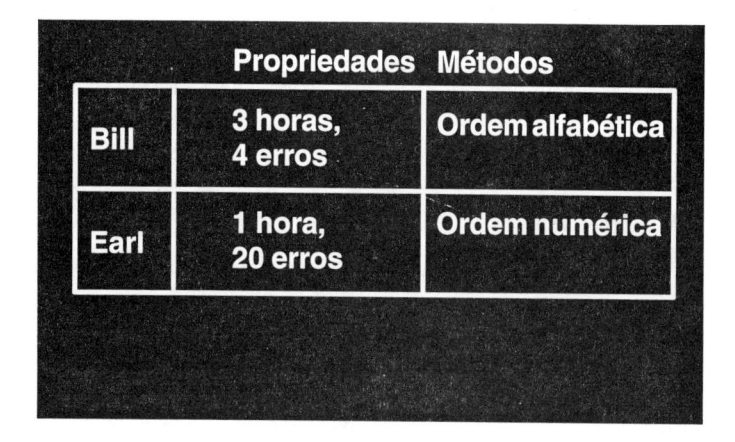

Figura 10.4 As tarefas que Bill executa são diferentes das de Earl. São propriedades do trabalho de Bill. E mais, Bill tem um método diferente de fazer seu trabalho, de modo muito parecido como toda classe no Flash tem propriedades e métodos diferentes, que são particulares desta classe.

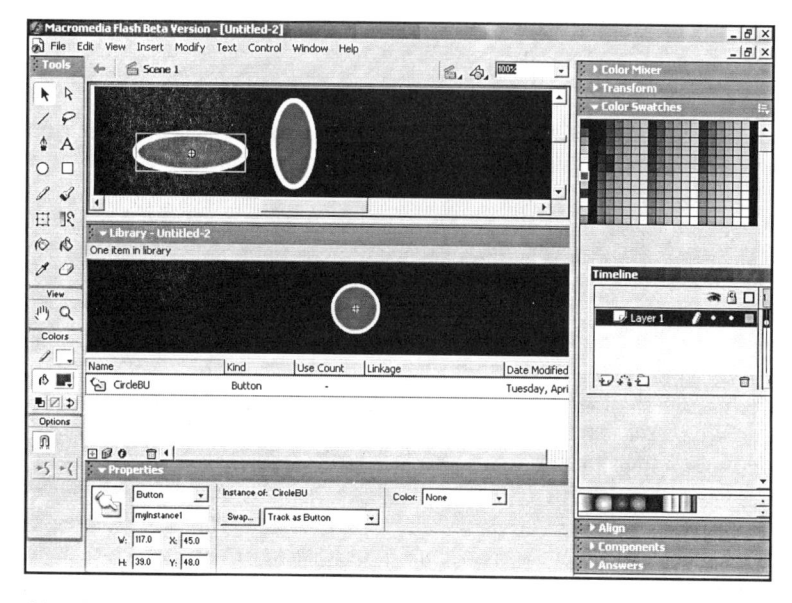

Figura 10.5 Estes botões vermelhos são diferentes no tamanho e forma. Eles são instâncias diferentes com altura, largura e propriedades do local diferentes. Porém, ambos são membros da mesma classe de objeto e também se originam do mesmo membro Library.

As *propriedades* são atributos que criam e definem um objeto. Para os clipes do filme, isto poderá significar o tamanho do clipe do filme e seu local. Os *métodos* são funções atribuídas a um objeto, que permitem a ele executar tarefas específicas. Estas funções poderiam ser uma única tarefa ou diversas, mas serão tarefas repetitivas. Portanto, o Flash precisa de uma função para ativar este conjunto de comandos sempre que precisar executar estas tarefas.

Definir classes, objetos, métodos e propriedades é importante ao ser capaz de definir a programação baseada em objetos. Basicamente, a programação baseada em objetos é a manipulação das instâncias do objeto, através do uso das propriedades e métodos disponíveis para uma certa classe.

Modelo de objetos do ActionScript

Agora que definimos a programação baseada em objetos, entraremos nas regras associadas aos objetos em detalhes:

- Como mencionado anteriormente, os objetos podem ser objetos de dados ou itens gráficos atualmente carregados em sua cena.
- Os objetos de alto nível, como o objeto Math e o objeto Date, não requerem que você crie uma instância deles para usá-los. Ao contrário, usará apenas o nome do objeto e o método depois dele. Este exemplo mostra como arredondaria o número 2.4 para 2:

    `Math.round(2.4);`

- Os objetos predefinidos, como o objeto Sound, requerem uma nova instância destes objetos para usá-los. Você inicializaria estes objetos da seguinte maneira:

    `mySound = new Sound( );`

    Este exemplo mostra uma variável chamada mySound sendo igualada ao objeto Sound novo, que é inicializado na instrução. Ela informa ao Flash que um novo objeto Sound está sendo construído. Isto é chamado de *função construtura*.

- Os objetos gráficos, como o objeto MovieClip e o objeto Button, podem receber um nome da instância no painel Properties (Propriedades), clicando-os na cena (qualquer item localizado na cena será uma instância dos itens localizados em sua Library). Se um objeto MovieClip for criado durante a execução usando o método attachMovieClip ou duplicateMovieClip, você terá que fornecer ao clipe do filme um nome da instância no método.

- Finalmente, os objetos gráficos criados em sua cena ficam em três categorias: clipes do filme, botões e campos de texto, que podem ser atribuídos aos nomes da instância (no caso dos campos de texto, também podem ser atribuídos a um valor variável) para permitir que você controle suas propriedades. Se você notar uma propriedade destes itens no painel Properties, há chances de que exista uma maneira no ActionScript de controlar esta propriedade durante a execução.

O modelo de objetos no ActionScript permite controlar os objetos no Flash. Lembre-se que estes objetos não estão visíveis apenas para você no modo de construção. Eles são qualquer coisa que possa ajudá-lo a criar seu projeto. Os objetos em seu projeto (objetos personalizados e predefinidos) permitem que você seja mais eficiente e inclua mais interatividade em suas apresentações.

Capítulo 10 – Como abordar o ActionScript | 231

Objetos do Flash – clipes do filme

O objeto MovieClip é mencionado constantemente ao falar sobre o modelo ActionScript do Flash. É por causa da enorme capacidade que os clipes do filme possuem. Considere o Capítulo 4, "Animação do Flash", que falou sobre os símbolos e a Library. Você sabe que os clipes do filme são basicamente linhas do tempo principais independentes. Na verdade, são de fato suas próprias linhas do tempo. Com esta capacidade da linha do tempo, você poderá usar os métodos para controlar as ações play ( );, stop( ); e gotoAndPlay ("frameName") de um clipe do filme. E mais, terá total controle das propriedades do clipe do filme, como, por exemplo, a posição relativa ao ponto de registro do clipe do filme (_x e _y), a altura (_height) e largura (_width), a transparência alfa do clipe (_alpha), os quadros carregados (_frameloaded) e a visibilidade (_visible). E mais, você não está limitado a apenas estas propriedades.

Melhor de tudo, os clipes do filme têm a capacidade de se comunicar. Como todo clipe do filme tem um nome de instância, você poderá chamar um pelo nome. Portanto, se estiver chamando uma ação no clipe1, poderá chamar o clipe2 para reproduzir um quadro diferente e alterar sua visibilidade para 50%. Lembre-se que com os objetos, o ActionScript é para elevar sua interatividade, para que a maioria das classes e objetos tenha a capacidade de interagir entre si. Os clipes do filme não são diferentes. Você poderá chamar um clipe do filme de qualquer local em seu Flash SWF. Poderá colocar ações nos botões, na linha do tempo raiz ou mesmo nos clipes do filme aninhados, para informar a um certo clipe do filme para mudar suas propriedades. Esta interação dos objetos MovieClip é chamada de *endereçamento*. Iremos nos aprofundar neste tópico, assim como no aninhamento dos clipes do filme, posteriormente neste capítulo. No momento, apenas lembre-se que qualquer clipe do filme pode mudar as propriedades a partir de qualquer local. Iremos experimentar um exemplo usando a linha do tempo principal.

Exercício 10.1

O arquivo FLA inicial para este exercício é um arquivo novo. O arquivo FLA terminado é o 10-01fin.FLA. Eis as etapas a seguir:

1. Crie algum trabalho de arte em sua cena usando as ferramentas gráficas e selecione o item criado. Escolhi fazer um círculo.
2. Com o trabalho de arte selecionado, pressione a tecla F8 ou escolha Insert (Inserir), Convert to Symbol (Converter em Símbolo) nas opções de menu na parte superior de sua tela.
3. Isto ativará a caixa de diálogo Convert to Symbol. Escolha Movie Clip (Clipe do Filme) nas três opções, para escolher o tipo do símbolo para seu trabalho de arte.
4. Escolha um nome para seu clipe do filme. Isto identificará seu objeto de clipe do filme no painel Library. Certifique-se de que o nome não entra em conflito com nenhum outro membro Library em seu projeto.
5. Abra seu clipe do filme clicando duas vezes na instância em sua cena ou no membro da biblioteca recém-criado.
6. Crie alguma animação clicando no quadro 10 da linha do tempo de seu clipe do filme, inserindo um quadro-chave em branco e desenhando um quadrado. Vá para o painel Properties e clique no primeiro quadro de sua linha do tempo. No painel Properties, escolha Shape (Forma) nas opções do intermediário.

7. Crie uma nova camada em seu símbolo de clipe do filme e nomeie-a como **actions**. É uma boa prática criar uma camada separada para suas ações. Isto facilitará localizar todas as ações para um determinado quadro. E mais, quando tiver várias camadas em seu projeto, não terá que paginar seu painel Timeline (Linha do Tempo) para encontrar todas as ações em um certo quadro com problemas.

8. Crie um quadro-chave em branco no primeiro quadro de sua nova camada. Agora vá para o modo expert (especialista) em seu painel Actions e digite o seguinte código:

   ```
   Stop( );
   ```

   Se você escolheu ficar no modo normal, escolha Actions, MovieControl (Controle do Filme), Stop (Parar) para executar a mesma ação. Agora isto é sua primeira parte do ActionScript escrito. Parece bom, hein? É um método usado para controlar a linha do tempo de seus filmes. Nenhum parâmetro está associado a esta ação, portanto, não há nenhuma necessidade de digitar nada entre parênteses. Você verá mais tarde que os parênteses podem ser preenchidos com parâmetros para definir mais suas ações e métodos. Sugiro o uso do modo especialista para a maioria de seus scripts; porém, como você pode não se sentir confortável ainda digitando as ações, darei instruções para trabalhar no modo normal também. Se tiver perguntas sobre as opções do modo normal e especialista, veja a seção "Modo normal e modo especialista" no final deste capítulo.

   A linha do tempo de meu clipe do filme é mostrada na Figura 10.6.

9. Volte para a linha do tempo principal de seu filme clicando o botão Scene 1 (Cena 1) localizado abaixo da linha do tempo. Agora, a partir da linha do tempo principal, você fará com que o clipe do filme reproduza sua linha do tempo (lembre-se, os clipes do filme têm linhas do tempo independentes da linha do tempo principal ou da linha do tempo no nível da raiz).

10. Na linha do tempo principal, clique em seu clipe do filme. Então vá para o painel Properties para o objeto selecionado. Forneça ao seu clipe do filme um nome de instância exclusivo, como **myClip**.

11. Na linha do tempo principal, certifique-se de que há mais quadros em seu filme do que existem no clipe do filme. Para este exemplo, adicione 20 quadros à linha do tempo principal. No último quadro de sua linha do tempo principal, digite o seguinte script, em uma nova camada chamada "actions":

    ```
    myClip.play( );
    ```

12. Pressione Ctrl+Enter (Cmd+Return no Mac) para testar o filme. Você poderá também acessá-lo indo para Control (Controle), Test Movie (Testar Filme) em sua barra de menus.

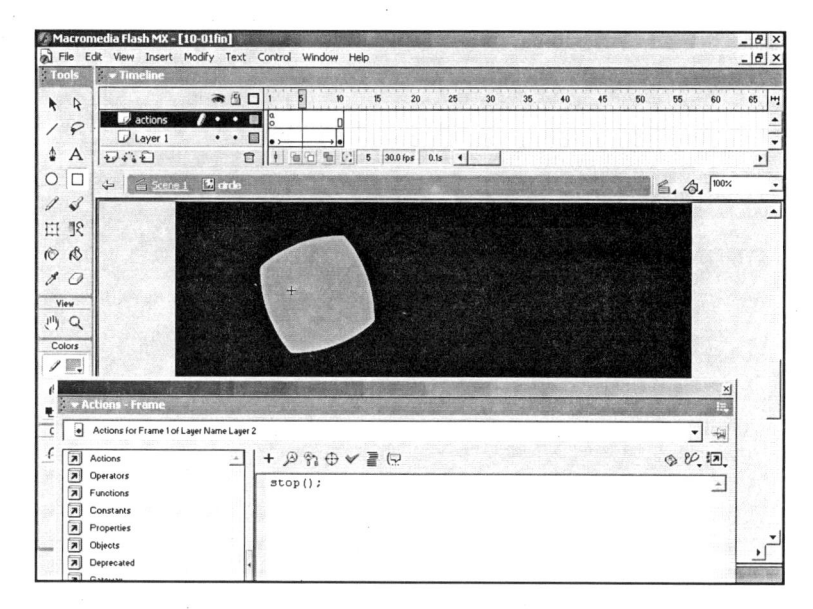

Figura 10.6 A linha do tempo de um clipe do filme com 10 quadros e uma forma intermediária simples aplicada. É completamente independente da linha do tempo principal.

Você notará que o filme reproduz 20 quadros e então reproduz seu clipe do filme. Você está controlando a linha do tempo do clipe do filme a partir da linha do tempo de seu filme. Você endereçou o clipe do filme que tinha em sua cena chamando a instância do objeto myClip e então transmitiu-lhe uma ação para reproduzir sua linha do tempo. Missão cumprida! Sua primeira ação de clipe do filme foi transmitida. Grave seu filme como movieClip.fla para que possa usá-lo no próximo exemplo.

Propriedades

As propriedades, como mencionado anteriormente no capítulo, são os atributos que definem as instâncias dos objetos. As propriedades são o que tornam as instâncias exclusivas. De dentro do ActionScript do Flash, você acessará as propriedades de um objeto usando o operador de ponto. Isto é feito digitando o objeto que você está tentando acessar, seguido de um ponto (.) e então a propriedade que está tentando acessar. Por exemplo, se estivesse acessando a altura de um clipe do filme que tem um nome de instância myClip, escreveria o seguinte:

```
myClip._height=50;
```

O clipe receberá um valor de 50 pixels. Neste caso, você usará o operador de igualdade (=) e um valor que agora está associado à propriedade height da instância de clipe do filme chamada myClip.

As propriedades têm vários tipos e são específicas de um objeto em seu filme. Analisamos anteriormente como uma instância de clipe do filme tem propriedades, como a altura, largura, posição e alfa. Porém, se você vir as propriedades do objeto Sound, não encontrará uma altura ou posição. Um objeto Sound não pode ter uma altura. Isto não é uma propriedade do objeto Sound. Contudo, a Macromedia forneceu um conjunto de propriedades específico para o objeto Sound, como o volume e a extensão. Portanto, dependendo do objeto, você terá um novo conjunto de opções para manipular as propriedades deste objeto. Iremos manipular o filme que acabou de criar para mostrar como o clipe do filme pode alterar suas propriedades (abra o arquivo 10.02start.fla se estiver começando do zero).

Exercício 10.02

O arquivo FLA inicial para este exercício é o 10-02start.fla. Eis as etapas a seguir:

1. Na ação na linha do tempo principal que reproduz o filme, apague o código que faz com que o clipe do filme se reproduza.
2. Agora digite o seguinte código no modo especialista:

   `myClip._x = myClip._x + 10;`

   Se você estiver criando isto no modo normal, escolha Actions, Set Variable (Definir Variável). Agora o Flash fornecerá a opção para criar uma avaliação dos dois operandos. Portanto, na primeira área em branco, vá para Properties, _x. Então, na frente da propriedade, você precisará selecionar uma instância do objeto para afetar. Clique o botão do caminho de destino, mostrado na Figura 10.7 e escolha a instância myClip do objeto de clipe do filme. Faça o mesmo para a segunda área em branco, com exceção de adicionar "+10" ao final.
3. Teste seu filme pressionando Ctrl+Enter (ou Cmd+Return no Mac).

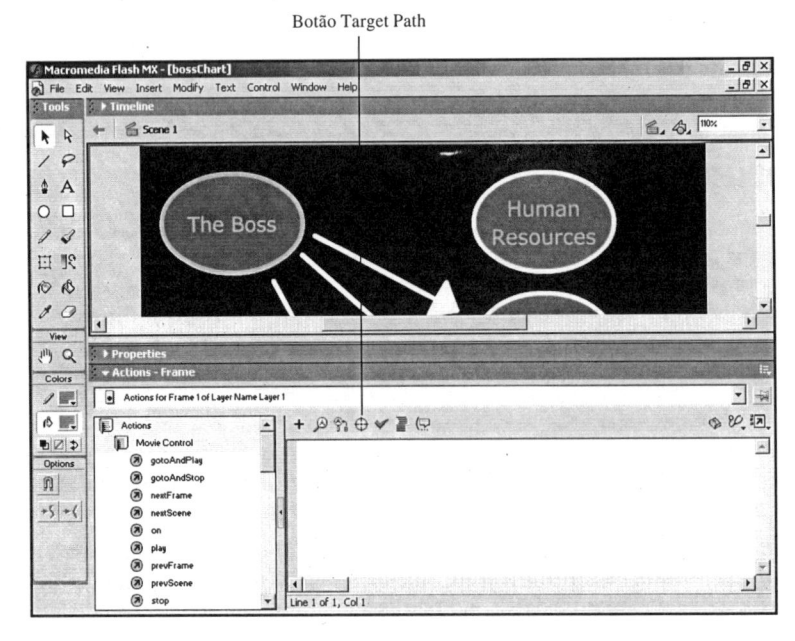

Figura 10.7 Este botão, quando clicado, ativará o caminho de destino desejado.

Note como seu clipe do filme se move em 10 pixels sempre que atinge o quadro de ação na linha do tempo principal. É porque você alterou a propriedade do local x para a instância denominada myClip. Parabéns, completou sua primeira animação usando o ActionScript.

Também poderá criar propriedades para seu objeto. Suponha que tenha um objeto que não tem uma certa propriedade que gostaria de acessar. Poderá usar o método addProperty para adicionar esta propriedade ao objeto e poderá usar uma função para atribuir à propriedade um valor. Depois, sua propriedade recém-adicionada seria outro atributo do objeto. O método addProperty é escrito usando a seguinte estrutura:

```
myClip.addProperty("zProp", this.getZ, this setZ);
```

Aqui, myClip representa o caminho para o objeto ao qual estamos adicionando a propriedade. zProp é o nome da nova propriedade. this.getZ representa o caminho para uma função que recupera o valor da propriedade e this.setZ é o caminho para uma função que é chamada para definir o valor da propriedade. Este estilo é referido como *propriedades getter/setter*. São as propriedades criadas usando os métodos get e set. A segunda propriedade obtém uma função para ser usada, e o terceiro argumento do método recupera uma função para definir a propriedade. É uma capacidade complexa do ActionScript e está além do escopo deste capítulo; porém, você precisa saber que existe. Se quiser aprender mais sobre addProperty, verifique o índice no final deste livro ou outros exemplos de propriedade nos outros capítulos.

Variáveis

As variáveis são os contêineres que armazenam seus dados. Elas podem ser definidas, alteradas e atualizadas. As variáveis podem armazenar qualquer tipo de dados, significando que você pode ter uma variável que esteja armazenando uma string um momento, e então decidir mais tarde em seu filme que deseja que ela armazene um número. Os valores associados às variáveis estão localizados no lado direito do sinal de igual quando a variável é inicializada ou alterada depois em seu projeto.

É um bom uso *inicializar* suas variáveis na frente de seu projeto. Geralmente no quadro 1 de seu projeto, você poderá simplesmente fornecer um valor inicial para sua variável, para que o Flash a tenha disponível quando mudar mais tarde este valor. É também uma boa técnica de organização fazer isto, porque então você terá uma lista das variáveis em execução que está usando em seu projeto.

Eis algumas regras de uso das variáveis:

- Uma variável não pode ser uma palavra-chave ou literal ActionScript. Por exemplo, não nomeie sua variável como "break". O ActionScript a rejeitaria.
- Uma variável tem que ser exclusiva em seu escopo, significando que se você tiver uma variável definida em um bloco de código, não poderá criar outra variável com o mesmo nome. A variável tem que ser exclusiva em si mesma.
- Uma variável tem que ser declarada como um valor, antes que você possa usá-la para extrair informações.
- As variáveis são sempre alteráveis.
- As variáveis locais estão disponíveis em seu próprio bloco de código e são criadas usando a instrução var em uma função. Depois do bloco de código ter terminado, as variáveis locais são destruídas pelo Flash.

- As variáveis da linha do tempo estão disponíveis para qualquer linha do tempo usando um caminho de destino. Ao declarar as variáveis na linha do tempo, Set Variable e o operador de atribuição (=) executarão a mesma coisa. Usar o caminho de destino requer as mesmas regras de endereçamento que pertencem ao endereço do clipe do filme.
* As variáveis globais estão disponíveis para qualquer linha do tempo, independentemente de seu caminho de destino. As variáveis globais têm que ser declaradas com o identificador _global.
* Você não tem que especificar qual tipo de dados (por exemplo, string, número ou booleano) está associado à variável em questão. Muitas linguagens de programação requerem que você atribua um tipo de dados a uma certa variável e não trocam os tipos de dados. No Flash, você poderá alternar os tipos de dados como quiser. Embora nem sempre possa ser apropriado fazer isto, porque seu projeto poderá ficar confuso se você misturar continuamente os dados.
* As variáveis podem ser alteradas pelo Flash quando julgar necessário. Portanto, se você estiver atribuindo uma string para ser combinada com um número, o Flash irá reconhecer que os dois valores não são o mesmo tipo de dados e tentará combiná-los.

Com todas estas regras, é fácil ficar confuso, portanto, iremos experimentar algumas ações trace e ver por que funcionam como variáveis e por que podem não funcionar. As ações trace permitem exibir as instruções escolhidas dentro da janela Output (Saída) durante a execução no momento em que a ação trace é chamada.

Exercício 10.3

O arquivo FLA inicial para este exercício é o 10-03start.fla. O arquivo FLA terminado é o 10-03.fin.fla. Eis as etapas a seguir:

1. Abra o 10.03start.fla e apague o código criado anteriormente na linha do tempo principal.

2. No quadro 30 na linha do tempo principal, digite o seguinte código:

   ```
   x=3;
   trace("x has a value of " + x);
   stop( );
   ```

3. Mantenha o segundo x fora das aspas precedido do operador +. E mais, se você quiser fazer isto usando o modo normal, escolha Actions, Variables (Variáveis), Set Variable em seu painel Actions e então simplesmente forneça **x** no primeiro local e **3** no segundo. Então escolha Actions, Miscellaneous Actions (Ações Diversas), Trace (Rastrear) para definir uma mensagem para ser colocada na ação trace.

Seu arquivo 10-03start.fla deverá ficar parecido com a Figura 10.8.

Depois de testar o filme, notará que a janela Output aparecerá assim que a linha do tempo atingir o quadro no qual colocou a ação. A mensagem que aparece é "x has a value of 3" (x tem um valor 3).

É porque o segundo "x" está fora das aspas. O Flash reconhece isto e considera a primeira parte da mensagem como sendo uma string literal. A segunda parte da mensagem é uma variável para a qual o Flash insere um valor para completar a mensagem. Por causa do sinal de mais, o Flash reúne as duas mensagens.

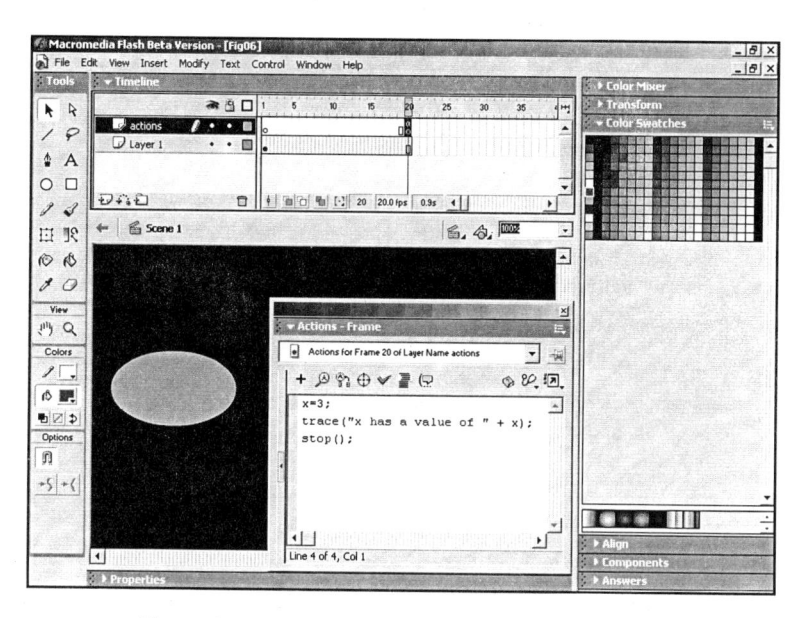

Figura 10.8 A linha do tempo com uma ação do quadro anexada ao final. O painel Actions inclui as ações recém-escritas.

Iremos tentar outra instrução com este exemplo, que deverá ser simples de criar. Desta vez, escreva suas ações ao inverso, apague a ação stop e veja o que acontece. Suas ações deverão ficar assim:

```
trace("x has a value of " + x);
x=3;
```

Note como ao testar o filme a mensagem na janela Output não inclui o número 3 no final na primeira passagem pelo bloco action. É porque quebramos uma das regras analisadas anteriormente. Você não pode chamar uma variável para um valor antes dela ter sido atribuída a um valor. Na segunda vez em que o filme fez o loop, a variável foi atribuída a um valor, portanto, você obtém uma mensagem total e completa (isto é, se lembrou de apagar a ação stop( ) do último exemplo).

Agora usemos uma variável em uma instrução condicional para afetar o clipe do filme. Este próximo exemplo mostra uma aplicação simples real para usar as variáveis.

Exercício 10.4

O arquivo FLA inicial para este exercício é 10-04start.fla. O arquivo FLA terminado é 10-04fin.fla. Eis as etapas a seguir:

1. No filme 10-04start.fla, apague as ações na linha do tempo principal e digite as seguintes ações em seu lugar, no modo especialista:

   ```
   if (x= =3) {
       MyClip.play( );
   }
   ```

   Para acessar a instrução if usando o modo normal, vá para Actions, Conditions/Loops (Condições/Loops), If (Se). Depois de escolher esta opção, deverá ver uma caixa de entrada da condição, forneça x= =3 nesta caixa. Inclua os dois sinais de igual. É como o Flash determina a diferença entre uma atribuição e uma comparação condicional dos itens. Um sinal de igual iguala um valor à variável. Os dois sinais de igual comparam os dois valores.

2. Agora crie um círculo usando suas ferramentas de desenho, pressione F8 para atribui-lo como um novo símbolo, escolha button (botão) como o tipo do símbolo e então forneça-lhe um nome exclusivo para sua referência da biblioteca.

3. Clique o botão e crie outra parte do código para alternar o valor da variável:

   ```
   on (release) {
       if (x= =3) {
           x=0;
       }else{
           x=3;
       }
   }
   ```

   A instrução else poderá ser acessada no modo normal usando as mesmas opções Actions, Conditions/Loops. A frase de recipiente else informa que se o valor de x não for igual a 3, tornará a variável igual a 3. Sua interface Flash deverá ficar parecida com a Figura 10.9.

4. Forneça ao seu botão um nome da instância. Isto não é requerido, mas você deverá adquirir o hábito de nomear todas as instâncias trazidas para sua tela para uma referência posterior.

5. Teste seu filme usando Ctrl+Enter (Cmd+Return no Mac).

Capítulo 10 – Como abordar o ActionScript | **239**

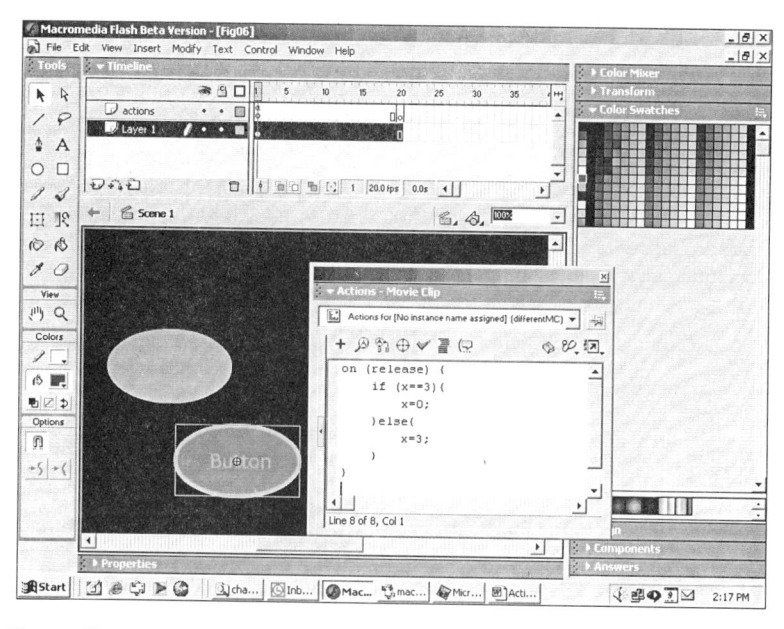

Figura 10.9 *A linha do tempo com uma instrução condicional anexada ao botão. Este código alterna entre dois valores para a variável. Note que o botão é selecionado para permitir que você veja e digite as ações nesta instância do botão.*

Observe que sempre que seu filme atingir o código, ele não animará seu clipe do filme inicialmente, porque sua variável não está associada ao valor 3. Se você clicar o botão de alternância, o valor da variável será mudado para o número 3, permitindo assim que a condição funcione, o que por sua vez permitirá que a animação ocorra no clipe do filme sempre que o script do quadro for impedido. Para parar a animação, você simplesmente terá que clicar o botão de alternância de novo. Isto retornará o valor da variável para 0 e a instrução if na linha do tempo será avaliada como False novamente.

Métodos

Como mencionado anteriormente, os métodos são funções que executam tarefas específicas para um objeto. Os métodos podem ser criados ou usados a partir dos métodos construídos no modelo ActionScript. A seguir está um método construído no ActionScript do Flash:

```
gotoAndPlay(20);
```

O Flash sabe que quando gotoAndPlay for encontrado, uma tarefa será executada. Neste caso, 20 é um parâmetro do método goto. E mais, o Flash sabe que os parâmetros transmitidos podem ter duas formas. A primeira é um número; o Flash obterá este número e irá interpretá-lo como um número do quadro da linha do tempo especificada. O outro parâmetro aceito para o método goto é uma string. O Flash reconhece uma string no método goto como uma etiqueta do quadro.

Os métodos também são construídos especificamente para a classe do objeto da qual fazem parte. Por exemplo, getDate e getMinutes são métodos do objeto Date. A data, a hora, os minutos e os segundos não são todos propriedades ou métodos do objeto MovieClip. Ao contrário, o objeto MovieClip usa os métodos para executar tarefas como attachMovie e loadMovie.

Para encontrar os métodos para uma determinada classe predefinida, vá para o painel ActionScript, clique na lista suspensa Objects (Objetos), então escolha uma categoria: Core (Básico), Movie (Filme), Client/Server (Cliente/Servidor) ou Authoring (Autoria). Sob cada uma destas categorias de objetos você encontrará as classes predefinidas do objeto. Aprofundar-se mais na categoria do objeto mostrará os métodos disponíveis para um determinado objeto. Portanto, escolher Objects, Core, Date, Methods (Métodos), mostrará todos os métodos predefinidos do objeto Date.

Você também verá um conjunto de métodos disponíveis escolhendo Objects, Movie, Movie Clip, Methods. Notará mais abaixo na lista o método play do objeto MovieClip, que usamos nos exemplos anteriores.

Funções

As funções são blocos de código reutilizáveis. As funções podem ser parâmetros transmitidos, que são bits de informações usados no conjunto de ações da função. As funções são úteis porque permitem escrever milhas de código e chamar este bloco de código em qualquer lugar em seu projeto. São parecidas com as variáveis no uso, pois ainda requerem o uso de um caminho de destino para chamá-las. As funções também podem retornar valores para o programador e o programador pode usar uma função simplesmente para executar um conjunto de tarefas em um projeto.

As funções, como os métodos e as classes, têm os tipos predefinidos e personalizados. As funções predefinidas podem ser encontradas no painel Actions (Ações). Elas incluem, mas não estão limitadas a Boolean, escape, eval, getVersion e String. Cada uma destas funções predefinidas pode ajudá-lo quando você quiser que uma tarefa específica seja realizada.

As funções personalizadas podem ser criadas no seguinte formato:

```
function myFunctionName (myArg1, myArg2){
    trace("this is where any actions can go");
    trace("Flash is not limited");
    trace("by the number of actions");
    trace("in a function block");
    x=5;
    trace(x);
    trace(myArg1);
    trace(myArg2);
}
```

Note primeiro que a palavra function inicia-o na criação de seu código. Ela é seguida de um nome exclusivo que você fornece à sua função. Isto é seguido de um conjunto de parênteses. Os itens entre parênteses são os parâmetros que a função requer para executar todas as suas tarefas. Os parâmetros serão fornecidos para a função a partir da ação que chama a função (iremos analisar isto em breve). Observe também que você pode ter quantas instruções forem necessárias em sua função para executar suas tarefas. No final de suas tarefas, você criará uma variável, irá rastrear a variável e então irá rastrear ambos os parâmetros da função. Todas estas variáveis estão limitadas ao uso da função. Elas são criadas localmente, e não podem ser usadas em outros blocos de código em outros lugares em seu projeto. Estas variáveis criadas localmente serão destruídas depois da função ter terminado suas tarefas. Se x fosse uma variável da linha do tempo ou global, teria que ser chamada usando um caminho de destino ou o identificador _global.

Para chamar uma função, você irá chamá-la pelo nome, a partir de outro local em seu projeto. Isto não significa que não poderá chamar uma função a partir do mesmo quadro da função, mas não desejaria chamar a função, obviamente, de dentro do mesmo bloco de código de sua função. Isto causaria erros prejudiciais e não é uma programação lógica. Portanto, para chamar a função myFunctionName, você a endereçaria de modo muito parecido como endereça as variáveis e os clipes do filme.

    thePath.myFunctionName(15, "myName");

Note que dois parâmetros são transmitidos para a função. O primeiro, 15, agora será atribuído ao parâmetro myArg1, e a string myName será atribuída ao parâmetro myArg2. Experimentemos um exemplo.

Exercício 10.5

O arquivo FLA inicial para este exercício é 10-05start.fla. O arquivo FLA terminado é 10-05fin.fla. Eis as etapas a seguir:

1. Você adivinhou – apague todo o código da linha do tempo principal e do botão no exemplo anterior ou em 10-05start.fla.

2. Clique em um quadro-chave em branco e no quadro de ações no primeiro quadro do filme, digite o seguinte código para criar a função:

    ```
    function myFunctionName (myArg1, myArg2) {
      x=2;
      trace("my name is " + myArg1);
      trace("I own " + myArg2 + " cases of beer");
      trace("I own " + x + " cases of soda");
    }
    ```

    Para acessar a função no modo normal, escolha Actions, User-Defined Functions (Funções Definidas pelo Usuário), Function (Função). Também digite **cases of root beer if you are under 21**.

3. Agora em seu botão coloque outra ação onRelease (que pode ser feito no modo normal através de Objects, Movie, Button, Events (Eventos), onRelease) e digite o seguinte código:

    ```
    on (release) {
      myFunctionName("Todd", 1);
    }
    ```

    Esta instrução transmitirá os parâmetros que serão usados na função. Ela transmite dois: Todd e 1 (a propósito, digite seu próprio nome, se preferir não ter o meu aparecendo na janela Output).

4. Teste seu filme usando Ctrl+Enter (Cmd+Return no Mac).

Ei, verifique! Agora você tem uma função que coloca o código na janela Output sempre que clica o botão. O código em seu botão transmite os parâmetros para a função que está localizada no quadro 1 (portanto, não precisará estar no quadro para acessar a função). A função obtém os parâmetros e executa cada linha de código.

Façamos mais uma coisa com as funções. Aqui está o próximo exercício.

Exercício 10.6

O arquivo FLA inicial para este exercício é 10-06start.fla. O arquivo FLA terminado é 10-06fin.fla. Eis as etapas a seguir:

1. Clique seu botão e pressione F8.
2. Torne o conteúdo do botão aninhado dentro de um clipe do filme e forneça ao novo clipe do filme um nome exclusivo para Library.
3. Forneça à nova instância do clipe do filme um nome da instância para ter consistência.
4. Teste seu filme e clique o botão.

Opa! Você não pode acessar mais a função. É porque não está mais chamando a função a partir da mesma linha do tempo. Isto poderá ser corrigido endereçando a função a partir do seu botão para a linha do tempo. Poderá fazer isto chamando a função assim:

```
on (release) {
_root.MyFunctionName("Todd", 1);
}
```

Como você colocou _root na frente da instrução que chama a função, endereçou a função devidamente. Falaremos mais sobre o endereçamento posteriormente no capítulo. Agora quando testar seu filme, o botão funcionará de novo.

Strings literais versus expressões

Uma expressão é qualquer um dos dois valores que podem ser avaliados em um único valor. Uma expressão é composta por *operandos* ou tipos de dados que são comparados ou alterados com os operadores. Os operadores são símbolos que executam as comparações, como o sinal de igual (=) ou o sinal de adição (+). Os operandos poderão ser números, strings ou outros tipos de dados. Por exemplo, 1+1=2 é uma expressão. 1, 1 e 2 são os operandos, ao passo que os sinais + e = são os operadores. Do mesmo modo, z=x+y também é uma expressão. O Flash analisaria todos os três operandos (z, x e y) e determinaria se um valor pode ser extraído dos operandos. Então usando os operadores (+ e =), o Flash avaliaria a expressão.

Uma string literal é qualquer seqüência de caracteres, números e marcas de pontuação entre aspas. O Flash vê estes caracteres como um valor literal, significando que obtém exatamente o que está entre aspas como dados. Você poderá usar o operador + para unir duas strings. Por exemplo, "My name" + "is Steve" = seria avaliado como "My name is Steve". Isto não deverá ser totalmente novo; usamos strings em todas as ações trace executadas até então no capítulo.

Capítulo 10 – Como abordar o ActionScript | **243**

O problema que pode ser um aumento de velocidade para muitos programadores ocorre quando os tipos de dados ficam intermisturados. Se você fosse criar duas variáveis – uma sendo uma string e a outra sendo um número – o Flash tentaria combinar os dois tipos de dados em uma avaliação. Se sua primeira variável for myString com um valor "My name is " e sua segunda variável for myNumber com um valor 32, o Flash combinará estes dois tipos de dados:

```
myX= myString+32;
trace(myX);
```

O valor resultante de myX seria "My name is 32". Isto poderá não produzir o que você está procurando como programador Flash. É porque os tipos de dados diferentes combinados em uma instrução poderão apenas adicionar o número 32 ao final do item de string. Em geral, "My name is " seria associado a um nome de pessoa, não a um tipo de dados numérico. Isto não quer dizer que a string não está correta. Apenas saiba que o Flash irá interpretar os tipos de dados diferentes de modos diferentes. Consulte a seção "Operadores e operandos" para obter mais informações sobre como o Flash se refere às suas instruções.

Endereçamento e sintaxe de ponto

O endereçamento é provavelmente o único tópico mais importante deste capítulo. Muitos problemas para os programadores iniciantes do Flash giram em torno da questão do endereçamento. Agora que a maioria dos termos do Flash ActionScript está em sua cabeça, iremos tentar fazer com que os objetos, as variáveis, as funções e os métodos interajam entre si usando o endereçamento.

A sintaxe de ponto é o modo como você usa o ActionScript para se referir aos itens em um projeto. Os itens no Flash são separados usando o operador de ponto (.). Os objetos, as variáveis e as funções são todos escravos da linha do tempo principal. A linha do tempo principal é a fonte para todas as suas comunicações com os itens. É usando o operador de ponto que você poderá separar os itens e recuperar certas partes de dados das outras partes de seu projeto. Os objetos, as variáveis e as funções podem ser misturados ao usar a sintaxe de ponto. Porém, em geral a sintaxe de ponto começa com o objeto que você está querendo afetar. E mais, poderá criar um aninhamento de objetos e itens em seu projeto. Por exemplo, poderá precisar ter um clipe do filme localizado dentro de outro clipe do filme. Um clipe poderá ditar as ocorrências para o outro clipe. E ainda, poderá decidir criar variáveis da linha do tempo para cada clipe do filme. Portanto, para se referir a cada uma destas variáveis, poderá escrever um código parecido com

```
_root.myClip1.myClip2.myVar2
```

ou

```
myClip1.myClip2.myVar2
```

Veremos as diferenças entre estas duas instruções posteriormente, mas ambas fazem a mesma coisa. Elas pesquisam myClip1 (o objeto do clipe do filme); então neste clipe o Flash pesquisa myClip2 (o objeto de clipe do filme). Finalmente, dentro da linha do tempo myClip2 o Flash irá recuperar o valor para myVar2 (uma variável). Note como cada objeto e variável é separado pelo operador de ponto. Isto facilita para o Flash verificar a hierarquia de objetos para encontrar os bits de informações.

Também vale a pena mencionar que os aliases são usados na sintaxe de ponto. Sempre que _root for usado em uma expressão, a instrução estará se referindo à linha do tempo no nível da raiz ou à linha do tempo principal.

O alias _parent refere-se a um clipe do filme que está aninhado dentro de outro clipe do filme. No exemplo anterior, myClip2 é um clipe do filme filho para myClip1. Portanto, se você estivesse enviando ações de dentro de myClip2 e quisesse afetar as propriedades de myClip1, poderia se referir a ele usando o alias _parent.

Finalmente, note o uso de this no Flash. A palavra-chave this é usada para se referir ao clipe do filme a partir do qual você está chamando atualmente uma ação. Portanto, se quisesse alterar a posição x de myCilp1 e estivesse chamando a ação em um quadro de dentro de myClip1, poderia simplesmente escrever a expressão da seguinte maneira:

```
this._x
```

Isto refere-se ao clipe do filme a partir do qual a ação está sendo chamada atualmente e à propriedade _x deste clipe. A Figura 10.10 exibe o uso dos alias _parent, _root e this para se referir aos objetos de clipe do filme colocados na linha do tempo principal. Anote onde a ação é colocada. As referências são para o caso de você estar destinando este clipe em relação ao local onde a ação está sendo chamada.

Figura 10.10 *Como usar os aliases _parent, _root e this para se referir aos objetos de clipe do filme colocados na linha do tempo principal.*

Uma análise da sintaxe de ponto não estaria completa sem mencionar como o Flash inclui o operador de ponto como o separador dos itens. Voltando ao Flash 4, quando o ActionScript estava sendo usado pela primeira vez como uma linguagem de programação, não havia nenhum operador de ponto. Ao contrário, o caractere de barra (/) era usado para separar os itens. Portanto, ao invés de escrever myClip1.myClip2.myVar2, você escreveria myClip1/myClip2/myVar2. Isto já foi o padrão para a codificação do Flash. Tornou-se um método desaprovado de endereçar os objetos no Flash, pois o Flash adotou o método JavaScript de separar os itens com o operador de ponto. É importante no caso de você alguma vez precisar programar para um projeto Flash 4 ou abrir um projeto Flash 4 e precisar decifrar o código.

Endereçamento absoluto

Iremos pensar sobre como discamos nossos telefones para nos comunicar nos anos 80, antes dos telefones celulares requererem discar os códigos de área para as chamadas locais. Você alguma vez pegaria um telefone e simplesmente falaria nele? Bem, seria uma chamada realmente rápida com o sinal de discar, se conseguiu. Provavelmente você não falaria com ninguém, exceto com uma gravação dizendo "Se você quiser fazer uma chamada, por favor desligue o telefone". Portanto, discaria um número para falar com seu amigo. Dependendo de onde seu amigo vivia nos anos 80, poderia discar um número com 7 ou 11 dígitos. Se seu amigo vivesse ao lado, provavelmente discaria sete números para entrar em contato com ele. Se ele morasse no outro lado do país, seria forçado a discar 11 dígitos para entrar em contato com seu número. E mais, discaria números específicos para falar com uma família individual específica. Os números errados poderiam levá-lo à família errada. Note na Figura 10.11 como há duas maneiras diferentes de se comunicar por telefone: inserindo 7 números e inserindo 11 números. O Flash também tem dois tipos diferentes para endereçar as partes individuais dos dados ou objetos: o endereçamento relativo e o endereçamento absoluto.

Figura 10.11 As duas maneiras diferentes de se comunicar por telefone correspondem às duas maneiras diferentes de endereçar as partes individuais dos dados ou objetos no Flash.

O Flash não é muito diferente. Se você não usar o endereçamento, o Flash não irá conectá-lo à parte da informação desejada. Sem o endereçamento, você poderá trabalhar apenas com os dados na linha do tempo onde sua ação é chamada. Para endereçar um objeto em qualquer linha do tempo, terá que chamar o nome da instância do objeto destinado. E mais, poderá usar o endereçamento relativo ou absoluto para ter acesso às informações que deseja controlar.

Primeiro, um endereço absoluto é baseado fora da linha do tempo principal. Todas as comunicações entre os objetos, variáveis e métodos terão que primeiro se referir à linha do tempo principal _level0 ou à linha do tempo no nível de _root do SWF. O endereçamento absoluto, diferente do relativo, não se preocupa com o local onde a ação ocorre ou com a linha do tempo de controle. Ele simplesmente controla sua linha do tempo destinada em relação à sua posição, em comparação com a linha do tempo raiz (neste caso, a *posição* refere-se à hierarquia, não às posições x e y reais na cena). Portanto, se sua linha do tempo de controle estiver localizada dentro de um clipe do filme, você estará se referindo à linha do tempo principal e então aos objetos conectados à linha do tempo principal para encontrar o item destinado. Estes conceitos são mostrados na Figura 10.12.

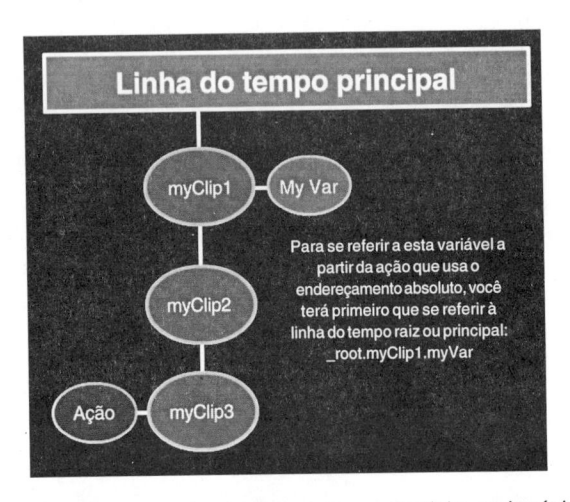

Figura 10.12 O endereçamento absoluto requer o caminho mais rápido para as informações ou objeto através da linha do tempo principal ou no nível da raiz. O endereçamento absoluto sempre rastreia a hierarquia, começando com a linha do tempo raiz.

Nesta figura, note a relação entre a variável, a variável destinada e o local da ação, que está dentro de um clipe do filme chamado myClip3. Não tivemos que nos referir a myClip3 ou a myClip2 porque eles não são uma parte da hierarquia necessária para encontrar a variável. A variável está localizada em myClip1, um clipe do filme localizado na linha do tempo no nível da raiz. Portanto, precisamos apenas nos referir à linha do tempo raiz e a myClip1 para encontrar as informações da variável contidas na variável chamada myVar.

A hierarquia é uma seqüência na qual os itens são espaçados de modo relacional em sua linha do tempo no nível da raiz.

Na Figura 10.13, a variável está localizada em myClip2, o segundo clipe do filme na hierarquia de objetos. Portanto, agora teremos que nos referir primeiro à linha do tempo no nível da raiz, então ao primeiro clipe do filme (myClip1), depois ao segundo clipe do filme (myClip2) e finalmente à variável myVar para recuperar o valor destinado.

A Figura 10.14 mostra uma alteração no local da ação. As alterações no local da ação, relativas à variável ou ao objeto destinado, não são integrais para o caminho de um destino absoluto. Os destinos absolutos são relativos apenas à linha do tempo principal. Portanto, este caminho de amostra não muda a partir do primeiro exemplo de endereço absoluto na Figura 10.12. O destino para a variável permaneceria como _root.myClip1.myVar ou como _level0.myClip1.myVar. A segunda referência é uma alternativa que em geral é usada quando você tem diversas linhas do tempo carregadas em seu filme. Sempre que carregar um filme em sua linha do tempo SWF, outro nível será construído.

Capítulo 10 – Como abordar o ActionScript | **247**

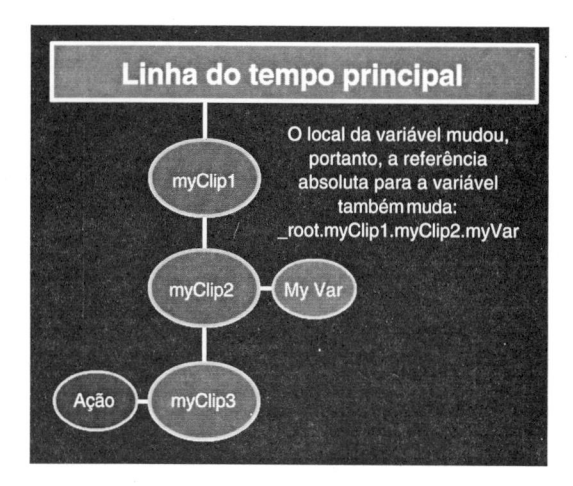

Figura 10.13 *O local da variável está dentro de myClip2, portanto, o caminho absoluto que começa com a linha do tempo no nível da raiz seria _root.myClip1.myClip2.myVar.*

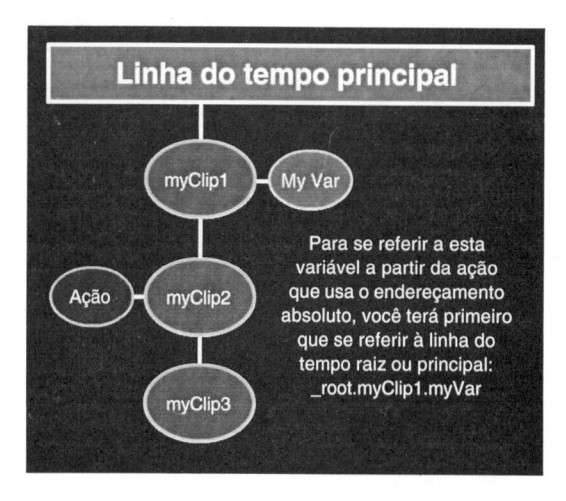

Figura 10.14 *Esta figura representa como as ações chamam os clipes do filme através de uma referência absoluta. Note o local da ação e a variável resultante sendo destinada.*

Aqui, o local da variável é igual ao do primeiro exemplo do endereçamento absoluto. Portanto, o caminho para encontrar a variável destinada não muda. O endereçamento absoluto sempre segue o caminho através da linha do tempo no nível raiz. A única coisa que muda neste exemplo é o local da ação, que não tem uma direção no caminho para o item destinado.

Digamos que a variável esteja localizada na linha do tempo no nível raiz. Como você iria se referir a este caminho de destino para a variável? Na verdade, é muito fácil. Com base nas figuras anteriores, deverá supor que teria apenas que se referir à linha do tempo no nível raiz e então à variável. Isto seria lido como _root.myVar.

Endereçamento relativo

O endereçamento relativo como conceito é um pouco mais difícil de compreender do que o endereçamento absoluto. É porque o endereçamento relativo tenta destinar o objeto usando um caminho relativo. O caminho relativo é baseado primeiro a partir do local da ação enviada ou da linha do tempo de controle. A partir da linha do tempo de controle, você terá que fornecer o caminho para o objeto que está destinando.

Veja a Figura 10.15. Notará que a ação está em myClip1 e a variável myVar está em myClip2. Portanto, não há nenhuma necessidade de se referir à linha do tempo _root ou a myClip3 no caminho de destino. O caminho de destino consiste nos três itens nesta instância: myClip1, myClip2, myVar. É por isto que o endereçamento relativo se comunica com estes objetos em relação ao local onde a ação foi chamada.

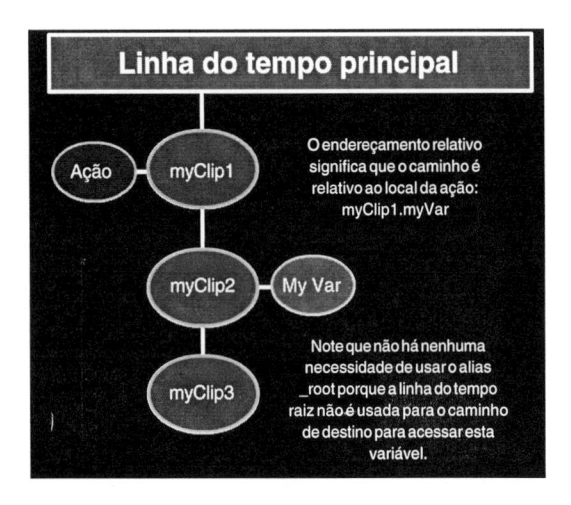

Figura 10.15 *O primeiro exemplo de endereçamento relativo.*
Note a posição da variável em relação ao local da ação.
O caminho mais rápido para a ação é o caminho que tem que ser fornecido para o Flash.

Na Figura 10.16 você vê uma referência para o alias _parent. Isto é altamente útil, porque, independentemente de onde a ação é chamada, ela sempre irá se referir ao clipe do filme que é um pai do clipe presente. Portanto, se você mover a ação, ela sempre afetará o clipe do filme um nível acima da ação.

Compare a Figura 10.16 com a Figura 10.17 e note como o caminho de destino não muda. Porém, o clipe do filme destinado e a variável destinada no clipe do filme mudarão. As palavras-chave _parent e this permitem escrever scripts que podem ser colocados em qualquer clipe do filme para afetar o clipe do filme atual (usando this) ou o clipe um nível acima (usando _parent).

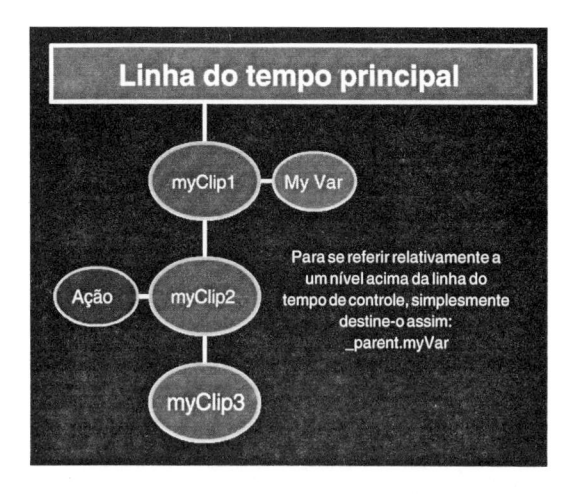

Figura 10.16 As referências para _parent irão destinar um nível acima da ação.

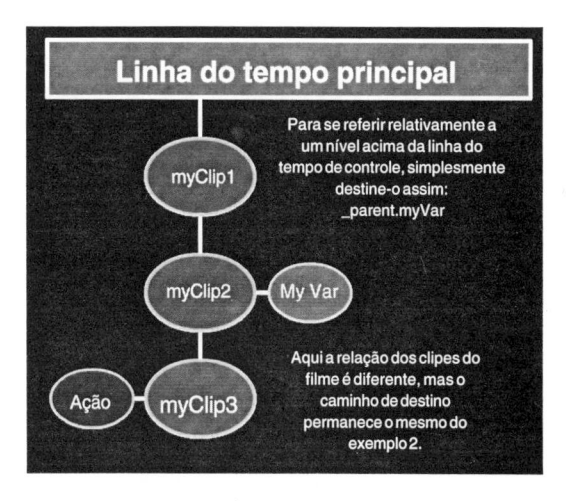

Figura 10.17 A palavra-chave _parent ainda é usada, mas o clipe que ela afeta mudou: a variável é encontrada em myClip1, ao invés de myClip2.

A palavra-chave this, como mostrado na Figura 10.18, sempre destina o clipe do filme atual, mas é mais versátil do que se referir diretamente ao clipe, como no primeiro exemplo do endereçamento relativo. É porque você não tem que chamar diretamente o clipe atual por um nome da instância. Informando this, poderá reutilizar o código nos outros clipes que deseja que tenha ações semelhantes.

Além disso, note que em todos os exemplos relativos não nos referimos diretamente à linha do tempo principal. No segundo exemplo, referimo-nos indiretamente à linha do tempo principal usando as referências de alias _parent._parent. Isto busca a linha do tempo dois níveis acima da ocorrência da ação. Os dois níveis acima no segundo exemplo se tornarão a linha do tempo principal. Porém, o fato de que a linha do tempo principal nunca foi diretamente referida está em conflito direto com o modo como nos referimos aos itens usando o endereçamento absoluto. Usando o endereçamento absoluto, não temos permissão para usar as palavras-chave this ou _parent. E mais, o endereçamento absoluto é basicamente definido de modo definitivo. Contudo, mover a ação ou a linha do tempo de controle não irá alterar o caminho de destino. No endereçamento relativo, mover a linha do tempo de controle irá alterar o caminho, a menos que as palavras-chave _parent ou this sejam usadas.

Figura 10.18 A palavra-chave this permite que você se refira ao clipe do filme atual e então se refira a outros clipes do filme conectados ao clipe atual na hierarquia.

Como endereçar de dentro de clipes do filme aninhados

Geralmente, os objetos que você irá destinar em seu caminho serão os objetos de clipe do filme. É possível aninhar vários clipes do filme dentro uns dos outros. O *aninhamento* é um termo usado para descrever a relação entre um clipe do filme carregado na linha do tempo de outro clipe do filme que reside na linha do tempo principal. Sempre que dois ou mais clipes do filme são aninhados, os clipes do filme mais próximos da linha do tempo se tornam o pai dos clipes do filme aninhados mais distantes da linha do tempo principal. Consulte a Figura 10.10 para ver uma relação de pai/filho.

Agora que você tem uma idéia gráfica de como os clipes do filme aninhados, o endereçamento relativo e o endereçamento absoluto funcionam, iremos tentar reunir algumas destas relações em um exemplo real.

Forneci algum trabalho de arte no site Web para você começar. Abra o arquivo EastCost.fla. Imediatamente ao abri-lo, deverá notar que há três clipes do filme na linha do tempo principal, como mostrado na Figura 10.19. Coloquei-os em camadas diferentes para permitir que os veja melhor. Cada clipe do filme possui um nome de instância que descreve a região da East Coast (Costa Oeste) pelo local. Os nomes de instância incluem northEast (Nordeste), middleStates (Estados Centrais) e southEast (Sudeste). Agora clique dentro de uma destas linhas do tempo para ver como editei cada uma das linhas do tempo no primeiro nível da hierarquia. Clique duas vezes no clipe do filme northEast para exibir sua linha do tempo.

Capítulo 10 – Como abordar o ActionScript | 251

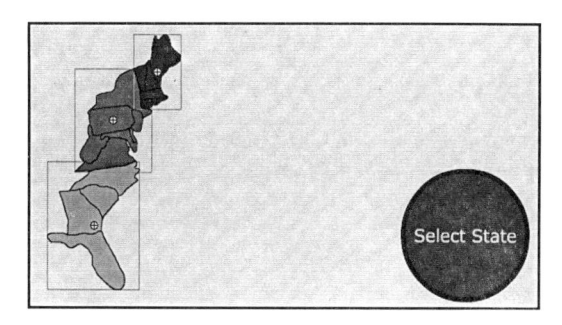

Figura 10.19 Os três clipes do filme localizados na linha do tempo no nível raiz.

Imediatamente notará que cada estado é também seu próprio clipe do filme e possui sua própria linha do tempo. Portanto, cada um dos estados está aninhado na linha do tempo do clipe do filme northEast. Contudo, cada estado também tem sua própria linha do tempo que pode executar animações – exatamente como a linha do tempo northEast pode executar as animações por si mesmo.

Clicar duas vezes em um dos estados mostrará que o estado está aninhado no clipe northEast. Você poderá ver esta hierarquia de clipes do filme à esquerda inferior de sua linha do tempo (veja a Figura 10.20 para obter um local desta hierarquia).

Figura 10.20 A hierarquia de Scene1 da linha do tempo no nível raiz, o clipe do filme northEast e o clipe do filme ME. Isto mostra uma estrutura de clipes do filme aninhada.

Atualmente nenhuma animação será reproduzida no arquivo SWF, mas você deve notar que animações foram criadas para cada região e estado. A animação tornará o estado maior e então o reduzirá para sua posição original. Também incluí um único botão. Atualmente, ele está localizado na linha do tempo principal. Porém, você irá movê-lo no FLA e colocará scripts neste botão para afetar os diferentes clipes do filme na cena. Notará que se clicar o botão, alguns scripts já foram iniciados para você. Separei em um comentário os tipos de scripts que serão usados para as referências absolutas e as referências relativas. Portanto, você poderá usar estes comentários como uma cola. Simplesmente copie e cole o script que deseja no corpo do script (significando fora dos símbolos de comentário /* e */) para ativar o código.

Exemplos de endereçamento absoluto

No próximo exemplo, iremos examinar o arquivo EastCoast.fla em uma tentativa de ver como o endereçamento absoluto funciona.

Exercício 10.7

O arquivo FLA inicial para este exercício é EastCoast.fla. O arquivo FLA terminado é 10-07fin.fla. Eis as etapas a seguir:

1. No botão, obtenha a referência absoluta para uma região, copie-a e cole-a em seu script do botão.
2. Agora mude regionName para northEast. É o caminho absoluto para o clipe northEast, para reproduzir sua linha do tempo. Se você estiver escrevendo o código por si mesmo, o caminho para este exemplo deverá informar o seguinte:

   `_root.northEast.play( );`

3. Teste o filme.

Observe como a região North East é animada, permanece assim por um momento e então é animada de volta para sua posição. É porque você enviou um método play para o clipe do filme denominado northEast, que instrui o clipe para reproduzir sua linha do tempo.

Agora selecione seu estado do nordeste favorito, pois tentará animá-lo em seguida.

Exercício 10.8

O arquivo FLA inicial para este exercício é EastCoast.fla. O arquivo FLA terminado é 10-08fin.fla. Eis as etapas a seguir:

1. No botão, obtenha a referência absoluta para um estado, copie-a e cole-a em seu script do botão.
2. Agora mude regionName para northEast e altere stateName para MA ou as iniciais do estado escolhido (ou seja, o nome da instância do clipe do filme do estado). Nesta instância, iremos destinar dois clipes do filme e na segunda iremos informar para reproduzir sua linha do tempo. O caminho para este exemplo deverá informar o seguinte:

   `_root.northEast.MA.play( );`

3. Teste o filme.

Agora, notará que depois de testar seu filme, o estado de Massachusetts será animado. E porque você criou uma referência absoluta para fazer com que o clipe do filme aninhado MA reproduza sua linha do tempo.

Lembre-se, o endereçamento absoluto funciona da linha do tempo principal para o clipe do filme destinado. Agora iremos demonstrar como mover o local da ação não afetará o script escrito.

Exercício 10.9

O arquivo FLA inicial para este exercício é EastCoast.fla. O arquivo FLA terminado é 10-09fin.fla. Eis as etapas a seguir:

1. Clique o botão e pressione Ctrl+X (Cmd+X no Mac) para cortar este botão da linha do tempo no nível raiz.
2. Clique duas vezes no clipe do filme middleStates e cole (Ctrl+V no PC ou Cmd+V no Mac) o botão na cena do clipe do filme para middleStates. Você poderá querer colá-lo em sua própria camada. O botão terá que residir em todos os quadros do clipe do filme para que esteja sempre presente na cena.
3. Volte para a cena 1 e teste o filme.

O grande estado de Massachusetts ainda está animado. Você ainda foi capaz de afetar a linha do tempo northEast de dentro da linha do tempo middleStates com o mesmo código usado a partir da linha do tempo principal. É porque usou uma referência absoluta para o clipe do filme destinado.

Exemplos
de endereçamento relativo

Agora apague o código que escreveu no botão (se o colou a partir do papel de cola, simplesmente cole-o de volta em seu local anterior nos comentários). Veja as opções para o endereçamento relativo. Você notará que não há nenhuma referência para a linha do tempo _root. O primeiro exemplo que cobriremos refere-se diretamente a um clipe do filme.

Exercício 10.10

O arquivo FLA inicial para este exercício é EastCoast. Os arquivos FLA terminados são 10-10Afin.fla e 10-10Bfin.fla. Eis as etapas a seguir:

1. Coloque o primeiro script de amostra relativo para o botão dentro do bloco de código e fora do comentário.
2. Copie e cole o botão de volta na linha do tempo principal de seu filme, como era originalmente.
3. Substitua regionName por southEast. Agora o caminho está completo. Lembre-se, o endereçamento relativo é relativo ao local onde a ação está sendo

chamada, portanto, você não precisará se referir à linha do tempo _root porque a região está a um nível de distância da ação na hierarquia de objetos. Seu caminho para o clipe do filme deverá informar isto:

```
southEast.play( );
```

4. Teste seu filme.

5. Agora apenas para demonstrar que o endereçamento relativo é relativo ao local onde a ação está, mova seu botão sem alterar o script. Corte o botão da linha do tempo principal e cole-o no clipe do filme northEast.

6. Teste seu filme.

Note que o botão não funciona na segunda parte deste exemplo, mas funcionou na primeira. É porque na primeira parte há um clipe do filme chamado southEast a um nível de distância do clipe do filme de controle (ou do clipe que contém a ação do caminho de destino). Porém, assim que você moveu o clipe para o clipe do filme northEast, o Flash começou a pesquisar a um nível de distância de onde a ação está no clipe do filme northEast. Os únicos clipes do filme localizados a um nível de distância do clipe northEast são ME, NH, VT, MA, CT e RI. Como não encontra a referência de clipe do filme, o botão não funciona. Tente mudar a referência para um dos estados, para ver o estado animado a partir de onde o botão está localizado. Seu caminho deverá ficar assim:

```
CT.play( );
```

Agora iremos percorrer alguns exemplos rápidos para mostrar como a palavra-chave this e o alias _parent funcionam.

Exercício 10.11

O arquivo FLA inicial para este exercício é EastCoast.fla. O arquivo FLA terminado é 10-11fin.fla. Eis as etapas a seguir:

1. Coloque seu botão dentro de um estado escolhido.

2. Copie o script do botão para _parent no corpo de seu código. Se você estiver escrevendo o código à mão, simplesmente digite o seguinte:

```
_parent.play( );
```

3. Teste seu filme.

4. Agora para demonstrar que o pai funcionará um nível acima na hierarquia, mova seu botão para o outro estado em uma região diferente. Não altere o código em seu botão.

5. Teste seu filme.

Capítulo 10 – Como abordar o ActionScript | 255

O que acabou de acontecer? Você escreveu uma referência relativa que pode funcionar em qualquer clipe do filme desejado. Sempre fará com que a linha do tempo um nível acima reproduza sua linha do tempo. Se quiser que a linha do tempo se reproduza de dentro de um dos estados, usará a referência _parent._parent. Como não temos uma animação nesta linha do tempo, isto não será demonstrado aqui. Para o último exemplo, apague o código para _parent e cole o código para this no corpo do código em seu botão.

Exercício 10.12

O arquivo FLA inicial para este exercício é EastCoast.fla. O arquivo FLA final é 10-12fin.fla. Eis as etapas a seguir:

1. Adicione algum código depois de this para afetar o local do clipe do filme. Para este exemplo, adicione 100 pixels ao local x do clipe do filme. Seu código deverá ficar assim:

    ```
    this._x=this._x + 100;
    ```

2. Coloque o botão em qualquer clipe do filme desejado.
3. Teste seu filme.

Veja isto! O clipe é movido em 100 pixels sempre que o botão é clicado. É porque você informou ao clipe do filme atual para mudar sua posição x (ou seja, seu local do plano horizontal). Note também que como o botão faz parte do clipe do filme, ele se moverá em 100 pixels também.

Estrutura ActionScript

Agora que você está começando a ter uma idéia de como pode afetar os diferentes clipes, funções, botões, propriedades e variáveis em uma cena, precisará compreender melhor a estrutura da escrita do ActionScript no Flash.

Operadores e operandos

Como mencionado anteriormente, os operadores são símbolos no Flash que combinam os itens. Os itens que os operadores combinam são chamados de *operandos*. Os operadores estão localizados no painel Actions, sob Operators (Operadores). Os operandos podem ser variáveis, caminhos de destino, strings, números, booleanos etc. O Flash usa os operadores para determinar como avaliar os operandos em volta de um determinado operador. Por exemplo, o operador + combina dois itens. Os itens poderão ser strings, como neste exemplo:

```
"My name is " + "Todd"
```

Isto é avaliado como My name is Todd.

Os números também podem ser usados, como no seguinte exemplo:

```
5+x=z;
```

Este exemplo usa duas variáveis, que também são operandos e usa dois operadores: + e =. O operador + combina os operandos 5 e x, onde x representaria um valor da variável que é determinado anteriormente no código de seu filme Flash. Então, o operador = iguala o valor combinado e coloca-o na variável z, o terceiro operando.

Um conjunto de regras está associado a cada operador. O Flash tem que determinar como os diversos operadores funcionarão em conjunto entre si. É como se você fosse pequeno e estivesse visitando o parque de diversões. Você empurra e dá cotoveladas em sua irmã para pegar os controles antes dela. Bem, os operadores estão empurrando e dando cotoveladas entre si para serem o primeiro ou o último usados. Isto é chamado de *precedência dos operadores*, que é a ordem na qual os operadores são lidos. Quando dois ou mais operadores iguais são usados, haverá uma ordem diferente para seu uso. Isto é chamado de *associatividade dos operadores*. Certos operadores são lidos da esquerda para a direita; outros são lidos da direita para a esquerda. A Tabela 10.1 fornece uma lista dos operadores e sua respectiva precedência e associatividade. Os operadores no início têm mais precedência.

Tabela 10.1 Os principais operadores e associatividade afim.

Operador	Descrição	Associatividade
+	Mais unário.	Direita para esquerda
-	Menos unário.	Direita para esquerda
~	Complemento um de bitwise.	Direita para esquerda
!	NOT lógico.	Direita para esquerda
not	NOT lógico (Flash 4).	Direita para esquerda
++	Incremento posterior. Adiciona 1 a um valor.	Esquerda para direita
—	Diminuição posterior. Subtrai 1 de um valor.	Esquerda para direita
( )	Chamada da função. Os parâmetros são geralmente transmitidos aqui.	Esquerda para direita
[ ]	Elemento do array. Os itens nos arrays são colocados aqui.	Esquerda para direita
.	Membro da estrutura ou operador de ponto.	Esquerda para direita
++	Incremento anterior. Adiciona 1 a um valor.	Direita para esquerda
—	Diminuição anterior. Subtrai 1 de um valor.	Direita para esquerda
new	Aloca um objeto.	Direita para esquerda
delete	Desaloca um objeto.	Direita para esquerda
typeof	Tipo de objeto.	Direita para esquerda
void	Retorna um valor indefinido.	Direita para esquerda
*	Multiplicação dos valores.	Esquerda para direita
/	Divisão dos valores.	Esquerda para direita
%	Módulo.	Esquerda para direita

Tabela 10.1 (Continuação)

Operador	Descrição	Associatividade
+	Adição.	Esquerda para direita
add	Concatenação de strings (antes era &).	Esquerda para direita
-	Subtração.	Esquerda para direita
<<	Deslocamento para esquerda de bitwise.	Esquerda para direita
>>	Deslocamento para direita de bitwise.	Esquerda para direita
>>>	Deslocamento para direita de bitwise (sem sinal).	Esquerda para direita
<	Menor que.	Esquerda para direita
<=	Menor ou igual a.	Esquerda para direita
>	Maior que.	Esquerda para direita
>=	Maior ou igual a.	Esquerda para direita
lt	Menor que (versão de string).	Esquerda para direita
le	Menor ou igual a (versão de string).	Esquerda para direita
gt	Maior que (versão de string).	Esquerda para direita
ge	Maior ou igual a (versão de string).	Esquerda para direita
==	Comparação de igualdade.	Esquerda para direita
!=	Diferente.	Esquerda para direita
eq	Igual (versão de string).	Esquerda para direita
ne	Diferente (versão de string).	Esquerda para direita
&	AND de bitwise.	Esquerda para direita
^	XOR de bitwise.	Esquerda para direita
|	OR de bitwise.	Esquerda para direita
&&	AND lógico.	Esquerda para direita
and	AND lógico (Flash 4).	Esquerda para direita
||	OR lógico.	Esquerda para direita
or	OR lógico (Flash 4).	Esquerda para direita
?:	Instrução condicional.	Direita para esquerda
=	Atribuição.	Direita para esquerda
*=, /=, %=, +=, -=, &=, |=, ^=, <<=, >>=, >>>=	Atribuição composta.	Direita para esquerda
,	Avaliação diversa.	Esquerda para direita

Obviamente, você não precisará memorizar todas as regras de precedência e associatividade em torno dos operadores, mas é importante mantê-las na mente quando estiver criando o código. O modo como você ordena seus operandos em torno de seus operadores faz a diferença.

Tipos de operadores

Os operadores também ficam em categorias. Por exemplo, alguns operadores são numéricos e podem executar ações aritméticas; outros comparam os operandos. Eis alguns tipos diferentes de operadores que você poderá encontrar.

Operadores numéricos

Os operadores numéricos executam todas as operações aritméticas necessárias para seu projeto. Os operadores que pertencem a esta categoria incluem + (adição), * (multiplicação), / (divisão), % (módulo, que é o resto de uma divisão), - (subtração), ++ (incremento) e — (diminuição).

Comumente, você verá o incremento e a diminuição usados pelos programadores como um atalho para escrever menos código. Por exemplo,

```
x=5;
x++;
```

é igual a escrever:

```
x=5;
x=x+1;
```

Os dois sinais de adição informam ao Flash para adicionar um ao número. Portanto, ambas as instâncias são avaliadas como 6.

E mais, você tem o incremento anterior e posterior. Veja o seguinte exemplo, ainda supondo x=5:

```
if (x++=6);
```

Como o incremento vem depois de x, a comparação é determinada antes de x ser incrementado. Esta instrução seria avaliada como False. Porém, se o incremento vier antes de x, então um valor diferente seria determinado:

```
if (++x=6);
```

Como o incremento vem antes da variável, a adição ocorrerá antes da comparação. Portanto, esta instrução é avaliada como True.

Operadores de atribuição

Um único sinal de igual (=) poderá ser usado para atribuir valores no Flash. Portanto, se você quiser que uma variável adote um valor de outra variável, usará o operador = para atribui-las igualmente entre si. Eis um exemplo:

```
myVar=5;
x=myVar;
```

Ambas as variáveis são atribuídas a valores: x é atribuído a um valor igual a myVar e myVar é atribuída a um valor 5. Como alternativa, você poderia escrever o seguinte:

```
x=myVar=z;
```

Isto atribui todas as variáveis a um valor igual. Os operadores de atribuição também podem ser uma combinação de operadores. Eles incluem +=, -=, *=, %=, /=, <<=, >>=, >>>=, ^=, |= e &=. Estes operadores de atribuição da combinação podem ser usados para executar uma combinação de tarefas em um operador. Eis um exemplo:

```
x+=20;
```

Esta instrução adiciona 20 ao valor de x. Como sabemos que x é igual a 5, a expressão é avaliada como 25. Verifique esta:

```
x*=12;
```

Neste caso, estamos usando a multiplicação na expressão de atribuição. É o mesmo que dizer 5*12=60, porém de modo mais sucinto.

Operadores de igualdade

Os operadores de igualdade determinam se os itens são iguais entre si. Eles produzem uma saída true ou false, do contrário, é conhecida como *valor booleano*. Os operadores de igualdade incluem == (testa a igualdade), === (testa uma igualdade estrita), != (testa a diferença) e !== (testa a diferença estrita).

O operador de igualdade == testa para saber se dois valores são iguais. A principal diferença entre a igualdade e a igualdade estrita é que a igualdade estrita não converterá os tipos de dados. Portanto, se dois valores tiverem tipos de dados diferentes, o operador === produzirá False sempre. Eis um exemplo:

```
if (x= =5){
   trace("the action has been done")
}
```

Por causa do teste de igualdade, esta instrução ocorrerá apenas se o valor produzido pelo operador de igualdade for True.

Operadores lógicos

Os operadores lógicos comparam dois valores booleanos e retornam um terceiro valor booleano. Portanto, se ambos os booleanos forem iguais a True, o operador && lógico retornará True. Se qualquer valor for False, a expressão && lógica inteira será avaliada como False. Eis um exemplo:

```
if (x<0 | | _framesloaded>50){
   trace("the action has been done")
}
```

Este exemplo usa a instrução OR lógica. Portanto, se qualquer instrução for true, a lógica retornará True. Aqui, sabemos que o valor é 5, que é menor que 10, portanto, a instrução inteira é true, independentemente de quantos quadros foram carregados.

Os três operadores lógicos são o AND lógico (&&), o NOT lógico (!, que também foi usado no operador de igualdade no exemplo anterior) e o OR lógico (I I).

Operadores de comparação

Os operadores de comparação irão esquentar sua cabeça. Eles comparam dois operandos e retornam um valor booleano. Aposto que você não viu um. Os operadores de comparação incluem o menor que (<), maior que (>), menor ou igual a (<=) e maior ou igual a (>=). Eis um exemplo:

```
if (x<10) {
    trace("the action has been done")
}
```

Diferente da instrução lógica, este exemplo tem apenas uma comparação. Como x é menor que 10, retornará um valor True.

Operadores de string

Quando o operador + for usado com strings, o Flash reconhecerá os tipos de dados e irá unir as strings, ao invés de adicioná-las. Basicamente, a concatenação é a adição de strings, mas isto não é igual à adição dos números. Ao contrário, envolve anexar duas strings para que elas formem uma instrução completa.

Os operadores de comparação também têm valores especiais ao lidar com as strings. Ao invés de comparar dois valores para obter um booleano, os operadores de comparação determinam qual valor vem primeiro na ordem alfabética ao lidar com duas strings.

Loops

Um loop é uma técnica de programação na qual uma tarefa é repetida constantemente até que uma condição seja satisfeita, terminando o loop. Os loops têm vários tipos. Um loop pode ser uma instrução que faz "loop" em um conjunto de quadros, com outras ações sendo repetidas nestes quadros ou pode estar contido em uma instrução de bloco. Os loops de script que podem ser colocados em uma instrução de bloco incluem for, for in, do e do while. Entraremos nos detalhes sobre cada um individualmente, mas no momento tentemos trabalhar com alguns loops do quadro.

Exercício 10.13

O arquivo FLA inicial para este exercício é 10-13start.fla. O arquivo FLA final é 10-13fin.fla. Eis as etapas a seguir:

1. Abra o filme 10-13start.fla. É uma continuação do filme que usamos na seção "Funções".

2. Clique no clipe do filme em sua cena e pressione F8. Isto criará outro clipe do filme (forneça ao novo clipe do filme um nome para Library e um nome de instância **blank**. Agora isto criará o primeiro clipe do filme aninhado dentro de um clipe do filme em branco no segundo nível de sua hierarquia.

3. Dentro da linha do tempo para o clipe do filme em branco, adicione cerca de quatro quadros à linha do tempo. E mais, adicione algum código para afetar o próximo nível abaixo, que é o clipe do filme do círculo. Digite o seguinte código no painel Actions para o primeiro quadro do clipe do filme em branco:

   ```
   if (circle._x<300){
      circle._x+=10
   }
   ```

4. Teste o filme.

   Como o filme tem apenas quatro quadros no clipe do filme em branco, a linha do tempo continuará a verificar o código, para ver se o local do clipe do círculo é maior que 400. Se não for, o clipe será atribuído a um local de 10 pixels mais próximo ao destino 400.

5. Adicione o seguinte código ao seu clipe.

   ```
   if (circle._y>-200){
      circle._y-=10
   }
   ```

Ao testar o filme agora, você notará que como adicionou outra propriedade e condição para o Flash verificar, poderá animar em um movimento diagonal. O clipe fará um loop continuamente na duração da execução do programa. Na verdade, mesmo depois do clipe parar seu movimento, o Flash ainda irá verificar para saber se as condições foram satisfeitas.

Note que – 300 é usado como um número – esta é a relação para as coordenadas para o clipe do filme do círculo, não as coordenadas para o clipe do filme do círculo em relação à linha do tempo principal.

Loop while

Os loops while permitem repetir um bloco de instrução, contanto que a condição permaneça true. Geralmente com este tipo de loop você precisará de alguma variável em seu bloco de instrução que incrementará sempre que a instrução for executada. Os loops while são escritos no seguinte formato:

```
while(condition){
statements( );
}
```

A parte da condição deste código é a força motriz que permite à instrução ser executada. Se a condição retornar False, o loop terminará e irá para a próxima linha do código no bloco. Experimentemos um exemplo.

Exercício 10.14

O arquivo FLA inicial para este exercício é 10-14start.fla. O arquivo FLA terminado é 10-14fin.fla. Eis as etapas a seguir:

1. No primeiro quadro no filme, digite o seguinte código:

```
stop( );
myNum=1
while(myNum<30){
    trace("myNum is equal to " +myNum)
    myNum++
}
```

2. Teste seu filme.

Se você observou seu filme rápido o bastante, o que pode ser fisicamente impossível, notou que cada linha é colocada na janela Output, uma linha de cada vez, quando cada loop foi executado. Como este loop ocorre no curso de um quadro, o Flash executa-o antes de você fornecer o próximo quadro. E mais, preste atenção em especial nos números retornados na janela Output. O número 10 não é representado, porque ele na ação trace fica fora da instrução condicional. Se myNum for igual a 30, não será mais menor que 30. Finalmente, note a instrução myNum++ no bloco de código. Esta instrução permite incrementar a variável, finalmente permitindo que o loop atinja 30.

Sem este incremento, seu loop poderia cair na armadilha de um *loop infinito*, que é um loop que sempre tem uma instrução true na condição. Isto será um dano para o sistema de seu computador, e muito provavelmente seu projeto será danificado e não será capaz de executar nada mais. Portanto, certifique-se de que cada loop criado tenha algum tipo de término para ele.

Loop do while

O loop do while perdeu a ênfase no Flash MX. Ele era usado basicamente no Flash 4 para executar as mesmas ações do loop while no Flash 5 e agora no Flash MX. Os loops do while têm o seguinte formato, no caso de você precisar verificar o código dos projetos completados para o Flash 4:

```
do{
    statements( );
}while(condition)
```

Loop for

O loop for é muito mais sucinto que o loop while, e muito mais usado pelos programadores. É porque o loop for inclui a inicialização, o incremento e a condição tudo na primeira linha do bloco de instrução. Os loops for são escritos no seguinte formato:

```
for (initialization; condition; increment){
    statements( );
}
```

Capítulo 10 – Como abordar o ActionScript | 263

A inicialização fornece um valor para a variável que irá controlar as instruções. Você pode ter mais de uma variável; apenas separe-as com vírgulas. A condição é como antes: assim que a condição retornar False, o loop terminará. O incremento é onde qualquer variável mudará (ou *incrementará*). Experimentemos um exemplo.

Exercício 10.15

O arquivo FLA terminado para este exercício é 10-15fin.fla. Eis as etapas a seguir:

1. Em qualquer quadro em seu filme, digite o seguinte código:

   ```
   for(myNum=0;   x=99;   myNum<99;   myNum++){
   trace("There are " + x + " bottles of beer on the wall.
   We drank " + myNum + " of them");
   }
   stop( );
   ```

2. Teste seu filme.

Ei, toda a cerveja acabou. Uma coisa que você notará neste exemplo é como pode declarar duas variáveis em uma instrução. Também pode informar a instrução para ter um fim na primeira linha, economizando assim espaço em comparação com usar um loop while. O loop for é certamente muito eficiente.

Loop for in

Esta ação faz um loop nas propriedades em um objeto ou elementos em um array e executa instruções para cada propriedade ou elemento. Hum? Não falamos sobre os arrays ainda, então você pode estar um pouco confuso com este loop. Porém, não fique nervoso – este loop fornece uma maneira inteligente de afetar todas as propriedades associadas a um objeto em cena. E mais, você poderá afetar os objetos que são filhos de um objeto em sua cena. Você escreveria o loop for in assim:

```
for  (var  currentProperty  in  objectTarget){
   statements( );//Use  currentProperty  here
}
```

Observe primeiro que currentProperty representa a propriedade que o loop está verificando neste momento em particular. Em geral, esta variável é usada de alguma maneira no corpo do loop for in.

Eis um exemplo de loop for que permite reproduzir todas as animações do estado de uma só vez, sem animar a linha do tempo da animação dos estados centrais.

Exercício 10.16

O arquivo FLA inicial para este exercício é EastCoast.fla. O arquivo FLA final é 10-16fin.fla. Eis as etapas a seguir:

1. Ao abrir a linha do tempo, clique o botão.
2. Coloque o seguinte código no botão:

   ```
   for (var name in _root.middleStates) {
       _root.middleStates[name].gotoAndPlay(2);
   }
   ```

3. Teste seu filme.

Você acabou de criar um loop que permite reproduzir sete linhas do tempo do clipe do filme, a partir de um bloco de instrução. Certamente pode ver a capacidade dos loops e especialmente dos loops for.

Painel Actions

O painel Actions fornece ao usuário todas as ferramentas necessárias para criar o ActionScript em seu projeto. Iremos examinar as várias ferramentas para melhor compreender como trabalhar neste painel.

Recursos do painel

Quando você abrir o painel Actions, notará imediatamente a caixa de ferramentas Actions, que fica em seu lado esquerdo (veja a Figura 10.21).

Ela possui uma série de menus suspensos, contendo as ações necessárias para executar os projetos. Clicar duas vezes em uma delas colocará a ação no painel de script. O primeiro nível de opções inclui Actions, Operators, Functions (Funções), Constants (Constantes), Properties, Objects, Depreciated (Desaprovados) (os itens que são usados apenas nas antigas versões do Flash) e os Flash UI Components (Componentes da Interface do Usuário Flash). Finalmente, no final desta lista está um índice. Se você souber o nome da ação que deseja selecionar, poderá fazer isto no índice. Cada uma das categorias acima mencionadas tem as ações listadas que pertencem a este determinado tópico.

Capítulo 10 – Como abordar o ActionScript | **265**

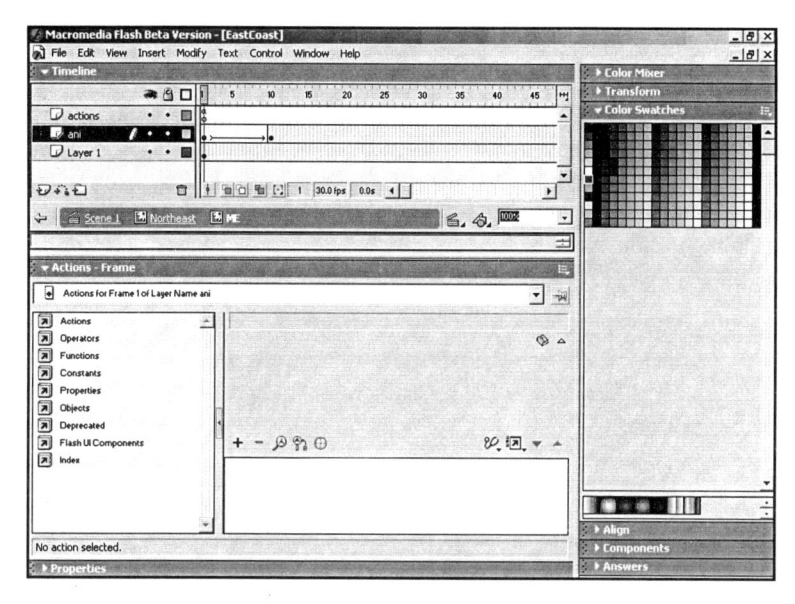

Figura 10.21 O local dos vários objetos no painel Actions.

Objects é a categoria mais confusa (veja a Figura 10.22). Portanto, iremos explorar suas opções primeiro.

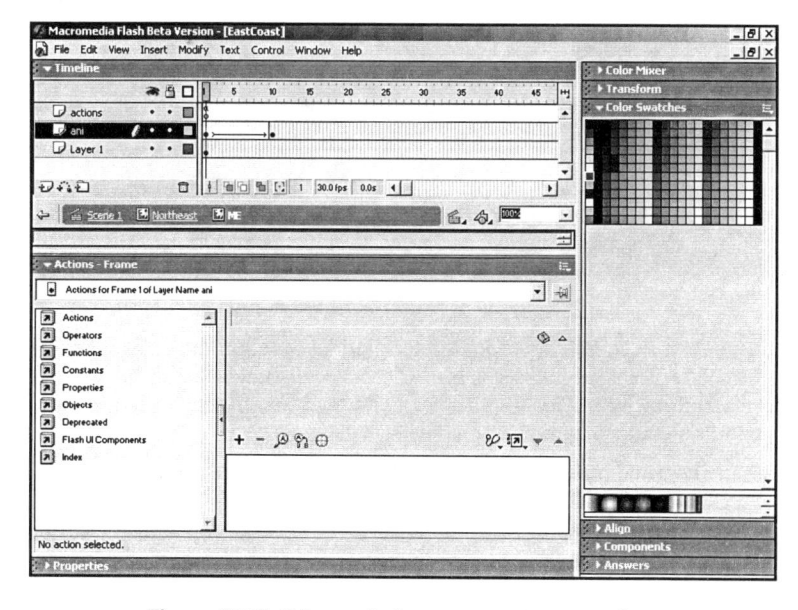

Figura 10.22 O ícone de livro representa um conjunto de ações. Aqui, a categoria Objects é representada.

O primeiro nível de itens a selecionar inclui Core, Movie, Client/Server e Authoring. Os objetos Core e Movie serão os mais usados, mas este nível de opções do objeto é simplesmente uma categorização dos tipos de objetos disponíveis para você. O segundo nível de opções do objeto lista as várias classes de objeto disponíveis, que são predefinidas para o Flash. Finalmente, o terceiro nível permite acessar os métodos e as propriedades para uma determinada classe de objeto.

Note os ícones que representam as escolhas com mais opções e as ações reais que você poderá selecionar (veja a Figura 10.23). As ações selecionáveis têm o ponteiro em um círculo e as opções são representadas por uma seta envolvida por um ícone de livro. Quando um ícone de livro é aberto, ele se transforma em um ícone de livro aberto.

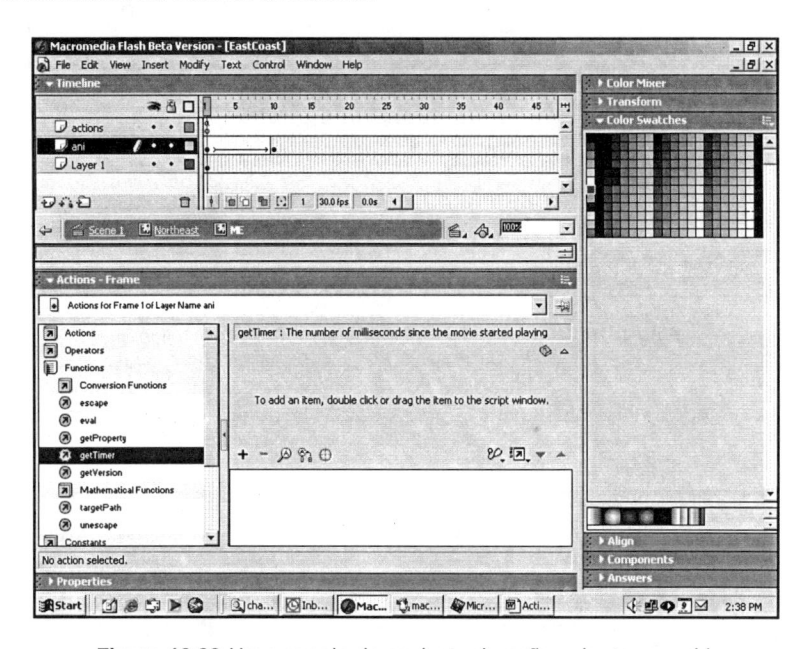

Figura 10.23 Um exemplo de conjunto de ações abertas seguido de um conjunto de ações não abertas e uma ação de escape. O conjunto de funções de conversão mostrariam mais opções para as ações a serem usadas.

A caixa de ferramentas Actions também pode obter informações sobre qualquer objeto em particular. Clique em uma ação escolhida e então clique em Dictionary Reference Guide (Guia de Referência do Dicionário), mostrado na Figura 10.24, para obter as informações. O Dictionary Reference Guide está localizado no canto superior esquerdo do painel Actions.

A lista suspensa Script informa o local do script atual (veja a Figura 10.25). Isto poderá também ser útil para alterar o local de um script de modo independente. E mais, perto da lista suspensa está um botão de "pino", que sempre mantém o script atual na janela, mesmo quando você clica em outra parte do painel Actions.

Capítulo 10 – Como abordar o ActionScript | **267**

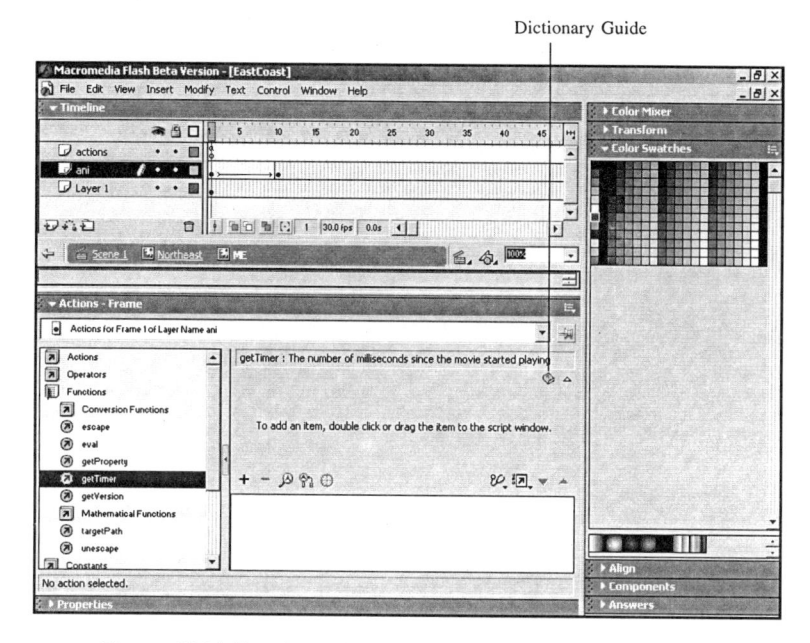

Figura 10.24 Este ícone de livro representa o guia do dicionário. Clique-o para obter descrições detalhadas das ações em particular.

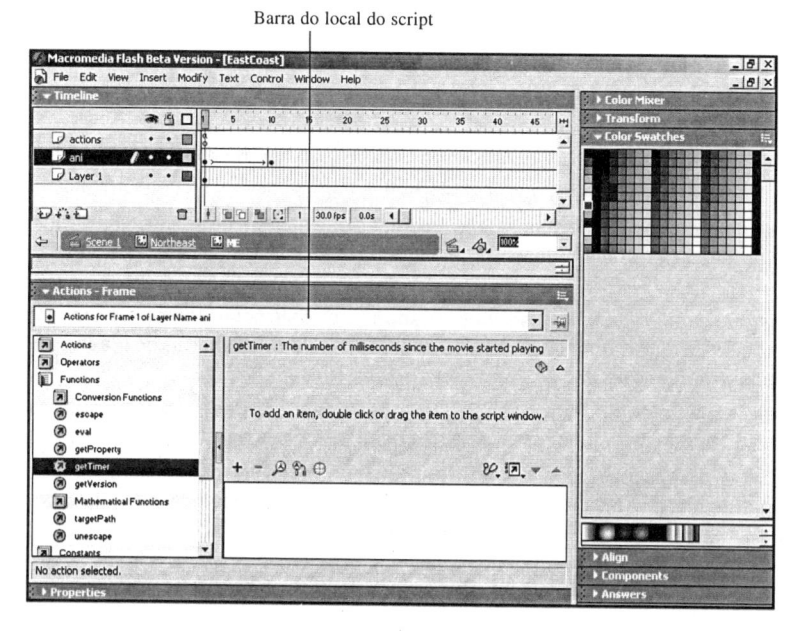

Figura 10.25 A barra do local do script ajudará a saber a posição exata em seu projeto onde você está colocando o script.

No canto superior direito do painel Actions, você encontrará o menu instantâneo do painel Actions, que fornecerá a capacidade de personalizar as preferências para o painel. Poderá escolher Panel Preferences (Preferências do Painel), Minimize Panel (Minimizar Painel), Maximize Panel (Maximizar Painel) e Change Modes (Alterar Modos) com este menu instantâneo. Outras opções estão disponíveis, mas iremos cobri-las com mais detalhes posteriormente (veja a Figura 10.26).

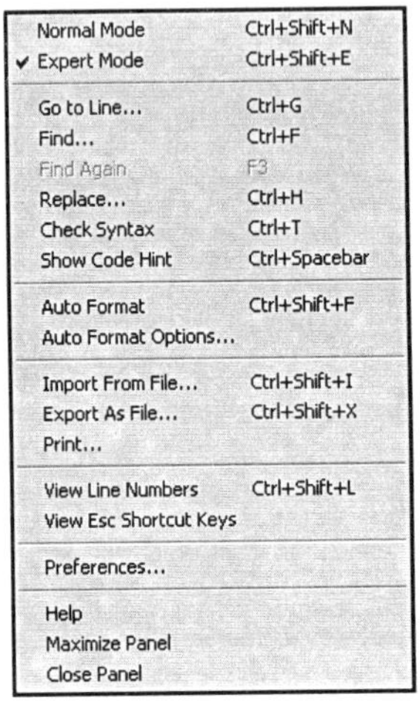

Normal Mode	Ctrl+Shift+N
✓ Expert Mode	Ctrl+Shift+E
Go to Line...	Ctrl+G
Find...	Ctrl+F
Find Again	F3
Replace...	Ctrl+H
Check Syntax	Ctrl+T
Show Code Hint	Ctrl+Spacebar
Auto Format	Ctrl+Shift+F
Auto Format Options...	
Import From File...	Ctrl+Shift+I
Export As File...	Ctrl+Shift+X
Print...	
View Line Numbers	Ctrl+Shift+L
View Esc Shortcut Keys	
Preferences...	
Help	
Maximize Panel	
Close Panel	

Figura 10.26 *O menu instantâneo para o painel Actions.*

Observando diretamente abaixo do Dictionary Reference Guide, você verá a área de opções do modo normal. É onde os itens no modo normal permitem que você altere o código. O modo normal tenta escrever o código para você com base na entrada fornecida para o Flash. Os itens da entrada aparecerão neste espaço.

Abaixo disto encontrará o painel de script. É onde seus scripts aparecem. Está disponível em todo modo no painel Action do Flash. Exibe o script exatamente como o Flash o vê (veja a Figura 10.27).

Diretamente acima do painel de script estão os botões que ajudam na escrita e na depuração de seu código. Na ordem de aparecimento, eis uma pequena lista das finalidades destes botões:

- **Add New Item to Script (Adicionar Novo Item ao Script).** Esta opção permite ter uma lista suspensa rápida de todas as ações em seu painel. Este botão serve para a mesma finalidade da caixa de ferramentas Actions. Ele aparece nas versões antigas do Flash e a Macromedia decidiu mantê-lo no MX.
- **Delete the Selected Actions (Apagar Ações Selecionadas) (modo normal apenas).** Este botão permite selecionar uma linha de código e cortá-la de seu painel de script.
- **Find and Replace (Localizar e Substituir).** Às vezes seu código ficará comprido, especialmente nos projetos maiores. Estes botões ajudam a encontrar as variáveis, palavras ou frases em seu código e a substituir os valores para o texto encontrado.

Capítulo 10 – Como abordar o ActionScript | 269

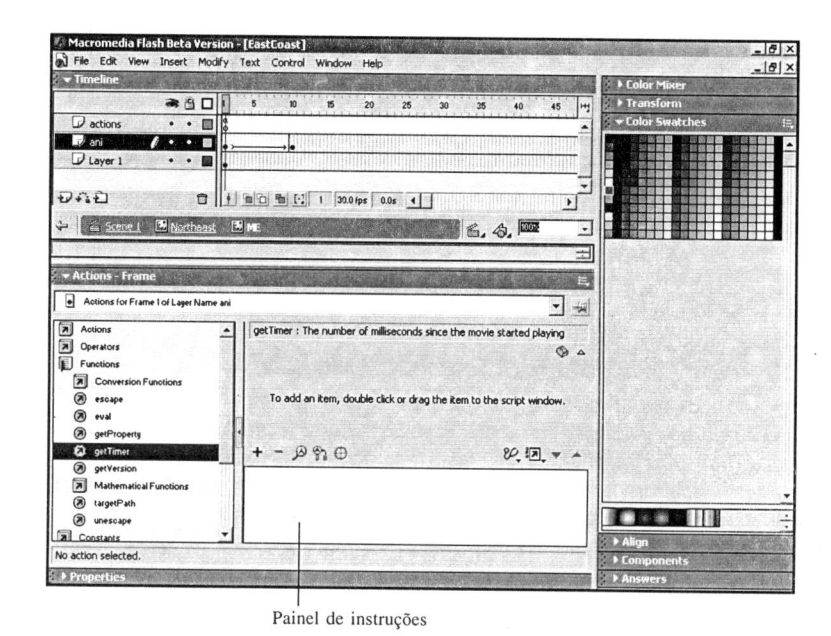

Painel de instruções

Figura 10.27 O painel no qual você pode fornecer o código.

- **Insert Target Path (Inserir Caminho de Destino).** Você poderá usar este botão quando precisar de assistência ao atribuir seus caminhos de destino. Algumas vezes, poderá ficar confuso com a hierarquia dos clipes do filme em sua cena. Este botão exibirá a hierarquia para você.

- **Check Syntax (Verificar Sintaxe) (modo especialista apenas).** Este botão verifica para saber se qualquer código foi escrito incorretamente. Ele coloca correções na janela de saída para indicar qual código alterar.

- **Auto Format (Formatar Automaticamente) (modo especialista apenas).** Este botão tenta formatar o código de uma maneira ordenada, no caso de você não estar inserindo as devidas tabulações para tornar seu código legível.

- **Show Code Hint (Exibir Sugestão de Código) (modo especialista apenas).** É de fato um recurso que você poderá ativar de modo permanente nas preferências do painel. Este botão indicará qual código deve ser inserido em uma determinada área onde seu cursor está localizado.

Agora para os itens localizados no lado direito acima do painel ActionScript:

- **Action Script Dictionary (Dicionário de Scripts da Ação).** Como mencionado antes, abre uma referência rápida para as ações no Flash. Prova ser muito mais rápido do que abrir o menu Help (Ajuda) sempre que você tem um problema ActionScript.

- **Opções Debug (Depurar).** Estas opções permitem definir pontos de interrupção em seu código. Torna-se útil quando você tem uma parte do código que sabe que tem problemas. Poderá colocar um ponto de interrupção em seu código, testar seu filme e o Flash irá parar a apresentação para permiti-lo exibir os valores das variáveis para ajudar a decifrar o que tem problema em seus blocos de código.

- **Opções View (Exibir)**. Estas opções fornecem outra maneira de mudar os modos em seu painel de script. E mais, você tem opções para adicionar linhas de código ao seu script. Isto é útil quando você tem várias linhas de código e deseja encontrar rapidamente uma linha. Comumente, os erros que aparecem na janela Output têm uma linha de código anexada. Se você tiver linhas de código ativadas, poderá encontrar a linha especificada na janela Output.
- **Setas para cima e para baixo (modo normal apenas)**. Permitem mover o código para cima e para baixo na ordem das linhas.

Modo normal e modo especialista

Você já aprendeu sobre várias opções disponíveis no modo normal e no modo especialista. Iremos analisar estas duas opções por um momento. Primeiro, o modo normal deverá ser usado apenas se você for novo no Flash. Quanto mais usar o Flash, mais achará o modo especialista mais rápido e fácil de trabalhar. Quanto mais trabalhar no Flash, mais lembrará de alguns códigos. Isto torna seu trabalho mais eficiente, pois não terá que pesquisar o código. E mais, o código normal algumas vezes prova ser uma ajuda menor do que o modo especialista.

Por exemplo, no modo normal, em sua caixa de ferramentas Actions vá para Actions, Miscellaneous Actions, Evaluate (Avaliar). Clicando duas vezes nisto, você achará que o Flash fornece apenas um ponto-e-vírgula para o código. Escrever este código manualmente certamente seria mais rápido do que pesquisar a ação evaluate no painel Actions.

Clicar duas vezes em qualquer membro da caixa de ferramentas Actions ou clicar em um item a partir do botão + permitirá que você selecione partes do texto para seu painel script. No modo especialista, há menos necessidade de fazer isto, mas a caixa de ferramentas ainda estará disponível se quiser clicá-la para obter um inicializador de scripts.

Trocar do modo especialista para o modo normal também servirá à mesma finalidade do botão Check Syntax, que assegura que o código escrito esteja correto. Se seu código estiver incorreto, o Flash irá informá-lo que não pode ir para o modo normal até que o script esteja correto.

Como importar e exportar os scripts

Você pode criar scripts dentro do Flash e exportá-los para um arquivo de texto. E mais, o Flash permite fazer o inverso. Você poderá criar o código em um arquivo de texto e importá-lo para um arquivo Flash.

Para exportar um de seus scripts, clique no menu instantâneo Flash e escolha Export As File (Exportar Como Arquivo). Escolha um local para o arquivo e clique em Save.

Para importar um script externo, clique no menu instantâneo Actions, escolha Import From File (Importar a Partir do Arquivo) e selecione o arquivo a ser aberto a partir da caixa de diálogo.

Finalmente, poderá querer que um script seja lido no Flash, mas não importado. Basicamente, isto carrega um arquivo durante a execução de seu filme. Você poderá fazer isto escolhendo Actions, Miscellaneous Actions, #include como sua ação na caixa de ferramentas Actions. Isto permitirá incluir um caminho para o arquivo que deseja aberto neste ponto em seu filme. Então seu script ficará disponível para seu filme Flash.

Menu instantâneo do painel Actions

Eis uma lista de verificação dos itens no menu instantâneo do painel Actions, localizado no canto superior esquerdo do painel Actions. Esta lista inclui as funções destas opções:

- **Normal Mode (Modo Normal) e Expert Mode (Modo Especialista).** Clicar em uma destas opções muda o modo do painel. Você não pode escolher ambas as opções.
- **Go to Line (Ir para Linha).** Permite ir diretamente para uma linha escolhida.
- **Find (Localizar).** Ajuda a encontrar o texto em seu bloco de código.
- **Find Again (Localizar Novamente).** Encontra o texto que você tentou localizar em sua tentativa anterior ou a próxima ocorrência deste texto em seu bloco de código.
- **Replace (Substituir).** Substitui o texto em seu bloco de código.
- **Check Syntax.** Verifica os erros em seu código.
- **Show Code Hint.** Indica o tipo de uma determinada área de seu código.
- **Auto Format e Auto Format Options (Opções da Formatação Automática).** Estes botões permitem escolher as opções para sua formatação. Clicar em Auto Format executará as opções escolhidas em seu código. Estas opções incluem separar os operadores com espaços, sem ter as instruções else entre chaves, ter um espaço depois das instruções da função e outras opções.
- **Import Script (Importar Script) e Export Script (Exportar Script).** Estas opções são analisadas na seção anterior.
- **Print (Imprimir).** Imprime o script atual.
- **View Line Numbers (Exibir Números da Linha).** Coloca números ao lado de cada linha de código em seu script para facilitar a localização.
- **View Esc Shortcut Keys (Exibir Teclas de Atalho Esc).** Coloca combinações de teclas de atalho que escrevem certos scripts de maneira independente. Você pode exibir os atalhos marcando esta opção e exibindo a ação na caixa de ferramentas Actions.
- **Preferences (Preferências).** Estas preferências também estão disponíveis através de Edit (Editar), Preferences e clicando na aba ActionScript Editor (Editor de ActionScript). Esta opção fornecerá várias outras opções para escolher ao exibir seu painel, inclusive o seguinte:
- **Automatic Indentation (Recuo Automático).** Recua as linhas no código escrito quando o Flash julga ser necessário. Você poderá também ditar o número de espaços a recuar.
- **Code Hints (Sugestões de Código).** Fornece automaticamente sugestões de código (mesmo no modo especialista) depois de escrever partes parciais de código. O Flash tentará indicar o que escrever em seguida. Você poderá colocar um retardo para as sugestões de código aparecerem, se achar muitas sugestões de código desnecessárias, mas ainda quiser a opção para vê-las.
- **Text Options (Opções de Texto).** Você pode mudar a fonte e o tamanho do texto a ser exibido em seu painel Actions.
- **Syntax Coloring (Colorir Sintaxe).** Fornece a opção de mudar as cores dos itens para os quais deseja ser alertado. Portanto, se quiser personalizar a aparência dos itens em seu painel Actions, como a cor de fundo, as cores de texto, as cores das palavras-chave etc., poderá ter estas opções alteradas.

- **Help.** Ativa as páginas de ajuda do Flash.
- **Maximize Panel.** Estende o tamanho do painel Actions para maximizar sua área exibível.
- **Close Panel (Fechar Painel).** Fecha seu painel para sua existência.

Como você pode ver com o tamanho deste capítulo, a Macromedia gastou muito tempo construindo sua linguagem ActionScript. O ActionScript coloca muita capacidade e armas com a habilidade de animar sem quadros, controlar os objetos incluídos em um filme, alterar as propriedades de um objeto e instruir as diferentes áreas de seu filme a partir do quadro, botão ou ações de clipe do filme.

Compreender que a programação baseada em objetos é a manipulação dos objetos em uma cena para criar a interatividade para o usuário final é o principal conceito deste capítulo. Os objetos são instâncias de classes que compõem o conteúdo de seu projeto. Todo objeto pode ser manipulado alterando suas propriedades ou chamando um método para informar ao objeto para executar uma determinada tarefa.

E mais, os objetos MovieClip são objetos especiais disponíveis. Não são apenas representados graficamente, mas também têm uma linha do tempo independente da linha do tempo principal. Portanto, destinar uma linha do tempo e informá-la para executar as ações a partir de uma linha do tempo de controle permitirá que você se comunique entre os diferentes clipes do filme, nas várias linhas do tempo. Isto é chamado de *endereçamento*. Todas as linhas do tempo em um FLA de Flash trabalham em coordenação entre si, para completar o projeto da maneira escolhida. Portanto, você terá que destinar ações específicas para trabalhar em conjunto com as ações específicas a partir do Flash.

E mais, vários tipos de ações podem ajudá-lo como programador. Os loops permitem repetir um bloco de código várias vezes até que uma instrução condicional seja falsa. Por exemplo, os loops permitem realizar tarefas, contanto que o usuário tenha seu mouse pressionado ou contanto que uma variável seja igual a um certo número.

As funções, como os loops, permitem repetir um bloco de código. Porém, diferente dos loops, as funções são chamadas. Portanto, se você chamar uma função apenas uma vez, ela executará o bloco da função uma vez. Se você tiver uma função chamada sempre que o usuário clicar um botão, o bloco de funções poderá ser executado várias vezes.

O ActionScript controla os filmes criados. Ele guia seus projetos, mas você é o condutor destes projetos. De modo muito parecido como um maestro tem a capacidade de informar a seção de cordas para tocar uma certa nota, você tem a capacidade de informar o som a reproduzir ou informar a um clipe do filme para se mover na tela. E mais, quando adiciona variáveis ao seu projeto que serão definidas pela interação de um usuário, a interatividade e a utilização do projeto disparam como um foguete.

Capítulo 11

Tipos de dados e variáveis – aprofundados

por David Vogeleer

Neste capítulo
- Tipos de tipos de dados
- Tipo de dados de string
- Como manipular as strings
- Tipo de dados de número
- Tipo de dados booleano
- Tipo de dados nulo
- Tipo de dados indefinido
- Tipo de dados de array
- Tipo de dados de clipe do filme
- Tipo de dados de objeto
- Variáveis

Neste capítulo iremos analisar os diferentes tipos de dados e as variáveis que armazenam os dados.

Os dados, para simplificar, são qualquer coisa e tudo que você deseja que sejam, inclusive texto, números e representações lógicas (conhecidas como dados booleanos). Em sua forma mais bruta (código binário), os dados são representados como um monte de zeros e uns, que compõem os dados básicos que os computadores usam como sua linguagem primitiva.

Tipos de tipos de dados

Antes de entrarmos em maiores detalhes sobre qualquer tipo de dados, veremos rapidamente os diferentes tipos de dados no Flash:

- **String.** Qualquer parte de dados a serem listados como texto básico (por exemplo, "Este é um tipo de dados de string"). Note as aspas, que significam que isto é uma string.
- **Número.** Qualquer parte de dados a serem listados como um inteiro com um valor numérico (por exemplo, 1, 44, -10, 21.7 e -0.8 são tipos de dados de número legais).
- **Booleano.** É uma representação lógica usada para as condições e os resultados de certas fórmulas (true e false são os únicos tipos de dados booleanos).
- **Nulo e indefinido.** São usados quando não há nenhuma presença de dados.
- **Array.** É usado para as listas de dados (é seu próprio tipo de dados).
- **MovieClip (Clipe do Filme).** É usado para as instâncias de clipe do filme (é seu próprio tipo de dados).
- **Objeto.** É usado com as classes de dados definidas pelo usuário ou predefinidas.

Os dois tipos de dados mais usados são as strings e os números. Entraremos em mais detalhes sobre estes dois e analisaremos suas diferentes partes.

Primeiro, vejamos estes tipos de dados e como eles podem ser mal interpretados facilmente:

```
"My name is David."        // this is a string datatype
1234                       // this is a number datatype
"1234"                     // this is a string datatype
1+2+3                      // this is a number datatype
"My name " + "is David"    // this is a string datatype
'Single quote marks'       // this is a string datatype with single quote marks
```

São as formas básicas dos tipos de dados de string e de número. O texto à direita com as barras duplas (//) representa apenas os comentários no código (o interpretador pula este texto completamente).

Examinaremos a conversão na seção "Como alterar os tipos dos valores nas variáveis" posteriormente neste capítulo.

Tipo de dados de string

O tipo de dados de string pode ser colocado em categoria como qualquer quantidade de texto entre aspas. Isto inclui caracteres, números e certas propriedades das instâncias de clipe do filme.

Como criar uma string

Para criar uma string, coloque algum texto entre aspas, como mostrado aqui:

```
"this is a string literal"
//that was simple enough
```

Outra maneira de criar uma string usando o tipo de dados de string é declarar uma nova string com o construtor new:

```
new String("this is a string literal")
```

E mais, você pode definir isto para ser igual a uma variável (que iremos analisar mais tarde neste capítulo):

```
var myString = new String("this is a string literal")
```

Strings vazias

Você não tem que colocar nada entre aspas para ser uma string literal. Poderá simplesmente colocar um conjunto de aspas de abertura e de fechamento para criar uma string vazia, como mostrado aqui:

```
"" // an empty string with double quotes
'' // an empty string with single quotes
```

Embora seja uma string vazia, não é igual aos tipos de dados nulos ou indefinidos. No seguinte exemplo, primeiro iniciaremos um novo arquivo indo para File (Arquivo) na barra de ferramentas e escolhendo New (Novo) (Ctrl+N). Então usaremos uma instrução if nas ações do primeiro quadro-chave na linha do tempo principal e iremos testá-lo indo para Control (Controle) na barra de ferramentas e selecionando Test Movie (Testar Filme) (as instruções if serão analisadas no Capítulo 12, "Instruções e expressões – Profundamente"):

```
if ("" != null) {
    trace ("An empty string is not equal to null");
}
// output: An empty string is not equal to null
```

Note que usamos uma função trace que, quando o filme é testado, exibe nossa saída na janela Output (Saída). Você verá como usar esta string vazia no final deste capítulo.

Aspas

Como viu, todas as strings literais têm que ter aspas. Estas aspas podem ser simples (') ou duplas ("), mas você terá que fechar com o mesmo tipo de aspa com o qual iniciou. Eis alguns exemplos:

```
"double quotes"        //legal string
'single quotes'        //legal string
"double to single'     //illegal string
'single to double"     //illegal string
```

Se você não fechar com a mesma aspa com a qual abriu, verá este erro:

```
String literal was not properly terminated
```

Porém, poderá colocar aspas dentro das aspas, como mostrado aqui:

```
'Then David said: "This are quotes inside a string"'
//this is a legal string containing a quote within it
```

Porém, precisará ter cuidado porque uma aspa simples pode também ser usada como apóstrofo. Isto poderá causar erros se você não estiver prestando atenção. Eis um exemplo:

```
'He wasn't going to go'
//the interpreter reads this as 'He wasn' and throws up an error message
```

Se tivéssemos usado aspas duplas de abertura e de fechamento, ao invés de aspas simples aqui, o interpretador não teria emitido o erro. Contudo, digamos que desejamos usar aspas simples de qualquer maneira. Neste caso, há uma solução: a seqüência de escape.

Seqüências de escape

As seqüências de escape são strings literais usadas com uma barra invertida (\). Isto informa ao interpretador para usar o caractere seguinte ou representação do caractere.

Eis algumas seqüências básicas de escape:

```
\"  double quote escape sequence
\'  single quote escape sequence
\\  backslash escape sequence using the backslash not as an escape sequence
```

Vejamos nosso exemplo novamente, mas desta vez usando a seqüência de escape:

```
'He wasn't going to go'
//as before, this will cause errors and not display the proper text
'He wasn\'t going to go'
//now using an escape sequence, the problem is solved, and the
//interpreter reads it correctly
```

Agora o interpretador lerá a string corretamente. Lembre-se, você terá que usar apenas as seqüências de escape com aspas quando tiver uma aspa (dupla ou simples) entre as aspas de abertura e de fechamento de uma string; se tiver as duas, elas irão se cancelar.

Como manipular as strings

A manipulação de strings inclui criar novas strings, reunir as strings e muito mais. Nesta seção, começaremos com as tarefas fáceis e iremos avançar.

Como reunir as strings

Reunir as strings é tão simples quanto colocar um operador de mais (+) entre duas strings literais. Eis um exemplo:

```
"This is  " + "a string literal"
// the interpreter translates this as "This is a string literal"
```

Note o espaço depois de "is" neste exemplo. Este espaço é necessário nas strings; do contrário, a string apareceria assim: "This isa string literal". Como alternativa, poderemos usar uma string de espaço para fazer com que o código pareça mais claro, como mostrado aqui:

```
"This is" + " " + "a string literal"
// the interpreter translates this as "This is a string literal"
```

Observe que a string de espaço não é igual à string vazia analisada anteriormente:

```
if (" " != '') {
    trace ("A space string is not equal to an empty string")
}
// output: A space string is not equal to an empty string
```

E mais, mesmo que tenha sido desaprovado no Flash MX, você poderá usar o operador add para reunir as strings:

```
"This is  " add "a string literal"
// the add operator works just like the + operator
```

Poderá também adicionar strings definindo-as para variáveis:

```
var fName = "David";
var lName = "Vogeleer";
var space = " ";
trace (fName + space + lName);
// output: David Vogeleer
```

Aqui, tudo que fizemos foi definir cada string para uma variável e então adicionar as variáveis.

Outra maneira de adicionar strings com variáveis é definir a mesma variável para uma string adicional com um operador de atribuição. Eis um exemplo:

```
var name = "David ";
name+="Vogeleer";
trace (name);
// output: David Vogeleer
```

E claro, podemos criar uma nova string adicionando uma string a uma variável que contém uma string, como mostrado aqui:

```
var fName = "David ";
var fullName = fName + "Vogeleer";
trace (fullName);
// output: David Vogeleer
```

Função concat

Usando a sintaxe de ponto, a função concat age de modo parecido com a variável de atribuição (+=) que vimos anteriormente. Simplesmente anexe-a a uma string com outra string entre parênteses:

```
var name = "David ".concat("Vogeleer");
trace (name);
// output: David Vogeleer
```

E claro, você poderá anexar a função concat a uma variável:

```
var fName = "David";
var fullName = fName.concat("Vogeleer");
trace (fullName);
// output: David Vogeleer
```

Agora iremos colocar uma variável entre parênteses, ao invés de uma string literal:

```
var fName = "David ";
var lName = "Vogeleer";
var fullName = fName.concat(lName);
trace (fullName);
// output: David Vogeleer
```

Esta técnica pode ainda lidar com diversas expressões:

```
var name = "This is ".concat("a"+" ".concat("string " + "literal"));
trace (name) ;
// output: This is a string literal
```

Não só você poderá usar diversas expressões de reunião, como também poderá incorporar funções concat nas funções concat.

Como indexar os caracteres nas strings

Os caracteres dentro das strings podem ser indexados, armazenados e exibidos. Cada caractere em uma string tem um índice específico, começando com o primeiro caractere no índice zero (0). A indexação das strings sempre começa com 0, ao invés de 1 no Flash; portanto, o segundo caractere tem um índice 1 e o terceiro caractere tem um índice 2 etc.

Função charAt

Você poderá usar a função charAt com as strings para ver os caracteres em um índice definido. Simplesmente anexe a função a uma string e coloque um número entre parênteses que representa o índice que deseja obter. Eis um exemplo:

```
trace("David".charAt(2));
// output: v
```

Esta função também pode ser anexada a uma variável que mantém uma string:

```
var name = "David";
trace (name.charAt(2));
// output: v
```

E mais, você poderá usar uma variável no lugar do número entre parênteses:

```
var place = 2;
var name = "David";
trace (name.charAt(place));
// output: v
```

Propriedade length

A propriedade length fornece uma maneira de determinar o número de caracteres em uma dada string. Apenas anexe-a a uma string e ela retornará um valor numérico. Eis um exemplo:

```
trace ("Unleashed".length);
// output: 9
```

Dica

O último caractere em uma string sempre será *string*.length menos um.

Naturalmente, esta propriedade também pode ser anexada a uma variável que mantém uma string, como mostrado aqui:

```
var title = "Unleashed";
trace (title.length);
// output: 9
```

Mesmo que você possa não considerar um espaço como sendo um caractere, o ActionScript considera:

```
var title = "Flash Unleashed";
trace (title.length);
// output: 15
```

Neste exemplo, a saída é 15, ao invés de 14, porque o espaço é contado como um caractere.

Usando a propriedade length combinada com a função charAt, poderemos identificar todo caractere em uma palavra com base em uma função definida (falaremos mais sobre as funções nos capítulos posteriores). Eis um exemplo:

```
//first create the function
function list (myString) {
//use a loop statement to cycle through
//all the characters in the string
for(i=0;i<myString.length;i++){
   trace  (myString.charAt(i));
}
}
//create our string
var title = "Unleashed";
//run the function on our string
list(title);
// output: U
//         n
//         l
//         e
//         a
//         s
//         h
//         e
//         d
```

Função indexOf

A função indexOf obtém um dado caractere, procura-o em uma string e retorna o índice do caractere. Como antes, você poderá anexá-lo diretamente a uma string ou a uma variável que mantém uma string. Coloque o caractere que está procurando entre parênteses como uma string literal, assim:

```
//attach the function directly to a string
trace  ("Flash".indexOf("a"));
// now create a variable and attach the function to the variable
var title = "Unleashed";
trace  (title.indexOf("e"));
// output: 2
//         3
```

Na segunda parte deste exemplo, a função indexOf encontrou o primeiro índice de *e*, mas digamos que agora desejamos encontrar o próximo. Para tanto, apenas colocamos um índice inicial na função depois do caractere que estamos procurando e os separamos com uma vírgula:

```
var title = "Unleashed";
trace  (title.indexOf("e",4));
// output: 7
```

Neste caso, colocamos o índice do caractere depois do primeiro *e* e a função indexOf encontrou o próximo sem problemas.

Capítulo 11 – Tipos de dados e variáveis – aprofundados | 281

Você poderá também procurar certas strings de caracteres com a função indexOf. Apenas coloque a string entre aspas, exatamente como faria com um caractere simples. A função indexOf retornará o primeiro índice do primeiro caractere na string que está procurando:

```
var title = "Unleashed";
trace (title.indexOf("she"));
// output: 5
```

A janela Output exibirá o índice do primeiro caractere na string que você está procurando (neste caso, s).

Eis outro recurso ótimo da função indexOf: se não encontrar o caractere ou caracteres na string, exibirá -1 na janela Output quando rastreá-lo:

```
var title = "Unleashed";
trace (title.indexOf("o"));
// output: -1
```

Vejamos o que acontece quando procuramos a letra *u* na mesma string:

```
var title = "Unleashed";
trace (title.indexOf("u"));
// output: -1
```

A função indexOf não poderá encontrar *u* neste caso, porque o Flash lê as letras maiúsculas e minúsculas como caracteres completamente diferentes.

Isto poderá ser útil quando você estiver usando formulários no Flash. Por exemplo, digamos que sua empresa esteja querendo pagar pelo envio no estado para seus clientes, mas se o recipiente estiver fora do estado, o cliente terá que pagar o envio. Portanto, quando os usuários fornecerem outro estado no formulário de envio, eles serão saudados com uma mensagem lembrando-os de incluir os custos do envio (do contrário, uma mensagem de agradecimento aparecerá):

```
//first create our variables
var homeState = "VA";
var thankYou = "Thank you for your order";
var reminder = "Please remember to include shipping";
//now create the if statement
if (enteredState.indexOf(homeState) = = -1) {
    message = reminder;
} else {
    message = thankYou;
}
```

Este código determina se a variável homeState está em enteredState e envia a devida mensagem.

Função lastIndexOf

Como a função indexOf, a função lastIndexOf pesquisa uma string para obter um caractere ou grupo de caracteres. Porém, diferente da função indexOf, que começa no início da string e se move em direção ao final, a função lastIndexOf começa no final e vai para o início.

E mais, esta função funciona como a função indexOf, no sentido de que você simplesmente a anexa a uma string ou variável que mantém a string e coloca o caractere ou caracteres desejados entre parênteses, seguidos de uma vírgula com um índice inicial. Se nenhum índice inicial for definido, o índice inicial se tornará automaticamente o último caractere na string. Eis um exemplo:

```
var title = "Unleashed";
trace (title.lastIndexOf("e"));
// output: 7
```

Embora esta função possa não parecer grande coisa, considere que o seguinte código é o que teria para fazer a mesma coisa sem a função lastIndexOf predefinida:

```
function theLastIndexOf (myString,searchFor){
   for (i=0;i<myString.length;i++){
      if (myString.charAt(i)= =searchFor)  {
         found = i;
      }
   }
      trace (found);
}
var title = "Unleashed";
theLastIndexOf(title,"e");
// output: 7
```

Função substring

Muitas vezes, é necessário tirar mais de um caractere de uma string. O Flash tem algumas funções predefinidas para esta tarefa. Uma delas é a função substring.

A função substring se anexa às strings e às variáveis como as outras funções. Porém, entre parênteses, você colocará o índice inicial e final, separado por uma vírgula. Eis um exemplo:

```
trace("Unleashed".substring(2,7))
// output: leash
```

Agora iremos anexá-la a uma variável e omitir o índice final:

```
var title = "Unleashed";
trace (title.substring(2));
// output: leashed
```

Como pode ver, sem um índice final, a função substring obtém todos os caracteres do índice inicial em diante.

Até então, colocamos números representando os índices inicial e final. Agora iremos usar uma variável, ao invés de número. Isto tornará a função mais dinâmica. Por exemplo, digamos que você gostaria de tirar o CEP da última linha de um endereço:

```
var line3 = "Richmond, VA 23866";
finalSpace = line3.lastIndexOf(" ");
zip = line3.substring(finalSpace+1);
trace (zip);
// output: 23866
```

Isto obtém o último espaço na terceira linha e torna-o o ponto inicial. Então, obtém tudo depois disto, que neste caso é o CEP.

Se, sem querer, colocar o índice final primeiro e o índice inicial em segundo lugar, o interpretador irá trocá-los para você:

```
var title = "Unleashed";
trace (title.substring(7,2));
// output: leash
```

Mesmo que os números fossem invertidos, o interpretador ainda iria recuperar a informação correta.

Função substr

A função substr age de modo parecido com a função substring. Porém, no lugar de um índice final, você colocará o número desejado de caracteres a serem retornados. A função substr ainda usa um índice inicial como a função substring. Eis um exemplo:

```
var title = "Unleashed";
trace (title.substr(2,5));
// output: leash
```

Se você tiver um índice inicial, mas não um número designado de caracteres a retirar, a função substr iniciará no ponto inicial e irá tirar os caracteres seguintes:

```
var title = "Unleashed";
trace (title.substr(2));
// output: leashed
```

Poderá também colocar um número negativo no índice inicial e a função substr começará a contar do final para o início, usando o número especificado de espaços:

```
var title = "Unleashed";
trace (title.substr(-4, 2));
// output: sh
```

Função slice

A função slice age de modo parecido com a função substring, com exceção de que você pode usar números negativos nos índices inicial e final, como mostrado aqui:

```
var title = "Unleashed";
trace (title.slice(2,-2));
// output: leash
```

Função split

A função split é uma função única ao manipular as strings. Ela divide uma string em strings separadas que podem ser armazenadas em um array (falaremos mais sobre os arrays no Capítulo 15, "Arrays").

Anexe a função split a uma string ou variável e entre parênteses coloque o caractere delimitador. Eis um exemplo:

```
var title = "Unleashed";
trace (title.split("e"));
// output: Unl,ash,d
```

Este exemplo separa a string original com base na letra *e*. É muito eficiente, porque você pode separar uma sentença e armazenar cada palavra individual como sua própria variável ou em um array como elementos. Vejamos:

```
//first, create a variable holding the string
var title = "Flash MX Unleashed";
// then set an array equal to the string with the function attached
myArray = title.split(" ");
//display the entire array
trace (myArray);
//display just the first element in the array
trace (myArray[0]);
// output: Flash, MX, Unleashed
//         Flash
```

Agora você pode ver algumas capacidades que esta função tem. Poderá classificar, armazenar e enviar todos os seus dados em um formato bonito e claro, graças à função split.

Função toLowerCase

Anteriormente, tivemos problemas ao tentar encontrar um *u* minúsculo na palavra *Unleashed*, porque o Flash não trata os caracteres minúsculos como os maiúsculos. Este problema poderá ser resolvido com a função toLowerCase ou a função toUpperCase. Ambas funcionam igualmente, exceto que uma converte os caracteres em letras minúsculas e a outra em maiúsculas.

Vejamos toLowerCase primeiro. Quando você quiser encontrar uma letra minúscula em uma string com letras maiúsculas, terá primeiro que converter todas as letras maiúsculas em minúsculas. Isto poderá ser feito individualmente com muita codificação chata, ou você poderá simplesmente anexar a função toLowerCase diretamente à string. Eis um exemplo:

```
var title = "Unleashed";
title = title.toLowerCase( );
trace (title);
// output: unleashed
```

Neste caso, convertemos o *U* maiúsculo em um *u* minúsculo. Agora poderemos executar a função indexOf como antes e exibir os resultados:

```
var title = "Unleashed";
title = title.toLowerCase( );
trace (title.indexOf("u"));
// output: 0
```

Capítulo 11 – Tipos de dados e variáveis – aprofundados | 285

Função toUpperCase

A função toUpperCase é idêntica à função toLowerCase, com exceção de que, ao invés de colocar em letra minúscula um valor em uma string, coloca-o em letra maiúscula. Anexe esta função como faria com qualquer outra com nada entre parênteses:

```
var title = "Unleashed";
title = title.toUpperCase( );
trace (title);
// output: UNLEASHED
```

Como a função toLowerCase, a função toUpperCase afeta a string inteira.

Função charCodeAt

Falamos sobre como o Flash lê as letras maiúsculas e minúsculas como letras diferentes. É porque ele não as vê como letras, mas como pontos de código. O Flash tem duas funções predefinidas para lidar com os pontos de código: a função charCodeAt e a função fromCharCode.

A primeira, a função charCodeAt, obtém os caracteres em índices definidos de strings e retorna o valor do ponto do código em um formato numérico. Anexe esta função como faria com qualquer outra função e entre parênteses coloque o índice do caractere no qual está interessado. Eis um exemplo:

```
var title = "Unleashed";
trace (title.charCodeAt(2));
// output: 108 (the code point for the letter "l")
```

O seguinte código buscará qualquer string e exibirá o ponto de código de cada caractere na janela Output:

```
//create the function
function listCodePoints (myString){
//set the loop statement to run through each character
for(i=0;i<myString.length;i++){
//trace each characters code point
   trace (myString.charCodeAt(i));
}
}
//create the variable to hold the string
var title = "Unleashed";
//run the function
listCodePoints(title);
//output:   85
//         110
//         108
//         101
//          97
//         115
//         104
//         101
//         100
```

Colocar um valor negativo no lugar do índice sempre retornará o valor NaN (Not a Number (Não é Número), tratado posteriormente na seção "NaN"):

```
var title = "Unleashed";
trace (title.charCodeAt(-2));
// output: NaN
```

Função fromCharCode

Diferente da função charCodeAt, a função fromCodeAt permite colocar os pontos do código entre parênteses e convertê-los de novo em seus caracteres de string. Anexe esta função a um tipo de dados de string e coloque os pontos de código que gostaria de ver entre parênteses, separados por vírgulas:

```
//create the variable to hold our string
var title ;
title = String.fromCharCode(85, 110, 108, 101, 97, 115, 104, 101, 100);
trace (title);
// output: Unleashed
```

Dica

A função fromCharCode terá que ser anexada a um tipo de dados de string quando for executada; do contrário, retornará Undefined (Indefinido).

Strings do tipo Unicode

Outra maneira de criar uma string é usando as seqüências de escape do tipo Unicode. A forma básica de uma seqüência de escape Unicode começa com um caracter de barra invertida, então um u minúsculo, seguido de um número com quatro dígitos:

```
var title = "\u0055\u006e\u006c\u0065\u0061\u0073\u0068\u0065\u0064"
trace (title);
// output: Unleashed
```

Agora você poderá digitar o formato Unicode nas strings. A única razão real para desejar fazer isto é para obter os caracteres que não pode simplesmente digitar no teclado, como o símbolo de direitos autorais ([cr]), que no Unicode é \u00A9.

Poderá também digitar Unicode no formato de atalho substituindo \u00 por \x, como mostrado aqui:

```
trace ("\u0068");
trace ("\x68");
// output: h
//         h
```

Capítulo 11 – Tipos de dados e variáveis – aprofundados | 287

Tipo de dados de número

O próximo tipo de dados que iremos analisar é o tipo de dados de número. Há números de todos os tipos de formas e são usados por muitas razões diferentes, variando desde a contabilidade, propriedades matemáticas dos clipes do filme, até as expressões. Vejamos alguns exemplos:

```
1                //legal  number
4.998            //legal  number
3+4              //legal  number
_x               //legal  number  representing  a  horizontal  position
string.length    //legal  number  representing  a  length  of  a  string
0123             //legal  number  representing  an  octal  number
10e2             //legal  number  using  exponents
0x000000         //legal  hexadecimal  number
"1234"           //not a  legal  number, but  a  string  literal
```

Os dois tipos básicos de números suportados pelo Flash são inteiros e com ponto flutuante. Os primeiros são números inteiros (positivo ou negativo). Os números com ponto flutuante são também positivos ou negativos, mas incluem pontos decimais assim como valores fracionais (que são convertidos em valores decimais).

Os inteiros têm duas regras básicas:

- Eles não podem conter valores decimais ou fracionais.
- Eles não podem ficar abaixo de Number.MIN_VALUE ou acima de Number.MAX_VALUE.

Alguns inteiros básicos são números brutos, como 428 e 1200. Estes números são comuns e simples. Porém, outro exemplo de inteiro é um número hexadecimal, que é geralmente usado na codificação de cores (0x999999, por exemplo). Outra forma ainda de inteiro é um número octal, como 0123, que se converte no seguinte:

```
(1x64) + (2x8) + (3x1)
```

Os números com ponto flutuante incluem os valores decimais, valores fracionais e exponentes. Os exponentes são definidos usando a letra *e* seguida de um número. Este número representa quantidade de zeros. Eis um exemplo:

```
trace  (10e2);
//  output: 1000
```

Como criar um número

Uma maneira de criar um número é simplesmente digitá-lo:

Você poderá também usar o tipo de dados de número em conjunto com o construtor new para criar um número:

```
new  Number(4);
```

Agora poderá defini-lo como sendo igual a uma variável:

```
var  myNumber = new  Number(4);
trace  (myNumber);
// output:  4
```

Como resolver o problema dos pontos decimais repetidos

Como os computadores têm dificuldades ao definir as casas decimais repetidas e podem algumas vezes representar de modo errado um número com diversas casas decimais, será uma boa idéia arredondar ou descartar as casas decimais com os métodos predefinidos Math.round e Math.floor.

Ao usar o método Math.round, simplesmente coloque o número ou a variável que mantém o número entre parênteses e o método irá arredondá-lo com o seu valor inteiro mais próximo, assim criando um inteiro:

```
trace   (Math.round(1.23333));
trace   (Math.round(1.566666));
//  output:  1
//          2
```

O método Math.floor, por outro lado, descarta completamente as casas decimais do número e cria um inteiro. Seu uso é igual ao método Math.round:

```
trace   (Math.floor(1.23333));
trace   (Math.floor(1.566666));
//  output:  1
//          1
```

Estes métodos serão analisados com mais detalhes nos últimos capítulos.

Valores predefinidos para números

Mesmo que você possa criar quase todo número manualmente, o Flash tem alguns valores para os números predefinidos para ele. Ironicamente, o primeiro valor predefinido para um número é Not a Number (NaN).

Capítulo 11 – Tipos de dados e variáveis – aprofundados | **289**

NaN

Raramente você definiria um número como sendo igual a NaN, mas às vezes poderá ver este valor na janela Output, quando o número que estiver tentando usar não for um número. Um valor NaN poderá ser o resultado de colocar texto dentro de um tipo de dados de número ou tentar dividir zero por zero. Eis um exemplo:

```
var   seatsAvailable  =  new   Number("lots");
trace   (seatsAvailable);
//  output:  NaN
```

Como NaN não é um número, as variáveis com este valor não poderão ser iguais entre si:

```
//create  our  variables
var   seatsAvailable  =  new   Number("lots");
var   seatsTaken  =  new  Number  ("a  few");
//create  the  if  statement  to  see  if  it  is  not  equal
if  (seatsAvailable  !=  seatsTaken)  {
trace("These  two  are  not  equal");
}
```

MAX_VALUE e MIN_VALUE

O Flash tem limites para o que o número pode ser. Dois destes limites são MAX_VALUE e MIN_VALUE. Atualmente, o valor máximo permitido para um número é 1.79769313486231e+308 e o valor mínimo permitido é 4.94065645841247e-324.

Isto não significa que um número tenha que estar entre estes dois valores. Por exemplo, um número poderá ser inferior a MIN_VALUE, como mostrado aqui:

```
//create  our  variable
var  myNumber  =  -1;
//create  an  if  statement  to  see  if  myNumber
//is  lower  than  the  MIN_VALUE
if  (myNumber  <  Number.MIN_VALUE)  {
   trace  ("myNumber  is  lower  than  MIN_VALUE");
}
//  output:  myNumber  is  lower  than  MIN_VALUE
```

Isto é porque MIN_VALUE é o valor mínimo que um número tem que ser, não o maior número negativo. Para ver o maior número negativo, defina MAX_VALUE para negativo e execute o mesmo código:

```
//create  our  variable
var  myNumber  =  -1;
//create  an  if  statement  to  see  if  myNumber
//is  lower  than  the  -MAX_VALUE
if  (myNumber  <  -Number.MAX_VALUE)  {
trace  ("myNumber  is  lower  than  -MAX_VALUE");
}
//  output:  (nothing  because  -1  is  not  smaller  than  -MAX_VALUE)
```

POSITVE_INFINITY e NEGATIVE_INFINITY

Se, por alguma razão, você criar um número maior que Number.MAX_VALUE, o valor será Infinit (Infinidade). Do mesmo modo, se criar um número negativo maior que -Number.MAX_VALUE, o valor será -Infinity.

Os valores predefinidos são predefinidos no Flash para que representem Infinity e -Infinity. Eles são Number.POSITIVE_INFINITY e Number.NEGATIVE_INFINITY.

Usando estes valores predefinidos, poderemos testar se um número é infinito no código:

```
//create our variable
var myNumber = Number.MAX_VALUE * Number.MAX_VALUE;
//create the if statement
if (MyNumber = = Number.POSITIVE_INFINITY) {
trace ("Both numbers are infinite");
}
// output: Both numbers are infinite
```

Números de bônus

Eis uma lista de mais predefinidas constantes Math:

- Math.E. A base natural para o logaritmo. O valor aproximado é 2.71828.
- Math.LN2. O logaritmo natural de 2. O valor aproximado é 0.69314718055994528623.
- Math.LN10. O logaritmo natural de 10. O valor aproximado é 2.3025850929940459011.
- Math.LOG2E. O logaritmo de base 2 de MATH.E. O valor aproximado é 1.4426950408 8963287.
- Math.LOG10E. O logaritmo de base 10 de MATH.E O valor aproximado é 0.4342944 190325181667.
- Math.PI. A proporção da circunferência de um círculo para seu diâmetro, expressada com pi. O valor aproximado é 3.14159265358979.
- Math.SQRT1_2. A recíproca da raiz quadrada da metade. O valor aproximado é 0.7071067811 86
- Math.SQRT2. A raiz quadrada de 2. O valor aproximado é 1.414213562373.

Os números são a base de quase toda programação baseada em objetos. No próximo capítulo "Instruções e expressões – Profundamente", você verá muito de ActionScript que envolve usa números.

Tipo de dados booleano

O próximo tipo de dados que iremos analisar é o booleano. Os tipos de dados booleanos são respostas lógicas na forma de true ou false. Note também que estas palavras não podem ser usadas com variáveis ou identificadores no ActionScript, porque são tipos de dados estritamente booleanos Vejamos um uso de booleano:

```
var alarm = true;
if (alarm = = true) {
    trace ("Wake me up!");
```

Capítulo 11 – Tipos de dados e variáveis – aprofundados | 291

```
}else{
    trace ("Let me sleep in.");
}
// output: Wake me up!
```

Como alarm está definido para true, a instrução if é true e rastreia a devida mensagem. Se alarm tivesse sido definido para false, a instrução else teria entrada em vigor.

O booleano pode ser usado de muitas maneiras e iremos examinar este tipo de dados com mais detalhes no Capítulo 12.

Tipo de dados nulo

O tipo de dados nulo é uma representação de que uma variável não tem dados ou dados definíveis (string, número, booleano etc.). Nulo não aparecerá na janela Output, a menos que seja atribuído no código.

Dica

Nulo terá que ser atribuído manualmente; o interpretador não irá atribuí-lo.

Como nulo é uma representação de nenhum dado, ele será igual apenas a si mesmo e ao tipo de dados indefinidos. Eis um exemplo:

```
if (null = = undefined) {
    trace ("no data equals no data");
}
// output: no data equals no data
```

Tipo de dados indefinido

Muito parecido com nulo, o indefinido representa a ausência de dados. Porém, diferente de nulo, há algumas maneiras do indefinido ser atribuído:

- Pode ser atribuído manualmente no painel Actions (Ações).
- O interpretador irá atribuí-lo se uma variável não existir.
- O interpretador irá atribuí-lo se uma variável não tiver nenhum valor.

Vejamos o tipo de dados indefinido em ação.

```
var title;
trace (typeof(title));
// output: undefined
```

Assim como nulo, devido a indefinido representar a ausência de dados, é igual apenas a si mesmo e a nulo.

Tipo de dados de array

Os arrays são usados para manter listas de dados e algumas vezes até listas de listas. Eis um exemplo de array:

```
myArray = new Array("David", "Mike", "Bart");
```

Para saber mais sobre os arrays, veja o Capítulo 15.

Tipo de dados de clipe do filme

Embora não seja um tipo de dados convencional, você não poderá converter neste tipo de dados a parti de outro. É importante no sentido de que pode manipular as instâncias de clipes do filme usando este tipo de dados.

O clipe do filme age mais como uma classe de um objeto do que um tipo de dados. Você poderá defini suas propriedades e as alterações da propriedade serão mostradas no clipe do filme na cena principal Por exemplo, se quisesse fazer com que uma instância de "círculo" na cena principal tenha uma definição Alpha (Alfa) de 50%, usaria o seguinte:

```
Circle._alpha = 50;
```

Para saber mais sobre o tipo de dados de clipe do filme, veja o Capítulo 13, "Objetos de clipe do filme"

Tipo de dados de objeto

O tipo de dados de objeto é usado para configurar os objetos ActionScript no Flash. Eis um exemplo de objeto dog e uma propriedade do objeto dog:

```
//Create the object
dog = new Object( );
//Assign a property
dog.type="Beagle";
//Display the property in the output window
trace(dog.type);
```

Variáveis

Agora que cobrimos os dados, vejamos o que mantém estes dados – as variáveis.

Os dados sem variáveis permanecem apenas por um segundo; assim que o interpretador os transmiti sua duração terá terminado. As variáveis são como o Tupperware: podem manter dados por longo períodos de tempo, e sempre que você quiser estes dados, simplesmente irá para a variável e ele ainda estarão lá. Uma variável pode manter qualquer tipo de dados, inclusive: strings, números, valore booleanos e ainda outras variáveis.

Capítulo 11 – Tipos de dados e variáveis – aprofundados | 293

Uma desvantagem das variáveis é que elas podem manter apenas uma parte dos dados. Os arrays, por outro lado, podem manter diversas partes (veja o Capítulo 15 para obter mais informações).

Como criar uma variável

Uma variável pode ser criada de várias maneiras diferentes. Iremos começar com o método mais fácil, que é o que estaremos usando com mais freqüência. Você simplesmente usará a palavra-chave var para iniciar o processo e então nomeará a variável. Fechará a linha com um ponto-e-vírgula para que o interpretador saiba que a linha terminou. Eis um exemplo:

```
var myVariable;
```

É bem fácil. Agora iremos atribuir-lhe alguns dados:

```
var myVariable = "Unleashed";
//we set myVariable to the string literal "Unleashed"
```

Diferente de muitas outras linguagens de programação, o ActionScript não requer que você declare qual tipo de dados está mantendo em uma certa variável, nem que os dados tenham que ficar iguais, porém falaremos mais sobre isto posteriormente.

Você não precisa de fato da palavra-chave var para declarar uma variável (embora o código seja mais fácil de seguir quando está examinando-o); o interpretador irá reconhecer que uma variável foi declarada quando os dados forem atribuídos. Eis um exemplo:

```
myVariable = "Unleashed";
//we still declared a variable, but without the keyword var
```

Outra maneira de declarar uma variável é usando o identificador set. Entre parênteses, você irá declarar o nome da variável como uma string literal e então definirá seu valor depois de uma vírgula:

```
set ( "myVariable", 6 );
trace (myVariable);
// output: 6
```

Vimos como atribuir as variáveis com partes simples de dados; agora iremos ver uma atribuída com expressão:

```
var myVariable = 2+4;
trace (myVariable);
// output: 6
```

Desta vez, iremos atribuir uma variável a outra variável:

```
var myVariable = "Unleashed";
var variable2 = myVariable;
trace (variable2);
// output: Unleashed
```

Poderá criar diversas variáveis com os mesmos dados, usando marcas de igualdade para separá-las, como mostrado aqui:

```
var myVariable = variable2 = variable3 = "Unleashed";
trace (myVariable);
trace (variable2);
trace (variable3);
//   output: Unleashed
//           Unleashed
//           Unleashed
```

Poderá ainda atribuir uma variável a uma expressão usando outras variáveis:

```
var myVariable = 4;
var myVariable2 = 2;
var addedVariables = myVariable + myVariable2;
trace (addedVariables);
// output: 6
```

Como alterar os dados nas variáveis

Agora que você viu como criar as variáveis e adicionar dados a elas, vejamos como alterar os dados nelas.

O processo é tão simples quanto reatribuir dados às variáveis:

```
var myVariable = "Unleashed";
trace (myVariable);
myVariable = "Flash";
trace (myVariable);
//  output: Unleashed
//          Flash
```

E mais, os novos dados não terão que ter o mesmo tipo:

```
var myVariable = "Unleashed";
trace (myVariable);
myVariable = 6;
trace (myVariable);
myVariable = false;
trace (myVariable);
//  output: Unleashed
//          6
//          False
```

Desta vez, alteramos myVariable de uma string literal para um número e então para um tipo de dados booleanos.

Outra maneira de alterar uma variável é adicionar a ela. Eis um exemplo:

```
var myVariable = "Flash";
trace (myVariable);
myVariable = myVariable + " Unleashed";
```

```
trace    (myVariable);
//  output:  Flash
//           Flash    Unleashed
```

Aqui, tudo que fizemos foi definir a variável para ser igual a si mesma mais outra string. Há uma maneira mais fácil de fazer isto – usando um operador de atribuição, chamado de *atribuição de adição* (+=).

Usaremos o mesmo código de antes, mas iremos substituir o método longo escrito de adicionar um texto extra por esta nova maneira:

```
var  myVariable = "Flash";
trace   (myVariable);
myVariable += " Unleashed";
trace   (myVariable);
//  output: Flash
//          Flash   Unleashed
```

Agora vejamos outra variável que usa um operador incremental para aumentar seu valor.

Como incrementar e diminuir as variáveis

Como você já viu, poderá adicionar às variáveis já criadas. Agora vejamos como fazer isto com números.

Primeiro, crie um clipe do filme com um pequeno círculo centralizado e coloque-o na cena principal. Então, vá para as ações do objeto desta instância de clipe do filme e coloque o seguinte código nela:

```
//lets create our variable when the instance loads
onClipEvent (load) {
i = 0;
}
onClipEvent (enterFrame) {
//lets increase our variable one at a time
i = i + 1;
trace (i);
}
// output: (it will start with 1, and increase by 1 constantly)
```

Esta era a antiga maneira de adicionar às variáveis; agora iremos fazê-lo da nova maneira:

```
//lets create our variable when the instance loads
onClipEvent (load) {
i = 0;
}
onClipEvent (enterFrame) {
//lets increase our variable one at a time
i += 1;
trace (i);
}
// output: (it will start with 1, and increase by 1 constantly)
```

Parece melhor, mas há ainda uma maneira mais fácil de aumentar uma variável em um a cada vez, e é usando o operador de incremento (++):

```
//lets create our variable when the instance loads
onClipEvent (load) {
i = 0;
}
onClipEvent (enterFrame) {
//lets increase our variable one at a time
i ++;
trace (i);
}
// output: (it will start with 1, and increase by 1 constantly)
```

Foi ótimo! Porém, se quisermos aumentar nossa variável em mais de um de cada vez, teremos que voltar para a atribuição de adição, porque o operador de incremento aumenta apenas em um de cada vez.

Agora que temos estes números, façamos com que movam o clipe do filme para a direita. Ainda nas ações do objeto de clipe do filme, use o seguinte código:

```
//lets create our variable when the instance loads
//lets create our variable when the instance loads
onClipEvent (load) {
i = this._x;
}
onClipEvent (enterFrame) {
//lets increase our variable one at a time
i ++;
this._x = i;
}
```

Agora quando você testar o filme, o pequeno círculo se moverá para a direita em um pixel de cada vez.

Tecnicamente, você poderia ter escrito o código anterior assim:

```
onClipEvent (enterFrame) {
_x++;
}
```

Cobrimos as variáveis incrementais, assim agora iremos revisar as variáveis de diminuição. Estas variáveis são o oposto exato das variáveis incrementais porque retiram um de cada vez.

Vejamos nosso código anterior com o clipe do filme do círculo. Usando o mesmo código, substitua as instâncias de ++ por —, que fará com que a variável diminua:

```
//lets create our variable when the instance loads
//lets create our variable when the instance loads
onClipEvent (load) {
i = this._x;
}
```

```
onClipEvent (enterFrame) {
//lets increase our variable one at a time
i -
this._x = i;
}
```

Agora o círculo se moverá para a esquerda em um pixel de cada vez.

Variáveis vazias

Como você sabe das seções anteriores, uma variável vazia tem um valor indefinido. Poderemos usar isto para testar se uma variável está sendo usada. Usaremos uma instrução if para testar se uma variável é igual a indefinido; se for, a variável precisará ser preenchida. Vejamos um exemplo:

```
var title;
if (title = = undefined) {
trace ("This variable is empty");
}else{
trace ("This variable has information in it");
}
// output: This variable is empty
```

Como a variável que criamos ainda tem que ser atribuída a qualquer dado, ela será avaliada automaticamente como indefinida e o valor da instrução if será true.

Como comparar as variáveis

Às vezes ao usar as variáveis, você desejará comparar uma com a outra (para a verificação da senha, jogos de memória e validação de uma pontuação alta, por exemplo).

Quando estiver comparando as variáveis, é importante que elas sejam do mesmo tipo de dados. Lembre-se disto até chegarmos na próxima seção.

Comecemos com um exemplo de verificação da senha. Usaremos uma senha predefinida, uma senha de entrada do usuário e iremos compará-las. Se forem iguais, executaremos algum código específico; se forem diferentes, executaremos um código diferente. Eis as etapas a seguir:

1. Inicie um novo arquivo indo para File, New na barra de ferramentas.
2. Crie mais duas camadas na linha do tempo principal e identifique as camadas como Actions, Input (Entrada) e Validate (Validar), respectivamente.
3. Agora crie um filme chamado "validate" que tenha um retângulo com o texto "Validate" sobre ele. Coloque este filme na camada Validate da linha do tempo principal e identifique seu nome da instância como "validate".
4. Na camada Input, escolha a ferramenta Text (Texto) e desenhe uma caixa de texto. Altere o tipo para Input e escolha Show Border Around Text (Exibir Borda em Torno do Texto) para que possa ver facilmente a caixa de texto quando testar o filme. Então escolha Password (Senha) para o tipo de linha, ao invés de Single Line (Linha Simples) (isto colocará asteriscos ao invés de caracteres na caixa de texto). Então identifique a entrada da etiqueta Var. As definições deverão se parecer com a Figura 11.1.

5. Agora as ações. No primeiro quadro-chave da camada Actions, coloque este código:

```
//We first create the password
password="flash";
//Now we set the button actions for the validate movie
validate.onPress = function ( ){
//this will check to see if the password and the input match
    if(input= =password){
        trace("You may enter");
    }else{
        trace("You do not have clearance");
//This clears the input field
    input="";
    }
}
```

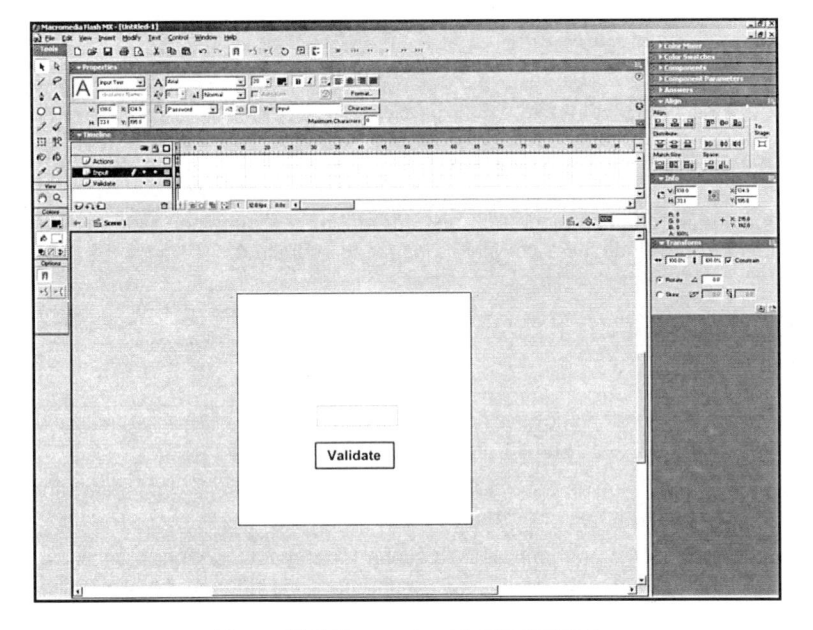

Figura 11.1 Como criar o botão Validate.

Quando você testar o filme, note que se fornecer a senha correta, ela enviará uma mensagem de boas-vindas na janela Output; do contrário, a janela de saída exibirá uma mensagem diferente e limpará o campo de entrada.

Como outro exemplo de uso das variáveis, iremos tentar determinar se uma nova pontuação é a alta.

Crie um novo arquivo como antes nos exemplos anteriores (Ctrl+N) e coloque o seguinte código no primeiro quadro da linha do tempo principal:

```
//first create the current high score
highScore = 1200;
//then create a new score to rival the high score
newScore = 1300;
//now create the if statement that will determine and adjust the high score
if (newScore > highScore){
highScore = newScore;
trace ("congratulations, the new highscore is " + highScore);
}else if (newScore = = highScore) {
trace ("You are now tied for 1st at " + highScore);
}else{
trace ("Your score of " + newScore + " was not good enough");
}
// output: congratulations, the new highscore is 1300
```

Teste o filme. Então volte e altere as variáveis para ver resultados diferentes.

Como alterar os tipos dos valores nas variáveis

Você pode ter notado no exemplo anterior de alta pontuação que estávamos adicionando dois tipos diferentes de valores em uma instrução. Então, como isto cria o valor da instrução? Depende do que foi combinado e como. Como no exemplo anterior, adicionamos uma string com texto a um número, o interpretador converterá automaticamente a coisa inteira em uma string.

Agora vejamos o uso da função typeof para verificar o valor de uma certa variável:

```
var name = "Kevin";
var age = 35;
var combined = name + age;
trace (typeof(combined));
// output: string
```

Iremos supor que temos duas variáveis (uma um número e outra, uma string contendo números):

```
var year = "1967";
var age = 35;
var combined = year + age;
trace (typeof(combined));
// output: string
```

Isto ainda voltará como string. Porém, se as subtrairmos, o resultado mudará, como mostrado aqui:

```
var year = "1967";
var age = 35;
var combined = year - age;
trace (typeof(combined));
// output: number
```

Quando as variáveis são subtraídas, o interpretador converte a combinação em um número.

Embora a conversão tenha ocorrido na variável combined, ela não afetou os valores originais. A conversão automática funciona apenas ao avaliar uma expressão. Ao usar um booleano em uma expressão que envolve um número, a conversão sempre será em um número, como mostrado aqui:

```
var answer = true;
var age = 35;
var combined = year + age;
trace (typeof(combined));
// output: number
```

O mesmo ocorre para um booleano e uma string. Ambos os tipos de dados sempre se converterão em uma string:

```
var answer = true;
var age = "35";
var combined = year + age;
trace (typeof(combined));
// output: string
```

À medida que a conversão ocorre, em que o interpretador converterá cada elemento? Para descobrir, vejamos as próximas listas.

Para as conversões de string:

- Um número converte-se em uma string literal igual a este número (por exemplo, 123 em "123").
- Um booleano se converterá em "true" se for verdadeiro e "false" se for falso.
- O indefinido converte-se em "undefined".
- O nulo converte-se em "undefined".
- NaN converte-se em "NaN".
- Um array converte-se em uma lista de elementos separados por vírgulas.

Para as conversões de número:

- Uma string contendo números converte-se em um valor numérico representado nestes números.
- Uma string sem números converte-se em NaN.
- O indefinido converte-se em 0.
- O nulo converte-se em 0.
- Um booleano irá se converter em 1 se for true e 0 se for false.
- NaN converte-se em NaN.
- Um array converte-se em NaN.

Para as conversões booleanas:

- Uma string com um número diferente de zero converte-se em true.
- Uma string contendo zero converte-se em false.
- Uma string vazia converte-se em false.
- Um número irá se converter em true se for diferente de zero e em false se for zero.

Capítulo 11 – Tipos de dados e variáveis – aprofundados | 301

- Um indefinido converte-se em false.
- O nulo converte-se em false.
- NaN converte-se em false.
- Um array converte-se em true.

Como converter as variáveis usando funções e métodos

Agora que você sabe em quais valores converter, vejamos como convertê-los. Começaremos as conversões usando o método toString.

Método toString

Este método age como qualquer método anterior analisado. Simplesmente anexe-o diretamente a um tipo de dados que gostaria de converter em uma string ou anexe-o a uma variável que gostaria de converter. Não há nenhum argumento entre parênteses. Eis um exemplo:

```
var age = 35;
age.toString( );       //Converts the variable age to a string
false.toString( );     //Converts the boolean datatype false to a string
(50).toString( );      //Converts the number 50 to a string
                       // the parentheses are there as to not
                       // confuse the interpreter into
                       // thinking it was a decimal point
```

Função String

Para usar a função String, simplesmente coloque a variável ou tipo de dados que gostaria de converter entre parênteses e a função irá convertê-lo em uma string:

```
String(myVariable);
String(123);
String(null);
// the String function converts all of these datatypes to a string
datatype
```

Como usar os operadores

Você já viu que usar um sinal de mais (+) converterá os números e as variáveis em uma string, como mostrado aqui:

```
500 + "string";       //Converted to a string
myVariable + "";      //Using an empty string to convert variables to a string
```

Também poderá converter um tipo de dados em um número subtraindo zero dele:

```
"123" - 0             //Converts the string to a number
"Flash" - 0           //Becomes NaN due to lack of numbers to convert
myVariable - 0        //Converts value of myVariable to a number
```

Função Number

Esta função age praticamente de modo idêntico à função String. Coloque a variável ou os dados que deseja converter entre parênteses e a função irá convertê-los em um número:

```
Number(myVariable);        //Converts value of myVariable to a number
Number("Unleashed");       //Becomes NaN
Number("1234");            //Becomes the number 1234
```

Esta função é ótima para converter os campos de entrada que são strings literais.

Funções parseInt e parseFloat

Estas funções convertem as strings em números, de modo muito parecido com a função Number. Porém, diferente da função Number, estas duas funções podem tirar números do texto, contanto que o primeiro caractere sem espaço seja um número.

Vejamos a função parseInt, que é para retirar inteiros (lembre-se de antes, os inteiros não têm valores decimais ou fracionais). Simplesmente anexe esta função, como faria com qualquer outra função e coloque a variável ou string que deseja converter entre parênteses:

```
var idNumber = "123abc";
trace (parseInt(idNumber));
// output: 123
```

A função parseFloat funciona da mesma maneira, mas retira números flutuantes, ao invés de inteiros:

```
var idNumber = "123.487abc";
trace (parseFloat(idNumber));
// output = 123.487
```

Se o primeiro caractere sem espaço for qualquer coisa, exceto um valor numérico, a função retornará NaN:

```
var idNumber = "abd123.487";
trace (parseInt(idNumber));
// output = NaN
```

No caso de você estar imaginando o que acontece quando usa parseInt em um número flutuante, o seguinte exemplo mostra que a função retornará tudo até o ponto decimal:

```
var idNumber = "123.487abc";
trace (parseInt(idNumber));
// output: 123
```

Porém, se você usar a função parseFloat em um inteiro, ela retornará o mesmo valor da função parseInt:

```
var idNumber = "123abc";
trace (parseFloat(idNumber));
// output: 123
```

Capítulo 11 – Tipos de dados e variáveis – aprofundados | **303**

Função Boolean

Converter em um booleano é tão fácil quanto usar a função String ou Number. Coloque a variável ou o tipo de dados entre parênteses e a função Boolean o converterá em um booleano:

```
Boolean(myVariable);    //Converts the value of myVariable to Boolean
Boolean(123);           //Converts to true
Boolean(0);             //Converts to false
```

Longevidade das conversões

Estamos convertendo os tipos de dados da esquerda e da direita nestas últimas páginas, mas por quanto tempo estas conversões permanecerão? Se você estiver apenas convertendo um tipo de dados bruto ou o valor de uma variável, a conversão permanecerá apenas durante o tempo em que o interpretador o ler (que é menos de um segundo). Contudo, se definir uma variável como sendo igual à conversão, ela permanecerá na duração da variável ou até que seja alterada de novo. Eis um exemplo:

```
var myVariable = 10;
trace (Boolean(myVariable));
trace (myVariable);
// output: true
//        10
```

Como pode ver, a conversão apenas permaneceu tempo suficiente para o resultado ser rastreado; então voltou ao normal. Agora iremos definir o valor convertido para uma variável:

```
var myVariable = 10;
myVariable = Boolean(myVariable);
trace (myVariable);
// output: true
```

Agora a variável myVariable é um tipo de dados booleano.

O escopo de uma variável

Até então, colocamos varáveis na linha do tempo principal e em um filme na linha do tempo principal. Agora é hora de aprender sobre o escopo das variáveis e como superar as falhas do escopo local das variáveis.

Variáveis da linha do tempo

Sempre que uma variável é criada ou definida em uma linha do tempo, está disponível para todo quadro nesta linha do tempo, assim como qualquer botão que tenha sido colocado na cena associada a esta linha do tempo.

Qualquer código colocado nas ações do objeto de uma instância de clipe do filme poderá acessar as variáveis na linha do tempo deste filme, mas não a linha do tempo na qual o filme está. Eis um exercício para esclarecer:

1. Inicie um novo arquivo como antes.
2. Crie um filme chamado myMovie. Na linha do tempo deste clipe do filme, no primeiro quadro, coloque o seguinte código:

```
var myVariable = "Success";
```

No segundo quadro do filme, coloque este código:

```
//this will stop the movie from looping
stop( );
trace (myVariable);
```

3. Agora crie uma nova camada e coloque um retângulo nela. Destaque o retângulo e pressione F8 em seu teclado para convertê-lo em um símbolo (ou selecione Insert (Inserir), Convert to Symbol (Converter em Símbolo) na barra de ferramentas). Então escolha Button (Botão). Agora você tem um botão na linha do tempo. Vá para as ações deste botão e coloque o seguinte código:

```
on (press) {
    trace (myVariable);
}
```

Você terminou com este filme. Vá para a linha do tempo principal, coloque seu novo filme na cena principal e teste-o.

Deverá ver a palavra *Success* piscar na janela de saída, e quando clicar o botão de retângulo, a variável deverá aparecer de novo (veja a Figura 11.2).

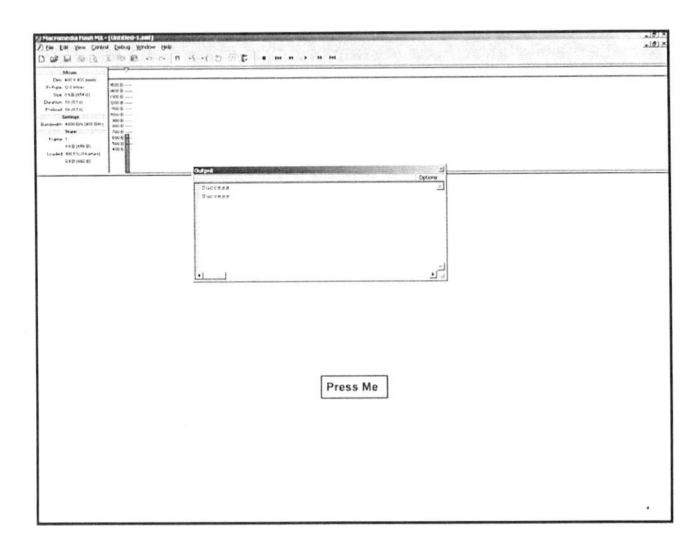

Figura 11.2 Uma implementação bem-sucedida de uma variável da linha do tempo.

Sintaxe de ponto

A sintaxe de ponto permite que o código veja de uma linha do tempo até a seguinte, com uma rota direta usando os nomes da instância ou com tags especiais predefinidas, como _root e _parent. Apenas lembre-se que cada nível tem que ser separado por um ponto, daí o nome *sintaxe de ponto*.

As tags _root e _parent são constantes: _ root é sempre a linha do tempo principal e nunca mudará, mas _parent é relativa ao local onde você a está usando e sempre subirá um nível.

A outra parte da sintaxe de ponto envolve usar os nomes de instância dos símbolos. Por exemplo, se você quisesse saber a posição horizontal de myMovie na linha do tempo principal, digitaria o seguinte:

```
_root.myMovie._x
```

Se precisar conhecer myVariable no filme myMovie, que está incorporado em theMovie, que, por sua vez, está na linha do tempo principal, usaria isto:

```
_root.theMovie.myMovie.myVariable
```

Tag _root

A tag _root representa a linha do tempo principal, tudo nela pode ser acessado assim:

```
_root.whatever
```

Vejamos um exemplo:

1. No filme criado anteriormente, vá para as ações do objeto e coloque o seguinte código:

    ```
    onClipEvent (load) {
       trace (theVariable);
       trace (_root.theVariable);
    }
    ```

2. Na linha do tempo principal no primeiro quadro, coloque este código:

    ```
    var theVariable = "theRoot";
    ```

Agora teste o filme novamente. Eis a saída:

```
// output: undefined
//         theRoot
//         Success
```

O filme voltou com indefinido porque a variável não pôde ser encontrada em seu escopo local, mas na raiz encontrou a variável com facilidade.

Tag _parent

A tag _parent é usada na sintaxe de ponto para se referir a uma etapa acima. Os pais podem ser sobrepostos assim:

```
_parent._parent
```

Porém, não mais que dois pais são permitidos para se conectarem.

Agora volte para as ações do objeto do filme criado anteriormente e substitua seu código pelo seguinte:

```
onClipEvent (load) {
    trace (_parent.theVariable);
}
```

Agora teste novamente:

```
//  output: theRoot
//  Success
```

Desta vez, a parte _parent da sintaxe de ponto pesquisa um nível e encontra a variável.

Agora iremos obter a linha do tempo _root para encontrar a posição vertical do filme.

1. Nomeie a instância do filme como "myMovie".
2. No primeiro quadro da linha do tempo principal, adicione esta linha de código:

```
trace(_root.myMovie._y);
```

Agora teste o filme. A primeira linha vista na janela de saída deverá ser um número representando a posição vertical de myMovie.

Embora isto possa parecer chato e difícil de compreender, graças a um novo identificador no Flash MX chamado _global, muitos destes problemas poderão ser resolvidos.

Identificador _global

Introduzido no Flash MX, o identificador _global cria tipos de dados que podem ser vistos de todas as partes do filme Flash, sem o uso da sintaxe de ponto e do caminho de destino.

Simplesmente anexe o identificador _global àquilo que gostaria de tornar global; então poderá acessá-lo a partir de qualquer lugar no filme Flash.

1. Inicie um novo filme Flash. Então na linha do tempo principal, no primeiro quadro, coloque este código:

```
_global.myVariable = "Omnipotent";
```

2. Na cena, desenhe um retângulo e converta-o em um símbolo (F8). Chame-o de draw1.
3. Converta-o novamente e desta vez, chame-o de draw2.

Capítulo 11 – Tipos de dados e variáveis – aprofundados | 307

4. Converta-o uma terceira vez e chame-o de draw3.
5. Abra sua biblioteca (Ctrl+L) e vá para draw1. No primeiro quadro da linha do tempo, coloque o seguinte código:

```
trace    (myVariable);
```

Agora teste o filme:

```
//  output:  Omnipotent
```

É eficiente ou o quê? Você acabou de rastrear uma variável na linha do tempo principal a partir de outra linha do tempo que está incorporada em três filmes separados.

Se acontecer de você criar uma variável local com o mesmo nome, apenas o ActionScript que tenta acessá-la localmente será afetado; não afetará a variável global.

Um exemplo aplicado

Você aprendeu muita coisa divertida neste capítulo (e algumas não tão divertidas). Iremos terminar com um fácil exemplo aplicado de como usar as variáveis. Siga estas etapas:

1. Inicie um novo filme Flash e crie suas dimensões com 400x400 (Ctrl+M) nas propriedades da cena.
2. Agora desenhe um círculo na cena principal, mas não tão grande – cerca de 50x50 deverá estar bom. Converta este círculo em um símbolo e torne-o um clipe do filme.
3. Abra o painel Actions, vá para as ações do objeto do filme e coloque o seguinte código:

```
onClipEvent (load) {
//create all our variables
friction = .5;
pointX = Math.round(Math.random( )*400)
pointY = Math.round(Math.random( )*400);
}
onClipEvent (enterFrame) {
//set our if statements to move at different speeds
//based on distance, and to pick a new spot once the
//designated spot has been reached
if (Math.round(_x)   != pointX){
  _x+=(pointX-_x)*friction;
}else if (Math.round(_x) = = pointX){
  pointX = Math.round(Math.random( )*400);
}
if (Math.round(_y)   != pointY){
  _y+=(pointY-_y)*friction;
}else if (Math.round(_y) = = pointY){
  pointY = Math.round(Math.random( )*400;
}
}
```

Neste exemplo, as instruções if estão dizendo que se o objeto não estiver em seu ponto designado ainda, ajuste sua posição com base na distância que ele está a partir do ponto designado. Então, assim que tiver atingido o ponto, selecione um novo e mantenha o círculo em movimento.

Note que você pode ajustar a fricção para conseguir alguns efeitos interessantes.

Capítulo 12

Instruções e expressões – aprofundadas

por David Vogeleer

Neste capítulo
- Sintaxe da instrução
- Instruções do objeto
- Modificadores de fluxo

Este capítulo cobre as instruções e as expressões. Mesmo que não tenhamos formalmente visto as instruções, já as usamos. Uma *instrução* é simplesmente uma pequena parte do código, composta por palavras-chave, operadores e identificadores. As instruções podem estar em uma das seis categorias diferentes:

- **Instruções de declaração.** Estas instruções envolvem declarar as variáveis, criar funções, definir propriedades, declarar arrays etc. Eis um exemplo:

```
var myVariable;          // declares a variable
myObject._x = 235;       //setting the horizontal position
myArray = new Array ( ); //creating an array
function myFunction ( ){ //creates a function
```

- **Expressões.** Elas incluem qualquer tipo de expressão legal. Eis um exemplo:

```
i++;                      //increase a variable
lName + space + fName; //combining variables
```

- **Modificadores de fluxo.** Eles incluem qualquer instrução que interrompa o fluxo natural do interpretador que lê o ActionScript. Há dois subtipos de modificadores de fluxo: instruções condicionais e instruções de loop.

As instruções condicionais usam respostas booleanas para determinar o que fazer em seguida, ou o que *não* fazer. Eis um exemplo:

```
if (inputName = = userName){
   if (inputPassword = = password){
   gotoAndPlay("startPage");
}else{
   displayMessage = "Double check your password";
}
}else if (inputName != userName){
if (inputPassword = = password){
   displayMessage = "Double check your user name";
}
}else{
   display Message = "Double check all your information";
}
```

As instruções de loop são executadas até que uma condição definida tenha sido satisfeita. Eis um exemplo:

```
for (i=0; i<30; i++) {
   trace (i);
}
```

- **Funções predefinidas.** As funções que são predefinidas no ActionScript. Eis um exemplo:

```
trace ("function");           //a simple trace function
gotoAndStop (2);              //a playback function
getProperty( myMovie, _x);  //gets the horizontal position
```

- **Instruções de objeto.** As instruções que lidam e manipulam os objetos. Eis um exemplo:

```
myGrades = { tests: 85, quizzes: 88, homework: 72 };
for (name in myGrades) {
    trace ("myGrades." + name + " = " + myGrades[name]);
}
//output:   myGrades.tests = 85
//          myGrades.quizzes = 88
//          myGrades.homework = 72
```

- **Comentários.** Esta última categoria é medíocre. Inclui os comentários usados no código meramente como informações para o usuário, enquanto ele está no painel de ações; o interpretador pulará estes comentários. Eis um exemplo:

```
//this is a comment used in ActionScript;
```

Dividir as instruções nestas categorias simples é apenas para ajudar a compreender os diferentes tipos e usos das instruções. Veremos algumas destas categorias com mais detalhes posteriormente neste capítulo.

Agora, vejamos alguns conceitos básicos de como construir estas instruções.

Sintaxe da instrução

Como você viu, as instruções são palavras-chave, operadores e identificadores reunidos para realizar certas tarefas. Por exemplo, no seguinte código, var e new são palavras-chave, Array ( ) é o identificador e o sinal de igual é o operador:

```
var myArray = new Array ( );
```

Como notará, um ponto-e-vírgula foi colocado no final desta instrução. Ele informa ao interpretador que a instrução está completa, e para ir para a próxima. O ponto-e-vírgula não é requerido e o interpretador se moverá sem ele. Porém, é um bom comportamento de codificação colocar um.

E mais, é um bom comportamento colocar cada instrução nova em sua própria linha. Novamente, isto não é necessário, mas é uma boa prática a seguir. Você poderá ver isto por si mesmo, examinando os dois segmentos de código em seguida. Qual seção de código é mais fácil de ler?

```
myVariable = "Flash";
myVariable += " Unleashed";
trace (myVariable);
//output:  Flash Unleashed

myVariable = "Flash"; myVariable += " Unleashed"; trace (myVariable);
//output:  Flash Unleashed
```

Embora a saída seja igual, a primeira seção de código é muito mais fácil de ler do que a segunda. Note o espaçamento entre cada parte da instrução. Às vezes, isto é uma necessidade para o interpretador identificar corretamente cada parte. Porém, mesmo que este espaçamento não seja sempre requerido, é *sempre* uma boa regra a seguir.

Bloco de instrução

Algumas instruções têm diversas instruções associadas, particularmente os *modificadores de fluxo*. Estas instruções têm instruções nelas que aparecem entre chaves. Vejamos um exemplo:

```
if (book = = "Flash Unleashed") {
    trace ("Your on the right track");
}
```

A primeira instrução é uma instrução if (as instruções if serão analisadas com mais detalhes posteriormente neste capítulo) que contém uma instrução da função. Observe que não só a instrução trace é mantida entre chaves, mas é recuada também. Este recuo não é uma exigência, mas é usado para ter uma melhor legibilidade. No Flash MX, você poderá ativar a opção para ter as instruções recuadas automaticamente: Escolha Auto Format (Formatação Automática) nas preferências ActionScript ou pressione Ctrl+Shift+F. Você poderá ainda ajustar as definições da formatação automática nas preferências Format (Formatar).

E mais, note que as linhas com chaves não têm pontos-e-vírgulas, mas as linhas entre as chaves sim. Mais ainda, a chave de fechamento é alinhada com o início da linha na qual a chave de abertura está. Novamente, não é uma exigência; é colocada apenas assim para facilitar a legibilidade.

A chave de fechamento será requerida se uma chave de abertura for usada; do contrário, o interpretador enviará uma mensagem de erro como esta:

```
Statement block must be terminated by '}'
```

Mesmo que o código anterior esteja entre chaves, pois apenas uma instrução é mantida na instrução if, o uso de chaves não é requerido. Ao contrário, o código poderá ser escrito assim:

```
if (book = = "Flash Unleashed") trace ("Your on the right track");
```

Como uma preferência pessoal, uso as chaves nas instruções condicionais, mesmo que elas não sejam requeridas, apenas para ter consistência.

Outro tipo de instrução que usa chaves é uma função definida pelo usuário. Eis um exemplo:

```
function myFunction (myVariable){
    trace (myVariable);
}
var name = "David";
myFunction (name);
//output: David
```

Novamente, a instrução mantida na função aparece entre chaves e também é recuada para facilitar a leitura e consistência.

Agora que vimos alguma sintaxe básica das instruções, falaremos sobre algumas categorias da instrução com mais detalhes.

Instruções do objeto

Esta seção cobre algumas instruções associadas diretamente aos objetos (que serão analisados nos capítulos posteriores). Elas incluem a instrução with e a instrução for in.

Capítulo 12 – Instruções e expressões – aprofundadas | **313**

Instrução with

A instrução with é para controlar as diversas propriedades de um objeto sem o problema de digitar de novo o objeto sempre. Simplesmente coloque o nome do objeto entre parênteses e as propriedades listadas entre as chaves serão as afetadas para este objeto. Eis um exemplo:

```
//first create an object
myObject = new Object( );
with (myObject){
    _x = 50;
    _y = 100;
    _alpha = 75;
}
```

Outro uso da instrução with envolve associá-la a um clipe do filme e usar alguns novos recursos de desenho disponíveis no Flash MX.

Primeiro, crie um clipe do filme vazio e coloque-o na cena principal. Você fará isto indo para a barra de títulos e escolhendo Insert (Inserir), New Symbol (Novo Símbolo) (ou pressionando Ctrl+F8 em seu teclado). Então poderá nomeá-lo como quiser, mas certifique-se de que seja um tipo de clipe do filme. Para este exemplo, nomeie-o como myMovie. Depois disto, volte para a cena 1 e abra Library (Biblioteca) escolhendo Window (Janela), Library (Ctrl+L), escolhendo seu filme e arrastando-o para a cena. Agora, coloque as seguintes ações nas ações do objeto de seu filme:

```
onClipEvent (enterFrame)   {
    with (this){
        lineStyle (1, 0x397DCE, 150);
        lineTo (_root._xmouse,_root._ymouse);
    }
}
```

Usar with permitirá associar as ações de desenho a um único filme de uma vez, ao invés de ter que acessar cada ação individualmente, assim:

```
onClipEvent (enterFrame)   {
    this.lineStyle (1, 0x397DCE, 150);
    this.lineTo (_root._xmouse,_root._ymouse);
}
```

Como viu, a instrução with pode ser muito eficiente, especialmente se for atribuída a uma função, como neste exemplo:

```
function  myFunction  (myMovie){
    with (myMovie){
        _x=50;
        _y=20;
        trace  (myMovie._name);
    }
}
```

Agora, tudo que você terá que fazer é chamar a função em qualquer clipe do filme e todas as propriedades e funções associadas à instrução with serão aplicadas neste clipe.

Instrução for in

A instrução for in é uma instrução de loop avançada, associada diretamente aos objetos. Diferente das outras instruções de loop, que são executadas com base em uma condição definida, a instrução for in é executada até que todas as propriedades do objeto atribuído sejam avaliadas.

A sintaxe para esta instrução pode ser difícil, portanto, é importante que você leia esta seção com cuidado. Comece com a palavra-chave for; então adicione um parêntese de abertura e a palavra-chave var. Depois disto, nomeie a variável que manterá cada propriedade para o objeto; então adicione a palavra-chave in. Em seguida, coloque o nome do objeto que você está usando, seguido de um parêntese de fechamento e uma chave de abertura. Entre as chaves é onde você colocará o código que usará as propriedades do objeto. Vejamos um gabarito genérico:

```
for (var myProp in myObject){
    //the code to use the properties;
}
```

Parece bem simples, portanto, agora veremos como usar as propriedades. Há dois tipos de chamadas da propriedade: um chama o nome da propriedade e o outro chama o valor da propriedade.

O primeiro tipo de chamada da propriedade usa apenas a variável criada para manter as propriedades. Um exemplo ajudará a tornar isto mais claro.

Primeiro, iremos criar um objeto que poderemos usar para o resto do exercício; então usaremos a instrução for in para chamar o nome de cada uma das propriedades neste objeto:

```
var contact = new Object( );
contact.name = "David";
contact.age = 22;
contact.state = "VA";
for (var myProp in contact){
    trace (myProp);
}
//output:   state
//      age
//      name
```

No exemplo anterior, rastreamos a variável criada para manter cada propriedade em nosso objeto. Como notará, não começa no início, mas no final, e se move em direção ao início.

Agora que você sabe como retirar os nomes das propriedades, veremos como retirar os valores de cada propriedade. Para obter o valor de cada propriedade, use o nome do objeto (neste caso, contact) e conecte-o à variável criada entre os colchetes. Eis um exemplo:

```
var contact = new Object( );
contact.name = "David";
contact.age = 22;
contact.state = "VA";
for (var myProp in contact){
    trace (contact[myProp]);
}
//output:   VA
//      22
//      David
```

Você sabe como obter os nomes das propriedades e acabou de ver como obter os valores. Agora iremos combinar os dois:

```
var space = " "
var contact = new Object( );
contact.name = "David";
contact.age = 22;
contact.state = "VA";
for (var myProp in contact){
    trace (myProp + ":" + space + contact[myProp]);
}
//output: state: VA
//        age: 22
//        name: David
```

Não paremos aqui; daremos um grande passo e definiremos a instrução for in para uma função. Então, colocaremos todas as propriedades do objeto em um array com elementos nomeados (veja o Capítulo 15, "Arrays", para saber mais sobre os arrays):

```
var contact = new Object( );
contact.name = "David";
contact.age = 22;
contact.state = "VA";
var myArray = new Array( );
function makeArray (myObject){
    for (var myProp in myObject){
        myArray[myProp] = myObject[myProp];
    }
}
makeArray(contact);
trace (myArray.name);
//output: David
```

Enquanto estamos no assunto dos arrays, note que você poderá também retirar cada elemento de um array usando a instrução for in, como se fosse uma propriedade de um objeto. Eis um exemplo:

```
var myArray = new Array("David", 22, "VA");
var space = " ";
for (var element in myArray){
    trace (element + ":" + space + myArray[element]);
}
//output: 2: VA
//        1: 22
//        0: David
```

A instrução for in também funciona nos elementos do array nomeado, como pode ver aqui:

```
var myArray = new Array("David", 22, "VA");
myArray.city = "Richmond";
var space = " ";
for (var element in myArray){
    trace (element + ":" + space + myArray[element]);
}
```

```
}
//output:   city:   Richmond
//     2: VA
//     1: 22
//     0: David
```

Agora que analisamos as instruções do objeto, iremos para os modificadores de fluxo.

Modificadores de fluxo

Até então, vimos o ActionScript como uma linguagem que executa o código, uma linha depois da outra, sem parar. Agora veremos algumas instruções que redefinem como o ActionScript funciona.

Os modificadores de fluxo são instruções que ajustam a ordem natural que o interpretador toma ao ler o ActionScript. Quando o interpretador atinge um modificador de fluxo, ele não executa apenas a instrução e prossegue. Ao contrário, ele executa a instrução para ver se uma condição foi satisfeita. Se a condição não foi satisfeita, algumas vezes o interpretador prosseguirá, mas outras vezes ele ficará neste ponto, até que a condição tenha sido satisfeita. Na maioria dos casos, esta condição é definida pelo usuário.

O primeiro dos modificadores de fluxo sobre o qual falaremos é a instrução condicional.

Instruções condicionais

As instruções condicionais são instruções executadas apenas quando suas condições foram satisfeitas. Estas condições são baseadas em valores booleanos (true ou false). Eis um exemplo de como uma instrução condicional age:

```
if  (true) {
    //do  something;
}
```

Geralmente, você usará as instruções condicionais nas situações onde deseja testar se é para executar um certo código. Sem estas instruções de condição, toda parte do ActionScript colocada no painel Actions (Ações) seria executada sem ser verificada se é necessária ou mesmo está correta.

Um exemplo seria um jogo onde, depois do usuário ter terminado, o ActionScript verifica se a pontuação de seu usuário é mais alta do que a pontuação alta presente. Se for, a pontuação do usuário se tornará a nova pontuação alta. Porém, se a pontuação do usuário não for mais alta que a pontuação alta presente, a nova pontuação não substituirá a presente.

O código para isto poderia ser algo como a seguir:

```
if (userScore > highScore)  {
    highScore = userScore;
}
```

Tudo entre parênteses é a *condição* e o símbolo entre as duas variáveis é o *operador de comparação*. Antes de prosseguir com mais exemplos de instruções condicionais, devemos ver cada um dos operadores de comparação e seus usos.

Capítulo 12 – Instruções e expressões – aprofundadas | 317

Operadores de comparação

Se tudo entre parênteses em uma instrução condicional for a condição, então o operador de comparação será o tipo da condição. Este operador informa à instrução condicional como avaliar os dados na condição. Eis uma lista dos operadores de comparação:

- Igualdade (==)
- Diferença (!=)
- Menor que (<)
- Menor ou igual a (<=)
- Maior que (>)
- Maior ou igual a (>=)
- Igualdade estrita (===)
- Diferença estrita (!==)

Operador de igualdade (==)

Este operador determina se duas partes de dados são iguais. Eis alguns exemplos:

```
var title = "Unleashed";          //creates our variable

if (title == "Unleashed"){        //evaluates to true

if (title == "Not Unleashed"){    //evaluates to false
```

Operador de diferença (!=)

Este operador determina se duas partes dos dados *são* diferentes (note o ponto de exclamação antes do sinal de igual). Eis três exemplos:

```
var title = "Unleashed";          //creates our variable

if (title != "Unleashed"){        //evaluates to false

if (title != "Not Unleashed"){    //evaluates to true
```

Operador menor que (<)

Este operador determina se a variável à esquerda tem um valor menor que a variável à direita. Eis três exemplos:

```
var myAge = 22;
var yourAge = 20;
var myName = "David";
var yourName = "Caroline";        // create all the variables we need

if (myAge < yourAge){             //evaluates to false

if (yourName < myName){           //evaluates to true
```

Operador menor ou igual a (<=)

Este operador avalia se os dados à esquerda são menores que os dados à direita. Se for verdadeiro ou se forem iguais, a condição será avaliada como true. Eis mais alguns exemplos:

```
var myAge = 22;
var yourAge = 22;
var myName = "David";           //create all the variables we need

if (myAge <= yourAge) {          //evaluates to true

if ("David" <= myName) {         //evaluates to true
```

Operador maior que (>)

Este operador determina se os dados à esquerda são maiores que os dados à direita. Eis três exemplos:

```
var myAge = 22;
var yourAge = 20;
var myName = "David";
var yourName = "Caroline";       // create all the variables we need

if (myAge > yourAge) {           //evaluates to true

if (yourName > myName) {         //evaluates to false
```

Operador maior ou igual a (>=)

Este operador determina se os dados à esquerda são maiores que os dados à direita, e se forem iguais, a condição será avaliada como true. Eis três exemplos:

```
var myAge = 22;
var yourAge = 24;
var myName = "David";            //create all the variables we need

if (myAge >= yourAge) {          //evaluates to false

if ("David" >= myName) {         //evaluates to true
```

Igualdade estrita (= = =)

Este operador não determina apenas se os valores são iguais, mas também se são o mesmo tipo de valor. Note o sinal de igual triplo, em oposição ao sinal de igual duplo para o operador de igualdade comum. Eis quatro exemplos:

```
if (5 = = 5) {                   //evaluates to true

if (5 = = "5") {                 //evaluates to true

if (5 = = =5) {                  // evaluates to true

if (5 = = = "5") {               //evaluates to false
```

Capítulo 12 – Instruções e expressões – aprofundadas | 319

Observe que, com um sinal de igualdade, o valor da string "5" é avaliado como sendo igual ao número 5, mas com a igualdade estrita, não são iguais.

Diferença estrita (!= =)

Este operador não determina apenas se os valores são diferentes, mas também determina se os valores não são do mesmo tipo (note o ponto de exclamação na frente dos sinais de igual duplos). Eis quatro exemplos:

```
if (5 != 5) {          //evaluates to false

if (5 != "5") {        //evaluates to false

if (5 != =5) {         // evaluates to false

if (5 != = "5") {      //evaluates to true
```

A igualdade estrita e a diferença estrita são acréscimos novos para os operadores de comparação no Flash MX. São muito úteis, não só para determinar se dois valores são iguais, mas também se eles estão sendo usados igualmente.

Agora que vimos os operadores de comparação, voltemos para as instruções condicionais, começando com a instrução if.

Instrução if

Você vem usando a instrução if por algum tempo sem uma apresentação formal, portanto, comecemos com o básico sobre como esta instrução funciona.

A instrução if funciona como um questionário do tipo "sim" ou "não" simples: se true, então executará o código entre chaves; se false, pulará o código entre as chaves e continuará.

A instrução if começa com a palavra-chave if, e é seguida de uma condição, que é qualquer expressão de comparação mantida entre parênteses. Isto é seguido de uma chave de abertura, seguida de todo ActionScript que será executado, caso a condição seja avaliada como true. Finalmente, uma chave de fechamento termina a instrução.

A mais simples das instruções if envolve colocar de fato um valor booleano diretamente na condição, como mostrado aqui:

```
if (true) {
    trace ("True");
}
if (false) {
    trace ("False");
}
//output: True
```

Neste caso, apenas "True" será rastreado, porque é a única condição que retorna true. A condição que foi definida para false é pulada assim que avaliada.

Você poderá também usar o equivalente numérico da representação booleana para conseguir o mesmo efeito:

```
if (1) {
    trace ("True");
}
if (0) {
    trace ("False");
}
//output: True
```

Novamente, apenas "True" é rastreado, porque 0 é igual ao valor booleano false. É uma boa ferramenta para avaliar os números, pois qualquer número maior que zero será considerado true. Eis um exemplo:

```
var myScore = 88;
var previousScore = 86;
if (myScore-previousScore) {
    trace ("I've improved");
}
//output: I've improved
```

Você poderá também usar variáveis nas instruções if, que mantêm valores que se convertem em valores booleanos, ou são valores booleanos elas próprias:

```
var myVariable = 1;
if (myVariable) {
    trace ("True");
}
//output: True
```

Outro ótimo recurso da instrução if é que ela pode verificar se uma instância de clipe do filme existe. Simplesmente coloque o nome da instância na condição, e se a instância existir, a instrução if será avaliada como true; do contrário será avaliada como false.

Vejamos um exemplo disto. Primeiro, crie uma forma na cena principal e então a converta em um símbolo, indo para a barra de ferramentas e selecionando Insert, Convert to Symbol (Converter em Símbolo) (F8). Então, nomeie a instância como myMovie.

Em seguida, crie uma nova camada e chame as ações da camada.

Depois coloque o seguinte código no primeiro quadro da linha do tempo principal na camada de ações:

```
if (myMovie) {
    trace ("myMovie exists");
}
//output: myMovie exists
```

Veja a Figura 12.1 para ver como deve ficar.

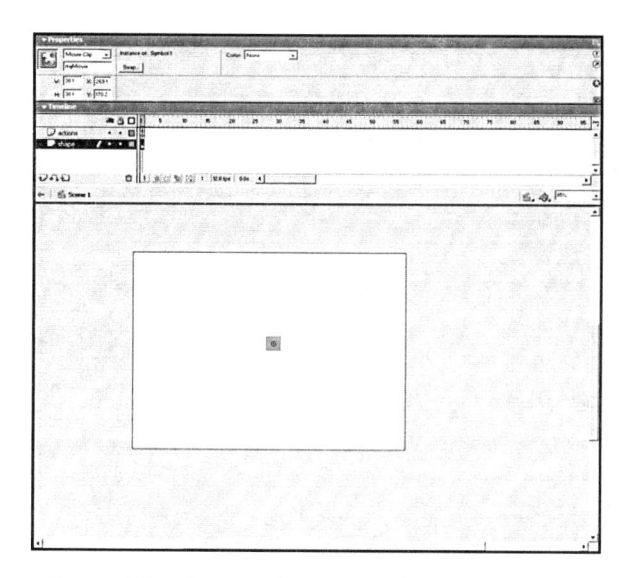

Capítulo 12 – Instruções e expressões – aprofundadas | **321**

Figura 12.1 *Coloque o clipe do filme na cena principal em sua própria camada e identifique a instância como myMovie.*

Isto é ótimo, mas se quisermos verificar um certo filme em constante atividade, iremos defini-lo para uma função, como mostrado aqui:

```
function  findMovie  (myMovie){
    if  (myMovie){
        trace  ("myMovie  exists");
    }
}
findMovie(myMovie)
```

Agora sempre que o filme existir na mesma linha do tempo da função, quando a função for chamada com o devido nome, a frase será exibida na janela de saída.

Você poderá também testar uma única variável para ver se "não é true" em uma instrução condicional usando o operador NOT lógico.

Operador NOT lógico (!)

O operador NOT lógico é usado para mostrar a diferença ou testar se algo é falso. Coloque um ponto de exclamação na frente da variável que deseja testar como "não true", como mostrado aqui:

```
var  myVariable  =  false;
if  (!myVariable)  {
    trace  ("myVariable  is  false");
}
//output:  myVariable  is  false
```

Isto, quando usado em conjunto com a função que acabamos de criar, poderá determinar se não há nenhuma instância de um filme específico na cena:

```
function findMovie (myMovie) {
   if (!myMovie) {
      trace ("myMovie does not exist");
   }
}
findMovie(myMovie)
```

A função que criamos determina se o filme não existe, e se não, a função trace será executada.

Agora que vimos os trabalhos básicos da instrução if, falaremos sobre as instruções if aninhadas.

Instruções if aninhadas

As instruções if aninhadas são instruções if mantidas por outras instruções para verificar mais de uma condição. Você simplesmente colocará a instrução aninhada como se ela fosse uma instrução comum mantida na instrução if original. Eis um exemplo:

```
var title = "Unleashed";
var name = "David";
if (title == "Unleashed") {
   if (name == "David") {
      trace ("They both match");
   }
}
//output: They both match
```

Se a instrução if aninhada for avaliada como false, mesmo com a instrução if original sendo avaliada como true, a função trace não será executada. Eis um exemplo:

```
var title = "Unleashed";
var name = "David";
if (title == "Unleashed") {
   if (name == "Kevin") {
      trace ("They both match");
   }
}
//output: (nothing)
```

Se a instrução if original for avaliada como false, a instrução if aninhada não será nem avaliada. Novamente, a função trace não será executada. Eis um exemplo:

```
var title = "Unleashed";
var name = "David";
if (title == "Flash") {
   if (name == "David") {
      trace ("They both match");
   }
}
//output: (nothing)
```

Agora que você viu como avaliar diversas instruções condicionais usando instruções if aninhadas, façamos o mesmo usando um operador lógico.

Operador AND abreviado (&&)

Na parte da condição de uma instrução if, você poderá colocar diversas condições usando o operador AND abreviado. Depois da primeira condição, coloque um espaço, seguido de dois símbolos &&, e então a segunda condição. Vejamos nosso exemplo anterior:

```
var title = "Unleashed";
var name = "David";
if (title == "Unleashed" && name == "David") {
   trace ("They both match");
}
//output: They both match
```

Como nas instruções if aninhadas, ambas as condições têm que ser avaliadas como true para que a condição inteira seja avaliada como true. Eis um exemplo:

```
var title = "Unleashed";
var name = "David";
if (title == "Unleashed" && name == "Kevin") {
   trace ("They both match");
}
//output: (nothing)
```

Você poderá colocar muitos destes operadores em uma única instrução condicional para verificar diversas condições, como mostrado aqui:

```
var title = "Unleashed";
var name = "David";
if (title == "Unleashed" && name == "David" && true) {
   trace ("Everything is working");
}
//output: Everything is working
```

Agora que sabe como verificar diversas condições para ver se cada uma é true, vejamos se qualquer condição é true usando outro operador lógico.

Operador OR lógico (||)

Às vezes, desejará ver se qualquer uma em um conjunto de condições está correta. Fazer isto sem o operador OR lógico requer diversas instruções if com a mesma resposta sempre, se qualquer instrução condicional for satisfeita. Vejamos como isto ficaria:

```
var name = "David";
var age = 22;
if (name == "David") {
   trace ("One of them are correct");
}
if (age == 33) {
   trace ("One of them are correct");
}
//output: One of them are correct
```

Como a primeira instrução condicional é avaliada como true, a função trace será executada. Mas e se ambas as instruções if forem avaliadas como true?

```
var name = "David";
var age = 22;
if (name = = "David"){
    trace ("One of them are correct");
}
if (age = = 22) {
    trace ("One of them are correct");
}
//output:  One of them are correct
//        One of them are correct
```

O problema que encontramos ao usar diversas instruções if para determinar se uma delas é avaliada como true é que se ambas forem corretas, as duas seções do código serão executadas, criando assim uma duplicação. Poderemos superar isto usando uma variável de teste para manter um valor, caso a primeira instrução condicional seja satisfeita. Porém, ao contrário, iremos usar o operador OR lógico. A sintaxe deste operador é | | (Shift+\). Coloque este operador entre as condições na instrução de condição, separando-as com um espaço em ambos os lados. Vejamos isto usando nosso exemplo anterior:

```
var name = "David";
var age = 22;
if (name = = "David" | | age = = 22){
    trace ("One of them are correct");
}
//output: One of them are correct
```

Agora o interpretador lerá a instrução e verificará para ver se a primeira condição é satisfeita. Se for, pulará a segunda condição por causa do operador OR e executará a função trace. Se a primeira condição não for satisfeita, o interpretador avaliará a segunda condição, e se ela for satisfeita, a função trace será executada. Se nenhuma condição for satisfeita, o interpretador simplesmente continuará.

Com o operador OR, você poderá verificar para ver se qualquer uma das diversas condições será satisfeita. Eis um exemplo:

```
var name = "David";
var age = 22;
if (name = = "Kevin" | | age = = 33 | | true){
    trace ("One of them are correct");
}
//output: One of them are correct
```

Como nenhuma das duas primeiras condições é avaliada como true, a terceira condição será avaliada como true e a função trace será executada.

Outro tipo de instrução condicional é conhecida como *condicional*. Falaremos sobre este tipo de instrução condicional antes de prosseguirmos, porque ela age de modo muito parecido com a instrução if.

Condicional (?:)

A condicional é mais uma expressão do que uma instrução condicional, embora tenha uma instrução condicional nela.

A sintaxe é uma condição seguida de um ponto de interrogação, um valor (que chamaremos de *valor 1*), uma vírgula e então outro valor (que chamaremos de *valor 2*).

Se a condição for avaliada como true, o valor da expressão será igual ao valor 1. Se a condição não for avaliada como true, o valor da expressão será igual ao valor 2.

Isto será ótimo se você quiser executar uma instrução condicional simples sem digitar muito. Eis um exemplo:

```
var myVariable = 1;
var myVariable2 = 2;
var myVariable3 = (myVariable < myVariable2) ? myVariable : myVariable2
trace (myVariable3);
//output: 1
```

Vejamos outro exemplo aplicado:

```
var password = "flash";
var userPassword = "flash";
trace ((password = = userPassword) ? "Correct": "Incorrect");
//output : Correct
```

Como notará, a instrução condicional anterior não só fará algo se a condição for avaliada como true, mas também se não for avaliada como true. Poderemos também criar uma instrução que será executada se a condicional não for satisfeita. Estas instruções são chamadas de instruções else.

Instrução else

Uma instrução else é usada com uma instrução if. Se a instrução if não for avaliada como true, a instrução else executará seu código.

A sintaxe para as instruções else é como a sintaxe para as outras instruções condicionais, com exceção de que não tem nenhuma condição. Será executada quando o avaliador atingi-la. Eis um exemplo:

```
var name = "David";
if (name = = "Kevin"){
   trace ("The name is Kevin");
}else{
   trace ("The name is not Kevin");
}
//output: The name is not Kevin
```

Como a instrução if não é avaliada como true, a instrução else será executada. Se a instrução if for avaliada como true, a instrução else não será lida pelo interpretador. Eis outro exemplo:

```
var name = "David";
if (name = = "David"){
   trace ("The name is David");
}else{
   trace ("The name is not David");
}
//output: The name is David
```

Agora vejamos um exemplo mais prático de uso da instrução else, desta vez como uma verificação da idade:

```
//create a date object
var date = new Date( );
//get the year
var year = date.getFullYear( );
var inputYear = 1980;
//see the difference in inputYear and year
var age = year-inputYear
//evaluate if they are old enough
if (age >= 21) {
gotoAndPlay ("welcome");
}else{
gotoAndPlay ("tooYoung");
}
```

Agora que você viu o que a instrução else pode fazer quando reunida com uma instrução if, vejamos a instrução else if para saber como funciona.

Instrução else if

A instrução else if permite executar diversas instruções condicionais em seu código, e cada uma será lida apenas se a instrução condicional anterior não for avaliada como true.

A sintaxe para a instrução else if é praticamente idêntica à instrução if, exceto que tem uma palavra-chave anterior else, como demonstrado aqui:

```
var title = "Unleashed";
if (title = = "Flash") {
   trace ("The title is Flash");
}else if (title = = "Unleashed") {
   trace ("The title is Unleashed");
}else{
   trace ("We don't know what the title is");
}
//output: The title is Unleashed
```

Agora que você compreende a importância da instrução else if, vejamos o mesmo código, mas *sem* a instrução else if:

```
var title = "Unleashed";
if (title = = "Flash") {
   trace ("The title is Flash");
}else{
   if (title = = "Unleashed") {
      trace ("The title is Unleashed");
   }else{
      trace ("We don't know what the title is");
   }
}
//output: The title is Unleashed
```

Além de menos linhas serem requeridas, o código é muito mais fácil de ler no primeiro exemplo do que no segundo.

Até então falamos sobre a instrução if, a instrução else e a instrução else if. Agora veremos outro tipo de instrução condicional: switch. Também falaremos sobre alguns de seus métodos.

Switch, case, default e break

Uma instrução switch é usada de modo muito parecido com a instrução if: ela avalia uma condição e executará o código associado a esta condição se a condição for avaliada como true.

A sintaxe é difícil de compreender, portanto, não se sinta mal se não pegar da primeira vez.

A instrução começa com a palavra-chave switch, seguida de um valor entre parênteses e então uma chave de abertura. O valor entre parênteses é geralmente uma variável que você está procurando na igualdade estrita (= = =) em seu conjunto de casos.

Depois da chave de abertura, você começará a usar a palavra-chave case, seguida de um espaço, outro valor e dois pontos. Depois dos dois pontos, poderá colocar qualquer código que deseja executar, se o caso for avaliado como true. O valor antes dos dois pontos é o que switch está pesquisando, e poderá ser qualquer tipo de dados. Depois do código que deseja executar, coloque a palavra-chave break para impedir que o código vá para o próximo caso sem avaliá-lo.

Então, depois de todos os seus casos, coloque a palavra-chave default, dois pontos, e então o código para ser executado, se nenhum dos casos for avaliado como true.

É muito trabalho, portanto, antes de virmos um exemplo aplicado, vejamos como fica tudo isto:

```
switch (mainValue) {
   case value1:
      // code to be executed;
      break;
   case value2:
      // code to be executed
      break;
   case value3:
      // code to be executed
      break;
   default:
      // default code to be executed
}
```

O anterior é bem genérico. Agora o veremos usando informações reais:

```
var name = "David";
switch (name) {
case "Kevin":
   trace ("Kevin is the name");
   break;
case "Caroline":
   trace ("Caroline is the name");
   break;
```

```
case "David":
   trace ("David is the name");
   break;
case "Kim":
   trace ("Kim is the name");
   break;
default:
   trace ("There isn't a name");
}
//output: David is the name
```

Como mencionado anteriormente, a palavra-chave break desempenha um grande papel ao executar este código suavemente. Para provar isto, vejamos o que acontece sem ela:

```
var name = "David";
switch (name) {
case "Kevin":
   trace ("Kevin is the name");
case "Caroline":
   trace ("Caroline is the name");
case "David":
   trace ("David is the name");
case "Kim":
   trace ("Kim is the name");
default:
   trace ("There isn't a name");
}
//output: David is the name
//        Kim is the name
//        There isn't a name
```

E, claro, se a variável não for encontrada, a palavra-chave default executará seu código:

```
var name = "Mike";
switch (name) {
case "Kevin":
   trace ("Kevin is the name");
   break;
case "Caroline":
   trace ("Caroline is the name");
   break;
case "David":
   trace ("David is the name");
   break;
case "Kim":
   trace ("Kim is the name");
   break;
default:
   trace ("There isn't a name");
}
//output: There isn't a name
```

Cobrimos o básico das instruções condicionais. Agora é hora de irmos para o próximo grupo de modificadores de fluxo: as instruções de loop.

Capítulo 12 – Instruções e expressões – aprofundadas | **329**

Instruções de loop

Muito parecidas com as instruções condicionais, as instruções de loop usam condições para modificar o fluxo do ActionScript. Diferente das instruções condicionais, as instruções de loop são executadas continuamente, até que a condição tenha sido satisfeita.

Já vimos uma instrução de loop – a instrução de loop for in usada com os objetos. Esta instrução é específica para os objetos; as outras instruções de loop que cobriremos têm uma sintaxe diferente da instrução de loop for in.

Iremos pular diretamente para nossa primeira instrução de loop: o loop while.

Loop while

O loop while é executado de modo parecido com uma instrução if: se a condição for true, a instrução executará seu código. Porém, diferente de uma instrução if, um loop while iniciará e será executado novamente até que a condição não seja mais true.

A sintaxe do loop while é muito parecida com a da instrução if também, exceto que usa a palavra-chave while, seguida da condição e de uma chave de abertura que engloba o ActionScript para ser executado enquanto a condição é true, junto com uma chave de fechamento que termina a instrução.

Como a instrução será executada até que a condição não seja true, você terá que assegurar que o loop finalmente terminará. Do contrário, a potência do processador poderá ser afetada, e erros poderão ocorrer. Vejamos um exemplo:

```
var i = 0;
while (i < 4) {
   trace (i);
   i++;
}
//output:  0
//        1
//        2
//        3
```

Observe que colocamos uma variável incremental no código para ser executada enquanto a condição é true. É esta variável incremental que finaliza o loop. Vejamos o que aconteceria se não tivéssemos esta variável incremental:

```
var i = 0;
while (i < 4) {
   trace (i);
}
//output: (an error message that says that a script in the movie is causing
//the flash player to run slowly, and then it asks do you want to abort)
```

É por isto que terminar uma instrução de loop em algum ponto é muito importante. Outra maneira de fazer com que a instrução de loop termine é usar um script de interrupção. Cobrimos a palavra-chave break na seção anterior sobre as instruções switch. Agora iremos usá-la para terminar os loops.

Palavra-chave break

A palavra-chave break é geralmente usada para terminar as instruções de loop de longa execução. A sintaxe é simples. Coloque a palavra-chave break no final do código que gostaria de executar enquanto a condição é true e siga-a com um ponto-e-vírgula para terminar a linha.

Vejamos de novo nossa instrução de loop sem parada anterior, mas desta vez com a palavra-chave break adicionada:

```
var i = 0;
while (i < 4) {
   trace (i);
   break;
}
//output: 0
```

Como a condição é true, a instrução de loop será executada até o ponto onde o interpretador atinge a palavra-chave break. Depois de atingir break, o interpretador se moverá como se a condição não fosse mais true.

O loop while pode também ser usado para duplicar os clipes do filme muito mais facilmente do que duplicá-los à mão.

Para tanto, coloque um clipe do filme de um quadrado na cena principal com o nome de instância myMovie (veja a Figura 12.2).

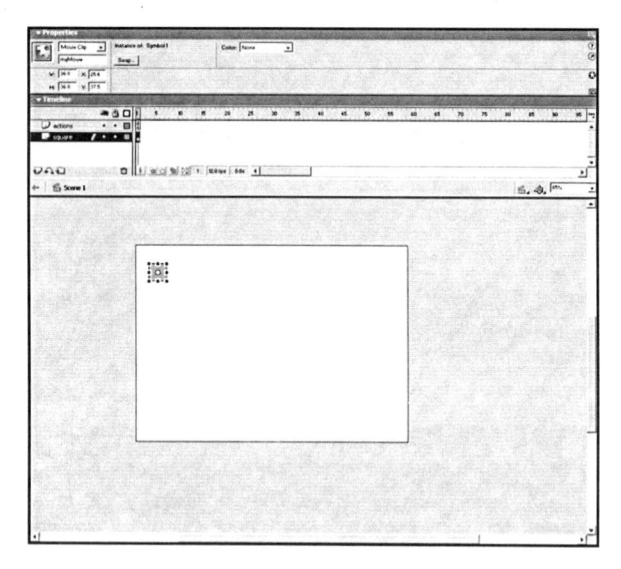

Figura 12.2 Novamente, coloque o clipe do filme na cena principal em sua própria camada e identifique a instância como myMovie, mas desta vez, coloque-a perto do canto superior esquerdo da cena.

Capítulo 12 – Instruções e expressões – aprofundadas | **331**

Então, crie uma camada chamada actions e coloque o seguinte código no primeiro quadro desta camada:

```
var i = 0;
var amount = 7;
while (i<=amount) {
   duplicateMovieClip("myMovie", "myMovie"+i, i)
   myMovie._y =i * myMovie._width;
   myMovie._x =i * myMovie._width;
   i++;
}
//this simply cleans the first duplicated movie
myMovie0._visible = false;
```

Agora teste o filme, indo para a barra de ferramentas e selecionando Control (Controle), Test Movie (Testar Filme) (Ctrl+Enter).

Agora você tem degraus (veja a Figura 12.3). Mesmo que quisesse duplicar cada instância do clipe do filme manualmente, teria que ter uma linha para cada vez que criar uma nova instância.

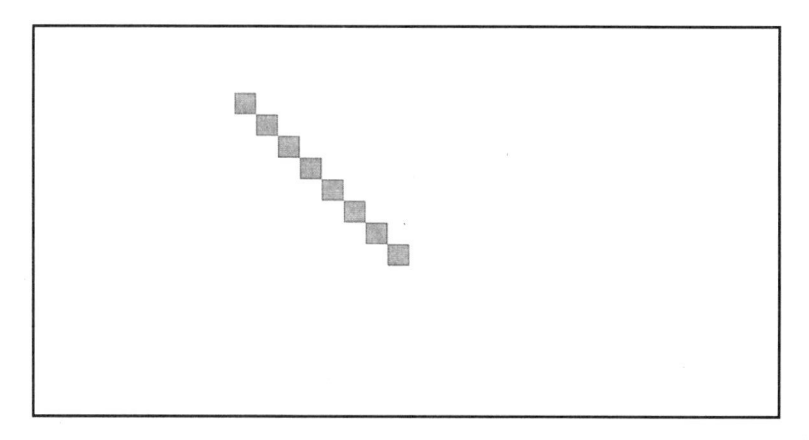

Figura 12.3 Assim que o filme for testado, deverá ficar parecido com o efeito de escada.

Poderá também definir a condição para algo um pouco mais dinâmico, como a propriedade length de uma string ou array. Vejamos:

```
var date = new Date( );
var fullDate = new Array( );
fullDate.push(date.getDate( ));
fullDate.push(date.getMonth( )+1);
fullDate.push(date.getFullYear( ));
var i = 0;
```

```
while   (i  <  fullDate.length){
    myDate   +=fullDate[i];
    if   (i  <  fullDate.length-1){
        myDate  +=  "-";
    }
    i++;
}
trace   (myDate);
```

Agora você tem uma data completa, com ótima aparência, que é dinâmica! Estas são apenas algumas das centenas de maneiras nas quais o loop while pode ser usado. Outros exemplos poderão incluir executar um jogo "enquanto" o personagem tem energia bastante ou ter um bloqueio de segurança que leva em conta a data e a hora em um site no qual, "enquanto" a data é anterior a uma data definida, ninguém poderá entrar.

Em seguida, veremos outro tipo de instrução de loop: o loop do while.

Loop do while

O loop do while funciona de modo idêntico ao loop while, no sentido de que executa seu código enquanto a condição definida é avaliada como true. Porém, a sintaxe é completamente diferente.

A sintaxe para o loop do while começa com a palavra-chave do, seguida de uma chave de abertura. Então vem o código a ser executado enquanto a condição é avaliada como true. Na próxima linha, depois da última linha do código ser executada, está uma chave de fechamento, seguida da palavra-chave while, que é então seguida da condição entre parênteses. Finalmente, um ponto-e-vírgula é usado para terminar a linha. Vejamos um gabarito genérico:

```
do {
    //code to be executed while true
}while  (condition);
```

É o formato básico do loop do while. Agora iremos rever alguns exemplos anteriores para ver como eles podem ser usados com do while. Eis o primeiro exemplo:

```
var  i = 0;
do{
    trace   (i);
    i++;
}while   (i<4);
//output:   0
//         1
//         2
//         3
```

É apenas um loop básico com uma variável incremental. Agora iremos rever o exemplo de filme duplicado, e como funcionaria com um loop do while:

```
var  i = 0;
var  amount = 7;
do{
    duplicateMovieClip("myMovie",   "myMovie"+i,   i);
    myMovie._y =i * myMovie._width;
```

```
myMovie._x =i * myMovie._width;
i++;
}while (i<=amount);
//this simply cleans the first duplicated movie
myMovie0._visible = false;
```

Exatamente como antes, a escada aparece (veja a Figura 12.4).

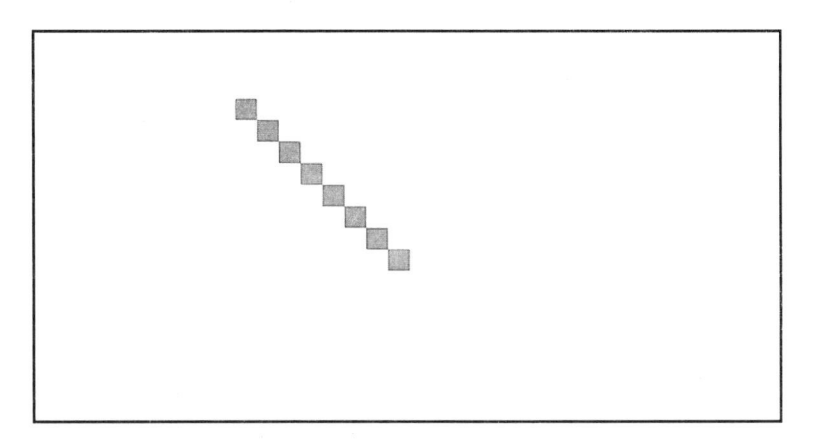

Figura 12.4 Aqui novamente está o efeito de escada depois de você testar o filme.

Como pode ver, o loop do while funciona de modo idêntico ao loop while, apenas com uma sintaxe diferente.

Iremos para nossa próxima instrução de loop: o loop for.

Loop for

O loop for funciona como as outras instruções de loop. Tem uma condição assim como o código a ser executado enquanto a condição é avaliada como true. A diferença é que a condição, assim como a variável incremental, são mantidas na mesma área.

A sintaxe do loop for começa com a palavra-chave for, seguida de um parêntese de abertura. Contudo, ao invés de colocar a condição primeiro, você criará uma variável incremental e definirá um valor para ela. Esta variável será seguida de um ponto-e-vírgula. Depois do primeiro ponto-e-vírgula, você criará sua condição, que novamente será seguida de um ponto-e-vírgula. Depois do segundo ponto-e-vírgula, ajustará sua variável incremental, de acordo com o modo como deseja que ela funcione para que o loop tenha um final. Então use um parêntese de fechamento e uma chave de abertura para terminar a linha. O código a ser executado começará na linha seguinte e a instrução terminará com uma chave de fechamento. Eis o gabarito genérico do loop for:

```
for (incremental variable; condition; adjustment of our variable){
//code to be executed
}
```

Você poderá achar isto difícil de compreender sem informações reais, portanto, coloquemos algumas:

```
for (var i = 0; i<4; i++){
    trace (i);
}
//output:  0
//        1
//        2
//        3
```

Neste caso, criamos nossa variável incremental, i, e colocamos uma condição em i<4. Então aumentamos nossa variável para que o loop termine finalmente.

É tudo bem básico, mas podemos colocá-la em uma função e torná-la mais dinâmica anexando a função a qualquer coisa desejada.

Em seguida, criaremos uma função básica usando nosso loop for, iremos separar cada caractere em uma string, colocaremos cada caractere em um array que criamos (falaremos mais sobre os arrays no Capítulo 15), então inverteremos o array e iremos colocá-lo de volta em uma variável como uma string. Eis o código:

```
//create a function with just one variable
String.prototype.reverseString = function ( ){
//create a blank array
myArray = new Array( );
//get each character and put it in the array
    for (i=0;i<this.length;i++){
        myArray[i] = this.charAt(i);
    }
//reverse the array
    myArray.reverse( );
//use an empty string to join each character
//then set it equal to the original string
    this = myArray.join("");
    trace (this);
}
//create a variable holding a string literal
var name = "David";
//call function
name.reverseString( )
//output:divaD
```

Nesta função, usamos o loop for para assegurar que recuperamos cada caractere em nossa string.

Você poderá também usar loops for aninhados para retirar mais informações ainda dos tipos de dados. Este próximo exemplo obtém strings em um array e conta cada uma. Então retorna a string que aparece com mais freqüência (note o uso de loops for aninhados). Eis o código:

```
//create the function
Array.prototype.stringCount = function ( ){
//create the sort function so the elements are put in alphabetical order
```

```
    function    alphabet    (element1,element2)    {
       return   (element1.toUpperCase( )    <   element2.toUpperCase( ));
    }
    this.sort    (alphabet);

//create  the   variables   we   need
   preCount   =   1;
   count   =   0;
   for(var   i=0;   i<=this.length-1;   i++){
      for(var   j=(i+1);   j<=this.length-1;   j++){
//change   the   element   with   the   .toUpperCase   ( )   method   when   counting
//because   flash   distinguishes   between   upper   case   and   lower   case   letters
         if(this[i].toUpperCase( )=   =this[j].toUpperCase( )){
            preCount+=1;
//check   to   see   if   the   new   element   has   a   higher   frequency   than   the   previous
            if   (preCount   >   count)   {
               count   =   precount;
               preCount   =   1;
               name   =   this[i];
            }
         }
      }
   }
//then   the   answer   is   changed   to   upper   case   and   displayed   in   the   output   window
   trace   (name.toUpperCase( ));
}
//example   array
var   myArray   =   new   Array
("David",   "fred",   "George",   "John",   "Mike",   "fred",   "mike",   "Fred")
//run   the   function
myArray.stringCount   ( );
//output:   Fred
```

Você poderá também colocar diversas variáveis e condições nas instruções de loop, mas isto tende a produzir resultados surpreendentes.

Diversas condições nas instruções de loop

Usar diversas condições nas instruções de loop pode servir a diversas finalidades quando você está lidando com diversos objetos. Por exemplo, criaremos duas variáveis, i e j, e iremos defini-las para 0 e 3, respectivamente. Então aumentaremos cada uma em 1 e iremos testá-las com uma condição "menor que 5". Primeiro, usaremos o operador OR lógico e iremos testá-lo; então usaremos o operador AND abreviado e iremos testá-lo. Finalmente, analisaremos os resultados.

Ao colocar diversas variáveis nos loops for, separe-as com vírgulas, como mostrado aqui:

```
for (var i = 0, j = 3; i<5 | | j<5;i++,j++){
   trace   ("j="+j);
   trace   ("i="+i);
}

//output:   j=4
//      i=1
//      j=5
//      i=2
```

```
//    j=6
//    i=3
//    j=7
//    i=4
```

Agora usaremos o operador AND abreviado:

```
for (var i = 0, j = 3; i<5 && j<5;i++,j++){
   trace ("j="+j);
   trace ("i="+i);
}
//output:   j=3
//    i=0
//    j=4
//    i=1
```

Desta vez, j aumenta até 4 e i conta até 1.

Isto parece quase um avesso do que aprendeu sobre estes dois operadores como eles se relacionam às instruções condicionais, pois nas instruções de loop, contanto que uma condição seja true, o código será executado. Portanto, no caso do operador OR, contanto que qualquer uma das condições seja avaliada como true, a instrução será executada. Quando usamos o operador AND, por outro lado, ambas tiveram que ser avaliadas como true para a instrução continuar a ser executada.

Isto cobre apenas as instruções de loop. Contudo, devemos saber que usar instruções de loop não é a única maneira de criar loops no Flash. Há também os loops da sub-rotina de eventos, assim como os loops da linha do tempo. Iremos analisá-los em seguida.

Loops da sub-rotina de eventos

No Capítulo 17 "Sub-rotinas de eventos", falaremos sobre as sub-rotinas de eventos com mais detalhes. Agora, contudo, cobriremos apenas uma: a sub-rotina onClipEvent (enterFrame). Este evento do clipe é colocado dentro de uma instância de clipe do filme e é executado constantemente. Você poderá usar instruções condicionais para criar um loop falso, se desejar.

Por exemplo, digamos que queira aguardar um pouco antes de ir para o próximo quadro de um filme. Poderá usar este código em conjunto com outra sub-rotina de eventos do clipe chamada load. Vejamos.

Você poderá colocar o seguinte nas ações do objeto de qualquer clipe do filme para a sub-rotina de eventos funcionar devidamente:

```
onClipEvent   (load){
   i=0;
}
onClipEvent   (enterFrame){
   if (i>=50){
      trace ("go to next frame");
   }else{
      trace ("not yet");
   }
   i++;
}
```

Agora, por causa de onClipEvent (enterFrame), o filme não se moverá até que i seja igual a 50.

Outro tipo de loop é o loop da linha do tempo, que é tratado a seguir.

Loop da linha do tempo

Um loop da linha do tempo usa uma linha do tempo e um número definido de quadros nesta linha do tempo para reproduzir continuamente um filme. Vejamos um em ação.

Primeiro, vá para o segundo quadro da linha do tempo principal e insira um quadro em branco indo para a barra de ferramentas e escolhendo Insert, Blank Key Frame (Quadro-Chave em Branco) (F7).

Agora, no primeiro quadro da linha do tempo principal (na mesma camada, porque deve haver apenas uma camada), coloque o seguinte código:

```
trace ("This is a loop");
```

Agora quando você testar o filme, verá "This is a loop" muitas vezes, até que impeça o filme de ser executado.

Poderá também usar as funções goto para criar um loop da linha do tempo condicional. Como exemplo, coloque três quadros-chave na linha do tempo principal e use as seguintes linhas de código nos quadros indicados. Eis o código para o quadro 1:

```
i = 0;
```

O código para o quadro 2:

```
i++;
```

Finalmente, o código para o quadro 3:

```
if (i<5) {
   trace (i);
   gotoAndPlay (2);
}else {
   stop( );
}
```

A saída são os números 1-4.

Nota

No Capítulo 21, "Interatividade avançada", você poderá ver uma instrução condicional usada com um campo de texto dinâmico para criar um pré-carregador que retorna a porcentagem carregada.

Capítulo 13

Objetos de clipe do filme

por Matt Pizzi

Neste capítulo

- Como gerar valores aleatórios
- Como usar a lógica if/else para controlar o movimento do clipe do filme
- Como controlar as propriedades do clipe do filme e trabalhar com ActionClips
- Como duplicar os clipes do filme

O clipe do filme é, de longe, o objeto mais importante no Flash. Ele é único de muitas maneiras, mas provavelmente a característica mais óbvia é que ele é o objeto representado graficamente no palco, diferente de outros objetos, como o objeto sound ou math. Como o clipe do filme é um objeto físico, no sentido de que você pode de fato vê-lo, ele fornece um bom ponto de partida para qualquer tipo de desenvolvimento ou interatividade Flash.

Os objetos têm propriedades associadas. Você poderá modificar ou alterar estas propriedades para conseguir interatividade e efeitos especiais. Neste capítulo, executaremos alguns exercícios gerais, que poderão ser aplicados facilmente em muitas situações diferentes. A primeira série de exercícios é baseada em como alterar a posição x do clipe do filme para animar o objeto sem o intermediário.

Como criar a animação usando o ActionScript

Neste exercício, iremos atribuir propriedades a um clipe do filme para movê-lo no palco. Iremos alterar a posição x dos objetos passo a passo, de maneira metódica. Primeiro, criaremos a animação e então faremos de fato com que o objeto se mova no palco usando apenas o script, sem qualquer intermediário. Depois de compreender como isto funciona, iremos misturar um pouco e alterar algumas coisas de maneira aleatória, como por exemplo a velocidade da animação. Depois disto, iremos duplicar o clipe do filme para que haja mais de um deles se movendo no palco e eles estarão se movendo com velocidades diferentes, usando os valores atribuídos aleatoriamente. Finalmente, controlaremos o clipe do filme para circular no palco. Assim que o tivermos animado, ele continuará a animar-se para fora do palco até o ponto onde não poderá vê-lo mais. Quando o clipe do filme chegar perto do ponto da animação fora do palco iremos defini-lo de volta para o lado oposto do palco para ter um efeito circular. Pronto? Eis as etapas a seguir:

1. Navegue para o site Web complementar, http://www.flashmxunleashed.com e na seção Chapter 13, encontre o arquivo walking_man.fla e carregue-o.

2. Assim que tiver carregado o arquivo, abra-o no Flash. Você notará que ele contém um clipe do filme de uma figura de palitos. Teste o filme para ver a animação. Notará que a figura de palitos está andando no lugar; iremos animá-la para que se mova no palco também.

3. Destaque o clipe do filme e abra o painel Actions (Ações) escolhendo Window (Janela), Actions. Isto inicializará o painel Actions. Pressione Shift+Cmd+E (Mac) ou Shift+Ctrl+E (Windows) para alternar o painel Actions para o modo especialista (expert). Não se preocupe, faremos uma etapa de cada vez e, além disto, você será um especialista em breve. Lembre-se que é simplesmente mais rápido fazer o script no modo especialista.

4. Ative a numeração das linhas. Isto tornará a leitura dos vários exercícios um pouco mais fácil, especialmente quando eu fizer referência a um número da linha específico. Para tanto, selecione o submenu do painel Actions no canto superior direito e escolha View Line Numbers (Exibir Números da Linha).

5. Clique no sinal de mais para abrir o menu suspenso no painel Actions, como mostrado na Figura 13.1.

6. Escolha Actions, Movie Clip Control (Controle do Clipe do Filme), OnClipEvent. Notará que a ação on é digitada e o Flash fornece uma caixa de paginação de sugestões para você escolher uma condição, como mostrado na Figura 13.2.

7. Precisará que esta ação seja avaliada sempre. Quando estiver usando a sub-rotina de eventos do clipe, a condição enterFrame poderá ser usada para ter

Capítulo 13 – *Objetos de clipe do filme* | 341

um comando de loop de um quadro. Portanto, pagine a caixa de sugestões e clique duas vezes em enterFrame ou simplesmente digite-a entre parênteses. Agora, qualquer ação escrita depois disto fará um loop, significando que será executada sempre de novo.

8. Depois da última chave na linha 1, pressione Return ou Enter. Você notará que o Flash MX fornecerá uma formatação automática e que o texto é recuado na segunda linha. Aqui, precisará definir ou alterar a posição x do clipe do filme. Para mudar isto, digite **this._x**. Digitando this, você estará se comunicando com o clipe do filme que selecionou e _x, claro, refere-se à posição x do clipe do filme no palco.

9. Agora desejará que a posição x deste clipe do filme seja igual a algo, porque neste ponto o script não afeta nada. Portanto, precisará adicionar ao script um valor ao qual this._x possa ser igual. Prossiga e adicione o seguinte script:

   ```
   this._x = this._
   ```

   Isto significa que o valor da posição x em sua posição atual é igual a qualquer valor que seja. Portanto, se a posição x do clipe do filme for 250, o valor será igual a 250. Novamente, o clipe do filme não está se movendo. Para fazê-lo se mover, você precisará adicionar uma expressão matemática.

10. Como o script tem a posição x igual a si mesma neste ponto, a única coisa que você precisará adicionar é alguma matemática. Por exemplo, poderá ter a posição x igual à sua posição atual mais 5. Assim, sempre que o script for executado, a posição x do clipe do filme será igual à sua posição atual mais 5, que fará com que o clipe do filme seja animado. O script final deverá ficar assim:

    ```
    onClipEvent (enterFrame) {
        this._x = this._x + 5;
    }
    ```

11. Teste o movimento e veja o homem andar no palco. Muito legal, hein?
12. Grave este arquivo como walking_across.

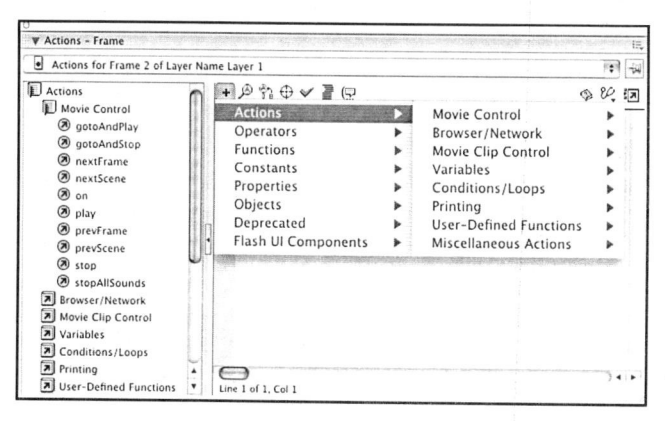

Figura 13.1 *Este menu suspenso pode acessar todas as ações no Flash.*

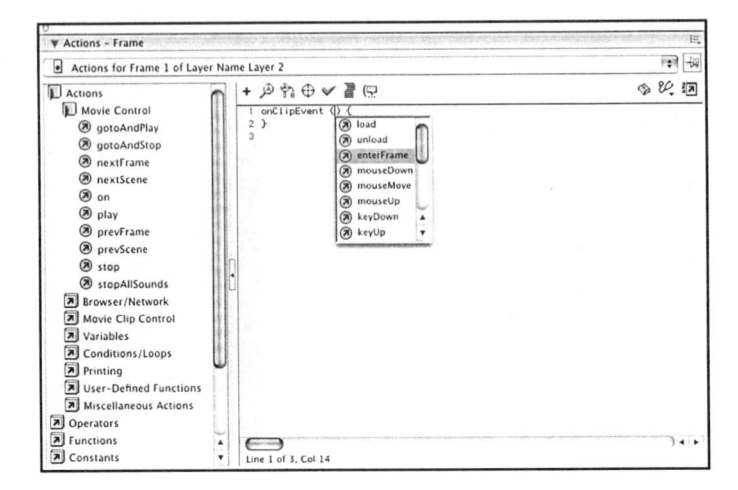

Figura 13.2 O novo recurso de sugestão do Flash MX no editor ActionScript.

Como gerar valores aleatórios

Com o Flash, você tem a capacidade de criar animações com certos elementos sendo dinâmicos. No caso de nosso homem que anda, sempre que você visitar o site, a animação será exatamente igual. Porém com o Flash, este não terá que ser necessariamente o caso. Como você atribui os valores da posição x do clipe do filme através do ActionScript, ao invés de atribuir um valor que seja constante, poderá atribuir um aleatório. Assim, sempre que o filme for carregado, um valor diferente será atribuído ao script, fazendo com que o clipe do filme se mova com velocidades diferentes.

Como criar uma velocidade aleatória para um objeto animado

Eis as etapas a seguir para este exercício:

1. Abra o arquivo walking_across.fla usado no último exercício. Destaque o homem que anda e abra o painel Actions.

2. Note que o script do último exercício ainda está no lugar. Na linha 2, você adicionou 5 ao local atual da posição x do clipe do filme. Neste caso, 5 é uma constante, significando que nunca mudará – pelo menos até agora. Apague o 5 e deixe um ponto de inserção piscando. Clique no sinal de mais no menu suspenso Actions e escolha Object (Objeto), Core (Básico), Math (Matemática), Methods (Métodos), Random (Aleatório). O método random seleciona um valor de 0 a 1. O problema com ele é que precisamos de um número maior que 1. E mais, preferiríamos números inteiros. Como está, o método random poderá retornar o valor como .001 ou ainda .00007 e estes valores não são bons o bastante para mostrar uma diferença visível na animação. Teste o filme apenas para ver o que acontece. Não muito. Portanto, de novo, será preciso mais matemática para ser feito.

Capítulo 13 – Objetos de clipe do filme | 343

3. Agora você desejará multiplicar qualquer valor aleatório retornado por um número maior que – digamos 20. Além disto, também precisará que este número seja um número inteiro (.00007 não é nada bom, mas o número 7 seria). Portanto, terá que multiplicar por 20 e fazer com que qualquer valor seja um número inteiro usando a função int para alterá-lo para um inteiro. Eis como ficará o script:

```
onClipEvent (enterFrame) {
    _x = _x + int(Math.random( ) *20)
}
```

4. Teste o filme. Note que você estará obtendo um movimento abrupto. É porque está gerando um número diferente sempre que o script é executado. Esta ação está na sub-rotina de eventos enterFrame de loop. Na próxima etapa, irá escrever um script de inicialização para criar um número aleatório e usará este valor na instrução de loop.

5. Coloque um cursor piscando na frente da ação on na linha 1. Clique no sinal de mais para ativar o menu suspenso Action. Escolha Actions, Movie Clip Control e escolha On Clip Event. Desta vez, escolha load para a sub-rotina de eventos.

6. Coloque um cursor piscando depois da última chave na linha 1. Pressione Return (Mac) ou Enter (Windows) para movê-lo para baixo na próxima linha. Note que o cursor recua automaticamente, graças ao novo recurso de formatação automática do Flash. Agora você irá definir uma variável. Nomeie a variável como xvalue. Torne a variável igual e int(random( )*20). Na segunda ação abaixo, altere o script para que informe _x + xvalue. O script ficará assim:

```
onClipEvent (load) {
    xvalue = int(Math.random( ) *20)
}
onClipEvent (enterFrame) {
    this._x = this._x + xvalue
}
```

7. Teste o filme algumas vezes, e a cada vez a velocidade do homem que anda deverá ser um pouco diferente. Se você estivesse procurando ter resultados mais dramáticos, poderia simplesmente multiplicar o objeto Math.random por algo maior do que o número 20. Contudo, isto não é garantido. Algumas vezes, o valor retornado será 0. Se você precisou que o valor fosse igual a pelo menos 1 todas as vezes, poderia adicionar 1 ao final da instrução ou usar uma instrução if para verificar esta condição, e uma instrução else para fazer algo com ele. Para este exercício, tudo bem. Se o filme não se animar agora e sempre, isto poderá tornar a parte final um pouco mais interessante.

8. Escolha File (Arquivo), Save As (Salvar Como) e nomeie o filme como walking_across2.fla.

Como usar a lógica if/else para controlar o movimento do clipe do filme

No último exercício, você foi capaz de controlar a posição x do clipe do filme adicionando ao seu valor existente. O único problema é que quando o homem chega no final do palco, ele continua andando (na verdade, se você não fechou o arquivo SWF, ele ainda estará andando em algum outro lugar). Portanto, faremos com que o homem circule no palco, para que quando andar para fora do lado direito do palco, apareça imediatamente no lado esquerdo do palco. Eis as etapas a seguir:

1. Abra o arquivo walking_across2.fla, que gravou do último exercício ou carregou do site Web complementar Unleashed.
2. Selecione o clipe e abra o painel Actions. Você precisará que a instrução if avalie o local do clipe do filme. Este documento tem 550 pixels de largura, portanto, precisará verificar se a posição x do clipe do filme é igual ou maior que 550. Se for, então precisará defini-la de volta para 0, que é o lado esquerdo do palco. Coloque um cursor piscando depois da última chave na linha 4. Pressione Return (Mac) ou Enter (Windows) para descer para a próxima linha. Digite **if (this._x >= 550) {**. Pressione Return ou Enter novamente para ir para a próxima linha e digite **this._x = 0**. Este script verificará para saber se a posição x do clipe do filme é maior que 550. Se for (ou se esta instrução for true), então o script definirá a posição x do clipe do filme para 0. O script final deverá ficar assim:

    ```
    onClipEvent  (load)  {
       xvalue  =  int(Math.random(  )*20);
    }
    onClipEvent  (enterFrame)   {
       if (this._x >= 550) {
          this._x = 0
    }

       this._x = this._x + xvalue
    }
    ```

3. Teste o filme. Quando a animação for reproduzida, você notará que se o homem andar para fora do lado direito do palco, ele aparecerá imediatamente no lado esquerdo, criando um efeito circular.
4. Grave isto como smart_man.fla; iremos nos referir a este arquivo novamente mais tarde.

Como controlar as propriedades do clipe do filme e trabalhar com ActionClips

Um dos aspectos mais poderosos do ActionScript é a capacidade de controlar as propriedades dos objetos. Com um objeto de clipe do filme, por exemplo, você poderá controlar sua posição no palco. Poderá também controlar seu dimensionamento, sua rotação, seu alfa (transparência) e muito mais. Nesta seção, iremos trabalhar em um arquivo que incorpora a maioria destas definições. Também veremos os símbolos de clipe do filme que não contêm nada, exceto ações. São apenas contêineres, que você poderá chamar para inicializar certos eventos ou ações. Estes tipos de clipes do filme são geralmente referidos como *ActionClips* ou *ScriptClips*.

Capítulo 13 – Objetos de clipe do filme | 345

Como alterar as propriedades de dimensionamento com botões de retorno contínuo

Neste exercício, irá alterar as propriedades de um objeto. Criará alguns controles, que fornecerão a você ou ao usuário final um controle preciso e total sobre a aparência do objeto. Para se familiarizar mais com as diferentes propriedades dos objetos, abra o livro Properties (Propriedades) localizado dentro do livro Objects (Objetos) no painel Actions. Veremos as propriedades mais comuns neste exercício. Eis as etapas a seguir:

1. Crie um novo documento. Escolha Modify (Modificar), Document Properties (Propriedades do Documento) para abrir a caixa de diálogo Document Properties. Certifique-se de que o filme esteja sendo executado em 25 quadros por segundo e que as dimensões do palco sejam de 550 pixels por 400 pixels. Escolha qualquer cor de fundo desejada e então clique em OK.

2. Na Unleashed Common Library (Biblioteca Comum Unleashed), abra a pasta graphics. Encontre qualquer gráfico desejado e arraste uma instância dele para o palco. Assim que o gráfico estiver no palco, destaque-o e pressione F8 para convertê-lo em um símbolo de clipe do filme. Forneça-lhe qualquer nome desejado e certifique-se de que, realmente, tenha um comportamento de clipe do filme. Clique em OK. Se você entrar no modo de edição do símbolo de clipe do filme, clique de volta na cena 1. Com o símbolo de clipe do filme selecionado, forneça-lhe o nome **controlme** no campo de texto Instance Name (Nome da Instância) do Properties Inspector (Inspetor de Propriedades).

3. Nomeie a camada atual como **movieclip**. Crie uma nova camada e nomeie-a como **buttons**. Abra a Unleashed Common Library encontrada no menu Window. Dentro de Library, abra a pasta buttons. Arraste duas instâncias de um botão de sua preferência.

4. Em seguida, você precisará criar um clipe do filme e este filme manterá praticamente todas as ações. Não haverá nenhum trabalho de arte para este clipe do filme; ele é estritamente para conter os scripts que tornam esta parte funcional. Estes tipos de clipes do filme são geralmente referidos como *ActionClips* ou *ScriptClips*. Escolha Insert (Inserir), New Symbol (Novo Símbolo). Isto abrirá a caixa de diálogo New Symbol. Nomeie o símbolo como **ActionClip** e forneça-lhe um comportamento de clipe do filme, clicando o botão de rádio Movie Clip (Clipe do Filme). Clique em OK. Isto irá levá-lo para o modo de edição do símbolo de clipe do filme. Clique na aba Scene 1 (Cena 1) para voltar para a linha do tempo principal.

5. De volta à cena 1, crie uma nova camada e nomeie-a como **actions/labels**. Abra a biblioteca do filme escolhendo Window, Library. Você verá o símbolo de clipe do filme ActionClip; arraste uma instância para o palco. Notará que se parece com um círculo minúsculo com uma cruz, como mostrado na Figura 13.3. É porque não tem nenhum conteúdo físico. Com ele ainda selecionado, forneça ao símbolo um nome de instância no Properties Inspector. Digite **StoredActions** no campo de texto Instance Name. Pressione Return (Mac) ou Enter (Windows), para assegurar que o nome da instância permanecerá.

Agora no palco, você tem um clipe do filme com um nome de instância controlme, um clipe do filme vazio com um nome de instância StoredActions e um conjunto de botões no palco, todos sendo mostrados na Figura 13.4.

6. Agora você está pronto para controlar o clipe do filme. A primeira coisa que irá alterar é seu dimensionamento. O botão à esquerda será usado para aumentar o dimensionamento e o botão à direita para diminuir o dimensionamento. Você poderá querer digitar um sinal de mais no botão à esquerda e um sinal de menos no botão à direita, como mostrado na Figura 13.5.

7. Clique duas vezes no clipe do filme StoredActions. Coloque uma ação stop no quadro 1. Pressione F6 em seu teclado para inserir outro quadro-chave. Destaque o novo quadro-chave e abra o painel Actions. No painel Actions, irá criar uma variável. Nomeie-a como _root.controlme._xscale e faça com que seja igual a _root.controlme._xscale + 10. Faça o mesmo para yscale. Estas variáveis serão iguais à escala x e y atual do objeto mais 10. Você também precisará configurar um loop com diversos quadros para que este script seja executado sempre que um botão for pressionado e continue a ser executado até que o botão seja liberado. O código deverá ficar assim:

```
_root.controlme._xscale = _root.controlme._xscale + 10;
_root.controlme._yscale = _root.controlme._yscale + 10;
```

Às vezes, os programadores desejam usar a ação setProperty neste ponto. Afinal, agora que você tem esta variável, não precisará obter o valor que ela contém e aplicá-lo nas propriedades _xscale e _yscale? Não. O modo como nomeou suas variáveis corta esta linha do código. O nome da variável destina as propriedades _xscale e _yscale. Portanto, quando você torna a variável igual a um valor, este valor é aplicado automaticamente na propriedade destinada na convenção de nomenclatura da variável. É uma maneira mais eficiente de codificar.

8. Destaque o quadro 2 e no Properties Inspector nomeie-o como **increase**. Pressione Return ou Enter para assegurar que a etiqueta permanecerá.

9. Destaque o quadro 3 e insira um quadro-chave. Com o quadro 3 selecionado, pressione F9 para abrir o painel Actions. Clique no sinal de mais e escolha Actions, Movie Control (Controle do Filme), gotoAndPlay. Digite **2** para o quadro. Assim é como o script deverá ficar:

```
gotoAndPlay(2);
```

Também seria aceitável digitar a etiqueta do quadro, ao invés do número do quadro. Isto seria benéfico se houvesse qualquer razão para adicionar ou mover os quadros na linha do tempo. Porém, é improvável, porque não há nenhuma animação, portanto, ficaremos com o uso dos números do quadro.

10. Clique de volta na cena 1 para ir para a linha do tempo principal. Destaque o botão de dimensionamento positivo e então pressione F9 em seu teclado para ativar o painel Actions. Clique no sinal de mais para ativar o menu suspenso Actions. Escolha Actions, Movie Control, On (Ativado). Escolha Press como a sub-rotina de eventos. Então escolha Objects, Movie, Movie Clip, Methods, gotoAndPlay. Coloque um cursor piscando na frente do método gotoAndPlay e digite

Capítulo 13 – Objetos de clipe do filme | **347**

_root.StoredActions; o argumento será increase. Depois deste script, você terá configurado outra sub-rotina de eventos, para que quando o mouse for liberado, o script informará ao cabeçote de reprodução StoredActions para ir para o quadro 1 onde há uma ação stop. O código final no botão ficará assim:

```
on (press) {
    _root.StoredActions.gotoAndPlay("increase");
}
on (release, releaseOutside) {
    _root.StoredActions.gotoAndStop(1);
}
```

A sub-rotina de eventos on (press), que é um mouse pressionado, inicializará a próxima linha de ações. A segunda linha destina a instância StoredActions e informa-a para reproduzir o quadro de aumento. A sub-rotina de eventos da quarta linha, on (release, releaseOutside), inicializará a ação na quinta linha. Incluímos on releaseOutside, porque se o usuário final mover o mouse para longe do botão e então soltá-lo, o botão não irá reproduzir a quinta linha, que basicamente pára a ação, portanto, o clipe do filme ainda aumentará de tamanho, mesmo que a intenção do usuário final tenha sido impedi-lo de aumentar. A ação da quinta linha destina a instância StoredActions e informa-a para prosseguir e parar no quadro 1, para que pare de executar a ação no quadro de liberação. Todos os botões que criaremos para os próximos exercícios funcionarão igualmente.

11. Com isto completo, você poderá agora testar o filme! Escolha Control (Controle), Test Movie (Testar Filme). Clique no sinal de mais e observe o clipe do filme aumentar de tamanho, como mostrado na Figura 13.6.

12. Agora você terá que configurar o efeito oposto – diminuir o tamanho do filme. Clique duas vezes no filme StoredActions no palco. Insira um quadro-chave no quadro 4. Poderá querer copiar e colar o código do quadro 2 (será quase igual). Depois de colar o código no quadro 4, altere todas as instâncias dos sinais de mais (+) para o sinal de menos (-). O código final deverá ficar assim:

```
_root.controlme._xscale = _root.controlme._xscale - 10;
_root.controlme._yscale = _root.controlme._yscale - 10;
```

13. Identifique o quadro 4 como **decrease**. Insira um quadro-chave no quadro 5 e forneça ao quadro 5 uma ação gotoAndPlay (4);. É importante notar que você poderá também chamar a etiqueta do quadro, ao invés de seu número.

14. Clique na aba Scene 1 para voltar para a linha do tempo principal. Destaque o botão positivo e pressione F9 para abrir o painel Actions. Destaque todas as ações e escolha Copy (Copiar). Destaque o botão com "sinal de menos" e cole as ações. Simplesmente altere o nome da etiqueta do quadro para **decrease**, ao invés de increase. O código final deverá informar o seguinte:

```
on (press) {
    _root.StoredActions.gotoAndPlay("decrease");
}
on (release, releaseOutside) {
    _root.StoredActions.gotoAndStop(1);
}
```

15. Teste o filme! Você notará que o homem no trator diminui de tamanho. Também notará um pequeno problema. Quando o filme ficar menor que zero, começará a aumentar de tamanho. É porque está lendo números negativos depois de zero. Como não pode informar a diferença entre os valores negativos e positivos, nosso filme parece interrompido. Portanto, iremos corrigi-lo.

16. Clique duas vezes no clipe do filme StoredActions. Selecione o quadro 4 e abra o painel Actions. Você precisará adicionar uma instrução if: Se as escalas x e y forem iguais ou menores que zero, então defina e mantenha o valor em zero. Eis a devida sintaxe:

```
_root.controlme._xscale = _root.controlme._xscale-10;
_root.controlme._yscale = _root.controlme._yscale-10;
if(_root.controlme._yscale<2) {
    setProperty("_root.controlme", _yscale, 2);
    setProperty("_root.controlme", _xscale, 2);
}
```

A instrução if simplesmente avalia se as escalas x e y do clipe do filme são menores que 2 e, se forem, a instrução definirá as escalas x e y como sendo iguais a 2. Portanto, cada escala nunca poderá ser menor que 2. Você notará que verificamos apenas para ver se a escala y é menor que 2. É porque escrevemos o script para que x e y sejam aumentados e diminuídos igualmente, portanto, se a escala y for menor que 2, então a escala x também será. Observe na Figura 13.7 que o clipe do filme nunca desaparece, nem se move e aumenta de novo.

17. Teste seu filme para assegurar que esteja funcionando.

18. Grave o documento como property_change.fla.

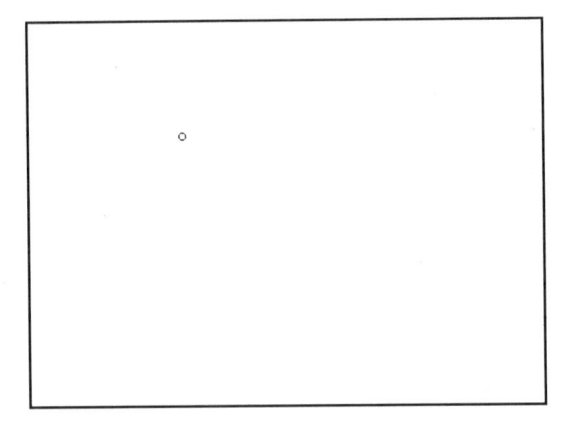

Figura 13.3 O clipe do filme vazio no palco.

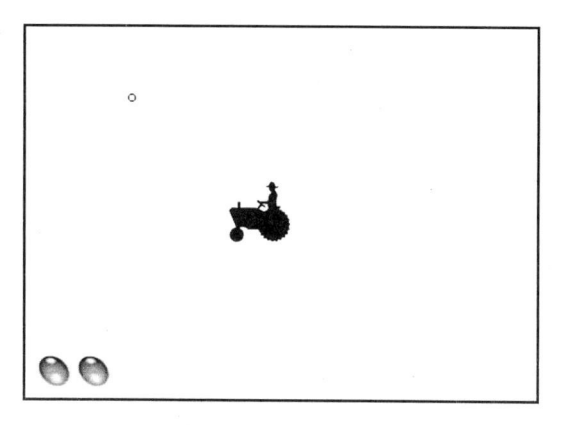

Figura 13.4 Todos os objetos atualmente no palco.

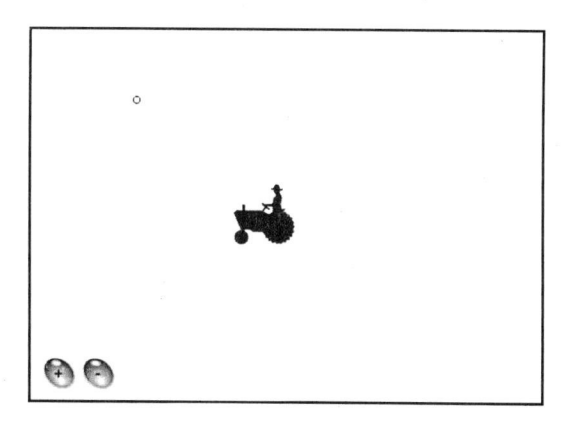

Figura 13.5 Digite um sinal de mais e um sinal de menos nos botões, para torná-los mais amistosos.

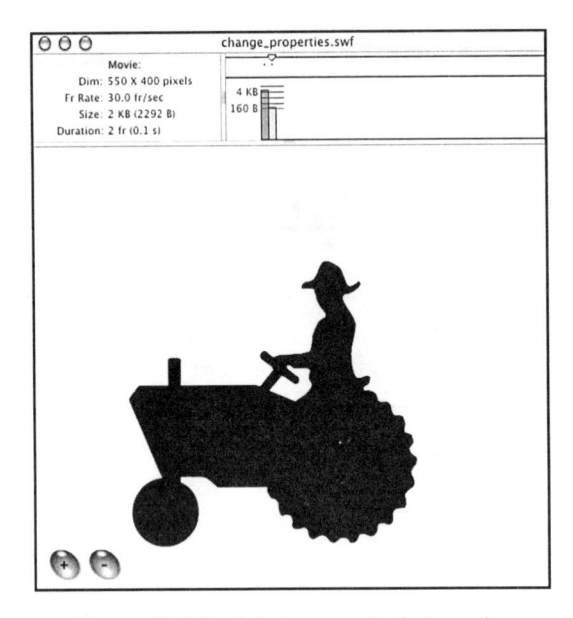

Figura 13.6 O símbolo aumenta de tamanho.

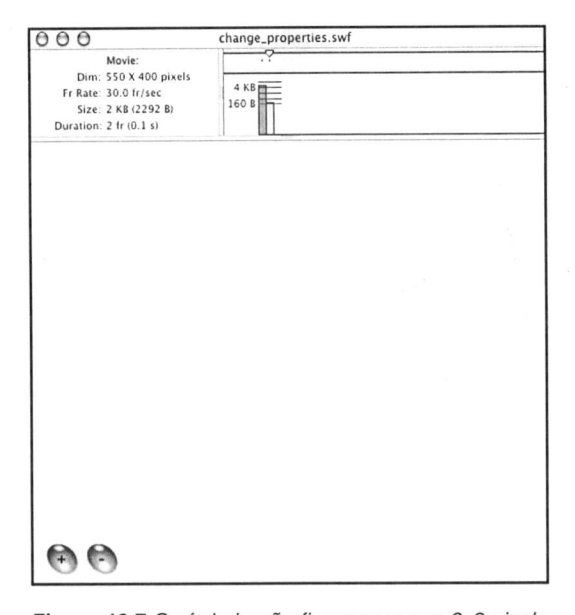

Figura 13.7 O símbolo não fica menor que 2x2 pixels.

Agora que você pode aumentar e diminuir a escala do símbolo, moveremos sua posição para cima e para baixo, assim como da esquerda para direita.

Como alterar a posição x e y do clipe do filme

Vamos por partes. Para este exercício, precisaremos arrastar mais quatro instâncias dos botões. Você poderá querer desenhar setas neles (ou seja, as setas para cima, para baixo, para a esquerda ou para a direita) como mostrado na Figura 13.8. Agora siga estas etapas:

1. Abra o arquivo property_change.fla do último exercício.

2. Clique duas vezes no símbolo StoredActions para entrar no modo de edição do símbolo de clipe do filme. Insira um quadro-chave no quadro 6 e identifique-o como **up** no Properties Inspector.

3. Pressione F9 para abrir o painel Actions. Você precisará escrever um script para alterar a posição y deste clipe do filme em números negativos para movê-lo para cima, porque a parte superior do palco está no eixo y zero. Este script será muito parecido com o anterior, com algumas diferenças nas propriedades que irá mudar. O script deverá ficar assim:

   ```
   _root.controlme._y = _root.controlme._y - 10;
   if(_root.controlme._y<=0) {
       setProperty("_root.controlme", _y, 400);
   }
   ```

   A primeira linha define a variável como sendo igual à posição y atual mais 10. Na segunda linha, a instrução if procura ver se o objeto saiu da parte visível do palco. Se saiu, o script redefinirá a posição y do objeto para 400, que neste caso é a parte inferior do palco.

4. Insira um quadro-chave no quadro 7 e adicione o seguinte ao quadro:

   ```
   gotoAndPlay(6);
   ```

   Isto irá configurar um loop com diversos quadros.

5. Clique de volta na aba Scene 1 para ir para a linha do tempo principal. Destaque o botão com a seta para cima. Pressione F9 para abrir o painel Actions e escreva um script para destinar o quadro "up" (acima) StoredActions. O script deverá informar o seguinte:

   ```
   on (press) {
       _root.StoredActions.gotoAndPlay("up");
   }
   on (release, releaseOutside) {
       _root.StoredActions.gotoAndStop(1);
   }
   ```

6. Teste o filme. Note que o clipe do filme sobe, e quando sai da parte superior do palco, circula e aparece novamente na parte inferior, como mostrado na exibição dividida na Figura 13.9.

   Isto funciona muito bem, com exceção de uma coisa: no ambiente de teste, dimensione o clipe do filme para cima, para que apareça cerca de 500% maior que seu tamanho atual. Agora clique o botão de seta para cima, e notará que o objeto circula para a parte inferior antes de realmente sair da parte superior. Há uma razão para isto. Na etapa 3 do script, a instrução if verifica para ver se a propriedade y do símbolo de clipe do filme ainda é menor que zero, e se for, define-a para 400. Bem, é exatamente isto que está acontecendo aqui. O script está usando cruzes ou o ponto central do clipe do filme para sua propriedade y.

Então como corrigir isto? Você poderá obter as dimensões do clipe do filme e usar estes valores na expressão. Por exemplo, se o clipe do filme tiver 100 por 100 pixels, então uma correção segura seria tirar metade deste valor, pois ele mudará a posição do clipe do filme, com base no ponto central e irá adicioná-lo ou subtrai-lo da expressão. Portanto, quando o ponto central se mover para fora da parte superior do palco, a metade superior do símbolo já terá saído; é com a segunda metade que você terá que se preocupar, portanto, poderá simplesmente adicionar 50 às coordenadas no script para que informe o seguinte:

```
_root.controlme._y = _root.controlme._y - 10;
if (_root.controlme._y <= -50) {
    setProperty("_root.controlme", _y, 450);
}
```

Naturalmente, seus valores poderão diferir destes, dependendo de seu símbolo. Para encontrar as dimensões de seu símbolo, selecione-o e abra o painel Info (Informações) escolhendo Window, Info. Aqui, você encontrará a largura e a altura do símbolo em pixels. Tire metade destes números e anexe-os em seu script; então teste seu filme. Verá que funciona maravilhosamente. Bem, funcionará bem até que você dimensione o objeto, que é quando fica bagunçado como da última vez. É porque o número que você codificou especificamente no script será bom apenas se o símbolo de clipe do filme ficar com o mesmo tamanho. Se aumentado ou diminuído, o número usado no script precisará mudar. No exemplo, o clipe do filme tem 100 por 100. Se você aumentá-lo para, digamos, 325 por 325, então metade de 325 não será 50, significando que o script está errado de novo.

Como corrigir isto? Felizmente há algumas propriedades adicionais que você poderá usar para tornar os valores que está usando nesta instrução dinâmicos. Você estará usando as propriedades da largura e da altura na próxima etapa.

7. Ao invés de definir o clipe do filme para um valor constante como 0 ou 400, poderá definir o valor para metade do tamanho do estado atual do clipe do filme. Tudo que terá que fazer é obter a altura e a largura atuais do clipe do filme e dividi-las por 2, então usar isto como o valor para definir a posição do objeto. O script ficará assim:

```
_root.controlme._y = _root.controlme._y - 10;
if (_root.controlme._y <=-_(root.controlme._height/2)) {
    setProperty("_root.controlme", _y,
    400+(_root.controlme._height/2)
);
}
```

A primeira linha define a variável, que por sua vez define a propriedade da posição y do clipe do filme no palco. A segunda linha do código avalia se a posição y do clipe do filme é ou não menor ou igual à metade da altura da instância do clipe do filme. Se for menor ou igual a este valor, a posição y do clipe do filme será definida na terceira linha do código para metade da altura do clipe do filme mais **400**, que moverá o clipe do filme para a parte inferior do palco.

8. Agora você terá que fazer o mesmo para os botões para baixo, para a esquerda e botão para a direita. Felizmente, poderá copiar muitos scripts. Clique duas vezes no clipe do filme StoredActions no palco. Insira um quadro-chave no quadro 8. Identifique este quadro como **down**. Agora terá que escrever a lógica para mover o clipe do filme para baixo. Tudo que realmente terá que fazer é copiar o script no quadro "up" e apenas mudar os negativos para positivos e retirar alguns números. O script final deverá ficar assim:

```
_root.controlme._y = _root.controlme._y + 10;
if (_root.controlme._y >=400+(_root.controlme._height/2)) {
    setProperty("_root.controlme", _y, -
(_root.controlme._height/2) );
}
```

Na primeira linha você está agora adicionando 10, ao invés de subtrair. Para a segunda linha, está procurando um número maior ou igual a 400, mais a altura das instâncias do clipe do filme. Lembre-se, 400 é a altura do palco. Na terceira linha, se você achar que o número na segunda linha é de fato maior ou igual a este valor, a propriedade da posição y do clipe do filme será definida como sendo igual à metade negativa da altura do clipe do filme.

9. Insira um quadro-chave no quadro 9 e pressione F9 para abrir o painel Actions. Precisará criar um loop com diversos quadros, portanto, coloque a ação gotoAndPlay(8); no quadro 9. Clique na aba Scene 1 para voltar para a linha do tempo principal.

10. Destaque o botão para baixo e aplique esta ação:

```
on (press) {
    _root.StoredActions.gotoAndPlay("up");
}
on (release, releaseOutside) {
    _root.StoredActions.gotoAndStop(1);
}
```

11. Teste o filme! Perfeito, agora iremos apenas fazer com que os botões direito e esquerdo funcionem.

12. Clique duas vezes em StoredActions e insira um quadro-chave no quadro 10. Identifique este quadro como **left**. O script para mover o objeto para a esquerda é muito parecido com os dois botões anteriores (na verdade, a maior diferença é alterar a posição y para a posição x e levar em conta a largura do palco, ao invés da altura). Eis o script final:

```
_root.controlme._x = _root.controlme._x - 10;
if (_root.controlme._x <= -(_root.controlme._height/2)) {
    setProperty("_root.controlme", _x,
550+(_root.controlme._height/2)
);
}
```

Depois de trabalhar com os outros botões, provavelmente você achará este fragmento de código um pouco mais claro. A primeira linha define uma variável e o valor da variável é a posição x atual do objeto (10). De novo, isto definirá basicamente a propriedade também. A segunda linha apenas verifica para saber se o objeto se moveu para fora do palco calculando a largura do objeto. Se estiver saindo do palco, você irá enviá-lo de volta para o lado oposto do palco adicionando 550 (a largura do palco) mais metade da largura do símbolo de clipe do filme.

13. Insira um quadro-chave no quadro 11. Forneça-lhe uma ação gotoAndPlay (10); simples. Clique na aba Scene 1 para voltar para a linha do tempo principal.

14. Destaque o botão com seta para a esquerda. Precisará aplicar um script que destinará o clipe do filme StoredActions e irá informá-lo para reproduzir o quadro 10. O script final ficará assim:

```
on (press) {
   _root.StoredActions.gotoAndPlay("left");
}
on (release, releaseOutside) {
   _root.StoredActions.gotoAndStop(1);
}
```

15. Para o botão com seta para a direita, clique duas vezes em StoredActions para entrar no modo de edição do símbolo. Insira um quadro-chave no quadro 12 e identifique-o como **right**. Aqui, você adicionará o mesmo script que está no quadro 10, mas moverá os números. O script final deverá ficar assim:

```
_root.controlme._x = _root.controlme._x + 10;
if (_root.controlme._x >= 550 +(_root.controlme._height/2)) {
   setProperty("_root.controlme", _x, -
(_root.controlme._height/2) );
}
```

A primeira linha, novamente, define a posição x do clipe do filme através de uma variável. Você notará que é igual à posição x atual mais 10. A segunda linha avalia se o clipe está fora ou não do palco, adicionando o tamanho do palco à metade da largura do clipe do filme. Se o clipe do filme estiver fora do palco, o valor da posição x será definido para a metade da largura do clipe do filme, movendo-o para o lado oposto do palco.

16. Insira um quadro-chave no quadro 13 e forneça-lhe uma ação gotoAndPlay (12);.

17. Clique na aba Scene 1, destaque o botão com seta para a direita e aplique esta ação:

```
on (press) {
   _root.StoredActions.gotoAndPlay("right");
}
on (release, releaseOutside) {
   _root.StoredActions.gotoAndStop(1);
}
```

18. Teste o filme. Muito legal, hein?

19. Grave o filme escolhendo File, Save As. Nomeie-o como property_change2.fla.

Capítulo 13 – Objetos de clipe do filme | **355**

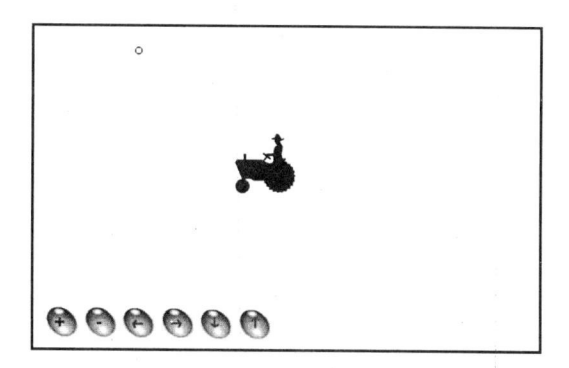

Figura 13.8 Os botões têm setas indicando em qual direção cada um se moverá no clipe do filme.

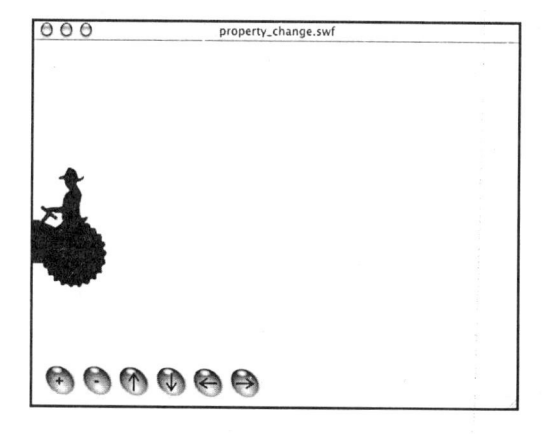

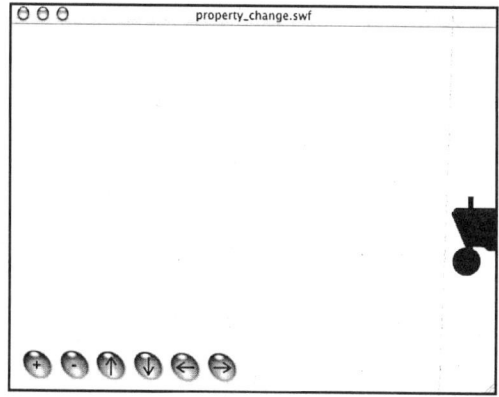

Figura 13.9 O clipe do filme à esquerda está para sair do palco. O clipe do filme à direita aparece na parte inferior, depois de ter saído completamente da parte superior do palco.

Como alterar a rotação do objeto de clipe do filme

Neste ponto no arquivo, você poderá mover o objeto no palco e ainda mudar o dimensionamento do clipe do filme. Agora vejamos como poderá alterar sua rotação também. Siga estas etapas:

1. Arraste outra instância do botão no palco. Você tornará isto um botão de rotação. Experimente desenhar uma seta circular, como mostrado na Figura 13.10.
2. Prossiga e clique duas vezes no clipe do filme StoredActions no palco para entrar no modo de edição do símbolo de clipe do filme.
3. Selecione o quadro 14 e insira um quadro-chave pressionando F6. Com o quadro 14 ainda selecionado, identifique-o como **rotate** no Properties Inspector. Depois disto, pressione F9 para abrir o painel Actions. Agora precisará definir uma variável e tornar a variável igual à rotação atual do clipe do filme mais 10. O script deverá ficar assim:

   ```
   _root.controlme._rotation = _root.controlme._rotation + 10;
   ```

   A primeira linha, de fato, define uma variável, que por sua vez define a propriedade. A variável é a rotação atual do clipe do filme mais 10. Adicionando à rotação atual, você estará girando o objeto para a direita; se um número negativo fosse usado estaria girando o objeto para a esquerda.

4. Insira um quadro-chave no quadro 15 e no painel Actions, forneça-lhe uma ação gotoAndPlay (14);
5. Clique na aba Scene 1 para voltar para a linha do tempo principal. Destaque a última instância do botão e abra o painel Actions pressionando F9. Você precisará fornecer a este botão uma ação que destina o clipe do filme StoredActions e informa-o para reproduzir o quadro "rotate". O script ficará assim:

   ```
   on (press) {
      _root.ActionClip.gotoAndPlay("rotate");
   }
   on (release) {
      _root.ActionClip.gotoAndStop(1);
   }
   ```

6. Teste o filme para exibir e verificar seu botão de rotação. Como mostrado na Figura 13.11, o símbolo de clipe do filme está girando para a direita!
7. Para ter uma prática adicional própria, tente criar um botão que gira o objeto para a esquerda. Se tiver problemas, verifique o site Web complementar Unleashed ou carregue o arquivo terminado de http://www.flashmxunleashed.com e decomponha o que fiz.
8. Grave o documento escolhendo File, Save As e nomeie-o como rotate.fla.

Capítulo 13 – Objetos de clipe do filme | **357**

Figura 13.10 Note a seta circular no último botão.

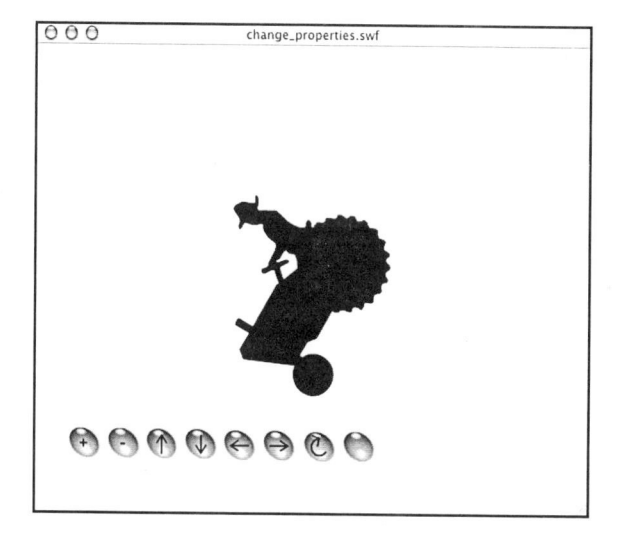

Figura 13.11 O símbolo de clipe do filme é girado.

Como alterar o alfa de um clipe do filme

O último exercício para este filme envolve controlar o alfa do clipe do filme. Alterando o alfa do clipe do filme, você poderá fazê-lo desaparecer. Para tanto, siga estas etapas:

1. Certifique-se de que tenha o arquivo rotate.fla aberto. Na linha do tempo principal, arraste outra instância de seu botão. Então clique duas vezes no clipe do filme StoredActions para editar o símbolo.

2. Assim que estiver dentro do símbolo, destaque o quadro 16 e pressione F6 para inserir um quadro-chave. No Properties Inspector, identifique este quadro como **alpha**. Com o quadro ainda selecionado, ative o painel Actions pressionando F9, se já não estiver aberto.

3. Agora você precisará definir uma variável para alterar o alfa atual do clipe do filme. Lembre-se, este botão fará com que o símbolo desapareça, portanto, desejará subtrair de seu valor atual. Então precisará definir a propriedade alfa do clipe do filme para ser igual à variável que definirá na primeira linha do script.

Porém, precisará de uma instrução if, pois se o usuário final continuar clicando o botão depois do alfa do clipe do filme ser igual a zero, o valor será igual a um número negativo. E mais, se você criar outro botão que *aumenta* o valor alfa depois dele ter sido diminuído, o usuário precisará clicar o botão algumas vezes para passar de zero e entrar na faixa positiva, fazendo parecer que leva mais tempo do que deveria para obter os resultados esperados. Por exemplo, se o usuário final clicar o botão alfa negativo 10 vezes depois do alfa ser igual a zero, agora terá um valor –100. Se você criar um botão alfa positivo, o usuário teria que clicá-lo 10 vezes, apenas para ter o valor de volta em zero, que significa para os 10 primeiros cliques, nada pareceria acontecer e o usuário pensaria que algo foi interrompido. Portanto, precisará de uma instrução if para verificar se o valor alfa é igual a zero e, se for, defini-lo para zero para que fique em zero.

O código deverá ficar assim:

```
_root.controlme._alpha = _root.controlme._alpha - 10;
if (_root.controlme._alpha <=0) {
    setProperty("_root.controlme", _alpha, 0);
}
```

A primeira linha define uma variável para ser igual ao alfa atual do clipe do filme menos 10. A segunda linha define a propriedade alfa do clipe do filme para ser igual à variável. A terceira linha avalia se a propriedade alfa é ou não menor ou igual a zero. A quarta linha é uma condição. Se a avaliação for true, significando que a propriedade alfa é menor ou igual a zero, então a quarta linha definirá a propriedade alfa para ser igual a zero; portanto, o alfa nunca poderá ter um valor menor que zero.

4. Destaque o quadro 17 e insira um quadro-chave. Forneça a este quadro uma ação gotoAndPlay(16).

5. Clique na aba Scene 1 para voltar para a linha do tempo principal. Na cena 1, destaque o botão alfa. Pressione F9 para abrir o painel Actions. Você precisará destinar a instância StoredActions e informá-la para mover o cabeçote de reprodução para o quadro "alpha". Eis o código:

```
on (press) {
    _root.StoredActions.gotoAndPlay("alpha");
}
on (release, releaseOutside) {
    _root.StoredActions.gotoAndStop(1);
}
```

6. Teste o filme. Note que o botão alfa funciona, como mostrado na Figura 13.12.

Capítulo 13 – Objetos de clipe do filme | 359

7. Agora crie um botão que aumenta o valor da propriedade alfa. Você poderá repetir as etapas 1 a 6. A única coisa que mudará está no script no quadro da instância StoredActions. Este script deverá adicionar 10 ao invés de subtrair 10 e, naturalmente, todas as instâncias 0 se tornarão 100. Eis o código:

```
_root.controlme._alpha = _root.controlme._alpha + 10;
if (_root.controlme._alpha >=100) {
    setProperty("_root.controlme", _alpha, 100);
}
```

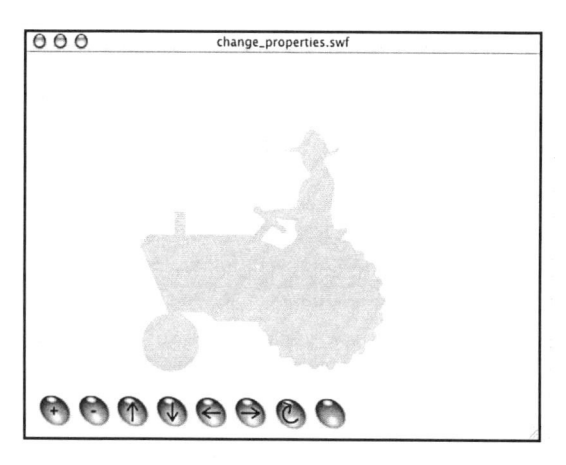

Figura 13.12 A propriedade alfa do clipe do filme diminui quando o botão é pressionado.

O controle das propriedades do clipe do filme está no centro do ActionScript. Estes exercícios básicos são designados para familiarizá-lo com o modo como as propriedades funcionam. Os scripts nestes exercícios foram aperfeiçoados e produziram o melhor desempenho. Contudo, cada pessoa escreve o script de modo diferente, portanto, se você sentir que teria escrito seu script de uma maneira diferente, isto é bom. Ter o domínio do ActionClip permite ter botões de retorno contínuo, que assegura continuar clicando o botão sempre que deseja alterar sua propriedade por um valor 10. Esta maneira é bem mais amistosa. E mais, como o script está contido em um ActionClip, é mais portável e você poderá usar este clipe em muitos filmes diferentes.

Como duplicar os clipes do filme

O arquivo smart_man.fla tem uma animação de uma figura de palitos andando. Ela anda com uma velocidade aleatória, que é atribuída quando o filme é carregado pela primeira vez. Como todas as ações estão na instância do clipe do filme, você poderá fazer duplicatas deste clipe do filme e ter muitos homens de palito andando no palco. Para fazer cópias, pressione a tecla Options (Mac) ou a tecla Alt (Windows), então clique e arraste uma duplicata. Arraste quantas instâncias quiser para o palco. Notará que seis instâncias aparecem na Figura 13.13.

Figura 13.13 As seis instâncias da figura de palitos andando no palco.

Isto funciona bem com um número baixo, mas e se você quiser 50 caras no palco? Poderá usar a ação "duplicar clipe do filme" (duplicateMovieClip) para conseguir este resultado dinamicamente.

Quando um clipe do filme é duplicado, a nova instância é carregada em um nível profundo. Um *nível* é muito parecido com uma camada, como analisado no Capítulo 7, "Técnicas de desenvolvimento". Os clipes do filme nos níveis de profundidade mais baixa aparecem abaixo dos filmes nos níveis de profundidade mais alta. A primeira instância do clipe do filme é atribuída automaticamente a um nível de profundidade 0. Qualquer filme que tenha sido duplicado terá que ser atribuído a um nível de profundidade diferente. Se for atribuído a um nível de profundidade que já esteja ocupado por uma instância, a instância residente será removida deste nível e substituída pela nova instância duplicada.

Você poderá aplicar apenas uma ação duplicateMovieClip em uma instância existente e a ação fará uma cópia exata da instância que está duplicando, escrevendo sobre todas as propriedades da instância atual. Os filmes que são duplicados sempre começarão no quadro 1, independentemente de qual quadro a instância-mãe está na duração do tempo da duplicação. Se, por alguma razão, o clipe do filme principal ou pai sendo duplicado for apagado, todas as instâncias duplicadas serão apagadas também. As variáveis no clipe do filme pai não são copiadas para os clipes do filme duplicados.

Você poderá aplicar a ação duplicateMovieClip em um objeto de clipe do filme como um método. Continuemos e vejamos algum ActionScript e como aplicar esta ação no arquivo smart_man.fla.

Como duplicar os clipes do filme

Eis as etapas a seguir para este exercício:

1. Abra o arquivo smart_man.fla. Se você gravou este arquivo com as instâncias duplicadas que experimentamos no início desta seção, apague-as para que haja apenas uma.
2. Destaque a figura de palitos no palco e forneça-lhe um nome de instância **man** no Properties Inspector.

Capítulo 13 – Objetos de clipe do filme | **361**

3. Selecione o quadro 1 e pressione F9 para abrir o painel Actions. A primeira coisa que você precisará fazer é destinar a instância de clipe do filme. Então poderá anexar a ação duplicateMovieClip e preencher os parâmetros. Eis o código:

   `_root.man.duplicateMovieClip ("man1", 1);`

   Primeiro, a instância "man" é destinada. Então, a ação duplicateMovieClip é anexada como um método e recebe dois parâmetros. O primeiro parâmetro é o nome da instância do novo filme duplicado, e o segundo é o nível no qual ele deve ser carregado. O nome da instância tem que ser algo diferente do nome de instância do clipe do filme pai. Note também que estamos colocando esta ação no quadro e não no clipe do filme. Se você colocá-la no clipe do filme, cada clipe do filme duplicado teria esta ação também e a duplicação nunca pararia.

4. Escolha Files, Save As e nomeie este filme como two_men.fla. Teste o filme. Como mostrado na Figura 13.14, você terá dois homens andando no palco.

   Observe que é uma duplicata da instância-mãe. Se você fosse dimensionar o homem para que ele fique muito maior, o clipe do filme duplicado transportaria estas mesmas características, como demonstrado na Figura 13.15. Isto se aplicaria em qualquer situação que envolve alterar as propriedades da instância-mãe, inclusive a cor, o alfa, o dimensionamento, a rotação etc.

   Agora, se você quiser 50 instâncias diferentes, terá apenas que escrever esta linha de código 50 vezes, certo? Bem, não. Isto não é melhor do que copiar a instância 50 vezes. Portanto, iremos escrever algo que será um pouco mais dinâmico.

5. Destaque o quadro 1 e pressione F9 para abrir o painel Actions.
6. Agora você precisará criar um loop com um quadro. Desejará que este loop seja executado na mesma ação, de uma maneira ligeiramente diferente, até que tenha satisfeito uma certa condição. Para criar este loop, usará a ação For. Coloque um cursor piscando. Clique no sinal de mais para o menu Actions e então escolha Actions, Conditions/Loops (Condições/Loops). Na janela de script, verá a caixa de sugestão mostrada na Figura 13.16.
7. A caixa de sugestão está procurando as três condições a seguir:

   - init. Inicializa uma variável e é um ponto de partida para as ações.
   - condition. Compara a variável com uma condição para ver se é true ou false. Se a variável satisfizer a condição e for true, o loop irá parar sua execução.
   - next. Aumenta a variável para que em algum ponto a condição seja true. Eis como a parte superior do script deverá ficar para duplicar os seis homens andando:

   ```
   For (a=1; a<5; a=a+1) {
   }
   ```

   A primeira coisa a fazer é definir a variável para ser igual a 1, que é um bom ponto de partida. Em seguida, você desejará os seis homens andando no palco, portanto, desejará que este loop continue sendo executado até que tenha cinco duplicatas (as cinco instâncias duplicadas mais a mãe com um total de seis). É por isto que a condição é a<5; pois contanto que seja menor que 5, você desejará que o script continue sendo executado. Finalmente irá aumentá-la usando a=a+1 para que sempre que o loop ocorrer, o número aumentará, finalmente chegando a 5, pois quando ele atingir este ponto a condição será true e a ação será parar a execução. Se você não aumentar esta ação do loop, a duplicação se tornará tão complexa que o Flash player irá parar ou paralisar (ou ainda pior, seu computador irá paralisar).

8. A ação que você precisa executar na instrução de loop é duplicateMovieClip. Corte e cole esta ação dentro das chaves da ação for.

   Se deixar a ação duplicateMovieClip sozinha, de fato não verá uma diferença. No momento, ela continuará duplicando o filme, nomeando a nova instância **man1** e colocando-a no nível 1, substituindo tudo neste nível. É por isto que você precisa tornar esta ação um pouco mais dinâmica.

9. Precisará fornecer a cada instância que é duplicada um nome diferente. Fará isto concatenando (ou reunindo) uma parte literal do nome, neste caso "man", com uma variável, neste caso a. Como a terá um valor diferente sempre que a ação for executada, o nome da instância também terá um valor diferente. Portanto, você acabará com man1, man2, man3 etc. Também fará o mesmo para os níveis, pois deseja que todas estas instâncias tenham níveis diferentes para que elas não se substituam. O script final deverá ficar assim:

```
for (a+1; a<5; a=a+1) {
   _root.man.duplicateMovieClip ("man" + a, a);
}
```

10. Teste o filme. Como mostrado na Figura 13.17, os seis homens aparecem no palco.

11. Grave o filme como duplicated_man.fla.

Figura 13.14 O clipe do filme duplicado no palco.

Capítulo 13 – Objetos de clipe do filme | 363

Figura 13.15 O clipe do filme duplicado duplicará todas as propriedades da instância do clipe do filme pai.

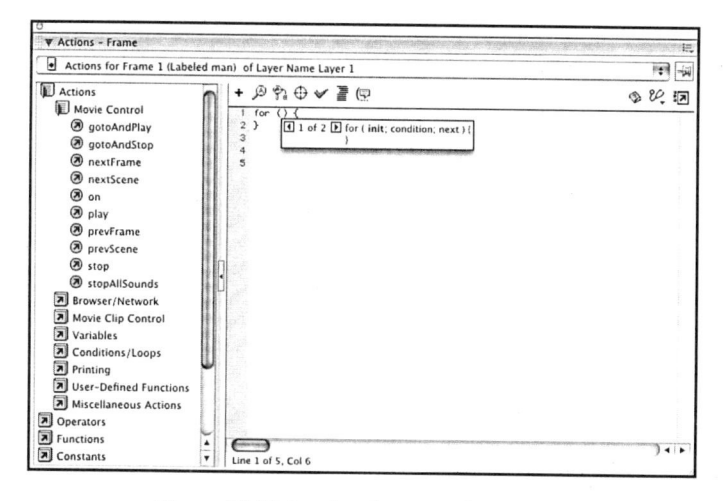

Figura 13.16 A caixa de sugestão no editor ActionScript está procurando três condições.

Figura 13.17 Os cinco clipes duplicados, mais o clipe do filme pai, aparecem no palco.

Capítulo 14

Funções

por David Vogeleer

Neste capítulo
- Como criar uma função
- Como executar a função
- Como usar parâmetros nas funções
- Funções que retornam valores
- Funções aninhadas
- Escopo da função
- Como mapear uma função
- Objeto global
- Variáveis e funções
- Argumentos
- Funções predefinidas para o Flash

Até então, falamos sobre o básico do ActionScript, inclusive sobre as variáveis, as instruções e os objetos de clipe do filme. Agora iremos para as funções.

Uma *função* é basicamente uma parte reutilizável do código. Assim que uma função é criada, ela pode ser usada sempre, sem você rescrever o código. Isto é muito eficiente, não apenas porque pode economizar o tamanho do arquivo, mas também porque tornará o código muito mais fácil de ler e gerenciar.

Este capítulo cobre os tópicos de criação das funções, usando as funções predefinidas e as funções como métodos e objetos. Ao invés de apenas falar sobre as funções, iremos pular e criar uma.

Como criar uma função

Criar uma função é tão fácil quanto usar a palavra-chave function, fornecendo um nome para a função, seguido de parênteses para os parâmetros (analisaremos o tópico dos parâmetros com mais profundidade posteriormente) e colocando qualquer código desejado entre chaves. É algo assim:

```
function myFunction( ){
   //script to run in function
}
```

Agora que você sabe como fica a função, poderá criar uma própria. Para começar, abra um novo filme Flash, clique no primeiro quadro na linha do tempo, abra o painel ActionScript (F9) e coloque o seguinte código:

```
function myFunction ( ){
   trace ("My first function");
}
```

Agora você tem sua própria função, com uma instrução trace simples colocada entre chaves. Porém, se testasse seu filme neste ponto, nada aconteceria. É porque tudo que fez até então é criar uma função; agora precisará executá-la.

Como executar a função

Agora que você tem sua função, faremos com que funcione. Para executar esta função (também conhecido como *chamar* a função), você iniciará com seu nome da função, seguido de parênteses para manter nossos parâmetros e terminará com um ponto-e-vírgula para terminar a linha, como mostrado aqui:

```
function myFunction ( ){
   trace ("My first function");
}
myFunction( );
//output: My first function
```

Foi fácil. Você simplesmente criou uma função e então a chamou para ver as instruções executadas e a mensagem exibida na janela de saída.

Agora vejamos outra maneira de criar as funções. Esta maneira começa com o nome da função. Então você irá defini-la para ser igual à palavra-chave function, seguida de parênteses e chaves para manter seu código. Eis um exemplo que usa um gabarito genérico:

```
myFunction = function( ){
    //script to run in function
}
```

Agora colocaremos isto em prática com o exemplo anterior:

```
myFunction = function( ){
    trace("My second function");
}
myFunction( );
//output: My second function
```

Agora você viu duas maneiras básicas de criar as funções e executá-las. Até então, tudo que fez é executar uma instrução trace simples. Agora coloquemos algum script nela que você realmente poderá usar. Começaremos com uma função que reduz a intensidade de um filme:

```
function fadeOut( ){
    myMovie._alpha -= 5;
}
//now invoke the function
fadeOut( );
```

Sempre que esta função for chamada, o clipe do filme myMovie diminuirá seu valor _alpha em 5.

Foi simples, mas e se você quisesse apenas reduzir até certo ponto? Poderá colocar uma condicional assim como instruções de loop nas funções para executar um teste da condição.

Eis o mesmo exemplo, mas desta vez usando uma instrução if, apenas para permitir que myMovie reduza a intensidade até certo ponto:

```
function fadeOut( ){
    if(myMovie._alpha >50){
        myMovie._alpha -= 5;
    }
}
//now invoke the function
fadeOut( );
```

Agora, a função verificará se o clipe do filme reduziu a intensidade até o ponto designado. Se atingiu o ponto designado, a função ainda será executada, mas as instruções na instrução if não.

Agora, suponha que queira definir o ponto onde o alfa reduzirá a intensidade de modo diferente para duas funções diferentes que são chamadas. É onde os parâmetros entram.

Como usar parâmetros nas funções

Até então, vimos como criar as funções e colocar scripts dentro delas. Porém, isto não é muito dinâmico, no sentido de que uma vez as informações estejam na função, elas não podem ser ajustadas para situações diferentes. Agora usaremos parâmetros para alterar este limite.

Os parâmetros em uma função agem de modo parecido com as variáveis no ActionScript. Eles poderão ser alterados de modo independente sempre que surgir uma necessidade. Você colocará os parâmetros entre parênteses, seguidos do nome da função, que é algo assim:

```
function myFunction(parameter) {
    //script involving parameter;
}
```

É simplesmente um gabarito genérico, portanto, vejamos alguns exemplos em seguida. O primeiro exemplo executa uma instrução trace simples:

```
function myTrace(name) {
    trace(name);
}
//now we will run the function twice with two different parameters
myTrace("David");
myTrace("George");
//output: David
//        George
```

É um exemplo básico, portanto, voltaremos para um exemplo de redução da intensidade anterior e veremos como usar os parâmetros com instruções condicionais.

Como antes, você desejará definir um ponto no qual seu clipe do filme reduzirá a intensidade, mas desta vez usará três parâmetros – o nome de instância do clipe do filme, o ponto no qual reduzir a intensidade do filme e a quantidade na qual reduzir o filme. Neste exemplo, usará uma instrução de loop, ao invés de uma instrução condicional:

```
function fade(movie, fadePoint, amount) {
    while(movie._alpha > fadePoint) {
        movie._alpha -= amount;
    }
}
//now the function is made, let's run it on a couple movies
fade(myMovie,50,5);
fade(myMovie2,20,2);
```

O código anterior seria colocado na linha do tempo onde ambos os filmes residem.

Até então usamos as funções para executar tarefas repetitivas básicas usando o código que desejamos consolidar e usamos sempre que desejado, sem ter que rescrever o script inteiro. Agora iremos fazer com que as funções nos forneçam informações.

Funções que retornam valores

Atualmente estamos usando as funções para executar um código repetitivo usando parâmetros, mas tudo que as funções estão fazendo é executar o código. Agora, iremos fazer com que retornem algumas informações. Para tanto, usaremos a instrução return.

A instrução return faz duas coisas. Primeiro, quando o interpretador atinge a instrução return, faz com que a função termine. Segundo, retorna o valor de uma expressão atribuída a ela, mas a expressão é opcional. Eis um gabarito genérico:

```
function functionName  (parameters){
    //script to run when function is invoked
    return expression;
}
```

Agora vejamos um exemplo de como usar a instrução return para terminar uma função. Este exemplo contém uma instrução condicional, e se a condição for satisfeita, a função terminará e não executará o código restante:

```
function myFunction  (num){
    if(num>5){
        return;
    }
    trace("Num is smaller than 5");
}
//Now we invoke the function twice
myFunction(6);
myFunction(3);
//output: Num is smaller than 5
```

Mesmo que a função seja executada duas vezes, pois a instrução condicional na primeira função é satisfeita, a instrução return será executada e a função terminada. Na segunda função, a instrução condicional não é satisfeita e a instrução trace é executada.

Desta vez, usaremos a instrução return para retornar um valor para nós, com base em uma expressão que aplicamos na instrução return:

```
function fullName  (fName,lName){
    return fName+" "+lName;
}
// now we set the a variable to the function
myName = fullName("David", "Vogeleer");
trace(myName);
//output: David Vogeleer
```

Tudo que fizemos foi definir a função para uma variável, e a instrução return retornou o valor da expressão que atribuímos a ela para a variável.

Usando as instruções return, você poderá aninhar as funções nas funções e ainda usá-las como parâmetros.

Funções aninhadas

As funções aninhadas poderão ser uma ótima ferramenta se você quiser executar um conjunto repetitivo de scripts em uma função, mas usar o resultado de modo diferente em cada função. Vejamos algumas funções – a primeira elevará ao quadrado um número definido pelo usuário e a segunda combinará dois números quadrados usando o valor de retorno da primeira função:

```
function square(num){
    return num*num;
}
```

```
//Now create the second function
function combineSquares( ) {
   square1 = square(2);
   square2 = square(3);
   return square1 + square2;
}
//Set the variable to the second function
myNum = combineSquares( );
trace(myNum);
//output: 13
```

O código anterior usa a primeira função (square) e aninha-a em uma segunda função (combineSquares) para retornar um valor que usa o valor retornado da função square.

Agora iremos criar uma função que usa outra função como um parâmetro. Usaremos o mesmo exemplo de antes, mas desta vez definiremos a função square como um parâmetro:

```
function square(num) {
   return num*num;
}
//Now create the second function
function combineSquares(square1, square2 ) {
   return square1 + square2;
}
//Set the variable to the second function
myNum = combineSquares(square(2),square(3));
trace(myNum);
//output: 13
```

Como mencionado, você poderá aninhar as funções em si mesmas para o uso repetitivo, se quiser usar o resultado de modo diferente em cada função.

Falamos sobre como criar e usar as funções de muitas maneiras diferentes; agora vejamos o escopo de uma função.

Escopo da função

O escopo de uma função é como o escopo de uma variável; está disponível apenas diretamente (chamada pelo nome, ao invés do mapeamento da sintaxe de ponto para a função) das seguintes maneiras:

- Se a função for chamada na mesma linha do tempo na qual foi criada.
- Se a função for chamada a partir de um botão quando a função reside na mesma linha do tempo do botão que a chamou.
- Se a função for chamada em um clipe do filme onde a função foi criada na linha do tempo deste filme.

No Flash 5, se nenhum destes critérios fosse satisfeito, você tinha que usar a sintaxe de ponto para mapear a função criada. No Flash MX, poderá usar o objeto global para criar uma função que está disponível através do filme Flash inteiro e todas as suas linhas do tempo. (Falaremos sobre o objeto global posteriormente neste capítulo.)

Primeiro, iremos analisar como mapear as funções usando a sintaxe de ponto.

Como mapear uma função

Há duas maneiras básicas de mapear uma função:

- **Usando os objetos do filme.** Neste caso, *raiz* refere-se à linha do tempo raiz do nível atual no qual o script é executado, e *pai* refere-se ao clipe do filme ou objeto que contém o clipe do filme ou o objeto com o script. Se um script que usa o objeto _parent for colocado em um filme, o script verá o filme que contém a si mesmo. E mais, _level*N* refere-se ao *n* nível no Flash player independente ou o filme Flash.

Nota

parent pode ser usado duas vezes em uma linha, porém não mais que duas vezes em uma linha.

- **Usando os nomes do filme.** Um exemplo é myMovie.myFunction( );. Note que todo objeto do filme ou nome do filme usado na sintaxe de ponto é separado por um ponto.

Agora que você viu algumas tags genéricas para usar a sintaxe de ponto para mapear as funções, vejamos alguns exemplos de como usá-las:

```
_root.myFunction ( )            //invokes the function in the root
                                timeline
_parent.myFunction ( )          //invokes the function in the parent
                                timeline
_parent._parent.myFunction( )   //invokes the function in the parent
                                of the
                                //parent timeline
_root.myMovie.myFunction( )     //invokes the function in myMovie
                                which is
                                //located on the root timeline
```

Como mencionado antes, graças ao Flash MX, usar a sintaxe de ponto não é mais uma necessidade ao tentar atingir uma função a partir de uma linha do tempo que é diferente daquela na qual foi criada.

Objeto global

O objeto global é introduzido no Flash MX. Este novo objeto tem a capacidade de permitir que as funções e outros tipos de dados sejam atingidos a partir do filme inteiro. Pode transformar qualquer variável, array, função ou objeto em um tipo de dados disponível globalmente. Assim, você poderá criar todas as variáveis, funções e qualquer outra coisa que precisar chamar na linha do tempo principal e reutilizá-las sempre.

O gabarito genérico fica assim:

```
_global.datatype
```

Poderíamos prosseguir em várias páginas falando sobre este novo objeto, mas para este capítulo iremos usá-lo no contexto das funções. Portanto, vejamos o gabarito genérico:

```
_global.functionName = function(parameters){
   //script to be run
}
```

Agora que você viu a forma geral de uma função global, iremos pular e criar uma.

Começaremos com uma função trace simples, sem parâmetros desta vez, e colocaremos este script na linha do tempo principal:

```
_global.myFunction = function( ){
   trace("My first global function");
}
```

Você poderá chamar agora esta função de qualquer lugar no filme Flash inteiro e em qualquer linha do tempo, contanto que não haja nenhuma função local com o mesmo nome, o que fará com que o interpretador use a função local.

O exemplo anterior foi simples e o próximo também será. Desta vez, iremos usar os parâmetros com a função, mas ainda usaremos uma instrução trace como o script:

```
_global.myFunction = function(name){
   trace(name);
}
```

Agora sempre que esta função for chamada de qualquer lugar, qualquer coisa colocada como seu parâmetro será exibida na janela de saída quando o filme for testado.

Estes dois exemplos são ótimos, mas não mostram a capacidade verdadeira do que o objeto global pode fazer. O próximo exemplo irá requerer um pouco mais de esforço e compreensão para ver como o objeto funciona.

Primeiro, inicie um novo filme (Ctrl+N). No palco principal, desenhe um círculo e então converta-o em um símbolo de clipe do filme (F8).

Agora na linha do tempo na qual seu círculo reside, crie outra camada e coloque as seguintes ações no primeiro quadro da nova camada:

Nota

Esta camada deverá estar em branco. Tecnicamente, você pode colocar o código nas camadas onde os símbolos residem, mas não é um bom hábito.

```
_global.frictionSlide = function(friction,movie,distance,startX){
   newX = startX + distance;
   if(movie._x <= newX){
      movie._x+=(newX-movie._x)*friction;
   }
}
```

Agora que este código está na linha do tempo principal, você poderá colocar a função e uma variável em seu símbolo. Portanto, abra as ações do objeto para o clipe do filme do círculo criado e coloque este código:

```
//create a variable that the value will stay permanent
onClipEvent(load){
    currentX = this._x;
}
//now invoke our function
onClipEvent(enterFrame){
    frictionSlide(.2,this,200,currentX);
//notice how the function can be invoked without a direct path to the function
}
```

Quando testar o filme, o círculo deslizará ligeiramente para a direita e então diminuirá a velocidade. Você poderá ajustar os parâmetros para que quando chamar a função, ela faça coisas diferentes. Colocamos a variável no evento load porque, se ficasse na sub-rotina de eventos enterFrame, a variável mudaria e o movimento nunca pararia.

Naturalmente, como esta função é global, ela poderá ser chamada de qualquer lugar e os parâmetros poderão ser alterados para cada clipe do filme.

Note também que, como mostrado no código anterior, a função global chama uma variável local. A próxima seção falará sobre algumas regras envolvidas em chamar as variáveis em relação às funções.

Variáveis e funções

Ao usar as variáveis em conjunto com as funções, você precisará seguir várias regras para evitar erros e aumentar a consistência.

Primeiro, deverá ter cuidado ao usar um nome da variável que seja igual ao nome de um parâmetro na função, quando ambos residirem no mesmo script. Isto deverá ser um senso comum (se por nenhuma outra razão que seja ter um código organizado), mas digamos que aconteça de qualquer maneira.

Crie uma variável e chame-a de myVariable; então crie uma função e faça com que rastreie myVariable:

```
var myVariable = "Flash";
//now create the function with no parameters
function myFunction ( ){
    trace(myVariable);
}
//now run the function
myFunction( );
//output: Flash
```

Nesta instância, o interpretador não encontra myVariable em nenhum lugar na função, portanto, começa a ver fora da função e vai para a variável criada, que é chamada de myVariable e obtém seu valor.

Agora vejamos o que acontece quando você usa um parâmetro com o mesmo nome. Usando o mesmo código de antes, simplesmente adicione um parâmetro com o mesmo nome da variável criada:

```
var myVariable = "Flash";
//now create the function
function myFunction (myVariable){
    trace(myVariable);
```

```
}
//now run the function
myFunction("MX");
//output:  MX
```

Desta vez, o interpretador encontrou myVariable na própria função, como um nome do parâmetro e ignorou a variável que foi criada antes da função ser criada.

Finalmente, iremos adicionar uma variável dentro da função com o mesmo nome do parâmetro, e a variável criada antes da função (novamente, usando o mesmo código de antes):

```
var myVariable = "Flash";
//now create the function
function myFunction (myVariable){
   myVariable = "Unleashed";
   trace(myVariable);
}
//Now run the function
myFunction("MX");
//output:  Unleashed
```

Desta vez o interpretador encontrou a variável myVariable dentro da função e não se importou com o parâmetro ou a variável criada antes de você ter criado a função.

Portanto, agora você sabe como o interpretador procura as variáveis: primeiro, ele vê a função em si; então vê os parâmetros e finalmente procura fora da função.

As variáveis disponíveis na função não estão disponíveis fora da função. Vejamos um exemplo:

```
//First create the function
function myFunction (myVariable){
   myVariable = "Unleashed";
   trace(myVariable);
}
trace(myVariable);
//output:  undefined
```

Como tentamos rastrear a própria variável ao invés de executar a função, o interpretador não pôde encontrar a variável. Felizmente, este problema pode ser superado. Uma variável pode ser retirada de uma função com seu próprio conjunto de regras, como a seguir:

- A função tem que ser chamada antes de uma variável poder ser retirada dela.
- A variável retirada não pode ter o mesmo nome de um parâmetro na função.
- A variável criada na função não pode ser uma variável criada localmente.

Agora vejamos alguns exemplos destas regras. Como viu anteriormente, você não pode retirar uma variável de uma função que não tenha sido chamada ainda. Portanto, iremos chamar a função myFunction, mas primeiro removeremos os parâmetros:

```
//First create the function with no parameters
function myFunction ( ){
   myVariable = "Unleashed";
}
//Now run the function
myFunction( );
```

```
trace(myVariable);
//output:   Unleashed
//This   time,   place   the   parameter   myVariable  back   in   and   let's   see   what
happens.
function   myFunction   (myVariable){
    myVariable   =   "Unleashed";
}
//Now   run   the   function
myFunction(  );
trace(myVariable);
//output:   undefined
```

Como pode ver, como a variável que estamos tentando retirar tem o mesmo nome do parâmetro na função, a instrução trace rastreia-se como indefinida. Não é porque a função tem um parâmetro, é porque os nomes são iguais. Como mostrado a seguir, se alterarmos o nome do parâmetro, a instrução trace retornará o valor que estamos procurando:

```
//First   create   the   function   and   change   the   parameter
function   myFunction   (anyVariable){
    myVariable   =   "Unleashed";
}
//Now   run   the   function
myFunction(  );
trace(myVariable);
//output:   Unleashed
```

Agora iremos analisar a diferença entre uma variável criada localmente e uma variável que pode ser retirada de uma função. Neste próximo exemplo, criaremos duas variáveis diferentes, de duas maneiras diferentes, mas ambas de dentro da função. Então executaremos a função e tentaremos retirar ambas as variáveis. Veremos os resultados depois do script. Eis o código para este exemplo:

```
//First   create   the   function   with   no   parameters
function   myFunction   (  ){
    var   A   =   "Flash"
    B   =   "Unleashed";
}
//Now   run   the   function
myFunction(  );
trace(A);
trace(B);
//output:       undefined
//              Unleashed
```

Desta vez, a variável A não foi rastreada, porque usar a palavra-chave var dentro de uma função cria uma variável local que não pode ser usada fora da função. A variável B foi rastreada corretamente, porque não foi criada localmente como a variável A.

A próxima seção levará as funções um passo a frente. No que diz respeito aos parâmetros, tudo que cobrimos envolve usá-los para transmitir informações para o script de uma função. Agora você verá como usá-los como objetos.

Argumentos

Os argumentos são os parâmetros definidos quando você chama qualquer função, e poderá usar o objeto arguments predefinido de todas as funções em seu benefício.

O objeto arguments de qualquer função é mais parecido com um array (consulte o Capítulo 15, "Arrays para saber mais sobre os arrays). E como um array, você poderá chamar parâmetros específicos assim como o número de parâmetros totais.

Comecemos com o número de argumentos em uma dada função. Reunir estas informações é tão fácil quanto usar a propriedade length.

Propriedade length

A propriedade length do objeto arguments encontrado em todas as funções retorna um valor que representa o número de parâmetros que o usuário definiu quando uma função é chamada. O gabarito genérico fica assim:

```
function  functionName(parameters) {
    //code to be run in the function
    arguments.length;
}
```

Como notará, você terá que usar a propriedade length assim como o objeto arguments dentro da função. (A propriedade length também é uma propriedade dos arrays, assim como uma propriedade das strings e pode ser usada fora de uma função apenas neste contexto.)

Agora vejamos esta propriedade em um exemplo real. Crie uma função com dois parâmetros básicos e rastreie o comprimento dos argumentos, assim:

```
function  myFunction  (x,y) {
    trace   (arguments.length);
}
//now run the function
myFunction(5,6);
//output:  2
```

A função é executada e o número de parâmetros é exibido na janela de saída. Porém, como mencionado antes, a propriedade length retorna o número dos argumentos quando a função é chamada, não criada. Para ver o que quero dizer, eis um exemplo:

```
//create a function with two parameters
function myFunction(x,y) {
    trace(arguments.length);
}
//now invoke the function, but add a parameter
myFunction (5,6,7);
//output:  3
```

Agora que você viu como encontrar o número de argumentos, a próxima etapa será retirar os argumentos individuais do conjunto inteiro.

Para chamar os argumentos individuais, você usará o objeto arguments e um valor numérico mantido entre colchetes. O gabarito genérico fica assim:

```
function functionName(parameters){
   //code to be run in the function
   argument[N]
}
```

Com este gabarito genérico, coloque um número (N) entre colchetes, que representa o argumento nesta posição. Porém, note que os argumentos começam a contar em 0 ao invés de 1, portanto, o primeiro elemento fica assim:

```
argument[0]
```

Eis um exemplo usando este método de retirar os argumentos individuais:

```
//create a function with three parameters
function myFunction(x,y,z){
   trace(arguments[1]);
}
//now invoke the function
myFunction(2,4,6);
//output: 4
```

Como os argumentos começam a contar em 0 ao invés de 1, o segundo argumento é identificado como [1], ao invés de [2].

Agora, usando este método combinado com a propriedade length, você poderá criar algum código surpreendente. Vejamos um exemplo que cria uma função global que adiciona todos os números colocados como parâmetros:

```
//first create a function with no parameters
function addArgs( ){
//now use a loop statement to total the argument values
   for(var i = 0; i<arguments.length; i++){
      numTotal +=arguments[i];
   }
//display the total in the output window
   trace (numTotal);
}
//now invoke the function
addArgs(1,2,3);
//This can also work with combining strings.
//first create a function with no parameters
function combineStrings( ){
//create a variable that will hold a string literal space
   space = " ";
//now use a loop statement to combine the strings
   for(var i = 0; i<arguments.length; i++){
//now convert each argument to a string for consistency
      total +=arguments[i].toString( )+space;
   }
   trace (total);
}
//now invoke the function
combineStrings("Flash", "MX", "Unleashed");
```

Outro ótimo uso desta técnica envolve criar um array que pode manter os argumentos fora da função, pois como mencionado anteriormente, o objeto arguments não pode ser usado fora da função. Eis um exemplo:

```
//first create a function with no parameters
function createArray( ){
//create an array to hold the arguments
    myArray = new Array( );
    for(var i = 0; i < arguments.length; i++){
        myArray.push(arguments[i]);
    }
    return myArray;
}
//set a variable equal to the array
var argsArray = createArray(1,2,3, "One", "Two");
//display new array in output window
trace(argsArray);
//output: 1,2,3,One,Two
```

Estes são apenas alguns exemplos de como usar a propriedade length combinada com a retirada dos argumentos individuais.

Até então, vimos as funções usadas como um código que pode ser repetido facilmente e que pode ser alterado, quando necessário, usando os parâmetros. Porém, você poderá também usá-las para mais do que apenas as ações, porque também são considerados objetos.

Funções como objetos

Usar uma função como um objeto pode parecer um pouco ortodoxo, mas isto de fato aumenta muito a utilização de uma função. Para criar um objeto de função, você irá atribuí-lo sem os parâmetros e usá-lo como uma expressão. E mais, como a função é um objeto, poderá movê-la como qualquer outro tipo de dados.

Eis um exemplo que usa a função predefinida trace( ) (as funções predefinidas são analisadas na seção "Funções predefinidas para o Flash"):

```
//First, we set a variable to the trace function, but without
parentheses
myFunction = trace;
myFunction("This function is now an object");
//output: This function is now an object
```

Como pode ver, a função trace é enviada para a variável myFunction como um objeto e como a variável é igual à função, chamamos a função usando o nome das variáveis.

Agora vejamos outra maneira de usar a função trace como um objeto – desta vez criaremos nossa própria função e definiremos o que desejamos exibido como uma propriedade dela:

```
//First, create the function
function myInfo ( ){
    trace(myInfo.name);
}
```

```
//Assign a property called name to the function
myInfo.name = "David";
//Run the function
myInfo( );
//output: David
```

Atribuir propriedades às funções é fácil por causa do objeto function predefinido. Você poderá ainda atribuir diversas propriedades às suas funções. Agora, suponha que queira ver uma lista de todas as propriedades em uma função. Poderá usar a instrução de loop for in para retirar as propriedades dos objetos. (Para saber sobre as instruções de loop, veja o Capítulo 12, "Instruções e expressões – Profundamente".)

Para usar a instrução de loop for in, coloque a palavra-chave for na frente de um parêntese de abertura. Então coloque a palavra-chave var, seguida do nome de sua variável (neste caso, functionProp). Então coloque a palavra-chave in seguida do nome do objeto (o nome da função, neste caso). Finalmente, coloque o parêntese de fechamento, então chaves de abertura e fechamento englobando o script que deseja executar enquanto o loop pesquisa as propriedades. Fica assim:

```
//First, create the function
function myInfo ( ){
}
//Now assign properties to it
myInfo.fName = "David";
myInfo.lName = "Vogeleer";
myInfo.age = "22";
myInfo.location = "Virginia";
//now use the for in statement to look through our properties
for(var functionProp in myInfo){
    trace("The property "+functionProp+" equals "+myInfo[functionProp]);
}
//output:    The property location equals Virginia
//          The property age equals 22
//          The property lName equals Vogeleer
//          The property fName equals David
```

Note que, neste exemplo, não chamamos apenas o nome da propriedade, mas também o valor, usando o nome da função e a propriedade que queríamos chamar entre chaves. Como usamos uma variável dinâmica, não tivemos que colocá-la entre aspas. Contudo, para chamar uma única propriedade de uma função usando chaves, você terá que colocar o nome da propriedade entre aspas, como mostrado no seguinte código:

```
//First, create the function
function myInfo ( ){
}
//Now assign the property to it
myInfo.age = "22";
trace(myInfo["age"]);
//output: 22
```

Daremos outro passo à frente criando diversas funções com diversas propriedades. Então iremos armazenar cada função em um array. (Como mencionado anteriormente, os arrays são tratados com mais detalhes no Capítulo 15.) Depois disto, iremos chamar todas as propriedades de todas as funções para serem exibidas na janela de saída, e como armazenamos as funções no array como objetos, poderemos chamar as funções usando o array.

Primeiro, iremos criar as funções necessárias e, na primeira, armazenaremos a instrução trace que usaremos no final do código. Depois disto, iremos atribuir as propriedades às funções. Então criaremos o array e armazenaremos as funções no array como objetos. Finalmente, executaremos um script que pesquisará cada elemento do array, assim como exibirá cada propriedade em cada elemento.

Depois, chamaremos nossa primeira função usando o array como um atalho. Eis o código:

```
//First, create the functions
function myInfo ( ){
//This script is for later use
    trace("Traced from myInfo");
}
function flashInfo ( ){
}
//Create the properties for each function
myInfo.fName = "David";
myInfo.age = "22";
flashInfo.version = "MX";
flashInfo.player = 6;
//Now create the array to hold the functions as objects
var functionArray = new Array( );
//Place the functions in the array
functionArray[0] = myInfo;
functionArray[1] = flashInfo;
/*
Finally we create the script to search through the array
and trace all of our properties with their values
*/
for (var myElement in functionArray){
    for (var functionProp in functionArray[myElement]){
        trace("Property "+functionProp);
    }
}
//and because the function is stored as an object in the array
//we can call it using the array
functionArray[0]( );
//output:  Property   player
//         Property   version
//         Property   age
//         Property   fName
//         Traced from myInfo
```

No código anterior, usamos apenas duas funções e duas propriedades para cada função. Porém, você poderá aumentar ambas e o script ainda funcionará devidamente.

Agora que você viu as funções usadas como conjuntos repetidos de código e como objetos, iremos usá-las como métodos a serem usados em conjunto com os objetos.

Funções como métodos

Antes de entrarmos no uso das funções como métodos, você precisa saber o que é um método. Um método é uma função usada em conjunto com um objeto. Um método pode executar uma tarefa desejada em um objeto ou pode ser usado para reunir informações a partir deste objeto.

Chamamos os métodos exatamente como chamamos as funções, usando parênteses; porém, os métodos são anexados aos objetos usando a sintaxe de ponto. Eis um gabarito genérico para chamar um método:

```
object.method( );
```

O gabarito anterior é apenas para chamar um método; para atribuir um método, você irá retirar os parênteses, assim:

```
object.method;
```

Agora que tem os gabaritos genéricos para se guiar, comecemos criando alguns métodos. Primeiro, colocaremos uma função trace simples em uma função que criamos. Então iremos criar um objeto genérico, chamado gObject, e atribuiremos uma propriedade de gObject à nossa função. Depois iremos chamá-la usando o nome inteiro, inclusive a propriedade. Eis o código:

```
//First, the function
function myFunction( ){
    trace("Flash MX Unleashed");
}
//Then the generic object
gObject = new Object( );
//Now the property of the object
gObject.title = myFunction;
//Now invoke the method
gObject.title( );
//output: Flash MX Unleashed
```

Usar um método é mais forte que usar uma função ao lidar com um objeto, no sentido de que o método pode manipular o próprio objeto. Observe o seguinte código, para ver a função criada e então retrabalhada para alterar o objeto:

```
//First, the function
function myFunction( ){
    trace("Flash MX Unleashed");
}
//Then the generic object
gObject = new Object( );
//Now the property of the object
gObject.title = myFunction;
//Now create a new property
gObject.name = "David";
//Rewrite the function
function myFunction( ){
    trace(this.name);
}
//Invoke the method
gObject.title( );
//output: David
```

Neste código, você pode ver como alterar a função completamente muda o título da propriedade do objeto gObject.

As funções também podem obter informações dos objetos quando usadas como métodos. Comecemos procurando uma única propriedade em um objeto e então façamos com que a função retorne seu valor ao invés de rastreá-lo diretamente. Então iremos rastrear o método. Eis o código:

```
//First, create the object
gObject = new Object( );
//Now add two properties to our object
gObject.age = 22;
gObject.ageVerify = getAge;
//Here, create the function, and have it look for the property
function getAge ( ){
   return(this.age);
}
trace(gObject.ageVerify( ));
//output:22
```

Foi muito trabalho para pouco retorno. Poderíamos ter rastreado simplesmente a propriedade em si. Portanto, iremos construir o exemplo anterior e combinar as diversas propriedades em uma expressão que poderemos querer usar sempre.

Neste exemplo, criaremos um objeto chamado myCircle. Então criaremos uma função que obtenha a circunferência e a área do objeto. A idéia é que não importa a freqüência com a qual as propriedades usadas mudam, a função executará o mesmo cálculo em nosso objeto. Eis o código:

```
//First, create the object
myCircle = new Object( );
//Now add two properties to our object
myCircle.radius = 5;
myCircle.circumference = getCircumference;
myCircle.area = getArea;
//Here, create the functions
function getArea ( ){
   return  Math.round(Math.PI*Math.pow(this.radius,2));
}
function getCircumference ( ){
   return  Math.round(Math.PI * 2 * this.radius);
}
//Finally, invoke the methods
trace(myCircle.area( ));
trace(myCircle.circumference( ));
//output:   79
//         31
```

Note que usamos Math.round( ) nestas funções para manter as respostas menores. O código anterior mostra que os métodos podem ser bem eficientes quando usados em uma expressão. Você poderá mudar o valor de radius para verificar se a fórmula ainda será calculada corretamente ou poderá ainda aplicar as funções como métodos em outros objetos para obter os mesmos resultados.

Os métodos existem no Flash sem que os criemos. Na verdade, é difícil escrever o ActionScript sem usar os métodos. Eles são numerosos demais para listar aqui, pois cada objeto tem seu próprio conjunto de métodos.

Capítulo 14 – *Funções* | **383**

Vejamos apenas alguns exemplos de código usando alguns métodos predefinidos. Este primeiro exemplo tira cada palavra de um objeto String e coloca-as em um array usando o método split:

```
//First, create our string
myString = "Flash MX Unleashed by Sams Publishing";
//Now create an array to hold our words
var myArray = new Array( );
//Now use the split method and a "space" as a delimiter
myArray = myString.split(" ");
//And trace the array to see what happened
trace(myArray);
//output:  Flash,MX,Unleashed,by,Sams,Publishing
```

O próximo exemplo usará os métodos predefinidos para fazer o oposto exato do que o exemplo anterior faz. Neste exemplo, iremos converter o array de volta em uma string usando o método join do objeto Array:

```
//First, create our array
myArray = new Array("Flash", "MX", "Unleashed", "by", "Sams",
"Publishing");
//Now, using the join method, we are going to set the array to a
variable
myString = myArray.join(" ");
//Finally trace the string to see our results
trace(myString);
//output:  Flash MX Unleashed by Sams Publishing
```

O exemplo final de usar os métodos predefinidos nos informa qual é o dia da semana. Primeiro teremos que criar um array básico, mantendo todos os dias da semana e o resto caberá ao método. Eis o código:

```
//First, create our array holding the days of the week
day = new Array
("Sunday", "Monday", "Tuesday", "Wednesday", "Thursday", "Friday",
"Saturday");
//Next we create a date object to use our method with
myDate = new Date( );
myDay = myDate.getDay( );
//Finally we combine the information from our method with the
//array to get the days name
trace(day[myDay]);
//output: (the day of the week depending on what day it is)
```

Como mencionado anteriormente, estes são apenas alguns exemplos de como usar alguns métodos predefinidos encontrados no Flash.

Falando em ser predefinido para o Flash, a seção final deste capítulo cobre algumas funções predefinidas encontradas no Flash.

Funções predefinidas para o Flash

Falamos sobre as maneiras de criar e manipular as funções definidas pelo usuário até então. Agora iremos nos concentrar em algumas funções predefinidas que o Flash tem a oferecer. Iremos ver rapidamente algumas funções predefinidas básicas. Então veremos o que a Macromedia considera ser uma função definida pelo ActionScript. Finalmente, iremos analisar algumas funções desaprovadas.

Como você sabe como são as funções, irei identificar rapidamente apenas as partes:

```
stop( )            // stops a movie clip from playing, and has no parameters
play( )            // plays a movie clip, and has no parameters
gotoAndStop(5)     //goes to a specified frame (the parameter) and stops
trace("Flash")     //displays parameter in output window
```

Esta lista prossegue infinitamente.

Porém, o Flash reconhece algumas funções como estando em uma categoria de "funções". Contudo, antes de vê-las com mais detalhes, precisaremos ver uma função especial que lida com as funções na mesma linha do tempo de si: a função call.

Função call

A função call é uma função interessante que é trazida do Flash 4. Ela pode executar o código de qualquer quadro dado sem ir para este quadro. É uma função desaprovada e a Macromedia recomenda usar a palavra-chave function para tornar o código disponível na linha do tempo, como analisado anteriormente. Porém, ainda é bom saber como usar a função call, no caso de você alguma vez precisar.

O gabarito genérico é simples. Use a palavra-chave call, seguida de uma string que representa a etiqueta do quadro ou um número que representa um número do quadro, entre parênteses. Eis o gabarito genérico:

```
call(frame);
```

Agora que você sabe como fica, iremos usar a função call em um exemplo. Inicie um novo filme indo para File (Arquivo), New (Novo) (Ctrl+N). Então crie uma nova camada. Nomeie a camada superior como **labels** e a inferior como **actions**. Então coloque mais dois quadros-chave em cada camada (F7).

Abra o painel Actions (Ações) para o primeiro quadro na camada actions e coloque este código:

```
stop( );
```

Isto impedirá que o cabeçote de reprodução passe deste quadro. Em seguida, no quadro 2 da mesma camada, coloque esta instrução trace:

```
trace("This is code from frame two");
```

Então no quadro final da camada actions (quadro 3), coloque esta instrução trace:

```
trace("This is code from labeled frame");
```

Agora voltaremos nossa atenção para a camada labels. No terceiro quadro desta camada, coloque a etiqueta "labeled". Quando terminar, sua tela deverá ficar parecida com a Figura 14.1.

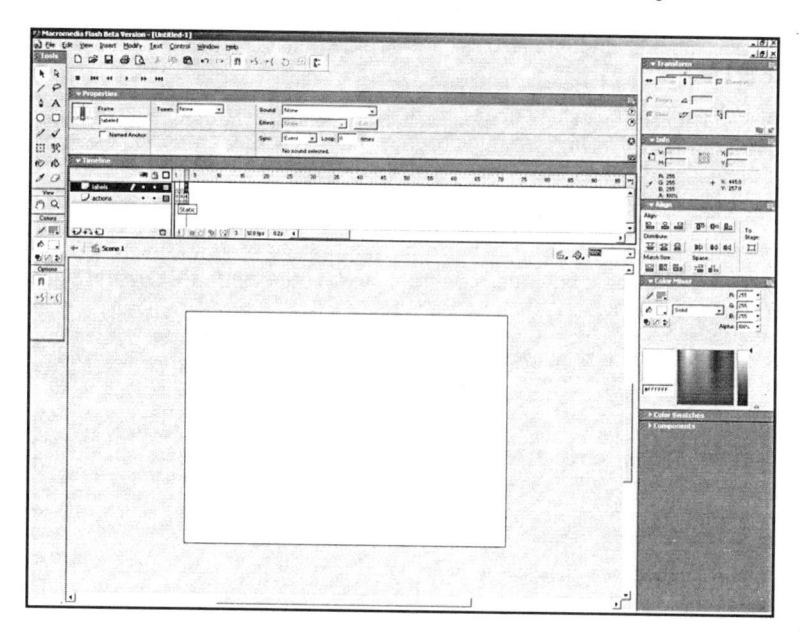

Figura 14.1 O projeto até o momento.

Se você fosse testar este filme agora, nada aconteceria. É por causa da função stop no quadro 1. Se stop fosse removida, ambas as instruções trace seriam executadas repetidamente sempre, enquanto o filme faz um loop. Porém, quando você colocar estas seguintes ações depois de stop, ambas as instruções serão executadas, mas apenas uma vez, e os quadros ainda nunca serão atingidos pelo cabeçote de reprodução. Portanto, coloque o seguinte código no primeiro quadro da camada actions e no final ficará assim:

```
stop( );
call(2);
call("labeled");
//output:  This is code from frame two
//        This is code from the labeled frame
```

Teste o filme. Agora sim – o código que foi colocado no quadro 2, assim como no terceiro quadro que estava identificado como "labeled" é executado sem mesmo o cabeçote de reprodução atingi-los.

Agora que cobrimos esta função única, iremos para algumas funções mais predefinidas. O Flash predefiniu algumas categorias para as funções no painel Actions. A primeira são as *funções de conversão*.

Funções de conversão

As funções de conversão executam uma tarefa específica nos objetos: elas convertem os objetos. Cada um dos cinco tipos de dados principais tem seu próprio script de conversão, que irá mudá-lo em outro tipo de dados.

O gabarito genérico utiliza a palavra-chave do objeto no qual você está tentando converter e a expressão que você está tentando converter em seguida, entre parênteses, como mostrado aqui:

```
converter(expression);
```

Usaremos o seguinte exemplo para mudar alguns dados de um tipo em outro. Depois de cada etapa, usaremos a instrução trace e o operador typeof para exibir o tipo de dados de cada objeto depois da conversão. Eis o código:

```
//Start off with a simple string
myString = "string";
trace (typeof myString);
//Now we begin converting the same object
//again and again while checking after each time
myString = Number(myString);
trace (typeof myString);
myString = Array(myString);
trace (typeof myString);
myString = Boolean(myString);
trace(typeof myString);
myString = Object(myString);
trace (typeof myString);
//Finally back to a string
myString = String(myString);
trace(typeof myString);
//output: string
//        number
//        object
//        boolean
//        object
//        string
```

Nota

Ao converter em um array com a função de conversão Array, qualquer coisa que estiver sendo convertida será colocada no primeiro elemento do array e não separada nos elementos individuais.

Converter os tipos de dados é uma parte importante do uso do ActionScript. Você poderá converter os números a partir dos campos de texto de entrada (todos os tipos de informações dos campos de texto de entrada são strings; veja o Capítulo 19, "Como trabalhar com texto", para obter mais informações) nos tipos de dados de número verdadeiro. Poderá converter os tipos de dados booleanos em strings para usar nas sentenças.

Agora iremos para a próxima categoria de funções: as funções matemáticas.

Funções matemáticas

As funções matemáticas executam operações matemáticas nas expressões atribuídas a elas. Você pode pensar na adição, subtração etc., mas estas operações são muito mais avançadas. Apenas quatro funções matemáticas são listadas no ActionScript:

- isFinite
- isNaN
- parseFloat
- parseInt

As duas primeiras funções matemáticas, isFinite e isNaN, agem de modo parecido com as condicionais. Vejamos como funcionam individualmente.

A primeira, isFinite, verifica para saber se a expressão fornecida é um número finito. Se for, a função retornará True. Se a expressão não for finita (ou *infinita*), a função retornará False. Eis um exemplo no qual testamos dois números e rastreamos os resultados:

```
trace(isFinite(15));
//evaluates to true
trace(isFinite(Number.NEGATIVE_INFINITY));
//evaluates to false
```

A segunda destas duas funções, isNaN, funciona da mesma maneira. Verifica para saber se a expressão fornecida não é um número real. Se a expressão não for um número real, a função retornará True. Se for, retornará False. Vejamos:

```
trace(isNaN(15));
//evaluates to false
trace(isNaN("fifteen"));
//evaluates to true
trace(isNaN("15"));
//evaluates to false
```

Mesmo que o último exemplo seja de fato uma string, o interpretador irá convertê-lo em um número quando for avaliado. Lembre disto ao avaliar os números como strings.

A próxima função matemática é parseFloat. Esta função retira os números de uma string literal, até que atinja um caractere de string. Então converte o que removeu em um tipo de dados de número verdadeiro. Eis alguns exemplos:

```
trace(parseFloat("15"));
//output:  15
trace(parseFloat("fifteen"));
//output:  NaN
trace(parseFloat("20dollars"));
//output:  20
```

Como pode ver no último exemplo, a função obtém apenas um número, e descarta o resto da string.

A última função matemática é parseInt. Esta função pode executar a mesma tarefa da função parseFloat, mas pode também usar uma raiz, que é útil ao trabalhar com números octais. Eis um exemplo:

```
trace(parseInt("15", 8));
//output: 13 (a representation of octal number 15
//that has been parsed)
```

Mais algumas funções são definidas diretamente no ActionScript, inclusive getProperty( ), getTimer( ), targetPath e getVersion( ), todas retornando informações. Há também eval, escape e unescape, que executam suas tarefas desejadas nas expressões.

Cobrimos muitas informações sobre as funções; agora vejamos algumas funções desaprovadas e alternativas para seu uso.

Funções desaprovadas

Se você trabalhou no Flash 4 ou mesmo no Flash 5, pode ter notado algumas funções que não estão onde costumavam estar. Não, elas não acabaram completamente, mas são *desaprovadas*, que significa que o ActionScript fornece novas maneiras de executar algumas tarefas, e embora elas ainda estejam disponíveis para o uso, poderão não estar na próxima versão. Portanto, é uma boa idéia não adotar o hábito de usá-las.

Veremos cada função desaprovada rapidamente e analisaremos alternativas para seu uso.

chr

A função chr converte um valor numérico em um caractere com base nos padrões ASCII. Foi substituída por String.fromCharCode. Eis os exemplos de ambas:

```
//The old way
trace(chr(64));

//The new way
trace(String.fromCharCode(64));

//output @
//        @
```

int

A função int obtém um número com ponto decimal e descarta o ponto decimal. Foi substituída por Math.floor. Eis os exemplos de ambas:

```
//the old way
trace(int(5.5));

//the new way
trace(Math.floor(5.5));

//output:  5
//         5
```

length

A função length retorna o número de caracteres em uma string ou variável que mantém uma string. Foi substituída por String.length. Eis os exemplos de ambas:

```
//First create a variable holding a string
myString = "Flash";

//the old way
trace(length(myString));

//the new way
trace(myString.length);

//output:   5
//         5
```

mbchr

A função mbchr, como a função chr, converte um valor numérico em um caractere, com base nos padrões ASCII. Foi substituída por String.fromCharCode. Eis os exemplos de ambas:

```
//the old way
trace(mbchr(64));

//The new way
trace(String.fromCharCode(64));

//output @
//       @
```

mblength

A função mblength, como a função length, retorna o número de caracteres em uma string ou variável que mantém uma string. Foi substituída por String.length. Eis os exemplos de ambas:

```
//First create a variable holding a string
myString = "Flash";

//the old way
trace(mblength(myString));

//the new way
trace(myString.length);

//output:   5
//         5
```

mbord

A função mbord converte um caractere em um número usando o padrão ASCII. Não há uma substituição, mas esta função ainda é desaprovada. Eis um exemplo:

```
trace(mbord("@"));
//output:  64
```

mbsubstring

A função mbsubstring remove um número definido de caracteres de uma string. Foi substituída por String.substr. Eis os exemplos de ambas:

```
//First, create a variable to hold a string
myVar = "Unleashed";

//the old way
trace(mbsubstring(myVar, 0, 2));

//the new way
trace(myVar.substr(0, 2));

//output:   Un
//         Un
```

ord

A função ord, como a função mbord, converte um caractere em um número usando o padrão ASCII. Não há uma substituição, mas esta função ainda é desaprovada. Eis um exemplo:

```
trace(ord("@"));
//output:  64
```

random

A função random retorna um número aleatório de uma expressão dada. Foi substituída por Math.random. Eis os exemplos de ambas:

```
//the old way
trace   (random(5));

//the new way
trace   (Math.floor(Math.random( )*5));
//output:  (2 random numbers between 0-4)
```

substring

A função substring, como a função mbsubstring, remove um número definido de caracteres de uma string. Foi substituída por String.substr. Eis os exemplos de ambas:

```
//First, create a variable to hold a string
myVar = "Unleashed";

//the old way
trace(substring(myVar, 0, 2));
```

```
//the new way
trace(myVar.substr(0,  2));

//output:   Un
//          Un
```

Esta é a última das funções desaprovadas.

É tudo para todas as funções. Vimos tudo, desde criar as funções até usar as funções desaprovadas. Cobrimos ainda como usar as funções como objetos e métodos.

Simplesmente lembre-se que as funções são principalmente usadas como blocos de código repetitivo, os parâmetros são usados para modificar ligeiramente as funções para usos diferentes e os métodos são funções anexadas aos objetos.

Capítulo 15

Arrays

por David Vogeleer

Neste capítulo

- O que é um array e como ele funciona?
- Como decompor um array
- Como criar um array
- Como recuperar informações de um array
- Como adicionar elementos aos arrays
- Como nomear os elementos do array
- Como remover os elementos do array
- Como alterar os elementos nos arrays
- Arrays aninhados avançados
- Métodos adicionais do array
- Como classificar os arrays
- Exemplo aplicado

O que é um array e como ele funciona?

Voltando ao Capítulo 11, "Tipos de dados e variáveis – Profundamente", analisamos os diferentes tipos de dados, inclusive as variáveis. As variáveis podem manter uma parte dos dados ou outro tipo de dados, inclusive outra variável. Como as variáveis, os arrays podem manter qualquer tipo de dados, inclusive strings, inteiros e booleanos. Podem também manter outros tipos de dados, inclusive variáveis e outros arrays (chamados *arrays aninhados*), que iremos analisar posteriormente neste capítulo.

Neste capítulo, veremos o que é um array, como criar um e como recuperar, manipular e apagar os dados dos arrays com um exemplo aplicado no final.

Portanto, iremos pular diretamente e ver do que é composto um array.

Como decompor um array

Como mencionado anteriormente, um array é um tipo de dados que pode manter diversas partes de informações. Eis uma maneira fácil de imaginar isto: uma variável é como uma cadeira e ela pode manter uma pessoa (uma parte de dados). Por outro lado, um array é mais como um banco e pode manter diversas pessoas (diversas partes de dados).

Cada parte de dados em um array é chamada de *elemento*. Cada elemento é atribuído automaticamente ao nome do array e a um número exclusivo chamado *índice*, que fica entre colchetes. Porém, o primeiro elemento em um array não é atribuído ao número 1; é atribuído ao número 0, porque os arrays começam a contar em zero, ao invés de um.

Portanto, o primeiro elemento no array myArray é identificado como myArray[0]. Do mesmo modo, para o sétimo elemento no mesmo array, você usaria myArray[6].

Esta indexação é ótima para manter e recuperar informações seqüenciais.

O número de elementos em um array é conhecido como seu *comprimento* e falaremos sobre este tópico com mais detalhes posteriormente no capítulo, quando as propriedades de um array forem analisadas.

Como criar um array

Agora que você sabe o que é um array e o que ele faz, iremos analisar como criar um. Há várias maneiras diferentes de criar um array; contudo, estaremos lidando principalmente com o operador new e o construtor Array para construir nosso array de amostra.

Abra um novo filme, clique no primeiro quadro da linha do tempo principal e abra o painel Actions (Ações). Ao criar os arrays usando o operador new e o construtor Array, comece definindo uma variável. Então torne a variável igual ao operador new combinado com o construtor Array, seguido de parênteses e então um ponto-e-vírgula (para terminar a linha do código). Eis um exemplo:

```
var myArray = new Array( );
```

Pronto! Você acabou de criar seu primeiro array, portanto, vejamos. Comece adicionando o seguinte ao seu código:

```
var myArray = new Array( );
trace(myArray);
```

Agora teste seu filme indo para a barra de ferramentas e escolhendo Control (Controle), Test Movie (Testar Filme). Quando você testar seu filme, uma janela de saída será aberta, por causa da função trace no código. Porém, nada aparecerá na janela, como mostrado na Figura 15.1. É porque não há nada em nosso array. Voltemos e adicionemos alguns dados ao array.

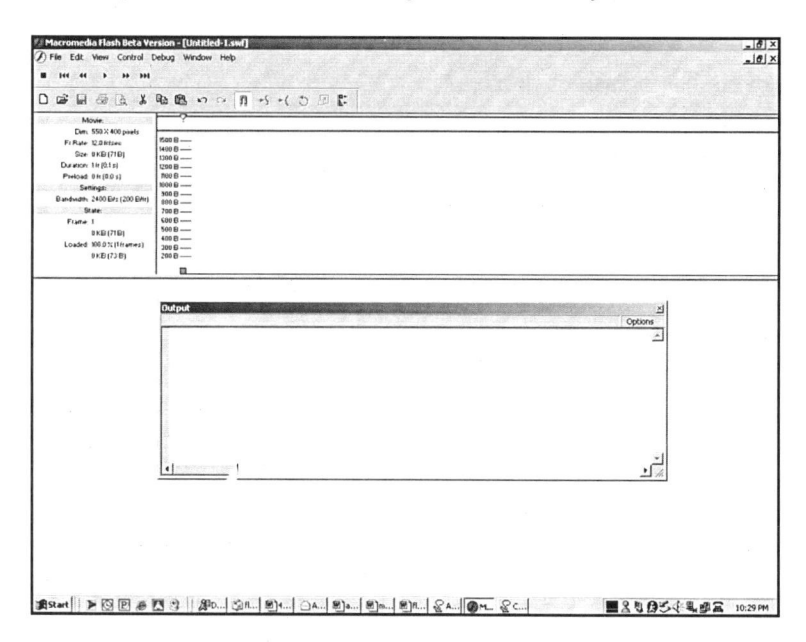

Figura 15.1 Uma janela de saída vazia para seu filme.

Cada elemento em um array é identificado com o nome do array e um inteiro que representa sua posição dentro do array. O primeiro elemento em um array sempre terá um índice 0, seguido de 1 etc. Como você já criou o array, irá identificar os novos elementos manualmente. Abaixo de onde criou o array, digite o nome do array e então 0 entre colchetes, assim:

```
var myArray = new Array( );
myArray[0] = "fName";
myArray[1] = "lName";
trace(myArray);
//output:  fName,  lName
```

Agora que você tem dados no array, poderá continuar a adicionar elementos. Contudo, é muito mais fácil criar os elementos logo no início. Portanto, iremos fazer isto a seguir. E mais, note desta vez que a saída do código é precedida por marcas de comentário (//). Tais comentários não afetam o código e são meramente para explicar algumas ações. A saída aparecerá no código assim, de agora em diante.

Você ainda estará usando o código original, mas quando criar o array desta vez, irá criá-lo com dados dentro. Os elementos em um array podem ser de qualquer tipo, como analisado anteriormente. Iremos usar algumas strings para começar. Ao colocar os elementos em um array quando ele é criado, coloque-os entre parênteses e separe-os com vírgulas, assim:

```
var myArray = new Array("fName", "lName");
trace(myArray);
//output: fName, lName
```

Outra maneira de criar um array com informações não envolve o operador new ou o construtor do array. Você poderá simplesmente definir uma variável como sendo igual aos elementos que deseja no array, mas ao invés de colocá-los entre parênteses, irá colocá-los entre colchetes, como mostrado aqui:

```
var myArray = ["fName", "lName"];
trace(myArray);
//output: fName, lName
```

Isto é rastreado igualmente como os outros exemplos. Porém, apenas lembre-se que quando você não usa o operador new e o construtor do array, tem que colocar os elementos entre colchetes.

Poderá ainda colocar apenas uma parte dos dados no array quando o cria, mas certifique-se de que não seja um inteiro. Do contrário, ocorrerão alguns resultados surpreendentes. Vejamos.

Use o mesmo código de antes, mas substitua o que está entre parênteses pelo número 5 (note que a saída do código é mostrada no código usando as marcas de comentário):

```
var myArray = new Array(5);
trace(myArray);
//output: ,,,,
```

Quando testar o filme, notará que ele não exibe o número 5, mas quatro vírgulas. É porque quando você coloca apenas um inteiro em um array, ele cria muitos elementos em branco.

Poderá também armazenar as variáveis nos arrays exatamente como qualquer outro tipo de dados e os dados armazenados nas variáveis serão exibidos no array:

```
var MyName = "David";
var myAge = 22;
var myArray = new Array(myName, myAge);
trace(myArray);
//output: David, 22
```

Além das variáveis, os arrays podem manter outros arrays (chamados de *arrays aninhados*). Os arrays aninhados são úteis para manter diversas listas em um lugar. Simplesmente coloque o nome do array como um elemento, como faria com uma variável:

```
var myNames = new Array("fName", "lName");
var myArray = new Array("age", myNames);
trace(myArray);
//output: age, fName, lName
```

O segundo array simplesmente engloba o primeiro. Porém, se você rastrear o último elemento em myArray, verá que ele não separa os elementos de myNames. Vejamos isto:

```
var myNames = new Array("fName", "lName");
var myArray = new Array("age", myNames);
trace(myArray[1]);
//output:  fName, lName
```

Como pode ver, mesmo que pareça que quando adicionamos myNames a myArray, os elementos vieram como elementos individuais, na verdade o array inteiro veio como um elemento. Simplesmente lembre-se disto quando adicionar arrays aos arrays.

Como recuperar informações de um array

Ao recuperar informações de um array, use o índice do elemento do array para retirar esta parte específica dos dados, como mostrado aqui:

```
var myArray = new Array("fName", "lName", "age");
trace(myArray[1]);
//output:  lName
```

Neste exemplo, simplesmente chame o segundo elemento em myArray, que tem o índice 1 porque os arrays começam a contar em 0.

Há uma maneira de contar o número de elementos em um array – usando a propriedade length. É a única propriedade que um array tem. Simplesmente anexe a propriedade length a qualquer array com um ponto e ela retornará o comprimento. Eis um exemplo:

```
var myArray = new Array("fName", "lName", "age", "location");
trace(myArray.length);
//output:  4
```

Dica

Lembre-se, o último elemento em qualquer array sempre terá o índice array.length menos 1.

Quando combinada com as instruções de loop, a propriedade length poderá ser usada para recuperar informações seqüenciais.

Este exemplo lista cada elemento na vertical na janela de saída, em oposição a tudo em uma linha. Crie um filme e então coloque este código nas ações do objeto do filme:

```
onClipEvent(load) {
    var myArray = new Array("fName", "lName", "age", "location");
    i = 0;
}
onClipEvent(enterFrame) {
```

```
if  (i<myArray.length) {
   trace(myArray[i]);
   i++;
   }
}
//output:   fName
//          lName
//          age
//          location
```

É apenas um exemplo simples de como usar uma instrução de loop e a propriedade length.

Como adicionar elementos aos arrays

Até então criamos um array e colocamos elementos nele; agora iremos adicionar elementos a um array. Há algumas maneiras de fazer isto. Comecemos com o método simples e iremos para o método mais dinâmico.

Você poderá começar definindo a propriedade length de um array. Definir a propriedade length de um array adicionará quantos elementos em branco forem especificados a este array – mas novamente, o último elemento em branco terá o índice do comprimento menos 1. Eis um exemplo:

```
var myArray = new Array( );
myArray.length = 10;
trace(myArray);
//output:   ,,,,,,,,,   (9 commas)
```

Usar a propriedade length para adicionar elementos adicionará apenas elementos em branco ao início.

Agora iremos adicionar elementos que, de fato, têm dados. Comece criando um array e adicionando elementos com o uso do índice dos elementos, como mostrado aqui:

```
var myArray = new Array("fName", "lName");
trace(myArray);
myArray[2] = "age";
myArray[3] = "location";
trace(myArray);
//output:   fName, lName
//          fName, lName, age, location
```

Isto foi muito fácil. Tudo que fizemos foi adicionar os elementos manualmente, vendo o próximo índice do array e atribuindo-lhe um elemento.

Agora iremos torná-lo mais dinâmico. Crie um botão e coloque-o na cena principal. Então adicione estas ações ao primeiro quadro do filme principal:

```
var myArray = new Array( );
i = 0;
```

Agora adicione estas ações às ações do objeto do botão que acabou de colocar na cena principal:

```
on(press)  {
   thisLength  =  myArray.length;
   myArray[thisLength]  =  i;
   i++;
   trace(myArray);
}
//output:   (depending   on   how   many   times   you   click   the   button,   increasing
//output   continued:   numbers   starting   at   0)
```

Vejamos o que fizemos. Primeiro, criamos um array e uma variável que é igual a zero. Então, adicionamos ações a um botão que, quando pressionado, definirá o elemento com o índice do comprimento do array para a variável *i*. A variável *i* será aumentada em 1 sempre que o botão for clicado. Finalmente, rastreamos o array.

Bem, isto foi bem dinâmico, mas tivemos que escrever algum código que nos permitisse saber qual deveria ser o próximo índice do array. Agora iremos falar sobre o método de um array que fará a verificação para nós: o método push.

Método push

O método push é ótimo quando você deseja adicionar elementos ao final de um array sem verificar o comprimento. Simplesmente atribua o método ao array usando um ponto e coloque o que deseja adicionar entre parênteses depois de push. Vejamos o seguinte exemplo.

Primeiro, crie um filme e coloque-o no palco principal. Então adicione estas ações às ações do objeto do filme:

```
onClipEvent(load)   {
   var  myArray  =  new  Array( );
}
onClipEvent(keyDown){
   theKey  =  String.fromCharCode(Key.getAscii(  ));
   myArray.push(theKey);
   trace(myArray);
}
//output:   (every   key   you   press   depending   on   how   many
//    and   which   key(s)   you   press)
```

Este exemplo é um gravador de teclas simples para mostrar a facilidade com a qual o método push funciona. Ele simplesmente "envia" a tecla para o final do array.

Se, na primeira vez, ao pressionar as teclas na tela de teste, você não vir nada, clique o mouse no palco. Mesmo que um evento keyDown esteja ocorrendo, o mouse terá que ser clicado dentro pelo menos uma vez para o evento ocorrer.

Poderá também colocar mais de um elemento de cada vez em um array. Neste exemplo, iremos adicionar duas partes de dados no final do array usando o método push:

```
var  myArray  =  new  Array("fName",  "lName");
trace(myArray);
myArray.push("age",  "location")
trace(myArray);
//output:   fName,   lName
//       fName,   lName,   age,   location
```

Aqui, simplesmente adicionamos dois elementos a myArray simultaneamente usando o método push.

Você poderá adicionar qualquer tipo de dados usando o método push, como mostrado no seguinte exemplo:

```
var myArray = new Array("fName", "lName");
trace(myArray);
var x = 10;
var anotherArray = new Array("age", "location");
var y = 5 + x;
myArray.push(x,y,anotherArray);
trace(myArray);
//output:   fName,   lName
//     fName,  lName,  10,  15,  age,  location
```

Aqui, adicionamos uma variável, uma expressão e ainda outro array ao nosso array original usando o método push.

Como um aparte interessante para aquilo que o método push dos arrays pode fazer, você poderá verificar o novo comprimento de um array enquanto usa o método push para adicionar elementos, como mostrado aqui:

```
var myArray = new Array("fName", "lName");
trace(myArray.push("age", "location"));
trace(myArray);
//output:   4
//     fName,  lName,  age,  location
```

Poderá ainda substituir a propriedade length pelo método de retornar o comprimento em alguns casos. Eis um exemplo:

```
var myArray = new Array("fName", "lName");
trace(myArray.push(myArray.push( )));
trace(myArray);
//output:   3
//     fName,  lName,  2
```

Como este método adiciona o número antes de verificar o comprimento usando o método push, ele adiciona o número 2, representando o comprimento do array, ao invés de 3.

O método push é ótimo para reunir as respectivas informações para a recuperação. Alguns exemplos poderiam fornecer controle dentro do filme Flash e registrar as informações dos usuários para a próxima vez quando eles visitarem.

Outro exemplo é uma função de pesquisa que pesquisa um array e retorna a freqüência e as posições do elemento que você está procurando:

```
//First, create the function and label your variabels
function searchArray(theArray,lookFor)  {
//Then create an array to hold the positions
    var position = new Array( );
    //Use a for loop statement to check through each element
    for (var i = 0; i <=theArray.length-1; i++) {
    //Use an if statement to compare each element to what you're looking for
        if (theArray[i] == lookFor) {
```

```
        //If the element matches, add to the position array
            position.push([i]);
        }
    }
    //Lastly, trace the results
        trace("The frequency is  " + position.length);
        trace("In position(s)  "  + position);
}
var myArray = new Array("fName", "lName", "age", "location", "age");
searchArray(myArray, "age");
//output:   The frequency is 2
//       In position(s)  2,  4
```

É apenas outro exemplo de como usar o método push e a propriedade length para recuperar os elementos de um array.

Outro método que você poderá usar para adicionar elementos a um array é o método unshift.

Método unshift

O método unshift funciona de modo idêntico ao método push, com exceção de ao invés de adicionar elementos ao final, adiciona-os ao início. Eis um exemplo:

```
var myArray = new Array("fName", "lName");
trace(myArray);
myArray.unshift("age");
trace(myArray);
//output:   fName,  lName
//          age,  fName,  lName
```

Novamente, o método unshift adiciona elementos ao início de um array. Portanto, cada um dos índices dos elementos originais é aumentado. Por exemplo, fName irá de myArray[0] para myArray[1] e age se tornará myArray[0].

E mais, como o método push, o método *unshift* poderá ser usado para exibir o comprimento de um array:

```
var myArray = new Array("fName", "lName");
trace(myArray.unshift("age", "location"));
trace(myArray);
//output:   4
//          age, location, fName, lName
```

Como o método push, unshift rastreia o comprimento novo e adiciona elementos ao array, mas diferente de push, adiciona-os na frente do array.

Método splice

O método splice é um dos muitos métodos eficientes dos arrays. Não só pode adicionar elementos a um array, como também apaga os elementos e coloca-os no meio dos arrays. Sua sintaxe é muito parecida com a de outros métodos sobre os quais falamos, com exceção de que tem diversas partes:

```
myArray.splice(startingIndex,deleteNumber,itemsToAdd);
```

Vejamos a primeira parte, a parte que apagará os itens do ponto inicial para frente. Anexe o método, como faria com qualquer outro e, entre parênteses, coloque o índice de onde deseja começar a apagar os itens do array:

```
var myArray = new Array("fName", "lName", "age", "location", "phone");
myArray.splice(2);
trace(myArray);
//output:    fName,   lName
```

O método começou com o segundo índice, que era age e apagou todos os elementos restantes. Os elementos foram removidos de modo permanente. Na verdade, se você verificar o comprimento de myArray depois de splice, o valor será 2.

Agora que sabe como apagar de um índice até o final, vejamos como remover um certo número de elementos a partir de um ponto inicial. Use o mesmo código, apenas desta vez, entre parênteses coloque uma vírgula depois do ponto inicial e coloque quantos elementos serão removidos. Eis um exemplo:

```
var myArray = new Array("fName", "lName", "age", "location", "phone");
myArray.splice(2,2);
trace(myArray);
//output:    fName,   lName,   phone
```

Desta vez o método removeu os elementos do índice inicial que atribuímos e removeu de modo permanente o número de elementos atribuídos. Se você verificar o comprimento, ele retornará o valor 3.

A última etapa do método splice é adicionar elementos no meio do array, começando com o ponto inicial. Novamente, estaremos usando o mesmo código de antes. Desta vez, depois do número que representa o número de elementos a remover, colocaremos outra vírgula e então adicionaremos os elementos no meio separando-os com vírgula:

```
var myArray = new Array("fName", "lName", "age", "location", "phone");
myArray.splice(2,2, "fax", "email");
trace(myArray);
//output:    fName,   lName,   fax,   email,   phone
```

Desta vez, o método splice removeu o número de elementos atribuídos no ponto inicial atribuído e adicionou elementos no ponto inicial. De novo, ao adicionar elementos, você poderá adicionar qualquer tipo de dados, inclusive variáveis e outros arrays.

Agora iremos adicionar elementos ao meio de um array sem apagar nenhum elemento. Desta vez, usaremos a mesma sintaxe, mas definiremos o número de itens que desejamos apagar para zero:

```
var myArray = new Array("fName", "lName", "age", "location", "phone");
myArray.splice(2,0, "fax", "email");
trace(myArray);
//output:    fName,   lName,   fax,   email,   age,   location,   phone
```

Como definimos o número de itens a apagar para zero, o método simplesmente adiciona os elementos no índice que listamos e desliza sobre os outros elementos.

O método splice tem ainda outro uso ótimo. Ele pode retornar os valores dos itens removidos. Eis um exemplo:

```
var myArray = new Array("fName", "lName", "age", "location", "phone");
trace (myArray.splice(2,2));
//output:  age, location
```

Neste caso, ao invés de mostrar como fica o array depois de splice, o método mostra quais elementos foram removidos. Neste ponto, se você rastrear o array, ele mostrará o novo array com estes elementos removidos. Isto será realmente útil se quiser remover certas informações de um array e colocá-las em outro array. Eis um exemplo:

```
var myArray = new Array("fName", "lName", "age", "location", "phone");
anotherArray = myArray.splice(2,2);
trace(anotherArray);
trace(myArray);
//output:  age, location
//        fName, lName, phone
```

Desta vez, removemos os itens de um array e os colocamos em um novo array chamado anotherArray.

Você poderá ainda adicionar elementos ao array original enquanto remove seus elementos e coloca-os em um novo array. Usando o mesmo código de antes, desta vez iremos adicionar um elemento ao array original:

```
var myArray = new Array("fName", "lName", "age", "location", "phone");
anotherArray = myArray.splice(2,2, "fax");
trace(anotherArray);
trace(myArray);
//output:  age, location
//        fName, lName, fax, phone
```

Isto foi bem simples. Removemos dois elementos e os colocamos em um novo array enquanto adicionamos um elemento ao array original.

Para resumir, o método splice pode fazer quase tudo. Você poderá usá-lo para adicionar, remover e alterar os elementos dentro de um array. Poderá ainda ser usado para criar novos arrays.

Outro método usado para adicionar elementos aos arrays é o método concat.

Método concat

O método concat funciona de modo parecido com o método push, no sentido de que adiciona elementos ao final de um array. Porém, não afeta o array original. Ao contrário, cria um novo array com novos elementos.

Para demonstrar o método concat, iremos usar nosso array de amostra. Agora poderemos criar outro array adicionando elementos ao original com o método concat:

```
var myArray = new Array("fName", "lName", "age");
var anotherArray = myArray.concat("phone", "fax");
trace(anotherArray);
//output:  fName, lName, age, phone, fax
```

O novo array, anotherArray, tem ambos os elementos do array original, myArray, e os novos elementos que adicionamos ao final. Se você rastrear myArray, nada mudará, porque o método concat afeta apenas o novo array criado.

Uma ótima coisa sobre o método concat é que ao adicionar um array a outro, ele separa os elementos e adiciona-os como elementos únicos. Vejamos dois exemplos: um usando o método push e outro usando o método concat.

Eis o exemplo que usa o método push( ):

```
var myArray = new Array("fName", "lName");
var anotherArray = new Array("age", "location");
myArray.push(anotherArray);
trace(myArray[2]);
//output: age, location
```

E eis o exemplo que usa o método concat( ):

```
var myArray = new Array("fName", "lName");
var anotherArray = new Array("age", "location");
myArray = myArray.concat(anotherArray);
trace(myArray[2]);
//output: age
```

No primeiro exemplo, usamos o método push para adicionar o segundo array a myArray. Note que ele não separa os elementos em seus próprios elementos individuais. Ao contrário, coloca o array inteiro em myArray[2]. No segundo exemplo, usamos o método concat para adicionar o segundo array a myArray. Quando o método concat é usado, os elementos do array são separados em elementos individuais.

Nota

A menos que você defina o array para ser igual a si mesmo, o método concat não afetará de modo permanente o array original.

Mesmo que concat separe os elementos em um array nos elementos individuais, ele não irá separar os arrays aninhados. Eis um exemplo:

```
var myArray = new Array(["fName", "lName"], ["age", "location"]);
var anotherArray = myArray.concat(myArray);
trace(anotherArray[0]);
//output: fName, lName
```

Como nomear os elementos do array

A maioria dos elementos do array é numerada, mas pode também ser nomeada. Nomear os elementos do array é uma maneira fácil de manter as informações organizadas em um array. Nenhum destes elementos nomeados poderá ser manipulado pelos métodos do array, nem poderá ser visto quando o array for rastreado.

Há duas maneiras de criar elementos do array nomeados. A primeira usa a sintaxe de ponto e a segunda usa colchetes e strings literais. Eis um exemplo de ambos os métodos:

```
var myArray = new Array( );
myArray.fName = "David";
myArray["age"] = 22;
trace(myArray);
//output:  (nothing)
```

Primeiro criamos um array para manter os elementos nomeados e então anexamos o primeiro elemento usando a sintaxe de ponto e o definimos para ser igual a uma string. Então anexamos o próximo elemento nomeado usando colchetes e uma string para nomeá-lo e definimos seu valor para um número. Finalmente, rastreamos o array, mas não houve nenhum resultado. É porque, como mencionado anteriormente, quando você rastreia um array, os elementos nomeados não aparecem. Você terá que chamar os elementos nomeados individualmente. Portanto, usando o mesmo código de antes, iremos rastrear ambos os elementos nomeados individualmente ao rastrear o array:

```
var myArray = new Array( );
myArray.fName = "David";
myArray["age"] = 22;
trace(myArray["fName"]);
trace(myArray.age);
//output:  David
          22
```

Desta vez, quando rastreamos os elementos individualmente, o rastreamento foi bem-sucedido.

Os elementos do array nomeados também não aparecerão no comprimento do array. Eis um exemplo:

```
var myArray = new Array( );
   myArray.fName = "David";

   trace(myArray.length);
//output:  0
```

Agora que você sabe como adicionar elementos a um array, veremos como removê-los.

Como remover os elementos do array

Exatamente como adiciona os elementos, removê-los tem várias opções diferentes. Começaremos com as opções simples e então iremos usar os métodos do array.

A primeira opção para remover os elementos de um array é usar o operador delete.

Operador delete

Este operador delete é enganador. Ele não apaga, de fato, o elemento no array; meramente define o elemento para undefined. Para usar este operador, digite **delete**, então use um espaço para separar o elemento do array que deseja "apagar" usando seu índice. Eis um exemplo:

```
var myArray = new Array("fName", "lName");
trace(myArray[0]);
delete myArray[0];
```

```
trace(myArray[0]);
//output:   fName
           undefined
```

Como pode ver, quando rastreamos o primeiro elemento em myArray antes de usarmos o operador delete, ele exibiu fName. Então depois de usarmos o operador delete, a saída do primeiro elemento tornou-se undefined. Note também que o comprimento de um array depois de usar o operador delete ficará igual – mesmo que o operador remova os dados no elemento, não removerá o elemento em si.

O operador delete também pode ser usado nos elementos do array nomeados, como mostrado aqui:

```
var myArray = new Array( );
myArray.fName = "David";
trace(myArray.fName);
delete myArray.fName;
trace(myArray.fName);
//output:   David
           undefined
```

Exatamente como a indexação dos elementos do array, o operador delete apenas remove o valor do elemento, mas o elemento ainda está no array.

Para remover o elemento em si, temos algumas opções. A primeira envolve usar a propriedade length. Então há os métodos pop, shift e splice.

Como remover os elementos usando a propriedade length

Usar a propriedade length para remover os elementos em um array é muito parecido com usá-la para adicionar elementos. Apenas crie um array e defina seu comprimento, assim:

```
var myArray = new Array("fName", "lName", "age", "location");
trace(myArray);
myArray.length = 2;
trace(myArray);
//output:   fName, lName, age, location
//         fName, lName
```

Usar a propriedade length para remover os elementos é uma maneira muito simples de se livrar de tudo que vem depois do comprimento desejado do array.

Método splice revisado

O método splice já foi tratado anteriormente neste capítulo. Porém, desta vez iremos usá-lo para a remoção dos elementos em um array.

Você poderá usar o método splice de duas maneiras diferentes ao remover os elementos. A primeira remove todos os elementos que começam com o índice inicial definido. A segunda define o número de elementos a remover no índice inicial. Eis um exemplo:

```
var myArray = new Array
("fName", "lName", "age", "location", "phone", "fax", "email");
trace(myArray);
myArray.splice(5);
```

```
trace(myArray);
myArray.splice(2,2);
trace(myArray);
//output:  fName, lName, age, location, phone, fax  email
//fName, lName, age, location, phone
//fName, lName, phone
```

O primeiro splice define o índice inicial e remove todos os elementos em e além deste ponto. O segundo splice define o índice inicial e o número de elementos a remover, e então de fato remove estes elementos. Outro método usado para remover os elementos do array é o método pop.

Método pop

O método pop pode ser considerado como sendo o "arquiinimigo" do método push. Ao passo que o método push adiciona elementos ao array, o método pop remove os elementos únicos do final do array. Sua sintaxe é igual a de outros métodos – apenas anexe o método ao array do qual deseja remover os elementos, como mostrado aqui:

```
var myArray = new Array("fName", "lName", "age", "location");
myArray.pop( );
trace(myArray);
//output:  fName, lName, age
```

Neste exemplo, o método pop simplesmente descartou completamente o último elemento no array e mudou o comprimento do array.

O método pop também pode retornar o valor do elemento removido. Eis um exemplo:

```
var myArray = new Array("fName", "lName", "age", "location");
trace(myArray.pop( ));
//output:  location
```

O próximo método para remover os elementos do array é o método shift.

Método shift

Se o método pop é o arquiinimigo do método push, então o método shift é o arquiinimigo do método unshift. O método shift remove um elemento do início de um array e diminui seu comprimento em um:

```
var myArray = new Array("fName", "lName", "age", "location");
myArray.shift( );
trace(myArray);
//output:  lName, age, location
```

E como o método pop, o método shift retorna o valor do elemento removido:

```
var myArray = new Array("fName", "lName", "age", "location");
trace(myArray.shift( ));
//output:  fName
```

Mas e se não quisermos nos livrar dos elementos em um array e apenas quisermos alterá-los?

Como alterar os elementos nos arrays

Agora que você sabe como adicionar e remover os elementos, iremos analisar como alterá-los. Criaremos um array, iremos rastreá-lo para ver o original, mudaremos o primeiro elemento para outra coisa usando o índice e então iremos rastreá-lo novamente para ver a diferença, como mostrado no seguinte código:

```
var myArray = new Array("fName", "lName");
trace(myArray);
myArray [0] = "age";
trace(myArray);
//output:   fName, lName
//          age, lName
```

Foi muito simples. Apenas renomeamos o primeiro elemento, exatamente como renomeamos uma variável. E mais, mudar os elementos do array nomeado é igualmente fácil, como mostrado aqui:

```
var myArray = new Array( );
myArray.age = 21;
trace(myArray.age);
myArray.age = 22;
trace(myArray.age);
//output:   21
//          22
```

A próxima seção cobrirá com mais detalhes os arrays aninhados e como eles podem ser usados e manipulados.

Arrays aninhados avançados

Anteriormente neste capítulo, analisamos rapidamente os arrays aninhados (os arrays mantidos em outros arrays). Agora iremos analisar algumas vantagens de usar estes arrays aninhados. Primeiro, veremos como criar um. O exemplo que usaremos aqui envolve as cinco iniciais de uma equipe de basquetebol pela posição. Este exemplo mostra as seguintes informações:

- Pontos marcados
- Jogadas efetuadas
- Rebates totais

Começaremos com apenas as duas primeiras posições e iremos combiná-las, como mostrado aqui:

```
var PG = new Array(12,15,4);
var SG = new Array(20,22,5);
var team = new Array(PG,SG);
trace(team);
//output:   12,15,4,20,22,5
```

Agora que temos os dados fornecidos, poderemos ir para os rebates da defesa do array team, sem mostrar os outros elementos. Para tanto, atribuiremos um índice ao elemento indexado. Isto pode parecer complicado, mas não é. Queremos saber quantos rebates a defesa tem (o terceiro elemento no primeiro elemento do array team). Eis o código que usaremos:

```
var PG = new Array(12,15,4);
var SG = new Array(20,22,5);
var team = new Array(PG,SG);
trace(team[0][2]);
//output:  4
```

Sucesso! Recuperamos um elemento individual de um array aninhado. É uma ferramenta muito poderosa quando você tem arrays enormes com muitos arrays aninhados. Agora avançaremos uma etapa. Iremos adicionar o resto da equipe, e desta vez obteremos o total para cada categoria e colocaremos estas informações em um array chamado totals. Também iremos dividir os totais, quando estiverem sendo calculados, pela propriedade length do array principal para obter as médias para os jogadores e então colocaremos estas informações em outro array chamado averages. Eis o código:

```
//First, get all the players ready with their stats in their own array
var PG = new Array(12,15,4);
var SG = new Array(20,22,5);
var SF = new Array(11,13,8);
var PF = new Array(18,14,16);
var C  = new Array(20,17,21);
//Now combine all the players arrays into one array called "team"
var team = new Array(PG,SG,SF,PF,C);
var totals = new Array( );
var averages = new Array( );
//Now lets create the loop statement that will perform all the
necessary
//tasks we want
for(var i = 0; i<team[0].length; i++){
   for(var j = 0; j<team.length; j++){
   //Place the total of each sub-element into the totals array
      totals[i]+=team[j][i];
   //Divide the total of each sub-element by
   //the main array's length to get the //average
      average[i]+=(team[j][i])/team.length;
   }
}
trace(totals);
trace(averages);
//output:   81, 81, 54
//       16.2,16.2,10.8
```

Neste exemplo, extraímos as informações em seqüência dos arrays aninhados, totalizamos cada coluna e colocamos os totais em outro array. Também obtivemos com sucesso as médias de todos os jogadores e as colocamos em outro array. Esta é apenas uma das muitas possibilidades de usar este método.

Métodos adicionais do array

Até então vimos os métodos para adicionar e remover os elementos. Agora veremos alguns outros métodos do array para manipular os elementos em um array.

Método toString

Às vezes, você poderá querer definir um array como sendo igual a uma variável, mas quando define uma variável para ser igual diretamente a um array, o script simplesmente copia o array para esta variável e armazena cada elemento como seu próprio elemento. Usaremos o método toString, que você viu antes no Capítulo 11, para converter um array inteiro em uma string, com cada elemento separado por vírgulas:

```
var myArray = new Array("fName", "lName");
var anotherArray = myArray;
var myVariable = myArray.toString( );
trace(anotherArray[0]);
trace(myVariable[0]);
//output:   fName
//          undefined
```

Este exemplo mostra que quando copiamos myArray para anotherArray, uma cópia exata do array original foi criada. Então copiamos o mesmo array para myVariable, mas anexamos o método toString a ela. Quando tentamos rastrear um elemento único fora de myVariable, *undefined* foi retornado. Portanto, agora iremos retirar o índice de myVariable e ver o que acontece:

```
var myArray = new Array("fName", "lName");
var anotherArray = myArray;
var myVariable = myArray.toString( );
trace(anotherArray[0]);
trace(myVariable);
//output:   fName
//          fName, lName
```

Note que os elementos são separados por vírgulas e espaços quando o array se torna uma string. Mas e se você quiser separar cada elemento com algum outro caractere? O método join poderá fazer isto.

Método join

Parecido com o método toString, o método join converte todos os elementos em um array em uma string para colocar em uma variável. Porém, diferente do método toString, o método join separa cada elemento como você deseja. De novo, simplesmente defina este método para um array, como faria com qualquer outro método e então coloque qualquer tipo de dados que deseja para separar os elementos entre parênteses. Pode ser uma string, um número, uma variável ou qualquer outro tipo de dados. Eis um exemplo:

```
var myArray = new Array("fName", "lName", "age", "location");
var myVariable = myArray.join("- -");
trace(myVariable);
//output:   fName-  -lName-  -age-  -location
```

Como alternativa, poderá deixar os parênteses em branco, o que fará com que join aja exatamente como o método toString:

```
var myArray = new Array("fName", "lName", "age", "location");
var myVariable = myArray.join( );
trace(myVariable);
//output:  fName,lName,age,location
```

Poderá ainda colocar uma expressão, como mostrado aqui:

```
var myArray = new Array("fName", "lName", "age", "location");
var myVariable = myArray.join(2+2);
trace(myVariable);
//output:  fName4lName4age4location
```

Agora vejamos outro método para os arrays – o método slice.

Método slice

Como o método splice, o método slice pode obter os elementos de um array e colocá-los em um novo array. Porém, diferente do método splice, o método slice não afeta o array original. Eis uma maneira fácil de considerar estes métodos: o método splice é como cortar e o método slice é como copiar.

A sintaxe para o método slice é igual à do método splice – você pode definir o ponto inicial e quantos elementos deseja copiar. Eis um exemplo:

```
var myArray = new Array("fName", "lName", "age", "location");
var anotherArray = myArray.slice(2);
trace(anotherArray);
trace(myArray);
//output:  age, location
//        fName, lName, age, location
```

O método slice copia os elementos, começando com o índice declarado, para o último elemento do array original e coloca-os em um novo array sem afetar o array original.

Você poderá também definir o índice final dos elementos que deseja copiar:

```
var myArray = new Array("fName", "lName", "age", "location");
var anotherArray = myArray.slice(2,3);
trace(anotherArray);
//output:  age
```

Até então, estes métodos removeram, adicionaram e deslocaram os elementos. Agora iremos mudar a ordem deles com o método reverse.

Método reverse

O método reverse é exatamente o que parece – é um método para inverter a ordem de todos os elementos em um array. Assim que um array for criado, você poderá anexar-lhe o método reverse, assim:

```
var myArray = new Array("fName", "lName", "age", "location");
myArray.reverse( );
trace(myArray);
//output: location, age, lName, fName
```

O método reverse é usado principalmente para inverter os arrays já classificados. A próxima seção mostra como este método é usado.

Como classificar os arrays

A classificação desempenha um papel importante ao usar os arrays. Com a classificação, você poderá colocar os nomes na ordem alfabética, colocar preços do mais alto para o mais baixo e ainda ver quem tem a maior pontuação até então no video game.

Há dois tipos de classificação: uma envolve uma classificação geral dos elementos em um array e a outra envolve a classificação dos arrays aninhados.

Vejamos o método sort geral. Simplesmente anexe este método, como faria com qualquer outro método e ele classificará de algum modo alfabeticamente. Eis um exemplo:

```
var fName = new Array("David", "Mike", "George", "Matt", "Kim");
fName.sort( );
trace(fName);
//output: David,George,Kim,Matt,Mike
```

A classificação parece boa. Então por que mencionei que classificará de "algum modo" alfabeticamente? Como notará, todas as strings no array fName começam com uma letra maiúscula. Porém, altere a primeira letra em "David" para um *d* minúsculo e veja os resultados:

```
var fName = new Array("david", "Mike", "George", "Matt", "Kim");
fName.sort( );
trace(fName);
//output: George,Kim,Matt,Mike,david
```

Desta vez, "david" é movido para trás, mesmo que seja o mesmo nome. O método sort não reconhece "david" como sendo igual a "David", porque não vê as letras em si; ao contrário, vê seus códigos de tecla (analisados no Capítulo 11), nos quais as letras maiúsculas vêm antes das minúsculas. Contudo, há soluções para isto, e é onde os argumentos para o método sort entram. Você poderá atribuir argumentos para controlar como o método sort classificará.

Capítulo 15 – Arrays | 413

Atribuir um argumento ao método sort pode ser difícil, dependendo do quão avançado deseja ser. Comecemos com o trivial. Iremos criar uma função que controla a classificação, e então definiremos a função como o argumento a ser classificado. O seguinte exemplo usa um array de idades e classificados da maior para a menor:

```
function bigToSmall(element0,element1){
    if (element0 < element1){
        return1;
    }else if (element0 > element1){
        return -1;
    }else{
        return 0;
    }
}
var age = new Array(12,21,13,24,48);
age.sort(bigToSmall);
trace(age);
//output: 48, 24, 21, 13, 12
```

Neste exemplo criamos uma função. Esta função tem que conter dois elementos que representam os elementos no array. Então criamos uma instrução if, que determina como classificar os elementos. O resultado da instrução if deverá ser negativo se você quiser que o primeiro elemento apareça antes do segundo e positivo ao contrário. Depois de criar a função, criamos o array. Então classificamos o array de acordo com nossa função.

Agora eis uma função bem grande para apenas uma classificação simples. Porém, podemos encurtá-la definindo a instrução return para uma expressão:

```
function bigToSmall(element0,element1){
    return element1-element0;
}
var age = new Array(12,21,13,24,48);
age.sort(bigToSmall);
trace(age);
//output: 48, 24, 21, 13, 12
```

Agora que você sabe como criar uma função para usar no método sort, iremos rever o array fName de antes e classificá-lo alfabeticamente, independentemente das letras maiúsculas e minúsculas:

```
function alphabet(element0,element1)    {
    return  (element0.toUpperCase( ) > element1.toUpperCase( ));
}
var fName = new Array("David", "andy", "mike", "George", "john");
fName.sort(alphabet);
trace(fName);
//output: andy, David, George, john, mike
```

Usando o método toUpperCase para as strings, convertemos cada elemento no array no mesmo estilo (você poderá também usar o método toLowerCase). Assim, quando a classificação for executada, irá comparar os elementos igualmente, porque as mesmas letras maiúsculas e minúsculas são usadas para todos os elementos.

Método sortOn

O método *sortOn*, é um novo acréscimo para os métodos do array no Flash MX, é um método extremamente capcioso de usar. Ele classifica os arrays aninhados pelo valor de um elemento nomeado específico em cada array. A sintaxe é parecida com a de outros métodos tratados até o momento, mas entre parênteses, você colocará o campo nomeado pelo qual deseja classificar todos os arrays aninhados. Cada um dos arrays aninhados que você deseja classificar tem que ter este campo nomeado nele. Vejamos um exemplo:

```
var one = new Array( );
one.a = "a";
one.b = "b";
one.c = "c";
var two = new Array( );
two.a = "b";
two.b = "c";
two.c = "a";
var three = new Array( );
three.a = "c";
three.b = "a";
three.c = "b";
var myArray = new Array(one,two,three)
trace(myArray[0].a);
myArray.sortOn("b");
trace(myArray[0].a);
//output:  a
//        c
```

Neste exemplo, criamos primeiro os três arrays que iremos colocar em nosso array principal. Em cada array aninhado, criamos três elementos do array nomeado: one, two e three. Então definimos cada um dos três elementos nomeados para três letras de string literal diferentes: a, b, e c. Em seguida, movemos cada um dos valores, para que os arrays não sejam iguais entre si. Então, colocamos cada um destes três arrays em myArray. Depois disto, rastreamos o elemento nomeado a no primeiro array aninhado de myArray. Então executamos a classificação com base no elemento nomeado b em todos os arrays aninhados. Depois da classificação, rastreamos myArray novamente, com base no elemento nomeado a no primeiro elemento do array e desta vez foi c. Portanto, a classificação teve sucesso.

Exemplo aplicado

Vimos muito código e exemplos diferentes de como usar alguns métodos dos arrays. Agora veremos um exemplo aplicado de arrays em funcionamento. Iremos criar um gravador de mouse, que depois de uma certa duração da gravação, irá reproduzir as posições registradas do mouse.

Primeiro, teremos que criar os símbolos necessários para o filme:

1. Crie um símbolo do filme com um gráfico de seta centralizado no ponto da seta. Nomeie este símbolo como **arrow** (veja a Figura 15.2).

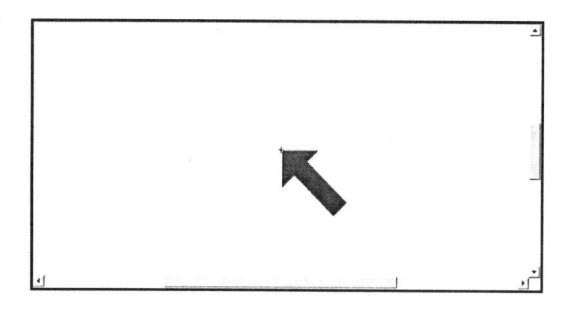

Figura 15.2 O símbolo "arrow".

2. Crie um símbolo do filme com um campo de texto dinâmico identificado como "count". Nomeie este símbolo como **count** (veja a Figura 15.3).

Figura 15.3 O símbolo "count".

3. Crie um símbolo de botão para mover de quadro em quadro. Nomeie este símbolo como **button** (veja a Figura 15.4).

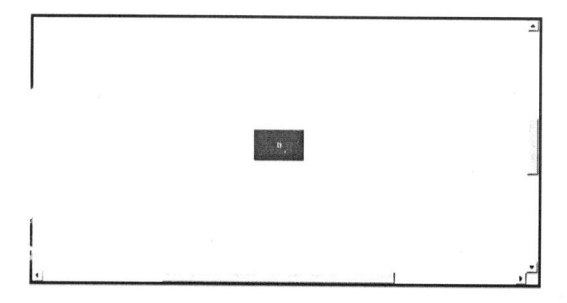

Figura 15.4 O símbolo "button".

Em seguida, no palco principal, crie cinco camadas com as seguintes etiquetas:
- Actions (Ações)
- Labels (Etiquetas)

- Count (Contagem)
- Arrow (Seta)
- Button (Botão)

O filme irá consistir de três quadros-chave principais. Na camada Labels, identifique os quadros assim:
- start
- record
- playRecord

Agora iremos para a camada Actions. No primeiro quadro, coloque este código:

```
stop( );
//Create our arrays to hold our data
var mouseX = new Array( );
var mouseY = new Array( );
```

E mais, no primeiro quadro-chave da camada Buttons, coloque uma instância do botão. Então coloque o seguinte código nas ações do objeto do botão:

```
on (press)  {
   gotoAndStop("record");
}
```

Em seguida, na camada Count, coloque uma instância da contagem no palco no segundo quadro-chave e então coloque o seguinte código nas ações do objeto:

```
onClipEvent(load)   {
//Create a variable to adjust the length of the recording
//as well as an incremental variable
   time = 200;
   i = 0;
}
onClipEvent(enterFrame){
//then use a loop statement to check if time is up
   if(i < time){
//Record the positions of the mouse and place them
//in the arrays on the main stage
      _root.mouseX.push(_root._xmode);
      _root.mouseY.push(_root._ymode);
      this.count = i;
   }else {
//When count is over, go to the next frame
      _root.gotoAndStop("playRecord");
   }
   i++;
}
```

Então na camada Arrow, coloque uma instância de seta no palco principal no terceiro quadro-chave e coloque estas ações:

```
onClipEvent(load)   {
//Create incremental variable again
   i=0;
```

```
}
onClipEvent(enterFrame){
//as long as the you are not at the end of the array
//keep playing
   if(i<_root.mouseX.length){
//Set the positions of this arrow equal to positions
//held in arrays on the main timeline
      _x = _root.mouseX[i];
      _y = _root.mouseY[i];
      i++;
   }else {
//When it's over, go to the beginning
      _root.gotoAndStop("start");
   }
}
```

É tudo! Agora teste o filme e divirta-se sugerindo seus próprios experimentos usando os arrays. Note também que quanto mais alta for a velocidade de projeção, mais suave será a animação.

Resumo

Vimos todo o básico dos arrays. Tocamos em cada um dos métodos predefinidos, assim como em algumas teorias e idéias por trás deles.

Capítulo 16

Componentes

por David Vogeleer

Neste capítulo

- A história dos Smart Clips
- Introdução aos componentes
- Como definir os parâmetros
- Componentes UI predefinidos
- Como transmitir informações para e a partir do ActionScript com componentes
- A aparência dos componentes
- Como criar componentes
- A desvantagem dos componentes
- Recursos do componente Flash UI

Este capítulo cobre a rápida história dos Smart Clips (Clipes Inteligentes) e porque foram criados. Então vai para um novo recurso do Flash MX – os componentes, que são os novos Smart Clips. Os componentes fornecem uma maneira de criar partes da interface personalizáveis e reutilizáveis. Veremos este novo recurso e como usar cada componente predefinido. Então continuaremos com a criação própria de ícones personalizados.

Comecemos no início com os Smart Clips.

A história dos Smart Clips

Voltando ao Flash 5, os Smart Clips foram criados para que os desenvolvedores e os programadores pudessem construir partes da interface para serem reutilizadas sempre, sem que o usuário tivesse que entrar no painel Actions (Ações) para ajustar as variáveis. Ao contrário, o usuário podia usar uma interface gráfica para ajustar as definições individuais do clipe do filme.

Este conceito deu às pessoas com pouca ou nenhuma base em programação a capacidade de construir e implementar as interfaces feitas totalmente no Flash.

Porém, esta capacidade não veio sem um preço; o tamanho do arquivo dos Smart Clips tornou-se um problema. Os Smart Clips são notavelmente maiores em tamanho do que os filmes originais convertidos em Smart Clips. Se o desenvolvedor puder codificar a interface e torná-la um arquivo menor, então a novidade de fazer com que um não programador ajuste as definições perderá seu valor.

Contudo, no Flash MX, os Smart Clips cederam lugar aos componentes.

Introdução aos componentes

Os componentes da interface do usuário Flash (*componentes UI* para abreviar) são clipes do filme criados com métodos especiais e outro ActionScript para que, através de uma interface, as variáveis maiores possam ser ajustadas para criar as partes da interface que podem ser personalizadas para as necessidades individuais.

Você poderá criar seus próprios componentes, o que fará posteriormente neste capítulo, mas o Flash também inclui seu próprio conjunto de componentes UI e eles poderão ser encontrados no painel Components (Componentes), como mostrado na Figura 16.1. Para abrir este painel, vá para a barra de menu e escolha Window (Janela), Components (Ctrl+F7).

Figura 16.1 O painel Components.

Eis uma lista de cada componente com uma descrição de como é usado:
- **CheckBox.** Uma opção: sim ou não.
- **ComboBox.** Uma exibição mostrando uma lista de opções na qual apenas uma pode ser escolhida.
- **ListBox.** Uma exibição mostrando uma lista de opções na qual uma ou várias podem ser escolhidas de uma só vez.
- **PushButton.** Chama uma função definida quando clicada ou quando a tecla Enter/Return é pressionada.
- **RadioButton.** É uma única opção em um grupo de opções; apenas uma em um grupo pode ser escolhida.
- **ScrollBar.** Anexada a um campo de texto dinâmico. Este componente pode ser usado para paginar o texto para cima e para baixo, assim como da esquerda para a direita.
- **ScrollPane.** Anexado a um filme. Este componente pode ser usado para paginar a área visível do filme na vertical, assim como na horizontal.

Antes de entrarmos nos detalhes de como usar e personalizar cada um destes componentes, você precisa saber como adicioná-los a um filme e ajustar seus parâmetros.

Como adicionar componentes a um filme

O acréscimo de componentes a um documento pode ser feito de duas maneiras diferentes. A mais simples é arrastar uma instância do componente para o palco. A maneira mais difícil é adicioná-los a Library (Biblioteca) e então usar o ActionScript para anexá-los a um clipe do filme ou ao palco principal em si. Começaremos com o método mais simples e então usaremos o mais difícil.

Note que estaremos trabalhando no modo Live Preview (Visualização Dinâmica). Live Preview permite que você veja as alterações feitas nos parâmetros do componente imediatamente depois de alterá-los, ao invés de ter que testar o filme para vê-los. Para ativar Live Preview, vá para a barra de menu e escolha Control (Controle), Enable Live Preview (Ativar Visualização Dinâmica). Se você vir uma marca de verificação ao lado desta opção, já estará ativada.

Como adicionar componentes manualmente

A primeira coisa que você precisará fazer é iniciar um novo arquivo. Vá para a barra de menu e escolha File (Arquivo), New (Novo). Certifique-se de que o painel Components esteja fixado, se já não estiver, para que possa ver o palco inteiro. A Figura 16.2 mostra o painel Components fixado.

Agora, pressione e arraste o ícone para CheckBox para o palco. Você usará todas as definições default para este exemplo.

Quando testar o filme, agora terá um quadro de seleção funcional.

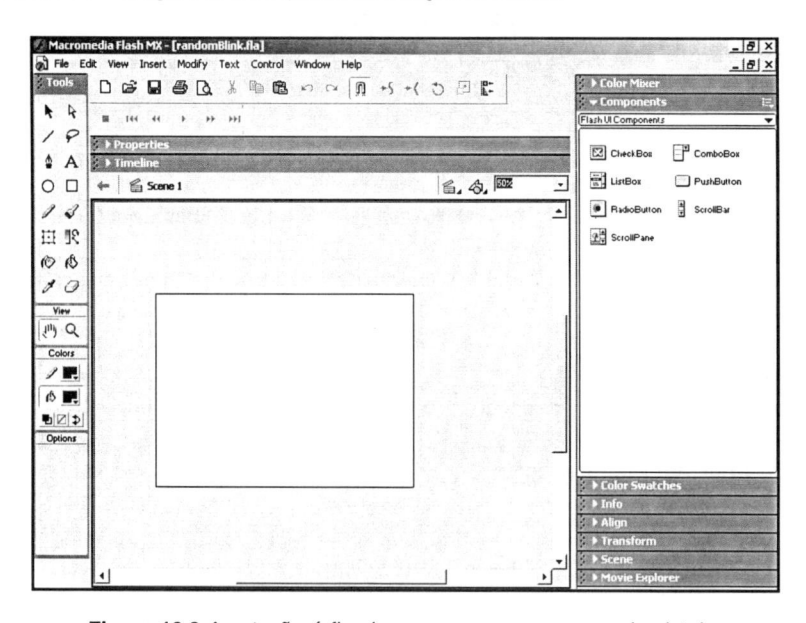

Figura 16.2 A estação é fixada para que possa ver o palco inteiro.

Na próxima seção, você colocará um componente no palco usando o ActionScript.

Como adicionar componentes com o ActionScript

Este exemplo é mais avançado que o anterior e requer mais etapas. Você usará a instrução attachMovie para colocar um componente no palco. Eis o gabarito genérico:

```
movie.attachMovie(identifier, newInstanceName, depth);
```

Como já incluiu o componente CheckBox no palco, poderá pular a primeira etapa a seguir:

1. Arraste uma instância do componente Check Box que gostaria de usar no palco.
2. Remova a instância do componente do palco, pois irá anexá-la com o ActionScript mais tarde. (Destaque o componente e pressione delete.)

Capítulo 16 – Componentes | **423**

Todos os componentes UI já têm as propriedades de ligação corretas e um identificador. O identificador nas propriedades de ligação é usado quando o ActionScript anexa um filme a outro. O identificador para os componentes UI é a letra F, seguida do nome do componente e então da palavra Symbol. Por exemplo, o componente CheckBox tem o identificador FCheckBoxSymbol. Quando você trouxer qualquer componente UI para o palco, a biblioteca receberá uma pasta chamada Flash UI Components. Nesta pasta estão várias outras pastas, mais o próprio componente com seu próprio ícone. Para exibir as propriedades de ligação do componente, abra Library (Ctrl+L), clique duas vezes na pasta Flash UI Components, clique com o botão direito do mouse no componente e então escolha Linkage (Ligação).

3. Abra o painel Actions para o primeiro quadro-chave na linha do tempo e coloque este código:

```
//This will place the Component on the main stage
_root.attachMovie("FCheckBoxSymbol", "myCheckBox", 0);
//This will give the CheckBox a label
_root.myCheckBox.setLabel("Check Me");
```

Agora poderá testar o filme. O resultado deverá ser parecido com o mostrado na Figura 16.3.

Nota

Lembre-se, se você for colocar um componente usando o ActionScript, terá que arrastar primeiro uma instância dele do painel Components para o palco, para que o componente fique disponível em Library.

Observe que você define a etiqueta do componente CheckBox. É um dos muitos parâmetros associados aos componentes. Iremos analisar como definir os parâmetros em seguida.

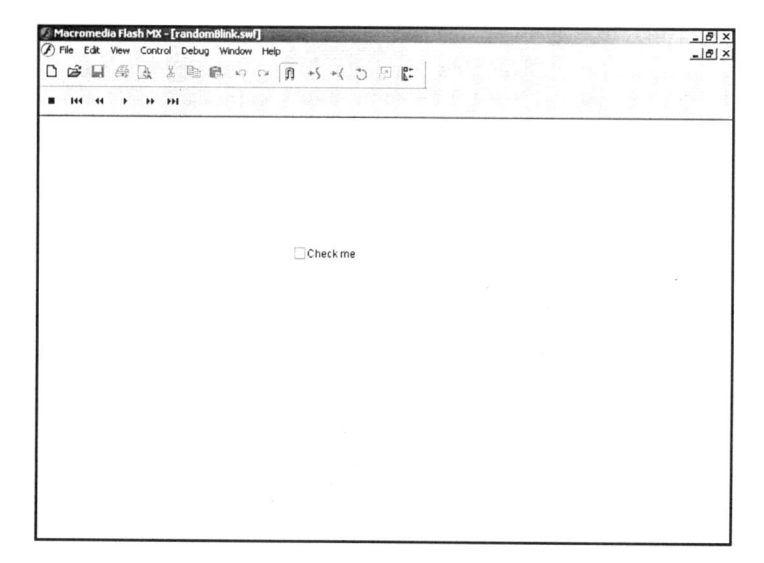

Figura 16.3 *O componente da caixa de verificação em ação.*

Como definir os parâmetros

Os parâmetros de um componente são aquilo que o torna personalizável. Eles permitem que os usuários definam os diferentes aspectos de cada componente individualmente, sem ter que abrir o painel Actions. Cada componente tem seus próprios parâmetros, que serão analisados posteriormente neste capítulo.

Os parâmetros podem também ser definidos de duas maneiras diferentes. O primeiro método envolve defini-los manualmente através do painel Component Parameters (Parâmetros do Componente), ou através do painel Properties (Propriedades) quando o componente é destacado. Ambos podem ser vistos na Figura 16.4. Note no painel Properties que a aba Parameters (Parâmetros) está selecionada. Tem que estar selecionada; do contrário, você verá as propriedades do componente como um clipe do filme, em vez dos parâmetros do componente. A segunda maneira de definir os parâmetros é, claro, através do ActionScript.

Você aprenderá primeiro como definir os parâmetros manualmente. Então falaremos como defini-los com o ActionScript.

Como definir os parâmetros manualmente

Você continuará a usar o componente CheckBox, portanto, inicie um novo arquivo e arraste uma instância do componente CheckBox para o palco (consulte a Figura 16.2). Agora veja os parâmetros deste componente no painel Properties ou no painel Component Parameters. Eis uma lista dos parâmetros que deverá ver, com uma descrição de cada:

- **Label (Etiqueta).** É uma string que será exibida com o componente.
- **Initial Value (Valor Inicial).** É um valor booleano informando ao componente para começar como marcado (True) ou desmarcado (False).
- **Label Placement (Colocação da Etiqueta).** Define a posição na qual a etiqueta será colocada: Left (Esquerda) ou Right (Direita). Note que a etiqueta também age como uma área para pressionar (área clicável) para selecionar o componente.
- **Change Handler (Sub-rotina de Alteração).** É uma string que chama uma função que tem que ser definida na mesma linha do tempo do componente. A função será chamada apenas quando um usuário marcar ou desmarcar a caixa de verificação (para saber mais sobre Change Handler, veja a seção sobre como transmitir informações para e a partir do ActionScript).

Agora que viu o que são os parâmetros, iremos mudá-los para o componente atual. Altere o parâmetro Label de CheckBox para True/False. Deixe o parâmetro Initial Value em False. Altere o parâmetro Label Placement para Left e deixe o parâmetro Change Handler como está no momento.

Teste o filme para exibir a caixa de verificação que acabou de criar. Agora iremos ajustar as definições a partir do ActionScript.

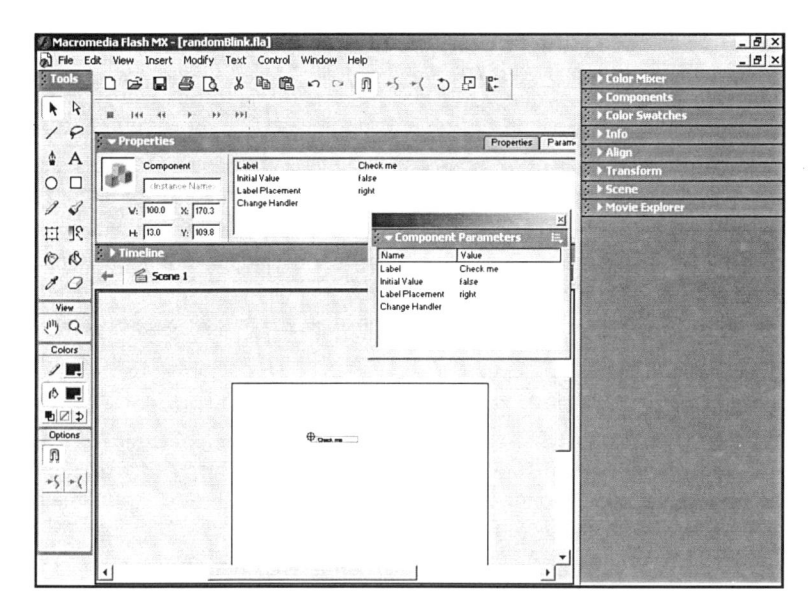

Figura 16.4 Você pode definir as propriedades dos componentes no painel Properties e no painel Component Parameters.

Como definir os parâmetros através do ActionScript

Cada componente tem um conjunto de métodos que podem ser encontrados em "Flash UI Components" (Componentes UI do Flash) no painel Actions. Estes métodos não só podem recuperar os parâmetros dos componentes como também podem definir e redefinir os parâmetros dos componentes.

Continuaremos com o componente CheckBox colocado no palco principal. Você não terá que ajustar os parâmetros de volta manualmente; neste caso, fará isto com o ActionScript.

Porém, antes de poder ajustar os parâmetros, terá que nomear a instância. No painel Properties, nomeie a instância do componente CheckBox como **myCheckBox**.

Assim que o nome da instância tiver sido definido, crie uma nova camada e chame-a de **actions**. No primeiro quadro da camada actions, coloque este código:

```
//First, label the CheckBox
myCheckBox.setLabel("Check me please");
//Then position the label
myCheckBox.setLabelPlacement("left");
//Set the initial value
myCheckBox.setValue(true);
//Finally set the width of the label, which is also
//the hit area of the CheckBox
myCheckBox.setSize(120);
```

Observe que você definiu a largura do componente usando o método setSize. Poderá definir a largu... e a altura de um componente usando as propriedades _width e _height, mas isto não afetará o layo... apenas as dimensões. Isto significa que se o texto for grande demais para a caixa de texto e você us... _width para ajustá-la, apenas as dimensões reais mudarão, não a largura da caixa de texto.

Poderá também ajustar a largura de um componente usando a ferramenta Free Transform (Transf... mação Livre) destacando o componente, indo para a barra de menu e escolhendo Modify (Modifica... Transform (Transformar), Free Transform ou pressionando a tecla Q no teclado.

Cada componente difere como a largura e a altura podem ser ajustadas. Veremos os detalhes de ca... componente na próxima seção, quando falarmos sobre os componentes UI predefinidos.

Componentes UI predefinidos

O Flash MX vem com vários componentes UI predefinidos, que foram analisados rapidamente ante... Nesta seção, veremos cada um individualmente, inclusive uma lista dos parâmetros e uso... particularidades dos componentes e um exemplo de cada um.

Começaremos com o componente com o qual você vem trabalhando até então – o componen... CheckBox.

Componente CheckBox

Como já analisamos os fundamentos básicos do componente CheckBox, esta subseção será brev...

O CheckBox é uma parte da interface que pode ser definida para True ou False, e geralmente represen... uma resposta "sim" ou "não". Eis a lista dos parâmetros com descrições para o componente CheckBo...

- **Label.** É uma string que será exibida com o componente.
- **Initial Value.** É um valor booleano, informando ao componente para iniciar como marcad... (True) ou desmarcado (False).
- **Label Placement.** Define a posição na qual a etiqueta será colocada: Left ou Right. Note q... a etiqueta também age como uma área pressionável para selecionar o componente.
- **Change Handler.** É uma string que chama uma função que tem que ser definida na mesn... linha do tempo do componente. A função será chamada apenas quando um usuário marc... ou desmarcar a caixa de verificação.

O componente CheckBox pode ter sua largura alterada com setSize, mas não sua altura. Eis um gabari... genérico para o método setSize deste componente:

    MyCheckBox.setSize(width);

Não se esqueça de que a largura do campo de texto não é apenas para o texto, mas também para... área pressionável da caixa de verificação.

Você viu vários exemplos das caixas de verificação neste capítulo, mas eis outro:

1. Crie um novo arquivo (Ctrl+N).
2. Arraste uma instância do componente CheckBox para o palco.

3. Altere seus parâmetros como a seguir:
   - Para Label, forneça **Over 21**.
   - Defina Initial Value para False.
   - Defina Label Placement para Right.
4. Teste o filme indo para a barra de menu e escolhendo Control, Test Movie (Testar Filme) (Ctrl+Enter).

Esta foi uma revisão rápida do componente CheckBox. A seguir, falaremos sobre o componente ComboBox.

Componente ComboBox

O componente ComboBox é uma lista paginável suspensa de opções com uma seleção, significando que apenas uma opção pode ser selecionada de cada vez.

A lista de opções é considerada uma lista baseada em zero, significando que a primeira opção está na posição 0, a segunda opção está na posição 1 etc. É porque quando você está criando uma lista usando os parâmetros do componente, está criando um array para manter a lista. (Os arrays foram tratados no Capítulo 15, "Arrays").

A lista paginável pode ser também movida com teclas. Eis a lista delas:
- **Seta para baixo.** Desce uma linha
- **Seta para cima.** Sobe uma linha
- **Page Down.** Desce uma página de opções
- **Page Up.** Sobe uma página de opções
- **End.** Vai para a última opção
- **Home.** Vai para a primeira opção

E mais, a lista pode ser definida para Editable (Editável). A função Editable indica que um campo de texto de entrada aparecerá na parte superior da caixa combo, agindo como uma janela de pesquisa para a lista de opções. Eis os parâmetros associados ao componente ComboBox:
- **Editable.** Define se uma caixa de pesquisa está disponível.
- **Labels.** É um array de strings representando as opções na lista.
- **Data (Dados).** É outro array de strings que representa os valores de cada opção na lista.
- **Row Count (Contagem das Linhas).** É um número representando quantas opções exibir de cada vez; o valor default é 8.
- **Change Handler.** É uma string representando uma função que reside na mesma linha do componente. Esta função é executada sempre que um usuário faz uma seleção na lista, ou se o componente ComboBox estiver definido para Editable, quando o usuário digita algo e pressiona Enter na caixa combo.

Você poderá definir a largura do componente ComboBox, não a altura. Isto poderá ser feito com a ferramenta Free Transform (Q) ou usando o método setSize, como mostrado neste gabarito genérico:

```
MyComboBox.setSize(width);
```

Como exemplo, iremos criar uma lista de cores para escolher. Você definirá a janela para exibir menos que o número total de opções, para que a barra de rolagem apareça. Siga estas etapas:

1. Crie um novo arquivo (Ctrl+N).
2. Arraste uma instância do componente ComboBox para o palco.
3. Altere os parâmetros como a seguir:
   - Defina Editable para False.
   - Para Labels, forneça **Green**, **Yellow**, **Red**, **Blue**. Para tanto, clique duas vezes nos colchetes no parâmetro List ou clique na lente de aumento no final do parâmetro, quando o parâmetro for selecionado. Quando isto for feito, a caixa de diálogo Values (Valores) aparecerá, como mostrado na Figura 16.5. O sinal de mais é usado para adicionar elementos, e o sinal de menos é usado para removê-los. As setas movem a barra de seleção para cima e para baixo na lista. Portanto, clique no sinal de mais quatro vezes para adicionar quatro elementos. Para alterar o valor dos elementos, clique-os duas vezes e digite na lista de cores.
   - No parâmetro Rows (Linhas), altere o número de 8 para 3. Isto exibirá apenas três dos quatro elementos de uma vez, fazendo assim com que a barra de rolagem apareça.
4. Finalmente, teste o filme indo para a barra de menu e escolhendo Control, Test Movie (Ctrl+Enter).

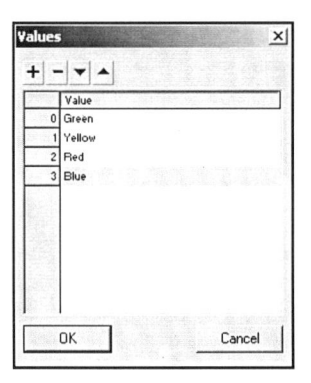

Figura 16.5 O painel Values usado para definir os elementos nos arrays para os componentes.

Iremos para outro tipo de lista – o componente ListBox.

Componente ListBox

O componente ListBox é uma lista paginável e suspensa, parecida com o componente ComboBox. Porém, diferente do componente ComboBox, que permite apenas uma seleção de cada vez, o componente ListBox pode ter várias opções escolhidas pelo usuário de uma só vez.

E também como o componente ComboBox, o componente ListBox é uma lista baseada em zero, o que significa que o primeiro elemento no parâmetro Label está no índice 0, o segundo elemento está no índice 1 etc.

Naturalmente, as teclas podem ser usadas para controlar o componente ListBox. Eis a lista de teclas:
- **Seta para baixo.** Desce uma linha
- **Seta para cima.** Sobe uma linha
- **Page Down.** Desce uma página de opções
- **Page Up.** Sobe uma página de opções
- **End.** Vai para a última opção
- **Home.** Vai para a primeira opção

Porém, o componente ListBox não é editável como o componente ComboBox. O componente ListBox tem quatro parâmetros principais:
- **Labels.** É um array de strings representando as opções na lista.
- **Data.** É outro array de strings que representa os valores de cada opção na lista.
- **Select Multiple (Selecionar Diversos).** Permite que o usuário faça mais de uma seleção na lista de uma vez. É útil para permitir ao usuário escolher todas as opções que se aplicam.
- **Change Handler.** É uma string representando uma função que reside na mesma linha do componente. Esta função é executada sempre que um usuário faz uma seleção na lista.

Você pode ter notado que Row Count não é um parâmetro no componente ListBox. Este componente em particular usa uma janela que exibe apenas um certo número de opções, que é determinado pela altura. Sim, você pode ajustar a altura e a largura do componente LixtBox com a ferramenta Free Transform (Q) ou através do método setSize. Eis o gabarito genérico para definir o tamanho de um componente ListBox:

```
MyListBox.setSize(width, height);
```

Como alternativa, poderá definir a largura por si mesma usando o método setWidth, assim:

```
MyListBox.setWidth(width);
```

Dica

Se você definir a largura usando o método setSize, mas não definir a altura, o componente será apenas alto o bastante para exibir dois itens de uma vez.

No seguinte exemplo de um componente Listbox, você irá criar uma lista de esportes que o usuário poderá escolher para indicar quais ele pratica. Siga estas etapas:
1. Crie um novo arquivo (Ctrl+N).
2. Arraste uma instância do componente ListBox para o palco.
3. Altere os parâmetros como a seguir:
   - Para Labels, forneça **Basketball, Baseball, Hockey, Football, Golf, Bowling** usando a caixa de diálogo Values (consulte a Figura 16.5).

- Defina Select Multiple para True.
4. Teste o filme indo para a barra de menu e escolhendo Control, Test Movie (Ctrl+Enter).

Agora você tem uma lista funcional de opções na qual um usuário poderá escolher diversas seleções. Note que a barra de rolagem está presente, mas não é necessária. Você poderá mudar isto com apenas um pouco mais de trabalho, usando o método setAutoHideScrollBar. Se este método for definido para True, irá detectar se a lista inteira será visível de uma só vez. Se a lista inteira na verdade estiver visível, então a barra de rolagem não será mostrada.

5. Nomeie a instância do componente ListBox como **myListBox**.
6. Crie uma nova camada e nomeia-a como **actions**.
7. No primeiro quadro-chave da camada actions, coloque este código:

```
MyListBox.setAutoHideScrollBar(true);
```

8. Teste o filme novamente.

Agora a caixa de listagem parece muito melhor. Se você fosse voltar e adicionar mais elementos ou ajustar o tamanho para que nem todos os elementos fiquem visíveis de uma vez, a barra de rolagem reapareceria. Portanto, é uma boa estratégia sempre definir o método setAutoHideScrollBar para True.

O próximo componente que iremos analisar é o mais simples de todos, mas ainda merece nossa atenção. É o componente PushButton.

Componente PushButton

O componente PushButton é um componente simples de compreender. Seu uso é apenas como um botão clicável. O componente PushButton tem apenas dois parâmetros:

- **Label.** É uma string que aparecerá no botão e está centralizada.
- **Click Handler (Sub-rotina do Clique).** É parecido com o parâmetro Change Handler encontrado nos outros componentes. É uma string que representa uma função que reside na mesma linha do tempo do componente. Esta função é chamada quando um usuário pressiona e libera o botão de pressionar.

A largura e altura de um botão de pressionar podem ser ajustadas usando a ferramenta Free Transform (Q) ou o método setSize. O método setSize para este componente tem o seguinte gabarito genérico:

```
myPushButton.setSize(width.height);
```

O componente PushButton não tem um método setWidth, portanto, você terá que definir o tamanho usando o método setSize. Se você não incluir uma altura para o método, a altura terá a mesma altura do campo de texto, portanto, não será grande coisa se decidir omitir a altura.

No seguinte exemplo, irá criar um botão simples com uma etiqueta. Eis as etapas a seguir:

1. Crie um novo arquivo (Ctrl+N).
2. Arraste uma instância do componente PushButton para o palco.
3. Para o parâmetro Labels, forneça **Press Me**.
4. Agora teste o filme, indo para a barra de menu e escolhendo Control, Test Movie (Ctrl+Enter).

Quando testar o filme, ative o Bandwidth Profiler (Perfil da Largura de Banda) indo para a barra de menu e escolhendo View (Exibir), Bandwidth Profiler (Ctrl+B). Note que o tamanho deste único botão tem mais de 30KB. Iremos analisar mais isto na seção "A desvantagem dos componentes".

O próximo componente que iremos analisar é o componente RadioButton. Ele tem alguns atributos exclusivos, e você poderá criar grupos de componentes RadioButton.

Componente RadioButton

O componente RadioButton é único entre os outros componentes, no sentido de que pode ser agrupado com vários outros componentes RadioButton para formar diversas opções que são mutuamente exclusivas, significando que apenas um botão de rádio pode ser selecionado de cada vez.

Os parâmetros para o componente RadioButton são os seguintes:

- **Label.** É o texto que aparecerá com o componente; também age como a área pressionável do componente.
- **Initial State (Estado Inicial).** É um valor booleano, informando ao componente para iniciar como marcado (True) ou desmarcado (False). Apenas um botão de rádio em um grupo pode ser definido para True. Se os outros botões de rádio forem definidos para True, o último definido permanecerá True e os outros mudarão para False.
- **Group Name (Nome do Grupo).** É o nome do grupo dos botões de rádio que serão associados entre si; apenas um no grupo pode ser selecionado de cada vez.
- **Data.** São as informações associadas ao componente RadioButton.
- **Label Placement.** Define a posição na qual a etiqueta será colocada: Left ou Right.
- **Change Handler.** É uma string representando uma função, que foi definida na mesma linha do tempo do componente. Esta função é chamada quando um usuário seleciona um botão de rádio em um grupo.

Você poderá definir a largura de um componente RadioButton, mas não a altura. Para definir a largura deste componente, poderá usar a ferramenta Free Transform (Q) ou o método setSize, como este:

```
myRadioButton.setSize(width);
```

E mais, poderá definir a largura de diversos botões de rádio em um grupo usando o mesmo método, assim:

```
myRadioGroup.setSize(width);
```

No seguinte exemplo, você criará dois grupos de componentes RadioButton. Um terá duas opções e o outro terá três. Eis as etapas a seguir:

1. Crie um novo arquivo (Ctrl+N).
2. Arraste uma instância do componente RadioButton para o palco.
3. Abra Library (Ctrl+L) e então abra a pasta Flash UI Components e arraste outro componente RadioButton para o palco.

Dica

Você não deve retirar diversos componentes do painel Flash UI Components; isto aumentará o tamanho do arquivo desnecessariamente. Ao contrário, assim que uma instância estiver no palco, arraste cópias do componente de Library na pasta Flash UI Components na Library (Ctrl+L).

4. Usando o painel Align (Alinhar) (Ctrl+K), alinhe ambos os botões de rádio na vertical e coloque-os perto da borda esquerda do palco.
5. Altere os parâmetros destes botões como a seguir:
   - Para o parâmetro Label, forneça **Yes** para o botão de rádio superior e **No** para o botão de rádio inferior.
   - Defina o parâmetro Initial State de ambos para False.
   - Para o parâmetro Group Name de ambos os componentes, forneça **choices**.
   - Defina o parâmetro Label Placement de ambos os componentes para Right.
6. Da biblioteca, arraste mais três instâncias do componente RadioButton para o palco e alinhe-as na vertical, perto da borda esquerda, mas ligeiramente distante do primeiro grupo.
7. Altere os parâmetros destes três componentes RadioButton como a seguir:
   - Para o parâmetro Label, forneça **Top**, **Middle** e **Bottom** para os botões de rádio superior, do meio e inferior, respectivamente.
   - Defina o parâmetro Initial State de todos os três componentes para False.
   - Para o parâmetro Group Name, forneça **position** para todos os três componentes.
   - Defina o parâmetro Label Placement de todos os três componentes para Right.
8. Teste o filme indo para a barra de menu e escolhendo Control, Test Movie (Ctrl+Enter). O resultado é mostrado na Figura 16.6.

Agora você tem dois grupos de componentes RadioButton, nos quais apenas um item em cada grupo pode ser selecionado de uma vez.

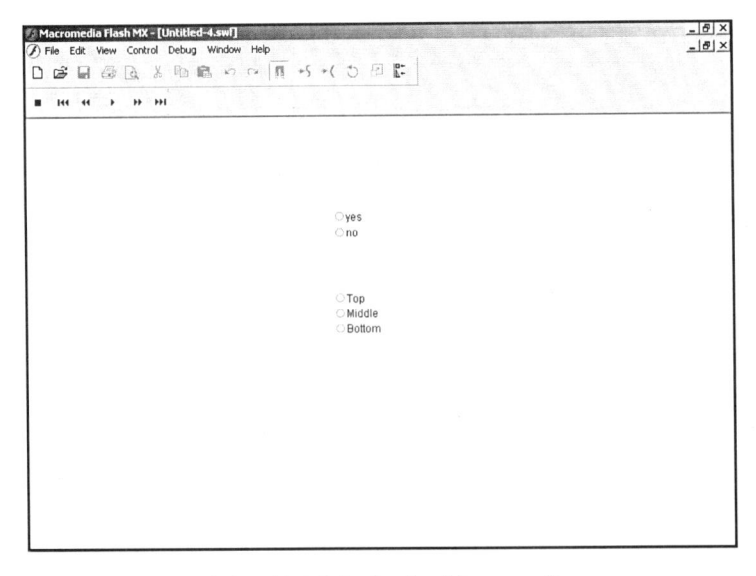

Figura 16.6 O botão de rádio em ação.

Os dois últimos componentes na família de componentes Flash UI são diferentes dos outros. Um pagina o texto e o outro pagina os clipes do filme. O primeiro dos dois é o componente ScrollBar.

Componente ScrollBar

O componente ScrollBar é usado para adicionar uma barra de rolagem vertical e até horizontal, diretamente aos campos de texto dinâmicos ou de entrada (um campo de texto de entrada é outro tipo de campo de texto dinâmico). Você encontrará mais informações sobre os campos de texto no Capítulo 19, "Como trabalhar com texto".

Sem as barras de rolagem, o campo de texto teria que ser grande o bastante para exibir todo o texto de uma só vez. Com o componente ScrollBar, você poderá definir o tamanho do campo de texto para qualquer um desejado e usar as barras de rolagem para mover o texto para cima e para baixo, ou mesmo da esquerda para a direita, no campo de texto.

Você associará um componente ScrollBar a um campo de texto arrastando o componente para o campo de texto perto do lado no qual gostaria que ele aparecesse. Como alternativa, poderá digitar o nome de instância do campo de texto para o parâmetro Target TextField (Campo de Texto de Destino).

O componente ScrollBar pode parecer familiar para você. É porque os outros componentes usam o componente ScrollBar, o que significa que se você tiver um destes componentes que usam o componente ScrollBar, já tem o componente ScrollBar em sua Library e deverá retirá-lo de lá. Eis uma lista dos outros componentes que usam o componente ScrollBar:

- ComboBox
- ListBox
- ScrollPane

Eis os dois parâmetros para o componente ScrollBar:
- **Target TextField**. É o nome de instância do campo de texto que você gostaria que o componente ScrollBar controlasse. Este parâmetro será preenchido automaticamente quando você soltar o componente ScrollBar no campo de texto.
- **Horizontal**. Estabelece se o componente ScrollBar é para controlar o campo de texto na vertical (False) ou na horizontal (True).

O componente ScrollBar irá se dimensionar para caber quando você soltá-lo em um campo de texto. Se precisar redimensionar o campo de texto depois do componente ScrollBar ter sido colocado nele, simplesmente arraste o componente ScrollBar para fora, redimensione o campo de texto e solte o componente ScrollBar de volta nele.

Poderá também ajustar seu comprimento usando a ferramenta Free Transform (Q) ou o método setSize para os componentes ScrollBar, que tem o seguinte gabarito genérico:

```
myScrollBar.setSize(length);
```

No seguinte exemplo, você criará uma caixa de texto dinâmico e colocará um componente ScrollBar neste campo de texto para controlá-lo. Eis as etapas a seguir:
1. Crie um novo arquivo (Ctrl+N).
2. Crie outra camada. Nomeie a camada superior como **actions** e a camada inferior como **text**.
3. Na camada text, escolha a ferramenta Text (Texto) (T) e então escolha Dynamic (Dinâmico) para o tipo. Desenhe um retângulo com cerca de 70 por 70; você poderá ajustar isto no painel Properties.
4. Identifique a instância do campo de texto como **myText**.

5. Agora, na camada actions, vá para o primeiro quadro-chave, abra o painel Actions e coloque este código:

```
//This will make the text field multiline and wrap
myText.multiline=true;
myText.wordWrap=true;
//This will put text in the text field
myText.text="This is my first time using a ScrollBar
Component and I like it already";
//This will put a box around the field
myText.border=true;
```

6. Voltando para a camada text, arraste uma instância do componente ScrollBar para o palco, soltando-a no campo de texto criado perto do lado direito ou esquerdo do campo, dependendo de onde deseja a barra de rolagem. O componente ScrollBar deverá se anexar quando soltá-lo.
7. Assim que o componente ScrollBar tiver sido anexado, verifique seus parâmetros, para assegurar que myText esteja no parâmetro Target TextField e que Horizontal esteja definido para False.
8. Finalmente, teste o filme, indo para a barra de menu e escolhendo Control, Test Movie (Ctrl+Enter). Deverá ficar parecido com a Figura 16.7.

Agora o último componente Flash UI – o componente ScrollPane.

Componente ScrollPane

O componente ScrollPane faz para os clipes do filme o que o componente ScrollBar faz para os campos de texto. ScrollPane fornece a capacidade de exibir uma seção de um clipe do filme grande.

Porém, diferente do componente ScrollBar, o componente ScrollPane não pode ser anexado diretamente a um clipe do filme. Ele tem que ser desenhado no clipe do filme a partir de Library através do identificador de ligação.

E mais, todas as fontes exibidas no componente ScrollPane têm que ser fontes incorporadas. Você não poderá usar as fontes do dispositivo. Mas lembre-se, se tudo que precisar ser paginado for texto, deverá usar o componente ScrollBar. Eis uma lista dos parâmetros para o componente ScrollPane:

- **Scroll Content (Paginar Conteúdo).** É uma string representando o identificador de ligação do símbolo para o clipe do filme que será exibido.
- **Horizontal Scroll (Paginação Horizontal).** Este parâmetro define se uma barra de rolagem horizontal estará presente (True) ou não (False). Você poderá usar Auto para permitir que o componente ScrollPane decida por si mesmo se a barra de rolagem é necessária.
- **Vertical Scroll (Paginação Vertical).** Este parâmetro define se uma barra de rolagem vertical estará presente (True) ou não (False). Você poderá usar Auto para permitir que o componente ScrollPane decida por si mesmo se a barra de rolagem é necessária.
- **Drag Content (Arrastar Conteúdo).** É um valor booleano especificando se o usuário pode ou não mover o conteúdo do componente ScrollPane, simplesmente arrastando o conteúdo em si.

Figura 16.7 Apenas associe uma barra de rolagem a um campo de texto e poderá paginar o conteúdo deste campo de texto.

Nota

Como o componente ScrollPane pode decidir se a barra de rolagem vertical ou horizontal é necessária (ou ambas), é recomendado que você use o valor default, Auto.

A altura e a largura do componente ScrollPane podem ser ajustadas com a ferramenta Free Transform (Q) ou usando o método setSize, assim:

`myScrollPane.setSize(width,height);`

Neste exemplo, você criará um clipe do filme que mantém um gráfico que irá construir ou importar. Então fará alguns ajustes nas propriedades de ligação deste clipe do filme. Finalmente, definirá o componente ScrollPane para desenhar em seu clipe do filme. Eis as etapas a seguir:

1. Crie um novo arquivo (Ctrl+N).
2. Crie um novo clipe do filme, indo para a barra de menu e escolhendo Insert (Inserir), New Symbol (Novo Símbolo) (Ctrl+F8).
3. Escolha Movie Clip (Clipe do Filme) e nomeie-o como **picture**.
4. Neste novo clipe do filme, crie um gráfico ou importe um, indo para a barra de menu e escolhendo File, Import (Ctrl+R).
5. Volte para o palco principal e abra Library (Ctrl+L).
6. Clique com o botão direito do mouse no clipe do filme picture e então clique em Linkage.

7. Marque a opção Export for ActionScript (Exportar para ActionScript) (que é requerida para o componente ScrollPane obter o filme). A string "picture" então deverá aparecer no identificador. E mais, a opção Export in First Frame (Exportar no Primeiro Quadro) deverá ficar marcada. Se o identificador não aparecer, simplesmente digite-o e então clique em OK.
8. Agora arraste uma instância do componente ScrollPane para o palco.
9. Altere os parâmetros do componente ScrollPane como a seguir:
    - Para o parâmetro Scroll Content, forneça **picture**.
    - Deixe Horizontal Scroll definido para Auto.
    - Deixe Vertical Scroll definido para Auto.
    - Defina o parâmetro Drag Content para True.
10. Teste o filme, indo para a barra de menu e escolhendo Control, Test Movie (Ctrl+Enter). Deverá ficar parecido com a Figura 16.8.

É o último dos componentes Flash UI. Até então, você viu como usar cada um deles, mas não aprendeu a usar as informações transmitidas para e a partir deles. Portanto, a próxima seção falará sobre como estes componentes interagem com o ActionScript.

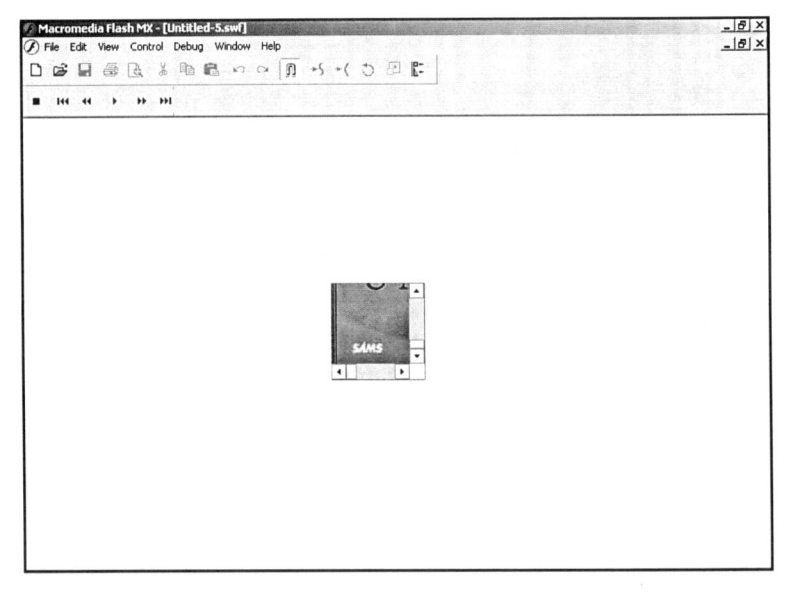

Figura 16.8 Seu componente ScrollPane parecerá diferente, dependendo de qual gráfico você criou ou importou para o clipe do filme picture.

Como transmitir informações para e a partir do ActionScript com componentes

Você viu como é fácil implementar e usar os componentes que cobrimos até o momento; contudo, eles serão inúteis (com exceção dos componentes ScrollBar e ScrollPane), a menos que possa transmitir informações a partir deles para o ActionScript.

A primeira etapa envolve usar um parâmetro que chama uma função, que é definida na mesma linha do tempo do componente. Há dois tipos deste parâmetro:

- Change Handler
- Click Handler

O parâmetro Click Handler é o equivalente do componente PushButton para o parâmetro Change Handler que os outros componentes têm. Você criará a função na linha do tempo com este gabarito:

```
function handlerName (instanceName){
    //script to be run
}
```

Note o parâmetro instanceName neste gabarito genérico. É para identificar qual componente teve o evento. Eis um exemplo rápido de como usar o parâmetro Click Handler:

1. Crie um novo arquivo (Ctrl+N).
2. Crie outra camada. Chame a camada superior de **actions** e a inferior de **button**.
3. Arraste uma instância do componente PushButton para o palco principal na camada button.
4. Defina os parâmetros do componente PushButton como a seguir:
   - Para Label, forneça **Click**.
   - Defina Click Handler para onPress.
5. Agora, no primeiro quadro-chave da camada actions, coloque estas ações:

   ```
   function onPress ( ){
       trace("A button has been pressed");
   }
   ```

6. Teste o filme (Ctrl+Enter).

Foi simples. Note que como você não tem mais de um botão, não precisa de um parâmetro. No próximo exemplo, porém, usará os parâmetros.

Este próximo exemplo envolve recuperar informações do componente. Você fará isto usando os métodos get. Cada componente tem seu próprio conjunto de métodos get, mas cada componente que mantém informações ou contém uma opção tem um método getValue. Siga estas etapas para usar o método getValue em um componente ComboBox:

1. Crie um novo arquivo (Ctrl+N).
2. Crie outra camada. Chame a camada superior de **actions** e a inferior de **combo**.
3. Arraste uma instância do componente ComboBox para o palco principal na camada combo.

4. Defina os parâmetros do componente ComboBox como a seguir:
   - Para o parâmetro Labels, use a caixa de diálogo Values para fornecer **Comedy, Drama, Mystery, Romance**.
   - Defina o parâmetro Change Handler para onSelect.
5. No primeiro quadro-chave da camada actions, coloque estas ações:

```
//Create the function and use a parameter to make it dynamic
function onSelect (choice){
   trace(choice.getValue( ));
}
```

6. Teste o filme (Ctrl+Enter).

Quando testar o filme, sempre que selecionar uma opção na lista suspensa, o valor será exibido na janela de saída.

Note também que como você usou um parâmetro na função, a função pode chamar o valor de qualquer componente com onSelect, como uma sub-rotina de alteração.

Agora, combinará estes dois últimos exemplos para criar um formulário muito pequeno, que pode ser redefinido e exibir uma opção. Primeiro, criará um formulário pequeno com dois componentes RadioButton e dois componentes PushButton. Os componentes PushButton terão o mesmo parâmetro Click Handler, mas um botão de pressionar redefinirá os botões de rádio e o outro botão de pressionar rastreará os resultados do grupo RadioButton. Eis as etapas a seguir:

1. Crie um novo arquivo (Ctrl+N).
2. Crie outra camada. Chame a camada inferior de **components** e a superior de **actions**.
3. Na camada components, arraste uma instância do componente PushButton para o palco.
4. Destaque o componente PushButton, copie-o (Ctrl+C) e então cole a cópia no palco principal (Ctrl+V).
5. Defina ambos os componentes lado a lado.
6. Identifique os nomes de instância destes botões como a seguir:
   - Identifique a instância do componente esquerdo como **reset**.
   - Identifique a instância do componente direito como **result**.
7. Altere os parâmetros do componente PushButton redefinido como a seguir:
   - Para Label, forneça **Reset**.
   - Defina Click Handler para clicked.
8. Altere os parâmetros do componente PushButton do resultado como a seguir:
   - Para Label, forneça **Result**.
   - Defina Click Handler para clicked.
9. Agora na mesma camada, arraste uma instância RadioButton para o palco principal e crie uma cópia dela, como fez para o componente PushButton.
10. Coloque ambos os componentes RadioButton lado a lado, acima dos componentes PushButton.
11. Identifique as instâncias dos componentes RadioButton como a seguir:
    - Identifique a instância do componente esquerdo como **female**.
    - Identifique a instância do componente direito como **male**.

Capítulo 16 – Componentes | **439**

12. Agora altere o parâmetro Label de ambos os componentes RadioButton para ser igual aos seus nomes de instância, defina o parâmetro Group de cada um para **gender** e use os defaults para as outras definições. Neste ponto, seu palco deverá ficar como a Figura 16.9.

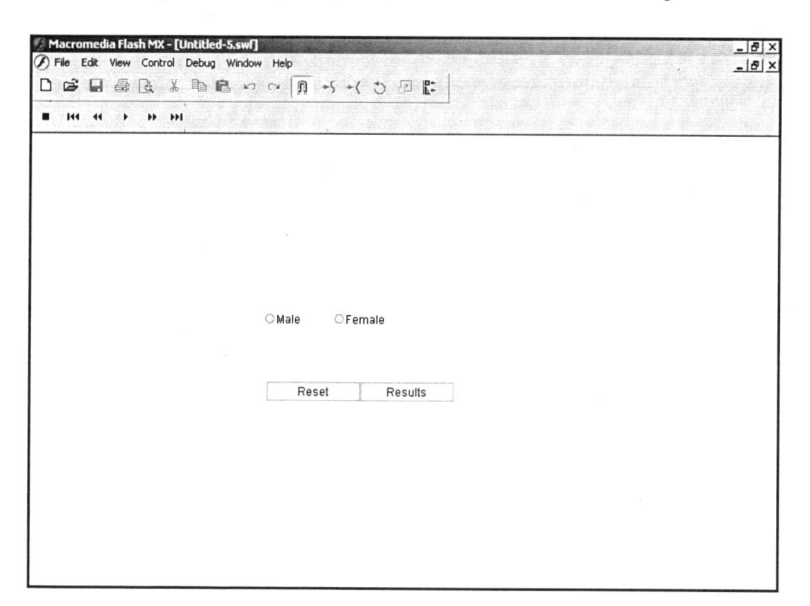

Figura 16.9 Use os componentes para que interajam entre si através do ActionScript.

13. Agora no primeiro quadro-chave da camada actions, coloque este código:

```
//Create the function
function clicked (button){
//Check to see which button is being pressed
    if(button = = reset){
//Reset the RadioButtons
        male.setState(false);
        female.setState(false);
    }else if(button = = result){
//Display the results in the output window
        trace (gender.getValue( ));
    }
}
```

14. Teste o filme, indo para a barra de menu e escolhendo Control, Test Movie (Ctrl+Enter).

Quando testar o filme, será capaz de escolher uma opção no grupo de botões de rádio e poderá usar os botões de pressionar para redefinir as opções ou rastrear o que foi selecionado.

Você usou o método getValue, que é associado ao grupo de botões de rádio. Agora, volte para os componentes e adicione estes aos parâmetros do botão de rádio:

1. Para o botão de rádio male, coloque **1** no parâmetro dos dados.
2. Para o botão de rádio female, coloque **2** no parâmetro dos dados.

Agora quando pressionar o botão de resultados, ele não exibirá a etiqueta do botão de rádio na janela Output (Saída), mas exibirá 1 ou 2, dependendo da opção feita.

Para ter um exemplo maior, vá para o site complementar deste livro e pesquise a seção Chapter 16.

Até então, você aprendeu a implementar a família de componentes Flash UI, e como transmitir informações para e a partir destes componentes, mas não aprendeu a torná-los diferentes uns dos outros. A próxima seção explicará como alterar a aparência de seus componentes.

A aparência dos componentes

Todo componente visto até então foi cinza, branco e preto. Não há nenhum talento real para os formulários genéricos dos componentes, portanto, nesta seção você aprenderá a alterar isto. Como sempre, terá mais de uma maneira de executar a tarefa. Poderá fazê-la manualmente, que não é só difícil, como também às vezes ainda mais difícil para voltar, caso mude de idéia. Também terá maneiras diferentes de alterar a aparência dos componentes usando o ActionScript e iremos nos concentrar principalmente nestes métodos, mas primeiro explicarei como poderá mudar os componentes manualmente.

Como fazer alterações manuais na aparência dos componentes

Para a maioria dos clipes do filme, que é o que os componentes realmente são, você poderá clicá-los duas vezes e descer na hierarquia de como eles são reunidos para editar certas partes. Infelizmente, não poderá clicar duas vezes nos componentes para editá-los. Contudo, poderá clicar com o botão direito do mouse neles e escolher Edit (Editar), Edit In Place (Editar No Lugar) ou Edit In New Window (Editar Na Nova Janela). Poderá também abrir a Library (Ctrl+L), abrir a pasta Flash UI Components e então abrir a pasta Component Skins para ver todos os gráficos usados.

Quando executar alguns clipes, poderá observar o ActionScript que controla os componentes. É muito recomendado que estas ações fiquem intocadas, a menos que você seja um programador ActionScript altamente experiente.

Sim, você pode ajustar a cor e a aparência de todos os gráficos dos componentes assim, mas é muito chato pesquisar tudo para os gráficos individuais. E mais, se tiver que fazer uma alteração de novo, será ainda mais difícil voltar.

Porém, poderá controlar as partes dos componentes maiores, como a seta e a cor da fonte de todos os componentes, usando o ActionScript. Portanto, iremos nesta direção e nos concentraremos no aspecto ActionScript de alterar a aparência dos componentes.

Como alterar a aparência dos componentes com o ActionScript

Você tem mais de uma maneira de alterar a aparência dos componentes com o ActionScript, portanto, começaremos com o básico. Para mudar um único aspecto de um único componente, você poderá usar o método setStyleProperty deste componente, assim:

```
myComponent.setStyleProperty("componentProperty", value);
```

Uma lista de todas as propriedades associadas ao componente pode ser encontrada no painel Actions em FStyleFormat, Properties.

Eis um pequeno exemplo que altera a cor da trilha de rolagem de um componente ScrollBar:
1. Crie um novo arquivo (Ctrl+N).
2. Adicione uma camada. Chame a camada inferior de **scroll** e a superior de **actions**.
3. Arraste uma instância do componente ScrollBar para o palco na camada scroll e nomeie a instância como **myScroll**.
4. No primeiro quadro-chave da camada actions, coloque este código:

```
//this will change the track of the ScrollBar to blue
myScroll.setStyleProperty("scrollTrack",0x397DC7);
```

5. Teste o filme (Ctrl+Enter) para ver a trilha azul.

Foi bem fácil, mas e se você tiver diversos componentes usando partes parecidas, desejará mudar mais do que apenas uma propriedade do componente de cada vez. Portanto, desejará criar um esquema de cores.

Como os componentes compartilham certos aspectos entre si, como a seta da barra de rolagem ou o modo como o texto é formatado nos campos de texto, será fácil alterar os esquemas inteiros de componentes usando o método globalStyleFormat. Eis um gabarito:

```
globalStyleFormat.componentProperty = value;
```

Neste exemplo, você colocará um componente CheckBox e um componente RadioButton no palco e, com um script, mudará a aparência da fonte para ambos. Siga estas etapas:
1. Crie um novo arquivo (Ctrl+N).
2. Adicione uma camada. Chame a camada inferior de **components** e a superior de **actions**.
3. Na camada components, arraste uma instância do componente CheckBox e uma instância do componente RadioButton para o palco.
4. Use as definições default para ambos.
5. Na camada actions, coloque este código no primeiro quadro-chave:

```
//First we create the format we want to use
globalStyleFormat.textItalic=true;
globalStyleFormat.textColor=0xFF0000;
globalStyleFormat.textUnderline=true;
//Then we apply it, otherwise nothing happens
globalStyleFormat.applyChanges( );
```

6. Teste o filme (Ctrl+Enter) e veja o novo formato de texto criado.

Não se esqueça de aplicar as alterações nos componentes usando o método applyChanges. Note que poderia ter alterado apenas uma única propriedade, chamando a propriedade no método applyChanges na última linha, assim:

```
globalStyleFormat.applyChanges("textColor");
```

Poderá criar vários formatos diferentes e aplicar cada um nos componentes diferentes usando o objeto newFStyleFormat. Você usará este objeto como usaria o método globalStyleFormat. Vejamos este objeto em um exemplo. Eis as etapas a seguir:

1. Continue a partir do exemplo anterior com os componentes RadioButton e CheckBox.
2. Nomeie a instância do componente RadioButton como **myRadioButton**.
3. Nomeie a instância do componente CheckBox como **myCheckBox**.
4. Substitua as ações na camada actions por estas:

```
//Create our different formats
checkFormat = new FStyleFormat( );
radioFormat = new FStyleFormat( );
//Now adjust the properties of each format
checkFormat.check=0xFF0000;
checkFormat.textUnderline=true;
radioFormat.textColor=0x397000;
radioFormat.textBold=true;
//Now assign the formats to the Components
radioFormat.addListener(myRadioButton);
checkFormat.addListener(myCheckBox);
```

Desta vez, ao invés de usar o método applyChanges, você usará o método addListener. Ele é muito mais fácil de controlar, porque se você quiser retirar o formato, poderá usar o método removeListener. Porém, usar o método removeListener produzirá resultados surpreendentes e não removerá o formato inteiro. Portanto, recomenda-se que se você quiser mudar de volta para o formato original de um componente durante a reprodução, deverá criar um formato default e definir o componente para isto.

Agora poderá mudar as cores e os formatos dos componentes individuais, assim como todos os componentes de uma só vez. Agora iremos para algo maior – vamos, de fato, alterar o gráfico usando o método registerSkinElement.

Nota

As alterações feitas na aparência de um componente não aparecerão até a reprodução.

Método registerSkinElement

Registrar os elementos da superfície não é tão fácil quanto parece. Você não cria simplesmente um filme e altera o nome. Cada elemento da superfície gráfico na pasta Component Skins tem uma camada "readme" como a camada superior. É onde você tem que registrar sua superfície. Poderá encontrar instruções nas ações desta camada readme.

No exemplo a seguir, irá mudar a marca de verificação de um componente CheckBox para um X vermelho. Eis as etapas:

1. Comece criando um novo arquivo (Ctrl+N).
2. Arraste uma instância do componente CheckBox para o palco.
3. Abra a Library (Ctrl+L).
4. Abra a pasta Flash UI Components.

5. Abra a pasta Component Skins.
6. Abra a pasta FCheckBox Skins.
7. Abra o clipe do filme fcb_check.
8. Na primeira camada do clipe do filme fcb_check (a camada readme), no primeiro quadro, abra o painel Actions.
9. Na parte inferior do script, você poderá ver o código de registro.
10. Agora que você está no clipe do filme fcb_check, no palco há um pequeno gráfico de marca de verificação, que tem um nome de instância check_mc. Poderá apagar este filme e criar um próprio com o mesmo nome ou poderá editar o filme.
11. Neste exemplo, você editará o filme. Portanto, clique duas vezes na marca de verificação para entrar no filme e editá-lo. Uma vez no filme, note as linhas verdes finas; são usadas para guiá-lo e mostrar o tamanho com o qual criar o gráfico.
12. Destaque e apague o gráfico da marca de verificação.
13. Usando a ferramenta Text, crie um campo de texto estático, escolha red (vermelho) para a cor da fonte e digite a letra **X**.
14. Assim que estiver pronto, divida-o, indo para a barra de menu e escolhendo Modify (Modificar), Break Apart (Dividir) (Ctrl+B).
15. Agora use a ferramenta Free Transform para fazer com que o X caiba entre as linhas verdes finas, como mostrado na Figura 16.10. Provavelmente você precisará ampliar para ver melhor.
16. Teste o filme e clique na caixa de verificação. Agora, em vez de uma pequena verificação preta aparecendo, um X vermelho aparecerá.

Embora tenha sido um exemplo simples veja o número de etapas necessárias. Para mudar as superfícies nos elementos mais avançados, como os botões de rolagem, poderá ser mais fácil dividi-los e registrar as partes diferentes de uma só vez, ao invés de apenas um único gráfico.

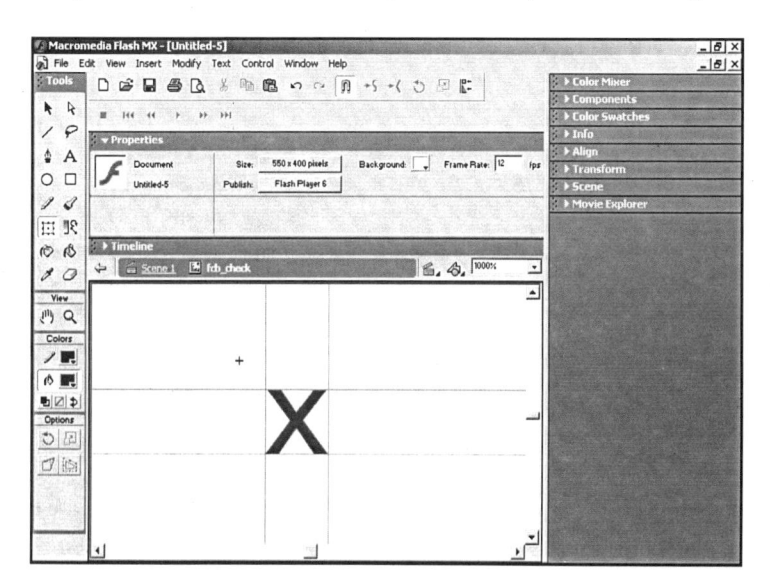

Figura 16.10 *Você substitui a marca de verificação por um X vermelho.*

Se, por acaso, algo ruim acontecer e você não puder voltar, simplesmente arraste uma nova instância do mesmo clipe para o palco e escolha Replace Existing Component (Not Undoable) (Substituir Componente Existente (Sem Desfazer)) e clique em OK. Isto irá levá-lo de volta ao quadrado um.

Cobrimos muitas informações e falamos apenas sobre os componentes predefinidos no Flash. Agora iremos criar seus próprios componentes.

Como criar componentes

A criação dos componentes pode ser recompensadora. Assim que seu componente estiver completo, qualquer pessoa poderá usá-lo, mesmo que o usuário não seja um programador. Esta seção fala sobre como criar um componente personalizado, assim como criar seu próprio ícone para usar posteriormente.

Neste próximo exemplo, você criará um retângulo cuja cor pode ser alterada. Siga estas etapas:

1. Crie um novo arquivo (Ctrl+N).
2. Crie um novo clipe do filme e chame-o de **myRectangle** (Ctrl+F8).
3. Desenhe um retângulo no centro da tela (R).
4. Agora crie outra camada e chame-a de **actions**. Nesta camada, coloque o seguinte código (que iremos analisar em seguida):

```
//This starts the Component
#initclip
//Create the rectangle class
function recClass ( ){
    this.recColor = new Color(this);
    this.changeColor( );
}
//This will control the inherit properties of recClass
recClass.prototype = new MovieClip( );
//This will change the color at playback
recClass.prototype.changeColor = function ( ) {
    this.recColor.setRGB(this.myColor);
}
//This is the most important step, registering the class
Object.registerClass("FRectangle", recClass);
//This ends the clip
#endinitclip
```

Note que #initclip e #endinitclip são o que mantém o bloco de código para os componentes. Não servem a nenhuma outra finalidade.

A primeira coisa que este código faz é criar uma classe para seu objeto. Então cria um clipe do filme para usar na herança das propriedades. Em seguida, um método é criado para mudar a cor de recClass. Então esta classe é declarada, o que é muito importante ao usar os componentes. Isto liga recClass ao filme com o identificador FRectangle. Agora que você compreende o código que colocou na camada actions, iremos para o segundo conjunto de etapas para este exercício:

1. Vá para o palco principal e abra a Library (Ctrl+L).
2. Deverá haver apenas um filme (o filme myRectangle) porque é tudo o que você criou. Clique com o botão direito do mouse neste filme e escolha Component Definition (Definição do Componente).

Capítulo 16 – Componentes | **445**

3. A caixa de diálogo Component Definition aparecerá, como mostrado na Figura 16.11. Adicione parâmetros com o sinal de mais e defina os valores para estes parâmetros como a seguir:
   * Para Name (Nome), forneça **Color**.
   * Para Variable (Variável), forneça **myColor**.
   * Para Value, forneça **0**.
   * Para Type (Tipo), forneça **Color**.

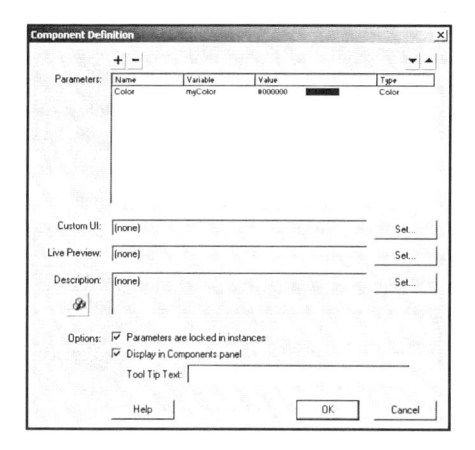

Figura 16.11 A caixa de diálogo Component Definition.

4. Clique em OK. Agora o ícone em Library mudará. Em seguida, você criará um ícone personalizado para importar.

   Use qualquer software de imagem para criar um GIF, PNG ou JPG com as dimensões 24 por 20 pixels.

5. Assim que tiver criado seu ícone e o tiver gravado, vá para a barra de menu e escolha File, Import To Library (Importar Para Biblioteca) e mapeie o ícone.

6. Agora o ícone aparecerá em sua Library.

7. Crie uma pasta em sua biblioteca chamada FcustomIcons.

8. Coloque o ícone importado na pasta FcustomIcons e nomeie-o com o mesmo nome do componente, myRectangle.

9. Feche a biblioteca e então a reabra. Agora terá seu próprio ícone representando seu primeiro componente.

10. Clique com o botão direito do mouse no componente novamente e escolha Linkage.

11. Marque Export for ActionScript e nomeie o identificador como **FRectangle**.

12. Agora arraste uma instância de seu novo componente para o palco e ajuste os parâmetros para vê-lo mudar de cor quando testar o filme. Lembre-se, as alterações não ocorrerão até a reprodução.

Foi extraordinário. Você criou seu próprio componente e um ícone personalizado para ele.

Poderá fazer com que o componente apareça no painel Components soltando uma cópia do arquivo Flash na pasta Components encontrada no Flash MX. Dependendo do sistema operacional, aparecerá em locais diferentes na pasta Flash MX. E mais, assim que este arquivo estiver na pasta, você terá que fechar o Flash MX e reiniciá-lo.

Você viu todas as vantagens de usar os componentes Flash UI, assim como é simples criar seus próprios componentes. Porém, os componentes não são todos bons, como analisaremos na próxima seção.

A desvantagem dos componentes

Os componentes fornecem uma ótima maneira de alcançar mais pessoas com o Flash e permitem-nas criar suas próprias interfaces personalizadas, mas como seu antecessor, os Smart Clips, os componentes têm seus problemas.

No Flash 5, os Smart Clips eram usados, mas o tamanho do arquivo criado pelos Smart Clips os tornaram praticamente inválidos para construir na Web. Os componentes melhoraram isto, mas não a um grau dramático. Por exemplo, o componente PushButton criado anteriormente neste capítulo tem mais de 25KB de tamanho. Agora isto em si mesmo não é grande, mas estamos falando apenas sobre um único botão.

E mais, arrastar diversos componentes do mesmo tipo para o palco a partir dos painéis Components, ao invés de apenas arrastar um e então arrastar o resto a partir de Library aumentará o tamanho do arquivo ainda mais. Simplesmente lembre-se disto quando estiver usando os componentes e sempre copie as instâncias de Library.

Finalmente, a última seção deste capítulo cobre rapidamente alguns recursos na web para os componentes.

Recursos do componente Flash UI

Desde o início, a comunidade Flash na Web tem sido um ótimo recurso para reunir informações sobre as particularidades do Flash e seus usos. Desde o lançamento do Flash MX, cada vez mais sites têm aparecido com recursos para ele; você poderá encontrar uma lista deles no Apêndice A. Eis alguns que se concentram nos componentes:

- http://www.macromedia.com/support/flash/applications/creating_comps/
- http://www.flashcomponents.net
- http://www.were-here.com/forums/forumdisplay.php?forumid=45
- http://www.waxpraxis.org
- http://radio.weblogs.com/0106797/

E mais, não se esqueça de carregar os conjuntos adicionais de componentes da Macromedia no seguinte site:

```
http://www.macromedia.com/desdev/mx/flash/articles/components.html
```

Você precisará do Macromedia Extension Manager (Gerenciador de Extensões Macromedia) para carregá-los.

Capítulo 17

Sub-rotinas de eventos

por Todd Coulson

Neste capítulo

- O que é uma sub-rotina de eventos?
- Sub-rotinas ActionScript
- Onde escrever as sub-rotinas
- Como criar um botão
- Sub-rotinas de clipe do filme
- Métodos
- Anexe filme e métodos
- Sub-rotinas de eventos e objeto de protótipo

O que é uma sub-rotina de eventos?

Consideremos sua rotina matinal diária. Você acorda de manhã. Desce as escadas e senta-se para tomar o café da manhã. Coloca o leite e leva a colher à sua boca para comer um pouco de cereal. Portanto, as sub-rotinas em sua rotina diária consistiriam em wake, walk, pour e eat. Agora imaginemos as ações que executa em sua rotina diária; elas consistem em andar, descer as escadas e tomar um café da manhã nutritivo. (Prefiro Cheerios.) Vendo suas ações, poderíamos presumir que você provavelmente prefere acordar apenas uma vez, embora com seu despertador, isto possa ser cinco ou seis vezes, se for como eu. Provavelmente irá para a mesa de café da manhã apenas uma vez. Provavelmente colocará o leite e o cereal somente uma vez também. Porém, a ação de comer ocorrerá várias vezes. Sempre que levar a colher à boca contaria uma outra ação. Pense nisto no formato de código. Você desejaria escrever uma ação diferente sempre que executasse uma ação na manhã? O código certamente ficaria uma bagunça. Na verdade, poderia ficar assim:

```
Wake up.
Hit alarm.
Wake up.
Hit alarm.
Wake up.
Hit alarm.
Wake up.
Hit alarm.
Wake up.
Hit alarm.
Travel to breakfast table.
Pour cereal.
Pour milk.
Lift spoon to mouth.
Eat.
Lift spoon to mouth.
Eat.
Lift spoon to mouth.
Eat.
```

O exemplo anterior, sem o uso de sub-rotinas, apenas faz com que você coma três vezes seu cereal. Geralmente como muito mais que isto. Portanto, poderíamos simplificar seu comportamento do café da manhã com o uso de *sub-rotinas*, que são pequenas partes de código *lidadas* quando suas ações são usadas. Isto torna sua rotina de café da manhã muito mais simples. Agora poderá ficar assim:

```
On wake{
    Hit alarm and wake up;
}
on walk{
    Travel to breakfast table;
}
on pour{
    pour cereal into bowl;
    Pour milk into bowl;
}
on eat{
    Lift spoon to mouth;
    Eat;
}
```

Agora sim! Sua rotina matinal inteira especificada no ActionScript de Flash. Bem, não exatamente a linguagem ActionScript como a Macromedia especificou, mas como nossa própria interpretação humana. O que você pode aprender com isto? As sub-rotinas irão ordenar seu trabalho. Ao invés de ter que escrever sempre que acordar (lembre-se, para mim são seis vezes), nossa sub-rotina executará as ações de pressionar do alarme e acordar sempre que uma sub-rotina wake for chamada. E mais, note a sub-rotina on eat. Antes você tinha apenas três colheradas de seu café da manhã. Porém, com o novo método da sub-rotina do script, pode ter seu café da manhã inteiro em uma pequena sub-rotina ordenada. Ela executará o código sempre que seu evento ocorrer.

Sub-rotinas ActionScript

O script anterior é um exemplo real de como seu dia ficaria se escrito em código. Considere seu ritual matinal diário como um parecido para o modelo ActionScript do Flash. Porém, on eat, on travel etc. não são as sub-rotinas do ActionScript do Flash. O ActionScript usa sub-rotinas para cuidar das tarefas necessárias para determinar quando os eventos ocorrerão. Incluem eventos como onLoad, que criaria o código quando um clipe do filme fosse carregado em seu SWF. Você poderá também usar eventos para determinar quais são as ações de seu usuário final. Poderiam incluir os eventos do mouse, como on (press), on (rollover) e onMouseDown. São todos exemplos de como o Flash escreve suas ações no modelo ActionScript. Os outros eventos ocorrem em uma certa ordem ou em um certo momento, como onLoad, onEnterFrame e onUnload. Estes eventos ocorrem sempre que uma determinada ordem ocorre em seu projeto. Por exemplo, um usuário final nunca terá controle sobre o cabeçote de reprodução entrando em um quadro. E mais, um usuário final não será capaz de, digamos, carregar este clipe do filme. É serviço do Flash e do programador determinar quando um clipe do filme pode ser carregado ou quando fornecer um novo quadro.

Onde escrever as sub-rotinas

As sub-rotinas de eventos são escritas para os botões e os clipes do filme, ou usando métodos em qualquer parte de seu filme.

Você terá que lembrar de algumas regras ao escrever suas sub-rotinas de eventos. Eis uma lista de regras para suas sub-rotinas do botão e do clipe do filme:

- Os botões usam as ações da sub-rotina on (*evento*). Os clipes do filme requerem as sub-rotinas onClipEvent. Um evento do clipe não pode ser adicionado a um botão e uma sub-rotina não pode ser usada no formato de clipe do filme.
- As ações do clipe do filme e do botão podem usar métodos para afetar as instâncias do clipe do filme ou do botão sem o script ser anexado a esta determinada instância. É útil quando você precisa de uma sub-rotina para um clipe do filme que foi criado usando a ação attachMovie ou duplicateMovieClip.
- Você pode anexar as ações onClipEvent e on apenas às instâncias que foram colocadas na cena no modo de autoria.
- As ações da sub-rotina de eventos funcionam apenas quando uma instância está na tela. A ação não funcionará se sua instância estiver descarregada de seu SWF.
- Você pode anexar quantas sub-rotinas quiser a um script. Não poderá anexar mais de uma sub-rotina igual a um script. Portanto, se já tiver uma instância de on (press), não terá que escrevê-la novamente no mesmo script.

- Se quiser que uma sub-rotina pertença a toda instância de um membro da biblioteca, terá que criar uma classe e atribuir um protótipo a esta classe. O protótipo permitirá definir um método que será usado na classe. As sub-rotinas de instância individuais anularão qualquer método de protótipo definido em seu script.

Como criar um botão

A Tabela 17.1 fornece uma introdução para os vários tipos de sub-rotinas que podem ser usados no ActionScript de um botão ou fora do ActionScript do botão usando os métodos da instância.

Tabela 17.1 As sub-rotinas de eventos comumente associadas aos eventos do botão executados pelo usuário final.

Ações da sub-rotina de eventos	Métodos da sub-rotina de eventos	Descrição da ação
on (press)	onPress	Quando o usuário pressiona um botão
on (release)	onRelease	Quando o usuário libera um botão
on (releaseOutside)	onReleaseOutside	Quando o usuário pressiona um botão, mas libera o mouse fora da área do botão
on (rollOver)	onRollOver	Quando o mouse do usuário entra na área do botão
on (rollOut)	onRollOut	Quando o mouse do usuário deixa a área do botão
on (dragOver)	onDragOver	Quando o usuário arrasta seu mouse sobre um botão
on (dragOut)	onDragOut	Quando o usuário arrasta seu mouse para fora de um botão
on (keyPress"...")	onKeyDown, OnKeyUp	Quando o usuário pressiona ou solta uma tecla no teclado

Agora iremos praticar o uso destas sub-rotinas para vê-las em ação. As ações que iremos escrever dentro das sub-rotinas são as ações trace, para seguir como estas sub-rotinas são ativadas. Uma ação trace exibe uma mensagem escolhida na janela de saída quando uma certa sub-rotina foi executada. Eis as etapas a seguir para este exercício:

1. Crie um botão. Os gráficos não são importantes para este exercício, portanto, simplesmente crie um círculo em sua tela usando a ferramenta Circle (Círculo).
2. Selecione o botão e pressione F8 em seu teclado. Isto permitirá que você torne este círculo uma instância do botão. Forneça-lhe um nome exclusivo da biblioteca e então clique em OK.
3. Clique duas vezes em sua instância do botão e edite os gráficos de seu botão para que haja um gráfico diferente para os estados Over (Sobre) e Down (Pressionado). Isto significa selecionar seu gráfico no quadro 1 e copiá-lo para os outros quadros. Então altere as propriedades nos quadros 2 e 3 para mudar a aparência dos estados Up (Elevado) e Over. Por exemplo, você poderia mudar a cor de seu botão.

Capítulo 17 – Sub-rotinas de eventos | **451**

4. Agora volte para a cena 1 de seu filme recém-criado. Clique seu botão e abra o painel Properties (Propriedades).
5. No painel Properties, forneça ao seu botão um nome de instância exclusivo. Isto será exclusivo apenas para esta instância do botão e irá diferenciá-lo das outras instâncias do mesmo membro da biblioteca arrastado para seu palco.
6. Agora vá para seu painel Actions (Ações) e abra Actions, Movie Control (Controle do Filme), On (Ativado). Isto abrirá suas opções de sub-rotina. Se você estiver no modo Normal, verá todas as opções das sub-rotinas do botão disponíveis. Selecione Press e cancele a seleção de rollover.
7. Clique na ação on novamente. Desta vez selecione release. Continue o processo até que toda ação tenha uma sub-rotina diferente. Não faça isto para keyPress (esta sub-rotina é apenas para os botões que têm o foco de entrada).
8. Alterne para o modo Expert (Especialista).
9. Dentro de cada uma destas sub-rotinas, digite uma mensagem para acompanhar o que a sub-rotina faz. Por exemplo, sob a sub-rotina on Press digite o seguinte:

`Trace("The user pressed the button.");`

Quando tiver terminado, seu código deverá ficar parecido com a Figura 17.1.

```
on (press) {
    trace("The user pressed the button.")
}
on (release) {
    trace("The user released their mouse over the button.")
}
on (releaseOutside) {
    trace("The user released their mouse outside the button.")
}
on (keyPress "<Enter>") {
    trace("The user pressed the Enter key.")
}
on (rollOver) {
    trace("The user rolled over the button.")
}
on (rollOut) {
    trace("The user rolled out of the button.")
}
on (dragOver) {
    trace("The user draged their mouse over the button.")
}
on (dragOut) {
    trace("The user draged their mouse out of the button.")
}
```

Figura 17.1 O ambiente de autoria Flash e o painel Actions para usar com as sub-rotinas de eventos do botão. As ações trace ajudarão a controlar seu filme no Flash Player.

10. Agora pressione Ctrl+Enter (Cmd+Return no Macintosh) e teste seu filme no Flash Player. Notará que quando levar seu mouse para o botão, a janela de saída aparecerá. Executar ações que inicializam outras sub-rotinas continuará a colocar mensagens na janela de saída. Veja a Figura 17.2 para obter um exemplo de como ficaria sua janela de saída assim que seu código fosse executado. Lembre-se que as ações trace colocam as mensagens enviadas para a janela de saída. É útil ao solucionar problemas no código escrito.

11. Grave seu trabalho para usar posteriormente neste capítulo.

O principal ponto a lembrar aqui é que qualquer ação colocada nestas sub-rotinas será executada quando o usuário completar uma das ações. Por exemplo, uma sub-rotina para on (rollover) executará as ações sempre que o usuário passar seu mouse sobre o botão. Toda sub-rotina executará suas ações quando ela for inicializada.

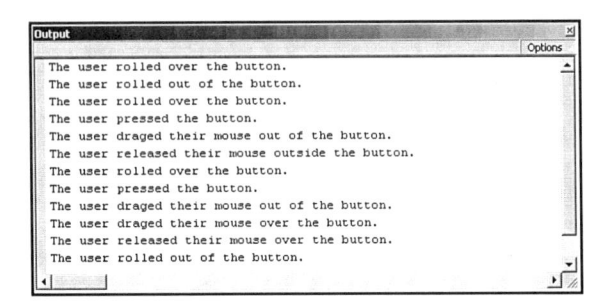

Figura 17.2 O ambiente Flash Player MX exibindo as ações trace, dentro de diferentes sub-rotinas, na janela de saída.

Sub-rotinas de clipe do filme

A Tabela 17.2 fornece uma introdução dos vários tipos de sub-rotinas de eventos do clipe que podem ser usados diretamente em um clipe do filme usando o ActionScript ou fora do ActionScript do clipe do filme usando os métodos da instância.

Tabela 17.2 As sub-rotinas de eventos do clipe que podem manipular as ações do usuário em coordenação com as instâncias de clipe do filme.

Ações da sub-rotina de eventos	Métodos da sub-rotina de eventos	Descrição da ação
onClipEvent (load)	onLoad	Executa as ações quando um clipe do filme é carregado
onClipEvent (unload)	onUnload	Executa as ações ao descarregar o clipe do filme de um SWF
onClipEvent (enterFrame)	onEnterFrame	Executa as ações sempre que um novo quadro é fornecido e o clipe do filme está presente na cena

Tabela 17.2 (Continuação)

Ações da sub-rotina de eventos	Métodos da sub-rotina de eventos	Descrição da ação
onClipEvent (mouseDown)	onMouseDown	Executado quando o mouse do usuário é pressionado
onClipEvent (mouseUp)	onMouseUp	Executado quando o mouse do usuário é liberado
onClipEvent (mouseMove)	onMouseMove	Executado quando o mouse do usuário está se movendo
onClipEvent (KeyDown)	onKeyDown	Executa o código quando o usuário pressiona uma tecla
onClipEvent (keyUp)	onKeyUp	Executa o código quando o usuário tira seu dedo de uma tecla no teclado
onClipEvent (data)	onData	Executa o código quando os dados são recebidos de uma fonte externa

Bem-vindo às sub-rotinas ClipEvent. Estas sub-rotinas têm muito potencial de script. As sub-rotinas ClipEvent foram introduzidas para os programadores do ActionScript no Flash 5 e realmente forneceu-lhes uma maneira melhor de controlar os movimentos do usuário final.

Consideremos a sub-rotina mouseMove. Como conhecemos toda instância enquanto o mouse está em movimento, poderemos também colocar uma ação na sub-rotina para controlar as coordenadas do mouse. Portanto, não só sabemos que o mouse está se movimentando, como também saberemos onde está localizado no projeto.

Experimentemos o mesmo exercício executado em um botão, mas desta vez usando onClipEvent. Eis as etapas a seguir:

1. Crie algum trabalho de arte em sua tela. Selecione-o e pressione F8 para converter o trabalho em um clipe do filme.
2. Vá para o painel Properties e forneça ao seu clipe do filme um nome de instância exclusivo. Isto irá diferenciá-lo das outras instâncias deste membro da biblioteca que você usa em sua pontuação.
3. Clique na instância de clipe do filme no palco. No painel Actions, escolha Actions, Movie Clip Control (Controle do Clipe do Filme), onClipEvent. Se você estiver no modo Normal, verá uma série de botões de rádio representando as sub-rotinas que poderá escolher para seu onClipEvent. Se estiver no modo Expert, não se aflija – um menu suspenso aparecerá se tiver a opção Code Hints (Sugestões de Código) ativada em suas preferências da ação.
4. Escolha load para uma sub-rotina. Então escolha outra sub-rotina de eventos do clipe e escolha unload para o segundo evento do clipe.
5. Dentro de cada sub-rotina, coloque uma ação trace que será exclusiva para aquilo que as sub-rotinas load e unload fazem de fato.

6. Agora vá para a linha do tempo e mova o quadro-chave de seu clipe do filme para o quadro 30 de seu filme. Então adicione quadros ao quadro 50. Sua interface Flash deverá ficar parecida com a Figura 17.3.
7. Pressione Ctrl+Enter (Cmd+Return no Macintosh). Exporte seu filme e note que a ação load trace ocorrerá em cerca de três segundos (se seu filme estiver definido para 12 fps). Seu clipe do filme permanecerá na tela por cerca de dois segundos e então sua mensagem unload aparecerá. Depois dela, você não verá seu clipe do filme de novo, porque o SWF fará um loop para o quadro 1. Este ciclo continuará enquanto seu filme for mantido aberto.
8. Grave seu trabalho para usar no futuro.

Os exemplos anteriores usam as sub-rotinas que já foram definidas; o usuário não tem nenhum controle sobre quando os clipes do filme são carregados ou descarregados. A única maneira de podermos fornecer-lhe tal controle é se tivéssemos um botão que enviasse o usuário final para um quadro que inclui os clipes do filme.

Figura 17.3 O ambiente de autoria Flash e o painel Actions para usar com as sub-rotinas onLoad e onUnload.

Iremos estender nossos exemplos para ver mais algumas sub-rotinas de clipes do filme, onde o controle está no ambiente de autoria:

1. Selecione outra sub-rotina onClipEvent e escolha enterFrame para o evento.
2. Coloque uma ação trace que será exclusiva para esta ação. Seu ActionScript deverá lembrar a Figura 17.4 quando terminado.

Capítulo 17 – Sub-rotinas de eventos | **455**

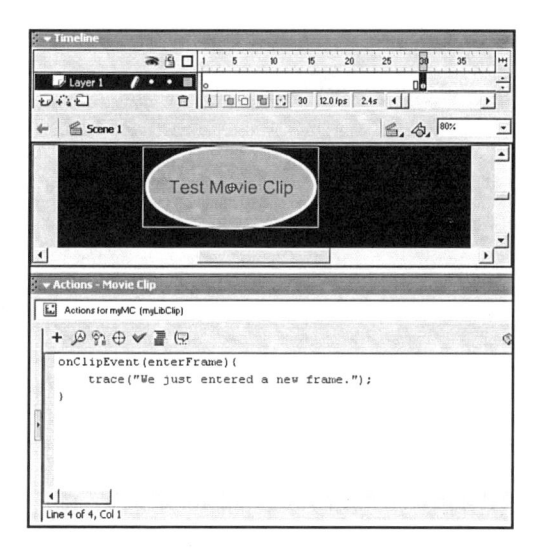

```
onClipEvent(enterFrame){
    trace("We just entered a new frame.");
}
```

Figura 17.4 O ambiente de autoria Flash e o painel Actions para usar com a sub-rotina onEnterFrame.

3. Coloque uma ação stop no primeiro quadro onde o clipe do filme está presente em sua linha do tempo.
4. Pressione Ctrl+Enter (Cmd+Return no Macintosh) para testar seu filme.
5. Grave seu trabalho para usar este projeto mais tarde.

Você notará que muitas mensagens aparecerão na janela de saída agora. É porque sempre que fornecer um novo quadro e o clipe do filme estiver presente em seu palco, uma nova mensagem aparecerá. Como o clipe do filme não está no palco nos 30 primeiros quadros, nenhuma mensagem aparecerá. Isto significa que, contanto que o clipe do filme esteja no palco, a sub-rotina enterFrame funcionará. Nenhum clipe do filme significa nenhuma sub-rotina, significando nenhuma ação trace.

Agora comecemos a ver as sub-rotinas controladas pelo usuário. Siga estas etapas:

1. Apague a palavra enterFrame de sua sub-rotina onClipEvent e digite **mouseMove** em seu lugar.
2. Digite de novo uma mensagem diferente para representar a finalidade da sub-rotina mouseMove.
3. Vá para a linha do tempo e apague os 30 primeiros quadros e coloque uma ação stop no primeiro quadro de seu filme. Sua linha do tempo e ActionScript deverão ficar parecidos com a Figura 17.5 ao completar.

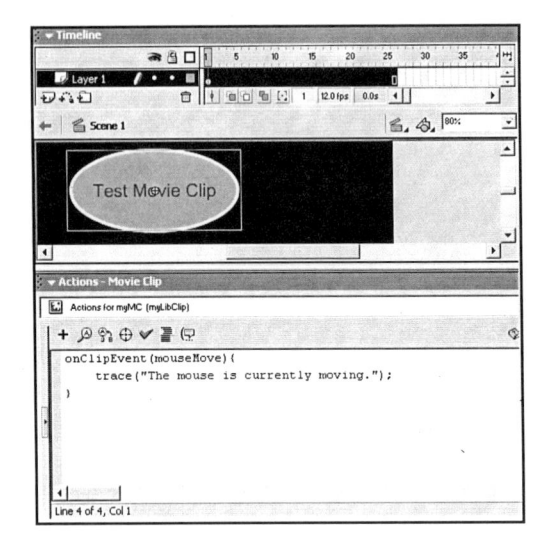

Figura 17.5 O ambiente de autoria Flash e o painel Actions para usar com a sub-rotina onMouseMove.

4. Pressione Ctrl+Enter (Cmd+Return no Macintosh) para testar seu filme no Flash Player.

Agora lembre-se do escopo das sub-rotinas de clipe do filme. Elas ocorrerão apenas contanto que o clipe do filme esteja no palco. Como você colocou uma ação stop, o clipe do filme estará sempre no palco. Portanto, onClipEvent sempre estará pesquisando para ver se o mouse está se movendo. Contanto que você mova seu mouse, a ação trace ocorrerá. Se parar seu mouse, as ações trace irão parar de se acumular na janela de saída. Isto será realmente útil ao tentar seguir o local do mouse do usuário em relação ao projeto.

Poderemos também controlar os eventos do mouse do usuário e as teclas. Para tanto, siga estas etapas:

1. Apague a última sub-rotina mouseMove e clique em onClipEvent, escolhendo mouseDown para o evento. Crie sub-rotinas ClipEvent separadas para mouseUp, keyDown e keyUp. Seu código deverá ficar parecido com a Figura 17.6 quando terminado.
2. Grave seu trabalho para que possa usar este arquivo posteriormente.

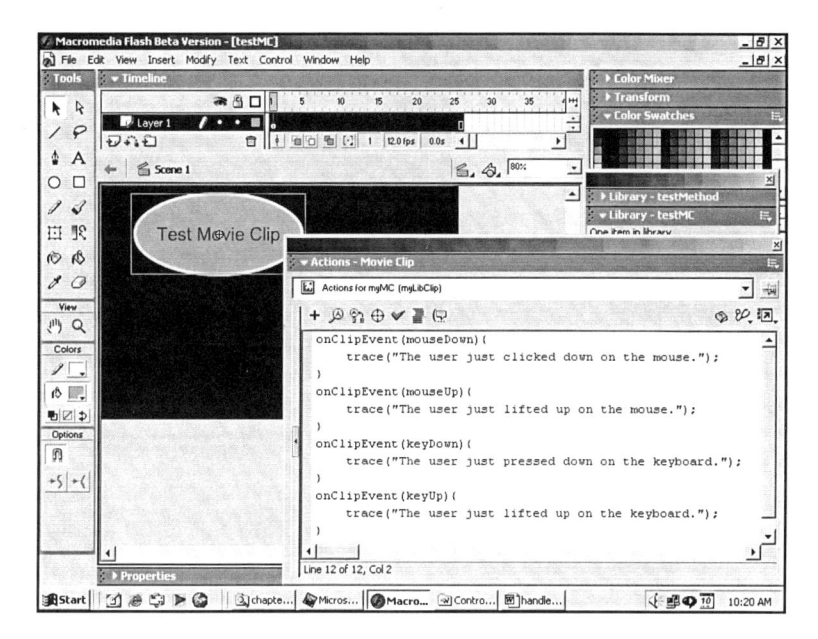

Figura 17.6 O ambiente de autoria Flash e o painel Actions para criar o botão do mouse e os eventos do teclado. Estes eventos são controlados pelo usuário final, significando que o usuário determina quando eles ocorrem.

3. Pressione Ctrl+Enter (Cmd+Return no Macintosh) para testar o filme.

Observe que se você não clicar no clipe do filme, ainda obterá uma mensagem na janela de saída. Note também que qualquer tecla pressionada exibirá uma mensagem na janela de saída. Terá que usar outras ações para interceptar uma certa tecla ou interceptar um certo local na tela para controlar mais a resposta do usuário. Neste ínterim, notará que as sub-rotinas irão pesquisar apenas os cliques do mouse do usuário ou as teclas pressionadas. Estas ações não serão executadas em nenhum outro momento no projeto.

O evento dos dados ocorre quando eles são produzidos a partir de outra fonte. Se você quisesse produzir os dados XML ou as variáveis a partir de um arquivo de texto, o Flash teria incluído uma sub-rotina informando-o quando os dados estão disponíveis.

Métodos

Você também notará em ambas as tabelas fornecidas anteriormente neste capítulo que as ações da sub-rotina de eventos e os métodos da sub-rotina de eventos são listados. Você pode estar imaginando, "O que é um método da sub-rotina?". Os métodos permitem enviar um script localizado longe da instância que você está destinando. E mais, você terá controle sobre as mesmas sub-rotinas se o script for anexado a um clipe do filme ou instância do botão. Considere os clipes do filme por um momento. Poderá estar criando os clipes do filme usando a ação attachMovie. Isto irá anexar a instância recém-criada de um membro da biblioteca durante a execução do projeto. Você não será capaz de anexar os scripts a esta instância. Porém, usando os métodos, poderá ainda controlar a instância. Aprenderá a manipular seus clipes do filme e os botões usando os métodos no próximo exemplo.

Para escrever estes métodos, poderá escolher qualquer quadro em seu filme para colocar em seu script. O formato para escrever um método é como a seguir:

- Se estiver no modo Expert, inicie com Actions, User Defined Functions (Funções Definidas pelo Usuário), Method (Método). Isto mostrará o formato como escrever seu método. Na primeira área vermelha, coloque o caminho de destino para a instância do botão ou clipe do filme que deseja usar com o método. Na segunda área, coloque o método que gostaria de usar para interagir com a instância de seu objeto.

- Se você estiver no modo Expert, desejará digitar seu método parecido com este:

```
myMC.onMouseMove = function( ) {
    trace("The mouseMove handler is invoked.");
};
```

Aqui, myMC representa o caminho para o clipe do filme destinado. Lembre-se que estamos nos referindo a isto usando o endereçamento relativo e nosso clipe do filme está localizado no nível raiz da linha do tempo. Se estivéssemos endereçando-o com o endereçamento absoluto, a primeira linha informaria _root.myMC.onMouseMove=function(){. Qualquer maneira é boa.

Agora que tem um tratamento melhor para escrever os métodos, executaremos um exemplo rápido usando as ações trace novamente. Siga estas etapas:

1. Abra seu arquivo de clipe do filme e seu arquivo de botão (se os gravou anteriormente; se não, simplesmente crie dois itens da biblioteca – um botão e um clipe do filme). Traga o botão de sua biblioteca em seu filme do botão, para a biblioteca de seu filme de clipe do filme.

2. Agora traga duas cópias de seu botão para o palco. Agora você deverá ter um clipe do filme e dois botões em seu palco.

3. Retire de todos os itens qualquer ActionScript, porque iremos escrever novos scripts.

4. Certifique-se de que todo item tenha um nome de instância exclusivo. Isto significa que se você tiver dois botões, nomeie cada um com algo diferente. Lembre-se que tudo no palco pode ser exclusivo, mesmo que seja o mesmo item da biblioteca. Para este exemplo, você poderá nomear seu clipe do filme como myMC e seus botões como myButton1 e myButton2.

5. Agora clique no primeiro quadro em seu filme e digite o seguinte código no modo Expert de seu painel Actions:

```
Stop;
myButton1.onPress = function( ) {
    trace("Button 1 has been pressed. Works just like the
[ic:ccc]handler attached to a button");
};
myButton2.onPress = function( ) {
    trace("Button 2 has been pressed. Works just like the
[ic:ccc]handler attached to a button");
};
myMC.onMouseMove = function( ) {
    trace("The mouseMove handler is invoked. See works just like the
[ic:ccc]mouseMove Clip Event");
};
```

Note que você tem um método separado para cada um dos objetos no palco. Lembre-se, você pode atribuir mais de um método a uma certa instância. Para este exercício, estamos usando apenas um método por clipe do filme. Se tiver seguido as etapas neste exercício, seu ambiente de autoria Flash deverá ficar parecido com a Figura 17.7.

Observe também que você tem uma sub-rotina mouseMove. Portanto, quando testar seu filme, qualquer movimento do mouse deverá ser obtido pela instância de clipe do filme myMC. E mais, as sub-rotinas em cada um dos botões deverão reagir quando qualquer botão for clicado. Porém, uma mensagem diferente deverá aparecer com cada instância do botão individual clicada.

6. Pressione Ctrl+Enter (Cmd+Return no Macintosh) para testar seu filme no ambiente Flash Player.

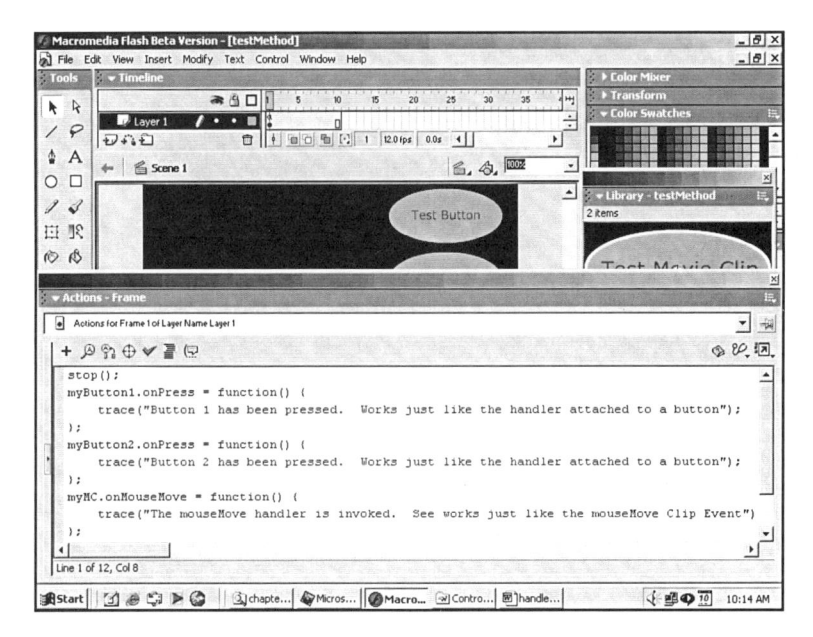

Figura 17.7 O ambiente de autoria Flash e o painel Actions para criar métodos para controlar os botões e os clipes do filme a partir de locais diferentes das instâncias.

Anexe
filme e métodos

Usar os métodos ao invés das sub-rotinas de eventos tem duas vantagens. A primeira vantagem é que qualquer filme criado durante a execução não pode ter um script anexado. Lembre-se que se o clipe do filme estiver sendo criado dinamicamente, você não terá nenhuma maneira de colocar um script para afetar este clipe, a menos que ele esteja aninhado dentro de outro clipe do filme em branco. Os métodos permitem usar as mesmas sub-rotinas em seus clipes do filme criados dinamicamente. Chegaremos nisto em um momento.

A segunda vantagem é a capacidade de ter um local para todos os scripts maiores para seus botões e clipes do filme. Lembre-se que isto é uma preferência de organização. Se você precisar que seus scripts sejam organizados, então usar métodos poderá fornecer alguma organização. Se quiser colocar seu script diretamente no clipe ou botão com o qual está trabalhando, isto funcionará também.

Agora iremos criar um filme com uma ação attachMovie. Portanto, apague o clipe do filme em seu palco atualmente e comecemos a escrever algum código:

1. Vá para o membro da biblioteca de seu clipe do filme. Clique com botão direito do mouse e clique em Linkage (Ligação) no menu suspenso. Nesta caixa de diálogo, escolha Export for ActionScript (Exportar para ActionScript) e forneça ao seu clipe do filme um identificador exclusivo. Isto fornecerá ao Flash a oportunidade de saber qual clipe do filme da biblioteca será usado quando a ação attach for chamada. Para este exemplo, escolha myMCid para o nome do identificador. Para ver como é a caixa de diálogo Linkage Properties (Propriedades da Ligação) e onde fornecer seu identificador, consulte a Figura 17.8.

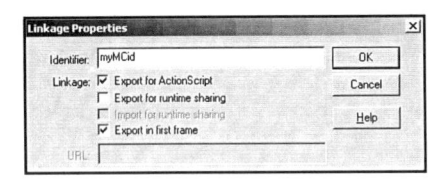

Figura 17.8 A caixa de diálogo Linkage Properties. Preste uma atenção especial no local de myMCid, que é a identificação exclusiva para o item da biblioteca TestMov.

2. Agora volte para seu script no primeiro quadro do filme. Logo depois da ação stop, insira uma ação attach. Você poderá encontrar isto no painel Actions indo para Objects (Objetos), Movie, Movie Clip (Clipe do Filme), Methods (Métodos), attachMovie. O script para este método não funcionará se você colocar a ação attachMovie depois de sua sub-rotina, porque a sub-rotina seria chamada antes do clipe do filme; ela não será capaz de encontrar a instância. Os métodos têm que estar disponíveis na linha do tempo no momento em que a ação está sendo chamada.
3. Agora precisará fornecer seu código attachMovie no local onde o clipe será anexado. Portanto, na frente de sua ação attachMovie, digite **_root** para que possa colocar o clipe do filme no nível raiz da linha do tempo.
4. Em seguida, precisará identificar o clipe do filme que deseja anexado ao seu filme. Portanto, dentro dos argumentos da ação attachMovie (entre os parênteses do script), digite o nome do identificador que forneceu para o membro da biblioteca de seu clipe do filme (neste exemplo, myMCid).
5. Agora coloque uma vírgula perto de seu identificador e forneça ao seu clipe do filme recém-criado um nome de instância do clipe do filme exclusivo. Você manterá o mesmo nome usado no último exemplo, myMC, mas precisará assegurar que seu antigo clipe do filme do último exercício não estará mais no palco se estiver usando o mesmo filme para este exemplo.
6. Em seguida, precisará de outra vírgula e então de um nível no qual colocar o clipe do filme. Será importante quando você estiver anexando diversos clipes do filme para fornecer alguma ordem da dimensão para o local onde no palco estes clipes serão colocados em relação aos outros itens no palco. Neste exemplo, simplesmente digite **number 1** porque poderá colocá-lo primeiro em seu palco. Se você escreveu seu código corretamente, seu palco deverá ficar parecido com a Figura 17.9.
7. Pressione Ctrl+Enter (Cmd+Return no Macintosh) para testar o resultado de seu filme neste exemplo.
8. Grave seu filme para usar no próximo exemplo.

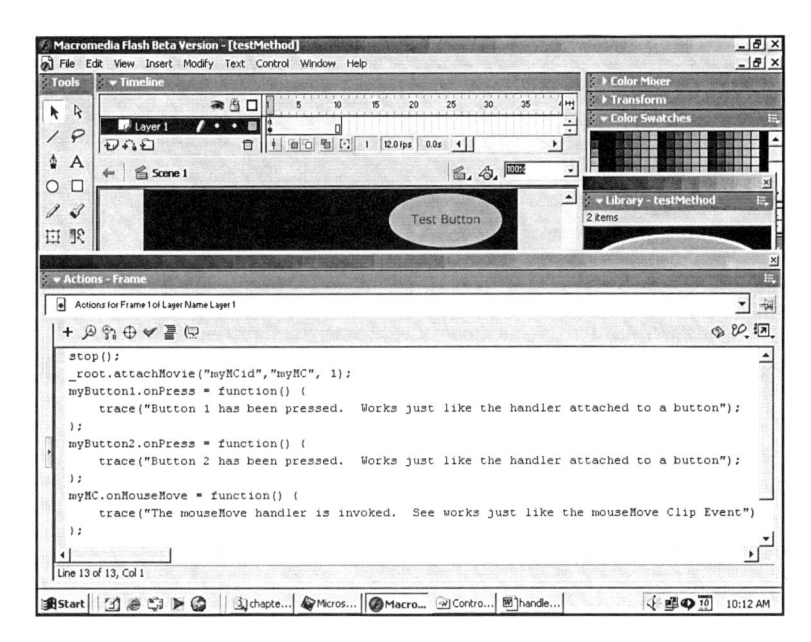

Figura 17.9 O painel Actions com uma ação attachMovie adicionada para criar uma instância de um clipe do filme recém-criado durante a execução deste filme. Note que não há nenhum clipe do filme no palco durante o modo de autoria.

Observe como este filme reage da mesma maneira exata como o último filme, com uma exceção: o clipe do filme não está presente no ambiente de autoria. Ao contrário, ele é criado usando o código attachMovie. E mais, você ainda é capaz de controlar a ação mouseMove com uma sub-rotina que se destina ao clipe do filme recém-criado. Isto não pode ser feito no clipe do filme real, porque ele não está presente no ambiente de autoria para selecionar o item para fornecer o código.

Sub-rotinas de eventos e objeto de protótipo

Ter sub-rotinas é uma ótima ferramenta. Mas o que acontecerá se você quiser que a mesma ação ocorra para cada instância de um determinado método. Está sem sorte, certo? Errado. Como sempre, a Macromedia forneceu uma maneira de fazer com que suas sub-rotinas reajam, não importando qual instância está no palco. E mais, suas sub-rotinas reagirão para os filmes anexados ou para os filmes colocados na linha do tempo porque você estará usando métodos. Finalmente, poderá misturar seu código principal com o código que pertence localmente a uma instância. Neste caso, o código anexado à instância irá anular o código da classe geral.

No próximo exemplo, iremos definir os métodos no objeto de protótipo. O protótipo é uma propriedade de uma classe construída, significando que você precisará primeiro criar uma classe, que será atribuída a um símbolo em sua Library através do identificador de ligação. A classe então poderá herdar as propriedades ou os métodos das outras classes designadas. As propriedades do protótipo e os métodos definidos serão herdados para cada instância do símbolo criado no modo de autoria ou durante a execução.

Abra o filme usado no último exemplo. Você usará os mesmos gráficos, mas descartará as ações do exemplo anterior. Eis as etapas a seguir:

1. Crie uma duplicata do clipe do filme e crie um trabalho de arte diferente para o clipe do filme recém-criado em sua Library.
2. Vá para a caixa de diálogo Linkage Properties para cada clipe do filme e forneça a cada membro da biblioteca um identificador diferente.
3. Agora no primeiro quadro de seu filme, você criará o código para a primeira classe. Vá para o modo Expert no painel Actions. A primeira linha do código aparecerá como a seguir:

```
function  mySymbolClass( ){ }
```

Esta parte de código torna mySymbolClass o nome da classe recém-definida.

4. Em seguida, desejará herdar os métodos da classe MovieClip. Poderá fazer isto com o seguinte código:

```
mySymbolClass.prototype=new  MovieClip( );
```

5. Agora que tem seu protótipo criado, poderá usar estes métodos para criar as ações que ocorrerão sempre que uma instância estiver na tela. Isto poderá ser feito da seguinte maneira:

```
MySymbolClass.prototype.onLoad=function( )
[ic:ccc]{trace  ("Pink  Movie  Clip  loaded");}\
```

6. Depois, terá que criar algum código que registrará sua classe. Isto é feito com o seguinte código:

```
Object.registerClass("myMCid",  mySymbolClass);
```

Note aqui que myMCid é igual ao nome da ligação atribuído ao símbolo de clipe do filme na caixa de diálogo Linkage Properties no exemplo anterior. O registro associa myMCid à classe que acabou de criar.

7. Observe especialmente o código onde o nome da ligação é usado na Library e no código ActionScript.

Em minha parte, mudei as cores de um de meus clipes do filme para amarelo, portanto, agora tenho um clipe do filme que é rosa e outro que é amarelo. Isto me permite notar uma diferença no modo especialista, quando vamos para outro quadro que contém um clipe do filme diferente. Forneci ao meu clipe do filme rosa um ID myMCid e ao meu clipe do filme amarelo um ID myMCid2. Em meu código, repeti a etapa 4 para criar um método mouseDown, que envia o cabeçote de reprodução para outro quadro. Também dupliquei as etapas 5 e 6 para criar outra classe para meu outro clipe do filme em minha biblioteca, lembrando de fornecer ao filme duplicado na Library um nome de ligação diferente. Se você seguiu as etapas corretamente, seu código ficará parecido com a Figura 17.10.

Capítulo 17 – Sub-rotinas de eventos | **463**

[Screenshot of Macromedia Flash IDE showing testPrototype with Library panel, Actions frame code, and Color Mixer panel]

```
stop();
unloadMovie("myMC2");
function mySymbolClass(){}
mySymbolClass.prototype= new MovieClip();
mySymbolClass.prototype.onLoad=function() {trace("Movie Clip pink loaded.");}
mySymbolClass.prototype.onMouseDown=function() {gotoAndStop("loadAnother");}
Object.registerClass("myMCid", mySymbolClass);

function mySymbolClass2(){}
mySymbolClass2.prototype= new MovieClip();
mySymbolClass2.prototype.onLoad=function() {trace("Yellow has loaded.");}
mySymbolClass2.prototype.onMouseDown=function() {gotoAndStop("first");}
Object.registerClass("myMCid2", mySymbolClass2);

_root.attachMovie("myMCid", "myMC", 1);
```

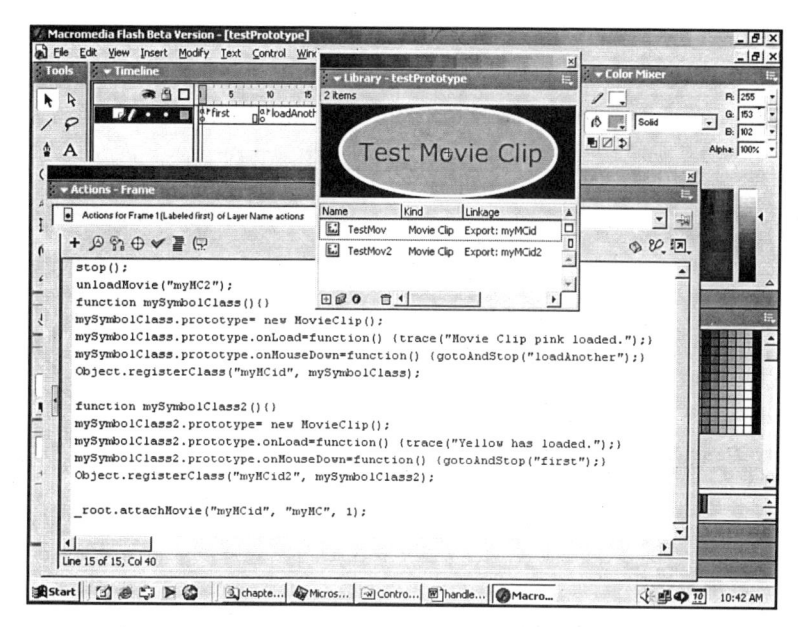

Figura 17.10 O Flash associará o nome da ligação à classe construída. MyMCid é usado para a primeira classe, mySymbolClass. MyMCid2 é usado para a associação com a segunda classe, mySymbolClass2.

8. Agora você ainda não criou nenhum item no palco. Use attachMovie para criar uma instância de cada um de seus clipes do filme em sua biblioteca. Primeiro, crie dois quadros-chave em branco em nossa linha do tempo raiz (separados por alguns quadros vazios). Forneça etiquetas do quadro a cada um dos quadros-chave em branco criados.

    Certifique-se de que os nomes da etiqueta sejam coordenados com os nomes colocados em sua ação goTo no método mouseDown de seu protótipo, se seguiu o código digitado na Figura 17.10.

9. Em cada um dos quadros-chave, crie o código para anexar uma instância de clipe do filme ao nível raiz da linha do tempo e outra parte do código que descarregará o clipe do filme no quadro-chave oposto. Seu código para estes quadros deverá ficar assim:

```
first keyframe
unloadMovie("myMC2");
_root.attachMovie("myMCid", "myMC", 1);
second keyframe
unloadMovie("myMC");
_root.attachMovie("myMCid2", "myMC2", 2);
```

Certifique-se de que esteja escrevendo uma destas partes de código no mesmo quadro de construção de sua classe na qual coloca a ação attachMovie depois do código da construção. Você correrá o risco do código não ser executado, porque não tem nenhum membro no palco para associar ao método.

10. Pressione Ctrl+Enter (Cmd+Return no Macintosh) para testar seu filme. Sempre que um clipe do filme for carregado, você deverá ver uma ação trace na janela de saída, como mostrado na Figura 17.11. E mais, quando clicar no palco, sua linha do tempo principal deverá mudar para a etiqueta do quadro-chave alternativa.

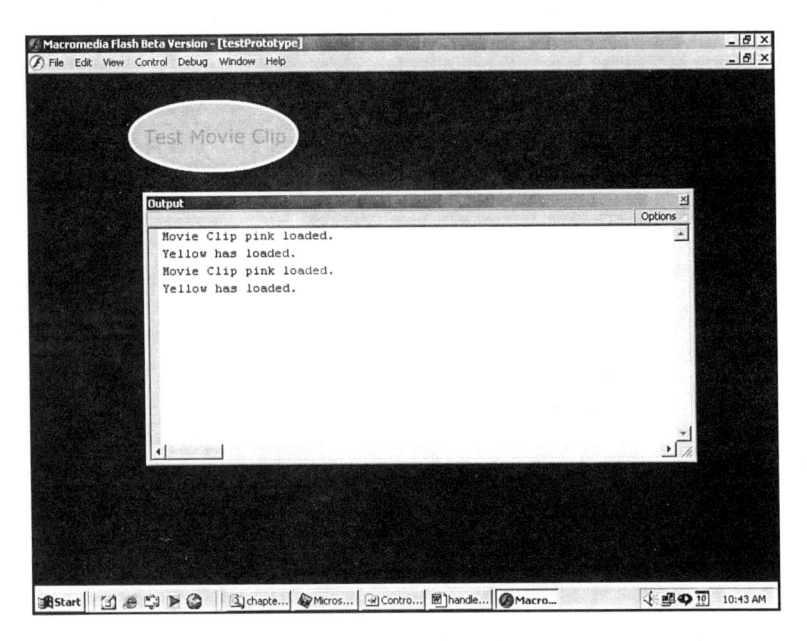

Figura 17.11 Este ambiente Flash Player 6 mostra que o quadro alternou para o quadro do clipe do filme amarelo e a janela de saída reflete qual filme foi carregado mais recentemente.

Você pode estar pensando, "É ótimo, mas fizemos basicamente a mesma coisa com o método sendo colocado em um quadro". Na verdade, o protótipo permite que você tenha controle sobre toda instância criada de sua biblioteca. Portanto, iremos criar algumas instâncias para provar que o mesmo método onload é ativado para duas instâncias diferentes do mesmo clipe do filme. Siga estas etapas:

1. Coloque mais dois quadros-chave em branco com etiquetas do quadro exclusivas anexadas.
2. Coloque um botão em cada um dos quadros em seu filme e coloque uma ação gotoAndPlay básica nele. Configure cada botão com seu próprio nome de instância exclusivo e informe a cada ação para reproduzir o próximo quadro na seqüência das etiquetas do quadro.
3. Você também terá que apagar os métodos mouseDown colocados no filme no exemplo anterior. Iremos usar apenas as instruções onLoad para demonstração.

   No primeiro quadro-chave, crie o código para descarregar o último filme em seu quarto quadro identificado. E mais, crie o código para anexar um filme ao seu quadro. No segundo quadro

Capítulo 17 – Sub-rotinas de eventos | **465**

identificado, descarregue o filme de sua primeira etiqueta e anexe uma nova instância do clipe do filme rosa. Repita o processo para cada um dos dois últimos quadros-chave usando o item do clipe do filme amarelo. Agora, seu código em cada quadro-chave deverá lembrar o seguinte:

```
first keyframe
unloadMovie("myMC4");
_root.attachMovie("myMCid", "myMC", 1);
second keyframe
unloadMovie("myMC");
_root.attachMovie("myMCid", "myMC2", 1);
third keyframe
unloadMovie("myMC2");
_root.attachMovie("myMCid2", "myMC3", 1);
fourth keyframe
unloadMovie("myMC3");
_root.attachMovie("myMCid2", "myMC4", 1);
```

Sua linha do tempo e código deverão ser configurados de modo parecido com a Figura 17.12.

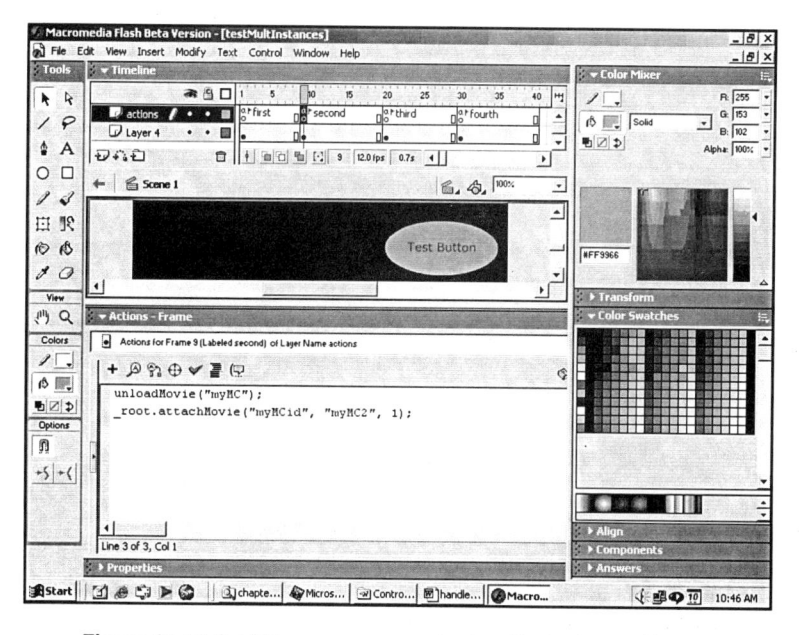

Figura 17.12 O código para o exemplo de método do protótipo em diversos itens. Os dois primeiros quadros-chave devem ser instâncias separadas do primeiro clipe do filme. Os dois últimos quadros-chave devem criar instâncias separadas do segundo clipe do filme. E mais, as informações da classe do último exemplo devem estar presentes no primeiro quadro de seu filme.

4. Agora você desejará testar seu filme. Note que o comando load é igual para os dois primeiros cliques do botão. Os dois cliques seguintes carregam a mensagem para o clipe do filme amarelo. Porém, todos os quatro filmes têm nomes de instância individuais. Portanto, o mesmo código está sendo executado para cada um dos clipes do filme em sua cena que se originou do mesmo membro da biblioteca.

O item exclusivo a ser aprendido do segundo exemplo do objeto de protótipo é que a mesma instrução de saída está sendo executada para duas instâncias completamente individuais do mesmo clipe do filme. Esta é a beleza do protótipo de uma classe do construtor.

As sub-rotinas controlam a lista de verificação diária das tarefas executadas durante a experiência de um usuário final. Elas podem ser sub-rotinas para controlar a linha do tempo no ambiente de autoria Flash, para controlar quando itens como os clipes do filme ou as informações externas da variável são carregados ou para controlar a interação do usuário com seu palco. Portanto, as sub-rotinas são ferramentas importantes ao criar seu código. Elas economizam tempo, repetindo um conjunto de ações sempre que uma sub-rotina é chamada.

E mais, o onClipEvent, introduzido no Flash 5, é uma ferramenta incrível para controlar onde o mouse do usuário está localizado, quando o usuário move seu mouse ou para fazer com que as ações ocorram em uma velocidade constante com o evento enterFrame. Os eventos do clipe são sempre anexados aos clipes do filme, mas você não precisará de nada em um certo clipe do filme para ser capaz de usar as sub-rotinas de eventos do clipe.

Os métodos fornecem a capacidade de controlar seus arquivos SWF. Você poderá controlar quando os filmes anexados são carregados, poderá ainda ter acesso a todos os eventos presentes com as ações da sub-rotina de eventos e poderá colocar seus scripts de modo conveniente em lugares individuais em sua linha do tempo.

Finalmente, você aprendeu que pode criar uma classe que usará o objeto de protótipo para anexar seus métodos a toda instância de um determinado membro da biblioteca. Será útil se, por exemplo, quiser saber o momento em que um certo clipe do filme é carregado. Toda instância do clipe do filme poderá fornecer estas informações, com o objeto de protótipo herdando os métodos da classe de clipe do filme.

Capítulo 18

Os objetos predefinidos do ActionScript em ação

por Matt Pizzi

Neste capítulo
- Objeto Mouse
- Objeto Date
- Objeto Color
- Objeto Sound
- Objeto Math

Neste ponto, você trabalhou com muitos aspectos do ActionScript. O foco deste capítulo é exclusivamente para lidar com os objetos predefinidos dentro do ActionScript. Antes de entrarmos neste tópico, iremos revisar o que é de fato um objeto. Você achará que alguns termos e conceitos foram analisados em áreas diferentes deste livro; é necessário trazê-los de volta para esta revisão.

As linguagens de script, como o ActionScript, colocam em categoria as informações em grupos diferentes chamados *classes*. As instâncias destas classes são chamadas de *objetos*. Se você fosse criar uma classe, primeiro definiria todas as suas propriedades. Por exemplo, se fosse criar uma classe "carro", ela teria propriedades (ou características) como cor, tamanho do motor e rodas. Também teria comportamentos ou *métodos*. Estes métodos poderiam ser acelerar, virar e parar.

No Flash, todas as instâncias de um clipe do filme são instâncias da classe MovieClip. Todos os botões são instâncias da classe Button. O Flash MX tem várias classes predefinidas diferentes com as quais poderá trabalhar. Naturalmente, você poderá sempre construir suas próprias classes e objetos, mas deixaremos este tópico para o final do capítulo. O Flash MX coloca em categoria os objetos predefinidos assim:

- **Objetos básicos**. Estes objetos são predefinidos na especificação ECMA e podem ser encontrados em outras linguagens de script como o JavaScript. Estes objetos incluem Arguments, Array, Boolean, Date, Function, Math, Number, Object e String.
- **Objetos de clipe do filme**. Estes objetos são específicos do ActionScript e incluem Accessibility, Button, Capabilities, Color, Key, Mouse, MovieClip, Selection, Sound, Stage, System, TextField e TextFormat.
- **Objetos do cliente/servidor**. Estes objetos são designados para transmitir a comunicação entre um cliente ou o computador de um usuário final para um servidor Web e banco de dados. Estes objetos incluem LoadVars, XML e XMLSocket.
- **Objetos de autoria**. Estes objetos são usados para personalizar o ambiente de autoria do Flash MX.

Neste capítulo, iremos ver muitos objetos predefinidos. Claro, alguns serão omitidos porque serão tratados nos outros capítulos. Por exemplo, não haverá nenhuma menção dos scripts no lado do servidor ou da integração do middleware. Este livro tem vários capítulos dedicados a estes tópicos.

Já vimos o objeto MovieClip, mas o ActionScript oferece uma série de objetos predefinidos também. Cada um destes objetos tem propriedades diferentes, que você poderá mudar. Por exemplo, poderia alterar a escala x e y de um clipe do filme. São propriedades do objeto MovieClip. Iremos ver as propriedades dos outros objetos também. Por exemplo, o objeto Sound tem uma propriedade volume, mas obviamente o objeto MovieClip não.

Objeto Mouse

Ser capaz de criar seus próprios ambientes nos quais você, como desenvolvedor, tem mais controle do que nas arquiteturas de desenvolvimento Web tradicionais é o que torna usar o Flash tão atraente para os construtores Web. Portanto, se você tiver um controle total sobre qual música o ouvinte escuta ou como um usuário interage com sua construção, por que não mudar a aparência do cursor? À primeira vista pode não parecer prático, mas considere as possibilidades. Suponha que fosse criar um jogo espacial, por exemplo. Poderia mudar instantaneamente o cursor do usuário final para uma aeronave. Em outras palavras, poderá controlar a experiência total diretamente para o cursor. Iremos executar um exercício rápido, para que possa se familiarizar com o objeto Mouse.

Como usar o objeto Mouse para criar um cursor personalizado

Para criar um cursor personalizado, precisará arrastar um clipe do filme da Library (Biblioteca). Ao arrastar o clipe do filme, usará o objeto Mouse predefinido para ocultar a visibilidade do cursor do mouse, mostrando assim apenas o clipe do filme que está arrastando. Eis as etapas a seguir:

1. Abra um novo documento. Abra a Unleashed Common Library (Biblioteca Comum Unleashed) escolhendo Window (Janela), Common Libraries, Unleashed. Abra a pasta graphics e arraste uma instância de qualquer símbolo gráfico para o palco.

2. Com seu símbolo destacado, escolha Insert (Inserir), Convert to Symbol (Converter em Símbolo) para inicializar a caixa de diálogo Convert to Symbol. Nomeie o símbolo como **new_mouse** no campo de texto Name (Nome). Destaque o botão de rádio Movie Clip (Clipe do Filme) para fornecer a este símbolo um comportamento de clipe do filme. Então clique em OK.

3. Destaque o clipe do filme e abra o painel Actions (Ações) pressionando F9. Você precisará que algumas coisas aconteçam com base neste script. Por exemplo, precisará começar a arrastar o mouse. Precisará também ocultar o cursor padrão. Para executar estas tarefas, use o seguinte código:

```
onClipEvent (load) {
    startDrag(this, true);
    Mouse.hide( );
}
```

Eis o que o código significa: para começar, a sub-rotina de eventos é carregada, significando que esta ação será executada quando o filme for carregado. A ação startDrag inicia a operação de arrastar, mas tem duas condições. A primeira é o *destino* ou o que você deseja começar a arrastar. Neste caso, this é destinado, que simplesmente quer dizer "esta instância do clipe do filme". A segunda condição é true, que irá bloquear a ponta do cursor no centro do clipe do filme. Se você omitir esta condição, terá resultados imprevisíveis e quando o usuário final mover o mouse, o clipe do filme não parecerá estar respondendo devidamente.

4. Teste o filme pressionando Cmd+Return (Mac) ou Ctrl+Enter (Windows). Note que você não vê o cursor padrão, mas o clipe do filme designado como o objeto que pode ser arrastado. Veja a Figura 18.1 para ter um exemplo.

Nota

Consulte o site Web complementar Unleashed, localizado em http://www.flashmxunleashed.com para ver um tutorial do filme QuickTime sobre como criar cursores personalizados.

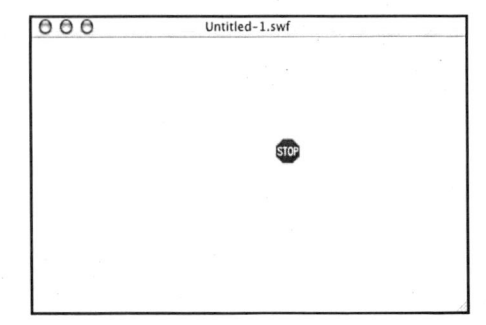

Figura 18.1 *Criar um cursor personalizado no Flash é fácil.*

Ocultar os cursores padrão é apenas um uso do objeto Mouse. Você poderá também exibir o mouse. Talvez tenha criado um jogo e neste jogo o jogador é uma minhoca tentando escapar de um peixe faminto. Poderá criar um cursor personalizado de um MovieClip de minhoca. Se um peixe chegar perto, poderá engolir a minhoca. Neste ponto, você poderia usar a ação showMouse( ) para exibir o cursor padrão novamente, provando que, de fato, a minhoca foi engolida pelo peixe grande e mau.

O objeto Mouse é um dos objetos mais básicos. Agora vejamos algo um pouco mais complicado – o objeto Date.

Objeto Date

O objeto Date permite fazer muitas coisas. Porém, mais comumente, os desenvolvedores usam-no para exibir a hora ou data atual em um filme Flash. O aspecto mais complicado do objeto Date (e na verdade não é complicado demais) é formatar as informações para exibir.

É importante saber que o objeto Date irá capturar as informações da hora e data a partir do calendário do sistema e do relógio da máquina do usuário final. Se um usuário em Boston estiver vendo seu site no mesmo momento que alguém em Los Angeles, como ideal o usuário em Boston deveria ver a hora de Boston (se as preferências do sistema estiverem devidamente configuradas) e o usuário em Los Angeles deveria ver a hora da Costa Oeste. É muito útil e não é complicado demais de realizar. O próximo exercício mostrará como.

Como usar o objeto Date para exibir a hora

A primeira coisa que você terá que fazer para começar este exercício é criar um novo objeto Date. Também colocará uma ação em um clipe do filme; assim, poderá usar a sub-rotina de eventos onClipEvent (enterFrame) para que a ação faça um loop, fornecendo assim ao usuário um retorno constante e preciso concernente à hora atual. Eis as etapas a seguir:

1. Crie um novo documento. Neste novo documento, escolha a ferramenta Text (Texto) e então clique no palco para colocar um ponto de inserção. No Properties Inspector (Inspetor de Propriedades), escolha Dynamic Text (Texto Dinâmico) no menu suspenso. Na caixa de texto Var: no Properties Inspector, forneça um nome de variável time, como mostrado na Figura 18.2.

2. Converta o campo de texto em um símbolo de clipe do filme pressionando F8 ou escolhendo Insert, Convert to Symbol. Isto inicializará a caixa de diálogo Convert to Symbol. Nela, forneça ao símbolo um comportamento de clipe do filme e digite **date_mc** no campo de texto Name. Então clique em OK.

3. Com o clipe do filme selecionado no palco, pressione F9 para abrir o painel Actions. No script, terá que definir um novo objeto Date. Para tanto, precisará criar uma nova variável que tenha o valor de um novo objeto Date. Eis o código:

```
onClipEvent (enterFrame) {
    time = new Date( );
}
```

O evento de clipe, enterFrame, faz um loop para manter a hora atual e a segunda linha define o valor da variável para o novo objeto Date.

4. Teste seu filme. Na Figura 18.3 a data e a hora são mostradas na hora de Greenwich. É ótimo e tudo o mais, mas talvez seja informação demais.

Nas próximas etapas, você irá tomar medidas para reformatar este texto para que obtenha a hora com um AM ou PM anexado.

5. Para esta parte do exercício, precisará mudar algum código. Primeiro, precisará criar uma nova variável para a nova data. Segundo, precisará criar uma função para formatar a hora como deseja que apareça. Ao formatar a hora, tem que saber que é possível que o valor retornado possa ser 9:9, por exemplo, que significa 9:09. Portanto, precisará criar uma instrução if para verificar se o valor do minuto é menor que 10. Se for, irá concatenar uma literal 0 para colocar na frente do dígito com um espaço. Então precisará criar uma variável para obter a hora real. Isto permitirá criar outra variável para verificar se a hora é menor que 12. Se for, precisará exibir AM. Do contrário, você exibirá PM. Então terá que definir sua variável da hora para ser igual a todas as variáveis configuradas. Ufa! Não é tão ruim, prometo. Eis o código:

```
onClipEvent (enterFrame) {
    dateObject = new Date( );
    function format(number) {
        if (number<10) {
            return "0"+number;
        } else {
            return number;
        }
    }
    if (dateObject.getHours( )>12) {
        myhour = dateObject.getHours( )-12;
        amPm = "pm";
    } else {
        myhour = dateObject.getHours( );
        amPm = "am";
    }
    time = myhour+":"+ format(dateObject.getMinutes( ))+" "+amPM;
}
```

Observe que você ainda tem a sub-rotina de eventos enterFrame para atualizar continuamente a hora. Assim, se o usuário estiver em seu site por 10 minutos, a hora será atualizada para refletir isto. Se você defini-la para onLoad, a sub-rotina de evento retornaria apenas a hora para quando a página fosse carregada de fato.

Você também definiu um novo objeto Date, nomeado devidamente como dateObject. Em seguida, estabeleceu uma nova função chamada format, com um parâmetro chamado number. (Usará isto mais tarde para formatar os minutos.) Então criou uma instrução if para avaliar se o parâmetro number é menor que 10 e para executar a ação seguinte no código (e se não, para executar a condição else). A segunda instrução if verifica os valores AM e PM mencionados na etapa 5. Você também definiu a variável time para ser igual à variável myhour para retornar a hora do dia. Finalmente, concatena os dois pontos literais (:). Os dois pontos criam os separadores da hora pelo método getMinutes de dateObject, que é formatado usando a função format. Então claro, você concatena isto à variável amPM para exibir AM ou PM, dependendo da hora do dia. Note a literal de espaço (" "), que fornece algum espaço entre os minutos e o valor ampM.

6. Teste o filme! Note que na Figura 18.4 a hora é formatada com a hora e os minutos separados por dois pontos, seguida de AM ou PM.

   Agora nosso toque final: iremos adicionar o mês, o dia e o ano. É a parte fácil.

7. Na cena 1, clique duas vezes no clipe do filme que mantém a variável time. Dentro do clipe do filme, adicione outro campo de texto dinâmico e forneça à variável o nome month.

8. Clique na aba Scene 1 (Cena 1) para voltar para a linha do tempo principal. Você desejará que a data seja formatada como 7/19/02, por exemplo.

9. Abra o painel Actions com o clipe do filme selecionado. Depois da variável time, crie uma nova nomeada month. Para seu valor, precisará usar apenas dateObject.getMonth, dateObject.getDate( ) e claro dateObject.getminutes( ). Desejará separar isto com barras também. Eis a linha de código:

   ```
   month = (dateObject.getMonth( ) + 1)
   +"/"+dateObject.getDate( )
   +"/"+dateObject.getFullYear( );
   ```

   Note com a ação dateObject.getMonth que você está adicionando 1. É porque o método getMonth retorna um valor de 0 a 11 (com 0 representando janeiro e 11 representando dezembro). Adicionando 1 a este valor, você obterá o devido valor numérico em seu formato de data.

10. Teste o filme. A Figura 18.5 mostra a hora formatada com sucesso, junto com o mês, dia e ano.

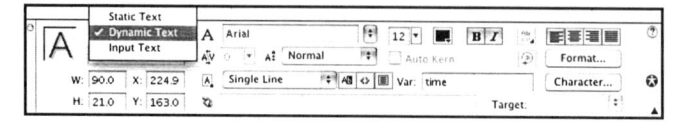

Figura 18.2 No Properties Inspector, Dynamic Text é escolhido no menu suspenso e tem um nome de variável time.

Figura 18.3 A hora não formatada.

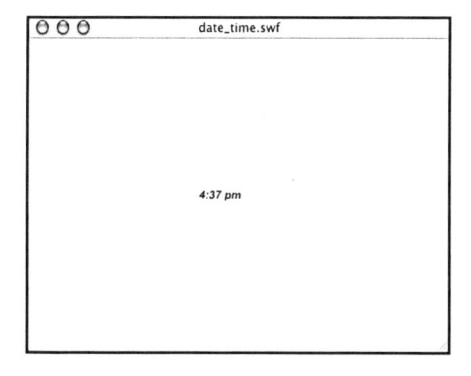

Figura 18.4 A hora está formatada para nossas especificações.

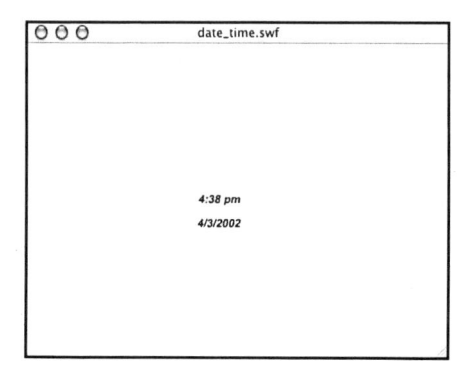

Figura 18.5 A hora e a data estão devidamente formatadas.

Naturalmente, o objeto Date pode ser usado para finalidades diferentes de exibir a hora e a data. Um uso de amostra seria ter um gráfico alterando-se em seu site para representar a hora do dia. Você poderia obter quatro das mesmas imagens externas em horas diferentes do dia. Como ideal, as imagens seriam o nascer do sol, ao meio-dia, ao pôr-do-sol e à noite. Poderia criar um clipe do filme com os quatro quadros e colocar uma destas imagens em cada quadro diferente, em ordem seqüencial. Usando o objeto Date, você poderia determinar a hora do dia, o que, por sua vez, determinaria em qual quadro do clipe do filme o cabeçote de reprodução deveria estar. Poderá carregar um arquivo FLA chamado date_time.fla que usa este exemplo no site Web complementar Unleashed em http://www.flashmxunleashed.com.

Objeto Color

O objeto Color pode ser bem eficiente. Ele permite que os usuários finais escolham cores específicas para os vários itens ou pode ainda ser usado para selecionar cores aleatórias. Assim, sempre que um visitante entrar no site, a cor de fundo poderia ser diferente, por exemplo. Agora iremos trabalhar em um exemplo que muda a cor de um carro. Há algumas maneiras diferentes de fazer isto: você poderá definir a cor para uma nova cor sólida ou poderá aplicar um efeito que se comporta mais como um destaque.

Como alterar a cor de um símbolo através do ActionScript

Para este exemplo, você irá configurar quatro botões – um vermelho, um verde, um amarelo e um azul. O botão amarelo irá mudar o item inteiro do símbolo do carro para uma cor amarela sólida. Os três últimos irão preservar o detalhe do trabalho de arte e mudarão apenas a tonalidade para uma nova cor.

1. Crie um novo documento. Neste documento, crie quatro botões – um vermelho, um verde, um azul e um amarelo. Assim que tiver terminado com os botões, alinhe-os na parte inferior do palco. Se esquecer como criar os botões, consulte o Capítulo 5, "Símbolos e a biblioteca".

2. Abra a Unleashed Common Library escolhendo Window, Common Libraries, Unleashed. Se não tiver instalado a Unleashed Common Library, mas carregou o arquivo, simplesmente escolha File (Arquivo), Open as Library (Abrir como Biblioteca) e pesquise unleashed.fla em seu computador.

3. Na pasta graphics, arraste uma instância do "carro" e coloque-a acima dos botões no palco, como mostrado na Figura 18.6.

4. Com o gráfico do carro selecionado, converta-o em um símbolo de clipe do filme pressionando F8 em seu teclado. Isto abrirá a caixa de diálogo Convert to Symbol. No campo de texto Name, digite **color_change** e forneça-lhe um novo nome. Selecione o botão de rádio Movie Clip para o comportamento do símbolo. Clique em OK.

5. Destaque o carro no palco. No Properties Inspector, forneça a este clipe do filme um nome de instância **colorTarget** (lembre-se de evitar os espaços nas convenções de nomenclatura de suas instâncias).

Capítulo 18 – Os objetos predefinidos do ActionScript em ação | **475**

6. Destaque o botão amarelo no palco e pressione F9 para abrir o painel Actions. Nele, você precisará aplicar uma ação para definir a cor do clipe do filme para o amarelo sólido. Estará usando o objeto Color para isto. No objeto color, usará setTransform para alterar a cor usando um certo valor hexadecimal. Eis o código:

```
on (press) {
    c = new Color(_root.colorTarget);
    c.setRGB(0xFFFF00);
}
```

Quando o botão for pressionado, a variável c será definida para ser igual a um novo objeto Color. Você está definindo o valor RGB de c para ser igual a 0xFFFF00, que é amarelo.

7. Escolha File, Save As (Salvar Como) e nomeie o filme como car_color1.fla. Teste o filme. Embora não mostre de fato a cor amarela, você poderá dizer que uma cor sólida é mostrada na Figura 18.7. Parece muito bom; porém, todo o detalhe do carro foi substituído pela cor amarela sólida também. Você notará que algumas áreas foram deixadas com branco; é porque estas áreas não têm um valor da cor, portanto, o que você está realmente vendo é o palco.

8. Destaque o botão vermelho e pressione F9 para abrir o painel Actions. Desta vez, irá aplicar uma nova cor usando uma técnica ligeiramente diferente. Primeiro, irá configurar um novo objeto Color chamado carColor. Então irá configurar um novo objeto chamado colorRed. É um objeto genérico, e você será capaz de atribuir-lhe as seguintes propriedades da cor:

- ra. Representa a porcentagem do canal vermelho (-100 a 100)
- rb. Representa o deslocamento do canal vermelho (-255 a 255)
- ga. Representa a porcentagem do canal verde (-100 a 100)
- gb. Representa o deslocamento do canal verde (-255 a 255)
- ba. Representa a porcentagem do canal azul (-100 a 100)
- bb. Representa o deslocamento do canal azul (-255 a 255)
- aa. Representa a porcentagem do canal alfa (-100 a 100)
- ab. Representa o deslocamento do canal alfa (-255 a 255)

Claro, com todas estas propriedades (especialmente considerando suas faixas de valor), poderá ser difícil indicar como sua cor ficará. Felizmente, todas estas definições são idênticas à opção Advanced (Avançado) no menu suspenso Color (Cor) no Properties Inspector. Portanto, poderá querer experimentar as cores antes de iniciar seu script.

Depois de experimentar as cores, você definirá o objeto carColor para usar o método setTransform para atribuir um valor de colorRed ao seu objeto genérico. Eis o código:

```
on (release) {
    carColor = new Color (_root.colorTarget);
    colorRed = new Object ( );
    colorRed.ra = 80;
    colorRed.rb = 255;
    carColor.setTransform(colorRed);
}
```

Estes números são simplesmente inventados; sinta-se à vontade para usar seus próprios valores.

9. Teste o filme e clique o botão vermelho. Note que o carro ficará avermelhado. Você poderá ainda ver grande parte dos detalhes no carro.
Neste caso, está apenas mudando a tonalidade. Agora clique o botão amarelo. O carro ficará amarelo de novo. Agora clique o botão vermelho mais uma vez. Hmmm. Parece que algo está errado. Lembre-se, você está aplicando uma porcentagem do canal vermelho e valores de deslocamento, significando que o resultado ficará diferente se a cor inicial for diferente. Portanto, precisará definir a cor do clipe do filme de volta para seu estilo original antes de aplicar novas tonalidades de cor.

10. Destaque o botão vermelho e abra o painel Actions. Terá que criar uma sub-rotina de eventos on (press) para que quando o botão for pressionado, as ações irão redefinir o clipe do filme de volta para sua aparência original por um breve momento, até que a sub-rotina de eventos on (release) seja inicializada e estas ações executadas, alterando a aparência do carro novamente. Eis como ficará o código:

```
on (press) {
    carColor = new Color (_root.colorTarget);
    original = new Object ( );
    original = {
        ra: '100',
        rb: '0',
        ga: '100',
        gb: '0',
        ba: '100',
        bb: '0',
        aa: '100',
        ab: '0',
    }
    carColor.setTransform (original);
}
on (release) {
    carColor = new Color (_root.colorTarget);
    colorRed = new Object ( );
    colorRed.ra = 80;
    colorRed.rb = 255;
    carColor.setTransform(colorRed);
}
```

11. Teste o filme. Clique o botão amarelo para mudar a aparência do carro. Agora clique o botão vermelho. Por um breve momento, notará que o estilo original do carro é restaurado.

12. Repita a etapa 10 para os botões azul e verde. Lembre-se, dentro destes novos objetos Color, você desejará usar ga e gb ou ba e bb, dependendo de em qual botão está trabalhando.

Figura 18.6 Os quatro botões no palco com o carro.

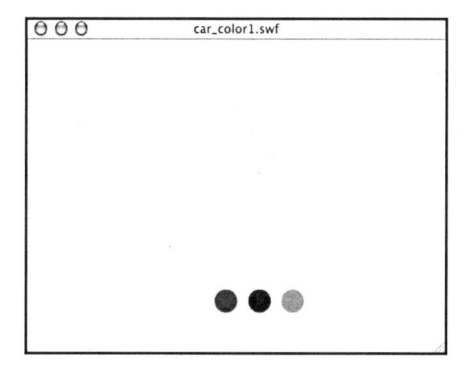

Figura 18.7 O carro inteiro é uma cor sólida.

O objeto Color pode ser eficiente. É útil em muitas aplicações, especialmente para o comércio eletrônico. Por exemplo, suponha que você more em Los Angeles e seu carro ficou com uma certa tonalidade; precisaria de um novo serviço de pintura (realmente, precisaria). Poderia entrar na Web e comparar os preços para obter uma oficina para pintar seu carro. Uma oficina de bom senso teria imagens de todos os modelos populares de carros e você poderia selecionar o fabricante, modelo etc. de seu carro. Assim que tivesse escolhido seu carro no banco de dados, poderia escolher cores diferentes para pintá-lo. Usando um script como o que acabou de criar, poderia ver uma imagem de seu carro nas várias cores escolhidas.

Como criar valores da cor aleatórios

No Capítulo 13, "Objetos de clipe do filme", você animou uma figura de palitos andando na tela. Agora iremos abrir este arquivo e criaremos uma cor aleatória para cada instância da figura que anda.

Como aplicar cores aleatórias

1. Abra o arquivo smart_man.fla no qual trabalhou no Capítulo 13. Se não tiver mais este arquivo, poderá sempre carregá-lo no site Web complementar Unleashed.
2. Teste o filme apenas para refrescar sua memória sobre o que criou. Terá seis figuras de palito andando no palco, com velocidades aleatórias. Agora colocará um valor da cor aleatório nelas.
3. Destaque a figura de palitos no palco e pressione F9 para abrir o painel Actions. Nas ações atuais notará que há apenas duas sub-rotinas de eventos: uma para on load e outra para enterFrame. Se você colocar a ação da cor aleatória na sub-rotina de eventos enterFrame, cada figura de palitos mudará sua cor sempre que esta ação for executada, porque é uma instrução de loop. Porém, se colocar a ação na sub-rotina de eventos on load, a cor aleatória será calculada apenas uma vez.
4. Na sub-rotina de eventos onClipEvent (load);, você precisará definir um novo objeto Color. Também terá que definir o que irá aplicar neste novo objeto de cor. Finalmente, terá que atribuir valores de cor aleatórios para os canais da cor vermelha, verde e azul e para as definições alfa. Eis o código final:

```
onClipEvent  (load)    {
    xvalue  =   int(Math.random(  )*20)
    manColor = new  Color  (this);

    colorDefine = new Object ( );
    colorDefine.ra  =   random  (100);
    colorDefine.rb  =   random  (255);
    colorDefine.ba  =   random  (100);
    colorDefine.bb  =   random  (255);
    colorDefine.ga  =   random  (100);
    colorDefine.gb  =   random  (255)
    manColor.setTransform(colorDefine);
}
onClipEvent  (enterFrame)  {
    if (this._x >= 550) {
        (this._x = 0
}

    this._x = this._x + xvalue
}
```

É muito parecido com o código para o exemplo anterior neste capítulo. A exceção desta vez é que a cor está sendo aplicada dinamicamente, em vez de usar um botão da cor. E mais, a função random está gerando um número aleatório, segundo o valor entre parênteses.

5. Teste o filme. A Figura 18.8 mostra que todas as figuras de palitos têm cores diferentes, que são definidas aleatoriamente. Teste o filme mais algumas vezes apenas para ver as cores aleatórias sendo geradas.
6. Grave o documento como random_man.fla.

Capítulo 18 – Os objetos predefinidos do ActionScript em ação | **479**

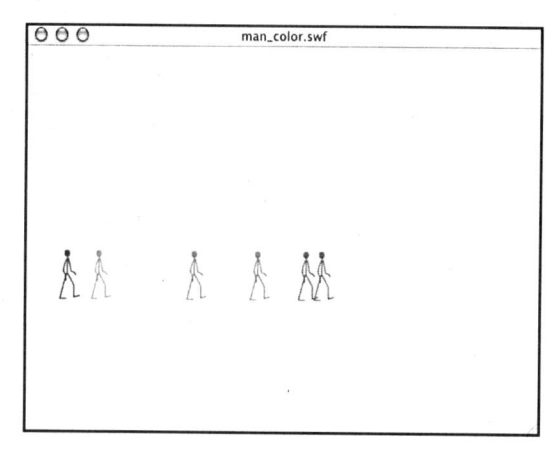

Figura 18.8 As figuras de palito têm valores de cor diferentes.

Objeto Sound

Ao usar o objeto Sound, você poderá controlar o volume e o equilíbrio de um som. Para controlar o som, terá que exportá-lo de Library. Assim que o som for exportado, então poderá anexá-lo ao objeto Sound. Isto é comumente conhecido como *instanciar*.

Como criar um cursor do volume

Para este exercício, você precisará de alguma música de loop. Poderá carregar alguma do site Web complementar Unleashed ou poderá sempre visitar o Flash Kit (www.flashkit.com), que oferece centenas de loops de som gratuitos. Eis as etapas a seguir para este exercício:

1. Crie um novo documento. Escolha File, Import (Importar). Importe o arquivo de som que acabou de carregar pesquisando-o em seu computador e escolhendo Open (Abrir).

2. Abra a Library do filme escolhendo Window, Library. Selecione o som na Library; então no menu de opções da Library (no canto superior direito) escolha Linkage (Ligação). Isto abrirá a caixa de diálogo Linkage Properties (Propriedades da Ligação), como mostrado na Figura 18.9.

3. Nesta caixa de diálogo, marque a caixa Export for ActionScript (Exportar para ActionScript). Digite o nome **Music1** no campo de texto do identificador. Então clique em OK.

4. Destaque o quadro 1 clicando-o; então abra o painel Actions – Frame (Ações – Quadro) pressionando F9. Agora você precisará anexar o som. A primeira coisa que terá que fazer é definir uma variável. Então tornará esta variável igual ao novo objeto Sound. Em seguida, criará uma instrução escolhendo evaluate no livro Miscellaneous Actions (Ações Diversas). Nesta instrução, irá anexar

o som Music1 ao seu novo objeto de som, s. Finalmente escolherá evaluate novamente e, desta vez, irá anexar o método start a s. O código ficará assim:

```
s = new Sound;
s.attachSound("Music1");
s.start( );
```

5. Teste o filme. Você deverá ouvir a música sendo reproduzida. Feche o modo de teste para voltar para o Flash.

6. Agora estamos prontos para criar um cursor para controlar o volume. Crie um pequeno círculo usando a ferramenta Oval. Escolha qualquer cor de preenchimento e pincelada desejada. Depois de desenhar o círculo, selecione-o e pressione F8 para inicializar a caixa de diálogo Convert to Symbol. Nela, escolha o comportamento Button (Botão) e nomeie o símbolo como **circle_button**. Clique em OK.

7. Agora que o círculo é um botão, você terá que convertê-lo em um clipe do filme. Lembre-se, para criar um clipe do filme que pode ser arrastado, será melhor ter um símbolo do botão aninhado. Com o botão selecionado, pressione F8 para abrir a caixa de diálogo Convert to Symbol de novo. Escolha Movie Clip para o comportamento e nomeie o símbolo como **circle_mc**. Clique em OK.

8. Clique duas vezes no círculo para entrar no modo de edição do símbolo de clipe do filme. Selecione o botão e pressione F9 para abrir o painel Actions. Nele, você terá que fazer com que o clipe do filme possa ser arrastado. Escolha o sinal de mais para abrir o menu suspenso Actions. Escolha Actions, Movie Clip Control (Controle do Clipe do Filme), startDrag. Defina a sub-rotina de eventos para press. Para as condições, deixe o destino em branco e não escolha a opção Lock Mouse to Center (Bloquear Mouse no Centro). E mais, digite **left**, **top**, **right** e **bottom** em seus respectivos campos. Fornecerá a estas variáveis um valor no clipe do filme. Depois disto, defina uma variável chamada dragging para ser igual a true. Eis o código:

```
on (press) {
    startDrag("", false, left, top, right, bottom);
    dragging = true;
}
```

9. Depois da última chave, adicione uma ação stopDrag ao código existente. Certifique-se de que a sub-rotina de eventos seja release, releaseOutside. Depois de escolher a ação stopDrag, defina a variável dragging para ser igual a false. Eis o código final para o botão:

```
on (press) {
    startDrag("", false, left, top, right, bottom);
    dragging = true;
}
on (release, releaseOutside) {
    stopDrag( );
    dragging = false;
}
```

10. Grave o filme como sounds.fla. Teste o filme. Note que o cursor do volume funciona.

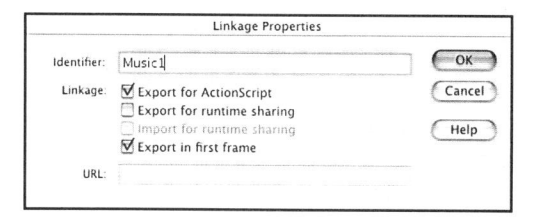

Capítulo 18 – Os objetos predefinidos do ActionScript em ação | **481**

Figura 18.9 A caixa de diálogo Linkage Properties.

Como pode ver, o objeto Sound pode adicionar valor ao seu site Web. Ele permite interagir com seus usuários finais. Assim, se eles sentirem que um som está alto demais, terão a opção de diminuir o volume em seu filme Flash. No próximo exercício, criaremos um cursor para controlar o equilíbrio do som. Porém, note que você apenas ouvirá uma diferença se tiver alto-falantes estéreos instalados em seu computador.

Como criar um cursor de equilíbrio

Criar um cursor para controlar o equilíbrio de um som é muito parecido com criar um cursor do volume, que fez no exercício anterior. Eis as etapas a seguir:

1. Abra o arquivo sounds.fla. Selecione o clipe do filme do círculo no palco. Pressionando a tecla Option (Mac) ou Alt (Windows), clique e arraste o círculo para algum outro lugar no palco. Isto fará uma cópia do botão, como mostrado na Figura 18.10.

2. As ações no botão dentro do clipe do filme ficarão iguais. Porém, você precisará fazer ajustes nas ações no clipe do filme. Selecione o clipe do filme e pressione F9 para abrir o painel Actions. Nele, precisará alterar algumas ações. Primeiro, apague a matemática, para que bottom seja igual apenas a _y. Defina left para ser igual a _x -50 e defina right para ser igual a _x +50. E mais, defina uma nova variável chamada center para ser igual a _x. Agora, a parte superior de seu código deverá ficar assim:

```
onClipEvent (load) {
    top = _y;
    left = _x -50;
    right = _x + 50;
    bottom = _y ;
    center = _x;
}
```

Definir as variáveis top e bottom para _y definirá o eixo y para ser igual à posição atual do círculo. Definir center para _x definirá o eixo x do círculo para sua posição atual. Subtraindo 50 de left, você poderá usar este valor para definir o recipiente para o alto-falante esquerdo. O mesmo ocorrerá para right.

3. Agora você terá que ajustar a segunda parte do ActionScript. Imediatamente, ele agora define o volume, mas você precisará definir o recipiente. Portanto, digite **_root.s.setPan** sobre o script para "definir o volume". A condição será

_x – center * 2. Portanto, ele obterá seu valor inicial na posição x quando o filme for carregado. Então, quando o círculo for arrastado para a esquerda ou direita, o valor da posição x mudará. O número alterado será multiplicado por 2. O número máximo para a esquerda ou direita é 50 ou -50, respectivamente, mas multiplicando o número por 2, poderá ser igual a 100 ou -100, deslocando assim completamente o equilíbrio para o alto-falante esquerdo ou direito, respectivamente. Eis o código final para o clipe do filme:

```
onClipEvent (load) {
   top = _y;
   left = _x -50;
   right = _x + 50;
   bottom = _y;
   center = _x;
}
onClipEvent (enterFrame) {
   if (dragging = =true) {
      _root.s.setPan((_x-center)*2);
   }
}
```

4. Teste o filme. Agora deverá ser capaz de alterar não apenas o volume como também o equilíbrio.

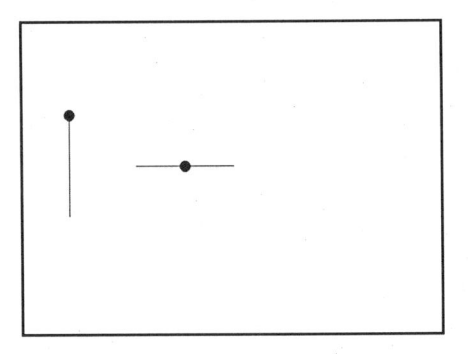

Figura 18.10 Um clipe do filme de círculo duplicado.

Objeto Math

O Flash vem com muitos objetos Math predefinidos. Contudo, para usá-los você terá que lembrar os conceitos ensinados na trigonometria. Iremos criar um exemplo usando a figura de palitos que anda. Você poderá carregar o arquivo para este exercício no site Web complementar Unleashed localizado em http://flashmxunleashed.com.

O objeto Math em ação

Neste exercício, irá criar um tipo de jogo interativo de nível muito baixo. Basicamente, irá converter seu cursor em uma garrafa de água e o homem de palitos que anda seguirá todo movimento do cursor.

Aparentemente, ele tem sede, mas assim que atingir o cursor (a garrafa de água), a garrafa desaparecerá e ele irá parar de andar. Assim que você mover o cursor para longe do homem que anda, a garrafa aparecerá e o homem começará a caçá-la de novo.

O que isto tem a ver com o objeto Math? O movimento do homem seguindo o cursor é todo calculado com base no ângulo entre o clipe do filme (o homem que anda) e o cursor (a garrafa de água). Eis as etapas a seguir:

1. Abra o arquivo math_man.fla carregado do site Web complementar.

2. Você precisará primeiro fazer com que o clipe do filme do homem que anda siga o mouse. Selecione o clipe do filme e pressione F9 para abrir o painel Actions. No painel Actions, precisará definir a propriedade do clipe do filme com base no local do mouse. Precisará primeiro adicionar a sub-rotina onClipEvent com enterFrame como a condição. Novamente, isto criará um loop que avaliará constantemente onde o mouse está. Precisará definir uma ação setProperty e nesta ação desejará definir o destino da ação para this e escolher _x para a propriedade. O valor será a posição atual menos o valor da posição atual menos a posição x atual do mouse dividida por 10. Eis o código:

```
onClipEvent (enterFrame)   {
    setProperty (this,  _x, this._x - (this._x - _root._xmouse)/10);
    setProperty (this,  _y, this._y - (this._y - _root._ymouse)/10);
}
```

3. Teste o filme. Não funcionará devidamente ainda, mas você desejará ver se o script está funcionando. O homem deverá estar andando para trás quando o mouse for movido para o lado esquerdo do palco, como mostrado na Figura 18.11.

4. Como as pessoas geralmente não andam para trás, desejará corrigir isto. Desejará que o homem sempre aponte na direção do mouse. Portanto, terá que encontrar a relação entre o clipe do filme e o mouse e subtrair suas posições x e y; este valor você poderá usar ao encontrar os radianos do arco usando o objeto Math arctangent2. Naturalmente, não precisará dos radianos – precisará de *graus*. Poderá obter o valor em radianos e dividir usando 180/pi. O objeto Math contém um objeto para pi. Finalmente, depois de obter este valor, poderá definir a propriedade rotation do clipe do filme para ser igual a este valor. Eis o código:

```
onClipEvent (enterFrame)   {
    setProperty (this,  _x, this._x - (this._x - _root._xmouse)/10);
    setProperty (this,  _y, this._y - (this._y - _root._ymouse)/10);
    x = _root._xmouse-this._x;
    y = _root._ymouse-this._y;
    Radians = Math.atan2(y, x);
    Degrees = Radians*(180/Math.PI);
    SetProperty(this, _rotation, Degrees);
}
```

Dominando Macromedia Flash MX

5. Teste o filme. Agora o homem sempre estará apontando na direção do mouse. A única parte ruim, como mostrado na Figura 18.12, é que o homem anda de cabeça para baixo (que é pior ainda do que andar para trás). Você precisará corrigir esta pequena falha.

6. Agora precisará verificar se a variável Degrees é maior que 90 graus ou menor que -90 graus. Se for, precisará dimensionar o homem para -100, assim invertendo. Eis o código final:

```
onClipEvent (enterFrame) {
    setProperty (this, _x, this._x-(this._x-_root._xmouse)/10);
    setProperty (this, _y, this._y-(this._y-_root._ymouse)/20);
    x = _root._xmouse-this._x;
    y = _root._ymouse-this._y;
    Radians = Math.atan2(y, x);
    Degrees = Radians*(180/Math.PI);
    SetProperty(this, _rotation, Degrees);
    if (Degrees>90 || Degrees<-90) {
        setProperty(this, _yscale, -100);
    } else {
        setProperty(this, _yscale, 100);
    }
}
```

7. Teste o filme. Tudo bem. Agora o homem não anda para trás ou de cabeça para baixo. Em seguida, terá que mudar o mouse para uma garrafa de água. Então, terá que detectar as colisões entre o cursor e o clipe do filme para fazer com que o homem pare de andar.

8. Grave este documento como arctangent.fla.

Figura 18.11 *O clipe do filme está produzindo resultados indesejados.*

Figura 18.12 O homem agora está andando de cabeça para baixo.

Detecção de colisão básica

Este exercício termina o anterior. Comece abrindo o arquivo arctangent.fla; então siga estas etapas:

1. Abra a Library e arraste uma instância do clipe do filme da garrafa. Com ela selecionada, pressione F9 para abrir o painel Actions e aplicar a mesma ação usada na etapa 3 do primeiro exercício deste capítulo. Eis o código:

    ```
    onClipEvent (load)   {
         startDrag(this,   true);
         Mouse.hide( );
    }
    ```

2. Teste o filme. Note que o homem agora está seguindo a garrafa.

    Agora desejará verificar para ver quando o homem anda para a garrafa. Quando fizer isto, desejará que ele pare de andar e que a garrafa desapareça. Porém, assim que você mover o mouse de novo, desejará que o homem siga-o e que a garrafa fique visível novamente.

3. Selecione o clipe do filme do homem que anda e pressione F9 para abrir o painel Actions. Nele, precisará criar outra instrução if. A instrução irá verificar se o ponto central do clipe do filme da garrafa cruza com a forma do homem que anda. Poderá verificar pela forma do objeto MovieClip. O Flash fará um bom serviço,

mas não perfeito ao avaliar a forma. Se uma colisão ocorrer, você desejará ocultar a garrafa e parar o clipe do filme do homem que anda. Se uma colisão *não* ocorrer, desejará exibir a garrafa, assim como o homem que anda. Eis o código:

```
onClipEvent (load) {
   startDrag(this, true);
   Mouse.hide( );
}
onClipEvent (enterFrame) {
   if (this.hitTest(_root.man._x, _root.man._y, true)) {
      setProperty(this, _visible, 0);
      _root.man.stop( );
   } else {
      setProperty(this, _visible, 1);
      _root.man.play( );
   }
}
```

4. Teste o filme. Note que quando o homem anda para perto da garrafa, ela irá desaparecer e o homem irá parar de andar. Porém, assim que você mover o mouse a garrafa irá reaparecer e o homem começará a andar novamente.

O objeto Math é muito eficiente, porém, pode requerer que você recorde algumas antigas habilidades matemáticas. Assim que tiver uma boa prática com o objeto Math, o script será a parte fácil.

Capítulo 19

Como trabalhar com texto

por David Vogeleer

Neste capítulo

- O básico do campo de texto
- Campos de texto do ActionScript
- Como comunicar os campos de texto com dados externos

Usar o texto é uma das formas mais importantes de comunicação, e o Flash tem levado isto em conta. Na verdade, o Flash MX fornece capacidades muito aumentadas para lidar e manipular os campos de texto.

Este capítulo tem três seções maiores para lidar com os seguintes tópicos:
- O básico dos campos de texto
- Como usar o ActionScript com os campos de texto
- Como comunicar os campos de texto com dados externos

Com isto em mente, iremos diretamente para o básico, começando com a interface em si.

O básico do campo de texto

Esta seção cobre o básico de como criar os campos de texto manualmente e fornece alguns usos destes campos de texto. Porém, para começar, iremos primeiro analisar a interface do campo de texto.

Interface do campo de texto

Quando você seleciona a ferramenta Text (Texto) clicando o botão da letra *A* no painel Tools (Ferramentas) ou pressionando a tecla T no teclado e então clicando no palco, o painel Properties (Propriedades) muda, parecido com o que é mostrado na Figura 19.1. A letra *A* no canto superior esquerdo significa que a ferramenta Text está selecionada.

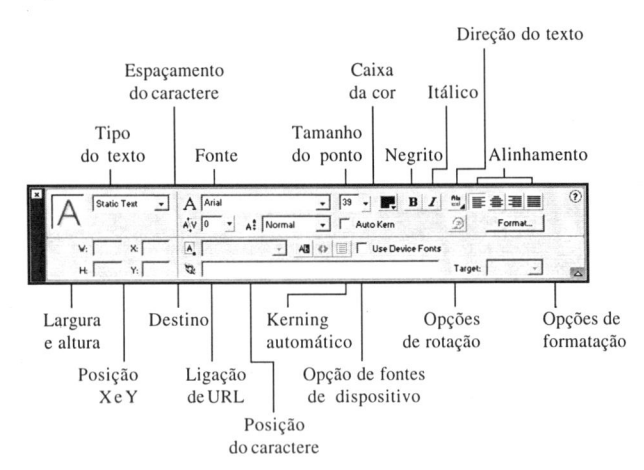

Figura 19.1 O painel Properties muda para exibir as propriedades dos campos de texto.

Capítulo 19 – Como trabalhar com texto | **489**

Se você estiver acostumado com o Flash 5, notará imediatamente que todas as opções são colocadas em um painel, em vez de vários. Ao lado da letra A está o menu suspenso Text Type (Tipo do Texto), que tem três opções. A definição default é Static Text (Texto Estático). Eis uma lista de todas as opções e o que elas significam:

- **Static Text.** O texto que é colocado durante a produção. Não muda na reprodução do filme e pode ser ajustado apenas no nível da produção.
- **Dynamic Text (Texto Dinâmico).** Este campo de texto também pode manter o texto durante a produção, mas durante a execução o texto pode ser manipulado pelo ActionScript para exibir qualquer coisa requerida.
- **Input Text (Texto de Entrada).** É um campo de texto que pode ter o texto colocado nele durante a produção, mas durante a execução ele pode ser usado para enviar informações para o player ou o ActionScript através do texto que o usuário digita.

Todas estas opções serão tratadas com maiores detalhes quando o capítulo avançar. Depois do menu suspenso Text Type, indo da esquerda para a direita, você encontrará os recursos de formatação básica do texto, inclusive a fonte, tamanho, cor, negrito, itálico, direção e alinhamento, assim como o submenu Format (Formatar), onde poderá definir as margens e o espaçamento. Um novo recurso do MX permite alterar a direção do texto através do botão Text Direction (Direção do Texto). Este recurso permite que o texto na caixa de texto seja exibido na horizontal, como estamos acostumados a vê-lo, ou na vertical, como mostrado na Figura 19.2.

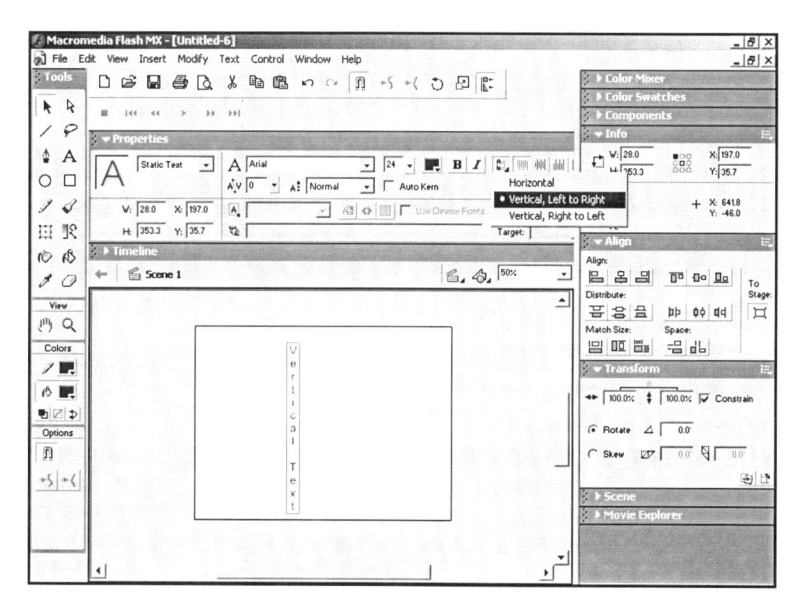

Figura 19.2 Veja como o texto fica na vertical apenas escolhendo a opção.

Logo abaixo do tipo da fonte, você encontrará as opções do espaçamento e da posição disponíveis, inclusive a opção Auto Kern (Kerning Automático). Então, na parte inferior do painel Properties está uma caixa de entrada para colocar um URL, caso um hiperlink seja desejado no campo de texto. Isto é seguido de outro menu suspenso, para escolher o tipo de destino do URL.

Finalmente, sob o menu Text Type estão quatro caixas de informações mostrando a posição e o tamanho da caixa de texto. É um novo recurso para especificar as opções de texto e se tornará mais útil quando virmos os detalhes de como usar os campos de texto.

Quando você selecionar Dynamic Text, ao invés de Static Text no menu Text Type, o menu mudará para se parecer com a Figura 19.3. Alguns recursos disponíveis para o Static Text não estão disponíveis para Dynamic Text. Porém, outros recursos se tornarão disponíveis, portanto, iremos nos concentrar neles.

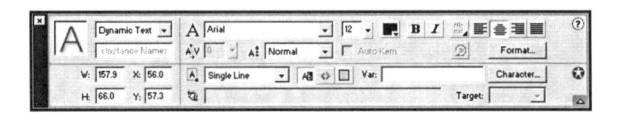

Figura 19.3 O painel Properties é focalizado no campo de texto e definido para Dynamic Text.

O primeiro recurso novo que aparece é uma caixa logo abaixo do menu suspenso Text Type. Esta caixa é usada para nomear a instância da caixa de texto, outro recurso novo do Flash MX. Pela primeira vez, os campos de texto agora poderão ser vistos como objetos dentro do ActionScript (mais sobre isto na seção "Campos de texto do ActionScript").

O próximo recurso disponível é o menu suspenso Line Type (Tipo de Linha). As opções são Single Line (Linha Simples) (default), Multiline (Diversas Linhas) e Multiline No Wrap (Diversas Linhas Sem Quebra).

Depois do menu suspenso Line Type, três botões são mostrados. Cada um deles controla um certo recurso dos campos de texto dinâmicos:

- **Selectable (Selecionável).** Este recurso permite que o texto no campo seja destacado e copiado para o Clipboard (Área de Transferência) do computador de um usuário.
- **Render Text as HTML (Apresentar Texto como HTML).** Este recurso permite que as tags HTML nativas sejam usadas em conjunto com o texto dinâmico para fornecer algum formato para o texto. (Este recurso será tratado com mais detalhes na última seção, "Como comunicar os campos de texto com dados externos".)
- **Show Border Around Text (Exibir Borda em Torno do Texto).** Este recurso fornece à caixa de texto um fundo branco e uma borda fina preta.

A próxima caixa é a caixa de declaração Var: (variável). É usada para identificar o campo de texto com um nome de variável, para usar em conjunto com o ActionScript, quando no texto é desenhada a partir de um tipo de dados local ou de uma fonte externa. Não confunda o nome da variável com o nome da instância. Se o nome da variável e o nome da instância forem iguais, resultados indesejáveis poderão ser produzidos. Um recurso recentemente disponível para o texto dinâmico é o menu Edit Character Options (Editar Opções do Caractere), que permite incorporar a fonte que você está usando no campo de texto dinâmico, selecionando todos os caracteres ou certos caracteres. Este recurso poderá ser útil se você estiver usando uma fonte que não está prontamente disponível na maioria dos computadores. Mesmo que este recurso aumente o tamanho do arquivo geral, geralmente vale a pena exibir sua fonte em particular. Se este recurso não for usado e o usuário não tiver a fonte desejada, a caixa de texto será convertida na fonte do sistema.

A opção para os campos de texto é Input Text. Novamente, um campo de texto de entrada é usado, basicamente para que os usuários forneçam informações que podem ser armazenadas e usadas pelo player. O Input Text tem as mesmas opções de Dynamic Text, mais uma opção Set Maximum Characters (Definir Caracteres Máximos). Esta opção pode ser usada para definir o número máximo de caracteres que um usuário pode colocar em um campo de texto de entrada. Isto poderá ser útil se você estiver procurando um certo tipo de informações, como o ano; neste caso, a categoria não terá mais de quatro caracteres. Por último, para os campos de texto de entrada, assim como os campos de texto dinâmicos, um pequeno círculo azul com uma figura branca aparecerá à esquerda do painel Text Properties (Propriedades do Texto). É outro recurso novo do Flash MX que vale à pena mencionar. É chamado de recurso Edit Accessibility (Editar Acessibilidade) e ajuda a tornar o conteúdo encontrado na Web mais acessível para as pessoas com deficiências. É apenas suportado no Flash 6 player e os usuários terão que estar executando o sistema operacional Windows. É um grande passo ao tornar a Web um ambiente mais acessível para todos que entram nela. Mais informações poderão ser encontradas no site da Macromedia com relação a este novo recurso em http://www.macromedia.com/macromedia/accessibility/features/flash/.

Então agora que você conhece toda a interface, poderá finalmente usá-la. Comecemos com o texto estático.

Texto estático

O texto estático é produzido durante a produção de um filme Flash, e assim que o filme for executado, o texto não poderá ser ajustado. Porém, durante a produção você poderá ajustá-lo. Poderá ajustar as palavras individuais e ainda os caracteres alterando sua cor, tamanho, fonte etc.

Já falamos sobre todas as opções no painel Properties para o texto estático; contudo, há um novo acréscimo para o texto estático encontrado no Flash MX que não analisamos: Distribute to Layers (Distribuir em Camadas).

No Flash 5, quando você dividia uma caixa de texto, todas as letras que estavam contidas nesta caixa de texto se tornavam formas. Agora, quando dividimos uma caixa de texto, cada letra se torna uma caixa de texto. Se elas forem divididas novamente, então se tornarão formas, mas se não forem divididas, poderão ser enviadas facilmente para as camadas individuais que serão identificadas automaticamente com cada letra. Vejamos.

Crie uma caixa de texto estática e digite **Text**. Destaque a caixa de texto e vá para a barra de menu e escolha Modify (Modificar), Break Apart (Dividir) (ou pressione Ctrl+B em seu teclado). A Figura 19.4 mostra como deverá ficar. Note que o texto ainda está em uma camada.

Agora volte para a barra de menu e escolha Modify, Distribute to Layers (Ctrl+Shift+D). Agora cada letra está em sua própria camada e cada camada foi nomeada com a devida letra. E mais, observe que a camada na qual o campo de texto inteiro residia anteriormente agora está vazia (veja a Figura 19.4).

Esta capacidade será ótima se você quiser modificar as letras individuais com o intermediário.

Agora iremos para a próxima parte importante do texto no Flash – o campo de texto dinâmico.

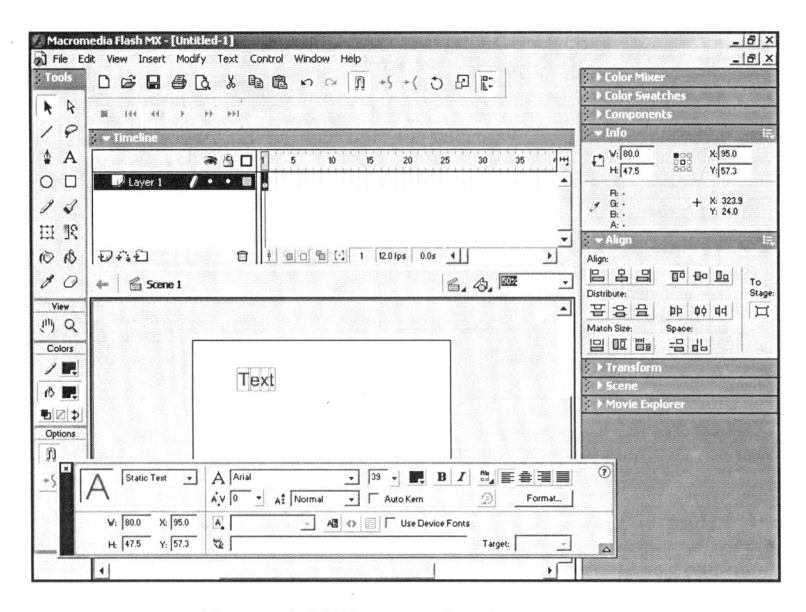

Figura 19.4 Note que cada letra no campo de texto é agora seu próprio campo de texto.

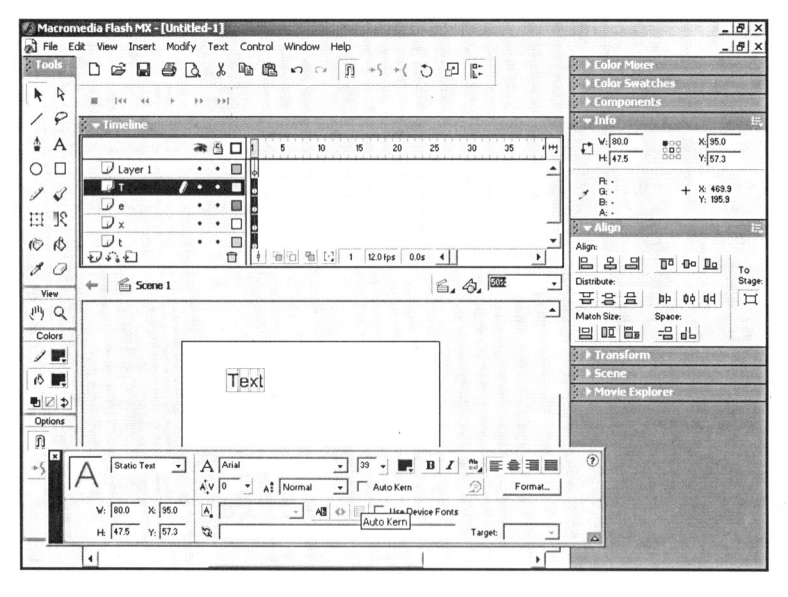

Figura 19.5 Agora cada letra tem sua própria camada, com o nome da camada sendo definido para a própria letra.

Campos
de texto dinâmico

Os campos de texto dinâmico fornecem uma ótima maneira de exibir as informações no formato de texto, sem ter que digitar no campo de texto manualmente. Definir o texto para um campo de texto dinâmico é exatamente como definir o texto para uma variável. Na verdade, quando você cria um campo de texto dinâmico, atribui-lhe um nome de variável na caixa de entrada Var. Então, no ActionScript atribui o nome da variável que forneceu ao campo de texto e define-o para ser igual a qualquer coisa que deseja que o texto informe.

Continuemos e criemos um campo de texto dinâmico. Siga estas etapas para criar um filme (usaremos este filme para o resto da seção):

1. Inicie um novo filme e adicione uma camada.
2. Nomeie a camada superior como actions e a inferior como text.
3. Na camada text, crie um campo de texto dinâmico selecionando a ferramenta Text, escolhendo Dynamic Text no menu suspenso Text Type do painel Properties e desenhando um retângulo com a ferramenta Text no palco principal.
4. Identifique esta caixa de texto como **myText** no campo Var:.

Agora que tem o palco principal configurado, abra o painel Actions no primeiro quadro-chave da camada actions e insira esta ação:

```
myText = "My first dynamic text"
```

Teste o filme e verá seu texto exibido na tela. Foi ótimo! Você acabou de criar seu primeiro campo de texto dinâmico, mas não parece dinâmico neste ponto. Ele simplesmente retira o texto do ActionScript e exibe-o. Poderia ter escrito facilmente o texto assim em um campo de texto estático. Portanto, agora iremos tornar o texto realmente dinâmico.

Adicione outra camada sob a camada text e chame-a de button. Então crie um botão nela e coloque estas ações nas ações do objeto do botão:

```
on (press) {
    i++;
    myText = i;
}
```

Em seguida, substitua as ações na camada actions por estas:

```
//create a variable to be increased
i = 1;
myText = i;
```

Agora teste o filme de novo. Desta vez, quando clicar o botão, o número (i) será aumentado e exibido. Agora você poderá começar a ver como os campos de texto dinâmico podem ser usados.

Este próximo exemplo requer um pouco mais de código. Você irá criar um relógio digital que será executado continuamente.

Primeiro, inicie um novo arquivo (Ctrl+N). Nomeie a camada como **text**. Na camada text, crie um campo de texto dinâmico, identifique a variável como **myText** e escolha Show Border Around Text para que possa vê-lo facilmente.

Então, certifique-se de que o campo de texto esteja destacado e converta-o em um símbolo (pressione F8). Selecione o clipe do filme e nomeie-o como **clock**.

Nas ações do objeto do filme do relógio que mantém seu campo de texto, coloque estas ações:

```
onClipEvent (enterFrame){
//Create a date object to get and hold the time
    myDate = new Date( );
    hours = myDate.getHours( );
    minutes = myDate.getMinutes( );
    seconds = myDate.getSeconds( );
//hours are in military form, so we change it to regular form
    if(hours > 12){
        hours = hours - 12;
    }
//Create a variable to hold our time
    myTime = hours+":"+minutes+":"+seconds;
//Set myTime to the dynamic text field
    myText = myTime;
}
```

Agora você tem um relógio digital dinâmico. Se quiser, poderá adicionar-lhe mais objetos de data, inclusive a data e o ano. Poderá também carregar este exemplo do site Web.

Voltaremos ao tópico dos campos de texto dinâmico mais tarde neste capítulo, quando trabalharmos nos campos de texto ActionScript. No momento, iremos para outro tipo de campo de texto dinâmico – o campo de texto de entrada.

Campos de texto de entrada

Os campos de texto de entrada, como os campos de texto dinâmico, podem exibir dados do ActionScript. Porém, diferente dos campos de texto dinâmico, os campos de texto de entrada podem transmitir dados do usuário para o ActionScript para serem usados e armazenados.

Vejamos um exemplo, para que você possa ver como é um campo de texto de entrada e como funciona. Crie um novo arquivo (Ctrl+N). Nomeie a primeira camada como **text**. Então crie outra camada e chame-a de **Input**. Crie uma terceira camada chamada **actions**.

Na camada text, crie um campo de texto dinâmico, identifique uma variável como **myText** e escolha Show Border Around Text no painel Properties.

Destaque o campo de texto e converta-o em um símbolo (pressione F8). Selecione o clipe do filme e nomeie-o como **display**.

Em seguida, na camada Input, selecione a ferramenta Text, escolha Input Text Field (Campo do Texto de Entrada) como a opção no menu suspenso Text Type do painel Properties e desenhe um retângulo com a ferramenta Text. Identifique a variável deste campo de texto como **input**. E mais, selecione Show Border Around Text como uma propriedade do campo de texto de entrada. Novamente, isto tornará muito mais fácil ver quando testar o filme.

Agora, na camada text, abra as ações do objeto do filme que contém o texto dinâmico (display). Coloque este código:

```
//This will set the dynamic text to input immediately
onClipEvent(load){
   myText = _parent.input;
}
//This will reset the dynamic text whenever the user
//mouse clicks on the stage
onClipEvent(mouseDown){
   myText = _parent.input;
}
```

Finalmente, no primeiro quadro-chave da camada actions, coloque este código:

```
//This will initially set the input box
input = "Type in here";
```

Agora, quando testar o filme verá duas strings de texto informando "Type in here" (Digite aqui). Forneça algum texto no campo de texto de entrada e então clique em qualquer lugar no palco para redefinir o campo de texto dinâmico.

Os campos de texto de entrada são ótimos para tornar um filme Flash mais interativo para o usuário. Você poderá usá-los para obter informações pessoais, obter respostas para perguntas em um teste ou ainda controlar os clipes do filme com uma entrada direcional.

Falamos sobre a criação básica e o uso de cada tipo de campo de texto, mas até então criamos todos os campos de texto e fizemos alterações em seu formato manualmente. Agora iremos analisar como criar os campos de texto e manipulá-los no ActionScript.

Campos de texto do ActionScript

Uma das áreas mais atualizadas no Flash MX é a capacidade de criar, remover e controlar os campos de texto dinamicamente de dentro do ActionScript.

A primeira etapa envolve aprender a criar os campos de texto com o ActionScript. Depois disto, todas as suas caixas de texto serão criadas a partir do ActionScript.

Como criar campos de texto com o método createTextField

Você criará um campo de texto com o ActionScript anexando-o a uma instância de clipe do filme. O gabarito genérico fica assim e é explicado na lista a seguir:

```
myMovie.createTextField(name, depth, x, y, width, height);
```

- myMovie. O nome do filme no qual o campo de texto está sendo criado
- name. O nome de instância do campo de texto

- depth. Um inteiro representando a ordem de empilhamento do campo de texto
- x, y. As coordenadas horizontal e vertical relativas ao filme no qual o campo está sendo colocado
- width, height. O tamanho horizontal e vertical relativo ao filme no qual o campo está sendo colocado

Antes de entrarmos e começarmos a criar os campos de texto, você deve conhecer alguns valores default associados ao método createTextField:

Propriedade	Valor default
type	"dynamic"
border	false
background	false
password	false
multiline	false
html	false
embedFonts	false
variable	null
maxChars	null

Veremos como alterar alguns destes valores, assim como em que alterá-los quando falarmos sobre as propriedades de um campo de texto. No momento, os valores default são o que desejamos usar. E mais, para que possamos trabalhar a partir da linha do tempo principal com facilidade, iremos criar o campo de texto no filme _root.

Comece criando um novo arquivo (Ctrl+N). Então abra a camada actions (a única camada no arquivo novo) e no primeiro quadro coloque estas ações:

```
//This will create a text field in the root level, and
//set it at the top left corner
_root.createTextField("myText",1,0,0,100,100);
```

Conseguiu – seu primeiro campo de texto ActionScript! Porém, neste ponto ele não contém nenhum texto. Anteriormente, quando criou os campos de texto manualmente, aplicou-lhes um nome de variável para colocar o texto. Ao criar os campos de texto com o ActionScript, fará mais do que criar apenas um campo de texto – estará criando um objeto TextField. Este objeto tem muitas propriedades, duas sendo text e htmlText (veremos a htmlText em detalhes na última seção). Estas propriedades permitem definir o texto para um campo de texto e você irá anexá-las, como faria com qualquer outra propriedade.

Iremos adicionar mais algum código ao já criado. Seu código inteiro deverá agora ficar assim:

```
//This will create a text field in the root level, and
//set it at the top left corner
_root.createTextField("myText",1,0,0,200,100);
//Now set a string equal to the text property of myText
myText.text = "My first coded text field";
```

Teste o filme e verá a string aparecendo na tela usando as definições default.

Capítulo 19 – Como trabalhar com texto | **497**

Agora que sabe como definir o texto para seu campo de texto, iremos modificar o campo de texto em si para ver as alterações na caixa de texto.

Você poderá alterar qualquer coisa a partir do ActionScript que possa ser alterada manualmente, inclusive o texto, tamanho, cor, borda, fundo etc. Novamente, definirá estas propriedades como faria com qualquer outra propriedade de um objeto. Veremos algumas com alguns exemplos básicos. Poderá usar o mesmo texto ou poderá alterá-lo.

Comecemos adicionando uma borda e um fundo e então alterando a cor do texto. Coloque o seguinte código no primeiro quadro da linha do tempo principal:

```
//This will create a text field in the root level, and
//set it at the top left corner
_root.createTextField("myText",1,0,0,100,100);
//Now adjust some of the settings of the text field itself
myText.border=true
myText.borderColor=0xFF0000;
myText.background=true;
myText.backgroundColor=0x0000FF;
myText.textColor=0xFFFFFF;
//Now set a string equal to the text property of myText
myText.text = "Some Patriotic Text";
```

Observe que para alterar a cor da borda e o fundo, você terá que ativá-los primeiro. Se não, nem a borda nem o fundo estarão visíveis.

Note também que mudamos um pouco as propriedades do campo de texto, portanto, quando você testar este filme, uma caixa azul com uma borda vermelha e algum texto branco aparecerão.

Não são as únicas propriedades que podemos mudar. Também podemos alterar o tipo do campo de texto.

Desta vez, iremos criar uma senha que um usuário terá que fornecer para "ter acesso". Mas em vez de ter acesso, uma mensagem de boas-vindas ou uma resposta errada será exibida na janela Output (Saída), dependendo do que é colocado no campo de texto de entrada.

Para começar, crie uma nova camada e chame-a de **button**. Nesta camada, coloque uma instância de um botão no palco principal. Então, nas ações do objeto do botão, coloque este código:

```
on(press) {
//This will check whether the password is correct
    if(input.text = = password){
        trace("Welcome");
    }else{
        trace("Incorrect Password, please try again");
    }
}
```

Agora, no primeiro quadro-chave na outra camada, coloque as seguintes ações, que criarão um campo de texto de entrada que usa caracteres de senha para ocultar a entrada do usuário. Este código também coloca uma borda em torno do campo de texto e cria outro campo de texto exibindo uma etiqueta para o campo de entrada:

```
//First, create the password
password = "radius";
//Now create two text fields
_root.createTextField("input", 1,0,0,100,15);
```

```
_root.createTextField("passwordText",2,0,15,100,15);
//Here we change some properties for the input text field
input.type="input";
input.password=true;
input.border=true;
input.maxChars = 10;
//Now set the properties of the label
passwordText.selectable = false;
passwordText.autoSize = "center";
//Put text to the label
passwordText.text = "Password";
```

Você tem um campo de texto de entrada com uma borda que, quando digitado, exibe apenas asteriscos. Também tem um campo de texto dinâmico que identifica a caixa de entrada; este campo de texto não poderá ser destacado. Note também que poderá colocar mais de um campo de texto de cada vez na mesma profundidade no mesmo filme; o último campo criado simplesmente irá sobrescrever o anterior.

Até então, foi capaz de controlar suas caixas de texto e adicionar-lhes texto, mas não mudou o texto em si em um alto grau. Além de TextField, o Flash MX adicionou TextFormat como um novo objeto. Iremos analisar como usar este novo objeto.

Objeto TextFormat

O objeto TextFormat age de modo parecido com uma folha de estilos. Primeiro você criará o objeto TextFormat e então aplicará o formato no campo de texto usando o método setTextFormat. Porém, primeiro terá que aprender a criar um objeto TextFormat. Comece com este gabarito genérico:

```
formatName = new TextFormat ( );
```

Assim que tiver criado isto, defina os atributos para o objeto de formato. Eis um exemplo:

```
formatName.bold = true;
```

Assim que tiver feito todas as alterações de formatação que deseja, aplicará o objeto TextFormat em um campo de texto, assim:

```
myText.setTextFormat(formatName);
```

ou

```
myText.setNewTextFormat(formatName);
```

A diferença nestas duas linhas de código é que setNewTextFormat é aplicado no texto recém-inserido por um usuário ou usando o método replaceCel.

te também que você não tem que aplicar o formato de texto no texto inteiro; poderá declarar um ponto
e índice, assim como um ponto de índice final. Aprenderá mais sobre isto no andamento da seção.
gora vejamos alguns valores default associados ao texto em si:

Propriedade	Valor default
font	"Times New Roman"
size	12
textColor	0x000000
bold	false
italic	false
underline	false
url	" "
target	" "
align	"left"
leftMargin	0
rightMargin	0
indent	0
leading	0
bullet	false
tabStops	[ ] (array vazio)

gora que sabe qual é o formato do texto por default, poderá mudar estas propriedades para qualquer
tuação dada.

emos criar um formato e então criaremos um campo de texto para lidar com este formato. Depois
olicaremos o formato no campo de texto. Comece com um arquivo novo e vazio. Então coloque estas
ções no primeiro quadro-chave:

```
//First we create our format
myFormat = new TextFormat( );
//Create formatting rules for this format
myFormat.bold=true;
myFormat.italic=true;
myFormat.align="center";
myFormat.size = 15;
//Now create the text field
_root.createTextField("myText",0,0,0,150,100);
//Apply properties to the text field
myText.multiline=true;
myText.wordWrap=true;
myText.text="Creating text fields in ActionScript is a very powerful tool"
//Apply the format to our text
myText.setTextFormat(myFormat);
```

uando testar o filme, terá uma parte do texto com ótima aparência, como na Figura 19.6, porque o
rmatou como queria.

Avancemos mais e destaquemos a palavra *red* com a cor vermelha e a sublinhemos em outra pa[rte] do texto. Também iremos aplicar um formato para aumentar o tamanho do texto inteiro. Faremos i[sso] usando um índice inicial e um índice final quando atribuirmos o formato ao texto. Se os índices inic[ial] e final não forem fornecidos, TextFormat mudará o formato do campo de texto inteiro. O gabar[ito] genérico para isto é como a seguir:

```
myText.setTextFormat(startIndex, endIndex, formatName);
```

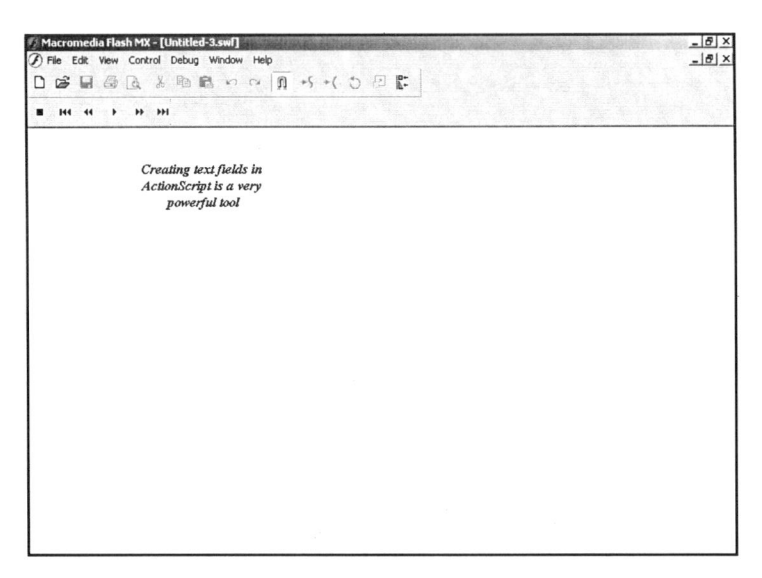

Figura 19.6 O texto é formatado para o objeto Format, criado com todas as suas opções.

Agora que você viu o gabarito genérico, iremos continuar com o exemplo. Primeiro, limpe todo o códi[go] no primeiro quadro-chave e substitua-o por isto:

```
//First we create our formats
redFormat = new TextFormat( );
increaseSize = new TextFormat( );
//Declare the rules for this format
redFormat.color=0xFF0000;
redFormat.bold=true;
redFormat.underline=true;
increaseSize.size=24;
//Now create the text field
_root.createTextField("myText",0,0,0,150,150);
//Apply some properties to the text field
myText.multiline=true;
myText.wordWrap=true;
myText.text = "The color of that apple is red";
//Now apply the increaseSize format to the whole thing
//Then apply the redFormat to the word red using index points
myText.setTextFormat(increaseSize);
myText.setTextFormat(27,30,redFormat);
```

Agora, quando testar o filme todo o texto será aumentado para o tamanho de ponto 24 e a palavra *red* aparecerá em negrito e na cor vermelha, como mostrado na Figura 19.7.

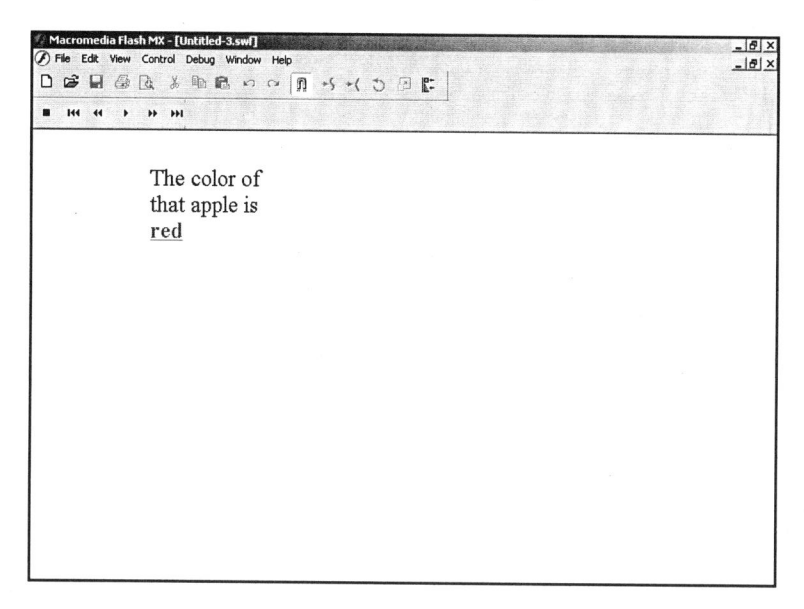

Figura 19.7 A palavra red está agora na cor vermelha, em negrito e sublinhada porque usamos os índices.

Mudamos a palavra *red*, como mostrado na Figura 19.7, definindo os índices inicial e final, mas esta técnica não é muito dinâmica. Ao contrário, você poderá usar variáveis que mudam no lugar dos números genéricos.

Neste próximo exemplo, cada letra do texto mudará de cor em um loop, uma de cada vez, e então voltará ao normal.

Primeiro, abra um novo arquivo (Ctrl+N). Então crie um clipe do filme indo para a barra de menu e escolhendo Insert (Inserir), New Symbol (Novo Símbolo) (Ctrl+F8). Nomeie o clipe do filme como **text**. Então volte para o palco principal. Abra a Library e arraste o clipe do filme "text" para o palco.

Agora, nas ações do objeto deste clipe do filme vazio, coloque o seguinte código:

```
onClipEvent(load){
    this.createTextField("myText",0,-75,-75,150,150);
    myText.text="This  text  continually  blinks";
    myText.multiline=true;
    myText.wordWrap=true;
//Create our generic text format
    generic = new TextFormat( );
    generic.size = 20;
    generic.align="center";
```

```
//Here create the blink format
  blink = new TextFormat( );
  blink.color = (0xFF0000);
  blink.bold=true;
  blink.size=18;
//Set another text format to make each letter go back to normal
  clear = new TextFormat( );
  clear.color = (0x000000);
  clear.bold=false;
  clear.size=20;
//set the initial format
myText.setTextFormat(generic);
//set the incremental variable
i=0;
}
onClipEvent(enterFrame){
//this conditional statement sets the change of the format
//while the incremental variable rises
   if(i<=myText.text.length){
      myText.setTextFormat(i,i+1, blink);
      i++;
   }else{
//this resets the variable i
      i=0;
   }
//this cleans each letter after the format has gone through
      myText.setTextFormat(i-3, i-1, clear);
}
```

Agora teste o filme.

É um pequeno efeito elegante, no qual cada letra muda para a cor vermelha, aumenta para o tamanho de ponto 18 e então volta ao normal quando a próxima letra muda. Este efeito não envolve nenhum desenho ou formatação manual – tudo que você vê é criado e formatado de dentro do ActionScript. Mesmo que este exemplo mostre uma maneira muito dinâmica de alterar as letras individuais em um campo de texto, ainda poderemos melhorá-lo.

Uma questão que tem afastado algumas pessoas de usar o Flash para construir um site Web inteiro é a dificuldade envolvida em pesquisar o texto para obter strings e retornar algo para o usuário. Agora, usando algumas das técnicas analisadas até então e alguma engenhosidade, poderemos pesquisar um campo de texto e destacar o que estamos pesquisando.

Novamente, começando com um novo filme, siga estas etapas:

1. Crie uma nova camada para que haja um total de duas camadas.
2. Nomeie a camada superior como actions e a inferior como button.
3. Na camada button, coloque uma instância de um botão (para a qual voltaremos na etapa 5).
4. No primeiro quadro da camada actions, coloque este código:

```
//First, create the formats for the text
search = new TextFormat( );
clean = new TextFormat( );
//Now create the rules of these formats
search.size=17;
```

```
search.color=0xFF0000;
clean.size=14;
clean.color=0x000000;
clean.font="Arial";
//Create the text fields
_root.createTextField("input",0,0,0,100,20);
_root.createTextField("myText",1,0,25,150,200);
//Now the properties of the text fields
input.type="input";
input.border=true;
input.text="type here";
myText.multiline=true;
myText.wordWrap=true;
myText.text="This is how to use what we have covered
and search through a text field.";
//Create a simple variable we will use when we search
var space= " ";
//Finally, apply the clean format to both fields
myText.setTextFormat(clean);
input.setTextFormat(clean);
```

Se você testar o filme neste ponto, ambas as caixas de texto aparecerão com texto e serão formatadas usando o formato "clean" (limpo).

5. Depois do código ter sido substituído no primeiro quadro da camada actions, volte para o botão e nas ações do objeto do botão, coloque isto:

```
on (press) {
//this will reset the entire format first to clean the text field
    myText.setTextFormat(clean);
//this uses a space to make sure it doesn't not look at part
//of a word as the whole word
    searchFor = space+input.text;
//this makes sure it is not case sensitive
    searchText = myText.text.toUpperCase( );
//Finally, this sets the index points of where to set the format
    myText.setTextFormat(searchText.indexOf(searchFor.toUpperCase( )),
searchText.indexOf(searchFor.toUpperCase( ))+searchFor.length, search);
}
```

E você conseguiu. Teste o filme e experimente o mecanismo de pesquisa (veja a Figura 19.8). Ele pode pesquisar palavras simples ou grupos de palavras, dependendo do que você digita no campo de entrada. E mais, este arquivo está disponível para carregamento no site Web.

Até então, você viu alguns métodos ótimos para lidar com os campos de texto. Porém, tudo que fizemos é usar as informações digitadas no ActionScript como texto. Contudo, às vezes desejará ser capaz de atualizar o texto sem abrir o Flash. Isto poderá ser feito usando dados externos e é sobre isto que fala a próxima seção.

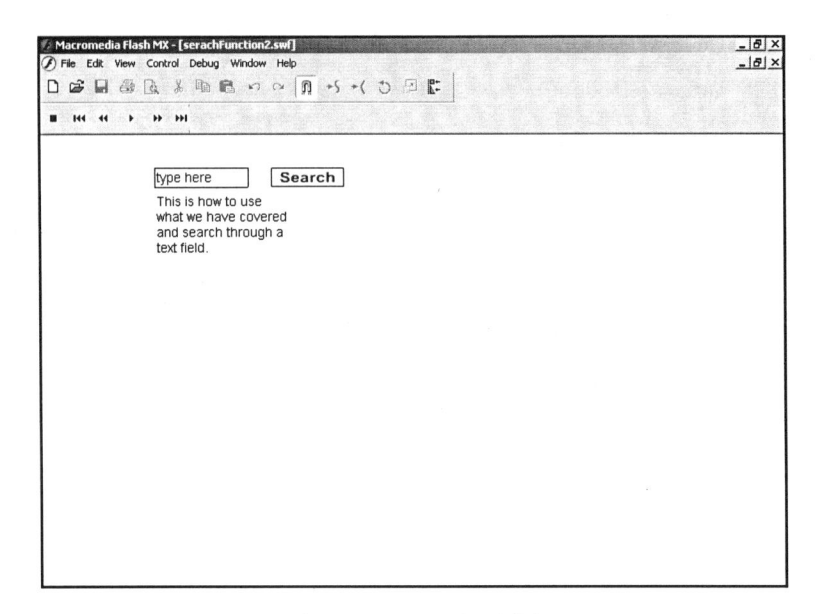

Figura 19.8 Uma função de pesquisa básica para encontrar a primeira apresentação de um grupo de letras em um campo de texto.

Como comunicar os campos de texto com dados externos

Comunicar-se com dados externos para colocar em um campo de texto pode ser uma técnica muito útil. Você poderá atualizar as notícias ou informações pessoais rapida e facilmente.

Para trazer o texto de fora do arquivo Flash, usará os métodos loadVariables e loadVariablesNum. A diferença nos dois é que loadVariablesNum carrega as informações em um número do nível, ao passo que loadVariables carrega as informações em um filme. Eis os gabaritos genéricos de ambos os métodos:

```
loadVariables(targetPath,  myMovie);

loadVariablesNum(targetPath,levelNumber);
```

Nota

Se você estiver no modo normal e, sem querer, colocar um número do nível no método loadVariables, o interpretador trocará loadVariables automaticamente, mas se estiver no modo especialista e fizer o mesmo, o código não funcionará devidamente.

Nesta seção, estaremos usando principalmente o método loadVariablesNum para carregar o texto diretamente na raiz de um filme usando o nível zero. Mas antes de começarmos a carregar e manipular este texto, vejamos em qual tipo de formato você deverá estar colocando o texto.

Capítulo 19 – Como trabalhar com texto | **505**

Formato de texto externo

Ao criar documentos para carregar nos filmes Flash, deverá gravá-los como arquivos .txt ou .as. São os formatos mais fáceis de usar.

Eis algumas regras a saber sobre os arquivos externos que são carregados como texto:
- Defina as informações para uma variável como faria no Flash.
- Separe suas variáveis com o símbolo &, sem espaços.
- Não coloque aspas em suas strings, a menos que queira que elas apareçam no campo de texto.
- Todas as informações colocadas a partir de arquivos externos apresentam-se como um tipo de dados String.

Eis um exemplo de arquivo de texto que pode ser carregado facilmente em um filme Flash:

```
question1=What kind of room has no walls?&answer1=A mushroom
```

Embora não seja um grande arquivo de texto, você pode ver como o símbolo & separa as variáveis, que não há nenhuma aspa e que não há nenhum espaço extra entre as variáveis.

Agora que você tem o gabarito genérico para usar para carregar o texto, assim como o formato para o arquivo de texto, experimentemos um pequeno exemplo. Eis as etapas a seguir:

1. Comece criando um novo arquivo.
2. Grave este arquivo em seu diretório de projetos e chame-o de loadingText.
3. Crie um arquivo de texto com o Notepad (Bloco de Notas) que tenha o seguinte texto:

```
loadedText=This is loaded text from outside the Flash movie.
```

4. Grave este arquivo no mesmo diretório de projetos como loadableText.txt.
5. Volte para o Flash. No primeiro quadro da linha do tempo principal, coloque este script:

```
//First, load the variables
loadVariablesNum("loadableText.txt", 0);
//Now create the text field
_root.createTextField("myText",1,0,0,200,100);
//Set the properties of the text field
myText.multiline=true;
myText.wordWrap=true;
//Create a function that waits for the data to be loaded
//then places it in the text of our text field
_root.onData = function( ){
    myText.text=loadedText;
}
```

Contanto que o arquivo de texto e o arquivo Flash sejam gravados no mesmo diretório, quando você testar este filme, o texto aparecerá no campo de texto criado.

Agora você aprendeu a obter o texto de fora do arquivo Flash para carregar em um campo de texto e tem ainda que criar algo manualmente.

Mesmo que esteja usando uma fonte externa para o texto, ainda não estará usando muito texto. Se, por acaso, você tivesse mais informações no arquivo de texto do que poderiam ser exibidas de uma só vez no campo de texto, precisaria fornecer a capacidade de mover o texto para cima e para baixo e em alguns casos de lado a lado, para ser capaz de exibi-lo todo. É onde as propriedades predefinidas associadas à paginação dos campos de texto entram.

Paginação

A paginação não é um recurso novo no Flash, mas no Flash MX você poderá usar as novas propriedades hscroll e maxhscroll com os campos de texto, que iremos analisar depois de falarmos sobre a propriedade de paginação vertical, scroll. Quando scroll é aumentada, o texto sobe. Quando scroll é diminuída, o texto desce.

Paginação vertical

Você pode criar um exemplo que usa a paginação vertical seguindo estas etapas:

1. Crie um novo arquivo e grave-o em seu diretório de projetos como scrolling.
2. Crie um novo arquivo de texto no Notepad que mantém texto suficiente para paginar. Eis um exemplo:

   ```
   scrollableText=It is always darkest before the dawn,
       so if you are going to steal your neighbors paper,
       that is the time to do it.
   ```

3. Grave este arquivo na área de trabalho como scrollText.txt.
4. Volte para o Flash e, no palco principal, crie outra camada e chame-a de **button**, então chame a camada superior de **actions** como antes.
5. Na camada buttons, coloque duas instâncias de um botão no lado bem à esquerda do palco e alinhe-as, uma sobre a outra. Nomeie uma destas instâncias como **myButton** para o espaçamento do campo de texto.
6. No botão superior, coloque as seguintes ações:

   ```
   //This button will scroll the text back down
   on(press) {
      myText.scroll-;
   }
   ```

7. Nas ações do botão inferior, coloque estas linhas de código:

   ```
   //This button will scroll the text up
   on(press) {
      myText.scroll++;
   }
   ```

8. No primeiro quadro da camada actions, coloque este script:

   ```
   //First, load the variables
   loadVariablesNum("scrollText.txt", 0);
   //Now create the text field
   _root.createTextField("myText",1,myButton._width,0,100,40);
   ```

```
//Set the properties of the text field
myText.multiline=true;
myText.wordWrap=true;
myText.border=true;

//Create a function that waits for the data to be loaded
//then places it in the text of our text field
_root.onData = function( ){
    myText.text=scrollableText;
}
```

Quando terminar, teste-o. Seus resultados deverão ser parecidos com o mostrado na Figura 19.9.

Paginação horizontal

No Flash MX, você pode fazer mais do que apenas paginar o texto para cima e para baixo; pode também paginar o texto para a esquerda e a direita. Isto poderá ser ótimo para exibir mensagens que deseja que fluam da esquerda para a direita.

Iremos criar um exemplo, no qual embora o usuário mantenha pressionado o botão do mouse, o texto paginará para frente e para trás até que o botão do mouse seja liberado.

Para este exemplo, você primeiro precisará iniciar um arquivo novo (Ctrl+N) e nomear a camada como **actions**, como vem fazendo.

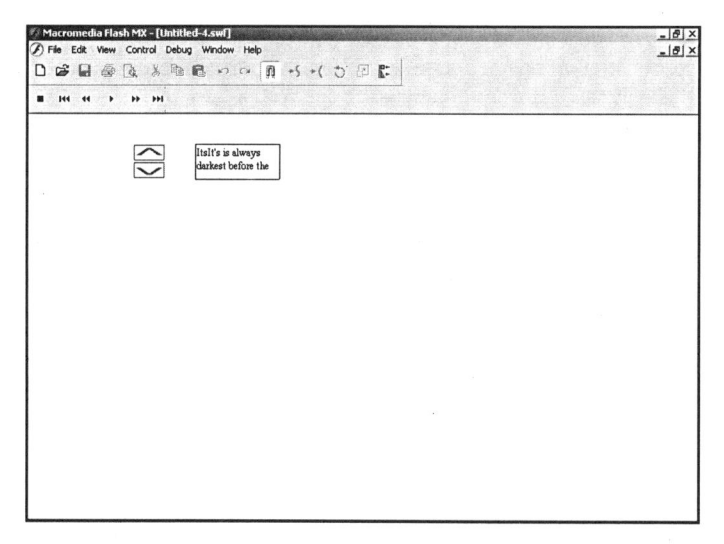

Figura 19.9 Os botões paginarão o texto para cima e para baixo quando forem pressionados.

Então, no primeiro quadro da camada actions, coloque estas ações:

```
//First, create the text field in the upper left corner
_root.createTextField("myText",0,0,0,50,20);
//Now assign the properties and text
myText.border=true;
```

```
myText.text="This is horizontal scrolling at its finest";

//Set the scroll speed, the higher the number, the faster it scrolls
scrollSpeed=3;

//Create functions to control when it is scrolling and when it stops
_root.onMouseDown = function ( ){
   scroll=true;
}
_root.onMouseUp = function ( ){
   scroll=false;
}

//This function will do the scrolling
_root.onEnterFrame = function( ){
   if(scroll){
      myText.hscroll+=scrollSpeed;
   }
   //These next two conditionals control the direction
   if(myText.hscroll= =myText.maxhscroll){
      scrollSpeed=-3;
   }else if(myText.hscroll= =0){
      scrollSpeed=3;
   }
}
```

Agora, quando testar o filme, verá um campo de texto com algum texto. Se clicar e pressionar o botão do mouse no palco, o texto será paginado para frente e para trás, até que o botão do mouse seja liberado. Este exemplo está disponível para carregamento no site Web.

Anteriormente neste capítulo, falamos rapidamente sobre um certo tipo de texto que pode ser usado nos campos de texto e agora falaremos sobre ele com mais detalhes. O tipo de texto ao qual estou me referindo é a HTML, que significa Hypertext Markup Language. Se você já trabalhou em um site Web, sabe o que é a HTML. Os campos de texto no Flash suportam o formato HTML e a próxima seção fornecerá os detalhes.

HTML nos campos de texto

Antes de começarmos a usar o formato HTML em nossos campos de texto, você precisa saber como preparar os campos de texto para ele. Ao criar o campo de texto, usará uma propriedade chamada html, cujo valor default é false. Terá primeiro que alterar esta propriedade para true. Você se acostumou a definir o texto como sendo igual a TextField.text, mas para aceitar o texto HTML, irá defini-lo para TextField.htmlText. Vejamos o gabarito genérico para preparar os campos de texto para o texto formatado para a HTML:

```
//First, create the text field
_root.createTextField("myText",0,0,0,150,50);
//Now set the properties
myText.html=true;
myText.htmlText = "<B>This is bold text</B>";
```

Capítulo 19 – Como trabalhar com texto | **509**

É simples. Porém, note as instâncias de <B> e </B> em cada lado do texto. São as tags HTML que você usará para informar ao interpretador o que fazer com as seções do texto. Eis uma lista de algumas tags principais e seus usos:

- <B></B>. Cria o texto em negrito
- <I></I>. Cria o texto em itálico
- <U></U>. Cria o texto sublinhado
- <FONT COLOR="#397DCE"></FONT>. Altera a cor da fonte
- <FONT SIZE="18"></FONT>. Altera o tamanho da fonte
- <FONT FACE="Arial"></FONT>. Altera o tipo da fonte
- <A HREF="http://www.macromedia.com"></A HREF>. Cria um hiperlink
-
. Cria uma quebra de linha.

Agora, iremos criar um arquivo de texto com a formatação HTML e então desenhá-lo em um arquivo de texto. Para este exemplo, você irá criar uma lista de mercearia que usará marcadores. Eis as etapas a seguir:

1. Crie um novo arquivo no Flash, chame-o de groceryList e grave-o na pasta de projetos.

2. Crie um arquivo de texto no Notepad com o seguinte código:

    ```
    theTitle=<B>The    <I>Grocery</I>    List</B>&gList=Bacon<BR>Eggs
        <BR>Hashbrowns<BR>Orange    Juice<BR>Milk
    ```

3. Grave este arquivo no mesmo diretório do arquivo Flash e chame-o de theList.txt.

4. Volte para o filme Flash, coloque este código no primeiro quadro:

    ```
    //First, load the variables
    loadVariablesNum("theList.txt", 0);
    //Create the text formats
    titleFormat = new TextFormat( );
    listFormat = new TextFormat( );
    //Create the rules for these formats
    titleFormat.align="center";
    titleFormat.size=15;
    listFormat.bullet=true;
    listFormat.size=13;
    //Create the text fields
    _root.createTextField("title",0,0,0,150,25);
    _root.createTextField("list",1,0,25,150,100);
    //Create the properties for these text fields
    title.border=true;
    title.html=true;
    list.html=true;
    list.border=true;
    list.multiline=true;
    list.wordWrap=true;
    //Finally, use a function that waits for the data
    //to load the text and format it
    _root.onData = function( ){
        title.htmlText=theTitle;
        list.htmlText=gList;
        title.setTextFormat(titleFormat);
        list.setTextFormat(listFormat);
    }
    ```

Teste o filme. Contanto que os arquivos estejam localizados no mesmo lugar, o resultado parecerá semelhante ao mostrado na Figura 19.10.

Note que quando você define os campos de texto para o formato HTML no ActionScript, tem que esperar que o texto seja carregado no player primeiro; do contrário, se tentar formatar o texto antes dele ser carregado completamente, o interpretador formatará o campo de texto. Então, quando o texto for carregado, ele será sobregravado pelo formato default.

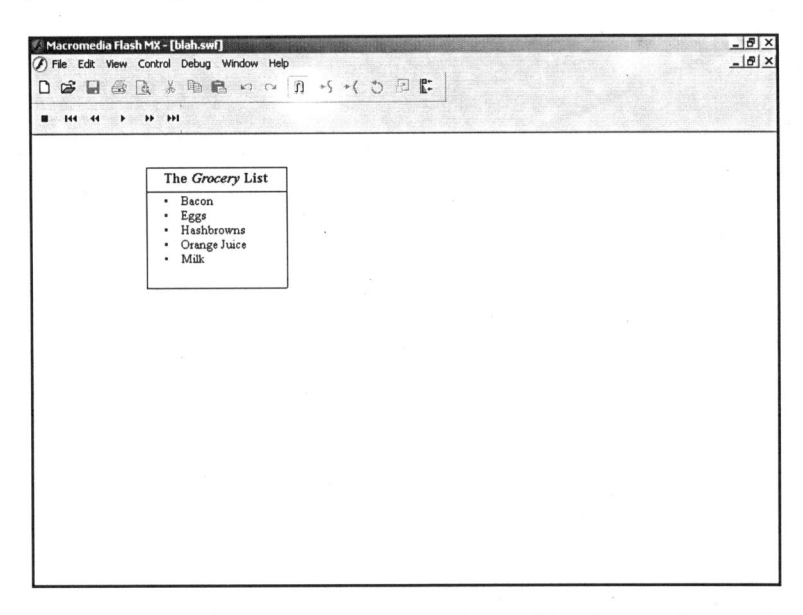

Figura 19.10 Uma lista de mercearia com ótima formatação usando o texto carregado e o objeto textFormat.

Vimos como usar as tags HTML básicas para formatar o texto, antes mesmo dele atingir o campo de texto. E mais, você viu como reformatar os documentos HTML já formatados para controlar melhor a aparência do texto. Agora verá como usar o JavaScript nos campos de texto com base em algumas tags HTML fundamentais.

JavaScript nos campos de texto

O JavaScript é outra linguagem de programação baseada em objeto desenvolvida para os navegadores. Pode executar tarefas que variam desde fornecer um simples alerta até abrir janelas completamente personalizadas com base em suas especificações.

Você poderá obter o JavaScript usando a tag <A HREF> na HTML. Iremos pular diretamente para um exemplo.

Capítulo 19 – Como trabalhar com texto | 511

Para começar, crie um novo filme e coloque o seguinte código no primeiro quadro da linha do tempo principal:

```
//First we create the text field
_root.createTextField("alert",0,0,0,50,40);
//Change some of the properties so it can except html
alert.html=true;
alert.htmlText="<A HREF='javascript:alert(&quot;Warning,
you are not ready&quot;);'>"+"Warning</A HREF>";
alert.border=true;
```

Quando testar o filme e clicar no aviso, uma janela do navegador será aberta, porque o JavaScript tem que ser executado em um navegador.

Porém, você poderá publicar o filme selecionando File (Arquivo), Publish (Publicar) (Shift+F12). Isto criará um documento HTML que mantém seu filme Flash. Então, se abrir este documento HTML, o script será executado consideravelmente mais rápido porque o navegador já está aberto.

O JavaScript que acabou de incluir é muito básico; este exemplo envolve a criação de uma função JavaScript e a tag HTML chamará a função com base em alguns limites definidos.

Primeiro, inicie um novo filme (Ctrl+N). Então crie a caixa de texto e todos os seus atributos no primeiro quadro da linha do tempo principal. Use o seguinte código:

```
//First, create the format
myFormat = new TextFormat( );
myFormat.bold=true;
myFormat.size=18;
//Create the text field
_root.createTextfield("openWindow",0,0,0,75,25);
//Now set some of the properties
openWindow.border=true;
openWindow.borderColor=0xFF0000;
openWindow.html=true;
openWindow.htmlText="<A HREF='javascript:cornerWindow
(\"http://www.macromedia.com\",600,600);'>Open Window</A REF>"
```

Neste caso, você terá que publicar o arquivo para colocar a função JavaScript na HTML do documento. Depois do filme ter sido publicado, abra o arquivo HTML que foi criado com ele, usando o Notepad ou outro programa para que possa ver a HTML. Então coloque o seguinte JavaScript entre as tags do cabeçalho do documento HTML:

```
<script language="JAVASCRIPT" type="TEXT/JAVASCRIPT">
<! –
if(screen){
topPos=0
leftPos=0
}
function cornerWindow(thePage,wt,ht){
leftPos= 0
topPos = 0
newWin1 = window.open(thePage, 'aWin', 'toolbars=no,
   resizable=no,scrollbars=yes,left='+leftPos+',
top='+topPos+',width='+wt+',height='+ht)
}
// –>
</script>
```

Assim que terminar, grave a página e feche-a. Então abra o documento HTML novamente em um ambiente do navegador e observe o código criar uma janela personalizada, como a mostrada na Figura 19.11.

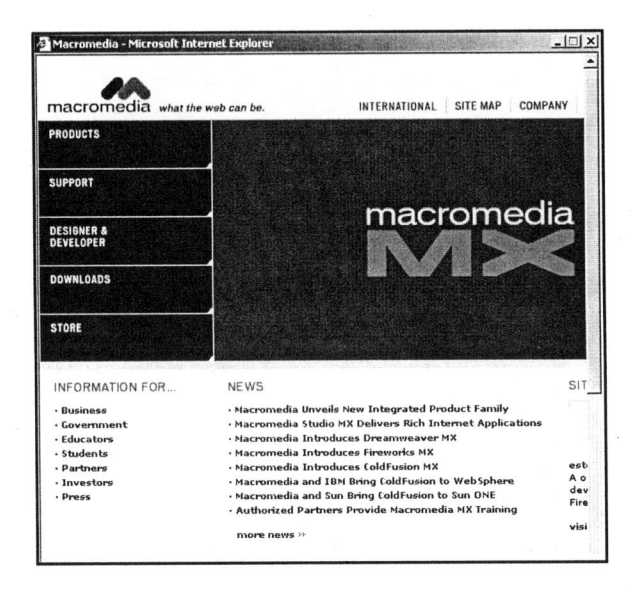

Figura 19.11 O documento Flash no arquivo HTML abre uma janela personalizada usando o JavaScript que está incorporado na HTML.

Este código é ótimo para exibir títulos dos artigos de notícias, por exemplo. Então, para obter mais informações, os usuários poderão clicar em um título para ler um determinado artigo, que aparecerá exatamente como deseja.

Isto praticamente termina nossa análise dos campos de texto no Flash. Lembre-se que o texto é uma parte fundamental para transmitir suas idéias ou as idéias de seus clientes para as pessoas certas. E mais, lembre-se que tudo que você tiver feito com os campos de texto neste capítulo poderá ser codificado completamente a partir do ActionScript, que fornece uma maior capacidade ao criar interfaces personalizadas.

Iremos terminar este capítulo com uma experiência divertida, que exibe o texto com um caractere de cada vez, exatamente como uma máquina de escrever. Para tanto, primeiro crie um novo filme, e no primeiro quadro da linha do tempo principal, coloque as seguintes ações:

```
//First create the text formats
start = new TextFormat( );
type = new TextFormat( );
//Assign rules to these formats
start.color=0xFFFFFF;
type.color=0x000000;
//create an incremental variable
j=0;
```

```
//Now create the text field
_root.createTextField("myText",0,0,0,100,100);
//Modify some a property of the text box
myText.selectable=false;
myText.multiline=true;
myText.wordWrap=true;
//Add the text
myText.text="This experiment is just for fun";
//Apply the start format to the text
myText.setTextFormat(start);
//Now create a function to adjust the format of our text
_root.onEnterFrame = function( ){
    if  (j<myText.text.length){
        myText.setTextFormat(j,j+1,type);
        j++;
    }
}
```

Agora, quando testar o filme parecerá que o texto está sendo digitado com uma letra de cada vez. E mais, modificando as diferentes partes do script, poderá ajustar o efeito para fazer qualquer coisa desejada.

Capítulo 20

Depuração

por Todd Coulson

Neste capítulo
- Como escrever ActionScript vigoroso
- Como identificar os erros
- Como depurar a partir de locais remotos

Como escrever ActionScript vigoroso

A primeira e melhor maneira de depurar é escrever um código que não cria erros. Isto significa planejar seu projeto do início ao fim. No primeiro dia em que você sentar para criar seu projeto, comece considerando como mapear o caminho no qual a interação será criada. Isto significa considerar a colocação das variáveis, considerar uma estrutura de hierarquia para seus objetos de clipe do filme, e também considerar como seus gráficos funcionarão em coordenação com o código escrito. O truque é ter o máximo deste processo de consideração mapeado antes de até mesmo abrir o Macromedia Flash MX. O Flash é uma ferramenta que ajuda ao criar programas interativos. Não é a ferramenta que dita a criatividade. Isto vem do cérebro humano – seu cérebro humano. Portanto, seu projeto deverá ter um mapa inicial, que será consultado constantemente na duração do projeto. Não quer dizer que o mapa é imutável; porém, seguir um mapa ajudará a evitar as armadilhas e o "erro" desagradável.

Outra técnica de programação comum é comentar o código. Não ajuda apenas ao escrever o ActionScript, mas também ajuda a qualquer outro construtor ou programador que exibe o projeto a contribuir com seu trabalho. Os comentários são delineados no Flash com o sinal //. Para os comentários com diversas linhas, coloque /* no início do texto e */ no final para ser comentado. Você colocará os comentários para divulgar a finalidade de uma variável, mostrar como um bloco de código funciona e por que uma função é chamada em um determinado lugar, entre outras coisas. Quase não há nenhum limite para a quantidade de comentários colocados em um projeto. Não escreva parágrafos de comentários, mas poucas notas, com uma linha que explicará muito seu código. Mesmo os criadores de código mais experientes terão bloqueios mentais para aquilo que estavam tentando realizar nos projetos nos quais trabalharam nos anos anteriores. Os comentários podem acabar com estes impactos de velocidade mental.

Os comentários podem também ter várias cores. O Flash MX permite que você altere os códigos de cor nos vários tipos de código escrito. Vá para Edit (Editar), Preferences (Preferências) e clique na aba ActionScript Editor (Editor ActionScript). Sob a opção para a cor da sintaxe você poderá mudar a cor de seu texto ActionScript, fundo, comentários, palavras-chave, strings e identificadores. Recomendo ficar com as cores default, que tornariam seus comentários cinza, mas se decidir mudar a cor de seu ActionScript, certifique-se de que se mantenha consistente entre os documentos Flash e certifique-se de que as cores de texto façam sentido. Por exemplo, se você for mudar a cor do comentário, não o deixe com uma cor que lembre muito a cor das palavras-chave. E mais, recomendaria tornar a cor de seu texto comentado vermelha, para que qualquer pessoa que exiba seu código saiba que o texto vermelho é um aviso de que um comentário está sendo usado. Usar texto verde ou púrpura para os comentários poderá não tornar claro como o vermelho tornaria. Independentemente da cor de seus comentários, seu ActionScript deverá receber um texto comentado e colorido.

A ação trace é uma ferramenta valiosa. Em muitos casos, usar ações trace será ainda melhor do que usar o depurador para seguir os valores das variáveis e verificar o código com notas em seu projeto – especialmente se você já conhece uma área do código que é problemática. Uma ação trace pode ser chamada da seguinte maneira:

```
Trace  ("any text here to display a message");
Trace  (myVariableName);
```

O primeiro código usa uma ação trace que colocará a mensagem exata na janela de saída. A última ação trace colocará o valor da variável na janela de saída. O último exemplo é mais útil quando você está tentando controlar qual é um valor em um certo ponto em seu código. O primeiro poderá ser usado quando estiver apenas tentando descobrir como uma ação funciona no Flash. Então poderá simplesmente substituir a ação trace pelo código que deseja colocado em um certo bloco de código. Se não quiser que os usuários finais exibam as ações trace em seu projeto, escolha File (Arquivo), Publish Settings (Definições da Publicação), clique na aba Flash de itens a publicar e marque a caixa identificada como Omit Trace Actions (Omitir Ações Trace). Você poderá encontrar a caixa de verificação na Figura 20.1.

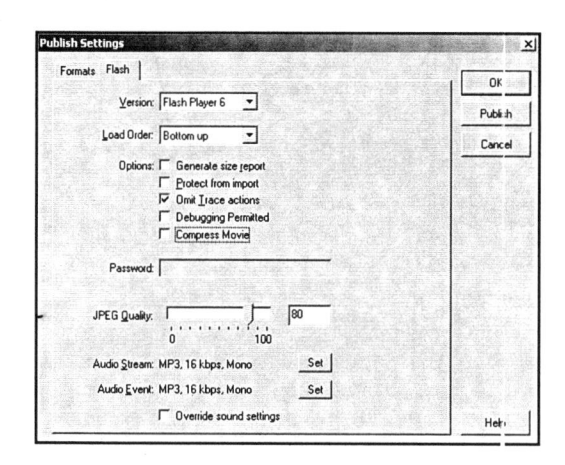

Figura 20.1 Omit Trace Actions ocultará todas as ações trace de seus usuários finais.

Convenções de nomenclatura

Se você tiver problemas no Flash em relação ao seu endereçamento dos clipes do filme, certifique-se de que tenha nomeado todo clipe no caminho de destino corretamente. Isto significa assegurar que não há nenhum espaço extra no final dos nomes da instância. E mais, certifique-se de que seus clipes do filme estejam na ordem correta. Seja meticuloso com a hierarquia, e siga-a exatamente ao escrever o código no caminho de destino. Qualquer letra digitada errada ou espaço adicional sairá do caminho e não permitirá que o código seja executado devidamente.

Ao escrever seu código, certifique-se de que seu ActionScript não entre em conflito consigo mesmo. Uma maneira de fazer isto é colocar as ações na camada superior de toda linha do tempo. E mais, geralmente é útil não incluir nenhum gráfico na camada superior. Do contrário, você poderá colocar por engano duas ações em conflito no mesmo quadro. Certifique-se de que suas variáveis estejam configuradas de uma certa maneira para assegurar o sucesso de seu projeto. Uma variável é definida para assegurar que seu projeto navegue de uma determinada maneira. Se você tiver duas variáveis que se cancelam, partes de seu projeto poderão ficar sem efeito.

Assegure-se de que seus itens no Flash sejam todos exclusivos. Terá menos erros se todo objeto tiver seu próprio identificador. Não forneça a um clipe do filme um nome e então forneça a uma variável o mesmo nome. Será mais difícil controlar os itens quando estiver varrendo o Movie Explorer para obter um objeto ou parte do código. E mais, siga uma convenção de escrita do seu código. Em geral, os programadores ActionScript gostam de nomear as variáveis e os objetos com letras minúsculas para a primeira palavra em um nome e usam uma letra maiúscula para iniciar a segunda palavra no nome do objeto, sem espaço entre as palavras. Por exemplo, uma variável seria escrita como

```
myVarName
```

mas não

```
myvarname
```

ou

```
My Var Name
```

Lembre-se, é apenas um estilo de preferência. Usar caracteres de sublinha (_) para seus espaços é uma questão de escolha. Apenas fique consistente na codificação do ActionScript. Não misture e combine os estilos; isto provocará pesquisas mais difíceis do código e tornará o processo mais difícil para os outros programadores que podem estar vendo seu trabalho.

E mais, grave seu trabalho constantemente. É bom ter várias versões de seu projeto. Grave constantemente seu trabalho que você sabe estar funcionando devidamente em um arquivo "atual" ou "final". Assim, as antigas versões de seu projeto poderão ser usadas como um guia ou um retrocesso. Se você trabalhar apenas em um arquivo, é muito provável que grave algum código que não queria necessariamente. Voltar uma ou duas versões poderá evitar muitas dores de cabeça.

Finalmente, lembre-se que os erros acontecem! Eles são tão inevitáveis quanto a morte ou os impostos. Às vezes, os erros são devido a um descuido no código. Outras vezes, os erros são causados por um plano errado. A chave para obter os erros é prestar atenção no fluxo de seu projeto. Compreenda como seu projeto deve funcionar, e como seu projeto flui atualmente em relação ao código. Isto geralmente acentuará quais erros podem estar presentes no projeto. A próxima seção identifica os modos de encontrar e corrigir os erros em seus projetos. Ajudará a você ser mais eficiente ao resolver os problemas relacionados aos erros e permitirá que seu projeto fique sem erros quando publicá-lo.

Como identificar os erros

Como mencionado anteriormente, há várias maneiras de limitar o número de erros que ocorrem em seu projeto. Porém, todos sabemos que os erros ocorrerão de qualquer maneira. Por exemplo, você pode ter um botão que não está respondendo a uma ação, uma sub-rotina pode não ter alguma sintaxe ou suas variáveis podem não ser alteradas com base em um caminho de destino identificado de modo incorreto. Seja qual for o problema, há ferramentas disponíveis para resgatá-lo. Ferramentas como a janela Output (Saída), Watcher, Bandwidth Profiler (Perfil da Largura de Banda) e Debugger (Depurador) poderão ajudá-lo a identificar os erros em seu projeto.

Um problema ao descobrir os erros é que os blocos de código são lidos pelo Flash em um período de tempo muito curto. Em milissegundos, o Flash tenta realizar as tarefas especificadas em um bloco de código. Apenas observar um filme no Flash Player nem sempre permitirá ao olho humano ver quais são os problemas atualmente no projeto. E mais, as variáveis são usadas basicamente em todos os projetos no qual você escreve o ActionScript e você não poderá ver os valores destas variáveis simplesmente observando o filme no Flash Player. Iremos abrir o arquivo ECdebug.fla e trabalhar em algumas técnicas de depuração para encontrar os valores para as variáveis e decifrar quais erros podem estar presentes no projeto. O arquivo ECdebug.fla é um arquivo adulterado, no qual o programador adotou uma abordagem apática para escrever o código. O uso das técnicas de depuração e a interface Flash ajudarão a clarear o código e a colocar objetos para aperfeiçoar o projeto. Atualmente, nenhum botão funciona. Porém, quando terminarmos de limpar o arquivo FLA, deverá haver um pré-carregador funcional, botões identificados como "Choose Region" (Escolher Região) e "Choose State" (Escolher Estado) que mostram mais botões sob eles e botões correspondentes a cada estado e região, que animam sua determinada parte da Costa Leste. Atualmente, nenhuma funcionalidade está operando, mas o código foi escrito em uma tentativa de fazê-la funcionar. Nas próximas seções, iremos indicar os problemas neste arquivo.

Janela Output

A janela Output permite que o Flash se comunique com o programador. Quando os erros são criados no código, a janela Output do Flash alerta sobre os fatos associados ao erro. Quando você precisar conhecer as variáveis ou os objetos em seu código, a janela Output do Flash listará estes itens. Finalmente, quando quiser saber se uma certa parte do código está funcionando, as ações trace poderão aparecer na janela Output para permitir que saiba que o código está sendo executado. Para o Exercício 20.1, iremos abrir o arquivo ECdebug.fla e usar a janela Output para encontrar os problemas neste código.

Exercício 20.1

Eis as etapas a seguir para este exercício:

1. Imediatamente ao abrir ECdebug.fla, grave o filme e chame-o de ECdebugCorrect.fla para que não o confunda com o arquivo original.

2. Teste o filme usando o comando de menu Control (Controle), Test Movie (Testar Filme).

3. A janela Output deverá aparecer imediatamente, alertando-o sobre um erro no código. A janela deverá produzir o erro mostrado na Figura 20.2.

4. Feche o Flash Player e deixe a janela Output aberta, para que possa consultá-la enquanto altera seu código no painel Actions (Ações) durante o modo de autoria.

5. A janela Output o instruiu para ir para o símbolo chamado RegionMenu. Portanto, clique duas vezes no símbolo no filme com este nome. Este símbolo corresponde ao símbolo de clipe do filme que mantém os botões para os nomes da região e está localizado na área superior direita do palco.

6. Ao fornecer este símbolo de clipe do filme, verifique os nomes da camada para a camada "choose". Nesta camada você encontrará um botão. Ele tem um nome de instância myChoiceReg. Clique uma vez neste botão e abra o painel Actions para investigar o código anexado ao botão.

7. A janela de saída mostra que a linha 1 precisa ter um símbolo para terminar o bloco de código.

8. Em seu painel Actions, ative o recurso de numeração das linhas. Você poderá fazer isto pressionando Ctrl+Shift+L (ou Cmd+Shift+L no Mac) ou clicando nas opções de menu do painel Actions e escolhendo View Line Numbers (Exibir

Números da Linha). Esta etapa realmente não é necessária para o código, mas mostra como você pode localizar facilmente agora a linha número 1 no bloco de código para identificar onde o problema está ocorrendo.

9. Veja esta instrução. Note que há uma chave ({) para abrir a instrução on release, uma chave para iniciar a instrução condicional e uma chave para iniciar a instrução else. Contudo, se você observar as chaves de fechamento (}), verá que, na verdade, não temos uma para complementar a instrução on release. Portanto, na linha de código final, adicione uma chave de fechamento para terminar a instrução.

10. Teste o filme. Isto deverá remover o erro da janela Output. Na verdade, como era o único erro de sintaxe neste projeto, a janela Output não aparecerá de novo. Deixe o Flash Player aberto para nosso próximo exercício.

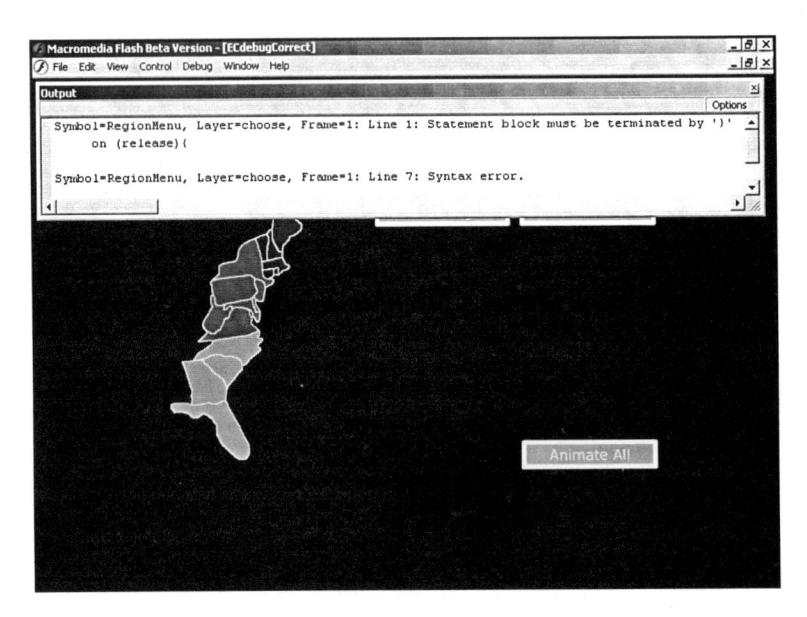

Figura 20.2 *A janela Output ajuda a encontrar a linha e o objeto onde a sintaxe ActionScript incorreta ocorre.*

Bandwidth Profiler

O Bandwidth Profiler permite exibir o fluxo como se você estivesse vendo um arquivo usando uma certa velocidade do modem. Também fornece estatísticas vitais sobre o tamanho dos quadros e o tamanho geral do projeto. O valor do Bandwidth Profiler é que você pode destinar partes de seu projeto para otimizar e retrabalhar em certas seções dele.

Agora simplesmente vendo este filme, pode parecer que ele é perfeitamente normal. Porém, nosso programador esqueceu de alguns componentes-chave, que você irá corrigir no Exercício 20.2.

Exercício 20.2

Eis as etapas a seguir para este exercício:

1. Sem clicar em nenhum botão (que não está funcionando) vá para a barra de menu do Flash Player e clique em View (Exibir), Bandwidth Profiler. Isto ativará a exibição do gráfico de barra de como é o projeto. Agora você terá a capacidade de exibir quantos bytes estão localizados no filme em qualquer quadro dado. Seu Bandwidth Profiler deverá ser parecido com o mostrado na Figura 20.3.

    Isto permitirá que você saiba quais quadros têm muitas informações e podem precisar de mais otimização. Também informará quais quadros irão atrapalhar o ritmo da apresentação se o projeto não for carregado previamente.

2. Agora, a partir de sua barra de menu, escolha Debug‡ 56K (4.7 KB/s). Isto permitirá testar o projeto como se você fosse um usuário final vendo o fluxo do projeto em um modem de 56K. Se quiser destinar outras velocidades de fluxo, poderá escolher Debug‡ Customize (Personalizar Depuração‡)... para especificar outra velocidade. No momento, testaremos usando 56K.

3. Vá para a barra de menu e escolha View, Show Streaming (Exibir Fluxo). Agora seu projeto será executado como se tivesse um fluxo em um modem de 56K. Note como o projeto se move de modo desigual em todos os quadros com muito conteúdo. Isto significa que o Flash não pode carregar o projeto mais rapidamente do que a animação dos objetos na tela. É suspeito não ter um pré-carregador no projeto. Portanto, iremos deixar o Flash Player por um momento.

4. Grave seu FLA como ECdebugCorrect.fla.

5. Vá para o segundo quadro da linha do tempo do filme no nível raiz e vejamos o código sob a camada "actions".

6. Observe uma inicialização da função e alguma inicialização das variáveis. Depois disto, você encontrará um bloco de código entre marcas de comentário. Aparentemente, o programador desta parte do código não retirou as marcas de comentário, que é necessário para executar o pré-carregador. Portanto, apague as instâncias de /* e */ do bloco de código. Agora temos um pré-carregador. É importante parar o filme enquanto ele carrega as partes necessárias para que seja executado suavemente em um modem de 56K. E mais, você notará que a porcentagem dos bytes carregados é calculada na variável denominada percentLoaded, que também está associada ao objeto da caixa de texto dinâmico denominado percentPre.

7. Teste o filme usando Ctrl+Enter (Cmd+Return no Mac).

8. Vá para sua barra de menu do Flash Player e clique em View, Show Streaming de novo. Note como a porcentagem do filme será exibida, assim que o primeiro quadro for carregado e seu usuário terá uma representação gráfica da duração até que o programa seja iniciado. Note também como o cabeçote de reprodução permanece no quadro 1 enquanto o resto do filme é carregado; isto também é representado graficamente na Figura 20.4. Assim que chegar a 100%, o filme reproduzirá o resto da animação na linha do tempo principal.

    Você pode ver como pode ser valiosa uma ferramenta como o Bandwidth Profiler para exibir o fluxo de um projeto. Ela permite testar seus filmes sob as especificações ideais do modem do usuário final, sem ter que se ligar fisicamente a qualquer conexão ou máquina alternativa.

Agora, a próxima etapa será otimizar os gráficos nos quadros onde os kilobytes parecem ser altos.

9. Abra o Bandwidth Profiler no ambiente Flash Player para ECdebugCorrect.swf. Note que o quadro 31 tem cerca de 8KB.
10. Vá para o quadro 31 na linha do tempo no nível raiz do FLA. Clique no quadro que mantém o conteúdo para os contornos dos estados.
11. Com a ferramenta Arrow (Seta) selecionada, clique nas linhas dos estados, então clique o botão Straighten (Endireitar) até sentir que todas as linhas estão corrigidas o suficiente. Não considere a aparência desta parte no momento. Você deverá ter várias linhas retas contornando os estados, fazendo com que eles não pareçam corretos. Porém, para esta demonstração, desejará ver os estados com as linhas otimizadas.
12. Teste o filme e veja o Bandwidth Profiler para o quadro 31. Note como os kilobytes para este quadro agora ficam em torno de 4KB. Os outros quadros podem também ser afetados pelo endireitamento da linha, mas agora estamos vendo apenas o quadro 31.
13. Volte para seu FLA e pressione Ctrl+Z (Cmd+Z no Mac) várias vezes para desfazer o endireitamento feito na etapa 11.
14. Grave seu trabalho.

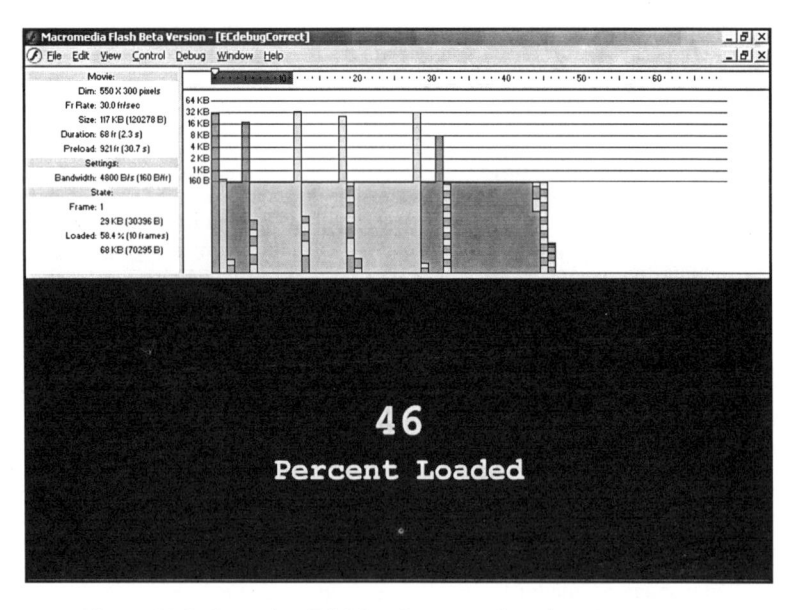

Figura 20.3 O arquivo ECdebugCorrect.swf recém-criado com um pré-carregador adicionado ao código. Note o local do cabeçote de reprodução.

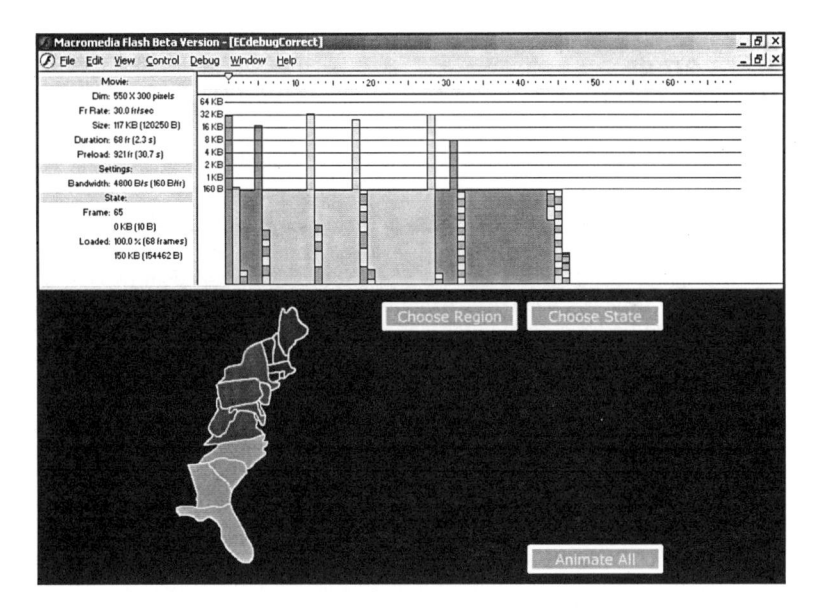

Figura 20.4 O Bandwidth Profiler permite ver a representação gráfica de um projeto em bytes por quadro.

Se você colocar esta representação gráfica abaixo da linha vermelha no Bandwidth Profiler, nenhum pré-carregador será necessário para o quadro. É menos importante para este filme, porque nosso programador decidiu deixar o código do pré-carregador para nós. Porém, se um arquivo precisar ter um tamanho específico para um cliente (digamos, 100KB), o Bandwidth Profiler poderá decifrar quais quadros são altos demais no tamanho e destinar estes quadros para a otimização, como fiz para o quadro 31.

O projeto não está terminado ainda. Ainda não verificamos para saber se todas as partes do projeto ainda funcionam. Vá para o final da linha do tempo do projeto no Flash Player e clique em torno dos vários botões. Note como nenhum deles funciona. Clicar o botão Animate All (Animar Tudo), por exemplo, não animará nada. E mais, queremos fazer com que o botão Choose State reaja de modo muito parecido com o botão Choose Region (você já corrigiu o botão Choose Region quando completou o Exercício 20.1).

Como identificar os valores anexados às variáveis

Às vezes, os erros em um projeto permanecem, porque as variáveis não estão sendo rastreadas corretamente. Você pode ter desejado que uma variável mudasse em um ponto em seu projeto, mas esqueceu de mudá-la. Outras vezes, poderá estar mudando as variáveis nos lugares onde ela não é necessária. Felizmente, o Flash permite controlar os valores das variáveis durante a execução de seus projetos.

Para o Exercício 20.3, iremos destinar o botão Choose State para determinar por que ele não alterna entre exibir e ocultar as opções dos outros botões. Eis as etapas a seguir:

Exercício 20.3

Eis as etapas a seguir para este exercício:

1. Abra o arquivo ECdebugCorrect, se já não estiver aberto.
2. Clique duas vezes no clipe do filme StateMenu. Veja como a parte é configurada. Clique nas ações. Observe a variável nomeada open. Ela é definida como open=0 em dois lugares. Isto já deve ser uma luz vermelha, mas iremos investigar esta variável usando o Flash Player. Note também que há duas etiquetas. Uma nomeada open e outra nomeada close. Clique os vários botões neste clipe do filme para se familiarizar com a estrutura do clipe. Não altere nenhum código anexado ao botão; simplesmente observe-os e veja como o projeto está configurado.
3. Volte para a linha do tempo no nível raiz e teste o filme. Quando seu filme tiver carregado todos os objetos, selecione Debug (Depurar), List Variables (Listar Variáveis) na barra de menu no Flash Player. Note que todas as variáveis da linha do tempo presentes no projeto são listadas, e mostram o valor associado a cada uma. Todas as variáveis globais também seriam listadas aqui, se o projeto tivesse variáveis globais associadas. As variáveis locais nas funções não seriam listadas aqui. Contudo, no final da lista, você notará que open é listada duas vezes, e tem o valor 0 em ambos os casos. Agora sabemos que as variáveis estão sendo lidas corretamente em ambos os clipes do filme.
4. Pressione Ctrl+Enter (Cmd+Return no Mac) para testar o filme no Flash player. Clique os botões Choose Region e Choose State em seu SWF.
5. Escolha Debug, List Variables novamente na barra de menu. Seu Flash Player deverá ficar parecido com a Figura 20.5.

    Note que o valor para o botão Choose Region mudou para 1, ao passo que o valor para Choose State permaneceu em 0. É a segunda vez que temos uma indicação de uma variável identificada de modo errado, fazendo com que o código seja falho.

    Antes de corrigirmos o valor da variável, vejamos mais uma manobra para encontrar os valores das variáveis durante o teste no Flash Player. Volte para o modo de autoria.

6. Abra o clipe do filme StateMenu que analisou anteriormente. No botão para Choose State, coloque o seguinte código:

    `trace(open);`

7. Isto mostrará qual é o valor, sempre que o botão Choose State for clicado.
8. Teste o filme. Note que a janela Output aparecerá com o valor 0 para a variável open.
9. Clique o botão Choose State e note que o valor para a variável open permanece em 0.

Capítulo 20 – Depuração | 525

10. Volte para o modo de autoria e para o clipe do filme StateMenu. Agora você viu três vezes que a variável open não está alterando os valores devidamente. Portanto, vá para o quadro identificado como "open" e veja o código no painel Actions. Altere o valor de open para 1. Se ficar confuso com o motivo de estarmos alterando-o aqui, verifique o modo como as variáveis são configuradas no clipe do filme RegionMenu. Este clipe alterna-se devidamente.

11. Teste o filme. O que aconteceu? A variável ainda não funcionou. Algo mais tem que estar errado. Iremos corrigir este segundo problema a seguir.

12. Grave seu trabalho em ECdebugCorrect.fla.

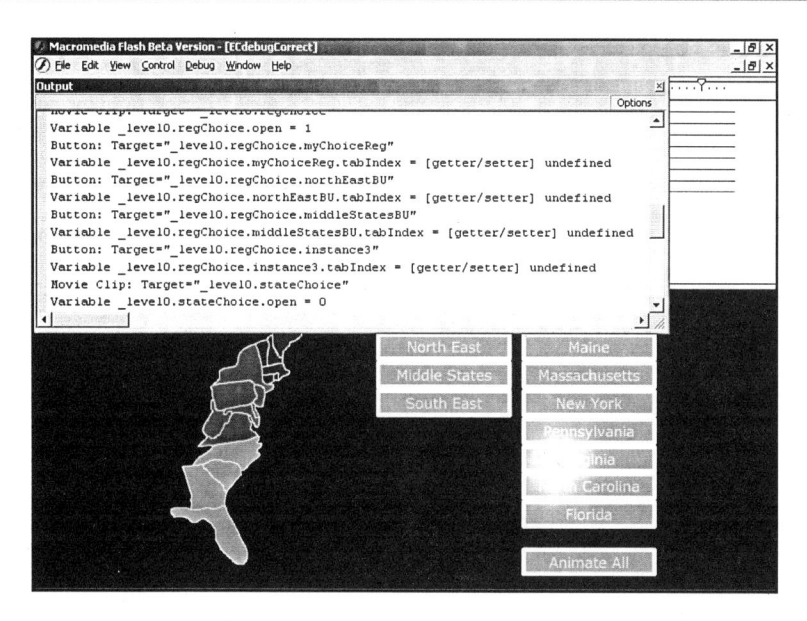

Figura 20.5 A janela Output contendo os valores das variáveis e os clipes do filme localizados atualmente na linha do tempo. Note o valor de open.

Nota

Quando você selecionou Debug, List Variables, pode ter notado uma opção chamada List Objects (Listar Objetos). Como poderia esperar, esta opção permite exibir todos os objetos incluídos no arquivo SWF na janela Output.

Debugger

Debugger é uma ferramenta que permite controlar os valores das variáveis, seguir as hierarquias de objetos e "observar" os valores em seu projeto. Ela fornece ainda outra maneira na qual você pode seguir os valores para analisar os erros em seus projetos. No Exercício 20.4 você usará o Debugger para controlar os problemas que permanecem no projeto.

Exercício 20.4

Eis as etapas a seguir para este exercício:

1. Abra o filme ECdebugCorrect.fla.
2. No ambiente de autoria Flash, escolha Control, Debug Movie (Depurar Filme). Note que o SWF se abre com o Debugger disponível para a exibição. Também faz uma pausa no filme no início do projeto.
3. Usando o menu suspenso Script no lado direito do painel, escolha o script para o botão chamado chooseStateBU.
4. Em seguida, coloque um ponto de interrupção na segunda linha deste código. Você poderá fazer isto escolhendo um código a partir do botão Navigate to Other Scripts (Navegar para Outros Scripts) no lado direito do Debugger. Então clique com o botão direito do mouse em uma linha de código e escolha Set Breakpoint (Definir Ponto de Interrupção). Isto fará uma pausa no projeto quando este ponto no código for atingido. Seu depurador deverá ficar parecido com o mostrado na Figura 20.6. Porém, a seta dourada na figura não aparecerá até que esta parte do código tenha sido "interrompida", significando que você executou a instrução no projeto e o Flash está agora executando esta linha de código.
5. Agora clique o botão play no depurador para executar o filme.
6. Teste o botão Choose State com problemas e observe o Debugger fazer uma pausa no filme no ponto de interrupção definido.
7. No Debugger, um indicador está localizado sobre seu ponto de interrupção. Isto mostra o local onde o Flash está lendo o código. O Flash está diminuindo a velocidade do processamento do script e permitindo que você veja seu processo de raciocínio.
8. Se você clicar o botão na janela de exibição, poderá também ver a variável sob a aba Variables (Variáveis) para seguir o andamento novamente de como está sendo definido.
9. Note que a variável está avaliando open1 para ser diferente de 1. Portanto, o Flash pulará a primeira condicional da instrução. Ao contrário, ao clicar o botão Step In Script (Intervir no Script), o script Flash irá para a opção else da condicional. Isto é esperado para a primeira vez ao executar o script. Para obter uma lista dos tipos de botões disponíveis no Debugger, consulte a Figura 20.7.

Nota

O botão Step Over (Etapa Única) é útil apenas para fazer uma única etapa no script de uma função definida pelo usuário. Em todas as outras instâncias, ele reage exatamente da mesma maneira que o botão Step In Script.

Capítulo 20 – Depuração | **527**

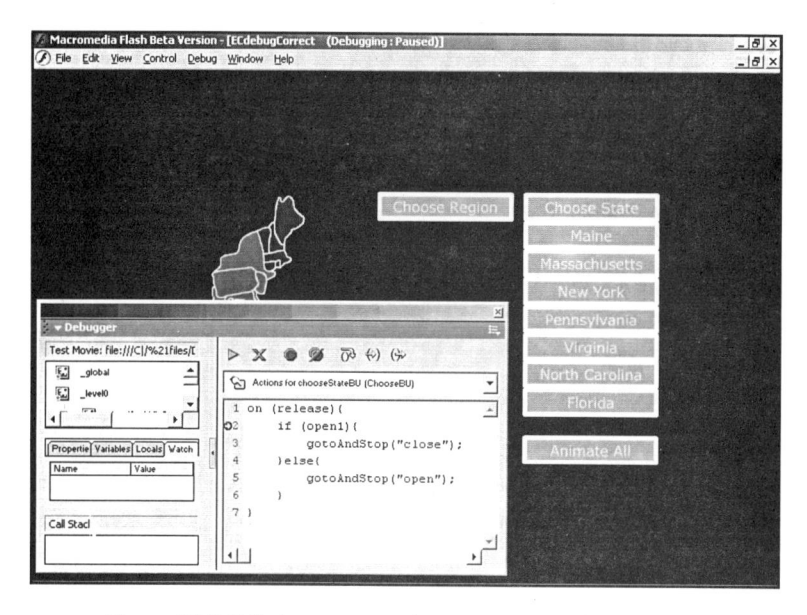

Figura 20.6 O Debugger parando em um ponto de interrupção na segunda linha do script do botão com problemas.

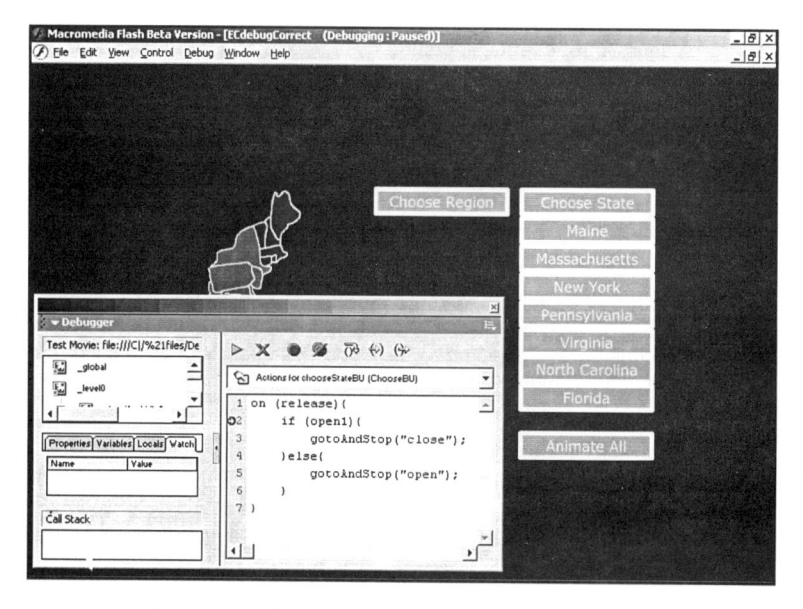

Figura 20.7 Os botões Step e o identificador de script no Debugger. Clique o botão Step In Script para exibir a próxima etapa lógica na programação Flash.

10. Clique o botão Choose State novamente, para determinar o processo de raciocínio do Flash para a segunda execução no script. Na segunda vez, note que open1 ainda está sendo interpretada pelo Flash como sendo diferente de 1. Isto significa que o Flash pulará movendo o cabeçote de reprodução neste ponto no código.

11. Com estas novas informações, você poderá voltar para o modo de autoria, agora que sabe que open1 não é a variável correta. Na verdade, o programador não deve ter nomeado a variável como open1. Talvez sua mão tenha errado ao digitar e ele digitou sem querer 1 no final da linha 2 do código do botão. Portanto, vá para o botão StateMenu e altere a condicional para pesquisar o valor open, não open1.

12. Teste o filme. Você achará que ambos os botões agora se alternam. Grave o arquivo ECdebugCorrect.fla.

Localizar o erro neste código pode ter sido um pouco fácil. Porém, às vezes são necessários alguns passos para que seus olhos localizem um erro em seu projeto. Outras vezes, verá os valores da variável na janela Output, mas não saberá por que o código não funciona até que veja no Debugger. Outras vezes ainda será preciso "observar" uma variável no Watcher para obter uma parte problemática do código. O importante a lembrar é não desistir. Os erros cometidos no código podem ser resolvidos com uma combinação de lógica e paciência.

Watcher

Agora que sabemos que ambos os botões funcionam iremos observar as duas variáveis open usando o Watcher. Isto irá assegurar que as variáveis estão funcionando devidamente. O Exercício 20.5 mostra a maneira final de controlar as variáveis em um filme. Muito parecido com a ação trace, o método usado neste exercício destinará uma única variável escolhida; porém, diferente da ação trace, o Watcher seguirá o andamento da variável quando seu valor mudar na duração do cabeçote de reprodução do filme.

Exercício 20.5

Eis as etapas a seguir para este exercício:

1. Abra o arquivo ECdebugCorrect.fla e escolha Control, Debug Movie para abrir o ECdebugCorrect no ambiente Flash Player 6. Você notará uma série de abas no Debugger, assim como uma janela que exibe uma lista de todos os objetos em uma cena. A Figura 20.8 mostra a lista de exibição e a aba Variables.

    Clique no objeto de clipe do filme _level0.regChoice na lista de exibição.

2. Clique na aba Variables e clique com o botão direito do mouse na variável open.

3. Clique com o botão direito do mouse na variável open e escolha Watch (Observar) para definir esta variável para ser observada pelo Debugger.

4. Clique no objeto de clipe do filme _level0.stateChoice e na aba Variables, clique com o botão direito do mouse na variável open e escolha Watch para observar esta variável também.

5. Clique na aba Watch no depurador. Note como ambas as variáveis recém-selecionadas aparecem no Watcher. Sua aba Watch deverá ficar parecida com a Figura 20.9. Agora clique em ambos os botões no SWF e note como os valores mudam.

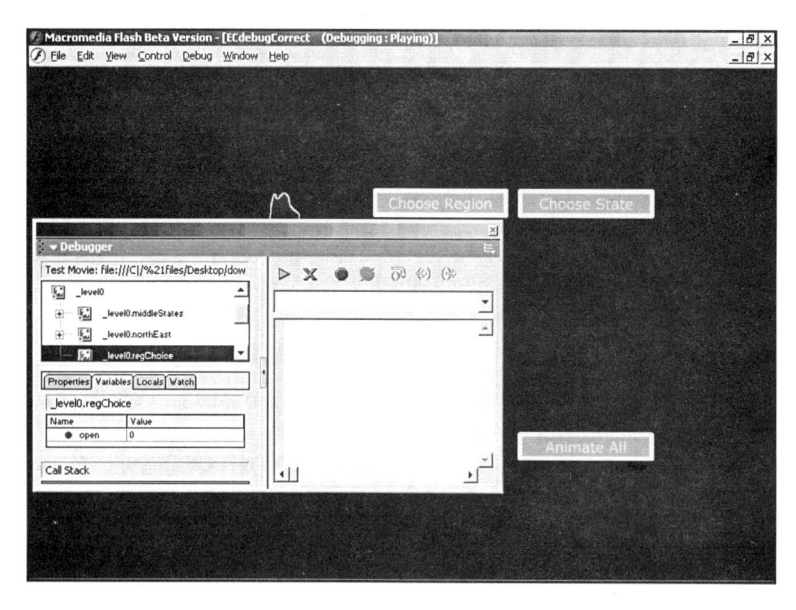

Figura 20.8 A lista de exibição e a aba Variables no Debugger.

O Watcher pode ser uma ferramenta valiosa quando você sabe que uma variável não está agindo corretamente. Permite que clique em seu SWF e teste para ver a alteração dos valores das variáveis, sem precisar colocar várias ações trace em seu código.

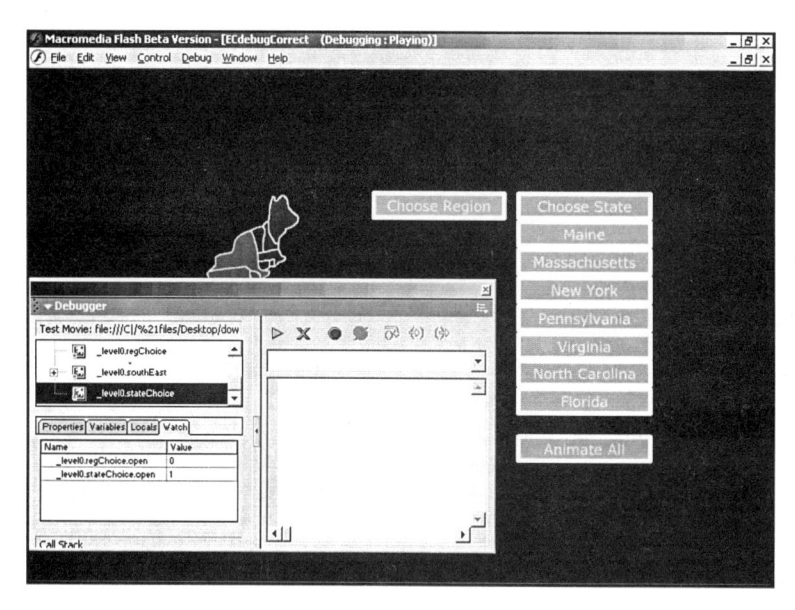

Figura 20.9 A aba Watch, procurando o valor de cada variável open.

Caminhos de destino mal identificados

Um erro comum que os programadores novatos cometem envolve não serem capazes de manter os nomes corretos. Você tem o nome do símbolo de clipe do filme, o nome de qualquer instância deste símbolo e os nomes de qualquer variável na linha do tempo dentro do clipe do filme – e são apenas os clipes do filme. Adicione as instâncias do botão, os clipes aninhados e outros objetos na cena, como, por exemplo, o som, e as coisas poderão ficar desordenadas rapidamente. É por isto que a convenção de nomenclatura para seus itens é de suprema importância em sua programação.

As convenções de nomenclatura ajudam a controlar os itens e permitem evitar problemas no futuro. Porém, muito provavelmente você encontrará um deslize em seu plano seguro para nomear os clipes do filme (especialmente porque todo clipe precisa de um nome de instância para o endereçamento e você provavelmente terá várias dezenas de clipes do filme em seus projetos). O Exercício 20.6 ajudará a encontrar os problemas com os caminhos de destino mal identificados. Ao testar o filme de amostra, você pode ter notado que alguns nomes da região e todos os estados não destinaram os caminhos corretos.

Exercício 20.6

Eis as etapas a seguir para este exercício:

1. Abra o filme ECdebugCorrect.fla.
2. Abra o filme e clique nos clipes do filme na cena. Veja os nomes de instância atribuídos a cada clipe.
3. Clique duas vezes em cada um dos clipes de filme da região e veja os nomes dos estados.
4. Escreva todos os nomes de instância em uma pedaço de papel para que possa lembrar exatamente como foram digitados.
5. Clique duas vezes no clipe do filme RegionMenu para ver qual código é escrito para os botões das três regiões diferentes.
6. Note o caminho para a região nordeste:

   ```
   _root.northEast.Maine.play( );
   ```

   Está em conflito com a tentativa de reproduzir a linha do tempo northEast. Na verdade, ele não reproduz nenhuma linha do tempo, porque não há nenhum clipe do filme chamado Maine no FLA.
7. Apague Maine do caminho de destino.
8. Ao testar o SWF, notamos que o clipe do filme middleState é executado como o esperado quando o botão é clicado. Portanto, verifique o caminho de destino do botão final, southEastBU, no clipe do filme RegionMenu. A Figura 20.10 exibe o painel Actions e mostra como voltar para o painel e verificar os códigos que podem mostrar com freqüência os erros ortográficos dos caminhos ou caminhos mal representados em seu endereçamento dos clipes do filme.

Capítulo 20 – Depuração | **531**

9. Você achará que este caminho de destino também é suspeito:

    `_root.southEast.play;`

10. Em vez de o clipe do filme ser referido incorretamente (o clipe do filme sendo destinado é southEast), desta vez o método precisa ser terminado. Portanto, insira dois parênteses depois da palavra *play*, assim:

    `play( );`

    Isto completará o método para este botão.

11. Agora que corrigimos alguns erros no clipe do filme RegionMenu, iremos investigar os caminhos de destino para o clipe do filme StateMenu. Clique duas vezes no clipe do filme e investigue o caminho no botão para Maine.

12. Anteriormente, notamos que o caminho tem um erro no modo como a instância de Maine é referida. Se você abrir a Library (Biblioteca), notará que nosso programador esqueceu de se referir à instância de clipe do filme e se referiu ao nome da biblioteca de clipes do filme. Portanto, altere isto para o nome da instância, que coincide com as iniciais para o estado. Em outras palavras, mude o caminho

    `_root.northEast.Maine.play( );`

    para agora informar o seguinte:

    `_root.northEast.ME.play( );`

13. Agora faça o mesmo para o resto dos botões do estado (nosso programador distraidamente cometeu o mesmo erro em todos os botões do estado).

14. O outro caminho de destino com problemas neste filme está no botão Animate All. Portanto, verifique o código incluído neste botão:

    `animateAll( );`

    Mesmo que seja uma função sendo chamada, ainda precisa seguir um caminho de destino. Como nenhuma função é escrita para a linha do tempo do clipe do filme StateMenu, iremos supor que este botão está mal colocado. Clique em Ctrl+X (Cmd+X) para cortar este botão.

15. Vá para o nível raiz da linha do tempo e pesquise esta função. Você notará que animateAll está no segundo quadro do filme; ele foi inicializado antes do pré-carregador. Cole (Ctrl+V ou Cmd+V) o botão na linha do tempo principal do filme.

16. Teste o filme. Agora todos os botões estão funcionando neste projeto. Deixei um problema final no projeto para um exemplo posterior. Grave seu arquivo ECdebugCorrect.fla e reflita sobre isto enquanto analisamos como alterar os valores.

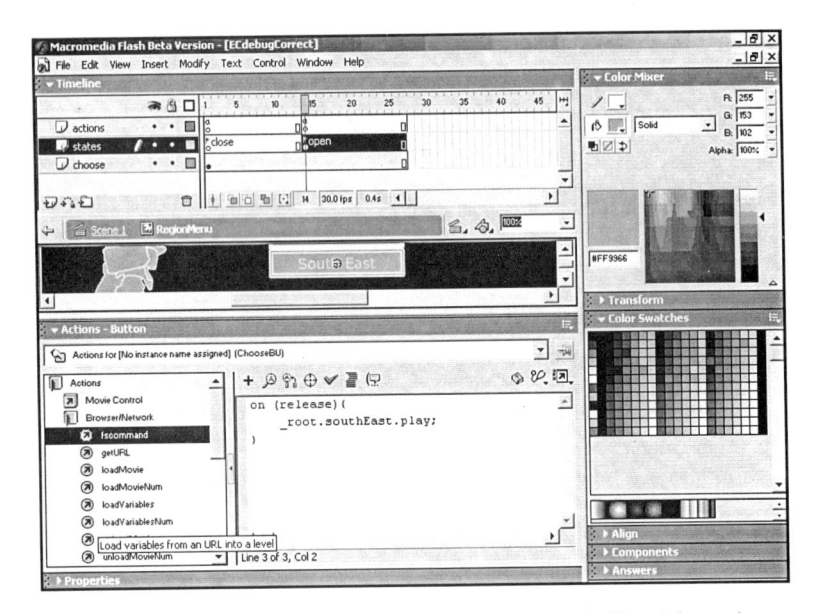

Figura 20.10 Testar os caminhos de todos os clipes do filme irá suavizar muitos problemas iniciais da programação. Simplesmente certifique-se de que seu caminho de destino coincida com o caminho de destino de seus nomes de instância para os clipes do filme e objetos.

Como alterar a variável e os valores da propriedade

A maioria das técnicas analisadas neste capítulo se concentrou em descobrir os erros em seu projeto. Porém, lembre-se que a depuração não deve sempre ser sobre a erradicação dos "erros". Deve ser para tornar seu projeto perfeito – encontrar a melhor aparência para seu projeto, com a interatividade que mantém os usuários voltando a usá-lo. Isto poderá também ser feito usando o Debugger. O Debugger permite alterar os valores das propriedades (tamanho, posição, altura, largura etc.) e os valores das variáveis para ver como seu projeto ficaria com estes valores alterados. Para aprender mais sobre isto, vá para o Exercício 20.7.

Exercício 20.7

Eis as etapas a seguir para este exercício:

1. Abra e teste seu arquivo ECdebugCorrect.fla para exibir o arquivo ECdebugCorrect.swf no Flash Player. Clique com o botão direito do mouse na tela e abra o Debugger.

2. Na janela Debugger, você já foi para a aba Variables. Note que uma aba identificada como Properties (Propriedades) está disponível também. Clique em um objeto de clipe do filme na lista de exibição. Neste caso, escolha _level0.northeast.

Capítulo 20 – Depuração | **533**

3. Clique na aba Properties. Todas as propriedades do objeto de clipe do filme _level.northeast estão disponíveis para você editar, exceto aquelas mostras em cinza. Elas não podem ser alteradas.
4. Selecione a propriedade alpha e altere seu valor para 40.
5. Selecione o valor _x e altere-o para 150. Seu Debugger deverá se parecer com a Figura 20.11.

    Observe como as propriedades de seu clipe mudaram para o SWF.
6. Feche o SWF no Flash Player e veja seu FLA.

Todas as propriedades ainda estão como antes. Alterar os valores da propriedade no Debugger não mudará os valores no FLA. Isto fornece a capacidade de ver como um projeto ficaria usando cores diferentes, colocações e tamanhos, sem danificar o conteúdo original.

Para acessar as variáveis, você poderá clicar na aba Variables de qualquer linha do tempo que possui uma variável ou poderá clicar o botão _global na lista de exibição para obter uma lista de todas as variáveis globais no projeto. Todas as variáveis vistas na aba Variables podem ser editadas. Exatamente como as propriedades, isto não mudará o valor das variáveis no FLA. Apenas mudará temporariamente os valores para o teste. No exemplo anterior, onde a variável da alternância open precisou ser alterada para 1, poderíamos ter alterado o valor da variável durante a execução, para ver como a alternância reagiria ao valor sendo 1 em um determinado momento. Isto teria nos dado outra idéia do motivo do valor não estar funcionando devidamente.

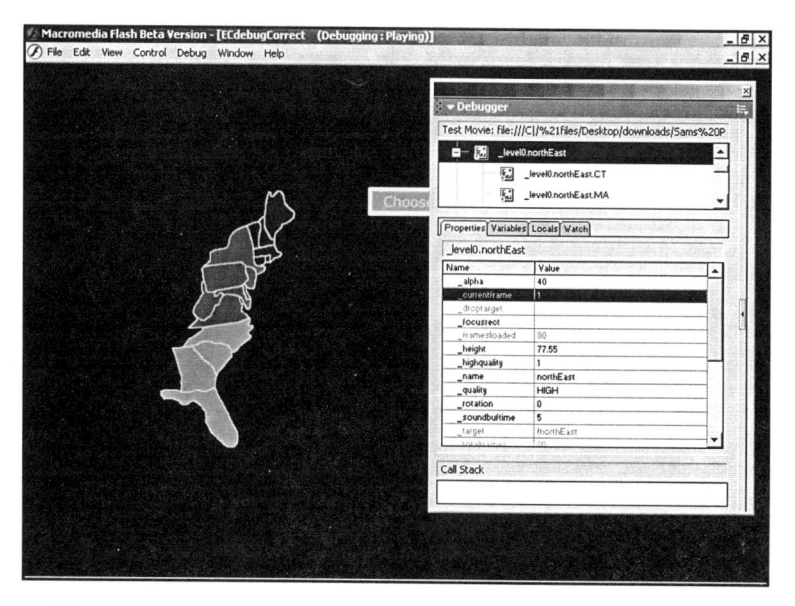

Figura 20.11 As propriedades do clipe do filme northEast em seu SWF. Estes valores podem mudar a aparência de seu SWF para o teste, mas não mudará os valores em seu FLA.

Como depurar a partir de locais remotos

A solução de problemas deve vir de muitas fontes diferentes. Seu aprendizado nunca deve terminar. Um dia você poderá resolver um problema lendo um newsgroup on-line. Ler as notas técnicas da Macromedia poderá ajudar a resolver muitos problemas gerais encontrados. Alguma vezes, poderá ter um efeito que deseja corrigir, que poderá ser encontrado em uma referência on-line. Outras vezes, poderá encontrar a resposta que está procurando nos materiais de consulta neste e em outros livros. O ponto é, você tem uma fonte infinita de conhecimento a usar ao depurar seus projetos. Tal fonte pode vir na forma de ajuda de outros programadores. Você está sem sorte ao fornecer-lhes seu arquivo para testar e depurar? Naturalmente não. A Macromedia permite que você compartilhe seu projeto com os usuários que deseja que vejam seu projeto usando um local do servidor remoto.

Como ativar o Flash com a capacidade de depurar remotamente

O Exercício 20.8 mostra como depurar os filmes que estão localizados em um servidor distante de seu computador. Porém, antes de você poder colocar os arquivos em um servidor para o mundo ver, terá que seguir algumas etapas para ativar o arquivo para ser depurado remotamente. Este exercício verá os itens que precisam ser incluídos em seu projeto para permitir a depuração remota.

Exercício 20.8

Eis as etapas a seguir para este exercício:

1. Selecione File, Publish Settings em seu arquivo ECdebugCorrect.fla.
2. Na aba Flash da caixa de diálogo Publish Settings, selecione Debugging Permitted (Depuração Permitida). Se quiser que seu projeto seja protegido contra roubo, forneça uma senha na caixa Password (Senha). Esta caixa é mostrada na Figura 20.12.
3. Abra o Debugger usando qualquer comando de menu a seguir:
   - Control, Debug Movie
   - File, Export Movie (Exportar Filme)
   - File, Publish Settings, Publish
4. O Flash criará dois arquivos: um arquivo SWF, que é o arquivo necessário para exibir o projeto e um arquivo SWD, que é necessário para exibir os pontos de interrupção no Debugger do SWF.
5. Ambos os arquivos SWF e SWD têm que permanecer lado a lado no local do servidor escolhido. Coloque ambos os arquivos no servidor.

Capítulo 20 – Depuração | **535**

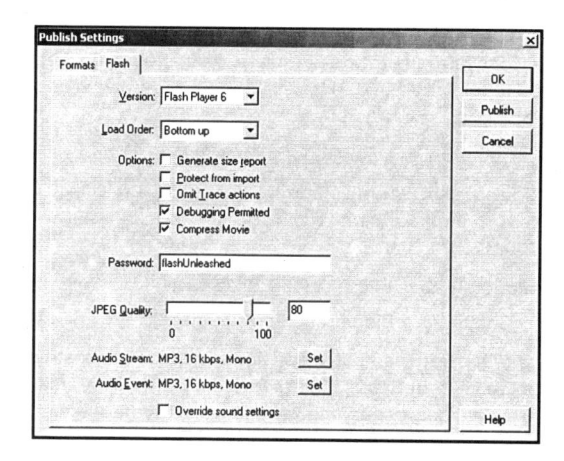

Figura 20.12 As definições da publicação necessárias para ativar a depuração em seu arquivo SWF.

Como ativar o depurador a partir do servidor

O exercício anterior viu como ativar o Flash para usar um servidor. O Exercício 20.9 mostrará como usar um servidor para depurar um arquivo que não está localizado em seu computador. Você precisará acessar um servidor para depurar o filme neste exercício, portanto, se não tiver acesso a um servidor, poderá pulá-lo.

Exercício 20.9

Eis as etapas a seguir para este exercício:

1. No Flash, escolha Window (Janela), Debugger.
2. No menu suspenso Options (Opções) no canto superior direito do painel, escolha a opção Enable Remote Debugging (Ativar Depuração Remota).
3. Abra uma janela do navegador ou a aplicação independente Flash Player.
4. Abra o arquivo remoto usando seu caminho do local.
5. Isto deverá abrir a caixa Remote Debug (Depuração Remota). Escolha a opção Localhost (Host Local) ou Other Machine (Outra Máquina). Eis as explicações destas opções:
    - **Localhost.** Se o Debug Player e o ambiente de autoria Flash estiverem no mesmo computador no qual você está exibindo o arquivo, então escolha Localhost.

- **Other Machine.** Permite depurar a partir de um computador que não tem as devidas ferramentas de autoria e de depuração ou não tem o Flash MX. Consulte a Figura 20.13 para exibir a caixa de diálogos que aparece com estas opções.

6. Forneça a senha para o Debugger, como mostrado na Figura 20.14. Lembra do problema que tivemos no final do Exercício 20.6? Iremos tentar encontrar este erro. Comece vendo o script da função que escrevemos no segundo quadro do filme.

7. Coloque um ponto de interrupção na primeira linha da função.

8. Execute o Debugger e clique o botão Animate All.

9. O Debugger mostrará cada uma das ações no bloco de instrução quando você clicar o botão Step In Script. Notará que o clipe do filme middleStates não se reproduziu. Verifique o caminho de destino da linha middleStates na função personalizada. Está assim atualmente:

   _root.middle.play( );

10. Altere o valor para que o caminho inclua o nome de instância middleStates inteiro. Agora deverá informar o seguinte:

    _root.middleStates.play( );

11. Publique o filme e coloque-o de volta no servidor para qualquer outro teste que gostaria de executar.

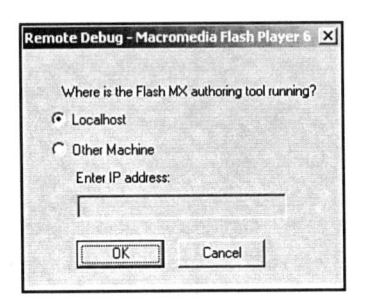

Figura 20.13 A caixa de diálogo Remote Debug pede que você forneça o local do ambiente de autoria Flash.

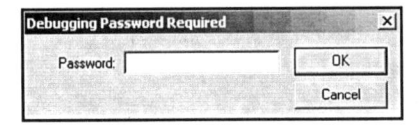

Figura 20.14 Forneça a mesma senha inicializada na caixa de diálogo Publish Settings para o arquivo.

Agora você terminou de depurar um arquivo usando muitas técnicas de depuração incluídas no Flash Player e no ambiente de autoria Flash. Naturalmente, no mundo real sua depuração não terminaria até que você e muitos de seus colaboradores aprovassem o projeto. O teste é importante e tem que ser feito completamente. Deixe que o máximo possível de pessoas usem o projeto antes de dizer que ele está completo.

A depuração adequada envolve muitas etapas. E mais, estas etapas começam quando seu projeto começa, não simplesmente no final de seu projeto. Usando as ferramentas no Flash, você poderá decifrar quais problemas estão ocorrendo. E mais, poderá reduzir a velocidade para aquela na qual Flash lê cada linha do código para determinar quais objetos estão mantendo os valores da variável e da propriedade durante a execução. Isto permitirá determinar se seu mapa de interatividade no início de seu projeto está coincidindo com a lógica que o Flash interpreta em seu ActionScript.

Capítulo 21

Interatividade avançada

por Matt Pizzi

Neste capítulo

- Como criar objetos que podem ser arrastados
- Como criar a interatividade com o mouse
- Como criar pré-carregadores que retornam informações precisas
- Como criar objetos pagináveis personalizados
- Como criar máscaras dinâmicas que podem ser arrastadas

Este capítulo é dedicado a criar a interatividade com o usuário final. Às vezes, a construção Flash é toda sobre como o desenvolvedor pode interagir com o usuário final. É o que impulsiona o desenvolvimento Web. Ter a capacidade de interagir com os usuários torna a Web mais útil e basicamente mais divertida.

Veremos os ActionScripts que podem produzir tal interativamente. Novamente, desejo mostrar os conceitos gerais que podem ser aplicados em qualquer projeto dado. O ActionScript é para aprender os conceitos, então para pegá-los e fazer com que atendam seu projeto específico.

Como criar objetos que podem ser arrastados

Criar um objeto que o usuário final pode arrastar é um pouco capcioso, porque para o usuário arrastar um objeto, ele tem que ser um clipe do filme. Você poderá usar os eventos do clipe que servem para arrastar os objetos de clipe do filme. Portanto, o que precisa é de um botão aninhado dentro de um símbolo de clipe do filme.

Como arrastar os objetos

Neste exercício você irá criar um clipe do filme que poderá arrastar no palco. Embora este exercício não seja tão avançado, fornece os blocos de construção para as tarefas mais complexas. Você poderá carregar uma versão completa deste projeto chamada Gato_Puzzle_Finished.fla, localizado em http://www.flashmxunleashed.com. Eis as etapas a seguir:

1. Crie um novo documento. Escolha Modify (Modificar), Document (Documento) para alterar as dimensões do filme para 400 por 400 pixels. Escolha qualquer cor de fundo desejada e altere o quadro para 22 quadros por segundo. Estas definições não são tão importantes em termos de funcionalidade do clipe do filme que pode ser arrastado. Clique em OK.

2. Desenhe um círculo no palco. Escolha qualquer cor de preenchimento e de pincelada.

3. Destaque o círculo clicando-o duas vezes para selecionar o preenchimento e a pincelada. Então converta-o em um símbolo escolhendo Insert (Inserir), Convert to Symbol (Converter em Símbolo). Forneça a este símbolo um comportamento de botão escolhendo o botão de rádio Button (Botão). Nomeie-o simplesmente como **button_drag**. Clique em OK.

4. Destaque o botão na linha do tempo principal, e com ele selecionado, pressione F8 para convertê-lo em um símbolo. Desta vez, forneça-lhe um comportamento de clipe do filme e nomeie-o como **drag_mc**. Clique em OK.

   Neste ponto, você tem um símbolo de clipe do filme com um botão aninhado dentro dele. Agora precisará fornecer ao botão uma ação para começar a arrastar o clipe do filme se ele tiver sido pressionado e parar de arrastar o clipe do filme quando o mouse for liberado.

Capítulo 21 – Interatividade avançada | **541**

5. Clique duas vezes na instância de clipe do filme no palco. Isto irá levá-lo para o modo de edição do símbolo de clipe do filme. Neste modo, selecione o botão e pressione F9 para abrir o painel Actions (Ações).
6. Clique no sinal de mais para ativar o menu suspenso Actions. Escolha Actions, Movie Control (Controle do Filme), On (Ativado). Para a sub-rotina de eventos, escolha press na lista de sugestões ou digite **press**.

    Estamos usando press aqui porque é mais natural e familiar para os usuários do computador. Quando você clicar em algo na tela, irá esperar ser capaz de movê-lo e quando soltar o mouse, irá esperar parar de arrastar o item selecionado.
7. Pressione Return (Mac) ou Enter (Windows), depois a última chave na linha 1. Note que o recurso de formatação automática irá recuar imediatamente seu texto na próxima linha. Na lista suspensa Action, escolha Actions, Movie Clip Control (Controle do Clipe do Filme), startDrag. Você precisará adicionar algumas condições a esta ação. Primeiro, precisará destinar um clipe do filme. Como deseja arrastar o clipe do filme no qual está dentro, o destino poderá ser simplesmente this. Para a próxima condição, digite **true** para bloquear o mouse no centro do clipe do filme. Fazendo isto, o centro do clipe do filme irá se anexar à ponta do mouse. Isto significa que quando estiver arrastando o objeto, parecerá sempre que está arrastando-o a partir do centro.
8. Teste o filme. Observe que, como mostrado na Figura 21.1, quando clica o objeto, começa a arrastá-lo.

    Para ser capaz de parar de arrastar o objeto use a ação stopDrag( ).
9. Destaque a última chave em seu script. Clique no mais no menu suspenso Actions e escolha Actions, Movie Control, On. Isto digitará a ação on. Escolha release no menu da lista de sugestões ou digite-o.
10. Pressione Return ou Enter depois da chave na linha 1. Note que o cursor recua automaticamente. Aqui, você precisará da ação stopDrag. Clique no sinal de mais no menu suspenso e escolha Actions, Movie Clip Control, stopDrag ou poderá simplesmente digitar **stopDrag( )**. O código final deverá ficar assim:

    ```
    on (press) {
      startDrag(this,1);
    }
    on (release) {
      stopDrag( );
    }
    ```

    Você notará que não tem que fornecer um destino para parar de arrastar o objeto. A ação stopDrag especifica para parar a ação "drag" atual; portanto, não precisa destinar o clipe do filme.
11. Teste o filme. Muito bom, hein? Observe que irá criar muitas interações diferentes com o ActionScript neste capítulo, que irão requerer que compreenda como este exercício funciona. Todos os exercícios deste ponto em diante irão supor que você sabe como criar um objeto que pode ser arrastado.

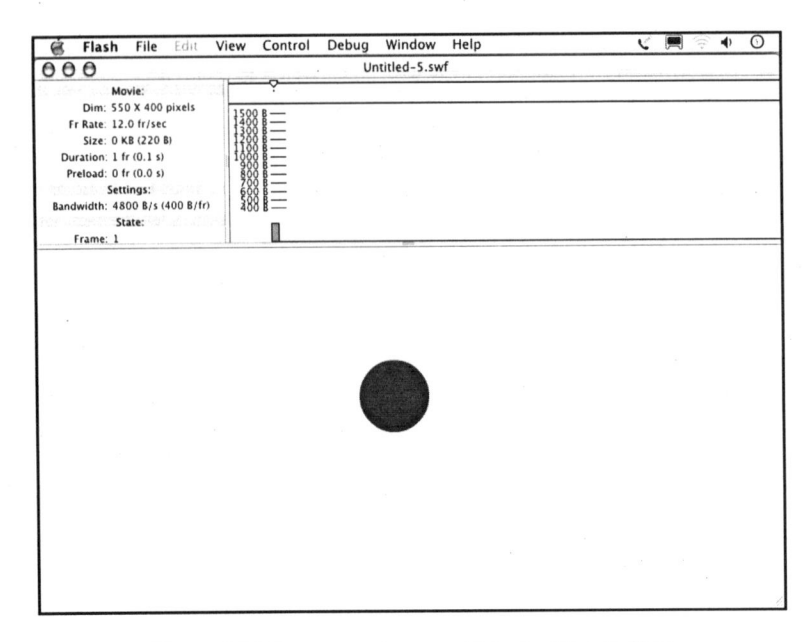

Figura 21.1 *Como arrastar um objeto de clipe do filme. Note que o cursor é um dedo representando o arrastar.*

Agora veremos o que você pode fazer com os objetos que podem ser arrastados. Um recurso comum que poderá querer criar é um carrinho de compras no qual arrasta literalmente um objeto que deseja comprar para uma caixa. E mais, considere os tipos de jogos que poderia criar, como um quebra-cabeças, por exemplo. Continue lendo, pois irá criar um no próximo exercício.

Como criar interações complexas de arrastar e soltar

Neste exercício você aprenderá a criar um quebra-cabeças usando uma imagem de meu gato, Gato. O quebra-cabeças funciona assim: as peças do quebra-cabeças se espalham aleatoriamente, sempre que o filme é carregado. Se o usuário final colocar uma peça do quebra-cabeças no local certo (ou perto do local certo), ela irá para o lugar. Do contrário, a peça voltará para seu local original. Portanto, aqui vai:

1. Navegue para o site Web complementar Unleashed em http://www.flashmxunleashed.com e vá para a seção Chapter 21. Localize o arquivo gato_puzzle.fla e carregue-o.

2. Abra o arquivo gato_puzzle.fla. A Figura 21.2 mostra uma fotografia de Gato e um gráfico representando o contorno do quebra-cabeças.

3. A primeira coisa que você fará é cortar a imagem de Gato, para criar as peças separadas do quebra-cabeça. Usará o padrão do quebra-cabeça como seu guia; considere-o como algum tipo de cortador de biscoitos.

4. Selecione a imagem de Gato e escolha Modify, Break Apart (Dividir). Isto tornará a fotografia de Gato uma forma primitiva. Arraste sobre o padrão de quebra-cabeça o item e coloque-o sobre Gato, como mostrado na Figura 21.3.

5. Com o padrão do quebra-cabeça ainda selecionado, escolha Modify, Break Apart para torná-lo um item primitivo. Clique longe do padrão para cancelar sua seleção. Perfeito! Você acabou de cortar Gato em um monte de formas. Se selecionar qualquer peça, notará que ela está separada do resto da fotografia, como mostrado na Figura 21.4.

6. Agora terá que converter cada uma destas peças do quebra-cabeça em símbolos de clipe do filme escolhendo Insert, Convert to Symbol ou pressionando F8. Destaque a primeira peça do quebra-cabeça no canto superior esquerdo e trabalhe. Converta cada peça usando o nome Gato1, Gato2 etc. Faça isto até que todas as peças do quebra-cabeça sejam símbolos de clipe do filme. Quando tiver terminado, deverá ter 11 peças do quebra-cabeça que são todas símbolos de clipe do filme, como mostrado na Figura 21.5.

7. Destaque cada peça e forneça-lhe um nome de instância. Nomeie a primeira como **gato1**, a segunda como **gato2** etc., até que cada uma tenha um nome de instância. Você poderá nomear a instância do clipe do filme através do Properties Inspector (Inspetor de Propriedades).

8. Assim que cada peça tiver um nome de instância, destaque todas. Note que não poderá escolher Select All (Selecionar Tudo); terá que pressionar a tecla Shift e clicar em cada peça do quebra-cabeça. Se escolher Select All, também irá selecionar o contorno do quebra-cabeça, o que não deseja neste caso. Assim que todas as peças estiverem selecionadas, pressione a tecla Option (Mac) ou Alt (Windows), clique e arraste cópias delas para a direita, como mostrado na Figura 21.6. Isto agirá como os destinos do soltar.

9. Você precisará mover as peças do quebra-cabeça original para uma camada separada. Selecione as peças como fez na última etapa, pressionando a tecla Shift e selecionando cada uma. Assim que todas estiverem selecionadas de novo, corte-as escolhendo Edit (Editar), Cut (Cortar) ou pressionando Cmd+X ou Ctrl+X (Windows).

10. Crie uma nova camada e nomeie-a como **Puzzle Pieces**. Nomeie a camada original como **drop targets**.

11. Desative a visibilidade da camada Puzzle Pieces clicando no marcador sob a coluna de olho no painel Layers (Camadas). Note que o contorno do quebra-cabeça ficará visível. Destaque o contorno e agrupe-o pressionando Cmd+G (Mac) ou Ctrl+G (Windows). Mova o contorno para os destinos do soltar à direita, como mostrado na Figura 21.7. Grave seu arquivo como Gato_Puzzle.fla.

12. Destaque cada um dos clipes de filme do destino de soltar clicando-os e adicionando a palavra *target* ao final de seus nomes de instância no Properties Inspector. Por exemplo, o nome de instância para o primeiro clipe do filme de destino de soltar agora deverá ser gato1target. É importante apenas adicionar a palavra *target* sem espaço, deixando o resto do nome igual. Você verá o porquê quando começar a trabalhar um pouco mais com as interações; no momento, confie em mim. Faça isto para cada instância. Ao nomeá-las, poderá também querer escolher alpha (alfa) no menu suspenso Effect (Efeito) e abaixar o cursor alfa para 10%. Quando terminar, todas as instâncias deverão ter um novo nome e uma porcentagem alfa menor, como mostrado na Figura 21.8.

13. Clique duas vezes em cada clipe do filme de peça do quebra-cabeça para entrar no modo de edição do símbolo de clipe do filme. Notará que assim que estiver dentro do símbolo, a imagem será um objeto primitivo, como mostrado na Figura 21.9. Selecione o trabalho de arte primitivo e pressione F8 para convertê-lo em

um símbolo. Forneça-lhe um comportamento de botão; assim, você poderá fornecer ao botão uma ação para arrastar o clipe do filme pai. Nomeie-o como **Gato1_button**. Faça isto para cada uma das peças do quebra-cabeça.

Quando começarmos a ver algum ActionScript para este exercício, pela primeira vez você terá uma peça do quebra-cabeça funcionando devidamente. Assim que acontecer, aplicará o script em todas as outras peças.

14. Agora está pronto para fazer algum script. Comece adicionando a funcionalidade de arrastar para uma das peças do quebra-cabeça. Clique duas vezes na primeira peça do quebra-cabeça para entrar no modo de edição do símbolo. Selecione o botão e forneça-lhe as seguintes ações startDrag e stopDrag (exatamente como fez no primeiro exercício):

```
on (press) {
   this.startDrag( );
}
on (release, releaseOutside) {
   stopDrag( );
}
```

15. Teste o filme. Notará que você pode arrastar a peça do quebra-cabeça, mas ela aparece atrás das outras peças. Para corrigir isto, precisará mudar seu nível de profundidade. Qualquer peça do quebra-cabeça selecionada precisará ter o nível de profundidade mais alto de todos os clipes do filme. Crie uma nova camada e nomeie-a como **actions**. No primeiro quadro da camada actions, crie uma variável chamada depthValue e defina-a para ser igual a 1. Agora, sempre que uma peça do quebra-cabeça for selecionada, você poderá adicionar à variável e então atribuir um nível de profundidade do clipe do filme selecionado para ser igual a esta variável.

16. Agora irá trocar o nível de profundidade do filme selecionado pelo valor atual da variável depthValue mais 1. Certifique-se de que esteja dentro do símbolo de clipe do filme e que esteja aplicando esta ação no botão. O código ficará assim:

```
on (press) {
   _root.depthValue = _root.depthValue +1;
   this.swapDepths(_root.depthValue);
   this.startDrag( );
}
on (release, releaseOutside) {
   stopDrag( );
}
```

17. Teste o filme. Ótimo! Cada clipe do filme selecionado sempre aparece na frente.

Agora, que tal fazer com que o clipe do filme de fato vá para o devido local ou fique no devido local? Se o clipe do filme que está sendo arrastado chegar perto de seu destino, você desejará que ele fique lá; assim, o usuário final saberá que fez algo certo. A primeira coisa que precisamos analisar é a propriedade do destino de soltar. Esta propriedade retornará um caminho absoluto para onde a instância que está sendo arrastada foi solta. Então você terá que comparar o caminho com o local da instância do clipe do filme de destino. Irá compará-los usando a função eval. Se, de fato, a comparação indicar que o local de soltar é igual ao local do objeto arrastado, desejará definir as coordenadas x e y do clipe do filme arrastado para serem iguais às do clipe de destino. Se o destino de soltar não ficar nem perto de ser igual ao local do objeto arrastado, desejará que o clipe do filme arrastado volte para a posição original em que estava quando o filme foi carregado pela primeira vez. Ufa! Tudo bem. Iremos experimentar. Antes disto, grave seu arquivo. Escolha File (Arquivo), Save As (Salvar Como) e grave o arquivo como Gato_Puzzle2.fla.

É importante notar que para o destino de soltar seja considerado igual ao objeto arrastado, o cursor terá que estar dentro das dimensões do destino. Na verdade, 99% do clipe do filme poderá parecer estar no lugar certo, mas se o cursor não ultrapassar as dimensões do destino, ele não será considerado como sendo igual ao objeto arrastado.

18. Depois da ação stopDrag, você precisará criar uma instrução if que verifica se o clipe do filme que parou de ser arrastado é igual ao destino de soltar. Eis o código:

```
on (press) {
  _root.depthValue = _root.depthValue +1;
  this.swapDepths(_root.depthValue);
  this.startDrag( );
}
on (release, releaseOutside) {
  stopDrag( );
  if (eval(this._droptarget) = =
eval("_root."+this._name+"target")) {
    this._x = eval(this._droptarget)._x;
    this._y = eval(this._droptarget)._y;
  }
}
```

A linha 8 contém a instrução if. Você notará que ela está verificando para saber se o clipe do filme sendo arrastado é igual ao clipe do filme de destino no lado esquerdo do palco (= = é o operador de comparação para testar a igualdade). Você verá que o destino é _root, que se destina à linha do tempo principal. A propriedade _name refere-se ao nome de instância do clipe do filme e como você nomeou todos os clipes do filme de destino com o mesmo nome das peças do quebra-cabeça que pode ser arrastado, com apenas a palavra *target* adicionada, tudo que temos que fazer é concatenar o nome de instância com a palavra *target*. Na próxima linha, se a instrução for True, você estará definindo as coordenadas x e y da instância arrastada para serem iguais às coordenadas x e y do clipe do filme de destino. Isto produzirá um efeito instantâneo quando o usuário estiver a alguns pixels de distância.

19. Teste o filme. Está parecendo bom, mas você ainda não acabou.

Notará duas coisas: primeiro, se arrastar uma peça do quebra-cabeça para o local certo, ela irá para o lugar, mas poderá começar a arrastar a peça novamente se quiser. Porém, queremos que a peça fique fixada depois de estar no local certo, portanto, assim que uma peça estiver no lugar certo, você não poderá mais movê-la. Segundo, o que acontecerá se a peça do quebra-cabeça não for solta no local certo? Neste caso, iremos querer que a peça volte para seu local original.

20. Para bloquear o clipe do filme depois dele ter atingido o devido local, tudo que terá que fazer é definir uma variável. Depois de definir as coordenadas x e y do clipe do filme arrastado como sendo iguais às coordenadas x e y do clipe do filme de destino, irá criar um símbolo chamado finish e fará com que seja igual a True. Logo depois da ação on (press), você precisará criar uma instrução if para ver se a variável finish é igual a True. Se não for, continuará com as ações que seguem depois da instrução if. Se for igual a True, não continuará. O operador para verificar a diferença é !=. Eis o código:

```
on (press) {
   if (finish != true) {
      _root.depthValue = _root.depthValue+1;
      this.swapDepths(_root.depthValue);
      startDrag(this);
   }
}
on (release, releaseOutside) {
   stopDrag( );
   if (eval(this._droptarget) = =
eval("_root."+this._name+"target"))   {
      this._x = eval(this._droptarget)._x;
      this._y = eval(this._droptarget)._y;
      finish = true;
   }
}
```

21. Em seguida, precisará definir uma variável do local x e y atual do clipe do filme quando o objeto for clicado pelo usuário final. Então, na parte release do script, se o destino de soltar não for igual ao clipe do filme de destino, você desejará enviá-lo de volta para as coordenadas x e y originais definidas para que apenas a peça do quebra-cabeça seja arrastada. Eis o código final:

```
on (press) {
   xpos = this._x;
   ypos = this._y;
   if (finish != true) {
      _root.depthValue = _root.depthValue+1;
      this.swapDepths(_root.depthValue);
      startDrag(this);
   }
}
on (release, releaseOutside) {
   stopDrag( );
   if (eval(this._droptarget) = =
eval("_root."+this._name+"target"))   {
      this._x = eval(this._droptarget)._x;
      this._y = eval(this._droptarget)._y;
      finish = true;
   } else {
      setProperty(this, _x, xpos);
      setProperty(this, _y, ypos);
   }
}
```

Capítulo 21 – Interatividade avançada | 547

22. Agora o lógico seria aplicar este script em cada peça do quebra-cabeça. Porém, como você nunca destinou uma instância do clipe do filme específica, este clipe é muito portável. Portanto, irá exportar este script e gravá-lo como um arquivo ActionScript. Então, em cada instância da peça do quebra-cabeça, usará uma ação include para incluir este arquivo .as. Antes de tudo, grave este arquivo como Gato_complete.fla em uma pasta em sua área de trabalho denominada puzzle. Se não tiver esta pasta em sua área de trabalho, crie-a. Assim que o arquivo tiver sido gravado, abra o painel Actions, onde todas as ações estão armazenadas. No submenu do painel, escolha Export As File (Exportar Como Arquivo), como mostrado na Figura 21.10. Quando exportar o arquivo, grave-o como puzzleScript.as em sua pasta puzzle. Se não gravar os arquivos no mesmo diretório, terá que digitar o devido caminho. Poderá sempre carregar este arquivo .as do site Web complementar localizado em http://www.flashmxunleashed.com.

23. Assim que o arquivo tiver sido exportado, digite a seguinte ação para cada um dos botões aninhados do clipe do filme de peças do quebra-cabeça:

    #include "puzzleScript.as"

24. Teste seu filme! Naturalmente, o quebra-cabeça é muito fácil de completar, pois todas as peças estão reunidas inicialmente. Portanto, você precisará criar um último script para espalhar de modo aleatório as peças no palco.

25. Destaque um dos clipes do filme e pressione F9 para abrir o painel Actions. Você colocará um script no clipe do filme desta vez. Basicamente, tudo que terá que fazer é definir algumas variáveis que irão selecionar aleatoriamente um número nas dimensões onde você deseja espalhar estes objetos. Então terá que definir as propriedades x e y para serem iguais a esta variável. A cena tem 600 por 355 pixels e, claro, desejará espalhar as peças do quebra-cabeça no lado esquerdo dos destinos, para que reduza a dimensão da largura para mais ou menos 300 pixels. Portanto, precisará selecionar números aleatórios de 1 a 300 para cada uma das coordenadas x e y. Eis o código:

    ```
    onClipEvent (load)  {
       randomxpos = random(300);
       randomypos = random(330);
       setProperty(this, _x, randomxpos);
       setProperty(this, _y, randomypos);
    }
    ```

26. Novamente, em vez de copiar este código para todas as instâncias, exporte o script como randomScript.as e grave-o em sua pasta puzzle. Então em cada instância digite **#include"randomScript.as"**.

27. Teste o filme. Observe que todas as peças do quebra-cabeça foram espalhadas aleatoriamente, como mostrado na Figura 21.11. Bem divertido, hein? Visite o site Web complementar Unleashed para ver outras maneiras de personalizar o quebra-cabeça para torná-lo mais desafiador. Poderá também carregar um arquivo funcional completo deste quebra-cabeça chamado Gato_Puzzle_Finished.fla.

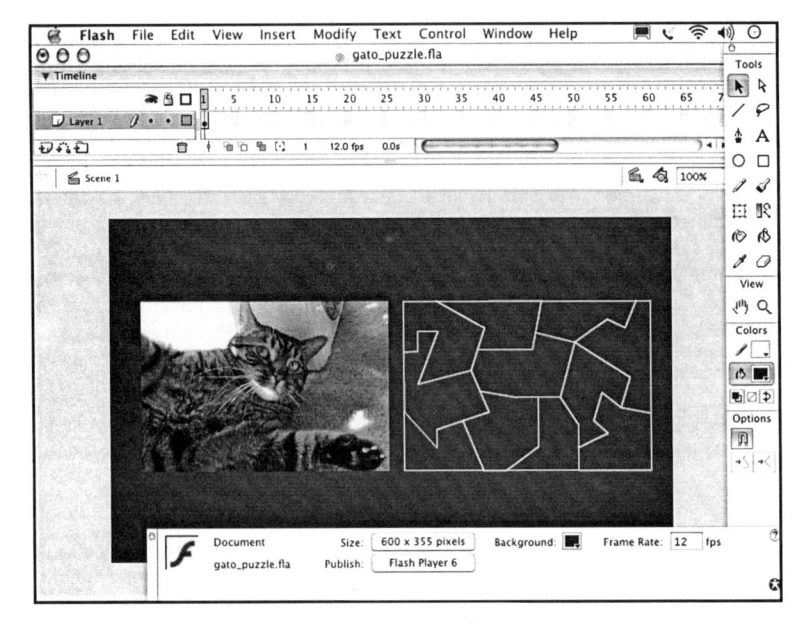

Figura 21.2 Uma imagem de Gato e o padrão do quebra-cabeça.

Figura 21.3 O padrão do quebra-cabeça é colocado diretamente sobre a fotografia de Gato.

Capítulo 21 – Interatividade avançada | **549**

Figura 21.4 A peça do quebra-cabeça selecionada é separada do resto da imagem.

Figura 21.5 Onze símbolos de clipe do filme compõem o quebra-cabeça. Note que todos os símbolos de clipe do filme estão selecionados.

Figura 21.6 As peças do
quebra-cabeça foram duplicadas.

Figura 21.7 O contorno do quebra-cabeça foi
colocado sobre os destinos de soltar.

Figura 21.8 Todas as peças
têm uma definição alfa baixa.

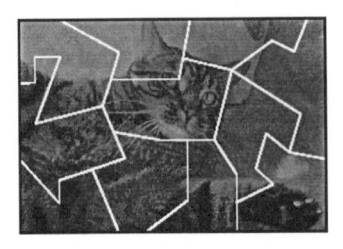

Figura 21.9 Dentro do símbolo de clipe do filme está
uma parte primitiva do trabalho de arte.

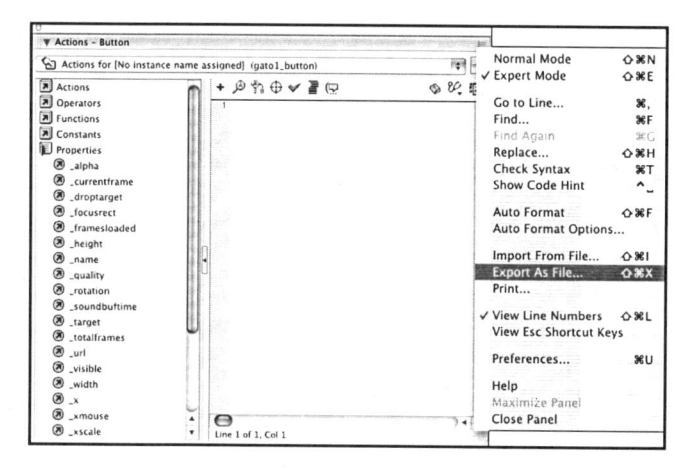

Figura 21.10 Escolha Export as File no submenu do painel Actions.

Figura 21.11 Todas as peças do quebra-cabeça são colocadas aleatoriamente no palco.

Como criar a interatividade com o mouse

Um dos truques mais populares no desenvolvimento Flash é criar um menu de movimento com base no local do mouse. Em geral, o menu se moverá na direção oposta do mouse. Veremos como criar tal sistema de navegação. Este script realmente não tem nada que já não vimos; iremos usar algumas coisas que você aprendeu anteriormente no livro e iremos aplicá-las no próximo exercício. Você poderá carregar uma versão terminada deste arquivo chamada menu_slide.fla indo para o site Web complementar Unleashed e navegando para a seção Chapter 21. Eis as etapas a seguir:

1. Crie um novo documento. Escolha Modify, Document para abrir a caixa de diálogo Document Properties (Propriedades do Documento). Defina as dimensões do palco para 400 por 325 pixels. Escolha uma cor de fundo e defina a velocidade de projeção para 15 quadros por segundo. Clique em OK.

552 | *Dominando Macromedia Flash MX*

2. Abra a Buttons Common Library (Biblioteca Comum de Botões) escolhendo Window (Janela), Common Libraries, Buttons.fla. Localize qualquer botão desejado e arraste diversas instâncias dele até que tenha bastante em uma linha para ser igual à largura do palco, como mostrado na Figura 21.12.

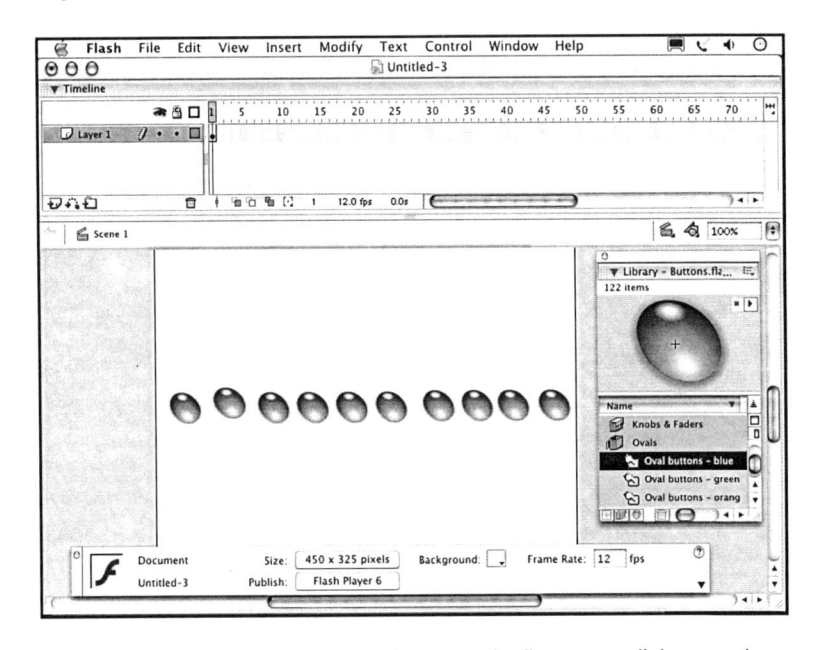

Figura 21.12 As várias instâncias do mesmo botão em uma linha no palco.

3. Com todas as instâncias selecionadas, abra o painel Align (Alinhar) escolhendo Window, Align. Se você não estiver familiarizado com o painel Align, experimente os diferentes botões para se acostumar com seus comportamentos. Alinhe os botões para que eles fiquem espaçados igualmente, como mostrado na Figura 21.13.
4. Com todas as instâncias destacadas, converta-as em um símbolo de clipe do filme pressionando F8. Isto inicializará a caixa de diálogo Convert to Symbol. Nomeie este símbolo como **Slide_Nav** e forneça-lhe um comportamento de clipe do filme. Clique em OK.
5. Agora você está pronto para começar a aplicar algumas ações no clipe do filme. Desejará mudar a posição x do clipe do filme do botão com base na posição do mouse. Basicamente, o que precisará fazer é encontrar a posição x do mouse e subtrair este número da posição x do clipe do filme. Como pode ter adivinhado, este número provavelmente será grande demais, portanto, terá que dividi-lo também. Selecione o clipe do filme e pressione F9 em seu teclado para abrir o painel Actions. Digite o seguinte código (se parecer complicado demais, revise o Capítulo 10, "Como abordar o ActionScript"):

```
onClipEvent (enterFrame) {
    movement = _root.xmouse/18;
    this._x = this._x + movement;
}
```

Capítulo 21 – Interatividade avançada | **553**

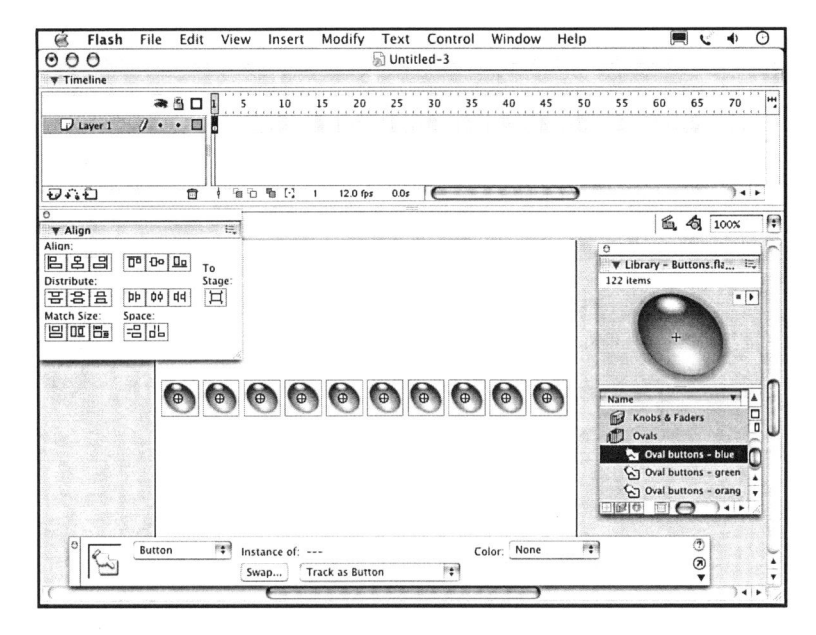

Figura 21.13 As instâncias do botão são espaçadas igualmente e alinhadas com o painel Align.

A primeira linha, claro, é a sub-rotina de eventos enterFrame, que permite que estas ações sejam executadas sempre. A segunda linha define uma variável para ser igual à posição x do mouse dividida por 18, porque o número retornado apenas pela posição x do mouse poderia ser bem maior, portanto, você o reduz um pouco. Finalmente, a terceira linha define a posição x do clipe do filme para ser igual ao seu local atual mais o valor do movimento.

6. Teste o filme. Você pode ver que algumas coisas funcionam bem, mas não bem do modo como imaginamos. Primeiro, a barra de navegação se move na mesma direção do mouse, portanto, o que podemos fazer é tornar o valor total negativo. Porém, o mouse se moveria apenas em uma direção, pois estará obtendo somente valores negativos. Portanto, o que você terá que fazer é zerar o local, subtraindo com um número que seja a metade do tamanho do palco. Fazendo isto, obterá valores nos lados positivo e negativo do espectro, fazendo com que a barra de navegação se mova na direção oposta do mouse, para a esquerda e direita. Eis o código:

```
onClipEvent (enterFrame) {
   movement = ((200 - _root._xmouse)/18)
   this._x = this._x + movement;
}
```

A primeira linha não mudou muito desde a última vez; na verdade, todas as alterações estão na segunda linha. Note que você está subtraindo a posição x do mouse de 200, que é a metade da largura do palco e então dividindo este valor por 18 para reduzir a velocidade do movimento.

7. Teste o filme. Parece bom. Porém, ainda temos que resolver um problema. Se você mover o mouse todo para a direita e fizer uma pausa por um momento, a barra de navegação sairá do palco e isto é ruim. Queremos que a barra de navegação se mova o máximo possível à direita e pare quando apenas um botão ficar visível. O mesmo ocorrerá para o lado esquerdo.

8. Precisará escrever um script que verifique se o clipe do filme de navegação está se movendo para longe demais à esquerda ou direita. A primeira coisa que precisará fazer é mover o clipe do filme para fora do palco, para que apenas um botão esteja aparecendo e então abrir o painel Info (Informações) escolhendo Window, Info. Nele, poderá obter a coordenada x do local do clipe do filme, como exibido na Figura 21.14. É importante ter o centro quadrado selecionado ao obter a coordenada.

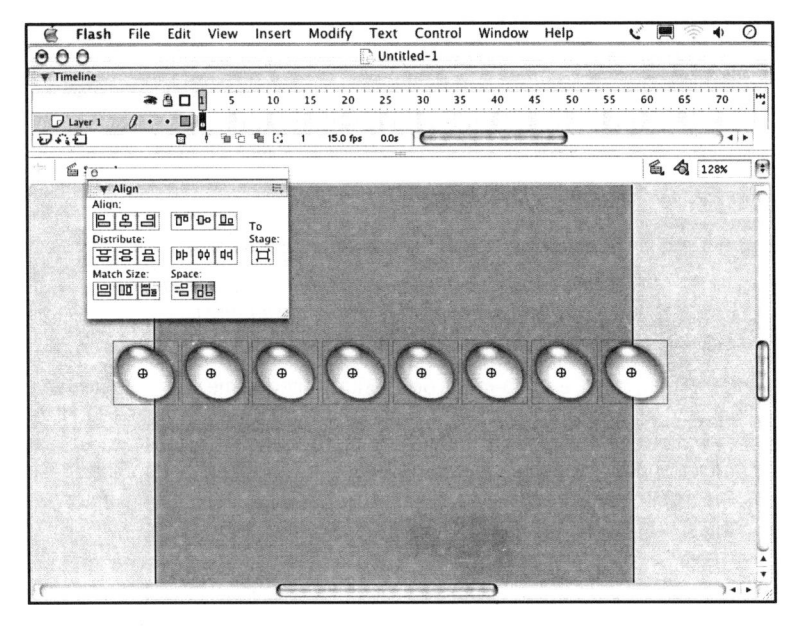

Figura 21.14 Obtenha a coordenada x do clipe do filme de navegação no painel Info.

9. Agora precisará escrever uma instrução if que verifique se a posição x é menor que –171 ou maior que 576. Observe que seus números poderão variar ligeiramente, dependendo de qual botão usou e qual é seu tamanho. Eis o código:

```
onClipEvent (enterFrame) {
    movement = ((200-_root._xmouse)/18);
    if (this._x <-171 || this._x >576) {
        movement =0;
    }
    this._x = this._x+movement;
}
```

Capítulo 21 – Interatividade avançada | **555**

A terceira linha é a diferente aqui. Você notará uma instrução if verificando para saber se a posição x do clipe do filme é menor que –171, que é o valor necessário para exibir apenas um botão no lado esquerdo, ou maior que 576, que é o valor necessário para exibir apenas um botão no lado direito (note que | | significa o OR lógico). Se uma destas condições for true, o movimento da variável será definido para 0.

10. Teste o filme. Está quase perfeito. O único problema com este script é que assim que a barra de navegação atinge o limite do lado direito ou esquerdo, pára e não se move novamente depois de parar. É porque você está definindo o movimento da variável para 0, e se o movimento for igual a 0, a barra de navegação não estará se movendo. Portanto, precisará adicionar uma condição para verificar se a posição x é maior ou menor que certos valores, mas ao mesmo tempo verificar para assegurar que nestas vezes o valor movement seja também maior ou menor que 0. Eis o script final (note que && é um AND lógico):

```
onClipEvent (enterFrame) {
    movement = ((200-_root._xmouse)/18);
    if (((this._x < -171) && (movement < 0))) {
|  | (( this._x > 574) && (movement > 0))){
        movement =0;
    }
    this._x = this._x+movement;
}
```

11. Teste o filme. Perfeito. A Figura 21.15 mostra que quando a barra de navegação se mover muito para a esquerda, irá parar automaticamente.

Mover os objetos com base no local do mouse pode criar algumas ótimas interações com seus usuários finais. Certifique-se, caso esteja usando isto como uma ferramenta de navegação de movimento, que a use com sabedoria. É importante que o usuário final compreenda o que é e como funciona. Se a ferramenta não for útil, não importa o quanto seja legal, você falhou como construtor Web.

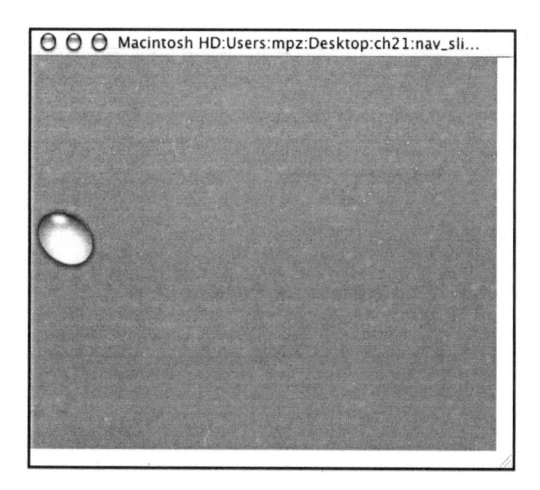

Figura 21.15 A barra de navegação pára quando se move muito para a esquerda.

Como criar pré-carregadores que retornam informações precisas

Às vezes, os pré-carregadores não são nada mais que um atrativo para o usuário final quando um filme está sendo carregado previamente. Tudo bem, mas com o ActionScript, poderemos fornecer ao usuário final a quantidade precisa do filme que foi carregado. No próximo exercício, você irá criar um pré-carregador que retornará uma porcentagem da quantidade de um filme que foi carregada. Isto será uma porcentagem de fluxo, portanto, poderá vê-la aumentar constantemente. Para completar e seguir o próximo exercício, terá que carregar um arquivo do site Web complementar. O arquivo que precisará procurar na seção Chapter 21 do site é slide_show.fla.

Como criar um pré-carregador que mostra em fluxo uma porcentagem

Agora que você tem o arquivo carregado em seu computador, continue e abra-o no Flash. Notará que o arquivo tem seis quadros. O primeiro quadro não contém nada, ao passo que os outros cinco têm fotografias deles, com um conjunto de botões para navegar através de cada um. O primeiro quadro agirá como nosso pré-carregador, então os cinco quadros seguintes serão reproduzidos devidamente. Note que este documento não é dividido em cenas. As cenas são geralmente problemáticas ao fazer o script de uma instrução de loop com um quadro para o pré-carregamento.

1. No quadro 1, escolha a ferramenta Text (Texto) e então clique uma vez no palco para inserir um cursor que pisca. Estenda o tamanho da caixa de texto pegando seu canto superior direito e arrastando-o para a direita, até que tenha cerca de 300 pixels de comprimento.

2. Com um cursor que pisca ainda na caixa de texto, no Properties Inspector, altere o tipo para texto dinâmico usando o menu suspenso.

3. No campo de texto Var:, forneça **loadedFile**.

4. Destaque o campo de texto dinâmico no palco e converta-o em um símbolo de clipe do filme pressionando F8. Na caixa de diálogo Convert to Symbol, nomeie este símbolo como **preloader_mc**. Forneça-lhe um comportamento de clipe do filme.

5. Teste o filme. No ambiente de teste, escolha Window, Bandwidth Profiler (Perfil da Largura de Banda). Você verá os picos de cada quadro mantendo uma imagem, portanto, desejará isto pré-carregado.

6. Feche o ambiente de teste e volte para o quadro 1. Você precisará escrever um script no clipe do filme. Estará usando a sub-rotina de eventos enterFrame para que o script possa ser executado sempre. Precisará avaliar se o número de bytes carregados é igual aos bytes totais do filme. Se for, poderá sair da cena de pré-carregamento e ir para a cena de exibição de slides. Se for diferente, precisará definir a variável loadedFile, que divide os bytes carregados pelos

Capítulo 21 – Interatividade avançada | **557**

bytes totais e então retorna um valor no formato decimal. Você irá arredondar este número e multiplicá-lo para obter um valor que se parece mais com uma porcentagem. Eis o código:

```
OnClipEvent (enterFrame){
   If(_root.getBytesLoaded( ) = = _root.getBytesTotal( )){
   gotoAndStop  (2);
{else{
   _root.stop
}
percentLoaded=Math.round((_root.getBytesLoaded)))
/(_root.getBytesTotal( )) * 100);
loadedFile = "File is" + percentLoaded + "% loaded.";
```

A primeira linha usa a sub-rotina de eventos enterFrame. A segunda linha verifica se os bytes carregados são iguais aos (= =) bytes totais do filme. Se a instrução for true, o terceiro quadro do filme será reproduzido, que será o primeiro quadro da exibição de slides. A quinta linha define uma variável que divide os bytes carregados pelos bytes totais e este valor é arredondado e multiplicado por 100. A sexta linha define a variável, que também é o campo de texto no palco. Isto exibirá literalmente o valor no arquivo do filme e será concatenado ao valor da variável percentLoaded, que também será concatenada a uma literal "percentage loaded" (porcentagem carregada).

7. Teste o filme. Escolha Show Streaming (Exibir Fluxo) no menu View (Exibir). O filme é mostrado na Figura 21.16.

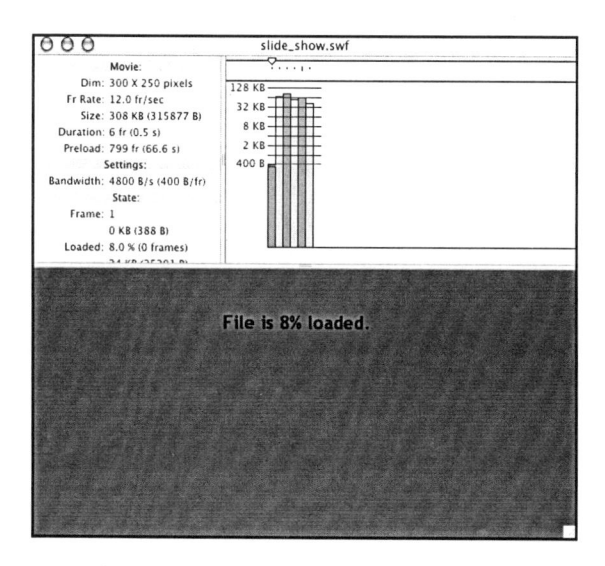

Figura 21.16 *A porcentagem de fluxo durante o processo de pré-carregamento.*

Criar um pré-carregador que fornece um retorno útil é vantajoso para o usuário final quando um carregamento pode levar um tempo para completar. Você poderá encontrar uma cópia completa deste arquivo localizada no site Web complementar http://www.flashmxunleashed.com.

Como criar objetos pagináveis personalizados

É simples criar um texto dinâmico com paginação, mas e se o texto não for dinâmico? Ou e se você tiver algo que deseja paginar que não é necessariamente texto? O próximo exercício ajudará a criar um sistema de paginação para qualquer coisa.

Como criar barras de paginação personalizadas

Para este exercício, você precisará configurar uma barra de paginação com dois botões – um que pagina o conteúdo para cima e outro que pagina o conteúdo para baixo. Também precisará criar uma caixa que pode ser arrastada entre os dois que também pagina ou move o conteúdo para cima e para baixo, exatamente como um sistema operacional. Basicamente, estará definindo a propriedade do objeto paginável para o valor oposto da caixa que pode ser arrastada. Comecemos construindo estes itens. Eis as etapas a seguir:

1. Crie um novo documento. Escolha Insert, New Symbol (Novo Símbolo) para inicializar a caixa de diálogo New Symbol. Nomeie o símbolo como **Scroll** e forneça-lhe um comportamento de clipe do filme. Clique em OK e você entrará no modo de edição do clipe do filme.

2. Ainda dentro do clipe do filme Scroll, renomeie a camada 1 como **Text**. Crie uma nova camada clicando o botão Add Layer (Adicionar Camada) na parte inferior do painel Layers. Nomeie esta nova camada como **Scroll bars**. Crie mais uma camada nova e nomeie-a como **Actions**. Certifique-se de que a camada Actions esteja acima, como mostrado na Figura 21.17.

3. Dentro do símbolo de clipe do filme Scroll, certifique-se de que a camada Text esteja selecionada. Abra a biblioteca Unleashed escolhendo Window, Common Libraries, unleashded.fla. Se você não armazenou a biblioteca Unleashed em suas bibliotecas comuns, mas carregou o arquivo no site Web complementar, escolha File, Open As Library (Abrir Como Biblioteca) e pesquise o arquivo unleashed.fla em seu computador. Na biblioteca Unleashed, clique duas vezes na pasta movies e arraste uma instância de Dylan_Thomas, como mostrado na Figura 21.18.

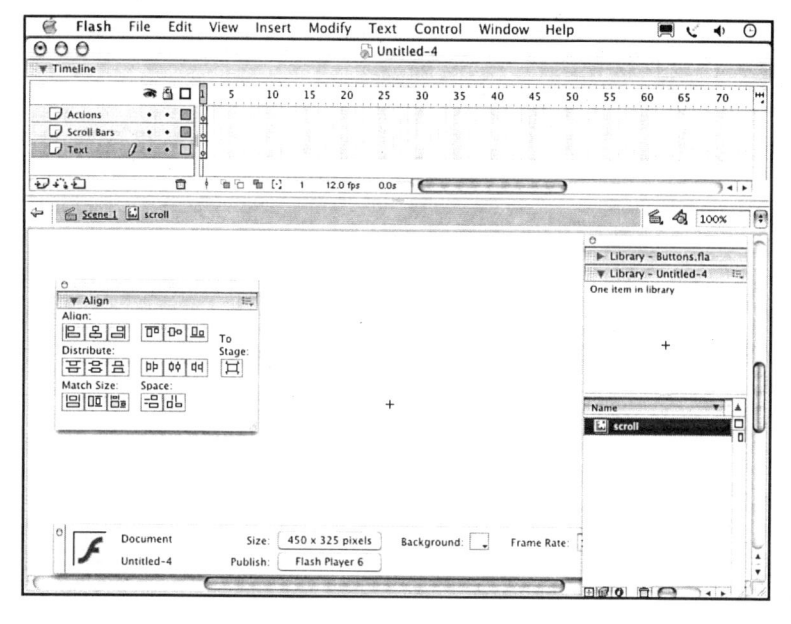

Figura 21.17 As três camadas, com a camada Actions acima.

Figura 21.18 Coloque uma instância do clipe do filme Dylan_Thomas no palco.

Como criar máscaras dinâmicas que podem ser arrastadas

Nova no Flash MX é a capacidade de criar uma máscara dinâmica. Isto significa que você poderá usar qualquer instância de clipe do filme para mascarar qualquer outra instância de clipe do filme.

Máscaras dinâmicas

Para este exercício, você precisará de um gráfico de mapa de bits. Se não tiver um gráfico de mapa de bits, poderá sempre carregar uma imagem do carro com galinha no site Web complementar Unleashed. Assim que tiver feito isto, siga estas etapas:

1. Crie um novo documento. Importe o gráfico de mapa de bits escolhendo File, Import e localizando o arquivo em seu computador. Agora escolha Open (Abrir). Note que o mapa de bits é mostrado no palco (veja a Figura 21.19).

2. Selecione o mapa de bits e pressione F8 em seu teclado para convertê-lo em um símbolo. Na caixa de diálogo Convert to Symbol, nomeie o símbolo como **Graphic** e escolha o botão de rádio Movie Clip (Clipe do Filme). Clique em OK.

3. Com o novo símbolo de clipe do filme selecionado, forneça-lhe um nome de instância no Properties Inspector. Nomeie-o como **graphic**.

4. Escolha a ferramenta Oval no painel Tools (Ferramentas) e desenhe um círculo fora do palco. Se desenhar o círculo sobre o mapa de bits, não irá vê-lo, porque ele desaparecerá atrás do mapa de bits. É melhor desenhar a forma longe do gráfico, como mostrado na Figura 21.20.

5. Depois de desenhar o círculo, selecione-o e pressione F8 para convertê-lo no símbolo. Na caixa de diálogo Convert to Symbol, nomeie o símbolo como **circle** e forneça-lhe um comportamento de clipe do filme. Clique em OK.

6. Com o círculo selecionado, pressione F9 para abrir o painel Actions. No painel Actions, abra o menu Actions e escolha Objects (Objetos), Movie, Movie Clip, Methods (Métodos), setMask. Note o destaque vermelho no script, como mostrado na Figura 21.21. Aqui na área destacada vermelha, você terá que destinar qual clipe do filme será mascarado. Neste caso, será o gráfico. Entre parênteses, digite o nome do clipe do filme a usar como a máscara. Eis o código:

```
onClipEvent (enterFrame) {
    _root.graphic.setMask(this);
}
```

7. Teste o filme. Na Figura 21.22, o clipe do filme do círculo está mascarando o clipe do filme de mapa de bits.

8. Feche o modo de teste. Agora desejará fazer com que este clipe do filme possa ser arrastado. Clique duas vezes no clipe do filme para entrar no modo de edição do símbolo de clipe do filme.

9. Dentro do modo de edição do símbolo, note que o círculo é uma forma primitiva. Selecione-o e pressione F8 para convertê-lo em um símbolo de botão. Na caixa de diálogo Convert to Symbol, nomeie o símbolo como **button1** e forneça-lhe um comportamento de botão. Clique em OK.

10. Com o novo símbolo do botão selecionado, pressione F9 para abrir o painel Actions. Agora poderá seguir as etapas 6 a 10 do exercício dos objetos que podem ser arrastados neste capítulo ou poderá digitar o seguinte código:

```
on (press) {
    startDrag(this, true);
```

```
on (release) {
  stopDrag( );
}
```

11. Teste o filme. Como mostrado na Figura 21.23, agora você pode arrastar o clipe do filme para qualquer lugar no filme Flash.

Nota

Visite http://www.flashmxunleashed.com para ver um filme QuickTime explicando mais este conceito.

Figura 21.19 O gráfico de mapa de bits no palco.

Figura 21.20 Desenhe o círculo longe do mapa de bits.

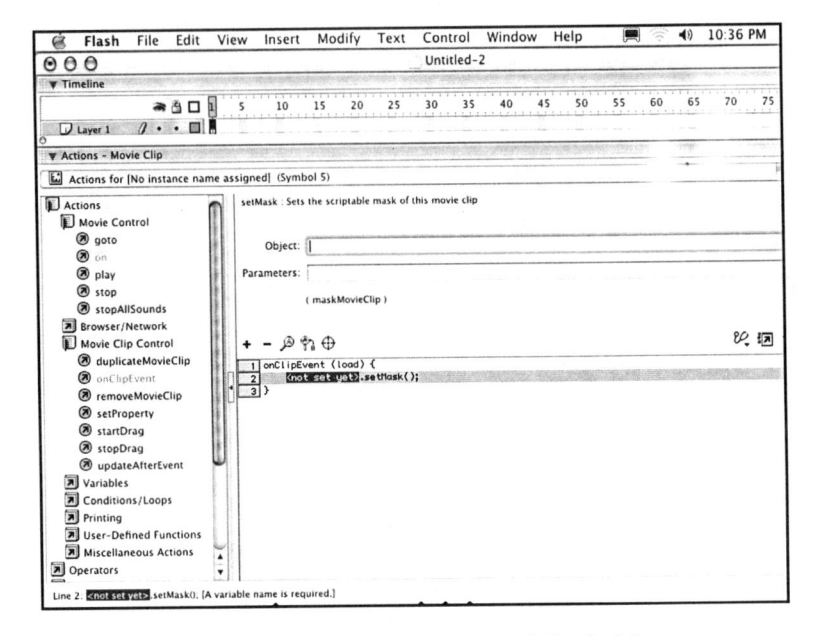

Figura 21.21 Note o destaque no ActionScript.

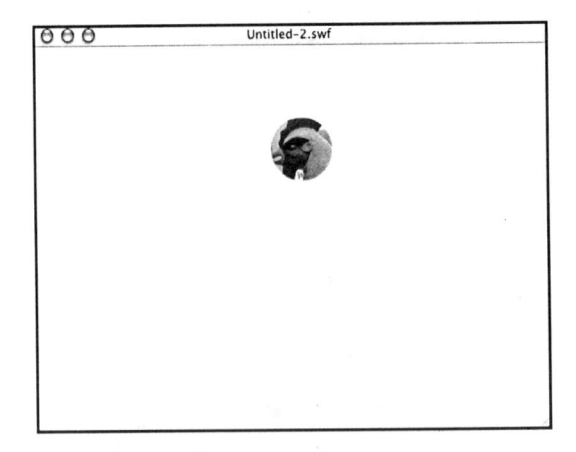

Figura 21.22 O clipe do filme de círculo está mascarando o clipe do filme de mapa de bits.

Capítulo 21 – Interatividade avançada | **563**

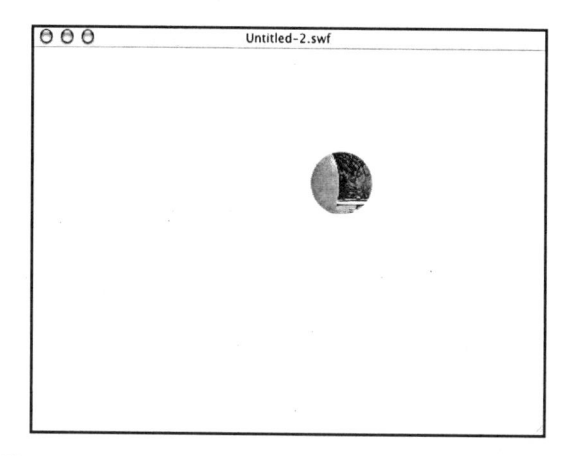

Figura 21.23 *O clipe do filme de círculo pode ser arrastado.*

A máscara dinâmica é um novo recurso no Flash MX. Ela oferece uma flexibilidade enorme em seu desenvolvimento, porque você não precisa designar certas camadas para serem a máscara ou as camadas mascaradas. Poderá carregar um exemplo terminado deste exercício no site Web complementar. O arquivo é dynamic_mask.fla.

Capítulo 22

Como se comunicar com o JavaScript

por Matt Pizzi

Neste capítulo

- Como criar uma janela instantânea
- Como inicializar uma caixa de diálogo de alerta
- Como se divertir com o JavaScript

Algumas vezes no Flash, você poderá achar necessário fazer com que o Flash Player chame ou inicialize um JavaScript com o documento HTML no qual o arquivo Flash reside. Isto poderá abrir um mundo novo inteiro de possibilidades. Tais técnicas não são usadas com freqüência; para a grande parte, se você precisar que o Flash execute uma tarefa, provavelmente poderá sugerir algum ActionScript para atender suas necessidades. Porém, há sempre uma situação em que poderá precisa chamar um JavaScript.

Como criar uma janela instantânea

O primeiro tópico que veremos é provavelmente a aplicação mais prática de como usar o ActionScrip para se comunicar com o JavaScript – abrir uma janela do navegador instantânea. Isto tem que se feito no JavaScript, pois ele pode se comunicar diretamente com o navegador Web, ao passo que o ActionScript não.

Como criar uma janela instantânea usando o JavaScript

Primeiro, precisará criar um documento que manterá o conteúdo da janela instantânea. Se você usar um editor HTML, como o Dreamweaver ou o GoLive, poderá criar uma página HTML aqui. O instantâneo pode ainda ser um filme Flash. Você encontrará alguns arquivos que poderá carregar e usar no site Web complementar. Isto economizará tempo ao preparar este exercício. Eis as etapas a seguir:

1. Abra o arquivo start.fla, como mostrado na Figura 22.1.
2. Como você está familiarizado com o arquivo que será usado na janela instantânea, abra o arquivo video.html que carregou do http://www.flashmxunleashed.com. A Figura 22.2 mostra que é um documento HTML com um filme QuickTime incorporado.
3. Com o arquivo start.fla aberto, escolha File (Arquivo), Publish Settings (Definições da Publicação) para abrir a caixa de diálogo Publish Settings, como mostrado na Figura 22.3.
4. Certifique-se de que o quadro HTML esteja marcado, e então clique na aba HTML. Na aba HTML, poderá deixar tudo definido para os defaults.
5. Publique o filme para criar o arquivo SWF e o documento HTML. Na próxima etapa, você adicionará algum JavaScript ao documento HTML que o Flash gerou.
6. Precisará escrever um JavaScript no documento HTML que irá manter seu arquivo SWF principal para criar a janela instantânea. Não desejo entrar em uma explicação detalhada do JavaScript aqui. Provavelmente você terá uma boa idéia do que o script faz, com base na exposição ActionScript que teve nos últimos capítulos. É de fato um script simples – usa apenas um método open. Eis o código JavaScript que precisa ser adicionado ao documento HTML:

```
<SCRIPT language="JavaScript">
    function popUp (url, name, attributes)
    {
```

Capítulo 22 – Como se comunicar com o JavaScript | **567**

```
        window.open(url, name, attributes);
    }
</SCRIPT>
Just to play it safe, here's the entire HTML document with the
JavaScript:
<HTML>
<HEAD>
-
<TITLE>:QuickTime Movie:</TITLE>
<SCRIPT language="JavaScript">
    function popUp (url, name, attributes)
    {
        window.open(url, name, attributes);
    }
</SCRIPT>
</HEAD>
<BODY bgcolor="#FFFFFF">
<OBJECT classid="clsid:D27CDB6E-AE6D-11cf-96B8-444553540000"
        codebase="http://download.macromedia.com/pub/
shockwave/cabs/flash/swflash.cab#version=6,0,0,0"
        WIDTH="550" HEIGHT="400" id="start" ALIGN="">
    <PARAM NAME=movie VALUE="start.swf">
<PARAM NAME=quality VALUE=high>
<PARAM NAME=bgcolor VALUE=#FFFFFF>
<EMBED src="start.swf" quality=high
bgcolor=#FFFFFF WIDTH="550" HEIGHT="400" NAME="start" ALIGN=""
        TYPE="application/x-shockwave-flash"
PLUGINSPAGE="http://www.macromedia.com/go/getflashplayer"></
EMBED>
</OBJECT>
</BODY>
</HTML>
```

Agora que você tem este script dentro do documento HTML no qual start.swf está aninhado, poderá chamar este JavaScript de dentro do filme Flash usando a ação getUrl.

7. Abra o arquivo start.fla no Flash novamente. Selecione o botão ao lado da etiqueta Click to Play Movie (Clicar para Reproduzir Filme). Você precisará fornecer a este botão uma ação para chamar o método JavaScript dentro do documento HTML.

8. Pressione F9 para abrir o painel Actions (Ações) com o botão selecionado. Usando o botão com sinal de mais para acessar o menu suspenso Actions, escolha Actions, Movie Control (Controle do Filme), On (Ativado). Escolha Press ou Release para a sub-rotina de eventos.

9. Coloque um cursor que pisca depois da chave na linha 1 e pressione Return (Mac) ou Enter (Windows) para avançar o cursor para a próxima linha abaixo. No menu suspenso Actions, escolha Actions, Browser/Network (Navegador/Rede), getUrl. Isto digitará a ação getUrl. Para as condições, você precisará preencher todos os parâmetros do método popUp do JavaScript. Eis o código:

```
on (press) {
    getURL("javascript;popUp ('video.html', "+" 'video',
'toolbar=no, location=no, "+" directories=no,
status=no, menubar=no, "+" scrollbars=no, resizable=0,
height=300, "+" width=3250, top=50 left=50')");
}
```

A ação getURL aplica estas condições no método popUp do JavaScript. Video.html é o nome do arquivo, Video é o nome da janela e o resto dos parâmetros definem a janela para ser True ou False. Às vezes ao usar este tipo de janela instantânea, você não terá uma barra de status, barra de rolagem, alças de redimensionamento e barra do local, e definirá uma altura e largura absolutas para as dimensões da janela. Assim, parecerá mais com uma janela e menos com um navegador Web. A Figura 22.4 exibe a anatomia da janela do navegador Web.

10. Teste o filme em um navegador Web. Note que quando você clica o botão, a janela aparece exatamente como na Figura 22.5.

11. Você poderá também fazer com que esta janela instantânea se mova para as coordenadas x e y específicas. Em vez de fazer com que a janela apareça e cubra um conteúdo importante no site Web, poderá movê-la um pouco para o lado. O código é bem simples. Abra o arquivo video.html. Antes de fechar a tag head (</head>), digite este código:

```
<script language="JavaScript">
  window.moveTo (500,400);
</script>
```

Decidi posicionar a janela instantânea em 500x e 400y. Sinta-se à vontade para definir estas coordenadas para qualquer coisa que seja melhor para sua situação.

12. Teste o filme. Notará que o documento aparecerá no mesmo local inicialmente, mas depois de um breve momento, irá vê-lo mudar para as novas coordenadas.

Figura 22.1 Abra start.fla e trabalhe com este arquivo.

Capítulo 22 – Como se comunicar com o JavaScript

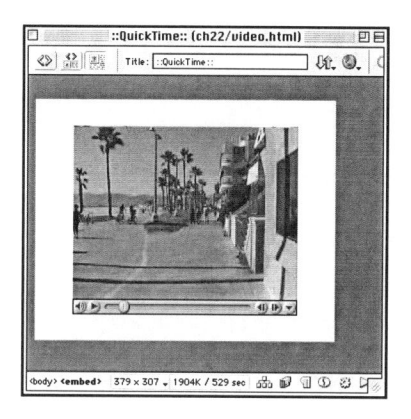

Figura 22.2 Este documento será a janela que o JavaScript exibirá.

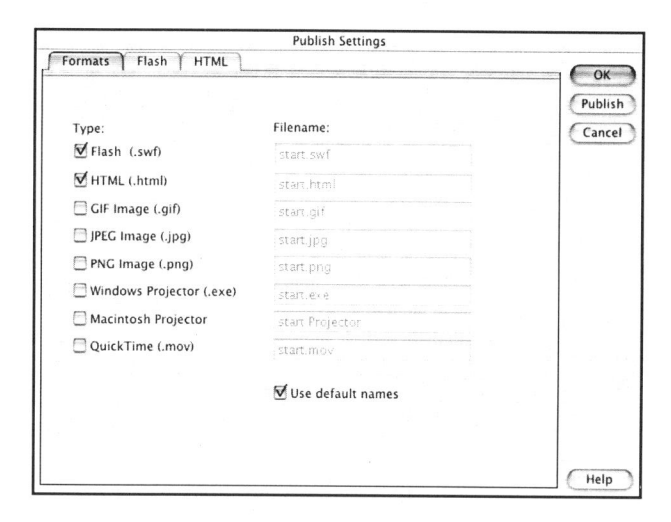

Figura 22.3 A caixa de diálogo Publish Settings.

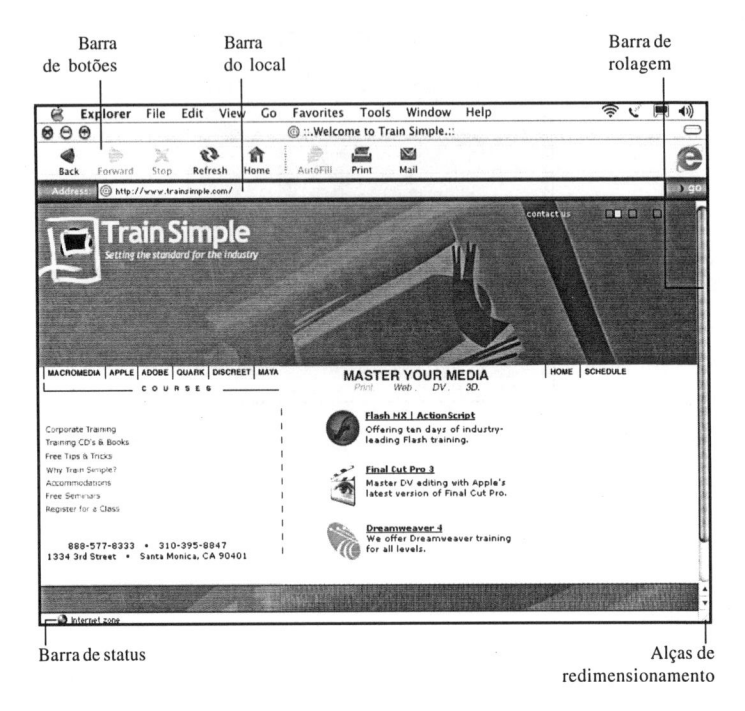

Figura 22.4 A anatomia de uma janela do navegador.

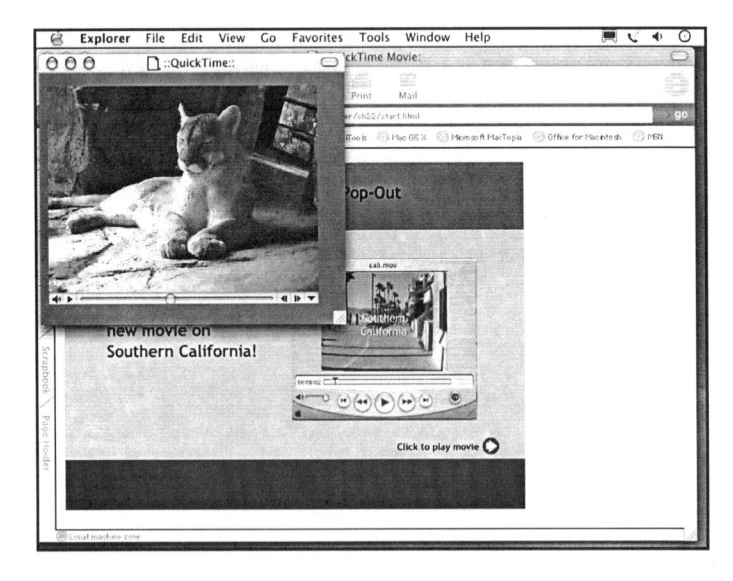

Figura 22.5 A janela aparece na frente do filme principal.
É o Flash se comunicando com o JavaScript no documento HTML.

Como inicializar uma caixa de diálogo de alerta

Você poderá querer inicializar uma caixa de diálogo de alerta por muitas razões diferentes. Digamos, por exemplo, que esteja verificando as senhas, e a senha de um usuário final não coincide. Neste caso, poderia inicializar uma caixa de diálogo de alerta. Isto é especialmente verdadeiro quando você está lidando com os sites que não são totalmente construídos no Flash. Os sites que combinam a animação Flash com a construção HTML tradicional poderão achar isto muito útil. Se a maioria de um site for HTML, mas o sistema de navegação for construído no Flash, então se algo precisar de atenção, abrir uma caixa de diálogo Flash poderá parecer um pouco estranho. É onde você poderá chamar um método JavaScript de dentro da pequena parte Flash da página Web.

Como criar uma mensagem de alerta

Neste exercício, você irá criar um novo documento e colocará um botão no palco. Quando clicar este botão, uma caixa de diálogo de alerta aparecerá. Em uma situação real, provavelmente não teria esta funcionalidade em apenas um botão, mas poderia ser parte de uma condição em outro script. Digamos, por exemplo, que tenha um teste on-line que mantém a pontuação do usuário. Se por alguma razão, a pontuação do usuário final não for alta o bastante, você poderá inicializar uma caixa de diálogo de alerta informando-o para retomar o teste para prosseguir.

Este exercício irá ajudá-lo a absorver esta funcionalidade. Para começar, siga estas etapas:

1. Crie um novo documento e abra a caixa de diálogo Document Properties (Propriedades do Documento) escolhendo Modify (Modificar), Document (Documento). Na caixa de diálogo Document Properties, altere as dimensões do palco para serem iguais a 400 por 300 pixels. Neste documento, você fará algumas perguntas para o usuário final. Armazenará as respostas em uma variável.

2. Com o texto estático, digite a pergunta **Do you prefer Pepsi or Coke?**.

3. Agora precisará colocar três botões ao lado da pergunta para que o usuário possa respondê-la escolhendo Pepsi, Coke ou None (Nenhum). Abra a Buttons Common Library (Biblioteca Comum de Botões), escolhendo Window (Janela), Common Libraries, Buttons. Encontre os três botões desejados e arraste-os para o palco. Novamente, com o texto estático, digite uma pequena etiqueta sob cada um dos botões, como mostrado na Figura 22.6.

4. Você fará mais uma pergunta. Digite a pergunta **Would you prefer to surf or ski?**. Então arraste três instâncias do botão e identifique-as como Surf, Ski e None, respectivamente. Agora deverá ter duas perguntas com seis botões, como mostrado na Figura 22.7.

5. Crie uma caixa de texto dinâmico no palco e forneça-lhe um nome de variável **message**. Certifique-se de que o texto seja branco, porque não desejará que o usuário final o veja. Terá que ter a caixa de texto (você não pode ter apenas uma variável) porque o JavaScript irá usá-la.

6. Destaque o primeiro botão, que é o botão Pepsi. Pressione F9 para abrir o painel Actions. Quando este botão for pressionado, desejará definir a variável message. Portanto, na janela Actions, digite

```
on(press) {
message = "Pepsi is good."
}
```

Observe o texto entre aspas. Portanto, é o que aparecerá literalmente – nada terá que ser avaliado e nenhuma matemática precisará ser aplicada.

7. Repita a etapa 6 para os outros dois botões superiores. Crie qualquer sentença na qual deseja que a variável seja igual. (Experimente torná-la mais engraçada que a minha.) Contudo, observe o comprimento de seu texto, pois grandes quantidades de texto poderão acabar causando problemas.

8. Agora terá que aplicar ações parecidas no último conjunto de botões. Porém, a única diferença é que as variáveis serão iguais. Como é a segunda pergunta, isto significa que há uma boa chance do usuário já ter respondido a primeira e você não desejará apagar esta resposta.

Ao contrário, desejará adicionar-lhe qualquer resposta que o usuário sugerir para a pergunta. Portanto, destaque o botão Surf e pressione F9 para abrir o painel Actions. O código é quase igual, mas com uma pequena diferença. Eis o código:

```
on(press) {
Message = message + ", and you surf too! Cool dude."
}
```

A única diferença aqui é preservar aquilo ao qual a variável já pode ser igual a partir da primeira pergunta, e simplesmente concatenar as duas respostas. Porém, você notará que a palavra message no lado direito do sinal de igual não está entre aspas. É porque você deseja o valor de message, não a palavra *message* digitada literalmente. As aspas significam literais, lembre-se.

9. Repita a etapa 8 até que os outros dois botões tenham ações aplicadas.

10. Arraste mais um botão e coloque a etiqueta Done (Terminado) ao lado, como mostrado na Figura 22.8.

11. Com o botão Done selecionado, pressione F9 para abrir o painel Actions. Forneça a este botão uma ação que inicializará um JavaScript e use o conteúdo da variável para preencher a caixa de diálogo de alerta. O código deverá ficar assim:

```
on (release) {
  a = "javascript:showAlert('"+_root.comment +"')";
  getURL(a);
}
```

12. Grave o documento como alert.

13. Agora precisará publicar este documento. Escolha File, Publish Settings para abrir a caixa de diálogo Publish Settings. Certifique-se de que os formatos HTML e Flash estejam selecionados e então clique o botão Publish. Você quase terminou.
14. Agora precisará editar a HMTL para incluir o método JavaScript para a caixa de diálogo de alerta. Abra o documento HTML que o Flash criou quando publicou o filme em qualquer editor HTML. A parte HEAD da HTML deverá ficar assim:

```
<HTML>
<HEAD>
<meta http-equiv=Content-Type content="text/html; charset=ISO-8859-1">
<TITLE>alert_try</TITLE>
<SCRIPT = "javascript">
   function showAlert (message) {
      alert (message);
   }
</SCRIPT>
</HEAD>
```

15. Teste o filme. Ele é mostrado na Figura 22.9.

Como pode ver, é muito fácil incorporar as funções JavaScript em seu ActionScript. Chamá-las usando a ação GetUrl permitirá ao Flash se comunicar com o navegador. Você poderá carregar o arquivo completo deste exercício no site Web complementar, localizado em http://www.flashmxunleashed.com.

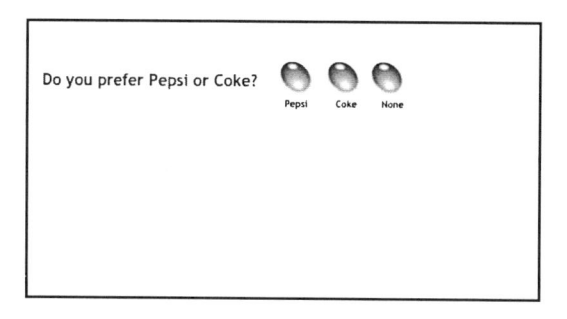

Figura 22.6 Os três botões identificados depois da pergunta.

574 | *Dominando Macromedia Flash MX*

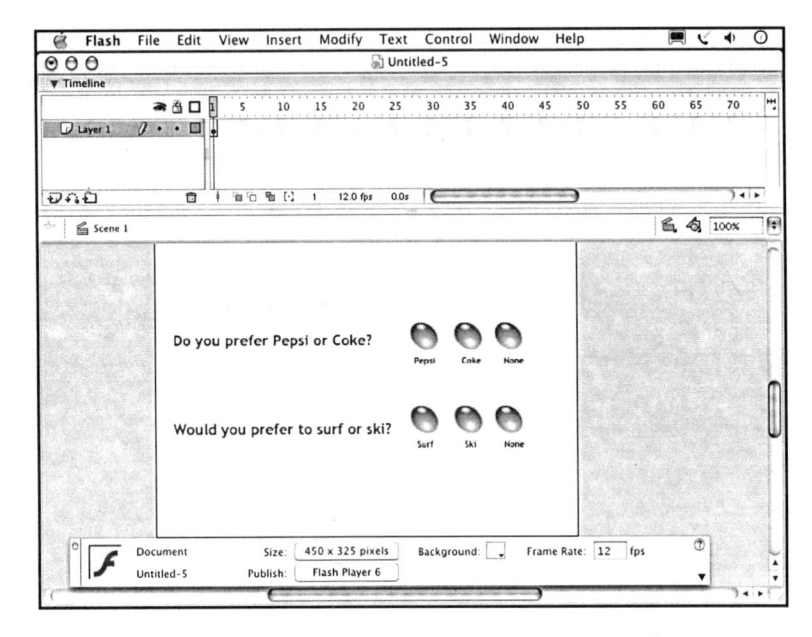

Figura 22.7 Agora há duas perguntas com seis botões.

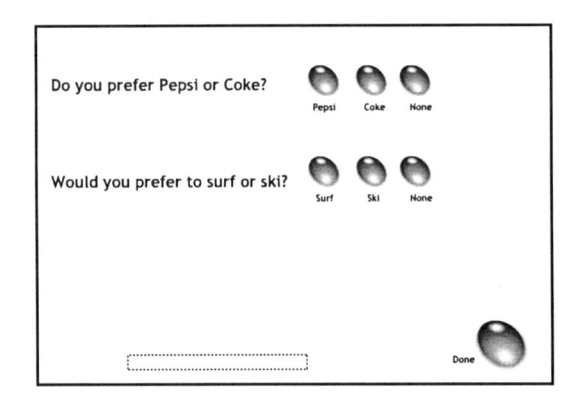

Figura 22.8 O botão Done.

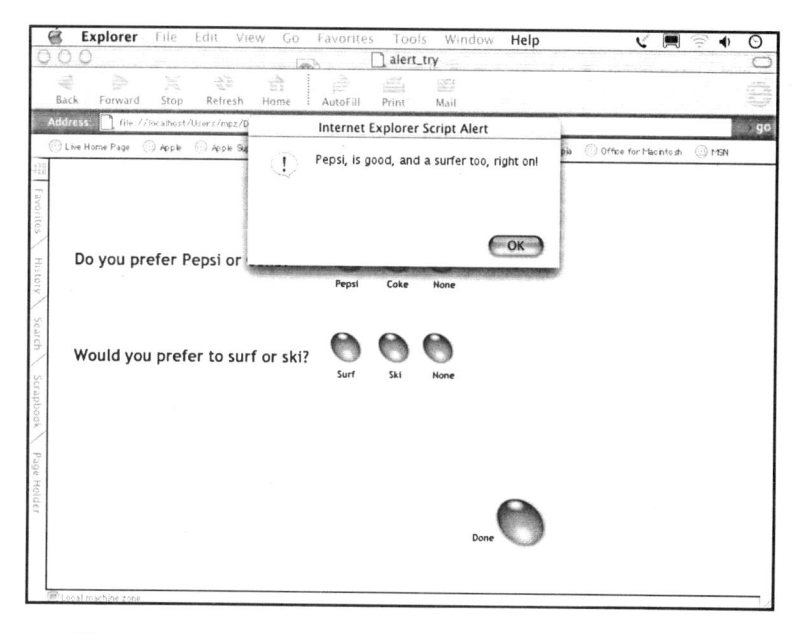

Figura 22.9 O ActionScript está se comunicando com o JavaScript.

Como se divertir com o JavaScript

O bom sobre o ActionScript e o JavaScript é que eles são divertidos de trabalhar. Você pode fazer muitas coisas legais com as duas linguagens de script. Porém, são realmente designados para fazer duas coisas diferentes. O ActionScript é para o Flash, e fornece-lhe uma capacidade incrível em termos de interatividade e utilização. O JavaScript é muito parecido, mas está equipado para os navegadores Web e as tarefas de script no lado do cliente feitas pelos surfistas Web. No próximo exercício, você irá balançar sua janela do navegador (a parte JavaScript) com base em dois objetos colidindo (a parte ActionScript).

Como balançar a janela do navegador

Neste exercício, você colocará dois objetos no palco. Quando arrastar um dos objetos sobre o outro, a janela do navegador começará a balançar. É um efeito muito legal. Eis as etapas:

1. Comecemos criando a detecção de colisão. Você precisará criar um objeto que pode ser arrastado, e quando este objeto for solto ou colidir com outro no palco, o navegador irá balançar.

2. Crie um clipe do filme de círculo. Aplique nele algumas ações de teste de colisão. Eis o código:

```
on (press) {
   startDrag("");
   orig_x = this._x;
   orig_y = this._y;
}
on (release) {
   stopDrag( );
      if (this.hitTest(_root.rightTarget)) {
         this._x = _x;
         this._y = _y;
   } else {
         this._x = orig._x;
         this._y = orig._y;
      }
}
```

Teste o filme e note que o círculo pode ser arrastado.

3. Crie outro símbolo de clipe do filme, desta vez tornando a forma um quadrado. Grave o filme como shake.fla escolhendo File, Save As (Salvar Como).

4. Publique o filme Flash. Para publicá-lo, escolha File, Publish Settings. Isto abrirá uma caixa de diálogo. Nesta caixa, marque o quadro HTML. Clique em Publish.

5. Agora, iremos escrever o código JavaScript em um documento HTML que o Flash criou quando o documento foi publicado. Você poderá digitar o código como o lê, que é, na verdade, a melhor maneira de aprender, ou poderá carregar o código no site Web complementar Unleashed. É chamado de browser_shake.js.

Eis o código para balançar o navegador, uma cortesia do Javascript.internet.com:

```
<SCRIPT LANGUAGE="JavaScript1.2">
   <!- - Free JavaScript - http://javascript.internet.com - ->
      function shake_xy(n) {
   if (self.moveBy) {
      for (i = 10; i > 0; i- -) {
         for (j = n; j > 0; j- -) {
            self.moveBy(0,i);
            self.moveBy(i,0);
            self.moveBy(0,-i);
            self.moveBy(-i,0);
         }
      }
   }
}
function shake_x(n) {
if (self.moveBy) {
   for  (i = 10; i > 0; i- -) {
      for (j = n; j > 0; j- -) {
         self.moveBy(i,0);
         self.moveBy(-i,0);
      }
   }
}
```

```
        }
        function shake_y(n) {
            if (self.moveBy) {
                for    (i = 10; i > 0; i- -) {
                    for (j = n; j > 0; j- -) {
                        self.moveBy(0,i);
                        self.moveBy(0,-i);
                    }
                }
            }
        }
        //- ->
        </SCRIPT>
```

4. Para fazer com que o navegador balance, arraste o círculo verde para o quadrado verde. O navegador começará a balançar.

Este tipo de interação com o JavaScript oferece possibilidades ilimitadas em seu desenvolvimento Web Flash. Neste capítulo, revisamos alguns exemplos básicos para você ter uma idéia, mas todos os conceitos tratados poderão se aplicar a qualquer tipo de interação JavaScript. Por exemplo, você poderá fazer com que o Flash se comunique com os cookies, que oferecem muitas vantagens, especialmente para as aplicações de comércio eletrônico.

Poderá carregar um arquivo funcional terminado deste último exercício no site Web complementar, http://www.flashmxunleashed.com.

Capítulo 23

Como criar um jogo Flash

por Randy Osborn

Neste capítulo
- Crie o básico primeiro
- Adicione elementos ao jogo
- Arrays nos jogos
- Use arquivos externos para atualizar facilmente os jogos
- Grave jogos e altas pontuações
- Palavras finais de sabedoria

Embora o Flash tenha começado como um modo de adicionar animações e vida a uma página Web, ele se tornou lentamente o padrão de fato para criar todas as coisas interativas na Web. Até os jogos são muito mais fáceis de criar agora que o Flash pode ser programado usando os princípios da programação baseada em objetos. O Flash MX fornece um controle quase ilimitado para criar jogos e animações interativas. Este capítulo cobre algumas técnicas básicas, assim como as mais avançadas da programação de jogos no Flash, fornecendo a capacidade de levar seus jogos a um novo nível.

Para a primeira parte deste capítulo, iremos criar um jogo de flíper com paginação superior, que mostra muitas técnicas usadas na programação para vários jogos – as técnicas variando desde a detecção de colisão de diversos objetos, até a criação e destruição dinâmicas dos objetos e dos inimigos, para ter um controle rápido e simples do jogador. Portanto, iremos diretamente para o processo de criação de jogos.

Crie o básico primeiro

Sempre que crio um jogo, construo o mecanismo primeiro e os gráficos para o produto final em segundo lugar. Isto faz algumas coisas para mim. Primeiro, permite que eu me concentre na criação de um bom jogo – gráficos bonitos não farão um bom jogo, mas eles podem tornar um bom jogo melhor. Segundo, construir o mecanismo básico para o jogo permite provar que ele pode ser feito. Praticamente qualquer jogo pode ser feito no Flash, mas algumas vezes uma idéia aparentemente simples pode ser muito difícil de criar. Construindo o mecanismo primeiro, você não perderá seu tempo criando gráficos para um conceito de jogo que pode mudar no decorrer. Finalmente, faz com que eu torne meu código o mais dinâmico possível. Programando com o código dinâmico, você permitirá que os gráficos sejam alterados e o jogo seja ajustado sem ter que entrar e modificar muito código sempre que uma alteração for necessária.

Configuração do filme

Você começará criando um filme com três quadros com 480 por 640 pixels e uma velocidade de projeção de 36 fps. Recomendo usar uma velocidade de projeção mais alta do que a default de 12 fps, porque o movimento parecerá muito mais suave. Isto ocorre porque o código sendo usado para mover os objetos é avaliado em uma velocidade mais rápida. Em seguida, crie duas camadas. Nomeie a camada inferior como **player ship** e a superior como **actions**. O jogo que criaremos tem pelo menos três elementos muito básicos: uma nave do jogador, a munição da nave do jogador e as naves inimigas. Portanto, começaremos criando estes elementos. Você mesmo poderá criar estes objetos no exercício, ou usar os do FLA (shooter.fla) para este projeto, que poderá ser carregado de <INSERT DOWNLOAD SITE HERE>.

Inicialize as variáveis no primeiro quadro

Insira um quadro-chave no primeiro quadro da camada actions selecionando o primeiro quadro e então escolhendo Insert (Inserir), Blank Keyframe (Quadro-Chave em Branco). Coloque o seguinte código no primeiro quadro da camada actions. Isto definirá e inicializará algumas variáveis que estaremos usando mais tarde:

```
// initialize global variables
playerLives = 3;
playerSpeed = 10;
ammoSpeed = 15;
```

```
newAmmo     =  50;
enemySpeed  =  10;
maxEnemies  =  10;
stageWidth  =  480;
stageHeight =  640;
```

Agora insira um quadro-chave em branco no segundo quadro da camada actions. Usaremos este quadro para definir as funções que chamaremos posteriormente. Finalmente, insira um quadro-chave em branco no terceiro quadro da camada actions e coloque uma ação stop( ) no terceiro quadro.

Movimento da nave do jogador

O único objeto que colocaremos no palco para começar é a nave do jogador. Você poderá agora criar um clipe de filme da nave do jogador a partir do zero ou usar a fornecida no FLA para este exercício. Coloque-a em qualquer lugar perto do centro inferior do palco, no primeiro quadro da camada player ship e forneça-lhe um nome de instância **ship**. Sua configuração deverá se parecer com o mostrado na Figura 23.1.

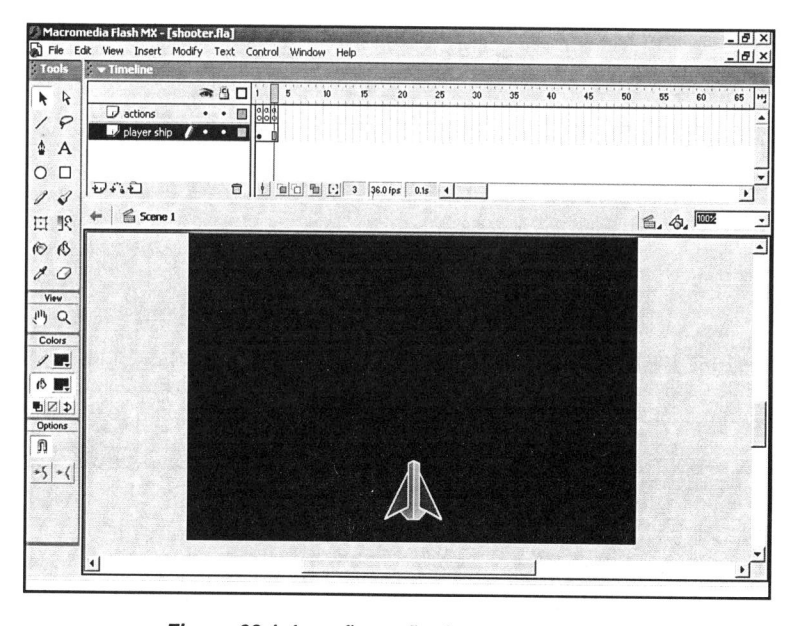

Figura 23.1 A configuração da nave do jogador.

Agora poderá anexar o código que controla o movimento do jogador diretamente ao clipe do filme da nave do jogador. Para tanto, selecione o clipe do filme da nave do jogador no palco e digite o código na janela Actions (Ações). Certifique-se de que o clipe do filme esteja selecionado, não o quadro na linha do tempo do filme principal. Eis o código:

```
onClipEvent (load) {
    this.onEnterFrame = function( ) {
        if (Key.isDown (Key.RIGHT) && this._x < _root.stageWidth - this._width/2) {
            this._x += _root.playerSpeed;
        }
        if (Key.isDown(Key.LEFT) && this._x > this._width/2) {
            this._x -= _root.playerSpeed;
        }
        if (Key.isDown(Key.UP) && this._y > this._height/2) {
            this._y -= _root.playerSpeed;
        }
        if (Key.isDown(Key.DOWN) && this._y < _root.stateHeight - this._height/2) {
            this._y += _root.playerSpeed;
        }
    }
}
```

Iremos dividir o código um pouco para vê-lo. Começaremos com a primeira linha:

```
onClipEvent (load) {
}
```

Isto informa ao Flash para avaliar o código seguinte, uma vez, quando este clipe do filme entrar no palco

```
onEnterFrame = function( ) {
}
```

Informa ao Flash para avaliar todo o código seguinte continuamente na velocidade de projeção do filme enquanto o clipe do filme estiver no palco. É perfeito para o movimento do jogador, pois está sendo avaliado constantemente e oferece uma resposta rápida para qualquer tecla pressionada.

```
if (Key.isDown (Key.RIGHT) && this._x < _root.stageWidth - this._width/2 )
    this._x += _root.playerSpeed;
}
```

Esta parte do código faz algumas coisas. Primeiro, informa ao Flash para procurar a tecla com seta para direita sendo pressionada; então informa ao Flash para verificar se a posição x da nave do jogador está dentro dos limites do palco. Faz isto obtendo a largura da nave do jogador e dividindo por dois (this._width/2), porque a posição x da nave do jogador é medida a partir de seu ponto central. Então subtrai este valor da largura do palco, que é representada aqui pela variável global _root.stageWidth que definimos no primeiro quadro do filme, definindo-a para ser igual a 480, a largura do filme. Se ambas as condições forem satisfeitas, o Flash moverá o clipe do filme da nave do jogador ao qual estas ações estão anexadas, this, em seu eixo x definindo sua posição x para ser igual ao seu valor atual, mais valor definido por _root.playerSpeed no primeiro quadro do filme. Usando as variáveis anteriores ao invés de números literais, nos permitiremos alterar a forma, o tamanho, a velocidade da nave do jogador e as dimensões no jogo final sem precisar entrar e substituir muitos números "codificados especificamente" por novos números.

```
if  (Key.isDown(Key.LEFT)  &&  this._x  >  this._width/2)  {
    this._x  -=  _root.playerSpeed;
}
if  (Key.isDown(Key.UP)  &&  this._y  >  this._height/2)  {
    this._y  -=  _root.playerSpeed;
}
if  (Key.isDown(Key.DOWN)  &&  this._y  <  _root.stateHeight  -  this._height/2)
{
    this._y  +=  _root.playerSpeed;
}
```

Estas três instruções if verificam as teclas para esquerda, para cima e para baixo sendo pressionadas e se os limites da nave do jogador estão dentro das dimensões do palco. UP e DOWN usam a propriedade _height para verificar a altura da nave do jogador e _root.stageHeight, que é definida no primeiro quadro como 640, a altura do filme.

Agora você poderá gravar sua versão e testar o filme. Use as teclas com seta para mover a nave na tela.

Adicione os inimigos e faça com que se movam

O próximo elemento a adicionar são as naves inimigas. Crie dois clipes do filme – nomeie um como **enemy ship** e o outro como **enemy ship code**. O clipe do filme da nave do inimigo conterá o clipe do filme do código da nave do inimigo em seu primeiro quadro. Colocaremos a nave do inimigo no palco dinamicamente usando attachMovie. Para usar attachMovie, você terá que fornecer ao clipe do filme que estará anexando um nome de *ligação*. Isto poderá ser encontrado na seção "Advanced" (Avançado) quando criar seu clipe do filme, como mostrado na Figura 23.2.

Como alternativa, poderá adicionar o nome de ligação depois do clipe do filme ser criado selecionando Linkage (Ligação) no menu Library (Biblioteca). Neste caso, teremos um clipe do filme chamado enemy ship (nave inimiga) e o nome da ligação será enemy (inimigo). Certifique-se de que tenha selecionado Export for ActionScript (Exportar para ActionScript) e Export in First Frame (Exportar no Primeiro Quadro) no menu Linkage. Isto tornará o clipe do filme acessível no início do jogo e permitirá ao Flash colocá-lo no palco dinamicamente. Uma maneira muito eficiente de usar o attachMovie é criar um clipe do filme de "contêiner" vazio que mantém outro clipe do filme que tem todo o código que você precisará usar para anexá-lo. Para este jogo, criamos a nave inimiga do clipe do filme, que contém o código da nave inimiga do clipe do filme em seu primeiro quadro. O clipe do filme do código da nave inimiga contém a imagem gráfica real da nave inimiga que você deseja usar. Em seguida, iremos anexar-lhe todo o código de movimento do inimigo. Assim, sempre que chamar a ação do clipe attachMovie para anexar o clipe do filme de código da nave inimiga ao palco, estarão usando o mesmo código de movimento.

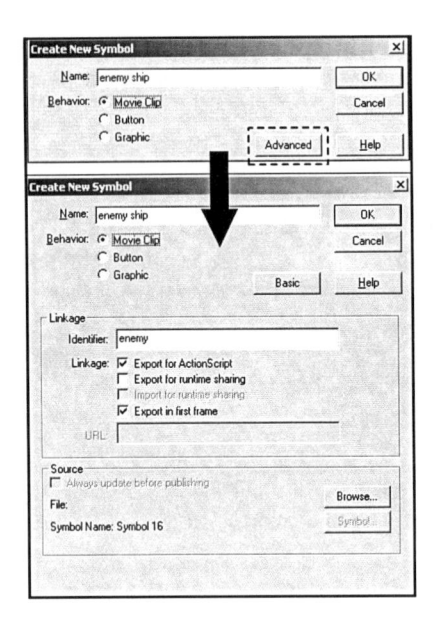

Figura 23.2 Clique em "Advanced" para exibir as opções de ligação.

Para anexar o código do movimento, você precisará editar a nave inimiga e colocar o código do movimento no clipe do filme de código da nave inimiga que está no primeiro quadro. Selecione o clipe do filme de código da nave inimiga e adicione este código à janela Actions:

```
onClipEvent (load) {
    randomSpeed = random (3);
    this.onEnterFrame = function( ) {
        _parent._y += _root.enemySpeed + randomSpeed;
        _parent._x += randomSpeed;
        if (_parent._y>_root.stageHeight +_parent._height*2) {
            _parent.removeMovieClip( );
        }
    }
}
```

Vejamos o código um pouco mais de perto. Como no código de movimento do jogador, a ação onClipEvent (load) avalia o código seguinte, uma vez, quando o clipe do filme aparece no palco. Eis a próxima linha de código:

```
randomSpeed = random (3);
```

Isto cria uma variável que poderemos usar para adicionar um pouco de variação ao movimento das naves inimigas. Então usamos a ação onEnterFrame = function( ) para avaliar continuamente o seguinte código, enquanto o clipe do filme está presente no quadro:

```
_parent._y += _root.enemySpeed + randomSpeed;
_parent._x += randomSpeed;
```

Capítulo 23 – Como criar um jogo Flash | **585**

A primeira linha move a nave inimiga no eixo y do palco, na velocidade definida por _root.enemySpeed, mais o valor aleatório que criamos quando este clipe do filme entrou no palco e foi atribuído à variável randomSpeed. A segunda linha adiciona um pouco mais de variação ao movimento das naves inimigas usando a mesma variável aleatória utilizada para a velocidade para mover uma nave inimiga apenas levemente no eixo x quando ela voa em direção à nave do jogador.

```
if (_parent._y>_root.stageHeight +_parent._height*2) {
    _parent.removeMovieClip( );
}
```

Finalmente, esta instrução if verifica o local do clipe do filme no eixo y do palco principal. Se o clipe do filme se moveu duas vezes sua altura em pixels abaixo da parte inferior do palco, então esta instrução removerá o clipe do filme.

Agora que criamos as naves inimigas e escrevemos o código que move estas naves na direção certa, precisaremos de uma maneira de colocá-las no palco. Para tanto, crie um clipe do filme vazio e chame-o de **enemy generator**. Este clipe do filme não será visto no filme final, mas precisaremos dele no palco, para que o filme final funcione devidamente. Coloque este clipe do filme na parte superior do palco e clique-o duas vezes para editá-lo. No primeiro quadro, você poderá criar o texto no ponto central que o identifica como "gerador de inimigos". Assim, poderá sempre identificá-lo a partir do palco principal como o gerador de inimigos. Controlar os clipes do filme "em branco" identificando-os com texto no primeiro quadro será importante posteriormente, quando você puder ter muito mais clipes "em branco" colocados no palco (veja a Figura 23.3).

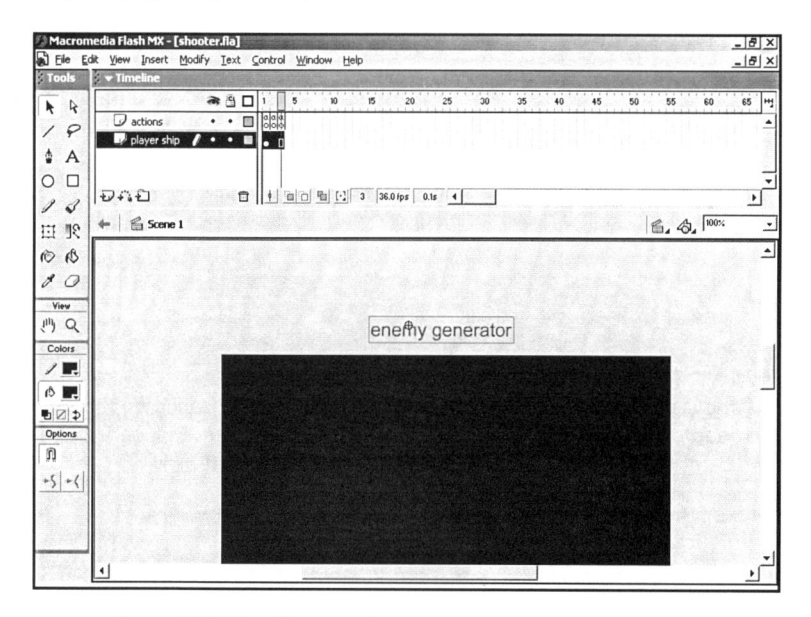

Figura 23.3 Identificar os clipes do filme fora da tela com texto no primeiro quadro ajudará a manter as coisas organizadas no palco.

No 16º quadro do clipe do filme de gerador de inimigos, insira um quadro-chave e adicione a seguinte ação:

```
_root.createEnemy( );
```

Isto chamará a função createEnemy sempre que o cabeçote de reprodução atingir este quadro (aproximadamente duas vezes por segundo neste filme de 36 fps). Este comprimento do quadro poderá ser ajustado mais tarde para criar mais ou menos inimigos no palco. Agora iremos criar a função createEnemy no segundo quadro da linha do tempo do filme principal. Colocaremos esta função no segundo quadro, porque para uma função funcionar devidamente, ela tem que estar em um quadro que o filme Flash carregou e pelo qual o cabeçote de reprodução passou.

No segundo quadro da linha do tempo do filme principal, coloque o seguinte código para definir a função createEnemy:

```
function createEnemy( ) {
    newEnemy++;
    if (newEnemy = = maxEnemies) {
        newEnemy = 1;
    }
    _root.attachMovie("enemy", "enemy"+newEnemy, newEnemy);
    setProperty(eval("enemy"+newEnemy), _x, _root.stageWidth-random
->(_root.stageWidth));
    setProperty(eval("enemy"+newEnemy), _y, -eval("enemy"+newEnemy).
->_height/2));
}

O código é dividido assim:

newEnemy++;
```

Isto incrementa a variável newEnemy, definindo-a para seu valor atual (+1). Usaremos esta variável para fornecer aos clipes do filme recém-anexados nomes exclusivos. Eis o próximo fragmento de código:

```
if (newEnemy = = maxEnemies) {
    newEnemy =1;
}
```

Isto verifica se o novo inimigo sendo anexado é igual ao valor de maxEnemies, que configuramos para 10 no primeiro quadro do filme. Se for igual a 10, então 10 inimigos foram criados e poderemos definir a variável newEnemy de volta para 1 e continuar a anexar filmes neste ciclo.

```
_root.attachMovie("enemy", "enemy"+newEnemy, newEnemy);
```

Este é o código attachMovie que mencionei anteriormente. _root.attachMovie indica que estamos anexando este clipe do filme ao nível raiz de nosso filme e não a outro clipe do filme. "enemy" é o nome de ligação exclusivo que fornecemos ao clipe do filme da nave inimiga anteriormente, para que o Flash pudesse encontrar este clipe do filme na Library. "enemy"+newEnemy fornece ao clipe do filme anexado um nome de instância exclusivo e newEnemy informa ao Flash em qual nível de profundidade anexar esta nova instância de clipe do filme.

Agora que identificamos qual filme estamos anexando e fornecemos um novo nome, precisaremos fornecer-lhe as coordenadas e colocá-lo no palco. É para isto o seguinte código:

```
setProperty(eval("enemy"+newEnemy), _x, _root.stageWidth-random
->(_root.stageWidth));
setProperty(eval("enemy"+newEnemy), _y, -eval("enemy"+newEnemy)._height/2));
```

A primeira linha informa ao Flash para definir a posição de eval("enemy"+newEnemy), a instância recém-criada do clipe do filme, para ser igual à largura do palco, menos o número aleatório que pode estar entre zero e o valor de _root.stageWidth. Isto colocará as naves inimigas aleatoriamente na parte superior do palco. A segunda linha define a posição y da nave inimiga recém-criada, logo acima da parte superior do palco, com base na metade da altura total da nave inimiga.

Agora o movimento e o código de colocação para as naves inimigas estão completos. Você poderá gravar e testar o filme. As naves inimigas estão agora voando em direção à nave do jogador e você poderá usar as teclas com seta para escapar delas.

Como criar o tiro da nave do jogador

Agora que as naves inimigas estão voando em direção à nave de seu jogador, você terá que ter uma maneira de atirar nelas. Primeiro, criaremos a munição do jogador de uma maneira parecida com o modo como criamos as naves inimigas. Iremos construir um clipe do filme de "contêiner" que mantém outro clipe do filme com o código de movimento anexado.

Crie um novo clipe do filme usando Insert, New Symbol (Novo Símbolo) e chame-o de **ammo**. No menu Linkage, forneça-lhe um nome exclusivo, **ammo**, e selecione Export for ActionScript e Export in First Frame, como fez quando criou a nave inimiga. Então edite o clipe do filme de munição e coloque seu clipe do filme de código da munição no primeiro quadro. Poderá criar o clipe do filme de código da munição agora usando Insert, New Symbol e então desenhando seu gráfico no primeiro quadro do novo clipe do filme ou poderá usar o gráfico fornecido no FLA para este exercício. O clipe do filme de código da munição deverá ter o gráfico para a munição. Agora que está no primeiro quadro do clipe do filme da munição, selecione-o e adicione o seguinte código na janela Actions:

```
onClipEvent (load) {
    this.onEnterFrame = function( ) {
        _parent._y -= _root.ammoSpeed;
        for (i=0; i<_root.maxEnemies; i++) {
            if (_parent.hittest("_root.enemy" + i)) {
                trace ("HIT");
            }
            if (_parent._y <-10) {
                _parent.removeMovieClip( );
            }
        }
    }
}
```

A parte mais importante deste código é o loop for. Já usamos o outro código no clipe do filme de código na nave inimiga para mover o clipe no palco e removê-lo quando sai do palco. Iremos examinar o loop for:

```
for  (i=0;  i<_root.maxEnemies;  i++)  {
    if  (_parent.hittest("_root.enemy"  +  i))  {
       trace   ("HIT");
    }
```

O loop for examina constantemente se este clipe do filme está ou não tocando um clipe do filme da nave inimiga. Usando o loop for na ação onEnterFrame, executamos continuamente a instrução no loop muitas vezes em um segundo, tornando-o uma maneira confiável de verificar uma colisão entre os dois clipes do filme. No loop for, inicializamos a instrução definindo i=0. Então verificamos para ver se i<_root.maxEnemies, que definimos para 10 no primeiro quadro da linha do tempo do filme principal. Finalmente, incrementamos i usando i++, fornecendo ao loop for uma maneira de terminar a instrução quando i=9. Sempre que o loop for executado, ele verificará para saber se o clipe do filme da munição ao qual este código está anexado está tocando um clipe do filme da nave inimiga usando hittest("_root.enemy"+i). Se o clipe do filme da munição estiver tocando qualquer um dos clipes do filme da nave inimiga, hittest retornará true e a mensagem HIT será enviada para a janela Output (Saída).

Agora que temos o código para mover o clipe do filme da munição no palco, precisaremos de uma maneira de colocar o clipe no palco e fazer com que pareça estar sendo disparado a partir do clipe do filme da nave do jogador. Uma maneira muito simples de fazer isto é criar um botão usando Insert, New Symbol e chamá-lo de **fire button**. Coloque algum texto no primeiro quadro do botão de disparo para identificá-lo e coloque-o fora da parte inferior do palco, perto do centro. O jogador nunca verá este botão, mas ele ainda estará funcionando para nós como nosso botão de disparo. Agora selecione o botão de disparo e adicione o seguinte código:

```
on  (keyPress   "<SPACE>")  {
    newAmmo++;
    shipX   =   _root.ship._x;
    shipY   =   _root.ship._y-_root.ship._height/2;
    _root.attachMovie("ammo",   "ammo"+newAmmo,   newAmmo);
    setProperty(eval("ammo"+newAmmo),   _x,   shipX);
    setProperty(eval("ammo"+newAmmo),   _y,   shipY);
}
```

Iremos dividir o código um pouco, para ver o que ele está fazendo. Eis a primeira linha:

```
on  (keyPress   "<SPACE>")
```

Com este código, o Flash verifica a barra de espaço sendo pressionada e avalia o código seguinte sempre que a barra de espaço for pressionada.

```
newAmmo++;
```

Este código faz com que o Flash incremente a variável newAmmo sempre, para fornecer a cada clipe do filme de munição um nome exclusivo e coloca-a no próximo nível do filme principal quando a anexamos ao palco. O valor inicial de newAmmo é definido para 50 no primeiro quadro da linha do tempo

Capítulo 23 – Como criar um jogo Flash | **589**

do filme principal. Como dois clipes do filme anexados ou duplicados dinamicamente não podem existir no mesmo nível do filme principal, definimos newAmmo para 50, para que não usemos o mesmo nível como qualquer uma das naves inimigas sendo anexadas ao mesmo tempo.

```
shipX   =  _root.ship._x;
shipY   =  _root.ship._y-_root.ship._height/2;
```

Neste fragmento de código, shipX e shipY são variáveis temporárias que usaremos para definir a parte superior e central do clipe do filme da nave do jogador.

```
_root.attachMovie("ammo",  "ammo"+newAmmo,  newAmmo);
```

Este código faz com que o Flash anexe a nova instância do clipe do filme de munição usando _root.attachMovie e o identificador de ligação exclusivo ammo (munição).

```
setProperty(eval("ammo"+newAmmo),  _x,  shipX);
setProperty(eval("ammo"+newAmmo),  _y,  shipY);
```

Usando as variáveis shipX e shipY, este código anexa a nova instância da munição a estas coordenadas. Agora parece que o disparo sendo feito está vindo da frente da nave do jogador.

Agora você poderá gravar e testar o filme. Deverá ser capaz de mover a nave do jogador e atirar nos inimigos que vêm em sua direção. Quando um de seus tiros passar pela nave de um inimigo, você deverá ver a palavra HIT aparecer em sua janela Output, por causa da ação trace que usamos no clipe do filme de código da munição.

Agora que sabemos que o código para a detecção de colisão está funcionando, poderemos adicionar um efeito ao clipe do filme da nave inimiga, para que as naves inimigas pareçam explodir quando atingidas. Poderemos adicionar este efeito editando o clipe do filme da nave inimiga. Insira um quadro-chave em branco no primeiro quadro do clipe do filme da nave inimiga usando Insert, Blank Keyframe e coloque uma ação stop( ) nele. Em seguida, precisaremos inserir um quadro-chave em branco no quadro 2. Nele, poderemos adicionar o efeito de explosão. Então, no final deste efeito, iremos inserir outro quadro-chave em branco e adicionaremos uma ação a este quadro:

```
this.removeMovieClip( )
```

Isto simplesmente informa ao clipe do filme para remover a si mesmo, depois do efeito de explosão ter acabado.

Agora precisaremos adicionar um pouco mais de código à detecção de colisão no clipe do filme de código da munição. Em vez de usar o comando trace para enviar a palavra HIT para a janela Output, precisaremos informar ao clipe do filme inimigo que acabamos de atingi-lo, para reproduzir a animação da explosão e então remover a si mesmo. Assim deve ficar o código final para a detecção de colisão no clipe do filme de código da munição:

```
onClipEvent  (load)  {
    this.onEnterFrame  =  function( )  {
        _parent._y  -=  _root.ammoSpeed;
        for  (i=0;  i<_root.maxEnemies;  i++)  {
            if  (_parent.hittest("_root.enemy"  +  i))  {
                eval("_root.enemy"+i).gotoAndPlay  (2);
                _parent.removeMovieClip(  );
            }
```

```
            if (_parent._y <-10) {
                _parent.removeMovieClip( );
            }
        }
    }
}
```

Substituímos a ação trace inicial por duas linhas do novo código:

```
eval("_root.enemy"+i).gotoAndPlay  (2);
_parent.removeMovieClip( );
```

Isto obtém o nome do inimigo que acabou de ser atingido e informa a este clipe do filme para prosseguir e reproduzir o quadro 2. O quadro 2 do clipe do filme do inimigo é o começo da animação da explosão. Depois da reprodução, o clipe do filme vai para o quadro-chave com o código para remover a si mesmo. Agora temos o efeito das naves inimigas explodindo quando os disparos do jogador as atingem. Também adicionamos a ação _parent.removeMovieClip( ); para remover o clipe do filme de munição do palco.

Verifique a nave inimiga atingindo a nave do jogador

Tivemos um início sólido para o jogo agora, mas e se uma das naves inimigas colidir com a nave do jogador? Isto custará ao jogador uma vida e explodirá ambas as naves. A maneira mais simples de fazer isto é adicionar a detecção de colisão às naves inimigas. Assim, as naves inimigas estarão verificando constantemente para obter uma colisão com a nave do jogador. Para tanto, escreveremos outra função no quadro 2 da linha do tempo do filme principal. Selecione o quadro 2 do filme principal e abaixo da função createEnemy( ) escreva uma função nova chamada hitCheck(thisEnemy). Deverá ficar assim:

```
function hitCheck(thisEnemy) {
    if (thisEnemy.hittest(ship) && _root.playerDead!=1) {
        thisEnemy.gotoAndPlay(2);
        _root.ship.gotoAndPlay(2);
    }
}
```

Estaremos transmitindo para esta função uma variável a partir do clipe do filme da nave inimiga que está chamando-a. Esta variável, thisEnemy, conterá o nome de instância do clipe do filme da nave inimiga. Então o Flash irá verificar a seguinte instrução if:

```
if (thisEnemy.hittest(ship) && _root.playerDead!=1) {
    thisEnemy.gotoAndPlay(2);
    _root.ship.gotoAndPlay(2);
}
```

A instrução if verifica se o clipe do filme da nave inimiga atingiu a nave do jogador e verifica se o jogador já não está morto e no momento da "nova geração". A instrução if usa o operador lógico && para assegurar que ambas as instruções retornarão True antes de executar o código na instrução if. Iremos definir _root.playerDead para True ou False a partir do clipe do filme da nave do jogador posteriormente; no momento, estamos verificando para assegurar que não seja igual a True. Se ambas as instruções retornarem True, a nave inimiga será destruída da mesma maneira de um disparo atingindo-a, prosseguindo e reproduzindo o quadro 2. A nave do jogador também é informada para explodir, prosseguindo e reproduzindo o quadro 2, mas estes quadros não existem ainda. Precisaremos criar a explosão do jogador e a animação de nova geração em seguida. Agora que temos a função criada e nomeada, precisaremos chamá-la a partir do clipe do filme de código da nave inimiga. Edite o clipe do filme da nave inimiga e selecione o clipe do filme de código da nave inimiga. Então adicione o seguinte código à ação onEnterFrame:

```
_root.hitCheck  (_parent);
```

Isto chamará constantemente a função hitCheck(thisEnemy) que acabamos de escrever. Note que está transmitindo a variável _parent, que é uma propriedade contendo o nome de instância do clipe do filme da nave inimiga. O código no clipe do filme da nave inimiga agora deverá ficar assim:

```
onClipEvent  (load)   {
    randomSpeed = random  (3);
    this.onEnterFrame = function( )  {
        _parent._y += _root.enemySpeed + randomSpeed;
        _parent._x += randomSpeed;
        if (_parent._y>_root.stageHeight+_parent._height*2)   {
            _parent.removeMovieClip( );
        }
        _root.hitCheck  (_parent);
    };
}
```

Agora, precisaremos adicionar apenas a explosão da nave do jogador e a animação de nova geração e esta seção de código estará completa. Na função hitCheck(thisEnemy), informamos ao clipe do filme da nave do jogador para prosseguir e reproduzir o quadro 2, usando gotoAndPlay(2), caso um inimigo entre em colisão com ele. Agora poderemos editar o clipe do filme da nave do jogador e inserir um quadro-chave em branco para o quadro 2 selecionando o quadro 2 e usando Insert, Blank Keyframe. É onde colocaremos a animação de explosão da nave do jogador e também é onde definiremos algumas variáveis. Adicione as três linhas seguintes ao quadro 2 do clipe do filme da nave do jogador:

```
_root.playerLives  -=  1;
_root.playerDead  =  1;
play( );
```

A primeira linha retira as vidas do jogador. A variável playerLives inicialmente está definida no primeiro quadro da linha do tempo do filme principal. A segunda linha é uma variável temporária, que definiremos enquanto a nave do jogador executa sua animação de "nova geração". Isto permitirá ao jogador ter um segundo ou dois para se recuperar, sem morrer de novo imediatamente. A ação player( ) no final informa ao Flash para continuar a reprodução depois deste quadro. Depois da animação de explosão da nave do jogador ocorrer, adicione um quadro-chave em branco e coloque a seguinte ação nele:

```
if (_root.playerLives = = 0) {
    _level0.gotoAndStop  ("gameover");
}
```

Isto verificará para saber se o jogador está sem vidas, comparando a variável playerLives com 0. Se o jogador não tiver mais vidas, usaremos _level0.gotoAndStop ("gameover"); para informar à linha do tempo principal para ir para o quadro identificado como gameover. Criaremos este quadro em seguida, mas primeiro terminaremos com a animação de nova geração da nave do jogador. Se o jogador tiver pelo menos uma vida, o clipe do filme continuará a reprodução. Depois deste quadro, precisaremos de uma animação de nova geração para mostrar ao jogador que ele ainda está jogando, mas não pode ser morto imediatamente. Para tanto, faremos com que o clipe do filme da nave do jogador pisque algumas vezes. No final da animação de nova geração, adicione mais um quadro-chave e coloque a seguinte ação nele:

```
_root.playerDead = 0;
```

Isto informará à função hitCheck(thisEnemy) do clipe do filme da nave inimiga que o jogador está de volta no jogo e pode ser morto novamente se for atingido por uma nave inimiga.

Para terminar esta seção, adicione um quadro-chave em branco à linha do tempo do filme principal e chame-o de **gameover**. Então escreva o texto **GAME OVER** no centro. Será a tela final que o jogador verá quando ficar sem vidas.

Agora poderá gravar, testar o filme e abater as naves inimigas quando elas atirarem contra você. É quase um jogo completo, mas podemos adicionar mais algumas coisas para torná-lo melhor.

Adicione elementos ao jogo

Primeiro, adicionaremos uma pontuação. Para tanto, crie um campo de texto dinâmico na linha do tempo do filme principal e forneça-lhe o nome de variável **score**. Coloque o campo de texto no primeiro quadro de uma nova camada chamada **HUD**, que significa Heads Up Display. Usaremos este quadro para enviar elementos de retorno para o jogador, como a pontuação, as vidas restantes e os inimigos não acertados. Então coloque algum texto estático ao lado dele, identificando-o como a pontuação do jogador. Você poderá adicionar a ação score = 0; ao primeiro quadro da linha do tempo do filme principal na camada actions para definir o valor inicial desta variável. Então simplesmente adicione a seguinte ação ao clipe do filme de código da munição no loop for para aumentar a pontuação sempre que uma nave inimiga for destruída:

```
_root.score += 50;
```

Isto aumentará a pontuação do jogador em 50 pontos a cada vez que um inimigo for destruído. O loop for completo no clipe do filme de código da munição deverá ficar assim agora:

```
for (i=0, i<_root.maxEnemies; i++) {
    if (_parent.hittest("_root.enemy" + i)= =1) {
    eval("_root.enemy"+i).gotoAndPlay (2);
    _root.score += 50;
    }
}
```

Você poderá agora gravar, testar o filme e observar como sua pontuação aumenta quando destrói as naves inimigas.

Capítulo 23 – Como criar um jogo Flash | **593**

Poderemos também indicar o número de vidas restantes para o jogador de uma maneira parecida. Crie um campo de texto dinâmico na linha do tempo do filme principal na camada HUD e forneça-lhe o nome de variável **playerLives**. Coloque algum texto estático ao lado, identificando-o como o número de vidas que o jogador tem restante. Já definimos a variável playerLives no primeiro quadro quando escrevemos o código para detectar se o jogo terminou. Este campo de texto dinâmico agora será atualizado com o número de vidas que o jogador tem restante depois de cada vez que o jogador colidir com um inimigo. A parte final do retorno que podemos fornecer ao jogador é quantas naves inimigas ele não acertou. Novamente, crie um campo de texto dinâmico e forneça-lhe o nome de variável **missed**. Coloque-o no primeiro quadro da linha do tempo do filme principal na camada HUD e coloque algum texto estático, indicando que é o número de inimigos que o jogador não acertou. Você poderá adicionar a ação missed = 0; ao primeiro quadro da linha do tempo do filme principal na camada actions para definir o valor inicial desta variável. Então poderá adicionar o seguinte código ao clipe do filme de código da nave inimiga na instrução if para incrementar a quantidade não acertada em um, sempre que uma nave inimiga atingir a parte inferior da tela:

```
_root.missed += 1;
```

Ao adicionar este código à instrução if, adicione-o antes da ação removeMovieClip(); do contrário, ele não será avaliado antes do clipe ser removido e, portanto, não funcionará. A instrução if no clipe do filme de código da nave inimiga deverá agora ficar assim:

```
if (_parent._y>_root.stageHeight+_parent._height*2) {
    _root.missed += 1;
    _parent.removeMovieClip( );
}
```

Agora poderá gravar, testar o filme e ver todos os três elementos novos funcionando como devem. Deixe que alguns inimigos passem e observe a variável missed aumentar. Deixe que um inimigo entre em colisão com você e observe a variável playerLives diminuir. Seu jogo deverá agora lembrar o que é mostrado na Figura 23.4.

Agora quando você jogar o jogo, ele será executado muito bem como esperaria, com exceção de uma coisa: quando você atira em um inimigo com mais de um tiro, a detecção de colisão no tiro seguinte acha que ainda está atingindo o inimigo. Ao contrário, está na verdade atingindo a animação de explosão, mas esta animação faz parte do clipe do filme da nave inimiga. Tecnicamente, está correto, mas não é o comportamento certo para o jogo. Precisaremos atualizar o código de detecção da colisão no clipe do filme de código da munição para verificar a nave inimiga explodindo antes de retornar True. Eis o novo fragmento de código necessário para adicionar à instrução if:

```
eval("_root.enemy" + i).exploding != 1
```

Isto verificará a variável exploding no clipe do filme da nave inimiga para ver se não está definida para True. Se a nave inimiga estiver reproduzindo a animação de explosão, então exploding será definida para True, a instrução if retornará False e não avaliará o código de detecção de colisão de novo. A instrução if completa deverá ficar assim depois de adicionar o novo código:

```
if (_parent.hittest("_root.enemy" + i) && eval("_root.enemy" + i),
->exploding != 1)
```

Figura 23.4 O jogo de tiros em ação.

A instrução if usa o operador lógico && para assegurar que *ambas* as instruções retornarão True antes de executar o código na instrução if.

Tudo que precisamos fazer agora é definir a variável exploding de dentro do clipe do filme da nave inimiga. Você poderá adicionar o seguinte código ao primeiro quadro da animação de explosão no clipe do filme da nave inimiga:

```
exploding =1;
```

Isto definirá exploding como sendo igual a True, que poderá agora ser avaliada pela instrução if no clipe do filme da munição. Agora quando você der alguns tiros em um inimigo, a animação de explosão será reproduzida apenas uma vez. É o comportamento que esperaríamos no jogo.

Um último toque que podemos adicionar ao jogo é uma tela de introdução, para que o jogo não comece antes do usuário estar pronto. Nesta mesma tela, poderemos informar aos usuários quais teclas usar para os controles e qualquer outra informação que desejamos transmitir para o usuário antes dele começar a jogar o jogo.

Crie um novo clipe do filme no primeiro quadro da camada HUD usando Insert, New Symbol. Forneça-lhe um nome de instância **info** e então edite-o para adicionar seu texto. Depois de adicionar o texto que deseja ao primeiro quadro do clipe do filme de informações, você precisará adicionar um botão para o usuário clicar quando estiver pronto para jogar. Crie um novo botão no primeiro quadro sob o texto de informação e coloque algum texto no botão que indique que é o botão start (iniciar). Agora adicione um quadro-chave em branco ao clipe do filme de informações no segundo quadro. O clipe do filme de informações completo deverá ter o texto de informação e o botão start no primeiro quadro. O segundo quadro deverá ficar em branco. No primeiro quadro, selecione o botão start e adicione o seguinte código à janela Actions:

```
on (release) {
    _root.info.gotoAndStop    (2);
    _root.enGen.gotoAndPlay   (2);
}
```

Este código informa ao clipe do filme info para ir para o quadro 2, que é o quadro em branco que acabamos de criar. Então informa ao clipe do filme enGen para ir para o quadro 2 e se reproduzir. Para esta segunda linha de código funcionar, precisaremos fornecer ao clipe do filme do gerador de inimigos o nome de instância enGen e modificar este clipe do filme apenas um pouco. Faça isto agora. Primeiro, selecione o clipe do filme do gerador de inimigos no palco principal e forneça-lhe o nome de instância **enGen**. Agora clique-o duas vezes para que possamos fazer algumas modificações. Adicione uma ação stop( ) ao primeiro quadro, para que ele não comece a criar inimigos imediatamente quando o filme for iniciado. Em seguida, adicione a seguinte linha de código ao último quadro neste clipe, o mesmo quadro que chama a função createEnemy( ):

```
gotoAndPlay   (2);
```

Isto informará ao clipe do gerador de inimigos para continuar a fazer o loop e criar inimigos depois do usuário clicar o botão start. O último quadro do clipe de gerador de inimigos agora terá estas duas linhas de código:

```
_root.createEnemy(  );
gotoAndPlay   (2);
```

Agora você pode gravar sua versão do jogo e testá-la. Poderá também carregar a versão completa (shooter.fla) para comparar com sua versão final em <ENTER DOWNLOAD SITE HERE>.

Poderíamos fazer muito mais coisas para tornar este jogo mais divertido. Eis uma lista dos elementos que você poderá tentar adicionar por si mesmo para criar sua própria versão exclusiva do jogo:

- Um escudo para a nave do jogador
- Acelerar as naves inimigas depois de uma certa pontuação ser atingida
- Enviar as naves inimigas em ondas, para fazer com que apareçam a partir da parte inferior da tela ocasionalmente.
- Um indicador de "inimigos mortos"
- Um fornecimento de munição limitado, com um indicador de munição
- Uma lista de alta pontuação (um exercício que você encontrará posteriormente neste capítulo)

Este exercício é apenas um ponto inicial ao compreender o modo como o Flash pode anexar e remover os clipes do filme dinamicamente e executar uma detecção de colisão com diversos destinos usando um simples loop for. Agora vejamos como usar os arrays na programação do jogo.

Arrays nos jogos

Os arrays fornecem uma maneira muito flexível e eficiente de armazenar as variáveis para os jogos. Os arrays podem conter todos os tipos de informações que podem ser referidas a partir de qualquer ponto em um filme. Você poderá usar um array para armazenar os nomes que representam as cartas individuais em um baralho de cartas ou os nomes dos elementos que são encontrados por um jogador em um jogo de aventura. Nesta seção, usaremos os arrays para armazenar os dados essenciais para um gerador de terrenos aleatórios. Você poderá carregar o FLA (random_terrain.fla) no <ENTER DONWLOAD SITE HERE>.

Gerador de terrenos aleatórios

Este exemplo usa um gráfico muito simples para o terreno, mas este mesmo conceito poderá ser usado para qualquer tipo de terreno. Quando você criar a imagem para seu terreno final, precisará estar certo de que os lados "superior" e "inferior" do terreno tenham a mesma altura. Para ajudar, poderá ativar a grade no Flash e defini-la para a largura das partes finais. Então use esta grade para ajudar a cortar seu terreno em larguras e alturas iguais. Sua configuração deverá ficar parecida com a mostrada na Figura 23.5.

Quando tiver o terreno cortado em partes, precisará transformá-las nos clipes do filme. Para este exemplo, poderá nomeá-las como **land1** a **land19**. Note que para cada parte "superior" e parte "inferior", adicionei uma parte no "nível" com altura igual, para a possibilidade de um solo plano. Estaremos anexando estas partes dinamicamente, usando attachMovie, portanto, estes clipes do filme precisarão ser colocados em clipes do filme de "contêiner". Uma maneira muito eficiente de usar attachMovie é criar um clipe do filme de "contêiner" vazio que mantém outro clipe do filme que tem todo o código que você precisa usar para anexá-lo. Poderá nomear isto como **a1** a **a19** e fornecer-lhes nomes de ligação correspondentes **a1** a **a19**. Agora que você tem os clipes do filme do terreno criados e ligados, poderemos começar com o código para anexar, mover e remover cada parte dinamicamente. No primeiro quadro da linha do tempo do filme principal, crie os arrays adicionando o seguinte código:

```
choose1  = new Array ("a2",  "a3",  "a19");
choose2  = new Array ("a2",  "a3",  "a19");
choose3  = new Array ("a4",  "a5",  "a17");
choose4  = new Array ("a4",  "a5",  "a17");
choose5  = new Array ("a6",  "a7",  "a15");
choose6  = new Array ("a6",  "a7",  "a15");
choose7  = new Array ("a8",  "a9",  "a13");
choose8  = new Array ("a8",  "a9",  "a13");
choose9  = new Array ("a10", "a10", "a11");
choose10 = new Array ("a10", "a10", "a11");
choose11 = new Array ("a9",  "a12", "a13");
choose12 = new Array ("a9",  "a12", "a13");
choose13 = new Array ("a7",  "a14", "a15");
choose14 = new Array ("a7",  "a14", "a15");
choose15 = new Array ("a5",  "a16", "a17");
choose16 = new Array ("a5",  "a16", "a17");
choose17 = new Array ("a3",  "a18", "a19");
choose18 = new Array ("a3",  "a18", "a19");
choose19 = new Array ("a1",  "a1",  "a1");
```

Capítulo 23 – Como criar um jogo Flash | **597**

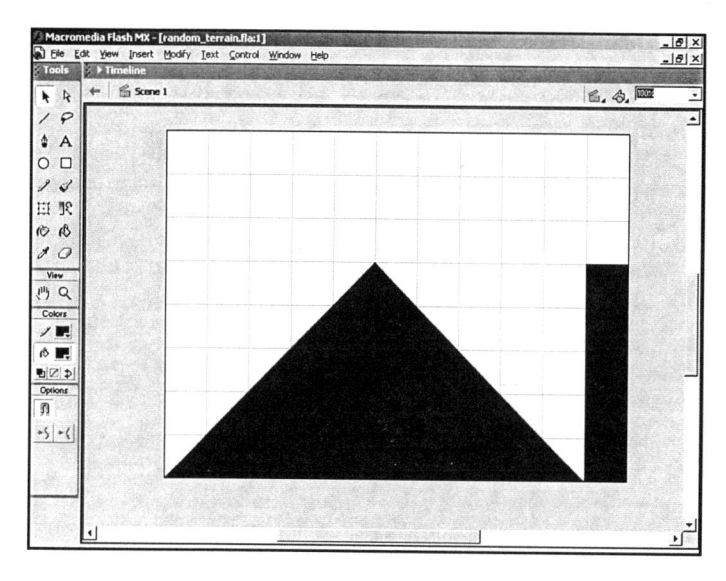

Figura 23.5 As partes básicas usadas para o gerador de terrenos aleatórios.

Estes arrays definem as possíveis opções para cada parte anexar a si mesmo quando se move do lado direito do palco para o esquerdo. Cada parte pode anexar uma parte "superior", uma parte "inferior" ou uma parte no "nível", com algumas exceções. Você poderá usar a Figura 23.6 para ajudar a controlar as possibilidades de cada parte.

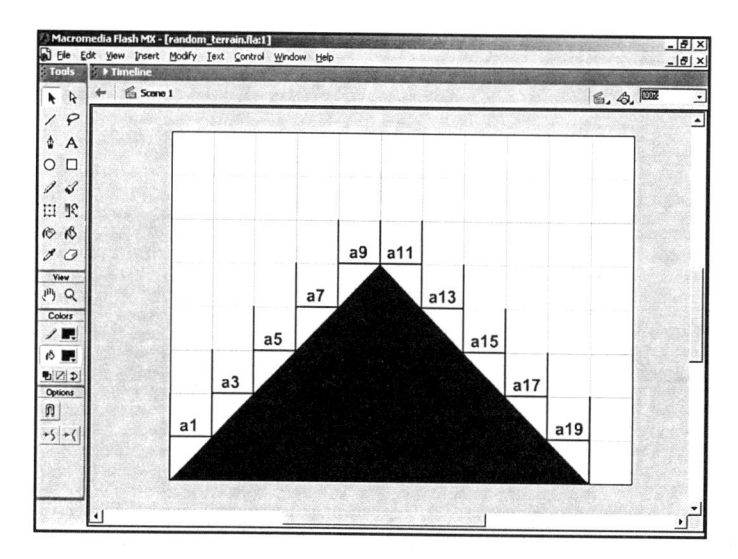

Figura 23.6 Desenhe um diagrama manualmente ou no Flash para manter controle das diferentes combinações de partes do terreno.

A parte no "nível" mais alta não pode ficar mais alta, portanto, fornecemo-la uma tendência de chamar outra parte do nível. Adicionamos o mesmo número duas vezes no array, para que quando escrevermos o código para selecionar uma parte aleatória, terá uma chance maior de ficar no nível. Você poderá fornecer-lhe uma tendência igual para ir "para baixo" ou mesmo fazer com que vá "para baixo", alterando as possibilidades para mais ou ao menos um número. Agora iremos escrever o código para anexar cada clipe do filme, movê-lo no palco da direita para a esquerda e remover a si mesmo quando atingir o lado esquerdo do palco. Poderemos fazer isto definindo uma função que será chamada a partir de cada clipe do filme. Primeiro, iremos anexar o código a cada clipe do filme que está em cada clipe de contêiner. Edite a1 e selecione land1, o clipe do filme no primeiro quadro. Agora escreva o seguinte código para o clipe do filme land1:

```
onClipEvent (load) {
    this.onEnterFrame = function ( ){
        _root.moveAndUpdate (_parent,_name);
    }
}
```

Tudo que faz é chamar a função moveAndUpdate e transmitir à função duas variáveis muito importantes. A primeira é o nome de instância do clipe do filme de contêiner e a segunda é o nome deste clipe do filme. O clipe do filme de contêiner receberá um nome dinamicamente, mas iremos nomear nós mesmos este clipe do filme – forneça ao clipe do filme land1 um nome de instância **choose1**. Agora poderá colocar o código anterior nos clipes do filme land2 até land19, abrindo e editando seus clipes do filme de contêiner a2 até a19. Não se esqueça de nomear cada clipe do filme que você está anexando ao código, para que _name possa transmitir o nome de instância para a função. Para este exemplo, você poderá usar choose1 até choose19 para os nomes de instância dos clipes de filme; será importante mais tarde. Agora vejamos a função moveAndUpdate que está chamando a partir destes clipes do filme. Você poderá escrever esta função no primeiro quadro do filme, para assegurar que ele será carregado e poderá ser referido por cada clipe do filme:

```
function moveAndUpdate (instance,currentPiece) {
    if (instance._x = = 550) {
        var upOrDown = random(3);
        nextPiece =(eval(currentPiece)[upOrDown]);
        startX = instance._x;
        _root.i++;
        _root.attachMovie(nextPiece, "land", +_root.i, _root.i);
        setProperty(eval("_root.land" + _root.i),_x, startX+45);
        setProperty(eval("_root.land" + _root.i),_y,_root.base);
    }
    if (instance._x < -100) {
        instance.removeMovieClip( );
    }else{
        instance._x -= 5;
    }
}
```

Esta função recebe duas variáveis importantes a partir de cada clipe: instance é usada para verificar a posição do clipe do filme e movê-lo no palco e currentPiece é usada para verificar as possibilidades para a próxima parte aparecer. A primeira parte do código verifica a posição x do clipe do filme para ver se é igual a 550. Os clipes do filme passarão sobre este ponto apenas uma vez, portanto, este caso será true apenas uma vez, para gerar a próxima parte de terra colocada atrás desta parte. Agora vejamos como usar os arrays para escolher a próxima parte do terreno:

```
nextPiece  =   (eval(currentPiece)[upOrDown]);
```

É como acessamos os arrays e escolhemos uma direção aleatória para o terreno. Esta função é transmitida na variável currentPiece a partir de cada clipe do filme. Definimos cada instância anteriormente como choose1 a choose19, portanto, agora sabemos qual parte está chamando esta função. Poderemos usar eval( ) e o acesso do array [ ] para acessar o array correspondente e tirar um nome aleatório deste array:

```
startX  =   instance._x;
_root.i++;
```

Encontramos a posição x do clipe do filme que chamou esta função (que deve ser igual a 550) e incrementamos i, que é uma variável global que estamos usando para fornecer a cada instância um nome exclusivo e nível de profundidade em nosso filme. Eis o código:

```
_root.attachMovie(nextPiece,  "land"  +  _root.i,  _root.i);
setProperty(eval("_root.land"  +  _root.i),_x,  startX+45);
setProperty(eval("_root.land"  +  _root.i),_y,_root.base);
```

Então anexamos o clipe do filme que tem o nome de ligação que atribuímos nextPiece a partir do array e fornecemos a ele o novo nome e profundidade. Então definimos a posição deste clipe do filme para aparecer diretamente atrás do clipe do filme que o chamou e na posição y de base do filme, que poderemos definir posteriormente. Agora precisamos apenas mover este clipe do filme no palco e tirá-lo do palco. Eis uma maneira de fazer isto:

```
if (instance._x < -100) {
   instance.removeMovieClip( );
}else{
   instance._x -= 5;
}
```

Esta parte da função moveAndUpdate será chamada constantemente por cada clipe do filme. Ela simplesmente move cada clipe no eixo x em 5 pixels de cada vez, e quando a posição x do clipe do filme fica menor que -100, o clipe do filme remove a si mesmo.

Finalmente, poderemos adicionar algumas partes do código de inicialização às primeiras linhas do primeiro quadro e então colocar a primeira peça para iniciar a geração de terrenos. Eis o código:

```
i = 1;
base = 400;
```

Isto inicializará i e nos dará uma base 400, uma vez que o filme tem 550 por 400. Então, poderemos criar um quadro-chave em branco no quadro 2 da linha do tempo do filme principal e adicionar o seguinte código:

```
_root.attachMovie("a1", "land", _root.i, _root.i);
setProperty(eval("_root.land" + _root.i),_x, 550);
setProperty(eval("_root.land" + _root.i),_y,base);
stop( );
```

Isto colocará a primeira parte do terreno, a1, na posição correta e iniciará a geração de terrenos quando se mover na tela da direita para a esquerda.

Agora que o gerador de terrenos está funcionando, poderemos adicionar-lhe facilmente uma detecção de colisão fornecendo o seguinte código na função updateAndMove:

```
if (instance.hitTest(object)) {
   trace ("HIT");
}
```

Neste caso, hitTest será avaliado para cada instância do terreno durante todo quadro no filme. Simplesmente lance uma nave do jogador, alguns inimigos, e terá um jogo de flíper paginando na lateral.

Use arquivos externos para atualizar facilmente os jogos

Usar arquivos externos para armazenar variáveis é uma boa maneira de tornar seus jogos fáceis de atualizar. Os jogos comuns fornecem um bom exemplo para usar os arquivos externos para armazenar perguntas e respostas, que podem ser alteradas sem precisar abrir o arquivo-fonte e alterar o texto. Esta seção fornece algumas dicas para usar os arquivos externos para carregar dados variáveis.

Primeiro, você poderá formatar seu arquivo de texto externo de uma maneira fácil de ler usando o símbolo & e os delimitadores de comentário, assim:

```
//Question number 1
&Q1=First question&
//
//Answer to question number 1
&Q1A1=First choice&
//
&Q1A2=Second choice&
//
&Q1A3=Third choice&
//
&Q1A4=Fourth choice&
//
//The correct answer for question 1
&Q1ca=Q1A1&
//
//Finished loading
&loading=done&
```

Com esta formatação, você poderá manter suas variáveis organizadas e fáceis de ler. Inicie e termine cada linha definindo uma variável com o símbolo &. Poderá usar o delimitador de comentário (//) para adicionar comentários ao código, para que qualquer pessoa que abrir o arquivo de texto saiba como usá-lo e atualizá-lo. É importante notar que quando você carrega variáveis de um arquivo remoto, pode levar alguns segundos para carregá-las de fato a partir do arquivo de texto. Por isto, é bom definir uma variável de "carregamento terminado" e então verificar esta variável em um loop no arquivo Flash, assim:

```
if (loading = = "done") {
   gotoAndStop ("questions");
}else{
   gotoAndPlay ("loading");
}
```

Com este loop simples, você irá assegurar que todas as variáveis antes da variável "loading" estão carregadas no filme antes de continuar.

Grave jogos e altas pontuações

Um ótimo recurso novo no Flash MX é o SharedObject, que permite que os dados sejam armazenados no disco rígido do usuário, de modo muito parecido com o cookie de um navegador. Definindo um SharedObject e fornecendo-lhe um nome exclusivo, você poderá gravar os dados e recuperá-los a partir de SharedObject na forma de variáveis. É uma ótima maneira de criar uma lista de alta pontuação local ou uma lista dos maiores pontos do usuário para qualquer jogo dado. Também permite que jogos inteiros sejam gravados, armazenando todas as variáveis pertinentes quando o usuário sai e então recuperando estas variáveis e restaurando o jogo na volta do usuário.

Vejamos como criar, gravar e ler a partir de um SharedObject. Crie um novo arquivo para experimentar este próximo exercício. Você poderá adicionar todo o código para este exercício às ações do primeiro quadro. A instrução seguinte mostra como criar um SharedObject, fornecendo-lhe um nome exclusivo e retornando-o para uma variável. Se SharedObject não existir ainda no disco rígido do usuário, será criado. Do contrário, será retornado e em ambos os casos poderemos agora ler e gravar no SharedObject usando o nome de variável que retornamos (neste caso, score). Eis a instrução:

```
score = SharedObject.getLocal ("highScores");
```

Agora poderemos adicionar uma propriedade a SharedObject:

```
score.data.highscore = 5000;
```

Quando atribuímos a nova propriedade, os dados não são gravados imediatamente no disco. Eles são gravados ao sair do Flash Player ou quando não há mais nenhuma referência para SharedObject. Porém, poderemos fazer com que os dados sejam escritos usando a seguinte linha:

```
score.flush( );
```

O comando flush informa ao Flash para gravar imediatamente no SharedObject, e agora podemos fazer referência a SharedObject e verificar a alta pontuação, como mostrado aqui:

```
trace (score.data.highscore);
```

Isto deverá exibir 5000. Se sairmos do filme e o reabrirmos posteriormente, precisaremos recuperar o SharedObject antes de podermos lê-lo de novo:

```
score = SharedObject.getLocal ("highScores");
trace (score.data.highscore);
```

Isto exibirá 5000 de novo, pois os dados são armazenados no SharedObject até que sejam sobregravados.

Para mostrar este processo inteiro em ação, criei um filme de "lista de alta pontuação" muito simples (highscores.fla) que poderá ser carregado a partir de <INSERT DOWNLOAD SITE> e é exibido na Figura 23.7.

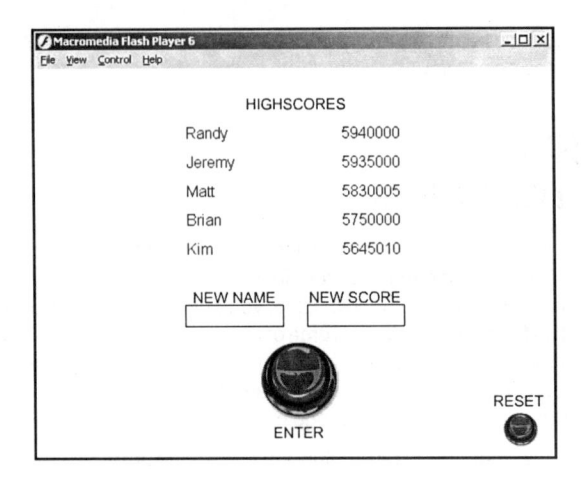

Figura 23.7 A lista de alta pontuação completa.

Isto permite fornecer um nome e alta pontuação para mostrar como controlar as altas pontuações pessoais na máquina de um usuário. Crie um novo filme e no primeiro quadro da linha do tempo do filme principal, você criará o SharedObject como fizemos anteriormente:

```
score = SharedObject.getLocal ("highScores");
```

Poderá também criar alguns campos de texto dinâmico no palco no primeiro quadro (neste exemplo, são chamados de highScore1 a highScore5 e de highScoreName1 a highScoreName5). Você também precisará de dois campos de texto de entrada para o novo nome e a nova pontuação que deseja fornecer (neste exemplo, newName e newScore). Finalmente, precisará de dois botões – um para fornecer o novo nome e nova pontuação e outro para redefinir os dados no SharedObject e limpar a lista de alta pontuação.

Insira um quadro-chave em branco no segundo quadro de seu filme principal usando Insert, Blank Keyframe. Agora, no segundo quadro da linha do tempo do filme principal, poderá escrever algumas ações para definir a lista de alta pontuação para seu estado anterior, lendo os dados de SharedObject. Se esta for a primeira vez que o filme foi aberto, você precisará definir os valores iniciais da pontuação como sendo iguais a 0, para que os novos números possam ser devidamente avaliados. Eis a primeira metade do código para o segundo quadro:

```
highScoreName1 = score.data.highScoreName1;
highScoreName2 = score.data.highScoreName2;
highScoreName3 = score.data.highScoreName3;
highScoreName4 = score.data.highScoreName4;
highScoreName5 = score.data.highScoreName5;
highScore1 = score.data.highScore1;
highScore2 = score.data.highScore2;
highScore3 = score.data.highScore3;
highScore4 = score.data.highScore4;
highScore5 = score.data.highScore5;
```

Isto atribui os devidos valores aos campos de texto lendo os dados do SharedObject e atribuindo estes valores aos campos de texto existentes. Se for a primeira vez ao executar o filme, você precisará assegurar que as variáveis da pontuação sejam números e não strings ou indefinidos, como mostrado aqui:

```
if (highScore1 = = undefined) {
    score.data.highScore1 = 0;
    highScore1 = 0;
}
if (highScore2 = = undefined) {
    score.data.highScore2 = 0;
    highScore2 = 0;
}
if (highScore3 = = undefined) {
    score.data.highScore3 = 0;
    highScore3 = 0;
}
if (highScore4 = = undefined) {
    score.data.highScore4 = 0;
    highScore4 = 0;
}
if (highScore5 = = undefined) {
    score.data.highScore5 = 0;
    highScore5 = 0;
}
score.flush( );
```

Isto irá verificar se os dados da pontuação em SharedObject são indefinidos ou não. Se for a primeira vez ao executar o filme ou se valores insuficientes foram fornecidos na primeira vez ao executar o filme, isto atribuirá zeros às pontuações indefinidas. A instrução flush( ) no final faz com que o Flash atualize SharedObject com novos valores, antes de continuar no próximo quadro.

No terceiro quadro do filme principal, insira outro quadro-chave em branco e simplesmente coloque uma ação stop( ) nele. Isto permitirá ao usuário fornecer um novo nome e um novo valor da pontuação. Quando o botão Enter for clicado, o código nele informará ao filme principal para ir para o próximo quadro e se reproduzir. Insira um quadro-chave em branco no próximo quadro do filme principal para o próximo bloco de código. As instruções que estaremos adicionando a este quadro obtêm o valor newScore e verifica-o com as pontuações existentes. Se a nova pontuação for mais alta que a pontuação mais baixa, será adicionada à lista. Eis como você poderá criar os valores e atualizar SharedObject com a nova pontuação e o novo nome:

```
if (newScore > parseInt(highScore1))  {
    score.data.highScore5    =   score.data.highScore4;
    score.data.highScore4    =   score.data.highScore3;
    score.data.highScore3    =   score.data.highScore2;
    score.data.highScore2    =   score.data.highScore1;
    score.data.highScore1    =   newScore;
    score.data.highScoreName5    =   score.data.highScoreName4;
    score.data.highScoreName4    =   score.data.highScoreName3;
    score.data.highScoreName3    =   score.data.highScoreName2;
```

```
        score.data.highScoreName2 = score.data.highScoreName1;
        score.data.highScoreName1 = newName;
        newScore = "";
        newName = "";
    }
```

A primeira coisa a verificar é se a nova pontuação é mais alta que a pontuação alta atual:

```
    if (newScore > parseInt(highScore1))
```

Você precisará usar o comando parseInt para a variável highScore1 para que o Flash saiba que está comparando números e não strings. Se a nova pontuação for mais alta que a pontuação alta atual, você atualizará todos os valores no SharedObject, deslocando tudo para baixo uma linha. Se a nova pontuação não for maior que a pontuação alta mais alta, você irá verificar para ver se é maior que a próxima pontuação mais alta *ou* igual à pontuação alta mais alta usando else if:

```
    else if (newScore = = parseInt(highScore1) | | newScore >
    parseInt(highScore2)) {
        score.data.highScore5 = score.data.highScore4;
        score.data.highScore4 = score.data.highScore3;
        score.data.highScore3 = score.data.highScore2;
        score.data.highScore2 = newScore;
        score.data.highScoreName5 = score.data.highScoreName4;
        score.data.highScoreName4 = score.data.highScoreName3;
        score.data.highScoreName3 = score.data.highScoreName2;
        score.data.highScoreName2 = newName;
        newScore = "";
        newName = "";
    }
```

Desta vez, você desloca todos os valores para baixo em um, exceto a pontuação mais alta. Se a nova pontuação não for maior que esta pontuação, adicionará outra instrução else if e irá verificá-la com a próxima pontuação mais alta etc.

Depois de verificar a pontuação e de atualizar SharedObject, se necessário, adicionará uma instrução flush( ) ao final, para que possa atualizar os campos dinâmicos no palco com dados corretos. Insira mais um quadro-chave em branco no quadro final a linha do tempo do filme principal. Aqui, você colocará as instruções finais necessárias para atualizar os campos de texto e enviar o cabeçote de reprodução de volta para o quadro 3, para que o usuário possa fornecer um novo nome e uma nova pontuação:

```
    highScoreName1 = score.data.highScoredName1;
    highScoreName2 = score.data.highScoredName2;
    highScoreName3 = score.data.highScoredName3;
    highScoreName4 = score.data.highScoredName4;
    highScoreName5 = score.data.highScoredName5;
    highScore1 = score.data.highScore1;
    highScore2 = score.data.highScore2;
    highScore3 = score.data.highScore3;
    highScore4 = score.data.highScore4;
    highScore5 = score.data.highScore5;
    gotoAndStop(3);
```

O botão reset (redefinir) poderá ser usado para limpar a lista de alta pontuação, definindo todos os valores no SharedObject para zero ou em branco. Então enviará o filme para o quadro para atualizar os campos de texto visíveis. Eis o código:

```
on  (release) {
    score.data.highScore5 = 0
    score.data.highScore4 = 0
    score.data.highScore3 = 0
    score.data.highScore2 = 0
    score.data.highScore1 = 0
    score.data.highScoreName5 = ""
    score.data.highScoreName4 = ""
    score.data.highScoreName3 = ""
    score.data.highScoreName2 = ""
    score.data.highScoreName1 = ""
    score.flush( );
    gotoAndPlay (5);
}
```

A lista de alta pontuação que criei, definitivamente não é a maneira mais eficiente e dinâmica de criar uma lista com alta pontuação. Escolhi usar este exemplo para mostrar melhor como enviar e recuperar os dados de SharedObject e como compartilhá-los de modo independente.

Palavras finais de sabedoria

Com cada nova versão do Flash, a vida do programador de jogos fica mais fácil. Novas ferramentas, funções e objetos predefinidos fornecem ao programador de jogos mais flexibilidade e torna a criação de jogos complexos e a interatividade mais fáceis. O Flash fornece ao programador de jogos todas as ferramentas necessárias; só precisa um pouco de experimentação e exploração para usar estas ferramentas de maneiras novas e interessantes.

Capítulo 24

Como obter e enviar dados

por Matt Pizzi

Neste capítulo
- Como formatar o texto dinâmico com tags HTML
- Como criar texto com paginação
- Como enviar um formulário para uma conta de e-mail

Este capítulo é sobre como você pode enviar dados e carregar dados externos em um filme Flash. Os conceitos que iremos revisar neste capítulo são diferentes de alguns outros capítulos dinâmicos. Os outros capítulos lidam especificamente com o movimento dos dados para dentro e para fora do Flash usando uma linguagem de script no lado do servidor como ColdFusion ou ASP.

O primeiro tópico que veremos é como carregar o conteúdo dinamicamente, através de um arquivo de texto. Digamos, por exemplo, que uma empresa de notícias tenha um site Web Flash e este site Web forneça informações do tráfego atualizadas. Há chances de que não seria caro demais ter um desenvolvedor Flash esperando para atualizar o site com as informações novas do tráfego. Uma situação melhor seria ter alguém no escritório capaz de digitar para criar as atualizações através de um arquivo de texto. Originando dinamicamente o conteúdo do arquivo de texto, o filme Flash poderá ser atualizado sem alguém sempre tendo que editar dentro do Flash.

Atualize um filme Flash dinamicamente através de um arquivo de texto

Para acompanhar este exercício, você poderá carregar o arquivo news_traffic.fla a partir do site Web complementar Unleashed, localizado em http://www.flashmxunleashed.com e navegar para a seção Chapter 24. Eis as etapas a seguir:

1. Abra o arquivo news_traffic.fla. Note que o arquivo é apenas um filme com um gráfico de mapa de bits na camada 1, como mostrado na Figura 24.1.

2. Clique duas vezes na camada 1 e renomeia-a como **bitmap**. Clique o botão Insert Layer (Inserir Camada) na parte inferior do painel Timeline (Linha do Tempo). Note que uma nova camada é criada acima da camada bitmap.

3. Clique duas vezes na nova camada e nomeia-a como **text**. Bloqueie a camada bitmap para que não a edite sem querer.

4. Com a camada text selecionada, escolha a ferramenta Text (Texto). Clique e arraste uma caixa, cobrindo a maioria do palco, como mostrado na Figura 24.2.

5. Você usará esta caixa de texto para fornecer aos observadores informações detalhadas do tráfego em Los Angeles. Depois de desenhar o campo de texto, precisará fornecer-lhe um tipo dinâmico. No Properties Inspector (Inspetor de Propriedades) no menu suspenso Type (Tipo), escolha Dynamic (Dinâmico). Forneça-lhe um nome de variável **traffic**. Defina seu tipo de linha para Multiline (Diversas Linhas).

6. Crie um pequeno campo de texto no canto superior esquerdo do palco, logo acima do campo de texto traffic, como mostrado na Figura 24.3. Depois de arrastar o campo de texto, forneça-lhe um tipo dinâmico no menu suspenso Type no Properties Inspector. Forneça a este campo de texto um nome de variável **date**.

7. Crie uma nova pasta em sua área de trabalho e nomeie-a como varloader. Grave este documento como loadvars.fla na pasta varloader. Em seu computador, abra o Notepad (Bloco de Notas), Simple Text, Text Edit ou mesmo o Word ou o AppleWorks – qualquer aplicação que possa gravar um documento TXT será boa.

Capítulo 24 – Como obter e enviar dados | **609**

8. Dentro do editor de texto, digite **traffic=**. Então, depois do sinal de igual digite uma descrição para o tráfego, como mostrado na Figura 24.4.
9. Depois de digitar a descrição para o tráfego, sem espaço, digite **&date=**. Os espaços não são permitidos quando você está dividindo os nomes da variável. O símbolo & reúne a nova variável ao texto. Depois do símbolo & digite a data de hoje.
10. Grave o documento como report.txt no mesmo diretório do arquivo news_traffic.fla. Você também pode carregar este arquivo do site Web complementar localizado em http://www.flashmxunleashed.com.
11. Abra o arquivo news_traffic.fla. Selecione o quadro 1 e abra o painel Actions (Ações) pressionando F9. Clique no sinal de mais no menu suspenso Actions e escolha Actions, Browser/Network (Navegador/Rede), loadVariables. No campo de texto URL, digite o nome de seu documento de texto, que é report.txt. Se o arquivo não for gravado no mesmo diretório (a pasta varloaders na área de trabalho), você terá que o endereçar devidamente ou mover o arquivo TXT para a pasta varloaders. Deixe tudo o mais nos defaults. Precisará carregar no nível 0. Eis o código final:

    ```
    loadVariablesNum("report.txt", 0);
    ```

12. Teste o filme. Note que o texto é carregado dinamicamente, como mostrado na Figura 24.5.
13. Grave o documento como traffic_loader1.fla.

Figura 24.1 O arquivo news_traffic consiste em um gráfico de mapa de bits grande.

Figura 24.2 A caixa de texto tem quase o mesmo tamanho do palco.

Figura 24.3 O campo de texto pequeno no canto superior esquerdo do palco.

Figura 24.4 Digite uma descrição para o relatório do tráfego.

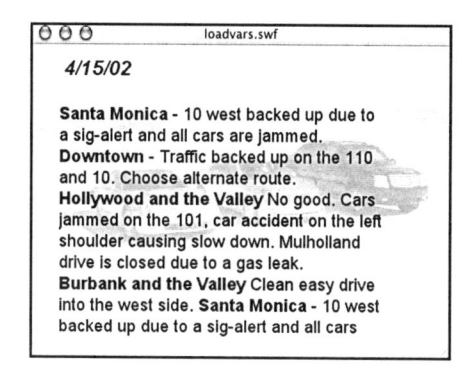

Figura 24.5 O texto é carregado dinamicamente no filme.

Como formatar o texto dinâmico com tags HTML

Ao carregar o texto, você poderá de fato usar algumas tags HTML para fazer a formatação. No arquivo traffic_loader1.fla com o qual vem trabalhando, poderá alterar a aparência do texto que é carregado no campo de texto. A parte mais importante, claro, é marcar a caixa de verificação HTML no Properties Inspector, como mostrado na Figura 24.6.

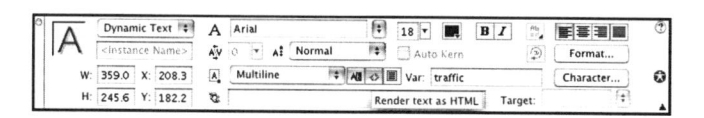

Figura 24.6 Marcar a caixa HTML permite a formatação HTML.

A desvantagem aqui é que o texto HTML realmente será gerado, e o texto HTML não terá a aparência suavizada, gerando assim um texto com aparência dentada. Porém, isto poderá ser uma vantagem com um texto menor, que tende a aparecer manchado quando suavizado. Portanto, uma aparência mais clara é fornecida.

Você tem algumas limitações ao usar o texto HTML. A principal sendo apenas um número limitado de tags HTML suportadas. Eis uma lista destas tags:

- <a>
- <b>
- <i>
- <p>
- <u>
-

- <font face>
- <font size>
- <font color>

É tudo. Nenhuma outra tag funcionará.

Dica

Se você incluir os contornos da fonte de uma face de tipos e usar uma tag <b> ou <i>, o texto poderá desaparecer. A razão é que geralmente uma face de tipos em negrito ou em itálico é um contorno separado que tem que ser incluído.

Com a caixa de verificação HTML agora selecionada, abra o arquivo report.txt e adicione algumas tags HTML que acabou de listar. Poderá também carregar este arquivo de http://www.flashmxunleashed.com. Grave o documento de texto e teste o filme. A Figura 24.7 mostra a diferença no texto. Grave o arquivo Flash como traffic_loader2.fla.

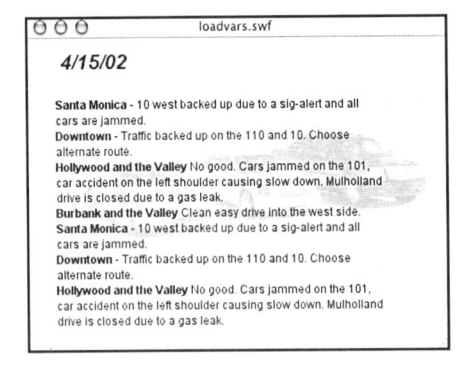

Figura 24.7 O texto recém-formatado usando a HTML.

Como criar texto com paginação

No Capítulo 1, "O que é novo no Flash MX?", vimos como usar os componentes para criar uma barra de rolagem para o texto dinâmico. No Capitulo 16, "Componentes", vimos como modificar a aparência dos componentes padrão da barra de rolagem. Estas tarefas foram fáceis e funcionaram bem, mas e se você quiser criar seus próprios botões de paginação ou precisar paginar algo diferente de texto? Não tenha medo. Poderá sempre criar suas próprias barras de rolagem, o que é uma tarefa bem indolor.

Capítulo 24 – Como obter e enviar dados | **613**

Crie texto com paginação

Abra o arquivo traffic_loader2.fla. Você também terá que editar algumas partes de seu arquivo de texto, portanto, abra-o também. Eis as etapas a seguir:

1. Carregue o arquivo report2.txt do site Web complementar. Você precisará adicionar algum texto extra para paginar. Para este exemplo, irá criar regiões diferentes para exibir as situações de tráfego em toda Los Angeles, como mostrado na Figura 24.8.

2. No arquivo traffic_loader2.fla, crie uma nova camada e nomeie-a como **buttons**. Poderá usar os botões na biblioteca comum ou poderá criar seus próprios. Seja qual for o caso, coloque dois botões no palco e posicione-os de modo que um se pareça com uma seta de paginação para cima e outro com uma seta de paginação para baixo, como mostrado na Figura 24.9. Gire e transforme os botões, se necessário, para fazer com que as setas apontem na devida direção.

3. Com o botão de seta de paginação para cima selecionado, pressione F9 no teclado para abrir o painel Actions. Nele, crie uma sub-rotina de eventos on (press) e defina uma variável. A variável deverá ser traffic.scroll (com traffic sendo o nome do campo de texto dinâmico e scroll sendo a ação a ser executada). Para a nova variável traffic.scroll, defina seu valor para ser traffic.scroll + 1, onde 1 significa o número de linhas a paginar para cima. Eis o código final para o botão superior:

```
on (press) {
    traffic.scroll = traffic.scroll+1;
}
```

4. Teste o filme. Observe o texto do tráfego paginar para cima sempre que o botão de seta para cima é pressionado, como mostrado na Figura 24.10.

5. Agora, você precisará fazer com que o botão de seta para baixo pagine para baixo. Basicamente, o script é o mesmo, exceto que irá subtrair 1, ao invés de adicionar. Eis o código final para o botão com seta para baixo:

```
on (press) {
    traffic.scroll = traffic.scroll-1;
}
```

6. Teste o filme. Note que o texto agora pagina para cima, assim como para baixo.

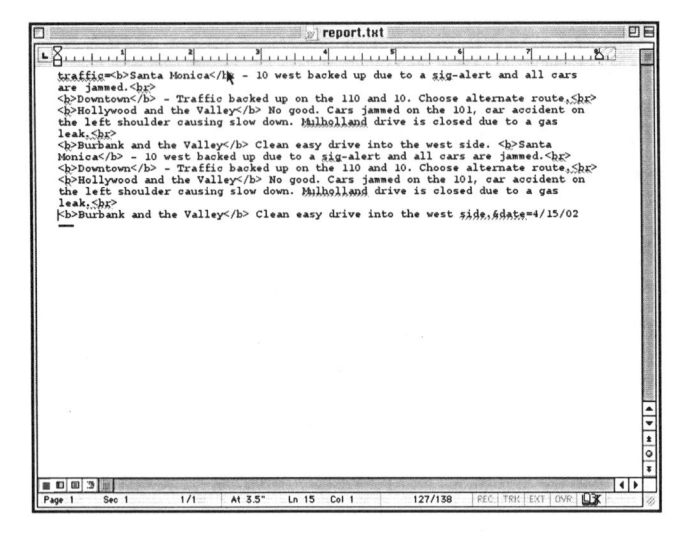

Figura 24.8 Note todas as regiões diferentes no relatório.

Figura 24.9 Os dois botões representando as setas de paginação para cima e para baixo.

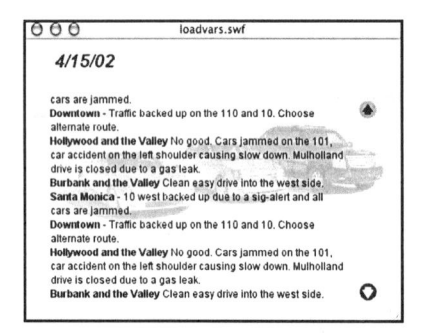

Figura 24.10 O texto pode ser paginado para cima.

Você pode carregar o arquivo completo no site Web complementar localizado em http://www.flashmxunleashed.com.

Como enviar um formulário para uma conta de e-mail

A pergunta mais freqüente que ouço de meus alunos quando dou aula é como posso enviar dados do formulário para uma conta de e-mail? Há na verdade duas maneiras diferentes. A primeira é a maneira mais fácil, no sentido de que tudo que precisa é fazer um uso inteligente da ação getURL. A segunda é um pouco mais sofisticada, e realmente abre uma porta para muitas possibilidades, porque usa a Common Gateway Interface (CGI), que é o script no lado do servidor. É mais eficiente e traça a base para você interagir com qualquer script CGI, não apenas com aquele que irá criar no próximo exercício. Poderá exibir o exercício completo carregando o arquivo eMailDone.fla do site Web complementar localizado em http://www.flashmxunleashed.com.

Como enviar dados do formulário para uma conta de e-mail

Neste exercício, você irá enviar informações que um usuário final preencherá em um formulário para um endereço de e-mail especificado. Eis as etapas a seguir:

1. Crie um novo documento. Neste novo documento, configure quatro campos de texto diferentes. Crie o primeiro com uma linha, o campo de entrada e forneça-lhe um nome de variável **name**. Crie um segundo campo de texto de entrada, desta vez faça com que seja um campo de texto com diversas linhas e forneça-lhe um nome de variável **address**. Crie um terceiro campo de texto com uma linha e forneça-lhe o nome de variável **homephone**. Finalmente, crie um quarto campo de texto com uma linha e forneça-lhe um nome de variável **cellphone**. Em seguida, digite estes nomes de variável ao lado dos campos de texto, para que o usuário final saiba quais informações você está procurando, como mostrado na Figura 24.11.

2. Com o quadro 1 selecionado na linha do tempo, pressione F9 para abrir o painel Actions. Você precisará configurar algumas variáveis que poderá usar ao abrir o programa de e-mail na máquina do cliente.

3. Defina uma variável para o endereço de e-mail para o qual deseja enviar o formulário. E mais, precisará definir uma para o assunto e para a ação mailto. Eis o código final para o quadro 1 (naturalmente, o seu poderá variar, dependendo de para qual conta de e-mail deseja enviar as informações):

```
email = "mpz@flashmxunleashed.com";
contact = "Matthew Pizzi";
mailto = "mailto:" + contact + "<" + email + ">";
subject = "Flash Form Feedback";
stop ( );
```

Note que há uma ação stop no final do script para evitar que o filme se reproduza além do quadro 1.

4. Destaque o quadro 10 e insira um quadro-chave em branco pressionando F7. Neste novo quadro-chave, digite no palco **Thank you for submitting the form.**, como mostrado na Figura 24.12.

5. Mova o cabeçote de reprodução de volta para o quadro 1. Arraste uma instância de um botão de uma biblioteca comum ou crie uma. Isto agirá como o botão de envio.

6. Com o botão selecionado, pressione F9 em seu teclado para abrir o painel Actions. Você precisará usar uma sub-rotina de eventos para aplicar a ação getURL. Eis o código final:

```
on (press) {
    getURL ("mailto:mpz@flashmxunleashed.com" +
"?subject" + _root.subject + newline + "&body" +
"Name:" + name + newline + "Address:" + address +
"Home Phone:" + homephone + "Cell Phone:" + cellphone);
    _root.gotoAndStop(10);
}
```

7. Teste o filme e preencha o formulário. Depois de preencher o formulário, note que o filme vai para o quadro 10, como mostrado na Figura 24.13. O cliente de e-mail é aberto na máquina do usuário final, com todas as informações anexadas ao e-mail, como mostrado na Figura 24.14.

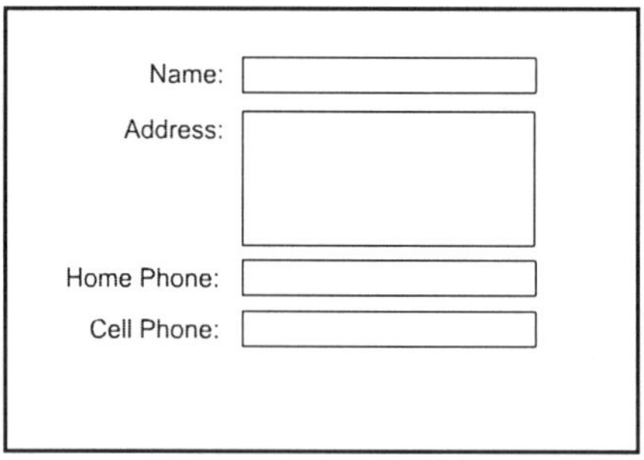

Figura 24.11 Todos os campos de texto têm etiquetas ao lado.

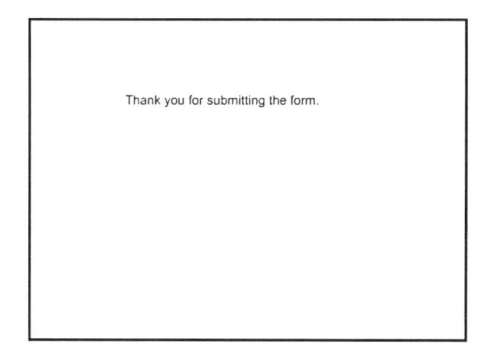

Figura 24.12 O palco está vazio, com exceção do texto que acabou de digitar.

Figura 24.13 O filme vai para o quadro 10.

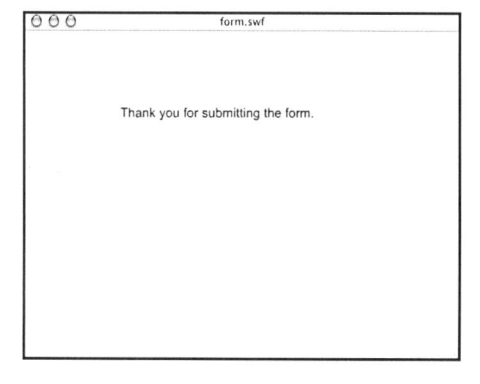

Figura 24.14 O cliente de e-mail tem todas as informações já preenchidas.

Você poderá carregar um arquivo funcional completo do site Web complementar localizado em http://www.flashmxunleashed.com.

Nota

Para obter mais informações, observe o filme QuickTime localizado em http://www.flashmxunleashed.com.

É muito fácil enviar ou mover informações de um filme Flash e para um programa de e-mail. Em seguida, veremos como fazer com que o filme Flash trabalhe com um script CGI.

Carregue o arquivo Flash_Form.fla do site Web complementar. Notará que é um formulário completo, com caixas de texto. Tudo que precisa fazer é adicionar o script CGI. Eis as etapas para este exercício:

1. Abra o arquivo Flash_Form.fla carregado do site Unleashed. Crie uma nova camada e nomeia-a como **submit**.
2. Com a camada submit ativa e o cabeçote de reprodução no quadro 1, arraste uma instância do botão da Common Library (Biblioteca Comum). Se você esqueceu como se abre a Common Library, escolha Window (Janela), Common Library, Buttons.fla.
3. Com o botão selecionado, pressione F9 para abrir o painel Actions. Você precisará usar a ação getUrl para enviar este formulário para a caixa CGI de seu servidor Web. Usaremos o método POST para isto. Também precisará configurar algumas variáveis para definir o endereço de e-mail para onde o formulário deve ser enviado. Também irá configurar uma variável para criar um assunto para o e-mail e chamará um documento HTML para o qual o navegador poderá se mover assim que a ação for completada. Eis o código final:

```
on (release) {
    _MAILTO = "mpz@trainsimple.com";
    _SUBJECT = "Try";
    _THANKS = "thanks.htm";
    getURL("http://www.flashmxunleashed.com
/cgi-bin/tmail/tmail.cgi", "", "POST");
}
```

Fique à vontade para usar este script CGI para o teste, mas se tiver um servidor de alta produção, precisará adquirir seu próprio script CGI. Poderá carregar o arquivo completo do site Web complementar.

Capítulo 25

Uma introdução para a integração do Flash e do ColdFusion

por Dennis Baldwin

Neste capítulo

- Componentes
- Métodos de integração anteriores
- Serviço Macromedia Flash Remoting
- Um sistema básico de gerenciamento de contas
- Depuração
- Como aprimorar suas habilidades

Neste capítulo iremos cobrir rapidamente a integração do Flash e do ColdFusion, junto com algumas classes novas do ActionScript predefinidas para o Flash MX. Isto pode parecer um pouco esmagador à primeira vista, mas assim que você tiver tratado os princípios, estará a ponto de desenvolver a próxima geração de aplicações integradas. Veremos rapidamente os componentes, alguns métodos Flash anteriores e o serviço Macromedia Flash Remoting, que consiste nas novas classes ActionScript, assim como no Flash Gateway. Terminaremos executando uma aplicação básica, que entra em detalhes ao usar alguns componentes novos enviados com o Flash e o ColdFusion MX. Naturalmente, você poderá ainda desenvolver esta aplicação usando os métodos anteriores, como o loadVariables, o getURL e o objeto XML. Nem todos estes métodos são adequados para a tarefa, mas a funcionalidade predefinida nos novos produtos fornece o melhor desempenho e confiança. Também verá que a integração é mais forte, significando que não terá que lidar com as soluções comuns para fazer com que o Flash e o ColdFusion se comuniquem. E mais, terá uma idéia de como usar o componente do serviço Macromedia Flash Remoting para se comunicar com os principais servidores da aplicação Web. A Macromedia trabalhou muito para aumentar a integração entre seus melhores produtos, que é um forte ponto de venda para o ColdFusion MX. Isto permite que os desenvolvedores e os construtores criem aplicações Flash robustas, que aumentam a utilização e introduzem uma nova era das aplicações da Internet.

Com o Flash MX, a Macromedia introduz a próxima geração de aplicações da Internet e desenvolvimento. Os construtores e os desenvolvedores têm a capacidade de trabalhar juntos para criar aplicações Flash robustas. Isto vai além do uso do Flash como um elemento visual; ao contrário, é usado para criar uma experiência única do usuário, integrada com um banco de dados poderoso de backend. Isto permite a separação da lógica da aplicação e da interface do usuário Flash. Os construtores poderão criar a UI de Flash, enquanto os desenvolvedores se concentram na criação de componentes reutilizáveis. Os desenvolvedores poderão transmitir estes componentes para os construtores, onde tudo que precisarão fazer é especificar certos parâmetros e valores defaults para os componentes funcionarem. Não só separa a lógica da aplicação da UI de Flash, mas permite que os construtores e os desenvolvedores trabalhem em conjunto – o que dá um novo significado para o desenvolvimento da Internet.

Agora com as versões MX do Flash e do ColdFusion, a Macromedia aproximou mais o cliente e o servidor. A comunicação ainda é feita no HTTP, mas com um novo formato chamado *Action Message Format* (AMF). O AMF faz parte do serviço Macromedia Flash Remoting, que a Macromedia introduziu no Flash e no ColdFusion MX. Agora você será capaz de acessar as classes do cliente ActionScript que se comunicarão com o Flash Gateway, o componente no lado do servidor do serviço Macromedia Flash Remoting. Nas versões anteriores do Flash, mais integração com os servidores da aplicação, como o ColdFusion, foi conseguida com o getURL, loadVariables e o objeto XML. Estes métodos ainda estão disponíveis no Flash 6 player, mas o AMF é preferido ao lidar com os inteiros, conjuntos de registros, arrays e estruturas.

Muitas pessoas têm desaprovado a natureza do Flash, porque, no passado, ele era usado para criar introduções e animações inúteis. (Uso o termo *inútil* vagamente, porque houve um momento no passado quando as introduções Flash eram excitantes e únicas.) Agora parece que praticamente todo site tem uma introdução Flash com um botão para "pular a introdução". Este capítulo destina-se a ir além do uso do Flash como uma ferramenta de animação, integrando as experiências únicas do usuário com os back-ends do banco de dados. O Flash MX fornece um novo significado para as aplicações da Internet através da capacidade de interagir com os servidores da aplicação de empresas e de ser exibido em dispositivos como os PDAs, consoles de jogos e telefones inteligentes. Isto permitirá aos desenvolvedores criarem uma UI de Flash que é exibida consistentemente em diversas plataformas. Os desenvolvedores poderão criar a lógica da aplicação para interagir com a UI de Flash e fornecer um conteúdo dinâmico sempre que o filme Flash estiver sendo exibido.

Capítulo 25 – Uma introdução para a integração do Flash e do ColdFusion | **621**

Componentes

Junto com a utilização aumentada, o processo de desenvolvimento é melhorado, porque os construtores e os desenvolvedores podem trabalhar juntos para criar as aplicações Flash. O Flash MX tem componentes predefinidos que são parecidos com os clipes inteligentes, mas oferecem mais funcionalidade. Você terá a capacidade de acessar todos os tipos de propriedades, parâmetros e métodos destes clipes. Eles podem ser encontrados no painel Components (Componentes) (Window [Janela], Components) e podem simplesmente ser arrastados e soltos no palco. A Figura 25.1 mostra o painel de componentes default enviados com o Flash MX.

Figura 25.1 O painel Components do Flash MX.

São os componentes default enviados com o Flash e permitem ter mais controle dos formulários e manter os dados. Você poderá também carregar o Components Panel Set 2 (Conjunto de Painéis dos Componentes 2) do Macromedia Exchange (http://www.macromedia.com/exchange/flash).

Precisará do Macromedia Extension Manager (Gerenciador de Extensões Macromedia) para instalar o segundo conjunto, mas estes componentes são gratuitos e valem a pena o tempo que economizarão no futuro. Centenas de componentes estão disponíveis no Macromedia Exchange e você poderá ainda ficar à vontade para enviar os seus. Muitos componentes são adicionados diariamente, tornando este um ótimo lugar para iniciar ao construir sua aplicação. A Figura 25.2 mostra o segundo conjunto de componentes.

Figura 25.2 O Components Panel Set 2 do Flash MX.

Estes componentes contêm muitos métodos e propriedades que adicionam Interatividade e funcionalidade aos seus filmes Flash. Para obter mais informações sobre os componentes, veja o dicionário ActionScript em *F*. Verá em um exemplo posterior que estes componentes se tornam muito úteis ao se integrar com o ColdFusion. Não apenas isto, eles economizam horas do tempo de desenvolvimento ao criar as aplicações Flash. Por exemplo, em algum momento terá necessidade de usar uma barra de rolagem em uma de suas aplicações. Codificar uma barra de rolagem não é considerado nada complexo, mas definitivamente pode levar tempo. A finalidade dos componentes é fornecer um código reutilizável, para que você não acabe fazendo sempre a mesma coisa.

Não só os componentes economizam tempo, mas oferecem uma maneira dos construtores e dos desenvolvedores trabalharem juntos, ao criarem as aplicações Flash. Os componentes fornecem uma maneira de separar o código da exibição. Os desenvolvedores poderão criar componentes personalizados e transmiti-los para os desenvolvedores ou construtores no nível secundário para incluírem em seus filmes. O construtor simplesmente precisará saber como definir algumas propriedades ou parâmetros para o clipe e tudo o mais será cuidado. Isto fornece um ambiente de desenvolvimento da aplicação rápido (RAD) para as equipes Web. Bibliotecas de componentes personalizados poderão ser desenvolvidas e reutilizadas nos futuros projetos, que poderá economizar horas de desenvolvimento e depuração.

Criar componentes personalizados está além do escopo deste capítulo, mas é algo que vale a pena examinar. Se você alguma vez desenvolveu uma tarefa repetitiva no Flash, pode ser a hora de considerar como criar componentes personalizados e código que possam ser reutilizados em suas aplicações.

Métodos de integração anteriores

Nas versões anteriores do Flash, a Macromedia introduziu maneiras de se comunicar com os servidores da aplicação no HTTP. Estes métodos incluíam o getURL, loadVariables e o objeto XML. Cada método tem seus prós e contras, e ainda está disponível no Flash 6 player. Apesar de cobrirmos estes métodos rapidamente, você será apresentado às novas maneiras de realizar estas tarefas.

getURL

O método getURL foi introduzido no Flash 2 player, mas as opções GET e POST estão disponíveis apenas para o Flash 4 player e posterior. Sempre foi uma boa maneira de enviar dados para o servidor, mas requer o filme Flash para redirecionar o navegador para outra página. Isto geralmente consiste em um filme Flash enviando variáveis para uma página não Flash, que por sua vez processa os dados. Também é um caminho com uma direção, pois você pode apenas enviar os dados do Flash, mas não recuperá-los.

loadVariables

O método loadVariables foi um ótimo acréscimo para o Flash 4 player, fornecendo a capacidade de enviar dados através de GET e POST. A vantagem de usar o loadVariables é que o filme Flash faz uma solicitação HTTP para o servidor, sem ter que redirecionar o filme Flash. Tudo é lidado internamente. O problema com loadVariables é que os dados precisam ser codificados com o URL e enviados em pares de nome/valor. Isto impede o envio e o recebimento de dados complexos, como os arrays, objetos e conjuntos de registros. Há duas maneiras de realizar o envio de estruturas complexas para e a partir do Flash, mas isto requer um bom conhecimento do ActionScript e estas soluções geralmente requerem mais overhead do Flash player.

Objeto XML

O objeto XML fornece uma ótima maneira de enviar e receber estruturas de dados complexas para e a partir do Flash. Foi introduzido no Flash 5 e funciona uniformemente com os servidores que transferem informações usando os pacotes XML. Enviar dados usando o objeto XML fornece uma estrutura para seus dados, assim como uma velocidade e confiança aumentadas. A análise XML e o desempenho melhoraram dramaticamente no Flash 6 player. Na versão 5, um pacote XML que continha muitos nós-filhos era executado de maneira fraca e o método preferido era usar os pacotes XML que continham atributos, em vez de nós. Agora os pacotes XML podem conter muitos nós-filhos e o ganho do desempenho é substancial. Embora o desempenho tenha aumentado, você ainda deve ter cuidado com a quantidade de dados que está carregando. Ainda é recomendado que divida seus dados em partes, se estiver lidando com muitas informações. Isto poderá reduzir o esforço no Flash player e melhorar a experiência do usuário final.

Se precisar interagir com diferentes servidores da aplicação que utilizam a XML, então usar o objeto XML será o método preferido. Como o desempenho e a confiança aumentaram, seria vantajoso se familiarizar com o objeto XML e usá-lo em suas aplicações.

Como pode ver, estes métodos anteriores têm seus prós e contras. Se você estiver lidando com uma integração simples, então o getURL e o loadVariables serão adequados para a tarefa. Se tiver necessidade de transferir os dados estruturados de uma maneira eficiente, considere usar o objeto XML. Analise sua aplicação antes do desenvolvimento. Rascunhe um documento de especificação que irá ajudá-lo a determinar se você pode usar estes métodos antigos para realizar sua tarefa.

Se estiver querendo construir uma aplicação Flash robusta, onde o Flash servirá unicamente como o front-end, deverá explorar os novos componentes do serviço Macromedia Flash Remoting. Iremos analisar o serviço Macromedia Flash Remoting, e então colocaremos nossas mãos na aplicação de gerenciamento de contas que entrará nos detalhes da integração do Flash e do ColdFusion MX.

Serviço Macromedia Flash Remoting

O serviço Macromedia Flash Remoting serve como a camada de comunicação entre o Flash e o servidor da aplicação. Agora os desenvolvedores serão capazes de interagir com os diferentes servidores da aplicação, como o ColdFusion MX, o Java e o servidores .NET. Toda a comunicação será lidada através do novo Action Message Format (AMF), que trabalha no HTTP. O componente no lado do servidor do serviço Macromedia Flash Remoting, conhecido como *Flash Gateway*, permite que os desenvolvedores façam chamadas a partir do Flash para o servidor da aplicação. As novas classes do serviço Macromedia Flash Remoting que agora estão disponíveis no ActionScript permitem ao Flash se comunicar com o servidor através do Flash Gateway. Estas classes são conhecidas como *NetServices* e oferecem um desempenho e funcionalidade aumentados em relação aos antigos métodos.

A Figura 25.3 mostra a relação entre o Flash, o serviço Macromedia Flash Remoting e o servidor da aplicação.

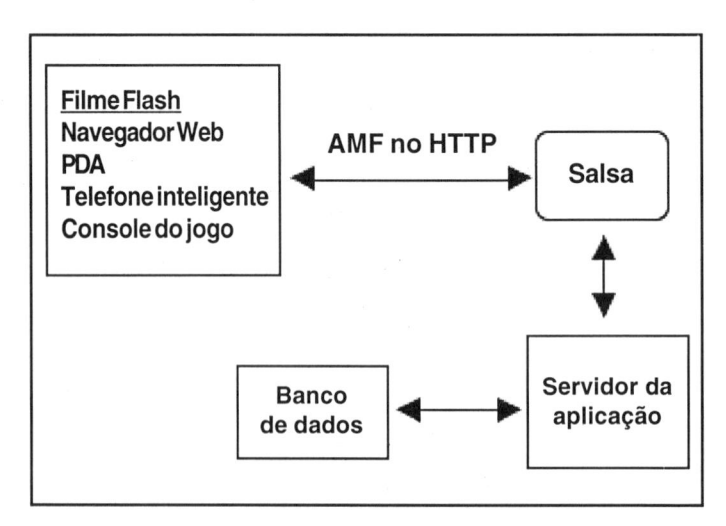

Figura 25.3 A relação entre o Flash, o serviço Macromedia Flash Remoting e o servidor da aplicação.

Capítulo 25 – Uma introdução para a integração do Flash e do ColdFusion | **625**

Você irá se familiarizar mais com o serviço Macromedia Flash Remoting e como ele funciona quando vir a aplicação de amostra deste capítulo. O componente do serviço Macromedia Flash Remoting, do ponto de vista de um usuário, é completamente invisível. Ele foi designado para facilitar a vida do desenvolvedor, criando um método padronizado de desenvolvimento e depuração de aplicações Flash inteiras.

Um sistema básico de gerenciamento de contas

Agora que você tem uma compreensão da funcionalidade no lado do servidor, iremos executar uma aplicação inteira que utiliza alguns recursos novos. Como mencionado anteriormente, esta aplicação poderia ser desenvolvida da antiga maneira, usando loadVariables ou o objeto XML. Nosso objetivo é realizar o desenvolvimento de uma aplicação que mostra a força e as capacidades dos componentes do serviço Macromedia Flash Remoting. Há tantos componentes novos no lado do servidor que é quase como aprender um programa totalmente novo. Como não podemos cobrir tudo neste capítulo, será suficiente despertar seu interesse e fazer com que comece a desenvolver suas próprias aplicações Flash/ColdFusion MX.

Este exemplo requer que você tenha o ColdFusion MX instalado e sendo executado. Também precisará dos complementos Flash MX, que contêm as classes e os componentes ActionScript necessários para conectar o Flash Gateway e ajudá-lo a depurar suas aplicações. A aplicação será testada e executada a partir do host local, e você poderá mudar isto para qualquer endereço IP ou nome do host. Verá isto especificado no código ActionScript em breve.

Como iniciar

Copie o arquivo ch25.zip para sua raiz Web c:\neo\wwwroot. Agora descompacte este arquivo e certifique-se de que os arquivos residem em c:\neo\wwwroot\flashexamples\ch25. Esta estrutura de diretório é a chave para desenvolver a aplicação. Naturalmente, você poderá mudar a estrutura, mas isto deve ser refletido no código ActionScript do Flash. Sua estrutura de diretório deverá ficar parecida com a Figura 25.4.

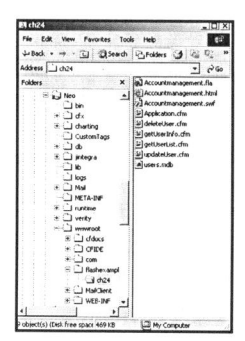

Figura 25.4 A estrutura de diretório do gerenciamento de contas.

Esta aplicação demonstrará um sistema de gerenciamento de contas do usuário, no qual os registros dos dados podem ser atualizados e apagados da UI de Flash. O Flash Gateway, o componente no lado do servidor do serviço Macromedia Flash Remoting, será usado para transmitir informações entre si mesmo e o servidor da aplicação. Então o servidor da aplicação irá consultar um banco de dados e transmitirá as informações de volta para o Flash Gateway. A Figura 25.5 demonstra o processo de comunicação.

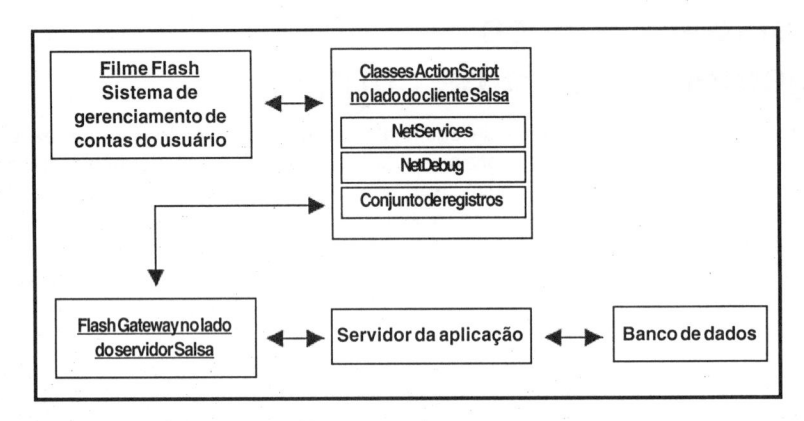

Figura 25.5 O processo de comunicação através do serviço Macromedia Flash Remoting.

O serviço Macromedia Flash Remoting requer o uso das classes ActionScript junto com a criação no lado do servidor dos serviços Macromedia Flash Remoting no ColdFusion MX. Como pode ver, o serviço Macromedia Flash Remoting serve como a ponte entre o Flash e o servidor da aplicação ColdFusion. A seguinte aplicação de gerenciamento de contas apresentará o código e as técnicas para construir aplicações Web dinâmicas. Comecemos.

Arquivos na aplicação

Antes de tudo, iremos ver cada um dos arquivos e obter o básico da compreensão do que fazem. Depois vem uma lista dos arquivos incluídos com esta aplicação que podem ser encontrados em /wwwroot/flashexamples/ch25/:

- Accountmanagement.fla
- Accountmanagement.html
- Accountmanagement.swf
- Application.cfm
- deteleUser.cfm
- getUserInfo.cfm
- getUserList.cfm
- updateUser.cfm
- users.mdb

Banco de dados

A chave para qualquer aplicação web é o banco de dados junto com a estrutura. Se você observar o users.mdb, verá a construção da tabela, como mostrado na Figura 25.6.

A estrutura de dados é muito simples, e você verá que o UserID é a chave primária para a tabela de usuários. É o que usaremos para transmitir entre o Flash Gateway e o ColdFusion ao atualizar e apagar os registros. Outras informações serão transmitidas, mas o ID do usuário é exclusivo para cada usuário e nos permite saber qual registro atualizar ou apagar.

Gabaritos ColdFusion

Agora veremos cada um dos gabaritos ColdFusion. Application.cfm simplesmente serve para armazenar o Data Source Name (DSN), que, neste caso, é accountmanagement. É definido como uma variável de solicitação global e será chamada a partir de outros gabaritos ao fazer consultas no banco de dados. O DSN precisará ser configurado através do ColdFusion Administrator (Administrador ColdFusion), que é mostrado na Figura 25.7. Você poderá mudar o DSN para qualquer nome preferido – apenas certifique-se de que seja consistente no gabarito Application.cfm e no administrador ColdFusion.

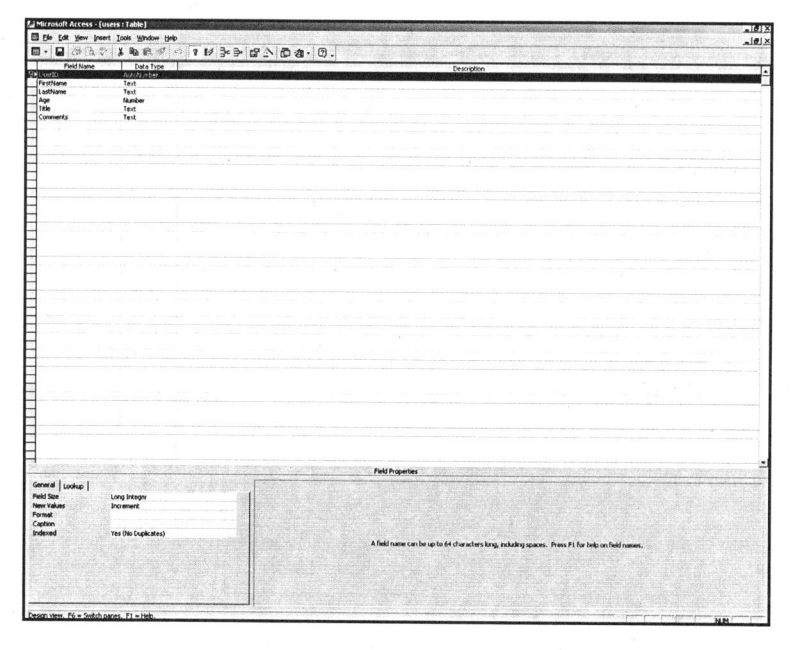

Figura 25.6 A estrutura do banco de dados da tabela do usuário.

Dominando Macromedia Flash MX

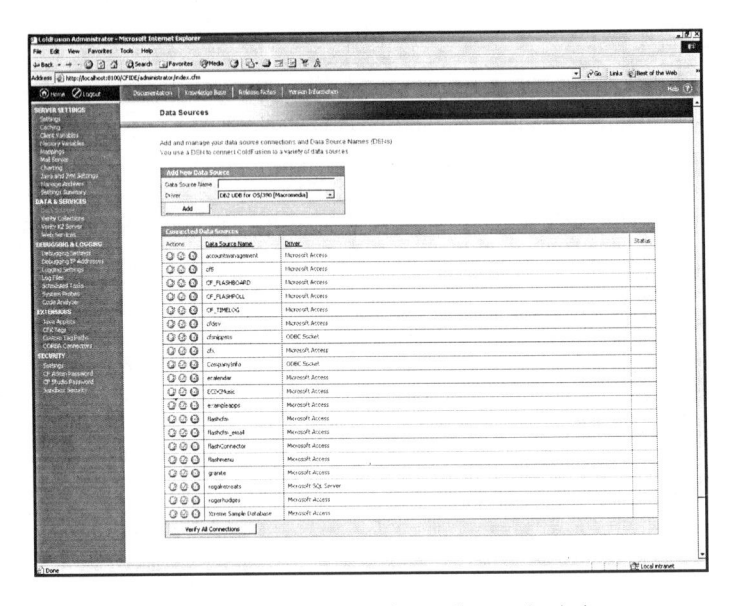

Figura 25.7 Como gerenciar as fontes de dados ODBC no ColdFusion Administrator.

Veremos rapidamente o resto dos gabaritos na ordem em que serão acessados através da aplicação. O gabarito getUserList.cfm é usado para preencher o componente List Box (Caixa de Listagem) no Flash. A Figura 25.8 mostra o processo de comunicação, que obtém as informações do ColdFusion e preenche a caixa de listagem. Você verá que este componente tem uma funcionalidade enorme e pode ainda ser controlado usando as setas para cima e para baixo em seu teclado. Quando uma seleção for feita, uma função de sub-rotina de alteração será chamada (neste caso, chama o gabarito getUserInfo.cfm).

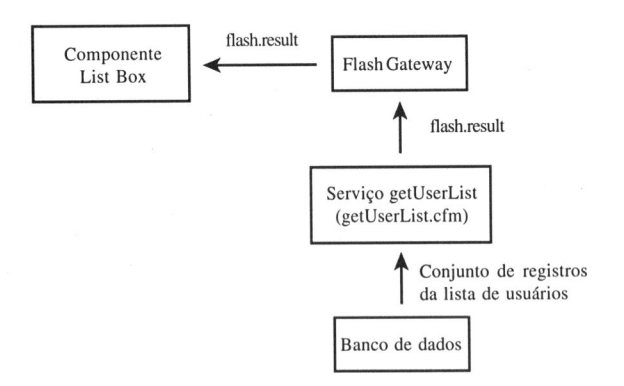

Figura 25.8 A comunicação entre o Flash e o servidor da aplicação para recuperar a lista de usuários.

O gabarito getUserInfo.cfm é usado para consultar o banco de dados e obter as informações do usuário selecionado, como mostrado na Figura 25.9. Assim que uma seleção for feita a partir da caixa de listagem, um ID do usuário exclusivo será transmitido para o gabarito. O ID do usuário é transmitido através do Flash Gateway e o gabarito consulta o banco de dados através do ID do usuário. O conjunto de registros então é transmitido de volta para o Flash e lidado de acordo, para exibir as informações do usuário.

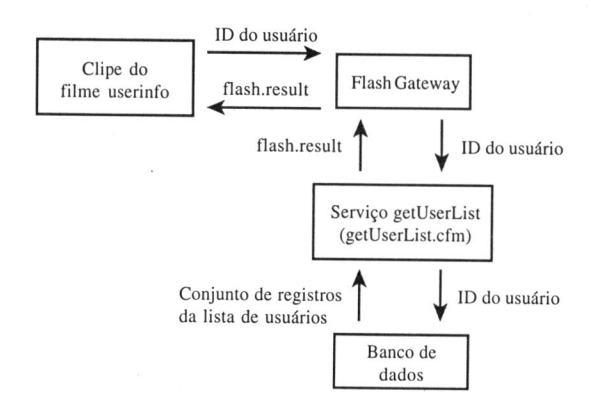

Figura 25.9 A comunicação entre o Flash e o servidor da aplicação para recuperar as informações do usuário.

Assim que as informações tiverem sido carregadas na UI de Flash, o usuário então poderá editar os campos do texto e modificar os dados. Se o botão Update (Atualizar) for clicado, uma sub-rotina de alteração será chamada, enviando o ID do usuário junto com os outros dados para o gabarito updateUser.cfm através do Flash Gateway. Então o gabarito atualizará o banco de dados através do ID do usuário exclusivo. Depois do banco de dados ter sido atualizado, outra chamada para o gabarito getUserList.cfm será feita, atualizando a caixa de listagem, no caso de qualquer nome ter sido alterado.

Do mesmo modo, assim que o botão Delete (Apagar) for clicado, o ID do usuário será transmitido para o gabarito deleteUser.cfm. O registro será removido do banco de dados através do ID do usuário. Assim que o registro tiver sido removido, chamaremos o gabarito getUsertList.cfm novamente, para exibir a lista de nomes mais atual.

Arquivo Flash

O arquivo-fonte Flash, Accountmanagement.fla, contém todo o ActionScript, os componentes e os gráficos que criam o front-end da aplicação de amostra.

O arquivo Flash compilado, Accountmanagement.swf, é o que será exibido no arquivo Accountmanagement.html. Estaremos acessando esta página HTML quando não estivermos testando dentro do Integrated Development Environment (IDE) do Flash.

Agora veremos detalhadamente o código-fonte e como ele interage com o Flash Gateway. Também veremos o NetConnect Debugger (Depurador NetConnect), que irá facilitar nossa vida ao depurar as aplicações.

Estrutura do filme

Iremos abrir o arquivo-fonte do Flash e ver a estrutura geral do filme de amostra. A estrutura deste filme consiste em dois clipes do filme principais, que lidam com a exibição das informações. O primeiro clipe é, na verdade, um componente List Box e é atribuído a um nome de instância userList. Você poderá exibir os nomes de instância dos clipes do filme no painel de propriedades. O próximo clipe do filme receberá um nome de instância userInfo e será usado para exibir as informações do usuário junto com os botões Update e Delete. O clipe userInfo também contém alguns subclipes que exibem diferentes mensagens de resposta, dependendo da seleção do usuário. Há alguns outros elementos gráficos que você poderá ver ao examinar a estrutura do filme exibida na Figura 25.10.

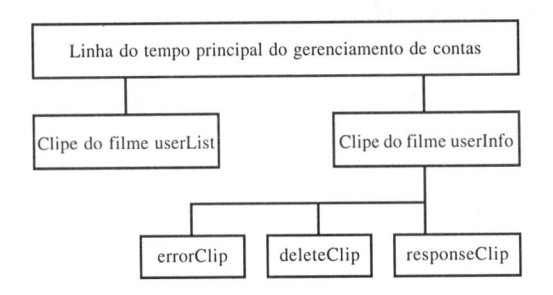

Figura 25.10 A estrutura do filme Accountmanagement.fla.

Como compreender o código

No quadro 1 da linha do tempo principal, você verá a maioria do código ActionScript necessária para executar a aplicação de gerenciamento de usuários. Para a aprendizagem, a maior parte do código reside aqui, porque é mais fácil para seguir do que ter que pesquisar o código nos diferentes clipes do filme. É sempre uma boa prática construir um código modular (ou seja, um código que seja dividido em componentes). O código está centralizado, mas você verá que está dividido em componentes diferentes, que lidam com funções diferentes. As duas primeiras linhas do código são as instruções #include que carregam as classes NetServices e NetDebug no filme, assim que tenha sido publicado a partir do Flash IDE:

```
// include the Macromedia Flash Remoting service client-side classes
#include "NetServices.as"
#include "NetDebug.as"
```

Estas classes fazem parte do componente no lado do cliente do serviço Macromedia Flash Remoting. Como mencionado anteriormente, você precisará instalar os complementos do Flash MX, que incluem estas classes, assim como o componente NetConnect Debugger. A classe NetServices é usada para criar a conexão com duas direções entre o Flash e o Flash Gateway. A classe NetDebug é usada em conjunto com NetConnect Debugger (Window, NetConnect Debugger). Se você não pretende usar o depurador, não será necessário incluí-lo em seu código. Isto ajudará a reduzir o tamanho do arquivo, mesmo que ele não acrescente muito. Recomendaria usar o depurador ao testar e então comentá-lo ou removê-lo assim que tiver terminado de depurar. Depois das devidas classes serem incluídas, poderemos fazer a conexão com o Flash Gateway:

```
// lets make sure we only run this block of code once
if (initialized = = null) {
//set initialized to true so we don't run this again
var initialized = true;
//
NetServices.setDefaultGatewayUrl("http://127.0.0.1:8100/flashservices/
-> gateway");
var gatewayConnection = NetServices.createGatewayConnection( );
var userService = gatewayConnection.getService("flashexamples.ch25", this);
}
```

A conexão com o gateway precisa apenas ser estabelecida uma vez. Portanto, iremos verificar a existência da variável initialized. Se ela não existir, a instrução if será executada e definida para True, significando que será executada apenas uma vez. Depois da conexão inicial ser feita, poderemos fazer quantas chamadas e transferências de dados forem necessárias em nossa aplicação. O URL do gateway default especifica o gateway ao qual estaremos nos conectando na máquina local. Você poderá também especificar um protocolo seguro (HTTPS) para ser usado com o Flash Gateway. A próxima linha de código de fato cria a conexão com o Flash Gateway e define-a para a variável gatewayConnection. Uma string URL também poderá ser especificada como um parâmetro para este método, mas a Macromedia recomenda especificar o URL no método setDefaultGatewayURL. Assim que a conexão tiver sido feita, iremos conectar nosso diretório de serviço sob flashexamples.ch25 e definiremos isto para a variável userService. Agora seremos capazes de fazer chamadas para nossos serviços no lado do servidor do serviço Macromedia Flash Remoting através da variável userService.

Agora estaremos acessando as funções do serviço, que correspondem aos gabaritos ColdFusion mencionados anteriormente, para lidar com nossos dados. A primeira função do serviço que examinaremos é a função getUserList:

```
function getUserList( ) {
   userService.getUserList( );
}
getUserList( );
```

A ordem na qual este código é especificado não importa. Poderemos colocar a chamada para getUserList antes da declaração da função. O serviço de listagem dos usuários é chamado várias vezes na aplicação, e é usado para carregar ou recarregar os dados no componente ListBox. Note que quando fizermos uma chamada para uma função do serviço, estaremos aguardando que os dados sejam retornados do Flash Gateway. Para capturar os resultados, precisaremos especificar uma função de resultado que irá capturar os dados. Todos os dados retornados para as funções do serviço serão enviados para a função com _Result anexado ao nome (por exemplo, getUserList_Result):

```
// initialize the array to store our list elements
var valueList = new Array( );
function getUserList_Result(resultRecordset) {
   for (i in resultRecordset.items) {
      // grab the id, first name, and last name to store in tempObj
      var userid = resultRecordset.items[i].userid;
      var firstname = resultRecordset.items[i].firstname;
```

```
            var lastname = resultRecordset.items[i].lastname;
            // create a temporary object that will
 -> contain the id, first name, and last name
            // the first name and last name will be
 -> labels and the id will be our data
            // then set it in the array which will be used to populate our userlist
            var tempObj = new Object( );
            tempObj.label = firstname + " " + lastname;
            tempObj.data  = userid;
            valueList[i] = tempObj;
        }
            // set the user list
            userList.setDataProvider(valueList);
        }
```

Quando o filme é reproduzido inicialmente, chamamos o serviço getUserList e o conjunto de registros é enviado de volta para getUserList_Result. Esta função é usada para fazer um loop nos itens do conjunto de registros e os definimos para as variáveis locais no Flash. Neste caso, estamos lidando com o userid, firstname e lastname de cada usuário. Enquanto estamos fazendo um loop no conjunto de registros, criamos um objeto temporário, para armazenar a etiqueta e os dados do objeto. A etiqueta para a caixa de listagem são o primeiro e último nomes do usuário, que serão exibidos na caixa de listagem. Também definimos os dados para cada usuário no objeto temporário, que é userid. A variável de dados é invisível para o usuário e é o que usaremos para obter as informações do usuário, atualizá-las e apagar o registro. Através de cada iteração do loop, definimos o objeto temporário e então o anexamos ao array valueList. Assim que o loop é completado, obtemos o array valueList e o colocamos no método setDataProvider da caixa de listagem userList. Lembre-se que userList corresponde ao nome de instância do componente List Box no palco. Veja a Figura 25.11 para exibir o componente List Box preenchido.

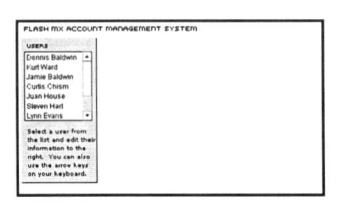

Figura 25.11 A exibição da lista de usuários no filme Flash.

O método setDataProvider do componente List Box é um dos muitos métodos aos quais temos acesso com os novos componentes Flash MX. Para aprender mais sobre os métodos e as propriedades dos componentes, exiba o dicionário ActionScript em *F*.

Até então, vimos o código que faz um loop no conjunto de registros da listagem de usuários. Agora você precisa ver o que está acontecendo no lado do servidor. Se observar o código no lado do servidor em getUserList.cfm, eis o que verá:

```
<cfquery datasource="#request.dsn#" name="getusers" dbtype="odbc">
select userid, firstname, lastname
from users;
</cfquery>
<cfset flash.result=getusers>
```

Capítulo 25 – Uma introdução para a integração do Flash e do ColdFusion | 633

Nesta consulta, estamos obtendo um conjunto de registros no banco de dados que contém o ID do usuário, o primeiro nome e o último nome. Então estes resultados são definidos no flash.result, que será transmitido de volta para a função getUserList_Result no Flash.

Se você estiver familiarizado com o ColdFusion, verá que um novo escopo da variável foi introduzido. Está certo, agora temos acesso ao escopo da variável Flash, que transmitirá o resultado para o Flash Gateway e então para o filme Flash. Eis uma lista das variáveis no escopo Flash:

- flash.result. Uma variável que será transmitida para o filme Flash.
- flash.params. Uma estrutura de parâmetros transmitida a partir do filme Flash
- flash.pagesize. Especifica o número de registros transmitidos para o filme Flash em um momento.

A variável flash.result pode transmitir strings, inteiros, conjuntos de registros, arrays, estruturas e valores booleanos para o filme Flash. Isto torna mais fácil enviar dados estruturados, como conjuntos de registros, para os filmes Flash do que no passado.

Então tivemos sucesso com nossa solicitação inicial para o servidor e preenchemos a caixa de listagem com nossos resultados, não foi ruim demais! Agora a próxima etapa será lidar com o evento de um usuário clicando em uma das entradas da caixa de listagem. O que desejamos fazer é exibir as informações para o usuário selecionado. Com o componente List Box, temos acesso a um método de sub-rotina de alteração. Isto chama uma função personalizada, que especificamos sempre que a seleção na caixa muda. Selecione o componente List Box no palco e exiba as propriedades. Você verá que chamamos a função handleSelected para a sub-rotina de alteração:

```
function handleSelected( ) {
    var selectedID = userList.getSelectedItem( ).data;
    getUserInfo(selectedID);
    userInfo.gotoAndStop(2);
}
```

A função inicializa a variável selectedID e define o ID do usuário para ela. A variável data corresponde ao ID do usuário e foi definida anteriormente por nossa função getUserList_Result. Mais uma vez, o UserID serve como uma chave exclusiva para nossos usuários e nos permite recuperar, atualizar e apagar os dados do usuário.

Agora faremos uma chamada para getUserInfo, que consulta o banco de dados e retorna as informações para o usuário selecionado. Depois da chamada ser feita para o servidor para obter as informações do usuário, informamos ao clipe do filme userInfo para prosseguir e parar no quadro 2. Isto acontecerá instantaneamente, e enquanto o clipe userInfo é enviado para o quadro 2, aguardamos que o Flash Gateway retorne o conjunto de registros para getUserInfo_Result:

```
function getUserInfo_Result(resultRecordset) {
    // grab the values from the recordset
    var userid    = resultRecordset.items[0].userid;
    var firstname = resultRecordset.items[0].firstname;
    var lastname  = resultRecordset.items[0].lastname;
    var age       = resultRecordset.items[0].age;
    var title     = resultRecordset.items[0].title;
    var comments  = resultRecordset.items[0].comments;
    // set the values in the userinfo clip for display
    // the userid will be used to update and delete users
    userInfo.userid = userid;
```

```
    userInfo.firstname = firstname;
    userInfo.lastname  = lastname;
    userInfo.age = age;
    userInfo.title = title;
    userInfo.comments = comments;
}
```

A função aguarda o objeto do conjunto de registros que é transmitido de volta a partir do serviço getUserInfo. As variáveis necessárias – userid, firstname, lastname, age, title e comments – são retiradas do conjunto de registros e então colocadas no clipe userInfo para a exibição. A saída do clipe userInfo é mostrada na Figura 25.12.

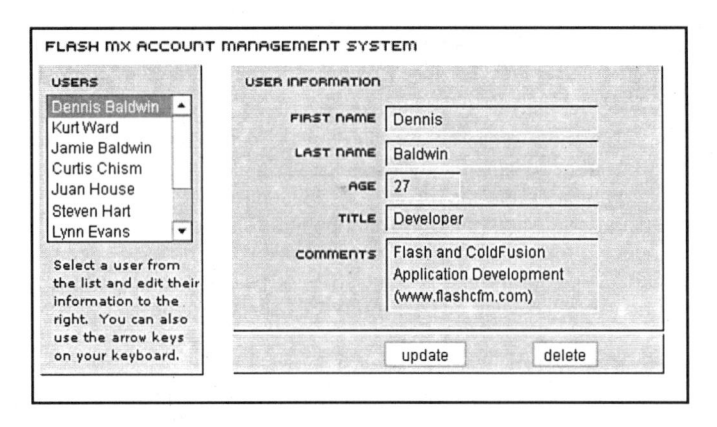

Figura 25.12 A exibição das informações do usuário no filme Flash.

Vejamos o serviço getUserInfo de ColdFusion no lado do servidor e o código que lida com esta tarefa:

```
<cfset userid = flash.params[1]>
<cfquery datasource="#request.dsn#" name="getuserinfo">
select userid, firstname, lastname, age, title, comments
from users
where userid = #userid#;
</cfquery>
<cfset flash.result=getuserinfo>
```

A primeira instrução <cfset> obtém o ID do usuário, que é transmitido a partir da função getUserInfo(userid) do Flash e o define para uma variável CF local. Em seguida, consultamos o banco de dados usando o ID do usuário e colocamos os resultados do conjunto de registros na variável flash.result. Isto é transmitido através do Flash Gateway, de volta para o Flash, e é lidado pela função getUserInfo_Result.

Até então, tudo que cobrimos foi a interação do tipo apenas leitura. Agora veremos como atualizar e apagar as informações do usuário e o código que lidará com estas tarefas.

Se você examinar o clipe userInfo, o quadro 1 contém as funções ActionScript necessárias para lidar com as ações de atualização e de eliminação. Estas funções são declaradas no quadro 1 e aguardam um evento do usuário assim que o clipe do filme é enviado para o quadro 2. No quadro 2, você verá

Capítulo 25 – Uma introdução para a integração do Flash e do ColdFusion | 635

os campos de texto dinâmico junto com os botões Update e Delete. Estes botões também são novos componentes, enviados com o MX, chamados de *pushbuttons* (botões de pressionar). Os botões têm um método de sub-rotina do clique que é chamado sempre que um for clicado.

A sub-rotina de clique do botão Update é a função updateUser. Quando o botão é clicado, a função é chamada e o serviço updateUser é colocado para trabalhar:

```
function updateUser( ) {
    // make sure that all fields are filled out
    // simple validation to see if data exists in the text field
    if(firstname != '' && lastname != '' && age != ''
 -> && title != '' && comments != '') {
    //go to frame 3 which will display the response message
    this.gotoAndStop(3);
    // call the update user service to update the database contents
    // the result will be returned to updateUser_Result in _root
    _root.userService.updateUser(userid, firstname, lastname,
 -> age, title, comments);
    // refresh the user list in case a firstname or lastname was changed
    _root.userService.getUserList( );
    } else {
    // send error message that one or more fields are missing
    errorClip.gotoAndPlay(2);
    }
}
```

Esta função executa uma validação básica, apenas para ver se os campos, de fato, têm qualquer dado antes do serviço ser chamado. Se não houver nenhum dado nos campos, iremos destinar o clipe errorClip e informá-lo para se reproduzir. Isto pede basicamente ao usuário para preencher estes campos. Se houver dados nos campos, o clipe userInfo será enviado para o campo 3, que exibirá um subclipe chamado responseClip e exibirá uma mensagem "Updating Database" (Atualizando Banco de Dados).

O serviço updateUser então é chamado (note que o chamamos a partir da raiz, porque é onde updateUser_Result reside). Transmitimos os parâmetros userid, firstname, lastname, age, title e comments para o serviço updateUser. O gabarito updateUser.cfm de ColdFusion obterá estes parâmetros e atualizará o banco de dados com as novas informações:

```
<cftry>
<cfset userid   = flash.params[1]>
<cfset firstname = flash.params[2]>
<cfset lastname = flash.params[3]>
<cfset age    = flash.params[4]>
<cfset title  = flash.params[5]>
<cfset comments = flash.params[6]>
<cfquery datasource="#request.dsn#" dbtype="odbc">
update users
set firstname='#firstname#', lastname='#lastname#',
->age=#age#, title='#title#', comments='#comments#'
where userid = #userid#;
</cfquery>
<cfset flash.result=1>
<cfcatch>
<cfset flash.result=0>
</cfcatch>
</cftry>
```

Com este gabarito, estamos definindo basicamente os parâmetros transmitidos a partir do Flash, através do gateway, para as variáveis CF locais. Então a consulta atualiza as informações do usuário com base no ID do usuário. Você verá que introduzimos uma instrução <cftry>...<cfcatch> que nos informará se a atualização foi bem-sucedida. Se tiver sucesso, enviaremos um valor 1 (True) de volta para o Flash. Se não, enviaremos 0 (False).

Com estes valores, a função updateUser_Result então determinará qual resposta enviar para o usuário através do clipe do filme userInfo.responseClip:

```
function updateUser_Result(success)   {
    if(success) {
    // update successful so display the success message
    userInfo.responseClip.gotoAndPlay("success");
    } else {
    // update failed so display the failed message
    userInfo.responseClip.gotoAndPlay("failed");
    }
}
```

Se a atualização for bem-sucedida, iremos destinar responseClip, informá-lo para prosseguir e reproduzir o quadro success (sucesso). Isto exibirá uma mensagem de "sucesso" para o usuário. Depois desta mensagem ser exibida, o clipe _parent de responseClip, que é userInfo, será enviado de volta para o quadro 2. As novas informações serão exibidas, e uma chamada será feita para o serviço getUserList. A razão da chamada para getUserList é para renovar a caixa de listagem com os novos valores firstname e lastname se o registro foi atualizado.

A última peça do quebra-cabeças envolve lidar com o pushbutton Delete, caso ele seja clicado. Você verá que a seqüência de eventos é muito parecida com a ação de atualização. A sub-rotina de cliques para o botão Delete é a função deleteUser, que reside no quadro 1 do clipe userInfo.

Antes de deixarmos que os usuários apaguem qualquer informação, primeiro precisaremos pedir que confirmem se é isto que desejam fazer:

```
function deleteUser( ) {
    // set the current userid in the delete clip
    // the userid will be passed from the delete clip to the deleteUser service
    deleteClip.userid = userid;
    // play the delete clip
    deleteClip.play( );
}
```

Definimos userid dentro de deleteClip, que reside no quadro 2 do clipe do filme userInfo. Depois definimos o userid, então informamos ao clipe do filme delete para se reproduzir. Isto exibirá um prompt, e então deixará que o usuário clique um botão Yes (Sim) ou No (Não) para confirmar. As sub-rotinas de cliques para ambos os botões residem no quadro 1 de deleteClip:

```
function deleteUser( ) {
    // call the deleteUser service which will returned
    // to deleteUser_Result in _root
    _root.userService.deleteUser(userid);
}

function doNotDeleteUser( ) {
    // return the current clip to frame 1
    this.gotoAndStop(1);
}
```

Se o botão Yes for clicado, chamaremos o serviço deleteUser, transmitiremos o userid e aguardaremos a resposta em _root. A função deleteUser_Result irá esperar a resposta, e se tiver sucesso, exibirá uma mensagem de "sucesso". Se falhar, uma mensagem de "falha" será exibida:

```
function deleteUser_Result(success) {
    if (success) {
        // delete successful so display the success message
        userInfo.deleteClip.gotoAndPlay("success");
        // reload the user list since the user has been deleted
        userService.getUserList( );
        // reset the userinfo fields until another user has been selected
        userInfo.firstname = "";
        userInfo.lastname = "";
        userInfo.age = "";
        userInfo.title = "";
        userInfo.comments = "";
    } else {
        // delete failed so display the failed message
        userInfo.deleteClip.gotoAndPlay("failed");
    }
}
```

Também precisaremos redefinir os campos no clipe userInfo ao apagar o usuário, que pode ser visto no fragmento de código anterior. A última coisa que veremos é o código para o gabarito deleteUser.cfm de ColdFusion:

```
<cftry>
<cfset userid = flash.params[1]>
<cfquery datasource="#request.dsn#" name="getuserinfo">
delete from users
where userid = #userid#;
</cfquery>
<cfset flash.result=1>
<cfcatch>
<cfset flash.result=0>
</cfcatch>
</cftry>
```

Novamente, definimos o userid transmitido a partir do Flash para uma variável CF local; então executamos uma consulta de eliminação com base na variável userid. Se a consulta tiver sucesso, enviaremos um valor 1 para o Flash; se a consulta não tiver sucesso, enviaremos um valor 0. A função deleteUser_Result cuidará do resto e determinará qual mensagem exibir para o usuário.

Depuração

Uma aplicação nunca está completa sem algum conhecimento de como depurá-la e corrigir qualquer coisa que possa estar quebrada. Esta aplicação deve ser executada perfeitamente de modo direto, mas não sem problemas e depuração durante o desenvolvimento. É onde a classe NetDebug se torna útil. No Flash MX, agora temos acesso a esta classe e a uma ótima ferramenta chamada NetConnect Debugger. Para ativar isto durante o teste, vá para Window, NetConnect Debugger. Ative antes de testar o filme. A Figura 24.13 mostra o NetConnect Debugger em ação.

Figura 24.13 A janela NetConnect Debugger.

Esta janela exibe todas as chamadas feitas para o Flash Gateway e qualquer resultado enviado de volta para o Flash. Ela lista qualquer parâmetro disponível, com todos os tipos de informações úteis para melhorar a depuração. Se erros estiverem ocorrendo, ou você não estiver recebendo os resultados esperados, este será um ótimo lugar para solucionar os problemas de sua aplicação. Também verá os códigos de erro e mensagens, se sua aplicação não funcionar corretamente. Reserve um tempo para se familiarizar com esta janela, porque ela irá economizar definitivamente seu tempo e frustração no futuro.

Há muitas informações para absorver aqui, mas assim que você compreender alguns conceitos nesta aplicação, achará que os serviços Macromedia Flash Remoting são muito simples e fáceis e fornecem possibilidades quase ilimitadas.

Como aprimorar suas habilidades

Esta aplicação não estaria completa sem a capacidade de adicionar novos usuários ao banco de dados. É por isto que o desafiamos a usar o que aprendeu neste capítulo para aplicar a funcionalidade "Adicionar Usuário". Então será capaz de adicionar usuários ao banco de dados, modificar suas informações e apagá-los, se necessário.

Também considere usar objetos compartilhados para armazenar os dados localmente na máquina do usuário. Você poderá permitir que os usuários se registrem e tenham suas informações pessoais retiradas no Flash, a partir da máquina local, sem que tenham que enviar uma solicitação para o servidor. Isto evitará que tenha que fazer qualquer chamada desnecessária para o servidor. Assim que as informações forem atualizadas, você poderá enviá-las para o servidor e também gravá-las localmente para a próxima vez em que as informações forem exibidas.

Outra área a explorar são os componentes ColdFusion que são novos no ColdFusion MX. Os componentes fornecem um meio de reutilizar o código que está armazenado em um único local. Você poderá chamar os métodos nos componentes e receber os resultados do método. São parecidos com os componentes Flash, no sentido de que fornecem o RAD e permitem que você separe a lógica da aplicação do código de exibição. Os componentes ColdFusion são armazenados nos arquivos com uma extensão .cfc.

Resumo

Como mencionado anteriormente, você tem possibilidades ilimitadas com o Flash e o ColdFusion MX. A Web está mudando constantemente, assim como as ferramentas e aplicações utilizadas no mercado Web de hoje. É importante se manter na frente do desenvolvimento da aplicação da Internet. Precisamos ser capazes de construir aplicações de ponta em menos tempo, e a Macromedia nos forneceu a tecnologia para fazer isto.

Capítulo 26

Integração com o ASP

por Dan Waters

Neste capítulo

- Como iniciar
- O conceito
- Como enviar dados do Flash para o ASP
- Como enviar dados do ASP para o Flash
- Como construir um modelo funcional
- Verificação do conceito
- Como iniciar com bancos de dados
- Como se integrar com o ASP e o Microsoft Access
- Como trabalhar com imagens e o ASP
- Resumo dos conceitos

Agora que você descobriu a estética sem fim e a capacidade funcional do Flash MX, está equipado com uma ferramenta de construção extraordinariamente poderosa. É hora de ampliar os horizontes mais uma vez. Não só o Flash MX facilita a criação de uma construção bela e profissional; ele também fornece ao desenvolver maneiras diferentes de acessar os dados a partir de vários locais.

Você viu como o ColdFusion trabalha com o Flash MX. Agora, iremos explorar outra solução para ligar seu banco de dados a um filme Flash: as Active Server Pages. Usando uma combinação das técnicas analisadas neste capítulo, você será capaz de criar várias soluções dinâmicas de dados baseadas no Flash. E mais, não estará limitado a nenhuma linguagem em particular. Contanto que tenha as devidas ferramentas e um algoritmo adequado, poderá fornecer a seus usuários uma dinâmica preciosa, a partir de praticamente qualquer fonte.

As aplicações populares desta técnica incluem, mas não se limitam de modo algum, às cores personalizadas, texto, livros de convidados, painéis de mensagens, mecanismos de busca, perfis do usuário, carrinhos de compra, cartões de visita, jogos e ainda navegadores de dados completos (que você estará construindo no final deste capítulo).

É útil notar que grande parte da comunicação entre o Flash e uma linguagem de script no lado do servidor é feita na parte do servidor. O Flash deve sempre agir como a interface e deve lidar o menos possível com o processamento. Isto leva a uma conclusão agradável: o Flash pode ser usado para exibir quase tudo retornado por sua linguagem escolhida (supondo que sua linguagem forneça alguma forma de função da saída).

Antes de começarmos, você aprenderá exatamente o que precisa para utilizar a capacidade do Flash e do ASP. Alguns itens de software são requeridos, e você terá que ter uma determinada configuração do servidor acessível se quiser usar o ASP.

Começaremos cobrindo o básico e a teoria sob a transmissão de dados. Depois da visão geral básica, iremos analisar como enviar os dados do Flash para o ASP. Então, aprenderemos a enviar os dados do ASP para o Flash. Usando as informações destas seções, construiremos um modelo funcional, passo a passo, completamente. Depois deste exemplo, iremos analisar os bancos de dados e o código necessário para abri-los, exibi-los e gerenciá-los. Isto será seguido de um projeto do banco de dados. Depois de completar este projeto um tanto quanto longo, iremos analisar os limites concernentes às imagens e aos sons, e como superá-los com o Flash MX. No final do capítulo, você será apresentado a um projeto que poderá ser carregado a partir do site Web complementar deste livro.

Como iniciar

Três componentes maiores estão envolvidos no desenvolvimento de uma solução de dados baseada no Flash bem-sucedida: o Macromedia Flash, um servidor Web baseado na Microsoft (ou um Unix executando o Chili!ASP) e um editor de texto preferido. Eis as particularidades:

- **Macromedia Flash.** O código apresentado neste capítulo é escrito para o Flash 5 ou o Flash MX e é designado para ser executado no Flash 6 player.
- **Um servidor Web.** Você precisará acessar um servidor Web que suporta algum tipo de linguagem de script no lado do servidor, como CGI, PHP, ASP, ColdFusion ou ainda o Perl. O código neste capítulo foi construído e testado em um servidor Windows XP Professional. Também funcionará no Windows NT, Windows 2000 ou Windows 95/98.
- **Um editor de texto.** Você precisará de um editor de texto para escrever seu código ASP. Em geral, o Notepad (Bloco de Notas) será suficiente para os projetos ASP pequenos. Se precisar de um ambiente de desenvolvimento extravagante, o Microsoft Visual InterDev lidará com os arquivos ASP, as fontes de dados e os arquivos do projeto, completo com o destaque da sintaxe e sugestões da função.

Capítulo 26 – Integração com o ASP | **643**

Quando você tiver estas ferramentas, certifique-se de que seu servidor esteja configurado corretamente, completando estas tarefas:

- **Como configurar o Windows XP Professional/2000/NT.** Instale a última versão do Internet Information Services (IIS). Geralmente vem com o CD do produto e pode ser instalado usando o menu Add/Remove Programs (Adicionar/Remover Programas). Se você estiver executando uma versão do Windows NT mais antiga que a 4.0 ou tiver problemas para acessar uma fonte de dados, poderá precisar atualizar o Microsoft Data Access Components (MDAC). O MDAC e outros itens de acesso dos dados podem ser encontrados em http://www.microsoft.com/data.

- **Como configurar o Windows 95/98.** Você pode testar seus programas Flash e ASP em um máquina Windows 95 ou Windows 98. Para tanto, terá que instalar o Microsoft Personal Web Server. Ele vem com o NT 4 Option Pack. O Option Pack pode ser carregado de http://www.microsoft.com/netserver/nts/downloads/recommended/NT4OptPk/default.asp.

    Embora seja referido como *NT 4* Option Pack, a instalação não copiará os arquivos NT se detectar um sistema operacional Windows 95 ou Windows 98.

- **Como configurar o UNIX ou o Linux.** Para os programas ASP serem executados em uma máquina UNIX ou Linux, você terá que ter um componente instalado que processa o ASP. Um popular é o Chili!ASP, que pode ser encontrado em http://www.chilisoft.com.

Quando tiver configurado o servidor, poderá testar o status de sua linguagem de script escrevendo um pequeno programa para produzir a data, como mostrado aqui:

```
<%@Language="VBScript"%>
<%
   Response.Write  FormatDateTime(Now( ), 1)
%>
```

Grave o pequeno script como test.asp. Então transfira para seu servidor e acesse-o através de seu caminho absoluto (ou seja, http://localhost/test.asp). Se produzir a data, o ASP muito provavelmente estará funcionando de modo correto. Para testar mais a capacidade funcional de seu sistema, carregue o SystemTest.zip de

```
http://www.samspublishing.com

e execute o SystemTest.asp a partir do protocolo http://.
```

A última coisa que precisará é de um conhecimento funcional do VBScript e do ASP e ter uma experiência de programação no ActionScript. Os exemplos ASP também supõem que você tem experiência ao trabalhar com o Microsoft Access. Se o ASP não for seu forte, um ótimo lugar para aprender é o ASP101.com. A experiência de programação em qualquer linguagem de script no lado do servidor será vantajosa.

O conceito

O Flash e o ASP têm a capacidade de enviar dados e receber dados de outros ambientes. Naturalmente, isto implica no Flash e no ASP poderem se comunicar usando métodos parecidos. O truque para integrar com sucesso o Flash e o ASP é bem simples: reúna os dados do usuário no ASP ou Flash, formate-os segundo seu ambiente de destino e envie estes dados formatados em seu caminho agradável. O fluxo do programa e o gerenciamento dos dados são vitais para o sucesso de qualquer esforço de integração.

Se você tiver experiência com o envio de variáveis na Web, provavelmente estará familiarizado com uma *string de consulta*, que é uma seqüência de variáveis e valores anexados a um endereço Web, que permite à outra página receber os resultados da página anterior. Iremos examinar um formulário HTML simples:

```
<FORM ACTION="qs.asp" METHOD="GET">
    <INPUT TYPE="hidden" NAME="last_name" VALUE="Smith">
    <INPUT TYPE="submit">
</FORM>
```

Uma dissecação do código revela que o formulário envia os dados para o arquivo qs.asp usando o método GET. (O método GET gera uma string de consulta, ao passo que o método POST não.) Ele define uma variável chamada last_name e fornece-lhe um valor "Smith". Quando o botão Submit (Enviar) for clicado, o usuário será levado para o seguinte URL:

```
qs.asp?last_name=Smith
```

A parte deste URL depois do ponto de interrogação é aquela na qual estamos interessados: last_name=Smith. Quanto mais variáveis forem definidas, maior ficará a string de consulta. Cada par de variável e valor é separado por um símbolo &:

```
qs.asp?last_name=Smith&first_name=John&middle_initial=Q
```

O formato mostrado aqui é chamado de Variable Definition String (VDS). É o formato no qual o Flash envia e recebe as variáveis. De modo conveniente, é também aquilo com o que você acabará se codificar com o URL as partes corretas de uma string devidamente formatada no ASP. Especificamente, o valor depois dos sinais de igual (=) têm que ser "codificados com o URL", ao passo que os sinais de igual e os próprios nomes da variável não devem ser codificados com o URL. É para assegurar que as sentenças e os outros grupos de letras com caracteres especiais (como o espaço em branco) serão convertidos no Flash devidamente. Quando tal string for carregada no Flash, o Flash transformará estes valores nas variáveis em sua própria memória e irá inicializá-las de acordo. Assim que você importar uma lista de variáveis, elas estarão no escopo do Flash. Iremos supor que você tenha escrito um arquivo de texto chamado variables.txt, que reside na mesma pasta de seu documento FLA. Este arquivo deverá conter apenas uma linha, como mostrado aqui:

```
size=Medium&color=Navy+Blue&style=Mandarin+Collar
```

Esta string aparece para definir os atributos de uma certa camiseta: uma camiseta azul-marinho média com uma gola alaranjada. Você poderá carregar estas variáveis no Flash off-line usando a função loadVariablesNum:

```
loadVariablesNum("variables.txt", 0);
```

Esta chamada abrirá o variables.txt, irá extrair o VDS encontrado no arquivo e analisará esta linha de texto. Então você terá acesso a três variáveis, já definidas pela string:

Variável	Valor
_root.size	Medium (Média)
_root.color	Navy blue (Azul-marinho)
_root.style	Mandarin collar (Gola alaranjada)

Contanto que a string carregada no Flash tenha valores codificados com o URL e esteja no devido formato VDS, o Flash ficará feliz em aceitar suas definições.

Agora, iremos tentar gerar uma string de definição da variável usando o código ASP. O seguinte código irá gerar uma string de definição válida:

```
<%@Language="VBScript"%>
<%
    Option Explicit
    Dim var(3), i, count
    i = 0
    count = 3
    var(0) = "Flash"
    var(1) = "And"
    var(2) = "ASP"
    Do While i < count
        Response.Write "Var" & i & "=" & var(i) & "&"
        i = i +1
    Loop
    Response.Write "i=" & i
%>
```

Este código define um array ASP de três elementos. A estrutura de loop cria um par de variável/valor em um VDS e anexa pares adicionais, até que a condição de loop se torne false. Então envia o VDS terminado para a resposta HTTP.

Ao escrever seu VDS terminado no navegador, certifique-se de não tenha escrito nada mais para a resposta. Isto inclui as tags HTML ou qualquer tipo de texto. Para o Flash ler as variáveis, apenas o VDS poderá ser transmitido de volta para o filme. Para assegurar que você está fazendo isto corretamente, exiba a saída de seu script ASP sem usar o Flash, mas com os devidos parâmetros para fornecer a saída (apenas acesse o script on-line, com uma string de consulta, se for necessário). Então, exiba a fonte. A única coisa que deverá ver no código-fonte é uma linha de texto – seu VDS.

Grave este código como test.asp em um diretório em seu servidor Web. Para que funcione, terá que ser mantido em um servidor que coincida com as exigências descritas anteriormente. E mais, você terá que acessá-lo "on-line", significando através de um URL parecido com este:

```
http://localhost/FlashUnleashed/test.asp
```

Um URL neste formato instrui seu servidor Web para executar o script.

O seguinte URL tentará "carregar" o arquivo a partir de outro local em seu computador e, portanto, não funcionará:

```
file://C:\Inetpub\wwwroot\FlashUnleashed\text.asp
```

Você deverá receber a saída em seu navegador Web assim:

```
var0=Flash&var1=And&var2=ASP&i=3
```

Este VDS inicializa quatro variáveis em seu filme Flash quando carregado:

Variável	Valor
Var0	Flash
Var1	And
Var2	ASP
i	3

Transmitir o valor da variável i é uma boa prática, porque às vezes você precisará saber exatamente quantas variáveis relevantes recuperou em seu script ASP e enviou com sucesso para o filme Flash. Se você explorar o código ASP, notará que i é inicializado para 0 e aumentado sempre que o loop faz uma iteração. Pode ser usado efetivamente nos loops como um valor de *sentinela* ou como um valor total, como, por exemplo, quantos resultados de uma pesquisa foram encontrados.

O formato VDS é usado para inicializar as variáveis no Flash mais adequadamente do que inicializar as variáveis no ASP, embora seja possível se necessário. Há duas maneiras fáceis de inicializar as variáveis Flash com tal string: você pode seguir o nome de arquivo do filme com uma string de consulta no código <OBJECT> ou pode enviar uma string formatada com o VDS de volta para o Flash usando uma chamada loadVariablesNum.

O comprimento do VDS não é limitado visivelmente, embora eu tenha encontrado um impacto na duração do tempo que leva para o Flash inicializar todas as variáveis. Uma boa regra é experimentar e manter baixo o número dos valores que você está transmitindo. Por exemplo, se tiver 100 perguntas de teste com quatro respostas cada, não carregue 500 variáveis no Flash. Simplesmente execute um loop no filme Flash para carregar as cinco variáveis a cada vez. Ao invés de ter um esquema de variável como question_427, 427a, 427b, 427c, & 327d, você poderá ter question, a, b, c, & d e atualizá-las usando loadVariablesNum sempre que uma nova pergunta for enviada.

Como enviar dados do Flash para o ASP

A viagem do Flash para o ASP é muito mais fácil nos dados do que de outra maneira. Quando você enviar variáveis no Flash usando a função loadVariablesNum ou getURL, poderá acessá-las no ASP usando a coleção ASP Request, como:

```
<%
   Option Explicit
   Dim MyName      'As String
   MyName = Request("myname")
%>
```

A linha que obtém a variável no Flash – Request("myname") – pode ser escrita de três maneiras diferentes:

Notação	Refere-se a
Request("myname")	*myname* a partir de POST ou GET
Request.Form("*myname*")	*myname* a partir de POST apenas
Request.QueryString("*myname*")	*myname* a partir de GET apenas

Você também pode especificar para carregar todas as variáveis em um clipe do filme específico (ou enviar as variáveis a partir de). Isto é essencial nas situações em que deseja enviar as variáveis locais para um determinado clipe do filme. Para especificar um clipe do filme cujas variáveis deseja enviar, siga a sintaxe das funções loadVariablesNum e getURL:

```
loadVariables ("myscript.asp", "_root.UserDataClip", "POST");
```

O comando anterior enviaria todas as variáveis no clipe do filme com um nome de instância UserDataClip para myscript.asp usando o método POST. O segundo parâmetro especifica o caminho absoluto para o clipe do filme ou o nível a partir do qual enviar suas variáveis. Consulte o Capítulo 29, "Referência ActionScript", para obter mais informações sobre esta função.

Se você precisar abrir uma nova janela do navegador e for capaz de enviar todas as variáveis no clipe atual, poderá usar a função getURL (note que não poderá especificar um clipe-fonte ou nível para as variáveis usando getURL):

```
getURL ("myscript.asp", "_blank", "POST");
```

Nota

Lembre-se que se você decidir usar um script ASP em conjunto com getURL ou LoadVariables, não será capaz de ver os resultados usando o recurso Test Movie (Testar Filme) do Flash. Terá, de fato, que exportar o arquivo SWF para o servidor.

Iremos aplicar parte deste conhecimento e começar a experimentar.

Exemplo 1: Como transmitir valores do Flash para o ASP

Começaremos criando um novo documento Flash. Iremos chamá-lo de ex1.fla para nos ajudar a controlar os exemplos neste capítulo. Eis as etapas a seguir:

1. No primeiro quadro-chave, crie uma caixa de texto. Em Text Options (Opções do Texto), escolha Input Text (Texto de Entrada). Forneça-lhe o nome de variável myname.
2. Crie um botão Submit com quatro estados padrão e solte-o no palco no primeiro quadro-chave.
3. Clique com o botão direito do mouse o botão Submit e edite suas ações. Então forneça estas linhas na janela Actions (Ações):

```
on (release) {
   getURL ("ex1.asp", "_self", "POST");
}
```

Isto irá redirecionar sua página para ex1.asp. Lembre-se, se você quiser enviar ou receber as variáveis no Flash sem deixar fisicamente o filme, a função loadVariablesNum será ideal. Porém, não precisamos desta funcionalidade para este exemplo em particular.

4. Agora, feche a janela Actions e publique o filme. O trabalho no lado Flash está pronto.
5. Crie uma nova pasta ASP em seu editor de texto de escolha. O objetivo desta página é imprimir exatamente o que o Flash enviou para você. Não é muito impressionante, mas é um degrau fundamental. Eis o código:

```
<%@Language="VBScript"%>
<%
   Option Explicit
   Dim strMyName
   strMyName = Request.Form("myname")
   Response.Write "Your name: " & strMyName
%>
```

6. Grave este código como ex1.asp. Então, visite a página HTML através de seu servidor Web, envie seu nome e teste para assegurar que funciona. Deverá receber uma linha de saída, que informa seu nome (ou o nome fornecido). A tela de entrada é mostrada na Figura 26.1 e a tela de saída é mostrada na Figura 26.2.

Se você não obtiver a saída esperada, certifique-se de que a configuração de seu servidor esteja como o especificado na seção "Como iniciar" deste capítulo. E mais, certifique-se de que esteja acessando sua página HTML através do protocolo http://; do contrário, será solicitado a carregar seu próprio arquivo ex1.asp e ele não funcionará.

Capítulo 26 – Integração com o ASP | **649**

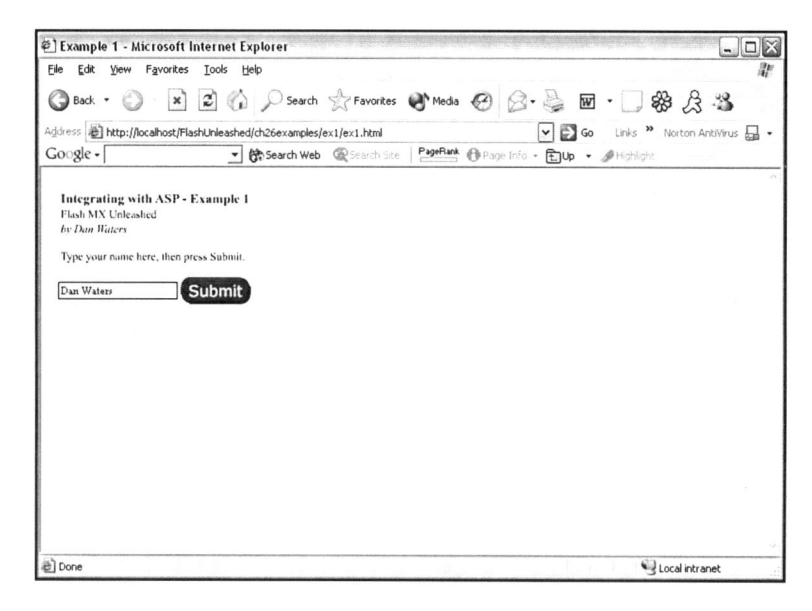

Figura 26.1 A tela de entrada Flash envia o texto fornecido para o script ASP.

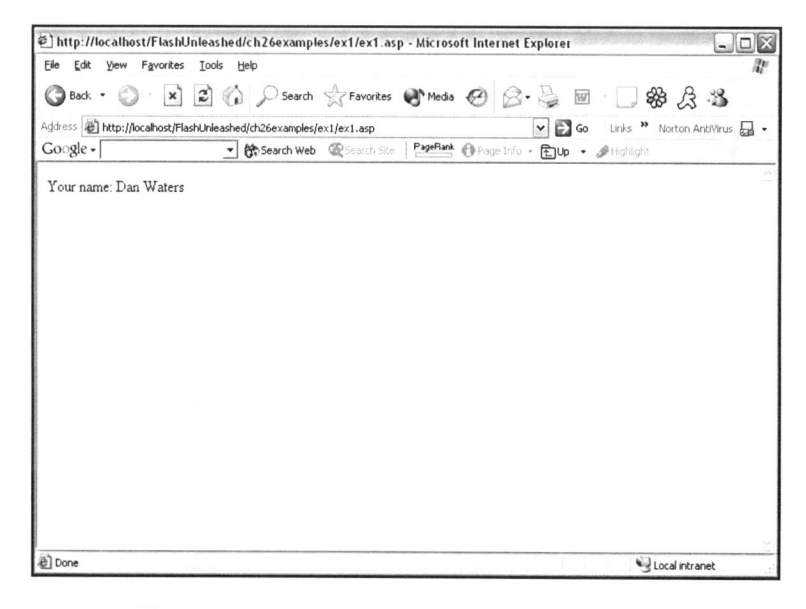

Figura 26.2 Depois de enviar suas informações através do Flash, o ASP lerá o que você forneceu e imprimirá de volta.

Como enviar dados do ASP para o Flash

Dois métodos efetivos de transferência de dados do ASP para o Flash estão disponíveis: o método "uma tentativa", que inicializa o filme com alguns valores iniciais, e o método reutilizável, que utiliza a função loadVariablesNum. Iremos construir um exemplo usando LoadVariablesNum posteriormente neste capítulo.

A abordagem de "uma tentativa" é feita escrevendo uma string de consulta no código do objeto, que incorpora o filme Flash em uma página HTML. O seguinte código demonstra uma página HTML ou ASP simples que reproduz um filme Flash:

```
<HTML>
<HEAD>
      <TITLE>Embedding A Flash Movie In An ASP Page</TITLE>
</HEAD>
<BODY>
<CENTER>
   <OBJECT
      classid="clsid:D27CDB6E-AE6D-11cf-96B8-444553540000"
codebase="http://download.macromedia.com/pub/shockwave/
cabs/flash/swflash.cab#version=6,0,0,0"  WIDTH="550"
HEIGHT="400">
   <PARAM  NAME=movie   VALUE="movie.swf">
   <PARAM  NAME=quality VALUE=high>
   <PARAM  NAME=wmode   VALUE="transparent">
<EMBED  SRC="movie.swf"  QUALITY="high"  WIDTH="550"  HEIGHT="400"
TYPE="application/x-shockwave-flash"
PLUGINSPAGE="http://www.macromedia.com/shockwave/
download/index.cgi?P1_Prod_Version=ShockwaveFlash"
WMODE="transparent">
</EMBED>
   </OBJECT>
</CENTER>
</BODY>
</HTML>
```

Agora, digamos que você queira que o filme conheça os resultados de um envio do formulário anterior quando começar a se reproduzir. Por exemplo, se a página que o levou para esta página Flash enviou uma variável chamada strName, você poderia inicializar o filme Flash com o valor strName sem mesmo chamar loadVariables. Eis um exemplo:

```
<HTML>
<HEAD>
      <TITLE>Embedding A Flash Movie In An ASP Page</TITLE>
</HEAD>
<BODY>
<CENTER>
   <OBJECT
      classid="clsid:D27CDB6E-AE6D-11cf-96B8-444553540000"
codebase="http://download.macromedia.com/pub/shockwave/
cabs/flash/swflash.cab#version=6,0,0,0"  WIDTH="550"
```

```
HEIGHT="400">
    <PARAM  NAME=movie   VALUE="movie.swf?strName=<%=Request   ("strName")%>">
    <PARAM  NAME=quality  VALUE=high>
    <PARAM  NAME=wmode   VALUE="transparent">
<EMBED   SRC="movie.swf?strName=<%=Request("strName")%>"
QUALITY="high"  WIDTH="550"  HEIGHT="400"
TYPE="application/x-shockwave-flash"
PLUGINSPAGE="http://www.macromedia.com/shockwave/
download/index.cgi?P1_Prod_Version=ShockwaveFlash"
WMODE="transparent">
</EMBED>
        </OBJECT>
</CENTER>
</BODY>
</HTML>
```

A parte em negrito deste código é a parte que inicializa nosso filme Flash com uma variável ou string de variáveis. É exatamente como enviar variáveis de uma página ASP para outra usando o método GET. Você especifica um nome de arquivo e o segue com uma string de consulta (neste caso, um VDS). Os marcadores <% e %> dividem o código ASP. O sinal de igual (=) indica um comando Write em linha, que informa ao ASP para imprimir Request("strName"). Portanto, quando você executar o formulário Name (Nome) e fornecer um valor como "Dan Waters", seu filme Flash receberá um VDS contendo strName=Dan+Waters e inicializará esta variável. Contudo, estas variáveis são definidas apenas no nível 0 do filme, em _root. A técnica de definição de variáveis em linha é mais adequada para pequenas quantidades de dados. Poderá também ser usada em conjunto com a técnica loadVariables. Na verdade, a combinação destes dois métodos poderá ser muito útil. Por exemplo, se você estiver paginando um conjunto de registros do banco de dados em uma interface Flash e precisar alternar para uma interface diferente, mas manter os mesmos registros na nova interface, poderá renovar a página ASP na qual o Flash está incorporado com um número de registro diferente. Assim, Flash poderá notificar o ASP sobre onde começar a pesquisar os registros.

Iremos construir um pequeno projeto para aplicar este conceito.

Exemplo 2: Como transmitir valores da HTML para o Flash

Neste exemplo, iremos criar um formulário HTML que permite aos usuários especificar seu nome e idade. Também permitirá que eles ajustem o tamanho do filme usando uma lista suspensa. Eis as etapas a seguir:

1. Comece construindo uma página HTML simples. Você desejará utilizar os componentes do formulário, que obtém as entradas do usuário e as envia para um script ASP que reside em seu servidor em algum lugar. Um exemplo de tal formulário é mostrado aqui (é ex2.html, a página de entrada):

```
<HTML>
    <HEAD>
    <TITLE>ex2</TITLE>
    </HEAD>
<BODY>
<FORM  ACTION="26-ex2-display.asp"  METHOD="POST">
    <TABLE  BORDER=1  CELLPADDING=5  CELLSPACING=0>
    <TR>
```

```html
            <TD ALIGN="left" VALIGN="center">
Name
            </TD>
            <TD ALIGN="left" VALIGN="center">
            <INPUT TYPE="Text" NAME="strName"><BR>
            </TD>
        </TR>
        <TR>
            <TD ALIGN="left" VALIGN="center">
Age
            </TD>
            <TD ALIGN="left" VALIGN="center">
            <INPUT TYPE="Text" NAME="strAge"><BR>
            </TD>
        </TR>
        <TR>
            <TD ALIGN="left" VALIGN="center">
Display Size
            </TD>
            <TD ALIGN="left" VALIGN="center">
            <SELECT NAME="Size">
                <OPTION VALUE="Square">300x300 (Square)
                <OPTION VALUE="Fullscreen">Fullscreen
            </SELECT>
            </TD>
        </TR>
        <TR>
            <TD COLSPAN=2 ALIGN="center" VALIGN="center">
            <INPUT TYPE="submit" VALUE="Display Movie">
            </TD>
        </TR>
        </TABLE>
    </FORM>
</BODY>
</HTML>
```

Este formulário tem três entradas e envia-as para uma página ASP. O próprio script, na verdade, executa uma pequena quantidade de "preparação dos dados", que é usada para decidir como exibir o filme. Os outros dois valores são escritos diretamente no código <OBJECT>, que exibirá as informações recebidas em um filme Flash. Portanto, você precisará de um filme Flash.

2. Crie um novo filme. Chame-o de ex2.fla. Eu criei um filme simples e pequeno, com duas caixas de texto dinâmico. Os nomes da variável das caixas de texto dinâmico têm que coincidir com as variáveis enviadas no VDS para serem devidamente exibidos. Portanto, para este exemplo, forneci a uma caixa de texto o nome da variável strName e à outra strAge. O campo Size (Tamanho) não é usado no filme Flash, porque ele é implementado especificando dinamicamente os parâmetros WIDTH e HEIGHT nas tags OBJECT e EMBED.

3. Esta configuração simples é tudo que precisa ser feito usando este método, portanto, exporte o filme como ex2.swf.

Agora, iremos escrever a página ASP necessária para exibir o filme Flash.

4. Iremos copiar o mesmo código do objeto HTML padrão para incorporar o filme Flash e marcaremos algumas áreas onde os valores dinâmicos precisam ser implementados. Eis o código (chame-o de ex2-display.asp):

```asp
<%@Language="VBScript"%>
<%
    ' Processing the form values
    Dim strName, strAge, nMovieWidth, nMovieHeight
    Select Case Request("Size")
        Case "Square":
            nMovieWidth=300
            nMovieHeight=300
        Case "Fullscreen":
            nMovieWidth="100%"
            nMovieHeight="100%"
        Case Else
            nMovieWidth=300
            nMovieHeight=300
    End Select
    strName = Server.URLEncode(Request("strName"))
    strAge  = Server.URLEncode(Request("strAge"))
    ' End form processing
%>
<HTML>
<HEAD>
    <TITLE>26-ex2</TITLE>
</HEAD>
<BODY>
<CENTER>
    <OBJECT
classid="clsid:D27CDB6E-AE6D-11cf-96B8-444553540000"
codebase="http://download.macromedia.com/pub/shockwave/
cabs/flash/swflash.cab#version=6,0,0,0"
WIDTH="<%=nMovieWidth%>"  HEIGHT="<%=nMovieHeight%>">
<PARAM  NAME=movie
VALUE="26-ex2.swf?strName=<%=strName%>&strAge=<%=strAge%>">
    <PARAM NAME=quality VALUE=high>
    <PARAM NAME=wmode  VALUE="transparent">
<EMBED  SRC="26-ex2.swf?strName=<%=strName%>&strAge=<%=strAge%>"
QUALITY="high"  WIDTH="<%=nMovieWidth%>" HEIGHT="<%=nMovieHeight%>"
TYPE="application/x-shockwave-flash"
PLUGINSPAGE="http://www.macromedia.com/shockwave/
download/index.cgi?P1_Prod_Version=ShockwaveFlash"
WMODE="transparent">
</EMBED>
    </OBJECT>
</CENTER>
</BODY>
</HTML>
```

A parte superior deste código processa o formulário a partir da página HTML anterior. Determina como exibir o tamanho do filme e irá exibi-lo na tela total, se houver uma entrada inválida. Então, codifica as variáveis strName e strAge para que estejam em um formato adequado (VDS) quando enviadas para o Flash.

Para escrever o valor de uma variável ASP rapida e facilmente, você poderá usar esta notação:

`<%= variableName %>`

É um comando ASP Response.Write em linha. Sua única função é imprimir o valor entre as tags inicial ASP e final ASP. Este valor pode ser concatenado com os valores da string adicionados aos números ou adquiridos chamando uma função, mas você deve evitar usar as rotinas Sub nesta pequena área.

Nas tags OBJECT e EMBED em ex2-display.asp, há comandos Write em linha, que especificam dinamicamente a largura e a altura, que podem ser 300 por 300 ou 100% por 100% (a tela total). Sempre que o nome de arquivo do filme for especificado, o comando Write em linha será visto novamente:

`ex2.swf?strName=<%=strName%>&strAge=<%=strAge%>`

Se você dividir esta linha logicamente, verá que não é nada mais que um VDS simples. Portanto, se fornecer ao script ASP seu nome e idade (por exemplo, Dan Waters para strName e 19 para strAge), a string anterior se transformaria na seguinte string:

`ex2.swf?strName=Dan+Waters&strAge=19`

Quando isto for enviado para o Flash, inicializará _root.strName para Dan Waters e _root.strAge para 19. Estas variáveis estão prontas para ser usadas em seu ActionScript, caso escolha fazer isto.

Agora, experimente. Acesse ex2.html através de seu servidor e preencha o formulário. Ao clicar em Display Movie (Exibir Filme), deverá ser redirecionado para ex2.asp, que exibirá o filme Flash como o instruiu.

Como construir um modelo funcional

É hora de unir os conceitos do Flash para o ASP e do ASP para o Flash. Neste próximo exercício, iremos recriar o Exemplo 2. Porém, usaremos um filme Flash para o formulário, ao invés de uma página HTML. Além disto, usaremos caminhos do objeto Flash absolutos e o intermediário para criar uma animação dinâmica simples. Especificamente, iremos reproduzir um clipe do filme que contém um intermediário, que contém o texto recebido do ASP.

Quando carregar pela primeira vez a página, todos os campos estarão em branco, exceto Name, que é inicializado pelo Flash como "Unidentified Person" (Pessoa Não Identificada) usando o ActionScript. Você será capaz de redimensionar e alterar o conteúdo do filme usando o próprio Flash.

Exemplo 3: A transmissão de dados em um ambiente híbrido do Flash/ASP

A página ASP criada no Exemplo 2 pode também ser usada para nosso exemplo atual, pois o código para exibir o filme não muda. Precisaremos apenas criar um novo filme Flash, que envia as variáveis para a página na qual é exibido. Este exemplo consistirá apenas em três arquivos: o arquivo-fonte FLA, a página ASP que exibe e renova o filme e o arquivo SWF. Para completar este exercício, siga estas etapas:

1. Copie seu código do Exemplo 2 e substitua todas as ocorrências de ex2.swf por ex3.swf. Grave a página como ex3.asp. Iremos escrever o tipo de exibição no filme também. Você precisará adicionar duas linhas abaixo da linha End Select no ASP:

   ```
   Dim Size
   Size = Server.URLEncode(Request("Size"))
   ```

2. Atualize as strings de definição da variável nas tags <PARAM NAME="movie"> e <EMBED> para carregar mais uma variável:

   ```
   ex3.swf?strName=<%=strName%>&strAge=<%=strAge%>&Size=<%=Size%>
   ```

   Poderá reciclar seu antigo filme Flash também. Porém, precisaremos fazer algumas alterações para permitir a devida funcionalidade.

3. Converta todas as caixas de texto dinâmico anteriores em caixas de texto de entrada. Isto permitirá que você atualize o filme Flash. Poderá especificar o modo de tela total ou quadrado, simplesmente digitando **Fullscreen** ou **Square** nesta caixa de entrada.

4. Precisaremos de um clipe do filme que tenha uma caixa de texto dinâmico para que possamos acessar o texto diretamente, usando o ActionScript. Crie um novo clipe do filme chamado Greeting Text (Texto de Saudações). Coloque uma caixa de texto dinâmico no primeiro quadro-chave e forneça-lhe um nome de variável Text.

5. Crie um novo clipe do filme chamado Greeting. Solte uma instância de Greeting Text no primeiro quadro e forneça-lhe o nome de instância GreetingAnim.

6. Crie um movimento intermediário que, para simplificar, permaneça em 5 a 10 quadros. Os primeiro e último quadros-chave deverão conter GreetingAnim, a instância de Greeting Text criada. O próprio intermediário poderá ser qualquer coisa desejada, contanto que você coloque uma ação Stop no último quadro, para que o usuário seja capaz de lê-lo. No exemplo fornecido, um intermediário da posição é usado.

7. Agora precisaremos cuidar desta animação de saudação. Certifique-se de que tenha identificado todos os clipes do filme relevantes com os nomes de instância especificados anteriormente. No primeiro quadro da linha do tempo principal, adicione estas ações do quadro:

   ```
   if(strName eq "")
   {
      strName = "Unidentified Person";
   }
   _root.Greeting.GreetingAnim.Text = "Hello, " + strName + "!";
   ```

Este código verificará para saber se strName foi definido. Se não, definirá o nome para "Unidentified Person" para que o intermediário ainda funcione. Então, usará os caminhos absolutos para definir o texto no intermediário para uma mensagem de saudações especial.

8. Finalmente, solte um botão Submit no palco e forneça-lhe uma ação getURL para renovar os valores e exibir de novo o filme:

```
on (release) {
   getURL ("ex3.asp", "_self", "POST");
}
```

Isto irá renovar a página de montagem com valores atualizados no Flash VDS. Os valores irão corresponder a qualquer coisa fornecida nas caixas de texto de entrada.

Agora, exporte o filme como ex3.swf e experimente. O intermediário deverá se atualizar quando você fornecer seu nome de modo diferente. Os valores nas caixas deverão também se atualizar. Se tiver problemas, consulte a rotina de solução de problemas padrão mencionada nos exemplos anteriores.

Verificação do conceito

Percorremos um longo caminho até então. Iremos descansar e revisar o que você aprendeu:

- O Variable Definition String (VDS) é uma string de consulta com pares de variável/valor codificados como o URL, cada um separado por um símbolo &. O VDS é útil para a funcionalidade correta, ao enviar dados do ASP para o Flash.
- Você pode carregar as variáveis no Flash a partir de um arquivo de texto (off-line) ou de um script (on-line). Um arquivo de texto contém um único VDS, ao passo que um script pode conter qualquer quantidade de comandos e operações, contanto que gere um único VDS.
- Há dois métodos gerais de recebimento das variáveis no Flash: usando o comando loadVariables e usando o VDS em linha, que é escrito no parâmetro Movie da tag <OBJECT> e na tag <EMBED>.
- Há dois métodos gerais de envio das variáveis no Flash: através do comando loadVariables e através do comando getURL. Use o último se pretender exibir uma página ao invés de um filme, ou se quiser renovar um filme com novos valores.

Como iniciar com bancos de dados

Você pode ter notado que nos exemplos anteriores não tocamos de fato no comando loadVariables. Então, novamente, não encontramos uma situação em que é necessário usar este comando. Tal situação envolve carregar de modo invisível os dados a partir de um banco de dados em seu filme Flash, sem abrir uma nova janela ou deixar a interface. Para tanto, informe o Flash para instruir seu script ASP para obter alguns dados, colocá-los no formato VDS e enviá-los de volta para seu filme Flash.

Capítulo 26 – Integração com o ASP | **657**

Algo prático sobre o ASP e outras linguagens de script é que você não tem necessariamente que abrir uma nova janela do navegador ou redirecionar o usuário para a página. Um script ASP pode ser executado de modo invisível e ainda retornar um valor (ou conjunto de valores). Nesta seção, usaremos esta propriedade do script no lado do servidor para recuperar os dados usando o ASP, enviar um VDS para o Flash e criar um sistema de dados integrados usando o Microsoft Access.

Isto também significa que fornecer um tratamento de erros é absolutamente necessário. Se você tivesse um loop de "carregamento" que aguarda as variáveis para carregar a partir do ASP, nunca saberia que o script ASP está funcionando mal. Em geral, nesta situação o loop de carregamento continua sempre sem carregar algo a partir do ASP. É quando você precisa depurar o script por si mesmo.

Começaremos com alguma revisão dos conceitos dos dados ASP. Esta seção não é designada para ensiná-lo sobre o ASP, mas supõe um conhecimento funcional da linguagem. As referências ASP poderão ser encontradas na Web; por exemplo, ASP101.com é uma grande referência com muitos exemplos.

Conceitos ADO básicos

Uma solução de dados no ASP que usa o Microsoft ActiveX Data Objects (ADO) consiste em três entidades principais: o objeto Connection, o objeto Recordset e a string SQL.

O objeto Connection é do tipo ADODB.Connection. É a parte de seu script que, de fato, conecta um banco de dados. Você precisará criar o objeto Connection usando

```
Set objConnection = Server.CreateObject("ADODB.Connection")
```

Depois de criar o objeto, terá que definir uma string de conexão e então abrir a conexão. Eis uma string de conexão para um banco de dados Microsoft Access, que estaremos usando nos exemplos posteriores:

```
DRIVER={Microsoft Access Driver (*.mdb)};uid=Username;pwd=Password;DBQ=filepath
```

Os parâmetros UID e PWD são opcionais, a menos que seu banco de dados Access seja protegido por senha (o que é uma boa idéia). Se for protegido por senha, o UID deverá ser Admin.

O caminho do arquivo tem que ser absoluto para o servidor, portanto, você terá que usar Server.MapPath("filename") para se referir ao caminho do arquivo.

Uma ótima lista de outras strings de conexão poderá ser encontrada no seguinte site:

```
http://www.able-consulting.com/ADO_Conn.htm
```

Uma instrução ASP completa para criar, definir uma string de conexão e abrir uma conexão seria assim:

```
Set objConn = Server.CreateObject("ADODB.Connection")
objConn.ConnectionString = "DRIVER={Microsoft Access Driver (*.mdb);" & _
"uid=Admin;" & _
"pwd=CapnCrunch;" & _
"DBQ=" & Server.MapPath("test.mdb")
objConn.Open
```

O objeto Recordset é do tipo ADODB.Recordset. Contém – você adivinhou – um certo conjunto de registros. O que o conjunto de registros contém é determinado pela instrução SQL usada para classificar seus dados. Você terá que inicializar o objeto Recordset usando

```
Set objRS = Server.CreateObject("ADODB.Recordset")
```

Então, terá que abrir um conjunto de registros da seguinte maneira:

```
objRS.Open strSQL, objConn, adCursorType, adLockType
```

Na instrução Open anterior estão quatro parâmetros. Primeiro, strSQL é a string SQL usada para especificar quais campos e registros em seu banco de dados serão abertos. Poderá ser qualquer instrução SQL válida. Em seguida, objConn é um objeto Connection aberto e válido. Finalmente, adCursorType e adLockType são constantes que especificam como o conjunto de registros pode ser acessado e paginado. O objeto Recordset também tem vários métodos úteis que nos permitem manipular seus dados, como AddNew, Update, Delete, MoveFirst e MoveNext. Você aprenderá mais sobre estes métodos nos próximos exemplos.

A string SQL requer algum conhecimento básico da Structured Query Language. Não estaremos usando muitos comandos SQL neste capítulo, apenas para manter as coisas simples. Alguns comandos que estaremos usando são SELECT, INSERT, UPDATE, DELETE, FROM, WHERE e ORDER BY. Se você não estiver familiarizado com a SQL, não será difícil entender depois de trabalhar com ela um pouco, não se preocupe.

Nota

Você terá que fechar todos os objetos Connection e Recordset quando terminar com eles; do contrário, seu servidor ficará congelado e será incapaz de responder às outras consultas. Terá também que definir estes objetos como sendo iguais a Nothing. No final de cada script ASP (que usa bancos de dados), você deverá ter um bloco de código parecido com este:

```
<%
' Clean up object and say goodbye.
objRS.Close
Set objRS = Nothing
objConn.Close
Set objConn = Nothing
%>
```

E mais, se estiver usando um loop Do...While para extrair todos os seus métodos, certifique-se de que esteja usando o método MoveNext do objeto Recordset antes de fornecer o comando Loop. Se falhar em fazer isto, o loop será executado para sempre.

Técnicas de recuperação de dados e de gerenciamento no ASP

O processo de recuperar dados de seu banco de dados no ASP pode ser muito simples ou muito complexo, dependendo da abordagem adotada. Os dados que ficam em seu objeto Recordset são totalmente dependentes de sua string SQL, que pode ser muito curta e definida em uma instrução ou muito longa e definida em diversas linhas. É obviamente melhor manter esta string simples (para diminuir o carregamento no servidor), mas algumas vezes não é possível, especialmente se você estiver designando uma solução na qual o usuário especifica quais dados exibir, como, por exemplo, um mecanismo de busca personalizado.

Construir a string SQL é muito importante. Você terá também que se lembrar de depurar a string, se não estiver obtendo os resultados esperados. Para tanto, execute o script ASP que está designando com os parâmetros requeridos e use Response.Write para mostrar exatamente em que consiste sua string SQL, assegurando que a sintaxe esteja correta e que você esteja selecionando os campos corretos a partir das tabelas corretas:

    Response.Write strSQL

Você deverá sempre fazer um loop em todos os registros no conjunto de registros, mesmo que espere encontrar apenas um resultando coincidindo com a consulta. Nunca será prejudicial exibir mais de uma opção. Para tanto, construa um loop e continue a construir no VDS. Em outras palavras, adicione dados ao seu VDS de execução com cada nova iteração do loop.

A maioria das técnicas de recuperação usa a instrução SQL SELECT ao abrir o conjunto de registros. Porém, também é adequado usar o método Connection.Execute(strSQL), que executa uma instrução SQL na conexão do banco de dados. Você poderá definir um conjunto de registros para ser igual a esta função. Será útil se estiver fazendo diversas seleções em seu script.

Você de fato precisará de apenas três outros comandos SQL para ser capaz de gerenciar totalmente um banco de dados: UPDATE, INSERT INTO e DELETE. Estes comandos podem ser executados diretamente em seu banco de dados, usando o método Connection.Execute(strSQL), como verá no projeto final. Sob as condições certas, não será nem mesmo necessário usar estes comandos para executar estas ações, porque o ADO tem alguns métodos predefinidos para o objeto Recordset. Contanto que você tenha um conjunto de registros aberto, poderá usar qualquer um dos seguintes métodos do objeto Recordset:

Método do objeto Recordset	O que faz
rs.AddNew	Cria um novo registro na tabela
rs.Update	Atualiza o banco de dados
rs.Delete	Apaga o registro atual

Nota

Estes métodos não funcionarão se você tiver obtido seu objeto Recordset usando o método Connection.Execute. Terá que ter um conjunto de registros aberto usando o comando ADO Open.

Depois de usar qualquer um destes métodos ADO ou, de fato, depois de alterar o conteúdo dos dados, você terá que chamar rs.Update e então fechar o conjunto de registros usando rs.Close.

Para simplesmente atualizar um campo de um registro, você o acessaria da mesma maneira como acessaria uma variável a partir da coleção Request, como mostrado aqui:

```
rs("field_name") = newvalue
```

Lembre-se, esta seção é sobre o ASP e o ADO, *não* sobre o Flash. A única coisa com a qual precisará se preocupar para manter o "Flash amistoso" é enviar de volta seus dados em um VDS.

Antes de entrarmos no primeiro exemplo que usa o ASP e os bancos de dados, iremos assegurar que você sabe exatamente como abordar tal tarefa de desenvolvimento. Muitos fatores estão envolvidos na integração bem-sucedida destas duas tecnologias. O domínio insuficiente em apenas uma área poderá prenunciar muitas noites passadas encarando de modo confuso seu monitor. Para evitar tais sessões noturnas frustrantes e improdutivas, iremos assegurar que começaremos com o pé direito.

Como desenvolver sua aplicação

Criar uma aplicação que utiliza duas tecnologias entrelaçadas pode ser muito difícil. Agora que estamos ficando envolvidos com as soluções de dados complexos, deverá ajudar descrever um método quase seguro de construir sua solução.

Etapa 1: Analise seu projeto

Finalmente você foi contratado pela Empresa para construir sua solução integrada. Mas por onde começar? Exatamente como qualquer outra aplicação bem desenvolvida, muito planejamento terá que ocorrer antes de você mesmo abrir o Flash ou o InterDev. Muitas pessoas tendem a pular esta fase e entrar de cabeça na escrita do código. A menos que você seja um programador ou construtor muito habilidoso ou experiente, poderá encontrar situações graves mais tarde ("Por que não pensei neste problema antes?").

A primeira coisa que precisará fazer é sentar-se, longe do computador, com uma caneta e bloco de anotações. Anote os objetivos maiores que deseja realizar no desenvolvimento deste site. Qual tipo de tecnologia está disponível? Em qual linguagem estará codificando? Responder a estas perguntas agora irá evitar muito desastre no decorrer, especialmente se você desenvolver o site inteiro no ASP e descobrir que seu servidor de destino é o Unix sem o Chili!Soft. Você está desenvolvendo um site comercial conservador, no qual a natureza dinâmica do site é a prioridade máxima ou é um site promocional com mais animação e poucos enfeites ASP? Tenha uma idéia de quanto código colocará neste projeto e estime quanto tempo levará para escrever a infra-estrutura básica. Isto também ajudará no processo de estimativa das horas totais que precisará passar na frente do monitor.

Capítulo 26 – Integração com o ASP | **661**

Muitas pessoas me dizem que estão tentando escrever um carrinho de compras ou um dispositivo de comércio eletrônico de um gênero parecido envolvendo transações etc. É uma boa coisa. Você não verá muitos carrinhos de compra Flash atualmente, e a razão básica é que, às vezes, os desenvolvedores simplesmente ficam doentes ao criá-los! E por que eles ficam doentes ao desenvolvê-los? Muito provavelmente, porque não tiveram os conceitos-chave sobre a integração do Flash e do ASP.

Portanto, antes de mesmo colocar uma mão nestes periféricos, sente-se e reúna seus materiais.

Etapa 2: Condense os dados

Agora que você sabe exatamente como planejar a abordagem do projeto, crie uma lista de informações atraentes, das quais precisará para consumar o processamento dos dados. Se estiver construindo um visor do perfil dos membros, desejará ter acesso a informações como o primeiro nome dos membros, a ocupação, a idade, o local etc. Estas variáveis são o que serão inevitavelmente enviadas para o Flash, portanto, certifique-se de que tenha uma lista muito completa. Se você não estiver certo sobre a inclusão de uma variável, inclua-a, contanto que ela não pareça totalmente estranha. Então, volte para seu arquivo ASP e veja se pode retornar todas estas variáveis no formato de string de definição da variável. Em geral, é preciso muito trabalho, mas é absolutamente necessário.

Etapa 3: Faça com que seu back-end funcione

Não, isto não significa "começar a dançar". O que muitos desenvolvedores não percebem diretamente é que o Flash não tem absolutamente nada a fazer com seu banco de dados. Eles pensam muito sobre como podem escrever os valores para seu DB através do Flash, sem nem mesmo olhar para o ASP, embora saibam que ele tenha uma parte integral de seu projeto de algum modo.

O fato de que o Flash não tem absolutamente nada para fazer com seu banco de dados não pode ser enfatizado o bastante. O Flash não tem nada para fazer com nenhuma coisa externa, a não ser seus scripts baseados na Web ou programas locais (se você estiver usando o formato do projetor). Então, e agora?

Faça com que seu back-end funcione. É o resultado. Escreva, aprimore e teste seu código de back-end usando uma metodologia de código estruturada. Não toque nem mesmo no Flash ainda. Descubra tudo, trabalhe nos erros e, quando estiver absolutamente certo de que o back-end executa sua função desejada, vá para a Etapa 4.

Etapa 4: Construa sua interface Flash

Finalmente, chegará o momento em que precisará começar a produzir algum conteúdo visível! Trabalhe em seu layout. Algumas vezes ajudará fazê-lo no papel primeiro e então colocá-lo no mundo digital. Qualquer coisa que ajudá-lo a ter uma idéia, deverá ser como construir sua interface. Quando precisar carregar os dados dinâmicos, carregue muitos ao mesmo tempo, para evitar muitas telas de carregamento. Aloque um quadro por ação Load Variables (Carregar Variáveis). Os próximos quadros deverão ser uma animação de carregamento, usando ações de carregamento como as que fornecerei no próximo exemplo. O quadro depois da animação de carregamento deverá exibir os dados da variável necessários. Configure estes quadros e não se preocupe com o ActionScript ainda; ao contrário, concentre-se no layout em si e mantenha espaço para os quadros necessários.

Etapa 5: Aplique o ActionScript

Veja o exemplo seguinte para obter dicas sobre como usar o ActionScript para conseguir os resultados necessários com o ASP e uma fonte externa. Aplique estas técnicas onde forem necessárias em seu filme. Depois de ter colocado o script em tudo, há apenas uma coisa que falta fazer...

Etapa 6: Teste vigorosamente

Agora, faça muito teste beta. Encontre qualquer coisa que possa ser um problema em potencial e corrija-a. Se você mudar algo no filme Flash, limpe seus arquivos Internet temporários para tornar as alterações evidentes. Se parecer que neste ponto seu foco está se desviando e se sentir um pouco apagado, dê um tempo no sistema e analise-o com sua cabeça. Considere as novas maneiras como o problema poderia ser resolvido, como uma revisão de seu algoritmo ou determine soluções para qualquer problema que possa ter.

Dica

Algumas vezes, um pouco de pausa é tudo que precisa para voltar a acompanhar as coisas, portanto, não se mate terminando seu projeto. Isto aplica-se a muitas outras áreas da construção e ocupações ainda maiores que o escopo da computação. Muitos programadores e construtores têm suas melhores idéias e soluções quando seus cérebros estão literalmente no modo "beta" – enviando ondas cerebrais mais lentas e relaxadas e, assim, permitindo que processos de raciocínio mais naturais ocorram.

Como se integrar com o ASP e o Microsoft Access

Chegou o momento de realmente começar a experimentar estas técnicas. A verdadeira utilidade de integrar o Flash com o ASP está na capacidade de se integrar com os armazenados de dados, tornando seu filme Flash um veículo maravilhoso para seu conteúdo!

Os próximos exemplos serão componentes coletivos de um projeto bem grande, que irá reforçar e consumir seus conhecimentos e habilidade. O projeto em si tem quatro fases, cada uma com especificações de construção individuais e exclusivas, para encorajar hábitos de programação e construção modulares e bem-sucedidos. Para os primeiros exemplos, você terá uma base bem formada na integração do Flash e do ASP.

No próximo exemplo (ex4-1), criaremos um sistema de perfil do usuário baseado no Flash. Cada usuário terá dados pessoais que poderão ser exibidos no Flash. No ex4-2, adicionaremos botões a este sistema. Na terceira fase, adicionaremos um recurso de pesquisa na outra página, para encontrar os funcionários pelo nome ou posição. Na fase 4, adicionaremos a capacidade de registrar e atualizar o banco de dados através do Flash ou mesmo adicionar/remover os usuários. Nosso banco de dados terá um campo novo, Icon (Ícone), que é um tipo de representação completa de um JPEG representativo para cada membro de nosso banco de dados.

Capítulo 26 – Integração com o ASP | **663**

A situação: você foi contratado para criar o sistema de perfil das pessoas para a SomeCorp Designs, uma pequena firma de construção Web imaginária. Dez funcionários totais precisam ser fornecidos no banco de dados. Três dos funcionários têm o mesmo último nome, portanto, também aprenderá a lidar com diversas coincidências para uma certa pesquisa.

O sistema será estruturado em torno de um banco de dados Microsoft Access (no formato Office 2000). A Figura 26.3 mostra o layout atual do banco de dados.

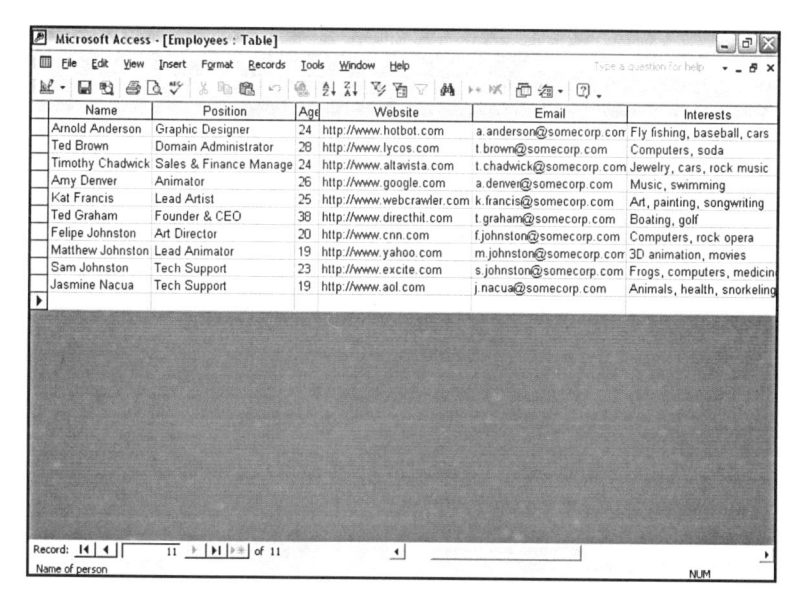

Figura 26.3 O banco de dados Access mantém vários bits de informações sobre 10 pessoas imaginárias diferentes.

Agora, de acordo com nossas regras de desenvolvimento, começaremos criando nossa obra-prima.

Projeto de integração, Fase 1

A Fase 1 de nosso projeto consiste no layout do banco de dados, na escrita do script e no layout da página de perfil. Como esta fase nos fornece a base inteira do projeto, nosso processo de construção será ligeiramente mais longo que os seguintes. Ao analisar o projeto, iremos conceitualizar o projeto final, mas especificaremos os itens relevantes para a Fase 1.

Analise o projeto

O que estamos tentando realizar com esta seção do projeto? Iremos tornar nossos objetivos muito claros, para que não nos desviemos do caminho. Devemos examinar nossa abordagem planejada e recursos:

- O projeto envolve uma tela com uma dupla funcionalidade. Ela listará todos os funcionários da empresa na horizontal na parte superior do filme na forma de botões. Os botões não são gerados dinamicamente, mas as informações de link são carregadas neles quando a página é chamada pela primeira vez usando o método de "uma tentativa". (Porém, é possível ter estes botões gerados dinamicamente usando duplicateMovieClip). Quando um destes botões for clicado, a área no centro do filme exibirá o perfil do usuário. Isto será feito usando loadVariables. O layout desta página deverá ser algo parecido com a Figura 26.4.

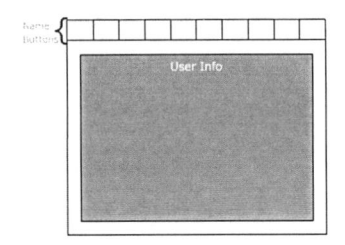

Figura 26.4 A aplicação Flash terá 10 botões na parte superior, usados para carregar os dados dinâmicos no centro do filme.

Na primeira seção do exemplo, não iremos gerar dinamicamente ou mesmo exibir os botões de navegação, nem iremos implementar as funções de pesquisa ou de conexão. Isto virá nas fases posteriores do projeto.

- Como estamos desenvolvendo uma solução da empresa, precisaremos assegurar que o servidor de destino suporte o ASP. E mais, precisaremos decidir sobre quanto tempo levará para construir isto. Como não estamos criando uma aplicação animada muito extravagante, poderá ser algo que faremos em um dia. Portanto, daremos uma estimativa de cerca de 12 horas, para ter segurança. Também sabemos que o conteúdo do site é mais importante do que a animação real, portanto, sabemos que iremos colocar mais esforço no código do que no filme Flash real.

Condense os dados

Uma grande parte desta etapa foi completada quando criamos nosso banco de dados Access. O processo de raciocínio ao condensar os dados deve ser estruturado e baseado em objetos. Ao criar o banco de dados, decidimos que nosso grupo de pessoas pode ser referido com segurança em uma tabela chamada *Employees*. Cada registro na tabela Employees representa um funcionário. Cada um tem vários campos, todos do tipo Text (Texto). Cada um destes campos pode mudar, de funcionário para funcionário.

Precisaremos considerar exatamente o que enviar para o Flash nas diferentes etapas da transferência de dados:

- **Como criar os botões.** Ao carregar as informações nos botões, teremos que enviar duas partes de dados: o identificador exclusivo do funcionário (EmpID) e o nome do funcionário para exibir no botão. O identificador do funcionário poderá ser usado para consultar o banco de dados para obter um certo registro do funcionário sempre que clicarmos o botão deste funcionário.
- **Como carregar os dados do funcionário.** É a parte onde todos os dados dos funcionários devem ser retornados para o filme Flash. Estaremos retornando apenas sete partes de dados para o filme Flash, a cada vez que loadVariables for chamada, porque temos um gabarito no filme Flash, que irá se atualizar sempre que escolhermos um novo registro do funcionário.

Faça com que o back-end funcione

Neste ponto, temos um panorama claro sobre para onde estamos dirigindo este projeto. Com isto fora do caminho, começaremos criando nosso código ASP para a página de exibição do perfil. Depois disto, iremos adicionar um script inteiramente diferente para o recurso de carregamento dos botões.

O código no ex4-1.asp receberá um parâmetro – EmpID – que informa ao ASP qual registro do funcionário pesquisar. Se nenhum resultado for encontrado, o script escreverá success=False no filme Flash. A tarefa de exibir "No record found" (Nenhum registro encontrado) será cuidada quando construirmos o front-end Flash.

Nota

É desnecessário usar um loop Do...While no ASP para esta finalidade, porque o script recebe um único identificador exclusivo. Quando implementarmos o mecanismo de busca, a construção Do...While será usada para construir o VDS.

O seguinte código deverá ser muito parecido com o que você escreveu para o ex4-1.asp:

```
<%@Language="VBScript"%>
<%
    ' Declare recordset & connection objects,
    ' SQL string.
    Dim oRS, oConn, strSQL
    ' Declare VDS.
    Dim strVDS
    ' Get Employee ID from Request.
    Dim EmpID
    EmpID = Request("EmpID")
    ' Error checking for invalid EmpID
    If EmpID > 10 Or EmpID < 1 Then
        EmpID = 0
    End If
    ' Create recordset & connection objects.
    Set oConn = Server.CreateObject("ADODB.Connection")
```

```
Set   oRS   =   Server.CreateObject("ADODB.Recordset")
oConn.ConnectionString = "DRIVER={Microsoft Access Driver (*.mdb)};" &_
   "DBQ=" & Server.MapPath("ex4.mdb")
oConn.Open
strSQL = "SELECT * FROM Employees WHERE EmpID = " & EmpID
oRS.Open strSQL, oConn, 2, 3
' Check for invalid EmpID
If oRS.EOF Then
   strVDS = "success=False"
Else
   strVDS = "success=True"
   ' Build the VDS.
   strVDS= strVDS & "&EmpID=" & Server.URLEncode(oRS("EmpID")) &_
      "&Name=" & Server.URLEncode(oRS("Name")) & _
      "&Position=" & Server.URLEncode(oRS("Position")) & _
      "&Age=" & Server.URLEncode(oRS("Age")) & _
      "&Website=" & Server.URLEncode(oRS("Website")) & _
      "&Email=" & Server.URLEncode(oRS("Email")) & _
      "&Interests=" & Server.URLEncode(oRS("Interests"))
End If
Response.Write strVDS
oRS.Close
Set oRS = Nothing
oConn.Close
Set oConn = Nothing
%>
```

Este código escreve com sucesso um VDS seguro para o filme Flash. Para testar o código, visite seu script ASP e forneça-lhe um EmpID inválido para obter uma mensagem de tratamento de erros ou um EmpID válido para ver o VDS completo. Você poderá fornecer-lhe variáveis fictícias indo para seu navegador e digitando algo assim:

`http://localhot/FlashUnleashed/ex4-1.asp?EmpID=3`

Supondo que todos os seus arquivos estão nesta pasta em particular, este URL informará um VDS longo e perfeitamente preciso. Se você omitir o ponto de interrogação e o texto além dele, será recompensado com success=False. Como mencionado anteriormente, algum tipo de mensagem de erro será fundamental ao integrar o ASP no Flash, porque se o script ASP estiver funcionando mal, o Flash nunca saberá (porque o ASP é executado de modo invisível).

Agora que estamos certos que nosso código funciona, poderemos começar a construir nossa interface Flash.

Construa a interface Flash

Como mostrado na Figura 26.5, estamos criando uma tela que não faz nada, além de carregar as variáveis a partir do ASP, usando um valor EmpID codificado especificamente. As seis caixas de texto dinâmico têm nomes de variável iguais aos seis campos no banco de dados – ou seja, Name, Position (Posição), Age (Idade) etc. Apenas para causar impressão, tornei estes campos não selecionáveis e com borda. O campo Status tem o nome de variável LoadStatus e nos informará se o script está carregando ou foi carregado. E claro, este exemplo está completo com nosso logotipo SomeCorp temporário. Cada item ou grupo de itens é colocado em camada logicamente, com uma camada na parte superior para lidar com todo o ActionScript. Depois de criar sua versão, chame-a de ex4-1.fla.

Capítulo 26 – Integração com o ASP | **667**

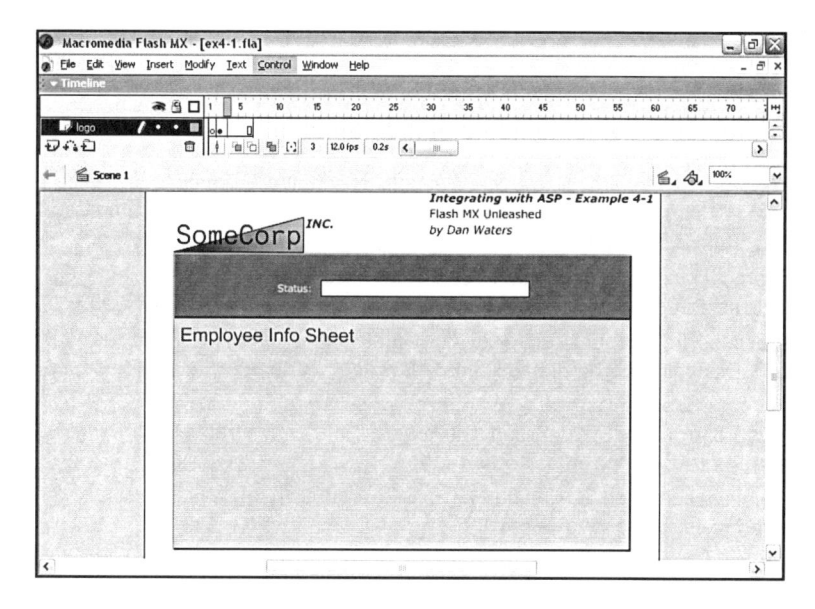

Figura 26.5 A tela de exibição de perfis.

Aplique o ActionScript

A linha do tempo para este filme é algo complicado, porque não falamos muito sobre como carregar os loops ainda. O primeiro quadro tem apenas o conteúdo em uma camada: a camada Actions do filme Flash. A única ação neste quadro é:

```
loadVariablesNum ("ex4-1.asp?EmpID=1", 0);
```

Este comando informa ao Flash para carregar as variáveis do script recém-escrito. Usando a notação do ponto de interrogação, também envia um valor EmpID 1. Observe que não obtivemos ou enviamos nenhuma variável com este comando. Não foi necessário neste momento, porque estamos usando apenas o valor EmpID codificado especificamente para as finalidades de teste.

No quadro 2, a interface é mostrada, menos as caixas de texto (para evitar incidentes embaraçosos dos dados armazenados em cache, caso estas variáveis sejam definidas por alguma razão – você não desejará que as pessoas vejam os resultados das consultas anteriores). E mais, _root.LoadStatus é definida para "Loading" (Carregando) e a lógica do carregamento é executada:

```
if(_root.success eq "True")
{
   // Display data sheet
   gotoAndStop(5);
}
else if(_root.success eq "False")
{
   // Display Invalid Data screen
   gotoAndStop(6);
}
```

```
else
{
    // Continue to display loading message
    _root.LoadStatus = "Loading...";
}
```

A variável success é a primeira coisa enviada a partir do script ASP. Também é a única variável que tem a garantia de ser escrita, seja um registro encontrado ou não. Portanto, teremos que usá-la para determinar o status do carregamento.

Se for true, iremos para o quadro 5, que exibe a interface e todas as caixas de texto. Os valores das caixas de texto serão definidos imediatamente para seus valores correspondentes.

Se success for false, iremos para o quadro 6, que é uma mensagem informando que nenhum registro foi encontrado. Do contrário, _root.LoadStatus será redefinida para "Loading..." e nenhuma redireção será feita.

O próximo quadro (o quadro 3) é uma cópia do quadro 2, mas sem as ações. Ele existe para fornecer uma pequena janela do tempo antes do quadro 4.

O quadro 4 tem um comando Go To and Play (Ir e Reproduzir) simples, que volta ao quadro 2 para verificar as variáveis carregadas de novo.

O quadro 5 mostra a interface completa (com as caixas de texto) e exibe um único comando ActionScript para definir o valor de _root.LoadStatus para "Loaded" (Carregado). Isto fornece ao usuário uma dica visual de que os dados foram transmitidos com sucesso.

O quadro 6 é uma cópia do quadro 5, apenas sem as caixas de texto. Em seu lugar está uma mensagem informando ao usuário que sua pesquisa não retornou nenhum resultado. O ActionScript neste quadro é opcional, mas define o valor de _root.LoadStatus para "Loaded, but with invalid data" (Carregado, mas com dados inválidos). Isto é, novamente, para a finalidade de fornecer uma dica visual.

A Figura 26.6 mostra a linha do tempo para esta seção.

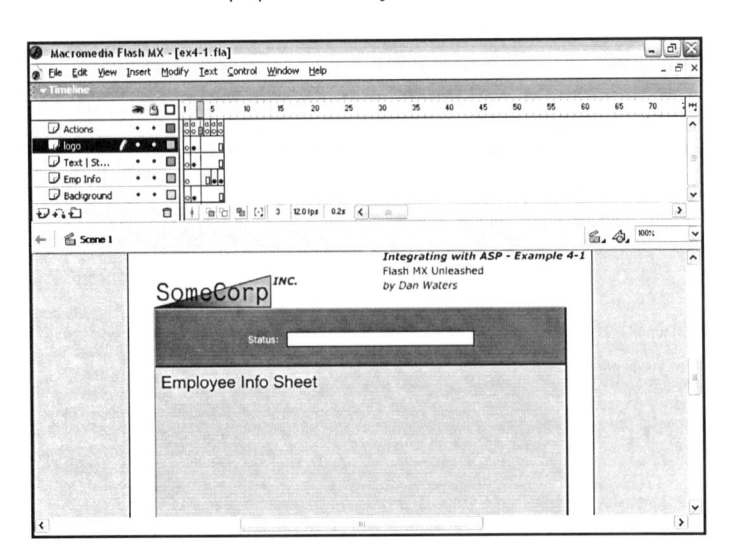

Figura 26.6 *O filme é composto por seis quadros. O quadro 1 carrega as variáveis; os quadros 2 a 4 compõem um loop de carregamento; os quadros 5 e 6 são quadros de exibição.*

Como testar o projeto de integração, Fase 1

Seu filme Flash agora está completo. Use o comando Publish (Publicar) para criar os arquivo SWF e HTML. Agora, visite o ex4-1.html através de seu servidor Web. Sua saída deverá aparecer bem rapidamente, e deverá ser parecida com a Figura 26.7.

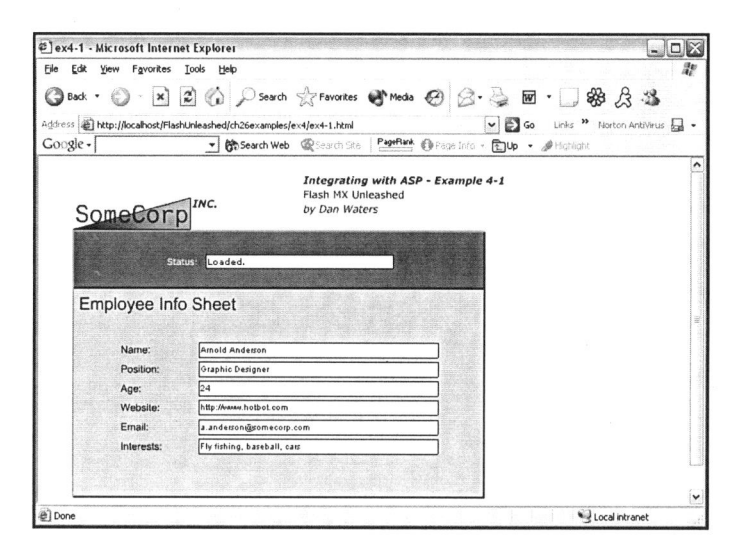

Figura 26.7 Os dados são carregados com sucesso.

Se o loop parecer continuar para sempre, certifique-se de que o arquivo ASP exista e esteja referido corretamente em seu filme Flash. E mais, certifique-se de que o script ASP retorne um VDS válido.

Projeto de integração, Fase 2

Nesta fase do projeto, criaremos uma série de 10 botões na parte superior do filme Flash. Quando clicados, eles irão recarregar todos os dados no filme.

Analise o projeto

Agora que declaramos a estrutura do projeto, é hora de ligar a funcionalidade do botão. Este exemplo usa a função duplicateMovieClip para produzir os botões e uma rotina curta, que determina um espaçamento igual para qualquer quantidade de botões. Precisaremos de um único botão dentro de um único clipe do filme. Neste clipe do filme, precisaremos de uma camada acima do botão para manter uma caixa de texto, que exibirá o texto. Precisaremos fazer algumas alterações de fluxo no programa – quando ele abrir, o usuário deverá ver os botões e a tela de entrada, menos as caixas. Assim, ele poderá escolher qual perfil do usuário exibir imediatamente.

Também precisaremos construir outro arquivo de script que lerá todos os IDs do funcionário e os nomes para preencher os botões. Iremos chamá-lo de ex4-2.asp, porque é a Fase 2 de nosso projeto.

Este novo arquivo ASP também irá incorporar o novo filme Flash, pois usará o método de uma tentativa para inicializar o menu de botões. Ainda estaremos usando o ex4-1.asp para recarregar as variáveis com base em um clique.

Condense os dados

Como nosso banco de dados está completo, não precisaremos condensar os dados. Porém, sabemos que estaremos carregando 10 registros com dois campos cada em nosso arquivo ASP e finalmente nosso filme Flash.

Faça com que o back-end funcione

O código para o ex4-2.asp é mostrado aqui (note que há poucas alterações em relação ao ex4-1.asp, especialmente na instrução SQL e na construção VDS):

```
<%@Language="VBScript"%>
<%
' Declare recordset & connection objects,
' SQL string.
Dim oRS, oConn, strSQL
' Declare VDS.
Dim strVDS
' Get Employee ID from Request.
' Create recordset & connection objects.
Set oConn = Server.CreateObject("ADODB.Connection")
Set oRS = Server.CreateObject("ADODB.Recordset")
oConn.ConnectionString = "DRIVER={Microsoft Access Driver (*.mdb)};" & _
    "DBQ=" & Server.MapPath("ex4.mdb")
oConn.Open
strSQL = "SELECT EmpID, Name FROM Employees"
oRS.Open strSQL, oConn, 2, 3
' Check for invalid EmpID
If oRS.EOF Then
    strVDS = "MenuLoaded=False"
Else
    strVDS = "MenuLoaded=True"

    ' Looping variable
    Dim i
    i = 0

    ' Build the VDS.
    Do While Not oRS.EOF
        strVDS= strVDS & "&EmpID_" & i & "=" & _
            Server.URLEncode(oRS("Name")) & _
                "&Name_" & i & "=" & Server.URLEncode(oRS("Name"))
        i = i + 1
        oRS.MoveNext
```

```
        Loop

            strVDS = strVDS & "&count="& i
        End If
        oRS.Close
        Set oRS = Nothing
        oConn.Close
        Set oConn = Nothing
%>
<HTML>
<HEAD>
        <TITLE>ex4-2</TITLE>
</HEAD>
<BODY>
<CENTER>
        <OBJECT    classid="clsid:D27CDB6E-AE6D-11cf-96B8-444553540000"
codebase="http://download.macromedia.com/pub/shockwave/cabs/
flash/swflash.cab#version=5,0,0,0"    WIDTH="550"    HEIGHT="400">
    <PARAM   NAME=movie   VALUE="ex4-2.swf?<%=strVDS%>">
    <PARAM   NAME=quality  VALUE=high>
    <PARAM   NAME=wmode   VALUE="transparent">
    <EMBED   SRC="ex4-2swf?<%=strVDS%>"   QUALITY="high"
WIDTH="550"   HEIGHT="400"   TYPE="application/x-shockwave-flash"
PLUGINSPAGE="http://www.macromedia.com/shockwave/
download/index.cgi?P1_Prod_Version=ShockwaveFlash"
WMODE="transparent">
    </EMBED>
        </OBJECT>
</CENTER>
</BODY>
</HTML>
```

Note que desta vez, o VDS é gerado inteiramente por um loop no início do arquivo. Como é bem grande, é mais fácil deixar que o ASP gere-o e o imprima no parâmetro do filme, em vez de imprimir os parâmetros individuais.

Retornamos uma variável success, mas ela é nomeada de modo diferente. Poderia interferir na outra variável success, que é carregada constantemente de modo dinâmico. Como é carregada uma vez quando o filme é carregado, forneça-lhe um nome diferente (MenuLoaded).

O banco de dados seleciona EmpID e Name no banco de dados e faz um loop até que o conjunto de registros esteja vazio. Também retorna uma variável count. Interessante, não é? Anteriormente neste capítulo, mencionei que retornar seu valor de sentinela para o Flash poderia ser muito útil; esta fase explica o porquê. Estaremos usando count para determinar exatamente quantas pessoas estão no banco de dados. Iremos construir nosso menu com base neste valor.

Agora, é hora de alterar um pouco nosso filme Flash.

Construa a interface Flash e aplique o ActionScript

Como já realizamos muitas coisas, estas etapas serão feitas juntas nesta fase.

Crie uma cópia de ex4-1.fla e chame-a de ex4-2.fla. O ActionScript poderá ficar um pouco mais difícil aqui, portanto, você poderá precisar de algo para recorrer, no caso de precisar.

Precisaremos apenas de um quadro para lidar com a construção do menu. Portanto, teremos que mover todos os quadros-chave para frente em um quadro. Também precisaremos remover nossa ação loadVariables no segundo quadro. Estaremos carregando as variáveis a partir dos próprios botões. Para reorganizar a linha do tempo, selecione todos os quadros e arraste-os para frente em um quadro. Então, selecione o quadro 2 da camada Actions e apague-o. Depois, simplesmente ajuste os outros quadros, para que o último quadro de cada camada fique no quadro 6. No primeiro quadro-chave (que agora está em branco) da camada Actions, que felizmente você não removeu, precisará adicionar ações que dupliquem o clipe do filme dinamicamente e os posicionem automaticamente:

```
// Move the button offscreen
_root.button._x = 700;
_root.button._y = 700;
// Looping, temp variables
var i;
var temp;
// Init temp x and y
var x, y = 10;
// Loop until count reached - works with any number of records.
for (i=0; i<count; i++) {
    // Duplicate the clip
    duplicateMovieClip (_root.button, "button"+i, i);
    temp = _root["button"+i];
    // Determine positioning
    if (i%10<5) {
        x = i*(temp._width)+(temp._width/2);
    } else {
        x = (i-5)*(temp._width)+(temp._width/2);
        if(i % 5 eq 0)
        {
            y = y+(temp._height);
        }
    }
    // Set positioning, values.
    temp._x = x;
    temp._y = y;
    temp.NameText = _root["Name_"+i];
    temp.EmpID = _root["EmpID_"+i];
}
stop( );
```

Este código usa o valor de count, que é carregado pelo método de uma tentativa, para fazer um loop e duplicar os clipes do filme. Cada clipe do filme tem uma variável associada a uma caixa de texto e uma variável que está associada apenas a este clipe. NameText será mostrado na caixa de texto e EmpID será usado para recarregar as variáveis. O valor 5 representa o número de botões com 100x15 que podem caber em um filme com 550x400. O número 10 representa o posicionamento Y de base.

Neste mesmo quadro-chave (o primeiro), crie uma nova camada chamada *menu*. Crie um novo clipe do filme chamado *Dup Button*. Crie um novo botão de sua escolha chamado *Reload*. Solte uma cópia de Reload em Dup Button. Adicione uma camada em Dup Button chamada *Text*. Coloque uma caixa de texto dinâmico com mais ou menos o tamanho do botão nesta camada e forneça-lhe o nome de variável *NameText*. É a caixa que exibirá o nome de cada pessoa do banco de dados.

Vá para as ações do botão Reload no clipe Dup Button. E onde estará recarregando os valores no filme Flash. Você deverá ter algo assim:

```
on (release) {
    _root.success = "";
    loadVariables ("ex4-1.asp?EmpID=" + this.EmpID, "_root");
    _root.gotoAndPlay(2);
}
```

Definir _root.success para nada basicamente "limpará" sua pesquisa do carregamento anterior e fará com que o script ASP seja executado de novo. A chamada loadVariables instrui nosso primeiro script ASP para obter os dados do funcionário para o funcionário especificado neste clipe do filme atual. Isto funcionará, porque quando duplicamos todos os clipes do filme, eles foram inicializados com este valor.

Arraste uma cópia de Dup Button para o palco no primeiro quadro-chave, na camada Menu. Forneça-lhe um nome de instância *button*. Não importa onde você o coloca, pois se notar as ações no primeiro quadro, o botão-fonte (usado para duplicar) é movido para fora da cena.

A Figura 26.8 mostra nossa nova linha do tempo atualizada.

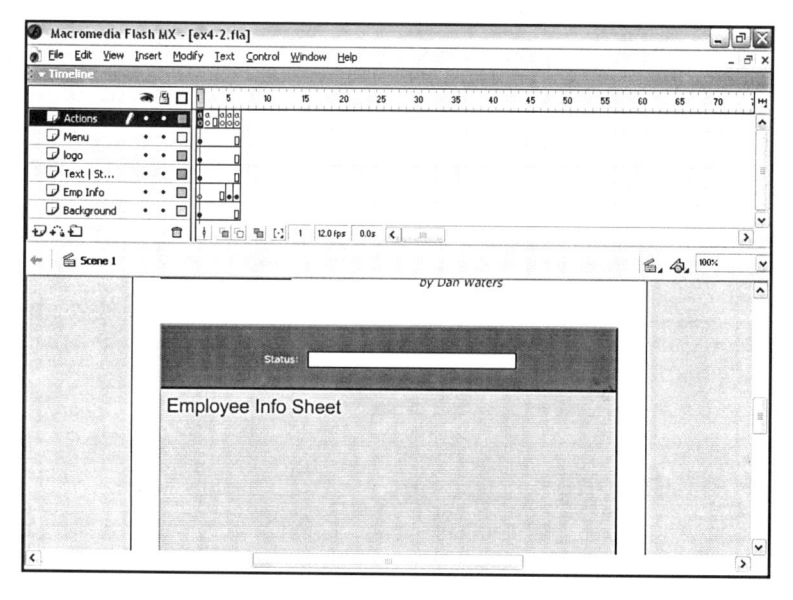

Figura 26.8 O quadro 1 da camada Actions contém a rotina de duplicação e de posicionamento. Os quadros 2 a 4 contêm o loop de carregamento. O quadro 5 contém a página de exibição dos dados e o quadro 6 contém a página de erro.

Como testar o projeto de integração, Fase 2

Execute o ex4-2.asp. Agora, verá o verdadeiro potencial deste método. Parabéns! Você foi longe. Há ainda mais para aprender. Na próxima fase, pesquisaremos estes registros usando o Flash.

Projeto de integração, Fase 3

Agora, iremos implementar um recurso de pesquisa no Flash. O Flash será usado como a tela de entrada e o ASP ligará com *toda* a lógica da pesquisa. Em vez de exibir todos os campos de todos os resultados da pesquisa, exibiremos o nome, a posição e o endereço de e-mail com hiperlink de cada resultado da pesquisa em uma caixa de texto HTML com diversas linhas.

Analise o projeto

Iremos consertar o filme Flash e escrever um script ASP totalmente novo para lidar com a função de pesquisa. Os resultados da pesquisa aparecerão em uma caixa de texto com diversas linhas e os endereços de e-mail serão sublinhados e hiperligados para abrir seu programa de correio quando clicá-los.

Portanto, faça um backup de seus materiais da Fase 2. Chame o novo script de ex4-3.asp e faça o mesmo para o antigo FLA. A fase é composta por quatro arquivos: o FLA, o SWF, a página de exibição e a página de pesquisa.

Condense os dados

Precisaremos obter os nomes, as posições e os endereços de e-mail do banco de dados em nosso script ASP. Para coincidir com a consulta do usuário, construiremos a instrução SQL, passo a passo, para cada parte dos dados possível.

Faça com que o back-end funcione

O script que usamos neste exemplo é bem longo, mas só porque executamos as verificações em todos os seis possíveis parâmetros de pesquisa (Name, Position etc.). O código para o ex4-search.asp é mostrado aqui:

```
<%@Language="VBScript"%>
<%
    ' Declare recordset & connection objects,
    ' SQL string.
    Dim oRS, oConn, strSQL
    ' Declare VDS.
    Dim strVDS
    ' Get Employee information from Request.
    Dim Name, Position, Age, Website, Email, Interests
    Name = Request("Name")
```

```
Position = Request("Position")
Age = Request("Age")
Website = Request("Website")
Email = Request("Email")
Interests = Request("Interests")
If Name = "" And Position = "" And Age = "" _
    And Website = "" And Email = "" _
    And Interests = "" Then
    strVDS = "FoundResult=False"
Else
    ' Build SQL String
    strSQL = "SELECT * FROM Employees WHERE "
    If Name <> "" Then
        strSQL = strSQL & " NAME LIKE '%" & Name & "%'"
    End If
    If Position <> "" Then
        strSQL = strSQL & " AND Position LIKE '%" & Position & "%'"
    End If
    If Age <> "" Then
        strSQL = strSQL & " AND Age LIKE '%" & Age & "%'"
    End If
    If Website <> "" Then
        strSQL = strSQL & " AND Website LIKE '%" & Website & "%'"
    End If
    If Email <> "" Then
        strSQL = strSQL & " AND Email LIKE '%" & Email & "%'"
    End If
    If Interests <> "" Then
        strSQL = strSQL & "AND Interests LIKE '%" & Interests & "%'"
    End If
    ' Create recordset & connection objects.
    Set oConn = Server.CreateObject("ADODB.Connection")
    Set oRS = Server.CreateObject("ADODB.Recordset")
    oConn.ConnectionString = _
    "DRIVER={Microsoft Access Driver (*.mdb)};" & _
        "DBQ=" & Server.MapPath("ex4.mdb")
    oConn.Open
    oRS.Open strSQL, oConn, 2, 3
    ' Check for invalid EmpID
    If oRS.EOF Then
        strVDS = "FoundResult=False"
    Else
        strVDS = "FoundResult=True"
        ' Looping variable
        Dim i
        i = 0
        ' Build the VDS.
        strVDS = strVDS & "&ResultString="
        Do While Not oRS.EOF
            strVDS = strVDS & _
            Server.URLEncode("Name: " & oRS("Name") & vbCr & _
                "Position: " & oRS("Position") & vbCr & _
                "Email: <A HREF=" & Chr(34) & "mailto:"& _
                oRS("Email") & Chr(34) & "><u>"& _
                oRS("Email") & "</u></A>" & _
                vbCrLf)
```

```
            i = i + 1
            oRS.MoveNext
        Loop
            strVDS = strVDS & "&numresults=" & i
        End If
        oRS.Close
        Set oRS = Nothing
        oConn.Close
        Set oConn = Nothing
    End If
    Response.Write strVDS
%>
```

O método para gerar o VDS é ligeiramente diferente dos exemplos anteriores. Como nosso destino é um arquivo de texto, precisamos apenas de uma variável para exibir nossas informações. Neste script, a chamamos de ResultString. Para codificar devidamente nossos dados, escrevemos &ResultString= no VDS e então usamos Server.URLEncode para codificar uma string com quebras de linha. Sempre que o loop é executado, ele escreve outra parte na string. VbCr é um avanço de linha simples, ao passo que vbCrLf é um avanço de linha e retorno automático, que é como pressionar Return duas vezes em uma janela Flash.

Teste este código para assegurar que ele retorna um VDS que parece válido. Mais uma vez, se seu loop de carregamento for executado para sempre, certifique-se de que este VDS esteja perfeito.

Construa a interface Flash e adicione o ActionScript

Faça uma cópia do ex4-2.fla. Chame-a de ex4-3.fla e faça estas alterações:

- O primeiro quadro deve ter o logotipo, o fundo e os campos de dados do funcionário (Name, Position etc.). As próprias caixas de texto devem ser campos de texto de entrada. Se você quiser, escreva uma mensagem nesta página, instruindo os usuários a fornecer o máximo que puderem sobre o funcionário. As ações para este quadro devem definir todo parâmetro de pesquisa para um valor nulo.
- O segundo quadro precisa ter uma única ação para carregar as variáveis:

    ```
    loadVariablesNum ("ex4-search.asp", 0, "POST");
    ```

    O comando POST informa ao Flash para enviar suas variáveis atuais – as entradas para nossos parâmetros de pesquisa – para o script dado. Então o Flash carrega um VDS a partir deste script no nível 0.

- O terceiro quadro, identificado como TestSearch, contém a lógica do loop mostrada aqui:

    ```
    if (_root.FoundResult eq "True")
    {
        _root.SearchStatus = "Search successful.";
        gotoAndStop("DispSearchResults");
    }
    else if(_root.FoundResult eq "False")
    ```

```
{
    _root.SearchStatus = "No results matching your query.";
    gotoAndStop("NoMatches");
}
else
{
    _root.SearchStatus = "Searching...";
}
```

Se houver coincidências, o Flash irá para o quadro identificado como DispSearchResults e definirá o texto de status para "Search Successful" (Pesquisa Bem-sucedida). Se não houver nenhuma coincidência, o Flash irá para o quadro NoMatches (Nenhuma Coincidência), que mostra a mensagem "Your search returned no matches" (Sua pesquisa não retornou nenhuma coincidência). Do contrário, continuará a pesquisar as variáveis carregadas. Sua linha do tempo deverá ficar parecida com a Figura 26.9.

Como testar o projeto de integração, Fase 3

Quando você executar a página, deverá ver uma entrada de pesquisa. Forneça qualquer coisa desejada (mas será mais impressionante se fornecer algo no banco de dados). Se sua pesquisa retornar diversos resultados, ela será refletida na caixa de texto.

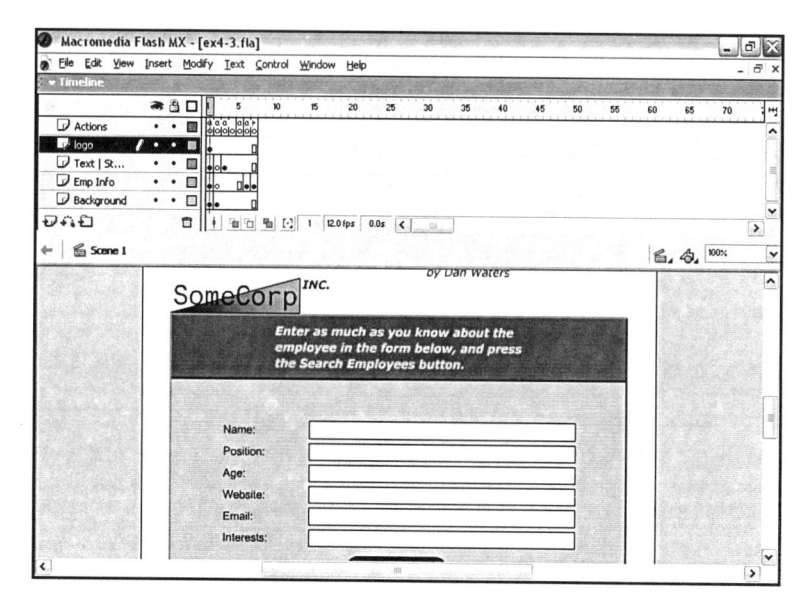

Figura 26.9 A nova linha do tempo é parecida com que você viu antes: uma página de entrada, um loop de carregamento e dois quadros para exibir os resultados.

Agora é seguro exportar seu filme Flash como ex4-3.asp.

Como trabalhar com imagens e o ASP

Antes do lançamento do Flash MX, era praticamente impossível carregar JPEGs em seu filme Flash de modo independente. Você tinha que gerar um arquivo SWF e usar loadMovie, ou tinha que criar um clipe do filme contendo vários JPEGs diferentes e controlar este clipe para fornecer a aparência de algo dinâmico. Estes dias acabaram. Agora, é possível carregar os arquivos JPEG e MP3 dinamicamente usando loadMovie da mesma maneira como carregaria um filme SWF, como mostrado aqui:

```
loadMovie("test.jpg", 0);
```

Então, por exemplo, se você carregar uma variável no Flash chamada UserIcon, que tem um valor UserIcon_01.jpg, poderá exibir esta imagem dinamicamente usando tal instrução. Isto se torna muito útil para criar páginas Web verdadeiramente personalizáveis.

Exemplo final

O último exemplo não é algo que você encontrará nestas páginas. Como é um projeto em expansão, que integra todas as técnicas que compartilhei com você no curso deste capítulo, está disponível apenas para o carregamento em www.danwaters.com/fmx ou em www.samspublishing.com.

Este projeto gerencia um banco de dados em seu escopo total e extrapola nosso código atual para a página de perfil da SomeCorp, Inc. Até utiliza o carregamento de imagens dinâmico, para exibir um ícone que representa a personalidade de um certo funcionário.

Para instalar o exemplo, carregue o arquivo ZIP, descompacte-o e coloque todos os itens na pasta Launch, em algum lugar no sistema de arquivos de seu servidor Web (como C:\Inetpub\wwwroot\SomeCorp\Launch). Então, navegue para este link através de seu navegador Web (ou seja, http://localhost/SomeCorp/Launch). Se a página não for encontrada, prossiga e adicione default.asp ao final deste URL.

Resumo dos conceitos

No geral, você aprendeu muito. Aprendeu a enviar dados do ASP para o Flash e do Flash para o ASP. Cobrimos alguns métodos usados para trabalhar com bancos de dados. Finalmente, você aprendeu a trabalhar com imagens. Eis uma recapitulação:

- **Para enviar dados do ASP para o Flash.** Você tem sempre que enviar um Variable Definition String para o HTTP Response do Flash para reconhecer as variáveis. Os nomes da variável não têm que ser codificados como o URL, mas seus valores sim. Carregar um script ASP é muito parecido com carregar um arquivo de texto, pois o script ASP simplesmente gera o texto, como ele apareceria em um arquivo de texto.

  Você pode usar dois métodos de recuperação de dados ao reproduzir o filme: getURL (se quiser abrir uma nova janela ou gerar o código) e loadVariables (se quiser executar um script invisível).

Também é possível inicializar o filme com certos valores, escrevendo uma string de consulta depois das ocorrências *nomedofilme*.swf no código <OBJECT>.
- **Para enviar dados do Flash para o ASP.** Você pode enviar dados usando loadVariables ou getURL, como mencionado anteriormente, mas terá que especificar um método (POST ou GET). Se não especificar um método, terá que chamar o script com uma string de consulta, como a seguinte chamada loadVariables:

  ```
  loadVariables("order.asp?OrderID=" + _root.OrderID, 0);
  ```

  Então, no ASP use a coleção Request para recuperar seus dados.
- **Como trabalhar com bancos de dados.** Sempre estruture seus dados logicamente. Mapeie o banco de dados antes de realmente implementá-lo. Certifique-se de que se precisar de uma certa parte dos dados, terá um campo separado para ele ou terá uma rotina para extraí-lo de outro campo. Poderá adicionar os registros usando oRS.AddNew, seguido de oRS.Update. Poderá apagar os registros da mesma maneira, usando oRS.Delete. Lembre-se que os métodos ADO Recordset como estes podem ser executados apenas em um objeto Recordset válido e aberto. Do contrário, você terá que usar Connection.Execute(SQL).
- **Como trabalhar com imagens.** As imagens podem ser carregadas dinamicamente no Flash, com a versão do Flash Player 6, da mesma maneira como os arquivos SWF podem ser carregados. Eis um exemplo:

  ```
  loadMovie("somepicture.jpg", 0);
  ```

Solução de problemas

Muitas coisas podem dar errado quando muitos dados mudam de mãos. Eis alguns problemas comuns, e sugestões para ajudá-lo a diminuí-las:

- **Meu script ASP não é executado.** Certifique-se de que esteja executando o script através do protocolo HTTP. Se não estiver, o servidor tentará fazer com que você o carregue.

  Certifique-se de que realmente esteja produzindo algo. E mais, depure suas strings VDS e SQL, se achar que há algo errado com elas. Use Response.Write para examiná-las depois de terem sido construídas.

  Execute o arquivo SystemTest.asp a partir do SystemTest.zip, fornecido com este exemplo. Se ele informar que há um problema, certifique-se de que tenha um servidor Web instalado e que ele funciona com o Microsoft Access.
- **Minha tela Flash exibe meu loop de carregamento indefinidamente.** É geralmente um problema com o script ASP. Depure as strings SQL e Variable Definition String imprimindo-as e examinando-as diretamente.

  Certifique-se de que suas etiquetas do quadro estejam corretas em seu filme Flash, e que não haja nenhuma duplicata. E mais, analise o fluxo de seu programa no Flash, para assegurar que o usuário é direcionado para o lugar certo, não importando qual.
- **Meus dados parecem lixo.** Verifique duas vezes que você esteja codificando com o URL as partes corretas de seu VDS. Formate-o usando palavras-chave ASP como vbCr e vbCrLf.

- **Meus dados no Flash não parecem se renovar.** Na primeira chamada para loadVariables, defina seu valor de teste (ou seja, _root.Success ou _root.FoundResults) como sendo igual a nada ("") e loadVariables usando POST, ao invés de não ter um parâmetro lá. Isto parece resolver os problemas que envolvem a falta de dados renovados.

Felizmente, você aprendeu muito com este capítulo. O conhecimento adquirido poderá ser aplicado para criar um site Web realmente destruidor, adicionando muita dinâmica necessária a uma maravilha gráfica estática. Aqui estão algumas idéias para você iniciar um projeto próprio: um 3D dinâmico, um mascaramento de imagens dinâmico, um MP3 player, um programa de bate-papo; as possibilidades estão limitadas apenas àquilo que você pode imaginar.

Capítulo 27

Integração com o PHP

por Brian Hoard

Neste capítulo

- Por que PHP e Flash?
- Script PHP para o conteúdo dinâmico
- Seu primeiro script PHP: como testar o servidor
- Como explorar os módulos opcionais
- Fundamentos do PHP
- Como receber dados do PHP para o Flash
- Como enviar dados do Flash para o PHP (para o Flash)
- Echo Valley torna-se um poço dos desejos
- Como usar o MySQL
- Mais leitura

O PHP é uma linguagem de script no lado do servidor. Parte de sua sintaxe derivou-se do C, Perl e Java. Você notará muitas semelhanças entre a sintaxe ActionScript e o PHP também, o que facilita usar as duas linguagens juntas. O PHP permite que o conteúdo Web incorporado seja fornecido para os visitantes do site Web dinamica e rapidamente e para os servidores Windows e Unix.

O PHP foi concebido originalmente por Rasmus Lerdorf, em 1994, para usar em sua home page pessoal. O nome PHP derivou-se originalmente das letras iniciais da frase "personal home page" ou home page pessoal. A versão atual do PHP, pesando como outro acrônimo recursivo, significa "PHP: Hypertext Preprocessor" (PHP: Pré-processador de Hipertexto). O PHP foi adotado pela comunidade de desenvolvimento Open Source, que o trouxe para sua forma madura atual, agora na versão 4.

A linguagem PHP foi escrita especificamente para a Web. Isto significa que tem ferramentas predefinidas para os desenvolvedores Web, assim como fornece uma conectividade para bancos de dados poderosos, inclusive o seguinte:

- dBASE
- DBM
- FilePro
- Hyperwave
- Informix
- InterBase
- Microsoft SQL Server
- mSQL
- MySQL
- ODBC
- Oracle
- Oracle8
- PostgreSQL
- Sybase

O PHP é conhecido por sua velocidade e eficiência, causando pouco overhead nos recursos de um servidor. Isto permite que ele seja executado mesmo nas configurações mais simples do hardware, enquanto lida com milhões de transmissões por dia.

O PHP é a ferramenta de script escolhida por muitos servidores Linux na Web. Uma configuração comum usa o Apache como o software de serviço da Web, o PHP para o script e o MySQL para as funções do banco de dados.

Além do Linux, o PHP é executado em outros tipos de Unix, como o Mac OS X e o IRIX. Também está disponível nos servidores Windows que executam o Internet Information Server (IIS) do Windows. A construção do PHP é nativa para o Unix, portanto, alguma funcionalidade não é totalmente suportada em um ambiente Windows.

A incrível popularidade do PHP pode ser atribuída à sua eficiência, confiança, facilidade de aprendizagem, conectividade com muitos bancos de dados e seu preço atraente (lido como *gratuito*).

Ele atende a mais de 7,5 milhões de domínios desde a sua composição, e a mais de 1 milhão de endereços IP. (Para exibir as últimas estatísticas do PHP, junto com outros fatos Web para os entendidos, veja o www.netcraft.com.)

Os scripts PHP são interpretados pelo servidor, não pelo cliente, tornando-os compatíveis com todos os navegadores. Também tem a vantagem de adicionar um nível de segurança ao seu código, pois a saída final é a única coisa enviada para o navegador.

Geralmente, a saída do PHP são páginas HTML criadas dinamicamente; porém, também pode suportar a XML, o Java, o SWF, o PDF e as imagens JPEG e PNG criadas dinamicamente.

Por que PHP e Flash?

O Flash é uma ótima interface interativa para o usuário final. Ele permite que os desenvolvedores trabalhem em um formato multimídia que é apresentado consistentemente sempre que exibido, independentemente do computador do visitante ou do sistema operacional.

O ActionScript da Macromedia está se tornando uma linguagem poderosa, que permite que funções complicadas sejam feitas diretamente no Flash player.

Quando chegar o momento de automatizar as atualizações de seu site, para adicionar uma funcionalidade não disponível no ActionScript ou para interagir com os dados externos no servidor, será hora de usar o PHP.

O PHP é análogo a um vendedor de sapatos em uma loja em um centro comercial. Por exemplo, um visitante sai e o PHP corre para a sala de trás para abrir o armazém do banco de dados MySQL. Então o PHP recupera o tamanho e a cor do sapato que o visitante solicitou, o traz de volta para o visitante e enfia em seu pé. Depois o PHP marca na caixa registrada a venda, verifica a identificação do visitante, oferece a ele uma oportunidade de assinar uma notificação para as futuras vendas e entrega-lhe uma sacola com o sapato colorido.

O PHP se comunica com os recursos guardados com segurança do servidor e recupera as informações para o usuário final. Estes atributos, quando reunidos com o banco de dados relacional, MySQL, resulta em você estando a dois passos de distância do domínio do mundo (ou pelo menos de alguns sites Web dinâmicos muito bons). Eis algumas coisas que poderá fazer usando o PHP e o Flash:

- Exteriorizar o conteúdo Flash
- Criar scripts PHP para atualizar várias páginas Flash
- Ler e armazenar informações nos bancos de dados
- Carregar variáveis de fontes de externas fora do Flash
- Transmitir variáveis do Flash para o PHP
- Executar scripts no lado do servidor usando as informações fornecidas pelos visitantes
- Criar sites de comércio eletrônico
- Criar carrinhos de compras
- Assegurar transações Web
- Permitir que os usuários transfiram ou carreguem os arquivos do servidor
- Inicializar scripts de e-mail
- Gerar imagens dinâmicas, PDFs e arquivos SWF
- Criar calendários, saídas de hora e data
- Executar scripts de filtragem do texto para processar grandes quantidades de dados, produzindo partes específicas
- Definir cookies
- Permitir que o conteúdo seja atualizado a partir de um navegador, sem precisar publicar de novo o filme SWF

Script PHP para o conteúdo dinâmico

Começaremos com o oposto do dinâmico, que é o *estático*. Os sites estáticos (ou brochuras Web) são sempre iguais quando visitados. As atualizações das páginas estáticas são feitas manualmente.

Dinâmico, por outro lado, refere-se às ações que ocorrem no momento em que são necessárias, em vez de antes. Para os sites Web, isto significa que as páginas Web enviadas para o navegador do visitante são criadas no servidor, quando necessárias.

Os sites Web, que usam o conteúdo dinâmico, podem pedir ao servidor para recuperar as informações atualizadas ou executar os scripts para acessar outros dados antes de enviar a página para o visitante.

Este processo pode levar um pouco mais de tempo do que fornecer uma página estática, mas a troca por alguns milissegundos de retardo é a capacidade de oferecer um novo conteúdo renovado sem um envolvimento constante do Webmaster. Portanto, um bom criador de scripts PHP vale dez ou vinte mil Webmasters estáticos (e deve ser recompensado de acordo).

Uma função de pesquisa é um bom exemplo de uma página Web dinâmica. O visitante fornece os termos da pesquisa em um formulário e envia as informações para o servidor. Um script no lado do servidor processa a entrada, recupera as informações em um banco de dados e os resultados são fornecidos para o visitante.

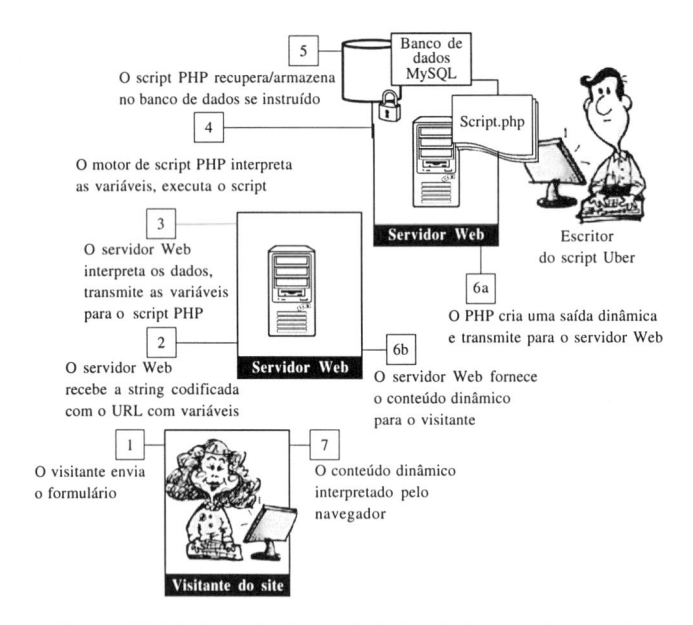

Figura 27.1 O fluxo de dados dinâmico de ida e volta usando o PHP.

A Figura 27.1 mostra uma visita típica para uma página Web dinâmica usando o PHP. O escritor de script Uber escreve os scripts e desenvolve páginas de antemão, que aproveitam o conteúdo dinâmico. Assim que colocados, o servidor enviará as páginas para os visitantes, sem precisar de uma edição da página manual demorada, como nos sites estáticos.

Um fluxo de dados dinâmico opera assim:

1. Um visitante preenche as entradas em um formulário Web em uma HTML ou site Flash e envia o formulário.
2. As informações são enviadas através da Internet por uma string de consulta codificada com o URL. Quando o escritor do script Uber usa a opção GET ou POST em um formulário, o Flash cuida dos detalhes para transmitir os dados corretamente. Tudo que o escritor do script tem que fazer é configurar o formulário corretamente no Flash.
3. Quando o servidor Web recebe os dados do formulário, ele interpreta as instruções e executa o devido script PHP. O servidor reconhece os caracteres, separando as variáveis e transmitindo-as para o script PHP.
4. O script PHP é executado.

Nota

Embora a Figura 27.1 mostre um servidor Web e um servidor PHP separados, suas funções são geralmente executadas por um único servidor. Eles são mostrados aqui como computadores separados para o esclarecimento em suas funções.

---

5. No centro do PHP está o motor Zend (www.zend.com), que processa o script PHP, substituindo os pares de nomes da variável pelos dados fornecidos pelo cliente onde são chamados no script.
6. A saída dinâmica do script é transmitida de volta através da Internet e enviada para o visitante.
7. O navegador do visitante reconhece os dados de retorno, exatamente como qualquer outra página Web e exibe-os. É a mágica das páginas Web dinâmicas! Em uma ilha paradisíaca remota, um escritor do script lê as instruções do visitante do site em seu laptop e deixa que a marca registrada PHP dê gargalhadas de vitória.

Agora que você acompanhou a trajetória que um formulário Web faz, deverá ter uma boa compreensão do que está ocorrendo e do que está lidando com o código no processo.

Seu primeiro script PHP: como testar o servidor

Como a linguagem de script mais popular na Web, o PHP provavelmente é suportado por seu servidor host. Se você não estiver certo se seu servidor está executando o PHP, este teste determinará se tem a capacidade do PHP à sua disposição.

Se tiver acesso ao seu próprio servidor, poderá carregar os últimos arquivos para instalar o PHP em www.php.net.

Este primeiro script de teste usa a função PHP phpinfo, que tem a vantagem de permitir que você veja as definições do servidor PHP e veja quais módulos e opções estão carregados.

A única exigência é que você tenha acesso a um servidor e a capacidade de transferir os arquivos, pois precisará transferir seus scripts PHP para executá-los. Os scripts PHP são arquivos de texto simples, e não precisam se tornar executáveis pelo sistema operacional para funcionar. A configuração do servidor sabe o que fazer quando recebe os scripts PHP.

> **Nota**
>
> Certifique-se de que o nome de arquivo do script PHP tenha a extensão necessária para a configuração de seu servidor. Alguns servidores podem ser configurados para reconhecer os arquivos PHP com a extensão de arquivo .php (o default), ao passo que outros servidores podem requerer uma extensão .php3, .php4 ou .phtml. Se seu script não funcionar inicialmente, tente renomear o script com uma das outras extensões possíveis. Se seu servidor requerer uma extensão .php3, isto poderá significar que está executando apenas a versão 3 do PHP; neste caso, precisa desesperadamente de uma atualização.

Como escrever o script

Um script PHP não é nada mais que um arquivo de texto simples. Ele não precisa ser compilado ou se tornar executável para funcionar. Simplesmente gravar o script em seu servidor com o PHP ativado permitirá que ele seja usado imediatamente. Eis as etapas a seguir:

1. Usando seu editor de texto favorito, crie um arquivo com as seguintes linhas:

    ```
    <?php
    phpinfo( );
    ?>
    ```

2. Grave o arquivo em seu servidor Web e nomeie-o como phpinfo.php (estando certo de que usa a extensão especificada pelo administrador de seu servidor). Eis um exemplo:

    `http://www.SeuDomínio.com/php/phpinfo.php`

3. Execute o script inicializando um navegador e apontando-o para o arquivo criado. Se tudo estiver funcionando corretamente no servidor, você deverá ver uma página como a mostrada na Figura 27.2.

Capítulo 27 – Integração com o PHP | **687**

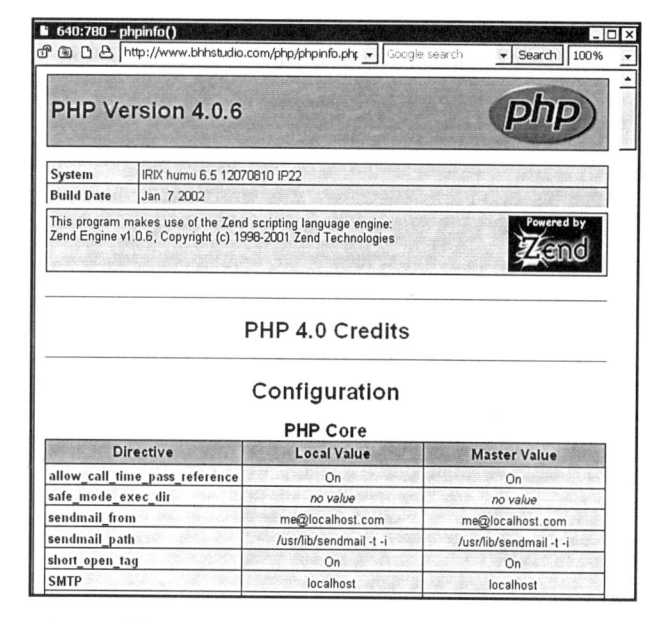

Figura 27.2 A tela de informações do PHP.

Como solucionar problemas na instalação do PHP

Se você não obtiver uma saída parecida com a Figura 27.2, eis algumas áreas a verificar:

- Verifique os erros de digitação. Certifique-se de que o ponto-e-vírgula no final de phpinfo( ); esteja presente.
- Verifique o caminho onde carregou o arquivo e tente de novo.
- Sua extensão de arquivo precisa ter uma extensão requerida pela configuração de seu servidor. Tente renomear seu arquivo usando uma das várias extensões possíveis (.php, .php3, .php4 ou .phtml). E mais, se estiver usando um sistema Windows, verifique para assegurar que o Windows não colocou uma extensão .txt no final de seu arquivo.
- O diretório ou as permissões do arquivo não estão corretas. Você precisa ter o acesso de "leitura" para os arquivos a partir de um navegador.

    No UNIX, chmod 0644 *nomedearquivo* fornecerá a seu arquivo o acesso de leitura/gravação para o proprietário e o acesso de leitura apenas para os grupos e as outras pessoas.

Aviso

Tenha cuidado ao alterar as permissões nos arquivos em seu servidor conectado à Web ou em sua intranet. Compreenda as implicações de segurança de conceder até mesmo um acesso de leitura aos arquivos. A capacidade de malfeitores com más intenções utilizarem seu código é uma séria ameaça para os dados e os sistemas de sua empresa.

- Seu servidor não está executando o PHP. Neste caso, precisará obter qualquer string requerida para ele ser carregado ou encontrar uma empresa de host que suporta o script PHP.

Se você obtiver a tela de informações PHP, parabéns! Está batendo na porta do controle total e completo do mundo no qual vive (ou pelo menos de alguns sites Web dinâmicos e bem atraentes).

Reserve alguns momentos para pesquisar a saída da tela de informações PHP. Deverá ver muitas diretivas e definições específicas para seu servidor. A maioria não fará muito sentido à primeira vista, mas você poderá ver facilmente o que seu servidor está configurado para fazer.

Também verá o comando usado quando o software foi compilado, trazendo estímulo para qualquer verdadeiro membro entendido.

Algumas definições serão muito importantes se você quiser fazer um trabalho específico do banco de dados ou executar a manipulação de imagens de certos tipos de arquivo. Alguns valores poderão ser produzidos no software durante a compilação; outros poderão ser alterados no arquivo de configuração php.ini do servidor e outros ainda poderão ser definidos em seus scripts. Estes são os tópicos avançados, sobre os quais encontrará mais informações nos recursos dedicados ao desenvolvimento PHP como mencionado na seção "Mais leitura" no final deste capítulo.

Como explorar os módulos opcionais

O PHP permite que uma funcionalidade adicional seja especificada durante a compilação. Uma destas funções é a capacidade de criar imagens dinâmicas, como imagens JPEG, PNG ou WBMP (não GIFs), a partir dos scripts através da GD Graphics Library (Biblioteca de Gráficos GD), além de ler, modificar e recriar imagens.

Nota

Mais informações sobre a GD Library poderão ser encontradas em www.boutell.com/gd.

No passado, havia outros módulos que aumentavam a funcionalidade do PHP. O desenvolvimento de alguns módulos poderá ir e vir, porque eles geralmente fazem uma ponte entre o que está disponível no PHP e o que é desejado. Portanto, sempre será bom ver o que a última versão do PHP está fazendo, assim como do Flash, para que possa planejar sites que aproveitem suas ferramentas principais primeiro.

Fundamentos do PHP

Depois de obter a tela de informações do PHP em seu servidor, mostrada anteriormente na Figura 27.2, você estará pronto para começar a criar sites dinâmicos.

Se for novo no script, esta será uma ótima maneira de se introduzir em uma linguagem poderosa.

Personalização

O resto dos exemplos neste capítulo usará a personalização e as estruturas de diretório que foram construídas para simplificar, e foram testadas para serem executas sem erro.

Depois de executar estes exemplos, muito provavelmente você desejará desenvolver suas próprias estruturas para seus sites que funcionam melhor.

Seu servidor PHP poderá ser diferente, dependendo de como está configurado. O exemplos neste capítulo usam as definições default do servidor PHP.

Letras maiúsculas e minúsculas

Com exceção das palavras-chave, o ActionScript não faz distinção entre as letras maiúsculas e minúsculas. Porém, isto não permitirá que você nomeie as variáveis transmitidas para o PHP de modo imprudente. Deverá usar uma convenção de nomenclatura para seu código que possa ser transmitida para e a partir do Flash sem problemas.

O PHP leva em conta as letras maiúsculas e minúsculas. É importante quando você está transmitindo dados entre o Flash, o PHP e o servidor. O MySQL e o Unix em geral, também levam em conta as letras maiúsculas e minúsculas. Algumas pessoas gostam de usar todas as letras minúsculas para as variáveis e outras preferem usar todas as letras maiúsculas. Os exemplos neste capítulo usam as letras maiúsculas para a primeira letra de cada palavra. Isto nos permite formar muitas palavras, enquanto as mantém fáceis de decifrar. Por exemplo, usaremos nomes de variável como MyVariable.

Estruturas de diretório

Nos exemplos deste capítulo, usaremos a seguinte estrutura de diretório:
- Raiz do site: www.SuaRaizSite/
- Filmes Flash: www.SuaRaizSite/flash/
- Scripts PHP: www.SuaRaizSite/php/

Os filmes SWF publicados são colocados na pasta flash junto com os arquivos HTML que os mantém. Os scripts PHP são colocados no diretório php.

Caminhos relativos

Os scripts referidos nestes exemplos usam caminhos relativos. Como nossos scripts PHP estão em um diretório separado da HTML que inicializa o filme, teremos que informar a loadVariables sobre como chegar neste diretório. Os arquivos HTML estão localizados no mesmo diretório dos arquivos do filme SWF Flash que eles mantêm.

Desejamos manter nossos scripts PHP em seu próprio diretório, para permitir que nosso diretório-raiz permaneça organizado. Fazendo isto, iremos facilitar lembrar onde os scripts estão localizados.

Como nosso filme Flash finalmente será exibido em um navegador a partir de uma página HTML (ao usar os scripts PHP em nosso código ActionScript), teremos que informar ao Flash player para onde ir para obter o script. Usar "../php/" informará ao Flash player que estamos subindo em nossa árvore de diretório um nível e então descendo novamente no diretório php.

O termo *relativo* aqui refere-se ao lugar de onde nosso arquivo Flash SWF está sendo exibido, que quanto ao navegador, é a partir do arquivo HTML.

Por que não caminhos absolutos?

Você pode estar imaginando, por que não usar apenas caminhos absolutos, não se preocupar com a confusão e simplesmente apontar nossos scripts com http://www.bhhstudio.com/php/simple.php?

Isto pode funcionar para o link com outras páginas Web ou para inicializar outros filmes SWF, mas para os scripts PHP e para a interação com o servidor, nossos filmes Flash e scripts terão que residir no mesmo domínio; do contrário, o Flash player irá rejeitá-los.

Mantendo nossos scripts relativos aos filmes Flash, também evitaremos os problemas associados ao teste nos servidores locais, onde um navegador pode mudar o caminho

```
http://seu_servidor/intranet-testing/
```

para este:

```
file://E:/seu_servidor/intranet-testing/.
```

Se seu ActionScript usar caminhos absolutos, o último endereço irá rejeitar seu script como sendo de um domínio diferente.

Critérios do domínio para os scripts externos

Para evitar os problemas de segurança e o uso não autorizado dos dados que residem nos sites fora do URL solicitado, o Flash player não aceitará os dados de endereços externos usando loadVariables, xml.load, xml.sendAndLoad ou xmlsocket.connect.

Para assegurar que seus dados externos não serão rejeitados pelo Flash player, sua solicitação para os dados externos terá que satisfazer os seguintes critérios:

- Ser um URL relativo, como ../php/MyOwnSweetFile.php ou um arquivo que reside em um disco local, como em file://D:/scripts/MyOwnLocalFile.php.
- O filme Flash SWF e o arquivo externo solicitado terão que estar no mesmo domínio.

Ao desenvolver o conteúdo dinâmico com o PHP e o Flash em um servidor local, você poderá ter o problema do navegador rejeitando seus dados externos, mesmo que eles estejam no mesmo subdomínio. Seu navegador poderá tentar resolver os endereços usando um caminho como file://localhost/E:/intranet/flash/simple.html, que faz com que o Flash player rejeite os dados externos.

Certifique-se, ao exibir seu conteúdo em seu navegador, que use http:// ao invés de file://, que manterá seu navegador e o desenvolvimento Flash no mesmo endereço.

E mais, ao visualizar seus filmes Flash que usam os scripts PHP, você será capaz apenas de executar os scripts em um servidor que executa o PHP. Algumas coisas poderão funcionar no visualizador Flash, como, por exemplo, ler os scripts PHP como arquivos de texto. Contudo, a melhor maneira de testar completamente seus filme é testá-los no servidor Web e executá-los de dentro de um navegador.

Capítulo 27 – Integração com o PHP | **691**

Sintaxe do script para o ActionScript e o PHP

O ActionScript e o PHP usam o caractere de ponto-e-vírgula com o término da instrução, que informa ao script para seguir as instruções antes dele. É uma boa idéia usar um editor de texto que destaca a sintaxe ao escrever os scripts. Quando você editar seu código ActionScript, verá os termos formatados corretamente mudarem as cores no painel Actions (Ações). O Flash MX também tem a sugestão de código do ActionScript, que ajuda a construir devidamente seus scripts.

Para ativar as sugestões de código, coloque seu cursor entre os parênteses ao fornecer os scripts e selecione o ícone Code Hint (Sugestão de Código) (veja a Figura 27.3.).

Para editar o PHP, usar um editor de texto que oferece o destaque da sintaxe facilitará evitar erros quando desenvolver seus scripts. O UltraEdit em www.ultraedit.com tem um destaque da sintaxe personalizável para o PHP, a HTML e outras linguagens e fornece uma boa maneira de trabalhar ao trocar simultaneamente entre o PHP e as outras linguagens, como a HTML e ou a XML.

Variáveis para o ActionScript e o PHP

As variáveis PHP têm que começar com uma letra ou um sublinhado, não um número. As variáveis Flash podem ser usadas diretamente no PHP adicionando um símbolo $ ao nome da variável.

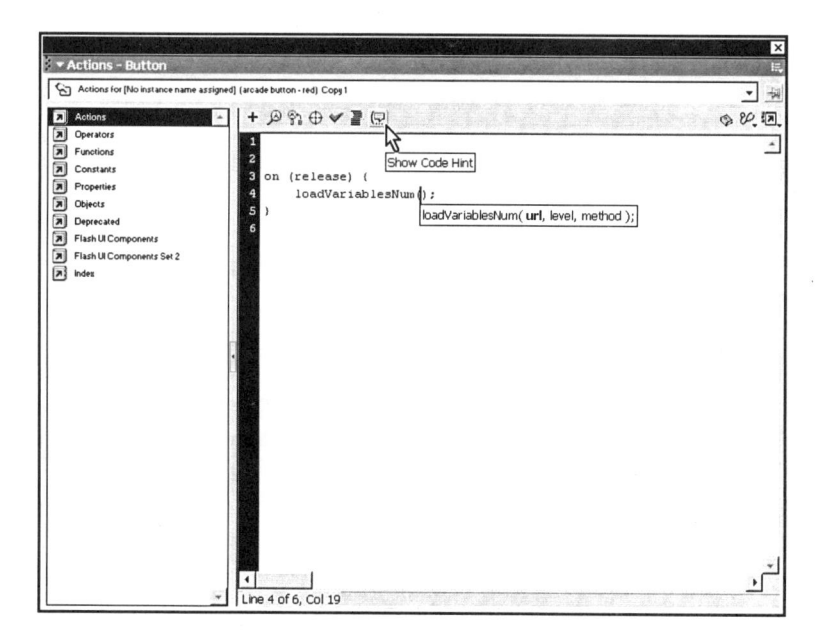

Figura 27.3 O destaque da sintaxe ActionScript e a sugestão de código.

Ao usar a variável Flash chamada MyVariable, você usaria a variável PHP $Location dentro de seu script PHP (iremos analisar como transmitir as variáveis do Flash para o PHP posteriormente).

Como comentar seu código

O ActionScript e o PHP usam o comentário com duas barras. Considere os seguintes exemplos:

```
//This is a comment in ActionScript.
//This is a comment in PHP (Look familiar?).
```

Caracteres de escape

O ActionScript e o PHP usam a barra invertida para aplicar o escape nos caracteres, para impedir que eles sejam interpretados como código. Por exemplo \"quotes\" nesta linha teve o escape aplicado pelas barras invertidas.

Você poderá também ver os caracteres de barra invertida na saída do texto dinâmico a partir de um servidor. O PHP tem funções predefinidas para lidar com os caracteres de escape com os comandos addslashes e stripslashes. É uma função de segurança do software do servidor Web, para impedir que visitantes maliciosos forneçam o código nos formulários e executem coisas terríveis em seu servidor.

Por exemplo, se um visitante tentar executar o comando UNIX ls para executar uma lista de arquivos do servidor a partir de um formulário digitando 'ls', o servidor Web aplicará o escape nas aspas simples com barras invertidas (\'ls\'), impedindo-o assim de ser interpretado como um comando do sistema.

Como receber dados do PHP para o Flash

O script PHP neste exemplo transmite informações para as variáveis do Flash, como visto na Figura 27.4. Os seguintes arquivos são usados a partir do site Web complementar:

- flash/simple.fla. O arquivo de desenvolvimento Flash
- flash/simple.swf. O filme Flash publicado
- flash/simple.html. Mantém o filme simple.swf
- php/simple.php. O arquivo PHP externo a ser carregado

Precisaremos copiar estes arquivos para um servidor Web que executa o PHP para usar os scripts PHP.

Capítulo 27 – Integração com o PHP

```
                    PHP para Flash
   MovieClip                    ButtonA
   Instance Name: GatorBanner   Carrega as variáveis do arquivo externo
                                em uma linha do tempo do MovieClip
   Name            ActionScript incorporado com loadVariables
     From: Location
                   on (release) {
                   loadVariablesNum("../php/simple.php", "_root.GatorBanner");
                   }

   Caixas de texto dinâmico     Name    Var=Name
   com nome Var:
                              Location  Var=Location

                            ButtonB  Carrega as variáveis do arquivo
                                     externo na linha do tempo principal
   Arquivo externo  ../php/simple.php  com loadVariablesNum
   <?php                      ActionScript
   echo "&name=Brittany&Location=earth";
   ?>                         on (release) { loadVariablesNum("../php/simple.php", 0);•
                              }
```

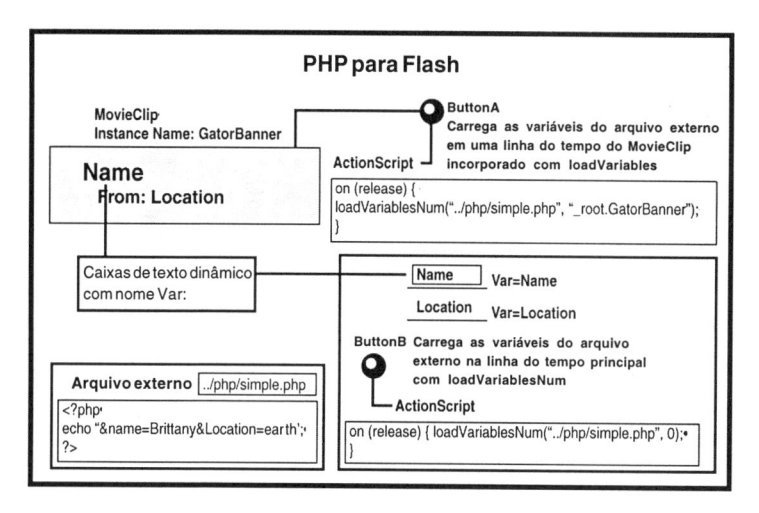

Figura 27.4 O PHP para o Flash.

O ActionScript loadVariables é usado para obter informações do PHP para uma caixa de texto dinâmico na linha do tempo principal (raiz):

```
loadVariables (url, target, method);
```

Neste exemplo, não estamos enviando nenhuma variável, portanto, o "método" é omitido, criando o ActionScript em Button A (Botão A) assim:

```
on (release) {
    loadVariables ( "../php.simple.php" , "_root.GatorBanner" );
}
```

Abra o flash/simple.fla e selecione Button B (Botão B).

Este botão carregará as informações do PHP no filme Flash no nível 0 quando liberado usando o seguinte ActionScript:

```
on (release) {
    loadVariablesNum("../php/simple.php", 0);
}
```

Como examinar o script PHP

Observando o arquivo php/simple.php, você pode ver que o conteúdo é o seguinte:

```
<?php
echo "
&Name=Brittany&
&Location=Earth&
";
?>
```

Primeiro, a tag de abertura PHP <?php informa ao servidor que é um script PHP. Também é como o PHP é incorporado no corpo do código HTML.

Várias opções estão disponíveis para abrir e fechar seus scripts PHP; algumas requerem a personalização do servidor PHP para funcionar. Além das tags default, há os seguintes tipos de tags:

- **Tags curtas.** <? Para abrir e ?> para fechar
- **Tags ASP.** <% para abrir e %> para fechar
- **Tags do script.** Parecidas com o JavaScript, que tem a forma <SCRIPT LANGUAGE='php'> para abrir e </SCRIPT> para fechar

Para os exemplos neste capítulo, usaremos as tags defaults <?php, também conhecidas como *tags XML*, porque são fáceis de reconhecer como PHP. Também é o método do qual precisará se quiser integrar a XML em seus scripts mais tarde.

Em seguida, as variáveis são escritas uma em cada linha, fornecendo à variável Name um valor Brittany e à variável Location um valor Earth. As variáveis são colocadas uma em cada linha para tornar o arquivo mais fácil de ler e de editar. Sabemos que Brittany não é de Earth (Terra), mas para simplificar, estamos usando um planeta que a maioria das pessoas pode identificar.

Os símbolos & são colocados nos dois lados de cada par Name=Variable. Poderemos chamar esta técnica de *sanduíche de &*, mas provavelmente não devemos.

O comando echo é terminado com aspas duplas e as instruções são terminadas com um ponto-e-vírgula. Finalmente, amarramos isto usando a tag de fechamento PHP, ?>.

O bom de usar dados externos como estes é que editando simplesmente este script PHP todo arquivo Flash que se refere a este arquivo será atualizado automaticamente na próxima vez em que alguém o visitar. Novamente, todos se inclinarão à sua grandeza, como um comandante entendido e maravilhoso de arquivos de texto externos com símbolos &.

Como desenvolver o filme Flash

Abra o arquivo flash/simple.fla e selecione o texto dinâmico "Name" (Nome). A primeira variável é chamada Name, como mostrado no Property Inspector (Inspetor de Propriedades) do Flash na Figura 27.5.

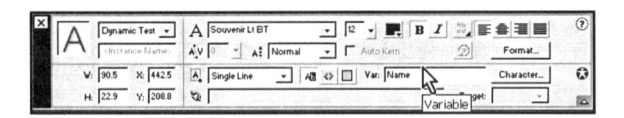

Figura 27.5 As variáveis de texto dinâmico.

Selecione a caixa de texto ao lado de Button B. A caixa Var: é onde você fornecerá seu nome de variável desejado para a caixa de texto que selecionou. Está disponível apenas para o texto dinâmico. Lembre-se que as variáveis ActionScript não levam em conta as letras maiúsculas e minúsculas, mas o PHP sim. Você deverá usar uma convenção de nomenclatura para seus scripts que funcione em ambas as linguagens. Neste exemplo, colocamos com letras maiúsculas a primeira letra de cada palavra.

O outro texto dinâmico com uma variável é "Location" (Local). Todas as variáveis no arquivo externo serão transmitidas para o Flash de uma só vez. Se iremos usá-las ou não caberá a nós.

Em seguida, informaremos ao Flash para substituir as variáveis pelos dados fornecidos externamente usando um botão. Uma variável é um contêiner para os dados. Os dados colocados na variável podem ser de uma caixa de entrada do usuário de algum outro lugar em nosso script ou de uma fonte externa. Neste exemplo, as variáveis (contêineres) são Name e Location. Elas serão preenchidas com novos dados através do script PHP externo.

Você poderá querer que os dados externos estejam disponíveis na linha do tempo principal, em um determinado nível ou de dentro de um clipe do filme incorporado. Assim que apresentarmos os dados com loadVariables, eles estarão disponíveis para nós para todos estes métodos. Precisaremos apenas alterar nosso ActionScript para direcionar os dados da variável para seu local correto em nosso filme.

Conseguimos, com este exemplo, o carregamento das variáveis criadas externamente no Flash. É exatamente o mesmo método que você usaria se os dados externos fossem um arquivo de texto simples (TXT). Porém, usando um arquivo PHP devidamente formatado, agora você tem uma boa compreensão de como se comunicar com o PHP no recebimento final no Flash.

Como enviar dados do Flash para o PHP (para o Flash)

Neste exemplo, um script PHP lerá os dados da variável enviados a partir do Flash. O PHP lerá as variáveis, irá usá-las em seu script, então repetirá de volta para o Flash usando as variáveis no texto com diversas linhas.

Este exemplo usa os seguintes arquivos do site Web complementar:

- flash/Flash2PHP.fla. O arquivo de desenvolvimento Flash
- flash/Flash2PHP.swf. O filme Flash publicado
- flash/Flash2PHP.html. Mantém o filme Flash2PHP.swf
- php/variables.php. O script PHP

A funcionalidade deste exemplo mostra como o conteúdo dinâmico pode ser usado para gerar páginas Flash interativas. Abra o arquivo Flash2PHP.fla e consulte a Figura 27.6.

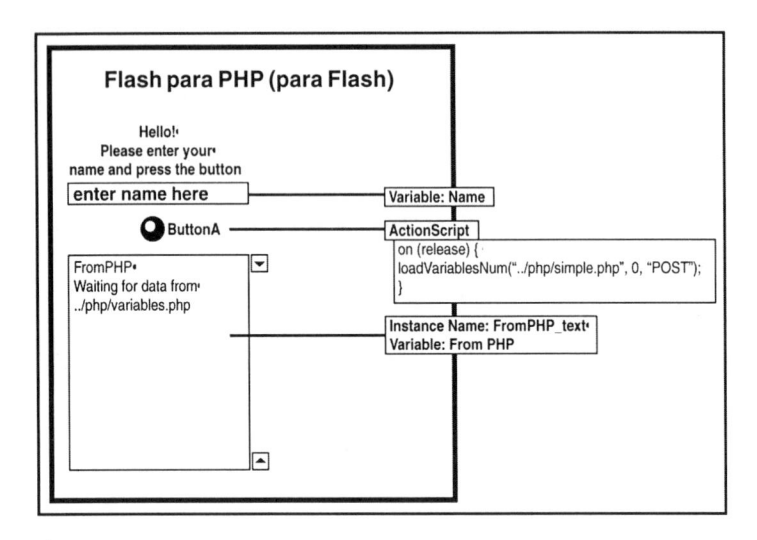

```
┌─────────────────────────────────────────────────────────────┐
│   Flash para PHP (para Flash)                               │
│                                                             │
│            Hello!                                           │
│       Please enter your                                     │
│     name and press the button                               │
│     ┌──────────────────┐                                    │
│     │ enter name here  │───────── Variable: Name            │
│     └──────────────────┘          ┌──────────────────────┐  │
│             ● ButtonA ─────────── │ ActionScript         │  │
│  ┌──────────────┐                 │ on (release) {       │  │
│  │ FromPHP    ▼ │                 │   loadVariablesNum(  │  │
│  │ Waiting for  │                 │   "../php/simple.php"│  │
│  │ data from    │                 │   , 0, "POST");      │  │
│  │ ../php/      │                 │ }                    │  │
│  │ variables.php│                 └──────────────────────┘  │
│  │              │                 ┌──────────────────────┐  │
│  │              │──────────────── │ Instance Name:       │  │
│  │              │                 │ FromPHP_text         │  │
│  │              │                 │ Variable: From PHP   │  │
│  │              │                 └──────────────────────┘  │
│  │            ▲ │                                           │
│  └──────────────┘                                           │
└─────────────────────────────────────────────────────────────┘
```

Figura 27.6 O Flash para o PHP (para Flash) usando loadVariablesNum.

As variáveis definidas no Flash são transmitidas para o script PHP quando Button A é liberado. Eis o ActionScript em Button A:

```
on (release) {
   loadVariablesNum("../php/variables.php", 0, "POST");
}
```

Este exemplo transmite os dados diretamente da linha do tempo principal (raiz) para o PHP usando POST. Na prática, muito provavelmente você desejará limitar os dados sendo transmitidos para o PHP. Poderá fazer isto usando os clipes do filme no Flash. Transmitir dados a partir dos clipes do filme individuais permitirá que você tenha mais controle das variáveis sendo transmitidas, assim como a capacidade de recuperar as variáveis para diferentes clipes do filme. Para transmitir as variáveis a partir de um clipe do filme, poderá usar o seguinte código no primeiro quadro do clipe do filme:

```
onClipEvent (enterFrame) {
   this.loadVariables("../php.variables.php", "POST");
}
```

Então colocaria um botão na linha do tempo principal, que poderia ter o script aplicado para executar a verificação inicial nos dados de entrada e quando pronto, inicializar o clipe do filme para enviar os dados para o PHP.

Agora voltemos para nosso exemplo, onde estamos usando a linha do tempo principal. Consulte a Figura 27.7 e o script PHP php/variables.php:

```
<?php
echo "
&FromPHP=Hello $Name, This is from the script.
Coming back at you live, all day, all night.
365 days a year, for all your day and night
```

```
comin' back at you live stuff, for as long
as you can stand it. Probably even longer.
And stand it you will, bla bla bla...&";
?>
```

```
┌─────────────────────────────────────────────────────────────────┐
│              Flash para PHP (para Flash)                        │
│                      Hello!                                      │
│               Please enter your                                  │
│              name and press the button                           │
│              ┌──────────────┐                                    │
│              │   Andrea     │──────────  Variable: Name          │
│                                         ┌──────────────────────┐ │
│              ● ButtonA  ─────────────── │ ActionScript         │ │
│                                         │ on (release) {       │ │
│                                         │ loadVariablesNum("../php/simple.php", 0, "POST"); │
│              ┌──────────────┐ ▼          │ }                    │ │
│              │Hello Andrea. This is from the│                    │ │
│              │script. Coming back at you •│   Instance Name: FromPHP_text• │
│              │live, all day, all night. 365│─  Variable: From PHP│
│              │days a year, for all your day •│ ┌────────────────────────────┐ │
│              │and night comin' back at you  │ │ Arquivo externo  ../php/variables.php │
│              │live stuff, for as long as you•│ │<?php•                       │ │
│              │can stand it. Probably even   │ │echo "&FromPHP=Hello $Name, This is from the │
│              │longer. And stand it you will,•│ │script. Coming back at you live, all day, all night. • │
│              │bla bla bla...•               │ │365 days a year, for all your day and night • │
│              └──────────────┘ ▲          │ │comin' back at you live stuff, for as long as you • │
│                                          │ │can stand it. Probably even longer. And stand it • │
│                                          │ │you will, bla bla bla...&";  │ │
└─────────────────────────────────────────────────────────────────┘
```

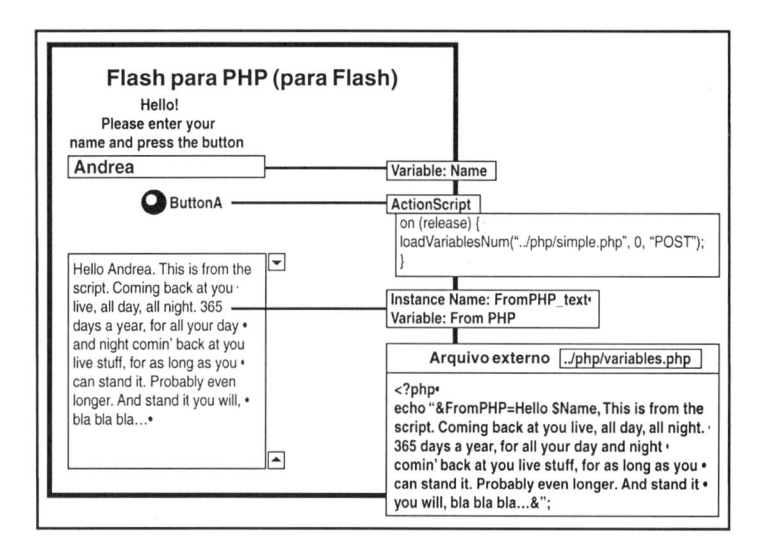

Figura 27.7 O Flash para o PHP depois da entrada do visitante.

Quando as variáveis são transmitidas para o script PHP a partir do Flash, o PHP pode usá-las por você, simplesmente adicionando o símbolo de cifrão ($) aos nomes da variável em seu script PHP. Isto permitiu que você repetisse a variável Name de volta para o Flash.

Você pode ver que se comunicando com o motor de script do servidor, as possibilidades são muitas. Os desenvolvedores que já usam o script no lado do servidor, mas são novos no Flash devem ver o Flash como um modo de integrar um front-end gráfico atraente para os sites chatos baseados em bancos de dados com HTML apenas.

Os desenvolvedores Flash novos no script no lado do servidor devem ver soluções para alguns de seus problemas de desenvolvimento do cliente apenas, como a incapacidade de armazenar as informações do usuário ou a falta de um conteúdo criado dinamicamente.

"Você pode fazer isto como PHP" se tornará uma frase comum em seus estágios de aprendizagem Web depois de aprender seus muitos usos. Por exemplo, quando um cliente solicitar a capacidade de atualizar suas páginas Web sem a assistência de um Webmaster dedicado, você poderá dizer: "Você pode fazer isto com o PHP". Quando o construtor Flash precisar encontrar uma maneira de recuperar informações de um banco de dados e informar ao Flash para carregar um quadro específico com base na saída do banco de dados, poderá dizer: "Você pode fazer isto com o PHP".

Usando o Flash e o PHP juntos, os desenvolvedores obtêm a capacidade no lado do cliente do ActionScript, junto com as ferramentas PHP no lado servidor integradas. A capacidade de transmitir variáveis para e a partir do Flash e do PHP permite que as duas linguagens se comuniquem e ajam na saída uma da outra.

Algo mais que você pode querer fazer com esta capacidade é permitir que o Flash verifique o script e forneça uma boa verificação de erros, no caso do script não poder ser lido. E mais, para as quantidades maiores de dados, poderá fornecer ao usuário uma barra de andamento e sinalizar para o Flash quando o script tiver sido totalmente carregado.

Para estes recursos, poderá querer usar o objeto LoadVars, que pode executar a verificação dos erros, as informações do andamento e permitir o fluxo dos dados enquanto carrega.

O importante a lembrar com as páginas dinâmicas e interativas como esta, é fazer o maior uso de seus scripts enquanto os mantém gerenciáveis. Algum script poderá ser melhor deixado para o ActionScript em cada filme, ao passo que para outras coisas, fará sentido criar scripts PHP que atualizam todos os seus filmes Flash.

Com o ActionScript se tornando uma linguagem cada vez mais poderosa por si mesmo, em cada nova geração, a arte de combinar as linguagens ActionScript e o PHP, cada uma fazendo o que sabe melhor, é a chave para ter sites ótimos, interativos e sem problemas.

Echo Valley torna-se um poço dos desejos

Armazenar informações no servidor e a capacidade de armazenar informações, de tal maneira que um visitante seja capaz de fazer perguntas e recuperar respostas no servidor é o que são os bancos de dados. As informações são armazenadas em tabelas e organizadas de maneira que as consultas possam ser enviadas para o servidor e os resultados fornecidos de volta.

Uma interação de um para um com o servidor, onde um desenvolvedor usa o Flash como um front-end para o gerenciamento do banco de dados, é como o Echo Valley (Vale do Eco). O servidor está fornecendo de volta o que o desenvolvedor está colocando. Mas quando você adicionar a comunicação da Internet, com pessoas conectadas ao mesmo banco de dados, cada uma fornecendo dados e a capacidade de qualquer assinante de recuperar os dados reunidos de alguma outra pessoa, o PHP no centro, dirigindo esta máquina é menos parecido com o Echo Valley e muito mais parecido como um poço dos desejos. Você poderá enviar uma pergunta e receber uma resposta nova e exclusiva, com base nos dados armazenados no banco de dados.

O PHP age como o middleware entre o Flash e um banco de dados. Ele converte as consultas do Flash no formato que o MySQL precisa e a saída do MySQL é convertida através do PHP de volta para o Flash.

Como usar o MySQL

O MySQL é um sistema de gerenciamento de bancos de dados. Está disponível para o carregamento através da GNU Public Licence (GPL), ou através de uma licença comercial por um custo baixo, através da MySQL AB. A MySQL AB é a empresa que pertence aos fundadores do MySQL. Mais informações poderão ser encontradas em www.mysql.com.

Um banco de dados é onde as informações são organizadas em tabelas, que são usadas na Web para armazenar informações para suportar coisas como sites de comércio eletrônico, carrinhos de compras, livros de endereços, catálogos on-line etc. Todos possuem uma necessidade em comum: a capacidade de pesquisar rapidamente e recuperar informações a partir de uma grande quantidade de dados.

Capítulo 27 – Integração com o PHP | **699**

As grandes quantidades de dados podem ser armazenadas em arquivos simples, que ficam maiores quando mais dados são fornecidos. Imagine uma situação real, como imprimir um livro de telefones para uma grande cidade. Este único livro ficará cada vez maior quando a cidade crescer. Quando o livro tiver cerca de 4 polegadas de espessura, ficará difícil encontrar as informações rapidamente. O livro poderá ser dividido em livros menores (pelo alfabeto, por exemplo), tornando as informações em cada livro gerenciáveis.

Em termos de bancos de dados, um único livro de telefone poderia ser armazenado em um arquivo simples, mas quando ele crescer, o computador levaria mais tempo para classificá-lo para encontrar as respostas. Este é o serviço de um sistema de gerenciamento de bancos de dados relacionais (RDBMS). Um RDBMS permite que as tabelas se relacionem através de atributos comuns, agilizando assim a pesquisa e a recuperação dos dados.

MySQL é um dos bancos de dados relacionais mais usados na Internet atualmente. Como o PHP, o MySQL é executado com eficiência, tornando-o muito rápido. É fácil de aprender e está disponível nas plataformas Unix e Windows.

Esta seção explica como usar o Flash, o PHP e o MySQL juntos. No decorrer, você aprenderá o básico do banco de dados.

Como o PHP, o MySQL tem que ser executado em seu servidor. Dependendo de sua situação, você poderá querer usar seu próprio servidor ou contar com a empresa de host que suporta os bancos de dados MySQL. Poderá ter os privilégios para criar uma quantidade ilimitada de bancos de dados ou poderá ter um limite no número de bancos de dados que pode criar.

Assim que tiver acesso a um banco de dados MySQL, estará pronto para começar a usar o Flash como um front-end. Para permitir que o Flash se comunique com o MySQL, usará o PHP como o tradutor (ou seja, o middleware).

A obtenção do prompt de comandos mysql> irá variar de sistema para sistema. Ao invés de analisarmos as configurações MySQL, começaremos depois de você ter se dirigido à sua empresa de host ou administrador do sistema para acessar o comando mysql.

Assim que tiver acesso a um banco de dados, irá se registrar com algo assim:

```
mysql -u brian -p
   Enter password:******
Welcome to the MySQL monitor.  Commands end with ; or \g.
Your MySQL connection is 258 to server version: 3.22.21
Type 'help' for help.
mysql>
```

Como criar um banco de dados no MySQL

O seguinte comando cria o novo banco de dados chamado MyDatabase:

```
mysql> CREATE DATABASE MyDatabase;
Query OK, 1 row affected (0.01 sec)
```

Como exibir os bancos de dados

Você poderá exibir os bancos de dados no MySQL, com o comando SHOW DATABASE. Uma listagem aparecerá como mostrado aqui:

```
mysql> show databases;
+-------------+
| Database    |
+-------------+
| MyDatabase  |
| mysql       |
| test        |
+-------------+
5 rows in set (0.00 sec)
```

MyDatabase é o banco de dados que acabamos de criar, mysql e test são os bancos de dados defaults MySQL. O banco de dados mysql é o banco de dados do administrador.

Como criar um novo usuário

Sua empresa de host pode já ter configurado você para usar o MySQL, ou pode ter concedido a você acesso a um banco de dados com um nome de conexão.

Se você estiver executando seu próprio servidor, precisará criar um usuário, usando uma conexão do administrador. Assim que o novo usuário for criado, desconecte-se da conta do administrador e conecte-se como o novo usuário.

Neste exemplo, criaremos o usuário Nathan. Usando uma conta com acesso para o banco de dados mysql do administrador, crie um novo usuário:

```
mysql>use mysql
Database changed
```

O sistema de privilégios para o MySQL permite que dados críticos sejam protegidos, e os usuários possam ter privilégios concedidos ou revogados pelos administradores. As tabelas, as colunas e os bancos de dados têm permissões que os usuários têm que ter acesso para trabalhar. Compreender o sistema de privilégios do MySQL irá requerer algum estudo.

Criaremos um usuário-monstro, com privilégios totais no banco de dados. A sintaxe é GRANT privileges ON database To username @ host IDENTIFIED BY 'password' options. Eis o código real:

```
mysql>GRANT all
   ->ON MyDatabase.*
   ->TO Nathan@localhost IDENTIFIED BY 'NAS&L';
   ->WITH GRANT OPTION
Query OK, 0 rows affected (0.01 sec)
```

Como conceder os privilégios do banco de dados

O seguinte comando concederá permissões para Nathan para o banco de dados MyDatabase. Use isto para adicionar privilégios para os usuários existentes. Para este exemplo, estamos concedendo todos os privilégios, mas no mundo real você precisará limitar os privilégios dos usuários em seu banco de dados, especificando apenas os privilégios necessários precisos por cada usuário. Seus métodos dependerão da diferenciação de seus dados. Eis o código para conceder o privilégio do banco de dados:

```
mysql>GRANT all
    ->on  MyDatabase.*
    ->to  Nathan;
Query OK, 0 rows affected (0.01 sec)
mysql> quit
Bye
```

Agora, conecte-se usando o novo nome do usuário:

```
mysql -u Nathan -p
Enter password: NaS&L
Welcome to the MySQL monitor. Commands end with ; or \g.
Your MySQL connection id is 36 to server version: 3.22.21
Type 'help' for help.
```

Tipos de coluna

Dependendo do tipo de dados a serem armazenados em cada tabela, você terá que definir o tipo de dados a serem usados. O MySQL suporta muitos tipos de dados. Os tipos de dados são agrupados em três categorias: numérico, data e hora, e string (caracteres).

A Tabela 27.1 detalha alguns tipos de dados mais comuns usados nos banco de dados típicos. Uma lista completa de tipos, junto com explicações detalhadas, está disponível em www.mysql.com/doc/C/o/Column_types.html.

Tabela 27.1 Os tipos de dados comuns do banco de dados

Tipo de dados	Definição
	Numérico
INT	Inteiros
FLOAT	Números com ponto flutuante
DOUBLE	Números com ponto flutuante e dupla precisão
	Data e hora
DEC	Decimais armazenados como string de texto
DATE	Qualquer data
YEAR	Os anos entre 1900 e 2155
	String
CHAR	Strings com comprimento fixo de 0 a 255 caracteres
VARCHAR	Strings com comprimento variável de 0 a 255 caracteres
TEXT	Campos de texto de 0 a 65.535 bytes

Como criar uma tabela

Para criar uma tabela nova, envie o comando CREATE TABLE, seguido de uma lista separada por vírgulas das novas colunas. Eis a sintaxe para este comando:

```
CREATE TABLE TableName(Column1 type(Length), Column2 Type(Length), etc;
```

Iremos criar uma tabela para controlar as informações sobre os alienígenas capturados. Primeiro, precisaremos assegurar que estamos no banco de dados correto:

```
mysql> USE MyDatabase
Database changed
Mysql> CREATE TABLE Aliens (
    -> AlienID INT UNSIGNED NOT NULL AUTO_INCREMENT PRIMARY KEY,
    -> AlienName CHAR(30),
    -> LocationCaptured CHAR(50)
    -> );
Query OK, 0 rows affected (0.02 sec)
```

Como exibir as tabelas

Para ver as tabelas em nosso banco de dados, envie o comando SHOW tables. Você deverá ver uma exibição como esta, mostrando nossa nova tabela Aliens:

```
mysql> SHOW tables;
+---------------------+
| Tables in MyDatabase |
+---------------------+
| Aliens              |
+---------------------+
1 row in set (0.00 sec)
```

Como descrever as tabelas

Para ver nossas colunas, usamos o comando DESCRIBE, seguido do nome da tabela:

```
mysql> DESCRIBE Aliens;
```

Você deverá ver um resultado parecido com a Figura 27.8.

Como fornecer informações nas tabelas

Os dados podem ser fornecidos nas tabelas de várias maneiras. Eis um método comum:

```
INSERT INTO tablename VALUES(value1, value2);
```

Eis um exemplo usando este método:

```
INSERT INTO Aliens VALUES (NULL, "Brittany", "Earth");
```

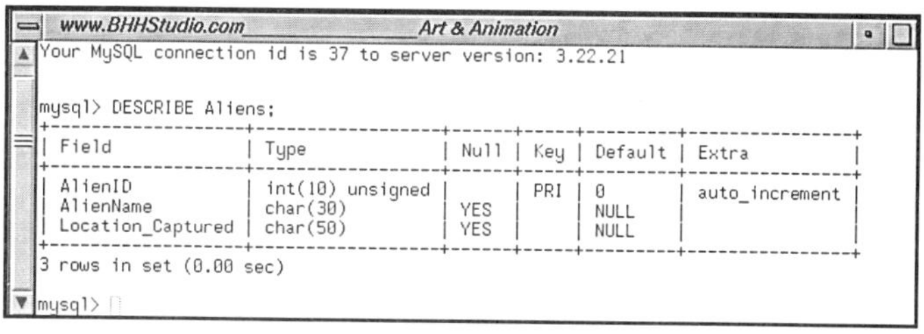

```
+-----------------------------------------------------------+
|  www.BHHStudio.com              Art & Animation        ·□ |
| Your MySQL connection id is 37 to server version: 3.22.21 |
|                                                           |
| mysql> DESCRIBE Aliens;                                   |
| +-----------------+------------------+------+-----+-------+----------------+
| | Field           | Type             | Null | Key | Default | Extra       |
| +-----------------+------------------+------+-----+-------+----------------+
| | AlienID         | int(10) unsigned |      | PRI | 0     | auto_increment |
| | AlienName       | char(30)         | YES  |     | NULL  |                |
| | Location_Captured | char(50)       | YES  |     | NULL  |                |
| +-----------------+------------------+------+-----+-------+----------------+
| 3 rows in set (0.00 sec)                                  |
|                                                           |
| mysql>                                                    |
+-----------------------------------------------------------+
```

Figura 27.8 A saída da linha de comandos MySQL.

Ao fornecer strings de texto, coloque a string entre aspas simples ou duplas. Se quiser especificar apenas certas colunas na tabela ou fornecer dados em uma ordem diferente, poderá usar o seguinte:

    INSERT INTO tablename, (column1, column2) VALUES ("YourData");

Por exemplo, forneça isto na tabela para adicionar o novo alienígena denominado Henry de nossa última expedição a Marte:

INSERT INTO Aliens (LocationCaptured, AlienName) VALUES ("Mars", "Henry");

Como exibir o conteúdo da tabela

Agora que temos algumas entradas em nossa tabela, vejamos como fica. Envie o comando SELECT para exibir a tabela:

```
mysql> SELECT * from Aliens;
+---------+-----------+------------------+
| AlienID | AlienName | LocationCaptured |
+---------+-----------+------------------+
|       1 | Brittany  | Earth            |
|       2 | Henry     | Mars             |
+---------+-----------+------------------+
2 rows in set (0.00 sec)
```

O caractere curinga (*) informa a SELECT para listar tudo na tabela. Note que a coluna AlienID é preenchida automaticamente para nós. Lembre-se que quando criamos a tabela, fornecemos à coluna AlienID as seguintes instruções de criação:

AlienID INT UNSIGNED NOT NULL AUTO_INCREMENT PRIMARY KEY,

Criando a coluna AUTO_INCREMENT chamada AlienID, temos uma lista numérica de execução, que MySQL cuida sem nossa entrada.

Como selecionar
os dados de uma tabela

Assim que a tabela aumenta de tamanho, a capacidade de consultar seletivamente o banco de dados para obter apenas as informações que nos interessam no momento torna-se importante. Também é importante ser capaz de classificar os dados de uma certa maneira, com base nos critérios fornecidos. Fazemos isto usando o comando SELECT assim:

```
mysql> SELECT items
    -> FROM tables
    -> WHERE condition;
```

Note o ponto-e-vírgula na última linha. MySQL aguarda o término de ponto-e-vírgula/instrução antes de executar o comando. Poderíamos também escrever o mesmo comando em uma linha, assim:

```
mysql> SELECT items FROM tabelas WHERE condição;
```

O comando SELECT tem muito mais opções, permitindo a classificação, o agrupamento e o limite das informações. Para nossos exemplos, estaremos usando condições simples para abrir caminho para usar o Flash, e permitiremos que você explore os usos mais avançados.

Antes de pedirmos ao banco de dados informações, iremos nos fazer uma pergunta comum que faz sentido para o humanóide em nós: onde Brittany foi capturada?

Agora iremos converter esta pergunta em uma consulta do banco de dados usando a seguinte sintaxe:

```
mysql> SELECT column
    -> FROM table
    -> WHERE condition;
```

Eis o que escreveríamos, junto com o resultado de nossa consulta:

```
mysql> SELECT LocationCaptured
    -> FROM Aliens
    -> WHERE AlienName="Brittany";
+------------------+
| LocationCaptured |
+------------------+
| Earth            |
+------------------+
1 row in set (0.00 sec)
```

Criamos com sucesso um banco de dados, adicionamos uma tabela, colocamos dados na tabela, agora temos a capacidade de fazer perguntas ao banco de dados e de receber respostas formatadas com base nos critérios fornecidos. Quem está chutando areia no rosto de quem agora, nesta cyber-praia dinâmica de músculo? *Você* está, e tudo por causa da sopa de letrinhas dos acrônimos conhecidos como vila PHP/MySQL.

Como conectar o PHP ao MySQL

Para se comunicar com o banco de dados, temos que abrir a porta com o devido nome do usuário e senha, assim como um host. Isto é feito a partir do PHP, usando a função mysql_connect. Eis a sintaxe para mysql_connect:

```
mysql_connect("servername", "user", "password");
```

Para este exemplo, estaremos usando os seguintes arquivos do CD-ROM:
- flash/Flash2MySQL.html. O arquivo HTML que mantém nosso filme
- flash/Flash2MySQL.fla. O arquivo de desenvolvimento Flash
- flash/Flash2MySQL.swf. O filme publicado
- php/AddAlien.php. O script PHP

Consulte a Figura 27.9 e o script PHP php/AddAlien.php.

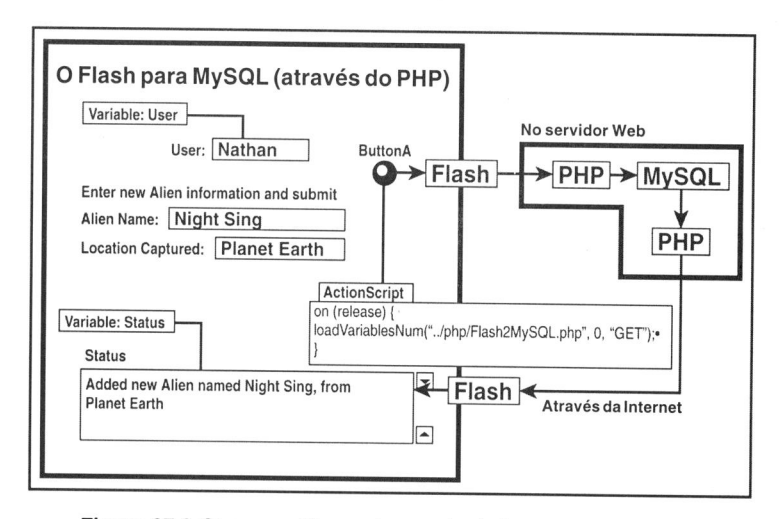

Figura 27.9 Como modificar o banco de dados a partir do Flash.

O script *php/AddAlien.php* permite ao Flash se comunicar com o banco de dados MySQL através do PHP e adicionar uma entrada à tabela Alien. As barras invertidas (\) no seguinte script são inseridas para a publicação; ao digitar o código manualmente, certifique-se de que estas linhas sejam contínuas.

```
<?php
//Set common variables
$Host="localhost";
// We'll get $User="Nathan"; from Flash2MySQL.swf
// This is Nathan's password on the MyDatabse Database on MySQL
$Passwd="NaS&L";
$FailMsg="Something's not right...";
$SuccessMsg="$Status=Added new Alien named \
$AlienName, from $LocationCaptured.";
```

```
$DBName="MyDatabase";
$TableName="Aliens";
$Column1="LocationCaptured";
$Column2="AlienName";
//Get busy...
//1: Connect to Database
$Connect=mysql_connect($Host, $User, $Passwd);
//2: Select Database
mysql_select_db($DBName, $Connect);
//3: Create MySQL command Query
$Query="INSERT INTO $TableName (LocationCaptured, AlienName) \
Values('$LocationCaptured', '$AlienName')";
//4: Send Query to MySQL, Adds new entry to database
mysql_query($Query, $Connect);
echo "$SuccessMsg";
?>
```

A variável Flash User é transmitida do Flash para o PHP. Dentro do script AddAlien.php, diversas variáveis são definidas no PHP. Definindo-as no início do script, acharemos mais fácil modificar o script mais tarde, enquanto mantemos a integridade do resto do script.

Este script é comentado no decorrer. Portanto, é bem simples. Você pode ver que obtivemos User de Flash e a usamos em vários lugares. E mais, quando o usuário clica Button A, a nova coluna e as informações do valor são enviadas também. O PHP conecta-se ao banco de dados MySQL usando mysql_connect e seleciona o banco de dados a usar com mysql_select_db. E mais, o texto dinâmico Flash "Status" recebe a saída de PHP depois do banco de dados ter sido atualizado.

Usando estas técnicas, você poderá também adicionar, apagar e modificar os bancos de dados MySQL a partir do Flash. As possibilidades são limitadas apenas por sua imaginação.

Mais leitura

Integrar o Flash no PHP traz praticamente uma dimensão totalmente nova para os tipos de produtos que você pode criar ao usar o Flash apenas.

Se a idéia do software Open Source (Fonte Aberta) o atrai, o PHP é um ótimo começo. A generosidade surpreendente e o senso de comunidade que existe no movimento Open Source continuam a me surpreender. Os benefícios são as melhores ferramentas para todos e uma oportunidade para aprender e crescer ao desenvolver habilidades de carreira valiosas na Web e no desenvolvimento interativo.

O PHP é uma linguagem bem documentada. Você não terá problemas para encontrar respostas na comunidade Open Source. Para completar seu treinamento PHP como um escritor de scripts Uber/Dominador do mundo, deverá acrescentar os seguintes livros à sua biblioteca:

- *PHP and MySQL Web Development*, de Luke Welling e Laura Thomson (ISBN: 0-672-31784-2)
- *Sams Teach Yourself PHP in 24 Hours*, de Matt Zandstra (ISBN: 0-672-32311-7)
- *PHP Developers Dictionary*, de R. Allen Wyke, Michael J. Walker e Robert M. Cox (ISBN: 0-672-32029-0)

Eis uma lista dos recursos on-line:

- Uma referência on-line está disponível junto com tudo mais sobre o PHP em www.php.net.
- O PHP usa o motor da linguagem de script Zend da Zend Technologies. Mais informações poderão ser encontradas em www.zend.com.

Capítulo 28

Integração com servidores: uma visão geral

por James Smith

Neste capítulo

- Filmes Flash incorporados
- Conteúdo Web: formato versus origem
- Como fornecer o conteúdo ativo
- O formato dos dados para os filmes Flash
- Como o Flash solicita os dados
- Como o Flash processa os dados recebidos
- Como configurar um filme para carregar os dados da rede
- Como enviar o conteúdo ativo para um filme incorporado
- Modelos de processo ativo
- Questões da implementação

Este capítulo explica em termos gerais as questões envolvidas ao fornecer dados ativos a um filme Flash incorporado em uma página Web. Talvez o melhor lugar para começar é explicar exatamente o que é o conteúdo Web ativo, em oposição ao conteúdo estático. Para compreender qualquer um, é preciso ter alguma familiaridade com os trabalhos da Web.

Para solicitar um recurso específico, um cliente Web usa um localizador de recursos uniforme, ou URL, para abreviar. Um URL contém tudo que é necessário para localizar um arquivo ou recurso. Ele começa com um protocolo, seguido de dois pontos e duas barras. Em seguida, vem o nome de host do recurso, geralmente um nome do domínio. Então vem o caminho absoluto para o recurso em si. A barra que divide o host e o caminho absoluto é considerada como pertencendo ao último. Veja, por exemplo, o seguinte URL:

`http://www.myhomepage.com/index.html`

O protocolo aqui é http, o nome de host é www.myhomepage.com e o caminho absoluto é index.html. O endereço IP é obtido no host usando o Domain Name Service ou *DNS* para abreviar. Um servidor Web neste endereço IP será configurado para converter o caminho absoluto em um caminho em seu sistema de arquivos local.

Então, ao solicitar um recurso estático, um cliente Web enviará o URL deste recurso para um servidor Web. Ao responder, o servidor Web simplesmente lerá o arquivo solicitado a partir do disco e irá imprimi-lo em um handle, que representa um fluxo de dados de volta para o cliente Web. Basicamente, é como copiar um arquivo de um lugar para outro, se bem que não com muita eficiência. Em geral, o cliente Web é um navegador e o arquivo solicitado está em um arquivo HTML, mas nem sempre.

Assim como fornecem o conteúdo estático desta maneira, todos os servidores Web fornecem contêineres, nos quais os processos ativos podem ser executados e fornecem a si mesmos o conteúdo. Os contêineres são partes adjuntas dos servidores Web e fornecem tudo que um processo ativo precisa para satisfazer este papel: a saber, um handle para o fluxo de dados do cliente, o URL de solicitação real e diversas variáveis do ambiente do servidor. Estão todos disponíveis para o processo ativo de uma maneira ou de outra. O contêiner mais onipresente é a Common Gateway Interface ou *CGI*, como é mais conhecida.

Um URL de solicitação ativo pode chamar um processo ativo nomeando o arquivo do processo explicitamente, de uma maneira parecida com uma solicitação estática. O servidor Web é configurado, neste caso, para "saber" que o diretório no qual o arquivo fica contém processos ativos a serem executados em um contêiner, ao invés de simplesmente impressos de volta para o cliente Web. É comumente como os scripts CGI são executados. Como alternativa, o URL relativo da solicitação poderá corresponder a um mapeamento descrevendo o contêiner para o processo ativo e um alias para o processo em si. É comumente como os acessórios no lado do servidor (servlets) são chamados.

Para resumir, então o *conteúdo estático* é o dado fornecido intacto pelo próprio servidor Web, ao passo que o *conteúdo ativo* é o dado fornecido por um processo sendo executado em um contêiner. Pode ser que o processo ativo não faça nada mais do que ler um arquivo e transmiti-lo de volta para o cliente Web, mas este não é o ponto. O ponto é que é o processo ativo que está fazendo isto, não o servidor Web.

Mais uma definição neste estágio: o termo *conteúdo dinâmico* é geralmente usado para se referir ao conteúdo ativo, como descrito no parágrafo anterior. Porém, tenho a tendência de usar este termo apenas para as tecnologias executadas no lado do cliente, como o JavaScript. Como não são o assunto deste capítulo, o termo não será usado de novo. E mais, eu chegaria ao ponto de dizer que o Flash tornou a maioria destas tecnologias obsoletas.

Filmes Flash incorporados

Apenas os filmes Flash incorporados em uma página Web são lidados neste capítulo. Tais filmes podem solicitar dados usando apenas os URLs com o mesmo subdomínio da página na qual estão incorporados. É presumivelmente uma restrição colocada neles pelo Flash player e é parecido em conceito com a "caixa de areia" na qual os acessórios Java são executados. Então o que é exatamente um subdomínio? Considere o seguinte URL:

```
http://java.sun.com
```

A parte do nome de host que é de fato registrada como um domínio é apenas sun.com. A parte java não é incluída no nome de domínio registrado. Isto poderia ser alterado para o www mais familiar, e estritamente falando o URL resultante ainda estaria no mesmo domínio registrado. É a parte sun.com que qualifica este URL como pertencendo à Sun Microsystems, provavelmente. Naturalmente, o nome como um todo será determinado para outro servidor inteiramente. Portanto, de acordo com a documentação Flash pelo menos, www.sun.com e java.sun.com são subdomínios que pertencem ao mesmo domínio sun.com.

Os filmes Flash incorporados nas páginas Web apenas sendo capazes de conectarem os recursos no mesmo subdomínio são consideravelmente menos restritos do que você poderia pensar. De acordo com uma nota técnica da Macromedia, um filme Flash carregado a partir de http://www.seuservidor.com/flashmovie.swf poderá acessar os dados que residem em http://www.seuservidor.com/data.txt. O arquivo txt está localizado no mesmo domínio, por exemplo, dataserver.seuservidor.com, que SWF. Os arquivos de dados no mesmo subdomínio, por exemplo, dataserver.seuservidor.com, também seriam acessíveis por este filme. Porém, a mesma tentativa do filme em carregar os dados a partir de http://www.nãomeuservidor.com/data.txt falhará. Ou se o filme estivesse sendo executado no site java.sun.com, também seria capaz de acessar os recursos no site www.sun.com. Então, dificilmente uma restrição.

Conteúdo Web: formato versus origem

Um cliente Web, está apenas "interessado" no tipo e no formato dos dados recebidos. Ele verificará, de modo mais ou menos restrito, se os dados coincidem com certos critérios, permitindo-os processar os dados corretamente. No caso de um navegador, por exemplo, um arquivo HTML provavelmente é solicitado e tem a validade verificada com a definição do tipo de documento (DTD) ou esquema que define o formato, de modo muito generoso, para que alguma tentativa para apresentar possa ser feita.

Os filmes Flash incorporados nas páginas Web fazem um tipo parecido de solicitação, mas requerem dados de um formato diferente da HTML. Contudo, o mecanismo de solicitação e resposta é basicamente o mesmo. Uma solicitação para os dados de um filme Flash incorporado passa pelo navegador-pai, que pode de fato armazenar em cache os dados da mesma maneira que armazena em cache as páginas Web.

Então, um ponto mais importante a enfatizar, como mencionado antes, é que é o tipo e o formato dos dados Web que importam para qualquer cliente Web – seja um navegador, um filme Flash incorporado ou qualquer coisa – e não o método de sua geração. Simplesmente não importa se os dados são gerados ativamente por um processo do servidor ou lidos estaticamente a partir de um arquivo por um servidor Web.

Um exemplo concreto poderá ajudar. Considere um navegador que exibe informações sobre sua conta bancária (obviamente os dados que alguém esperaria são gerados ativamente). Porém, exibir a fonte HTML a partir do navegador fornecerá uma página "estática" de números, tabelas e formatação. Não há nenhum aspecto "ativo" na página HTML simples em si. Se este fato parece óbvio para você, então ótimo, mas é importante, portanto, é enfatizado aqui: o conteúdo gerado ativamente se "parece" com o conteúdo estático para qualquer cliente Web.

Então claramente, os dados ativos podem ser fornecidos para os filmes Flash também, contanto que satisfaçam os critérios do tipo e do formato necessários. Então não é diferente dos dados estáticos, no que diz respeito ao filme.

E mais, se o conteúdo ativo se "parecer" com o conteúdo estático, um método de gerar ativamente será simplesmente tão bom quanto o outro. Portanto, a escolha da tecnologia do processo ativo é basicamente arbitrária e analisar a interação do Flash com uma ou outra é desnecessário no geral. É por isto que todos os exemplos de código do servidor neste capítulo são escritos no pseudocódigo. É uma interação do filme incorporado com um processo ativo de suporte, junto com o tipo e o formato dos dados trocados que é de interesse aqui, não a implementação dos processos ativos por si só.

O que quero dizer com *tipo* dos dados Web, então? Todo o conteúdo Web tem um tipo ou especificamente um tipo MIME. Isto fornece ao cliente Web uma ampla sugestão sobre como lidar com o conteúdo. Por exemplo, as páginas Web HTML devem ter o tipo MIME "text/html". Se você quiser exibir um documento de texto simples normal em um navegador, poderá fornecer-lhe um tipo MIME "text/plain". Se estiver enviando dados binários, (por exemplo, um arquivo ZIP), que deseja que as pessoas sejam capazes de carregar, então poderá definir o tipo MIME para "application/octet-stream". Um navegador poderá ser configurado, ao receber o conteúdo com este tipo MIME, para exibir uma caixa de diálogo de carregamento, em vez de fazer uma tentativa de exibi-lo.

Quando um navegador Web fornece seus documentos estaticamente, a única maneira de definir o tipo MIME é através de sua configuração, e então apenas se souber como e tiver permissão para fazer isto. Geralmente é feito associando as extensões do arquivo aos seus tipos MIME requeridos. Por outro lado, quando você escreve um processo do servidor ativo, é seu trabalho definir o tipo MIME. Como isto é feito será explicado na próxima seção.

Como fornecer o conteúdo ativo

Com exceção então da comunicação com o contêiner requerido, escrever o conteúdo ativo acarreta especificar o tipo MIME correto, mantendo o formato correto e imprimindo tudo em um handle que representa o fluxo de dados para o cliente Web. Normalmente você usará apenas uma função PRINT antiga comum. Portanto, como especificará o tipo MIME? Simplesmente irá imprimi-lo logo no início do conteúdo, separado do corpo principal da resposta por uma linha em branco. Para imprimir uma página HTML simples, por exemplo, teria que ter isto:

```
PRINT  "Content-type:  text/html\n\n";
PRINT  "<HTML>";
PRINT  "  <HEAD>Simple  content</HEAD>";
PRINT  "  <BODY>"
PRINT  "Some  simple  content";
PRINT  "  </BODY>"
PRINT  </HTML>";
```

Note os dois retornos automáticos depois do descritor de conteúdo (isto é, a parte que descreve o tipo MIME) assegurando uma linha em branco entre o cabeçalho e o corpo. A linha em branco no pseudocódigo é para o esclarecimento. Algumas plataformas podem fornecer um método para definir o tipo MIME, mas simplesmente permitem que não seja a primeira coisa que terá que fazer. Também fornecerão um buffer para imprimir, que não será enviado até que sua função saia e o tipo MIME tenha sido anexado primeiro.

Como o handle do fluxo de dados é onipresente em muitas implementações no lado do servidor, é omitido do pseudocódigo aqui. Você poderá ter que chamar uma função para recuperá-lo ou poderá ser transmitido para a função que terá que implementar, neste caso terá que se referir a ele explicitamente em sua instrução PRINT. Realmente depende de qual contêiner do processo ativo está usando. Com a CGI (ainda provavelmente a mais popular), nenhum é necessário, e o pseudocódigo aqui reflete bem o que você escreveria de fato para um programa CGI, em qualquer linguagem. Um conceito errado comum, a propósito, é que o programa CGI tem que ser escrito no Perl, mas este não é o caso. Você poderá escrevê-los no C, por exemplo, ou mesmo no Java.

O formato dos dados para os filmes Flash

Antes de analisarmos o tipo e o formato dos dados Flash, iremos falar rapidamente sobre a codificação URL. Se você já souber o que é, poderá pular com segurança os próximos parágrafos, mas se não, leia. Considere o endereço Web para Google:

    http://www.google.com

Usa dois pontos, duas barras e alguns pontos – todos caracteres especiais. Os caracteres serão considerados "especiais" se compuserem uma parte da formatação do URL. Em geral, isto significa dividir em suas partes constituintes, como o protocolo, o endereço e as variáveis do formulário. Agora considere enviar uma solicitação GET incorreta, com uma variável do formulário definida para "Hello, world!". Mais alguns caracteres especiais serão usados no URL aqui, especificamente um ponto de interrogação e um sinal de igual:

    http://www.google.com?search=Hello, world!

Por que está incorreto? O nome da variável e os valores podem conter bem caracteres especiais em si mesmos. E se o valor da variável fosse o "Hello, world?" pessimista? Dado que o ponto de interrogação é designado como um caractere especial, usado para separar o URL principal das definições da variável do formulário, na verdade, sua inclusão na definição de uma variável do formulário não "quebraria" de fato o URL? Provavelmente.

A codificação URL corrige este problema, substituindo as instâncias dos caracteres especiais que não são para serem tratados como tais por uma representação diferente, que pode ser ignorada com segurança enquanto o URL é examinado. As regras para a codificação são como a seguir:

- Os caracteres ASCII "a" até "z", "A" até "Z", "0" até "9" e ".", "-", "*" e "_" permanecem iguais.
- O caractere de espaço " " é convertido em um sinal de mais "+". O sinal de mais é codificado de acordo com a terceira regra, a seguir.

- Todos os outros caracteres são convertidos em uma string com três caracteres %*xy*, onde *xy* é a representação hexadecimal com dois dígitos dos 8 bits inferiores do caractere.

Eis o URL de solicitação correto:

```
http://www.google.com?search=Hello%2C+world%21
```

No caso de anexar as variáveis do formulário a um URL de solicitação, é serviço do navegador fazer a codificação necessária dos nomes da variável do formulário e dos valores antes de anexá-los ao URL principal. Na verdade, se você digitar **Hello, world!** no campo de pesquisa em Google, o URL anterior será o que verá quando a solicitação for retornada. O conteúdo Web que foi codificado assim receberá o tipo MIME "aplicação/x-www-form-urlencoded".

O conteúdo enviado para um filme Flash incorporado, estaticamente ou não, deverá ter este tipo MIME. Porém, na prática, text/plain funcionará bem. Na verdade, se o filme tiver solicitado um URL estaticamente, isto provavelmente será o tipo MIME que seu servidor Web atribuirá a um arquivo, especialmente se a extensão de arquivo for .txt. Para obter o tipo MIME certo, imagine uma extensão de arquivo exclusiva e configure seu servidor Web para definir o tipo MIME de acordo, se puder descobrir como.

E o formato do conteúdo em si? Nada tão complicado quanto a HTML. Os dados são apresentados como pares de nome/valor, com o URL codificado e separados por símbolos &. É um processo idêntico a anexar as variáveis do formulário a um URL, na verdade. Porém, você mesmo terá que fazer esta codificação, pois não é feita pelo servidor automaticamente em um filme Flash incorporado e você transmitirá este clichê como a concatenação de duas variáveis separadas. Seu arquivo de dados deverá ficar assim:

```
var1=Hello%2C&var2=+world%21&
```

Seu conjunto inteiro de definições da variável terá que ficar em uma linha. Os retornos automáticos são uma maldição para um filme Flash incorporado. Note o símbolo & extra posterior também. Mesmo que seu arquivo pareça estar todo em uma linha, um retorno automático poderá entrar no final e isto forçará a exclusão da variável final em algumas plataformas. Adicionar um símbolo & posterior protegerá a última definição da variável, mesmo que o retorno automático posterior esteja presente.

Há vários limites para este formato, com exceção dos óbvios da necessidade de colocar muito em uma linha e ter que codificar tudo por si mesmo. Você não poderá usar arrays ou a sintaxe de ponto, por exemplo. Porém, há maneiras de solucionar estes limites, se usar um processo ativo, e elas serão analisadas posteriormente.

Como o Flash solicita os dados

Considere um filme que carrega os dados a partir de um arquivo de texto chamado Template.txt, por exemplo, com o conteúdo sendo idêntico à linha da variável na seção anterior. Supondo que contém um símbolo formado a partir de um campo de texto dinâmico com uma variável dinâmica associada, value, duas sub-rotinas de eventos no script do objeto associado a uma instância deste símbolo serão necessárias para carregar os dados.

A sub-rotina onClipEvent (load) é chamada imediatamente na instância do símbolo, logo quando o filme é carregado pela primeira vez (daí, o nome). O corpo da sub-rotina define primeiro a variável value para indicar que os dados estão sendo carregados. Note como esta variável está disponível diretamente no script do objeto, porque o campo de texto dinâmico em si não tem uma instância. Vejamos a sub-rotina:

```
onClipEvent ( load ) {
    this.value = "loading...";
    this.loadVariables( "Template.txt" );
}
```

A função loadVariables(...) é uma função síncrona que instrui o player para obter as definições da variável a partir de um arquivo nomeado ou recurso da rede.

As funções síncronas retornam o controle imediatamente enquanto trabalham em segundo plano para satisfazer a tarefa distribuída. Se e quando uma função síncrona for completada, ela notificará de alguma maneira o encadeamento que chama, geralmente chamando uma sub-rotina de eventos. Isto contrasta com uma função assíncrona, que não retorna o controle para o programa principal até que ele tenha sido completado ou tenha falhado. A maioria das funções é assíncrona, porque não levam muito tempo para executar suas tarefas ou, no mínimo, levam uma quantidade determinada de tempo para tanto. loadVariables(...) é uma função síncrona, porque geralmente é usada para chamar os recursos remotos em uma rede, que pode levar uma quantidade indeterminada de tempo para responder, se responder.

Portanto, loadVariables(...) tenta ler o arquivo ou recurso especificado, carregando as variáveis no filme com base nas definições encontradas. Como são carregadas e onde ficam disponíveis? As diferentes formas da função loadVariables(...) permitem que as variáveis sejam destinadas em níveis específicos ou instâncias do símbolo no filme. Neste exemplo, o formulário baseado em objetos é usado, com this prefixado à chamada da função, instruindo as variáveis para serem carregadas na mesma instância do símbolo a partir da qual a função é chamada. O símbolo no qual as variáveis são carregadas é comumente conhecido como *símbolo de destino*.

Como o Flash processa os dados recebidos

Quando loadVariables(...) tiver carregado com sucesso o último byte de informação a partir do arquivo especificado, ela sinalizará que completou sua tarefa chamando a sub-rotina onClipEvent (data) no script do objeto do símbolo de destino. É um ponto discutível se algumas variáveis estão disponíveis para o uso antes desta sub-rotina ser chamada, pois você nunca deveria usá-las. A sub-rotina de dados fica assim:

```
onClipEvent ( data ) {
    value = var1 + var2;
}
```

Aqui, as duas variáveis são concatenadas e atribuídas à variável value do campo de texto, mudando-a de loading... para Hello, world!. O processo de carregamento deve ser quase instantâneo para os recursos locais (ou seja, os recursos que residem no sistema de arquivos local). Não há nada específico que você precisa fazer para manter as variáveis. Elas aparecerão como por mágica no símbolo de destino, assim que a sub-rotina de dados for chamada e estarão disponíveis imediatamente para serem usadas depois. É tudo.

Em um filme "real", a sub-rotina de dados seria o local para iniciar o filme devidamente, chamando as funções requeridas para lidar com os dados assim que eles tiverem sido carregados.

Uma nota aqui sobre como usar os conjuntos de dados longos: se os arrays não forem permitidos nas definições da variável, como poderemos lidar com as grandes quantidades de dados lineares ou com um array com diversas dimensões? Nomear as variáveis com os índices corretos é uma resposta, mas como então iremos colocá-las em um array? Considere a seguinte lista de variáveis:

```
count=4
var1=This
var2= is
var3= another
var4= example.
```

Agora, suponha que tenha sido carregado em um símbolo de destino. Você poderá associar o seguinte código ao símbolo para obter estes valores em um array definido no nível raiz do filme:

```
onClipEvent ( data ) {
    for ( i = 1; i <= count; i++ ) {
        _root.var[ i ] = eval( "var" + i );
    }
}
```

Isto quebra a regra de que não há necessidade de nenhum processamento específico das variáveis na sub-rotina de dados para torná-las disponíveis para o filme. Caberá a você decidir se este processamento extra é necessário. Os dados são mais acessíveis na forma de array? Talvez um motivo para tal método seja mover os dados de um lugar para outro. Por exemplo, você poderá associar o array a um símbolo diferente ou declará-lo no script do quadro de sua camada-raiz e atribui-lo de acordo. Os arrays com diversas dimensões e a sintaxe de ponto também poderão ser lidados desta maneira.

Uma alternativa para a função eval(...) é usar uma notação que reflete melhor a natureza dos dados – a saber, um array. Experimente o seguinte no loop anterior:

```
_root.var[ i ] = this[ "var" + i ];
```

Qual método escolherá é com você. O primeiro é considerado desatualizado por muitos e para as referências do objeto pelo menos, você deverá seguir a convenção e ficar com o último. O último método significa, bem literalmente, "avaliar a expressão seguinte e retornar o resultado". Em algumas linguagens, você poderá calcular expressões inteiras com ele e ainda executar o código.

Como configurar um filme para carregar os dados da rede

Você poderá usar a função loadVariables(...) para consultar um recurso em uma rede, assim como o sistema de arquivos local. Neste caso, o argumento representa um URL, ao invés de apenas uma referência para o sistema de arquivos local. Na verdade, a maioria da definição geral dos localizadores de recursos uniformes inclui os sistemas de arquivos, portanto, em um sentido você poderá considerar o argumento como sempre sendo um URL. Sem uma barra anterior, Template.txt se tornará um URL relativo e será avaliado no contexto da página Web na qual o filme está incorporado.

Considere os hiperlinks em uma página Web, por exemplo. Você não precisará do URL totalmente qualificado ao se referir a um recurso com um hiperlink. O navegador construirá o URL completo a partir do relativo dado no hiperlink, junto com o URL da página em si. Os navegadores sempre solicitam os recursos usando um URL totalmente qualificado e certamente um servidor Web não tem nenhum conceito dos URLs relativos. A omissão da barra anterior, nos hiperlinks ou na função loadVariables(...), significa então um URL relativo, ao passo que sua inclusão significa um absoluto.

Portanto, os URLs de solicitação poderão ser usados, ao invés dos nomes de arquivo locais. Eis alguns exemplos, todos podendo responder com dados idênticos:

```
this.loadVariables( "Template.txt" );
this.loadVariables( "/servlet/Template" );
this.loadVariables( "/cgi-bin/Template.cgi" );
this.loadVariables( "/Template.asp" );
```

Note que as três solicitações para um recurso ativo são todas absolutas, ao passo que a solicitação estática original é relativa.

A única maneira de um filme ter que ser configurado, então, é saber qual precisa ser o URL de solicitação correto. Poderemos usar qualquer processo do servidor referido nos exemplos anteriores e nunca precisaremos alterar uma única linha do filme, se pudermos substituir uma destas chamadas pela linha

```
this.loadVariables( requestURL );
```

e transmitir o parâmetro requestURL para o filme de alguma maneira. Como obteremos esta variável no Flash de modo confiável? Poderemos usar o JavaScript, mas é dificilmente suportado e, mesmo onde é suportado, se comporta mal. A resposta é anexar uma variável codificada como uma solicitação GET ao URL do filme nas tags OBJECT/EMBED. O URL do filme é a referência para o próprio arquivo do filme Flash e é na verdade um URL, parecido com um hiperlink. Considere o código HTML padrão para incorporar um filme em uma página Web:

```
<OBJECT classid="..."
codebase="..."
    WIDTH="550"
        HEIGHT="400">
<PARAM NAME="movie"   VALUE="Template.swf?requestURL=%2FTemplate%2Easp">
    <PARAM NAME="bgcolor"   VALUE="#ffffff">
<EMBED   src="Template.swf?requestURL=%2FTemplate%2Easp"
        bgcolor=#FFFFFF
        WIDTH=550
        HEIGHT=400
        TYPE="application/x-shockwave-flash"
            PLUGINSPAGE="...">
</EMBED>
</OBJECT>
```

Aqui, alguns atributos e elementos foram omitidos ou encurtados para abreviar, mas as partes importantes (os URLs do filme) contêm uma solicitação GET com uma variável do formulário requestURL definida para /Template.asp. Há dois URLs do filme aqui – um para a tag OBJECT e outro para a tag EMBED. Note que a variável do formulário tem o URL codificado.

Como esta variável do formulário fica disponível no script do próprio filme? Ela parece no nível mais baixo em qualquer script, associado aos primeiros quadros na linha do tempo do filme principal. Se você pretender usar a camada mais inferior da linha do tempo do filme principal como o lugar para escrever o script geral e nada mais, poderá declarar a variável lá, como sendo definida por este mecanismo, ajudando a evitar qualquer conflito de nomenclatura:

```
///   Defined from without...
///
var   requestURL;
```

Naturalmente, você poderá anexar muitas variáveis ao URL do filme assim para configurar seu filme, mas o importante é o URL do processo do servidor de suporte. Se o contexto no qual o filme fica mudar agora (digamos, é movido de um ambiente de desenvolvimento para um de produção e assim o URL do processo ativo de suporte muda), tudo que terá que fazer é mudar o valor codificado da variável de consulta no URL do filme e nada mais. Especificamente, não há nenhuma necessidade de mudar qualquer script no filme e recompilá-lo.

Uma nota final sobre como esta variável é definida: pode obviamente ser codificada especificamente em um arquivo HTML, mas em geral a página na qual o filme fica também seria gerada ativamente. Portanto, o URL de solicitação poderá ser lido a partir de um arquivo de configuração, então codificado e colocado na HTML ativamente. Como o ASP e o JSP, isto é simples. Com os servlets, os scripts Perl, etc. você poderá usar uma biblioteca de tags personalizada.

Como enviar o conteúdo ativo para um filme incorporado

Naturalmente, seguindo o exemplo de imprimir ativamente um arquivo HTML anteriormente, poderemos fornecer os dados para o filme da seguinte maneira:

```
PRINT  "application/x-www-urlformencoded\n\n\";
PRINT  "var1=Hello%2C&";
PRINT  "var2=+world%21&";
```

Contudo, no mínimo, seu processo poderá ler o arquivo de texto a partir do exemplo estático anterior, transmitindo-lhe o filme quando solicitado. O pseudocódigo para isto poderá ficar assim:

```
PRINT  "application/x-www-urlformencoded\n\n";

/* process and print the data file */
WHILE ( there's another line) {

    PRINT;
}
```

É exatamente o que o servidor Web faz em resposta a uma solicitação para um recurso estático. Contudo, dificilmente parece uma maneira inteligente de fornecer os dados. Por exemplo, como o arquivo de texto contém as definições da variável em uma linha, este loop while deve-se completar em uma passagem. E o arquivo de texto ainda será ilegível.

Capítulo 28 – Integração com servidores: uma visão geral | 717

Se tivermos esta liberdade de ler um arquivo antes de transmiti-lo para o cliente Web, porém, por que não tornar o arquivo de dados mais legível, filtrando-o e fazendo alguma formatação de modo independente? Certamente um arquivo de dados como o seguinte seria mais bem mantido:

```
var1=Hello,
var2=world!
```

Desejamos um processo ativo que leia um arquivo de dados, fazendo as conversões simples necessárias, para que fiquem em um formato aceitável para um filme Flash. Isto significa reduzir a saída a uma única linha novamente, adicionar os símbolos & requeridos entre as definições da variável e codificar com o URL os nomes das variáveis e valores. Portanto, o pseudocódigo ficará assim:

```
PRINT  "application/x-www-urlformencoded\n\n";

/* process and print the list file */
WHILE ( there's another line) {

    CHOP OFF THE TRAILING CARRIAGE RETURN;
    ENCODE THE NAME AND VALUE, APPEND AN AMPERSAND THEN PRINT;
}
```

O código real é dificilmente mais complexo que este. Porém, um ponto importante a notar sobre sua escolha da função de impressão é que se ela anexar automaticamente um retorno automático a cada linha, você terá problemas. Isto não importa para os arquivos HTML, pois os retornos automáticos e o espaço em branco que aparecem fora dos elementos HTML são ignorados. Não é o caso com os dados para os filmes Flash: os dados têm que aparecer todos em uma linha. Portanto, você deverá encontrar um comando de impressão que não anexa automaticamente os retornos automáticos.

Tecnicamente falando, os dados foram abstraídos do programa. É incrivelmente útil – agora os não programadores (os desenvolvedores Web) poderão mudar o arquivo de lista como desejarem; não terão nem mesmo que saber sobre a existência do processo ativo para escrever o conteúdo para os filmes Flash. Este novo arquivo de dados é chamado de *arquivo de lista*, para distingui-lo do arquivo de dados brutos anterior, e para destacar seu recurso principal – a saber, a extensão das definições da variável em várias linhas.

O uso dos comentários e de linhas vazias em um arquivo de lista é possível com um mínimo de alterações no código do processo também. Considere o seguinte:

```
# A 'Hello, world!' example list file
#
var1=Hello,
var2= world!
```

Isto está estendendo talvez um pouco mais a credibilidade, mas apenas porque estamos lidando com um conjunto de dados simples. A legibilidade conseguida por não precisar codificar os nomes da variável e valores, junto com o fato de ser capaz de espaçar as definições da variável em várias linhas e adicionar comentários, constitui um argumento persuasivo para a implementação de um processo ativo simples.

E mais, adicionar tags personalizadas permite a inclusão de qualquer tipo de dados no fluxo do conteúdo para um filme. As tags personalizadas podem ser selecionadas, analisadas e substituídas por seus valores reais quando o processo ativo lê o arquivo de lista. Considere o seguinte:

```
#   The current date
#
currentDate=<<DATE.getCurrentDate.toString>>
#   The first product name and monhtly volumes
#
label1=<<PRODUCT.1.name>>
amount1=<<PRODUCT.1.volume:ref[0]>>
...
amount2=<<PRODUCT.1.volume:ref[11]>>
```

Qualquer coisa vinculada pelos sinais maior que, menor que duplos é uma tag personalizada. Aqui, há uma referência para um objeto de data, assim como referências para um objeto de produtos. Estes objetos poderiam ser obtidos em um banco de dados, no ambiente do servidor ou apenas em outro arquivo de texto. Contudo, a implementação destes objetos não é um problema aqui. Nem é a implementação de uma biblioteca de tags simples para se referir a eles.

Tal biblioteca é necessária? Sim e não. Se você estiver usando uma solução no lado do servidor comum, como o Perl ou o Java, a implementação de uma pequena biblioteca de tags poderia se tornar uma necessidade, caso decida usar sua própria solução ou de terceiros. Certamente deverá considerar adicionar a outra funcionalidade do arquivo de lista, mesmo que ache as tags personalizadas chatas demais.

Modelos de processo ativo

Se você escolher usar uma tecnologia do servidor ativo que não suporta uma biblioteca de tags, poderá usar as mesmas técnicas descritas na seção anterior para filtrar seus arquivos HTML também. Algum método ativo de definir o URL do filme é geralmente necessário, pelo menos, mesmo que o resto da página permaneça inalterado. Minha preferência é avançar mais uma etapa e usar o mesmo processo do servidor real para fornecer a solicitação do navegador para uma página HTML que contém um filme incorporado e a solicitação a partir do próprio filme. Neste caso, como o processo ativo sabe de onde a solicitação veio?

A coisa mais fácil a fazer é usar uma variável do formulário para diferenciar os dois tipos de solicitação. Se o URL de solicitação contiver esta variável, o processo ativo saberá que a solicitação veio do filme; se não, a solicitação veio do navegador. Alterar o URL da solicitação para incluir uma variável do formulário é o modo mais fácil de implementar este modelo:

```
this.loadVariables( requestURL + "?" + "data=all" + "&" );
```

Aqui, a variável do formulário designada é data. O valor da variável não é importante neste modelo; sua presença é tudo que é necessário. A descrição do processo ativo para lidar com este modelo é algo assim:

```
if ( "data" form variables exists ) {

    SEND CONTENT TO A MOVIE;
}
else {

    SEND CONTENT TO A BROWSER;
}
```

Pode ser que esta convenção seja restrita demais. Você poderá querer apenas um processo do servidor para lidar com todas as solicitações de dados dos filmes incorporados, neste caso, o seguinte modelo seria mais adequado:

```
if ( "data" form variable exists ) {

    PROCESS AND PRINT THE FILE CALLED "data";
}
```

Este processo lida apenas com os arquivos de lista; não há nenhuma menção das páginas HTML. O valor da variável do formulário data agora é importante e pode ser usada para escolher qual arquivo de lista usar. Este modelo poderá também ser usado se a geração das páginas HTML não tiver nenhuma relação com a geração do conteúdo para os filmes incorporados.

Questões da implementação

Há duas soluções principais para gerar o conteúdo ativo para as páginas Web:

- Usar um programa ou script que lê um arquivo (geralmente HTML) e filtrá-lo (geralmente pela detecção de tags personalizadas) antes de transmiti-lo para o cliente Web. As DLLs do Visual Basic sendo executadas no IIS, scripts Perl e servlets Java ficam nesta categoria.
- Usar uma linguagem de script baseada no código incorporado no próprio arquivo HTML. As tecnologias ASP da Microsoft e JSP da Sun ficam nesta categoria. As tags especiais são usadas para discriminar a HTML e o código incorporado.

A primeira naturalmente serve para as técnicas descritas neste capítulo – a saber, filtrar um arquivo de lista antes de enviá-lo de volta para o cliente Web. O primeiro modelo descrito na seção anterior funciona bem nesta situação.

A segunda solução é adequada de modo um pouco menos confortável para o molde. Por causa dos problemas descritos posteriormente nesta seção, algumas implementações não tornarão necessariamente obsoleto o uso de um arquivo de lista, nem a necessidade de um processo ativo para filtrá-lo. Especificamente, você não poderá transformar facilmente seu arquivo de lista em uma página JSP ou ASP e solicitá-la diretamente a partir de um filme.

Por que não? Porque a saída gerada por uma página ASP ou JPS reflete exatamente o layout da própria página, menos as tags personalizadas. Isto inclui a formatação (a saber, o espaço em branco e os retornos automáticos). Considere o seguinte exemplo concreto de uma página JSP:

```
<%
String title = "Hello, world!";
%>
<html>
<head>
<title><%= title %></title>
</head>
<body bgcolor=white>
<h1><%= title %></h1>
</body>
</html>
```

Você não precisará estar familiarizado com esta linguagem para ver imediatamente que uma variável title é definida no início da página e inserida nos elementos HTML <title/> e <h1/> posteriormente. Claramente, o elemento <%/> engraçado é usado para o código, e então a mesma tag com um sinal de igual permite que o valor da variável seja inserido na página. Obviamente, o resultado será este:

```
<html>
<head>
<title>Hello, world!</title>
</head>
<body bgcolor=white>
<h1>Hello, world!</h1>
</body>
</html>
```

As tags personalizadas são removidas completamente, como no caso da definição da variável title, ou substituídas por seu valor avaliado. O importante a notar aqui, porém, é que o layout do arquivo original é mantido intacto. O espaço em branco e os retornos automáticos estão presentes mais definitivamente.

Portanto, fica quase impossível construir um fluxo de dados que o Flash aceitará sem processar mais a saída ou colocar todo seu código em uma linha. Mesmo isto poderá não funcionar, e certamente o código JSP seguinte não fará o serviço:

```
<%
String var1 = "Hello, ";
String var2 = "world!";
%>var1=<%

out.print( java.net.URLEncoder.encode( var1 ) );
%>var2=<%
out.print( java.net.URLEncoder.encode( var2 ) );
%>&
```

Naturalmente, os retornos automáticos e o espaço em branco serão ignorados nas próprias tags personalizadas. Os compiladores e os interpretadores não tomarão nota de tais coisas. E ainda, um retorno automático é anexado no final de cada elemento <%/>, mesmo que um símbolo & siga imediatamente o sinal de maior que de fechamento. Então a saída é esta:

```
var1=Hello%2C+
&var2=world%21
&
```

E o Flash não gostará disto!

Portanto, se você escolher implementar as técnicas descritas neste capítulo, ficará com a leitura e o processamento dos arquivos de lista feitos por um processo ativo, ao invés de incorporar as partes ativas no próprio arquivo de lista. Continuando, poderá implementar este modelo com o código incorporado em um arquivo de contêiner vazio. Controlar o símbolo & posterior que pode extraviar o retorno automático anexado ao fluxo de dados (pelo fechamento dos elementos neste arquivo vazio) não afetará de modo adverso o carregamento dos dados no filme incorporado.

Não há nada que o impeça de usar o modelo ASP/JSP para gerar a página na qual o filme Flash está incorporado, claro, e usando-o para preencher o URL do filme com base nas variáveis da configuração. Outras linguagens são possíveis, talvez sendo mais adequadas para o Flash, presumivelmente superando o obstáculo da insistência do JSP e do ASP em imitar os retornos automáticos no arquivo original, mas não são o assunto aqui.

Para concluir, a investida deste capítulo foi descrever um modo de fornecer os dados ativos para um filme Flash incorporado, que não desvie a atenção das particularidades da implementação: uma tecnologia do servidor é exatamente tão válida quanto a outra. Todas produzem exatamente os mesmos dados, limitados por aquilo que o filme "espera" receber.

E mais, estes limites foram examinados e as soluções descritas de alguma maneira que os solucionam, permitindo mais liberdade para o desenvolvedor Web, ao especificar o conteúdo para ser fornecido para um filme. Novamente, isto foi feito sem nenhuma menção da escolha subjacente da tecnologia do servidor.

Talvez a lição mais importante a ser aprendida com este capítulo, então, seja esta: geralmente os problemas da programação podem ser resolvidos sem a ajuda para uma plataforma específica. Na verdade, considerar os detalhes da implementação poderá geralmente obscurecer a razão de uma pessoa. Nunca seja rápido ao escolher uma "solução" para suas exigências, se esta "solução" for apenas um sinônimo para o produto de um revendedor.

Capítulo 29

Referência ActionScript

por David Vogeleer

Neste capítulo
- Ações
- Operadores
- Funções
- Constantes
- Propriedades
- Objetos

Este capítulo cobre muitas partes do ActionScript, na mesma ordem em que o ActionScript as listou. Como o ActionScript se tornou uma linguagem cada vez mais poderosa, cresceu muito, englobando bem mais de 600 scripts individuais, inclusive propriedades, métodos, ações e objetos. Este capítulo seria grande demais para revisar cada parte, portanto, os objetos tratados são limitados a apenas alguns principais, incluindo o som, a data, a matemática e o objeto. Porém, fique certo que todas as ações aprovadas serão analisadas, inclusive as ações, os operadores, as funções, as constantes e as propriedades. As ações desaprovadas são aquelas que ainda são legais de usar, mas agora há novas maneiras de fazer as mesmas ações. Basicamente, as ações desaprovadas ainda são permitidas, mas poderão não ser na próxima versão, portanto, é uma boa prática evitar usá-las. Iremos revisar os detalhes destes scripts, inclusive a disponibilidade, os gabaritos genéricos e os exemplos.

Lembre-se, cada exemplo não é o limite do script, mas apenas o início.

Ações

Controle do filme

gotoAndPlay

Disponibilidade: Flash Player 2

Gabarito genérico: gotoAndPlay (*cena, quadro*);

Limites:

cena – A cena para onde você gostaria de ir.

quadro – O quadro para onde gostaria de ir.

Descrição:

Este script envia o cabeçote de reprodução para um quadro específico na cena especificada e então reproduz. Se não houver nenhuma cena especificada, o cabeçote de reprodução irá para o quadro na cena atual.

Exemplo:

Este exemplo move o cabeçote de reprodução para o quadro 10 e reproduz quando o interpretador o lê:

```
gotoAndPlay(10);
```

gotoAndStop

Disponibilidade: Flash Player 2

Gabarito genérico: gotoAndStop (*cena, quadro*);

Limites:

cena – A cena para onde você gostaria de ir.

quadro – O quadro para onde gostaria de ir.

Descrição:

Este script envia o cabeçote de reprodução para um quadro específico na cena especificada e pára lá. Se não houver nenhuma cena especificada, o cabeçote de reprodução irá para o quadro na cena atual.

Exemplo:
Este exemplo move o cabeçote de reprodução para o quadro identificado como myFrame e pára quando o interpretador o lê:

```
gotoAndStop("myFrame");
```

nextFrame

Disponibilidade: Flash Player 2

Gabarito genérico: nextFrame( );

Limites: Nenhum

Descrição:

Envia o cabeçote de reprodução para o próximo quadro e pára. Pode também ser usado como um limite para gotoAndPlay e gotoAndStop.

Exemplo:
O primeiro exemplo move o cabeçote de reprodução para o próximo quadro, e pára quando um mouse é clicado; o segundo exemplo usa nextFrame em uma ação gotoAndPlay:

```
onClipEvent(mouseDown) {
nextFrame( );
}
gotoAndPlay(nextFrame(   ));
```

nextScene

Disponibilidade: Flash Player 2

Gabarito genérico: nextScene( );

Limites: Nenhum

Descrição:

Envia o cabeçote de reprodução para a próxima cena e pára. Pode também ser usado como um limite para gotoAndPlay e gotoAndStop.

Exemplo:
O primeiro exemplo move o cabeçote de reprodução para a próxima cena e pára quando um mouse é clicado; o segundo exemplo usa nextFrame em uma ação gotoAndPlay:

```
onClipEvent(mouseDown) {
nextScene( );
}
gotoAndPlay(nextScene(   ));
```

on

Disponibilidade: Flash Player 2

Gabarito genérico:

```
on(eventoBotão) {
instrução(ões);
}
```

Limites:

eventoBotão

press – Ocorre quando o botão é clicado (ou *pressionado*).

release – Ocorre quando o botão é liberado enquanto o mouse está sobre ele.

releaseOutside – Ocorre quando o botão é pressionado e então liberado enquanto o mouse *não* está sobre ele.

rollOut – Ocorre quando o mouse se move estando sobre o botão, para *não* estando sobre o botão.

rollOver – Ocorre quando o mouse se move sobre o botão.

dragOut – Ocorre quando o botão é pressionado e o mouse se move para fora do botão sem o botão ser liberado.

dragOver – Depois de um evento dragOut, dragOver ocorrerá se o mouse se mover de volta para o botão sem o botão ser liberado.

keyPress("*tecla*") – Diferente dos outros eventos, ocorre quando uma tecla é pressionada. Aqui, "*tecla*" pode ser apenas uma tecla.

instrução(ões) – O código a ser executado quando o *eventoBotão* ocorre.

Descrição:
Uma sub-rotina de eventos que ocorre em um botão quando um evento do mouse ou tecla ocorre.

Exemplo:
O primeiro exemplo executa uma função trace simples quando um botão é pressionado; o segundo exemplo pára o arrastar de um botão:

```
//when the mouse clicks on the button, the statement will be traced
on(press) {
trace("This button has been pressed");
}

//this will stop an object from being dragged
on(release, releaseOutside){
stopDrag( );
}
```

play

Disponibilidade: Flash Player 2

Gabarito genérico: play( );

Limites: Nenhum

Descrição:
Move o cabeçote de reprodução para frente.

Exemplo:
Este exemplo move a linha do tempo para frente quando um botão é pressionado.

```
on(press) {
play( );
}
```

prevFrame

Disponibilidade: Flash Player 2
Gabarito genérico: prevFrame( );
Limites: Nenhum
Descrição:
Envia o cabeçote de reprodução para o quadro anterior e pára. Pode também ser usado como um limite para gotoAndPlay e gotoAndStop.
Exemplo:
Este exemplo usa uma sub-rotina de eventos on para mover o cabeçote de reprodução para trás em um quadro:

```
on (press)   {
prevFrame(   );
}
```

prevScene

Disponibilidade: Flash Player 2
Gabarito genérico: prevScene( );
Limites: Nenhum
Descrição:
Envia o cabeçote de reprodução para a cena anterior e pára. Pode também ser usado como um limite para gotoAndPlay e gotoAndStop.
Exemplo:
O primeiro exemplo move o cabeçote de reprodução para a cena anterior e pára quando um botão é pressionado; o segundo exemplo usa prevScene em uma ação gotoAndStop:

```
on (press)   {
prevScene(   );
}
gotoAndPlay(prevScene(   ));
```

stop

Disponibilidade: Flash Player 2
Gabarito genérico: stop( );
Limites: Nenhum
Descrição:
Impede que o cabeçote de reprodução se mova na linha do tempo.
Exemplo:
Este exemplo pára o filme quando um botão é pressionado:

```
on (press)   {
stop;
}
```

stopAllSounds

Disponibilidade: Flash Player 3
Gabarito genérico: stopAllSounds( );
Limites: Nenhum
Descrição:
Pára todos os sons que estão se reproduzindo, sem afetar o cabeçote de reprodução. Os sons colocados diretamente na linha do tempo começarão de novo quando o cabeçote de reprodução passar da ação stopAllSounds.
Exemplo:
O seguinte exemplo pára todos os sons quando a variável loop atinge 3:

```
if (loop >=3) {
stopAllSounds( );
}
```

Navegador/Rede

fscommand

Disponibilidade: Flash Player 3
Gabarito genérico: fscommand(*comando, parâmetros*);
Limites:
 comando – Uma string transmitida para qualquer finalidade ou como um comando para a aplicação de host.
 parâmetros - Outra string transmitida para qualquer finalidade ou como um valor.
Descrição:
Este script permite que o filme Flash se comunique com seu host, inclusive o Flash player. Também pode ser usado para transmitir variáveis para outros programas que podem manter os controles ActiveX.

Nota

Ao transmitir comandos para o Flash Player, você terá que usar os seguintes comandos predefinidos:
- allowscale. Permite ou não a capacidade de aumentar ou reduzir o conteúdo do filme Flash. Os parâmetros podem ser true ou false.
- fullscreen. Preenche a tela inteira do usuário quando os parâmetros são definidos para true. Os parâmetros podem ser true ou false.
- showmenu. Pode exibir ou não os controles no menu contextual. Os parâmetros podem ser true ou false.
- trapallkeys. Pode permitir ou não a capacidade de transmitir teclas para o Flash Player. Os parâmetros podem ser true ou false.
- quit. Fecha o Flash player independente (não fechará o navegador). Nenhum argumento.

Capítulo 29 – Referência ActionScript | **729**

Exemplo:
Estes exemplos mostram como usar alguns comandos predefinidos:

```
fscommand("fullscreen",   "true");
fscommand("trapallkeys",  "false");
fscommand("quit");
```

getURL

Disponibilidade: Flash Player 2

Gabarito genérico: getURL(*url, janela, variável*);

Limites:

url – Uma string representando o URL exato para o documento que deseja obter.

janela – Uma atribuição opcional que representa como carregar o URL, inclusive _blank, _self, _parent e _top.

variable – Outro comando opcional, informando como enviar as variáveis associadas ao filme Flash, como GET e POST.

Descrição:
O script getURL pode fazer muito mais do que simplesmente abrir outra página Web; pode também executar o código na HTML e iniciar eventos no filme Flash.

Exemplo:
O primeiro exemplo carrega uma página Web em uma nova janela; o segundo exemplo inicializa uma ação javascript para exibir um alerta:

```
getURL("http://samspublishing.com",  "_blank");
getURL("javascript:  alert  ('Flash  Unleashed');");
```

loadMovie

Disponibilidade: Flash Player 3

Gabarito genérico: loadMovie(*url, nível/destino*[, *variável*]);

Limites:

url – Uma ligação direta com o arquivo SWF ou JPG que você gostaria de carregar no filme Flash principal. Ao ser usado no player independente ou no ambiente de teste, o filme carregado tem que estar armazenado na mesma pasta.

nível – Um valor numérico representando o nível no qual carregar o filme. No modo normal no painel ActionScript, quando você tentar colocar um número no script loadMovie, o painel irá convertê-lo em loadMovieNum. Se você estiver no modo especialista, não será alterado. Apenas algo para lembrar.

destino – Um clipe do filme de destino ou número do nível representando onde o filme será carregado.

clipe do filme de destino – Um caminho direto para o clipe do filme onde você carregaria o filme. Quando um filme carregado é colocado em um clipe do filme, qualquer coisa que resida atualmente neste clipe do filme será substituída pelo filme carregado.

variável – Um comando opcional, informando como enviar as variáveis associadas ao filme Flash, como GET e POST.

Descrição:

Este script carrega um filme ou JPEG no filme Flash principal usando o *clipe do filme de destino* ou o *número do nível* para representar onde o filme será carregado. Se o filme for carregado em um nível, o script mudará de loadMovie para loadMovieNum.

Se um filme ou imagem for carregada em um clipe do filme, este arquivo adotará as características do clipe do filme já possuídas, como a posição, o tamanho e o alfa.

Exemplo:

Este exemplo mostra como carregar um filme em um clipe do filme chamado myMovieclip:

```
loadMovie("theMovie.swf", "_root.myMovieclip");
```

loadMovieNum

Disponibilidade: Flash Player 4

Gabarito genérico: loadMovie(*url*, *nível*, *variável*);

Limites:

url – Uma ligação direta com o arquivo SWF ou JPG que você gostaria de carregar no filme Flash principal. Ao ser usado no player independente ou no ambiente de teste, o filme carregado tem que estar armazenado na mesma pasta.

nível – Um valor numérico representando o nível no qual carregar o filme.

variável – Um comando opcional informando como enviar as variáveis associadas ao filme Flash, como GET e POST.

Descrição:

Este script carrega um filme ou JPEG no filme Flash principal pelo número para representar onde o filme será carregado. Se o filme for carregado em um nível, o script mudará de loadMovie para loadMovieNum.

Se você carregar um filme em um nível que já contém conteúdo, o filme carregado irá substituir este conteúdo.

Os níveis fornecem um método de empilhamento simples, que o Flash usa para separar as diferentes partes do filme Flash. O níveis começam em 0. Assim que um filme for carregado em um filme Flash, você poderá se referir a ele como _level, seguido do nível no qual o carregou. Por exemplo, se carregar um filme no segundo nível, refira-se a ele como _level2.

Exemplo:

Este exemplo carrega um arquivo JPEG chamado myJpeg.jpg em um nível especificado:

```
loadMovieNum("myJpeg.jpg", 1);
```

loadVariables

Disponibilidade: Flash Player 4

Gabarito genérico: loadVariables(*url*, *nível/"destino"*[, *variável*]);

Limites:

url – Uma ligação direta com um arquivo contendo o que você gostaria de carregar no filme Flash principal. Ao ser usado no player independente ou no ambiente de teste, o filme carregado tem que estar armazenado na mesma pasta.

nível – Um valor numérico representando o nível no qual carregar o filme. No modo normal no painel ActionScript, quando você tentar colocar um número no script loadVariables, o painel irá convertê-lo em loadVariablesNum. Apenas algo para lembrar.

destino - Um clipe do filme de destino ou número do nível representando onde o filme será carregado.

variável – Um comando opcional, informando como enviar as variáveis associadas ao filme Flash, como GET e POST.

Descrição:

Este script carrega as variáveis a partir de um arquivo de texto ou arquivo criado por outro script, como CGI ou ASP. O texto tem que estar no formato MIME. E mais, o arquivo tem que estar na mesma pasta do filme Flash que está carregando-o.

Você poderá carregar apenas estas variáveis em um clipe do filme de destino ou um número do nível. Se especificar um número do nível ao usar loadVariables, o modo normal converterá o script em um script loadVariablesNum. Se estiver no modo especialista, isto terá que ser feito manualmente.

Formato MIME padrão:

```
myVariable=Flash Unleashed&myName=David&myAge=22
```

Exemplo:

Este exemplo carrega um arquivo de texto que mantém as variáveis em um clipe do filme:

```
loadVariables("myVariables.txt", "_root.myMovieclip");
```

loadVariablesNum

Disponibilidade: Flash Player 4

Gabarito genérico: loadVariablesNum(*url*, *nível*, *variável*);

Limites:

url – Uma ligação direta com um arquivo que contém as variáveis que você gostaria de carregar no filme Flash principal. Ao ser usado no player independente ou no ambiente de teste, o filme carregado tem que estar armazenado na mesma pasta.

nível – Um valor numérico representando o nível no qual carregar o filme. Ao usar loadVariablesNum, você terá que indicar o nível no filme no qual carregar as variáveis.

variável – Um comando opcional informando como enviar as variáveis associadas ao filme Flash, como GET e POST.

Descrição:

Este script carrega as variáveis a partir de um arquivo de texto ou arquivo criado por outro script, como CGI ou ASP. O texto terá que estar no formato MIME. E mais, o arquivo terá que estar na mesma pasta do filme Flash que está carregando-o.

Formato MIME padrão:

```
myVariable=Flash Unleashed&myName=David&myAge=22
```

Exemplo:

Este exemplo carrega as variáveis na raiz de um filme:

```
loadVariablesNum("myData.txt", 0);
```

unloadMovie

Disponibilidade: Flash Player 3

Gabarito genérico: unloadMovie(*nível/destino*);

Limites:

nível – Um valor numérico representando o nível a partir do qual descarregar o filme. No modo normal no painel ActionScript, quando você tentar colocar um número no script unloadMovie, o painel irá convertê-lo em unloadMovieNum. Apenas algo para lembrar.

destino – Um clipe do filme de destino ou número do nível representando de onde o filme será descarregado.

Descrição:

Este script remove um filme carregado de um clipe do filme de destino ou nível (usando unloadMovieNum).

Exemplo:

Este exemplo descarrega um filme carregado de um clipe do filme:

```
unloadMovie("root.myMovie.myLoadedMovie");
```

unloadMovieNum

Disponibilidade: Flash Player 3

Gabarito genérico: unloadMovieNum(*nível*);

Limite:

nível – O nível de onde você está descarregando o filme carregado.

Descrição:

Este script remove um filme carregado de um nível no filme principal.

Exemplo:

Este exemplo descarrega um filme carregado do nível _root:

```
unloadMovieNum(0);
```

Controle do clipe do filme

duplicateMovieClip

Disponibilidade: Flash Player 4

Gabarito genérico: duplicateMovieClip(*destino, novoNome, profundidade*);

Limites:

destino – O caminho para o filme que você gostaria de duplicar.

novoNome – O nome dado ao clipe do filme duplicado. Este nome tem que ser exclusivo.

profundidade – A quantidade de duplicação que ocorrerá. Também é usado para o empilhamento, para que os diversos filmes duplicados não se substituam.

Descrição:

Este script cria uma nova instância do clipe do filme de destino. Cada clipe do filme duplicado tem seu próprio nome exclusivo. O clipe do filme pai tem que permanecer, para que os filmes duplicados permaneçam.

Exemplo:

Este exemplo duplica um filme cinco vezes, usando cinco instâncias exclusivas do original:

```
i = 0;
while(i < 5) {
duplicateMovieClip(myClip, "myClip"+i, i);
i++;
}
```

onClipEvent

Disponibilidade: Flash Player 5

Gabarito genérico:

```
onClipEvent(eventoFilme){
instruções;
}
```

Limites:

eventoFilme – Um evento que inicializa qualquer ação entre as chaves.

load – A primeira vez que a instância do filme aparece na linha do tempo.

unload – Ocorre quando um clipe do filme foi removido da linha do tempo.

enterFrame – As ações são executadas na velocidade de projeção do filme continuamente.

mouseMove – Sempre que a coordenada _x ou _y do mouse mudar dentro das bordas do filme-raiz, o código será executado.

mouseDown – Ocorre quando o botão esquerdo do mouse é pressionado.

mouseUp – Ocorre quando o botão esquerdo do mouse é liberado.

keyDown – Ocorre quando uma tecla no teclado é pressionada.

keyUp – Ocorre quando uma tecla no teclado é liberada.

data – Quando os dados são recebidos de um script loadVariables, este evento é ativado quando a última parte dos dados é carregada. Quando um script loadMovie é executado, o código é executado continuamente quando cada parte do filme é carregada.

instruções – O código a ser executado quando clipEvent é true.

Descrição:

Uma sub-rotina de eventos, que se concentra nos eventos do filme que podem ocorrer uma vez ou várias vezes.

Exemplo:

Este exemplo rastreia continuamente uma string enquanto o filme está na cena:

```
onClipEvent(enterFrame) {
trace("entering");
}
```

removeMovieClip

Disponibilidade: Flash Player 4

Gabarito genérico: removeMovieClip(*destino*);

Limite:

destino – O caminho de destino para um filme criado por duplicateMovieClip ou attachMovie.

Descrição:

Este script remove uma instância de clipe do filme dos filmes criados com duplicateMovieClip ou attachMovie.

Exemplo:

Este exemplo remove um filme recém-criado com duplicateMovieClip:

```
duplicateMovieClip(myMovie, "myMovie1", 1);
removeMovieClip(myMovie1);
```

setProperty

Disponibilidade: Flash Player 4

Gabarito genérico: setProperty(*destino, propriedade, valor/expressão*);

Limites:

destino – Uma string literal representando o caminho direto para o filme para o qual você deseja definir as propriedades.

propriedade – A propriedade que deseja definir.

valor – O valor para o qual deseja definir a propriedade.

expressão – Qualquer expressão viável.

Descrição:

Altera a propriedade de um filme durante a reprodução.

Exemplo:

Este exemplo define o alfa de um clipe do filme para 70:

```
setProperty("myMovie", _alpha, "70");
```

startDrag

Disponibilidade: Flash Player 4

Gabarito genérico: startDrag(*destino, bloquearCentro, esquerda, acima, direita, abaixo*);

Limites:

destino – O caminho direto para o clipe do filme que você gostaria de arrastar.

bloquearCentro – Se for definido para true, o mouse será bloqueado no centro do clipe do filme.

esquerda, acima, direita, abaixo – Você pode definir estes limites para que o clipe do filme não possa ser arrastado para fora deles.

Descrição:

Este script permite que um único clipe do filme seja arrastado até que um script stopDrag seja executado ou outro clipe do filme seja definido para ser arrastado.

Exemplo:

Este exemplo começa arrastando um clipe do filme quando é pressionado e pára de arrastar o clipe do filme quando é liberado:

```
on(press){
startDrag(this,true);
}
on(release){
stopDrag( );
}
```

stopDrag

Disponibilidade: Flash Player 4

Gabarito genérico: stopDrag( );

Limites: Nenhum

Descrição:

Quando este código é executado, qualquer clipe do filme definido para ser arrastado será parado em sua posição atual, até que seja definido para ser arrastado de novo.

Exemplo:

Este exemplo começa arrastando um clipe do filme quando é pressionado e pára de arrastar o clipe do filme quando é liberado:

```
on(press){
startDrag(this,true);
}
on(release){
stopDrag( );
}
```

updateAfterEvent

Disponibilidade: Flash Player 5

Gabarito genérico: updateAfterEvent( );

Limites: Nenhum

Descrição:

Este script atualiza um filme e não é dependente da velocidade de projeção. O script updateAfterEvent tem que ser colocado em uma sub-rotina de eventos do clipe.

Exemplo:

Este exemplo move um clipe do filme sempre que o usuário clica o filme. Se o método updateAfterEvent não estivesse presente, seria possível que o usuário clicasse mais rapidamente do que a velocidade de projeção, mas com o método updateAfterEvent, ele será atualizado instantaneamente:

```
onClipEvent(mouseDown){
   this._x++;
   updateAfterEvent( );
}
```

Variáveis

delete

Disponibilidade: Flash Player 5

Gabarito genérico: delete *objeto*;

Limite:

objeto – A variável ou objeto que deseja apagar.

Descrição:

Este script apaga um objeto, variável ou mesmo a propriedade definida pelo usuário de um objeto totalmente.

Porém, você não poderá apagar um objeto ou propriedade predefinida do Flash.

Exemplo:

Este exemplo cria e rastreia uma variável, então apaga a variável e rastreia novamente:

```
var myVariable = "Flash";
trace(myVariable);
delete myVariable;
trace(myVariable);
//output:   Flash
//          undefined
```

set variable

Disponibilidade: Flash Player 4

Gabarito genérico: set(*variável*, *valor*);

Limites:

variável – O nome da variável que você deseja definir.

valor – O valor da variável que deseja definir.

Descrição:

Este script atribui um valor a uma variável. Uma variável é um dispositivo de armazenamento que pode manter uma string, um número ou booleano, assim como outros tipos de dados.

Exemplo:

Este exemplo define uma variável para a posição horizontal do mouse:

```
set(xMouse, _xmouse);
```

var

Disponibilidade: Flash Player 5

Gabarito genérico: var *nome* = *valor*;

Limites:

nome – O nome da variável.

valor – O valor que será definido para a variável.

Descrição:
Este script declara e atribui um valor a uma variável. É possível declarar diversas variáveis em uma linha, separando o valor do nome da próxima variável com uma vírgula.

Exemplo:
O primeiro exemplo declara uma única variável e define-a para uma string literal; o segundo exemplo define diversas variáveis:

```
//this will create a variable that will hold a string
var myVariable = "Flash";
//this will create multiple variables on a single line
var x = 10, y = 20, z = 30;
```

with

Disponibilidade: Flash Player 5

Gabarito genérico:

```
with(objeto){
instruções;
}
```

Limites:

objeto – Um clipe do filme ou objeto definido pelo usuário.

instruções – O código a ser executado com o objeto associado a ele.

Descrição:
O script executa o código com o objeto dado.

Exemplo:
Este exemplo define as posições horizontal e vertical de um clipe do filme:

```
with(myMovie){
_x = 125;
_y = 225;
}
```

Condições/Loops

break

Disponibilidade: Flash Player 4

Gabarito genérico: break;

Descrição:
Este script é usado para parar as instruções de loop infinitas. Quando o interpretador atinge uma quebra (break), pula o resto da instrução e vai para o código depois das chaves de fechamento.

Exemplo:
Este script pára um loop sem parada:

```
for(var i=0; true; i++){
   if(i >=20){
      break;
   }
}
```

case

Disponibilidade: Flash Player 4

Gabarito genérico: case *expressão*: *instruções*

Limites:

expressão – Qualquer expressão viável.

instruções – O código a ser executado se a expressão coincidir com a da ação switch.

Descrição:

Este script é uma palavra-chave que representa uma condição a ser usada na ação switch. As instruções no script case serão executadas se a expressão em case coincidir com a expressão na ação switch.

Exemplo:

Este exemplo verifica para saber qual case coincide com a instrução switch, parecido com uma instrução condicional, e exibe os resultados na janela de saída:

```
switch (1) {
case 1:
trace("It's Case 1");
break;
case 2:
trace("It's Case 2");
break;
default:
trace("None of the cases")
}
//output: It's Case 1
```

continue

Disponibilidade: Flash Player 4

Gabarito genérico: continue;

Descrição:

Este script é usado de muitas maneiras diferentes, dependendo do tipo de instrução de loop na qual está sendo colocado.

while/do while – Uma instrução continue pulará o resto das instruções e voltará para a condição.

for…continue – Pula o resto das instruções e volta para a avaliação.

for in…continue – Faz com que o interpretador pule o resto das instruções, volte para o início e processe a próxima variável de aumento.

Exemplo:
Este exemplo usa um loop do while com uma instrução trace que será pulada sempre:

```
do {
i++;
continue;
trace("this is skipped");
}while(i <=10);
```

default

Disponibilidade: Flash Player 6

Gabarito genérico: default: *instruções*;

Limite:

instruções – O script a ser executado se todos os casos em uma instrução switch forem avaliados como false.

Descrição:
Este código é o código default a ser executado se todos os casos em uma instrução switch não forem avaliados como true.

Exemplo:
Este exemplo examina todos os casos e usa o default, porque nenhum dos casos será avaliado como true:

```
switch ("Flash") {
   case "Unleashed":
      trace("Unleashed");
      break;
   case "MX":
      trace("MX");
      break;
   default:
      trace("Default works");
}
//output: Default works
```

do while

Disponibilidade: Flash Player 4

Gabarito genérico:

```
do{
   instruções;
}while(condição);
```

Limites:

instruções – O código a ser executado enquanto a *condição* é true.

condição – A condição que tem que ser avaliada.

Descrição:
Este código executa suas instruções e então avalia a condição. Se a condição for true, começará de novo; do contrário, prosseguirá.

Exemplo:
Este exemplo rastreia a variável i até que a condição seja avaliada como false:

```
i = 0;
do{
   trace(i);
}while(i<10);
```

else

Disponibilidade: Flash Player 4

Gabarito genérico:

```
else{
instruções;
}
```

Limite:

instruções – O código a ser executado se as instruções if e else if anteriores não forem avaliadas como true.

Descrição:
A instrução else executa o código quando as instruções if e else if são avaliadas como false.

Exemplo:
Este exemplo usa uma instrução else parecida com o modo como uma instrução switch usaria uma instrução default:

```
var name = "David";
userName = "Admin";
if(name = = userName){
   trace("Welcome");
}else{
   trace("No Entrance");
}
```

else if

Disponibilidade: Flash Player 4

Gabarito genérico:

```
else if(condição){
   instruções;
}
```

Limites:

condição – A condição que tem que ser avaliada.

instruções – O código a ser executado se a *condição* for avaliada como true.

Descrição:

Outra instrução condicional que poderá ser empilhada se uma instrução if for avaliada como false.

Exemplo:

Este exemplo vê as diversas possibilidades e restringe-as com instruções condicionais, inclusive a instrução else if:

```
age = 22;
if(age = = 20){
   trace("20");
}else if(age = = 21){
   trace("21");
}else if(age = = 22){
   trace("22");
}else {
   trace("Older than 22");
}
```

for

Disponibilidade: Flash Player 5

Gabarito genérico:

```
for{variável; condição; alteração){
   instruções;
}
```

Limites:

variável – Uma variável é criada para usar na condição.

condição – A condição que tem que ser avaliada.

alteração – A alteração na variável que permitirá que o loop tenha um fim.

Descrição:

Uma instrução de loop que usa sua variável definida pelo usuário para controlar a quantidade de vezes em que faz o loop. O limite *alteração* é usado para finalmente parar a instrução de loop.

Exemplo:

Este exemplo usa um loop for para fazer uma contagem regressiva a partir de 10:

```
for(var i = 11; i > 0; i- -){
   trace(i);
}
```

for in

Disponibilidade: Flash Player 5

Gabarito genérico:

```
for(variável in objeto){
   instruções;
}
```

Limites:
>*variável* – Esta variável representa uma propriedade em um objeto, ou elemento em um array.
>
>*objeto* – O objeto associado à variável.
>
>*instruções* – As instruções a serem executadas em relação ao objeto.

Descrição:
Uma instrução de loop que faz um ciclo em suas instruções envolvendo cada propriedade de um objeto ou cada elemento de um array.

Nem todas as propriedades de um objeto serão usadas. Os objetos predefinidos, como _alpha e _xscale, não serão usados.

Exemplo:
Este exemplo rastreia toda propriedade no objeto (note que irá rastrear o nome da propriedade, não o valor):

```
var myObject = new Object( );
myObject.name = "David";
myObject.age = 22;
myObject.location = "Richmond";
for(myProp in myObject){
   trace(myProp);
}
```

if

Disponibilidade: Flash Player 4

Gabarito genérico:

```
if(condição){
   instruções;
}
```

Limites:
>*condição* – A condição que precisa ser avaliada.
>
>*instruções* – As instruções a serem executadas quando a condição é avaliada como true.

Descrição:
Uma instrução condicional que, se for avaliada como true, executará as instruções associadas contidas entre as chaves. Se a condição for avaliada como false, todo o conteúdo entre as chaves será pulado.

Exemplo:
Este exemplo verifica se a idade de um usuário é alta o bastante para ele entrar em um site:

```
var requiredAge = 21;
var inputAge;
if(inputAge >= requiredAge){
   gotoAndPlay("welcome");
}else{
   trace("Come back in " + (requiredAge-inputAge)+" years");
}
```

switch

Disponibilidade: Flash Player 4
Gabarito genérico:

```
switch(expressão) {
   standardCase:
      instruções;
   defaultCase:
      instruções;
}
```

Limites:

expressão – A expressão que será comparada nos casos.

standardCase – É um caso que compara outra expressão com a expressão switch.

instruções – Em standardCase, os scripts serão executados se a expressão deste caso em particular for igual à expressão de switch; em defaultCase, os scripts serão executados se nenhum standardCase for avaliado como true.

defaultCase – A última situação do caso. Todos os scripts associados a ele serão executados se este caso for atingido.

Descrição:

Este script é uma instrução condicional parecida com a instrução if. Identifica uma expressão e, se qualquer caso for avaliado como true, as instruções serão executadas. Se nenhum caso for avaliado como true, defaultCase será geralmente usado para executar os scripts automaticamente.

Exemplo:

Este exemplo procura um certo nome em alguns casos e executará um script se este nome for encontrado:

```
var name = "David";
switch(name) {
   case "Kevin":
      trace("Name is Kevin");
      break;
   case "Tanner":
      trace("Name is Tanner");
      break;
   case "David":
      trace("Name is David");
      break;
   default:
      trace("We don't know name");
}
```

while

Disponibilidade: Flash Player 4
Gabarito genérico:

```
while(condição) {
   instruções;
}
```

Limites:

condição - A condição que tem que ser avaliada.

instruções – O script a ser executado enquanto a condição é true.

Descrição:

Este script é uma instrução de loop que executa suas instruções, contanto que a condição continue a ser avaliada como true. Diferente da instrução de loop while, a instrução de loop while avalia a condição antes de executar qualquer código.

Lembre-se quando usar as instruções de loop, assegurar que o loop possa ter um final, para evitar erros.

Exemplo:

Este exemplo aumenta a posição horizontal de um clipe do filme até que tenha atingido ou passado de um ponto designado:

```
while(myMovie._x<=100){
    myMovie._x+=5;
}
```

Impressão

print

Disponibilidade: Flash Player 4.20

Gabarito genérico: print(*destino*, *quadroDelimitador*);

Limites:

destino – Um caminho para o clipe do filme a imprimir. A menos que o contrário seja atribuído, a ação print imprimirá todos os quadros. Para especificar quais quadros imprimir, atribua-lhes uma etiqueta do quadro #p.

quadroDelimitador – Um modificador usado para cortar os quadros que serão impressos. Valores especiais são usados para isto e são como a seguir:

bmovie – Definirá a área imprimível de todos os quadros em um clipe do filme para a área imprimível de um quadro específico identificado com #b.

bmax – Todos os quadros imprimíveis são colocados em pool, para formar uma área imprimível para cada quadro. Será útil se cada quadro mudar de tamanho.

bframe – Irá designar a área imprimível de cada quadro com base no quadro individual. Será útil se você quiser que cada quadro preencha o máximo de espaço possível em uma página.

Descrição:

Este script imprime os quadros fora de um clipe do filme. Imprimirá todos os quadros, a menos que os quadros individuais sejam identificados com #p. Os limites podem ser definidos usando algumas palavras-chaves listadas sob *quadroDelimitador*.

Embora a qualidade seja mais alta com este script, você não poderá imprimir transparências ou certos efeitos de cor especiais. Para isto, terá que usar printAsBitmap.

Todas as imagens terão que ser carregadas antes de poder ser impressas.

Exemplo:
Este exemplo imprime fora de um filme e define-o para que a área de impressão de cada quadro seja dependente de sua área individual, ao invés das áreas dos outros quadros:

```
print("myMovie", "bframe");
```

printAsBitmap

Disponibilidade: Flash Player 4.20

Gabarito genérico: printAsBitmap(*destino*, *quadroDelimitador*);

Limites:

destino – Um caminho para o clipe do filme a imprimir. A menos que o contrário seja atribuído, a ação print imprimirá todos os quadros. Para especificar quais quadros imprimir, atribua-lhes uma etiqueta do quadro #p.

quadroDelimitador – Um modificador usado para cortar os quadros que serão impressos. Valores especiais são usados para isto e são como a seguir:

bmovie – Definirá a área imprimível de todos os quadros em um clipe do filme para a área imprimível de um quadro específico identificado com #b.

bmax – Todos os quadros imprimíveis são colocados em pool para formar uma área imprimível para cada quadro. Será útil se cada quadro mudar de tamanho.

bframe – Irá designar a área imprimível de cada quadro com base no quadro individual. Será útil se você quiser que cada quadro preencha o máximo de espaço possível em uma página.

Descrição:

Este script imprime os quadros fora de um clipe do filme, como mapas de bits, para manter a transparência e a cor especial. A imagem será impressa com a qualidade mais alta que a impressora puder lidar, para assegurar a melhor qualidade permitida.

Se não houver nenhuma transparência em seu filme, experimente usar a ação print ao invés, para obter uma qualidade mais alta. Todas as imagens terão que ser carregadas antes de poder ser impressas.

Exemplo:
Este exemplo imprime um filme específico que tem quadros identificados com #p quando um botão é pressionado:

```
on(press) {
    printAsBitmap("myPrint", "bmax");
}
```

printAsBitmapNum

Disponibilidade: Flash Player 5

Gabarito genérico: printAsBitmapNum(*nível*, *quadroDelimitador*);

Limites:

nível – O nível do filme Flash que você gostaria de imprimir.

quadroDelimitador – Um modificador usado para cortar os quadros que serão impressos. Valores especiais são usados para isto e são como a seguir:

bmovie – Definirá a área imprimível de todos os quadros em um clipe do filme para a área imprimível de um quadro específico identificado com #b.

bmax – Todos os quadros imprimíveis são colocados em pool para formar uma área imprimível para cada quadro. Será útil se cada quadro mudar de tamanho.

bframe – Irá designar a área imprimível de cada quadro com base no quadro individual. Será útil se você quiser que cada quadro preencha o máximo de espaço possível em uma página.

Descrição:
Este script imprime os quadros fora dos níveis como mapas de bits para manter a transparência e a cor especial. A imagem será impressa com a qualidade mais alta que a impressora puder lidar, para assegurar a melhor qualidade permitida.

Se não houver nenhuma transparência em seu filme, experimente usar a ação printNum ao invés, para obter uma qualidade mais alta. Todas as imagens terão que ser carregadas antes de poder ser impressas.

Exemplo:
Este exemplo imprime um quadro identificado com #p quando um botão é pressionado:

```
on(press){
    printAsBitmapNum(1, "bmovie");
}
```

printNum

Disponibilidade: Flash Player 5

Gabarito genérico: printNum(*nível*, *quadroDelimitador*);

Limites:

nível – O nível do filme Flash que gostaria de imprimir.

quadroDelimitador – Um modificador usado para cortar os quadros que serão impressos. Valores especiais são usados para isto e são como a seguir:

bmovie – Definirá a área imprimível de todos os quadros em um clipe do filme para a área imprimível de um quadro específico identificado com #b.

bmax – Todos os quadros imprimíveis são colocados em pool para formar uma área imprimível para cada quadro. Será útil se cada quadro mudar de tamanho.

bframe – Irá designar a área imprimível de cada quadro com base no quadro individual. Será útil se você quiser que cada quadro preencha o máximo de espaço possível em uma página.

Descrição:
Este script imprime os quadros fora de um nível no player. Imprimirá todos os quadros, a menos que os quadros individuais sejam identificados com #p. Os limites podem ser definidos usando algumas palavras-chaves listadas sob *quadroDelimitador*.

Embora a qualidade seja mais alta com este script, você não poderá imprimir transparências ou certos efeitos de cor especiais. Para isto, terá que usar printAsBitmapNum. Todas as imagens terão que ser carregadas antes de poder ser impressas.

Exemplo:
Este exemplo imprime os quadros que contêm a etiqueta #p em uma etiqueta especificada quando o cabeçote de reprodução atinge a ação:

```
printNum(2, "bmax");
```

Funções definidas pelo usuário

call

Este script será pulado porque é desaprovado. É mencionado aqui apenas porque é o primeiro script desaprovado listado no painel Actions (Ações). Os scripts desaprovados são aqueles que ainda podem ser usados, mas seu uso não é recomendado, porque podem ser omitidos completamente na próxima versão do Flash.

Veja: function

```
function
```

Disponibilidade: Flash Player 5

Gabarito genérico:

```
function nomeFunção(variáveis){
   instruções;
}
```

Limites:

nomeFunção – O nome da função.

variáveis – As variáveis a usar na função que podem ser definidas quando a função é chamada.

instruções – O script a ser executado quando a função é chamada.

Descrição:

Este script declara e define as funções que podem ser usadas para fazer praticamente qualquer tarefa dentro do Flash player. Você definirá as variáveis a usar na função e elas poderão ser definidas para qualquer coisa quando a função for chamada.

Poderá fazer duas coisas com este script: primeiro, poderá criar uma função e usá-la mais tarde chamando-a (poderá ainda chamá-la a partir de qualquer lugar no filme Flash, graças à nova função global). Segundo, poderá usá-la como uma expressão para criar métodos para os objetos.

Exemplo:

Este exemplo declara uma função simples:

```
function difference(x, y){
   trace(x-y);
}
difference(5,2);
```

Este exemplo adiciona um método a um objeto:

```
numbers.prototype.difference = function( ){
   trace(this.x - this.y);
}
```

return

Disponibilidade: Flash Player 5

Gabarito genérico: return *expressão*;

Limite:

expressão – Qualquer tipo de dados ou expressão que possa ser avaliada.

Descrição:
Este script é usado em uma função para avaliar algumas de suas instruções. Assim que a ação return é executada, pára e substitui a função pelo valor da expressão executada.

Exemplo:
Este exemplo usa uma função simples e define uma variável para seu valor de retorno; então a variável é rastreada:

```
function  difference(x,y){
   return  x-y;
}
myDif = difference(10,5);
trace(myDif);
```

Ações diversas

#endinitclip

Disponibilidade: Flash Player 6

Gabarito genérico: #endinitclip

Descrição:
Este script significa o final de um bloco de componentes usado em conjunto com #initclip.

Exemplo:
Este exemplo é apenas uma instrução genérica, mostrando como #initclip e #endinitclip são usados em conjunto com os componentes:

```
#initclip
   //all components that are to be initialized
#endinitclip
```

#include

Disponibilidade: N/A

Gabarito genérico: #include "*arquivo.as*";

Limite:

arquivo.as – O caminho exato para o arquivo que contém o código para adicionar ao painel Actions. Note que .as não é a extensão necessária, mas é recomendada para a consistência.

Descrição:
Este script inclui as ações mantidas fora do filme Flash e as inclui ao testar, publicar ou exportar.

Nota

Se você ajustar o código no arquivo externo depois do filme Flash ter sido publicado, precisará republicar para ter acesso à nova versão do arquivo externo.

Exemplo:
Este script carrega as ações a partir de um arquivo externo e as usa quando publicado:

```
#include   "myActions.as";
```

#initclip

Disponibilidade: Flash Player MX

Gabarito genérico: #initclip *ordem*

Limite:

ordem – Um número representando a ordem na qual executar os blocos. Não é necessário.

Descrição:

Este script inicia o bloco de código a ser inicializado. Se diversos clipes forem iniciados ao mesmo tempo, o limite *ordem* poderá informar ao interpretador quais realizar primeiro. A inicialização do componente ocorre assim que o clipe do filme é definido.

Ao usar este código, lembre-se que todo código inicializado no bloco é inicializado apenas uma vez.

Exemplo:
Este exemplo é apenas uma instrução genérica, mostrando como #initclip e #endinitclip são usados em conjunto com os componentes:

```
#initclip
//all components that are to be initialized
#endinitclip
```

clearInterval

Disponibilidade: Flash Player MX

Gabarito genérico: clearInterval(*intervalo*);

Limite:

intervalo – Um objeto que foi retornado usando uma chamada e é enviado para uma ação setInterval.

Descrição:

Este script limpa uma chamada e envia-a para a ação setInterval.

Exemplo:
Este exemplo define uma chamada do intervalo e então a limpa:

```
function myFunction( ) {
    trace("initialized interval");
}
var myInterval = setInterval(myFunction, 2000);
clearInterval( myInterval );
```

//comment

Disponibilidade: Flash Player 1

Gabarito genérico: // *comentários*

Limite:

comentários – Qualquer informação que você deseja manter como uma nota.

Descrição:

Este script é unicamente para colocar comentários no código em si. O interpretador pulará isto quando atingir //, que inicializa o comentário.

Exemplo:

Eis alguns exemplos de comentários:

```
//name our variable
var myVar = "Flash";
//trace our variable
trace(myVar);
//and that's the end
```

/* comment delimiter */

Disponibilidade: Flash Player 5

Gabarito genérico: /* *comentários* */

Limite:

comentários – Qualquer informação que você deseja manter como uma nota.

Descrição:

Este script é usado para definir o início dos comentários que ocuparão mais de uma linha. Tudo entre /* e */ será definido como comentários e será pulado pelo interpretador. Se você não usar um delimitador de comentário de fechamento, o player retornará um erro.

Exemplo:

Este exemplo tem várias linhas de código, tudo contido entre os delimitadores de comentário:

```
/*in this move, we will declare a variable, then change it,
and after that we will trace the new version
*/
var name = "Buster";
name = "David";
trace(name);
```

setInterval

Disponibilidade: Flash Player MX

Gabarito genérico:

setInterval(*função, intervalo, parâmetros*);

setInterval(*objeto, método, intervalo, parâmetros*);

Limites:

função – O nome de uma função ou uma referência para uma função anônima.

intervalo – A hora em milissegundos entre a chamada da função ou a inicialização do método.

parâmetros – São os argumentos que podem ser transmitidos opcionalmente para a função ou método.

objeto – Qualquer objeto.

método – Um método para chamar em relação ao objeto.

Retorno:

Um intervalo que pode ser enviado para clearInterval para cancelar o próprio intervalo especificado.

Descrição:

Este script chama uma função, método ou objeto em intervalos periódicos. Pode ser usado para atualizar as informações a partir de um arquivo remoto, enquanto o filme está sendo reproduzido.

O intervalo é um valor numérico que representa quantos milissegundos têm que ocorrer até que o script seja executado de novo.

Nota

Use a ação updateAfterEvent para assegurar que a tela se renovará rápido o bastante, caso o intervalo seja muito mais rápido do que a velocidade de projeção.

Exemplo:

Este exemplo chama uma função simples e transmite os parâmetros na instrução de intervalo; o script será executado praticamente a cada segundo (1000 milissegundos):

```
function  displayName(name){
    trace(name);
}
setInterval(displayName, 1000, "David");
```

Este exemplo chama uma função que não tem parâmetros a cada metade de um segundo:

```
function  displayName( ){
    trace("David");
}
setInterval(displayName, 500);
```

trace

Disponibilidade: Flash Player 4

Gabarito genérico: trace(*expressão*);

Limite:

expressão – Qualquer expressão viável. Será exibida na janela de saída quando o filme for testado.

Descrição:
Este script avalia a expressão e exibe o resultado na janela de saída quando o filme é testado. Este script não exibirá nada, exceto a janela de saída. Você poderá usar a opção Omit Trace (Omitir Rastreamento) para remover as ações trace ao exportar para o tamanho do arquivo.

Exemplo:
Este exemplo rastreia uma string simples:

```
trace("This was traced");
```

Operadores

Delimitador de string ("")

Disponibilidade: Flash Player 4
Gabarito genérico: "*string*"
Limite:
string – Qualquer caractere ou grupo de caracteres.

Descrição:
Estas aspas são usadas para contornar um grupo de caracteres, declarando-o como uma string.

Exemplo:
Este exemplo define uma variável como sendo igual a uma string:

```
var title = "Flash Unleashed";
trace(title);
```

Parêntesis [( )]

Disponibilidade: Flash Player 4
Gabarito genérico: (*expressão*)
Limite:
expressão – Qualquer expressão viável.

Descrição:
Este operador agrupa as expressões.

Exemplo:
Este exemplo mostra os diferentes usos para agrupar os itens usando parêntesis:

```
x = 3;
y = 4;
z = (x+y);
function myFunction(myVar) {
    trace(myVar);
}
```

Operadores aritméticos

Menos (-)

Disponibilidade: Flash Player 4

Gabarito genérico: -

Limites: Nenhum

Descrição:

Este operador pode ser usado de duas maneiras. Primeiro, para transformar um inteiro em um inteiro negativo. Segundo, para subtrair um inteiro de outro.

Exemplo:

Eis alguns exemplos de como usar o operador de menos:

```
x = 2;
y = -3;
z = x - y;
```

Módulo (%)

Disponibilidade: Flash Player 4

Gabarito genérico: *expressão % expressão*

Limite:

expressão – Qualquer número viável ou expressão que pode ser convertida em um número.

Descrição:

Este operador calcula o resto da primeira expressão, dividida pela segunda expressão.

Exemplo:

Este exemplo usa o módulo para determinar o resto das maçãs quando o pacote é dividido:

```
bundle = 26;
people = 5;
remainder = bundle % people;
trace(remainder);
```

Multiplicação

Disponibilidade: Flash Player 4

Gabarito genérico: *número* número*

Descrição:

Este operador multiplica dois números ou expressões que são avaliadas como números.

Exemplo:

Eis um exemplo simples de como usar um operador de multiplicação:

```
var area = 10 * 10;
```

Divisão (/)

Disponibilidade: Flash Player 4

Gabarito genérico: *número / número*

Descrição:

Este operador divide dois números ou expressões que são avaliadas como números.

Exemplo:

O seguinte exemplo usa o operador de divisão para dividir duas variáveis:

```
var total = 100;
var attempts = 10;
var avg = total / attempts;
trace(avg);
```

Adição (+)

Disponibilidade: Flash Player 4

Gabarito genérico: *expressão + expressão*

Limite:

expressão – Qualquer string ou número.

Descrição:

Este operador soma dois números. Também combina duas strings para formar uma. Se uma das expressões for uma string, então todas as expressões serão convertidas em strings e combinadas.

Exemplo:

Este exemplo soma dois números:

```
var myVar = 1+2;
```

Este próximo exemplo combina duas strings:

```
var fName = "Alex";
var lName = "Behr";
var fullName = fName +" "+ lName;
trace(fullName);
```

Finalmente, este exemplo combina uma string com um número, para formar uma string:

```
var player = "Flash ";
var version = 6;
var fullVersion = player + version;
trace(fullVersion);
```

Atribuição

Atribuição de subtração (-=)

Disponibilidade: Flash Player 4

Gabarito genérico: *expressão -= expressão*

Limite:

expressão – Qualquer número viável ou uma expressão que pode ser convertida em um número.

Descrição:

Este operador subtrai a segunda expressão da primeira e então define o novo valor para a primeira expressão. É igual a definir a primeira expressão como sendo igual ao valor da primeira expressão menos a segunda.

Exemplo:

Este exemplo define uma variável como sendo igual a si mesma menos a outra variável:

```
var x = 5;
var y = 10;
y -=x;
trace(y);
```

Atribuição de módulo (%=)

Disponibilidade: Flash Player 4

Gabarito genérico: *expressão %= expressão*

Limite:

expressão – Qualquer número viável ou uma expressão que pode ser convertida em um número.

Descrição:

Este operador executa uma operação de módulo com as duas expressões e então define o novo valor para a primeira expressão.

Exemplo:

Este exemplo executa uma operação de módulo nas duas expressões e define o valor da primeira expressão para o novo valor:

```
var x = 20;
var y = 3;
x %= y;
trace(x);
```

Atribuição de AND bitwise (&=)

Disponibilidade: Flash Player 5

Gabarito genérico: *expressão &= expressão*

Limite:

expressão – Qualquer número viável ou uma expressão que pode ser convertida em um número.

Descrição:

Este operador executa uma operação de AND bitwise nas expressões e atribui o novo valor à primeira expressão.

Exemplo:

Eis um exemplo de como usar o operador de atribuição de AND bitwise:

```
var x = 6;
var y = 10;
```

```
x &= y;
trace(x);
//output:  2
```

Atribuição da multiplicação (*=)

Disponibilidade: Flash Player 4

Gabarito genérico: *expressão *= expressão*

Limite:
  expressão – Qualquer número viável ou uma expressão que pode ser convertida em um número.

Descrição:
Este operador multiplica duas expressões e define o valor como sendo igual à primeira expressão.

Exemplo:
Este exemplo multiplica duas variáveis e define o valor como sendo igual à primeira:

```
var x = 4;
var y = 3;
x *= y;
trace(x);
```

Atribuição de OR bitwise (|=)

Disponibilidade: Flash Player 5

Gabarito genérico: *expressão |= expressão*

Limite:
  expressão – Qualquer número viável ou variável que mantém um número.

Descrição:
Este operador executa uma operação de OR bitwise nas expressões e define o valor da primeira expressão para o novo valor.

Exemplo:
Este exemplo usa a atribuição OR de bitwise e define a primeira variável como sendo igual ao resultado:

```
var x = 10;
var y = 12;
x |= y;
trace(x);
//output:  14
```

Atribuição da divisão (/=)

Disponibilidade: Flash Player 4

Gabarito genérico: *expressão /= expressão*

Limite:
  expressão – Qualquer número viável ou uma expressão que pode ser convertida em um número.

Descrição:
Este operador divide a primeira expressão pela segunda e então atribui o valor à primeira expressão.

Exemplo:
Este exemplo mostra o uso do operador de atribuição da divisão:

```
var x = 10;
var y = 5;
x /= y;
trace(x);
```

Atribuição de XOR bitwise (^=)

Disponibilidade: Flash Player 5

Gabarito genérico: *expressão ^= expressão*

Limite:

expressão – Qualquer número viável ou variável que mantém um número.

Descrição:
Este operador executa uma operação XOR bitwise nas expressões e atribui o valor à primeira expressão.

Exemplo:
Este exemplo mostra o uso do operador XOR bitwise:

```
var x = 10;
var y = 6;
x ^= y;
trace(x);
//output:   12
```

Atribuição da adição (+=)

Disponibilidade: Flash Player 4

Gabarito genérico: *expressão += expressão*

Limite:

expressão – Qualquer número, string ou variável que mantém um número ou uma string.

Descrição:
Este operador soma os números e atribui o valor à primeira expressão. Pode também combinar as strings e atribuir a nova string à primeira expressão.

Exemplo:
Este exemplo usa a atribuição da adição para combinar os números:

```
var x = 10;
var y = 5;
x += y;
trace(x);
```

Este exemplo combina as strings:

```
var name = "David";
var lName = "Vogeleer";
name += lName;
trace(name);
```

Deslocamento para esquerda de bitwise e atribuição (<<=)

Disponibilidade: Flash Player 5

Gabarito genérico: *expressãoA* <<= *expressãoB*

Limites:

expressãoA – Qualquer número ou expressão que pode ser avaliada como um número.

expressãoB – Qualquer número ou expressão que pode ser avaliada como um inteiro entre 0 e 31.

Descrição:

Este operador executa um deslocamento para esquerda de bitwise nas expressões e atribui o valor à primeira expressão.

Exemplo:

Este exemplo mostra o uso do operador de deslocamento para esquerda de bitwise e de atribuição:

```
var x = 10;
var y = 5;
x <<= y;
trace(x);
//output:   320
```

Atribuição (=)

Disponibilidade: Flash Player 4

Gabarito genérico: *expressãoA* = *expressãoB*

Limites:

expressãoA – Qualquer variável, propriedade ou elemento de um array.

expressãoB – Um valor sendo atribuído à *expressãoA*.

Descrição:

Este operador atribui um valor (*expressãoB*) a uma variável nomeada, propriedade ou elemento (*expressãoA*).

Exemplo:

Este exemplo atribui um valor a uma variável e rastreia a variável para assegurar que ela existe:

```
var title = "Flash Unleashed";
trace(title);
```

Deslocamento para direita de bitwise e atribuição (>>=)

Disponibilidade: >=) operador>>=)>>=)>Flash Player 5

Gabarito genérico: *expressãoA* >>= *expressãoB*

Limites:

expressãoA – Qualquer número ou expressão que pode ser avaliada como um número.

expressãoB – Qualquer número ou expressão que pode ser avaliada como um inteiro entre 0 e 31.

Descrição:
Este operador executa um deslocamento para direita de bitwise nas expressões e atribui o valor à primeira expressão.

Exemplo:
Este exemplo mostra o uso do operador de deslocamento para direita de bitwise e de atribuição:

```
var x = 10;
var y = 5;
x >>= y;
trace(x);
//output: 0
```

Deslocamento para direita de bitwise não sinalizado e deslocamento (>>>=)

Disponibilidade: >>=) (>>=) operador>>>=) (>>=)>>>=) (>>=)>Flash Player 5

Gabarito genérico: *expressãoA >>>= expressãoB*

Limites:

expressãoA – Qualquer número ou expressão que pode ser avaliada como um número.

expressãoB – Qualquer número ou expressão que pode ser avaliada como um inteiro entre 0 e 31.

Descrição:
Este operador executa um deslocamento para direita de bitwise não sinalizado nas expressões e então atribui o valor à primeira expressão.

Exemplo:
Este exemplo mostra o uso do operador de deslocamento para direita de bitwise não sinalizado:

```
var x = 10;
var y = 5;
x >>>= y;
trace(x);
//output: 0
```

Operadores de bitwise

AND bitwise (&)

Disponibilidade: Flash Player 5

Gabarito genérico: *expressão & expressão*

Descrição:
Este operador converte as expressões em inteiros não sinalizados com 32 bits e então executa uma operação AND booleana em cada bit dos parâmetros inteiros, que retorna um novo número com 32 bits.

Exemplo:
Este exemplo mostra o uso do operador AND bitwise:

```
var x = 5;
var y = 1;
var z = y & x;
trace(z);
//output: 1
```

NOT bitwise (~)

Disponibilidade: Flash Player 5

Gabarito genérico: ~ *expressão*

Limite:

expressão – Qualquer número viável.

Descrição:

Este operador muda o valor positivo/negativo de um número e então o subtrai em 1.

Exemplo:

Este exemplo mostra o uso do operador NOT bitwise:

```
var x = 10;
trace(~x);
//output: -11
```

OR bitwise (|)

Disponibilidade: Flash Player 5

Gabarito genérico: *expressão* | *expressão*

Limite:

expressão – Qualquer número viável.

Descrição:

Este operador converte as expressões em inteiros não sinalizados com 32 bits e envia de volta o número 1 em cada posição do bit, onde os bits correspondentes de qualquer expressão são iguais a 1.

Exemplo:

Este exemplo mostra o uso do operador OR bitwise:

```
var x = 10;
var y = 5;
var z = x | y;
trace(z);
//output: 15
```

XOR bitwise (^)

Disponibilidade: Flash Player 5

Gabarito genérico: *expressão* ^ *expressão*

Limite:

expressão – Qualquer número viável.

Descrição:

Este operador converte as expressões em inteiros não sinalizados com 32 bits e envia de volta o número 1 em cada posição do bit, onde os bits correspondentes de qualquer expressão, mas não ambas, são 1.

Exemplo:

Este exemplo mostra o uso do operador XOR bitwise:

```
var x = 10;
var y = 5;
var z = x ^ y;
trace(z);
//output:   15
```

Deslocamento para esquerda de bitwise (<<)

Disponibilidade: Flash Player 5

Gabarito genérico: *expressãoA* << *expressãoB*

Limites:

expressãoA – Qualquer número ou expressão que pode ser avaliada como um número.

expressãoB – Qualquer número ou expressão que pode ser avaliada como um inteiro entre 0 e 31.

Descrição:

Este operador converte as expressões em inteiros com 32 bits e desloca cada bit na *expressãoA* para a esquerda no número de casas especificadas pelo inteiro resultante da conversão da *expressãoB*. Os bits vazios são preenchidos com zeros. Um deslocamento para a esquerda de um inteiro é equivalente a multiplicar este inteiro por 2. Na verdade, eis o que acontece:

```
var i = 0;
while(i < expressãoB) {
   expressãoA*=2;
i++;
}
trace(expressãoA);
```

Exemplo:

Este exemplo mostra o uso do operador de deslocamento para esquerda de bitwise:

```
var x = 10;
var y = 5;
var z = x << y;
trace(z);
//output:   320
```

Deslocamento para direita de bitwise (>>)

Disponibilidade: Flash Player 5

Gabarito genérico: *expressãoA >> expressãoB*

Limites:

expressãoA – Qualquer número ou expressão que pode ser avaliada como um número.

expressãoB – Qualquer número ou expressão que pode ser avaliada como um inteiro entre 0 e 31.

Descrição:

Este operador converte as expressões em inteiros com 32 bits e desloca cada bit na *expressãoA* para a direita no número de casas especificadas pelo inteiro resultante da conversão da *expressãoB*. Todos os bits que são deslocados para a direita são inúteis. Os bits extras que permanecem à esquerda são substituídos por zeros. O resultado deste operador é a *expressãoA* sendo dividida por 2 o número de vezes indicado na *expressãoB* e o resto é abandonado. Se a expressãoB for igual a 4, então a expressãoA será dividida pelo número 2 quatro vezes.

Basicamente, é igual a isto:

```
var i = 0;
while(i<expressãoB){
   expressãoA = Math.floor(expressãoA / 2);
   i++;
}
trace(expressãoA);
```

Exemplo:

Este exemplo mostra o uso do operador de deslocamento para direita de bitwise:

```
var x = 10;
var y = 2;
var z = x >> y;
trace(z);
//output:  2
```

Deslocamento para direita não sinalizado de bitwise (>>>)

Disponibilidade: Flash Player 5

Gabarito genérico: *expressãoA >>> expressãoB*

Limites:

expressãoA – Qualquer número ou expressão que pode ser avaliada como um número.

expressãoB – Qualquer número ou expressão que pode ser avaliada como um inteiro entre 0 e 31.

Descrição:

Este operador age como o operador de deslocamento para direita de bitwise. A única diferença nos dois é que o operador de deslocamento para direita não sinalizado de bitwise não manterá o sinal da expressão original, devido ao fato de que os bits no lado esquerdo são preenchidos continuamente com zeros.

Exemplo:
Eis um exemplo de como usar o operador de deslocamento para direita não sinalizado de bitwise:

```
var x = 10;
var y = 2;
var z = x >>> y;
trace(z);
//output:  2
```

Operadores de comparação

Diferença (!=)

Disponibilidade: Flash Player 5

Gabarito genérico: *valor* != *valor*

Descrição:

Este operador avalia dois valores e, se eles não forem equivalentes, a expressão será avaliada como true. Se os dois valores forem equivalentes, a expressão será avaliada como false.

Exemplo:

Eis alguns exemplos de como usar o operador de diferença:

```
trace(10 != 5);
//output:  true

trace(5 != 5);
//output:  false

trace("David" != "david");
//output:  true

trace("Alex" != "Alex");
//output:  false
```

Diferença estrita (!==)

Disponibilidade: Flash Player MX

Gabarito genérico: *valor* !== *valor*

Descrição:

Este operador executa a mesma avaliação do operador de diferença, exceto que os valores dos diferentes tipos de dados não são convertidos e não serão equivalentes automaticamente entre si. Se os dois valores não forem equivalentes, a expressão será avaliada como true. Se os dois valores forem equivalentes, a expressão será avaliada como false.

Exemplo:

Este exemplo não só mostra o uso do operador de diferença estrito, como também compara seu uso com o operador de diferença:

```
trace(5 != =10);
//output:  true
```

```
trace(5 != = 5);
//output:  false

trace(5 != "5");
//output:  false

trace(5 != = "5");
//output:  true
```

Menor que (<)

Disponibilidade: Flash Player 4

Gabarito genérico: *valor< valor*

Limite:

valor – Qualquer número viável ou string.

Descrição:

Este operador compara dois valores, e se o primeiro valor for menor que o segundo, a expressão será avaliada como true. Se o primeiro valor for maior que ou igual ao segundo valor, a expressão será avaliada como false.

Exemplo:

Eis alguns exemplos de como usar o operador menor que:

```
trace(3<4);
//output:  true

trace(4<3);
//output:  false

trace(3<3);
//output:  false

trace("a" < "b");
//output:  true
```

Menor que igual a (<=)

Disponibilidade: Flash Player 4

Gabarito genérico: *valor<= valor*

Limite:

valor – Qualquer número viável ou string.

Descrição:

Este operador compara dois valores, e se o primeiro valor for menor que ou igual ao segundo, a expressão será avaliada como true. Se o primeiro valor for maior que o segundo valor, a expressão será avaliada como false.

Exemplo:

Eis alguns exemplos de como usar o operador menor que igual a:

```
trace(3<=4);
//output:  true
```

```
trace(4<=3);
//output:  false

trace(3<=3);
//output:  true

trace("a"  <=  "b");
//output:  true
```

Igualdade (= =)

Disponibilidade: Flash Player 5

Gabarito genérico: *valor = = valor*

Limite:

valor – Qualquer número, string, booleano, variável, objeto, array ou função viável.

Descrição:

Este operador compara dois valores. Se os valores forem iguais, a expressão será avaliada como true. Se os dois valores forem diferentes, então a expressão será avaliada como false.

Mais de um tipo de dados poderá ser avaliado e ambos podem ser avaliados de modo diferente. Vejamos:

Número e booleano. Estes dois tipos de dados são comparados pelo valor bruto.

String. Este tipo de dados é avaliado pelo número de caracteres. Se os caracteres coincidirem de modo idêntico, lembre-se que quando estiver comparando as strings, a comparação *levará em conta as letras maiúsculas e minúsculas*.

Variável, objeto e função. As variáveis são consideradas iguais ou se referem ao objeto, função ou array idêntico.

Array. Os arrays não podem ser comparados diretamente. Isto sempre retornará uma avaliação falsa. Porém, os elementos em um array podem ser comparados, como as variáveis são comparadas.

Exemplo:

Eis alguns exemplos de como usar o operador de igualdade:

```
trace(5 = = 5);
//output:  true

trace("David" = = "david");
//output:  false

var myArray = new Array( );
var anotherArray = new Array( );
trace(myArray = = anotherArray);
//output:  false

var myArray = new Array("David");
var anotherArray = new Array("David");
trace(myArray[0] = = anotherArray[0]);
//output:  true
```

Igualdade estrita (= = =)

Disponibilidade: Flash Player MX

Gabarito genérico: *valor = = = valor*

Limite:

valor – Qualquer número, string, booleano, variável, objeto, array ou função viável.

Descrição:

Este operador compara dois valores exatamente como o operador de igualdade. Porém, diferente do operador de igualdade, os valores não são convertidos para a comparação. Se os dois valores forem de tipos diferentes de dados, a expressão será avaliada automaticamente como false. Com exceção disto, se os valores forem iguais entre si, a expressão será avaliada como true. Se os dois valores forem diferentes entre si, a expressão será avaliada como false.

Mais de um tipo de dados poderá ser avaliado e ambos podem ser avaliados de modo diferente. Vejamos:

Número e booleano. Estes dois tipos de dados são comparados pelo valor bruto.

String. Este tipo de dados é avaliado pelo número de caracteres. Se os caracteres coincidirem de modo idêntico, lembre-se que quando estiver comparando as strings, a comparação *levará em conta as letras maiúsculas e minúsculas*.

Variável, objeto e função. As variáveis são consideradas iguais ou se referem ao objeto, função ou array idêntico.

Array. Os arrays não podem ser comparados diretamente. Isto sempre retornará uma avaliação falsa. Porém, os elementos em um array podem ser comparados, como as variáveis são comparadas.

Exemplo:

Eis alguns exemplos de como usar o operador de igualdade estrita e uma comparação com o operador de igualdade:

```
trace (5 = = = 5);
//output:   true

trace ("Alex" = = = "Alex");
//output:   true

trace (10 = = "10");
//output:   true

trace (10 = = = "10");
//output:   false
```

Maior que (>)

Disponibilidade: Flash Player 5

Gabarito genérico: *valor > valor*

Limite:

valor – Qualquer número viável ou string.

Descrição:

Este operador compara dois valores. Se o primeiro valor for maior que o segundo, a expressão será avaliada como true. Se o primeiro valor for menor ou equivalente ao segundo valor, a expressão será avaliada como false.

Exemplo:
Eis alguns exemplos de como usar o operador maior que:

```
trace(4>3);
//output:   true

trace(3>4);
//output:   false

trace(3>3);
//output:   false

trace("a" > "b");
//output:   false
```

Maior que igual a (>=)

Disponibilidade: Flash Player 4

Gabarito genérico: *valor>= valor*

Limite:

   valor – Qualquer número viável ou string.

Descrição:

Este operador compara dois valores. Se o primeiro valor for maior que ou igual ao segundo, a expressão será avaliada como true. Se o primeiro valor for menor que o segundo valor, a expressão será avaliada como false.

Exemplo:
Eis alguns exemplos de como usar o operador maior que igual a:

```
trace(4>=3);
//output:   true

trace(3>=4);
//output:   false

trace(3>=3);
//output:   true

trace("a" >= "a");
//output:   true
```

Operadores lógicos

NOT lógico (!)

Disponibilidade: Flash Player 4

Gabarito genérico: !*expressão*

Descrição:

Este operador inverte o valor booleano da expressão. Se o valor booleano for igual a true, este operador irá convertê-lo em false e se o valor booleano for false, o operador irá convertê-lo em true.

Exemplo:
O operador NOT lógico é usado neste exemplo em uma instrução if:

```
var myVar = false;
if(!myVar){
    trace("It converted the false to true");
}
```

AND abreviado (&&)

Disponibilidade: Flash Player 4

Gabarito genérico: *expressão* && *expressão*

Descrição:
Este operador conecta duas condicionais para a avaliação. Se a primeira condição for avaliada como true, a segunda condição será avaliada. Porém, se a primeira condição for avaliada como false, a segunda condição nunca será avaliada.

Exemplo:
Eis um exemplo de como usar o operador AND abreviado para ligar duas condicionais em uma instrução de loop:

```
var i = 0;
var j = 1;
while(i <10 && j <10){
    trace("i= " + i);
    trace("j= " + j);
    i++;
    j++;
}
```

OR lógico (||)

Disponibilidade: Flash Player 4

Gabarito genérico: *condição* || *condição*

Descrição:
Este operador conecta duas condicionais para a avaliação. Se a primeira condição for avaliada como true, a segunda condição será pulada. Porém, se a primeira condição for avaliada como false, a segunda condição será avaliada.

Exemplo:
Eis um exemplo de como usar o operador OR lógico para lidar em uma instrução de loop:

```
var i = 0;
var j = 1;
while(i <10 || j <10){
    trace("i= " + i);
    trace("j= " + j);
    i++;
    j++;
}
```

Operadores diversos

Diminuição (- -)

Disponibilidade: Flash Player 4

Gabarito genérico:

`--número`

`número--`

Limite:

número – Qualquer número viável, propriedade de um clipe do filme ou variável que mantém um número.

Descrição:

Este operador tem dois usos. O primeiro é a diminuição do número anterior (--*número*), que subtrai um do número e retorna este valor. O segundo uso é a diminuição do número posterior (*número*--), que subtrai um do número e retorna o valor inicial.

O operador de diminuição é geralmente usado nas instruções de loop para terminá-las.

Exemplo:

Estes exemplos mostram alguns usos do operador de diminuição:

```
var x = 5;
var y = --x;
trace(y);
//output:   4

var x = 5;
var y = x- -;
trace(y);
//output:   5

var i = 5;
while(i > 0){
   trace(i);
   i- -;
}
```

Condicional (?:)

Disponibilidade: Flash Player 4

Gabarito genérico: *condição*? *expressãoA*: *expressãoB*

Limites:

condição – Uma condição a ser avaliada.

expressãoA – O valor retornado se a condição for true.

expressãoB – O valor retornado se a condição for false.

Descrição:

Este operador avalia a condição; se for avaliada como true, a *expressãoA* será retornada. Se a condição for avaliada como false, a *expressãoB* será retornada.

Exemplo:

Este exemplo usa o operador condicional:

```
var x = 10;
(x>5)? trace("X is greater"): trace("X is less than");
```

Aumento (++)

Disponibilidade: Flash Player 4

Gabarito genérico:

++*número*

número++

Limite:

número – Qualquer número viável, propriedade de um clipe do filme ou variável que mantém um número.

Descrição:

Este operador tem dois usos: o primeiro é o aumento do número anterior (++*número*), que soma um ao número e retorna este valor. O segundo uso é o aumento do número posterior (*número*++), que soma um ao número e retorna o valor inicial.

O operador de aumento é geralmente usado nas instruções de loop para terminá-las.

Exemplo:

Eis um exemplo do operador de aumento:

```
var i = 0;
while(i <= 10){
   trace("i = "+i);
   i++;
}
```

instanceof

Disponibilidade: Flash Player 6

Gabarito genérico: *objeto* instanceof *classe*

Limites:

objeto – Qualquer objeto ActionScript viável.

classe – Refere-se a uma função do construtor ActionScript.

Retorno:

Se o objeto for uma classe instanceof, o operador retornará um valor true; do contrário, retornará um valor false.

Descrição:

Este operador determina se o objeto faz parte da classe. Se fizer, o valor retornado será true; do contrário, o valor retornado será false.

Exemplo:

Eis um exemplo de como usar o operador instanceof:

```
trace(new Array (myArray) instanceof Array);
//output: true
```

typeof

Disponibilidade: Flash Player 5

Gabarito genérico: typeof *valor*

Limite:

valor – Qualquer tipo viável de string, clipe do filme, botão, objeto, variável ou função.

Descrição:

Este operador quando colocado antes de um valor, avaliará o tipo do valor.

Exemplo:

Este exemplo usa o operador typeof para avaliar uma variável para indicar qual é o tipo:

```
var name = "David";
trace(typeof name);
//output: string
```

void

Disponibilidade: Flash Player 5

Gabarito genérico: void (*expressão*);

Descrição:

Este operador avalia uma expressão, desconsidera-a e retorna um valor indefinido.

Exemplo:

Este exemplo mostra o uso do operador void usando-o em uma expressão simples de duas variáveis:

```
var x = 10;
var y = 5;
var z = void(x+y);
trace(z);
//output: undefined
```

Funções

Funções de conversão

Disponibilidade:

Gabarito genérico: *tipoDeConversão* (*valor*);

Limites:

tipoDeConversão – Os diferentes tipos de conversões, inclusive array, booleano, número, objeto e string.

valor – Qualquer expressão viável.

Descrição:

Cada tipo de função de conversão converte o valor em seu tipo de dados.

Exemplo:
Eis alguns exemplos básicos de funções de conversão de dados:

```
var x = 5;
trace(typeof x);
//output: number

trace(typeof Array(x));
//output: object

trace(typeof Boolean(x));
//output: boolean

trace(typeof String(x));
//output: string
```

escape

Disponibilidade: Flash Player 5

Gabarito genérico: escape(*expressão*)

Limite:

expressão – Será convertida em uma string e codificada em um formato com URL codificado.

Descrição:
Esta função converte a expressão em uma string e então codifica-a em um formato com o URL codificado.

Exemplo:
Eis um exemplo da função escape:

```
var name = "David123";
trace(escape(name));
//output: David%20123
```

eval

Disponibilidade: Flash Player 4

Gabarito genérico: eval(*expressão*);

Limite:

expressão – Uma string representando o nome de uma variável, propriedade, objeto ou clipe do filme.

Descrição:
Esta função será usada para acessar uma expressão e retornar um valor, se a expressão for uma propriedade ou variável. Como alternativa, retornará uma referência se a expressão for um objeto ou clipe do filme. Se a expressão não puder ser encontrada, esta função fornecerá o valor indefinido.

Exemplo:
Eis um exemplo da função eval procurando uma variável:

```
var myName = "David";
trace(eval("myName"));
//output: David
```

getProperty

Disponibilidade: Flash Player 4

Gabarito genérico: getProperty(*nome, propriedade*);

Limites:

nome – O nome da instância de um clipe do filme que você está tentando para acessar uma propriedade.

propriedade – O nome da propriedade que você está tentando acessar.

Descrição:

Esta função recupera a propriedade específica da instância específica sendo referida.

Exemplo:

Este exemplo tenta recuperar a posição horizontal de um clipe do filme:

```
trace(getProperty(myMovie, _x));
```

getTimer

Disponibilidade: Flash Player 4

Gabarito genérico: getTimer( );

Descrição:

Esta função obtém a quantidade de milissegundos que passaram desde que o filme começou a se reproduzir.

Exemplo:

Eis um exemplo de como usar a função getTimer:

```
onClipEvent(enterFrame){
   if(getTimer( ) >= 5000){
      trace("5 seconds has passed");
   }
}
```

getVersion

Disponibilidade: Flash Player 5

Gabarito genérico: getVersion( );

Descrição:

Esta função recupera a versão do Flash player no computador local do usuário durante a execução.

Nota

Isto funcionará apenas nos Flash 5 players e superiores.

Exemplo:

Eis uma maneira simples de usar a função getVersion:

```
trace(getVersion( ));
```

Funções matemáticas

isFinite

Disponibilidade: Flash Player 5

Gabarito genérico: isFinite(*expressão*);

Limite:

> *expressão* – Um booleano, variável ou outra expressão que pode ser avaliada.

Descrição:

Esta função avalia uma expressão para ver se é finita, ao invés de infinita, ou infinita negativa. Se a expressão for finita, será avaliada como true; do contrário, será avaliada como false.

Exemplo:

Eis um exemplo de como usar a função isFinite:

```
var x = 10;
trace(isFinite(x));
//output:   true
```

isNaN

Disponibilidade: Flash Player 5

Gabarito genérico: isNaN(*expressão*);

Limites: Nenhum

Descrição:

Esta função avalia uma expressão, verificando para saber se não é um número real. Se a expressão for um número real, a função irá avaliá-la como false. Do contrário, será avaliada como true.

Exemplo:

Eis alguns exemplos de como usar a função isNaN:

```
trace(isNaN("David"));
//output:   true

trace(isNaN(5));
//output:   false
```

parseFloat

Disponibilidade: Flash Player 5

Gabarito genérico: parseFloat(*string*);

Limite:

> *string* – A string a converter em um inteiro com ponto flutuante.

Descrição:

Esta função converterá uma string em um número com ponto flutuante se, e apenas se, a string iniciar com um inteiro. Se a string não iniciar com um inteiro, a função retornará NaN. Quando a análise atingir um valor não numérico na string, irá parar de converter.

Exemplo:
Eis alguns exemplos de como usar a função parseFloat:

```
trace(parseFloat("5.5"));
//output:   5.5

trace(parseFloat("T1"));
//output:   NaN

trace(parseFloat("1T"));
//output:   1
```

parseInt

Disponibilidade: Flash Player 5

Gabarito genérico: parseInt(*string*, *raiz*);

Limites:

string – A string a converter em um inteiro com ponto flutuante.

raiz – Um número representando a raiz do número a analisar, que pode estar entre 2 e 26, mas não é necessário.

Descrição:

Esta função converte uma string em um número. Se a string não puder ser convertida em um número, a função retornará NaN.

Exemplo:
Eis alguns exemplos de como usar a função parseInt:

```
trace(parseInt("5"));
//output:   5

trace(parseInt("David"));
//output:   NaN

trace(parseInt(0x123));
//output:   291
```

targetPath

Disponibilidade: Flash Player 5

Gabarito genérico: targetPath(*filme*);

Limite:

filme – É uma referência para um clipe do filme.

Descrição:

Esta função retorna o caminho de destino para um filme na sintaxe de ponto.

Exemplo:

Eis um exemplo de como usar a função targetPath para retornar um caminho de destino para um filme:

```
trace(targetPath(myMovie));
```

unescape

Disponibilidade: Flash Player 5

Gabarito genérico: unescape(hex);

Limite:

hex – Uma string representando uma seqüência hexadecimal para aplicar o escape.

Descrição:

Esta função avalia o hexadecimal, decodifica-o a partir do formato com URL codificado e então retorna uma string.

Exemplo:

Eis um exemplo de como usar a função unescape:

```
trace(unescape("David   %7b%5bVogeleer%5D%7D"));
//output:   David   {[Vogeleer]}
```

Constantes

false

Disponibilidade: Flash Player 5

Gabarito genérico: false

Limites: Nenhum

Descrição:

Um valor booleano representando o oposto de true.

Exemplo:

Este exemplo define a visibilidade de um clipe do filme para false, tornando-o assim invisível:

```
myMovie._visible = false;
```

newline

Disponibilidade: Flash Player 4

Gabarito genérico: newline

Limites: Nenhum

Descrição:

Esta constante insere uma linha em branco no código do painel ActionScript.

null

Disponibilidade: Flash Player 5

Gabarito genérico: null

Limites: Nenhum

Descrição:

Esta constante é uma palavra-chave para representar a falta de dados nas variáveis.

Exemplo:
Este exemplo define uma variável como sendo igual a null:

```
var myVariable = null;
```

true

Disponibilidade: Flash Player 5
Gabarito genérico: true
Limites: Nenhum
Descrição:
Um valor booleano representando o oposto de false.
Exemplo:
Este exemplo define a propriedade multiline de um campo de texto para true:

```
//First create the text field
_root.createTextField("myText",0,0,0,100,100);
myText.multiline = true;
```

undefined

Disponibilidade: Flash Player 5
Gabarito genérico: undefined
Limites: Nenhum
Descrição:
Esta constante é geralmente retornada quando você está procurando uma variável que não está identificada ainda.
Null e undefined são ditas como sendo iguais.
Exemplo:
Este exemplo mostra como undefined é usada definindo uma variável, mas rastreando uma variável que não foi criada. Isto retornará undefined, porque a variável sendo procurada não será criada.

```
var x = 10;
trace(y);
//output: undefined
```

Propriedades

No painel Actions (Ações), as propriedades não são separadas em subcategorias. Porém, são separadas nesta seção. Primeiro, iremos examinar as propriedades gerais; então cobriremos as propriedades de clipe do filme.

Geral

_quality

Disponibilidade: Flash Player 5

Gabarito genérico: _quality

Descrição:

Esta propriedade global pode ser definida ou recuperada e representa a qualidade de apresentação usada no filme.

Os diferentes tipos de qualidade são os seguintes:

Low – Os gráficos não têm a aparência suavizada; os mapas de bits não são suavizados.

Medium – Os gráficos têm a aparência suavizada usando uma grade 2x2, em pixels, mas os mapas de bits ainda não são suavizados.

High – Os gráficos têm a aparência suavizada usando uma grade 4x4, em pixels, e os mapas de bits são suavizados. Note que é a definição default do Flash.

Best – Os gráficos têm a aparência suavizada usando uma grade 4x4, em pixels, e os mapas de bits são suaves.

Exemplo:

Este exemplo torna a qualidade da apresentação melhor:

```
_quality = "Best";
```

_soundbuftime

Disponibilidade: Flash Player 4

Gabarito genérico: _soundbuftime = *número*;

Limite:

número – O número de segundos antes de um filme começar a fluir.

Descrição:

Esta propriedade pode ser usada para definir um buffer antes de um filme ou som, em segundos, que irá parar a reprodução até o número indicado de segundos ter terminado (5 é o valor default).

Exemplo:

Este exemplo define soundbuftime para 15 segundos, para que o som não seja reproduzido por 15 segundos:

```
_soundbuftime = 15;
```

Propriedades do clipe do filme

(e) _alpha

Disponibilidade: Flash Player 4

Gabarito genérico: *clipeFilme*._alpha = *valor*;
Limites:

clipeFilme – Uma instância de um clipe do filme na linha do tempo.

valor – Qualquer valor numérico variando de 0 a 100, onde 0 não é visível e 100 é bem visível.

Descrição:

É a transparência do clipe do filme, que pode ser definida ou recuperada. Os valores variam de 0 (invisível) a 100 (nenhuma transparência).

Note que mesmo que um objeto tenha um _alpha 0, ainda estará ativo. Por exemplo, se um botão tiver o _alpha 0, não estará visível, mas poderá ainda ser clicado. Para tornar algo invisível e não ativo, use a propriedade _visible.

Exemplo:

Este exemplo usa uma sub-rotina de eventos do clipe do filme para reduzir a intensidade do clipe do filme para o valor 0:

```
onClipEvent(enterFrame) {
   if(this._alpha>0) {
      this._alpha-=1;
   }
}
```

_currentFrame

Disponibilidade: Flash Player 4

Gabarito genérico: *clipeFilme*._currentFrame;

Limite:

clipeFilme – Uma instância de um clipe do filme na linha do tempo.

Descrição:

Esta propriedade de leitura apenas é um número representando o quadro exato na linha do tempo do clipe do filme onde o cabeçote de reprodução está atualmente.

Exemplo:

Este exemplo verifica para ver se o quadro de um clipe do filme atingiu o valor 5 usando uma instrução condicional em uma sub-rotina de eventos do clipe do filme. Se atingiu, voltará para o quadro 1.

```
onClipEvent(enterFrame) {
   if(myMovie._currentFrame=  =5) {
      myMovie.gotoAndPlay(1);
   }
}
```

_dropTarget

Disponibilidade: Flash Player 4

Gabarito genérico: *clipeFilme*._dropTarget
Limite:

clipeFilme – Uma instância de um clipe do filme na linha do tempo.

Descrição:
Esta propriedade de leitura apenas retorna o caminho na sintaxe de barra da instância de clipe do filme na qual o clipe do filme foi solto (liberado).

Exemplo:
Este exemplo vê se um clipe do filme foi solto em outro clipe. Se foi, mudará a variável stature criada para este filme; do contrário, deixará esta variável como está. E mais, você usará a instrução eval para converter o caminho _dropTarget da sintaxe de barra (seu estado natural) na sintaxe de ponto.

```
if(eval(fly._dropTarget)= =_root.trap){
    flyStature = "caught";
}else{
    flyStature = "free";
}
```

_focusrect

Disponibilidade: Flash Player 6

Gabarito genérico: *clipeFilme*._focusrect = *valor*;

Limites:

clipeFilme – Uma instância de um clipe do filme na linha do tempo.

valor – Um valor booleano (true/false).

Descrição:
Esta propriedade retornará um valor booleano se o clipe do filme tiver um retângulo amarelo contornando-o quando tem o foco do teclado. Pode ser definida para anular a propriedade global _focusrect.

Exemplo:
Este exemplo verifica um clipe do filme, para ver se tem o foco do teclado. Se tiver, exibirá uma mensagem na janela de saída:

```
if(myMovie._focusrect){
    trace(myMovie._name+" has keyboard focus");
}
```

_framesLoaded

Disponibilidade: Flash Player 4

Gabarito genérico: *clipeFilme*._framesloaded

Limite:

clipeFilme - Uma instância de um clipe do filme na linha do tempo.

Descrição:
Esta propriedade de leitura apenas é um número representando a quantidade de quadros que o cabeçote de reprodução carregou do clipe do filme. Quando for usada em conjunto com _totalframes, você poderá criar muitos pré-carregadores funcionais.

Capítulo 29 – Referência ActionScript | **781**

Exemplo:

Este exemplo usa a propriedade _framesloaded em conjunto com a propriedade _totalframes para controlar o cabeçote de reprodução do filme:

```
if(_root.framesloaded = =  _root.totalframes){
   gotoAndPlay("start");
}else{
   gotoAndPlay("loading");
}
```

_height

Disponibilidade: Flash Player 4

Gabarito genérico: *clipeFilme*._height = *valor*;

Limites:

clipeFilme - Uma instância de um clipe do filme na linha do tempo.

valor – Um valor numérico representando o tamanho vertical de um objeto.

Descrição:

Esta propriedade de leitura/gravação representa a altura de um clipe do filme em pixels.

Exemplo:

Este exemplo definirá a altura de um clipe do filme para 100 se tiver qualquer altura, exceto 100:

```
if(myMovie._eight!=100){
   myMovie._height=100;
}
```

_name

Disponibilidade: Flash Player 4

Gabarito genérico: *clipeFilme*._name = *valor*;

Limites:

clipeFilme - Uma instância de um clipe do filme na linha do tempo.

valor – Uma string representando o novo nome do clipe do filme. Note que assim que o nome for alterado, você terá que chamar o clipe do filme através de seu novo nome para as outras propriedades.

Descrição:

Esta propriedade de leitura/gravação retorna um valor de string representando o nome de instância do clipe do filme.

Exemplo:

Este exemplo rastreia o nome do clipe do filme quando o clipe do filme é pressionado:

```
onClipEvent(mouseDown){
   if(this.hitTest(_root._xmouse,_root._ymouse,true)){
      trace(this._name);
   }
}
```

_rotation

Disponibilidade: Flash Player 4

Gabarito genérico: *clipeFilme._rotation = valor;*

Limites:

clipeFilme - Uma instância de um clipe do filme na linha do tempo.

valor - Um valor numérico representando a rotação de um clipe do filme.

Descrição:

Esta propriedade de leitura/gravação é um número representando a rotação de um clipe do filme, em graus.

Exemplo:

Este exemplo usa uma variável de aumento para aumentar a velocidade da rotação do clipe do filme. Parecerá aumentar a velocidade, reduzir a velocidade e mudar a direção.

```
onClipEvent(enterFrame){
   i++;
   this._rotation = i;
}
```

_target

Disponibilidade: Flash Player 4

Gabarito genérico: *clipeFilme._target;*

Limite:

clipeFilme - Uma instância de um clipe do filme na linha do tempo.

Descrição:

Esta propriedade de leitura apenas retorna o caminho de destino para a instância de clipe do filme.

Exemplo:

Este exemplo rastreia o caminho de destino para uma instância de clipe do filme específica:

```
trace(myMovie._target);
```

_totalframes

Disponibilidade: Flash Player 4

Gabarito genérico: *clipeFilme._totalFrames*

Limite:

clipeFilme - Uma instância de um clipe do filme na linha do tempo.

Descrição:

Esta propriedade de leitura apenas é um número representando os quadros totais em um clipe do filme. Quando for usada em conjunto com _framesloaded, você poderá criar pré-carregadores muito funcionais.

Exemplo:

Este exemplo usa a propriedade _framesloaded com a propriedade _totalframes para exibir a porcentagem dos quadros carregados:

```
onClipEvent(enterFrame) {
    if(_root._totalframes != _root._framesloaded){
    framePercent = _root._framesloaded/_root._totalframes;
    trace("Percentage of frames loaded is - "+framePercent);
    }
}
```

_url

Disponibilidade: Flash Player 4

Gabarito genérico: *clipeFilme*._url

Limite:

clipeFilme – Uma instância de um clipe do filme na linha do tempo.

Descrição:

Esta propriedade de leitura apenas retorna o URL do filme Shockwave a partir de onde o clipe do filme foi carregado.

Exemplo:

Este exemplo recupera o URL exato de onde o clipe do filme foi carregado:

```
trace(myMovie._url);
```

_visible

Disponibilidade: Flash Player 4

Gabarito genérico: *clipeFilme*._visible = *valor*;

Limites:

clipeFilme – Uma instância de um clipe do filme na linha do tempo.

valor – Um valor booleano que se true, tornará o clipe do filme visível. Se false, o clipe do filme não será visível. Também pode ser um valor numérico que pode ser avaliado como um valor booleano (zero para false e um número acima de zero para representar true).

Descrição:

Esta propriedade de leitura/gravação usa valores booleanos para definir se o clipe do filme é visível. False (ou 0) definirá o clipe do filme para a visibilidade zero e true (ou 1) irá defini-lo para ser completamente visível.

Exemplo:

Este exemplo torna o clipe do filme invisível:

```
myMovie._visible = false;
```

> **Nota**
> Os botões com a visibilidade zero não podem ser clicados, ao passo que os botões com alfa zero ainda podem ser clicados.

_width

Disponibilidade: Flash Player 4

Gabarito genérico: *clipeFilme*._width = *valor*;

Limites:

clipeFilme - Uma instância de um clipe do filme na linha do tempo.

valor - Um valor numérico representando o tamanho horizontal de um clipe do filme.

Descrição:
Esta propriedade de leitura/gravação usa um número para especificar a largura de um clipe do filme, em pixels.

Exemplo:
Este exemplo define o tamanho horizontal do clipe do filme para 100:

```
myMovie._width = 100;
```

_x

Disponibilidade: Flash Player 3

Gabarito genérico: *clipeFilme*._x = *valor*;

Limites:

clipeFilme - Uma instância de um clipe do filme na linha do tempo.

valor - Um valor numérico representando a posição horizontal de um clipe do filme.

Descrição:
Esta propriedade de leitura/gravação é uma representação numérica da posição horizontal do clipe do filme.

Exemplo:
Este exemplo move um clipe do filme para a direita, usando uma sub-rotina de eventos do clipe do filme:

```
onClipEvent(enterFrame) {
   this._x++;
}
```

_xmouse

Disponibilidade: Flash Player 5

Gabarito genérico: *clipeFilme*._xmouse

Limite:

clipeFilme - O caminho direto para um clipe do filme.

Descrição:
Esta propriedade de leitura apenas retorna a posição horizontal do mouse.

Exemplo:
Este exemplo exibe constantemente a posição horizontal do mouse na cena principal na janela de saída:

```
_root.onEnterFrame = function ( ){
trace(_root._xmouse);
}
```

_xscale

Disponibilidade: Flash Player 4
Gabarito genérico: clipeFilme._xscale = valor;
Limites:
  clipeFilme – Uma instância de um clipe do filme na linha do tempo.
  valor – Um valor numérico representando a escala horizontal de um clipe do filme.

Descrição:
Esta propriedade de leitura/gravação controla a escala horizontal do clipe do filme.

Exemplo:
Este exemplo move o clipe do filme na horizontal:

```
flip = myMovie._xscale;
myMovie._xscale = -flip;
```

_y

Disponibilidade: Flash Player 3
Gabarito genérico: clipeFilme._y = valor;
Limites:
  clipeFilme – Uma instância de um clipe do filme na linha do tempo.
  valor – Um valor numérico representando a posição vertical de um clipe do filme.

Descrição:
Esta propriedade de leitura/gravação é um número representando a posição vertical do clipe do filme.

Exemplo:
Este exemplo move um clipe do filme para baixo, o que está aumentando sua posição _root._x porque descer na cena principal aumenta o valor _y;

```
this._y+=5;
```

_ymouse

Disponibilidade: Flash Player 5
Gabarito genérico: clipeFilme._ymouse
Limite:
  clipeFilme - O caminho direto para um clipe do filme.

Descrição:
Esta propriedade de leitura apenas retorna a posição vertical do mouse.

Exemplo:
Este exemplo informa ao usuário quando a posição vertical do mouse está além de um certo ponto:

```
_root.onEnterFrame = function ( ){
    if(_root._ymouse>200){
        trace("You have gone too far");
    }
}
```

_yscale

Disponibilidade: Flash Player 4

Gabarito genérico: *clipeFilme._yscale = valor*;

Limites:

clipeFilme - Uma instância de um clipe do filme na linha do tempo.

valor - Um valor numérico representando a escala vertical de um clipe do filme.

Descrição:
Esta propriedade de leitura/gravação controla a escala vertical do clipe do filme.

Exemplo:
Este exemplo move um clipe do filme na vertical:

```
vFlip = myMovie._yscale;
myMovie._yscale = -vFlip;
```

Objetos

Novamente, nem todos os objetos são analisados nesta seção, devido às considerações do comprimento da página. Porém, eis os objetos não tratados e uma pequena descrição de cada um.

Básico

arguments – Este objeto é usado para transmitir informações para as funções definidas pelo usuário.

Array – Este objeto auxilia no uso dos arrays.

Boolean – Este objeto auxilia no uso dos tipos de dados booleanos.

Function – Este objeto é usado em conjunto com as funções.

_global – Este objeto pode criar as variáveis, os objetos e as classes disponíveis através das linhas do tempo de um filme.

Number – Este objeto é usado ao representar e controlar os valores numéricos.

String – Este objeto é usado com o controle e a criação das strings de texto.

super – Este objeto é usado para criar a superclasse de um método.

this – Este objeto é usado dentro de um clipe do filme para representar o clipe do filme no qual está, sem que você tenha que digitar um caminho direto para o clipe do filme.

Filme

Accessibility – Este objeto é usado para melhorar a acessibilidade de um filme Flash usando programas de leitora de telas.
Button – Este objeto é usado em conjunto com as instâncias do botão.
Capabilities – Este objeto é usado para recuperar as características do sistema a partir de um usuário.
Color – Este objeto é usado para colorir os clipes do filme.
Key – Este objeto é usado com um dispositivo de entrada do usuário (o teclado).
_level – Este objeto é usado para recuperar ou definir a profundidade do nível de um clipe do filme.
Mouse – Este objeto é usado com outro dispositivo de entrada do usuário, o mouse.
MovieClip – Este objeto é usado para representar um clipe do filme.
_parent – Este objeto representa um nível da hierarquia acima do filme atual.
_root – Este objeto representa a cena principal ou a linha do tempo.
Selection – Este objeto é usado para controlar as edições e o foco do texto.
Stage – Este objeto é usado para controlar as propriedades da cena em si.
System – Este objeto é usado para reunir as informações do sistema a partir do usuário.
TextField – Este objeto é usado na criação e no controle dos campos de texto.
TextFormat – Este objeto é usado para formatar o texto de um campo de texto.

Servidor do cliente

LoadVars – É uma interface baseada em objetos para carregar as variáveis.
XML – Este objeto permite que você trabalhe com documentos XML.
XML Socket – Este objeto é usado para uma conexão de soquete XML com um servidor.

Autoria

Custom Actions – Este objeto é usado para gerenciar as ações personalizadas.
Live Preview – Este objeto é usado com a visualização dinâmica dos componentes.

Agora que você viu os objetos que não serão tratados em detalhes, iremos para aqueles que são cobertos em detalhes, começando com o objeto Sound.

Sound

Construtor new Sound

Disponibilidade: Flash Player 5
Gabarito genérico: new Sound(*destino*);
Limite:

destino – Este limite opcional é a instância de clipe do filme onde o som está operando.

Descrição:
Este construtor cria um objeto new Sound com um filme de destino em mente. Se nenhum destino for declarado, o objeto controlará todos os sons no filme.

Exemplo:
Este exemplo mostra um objeto new Sound sendo criado e o volume sendo controlado:

```
mySound = new Sound( );
mySound.setVolume(75);
```

Métodos Sound

attachSound

Disponibilidade: Flash Player 5

Gabarito genérico: *Som*.attachSound(*nome*);

Limites:
  Som – Um som definido pelo usuário.
  nome – Representa o identificador de um som exportado que pode ser encontrado na biblioteca.

Descrição:
Este método anexa o som conhecido como *nome* a um objeto Sound. O som sendo anexado terá que estar na Library (Biblioteca) durante a execução, assim como especificado para a exportação em Symbol Linkage Properties (Propriedades de Ligação do Símbolo).

Exemplo:
Este exemplo anexa um som de Library ao objeto Sound:

```
mySound = attachSound("Disco");
```

getBytesLoaded

Disponibilidade: Flash Player 6

Gabarito genérico: *Som*.getBytesLoaded( );

Limite:
  Som – Um som definido pelo usuário.

Retorno:
Um valor numérico representando os bytes totais do som que foram carregados no player.

Descrição:
Este método recupera os bytes totais que foram carregados no player. Quando for usado com getBytesTotal, você poderá criar um carregador funcional.

Exemplo:
Este exemplo carrega um som e mostra a porcentagem dos bytes carregados:

```
var mySound = new Sound( );
//now load the audio file
mySound.loadSound("myMusic.mp3",false);
```

```
//Now we will get the bytes for the sound
_root.onEnterFrame = function ( ){
   trace(mySound.getBytesLoaded( )/mySound.getBytesTotal( ));
}
```

getBytesTotal

Disponibilidade: Flash Player 6

Gabarito genérico: *Som*.getBytesTotal( );

Limite:

Som – Um som definido pelo usuário.

Retorno:

Os bytes totais de um objeto Sound específico.

Descrição:

Este método retorna o valor dos bytes totais de um determinado objeto Sound. Quando for usado com getBytesLoaded, você poderá criar um carregador funcional.

Exemplo:

Este exemplo exibe os bytes totais de um som:

```
//First create the Sound object
var mySound = new Sound( );
//now load the audio file
mySound.loadSound("test.mp3",false)
trace(mySound.getBytesTotal( ));
```

getPan

Disponibilidade: Flash Player 5

Gabarito genérico: *Som*.getPan( );

Limite:

Som – Um som definido pelo usuário.

Descrição:

Este método recupera o movimento do objeto Sound em um valor numérico. O movimento é o equilíbrio do som da esquerda para a direita, onde –100 é à esquerda e 100 é à direita. Quando definido em 0, o movimento está equilibrado.

Exemplo:

Este exemplo exibe o valor do movimento de um objeto Sound que foi carregado:

```
//First create the Sound object
var mySound = new Sound( );
//now load the audio file
mySound.loadSound("test.mp3",false)
trace(mySound.getPan( ));
```

getTransform

Disponibilidade: Flash Player 5

Gabarito genérico: *Som*.getTransform( );

Limite:

    Som – Um som definido pelo usuário.

Descrição:
Este método retorna as informações de transformação do som para nosso objeto Sound.

getVolume

Disponibilidade: Flash Player 5

Gabarito genérico: *Som*.getVolume( );

Limite:

    Som – Um som definido pelo usuário.

Descrição:
Este método recupera o volume do objeto Sound em uma forma numérica, onde 0 não tem nenhum volume e 100 é o volume total (100 também é a definição default para o volume).

Exemplo:
Este exemplo carrega um som e mostra o volume deste som na janela de saída:

```
//First create the Sound object
var mySound = new Sound( );
//now load the audio file
mySound.loadSound("myMusic.mp3",false)
trace(mySound.getVolume( ));
```

LoadSound

Disponibilidade: Flash Player 6

Gabarito genérico: *Som*.loadSound("*url*", *emFluxo*);

Limites:

    Som – Um som definido pelo usuário.

    URL – Um URL especificando o local do arquivo para obter um arquivo de som.

    emFluxo – Representa se o som ocorre em um evento ou simplesmente flui.

Descrição:
Este método carrega um MP3 no objeto Sound usando o caminho do URL. O limite *emFluxo* define se o som ocorre em um evento ou se simplesmente flui.

A diferença entre os sons que ocorrem nos eventos e os sons de fluxo é que os sons do evento não serão reproduzidos, até que tenham sido totalmente carregados. Os sons de fluxo são reproduzidos quando estão sendo carregados.

Exemplo:
Este exemplo cria um objeto new Sound e carrega um MP3 nele:

```
mySound = new Sound( );
mySound.loadSound("http://theURL/the file name");
```

setPan

Disponibilidade: Flash Player 5

Gabarito genérico: *Som*.setPan(*movimento*);

Limites:

Som – Um som definido pelo usuário.

movimento – Um valor numérico entre –100 e 100 que define o movimento do objeto Sound, onde –100 é o lado esquerdo, 100 é o lado direito e 0 é o centro.

Descrição:
Em estéreo, este método determina quanto som é reproduzido em um lado ou no outro. Em mono, decide qual alto-falante irá reproduzir.

Exemplo:
Este exemplo movimenta o som da esquerda para a direita nos alto-falantes usando uma função:

```
//First create the Sound object
mySound = new Sound( );
//Then load the sound
mySound.loadSound("myMusic.mp3",false);
//Start the sound
mySound.start( );
//Create the variable
i = 100;
//Create the function
_root.onEnterFrame = function ( ){
   if (mySound.getPan( )<100){
      mySound.setPan(i);
      i++;
   }
}
```

setTransform

Disponibilidade: Flash Player 5

Gabarito genérico: *Som*.setTransform(*objSom*);

Limites:

Som – Um som definido pelo usuário.

objSom – Este objeto é criado com o construtor para o objeto Object genérico para determinar como o som deverá ser distribuído.

  ll – A porcentagem da entrada esquerda a reproduzir no alto-falante esquerdo.

  lr – A porcentagem da entrada direita no alto-falante esquerdo.

  rr – A porcentagem da entrada direita no alto-falante direito.

  rl – A porcentagem da entrada esquerda no alto-falante direito.

Descrição:

Este método define a transformação para o objeto Sound. A transformação é usada para definir o equilíbrio (esquerda para direita) do som.

Exemplo:

Este exemplo define o *objSom* e implementa-o:

```
//create our sound transform object
mySoundObj = new Object;
mySoundObj.ll = 50;
mySoundObj.lr = 50;
mySoundObj.rr = 50;
mySoundObj.rl = 50;
//now create our sound object
mySound.new Sound( );
//now implement it
mySound.setTransform(mySoundObj);
```

setVolume

Disponibilidade: Flash Player 5

Gabarito genérico: *Som*.setVolume(*vol*);

Limites:

Som – Um som definido pelo usuário.

vol – Um valor numérico entre 0 e 100 representando o volume.

Descrição:

Este método define o volume do objeto Sound.

Exemplo:

Este exemplo cria um objeto Sound e define o volume:

```
//create our sound object
mySound = new Sound( );
mySound.setVolume(50);
```

start

Disponibilidade: Flash Player 5

Gabarito genérico: *Som*.start(*deslocamento*, *loops*);

Limites:

Som – Um som definido pelo usuário.

deslocamento – O número de segundos para mover o som. Isto se tornará o ponto inicial.

loops – Um parâmetro opcional, que define quantas vezes o som será reproduzido.

Descrição:

Este método inicia um objeto Sound sendo reproduzido e você definirá a quantidade de vezes que ele será reproduzido com *loops*. E mais, poderá especificar a distância no som, em segundos, a partir da qual deseja iniciar.

Exemplo:
Este exemplo cria um objeto Sound, carrega um som nele, então começa a reproduzi-lo com um salto de 50 segundos no som e em apenas um loop:

```
//First create the Sound object
mySound = new Sound( );
//Then load the sound
mySound.loadSound("myMusic.mp3",false);
//Start the sound
mySound.start(50,1);
```

stop

Disponibilidade: Flash Player 5

Gabarito genérico: *Som*.stop(*nome*);

Limites:

Som – Um som definido pelo usuário.

nome – Um limite opcional, que pode ser usado para impedir que um som específico se reproduza, ao invés de todos os sons de uma só vez.

Descrição:
Este método impede que o objeto Sound se reproduza (ou um som específico neste objeto).

Exemplo:
Este exemplo cria dois objetos Sound, carrega os MP3s neles, então inicia sua reprodução e finalmente pára um deles:

```
//First create the Sound objects
mySound = new Sound( );
mySound2 = new Sound( );
//Then load the MP3's
mySound.loadSound("myMusic.mp3",false);
mySound2.loadSound("diso.mp3",false);
//Start the sound
mySound.start( );
mySound2.start( );
//Now stop the first Sound object
mySound.stop( );
```

Propriedades

duration

Disponibilidade: Flash Player 6

Gabarito genérico: *Som*.duration

Limite:

Som – Um som definido pelo usuário.

Descrição:
É uma propriedade de leitura apenas do objeto Sound, que especifica o comprimento do som, em milissegundos.

Exemplo:

Este exemplo cria um objeto Sound, carrega um MP3 nele e exibe seu comprimento em milissegundos:

```
//First create the Sound object
mySound = new Sound( );
//Then load the MP3
mySound.loadSound("myMusic.mp3",false);
//Now trace the length
trace(mySound.duration);
```

position

Disponibilidade: Flash Player 6

Gabarito genérico: *Som*.position

Limite:

Som – Um som definido pelo usuário.

Descrição:

É uma propriedade de leitura apenas do objeto Sound, que especifica por quanto tempo o som tem sido reproduzido, em milissegundos.

Exemplo:

Este exemplo inicia um som em reprodução e usa um evento onMouseDown para rastrear o segundo aproximado no qual está na canção:

```
//First create the Sound object
mySound = new Sound( );
//Then load the MP3
mySound.loadSound("myMusic.mp3",false);
//Start the sound
mySound.start( );
//Now trace the length
_root.onMouseDown = function ( ){
   trace(Math.round(mySound.position/1000));
}
```

Eventos

onLoad

Disponibilidade: Flash Player 6

Gabarito genérico: *Som*.onLoad = *função*

Limites:

Som – Um som definido pelo usuário.

função – Qualquer função viável.

Descrição:

Este evento chama uma função assim que objeto Sound é carregado.

Exemplo:

Este exemplo carrega um MP3 no objeto Sound e rastreia uma mensagem quando ele está completo:

```
//First create the function
function myTrace( ){
   trace ("Success");
}
//Now create the Sound object
mySound = new Sound( );
//Then load the MP3
mySound.loadSound("myMusic.mp3",false);
//Now call the function
mySound.onLoad = myTrace( );
```

onSoundComplete

Disponibilidade: Flash Player 6

Gabarito genérico: *Som*.onSoundComplete = *função*

Limites:

Som – Um som definido pelo usuário.

função – Qualquer função viável.

Descrição:

Este evento chama uma função quando o som completou a reprodução.

Exemplo:

Este exemplo exibe uma mensagem quando o som atingiu seu final:

```
//First create the function
function myTrace( ){
   trace ("All done");
}
//Now create the Sound object
mySound = new Sound( );
//Then load the MP3
mySound.loadSound("myMusic.mp3",false);
//Now call the function
mySound.onSoundComplete = myTrace( );
```

Data

Construtor new Date

Disponibilidade: Flash Player 5

Gabarito genérico: new Date(*mais*);

Limites:

mais – No objeto new Date, você poderá especificar várias partes de informação, separadas por vírgulas:

ano – Se quiser que o ano fique entre 1900 e 1999, poderá especificar um número entre 0 e 99; do contrário, terá que colocar os quatro dígitos inteiros.

mês – Um valor numérico entre 0 e 11, com 0 sendo janeiro e 11 sendo dezembro.

data – Um número entre 1 e 31 para especificar o dia do mês.

hora – Um número entre 0 e 23, onde 0 é meia-noite e 23 é 11 p.m.

minuto – Um número entre 0 e 59.

segundo – Um número entre 0 e 59.

milissegundo – Um número entre 0 e 999.

Descrição:
Este objeto do construtor cria um objeto new Date.

Exemplo:
Este exemplo cria um objeto Date e então obtém a hora:

```
myDate = new Date( );
myHour = myDate.getHours( );
myMin  = myDate.getMinutes( );
myTime = (myHour+":"+myMin);
trace(myTime);
```

Métodos

Três tipos de métodos são associados ao objeto Date; os métodos gerais, os métodos get e os métodos set. Veremos os métodos nestes grupos.

Métodos gerais

toString

Disponibilidade: Flash Player 5

Gabarito genérico: myDate.toString( );

Retorno:
Este método retorna uma string.

Descrição:
Este método converte o objeto Date em uma string literal.

Exemplo:
Este exemplo especifica uma data e converte-a em uma string:

```
var bDay = new Date(80, 0, 9, 17, 30);
trace(bDay.toString( ));
//output: Wed Jan 9 17:30:00 GMT-0500 1980
```

UTC

Disponibilidade: Flash Player 5

Gabarito genérico: Date.UTC(*ano, mês, data, hora, minuto, segundo, milissegundo*)

Limites:

ano – Um número com quatro dígitos representando o ano.

mês – Um valor numérico entre 0 e 11, com 0 sendo janeiro e 11 sendo dezembro.

data – Um número entre 1 e 31 para especificar o dia do mês.

hora – Um número entre 0 e 23, onde 0 é meia-noite e 23 é 11 p.m.

minuto – Um número entre 0 e 59.

segundo – Um número entre 0 e 59.

milissegundo – Um número entre 0 e 999.

Exemplo:

Este exemplo define o objeto Date para uma data específica:

```
merryChristimas = new Date(Date.UTC(2002, 11, 26));
```

Métodos get

Como todos os métodos get para o objeto Date têm o mesmo gabarito genérico, não veremos cada um em sua própria seção, mas iremos tratar todos nesta seção.

getDate( )

Disponibilidade: Flash Player 5

Gabarito genérico: *Data*.getDate( );

Limite:

Data – Um objeto Date definido pelo usuário.

Descrição:

Este método obtém o dia do mês em uma forma numérica (1-31).

Exemplo:

Este exemplo recupera a data atual no sistema do usuário:

```
//Create the date object
myDate = new Date( );
//Retrieve the information
theDate = myDate.getDate( );
//Display the information
trace(theDate);
```

getDay( )

Disponibilidade: Flash Player 5

Gabarito genérico: *Data*.getDay( );

Limite:

Data – Um objeto Date definido pelo usuário.

Descrição:

Este método retorna um valor numérico representando o dia da semana (0-6, onde 0 é domingo e 6 é sábado).

Exemplo:
Este exemplo recupera o dia atual no sistema do usuário:

```
//Create the date object
myDate = new Date( );
//Retrieve the information
theDay = myDate.getDay( );
//Display the information
trace(theDay);
```

getFullYear( )

Disponibilidade: Flash Player 5

Gabarito genérico: *Data*.getFullYear( );

Limite:

Data – Um objeto Date definido pelo usuário.

Descrição:
Este método retorna o valor com quatro dígitos do ano atual.

Exemplo:
Este exemplo recupera o ano completo atual no sistema do usuário:

```
//Create the date object
myDate = new Date( );
//Retrieve the information
theFullYear = myDate.getFullYear( );
//Display the information
trace(theFullYear);
```

getHours( )

Disponibilidade: Flash Player 5

Gabarito genérico: *Data*.getHours( );

Limite:

Data – Um objeto Date definido pelo usuário.

Descrição:
Este método retorna a hora atual em uma forma numérica (entre 0 e 23; 0 sendo meia-noite e 23 sendo 11:00 p.m.).

Exemplo:
Este exemplo recupera a hora atual no sistema do usuário:

```
//Create the date object
myDate = new Date( );
//Retrieve the information
theHour = myDate.getHours( );
//Display the information
trace(theHour);
```

getMilliseconds( )

Disponibilidade: Flash Player 5

Gabarito genérico: *Data*.getMilliseconds( );

Limite:

    Data – Um objeto Date definido pelo usuário.

Descrição:

Este método retorna os milissegundos atuais em uma forma numérica (entre 0 e 999).

Exemplo:

Este exemplo recupera o milissegundo atual no sistema do usuário:

```
//Create the date object
myDate = new Date( );
//Retrieve the information
theMillisecond = myDate.getMilliseconds( );
//Display the information
trace(theMillisecond);
```

getMinutes( )

Disponibilidade: Flash Player 5

Gabarito genérico: *Data*.getMinutes( );

Limite:

    Data – Um objeto Date definido pelo usuário.

Descrição:

Este método retorna os minutos atuais na forma numérica (entre 0 e 59).

Exemplo:

Este exemplo recupera o minuto atual no sistema do usuário:

```
//Create the date object
myDate = new Date( );
//Retrieve the information
theMinute = myDate.getMinutes( );
//Display the information
trace(theMinute);
```

getMonth( )

Disponibilidade: Flash Player 5

Gabarito genérico: *Data*.getMonth( );

Limite:

    Data – Um objeto Date definido pelo usuário.

Descrição:

Este método retorna um valor numérico representando o mês atual (0-11, onde 0 é janeiro e 11 é dezembro).

Exemplo:
Este exemplo recupera o mês atual no sistema do usuário:

```
//Create the date object
myDate = new Date( );
//Retrieve the information
theMonthDate = myDate.getMonth( );
//Display the information
trace(theMonth);
```

getSeconds( )

Disponibilidade: Flash Player 5

Gabarito genérico: *Data*.getSeconds( );

Limite:

Data – Um objeto Date definido pelo usuário.

Descrição:
Este método retorna os segundos atuais na forma numérica (entre 0 e 59).

Exemplo:
Este exemplo recupera o segundo atual no sistema do usuário:

```
//Create the date object
myDate = new Date( );
//Retrieve the information
theSecond = myDate.getSeconds( );
//Display the information
trace(theSecond);
```

getTime( )

Disponibilidade: Flash Player 5

Gabarito genérico: *Data*.getTime( );

Limite:

Data – Um objeto Date definido pelo usuário.

Descrição:
Este método retorna o número de milissegundos na hora universal, a partir de 1º de janeiro de 1970.

Exemplo:
Este exemplo recupera o getTime( ) atual no sistema do usuário:

```
//Create the date object
myDate = new Date( );
//Retrieve the information
theTime = myDate.getTime( );
//Display the information
trace(theTime);
```

getTimezoneOffset( )

Disponibilidade: Flash Player 5

Gabarito genérico: *Data*.getTimezoneOffset( );

Limite:

Data – Um objeto Date definido pelo usuário.

Descrição:

Este método retorna a diferença, em minutos, entre a hora local e a hora universal do sistema operacional.

Exemplo:

Este exemplo recupera o deslocamento do fuso horário atual no sistema do usuário:

```
//Create the date object
myDate = new Date( );
//Retrieve the information
theTimeOffset = myDate.getTimezoneOffset( );
//Display the information
trace(theTimeOffset);
```

getUTCDate( )

Disponibilidade: Flash Player 5

Gabarito genérico: *Data*.getUTCDate( );

Limite:

Data – Um objeto Date definido pelo usuário.

Descrição:

Este método retorna um dia específico no mês, de acordo com a hora universal.

Exemplo:

Este exemplo recupera a data UTC atual no sistema do usuário:

```
//Create the date object
myDate = new Date( );
//Retrieve the information
theUTCDate = myDate.getUTCDate( );
//Display the information
trace(theUTCDate);
```

getUTCDay( )

Disponibilidade: Flash Player 5

Gabarito genérico: *Data*.getUTCDay( );

Limite:

Data – Um objeto Date definido pelo usuário.

Descrição:

Este método retorna o dia da semana, de acordo com a hora universal.

Exemplo:

Este exemplo recupera o dia UTC atual no sistema do usuário:

```
//Create the date object
myDate = new Date( );
//Retrieve the information
theUTCDay = myDate.getUTCDay( );
//Display the information
trace(theUTCDay);
```

getUTCFullYear( )

Disponibilidade: Flash Player 5

Gabarito genérico: *Data*.getUTCFullYear();

Limite:

Data – Um objeto Date definido pelo usuário.

Descrição:

Este método retorna o ano com quatro dígitos, de acordo com a hora universal.

Exemplo:

Este exemplo recupera o ano UTC completo atual no sistema do usuário:

```
//Create the date object
myDate = new Date( );
//Retrieve the information
theUTCFullYear = myDate.getUTCFullYear( );
//Display the information
trace(theUTCFullYear);
```

getUTCHours( )

Disponibilidade: Flash Player 5

Gabarito genérico: *Data*.getUTCHours();

Limite:

Data – Um objeto Date definido pelo usuário.

Descrição:

Este método retorna as horas, de acordo com a hora universal.

Exemplo:

Este exemplo recupera a hora UTC atual no sistema do usuário:

```
//Create the date object
myDate = new Date( );
//Retrieve the information
theUTCHour = myDate.getUTCHours( );
//Display the information
trace(theUTCHour);
```

getUTCMilliseconds( )

Disponibilidade: Flash Player 5

Gabarito genérico: *Data*.getUTCMilliseconds( );

Limite:

Data – Um objeto Date definido pelo usuário.

Descrição:

Este método retorna os milissegundos, de acordo com a hora universal.

Exemplo:

Este exemplo recupera o milissegundo UTC atual no sistema do usuário:

```
//Create the date object
myDate = new Date( );
//Retrieve the information
theUTCMillisecond = myDate.getUTCMilliseconds( );
//Display the information
trace(theUTCMillisecond);
```

getUTCMinutes( )

Disponibilidade: Flash Player 5

Gabarito genérico: *Data*.getUTCMinutes( );

Limite:

Data – Um objeto Date definido pelo usuário.

Descrição:

Este método retorna os minutos, de acordo com a hora universal.

Exemplo:

Este exemplo recupera o minuto UTC atual no sistema do usuário:

```
//Create the date object
myDate = new Date( );
//Retrieve the information
theUTCMinute = myDate.getUTCMinutes( );
//Display the information
trace(theUTCMinute);
```

getUTCMonth( )

Disponibilidade: Flash Player 5

Gabarito genérico: *Data*.getUTCMonth( );

Limite:

Data – Um objeto Date definido pelo usuário.

Descrição:

Este método retorna os segundos, de acordo com a hora universal.

Exemplo:
Este exemplo recupera o mês UTC atual no sistema do usuário:

```
//Create the date object
myDate = new Date( );
//Retrieve the information
theUTCMonth = myDate.getUTCMonth( );
//Display the information
trace(theUTCMonth);
```

getUTCSeconds( )

Disponibilidade: Flash Player 5

Gabarito genérico: *Data*.getUTCSeconds( );

Limite:

Data – Um objeto Date definido pelo usuário.

Descrição:

Este método obtém o dia do mês em uma forma numérica (1-31).

Exemplo:

Este exemplo recupera o segundo UTC atual no sistema do usuário:

```
//Create the date object
myDate = new Date( );
//Retrieve the information
theUTCSeconds = myDate.getUTCSeconds( );
//Display the information
trace(theUTCSeconds);
```

getYear( )

Disponibilidade: Flash Player 5

Gabarito genérico: *Data*.getYear( );

Limite:

Data – Um objeto Date definido pelo usuário.

Descrição:

Este método retorna o ano local completo menos 1900 (em outras palavras, o ano 1998 apareceria como 98).

Exemplo:

Este exemplo recupera o ano atual no sistema do usuário:

```
//Create the date object
myDate = new Date( );
//Retrieve the information
theYear = myDate.getYear( );
//Display the information
trace(theYear);
```

Métodos set

setDate( )

Disponibilidade: Flash Player 5
Gabarito genérico: *Data*.setDate(*valor*);
Limites:
> *Data* – Um objeto Date definido pelo usuário.
> *valor* – Um número entre 1 e 31 para especificar o dia do mês.

Descrição:
Este método define a data de um objeto Date.

Exemplo:
Este exemplo define a data do objeto Date:

```
myDate = new Date( );
mySetDate = myDate.setDate(12);
```

setFullYear( )

Disponibilidade: Flash Player 5
Gabarito genérico: *Data*.setFullYear(*ano*, [, *mês*[, *data*]]);
Limites:
> *Data* – Um objeto Date definido pelo usuário.
> *ano* – O ano que você gostaria de definir.
> *mês* – O mês que gostaria de definir (0-11).
> *data* – A data que gostaria de definir.

Descrição:
Este método define o ano completo de um objeto Date.

Exemplo:
Este exemplo define o ano de um objeto Date:

```
myDate = new Date( );
mySetFullYear = myDate.setFullYear(2002);
```

setHours( )

Disponibilidade: Flash Player 5
Gabarito genérico: *Data*.setHours(*valor*);
Limites:
> *Data* – Um objeto Date definido pelo usuário.
> *valor* – A hora para a qual deseja definir o objeto Date.

Descrição:
Este método define a hora de um objeto Date.

Exemplo:
Este exemplo define a hora de um objeto Date:

```
myDate = new Date( );
mySetHour = myDate.setHours(10);
```

setMilliseconds( )

Disponibilidade: Flash Player 5
Gabarito genérico: *Data*.setMilliseconds(*valor*);
Limites:
   Data – Um objeto Date definido pelo usuário.
   valor – O milissegundo para o qual deseja definir o objeto Date.
Descrição:
Este método define o milissegundo de um objeto Date.
Exemplo:
Este exemplo define o milissegundo de um objeto Date:

```
myDate = new Date( );
mySetMilliseconds = myDate.setMilliseconds(30);
```

setMinutes( )

Disponibilidade: Flash Player 5
Gabarito genérico: *Data*.setMinutes(*valor*);
Limites:
   Data – Um objeto Date definido pelo usuário.
   valor – O minuto para o qual deseja definir o objeto Date.
Descrição:
Este método define o minuto de um objeto Date.
Exemplo:
Este exemplo define o minuto de um objeto Date:

```
myDate = new Date( );
mySetMinutes = myDate.setMinutes(30);
```

setMonth( )

Disponibilidade: Flash Player 5
Gabarito genérico: *Data*.setMonth(*valor*);
Limites:
   Data – Um objeto Date definido pelo usuário.
   valor – O mês para o qual deseja definir o objeto Date (0-11).
Descrição:
Este método define o mês de um objeto Date.

Exemplo:
Este exemplo define o mês de um objeto Date para janeiro:

```
myDate = new Date( );
mySetMonth = myDate.setMonth(0);
```

setSeconds( )

Disponibilidade: Flash Player 5

Gabarito genérico: *Data*.setSeconds(*valor*);

Limites:

Data – Um objeto Date definido pelo usuário.

valor – O segundo para o qual deseja definir o objeto Date.

Descrição:
Este método define o segundo de um objeto Date.

Exemplo:
Este exemplo define o segundo de um objeto Date:

```
myDate = new Date( );
mySetSeconds = myDate.setSeconds(30);
```

setTime( )

Disponibilidade: Flash Player 5

Gabarito genérico: *Data*.setTime(*valor*);

Limites:

Data – Um objeto Date definido pelo usuário.

valor – A hora, em milissegundos, para a qual deseja definir o objeto Date.

Descrição:
Este método define a hora, em milissegundos, de um objeto Date.

Exemplo:
Este exemplo define a hora de um objeto Date:

```
myDate = new Date( );
mySetTime = myDate.setTime(45);
```

setUTCDate( )

Disponibilidade: Flash Player 5

Gabarito genérico: *Data*.setUTCDate(*valor*);

Limites:

Data – Um objeto Date definido pelo usuário.

valor – A data para a qual deseja definir o objeto Date (1-31).

Descrição:
Este método define a data UTC de um objeto Date.

Exemplo:
Este exemplo define a data UTC de um objeto Date:

```
myDate = new Date( );
mySetUTCDate = myDate.setUTCDate(2);
```

setUTCFullYear( )

Disponibilidade: Flash Player 5

Gabarito genérico: *Data*.setFullYear(*valor*[, *mês*[, *data*]]);

Limites:

Data – Um objeto Date definido pelo usuário.

ano – O ano que você gostaria de definir.

mês – O mês que gostaria de definir (0-11).

data – A data que gostaria de definir.

Descrição:
Este método define a data UTC de um objeto Date.

Exemplo:
Este exemplo define a data UTC de um objeto Date:

```
myDate = new Date( );
mySetUTCFullYear = myDate.setUTCFullYear(2002);
```

setUTCHours( )

Disponibilidade: Flash Player 5

Gabarito genérico: *Data*.setUTCHours(*hora*[, *minuto*[, *segundo*[, *milissegundo*]]])

Limites:

Data – Um objeto Date definido pelo usuário.

hora – A hora para a qual você deseja definir o objeto Date.

minuto – O minuto para o qual deseja definir o objeto Date.

segundo – O segundo para o qual deseja definir o objeto Date.

milissegundo – O milissegundo para o qual deseja definir o objeto Date.

Descrição:
Este método define a hora UTC de um objeto Date.

Exemplo:
Este exemplo define a hora UTC de um objeto Date:

```
myDate = new Date( );
mySetUTCHours = myDate.setUTCHours(2);
```

setUTCMilliseconds( )

Disponibilidade: Flash Player 5
Gabarito genérico: *Data*.setUTCMilliseconds(*valor*);
Limites:
> *Data* – Um objeto Date definido pelo usuário.
> *valor* – O número de milissegundos para o qual deseja definir o objeto Date.

Descrição:
Este método define os milissegundos UTC de um objeto Date.
Exemplo:
Este exemplo define o milissegundo UTC de um objeto Date:

```
myDate = new Date( );
mySetUTCMilliseconds = myDate.setUTCMilliseconds(12);
```

setUTCMinutes( )

Disponibilidade: Flash Player 5
Gabarito genérico: *Data*.setUTCMinutes(*minuto*[, *segundo*[, *milissegundo*]])
Limites:
> *Data* – Um objeto Date definido pelo usuário.
> *minuto* – O minuto para o qual deseja definir o objeto Date.
> *segundo* – O segundo para o qual deseja definir o objeto Date.
> *milissegundo* – O milissegundo para o qual deseja definir o objeto Date.

Descrição:
Este método define o minuto UTC de um objeto Date.
Exemplo:
Este exemplo define o minuto UTC do objeto Date:

```
myDate = new Date( );
mySetUTCMinutes = myDate.setUTCMinutes(12);
```

setUTCMonth( )

Disponibilidade: Flash Player 5
Gabarito genérico: *Data*.setUTCMonth(*mês*[, *data*])
Limites:
> *Data* – Um objeto Date definido pelo usuário.
> *mês* – O mês para o qual deseja definir o objeto Date.
> *data* – A data para a qual deseja definir o objeto Date.

Descrição:
Este método define o mês UTC de um objeto Date.

Exemplo:
Este exemplo define o mês UTC de um objeto Date:

```
myDate = new Date( );
mySetUTCMonth = myDate.setUTCMonth(10);
```

setUTCSeconds( )

Disponibilidade: Flash Player 5

Gabarito genérico: *Data*.setUTCSeconds(*segundo* [, *milissegundo*])

Limites:
> *Data* – Um objeto Date definido pelo usuário.
> *segundo* – O segundo para o qual deseja definir o objeto Date.
> *milissegundo* – O milissegundo para o qual deseja definir o objeto Date.

Descrição:
Este método define o segundo UTC de um objeto Date.

Exemplo:
Este exemplo define o segundo UTC de um objeto Date:

```
myDate = new Date( );
mySetUTCSeconds = myDate.setUTCSeconds(12);
```

setYear( )

Disponibilidade: Flash Player 5

Gabarito genérico: *Data*.setYear(*valor*)

Limites:
> *Data* – Um objeto Date definido pelo usuário.
> *valor* – O ano para o qual desejaria definir o objeto Date. Note que se for um número entre 0 e 99, o interpretador definirá a data com o prefixo "19" para 1900, ao invés de "20" para 2000.

Descrição:
Este método define o ano de um objeto Date.

Exemplo:
Este exemplo define o ano de um objeto Date:

```
myDate = new Date( );
mySetYear = myDate.setYear(2002);
```

Matemática

Métodos

abs
Disponibilidade: Flash Player 5
Gabarito genérico: Math.abs(*qualquerNúmero*);
Retorno: Um número
Limite:
   qualquerNúmero – Qualquer número viável.
Descrição:
Este método avalia e retorna um valor absoluto de *qualquerNúmero*. O valor absoluto de um número é a distância que ele está de zero, seja um número negativo, que está à esquerda de zero, ou um número positivo, que está à direita de zero. Por exemplo, os valores absolutos 10 e –10 são iguais, porque têm a mesma quantidade de números entre eles e zero.
Exemplo:
Este exemplo exibe o valor absoluto do 20 negativo:

```
trace(Math.abs(-10));
//output:   20
```

acos
Disponibilidade: Flash Player 5
Gabarito genérico: Math.acos(*número*);
Retorno: Um número
Limite:
   número – Qualquer número viável entre 1 e –1.
Descrição:
Este método avalia e retorna o arco seno do *número* em raios.
Exemplo:
Este exemplo exibe o arco seno do número 1:

```
trace(Math.acos(1));
//output:   0
```

asin
Disponibilidade: Flash Player 5
Gabarito genérico: Math.asin(*número*);
Retorno: Um número

Limite:

número – Qualquer número viável entre 1 e –1.

Descrição:

Este método avalia e retorna o arco seno do *número* em radianos.

Exemplo:

Este exemplo exibe o arco seno do número 1 na janela Output (Saída):

```
trace(Math.asin(1));
//output:  1.5707963267949
```

atan

Disponibilidade: Flash Player 5

Gabarito genérico: Math.atan(*qualquerNúmero*);

Retorno: Um número

Limite:

qualquerNúmero – Qualquer número viável.

Descrição:

Este método avalia e retorna o arco tangente de *qualquerNúmero* (o valor retornado está entre o pi negativo dividido por 2 e o pi dividido por 2).

Exemplo:

Este exemplo exibe o arco tangente do número 1 na janela Output (Saída):

```
trace(Math.atan(1));
//output:  0.785398163397448
```

atan2

Disponibilidade: Flash Player 5

Gabarito genérico: Math.atan2(*númA*, *númB*);

Retorno: Um número

Limites:

númA – Um número que representa a coordenada x de um ponto.

númB – Um número que representa a coordenada y de um ponto.

Descrição:

Este método avalia e retorna o arco tangente de *númA/númB*.

Exemplo:

Este exemplo exibe o arco tangente dos números 1 e 2:

```
trace(Math.atan(1,2));
//output:  0.463647609000806
```

ceil

Disponibilidade: Flash Player 5

Gabarito genérico: Math.ceil(*número*);

Retorno: Um número

Limite:

número – Qualquer número viável ou expressão que é avaliada como um número viável.

Descrição:

Avalia e retorna o maior número inteiro maior ou igual ao *número*. Em outras palavras, ceil irá arredondar constantemente os números para o número inteiro mais próximo.

Exemplo:

Este exemplo mostra como o método ceil funciona, arredondando automaticamente o número 5.2 e exibindo o resultado na janela Output (Saída):

```
trace(Math.ceil(5.2));
//output:   6
```

cos

Disponibilidade: Flash Player 5

Gabarito genérico: Math.cos(*ângulo*);

Retorno: Um número

Limite:

ângulo – Qualquer ângulo representado em radianos.

Descrição:

Este método avalia e retorna o coseno do *ângulo*, que é especificado em radianos. O resultado será um número com ponto flutuante entre –1 e 1.

Exemplo:

Este exemplo exibe o coseno de 1 na janela Output (Saída):

```
trace(Math.cos(1));
//output:   0.54030230586814
```

exp

Disponibilidade: Flash Player 5

Gabarito genérico: Math.exp(*exponente*);

Retorno: Um número

Limite:

exponente – Qualquer número viável.

Descrição:
Avalia e retorna o valor da base do logaritmo natural (e) à potência do *exponente*.

Exemplo:
Este exemplo exibe o logaritmo natural (e) à primeira potência:

```
trace(Math.exp(1));
//output:   2.71828182845905
```

floor

Disponibilidade: Flash Player 5

Gabarito genérico: Math.floor(*qualquerNúmero*);

Retorno: Um número

Limite:
  qualquerNúmero – Qualquer número viável ou expressão que é avaliada como um número viável.

Descrição:
Avalia e retorna o número inteiro mais próximo que é menor ou igual a *qualquerNúmero*.

Exemplo:
Este exemplo exibe o método Math.floor em ação:

```
trace(Math.floor(2.4));
//output:   2
```

log

Disponibilidade: Flash Player 5

Gabarito genérico: Math.log(*número*);

Retorno: Um número

Limite:
  número – Qualquer número viável maior que zero ou uma expressão que é avaliada como um número maior que zero.

Descrição:
Avalia e retorna o logaritmo natural do *número*.

Exemplo:
Este exemplo exibe o logaritmo natural do número 10:

```
trace(Math.log(10));
//output:   2.30258509299405
```

max

Disponibilidade: Flash Player 5

Gabarito genérico: Math.max(*númA*, *númB*);

Retorno: Um número
Limites:

númA, númB – Qualquer número viável ou expressão que é avaliada como um número.

Descrição:

Avalia e retorna o maior número entre *númA* e *númB*.

Exemplo:

Este exemplo exibe o maior dos dois números 10 e 15:

```
trace(Math.max(10,15));
//output:   15
```

min

Disponibilidade: Flash Player 5
Gabarito genérico: Math.min(*númA, númB*);
Retorno: Um número
Limites:

númA, númB – Qualquer número viável ou expressão que é avaliada como um número.

Descrição:

Avalia e retorna o menor número entre *númA* e *númB*.

Exemplo:

Este exemplo exibe o menor dos dois números 10 e 15:

```
trace(Math.min(10,15));
//output:   10
```

pow

Disponibilidade: Flash Player 5
Gabarito genérico: Math.pow(*número, exponente*);
Retorno: Um número
Limites:

número – Qualquer número viável.

exponente – O número que representa a potência dois à qual o *número* será elevado.

Descrição:

Este método avalia e retorna o *número* à potência do *exponente*.

Exemplo:

Este exemplo eleva o número 2 à quarta potência:

```
trace(Math.pow(2,4));
//output:   16
```

random

Disponibilidade: Flash Player 5

Gabarito genérico: Math.random( );

Retorno: Um número

Limites: Nenhum

Descrição:

O método avalia e retorna qualquer número com ponto flutuante entre 0 e 1.

Exemplo:

Este exemplo exibe um número com ponto flutuante entre 0 e 1 na janela Output (Saída):

```
trace(Math.random( ));
//output: a random number between 0 e 1
```

round

Disponibilidade: Flash Player 5

Gabarito genérico: Math.round(qualquerNúmero);

Retorno: Um número

Limite:

qualquerNúmero – Qualquer número viável.

Descrição:

Avalia e retorna *qualquerNúmero* arredondado para cima ou para baixo, com o número inteiro mais próximo.

Exemplo:

Este exemplo exibe como o método Math.round é usado:

```
trace(Math.round(2.4));
//output: 2
```

sin

Disponibilidade: Flash Player 5

Gabarito genérico: Math.sin(*ângulo*);

Retorno: Um número

Limite:

ângulo – Um ângulo representado em radianos.

Descrição:

Avalia e retorna o seno do *ângulo* em radianos.

Exemplo:

Este exemplo exibe o seno do número 1:

```
trace(Math.sin(1));
//output: 0.841470984807897
```

sqrt

Disponibilidade: Flash Player 5
Gabarito genérico: Math.sqrt(*número*);
Retorno: Um número
Limite:

> *número* – Qualquer número viável maior que zero ou uma expressão que seja avaliada como um número maior que zero.

Exemplo:
Este exemplo exibe a raiz quadrada do número 16 na janela Output (Saída):

```
trace(Math.sqrt(16));
//output:   4
```

tan

Disponibilidade: Flash Player 5
Gabarito genérico: Math.tan(*ângulo*);
Retorno: Um número
Limite:

> *ângulo* – Um ângulo representado em radianos.

Descrição:
Este método avalia e retorna a tangente do *ângulo* em radianos.

Exemplo:
Este exemplo exibe a tangente do número 1 na janela Output (Saída):

```
trace(Math.tan(1));
//output:   1.5574077246549
```

Constantes

Todas as constantes Math têm o mesmo gabarito genérico e serão analisadas nesta seção.
Disponibilidade: Flash Player 5
Gabarito genérico: Math.*constante*
Limites:

> *constante* – Um valor numérico que permanece constante e pode ser chamado usando o objeto Math. Eis as constantes Math:
>
> > Math.E – Esta constante é a base dos logaritmos naturais, expressada como e, e é aproximadamente igual a 2.71828.
> >
> > Math.LN2 – Esta constante é o logaritmo natural de 2, expressada como log2, e é aproximadamente igual a 0.69314718055994528623.

Math.LN10 – Esta constante é o logaritmo natural de 10, expressada como log10, e é aproximadamente igual a 2.3025850929940459011.

Math.LOG2E – Esta constante é o logaritmo de base 2 de Math.E, expressada como log2, e é aproximadamente igual a 1.442695040888963387.

Math.LOG10E – Esta constante é o logaritmo de base 10 de Math.E, expressada como log10, e é aproximadamente igual a 0.43429448190325181667.

Math.PI – Esta constante é o raio da circunferência de um círculo para seu diâmetro (ou metade de seu raio), expressada como pi. É aproximadamente igual a 3.14159265358979.

Math.SQRT1_2 – Esta constante é a recíproca da raiz quadrada de uma metade e é aproximadamente igual a 0.707106781186.

Math.SQRT2 – Esta constante é a raiz quadrada de 2 e é aproximadamente igual a 1.414213562373.

Objeto

Construtor new Object

Disponibilidade: Flash Player 5

Gabarito genérico: new Object(*valor*);

Limite:

valor – Qualquer expressão viável que será convertida em um objeto. Se for deixado em branco, um objeto vazio será criado.

Descrição:
Este construtor cria um objeto Object.

Exemplo:
Este exemplo cria um novo objeto:

```
MyObj = new Object( );
```

Métodos

AddProperty

Disponibilidade: Flash Player 6

Gabarito genérico: myObject.addProperty(*prop, get, set*);

Limites:

prop – Uma referência para a propriedade sendo criada.

get – É uma função que obtém o valor de *prop*.

set – É uma função que define o valor de *prop*. Se for definida para null, *prop* será considerada como de leitura apenas.

Retorno:

Este método retornará true se *prop* foi criada; do contrário, retornará false.

Descrição:

Este método cria uma propriedade GnS (get e set). Quando o interpretador atinge uma propriedade GnS, chama a função get e o valor de retorno da função torna-se um valor de *prop*. Quando o interpretador escreve uma propriedade GnS, chama a função set e transmite-lhe o novo valor como um limite. Quando a propriedade for escrita, irá sobrescrever qualquer versão anterior de si mesma.

Quando a função get é chamada, recupera qualquer tipo de dados, mesmo que os dados não coincidam com os da *prop* anterior.

A função set obtém os dados da função get e define-os para a *prop*, mesmo que signifique sobrescrever os dados existentes.

Exemplo:

Este exemplo mostra um uso do método Object.addProperty:

```
scrollBox.addProperty("scroll",   scrollBox.getScroll,
scrollBox.setScroll);
scrollBox.addProperty("maxscroll",   scrollBox.getMaxScroll, null);
```

registerClass

Disponibilidade: Flash Player 6

Gabarito genérico: Object.registerClass(*símbolo, classe*);

Limites:

símbolo – Uma referência para o identificador do clipe do filme ou da classe ActionScript.

classe – É uma referência para um construtor. Para cancelar o registro do símbolo, use null.

Retorno:

Este método retornará true se o registro da classe teve sucesso; retornará false do contrário.

Descrição:

Este método associa uma classe ActionScript a um símbolo de clipe do filme. Se o símbolo for inexistente, o interpretador criará um identificador de string e irá ligá-lo à classe.

Se o filme estiver na linha do tempo, ele será registrado na nova classe, ao invés da classe MovieClip. Isto ocorrerá para o clipe do filme se ele for colocado manualmente na cena ou com a ação attachMovie. E mais, se o clipe do filme identificado usar a ação duplicateMovieClip, este clipe do filme será colocado na classe, ao invés da classe MovieClip.

Se a classe for definida para null, o método registerClass removerá qualquer definição ActionScript restante da classe, mas os filmes na classe permanecerão intactos.

Finalmente, se um clipe do filme já estiver em uma classe quando for chamado, a classe anterior será sobrescrita.

Exemplo:

Este exemplo registra a classe ballClass com o símbolo ball (bola):

```
Object.registerClass("ball",ballClass);
```

toString

Disponibilidade: Flash Player 5

Gabarito genérico: *meuObjeto*.toString( );

Limite:

meuObjeto – Um objeto definido pelo usuário.

Descrição:

Este método retorna e converte um objeto em uma string.

Exemplo:

Este exemplo testa o método toString:

```
var myObj = new Object;
trace (typeof myObj);
//output: object
trace(typeof myObj.toString( ));
//output: string
```

unwatch

Disponibilidade: Flash Player 6

Gabarito genérico: *meuObjeto*.unwatch(*prop*);

Limites:

meuObjeto – Um objeto definido pelo usuário.

prop – Refere-se à propriedade do objeto que não deve mais ser observado.

Retorno:

Este método retornará true se a observação foi removida com sucesso; retornará false do contrário.

Descrição:

Este método remove um ponto de observação criado por um método watch de um objeto.

Exemplo:

Este exemplo irá parar de observar com unwatch o "valor" (value) da propriedade no componente CheckBox:

```
CheckBox( ) {
   this.unwatch("value")
}
```

valueOf

Disponibilidade: Flash Player 5

Gabarito genérico: *meuObjeto*.valueOf( );

Limite:

meuObjeto – Um objeto definido pelo usuário.

Descrição:
Este método retornará um valor primitivo de um objeto, a menos que o objeto não contenha um, neste caso, retornará o objeto em si.

Exemplo:
Este exemplo define o valor de um objeto para o número 4 e rastreia o valor deste novo objeto:

```
var myObj = new Object(4);
trace (myObj.valueOf( ));
//output:  4
```

watch

Disponibilidade: Flash Player 6

Gabarito genérico: *meuObjeto.watch(prop, callback, dados)*;

Retorno:

Este método retornará true se o ponto de observação foi criado com sucesso; retornará false do contrário.

Limites:

meuObjeto – Um objeto definido pelo usuário.

prop – Uma referência para a propriedade do objeto a observar.

callback – Este limite é uma função que será chamada quando a propriedade observada mudar. A forma do callback é callback(*prop, antigoValor, novoValor, dados*).

dados – Uma parte opcional dos dados ActionScript que é enviada para o método de callback. Se o parâmetro dos dados não estiver presente, o callback receberá um valor indefinido.

Descrição:
Este método define uma função de callback, que será chamada quando uma propriedade de um objeto ActionScript tiver mudado.

Os pontos de observação são atribuídos às propriedades para "manter um olho nelas" se o *antigoValor* e o *novoValor* não coincidirem. Se a propriedade for removida, o ponto de observação não será. O ponto de observação tem que ser limpo com um método unwatch. Apenas um ponto de observação por propriedade pode ser atribuído.

A maioria das propriedades ActionScript não pode ser observada, inclusive _x, _alpha, _height etc. É porque já são propriedades GnS.

Exemplo:
Este exemplo usa o componente RadioButton para definir e observar uma propriedade definida:

```
//Now make a constructor for and define the RadioButton class
function RadioButton( ) {
// then set the watch method
  this.watch ('value', function (id, oldval, newval)){
  }
}
```

Propriedades

proto

Disponibilidade: Flash Player 5

Gabarito genérico: myObject._proto_

Descrição:

Esta propriedade é uma referência para a propriedade de protótipo da função do construtor, que cria um objeto Object. A propriedade _proto_ é atribuída automaticamente a todos os objetos quando eles são criados. O interpretador usa _proto_ para acessar a propriedade de protótipo para descobrir quais propriedades e métodos podem ser herdados da classe.

Exemplo:

Neste exemplo, a propriedade _proto_ é usada para declarar a propriedade "name" (nome):

```
//Create the class
function myObj ( ) {
   this._proto_.name="Ball";
}
//Now create a new object from the myObj
theObj = new myObj( );
//Now trace the name of the new object you just created
trace(theObj.name);
```

Capítulo 30

Alternativas Flash

por George Gordon

Neste capítulo
- Flash sem custo: FLASHtyper
- Flash com custo baixo: SWiSH

Cobrimos muitas informações sobre o Flash MX neste livro. Acho que você concordaria que o Flash MX é, de longe, a ferramenta mais completa para criar o Flash no planeta. Porém, algumas vezes usar o Flash MX pode ser equivalente a atirar em um mosquito com um canhão. Muitas ferramentas de software estão disponíveis, podendo ser usadas para complementar seus esforços de desenvolvimento Flash. Consulte o Apêndice B, "Ferramentas do software SWF", para obter uma lista de muitas. Este capítulo cobre algumas das ferramentas de desenvolvimento do formato SWF sem custo/com custo baixo mais gerais.

Flash sem custo: FLASHtyper

Flash gratuito? Sim, está certo. Nossos amigos no FlashKit.com forneceram uma ferramenta on-line muito fácil de usar para criar arquivos Flash SWF simples rapidamente. Iremos para o site Web, http:/ /www.flashkit.com, agora e vejamos. O FlashKit.com é uma ótima comunidade do desenvolvedor e site de recursos para o Flash. Você poderá querer verificá-lo posteriormente para obter seus muitos outros recursos.

O nome da aplicação é **FLASH***typer*. Ela pode ser encontrada na barra de menu azul na parte superior da home page FlashKit.com. Selecione **FLASH***typer* para ir para a página Web **FLASH***typer*. O **FLASH***typer* é um gerador de efeitos de texto on-line e ferramenta de animação. Não é nada extravagante, mas é simples e rápido. Assim que você dominar o **FLASH***typer*, poderá criar vários arquivos SWF de animação de texto em uma questão de minutos.

Assine e conecte-se

Para usar a aplicação **FLASH***typer*, o FlashKit requer que você seja membro do site. Sob a aplicação está o que é conhecido como motor myFK. Isto permite que você individualize o **FLASH***typer* segundo seus gostos, armazenando sua seleção de fontes favoritas e efeitos de texto no site Web. A associação é gratuita. Selecione Sign Up Here! (Assine Aqui!) na página Web **FLASH***typer* para assinar. Assim que tiver assinado, terá a opção de executar um pequeno tutorial ou de prosseguir com a aplicação.

Depois de ter assinado na primeira vez, se você tiver cookies ativados em seu computador, o site Web irá levá-lo diretamente para o **FLASH***typer*. Simplesmente selecione Launch **FLASH***typer* Now (Inicializar **FLASH***typer* Agora) na página Web **FLASH***typer*. Se estiver longe de seu computador, poderá se registrar realmente a partir de qualquer computador no mundo que esteja conectado à Internet, usando seu nome de usuário e senha e terá acesso às suas definições.

Você pode estar se perguntando, por que desejo usar uma aplicação baseada na Internet? Bem, acontece que enquanto eu estava confortavelmente na praia, em um local inominável no Caribe, para umas férias *bem merecidas*, meu celular me trouxe de volta ao mundo real. Você acha que eu o deixaria em casa, ou pelo menos desligado, mas o que posso dizer? Sou um viciado em trabalho. Era o Sr. Big – o cara mais importante na editora – e ele teve a grandiosa idéia de que deseja inundar a Internet com um anúncio de banner fazendo publicidade deste livro. Graças a Deus ele não deseja inundar com mensagens todo mundo. (Redator, uma nota, por favor: remova esta última sentença. Não queremos dar ao Sr. Big mais nenhuma idéia brilhante.) Ele deseja que eu crie o anúncio de banner ASAP. Ele não se importa que eu esteja de férias, e que eu não trouxe meu notebook comigo (pelo menos achei que funcionaria – e sim, os chefes coléricos são assim). Consulte o chefe na história em quadrinhos *Dilbert*. Agora eu tenho duas opções:

- Embalo tudo e volto para casa, onde tenho todas as minhas ferramentas de software em meu computador para completar a tarefa.

Capítulo 30 – Alternativas Flash | 825

- Encontro um computador conectado à Internet, me conecto ao **FLASH**typer, completo rapidamente a tarefa e volto para a praia.

Difícil decisão. Você pode adivinhar minha escolha? Verifiquei com o porteiro do hotel e dirigi-me para o centro comercial do hotel.

Você poderá me acompanhar daqui a pouco, enquanto permito que se familiarize com o **FLASH**typer.

Tela da área de trabalho do FLASHtyper

Agora você está a apenas seis passos de distância de fazer sua primeira animação **FLASH**typer, mas primeiro façamos um tour na tela principal.

- **Text Box Attributes (Atributos da Caixa de Texto).** Indica o deslocamento de seu texto a partir do canto superior esquerdo da caixa de texto, assim como o tamanho da caixa de texto em pixels.
- **Load Movie (Carregar Filme).** Este menu permite que você forneça o URL de seu filme SWF e coloque-o diretamente no segundo plano, para exibir como o efeito do texto que está criando ficará quando importado para seu arquivo SWF.
- **High/Low (Alto/Baixo).** Esta alternância permite otimizar o **FLASH**typer para seu computador. A definição Low é para os antigos computadores.
- **Help (Ajuda).** Fornece acesso aos tutoriais on-line para o **FLASH**typer. Na época da composição deste livro, este e os outros links de ajuda (identificadas com "?") nesta aplicação não estavam funcionando. Porém, os tutoriais podem ser acessados através da página Web **FLASH**typer.
- **Text Editor (Editor de Texto).** Forneça o texto que deseja para seu efeito de texto.
- **Color Editor (Editor de Cores).** Selecione a cor a ser usada para seu texto.
- **BackColor Editor (Editor da Cor de Fundo).** Selecione a cor de fundo para sua caixa de texto.
- **FX Editor (Editor FX).** Selecione o efeito especial para seu texto.
- **Text Options Editor (Editor das Opções de Texto).** Selecione a fonte, o tamanho, o kerning e o espaçamento da linha de seu texto.
- **0,0 Corner (Canto 0,0).** É um ponto de referência representando o canto superior esquerdo da caixa de texto.
- **Drag Me GENERATE (Arraste Me GERAR).** Esta caixa de diálogo mostra o texto atual contido em sua caixa de texto, e permite que você altere o tamanho da caixa, altere o deslocamento do texto a partir do canto da caixa, inicialize a visualização e a geração de seu arquivo SWF.
- **Text Attributes (Atributos do Texto).** Esta janela está localizada no lado direito da tela e fornece uma visão do status atual de seus atributos de texto.

A partir desta tela principal, você tem vários painéis e menus à sua disposição, para criar sua animação de texto e fornecer uma exibição única de seu andamento (veja a Figura 30.1).

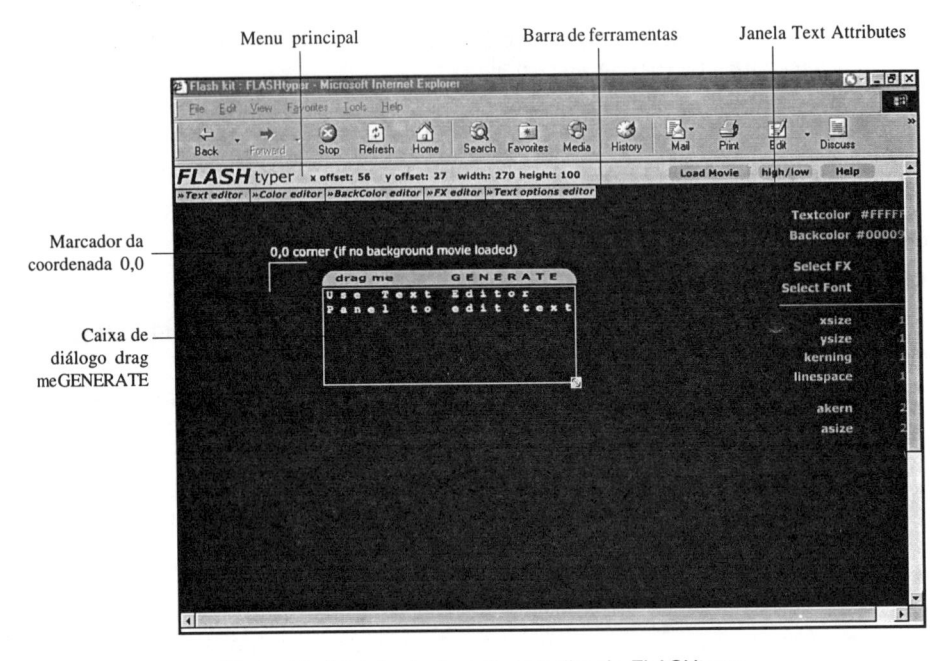

Figura 30.1 A tela da área de trabalho do FLASHtyper.

Antes de começarmos no projeto para o Sr. Big, iremos cobrir um item importante que não estaremos usando para este projeto, mas que você poderá achar útil em algum outro projeto – a saber, o menu Load Movie.

Load Movie

No menu principal, selecione Load Movie. O menu Load Movie permite que você forneça o URL de seu arquivo SWF e coloque-o diretamente no segundo plano, para exibir como o efeito do texto que está criando ficará quando for importado para seu arquivo SWF. Forneça o URL de seu arquivo SWF no campo URL. Então forneça a largura e a altura e clique em Upload (Transferir) (veja a Figura 30.2).

Figura 30.2 O menu Load Movie.

Seu arquivo SWF será levado para o segundo plano da tela. Se você não o tiver carregado na Internet ainda, ou simplesmente deseja verificar o tamanho relativo, então carregue o default, que carregará uma caixa azul para a comparação (veja a Figura 30.3).

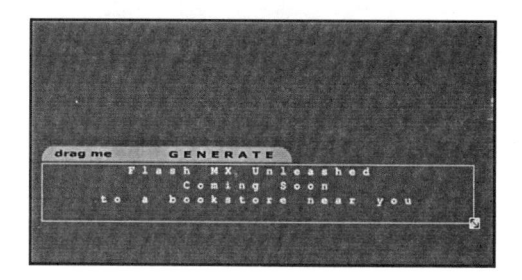

Figura 30.3 A caixa azul default, com a altura e a largura personalizadas em pixels.

Drag Me GENERATE

Agora comecemos o projeto do Sr. Big. A primeira coisa que precisaremos fazer é definir o tamanho de nosso espaço de trabalho. O Sr. Big deseja um anúncio de banner. Criaremos este anúncio de banner com 468 pixels de largura por 60 pixels de altura. Para isto, usaremos a caixa de texto identificada como Drag Me GENERATE, no meio da tela (veja a Figura 30.4).

Clique e pressione na pequena caixa no canto inferior direito da tela. Quando você mover esta caixa para esquerda e direita ou para cima e para baixo, a caixa de texto mudará de tamanho. Também notará os indicadores da largura e da altura na área Text Box Attributes mudando também, junto com seus movimentos. Continue ajustando a altura e a largura, até que tenha uma leitura de 468 de largura por 60 de altura. Agora criamos nossa caixa de texto.

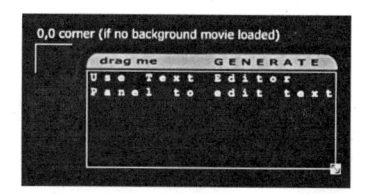

Figura 30.4 As definições defaults da caixa de texto Drag Me GENERATE.

Agora iremos orientar o texto em relação ao canto superior esquerdo do banner. Pegue a barra de título Drag Me e comece a mover a caixa de texto para o canto 0,0. Quando estiver fazendo isto, notará os indicadores de deslocamento x e y na área Text Box Attributes mudando junto com seus movimentos. Continue ajustando até que o indicador de deslocamento x informe 0 e o indicador de deslocamento y informe 8. Como fiz algumas destas definições antes, tenha uma noção do que será preciso para centralizar o texto na vertical. Quando você fizer alguns projetos próprios, poderá precisar lidar com estas definições, até que tenha a colocação certa de seu texto. Sua tela deverá agora se parecer com a mostrada na Figura 30.5.

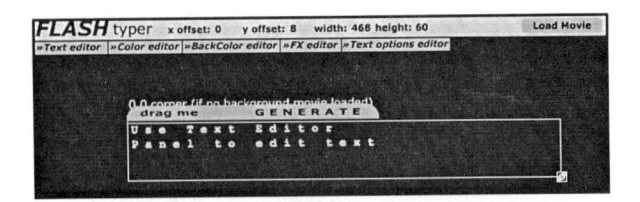

Figura 30.5 A caixa de texto Drag Me GENERATE toda definida para nosso projeto.

Agora continuemos a fornecer o texto.

Text Editor

A partir da barra de ferramentas, selecione Text Editor. O Text Editor permite que você forneça o texto que deseja para seu efeito de texto. Selecione-o clicando em Text Editor na barra de ferramentas. Primeiro, precisará limpar o texto. Poderá fazer isto destacando o texto na caixa de texto e pressionando o botão Delete em seu teclado, ou simplesmente clicando o botão Reset (Redefinir). Agora poderá fornecer o texto. Para este exercício, forneça o seguinte texto:

```
Flash MX Unleashed
Coming Soon
to a bookstore near you
```

Você poderá usar a tecla Return (Mac) ou Enter (Win) para fornecer diversas linhas de texto. O texto não terá uma quebra automática em sua caixa de texto e não ficará centralizado. Portanto, se quiser centralizar o texto, precisará ajustá-lo usando a barra de espaço. Seu texto deverá ficar parecido com o que é mostrado na Figura 30.6.

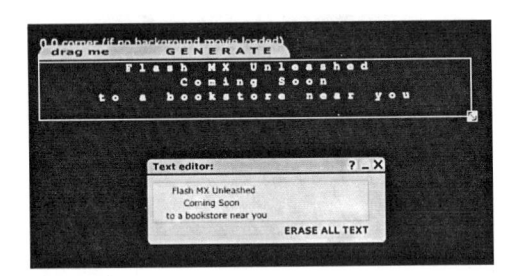

Figura 30.6 O Text Editor com seu texto fornecido.

Agora poderá fechar este editor. Antes de prosseguirmos com a escolha da cor da fonte, vejamos a janela Text Attributes.

Janela Text Attributes

A janela Text Attributes é muito parecida com a área Text Box Attributes na parte superior da tela. Esta janela está localizada no lado direito da tela. Está sempre aberta, e permite que você veja o status de seu projeto de uma só vez. Todas as informações que fornecerá através dos quatro menus próximos aparecerão imediatamente nesta janela de resumo. As informações serão bem claras quando revisar o conteúdo da janela (veja a Figura 30.7).

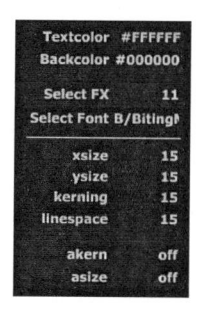

Figura 30.7 A janela Text Attributes.

Voltemos para o projeto agora e continuemos com o Color Editor.

Color Editor

Na barra de ferramentas, selecione Color Editor. O Color Editor permite que você selecione a cor a ser usada para seu texto. Irá selecioná-la clicando em Color Editor na barra de ferramentas. Este editor é parecido com muitos que você pode ter usado antes. Poderá escolher uma das cores padrões seguras da Internet na paleta ou poderá personalizar a cor desejada. Clique o botão no canto inferior direito do editor ao lado da amostra de cor, que exibe a cor selecionada atual. Isto alternará as barras de cursor vermelho, azul e verde para uma seleção precisa da quantidade de cada cor desejada. Estas seleções aparecerão automaticamente nas exibições R:, G: e B: no canto superior direito do editor. A cor também é exibida em HEX: no lado direito ao meio do editor. No momento, como o Sr. Big não especificou nenhuma preferência da cor, iremos simplesmente escolher suas favoritas – preto e branco. Portanto, deixe a cor da fonte branca. As definições deverão ficar parecidas com o que é mostrado na Figura 30.8.

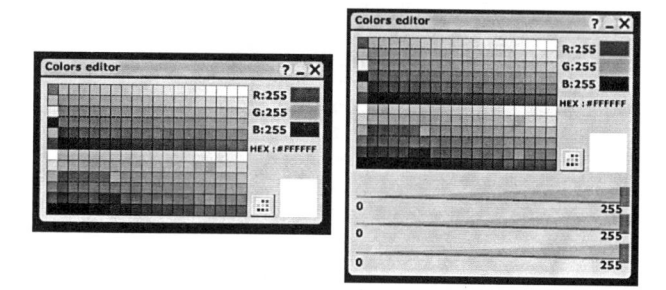

Figura 30.8 O Color Editor para selecionar a cor da fonte.

Agora você poderá fechar este editor e continuaremos com a escolha da cor do segundo plano.

BackColor Editor

Na barra de ferramentas, selecione BackColor Editor. O BackColor Editor permite que você selecione a cor do segundo plano para a caixa de texto. Poderá selecioná-la clicando em BackColor Editor na barra de ferramentas. Este editor é configurado de modo idêntico ao Color Editor. Manterei isto pequeno, porque a praia me espera. Novamente, com o Sr. Big em mente, iremos escolher o preto, selecionando a pequena amostra quadrada no canto inferior esquerdo da exibição da cor. As definições deverão ficar como o que é mostrado na Figura 30.9.

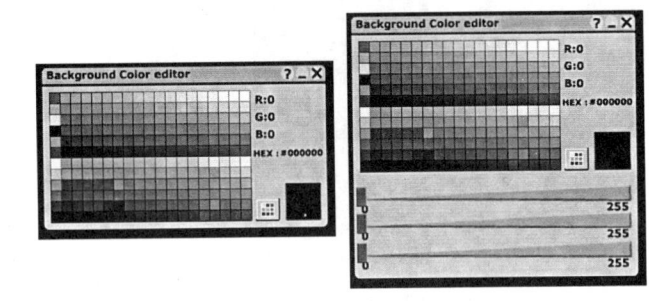

Figura 30.9 O BackColor Editor para selecionar a cor do segundo plano.

Agora você poderá fechar este editor e prosseguiremos com a seleção de um efeito especial para nosso anúncio de banner. Você pode acreditar em como isto é simples? Estamos na metade do caminho para completar nosso projeto para o Sr. Big.

FX Editor

Na barra de ferramentas, selecione FX Editor. Com o FX Editor, poderemos selecionar o efeito especial para o texto. Clique no efeito especial desejado e ele será visto na tela. Se quiser ver uma visualização maior, clique em Big Preview (Visualização Grande). Para este exercício, selecione Fold In and Out (Dobrar Para Dentro e Para Fora) (veja a Figura 30.10). É tudo. Estamos prontos para ir para a próxima etapa.

Figura 30.10 O FX Editor para selecionar os efeitos do texto.

Porém primeiro, eis algumas outras seleções disponíveis para o FX Editor (não iremos usá-las para o projeto do Sr. Big):

- **Botão Edit (Editar).** Permite que você reorganize ou apague os efeitos do seu perfil myFK de favoritos.
- **Botão Add More (Adicionar Mais).** Permite que selecione uma grande variedade de efeitos de texto em categoria, a partir da biblioteca de efeitos sempre crescente. Na época da composição deste livro, o número estava acima de 150. O FlashKit às vezes tem debates para os construtores que enviam seus efeitos recém-criados. Se você quiser criar seu próprio efeito para o envio, o FlashKit tem um programa de construção gratuito chamado SDK disponível para o carregamento.
- **Botão Refresh List (Renovar Lista).** Assim que você tiver feito sua seleção do novo efeito que deseja adicionar e voltar para o FX Editor, este botão renovará seu perfil myFK com sua nova seleção.

Feche o FX Editor e continuemos com a escolha das opções do texto.

Text Options editor

Na barra de ferramentas, selecione o Text Options editor. O Text Options editor permite que você selecione uma fonte TrueType, o tamanho da fonte, o kerning e o espaçamento da linha para seu texto. Como tenho o Sr. Big nos meus calcanhares, voto na fonte "Biting My Nails". Uma amostra da fonte é exibida na tela (veja a Figura 30.11). Perfeito. Você poderá mudar o tamanho, o kerning e o espaçamento da linha se quiser; mas agora, ficaremos com os defaults. Estamos prontos para ir para a próxima etapa.

Figura 30.11 O Text Options editor.

Porém primeiro, eis algumas outras seleções disponíveis no Text Options Editor:

- **Botão Edit.** Permite que você reorganize ou apague as fontes TrueType do seu perfil myFK de favoritos.

832 | *Dominando Macromedia Flash MX*

- **Botão Add More.** Permite que selecione várias fontes TrueType em categoria. Na época da composição deste livro, o número estava acima de 1.300.
- **Botão Refresh List.** Assim que tiver feito sua seleção de uma nova fonte TrueType que deseja adicionar e tiver retornado para o Text Options Editor, este botão renovará seu perfil myFK com sua nova seleção.

Feche o Text Options Editor e continue com a geração de nosso anúncio de banner.

Generate

Finalmente, estamos prontos. Tudo foi ajustado e está perfeito. Agora estamos prontos para gerar nosso anúncio de banner. Clique na ficha Generate (Gerar) na caixa de texto Drag Me GENERATE. Você poderá clicar em Play>> (Reproduzir>>) para testar a animação do texto (veja a Figura 30.12).

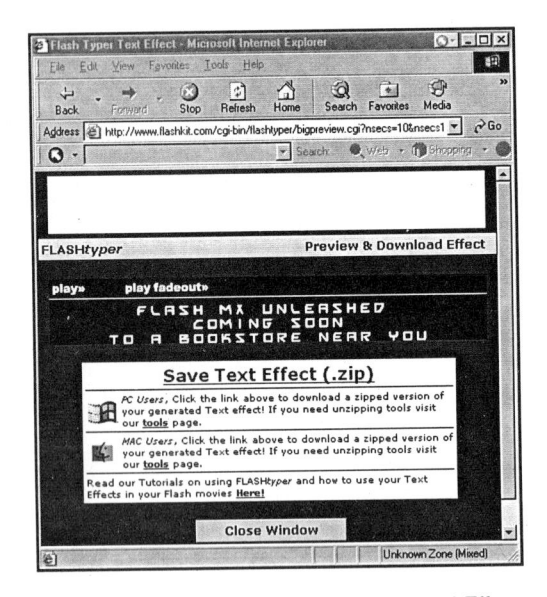

Figura 30.12 A janela Preview & Download Effect.

Se você estiver satisfeito, então clique em Save Text Effect (.zip) (Salvar Efeito do Texto (.zip)) no meio da janela. Isto abrirá a janela Downloading Your Flash Typer Creation! (Carregando Sua Criação de Digitação Flash!) (veja a Figura 30.13).

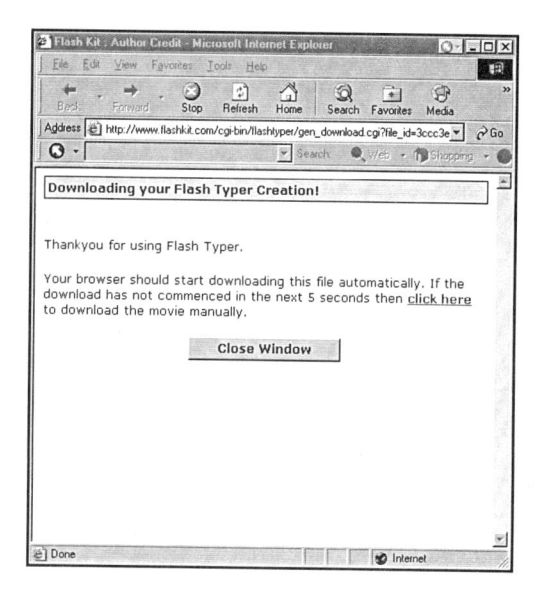

Figura 30.13 A janela Downloading Your Flash Typer Creation!.

Se não começar a ser carregada em alguns segundos, pressione Clik Here (Clicar Aqui) para carregar o filme manualmente. Na caixa de diálogo File Download (Carregar Arquivo), selecione Save (Salvar) (veja a Figura 30.14).

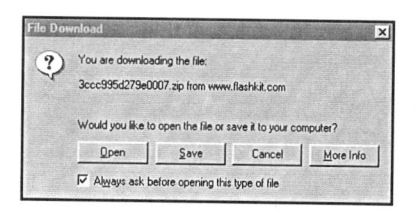

Figura 30.14 A caixa de diálogo File Download.

Na caixa de diálogo Save As (Salvar Como), escolha um diretório para gravar o arquivo e então clique em Save. Isto gravará o arquivo em seu diretório especificado.

O arquivo agora está carregado em seu diretório especificado. Terá um nome de arquivo com 16 caracteres muito complicado no formato ZIP. Quando o descompactar, terá dois arquivos. O primeiro é um preview.html. Abra este arquivo em seu navegador Web. Este arquivo fornecerá uma página Web HTML de amostra exibindo o arquivo SWF. Se você estiver no Internet Explorer, poderá revisar o código-fonte incorporando seu arquivo SWF selecionando View (Exibir), Source (Fonte) (veja a Figura a 30.15).

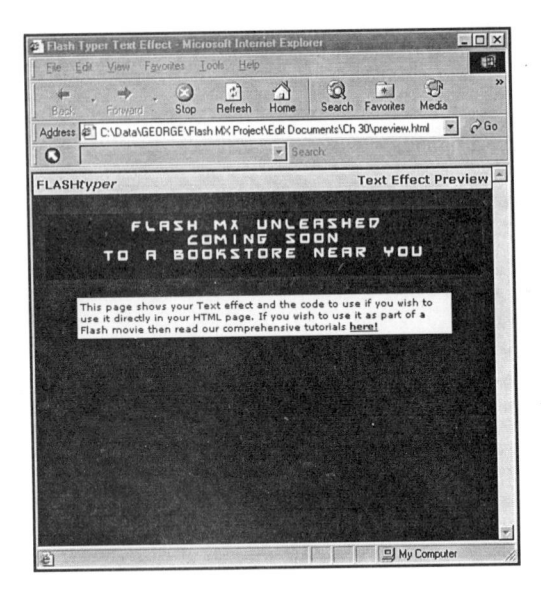

Figura 30.15 A janela FLASHtyper Text Effect Preview.

O segundo arquivo é FlashKitTE.swf. É seu arquivo Flash real. Prossiga e clique-o. O Flash Player será aberto e reproduzirá este novo arquivo Flash para você (veja Figura 30.16).

Poderá carregar este arquivo, FlashKitTE.swf, do site Web complementar Unleashed, localizado em http://www.flashmxunleashed.com, navegando para a seção Chapter 30.

Figura 30.16 O produto final – nosso anúncio de banner sendo reproduzido no Flash Player 6.

Conclusão do FLASHtyper

Terminamos a tarefa. O Sr. Big está contente e eu estou de volta à praia, com minha bebida decorada na mão. O **FLASH**typer salvou o dia!

Portanto, é tudo. Para uma aplicação on-line, acho que você terá que concordar que o **FLASH**typer é uma ferramenta muito poderosa e versátil. A única desvantagem para esta aplicação é que você não pode gravar o equivalente do arquivo FLA de seu trabalho como pode no Flash, e não pode armazenar seus arquivos SWF. Porém, poderá carregá-los. Como criar um projeto leva apenas um minuto ou dois, isto é realmente apenas uma inconveniência menor. Depois de experimentar o **FLASH**typer mais algumas vezes, deverá ser capaz de criar um arquivo SWF de animação de texto para seu site Web ou projetos do filme Flash, a partir de qualquer computador conectado à Internet, em apenas um minuto ou dois.

Agora que sabe como usar o **FLASH**typer, ligarei para você na próxima vez em que o Sr. Big tiver outra idéia brilhante. Ficarei na praia um pouco mais.

Capítulo 30 – Alternativas Flash | **835**

Flash com custo baixo: SWiSH

Muitas ferramentas estão disponíveis, sendo capazes de produzir arquivos Flash SWF. Várias podem ser compradas por um preço modesto. Algumas aplicações fornecem capacidades específicas, como criar arquivos Flash em 3D.

Esta parte do capítulo se concentra em uma das aplicações mais populares e gerais, chamada SWiSH, que pode ser comprada por menos de US$50.

Como qualquer aplicação, o SWiSH tem seus caluniadores e seguidores fiéis. A proporção para o SWiSH é praticamente a mesma para o Flash MX. Eis os principais conceitos que algumas pessoas têm:

- Não vem em uma versão para os computadores Macintosh.
- É simples demais ou não é robusto.
- Problemas com a proteção, suporte e erro do software.

Estes tipos de problemas surgirão de fato em qualquer tipo de produto de software. Você verá preocupações em uma faixa total, em ambos os extremos. Mesmo em uma linha de produtos, há aqueles que preferem a antiga versão à mais recente, como é o caso com o Macromedia Flash 5 e o MX.

Porém, diferente da Macromedia, a DJJ Holdings Pty. Ltd., a desenvolvedora do SWiSH, está atualmente mantendo ambas as versões disponíveis para seus clientes.

SWiSH 1.5

Minha primeira exposição ao SWiSH foi com a versão 1.5. Originalmente na versão 1.0, ele era uma ferramenta de animação de texto estrita parecida com o **FLASH**typer, mas então a versão 1.5 apareceu com novas capacidades significativas. Podia fazer gráficos e som, entre outras coisas, e muitas pessoas notaram, especialmente a etiqueta com o preço US$30. A aplicação tinha duas partes: Stage (Palco) e Application (Aplicação), como mostrado na Figura 30.17.

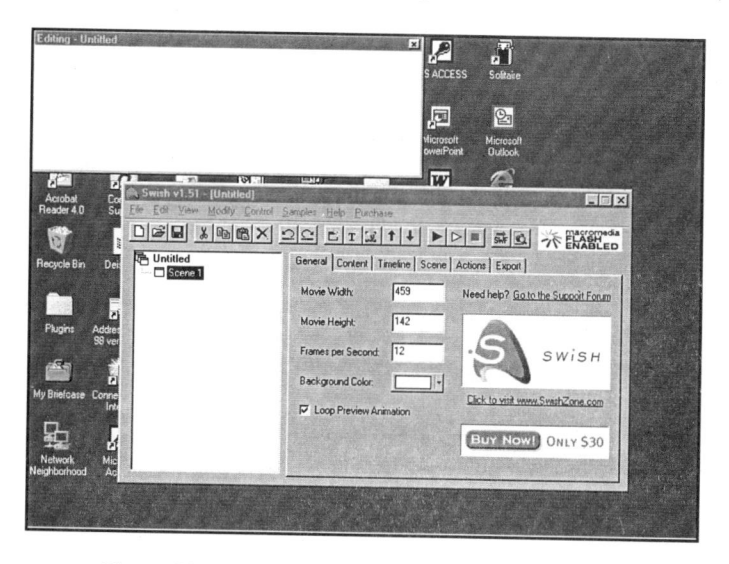

Figura 30.17 O SWiSH versão 1.5. As telas principais.

Tudo isto é apenas para que você conheça estas duas versões do SWiSH. Neste capítulo, porém, iremos nos concentrar no SWiSH versão 2.0.

SWiSH 2.0

Na versão 2.0, o SWiSH adotou uma aparência totalmente nova. Tudo agora é acessível a partir de uma tela principal. Há literalmente centenas de novos recursos. Não entrarei em detalhes aqui. É suficiente dizer que várias páginas seriam necessárias para fornecer uma visão geral de alto nível das melhorias (veja a Figura 30.18).

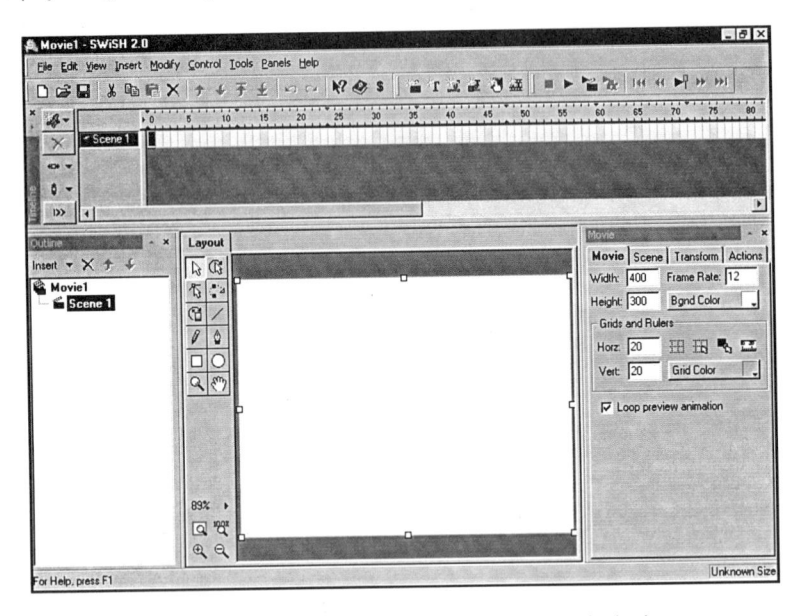

Figura 30.18 O SWiSH versão 2.0. A tela principal.

Quando eu estava me sentindo confortável na praia *pela segunda vez*, meu celular tocou de novo. Você acha que eu aprenderia a desligá-lo durante minhas férias. É o Sr. Big – novamente – entusiasmado com a rapidez com a qual fomos capazes de lidar com este anúncio de banner solicitado por ele. Ele chamou a equipe correndo, colocando o anúncio de banner em toda a Internet. E mais, notou que quando estava usando seu computador, os anúncios com janelas chatas e instantâneas continuavam aparecendo em sua tela. Isto, claro, deu-lhe a idéia de que "nós" devemos criar um anúncio com janela instantânea também (*nós* sendo você, eu e a equipe em casa). Naturalmente, desta vez ele tem idéias mais elaboradas. Deseja mais do que apenas texto; quer gráficos, som – e tudo o mais. Isto exclui usar o **FLASH**typer, que é ótimo para um ponto, mas tem seus limites. Portanto, tenho novamente duas opções:

- Embalar tudo e voltar para casa, onde tenho todas as minhas ferramentas de software em meu computador para completar a tarefa.
- Encontrar o que está disponível aqui no hotel.

Portanto, de volta ao centro comercial. Acontece que o SWiSH é mais popular do que eu pensava. O gerente do hotel comprou uma cópia e está usando-a. Ele concordou em permitir o uso de seu computador para completar a tarefa.

Como o Sr. Big deseja todos os "acessórios" para este anúncio instantâneo, irei para meu site FTP e irei transferir alguns arquivos dos quais precisaremos para este projeto para o site Web complementar Unleashed. Enquanto faço isto, você pode se familiarizar com o SWiSH 2.0.

Fundamentos

As animações SWiSH são compostas por vários elementos:

- **Filme.** Um filme consiste em uma ou mais cenas.
- **Cena.** Uma cena tem uma linha do tempo para aplicar os efeitos.
- **Linha do tempo.** Os objetos podem ser aplicados em uma linha do tempo. As linhas do tempo consistem em um ou mais quadros.
- **Quadros.** Um quadro é a unidade básica de uma linha do tempo.
- **Objetos.** Os objetos consistem em elementos como imagens, texto etc.
- **Efeitos.** Os efeitos se estendem em um ou mais quadros. Eles são controlados por eventos e ações.
- **Eventos.** Um evento pode liberar uma ou mais ações.
- **Ações.** As ações consistem em operações inicializadas por eventos.

Estes são os termos fundamentais básicos que compõem as animações SWiSH.

Interface do usuário

A interface do usuário permite controlar a aplicação SWiSH. A interface do usuário do SWiSH contém os seguintes componentes:

- **Menu principal.** Localizado na parte superior da tela da aplicação SWiSH. O menu principal permite que você selecione os comandos e as opções.
- **Barras de ferramentas.** As barras de ferramentas geralmente aparecem abaixo do menu principal. Elas podem ficar abertas, ser movidas na tela, minimizadas, fixadas ou fechadas totalmente. O SWiSH tem cinco barras de ferramentas: Standard (Padrão), Insert (Inserir), Control (Controle), Grouping (Agrupar) e Export (Exportar).
- **Painéis.** Os painéis controlam as várias opções e definições no ambiente SWiSH.
- **Caixa de ferramentas.** A caixa de ferramentas contém ferramentas que são comandos modais, que determinam o que ocorre durante os comandos de "clique" e de "arrastar o mouse" no espaço de trabalho. A caixa de ferramentas está localizada à esquerda do painel Layout.
- **Barra de status.** A barra de status indica o status atual na aplicação SWiSH.

O layout da janela de aplicação é bem simples (veja a Figura 30.19).

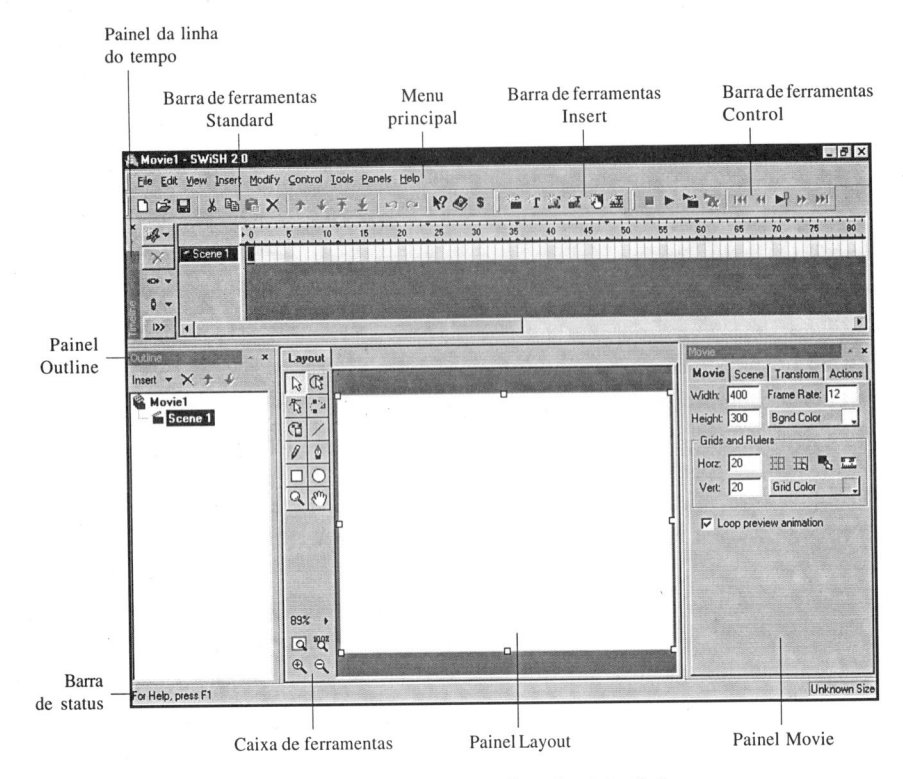

Figura 30.19 A janela de aplicação default do SWiSH com os componentes identificados.

Exercício do filme

Agora continuemos com o projeto instantâneo do Sr. Big. A primeira coisa que desejamos fazer é criar um novo arquivo SWiSH SWF (Ctrl+N) e gravá-lo como FMX_popup.swi (File [Arquivo], Save As). Verifique as definições para o filme no canto inferior direito da tela (veja a Figura 30.20). Desejamos a largura definida para 400 e a altura definida para 300. A velocidade de projeção deverá ser definida em 24 e a cor de fundo deverá ser branca. As grades horizontal e vertical deverão ser definidas para 20. Selecione o botão Show/Hide Grids (Exibir/Ocultar Grades), para que as linhas da grade apareçam no layout. Precisaremos delas para configurar nossos objetos na cena posteriormente. Marque a caixa de verificação Loop Preview Animation (Aplicar Loop na Animação da Visualização). Sua tela deverá se parecer com a Figura 30.20.

Como adicionar texto

Em seguida, desejamos colocar algum texto no painel Layout. Clique o botão Insert Text (Inserir Texto) na barra de ferramentas Insert ou selecione Insert, Text no menu principal. O painel no lado inferior direito da tela mudará para o painel Text e a palavra *Text* aparecerá no meio do painel Layout. Digite **FLASH** (Enter), **MX** (Enter) **Unleashed** na área de texto do painel Text. Quando fizer isto, as palavras aparecerão também no painel Layout. Agora precisará ajustar as definições para o texto. Selecione Arial para a fonte do tipo, defina o tamanho da fonte para 48, então selecione negrito e centralize o texto.

Capítulo 30 – Alternativas Flash | **839**

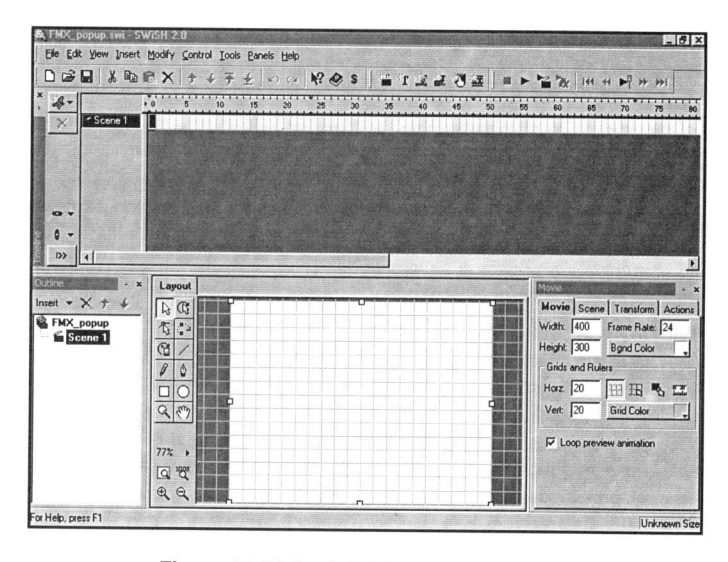

Figura 30.20 As definições do painel Movie
e as linhas da grade no painel Layout.

Agora adicionaremos um efeito especial ao texto. Clique no texto no painel Layout para selecioná-lo. Então clique com o botão direito do mouse e selecione Effect (Efeito), Blur (Mancha). O painel Blur Settings (Definições da Mancha) aparecerá. Deixaremos as definições defaults, portanto, selecione Close (Fechar). Clique no efeito de mancha recém-criado na linha do tempo e mova-a em um quadro para a direita (veja a Figura 30.21).

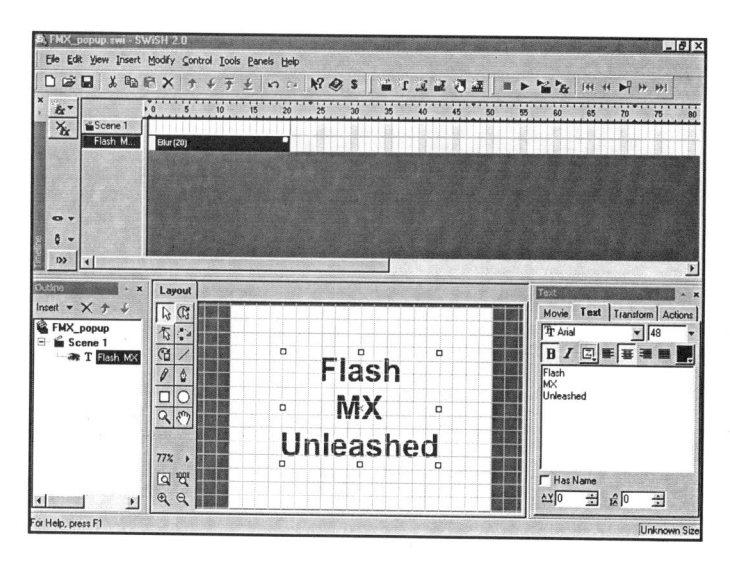

Figura 30.21 O painel Layout com o texto
e os efeitos especiais adicionados.

Note que o painel Outline (Contorno) no lado inferior da tela agora tem uma camada de texto adicionada à cena 1. Note também a camada de texto com o efeito de mancha começando no quadro 1 da linha do tempo.

Como adicionar imagens

Agora desejamos adicionar uma imagem ao filme instantâneo. Carregue o arquivo FMX_book_cover.jpg do site Web complementar Unleashed, localizado em http://www.flashmxunleashed.com, navegando para a seção Chapter 30.

Agora iremos adicionar a imagem ao painel Layout. Clique o botão Insert Image (Inserir Imagem) na barra de ferramentas Insert ou selecione Insert, Image no menu principal. O painel no lado inferior direito da tela mudará para o painel Shape (Forma) e uma imagem do livro *Flash MX Unleashed* aparecerá no meio do painel Layout. Clique no "livro" no meio do painel Layout e arraste-o para o canto superior esquerdo da tela. Deixe uma borda branca com cerca de 5 pixels em torno, a partir da margem. Agora coloque mais cinco cópias da imagem do livro na tela repetindo este processo. Agora temos a tela preenchida com as capas do livro. Você notará que cobriu o texto com os livros. Precisaremos que o texto fique por cima. Portanto, clique na camada de texto Flash MX Unleashed sob a cena 1 no painel Outline. Agora clique na caixa de texto no centro do painel Layout, então clique com o botão direito do mouse e selecione Order (Ordem), Bring to Front (Trazer para Frente). Isto trará o texto de volta para cima das capas do livro. Sua tela deverá agora se parecer com a Figura 30.22.

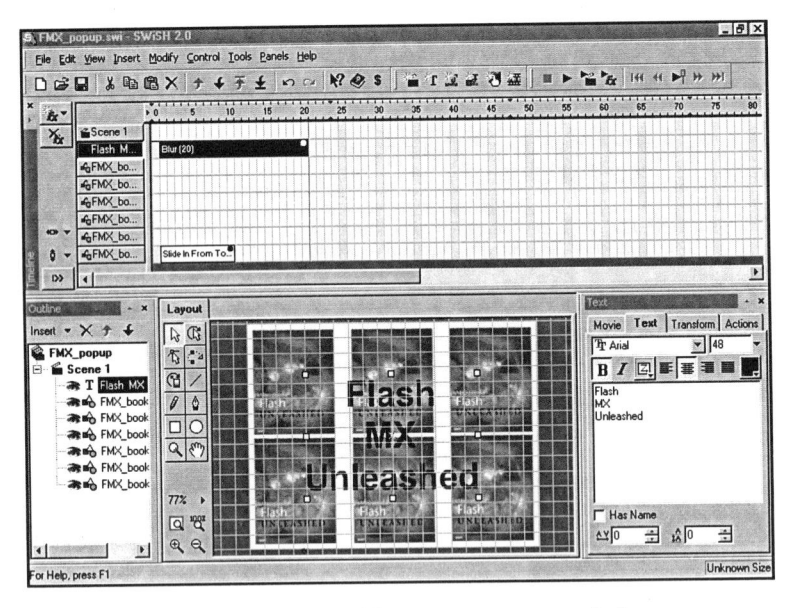

Figura 30.22 O painel Layout com as capas do livro adicionadas e a camada de texto movida para cima.

Observe que quando você moveu a camada de texto para frente, ela também se moveu da parte inferior da pilha de camadas para o início da pilha no painel Outline.

Grave este arquivo clicando em Save (Ctrl+S) no menu principal ou selecionando File, Save. Vejamos como está nosso filme. Clique em Play (Reproduzir) na barra de ferramentas Control ou selecione Control, Play Movie (Reproduzir Filme) no menu principal. É fácil criar efeitos de texto com o SWiSH.

Como adicionar efeitos especiais

Você já adicionou um efeito especial ao texto; agora iremos adicionar alguma "ação" às imagens da capa do livro. Clique na capa do livro no canto superior esquerdo do painel Layout, tendo cuidado para não selecionar a caixa de texto. Com esta capa selecionada, clique com o botão direito do mouse e selecione Effect, Slide In (Deslizar), From Top Left (a Partir da Esquerda Superior). A caixa de diálogo Slide In From Top Left Settings (Definições para Deslizar a Partir da Esquerda Superior) aparecerá no meio da tela. Deixe as definições default como estão e clique em Close. Clique no efeito especial recém-criado no painel Timeline (Linha do Tempo) e arraste-o para esquerda até o primeiro quadro. Selecione a mesma figura da capa do livro novamente, então clique com o botão direito do mouse e selecione Effect, Move (Mover). Isto abrirá a caixa de diálogo Move Settings (Definições do Movimento). Redefina a duração para 20 quadros. Clique o botão X Position (Posição X) e selecione Move Right By (Mover para Direita Em) e defina para 135. Clique o botão Y Position (Posição Y) e selecione Move Down By 75 (Descer em 75) (veja a Figura 30.23).

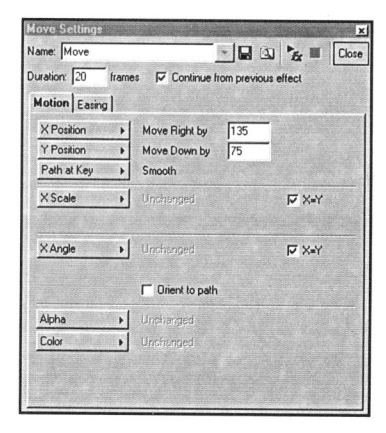

Figura 30.23 A caixa de diálogo Move Settings com as seleções feitas.

Feche esta caixa de diálogo e mova o efeito Move recém-criado para direita, para que o lado direito do efeito fique no quadro 42.

Selecione a próxima figura à direita na parte superior central da tela. Tenha cuidado para não selecionar a caixa de texto. Clique com o botão direito do mouse na imagem e selecione Effect, 3D Spin (Giro em 3D). Na caixa Name (Nome), use a lista suspensa para selecionar 3D Spin, Out of Nowhere (De Lugar Nenhum) (veja a Figura 30.24).

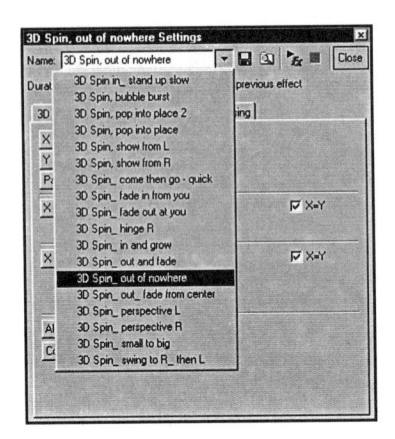

Figura 30.24 A caixa de diálogo 3D Spin Settings com a definição suspensa Name mostrando a seleção 3D Spin, Out of Nowhere.

Nota

Outros cinco efeitos – Transform (Transformar), Squeeze (Apertar), Alternate (Alternar), Snake (Puxar) e Explode (Explodir) – oferecem uma grande variação adicional no tema dos efeitos especiais básicos. Usando as muitas opções de definição disponíveis nos diversos menus em todos os efeitos, você poderá personalizar estes efeitos como quiser, de uma maneira quase ilimitada.

Deixe as definições default como estão e clique em Close. Mova o efeito 3D Spin, Out of Nowhere recém-criado para a esquerda, para que o lado direito do efeito fique no quadro 42.

Clique na próxima imagem da capa do livro no canto superior direito do painel Layout. Clique com o botão direito do mouse e selecione Effect, Explode. A caixa de diálogo Explode Settings (Definições da Explosão) será exibida no meio da tela. Deixe as definições default e clique em Close. Clique no efeito especial recém-criado no painel Timeline e arraste-o para a esquerda, para que o lado direito do efeito fique no quadro 38.

Clique na próxima imagem da capa do livro no canto inferior esquerdo do painel Layout. Clique com o botão direito do mouse e selecione Effect, Squeeze. A caixa de diálogo Squeeze Settings (Definições do Apertar) aparecerá. Na caixa Name, use a caixa suspensa para selecionar Squeeze_Spin. Deixe as definições default e clique em Close. Clique no efeito especial recém-criado no painel Timeline e arraste-o para a esquerda, para que o lado direito do efeito fique no quadro 31.

Clique na mesma imagem da capa do livro. Clique com o botão direito do mouse e selecione Effect, Move. A caixa de diálogo Move Settings aparecerá. Na caixa Name, use a caixa suspensa para selecionar Squeeze_Spin. Deixe as definições default como estão e clique em Close. Clique no efeito especial recém-criado no painel Timeline e arraste-o, para que o lado direito do efeito fique no quadro 42.

Clique na próxima imagem da capa do livro na área inferior central do painel Layout. Clique com o botão direito do mouse e selecione Effect, Snake. A caixa de diálogo Snake Settings (Definições do Puxar) aparecerá. Deixe as definições default e clique em Close. Clique no efeito especial recém-criado no painel Timeline e arraste-o para a esquerda, para que o lado direito do efeito fique no quadro 42.

Clique na próxima imagem da capa do livro no canto inferior direito do painel Layout. Clique com o botão direito do mouse e selecione Effect, Vortex (Redemoinho). A caixa de diálogo Vortex Settings (Definições do Redemoinho) aparecerá. Deixe as definições default e clique em Close. Clique no efeito especial recém-criado no painel Timeline e arraste-o para a esquerda, para que o lado direito do efeito fique no quadro 35. Vejamos como a tela deverá ficar agora (veja a Figura 30.25).

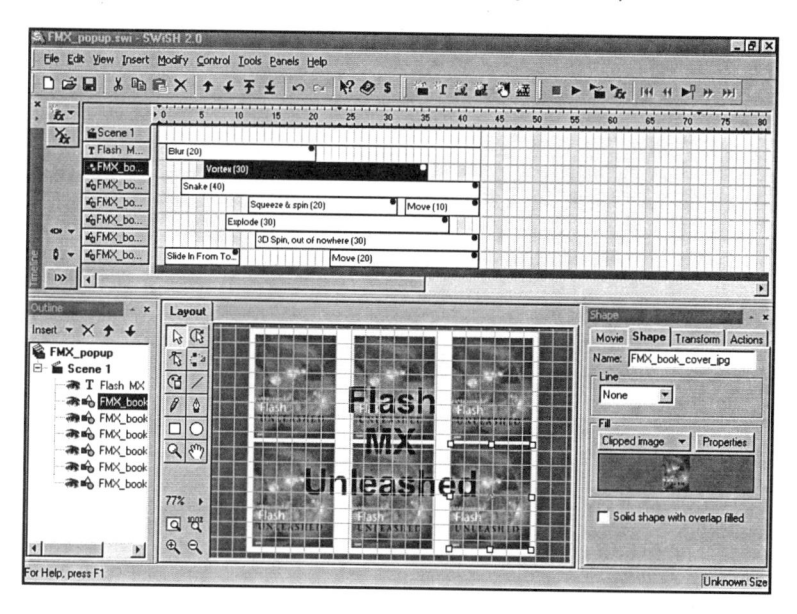

Figura 30.25 Todos os efeitos especiais carregados nas imagens da capa do livro.

Puxa! Foi muito trabalho. Mas note como fomos capazes de criar vários efeitos especiais em um período de tempo relativamente curto. Grave este arquivo novamente clicando em Save (Ctrl+S) no menu principal ou selecionando File, Save. Agora vejamos como está o filme. Clique em Play na barra de ferramentas Control ou selecione Control, Play Movie no menu principal. Agora você verá uma amostra dos efeitos atraentes que poderá criar facilmente com o SWiSH.

Como adicionar som

Continuemos com o projeto para o Sr. Big adicionando algum som ao filme. Para isto, criei um arquivo MP3. Você poderá carregar o arquivo, New3.mp3, a partir do site Web complementar Unleashed, localizado em http://www.flashmxunleashed.com, navegando para a seção Chapter 30.

No painel Timeline, clique no quadro 1 na cena 1. Então clique com o botão direito do mouse e selecione Play Sound (Reproduzir Som). Isto ativará o painel Actions (Ações) no canto inferior direito da tela. Clique o botão Import e encontre o arquivo New3.mp3 carregado do site Web (veja a Figura 30.26).

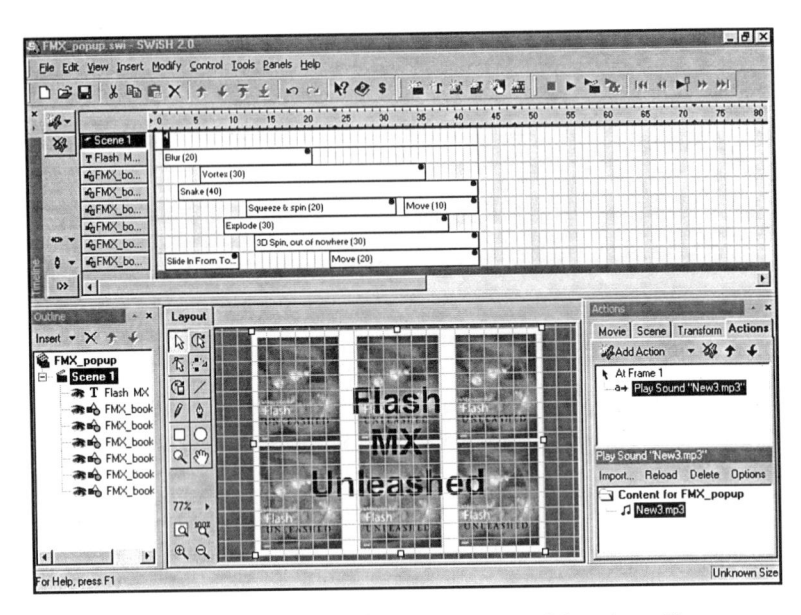

Figura 30.26 O arquivo de som New3.mp3 adicionado ao filme.

Observe que o filme New3.mp3 agora está anexado ao quadro 1 no painel Actions. Note também o pequeno ícone de alto-falante no quadro 1 da cena 1 da linha do tempo.

Grave este arquivo novamente clicando em Save (Ctrl+S) no menu principal ou selecionando File, Save. Agora vejamos como o filme "soa". Clique em Play na barra de ferramentas Control ou selecione Control, Play Movie no menu principal. Os efeitos de som são facilmente anexados a um filme SWiSH e adicionam uma dimensão extra.

A próxima coisa que desejaremos fazer é encorajar o observador de nosso anúncio instantâneo a comprar o livro. Crie uma nova cena para o filme clicando em FMX_popup no painel Outline e então selecionando Insert Scene (Inserir Cena) na barra de ferramentas Insert ou selecionando Insert, Scene no menu principal. Opa, o que aconteceu? Tudo desapareceu. Não se preocupe, tudo na primeira cena está ainda intacto. Clique na cena 1 no painel Outline e verá que tudo ainda está como deveria. Agora clique na cena 2 para começar a construir a mensagem de "compra".

Primeiro, iremos adicionar algum texto ao painel Layout. Clique o botão Insert Text na barra de ferramentas Insert ou selecione Insert, Text no menu principal. O painel no canto inferior direito da tela mudará para o painel Text e a palavra *Text* aparecerá no meio do painel Layout. Digite **BUY** (Enter) **NOW** (Enter) na área de texto do painel Text. Selecione Arial para a fonte do tipo, defina o tamanho da fonte para 72, então selecione negrito e centralize o texto.

Clique no texto no painel Layout para selecioná-lo. Então clique com o botão direito do mouse e selecione Show (Exibir). Este efeito exibirá imediatamente o texto na tela.

Em seguida, desejamos adicionar outra cópia da capa do livro, para permitir que os observadores saibam que queremos que eles comprem. Agora iremos adicionar a imagem ao painel Layout. Clique o botão Insert Image na barra de ferramentas Insert ou selecione Insert, Image no menu principal. O painel no canto inferior direito da tela mudará para o painel Shape e uma imagem do livro *Flash MX Unleashed* aparecerá no meio do painel Layout. Clique no "livro" no meio do painel Layout.

Clique na camada de texto Flash MX Unleashed sob a cena 1 no painel Outline. Agora clique na caixa de texto no centro do painel Layout, então clique com o botão direito do mouse e selecione Order, Bring to Front. Isto trará o texto para cima das capas do livro.

Clique na imagem da capa do livro no centro do painel Layout. Clique com o botão direito do mouse e selecione Effect, Transform. A caixa de diálogo Transform Settings (Definições da Transformação) aparecerá. Defina a duração para 30 e clique em Close. Clique no efeito especial recém-criado no painel Timeline e arraste-o para que o lado esquerdo do efeito fique no quadro 1.

Clique na camada de texto BUY NOW sob a cena 2 no painel Outline. Agora clique na caixa de texto no centro do painel Layout, então clique com o botão direito do mouse e selecione Order, Bring to Front. Isto trará o texto para cima da capa do livro. Sua tela agora deverá se parecer com a Figura 30.27.

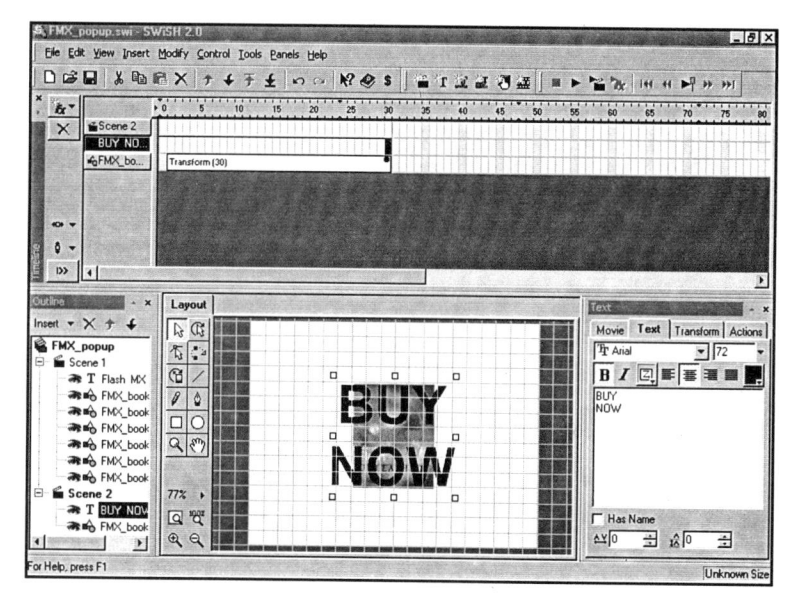

Figura 30.27 A caixa de texto agora está acima.

Você notará que o painel Outline mostra seu trabalho em uma forma de contorno fácil de entender. Vejamos como o filme está acompanhando. Clique em Play na barra de ferramentas Control ou selecione Control, Play Movie no menu principal. Note que embora tudo mais na cena 1 seja limpo quando a cena 2 começa, o arquivo de som continua a se reproduzir. Você poderá parar o som quando continuar na outra cena, mas neste caso queremos que ele continue, portanto, deixe-o como está.

Grave o arquivo novamente clicando em Save (Ctrl+S) no menu principal ou selecionando File, Save.

Agora temos nossos observadores prontos para comprar o livro, mas não oferecemos nenhuma maneira de comprá-lo. Precisamos fornecer-lhes os meios para irem para o site Web Sams para comprar o livro. Faremos isto criando um botão. É fácil de fazer no SWiSH.

Como adicionar um botão

Poderemos criar um botão real na tela ou transformar uma área no painel Layout em um botão. Ficaremos com a última opção.

Selecione o texto BUY NOW, clique com o botão direito do mouse e selecione Convert (Converter), Convert to Button (Converter em Botão). Você notará no painel Outline que todos os estados do botão foram formados automaticamente. Agora vá para o painel Actions e selecione o menu Actions. Clique o botão Add Event (Adicionar Evento) e selecione On Press (Ao Pressionar). Agora o botão se converterá em Add Action (Adicionar Ação). Selecione Goto URL (Ir para URL). O campo URL será aberto. Digite **http://www. samspublishing.com** no campo URL e pressione Enter. O URL será adicionado ao nosso script. Você conseguiu (veja a Figura 30.28)! Agora temos um link com o site Web Sams onde o observador (agora *comprador*) poderá ir para a área de compra e comprar o livro. Precisaremos adicionar mais um evento. Clique em Add Event e selecione On Release (Ao Liberar). Então clique em Add Actions e selecione Stop (Parar). Isto irá parar o filme quando for para o site Web. Do contrário, ele continuará se reproduzir.

Figura 30.28 O painel Actions com um link de URL com o site Web Sams Publishing.

Grave este arquivo novamente clicando em Save (Ctrl+S) no menu principal ou selecionando File, Save.

Vejamos como o filme terminado fica. Desta vez usaremos o Flash Player. Pressione File, Test (Testar), In Player (No Player). Nosso anúncio instantâneo parecerá um pouco menos impressionante no Flash Player. Agora notará que quando colocar seu cursor sobre o texto BUY NOW, ele mudará para um modo de seleção. Clique-o. Se você estiver conectado à Internet, irá para o site Web Sams Publishing. Muito bom. As figuras 30.29 e 30.30 mostram como são as cenas 1 e 2 no Flash Player.

Capítulo 30 – Alternativas Flash | **847**

Figura 30.29 A cena 1 mostrada no Flash Player 6.

Figura 30.30 *A cena 2 mostrada no Flash Player 6.*

Há ainda algumas coisas que precisaremos fazer com nosso projeto de filme Flash instantâneo antes de enviá-lo para o Sr. Big. Precisaremos ver o tamanho do arquivo para assegurar que não levará tempo demais para ser carregado. Selecione File, Test, Report (Relatório). Na caixa de diálogo Details (Detalhes), clique em Maximize (Maximizar) para exibir o relatório no modo de tela cheia. O relatório é mostrado aqui:

```
Filename:    FMX_popup.swf
Version:     SWF4
File length:    94848  bytes
Frame size:  400 x 300 pixels
Frame rate:  24.00  frames/sec
Total number of frames:  74 frames

-   Entire Movie  ----------------------
+       Header:    21 bytes
+       Shapes:       2        77 bytes
+       Images:       1      4749 bytes
+       Fonts:        2      1204 bytes
+       Texts:        2       125 bytes
+       Buttons:      1        89 bytes
```

```
+       Sounds:         1   82353  bytes
+       Actions:        1       5  bytes
+       PlaceTags:    325    6021  bytes
+       RemoveTags:    12      48  bytes
+       ShowFrames:    74     148  bytes
+       EndTag:         1       2  bytes
+       Others:         1       8  bytes
---------------------------------------
        Total:        423   94850  bytes

- Preload Before Movie ----------------
+       Others:         1       8  bytes
---------------------------------------
        Total:          1       8  bytes

- Scene #1 - Scene 1 ------------------
+       Shapes:         1      43  bytes
+       Images:         1    4749  bytes
+       Fonts:          2    1204  bytes
+       Texts:          1      78  bytes
+       Sounds:         1   82353  bytes
+       Actions:        1       5  bytes
+       PlaceTags:    294    5562  bytes
+       RemoveTags:    12      48  bytes
+       ShowFrames:    43      86  bytes
---------------------------------------
        Total:        356   94128  bytes

- Scene #2 - Scene 2 ------------------
+       Shapes:         1      34  bytes
+       Texts:          1      47  bytes
+       Buttons:        1      89  bytes
+       PlaceTags:     31     459  bytes
+       ShowFrames:    31      62  bytes
---------------------------------------
        Total:         65     691  bytes

- End ---------------------------------
+       EndTag:         1       2  bytes
---------------------------------------
        Total:          1       2  bytes

- Frame Lengths -----------------------

- Scene #1 - Scene 1 ------------------
    -Frame-      -Bytes-
          0         1206
          1        87374
          2          132
          3          144
          4          142
          5          141
          6          169
          7          167
          8          167
          9          194
         10          192
         11          183
```

Frame	Bytes
12	199
13	221
14	221
15	223
16	219
17	223
18	224
19	224
20	134
21	99
22	103
23	117
24	117
25	117
26	113
27	117
28	117
29	118
30	117
31	108
32	94
33	98
34	98
35	77
36	73
37	73
38	75
39	47
40	47
41	47
42	33

- Scene #2 -   Scene 2 ----------------

-Frame-	-Bytes-
0	225
1	19
2	17
3	17
4	17
5	17
6	17
7	17
8	17
9	17
10	17
11	17
12	17
13	17
14	17
15	17
16	17
17	17
18	17
19	17
20	17
21	17
22	17
23	17

```
           24          17
           25          17
           26          17
           27          17
           28          17
           29          17
           30          12
- End   ---------------------------
                        2
---------------------------------------
```

Observemos o relatório e vejamos o que ele mostra. As seis primeiras linhas mostram as informações básicas sobre o filme: o ID do arquivo, a versão SWF, a velocidade etc. Observe que o tamanho do arquivo é um pouco grande. Iremos investigar isto um pouco mais. Parece que o tamanho do arquivo vem do arquivo de som. Tudo mais é relativamente pequeno em comparação. Note que mesmo que tenhamos inserido várias instâncias da imagem da capa no filme, ela está sendo contado apenas uma vez. O SWiSH está tentando manter automaticamente o tamanho do arquivo pequeno. A cena 2 é realmente pequena, reutilizando de fato tudo que precisa da cena 1. O número de bytes requeridos nas cenas 1 e 2 também é descrito. A maioria do carregamento é colocada na cena 1, quadro 1, onde o som e a imagem gráfica são carregados. Você poderá experimentar o filme para ver se pode sugerir um arquivo MP3 menor para usar.

Agora feche a caixa de diálogo Details e selecione File, Export SWF (Exportar SWF) (Ctrl+E). Isto abrirá a caixa de diálogo Export to SWF (Exportar para SWF). Se você quiser mudar o nome de arquivo ou gravar em um diretório diferente, então prossiga e faça isto. Do contrário, simplesmente clique em Save. Agora criou o anúncio instantâneo Flash para o Sr. Big. Grave o arquivo SWI novamente, clicando em Save (Ctrl+S) no menu principal ou selecionando File, Save.

Como comunicar o SWiSH com os outros programas

Os arquivos SWF criados no SWiSH podem, com algumas exceções, ser usados em outros programas, como o Flash, o FrontPage 2000, o Dreamweaver e o PowerPoint. Este tópico não será tratado em profundidade aqui, a não ser para mencionar a possibilidade. Porém, você poderá encontrar um tutorial no SWiSH que explora este tópico em detalhes.

Conclusão do SWiSH

Novamente, terminamos a tarefa. O Sr. Big está contente, e seu estou de volta à praia, com outra bebida decorada na mão. Desta vez o SWiSH 2.0 salvou o dia!

Alguns arquivos SWI (em File, SAMPLES) são fornecidos com o SwiSH, mostrando a versatilidade da aplicação. O FlashKit.com também tem alguns arquivos SWiSH nos formatos SWI e SWF para o carregamento e a revisão. Vá para http://www.flashkit.com/movies/Third_Party/Swish/index.shtml.

O SWiSH não tem vários recursos que o Macromedia Flash MX tem, mas permite que você monte uma aplicação multimídia rapidamente. Assim que tiver a oportunidade de trabalhar com o SWiSH um pouco mais, provavelmente encontrará vários projetos para os quais o SWiSH é a ferramenta de desenvolvimento ideal.

Apêndice A

Links SWF

por George Gordon

Devido à popularidade do Flash, você encontrará muitos sites Web dedicados ao software. Eles são desenvolvidos e suportados por todos, desde os fãs individuais até corporações. Estes sites Web fornecem livros, salas de bate-papo, comunidades, arquivos, fóruns, ajuda, links, notícias, revistas eletrônicas, carregamentos, portais, recursos, revisões, código de amostra, armazenamentos, dicas, treinamento e tutoriais. Muito francamente, alguns sites são totalmente indescritíveis – com exceção de dizer que são Flash. É cansativo simplesmente pensar em tudo isto. Um conjunto muito grande de recursos espera por você.

Este apêndice e o Apêndice B, "Ferramentas do software SWF", fornecem uma coleção enorme de sites Flash na Net. Esta lista é multinacional. Vários sites Web estão em línguas estrangeiras. Se você precisar de uma página Web traduzida, poderá ir para a seguinte página Web para traduzi-la:

`http://world.altavista.com/tr/`

Nenhuma afirmação é feita para a qualidade ou a utilidade dos materiais nestes sites Web. Toda tentativa foi feita para fornecer uma lista completa o máximo possível. Alguns sites podem ter sido omitidos sem querer. Seguindo os links listados em muitos destes sites, você descobrirá muito mais sites, porque novos sites surgem praticamente todo dia. Devido à natureza da Internet, alguns destes sites podem estar temporariamente sem serviço ou ser retirados a qualquer momento.

Eis uma pequena explicação das informações que você encontrará na Tabela A.1:

- **Nome do site.** O nome do site Web.
- **Site Web.** O URL para o site Web.
- **Descrição.** Uma pequena descrição do conteúdo do site Web.
- **Nível de habilidade.** Uma estimativa do público-alvo do site Web.
- **Língua.** A língua nativa do site.

Muito trabalho foi feito nestes sites Web. Divirta-se!

Tabela A.1 Links SWF.

Nome do site	Site Web	Descrição	Nível de habilidade	Língua
Actionscripts.org	www.actionscripts.org/	A comunidade para os desenvolvedores Macromedia Flash em todos os níveis de habilidade. Oferece recursos, tutoriais e um meio de contato entre os desenvolvedores.	Todos	Inglês
Action-Script.com	www.action-script.com/	Notícias, tutoriais, armazenamento, eventos, fórum, circular e links.	Todos	Alemão
Altermind	www.altermind.org/	Tutoriais, circulares, sites e fórum.	Iniciante	Inglês
Asmussen Interactive	www.turtleshell.com/guide/	Tutoriais e links de recursos.	Todos	Inglês

Tabela A.1 (Continuação)

Nome do site	Site Web	Descrição	Nível de habilidade	Língua
Canfield Studios	www.canfieldstudios.com/flash3/	Amostras e links	Todos	Inglês
CBT Cafe	www.cbtcafe.com/	Tutoriais	Todos	Inglês
Chandesign.net	www.chandesign.net/	Tutoriais, notícias e links.	Todos	Alemão
Colin Moock	www.moock.org	O site de ajuda Flash de Colin Moock.	Avançado	Inglês
Cool Home Pages	www.coolhomepages.com	Você pode pesquisar um banco de dados para obter as melhores construções de home page na Net. Oferece uma seção enorme Flash, assim como painéis de mensagens e uma livraria.	Todos	Inglês
Cybercollege	www.cyber-college de	Tutoriais, livros, fórum, links e mais.	Todos	Alemão
Dreamweaver Fever!	dreamweaverfever.com/	Notícias	Todos	Inglês
EchoEcho	www.echoecho.com/flash.htm	Tutoriais, fóruns, uma revista eletrônica, ferramentas, recursos e referências.	Todos	Inglês
eDevBoards	http://www.edevboards.com/forumdisplay.php?forumid=18	Painéis de mensagem Flash e multimídia.	Todos	Inglês
Eflashy	www24.brinkster com/eflashy/	Tudo sobre o Flash em hebraico.	Todos	Hebraico
Evil Twin	www.eviltwin.co uk/	Notícias, links, arquivos FLA e diversos.	Todos	Inglês
Fast Files	www.geocities.com/thefastfiles/	Tutoriais e ActionScript.	Avançado	Inglês
Fay Studios	www.webpagetogo com/FS/WD/flashtutorials.html	Gabaritos, imagens, arte e diversos.	Iniciante	Inglês
FindTutorials.com	www.findtutorials.com	Uma lista de tutoriais Flash.	Todos	Inglês
Flahoo	www.flahoo.com/	Um diretório Flash, armazenamento e eventos.	Todos	Inglês

Tabela A.1 (Continuação)

Nome do site	Site Web	Descrição	Nível de habilidade	Língua
Flash 4 All	www.flash4all.de/	Tutoriais, sons, links e um fórum/board.	Todos	Ing/alem
Flash Official	www.flash.com	Envios para o www.macromedia.com/software/flash.	Todos	Inglês
Flasher.ru	flasher.ru/	Um site russo com fontes, tutoriais e fóruns.	Todos	Russo
Flash Files	www.flashfiles.cjb.net/	Referência, ferramentas, tutoriais, dicas e links diversas.	Todos	Inglês
FlashFilez.com	www.w3source.net/	Revisões de livros, fórum, links, referências, gabaritos e tutoriais.	Todos	Inglês
Flash Fruit	www.flashfruit.com/	Notícias, ActionScripts, carregamentos, recursos, tutoriais, clipart, gabaritos, sons, trabalho independente, extensões, complementos, ferramentas de terceiros, jogos, livraria, software, revistas, fóruns, entrevistas, seminários e diversos.	Todos	Inglês
Flashgeek	www.flashgeek.com/	Notícias, fórum, board e tutoriais.	Todos	Inglês
FlashGuru	www.flashguru.co.uk	Notícias, arquivos e tutoriais.	Todos	Inglês
Flash Kit	www.flashkit.com	O maior site da comunidade Flash na Web.	Todos	Inglês
Flashheaven	www.flashheaven.de/	Tutoriais, filmes, fórum, recursos, jogos, loja, sites, sons e fontes.	Todos	Ing/alem
FlashLite	www.flashlite.net	Notícias, tutoriais, carregamentos, recursos, comunidade e armazenamento.	Todos	Inglês
FlashMaestro Mail List	www.flashmaestro.fm/	Notícias, tutoriais e links.	Todos	Espanhol
Flashmagazine	www.flashmagazine.com/	Uma revista eletrônica sobre o Flash. Oferece artigos, tutoriais, aplicações, revisões e recursos.	Todos	Inglês

Tabela A.1 (Continuação)

Apêndice A – Links SWF

Nome do site	Site Web	Descrição	Nível de habilidade	Língua
FlashMove	www.flashmove.com	Uma comunidade de desenvolvedores de recursos Flash. Oferece um fórum, links, produtos, livros, dicas, calendário, notícias, circulares e eventos.	Todos	Inglês
Flashplein	www.flashplein.nl/	Tutoriais, FLAs, software, links, livros, artigos, fórum, sons e uma galeria.	Todos	Holandês
FlashPro	www.flashpro.nl/	Notícias, tutoriais, FLAs, recursos, livros, sites legais, projetos, loja e fórum.	Todos	Inglês
Flashskills	www.flashskills.com/	Um diretório livre de desenvolvedores Flash independentes no mundo. Pesquisado pela cidade, província/estado, país, disponibilidade atual dos membros e habilidades Flash.	Todos	Inglês
FlashThief	www.flashthief.com/	Tutoriais, filmes FLA, carregamentos, fontes, sons, jogos, notícias, vitrine, artigos, armazenamento, livros e circulares.	Todos	Inglês
Flazoom!	www.flazoom.com	Um portal para os criadores mais legais do Flash na Web. É uma revista eletrônica baseada na Web que cobre questões relacionadas ao Flash, Live Motion e o conteúdo SVG na Web. Este site contém notícias, revisões, livros e mais.	Todos	Inglês
Help4Flash	http://www.help4flash.com/	Notícias, fóruns, artigos, links, debates, tutoriais, filmes, jogos e sons.	Todos	Inglês
Intelinfo.com	www.intelinfo.com/ free_flash_training.html	Recursos educacionais Flash e tutoriais Web gratuitos.	Todos	Inglês
ipopper.net	www.ipopper.net/	Filmes, scripts e código-fonte.	Todos	Inglês
Kirupa.com	www.kirupa.com/ developer/index.htm	Tutoriais, galeria, fóruns, links, loja, dicas e ActionScripts.	Iniciante	Inglês

Tabela A.1 (Continuação)

Nome do site	Site Web	Descrição	Nível de habilidade	Língua
Mano1	www.mano1.com/mano1_site.php?section=projects	Links do site Web e 3D Flash.	Todos	Inglês
MM Flash Basics	www.webreference.com/dev/flash/	Tutoriais	Iniciante	Inglês
mrhogg.com	www.mrhogg.com/	Notícias, carregamentos Flash, circular.	Avançado	Inglês
OpenSWF.org	www.openswf.org	A fonte para informações sobre o formato do arquivo Flash. Aqui, você encontrará especificações do formato do arquivo, código de amostra, links com ferramentas de terceiros e mais.	Todos	Inglês
Partylogger	www.partylogger.de/	Um portal, tutoriais e revisões de livros.	Todos	Alemão
Pipey's Flash Resource	www.pipey.ndirect.co.uk/	Bate-papo, fóruns, tutoriais e coisas gratuitas.	Todos	Inglês
PontoFlash	www.pontoflash.com.br/	Um site Flash brasileiro.	Todos	Português
PopedeFlash	www.popedeflash.com/	Tutoriais, um painel de mensagens, revisões, código de amostra, circulares, 3D Flash e modelos.	Todos	Inglês
Proflasher	www.proflasher.com/	Links, circulares, fóruns, notícias, artigos, bate-papo e tutoriais.	Todos	Inglês
Quintus Index	www.quintus.org/	Links	Todos	Inglês
Shockzone.de	www.shock-zone.de/	Em construção.	Todos	Alemão
Sousflash.com	www.sousflash.com/	Recursos, tutoriais, bate-papo, links e programas.	Todos	Francês
Spoono.com	www.spoono.com/	Tutoriais, artigos, links, fóruns, circulares e scripts.	Todos	Inglês
Stickman	www.the-stickman.com/	Tutoriais Flash e links.	Todos	Inglês
The Digital Dude	www.xdude.com/	Filmes/histórias Flash, circulares, e-mail, FAQS e revisões de livros.	Todos	Inglês

Tabela A.1 (Continuação)

Nome do site	Site Web	Descrição	Nível de habilidade	Língua
theFlash Academy	www.enetserve.com/ tutorials	Tutoriais Flash, exemplos, gabaritos e links.	Avançado	Inglês
thelinkz.com	www.thelinkz.com	Artigos, links e livros.	Todos	Inglês
The Flash Challenge	flashchallenge.com	Revisão e comentário do site Web Flash.	Todos	Inglês
Training Tools	www.trainingtools.com/	Tutoriais, treinamento, dicas, produtos e recursos.	Todos	Inglês
Treecity	www.treecity.co.uk/	Recursos, revisões de livros e armazenamento.	Todos	Inglês
Tutorials.it	www.tutorials.it/ search.php?categoria= flash&offset=0	Tutoriais	Todos	Italiano
UBB Developers Network	www.ubbdev.com/ revista eletrônica, fóruns, banco de dados e tutoriais.	Artigos, notícias, calendário,	Todos	Inglês
Ultrashock	www.ultrashock.com/	Dicas, tutoriais, diversão, FLAs, código, links, produtos, loja e fóruns.	Todos	Inglês
Virtual F/X	www.virtual-fx.net	Um site de ajuda Flash para os desenvolvedores que lidam com efeitos.	Todos	Inglês
Warp 9	www.warp9.it/	Notícias, tutoriais, fórum, links, circulares, jogos, FLAs e áudio.	Todos	Italiano
Webmonkey	hotwired.lycos.com/ webmonkey/multimedia/ shockwave_flash/ index.html	Tutoriais e links.	Todos	Inglês
We're Here	66.70.72.50	Um site de ajuda Flash que inclui tutoriais, artigos, FLAs, fóruns, jogos, links, recursos e loops de som.	Todos	Inglês
Leogeo	leogeo.com/	Exemplos Flash.	Todos	Inglês

Apêndice B

Ferramentas de software SWF

por George Gordon

Muitas ferramentas de software estão disponíveis atualmente no mercado, que criam, convertem ou usam os arquivos Flash (SWF). Estas ferramentas podem ser capazes de fornecer certas capacidades, assim como vantagens no tempo e/ou custo que você está procurando como desenvolvedor. Esta listagem de programas e utilitários de software é fornecida como um recurso conveniente. Nenhuma afirmação é dada quanto à qualidade ou à utilidade destes programas. Toda tentativa foi feita para fornecer uma lista o mais completa possível. Alguns produtos podem ter sido omitidos sem querer. Devido à natureza da indústria do software, alguns destes produtos podem ser retirados a qualquer momento.

Eis uma pequena explicação das informações fornecidas na Tabela B.1:

- **Programa.** O nome do projeto e o nível da versão no momento da publicação.
- **Revendedor.** O nome da empresa que desenvolveu o produto.
- **Site Web.** O site Web onde você pode encontrar informações adicionais e carregamentos, assim como fazer compras.
- **Descrição.** Uma pequena descrição do software ou utilitário quando ele se relaciona ao Flash. Capacidades adicionais também podem estar disponíveis. Verifique o site Web do revendedor para obter mais detalhes.

Algumas destas ferramentas de software foram desenvolvidas para certas versões do Flash, e suas funções podem ter sido incorporadas nas versões mais recentes do Flash. A maioria destas ferramentas de software está disponível como shareware ou demos ou podem ser avaliadas como uma experiência antes de comprar. Recomenda-se que você experimente o software e assegure-se de que ele satisfaz suas necessidades específicas.

Tabela B.1 Ferramentas de software SWF.

Programa	Revendedor	Site Web	Descrição
FLASH EMBEDDER	NetKontoret	echoecho.com/tool flashembedder.htm	Esta ferramenta on-line fornece uma alternativa fácil para usar o Aftershock para incorporar os filmes Flash na HTML.
Flash Saver Maker 1.51	Zbsoft.net	www.zbsoft.net	Usado para criar uma proteção de tela, a partir de qualquer arquivo SWF.
KoolMoves 3.0	KoolMoves.com	www.koolmoves.com	O software de animação Web para criar um conteúdo animado Flash.
Makaha 4.5	Brandyware Software	www.brandyware.com	Um visor gráfico, compressor gráfico, programa de animação GIF, visor do vídeo, exibição de slides e editor gráfico, tudo em um pacote.
SoundClick Designer Studio 1.0	SoundClick	www.soundclick.com	Usado para criar animações Flash para seus arquivos MP3 favoritos.

Tabela B.1 (Continuação)

Programa	Revendedor	Site Web	Descrição
Bundle 1	3rd Eye Solutions	www.flashjester.com	O pacote 1 contém Entertainor, JAvi, JEmail, JNetCheck, JPrintor, JSave, JShapor, JTools, JStart, Jugglor, JWeb e Woof.
Bundle 2	3rd Eye Solutions	www.flashjester.com	Contém todo o Bundle 1 mais o Creator Pro.
Bundle 3	3rd Eye Solutions	www.flashjester.com	Contém todo o Bundle 1 mais o Creator Standard.
Creator Pro	3rd Eye Solutions	www.flashjester.com	Usado para criar proteções de tela a partir de seus arquivos Flash Projector.
Creator Standard	3rd Eye Solutions	www.flashjester.com	Usado para criar proteções de tela a partir de seus arquivos Flash Projector.
Entertainor	3rd Eye Solutions	www.flashjester.com	Você pode reproduzir qualquer arquivo Projector como proteções de tela e também ter um arquivo MIDI sendo reproduzido em segundo plano.
JAvi	3rd Eye Solutions	www.flashjester.com	Usado para inicializar AVIs a partir de seu arquivo Flash.
JEmail	3rd Eye Solutions	www.flashjester.com	Inicia o editor de e-mail default do usuário com o endereço de e-mail especificado.
JNetCheck	3rd Eye Solutions	www.flashjester.com	Usado para verificar se um usuário está na Internet.
JPrintor	3rd Eye Solutions	www.flashjester.com	Imprime uma tela Flash.
JSave	3rd Eye Solutions	www.flashjester.com	Grava o texto fornecido no Flash em um arquivo de texto no disco rígido.
JShapor	3rd Eye Solutions	www.flashjester.com	Modifica um arquivo Projector na forma exata desejada.
JTools/JStart	3rd Eye Solutions	www.flashjester.com	Fornece nove complementos para os arquivos Projector. O aperfeiçoamento Fscommand.
Jugglor	3rd Eye Solutions	www.flashjester.com	Usado para personalizar e compactar os arquivos Projector para obter um desempenho otimizado.
JWeb	3rd Eye Solutions	www.flashjester.com	Usado para abrir as ligações Web diferentes em seu arquivo Flash na mesma janela do navegador.

Tabela B.1 (Continuação)

Programa	Revendedor	Site Web	Descrição
Woof	3rd Eye Solutions	www.flashjester.com	Usado para gravar os arquivos SWF para a exibição off-line.
Adobe After Effects 5.5	Adobe Systems Inc.	www.adobe.com	Usado para criar gráficos com movimento e efeitos visuais e para importar arquivos SWF.
Adobe Illustrator 10	Adobe Systems Inc.	www.adobe.com	Ilustrador de gráficos vetoriais com o suporte SWF avançado.
Adobe Live Motion 1.0	Adobe Systems Inc.	www.adobe.com	Usado para criar um conteúdo dinâmico e interativo em vários formatos, inclusive o SWF.
Flash Typer 2.0	Andreas Hillberg	www.hillberg.nu/flash/	Converte os arquivos FLA e SWF gerados na plataforma PC para para que funcionem em um Mac.
XML Tree	Basil28	www.basil28.com/tree/	Fornece uma maneira muito simples de criar uma exibição de árvore no Flash e administrá-la.
e-Picture Pro 2.0.1	Beatware, Inc.	www.beatware.com	Animação avançada e vídeo personalizado para a Web. Gravado no formato SWF.
eZ-Motion	Beatware, Inc.	www.beatware.com	Usado para criar animações Web e gráficos e gravá-los no formato SWF.
SoftwareASP Flash Turbine 5.0	Blue*Pacific Software	www.blue-pac.com/	Gera o conteúdo Flash dinâmico a partir dos scripts ASP. Usa o Flash para os visuais, o script ASP para o acesso do conteúdo – uma ótima combinação.
Direct Flash Turbine 5.0	Blue*Pacific Software	www.blue-pac.com/	Uma versão baseada em gabaritos com alto desempenho do Flash Turbine com capacidades de geração Flash dinâmica fáceis de usar.
PHP Flash Turbine 5.0	Blue*Pacific Software	www.blue-pac.com/	Uma solução Flash dinâmica designada para a plataforma de script PHP poderosa e rápida.
Turbine Video Encoder v1.0	Blue*Pacific Software	www.blue-pac.com/	Usado para criar um vídeo Flash de fluxo com uma taxa de transferência baixa.

Tabela B.1 (Continuação)

Programa	Revendedor	Site Web	Descrição
Action Script Viewer v2.0	Burak KALAYCI & Manitu Group	buraks.com/	O ASV permite que você exiba os ActionScripts nos arquivos SWF. O ASV descompila os ActionScripts e apresenta a saída do texto que pode ser compilada. Com o ASV você pode também paginar as partes internas de um arquivo SWF e ver os nomes de instância, etiquetas do quadro, etc. E mais, os clipes do filme podem ser extraídos como arquivos SWF.
Swifty Utilities	Burak KALAYCI & Manitu Group	buraks.com/	Oferece oito utilitários *gratuitos* para os arquivos SWF, como a capacidade de desproteger e extrair os clipes do filme, a criação do projetor em lote etc. E mais, um utilitário gratuito está disponível para extrair os arquivos SWF dos projetores Flash e extrair os arquivos DXR dos projetores Director.
URL Action Editor v2.0	Burak KALAYCI & Manitu Group	buraks.com/	O UAE permite que você edite as ações getURL, LoadMovie, UnloadMovie, LoadVariables e FScommand nos arquivos SWF. Você também pode ocultar/trocar qualquer símbolo em um arquivo SWF.
Gypsee Pro 1.8	Casperlab Software	www.casperlab.com	Um GIF musical animado e o criador SWF Flash.
CoffeeCup Button Factory 6.0	CoffeeCup Software, Inc.	www.coffeecup.com	Usado para criar os botões Flash a partir de imagens GIF ou JPG.
CoffeeCup Firestarter 4.2	CoffeeCup Software, Inc.	www.coffeecup.com	Usado para criar efeitos Flash para seu site Web.
CoffeeCup GIF Animator 6.1	CoffeeCup Software, Inc.	www.coffeecup.com	Usado para criar GIFs animados e gravá-los como SWFs Flash.
CoffeeCup HTML Editor 9.1	CoffeeCup Software, Inc.	www.coffeecup.com	Um utilitário Web com o Flash Effects Wizard e as capacidades de inserção de tags Flash.
Fluition 1.52	Confluent Technologies, Inc.	www.fluition.com	Usado para criar apresentações de mídia dinâmicas.
Corel R.A.V.E.	Corel Corporation	www.corel.com	Parte do CorelDRAW 10 Graphics Suite.

Tabela B.1 (Continuação)

Programa	Revendedor	Site Web	Descrição
CorelDRAW 10 Graphics Suite	Corel Corporation	www.corel.com	Esta aplicação inclui o RAVE, um poderoso programa de animação baseado em vetores que permite a importação e a exportação dos arquivos SWF.
Flash Image Builder 3.2	Crazy Ivan Productions, Ltd.	www.gfx2swf.com/	Usado para criar os botões Web do filme Flash, logotipos, anúncios de banner e exibições de slides para um site Web.
Gif2swf 2.1	Crazy Ivan Productions, Ltd.	www.gfx2swf.com/	Usado para converter os arquivos GIF animados ou estáticos no formato SWF.
SWiSH 2.0	DJJ Holdings Pty Ltd.	www.swishzone.com	Usado para produzir animações complexas com texto, imagens, gráficos e som em pouco tempo e gravá-las no formato SWF.
SWiSH Lite 1.5	DJJ Holdings Pty Ltd.	www.swishzone.com	Uma aplicação Windows Independente, para criar efeitos de texto animados e exportá-los no formato SWF.
Rain Editor 1.21	Editspeed Software, Inc.	www.editspeed.com/	Você pode criar filmes Flash com o sistema de partículas de maneira rápida e conveniente.
Swift 3D LW v1.00	Electric Rain, Inc.	www.swift3d.com	Uma extensão com apresentação vetorial para o LigthWave 3D.
Swift 3D MAX v1.00	Electric Rain, Inc.	www.swift3d.com	Uma extensão para apresentar cenas em 3D diretamente nos formatos de arquivo populares, inclusive o SWF.
Swift 3D v2.00	Electric Rain, Inc.	www.swift3d.com	Usado para criar animações em 3D baseadas em vetores.
Swift 3D XSI v1.00	Electric Rain, Inc.	www.swift3d.com	Uma extensão de apresentação vetorial poderosa e versátil para o Softimage XSI.
FLASHtyper	Flash Kit	www.flashkit.com	Uma ferramenta de animação de texto para criar arquivos SWF.
FMPlayer 1.0	FLASHANTS, Inc.	www.flashants.com	Permite que o Flash incorpore o vídeo. Você também pode reproduzir o vídeo nativo no Flash.
FMProjector 1.2	FLASHANTS, Inc.	www.flashants.com	Usado para integrar o Flash e o vídeo para criar um conteúdo com meio altamente rico e interativo.

Tabela B.1 (Continuação)

Programa	Revendedor	Site Web	Descrição
SWF2Video Version 0.91	FLASHANTS, Inc.	www.flashants.com	Usado para converter do Flash para o AVI, inclusive os clipes do filme.
Windowless Flash Service	FLASHANTS, Inc.	www.flashants.com	Apresenta o Flash na janela! Você pode criar um agente da área de trabalho e uma UI da aplicação.
1 Cool Button Tool – Flash 1.5	Formula Software Pty Ltd.	www.buttontool.com	Usado para criar botões, ferramentas de navegação e menus no Java e no Flash.
Clipyard 0.84 Beta version	Goldshell Digital Media, Inc.	www.goldshell.com	Um utilitário para combinar diversos efeitos Shockwave em um arquivo SWF maior.
DirSaver Version 4.20	Goldshell Digital Media, Inc.	www.goldshell.com	Cria uma proteção de tela e uma instalação fora de seu projetor Macromedia Director.
FlashForge 5.41	Goldshell Digital Media, Inc.	www.goldshell.com	Cria proteções de tela a partir dos arquivos Macromedia Flash.
FlaX 1.31	Goldshell Digital Media, Inc.	www.goldshell.com	Um utilitário para criar efeitos de texto para o Macromedia Flash.
Flare Animation SWFlet 1.01	iMEDIA Builders	www.imediabuilders.com	Usado para criar animações GIF ou JPG colocando em seqüência as imagens.
FlareBanner SWFlet 1.01	iMEDIA Builders	www.imediabuilders.com	Usado para criar anúncios de banner.
FlareText SWFlet 1.01	iMEDIA Builders	www.imediabuilders.com	Usado para criar efeitos de texto.
FlareWorks Express 1.01	iMEDIA Builders	www.imediabuilders.com	Usado para criar o conteúdo Flash a partir dos gabaritos fornecidos. Você pode modificar as propriedades do objeto como o texto, a fonte, as cores e as imagens.
iMB Flare Works Professional 1.01	iMEDIA Builders	www.imediabuilders.com	Usado para criar botões interativos, menus, banners, exibições de slides, apresentações, animações e sites Web no Flash.
iMB Page Flasher 1.0	iMEDIA Builders	www.imediabuilders.com	Usado para criar documentos HTML para qualquer arquivo Flash (SWF).
IncrediMail	IncrediMail Ltd.	www.incredimail.com	A geração do novo e-mail.

Tabela B.1 (Continuação)

Programa	Revendedor	Site Web	Descrição
FlashDB v.15	J. Kessels	www.kessels.com/	Um pequeno banco de dados para o Flash 4 e 5 escrito no Perl. Os exemplos Counter e Chat estão incluídos no carregamento.
Form2Flash	J. Kessels	www.kessels.com/	Usa os formulários HTML para mudar os filmes Flash.
vid2flash Beta 1.3	Javakitty Media, Inc.	www.javakitty.com/	Usado para converter os arquivos no formato de vídeo em arquivos Flash.
FlashBlaster2	KRAM LLC.	www.screamdesign.com	Usado para criar telas, partes, banners, álbuns e efeitos. Os custos individuais aplicam-se à cada arquivo Flash criado.
AVI Decomposer v1	Live Tronix, Inc.	www.livetronix.com	Usado para decompor cada quadro de um arquivo AVI em uma imagem JPG e para converter a trilha de áudio de um filme em um arquivo de som WAV. Oferece suporte com diversos fluxos.
SWF Convert SE v1.1	Live Tronix, Inc.	www.livetronix.com	Usado para converter uma imagem no formato SWF em tempo real em seu servidor Web.
SWF Convert Server Professional 1.2.3	Live Tronix, Inc.	www.livetronix.com	Um controle ActiveX para usar nas páginas Web ASP/CFM. Fornece uma interface para converter os arquivos de imagem no formato SWF.
SWF Convert Server Standard 1.2.3	Live Tronix, Inc.	www.livetronix.com	Um controle ActiveX para usar nas páginas Web ASP/CFM. Fornece uma interface para converter os arquivos de imagem no formato SWF.
SWF Convert v1.2.3	Live Tronix, Inc.	www.livetronix.com	Usado para converter imagens, áudio e arquivos do filme diretamente no formato SWF.
SWF Scanner 2.6.3	Live Tronix, Inc.	www.livetronix.com	Usado para extrair sons, ActionScript e imagens. Você pode trocar imagens em um arquivo SWF sem precisar do arquivo FLA original.

Tabela B.1 (Continuação)

Programa	Revendedor	Site Web	Descrição
Loris Vector Map Engine (LVME) 2.01	Loris Ltd.	lorissoft.com/index.htm	Um motor de mapas Flash (qualquer mapa pode ser carregado nele) e a ponte JavaScript que conecta as saídas estáticas ou dinâmicas (por exemplo, a partir de um banco de dados) e os mapas Flash.
Director 8.5 Shockwave Studio	Macromedia, Inc.	www.macromedia.com	Usado para criar uma diversão em 3D, demonstrações de produtos interativos e aplicações de aprendizagem on-line.
Fireworks MX	Macromedia, Inc.	www.macromedia.com	Usado para criar, otimizar e exportar gráficos interativos em um ambiente centrado na Web.
Flash Writer 4.0	Macromedia, Inc.com	www.macromedia.	Esta extensão do Adobe Illustrator permite exportar os arquivos Flash.
FreeHand 10	Macromedia, Inc.	www.macromedia.com	Usado para criar ilustrações, construir e organizar painéis de história do site Web e fazer o layout dos documentos com gráficos em um espaço de trabalho com diversas páginas. Você pode produzir filmes Macromedia Flash e testá-los diretamente dentro do FreeHand com o novo Flash Navigation Panel.
Macromedia eLearning Suite	Macromedia, Inc.	www.macromedia.com	Contém o Macromedia Author-ware 6, Flash MX e Dream-weaver MX.
Macromedia Flash MX	Macromedia, Inc.	www.macromedia.com	Você pode usar o Flash MX para criar um conteúdo Internet rico e aplicações.
Macromedia Studio MX	Macromedia, Inc	www.macromedia.com	Este pacote é composto pelo Dreamweaver MX, Macromedia Flash MX, Fireworks MX, FreeHand 10, ColdFusion MX Developer Edition (Windows Only) e Macromedia Flash Player 6.
Magic Flare 1.0	MagicFlare, Epinoisis software	www.magicflare.com	Usado para criar texto no Flash, sem o conhecimento da programação.
3D Flash Animator 3.5	Mofosoft Pty Ltd.	www.insanetools.com	Usado para criar animações e jogos Flash.

Tabela B.1 (Continuação)

Programa	Revendedor	Site Web	Descrição
Flash Cam 1.66	Nexus Concepts	www.nexusconcepts.com	Usado para registrar os "filmes" de demonstração ou de treinamento usando capturas de tela e a saída para enviar os arquivos Flash.
SWF Studio 1.0 Build 1591	Northern Codeworks	www.northcode.com	Usado para criar projetores independentes e proteções de tela, com o suporte SWF.
Flash Command Line Tools v5.0	Ophelus.com	flashtools.net/	Ferramentas freeware totalmente funcionais disponíveis para o Projector do Flash e/ou o visor default (flashpla.exe) que permite ao Flash manipular as janelas.
Flash-O-Lizer 1.0	Rubberduck	www.shareamp.com/content/download/	Uma extensão de visualização WinAmp (v.2.x). Usada para criar visualizações para o WinAmp.
Sothink Glanda 2001	SourceTec Software Co., Ltd	www.sothink.com	Um assistente passo a passo que fornece uma maneira rápida e fácil de adicionar animações Flash ao seu site Web.
FAST! Flash ActionScript Tool, Public Beta 2	SwiffTOOLS BV Multimedia	www.swifftools.com	Ajuda a criar, editar, organizar e trocar seus ActionScripts de uma maneira mais rápida e fácil.
Screenweaver 1.02 Freeware Edition	SwiffTOOLS BV Multimedia	screenweaver.com/index.htm	Usado para criar proteções de tela a partir dos arquivos Flash.
Screenweaver v.2.05	SwiffTOOLS BV Multimedia	www.swifftools.com	Usado para criar proteções de tela a partir dos arquivos Flash instantaneamente.
SWF-Browser v.2.93	SwiffTOOLS BV Multimedia	www.swifftools.com	Usado para paginar as "entranhas" de um arquivo SWF Você pode extrair muitas partes do arquivo, inclusive mapas de bits, sons e clipes do filme.
SwiffCANVAS v.1.0, Final Release	SwiffTOOLS BV Multimedia	www.swifftools.com	Uma ferramenta para preparar os arquivos Flash Projector para a distribuição final.
SwiffPEG SERVER, Private Beta	SwiffTOOLS BV Multimedia	www.swifftools.com	Faz exatamente o que a versão comum do SwiffPEG faz – mas agora de maneira independente, em seu servidor NT (conta).

Tabela B.1 (Continuação)

Programa	Revendedor	Site Web	Descrição
SwiffPEG v.1.0	SwiffTOOLS BV Multimedia	www.swifftools.com	Usado para converter um arquivo MP3 em um arquivo SWF.
Swift Generator	Swiff Tools	www.swiff-tools.com	Um gerador de conteúdo que objetiva a substituição dinâmica do texto, fontes, sons, imagens e clipes do filme em um arquivo de gabarito ou um arquivo Flash padrão. Também pode alterar dinamicamente os parâmetros da ação nos quadros ou nos botões.
Swift-MP3 v2.1	Swiff Tools	www.swiff-tools.com	Um utilitário que converte os arquivos MP3 em arquivos Flash contendo dados de áudio com fluxo puros.
Bitbull v4.0	Wanpatan Software Lab	www.wanpatan.com	Transforma os projetores Flash e Director em proteções de tela.
Wildform Flix	Wildform, Inc.	www.wildform.com	Esta ferramenta converte uma grande variedade de formatos de vídeo, áudio e imagem no formato SWF.
Wildform SWfx	Wildform, Inc.	www.wildform.com	Uma ferramenta de animação de texto SWF fácil de usar.
Xara X 1.0c DL2	Xara Ltd.	www.xara.com	Um pacote de ilustração gráfica avançado para o Windows.

Índice

Números

1 Cool Button Tool – Flash 1.5, site Web, 864-865
3D Flash Animator 3.5, site Web, 867
3D Spin Settings, caixa de diálogo, 842

A

abas (HTML), 611
abas, caixa de diálogo Publish Settings
   Flash, 180-182
   Formats, 192
   GIF, 185-187
   HTML, 188-191
   JPEG, 184
   PNG, 187-188
   QuickTime, 194-195
Access, integração com ASP, 618-619
Accessibility, objeto, 787
Account Management System, aplicação de exemplo (integração Flash MX com ColdFusion), 625, 639
Accountmanagement.fla, arquivo, 629
acessibilidade, 17
achatar, técnica de animação, 207-209
Action Message Format (AMF), 624
Action Script Dictionary (painel Actions), 269
Action Script Viewer v2.0, site Web, 863
ActionClips, 323
   ações diversas, 748-752
   Actions, painel, 266
   attachMovie, 459-461, 583
   Condições/Loops, 737-744
   Controle do clipe do filme, 732-735
   Controle do filme, 724-728
   duplicateMovieClip, 359-360
   goto, 173
   imprimir, 803-806
   loadMovie, 157-161, 164
   Navegador/Rede, 728-732
   onEnterFrame, 590-591
   play( ), 591-592
   startDrag, 468, 543
   stop( ), 595
   stopDrag, 541, 543
   sub-rotinas de eventos, 450-454
Actions, caixa de ferramentas, 266
Actions, comando (menu Window), 170-171, 218
Actions, comandos do menu
   Add Event, 846
   Movie Clip Control, 340-341
   User-Defined Function, 242
Actions, painel, 264
ActionScript Editor
   formatação automática, 15
   Options, menu, 16
   recurso de sugestão, 342
   Reference, painel, 15
   sugestão de código, 15
ActionScript Editor, aba (caixa de diálogo Preferences), 35
ActionScript Reference Guide, 178
ActionScript, 20, 516
ActionScript, painel, 119
Action-Script, site Web, 852
ActionScript, texto, 495
Actionscripts, site Web, 852
ActiveX Data Objects. *Veja* ADO
Adaptive, opção (caixa de diálogo Publish Settings), 187-188
Add Event, comando (menu Actions), 846
Add Layer, botão (painel Layers), 75
Add More, botão
   FX Editor, 831
   Text Options Editor, 831-832
Add Motion Guide, botão, 83, 202
Add New Item to Script, opção (painel Actions), 268
addProperty, método (objeto Object), 235, 243-244
adição, operador (+), 754-755
adição, operador de atribuição (+=), 757
ADO (ActiveX Data Objects), 657-658
Adobe AfterEffects 5.5, site Web, 862

Adobe Illustrator 10, site Web, 862
Adobe LiveMotion 1.0, site Web, 862
ADPCM (Advanced Differential Pulse Code Modulation), 135
ADPCM, comando (menu Compression), 135
AIFF (Audio Interchange File Format), 138
ajuste entre letras, ferramenta Text, 67-68
Alert, inicializar caixa de diálogo, 571-574
alfa (cor), alterar, 57
alfa, alterar clipes do filme, 357-359
Align, botão (painel Align), 27
Align, comando (menu Window), 27, 552
Align, painel, 27-29, 552
alinhamento do texto, 68-69
Allowscale, comando, 193
Alpha, barra do cursor, 92
Alpha, opção (caixa de diálogo Publish Settings), 186, 194
alpha, propriedade, 778
Altermind, site Web, 852
alto nível, objetos, 230
Always Show Markers, comando (menu Modify Onion Markers), 84
AMF (Action Message Format), 624
amostras, gravar cores em, 57-58
análise (projeto)
ASP/Access, integração, 664
ASP/Flash, integração, 660-661
Flash, exemplo de filme, 669-670, 674
Anchor Onion, comando (menu Modify Onion Markers), 84-85
AND abreviado, operador (&&), 323, 768
angular, intermediário, 91
animação aninhada, 120-123
animação composta, 120-123
animação, 85
aninhar símbolos, 117-118, 120

anotherArray, 403
antecipação, técnica de animação, 212-213, 215
Antialias Text, comando (menu View), 40
Antialias, comando (menu View), 39
apagar elementos do array, 405
aparência dos componentes, 440
Apple
    QuickTime Player, 177
    site Web, 222
áreas de trabalho, FLASHtyper, 825-826
arguments, objeto, 376-378, 786
armazenamento, variáveis, 600-601
arquivos de compressão, 134-135
arquivos de lista, 717
arquivos externos, armazenamento de variáveis, 600-601
Arrange, comando (menu Modify), 74
Arrange, comandos do menu, 74
arrastar e soltar, criar interações, 542-547, 551
Array, construtor, 386
Array, função de conversão, 386
Array, objeto, 786
arrays aninhados, 394, 408-409
arrays, 274, 292, 394, 596
Arrow, ferramenta (Properties Inspector), 25, 45
Asmussen Interactive, site Web, 852
ASP (Active Server Pages), 719-720
ASP Flash Turbine 5.0, site Web, 862
ASP/JSP, modelo, 721
aspas, strings literais, 276
atalhos do teclado, 35-38
atribuição da divisão, operador (/=), 756-757
atribuição, operador (=), 758
atribuição, operadores, 258-259
attachMovie, ação, 459-461, 583

attachMovie, instrução para adicionar componentes a filmes, 422-423
attachSound, método, 788-789
atualizações dinâmicas, 608-609
Audio Interchange File Format. *Veja* AIFF
aumentar variáveis, 295-296
aumento, operador (++), 295-296
Auto Format (modo especialista apenas), botão (painel Actions), 269
Auto Format, opção (painel Actions), 271
Automatic Indentation, opção (painel Actions), 271
Average, opção (aba PNG em Publish Settings), 188
averages, array, 408-409
AVI Decomposer v1, site Web, 865

B

BackColor Editor (FLASHtyper), 825, 830
Background Color, opção (caixa de diálogo Document Properties), 24
bancos de dados, 656-657
Bandwidth Profiler, 172, 520-523
barras de ferramentas (FLASHtyper)
    SWiSH, 837
    TextEditor, 828
barras de menu, SWiSH, 837
barras de paginação personalizadas, criar, 558-559
Bitbull v4.0, site Web, 869
bitwise, operadores, 758-762
Blank Keyframe, comando (menu Insert), 581
blocos (instruções), 312
bola saltadora, animação, 200-202, 206
Boolean, objeto, 786
booleana, função para converter variáveis, 303
booleanos, tipos de dados, 274, 290-291
botão, símbolos, 104-106

Break Apart, comando (menu Modify), 3, 66, 542
break, instrução, 327-328
break, palavra-chave, 330-332
break, script (condições/loops), 737
Bring Forward, comando (menu Arrange), 74
Bring to Front, comando (menu Arrange), 74
Brush, ferramenta, 61-62
Bundle 1, site Web, 860-861
Bundle 2, site Web, 860-861
Bundle 3, site Web, 860-861
Button, classe, 468
Button, objeto, 787

C

cabeçote de reprodução (linha do tempo), 83
caixas de diálogo, 12
caixas de texto dinâmico, criar, 434
caixas de texto
 atributos (FLASHtyper), 825, 829
 dimensionar, 66
 dinâmicas, criar, 433
 Drag Me GENERATE, 827
call, função, 384-385
call, script (funções definidas pelo usuário), 747
caminhos absolutos, PHP, 690
caminhos de destino mal identificados, 530-532
caminhos de destino, depurar, 530-531
caminhos relativos, PHP, 689-690
Canfield Studios, site Web, 853
Capabilities, objeto, 787
case, instrução, 327-328
case, script (condições/loops), 738
Category, opção (caixa de diálogo Save As), 7
CBT Cafe, site Web, 853
cenas, SWiSH, 837
Center Frame, opção na linha do tempo, 84
CGI (Common Gateway Interface), 708

chamar funções, 241-242, 366-367
Chandesign.net, site Web, 853
Change Handler, parâmetro, 424
CHAR, tipo de dados, 701
charAt, função para indexar caracteres de string, 279
charCodeAt, função para indexar caracteres de string, 285-286
Check Syntax (modo especialista apenas), botão (painel Action), 269
Check Syntax, opção (painel Actions), 271
CheckBox, componente, 421, 426-427
chr, função, 388
círculos, desenhar, 51
classes, 226-227, 468
classificar arrays, 412-414
clearInterval, script (ações diversas), 749
Click Accuracy, opção (aba Editing na caixa de diálogo Preferences), 33
cliente/servidor, objetos, 468, 786
Clipboard, aba (caixa de diálogo Preferences), 33-34
clipes do filme aninhados, endereçamento, 250-251
clipes do filme, 231-233
Clipyard 0.84 Beta Version, site Web, 865
Close Large, opção (ferramenta Paint Bucket), 52
Close Medium, opção (ferramenta Paint Bucket), 52
Close Panel, opção (painel Actions), 272
Close Small, opção (ferramenta Paint Bucket), 51
CMYK Color Picker, 57
Code Hints, opção (painel Actions), 271
codificar URLs, 711-712
CoffeeCup Button Factory 6.0, site Web, 863
CoffeeCup Firestarter 4.2, site Web, 863

CoffeeCup GIF Animator 6.1, site Web, 863
CoffeeCup HTML Editor 9.1, site Web, 863
ColdFusion Flash MX, integração, 620
Colin Moock, site Web, 853
Collapse Folder, comando (menu Library Options), 485-486
Color Depth, opção (aba Clipboard na caixa de diálogo Preferences), 33
Color Editor (FLASHtyper), 825, 829
Color Mixer, painel, 53-54
Color Swatches, painel, 53
Color Threshold, opção (caixa de diálogo Trace Bitmap), 78
Color, objeto, 474, 787
colunas (MySQL), 701
ComboBox, componente, 421, 427-428
comentários, 311
Common Gateway Interface. *Veja* CGI
comparação, operadores, 260, 317
comparação, variáveis, 297-299
compatibilidade, 8-9
Component Definition, caixa de diálogo, 445
Component Parameters, painel, 424-425
componentes, 9, 420-421, 426, 621-622
Components, comando (menu Window), 10, 420
Components, painel, 621-622
Compress Movie, opção (aba Flash em Publish Settings), 182
concat, função para reunir strings, 278
concat, método, 403-404
condicional (?:), instrução, 310, 316, 325
condicional (?:), operador, 769-770
condições/loops, scripts de ação, 737-744
conexões, FLASHtyper (typer em itálico), 824-825

conjuntos de dados longos, 713-714
Connect Lines, opção (aba Editing na caixa de diálogo Preferences), 32
Connection, objeto, 657-658
conteúdo ativo, 709, 710-711
conteúdo dinâmico, 684-685, 709
continue, script (condições/loops), 738-739
continuidade, técnica de animação, 212-213, 215
Controle do clipe do filme, scripts da ação, 732-735
Controle do filme, scripts da ação, 724-727
controles, filmes QuickTime, 222-223
Controller, comando (menu Toolbars), 87-88
Controller, opção (aba QuickTime na caixa de diálogo Publish Settings), 195
convenções de nomenclatura, ActionScript, 516-518
conversão, funções, 386
Convert Lines to Fills, comando (menu Shape), 75
Convert to Symbol, caixa de diálogo, 200, 552, 556-557
Convert to Symbol, comando (menu Insert), 106-107
converter variáveis, 301
Cool Home Pages, site Web, 853
CoreDRAW 10 Graphics Suite, site Web, 863
Corel R.A.V.E., site Web, 863
cores de preenchimento, gráficos do mapa de bits como, 78
cores personalizadas, acessar, 54-57
Corner Threshold, opção (caixa de diálogo Trace Bitmap), 79
Crayon Color Picker, 56
Create New Symbol, caixa de diálogo, 101-102
createEnemy, função, 586, 595
createTextField, método, 495-498

Creator Pro, site Web, 861
Creator Standard, site Web, 861
Current Frame, opção, 85
currentFrame, propriedade, 779
cursores de equilíbrio, criar, 481-482
cursores personalizados, criar com objeto Mouse, 468-469
Curve Fit, opção (caixa de diálogo Trace Bitmap), 78
Custom Actions, objeto, 787
Custom, opção (aba GIF na caixa de diálogo Publish Settings), 187
Cybercollege, site Web, 853

D

dados da rede, carregar, 714-716
Dashed, opção (caixa de diálogo Stroke Style), 46
data, variável do formulário, 719
data, variável, 633
date, objetos, 470-474
DATE, tipo de dados, 701
Debug, menu para velocidades do modem, 172
Debug, opções (painel Actions), 269
Debugger, 525-528
Debugging Permitted, opção (aba Flash em Publish Settings), 182
DEC, tipo de dados, 701
Default, comando (menu Compression), 134-135
default, instrução, 327-328
default, script (condições/loops), 739
Delete Item, botão (biblioteca), 124
Delete Layer, opção, 83
Delete the Selected Actions (modo normal apenas), opção (painel Actions), 268
delete, operador para apagar elementos do array, 405-406
delete, script (variáveis), 736
deleteUser, função, 636
deleteUser, serviço, 637
delimitador de strings (""), operador, 752

depthValue, variável, 544
descrever tabelas mySQL, 702-703
Description, opção (caixa de diálogo Save As), 7
desenvolvimento da aplicação, 660
desenvolvimento, 660
destino, símbolo, 712
Details, caixa de diálogo, 847, 850
detecção de colisão (jogos) atualizações, 594-595
código, 590
detecção de colisão (objeto Math), 524
Detect for Flash, opção (aba HTML na caixa de diálogo Publish Settings), 189
Device Font, opção (aba HTML na caixa de diálogo Publish Settings), 191
Dictionary Reference Guide (painel Actions), 266
diferença estrita (!= =), operador, 319, 763
diferença, operador (!=), 317, 763
Diffusion, opção (aba GIF na caixa de diálogo Publish Settings), 186
Digital Dude, site Web, 856
dimensionamento, alterar propriedades, 344-348
diminuição, operador (- -), 769
diminuir variáveis, 295-297
dinâmico, adicionar jogador a jogos, 593-594
Direct Flash Turbine 5.0, site Web, 862
Director 8.5 Shockwave Studio, site Web, 867
DirSaver Version 4.20, site Web, 865
Display Menu, opção (aba HTML na caixa de diálogo Publish Settings), 190
dispositivos, fontes, 69-70
Distort, opção (ferramenta Free Transform), 64-65
Distribute to Layers, recurso, 3-4

Distribute, botão (painel Align), 28
Dither Solids, opção (aba GIF na caixa de diálogo Publish Settings), 186
Dither, opção (aba GIF na caixa de diálogo Publish Settings), 186
diversas condições, instruções de loop, 335-336
divisão, operador (/), 754
DLLs, Visual Basic, 719
do while, loop, 332-333
do while, loops, 260, 262
do while, script (condições/loops), 739-740
do, loops, 260
Document Properties, comando (menu Modify), 345
Document, comando (menu Modify), 23, 212, 222, 552
Documento Properties, caixa de diálogo, 24, 165, 212, 222
documento, definição do tipo. *Veja* DTDs
documentos, gravar como gabaritos, 7-8
domínios, scripts PHP, 690
Dotted, opção (caixa de diálogo Stroke Style), 47
DOUBLE, tipo de dados, 701
Drag Content, parâmetro (componente ScrollPane), 434-435
Drag Me GENERATE, caixa de diálogo, 825-828, 832-834
Drawing Settings, área (aba Editing na caixa de diálogo Preferences), 32
Dreamweaver Fever, site Web, 853
Dropper, ferramenta, 47
dropTarget, propriedade, 779
DTDs (definição do tipo de documento), 709
duplicateMovieClip, ação, 359-360
duplicateMovieClip, script (Controle do clipe do filme), 732-733
duration, propriedade, 793-794
Dynamic Text, comando (menu Text Type), 489

E

ECdebug.fla, arquivo, 518
EcdebugCorrect, arquivo, 524
EchoEcho, site Web, 853
ECMAScript, 20
eDevBoards, site Web, 853
edição, recursos (ferramenta Text), 66-68
Edit Envelope, caixa de diálogo, 131-132, 151
Edit Multiple Frames, opção, 84
Edit With, comando (menu Library), 11
Edit, botão (FX Editor), 830
Edit, botão (Text Options Editor), 831
Editable, parâmetro (componente ComboBox), 427
Editing, aba (caixa de diálogo Preferences), 32
editores de texto, 642
efeitos de som personalizados, 131
efeitos especiais, SWiSH, 841-843
Eflashy, site Web, 853
Elapsed Time, opção, 85
else if, instrução, 326-327
else if, script (condições/loops), 740
else, instrução, 325-326
else, script (condições/loops), 740
e-mail, enviar formulários para contas de e-mail, 615-618
EMBED, tag, 715
Enable Simply Button, comando (menu Control), 106
endereçamento absoluto, 245-248, 252-253
endereçamento relativo, 244-250, 253-255
endereçamento, 231, 243-244
#endinitclip, script (ações diversas), 748
enfraquecimentos, controlar intermediários, 91-92
Entertainor, site Web, 861
entrelinhamento, 69
Envelope, opção (ferramenta Free Transform), 64-65

enviar formulários para contas de e-mail, 615-616, 618
e-Picture Pro 2.0.1, site Web, 862
Erase Fills, opção (ferramenta Eraser), 62
Erase Inside, opção (ferramenta Eraser), 63
Erase Lines, opção (ferramenta Eraser), 63
Erase Normal, opção (ferramenta Eraser), 62
Erase Selected Fills, opção (ferramenta Eraser), 63
Eraser, ferramenta, 62-63
erros, 516-523
escape, função, 772
escape, seqüências em strings literais, 276, 286
especialista, modo (painel Actions), 270
estáticas, máscaras, 144-145
estático, conteúdo, 708, 712
estático, texto, 489-491
estender, técnica de animação, 207, 210-212
estilos, pinceladas da linha, 45-47
estrobo, 198
eval, função, 772
Event, comando (menu Sound Sync), 130
eventos, loops da sub-rotina, 336
eventos, sub-rotinas, 448-449
Evil Twin, site Web, 853
Exact Fit, opção (aba HTML na caixa de diálogo Publish Settings), 191
exibições, alterar linha do tempo, 96-97
exibir hora com objeto Date, 470-472, 474
exibir tabelas MySQL, 702
Expand Fill, caixa de diálogo, 75
Expand Fill, comando (menu Shape), 75
Expand folder, comando (menu Library Options), 124-125
Expert Mode, opção (painel Actions), 270
Explode Settings, caixa de diálogo, 842

Export Scripts, opção (painel Actions), 270
Export SWF, comando (menu File), 850
Export to SWF, caixa de diálogo, 850
exportar scripts, 270
expressões, 242-243, 310-311
eZ-Motion, site Web, 862

F

Fade In, efeitos do som, 131
Fade Left to Right, efeitos do som, 131
Fade Out, efeitos do som, 131
Fade Right to Left, efeitos do som, 131
false, constantes, 776
Fast Files, site Web, 854
FAST! Flash ActionScript Tool, Public Beta 2, site Web, 868
Fast, comando (menu View), 39
Faucet, ferramenta, 63
Fay Studios, site Web, 853
ferramentas. *Veja* nomes individuais das ferramentas
File, opção (aba QuickTime na caixa de diálogo Publish Settings), 195
filmes baseados em recursos, 89-91
filmes incorporados, 709
Find Again, opção (painel Actions), 271
Find and Replace, opção (painel Actions), 268
Find Source for Editing, caixa de diálogo, 12
Find, opção (painel Actions), 271
FindTutorials, site Web, 853
Fire, criar botão, 588
Fireworks MX, 11-13, 867
FLA, arquivo, 176
Flahoo, site Web, 853
FlareAnimation SWFlet 1.01, site Web, 865
FlareBanner SWFlet 1.01, site Web, 865
FlareText SWFlet 1.01, site Web, 865
FlareWorks Express 1.01, site Web, 865

Flash 4 All, site Web, 854
Flash 5, 642
Flash 6 Player, 642
Flash Alignment, opção (aba HTML na caixa de diálogo Publish Settings), 191
Flash Cam 1.66, site Web, 868
Flash Challenge, site Web, 857
Flash Command Line Tools v5.0, site Web, 868
FLASH EMBEDDER, site Web, 860
Flash Files, site Web, 853
Flash Fruit, site Web, 854
Flash Image Builder 3.2, site Web, 864
Flash Kit, site Web, 854
FLASH MX Unleashed, site Web, 834, 840, 843
Flash MX, 20, 642
Flash Official, site Web, 854
Flash Only, opção (aba HTML na caixa de diálogo Publish Settings), 189
Flash Player, comandos do menu View, 521
Flash Saver Maker 1.51, site Web, 860
Flash Typer 2.0, site Web, 862
Flash Writer 4.0, site Web, 867
Flash, aba (caixa de diálogo Publish Settings), 180-182
flash.result, variável, 633
FlashBlaster2, site Web, 866
FlashDB v1.5, site Web, 866
Flasher, site Web, 854
FlashFilez, site Web, 854
FlashForge 5.41, site Web, 865
Flashgeek, site Web, 854
FlashGuru, site Web, 854
Flashheaven, site Web, 854
Flashkit, site Web, 128, 134, 824, 850
FlashKitTE.swf, arquivo, 833-834
FlashLite, site Web, 854
FlashMaestro, site Web, 854
Flashmagazine, site Web, 854
FlashMove, site Web, 855
Flash-O-Lizer 1.0, site Web, 868
Flashplein, site Web, 855
FlashPro, site Web, 855
Flashskills, site Web, 855

FlashThief, site Web, 855
FLASH*typer*, 824, 834
FLASH*typer*, site Web, 864
FlaX 1.31, site Web, 865
Flazoom, site Web, 855
Flip Horizontal, comando (menu Transform), 65
Flip Vertical, comando (menu Transform), 65
FLOAT, tipo de dados, 701
Fluition 1.52, site Web, 863
flush, comando, 601-602
fluxo do programa, integração ASP, 644-646
FMPlayer 1.0, site Web, 864
FMProjector 1.2, site Web, 864
FMX_popup.swi, 838
focusrect, propriedade, 780
Font Mapping Default, opção (aba General na caixa de diálogo Preferences), 31
fontes incorporadas, 69-70
for in, instrução, 314-316
for in, loops, 260, 263-264, 378-379
for in, script (condições/loops), 742
for, loops, 260, 263, 333-335, 588
for, script (condições/loops), 741
Form2Flash, site Web, 866
forma intermediária, 89
formas, retângulos. *Veja* retângulos
formatação automática (ActionScript Editor), 15
formato dos dados (filmes Flash), 711-712
formatos de arquivo externo, 505-506
Formats, aba (caixa de diálogo Publish Settings), 192
formulário, variáveis, 719
formulários, enviar para contas de e-mail, 615-616, 618
Frame Rate, opção (caixa de diálogo Document Properties), 24, 85
Frame View Options, opção, 85
Frame, comando (menu Insert), 86

Índice | 877

framesLoaded, propriedade, 780
Free Transform, ferramenta, 64-65
FreeHand 10, site Web, 867
fromCharCode, função para indexar caracteres de string, 286
FS, comandos, 192-193
fscommand, script (ação do navegador/rede), 728-729
Fullscreen, comando, 193
funções aninhadas, 369-370
funções definidas pelo usuário, ação dos scripts
   Call, 747
   Function, 747
   Return, 747
funções desaprovadas, 388
funções personalizadas, criar, 240-241
funções predefinidas, 310, 384
funções, 240-242, 366
Function, objeto, 786
function, palavra-chave, 366
Future Splash, 188
FX Editor (FLASHtyper), 825, 831

G

Gap Size, opção (ferramenta Paint Bucket), 51
gatewayConnection, variável, 630-631
General, aba (caixa de diálogo Preferences), 30-32
Generate a Size Report, opção (aba Flash em Publish Settings), 181
get, método, 235, 644
getBytesLoaded, método, 788
getBytesTotal, método, 789
getDate( ), método, 797
getDate, método, 240
getDay( ), método, 797
getFullYear( ), método, 798
getHours( ), método, 798
getMilliseconds( ), método, 799
getMinutes( ), método, 799
getMinutes, método, 240
getMonth( ), método, 799-800

getPan, método, 789
getProperty, função, 773
getSeconds( ), método, 800
getTime( ), método, 800
getTimer, função, 773
getTimezoneOffset( ), método, 801
getTransform, método, 790
getURL, função, 646-647
getURL, método, 623
getURL, script (ação do navegador/rede), 729
getUserInfo, serviço, 633
getUserList, função, 631-632
getUserList, serviço, 631
getUserList.cfm, arquivo, 632
getUTCDate( ), método, 801
getUTCDay( ), método, 801
getUTCFullYear( ), método, 802
getUTCHours( ), método, 802
getUTCMilliseconds( ), método, 803
getUTCMinutes( ), método, 803
getUTCMonth( ), método, 803
getUTCSeconds( ), método, 804
getVersion, função, 773
getVolume, método, 779
getYear( ), método, 804
GIF Image, opção (caixa de diálogo Publish Settings), 185
GIF, aba (caixa de diálogo Publish Settings), 185-187
Gif2Swf 2.1, site Web, 864
GIFs, 185-187
globais, variáveis, 235-236
global, objeto, 371-373
GNU Public License, 698
Go to Line, opção (painel Actions), 271
Go To, comando (menu View), 38
gObject, objeto, 381-382
goto, ação, 172
goto, método, 239
gotoAndPlay, script (ação de controle do filme), 724
gotoAndStop, script (ação de controle do filme), 724-725
GPL (GNU Public License), 698-699
Gradients, área (aba Clipboard na caixa de diálogo Preferences), 33

Gradients, menu suspenso (aba Clipboard na caixa de diálogo Preferences), 33
gráficos do mapa de bits, 77
gráficos, 44
gravidade, técnica de suavização para efeito, 207-209
Grid, caixa de diálogo, 41
Grid, comando (menu View), 40
Group Name, parâmetro (componente RadioButton), 431
grupos, objetos, 72-75
Guides, caixa de diálogo, 41
Guides, comando (menu View), 41
Gypsee Pro 1.8, site Web, 863

H

Hairline, opção (caixa de diálogo Stroke Style), 46
Hand, ferramenta, 70
Hatched, opção (caixa de diálogo Stroke Style), 47
Heads Up Display (HUD), camada, 592
Height, opção (caixa de diálogo Grid), 40
height, propriedade, 781
Help (FLASHtyper), 825
Help, opção (painel Actions), 272
Help4Flash, site Web, 855
Hide Edges, comando (menu View), 42
Hide Panels, comando (menu View), 42
High/Low, alternância (FLASHtyper), 825
Highlight Color, opção (aba General na caixa de diálogo Preferences), 32
hiperlinks, URLs, 715
hitCheck(thisEnemy), função, 591
Home, tecla
   ComboBox, componente, 427
   ListBox, componente, 429
hora, exibir com objeto Date, 470-474
Horizontal Scroll, parâmetro (componente ScrollPane), 434
horizontal, paginação, 507-508

Horizontal, parâmetro (componente ScrollBar), 433
HSV Color Picker, 55
HTML Alignment, opção (aba HTML na caixa de diálogo Publish Settings), 191
HTML, aba (caixa de diálogo Publish Settings), 188-191
http, 708
HUD, camada, 592

I

if, instruções, 319-322, 590
if, script (condições/loops), 742
if/else lógico, controlar movimento do clipe do filme, 344
ifFrameloaded, instrução, 172
igualdade estrita (= = =), operador, 318, 766
igualdade, operador (= =), 317, 765
igualdade, operadores, 259
IIS (Internet Information Services), 642
Image Map, opção (aba HTML na caixa de diálogo Publish Settings), 190
Image, comando (menu Insert), 840, 845
imagens, filmes SWiSH, 840-841
ImageReady, integração com Flash MX, 11
iMB FlareWorks Professional 1.01, site Web, 865
iMB PageFlasher 1.0, site Web, 865
Import Audio (caixa de diálogo Import Video Settings), 217
Import Script, opção (painel Actions), 270
Import Video Settings, caixa de diálogo, 216
Import Video, caixa de diálogo, 216, 222
Import, comando (menu File), 222
#include, script (Ações diversas), 748
IncrediMail, site Web, 865

indefinidos, tipos de dados nulos, 291
indexOf, função para indexar caracteres de string, 280-281
índices, caracteres de string, 278
Info, comando (menu Window), 554
Info, painel, 28-29, 553
#initclip, script (ações diversas), 749
Initial State, parâmetro (componente RadioButton), 431
Initial Value, parâmetro, 424, 426
Ink Bottle, ferramenta, 47
Ink, opção (ferramenta Pencil), 49
Input Text, comando (menu Text Type), 489
Insert Layer, botão, 83
Insert Target Path, caixa de diálogo, 119, 165, 218
Insert Target Path, opção (painel Actions), 269
Instanceof, operador, 770
instâncias, 101, 228
instruções de declaração, 310
instruções, 310-311
int, função, 388
INT, tipo de dados, 701
intelinfo, site Web, 855
interfaces do usuário, 837-838.
Veja também interfaces
Interlace, opção (aba GIF na caixa de diálogo Publish Settings), 186
intermediário distributivo, 91
intermediário, 89
Internet Information Services.
Veja IIS
ipopper, site Web, 855
isFinite, função, 387, 774
isNaN, função, 387, 774
Item Preview, área (biblioteca), 124
Item Properties, botão (biblioteca), 124

J

janelas instantâneas, criar, 566-570
JavaScript, 566-577

JAvi, site Web, 861
JEmail, site Web, 861
JNetCheck, site Web, 861
join, método, 410-411
JPEGs, 182, 184
JPrintor, site Web, 861
JSave, site Web, 861
JShapor, site Web, 861
JSP, 719-720
JTools/JStart, site Web, 861
Jugglor, site Web, 861
JWeb, site Web, 861

K

Kerning, 67
Kirupa, site Web, 855
KoolMoves 3.0, site Web, 860

L

Label Placement, parâmetro, 424
Label, parâmetro, 424
Large, exibição, 97
Lasso, ferramenta, 77
lastIndexOf, função para indexar caracteres de string, 281-282
Layer Properties, caixa de diálogo, 145, 151
Layer, opção (aba QuickTime na caixa de diálogo Publish Settings), 195
Layers, painel, 75
layouts, painéis, 27
Left Channel, efeitos de som, 131
Left Margin, opção, 69
length, função, 389
length, operador para remover elementos do array, 406
length, propriedade, 397-398
Leogeo, site Web, 857
Lerdorf, Rasmus, 682
letras maiúsculas e minúsculas, PHP, 689
level, objeto, 787
Library (símbolos), 124
Library, comando (menu Window), 217
Library, comandos do menu Edit With, 11
Library, painel, 103, 123-125

Índice | 879

ligação, nomes, 583
Line Type, menu, 490-491
Line, ferramenta, 45-47, 71
linha do tempo principal, 101
linha do tempo, 2, 82
Linkage Properties, caixa de diálogo, 460, 479-480
ListBox, componente, 421, 428-430
Live Preview, objeto, 787
Load Movie, menu (FLASH*typer*), 825, 826
Load Order, opção (aba Flash em Publish Settings), 181
loadMovie, ação, 157-161, 164
loadMovie, script (ação do navegador/rede), 729-730
loadMovieNum, script (ação do navegador/rede), 730
LoadSound, método, 790
loadVariables ActionScript, 692-693
loadVariables(...), função, 713-716
LoadVariables, função, 504, 623, 647
loadVariables, script (ação do navegador/rede), 730-731
loadVariablesNum, função, 504, 644, 646, 650
loadVariablesNum, script (ação do navegador/rede), 731
LoadVars, objeto, 787
locais remotos, depurar, 534
Lock Fill, opção (ferramenta Paint Bucket), 52
Lock Guides, opção (caixa de diálogo Guides), 41
Lock/Unlock All Layers, opção da linha do tempo, 83
longevidade, conversões da variável, 303
loop na música, 133-134
loop, instruções, 310, 329.
   Veja também loops
Loop, opção (aba HTML na caixa de diálogo Publish Settings), 191
loops, 260-261. *Veja também* loop, instruções
Loris Vector Map Engine (LVME) 2.01, site Web, 867

M

Macromedia Flash Remoting, service, 624-625
Magic Flare 1.0, site Web, 867
Magic Wand, ferramenta, 77
Magnification, comando (menu View), 38-39
maior que ou igual a, operador (>=), 318, 767
maior que, operador (>), 318, 766-767
Makaha 4.5, site Web, 860
Mano1, site Web, 856
mapear para funções, 371
máquina de escrever, máscaras animadas de efeitos do tipo, 150-151
margens, definir, 68-69
Mark Default, opção (caixa de diálogo Document Properties), 24
máscaras animadas, 148, 150-152
máscaras dinâmicas, 16, 559-563
máscaras falsas, 154-155, 157
máscaras, 144, 157-158
Match Contents, opção (caixa de diálogo Document Properties), 24
Match Printer, opção (caixa de diálogo Document Properties), 24
Match Size, botão (botão Align), 28
matemáticas, funções, 387-388
math, constantes, 290
Math, objeto, 482-483
Math.round, método, 288
MAX_VALUE, 289
maxEnemies, variável, 586
Maximize Panel, opção (painel Actions), 272
mbchr, função, 389
mblength, função, 389
mbord, função, 389
mbsubstring, função, 390
Medium, exibição, 97
meio dinâmico, 14-15
menor que ou igual a, operador (<=), 318, 764

menor que, operador (<), 317, 764
menus de movimento, criar, 551-555
menus instantâneos, painel Actions, 268, 271-272
menus principais, SWiSH, 837
menus suspensos (painel Actions), 264
métodos, 228, 239-240, 468
MIME, tipos, 710
MIN_VALUE, 289
Minimum Area, opção (caixa de diálogo Trace Bitmap), 78
MM Flash Basics, site Web, 856
modelos do processo ativo, 718-719
modems, velocidades, 172
modificadores de fluxo, 310, 316
modificar objetos, 90-96
Modify Onion Markers, comandos do menu, 85
módulo (%), operador, 753
módulo, operador de atribuição (%=), 755
módulos opcionais, PHP, 688
motores, construir, 580
mouse, exemplo de gravador (arrays), 414-417
Mouse, objeto, 468-470, 787
MOV, arquivos QuickTime, 193-195
Move Settings, caixa de diálogo, 841-842
moveAndUpdate, função, 598
Movie Clip Control, comando (menu Actions), 341
MovieClip, classe, 468
MovieClip, objeto, 231-233, 468, 787
MovieClip, tipo de dados, 274, 292
movimento intermediário, 89
MP3, arquivos de compressão, 138
MP3, comando (menu Compression), 135
mrhogg, site Web, 856
multiplicação, operador (*), 753
multiplicação, operador de atribuição (*=), 756
myArray, 394

myFunction, 374
myFunctionName, função, 241

N

Name Color Picker, 54
Name, opção (caixa de diálogo Save As), 7
name, propriedade, 781
NaN (Not a Number), 289
Narrow State, opção (biblioteca), 124
navegação, criar menus de movimento, 551-555
Navegador/Rede, scripts da ação, 728-732
navegadores, balançar janelas, 575-577
NEGATIVE_INFINITY, 290
NetConnect Debugger, 637
NetConnect, comando (menu Window), 637
NetDebug, classe, 630, 637
NetServices, classe, 630-631
new Date, objeto do construtor, 795-796
New Folder, botão (biblioteca), 124
New from Template, comando (menu File), 8
new Object, construtor, 818
new Sound, objeto do construtor, 787-788
New Symbol, botão (biblioteca), 124
New Symbol, caixa de diálogo, 164, 216, 558
New Symbol, comando (menu Insert), 101, 164, 216, 558
new, operador para criar arrays, 394, 395-396
newAmmo, variável, 558-589
newEnemy, variável, 586
newline, constantes, 776
nextFrame, script (ação de controle do filme), 725
nextScene, script (ação de controle do filme), 725-726
No Border, opção (aba HTML na caixa de diálogo Publish Settings), 191
No Scale, opção (aba HTML na caixa de diálogo Publish Settings), 191
No Stroke, opção (ferramenta Rectangle), 49
None, opção (caixa de diálogo Publish Settings), 186, 188, 195
Normal Mode, opção (painel Actions), 268, 270
Normal, exibição, 97
Normal, opção (ferramenta Lasso), 77
Not a Number. *Veja* NaN
NOT lógico, operador (!), 323-324, 768
null, constantes, 776-777
null, tipo de dados, 274, 291
Number, argumentos, 786
Number, função para converter variáveis, 302
Number, objeto, 786
números, 274, 287

O

O,O Corner (FLASH*typer*), 825
OBJECT, tag, 715
Object, tipo de dados, 274, 292
objeto, instruções, 311, 312
objeto, modelo (ActionScript), 230
objetos básicos, 468, 786
objetos de autoria, 468
objetos, 468
objetos, script baseado em, 226-230
Omite Trace Actions, opção (aba Flash em Publish Settings), 181
on, script (ação de controle do filme), 725
onClipEvent (data), sub-rotina para processar dados, 713
onClipEvent (load), sub-rotina para solicitações de dados, 713
onClipEvent, script (controle do clipe do filme), 732-733
onClipEvent, sub-rotina, 449, 453
onEnterFrame, ação, 590
onEnterFrame, evento (ActionScript), 449
onEnterFrame, sub-rotina, 454
Onion 2, comando (menu Modify Onion Markers), 84
Onion 5, comando (menu Modify Onion Markers), 84
Onion All, comando (menu Modify Onion Markers), 85
Onion Skin Outlines, opção da linha do tempo, 84
Onion Skin, opção da linha do tempo, 84
Onion Skin, recurso, 205
onLoad, evento (ActionScript), 449, 454, 794
onMouseMove, sub-rotina, 455
onSoundComplete, evento, 795
onUnload, evento (ActionScript), 449
onUnload, sub-rotina de eventos, 454
Opaque, opção (aba GIF na caixa de diálogo Publish Settings), 186
Open as Library, comando (menu File), 144, 165
OpenSWF, site Web, 856
operadores lógicos, 259
operadores numéricos, 258
operadores, 243, 255-257
operandos, 243, 255-257
Optimize Colors, opção (aba GIF na caixa de diálogo Publish Settings), 186
Options e Password, opção (aba Flash em Publish Settings), 181
Options, menu (ActionScript Editor), 16
OR lógico, operador (| |), 323-324, 768
ord, função, 390
Ordered, opção (aba GIF na caixa de diálogo Publish Settings), 186
Outlines, comando (menu View), 39
Output, janela, 519
ovais, desenhar, 51
Oval, ferramenta, 51

P

paginação, 506
painéis, 25-26

Índice

Paint Behind, opção (ferramenta Brush), 61
Paint Bucket, ferramenta, 51
Paint Fills, opção (ferramenta Brush), 61
Paint Inside, opção (ferramenta Brush), 61
Paint Normal, opção (ferramenta Brush), 61
Paint Selection, opção (ferramenta Brush), 61
palcos, modificar propriedades, 23-24
Palette Type, opção (aba GIF na caixa de diálogo Publish Settings), 187
Panel Options, opção (aba General na caixa de diálogo Preferences), 31
parâmetros, 367-368
Parent, objeto, 787
Parent, palavra-chave, 248-249
Parent, tag, 306
parêntesis [( )], operador, 752
parseFloat, função, 302, 387, 774-775
parseInt, função, 302, 388, 775
Partylogger, site Web, 856
Path, opção (aba PNG em Publish Settings), 188
Paused at Start, opção (aba HTML na caixa de diálogo Publish Settings), 190
Pen, ferramenta (aba Editing na caixa de diálogo Preferences), 32, 63-64
Pencil, ferramenta (Properties Inspector), 25, 47-48
Perl, scripts, 719
permissões MySQL, 701
personalização, PHP, 689
Photoshop, integração com Flash MX, 11
PHP Flash Turbine 5.0, site Web, 862
PHP, 682-683, 689
php/simple.php, arquivo, 694
phpinfo, função, 685
PICT, área (aba Clipboard na caixa de diálogo Preferences), 34
Pipey's Flash Resource, site Web, 856

Pixels, opção (ferramenta Lasso), 77
Play Movie, comando (menu Control), 841, 843, 846
play( ), ação, 591
Play, botão (caixa de diálogo Edit Envelope), 132
play, script (ação de controle do filme), 726
Playback, opção (caixa de diálogo Publish Settings), 186, 195
playerLives, variável, 591-592
PNGs, 187-188
Pocket PC 2002, opção (aba HTML na caixa de diálogo Publish Settings), 190
Polygon Lasso, ferramenta, 77
ponto (.), operador, 243-244
ponto, sintaxe, 243-244, 305
PontoFlash, site Web, 856
pontos decimais, repetir, 288
pop, método para remover elementos do array, 407
PopedeFlash, site Web, 856
position, propriedade, 794
POSITIVE_INFINITY, 290
POST, método, 644
pré-carregadores desaprovados, 170-171
pré-carregadores, 169
preenchimentos do mapa de bits (ferramenta Transform Fill), 59-60
preenchimentos, ferramenta Transform Fill, 59-60
Preferences, caixa de diálogo, 30
Preferences, opção (painel Actions), 271
preferências, 30
prevFrame, script (ação de Controle do filme), 727
Preview in Context, exibição, 97
Preview, exibição, 97
preview.html, arquivo FLASH*typer*, 834
prevScene, script (ação de Controle do filme), 727
PRINT, instrução, 711
Print, opção (painel Actions), 271
print, script (Impressão), 744

printAsBitmap, script (impressão), 744-745
printAsBitmapNum, script (impressão), 745-746
Printing Options, opção (aba General na caixa de diálogo Preferences), 31
Printing, ação nos scripts, 744-746
printNum, script (impressão), 746
Proflasher, site Web, 856
Progressive, opção (aba JPEG na caixa de diálogo Publish Settings), 184
projetor, arquivos, 192
Properties Inspector, 25, 130-132
Properties, painel
 definir parâmetros do componente, 424-425
 Text, ferramenta, 488
propriedades, 228, 233-235, 468
Protect File from Import, opção (aba Flash em Publish Settings), 181
proto, propriedade (objeto Object), 822
protocolos http, 708
protótipo, objeto das sub-rotinas de eventos, 461-466
publicar, 176
Publish Preview, comando (menu File), 176
Publish Settings, caixa de diálogo, 7, 134-137, 223, 534, 569-570
Publish Settings, comando (menu File), 176, 223, 517
Publish, comando (menu File) 176
push, método, 399-401
PushButton, componente, 421, 430-431

Q

qs.asp, arquivo, 643
quadrados, desenhar, 49-50
quadro a quadro, criar animação, 85-88
quadros (linha do tempo), 83
quadros não preenchidos, 83

quadros-chaves em branco, 83, 86-88
quadros-chaves, 25, 82, 86-88, 128-130
quality (caixa de diálogo Import Video Settings), 216
Quality, opção (aba HTML na caixa de diálogo Publish Settings), 190-191
Quality, opção (aba JPEG na caixa de diálogo Publish Settings), 184
quality, propriedade, 778
quebra-cabeças, criar recurso de interação com arrastar e soltar, 542-547, 551
quebra-cabeças, criar recurso de interação para arrastar e soltar, 542-547, 551
Quick Start, gabaritos, 7-8
QuickTime Player, 177
QuickTime, 194-195
QuickTime, aba (caixa de diálogo Publish Settings), 194-195
QuickTime, opção (aba HTML na caixa de diálogo Publish Settings), 190
QuickTimeVR, opção (aba QuickTime na caixa de diálogo Publish Settings), 195
Quintus Index, site Web, 856
Quit, comando, 194

R

RadioButton, componente, 421, 431-432
Ragged, opção (caixa de diálogo Stroke Style), 47
Rain Editor 1.21, site Web, 864
random, função, 390
Raw, comando (menu Compression), 135
RDBMS (sistema de gerenciamento do banco de dados relacional), 699
Recognize Lines, opção (aba Editing na caixa de diálogo Preferences), 33
Recognize Shape (aba Editing na caixa de diálogo Preferences), 33
Recordset, objeto, 657-658

Rectangle Settings, caixa de diálogo, 217
Rectangle, ferramenta, 49-50
recuos, 69
recursos dos componentes, 446
recursos, criar filmes de animação baseados em, 89-91
Reference, painel (ActionScript Editor), 15
Refresh List, botão (FX Editor), 830
Refresh List, botão (Text Options Editor), 831
registerClass, método (objeto Object), 819
registerSkinElement, método, 442-444
Remote Debug, caixa de diálogo, 536-537
Remove Gradients, opção (aba GIF na caixa de diálogo Publish Settings), 186
removeMovieClip, script (Controle do clipe do filme), 734
remover elementos do array, 405
Render Text as HTML, botão (menu Line Type), 490
repetir pontos decimais, 288
Replace, opção (painel Actions), 270
reproduzir e parar, controles para vídeos digitais, 216-218
Resolution, opção (aba Clipboard na caixa de diálogo Preferences), 33
retorno, alterar propriedades da escala para botões de, 344-348
return, instrução, 368-369
return, script (funções definidas pelo usuário), 748
reunir strings, 277-278
reverse, método, 412
RGB Color Picker, 55
Right Channel, efeitos de som, 131
Right Margin, opção, 69
root, objeto, 787
root, tag para variáveis da linha do tempo, 305

rotação, alterar clipes do filme, 356
Rotate, opção (ferramenta Free Transform), 64-65
rotation, propriedade, 782
Rough, opção (ferramenta Lasso), 77
Round Rectangle Radius, caixa de diálogo, 50
Row Count, parâmetro no componente ComboBox, 427
Ruler Units, opção (caixa de diálogo Document Properties), 24
Rulers, comando (menu View), 40

S

Save As Template, caixa de diálogo, 7-8
Save As, caixa de diálogo, 9, 833-834
Save As, comando (menu File), 7-8, 200, 212
Save Panel Layout, comando (menu Window), 27
Save, comando (menu File), 202, 207-211, 841-847
Scale, opção (aba HTML na caixa de diálogo Publish Settings), 191
Scale, opção (ferramenta Free Transform), 65
Scene, comando
Insert, menu, 844
Window, menu, 169-170
score, variável, 592
Screenweaver 1.02 Freeware Edition, site Web, 868
Screenweaver v.2.05, site Web, 868
script baseado em objetos, 226-230
Script, lista suspensa no painel Actions, 266
script, painel em Actions, 268
script, tags PHP, 694
ScriptClips. *Veja* ActionClips
scripts externos, PHP, 690
scripts, 719
Scroll Content, parâmetro no componente ScrollPane, 434

ScrollBar, componente, 421, 433
ScrollPane, componente, 421, 434-436
Select External Editor, caixa de diálogo, 11-12
Select Multiple, parâmetro no componente ListBox, 429
Select Unused Items, comando (menu Library Options), 124-125
SELECT, comando, 704
Selectable, botão (menu Line Type), 490
selectedID, variável, 633
Selection Options, opção (aba General na caixa de diálogo Preferences), 31
Selection, objeto, 787
Send to Back, comando (menu Arrange), 74
senha, exemplo de verificação com comparação de variáveis, 297-299
servidores, configurações Web, 642-643
Set Scale to Frames, botão (caixa de diálogo Edit Envelope), 132
Set Scale to Time, botão (caixa de diálogo Edit Envelope), 132
set variable, script (variáveis), 736
set, métodos dos objetos date, 235, 805
setDataProvider, método, 632
setDate( ), método, 805
setDefaultGatewayURL, método, 631
setFullYear( ), método, 805
setHours( ), método, 805
setInterval, script (ações diversas), 750-751
setMilliseconds( ), método, 806
setMinutes( ), método, 806
setMonth( ), método, 806
setPan, método, 791
setProperty, script (controle do clipe do filme), 734
setSeconds( ), método, 807
setTime( ), método, 807
setTransform, método, 791
setUTCDate( ), método, 807
setUTCFullYear( ), método, 808

setUTCHours( ), método, 808
setUTCMilliseconds( ), método, 809
setUTCMinutes( ), método, 809
setUTCMonth( ), método, 809-810
setUTCSeconds( ), método, 810
setVolume, método, 792
setYear( ), método, 811
Shape, comando (menu Modify), 75
Shape, comandos do menu
    Convert Lines to Fills, 75
    Expand Fill, 75
    Soften Fill Edges, 75
SharedObjects, 601
shift, método para remover elementos do array, 407
Shockwave, formato do arquivo Flash. *Veja* SWF, arquivos
Shockzone, site Web, 856
Short, exibição, 97
Show All Layers as Outlines, opção da linha do tempo, 83
Show All, comando (menu View), 38
Show Border Around Text, botão (menu Line Type), 490
Show Code Hint, opção (painel Actions), 271
Show Frame, comando (menu View), 38
Show Grid, opção (caixa de diálogo Grid), 41
Show Guides, opção (caixa de diálogo Guides), 41
Show Pen Preview, opção (ferramenta Pen), 63
Show Precise Hints, comando (menu View), 42
Show Precise, opção (ferramenta Pen), 63
Show Solid Points, opção (ferramenta Pen), 63
Show Streaming, comando (menu View), 557
Show tables, comando, 702
Show Warning Messages, opção (aba HTML na caixa de diálogo Publish Settings), 191
Show/Hide All Layers, opção da linha do tempo, 83

Showmenu, comando, 193
sintaxe, instruções, 311-312
sistema de gerenciamento do banco de dados relacional. *Veja* RDBMS
Size Limite, opção (aba Clipboard na caixa de diálogo Preferences), 34
slice, função para indexar caracteres de string, 283
slice, método, 411
Slide In From Top Left Settings, caixa de diálogo, 841
Small, exibição, 97
Smart Clips, história, 420
smart_man. fla, arquivo, 359
Smooth Curves, opção (aba Editing na caixa de diálogo Preferences), 32
Smooth, opção
    Lasso, ferramenta, 77
    Pencil, ferramenta, 49
Publish Settings, aba GIF na caixa de diálogo, 186
Snake Settings, caixa de diálogo, 843
Snap Accuracy, opção (caixa de diálogo Guides), 41
Snap to Grid, opção (caixa de diálogo Grid), 40
Snap to Guides, opção (caixa de diálogo Guides), 41
Snap to Objects, comando (menu View), 41, 50, 150
Snap to Pixels, comando (menu View), 42
Soften Fill Edges, comando (menu Shape), 75
sol, criar animação, 86-88
solicitações de dados, 712-713
Solid, opção (caixa de diálogo Stroke Style), 46
solucionar problemas. *Veja também* depurar
som
    adicionar a filmes, 128-130
    compressão, 134-137
    efeitos, 130-133
    fazer loop na música, 133-134
    importar arquivos, 138-140
    quadros-chaves, 128-130
Sound Sync, menu, 130

SWiSH, filmes, 843-844
SomeCorp, exemplo dos problemas da integração do ASP/Flash, 679
Sort Order, opção (biblioteca), 124
sort, método para classificar arrays, 412-413
sortOn, método para classificar arrays, 414
Sothink Glanda 2001, site Web, 868
Sound Properties, caixa de diálogo, 134-136, 137
Sound Sync, comandos do menu, 130
Sound Sync, menu, 136-137
Sound, objeto, 479
soundbuftime, propriedade, 778
SoundClick Designer Studio 1.0, site Web, 860
Sousflash, site Web, 356
Space, botão (botão Align), 28
Speech, comando (menu Compression), 135-136
splice, método, 401-403
split, função para indexar caracteres de string, 284
Spoono, site Web, 856
Squeezer Settings, caixa de diálogo, 842
Stage, objeto, 787
Standard, opção (aba QuickTime na caixa de diálogo Publish Settings), 195
Start, comando no menu Sound Sync, 130
start, método, 792-793
startDrag, ação, 468, 543-544
startDrag, script (controle do clipe do filme), 734-735
Static Text, comando (menu Text Type), 489
Stickman, site Web, 856
Stipple, opção (caixa de diálogo Stroke Style), 47
stop( ), ação, 595
Stop, botão (caixa de diálogo Edit Envelope), 132
Stop, comando no menu Sound Sync, 130
stop, método, 792

stop, script (ação de controle do filme), 727
stopAllSounds, script (ação de controle do filme), 728
stopDrag, ação, 541, 543
stopDrag, script (controle do clipe do filme), 735
Straighten, opção (ferramenta Pencil), 48
Stream, comando no menu Sound Sync, 130
Streaming Sound, opção (aba QuickTime na caixa de diálogo Publish Settings), 195
String, função para converter variáveis, 301
String, objeto, 786
strings literais, 242-243
strings vazias, 275
strings, 274-275
strName, variável, 650
Stroke Style, caixa de diálogo, 46
suavização, técnica de animação, 207-209
Sub, opção (aba PNG em Publish Settings), 188
sub-rotinas controladas pelo usuário, 455
sub-rotinas de clipe do filme, 447-454, 456-457
sub-rotinas, 448-449
Subselection, ferramenta, 45
substr, função para indexar caracteres de string, 283
substring, função, 282-283, 390-391
subtração (-), operador, 752
subtração, operador de atribuição (-=), 755
sugestão de forma, 92-96
sugestão, recurso (editor ActionScript), 342
super, objeto, 786
superfícies QuickTime personalizadas, 222-223
Swap Bitmap, comando (menu Modify), 79
SWF Convert SE v1.1, site Web, 866
SWF Convert Server Professional 1.2.3, site Web, 866

SWF Convert Server Standard 1.2.3, site Web, 866
SWF Convert v1.2.3, site Web, 866
SWF Scanner 2.6.3, site Web, 866
SWF Studio 1.0 Build 1591, site Web, 867
SWF, arquivos, 177-178
SWF, sites Web para ferramentas do software, 852-869
SWF2Video Version 0.91, site Web, 865
SWF-Browser v.2.93, site Web, 868
SwiffCANVAS v.1.0, Final Release, site Web, 868
SwiffPEG SERVER, Private Beta, site Web, 868
SwiffPEG v.1.0, site Web, 868
Swift 3D LW v1.00, site Web, 864
Swift 3D MAX v1.00, site Web, 864
Swift 3D v2.00, site Web, 864
Swift 3D XSI v1.00, site Web, 864
Swift Generator, site Web, 869
Swift-MP3 v2.1, site Web, 869
Swifty Utilities, site Web, 863
SWiSH 2.0, site Web, 864
SWiSH Lite 1.5, site Web, 864
SWiSH, 835, 850
switch, instrução, 327-328
switch, script (condições/loops), 743
Synchronize Video to Macromedia Flash Document Rate (caixa de diálogo Import Video Settings), 217
Syntax Coloring, opção (painel Actions), 271
System, objeto, 787

T

tabelas MySQL
  criar, 702
  descrever, 702-703
  exibir conteúdo, 703-704
  exibir, 702
  fornecer informações em, 702-703

Índice | 885

selecionar dados a partir de, 703-704
tags curtas, 698
tags personalizadas, adicionar a filmes, 718
tamanho, caixas de texto, 67
Target TextField, parâmetro no componente ScrollBar, 433
target, propriedade, 782
targetPath, função, 775
team, array, 408-409
teclas de atalho, 35-38
telas de introdução (jogos), adicionar a jogos, 594-595
Template, opção (aba HTML na caixa de diálogo Publish Settings), 189
Template.txt, 712
terreno, exemplo de array, 596-600
Test Movie, comando (menu Control), 169, 171, 213, 232, 519
Test, comando (menu File), 846
Text Attributes (FLASH*typer*), 825
Text Editor (FLASH*typer*), 825, 828
Text Options (painel Actions), 271
Text Options Editor (FLASH*typer*), 825-826, 831-832
Text Type, menu, 488-490
Text, comando (menu Insert), 838, 844
Text, ferramenta, 66, 488
TEXT, tipo de dados, 701
TextField, objeto, 496
TextFormat, objeto, 498-504, 787
texto de entrada, 494-495
texto dinâmico, 493-494
texto, 488
texto, editor, 642
this, objeto, 786
this, palavra-chave, 248-249
Timeline Options, opção (aba General na caixa de diálogo Preferences), 31-32
Timeline, comando (menu View), 40
Tinted Frames, exibição, 97
Tiny, exibição, 97
tipos de dados, 242, 274
To Stage, botão (painel Align), 28

toLowerCase, função para indexar caracteres de string, 284
Toolbars, comando (menu Window), 87
toString, método (objeto Object), 820
toString, método, 301, 410, 796
totalframes, propriedade, 782-783
totals, array, 409
toUpperCase, função para indexar caracteres de string, 285
Trace Bitmap, caixa de diálogo, 78
trace, ações, 517, 588-589
trace, função, 378-379
trace, instrução, 375
trace, script (ações diversas), 751-752
Training Tools, site Web, 857
Transform Fill, ferramenta, 59-60, 78
Transform Settings, caixa de diálogo, 844-845
Transform, comando (menu Modify), 66
Transform, comandos do menu
 Flip Horizontal, 66
 Flip Vertical, 66
Transform, painel, 29-30
transmitir valores HTML para Flash, 651-654
Transparent, opção (aba GIF na caixa de diálogo Publish Settings), 186
Trapallkeys, commando, 193
Treecity, site Web, 857
true, constantes, 777
Turbine Video Encoder v1.0, site Web, 862
Tutorials, site Web, 857
Type, opção (aba Clipboard na caixa de diálogo Preferences), 34
typeof, função, 299
typeof, operador, 771

U

UBB Developers Network, site Web, 857
UI, componentes, 9, 420-421, 426

Ultrashock, site Web, 857
undefined, constantes, 777
Undo Levels, opção (aba General na caixa de diálogo Preferences), 31
unescape, função, 776
Unicode, seqüências de escape, 286
Uniform Resource Locators. *Veja* URLs
Unleashed Common Library, 22
unloadMovie, ação, 161
unloadMovie, script (ação do navegador/rede), 732
unloadMovieNum, script (ação do navegador/rede), 732
unshift, método, 401
unwatch, método (objeto Object), 820
Up, opção (aba PNG em Publish Settings), 188
Update Use Counts Now, comando (menu Library Options), 125
updateAfterEvent, script (controle do clipe do filme), 735
updateUser, função, 634-635
updateUser, serviço, 635
updateUser.cfm, gabarito, 635
URL Action Editor v2.0, site Web, 863
url, propriedade, 783
URLs (Uniform Resource Locators), 708
Use Device Fonts, opção, 69
User-Defined Functions, comando (menu Actions), 242
userInfo, clipe do filme, 636
userInfo.responseClip, clipe do filme, 636
userService, variável, 631

V

valores da velocidade aleatórios (clipes do filme), 342-343
valueList, array, 633
valueOf, método (objeto Object), 820-821
var, script (variáveis), 736-737
VARCHAR, tipo de dados, 701
Variable Definition String. *Veja* VDS, 235-236, 292-293

variables.txt, 644
variáveis locais, 235-236
variáveis vazias, 297
variáveis, 373-375, 394
VDS (Variable Definition String), 645-646
velocidade
   controlar intermediários, 915
   filme de animação, 198
versões, arquivos SWF, 179
Vertical Scroll, parâmetro no componente ScrollPane, 434
Vertical Text, área (aba Editing na caixa de diálogo Preferences), 32
vertical, paginação, 506-507
vetor, gráficos, 20
vid2flash Beta 1.3, site Web, 866
vídeos digitais, 215, 216-219, 222
View Esc Shortcut Keys, opção (painel Actions), 271
View Line Numbers, opção (painel Actions), 271
View, comandos (menu Flash Player), 520
View, comandos do menu, 38-41
View, opções (painel Actions), 270
Virtual F/X, site Web, 857
visible, propriedade, 783-784
Visual Basic DLLs, 719
void, operador, 771
volume, criar cursores, 479-481

W

Walt Disney Company, 89
Warnings, aba (caixa de diálogo Preferences), 35
Warp 9, site Web, 857

watch, método (objeto Object), 821
Watcher, 528-529
WAV, arquivos de compressão, 138
We're Here, site Web, 857
Web 216, opção (aba GIF na caixa de diálogo Publish Settings), 187
Web Snap Adaptive, opção (aba GIF na caixa de diálogo Publish Settings), 187
Web, configuração de servidores, 643
Web, conteúdo. *Veja* conteúdo
Web, navegadores. *Veja* navegadores
Webmonkey, site Web, 857
while, loops, 261-262, 329
while, script (condições/loops), 743-744
Wide State, opção (biblioteca), 124
Width, opção (caixa de diálogo Grid), 40
width, propriedade, 784
Wildform Flix, site Web, 869
Wildform SWfx, site Web, 869
Window Mode, opção (aba HTML na caixa de diálogo Publish Settings), 191
Window, comandos do menu
   Actions, 171, 218
   Align, 27, 552
   Components, 10, 420
   Info, 554
   Library, 217
   NetConnect, 637-638
   Save Panel Layout, 26
   Scene, 170
   Toolbars, 87
Windowless Flash Service, site Web, 865

Windows 2000, 643
Windows 95, 643
Windows 98, 643
Windows NT, 643
Windows XP Professional, 643
with, instrução, 119, 313
with, script (Variáveis), 737
Woof, site Web, 862
Work Area, comando (menu View), 40

X

X, alterar posição dos clipes do filme, 351-355
x, propriedade, 784
Xara X 1.0c DL2, site Web, 869
XML Socket, objeto, 787
XML Tree, site Web, 862
XML, objeto, 623-624, 787
xmouse, propriedade, 784
xscale, propriedade, 785

Y

Y, alterar posição dos clipes do filme, 351-354
y, propriedade, 785
YEAR, tipo de dados, 701
ymouse, propriedade, 785-786
yscale, propriedade, 786

Z

Zoom In comando (menu View), 38
Zoom In, botão (caixa de diálogo Edit Envelope), 132
Zoom Out, botão (caixa de diálogo Edit Envelope), 132
Zoom Out, comando (menu View), 38
Zoom, ferramenta, 70

Conheça outras publicações da Editora Ciência Moderna

Como restaurar Lps para CDs e CDs para MP3
ISBN: 85-7393-158-2
Luiz Augusto A. Lima
92 pp.; Cód. 313296

Os métodos de recuperação de áudio desenvolvidos pelo próprio autor e aqui apresentados pouparão ao leitor um tempo precioso, chegando a reduzir a apenas uma hora e meia ou, no máximo, duas horas um processo que antes poderia consumir um dia inteiro de trabalho paciente.

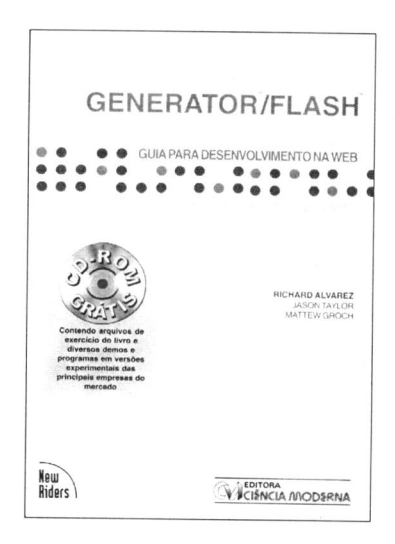

Generator/Flash — guia para desenvolvimento na Web
ISBN: 85-7393-156-6
Richard Alvarez et al.
224 pp.; Cód. 313292

Este livro é um ótimo recurso para todos que planejam construir um site em Flash baseado em dados. Oferece uma ótima visão geral do processo de desenvolvimento de sites em Flash/Generator, do início até a conclusão.

Modelagem visual com Rational Rose 2000 e UML
ISBN: 85-7393-154-X
Terry Quatrani
224 pp.; Cód. 313294

Um abrangente tutorial que oferece uma introdução e a orientação sobre o uso da ferramenta Rational Rose 2000 e da linguagem UML para visualizar, especificar, documentar e construir de forma eficiente um sistema de software.

Novidades on-line!

Para receber maiores informações sobre lançamentos e catálogos da Editora Ciência Moderna, preencha e envie o cupom abaixo (ou fotocópia) para o seguinte endereço:

**Editora Ciência Moderna Ltda.
Rua Alice Figueiredo 46 – Riachuelo
Rio de Janeiro – RJ – 20950-150**

Se preferir, envie o cupom pelo fax (21) 2201-6896
ou transmita os dados para o e-mail
lcm@lcm.com.br

Sim, estou interessado em receber informações sobre lançamentos, catálogos e demais novidades referentes às publicações da Editora Ciência Moderna. Solicito que o material informativo seja enviado de acordo com os dados que forneço abaixo:

Nome completo: _____

_____

Endereço: _____

Bairro: _____ **Cidade:** _____

Estado: _____ **CEP:** _____

E-mail: _____ **Fax:** _____

Macromedia Dreamweaver UltraDev 4 — guia rápido para desenvolvimento na Web
ISBN: 85-7393-152-3
Aneesha Bakharia
496 pp.; Cód. 313291

Aproveite os recursos eficientes do UltraDev para tornar simples a administração de seu Web site. Do projeto de bancos de dados até a recuperação de dados, passando pela criação de seus próprios códigos ASP e arquivos em um servidor.

Desenvolvendo para WAP com WML
ISBN: 85-7393-146-9
Jário Araujo
216 pp.; Cód. 313289

Este livro tem por objetivo orientar o leitor a respeito da linguagem WML, especialmente na construção de decks. É recomendado àqueles que desejam conhecer e desenvolver documentos para WAP.

Projetando Web Audio
ISBN: 85-7393-138-8
Josh Beggs e Dylan Thede
416 pp.; Cód. 313277

Aprenda a capturar áudio de alta qualidade e a usar o som de forma inteligente para aprimorar um site na Web. *Projetando Web Audio* mostra não apenas como acrescentar áudio estático a seu site, mas também como produzir, gravar e integrar múltiplos componentes de áudio em uma eficiente trilha sonora.

Projetando Web Audio
ISBN: 85-7393-138-8
Josh Beggs e Dylan Thede
416 pp.; Cód. 313277

Aprenda a capturar áudio de alta qualidade e a usar o som de forma inteligente para aprimorar um site na Web. *Projetando Web Audio* mostra não apenas como acrescentar áudio estático a seu site, mas também como produzir, gravar e integrar múltiplos componentes de áudio em uma eficiente trilha sonora.

Gerenciamento de dados com Perl
ISBN: 85-7393-151-5
David Cross
320 pp.; Cód. 313287

Este livro discute técnicas gerais de gerenciamento e ensina como pensar sobre os problemas de gerenciamento de dados, além de como separar os vários estágios do gerenciamento de programas, como projetar estruturas etc.

Projetando gráficos na Web.3
ISBN: 85-7393-147-7
Lynda Weinman
608 pp.; Cód. 313284

Bestseller nos Estados Unidos, foi atualizado para incluir as tecnologias mais recentes de imagens gráficas na Web. Domine as imagens gráficas na Web com instruções passo a passo da consagrada autora e instrutora Lynda Weinman.